मूर्तिदेवी ग्रन्थमाला : संस्कृत ग्रन्थांक 17

पूज्यपाददेवनन्दिविरचितं

जैनेन्द्रव्याकरणम्

आचार्य-अभयनन्दिप्रणीता संस्कृत टीका

जैनेन्द्रमहावृत्तिः

सम्पादक

पं. शम्भुनाथ त्रिपाठी, व्याकरणाचार्य

सम्पादन-सहायक

पं. महादेव चतुर्वेदी, व्याकरणशास्त्राचार्य

भारतीय ज्ञानपीठ

तीसरा संस्करण : 2016 □ मूल्य : 600 रुपये

ISBN 978-93-263-5143-0

भारतीय ज्ञानपीठ

(स्थापना : फाल्गुन कृष्ण 9; वीर नि. सं. 2470; विक्रम सं. 2000; 18 फरवरी 1944)

पुण्यश्लोका माता मूर्तिदेवी की स्मृति में
साहू शान्तिप्रसाद जैन द्वारा संस्थापित
एवं
उनकी धर्मपत्नी श्रीमती रमा जैन द्वारा सम्पोषित

मूर्तिदेवी ग्रन्थमाला

इस ग्रन्थमाला के अन्तर्गत प्राकृत, संस्कृत, अपभ्रंश, हिन्दी, कन्नड़, तमिल आदि प्राचीन भाषाओं में उपलब्ध आगमिक, दार्शनिक, पौराणिक, साहित्यिक, ऐतिहासिक आदि विविध विषयक जैन साहित्य का अनुसन्धानपूर्ण सम्पादन तथा उनके मूल और यथासम्भव अनुवाद आदि के साथ प्रकाशन हो रहा है। जैन-भण्डारों की ग्रन्थसूचियाँ, शिलालेख-संग्रह, कला एवं स्थापत्य पर विशिष्ट विद्वानों के अध्ययन-ग्रन्थ और लोकहितकारी जैन साहित्य ग्रन्थ भी इस ग्रन्थमाला में प्रकाशित हो रहे हैं।

•

ग्रन्थमाला सम्पादक (प्रथम संस्करण 1956)
डॉ. हीरालाल जैन एवं डॉ. आ.ने. उपाध्ये

प्रकाशक
भारतीय ज्ञानपीठ
18, इन्स्टीट्यूशनल एरिया, लोदी रोड, नयी दिल्ली-110 003

मुद्रक : आर.के. ऑफसेट, दिल्ली

Moortidevi Granthamala : Sanskarit Grantha No. 17

JAINENDRA VYĀKARAṆAM

by

PŪJYAPĀDA DEVANANDĪ

With

JAINENDRA MAHĀVṚITTI

OF

ĀCHĀRYA ABHAYANANDĪ

Edited by

Pt. SHAMBHUNATH TRIPATHI
Vyakaranacharya

Assistant

Pt. MAHADEO CHATURVEDI
Vyakaranashastracharya

BHARATIYA JNANPITH

Third Edition : 2016 □ Price : Rs. 600

ISBN 978-93-263-5143-0

BHARATIYA JNANPITH

(Founded on Phalguna Krishna 9; Vira N. Sam. 2470; Vikrama Sam. 2000; 18th Feb. 1944)

MOORTIDEVI GRANTHAMALA

FOUNDED BY

Sahu Shanti Prasad Jain

In memory of his illustrious mother Smt. Moortidevi

and

promoted by his benevolent wife

Smt. Rama Jain

In this Granthamala critically edited Jain agamic, philosophical, puranic, literary, historical and other original texts in Prakrit, Sanskrit, Apabhramsha, Hindi, Kannada, Tamil etc. are being published in the original form with their translations in modern languages. Catalogues of Jain bhandaras, inscriptions, studies on art and architecture by competent scholars and popular Jain literature are also being published.

•

General Editors (First Edition, 1956)

Dr. Hiralal Jain and Dr. A. N. Upadhye

Published by

Bharatiya Jnanpith

18, Institutional Area, Lodi Road, New Delhi-110 003

Printed at : R.K. Offset, Delhi

सम्पादकीय

(प्रथम संस्करण)

जैन साहित्य जिस प्रकार साहित्यकी अन्य विविध धाराओंसे परिपुष्ट है, उसी प्रकार उसमें वैज्ञानिक व शास्त्रीय साहित्यकी भी कमी नहीं है। व्याकरण, छन्द, ज्योतिष, गणित आदि विषयोंपर अनेक प्राचीन जैन ग्रन्थ पाये जाते हैं जो भारतीय साहित्यके अभिन्न अंग हैं और जिनका अध्ययन किये बिना किसी भी विषयका ज्ञान परिपूर्ण नहीं कहा जा सकता। किन्तु दुर्भाग्यतः वह सब साहित्य अभी तक भी सुप्रकाशित व सुलभ नहीं किया जा सका। इस दिशामें भारतीय ज्ञानपीठ जो प्रयत्न कर रहा है वह स्तुत्य है।

भारतीय व्याकरण शास्त्रमें जैनेन्द्र व्याकरणका एक प्रमुख स्थान है। जैन साहित्यमें तो इसकी ख्याति है ही, किन्तु अन्य मतावलम्बी शास्त्रकारोंने भी उसका उल्लेख, शाकटायन और पाणिनि जैसे अति-प्राचीन और सुविख्यात वैयाकरणोंके साथ-साथ किया है। इसकी दो सूत्र-परम्पराएँ पाई जाती हैं और उसपर बारह सहस्र श्लोक प्रमाण महावृत्ति भी उपलब्ध है। किन्तु यह इतिहास-प्रसिद्ध व्याकरण अभी तक पूरा प्रकाशित नहीं हो सका। लगभग चालीस वर्ष पूर्व काशीसे इसका एक संस्करण निकला था जिसमें इसके पाँच अध्यायोंमेंसे केवल तीन अध्याय ही प्रकाशित हुए थे। बहुत कालसे वह संस्करण भी अप्राप्य है। इस प्रकार जिज्ञासु संसार इस ग्रन्थकी परिपूर्ण आवृत्तिके लिए दीर्घकालसे तृषातुर हो रहा था। हर्षका विषय है कि इस महान् त्रुटिकी प्रस्तुत संस्करण द्वारा भले प्रकार पूर्ति हो रही है। इसमें पाठ-संशोधनार्थ काशी और पूनासे प्राप्त अनेक प्राचीन हस्तलिखित प्रतियोंका उपयोग किया गया है और अभयनन्दि कृत पूरी महावृत्ति भी सम्मिलित है।

इस व्याकरणके सम्बन्धमें समस्त ज्ञातव्य विषयोंका परिचय इसके साथ प्रकाशित श्रद्धेय पं० नाथूरामजी प्रेमीके लेख एवं विद्वद्वर डॉ० वासुदेवशरणजी अग्रवालकी भूमिकामें आ गया है। प्रेमीजीका लेख मूलतः बहुत पहले, जब वह काशीका प्रथम संस्करण निकला था तब ही (सन् १९२१ में) लिखा गया था। इसका संशोधित रूप सन् १९४२ में उनके 'जैन साहित्य और इतिहास' शीर्षक संकलनमें प्रकाशित हुआ था, जिसका द्वितीय संस्करण सन् १९५६ में प्रकाशित हुआ है। प्रस्तुत लेखमें इस समय तक इस ग्रन्थ व ग्रन्थकर्त्ताके विषयमें जो कुछ ऐतिहासिक बातें ज्ञात हो चुकी हैं उनका निर्देश आ गया है। डॉ० अग्रवाल जी व्याकरणशास्त्रके, विशेषतः उसके ऐतिहासिक पक्षके, प्रकाण्ड पण्डित हैं, जिसका प्रमाण उनका 'पाणिनिकालीन भारतवर्ष' ग्रन्थ विद्यमान है। उन्होंने जैनेन्द्रमहावृत्तिके सूत्रों और उनकी महावृत्तिका सूक्ष्म आलोडन करके जो अनेक ऐतिहासिक तथ्य-रत्नोंका आविष्कार किया है वे बहुत महत्त्वपूर्ण हैं। उनकी ओर हम पाठकोंका ध्यान विशेष रूपसे आकर्षित करना चाहते हैं।

हीरालाल जैन

आ० ने० उपाध्ये

प्रति-परिचय

'मु०' प्रति

यह प्रति सरस्वतीभवन, काशीसे प्रकाशित हुई है। इसमें अध्याय ३ पाद २ सूत्र ६० तक ही छपे हैं।

'अ०' प्रति

यह भाण्डारकर ओरिएण्टल रिसर्च इंस्टीट्यूड पूनाकी प्रति है। इसमें पत्र संख्या ४०२, पङ्क्ति प्रति पृष्ठ १५ और अक्षर प्रति पङ्क्ति लगभग ४६ हैं। साइज साँची सुपर रायल। पुस्तकके अन्तमें लेखनकाल तथा लेखक आदिका नाम निम्न प्रकार है—

"फागणमासे शुक्लपक्षे तिथौ ३ बुधवासरे संवत् १८८३ का। लीखकृतं माहतमा पनालाल वासी सवाई जयपुरका। लिखी आगरा मध्ये। लिषायतं चम्पारामजी पुस्तक मथुराको।"

'ब०' प्रति

यह श्रीस्याद्वाद दिगम्बर जैन महाविद्यालय काशीकी प्रति है। इसमें कुल पत्र ४०३ हैं, प्रत्येक पृष्ठमें १० पङ्क्तियाँ और प्रत्येक पङ्क्तिमें लगभग ३२ अक्षर हैं। प्रति पूर्ण है। पुस्तकके अन्तमें समय आदिका निर्देश निम्न प्रकार है—

"अथ संवत्सरस्मिन् विक्रमार्कसमयातीत् सं० १९२६ वर्षे श्री मच्छालिवाहन शाके १६६४ प्रवर्तमाने उत्तरायने वर्शततौं [?] आषाढ़मासे कृष्णपक्षे दशम्यां तिथौ शुक्रवासरे समाप्तमिति।.........ऐन्द्रपुरी नगरमध्ये।"

'स०' प्रति

यह भी श्रीस्याद्वाद दिगम्बर जैन महाविद्यालय काशीकी ही प्रति है। इसमें पत्र संख्या ३९४ है। पत्र संख्या १ से २७० तक प्रतिपृष्ठ १३ या १४ पंक्तियाँ और प्रति पङ्क्ति लगभग २५ अक्षर है। उसके आगेके पत्र दूसरे लेखकके लिखे हुए प्रतीत होते हैं जिनमें प्रत्येक पृष्ठमें १६ पङ्क्तियाँ और प्रत्येक पङ्क्तिमें लगभग ३४ अक्षर हैं। प्रति सुवाच्य तथा प्रायः शुद्ध है किन्तु इसके ३५० से ३६२ तक पत्र नहीं हैं। यह प्रति अध्याय ५ पाद १ सूत्र ३४ में जाकर समाप्त हो जाती है। इससे आगेके पत्र नष्ट प्रतीत होते हैं।

'द०' प्रति

यह प्रति भी श्रीस्याद्वाद दि० जैन महाविद्यालय काशीकी है। इसके २७५ पत्रोंमें अध्याय ४ पाद १ सूत्र १२५ तककी वृत्ति उपलब्ध है। इसके प्रारम्भके ४९ पत्रोंमें प्रतिपृष्ठ ११ पङ्क्तियाँ तथा प्रतिपङ्क्ति लगभग ३८ अक्षर हैं तथा उसके आगे पत्र संख्या ५० से २७५ तक प्रति पृष्ठ १२ पंक्तियाँ तथा प्रतिपङ्क्ति लगभग ४६ अक्षर हैं।

'पू०' प्रति

यह प्रति भाण्डारकर ओरिएण्टल रिसर्च इंस्टीट्यूड पूनाकी है। यह दो भागोंमें विभक्त है। प्रथम भागमें पत्र संख्या १ से ३१४ तक तथा दूसरेमें १ से ७४ तक है। इसके प्रत्येक पृष्ठमें १४ पङ्क्तियाँ और प्रत्येक पङ्क्तिमें लगभग ४२ अक्षर हैं। दूसरे भागमें चतुर्थ अध्यायके चतुर्थ पादका कुछ अन्तिम भाग तथा पञ्चम अध्याय पूर्ण है। लेखन काल आदिका परिचय लेखकके शब्दोंमें निम्नप्रकार है—

"पंडित जन सू बीनती है परोच्छ मम एह।
हीनाधिक लखि सोधियो हँसियो मति धरि नेह॥

मिति चैत्र-शुक्ल २ भौमवासरे शुभ सम्वत् १९३३ का।"

इन सभी प्रतियोंमें अध्याय ४ पाद ३ से पञ्चम अध्यायके अन्त तक बीच बीचमें कुछ सूत्रोंकी वृत्ति नहीं लिखी गई है जो यत्न करनेपर भी उपलब्ध न हो सकी और इसीलिए जैनेन्द्र पञ्चाध्यायीके आधारसे सूत्र-क्रममें केवल सूत्रमात्रका निर्देश कर दिया गया है।

भूमिका

[लेखक—श्री वासुदेवशरण अग्रवाल]

भारतवर्षमें व्याकरणशास्त्रका अध्ययन लगभग तीन सहस्र वर्षसे चला आ रहा है। भाषाके शुद्ध ज्ञानके लिए व्याकरणका महत्त्व सर्व सम्मतिसे स्वीकृत हुआ, अतएव व्याकरणको 'उत्तरा विद्या' अर्थात् अन्य विद्याओंकी अपेक्षा श्रेष्ठ कोटिमें माना गया। किसी भी भाषाके इतिहासमें धातु और प्रत्ययोंकी पहचान उस गौरवपूर्ण स्थितिकी सूचक है जिसमें सूक्ष्म दृष्टिसे भाषाके आन्तरिक संगठनका विवेक कर लिया जाता है, और शब्दोंकी उत्पत्ति और निर्माणकी जो प्राणवन्त प्रक्रिया है उसके रहस्यको आत्मसात् कर लिया जाता है। यों तो सभी मनुष्य अपनी अपनी मातृभाषामें बोलकर अपना अभिप्राय प्रकट कर लेते हैं; किन्तु व्याकरणकी प्रक्रियाका जन्म उस राजपथका निर्माण है जिसपर चलकर निर्भय भावसे हम भाषाके विस्तृत साम्राज्यमें जहाँ चाहें पहुँच सकते हैं और शब्दोंमें भावप्रकाशनकी जो अपरिमित क्षमता है उसको भी प्राप्त कर सकते हैं। संस्कृत वैयाकरणोंने संसारमें सर्वप्रथम इस प्रकारका महनीय कार्य किया। शब्दोंके विभिन्न रूपोंके भीतर जो एक मूल संज्ञा या धातु निहित रहती है उसके स्वरूपका निश्चय और प्रत्यय जोड़कर उससे बननेवाले क्रिया और संज्ञा रूपी अनेक शब्दोंकी रचना एवं प्रत्ययोंके अर्थोंका निश्चय—इस प्रकारके विविध विचारकी पद्धतिका जिस शास्त्रमें आरम्भ और विकास हुआ उसे शब्दविद्या या व्याकरणशास्त्र कहा गया।

संस्कृत साहित्यमें पाणिनिकी अष्टाध्यायी व्याकरणशास्त्रका सर्वाङ्गपूर्ण विवेचन है। उसके लगभग चार सहस्र सूत्रोंमें लौकिक और वैदिक संस्कृतका जैसा अद्भुत विचार किया गया है, वह विलक्षण है। पाणिनिने संस्कृत व्याकरणका जो स्वरूप स्थिर किया उसीका विकास अनेक वृत्ति, वार्तिक, भाष्य, न्यास, टीका, प्रक्रिया आदिके रूपमें लगभग इस शती तक होता आया है। किन्तु पाणिनिके अतिरिक्त, पर मुख्यतः उन्हींकी निर्धारित पद्धतिसे और भी व्याकरण-ग्रन्थोंका निर्माण हुआ। इस विषयमें एक प्राचीन श्लोक ध्यान देने योग्य है—

इन्द्रश्चन्द्रः काशकृत्स्नापिशली शाकटायनः।
पाणिन्यमरजैनेन्द्रा जयन्त्यष्टौ च शाब्दिकाः॥

यह श्लोक मुग्धबोधके कर्ता पं० बोपदेवका कहा जाता है। इस सूचीमें वैयाकरणोंकी दो कोटियाँ स्पष्ट दिखाई पड़ती हैं। पहली कोटिमें इन्द्र, शाकटायन, आपिशलि, काशकृत्स्न और पाणिनि, ये पाँच प्राचीन वैयाकरण थे। दूसरी कोटिमें अमर, जैनेन्द्र और चन्द्र इन नवीन शाब्दिकोंकी गणना है। पाणिनीय सूत्र **'क्रतूक्थादिसूत्रान्ताट्ठक्'** [४।२।६०] के एक वार्तिकपर काशिकामें 'पञ्चव्याकरणः' यह उदाहरण पाया जाता है; इसका अर्थ था पाँच व्याकरणोंका अध्ययन करनेवाला या जाननेवाला विद्वान् [तदधीते तद्वेद]। इसमें जिन पाँच व्याकरणोंका एक साथ उल्लेख है, वे यही पाँच प्राचीन व्याकरण होने चाहिए जिनकी सूची मुग्धबोधके इस श्लोकमें है। इसपर सूक्ष्म विचार करनेसे यह तथ्य सामने आता है कि पाणिनिसे पूर्वकालमें व्याकरणका अध्ययन-अध्यापन व्यापक रूपसे हो रहा था, जैसा कि पाणिनीय व्याकरणके इतिहाससे ज्ञात होता है। प्रातिशाख्य, निरुक्त और अष्टाध्यायीमें लगभग ६४ आचार्योंके नाम आये हैं जिन्होंने शब्दशास्त्रके सम्बन्धमें उस प्राचीनकालमें ऊहापोह किया था। इनमेंसे इन्द्र, शाकटायन, आपिशलि और काशकृत्स्नके व्याकरण इस समय उपलब्ध नहीं हैं, किन्तु पाणिनिसे पहले वे अवश्य विद्यमान थे। ज्ञात

होता है कि उन प्राचीन व्याकरणोंकी अधिकांश सामग्रीके आधारपर एवं स्वतः अपनी सूक्ष्मेक्षिका द्वारा लोकसे शब्द-सामग्रीका संग्रह करके पाणिनिने अपनी अष्टाध्यायीका निर्माण किया। वह शास्त्र लोकमें इतना महान् और सुविहित समझा गया [पाणिनीयं महत् सुविहितम्, भाष्य ४।३।६६] कि पाणिनिके उत्तर कालमें नये व्याकरणोंकी रचनाका क्रम एक प्रकारसे बन्द सा हो गया। उसके बाद व्याकरणका परिष्कार केवल वार्तिक, भाष्य और वृत्तियों द्वारा चलता रहा। कात्यायन जैसे प्रखर बुद्धिशाली आचार्यने पाणिनि व्याकरणपर लगभग सवा चार सहस्र वार्तिकोंकी रचना करके उस महान् शास्त्रके प्रति अपनी निष्ठा अभिव्यक्त की, पर कोई स्वतन्त्र व्याकरण रचनेका उपक्रम नहीं किया। इसी प्रकार भगवान् पतञ्जलिका महाभाष्य भी पाणिनीय व्याकरणकी सीमाके भीतर एक अद्‌भुत प्रयत्न था। पाणिनि लगभग पाँचवीं शती विक्रम पूर्वमें नन्द राजाओंके समयमें हुए थे। यह अनुश्रुति ऐतिहासिक तथ्यपर आश्रित जान पड़ती है जैसा कि हमने अपने 'पाणिनिकालीन भारतवर्ष' नामक ग्रन्थमें प्रदर्शित किया है। अतएव यह स्पष्ट है कि पाणिनिके बाद लगभग एक सहस्र वर्षतक नूतन व्याकरणकी रचनाका प्रयत्न नहीं किया गया।

भारतीय साहित्यिक इतिहासका यह सुविदित तथ्य है कि कुषाण कालके लगभग संस्कृत भाषाको पुनः सार्वजनिक रूपमें साहित्यिक भाषा और राजभाषाका पद प्राप्त हुआ। कनिष्कके समयमें अश्वघोषके काव्योंकी रचना और रुद्रदामाके जूनागढ़ लेखसे यह स्पष्ट विदित होता है। वस्तुतः इस समय भाषाके क्षेत्रमें जो क्रान्ति घटित हुई उसका ठीक स्वरूप कुछ इस प्रकार था—ब्राह्मण साहित्यमें तो संस्कृत भाषाकी परम्परा सदासे अक्षुण्ण थी ही, पर उसके अतिरिक्त बौद्ध और जैन आचार्योंने भी संस्कृत भाषाको उन्मुक्त भावसे अपना लिया और उसके अध्ययनसे दोनोंने अपने अपने क्षेत्रमें विपुल साहित्यका निर्माण किया जिसमें किसी समय सहस्रों ग्रन्थ थे। कुषाण कालसे जो भाषा सम्बन्धी नया परिवर्तन आरम्भ हुआ था वह उत्तरोत्तर सबल होता गया, यहाँ तक कि लगभग चौथी-पाँचवीं शती ईस्वीमें संस्कृत भाषाको न केवल भारतवर्षमें अखण्ड राष्ट्रीय प्रतिष्ठा प्राप्त हुई, वरञ्च मध्य एशियासे लेकर हिन्द एशिया या द्वीपान्तर तकके देशोंमें पारस्परिक व्यवहारके लिए वह अन्तर्राष्ट्रीय भाषा भी बन गई।

इस पृष्ठभूमिमें शब्दविद्याका पुनः वह छूटा हुआ सूत्र आरम्भ हुआ और नये व्याकरणशास्त्र लिखे जाने लगे। स्वयं पाणिनीय व्याकरणों पर वामन जयादित्य कृत काशिका वृत्ति और जिनेन्द्रबुद्धि कृत न्यासकी रचना हुई। यह टीकाके मार्गसे प्राचीन व्याकरणका ही विशदीकरण था; किन्तु बौद्ध और जैन जो दो बड़े समुदाय संस्कृत भाषाकी नई शक्तिसे परिचित हो रहे थे, उन्होंने अपने अपने क्षेत्रमें दो नये व्याकरणोंका निर्माण किया। बौद्धोंमें आचार्य चन्द्रगोमी कृत चान्द्र व्याकरण और जैनोंमें आचार्य देवनन्दी पूज्यपाद कृत जैनेन्द्र व्याकरण गुप्त युगमें अस्तित्वमें आये। ज्ञात होता है कि दोनोंकी ही रचना लगभग ५ वीं शती ईस्वीके उत्तरार्धमें हुई। चान्द्र व्याकरणकी स्वोपज्ञ वृत्ति में **'अजयद् जर्तो हूणान्'** [१।२।८१] उदाहरणसे सिद्ध है कि पाँचवीं शतीके मध्यमें स्कन्दगुप्तने हूणोंपर जो बड़ी विजय प्राप्त की थी उसकी समकालीन स्मृति इस उदाहरणमें अवशिष्ट है। इससे चान्द्रव्याकरणके रचनाकाल पर प्रकाश पड़ता है। पूज्यपाद देवनन्दीने दो सूत्रोंमें प्रसिद्ध आचार्य, सिद्धसेन [**वेत्तेः सिद्धसेनस्य**, ५।१।७] और समन्तभद्र **'चतुष्टयं समन्तभद्रस्य'** [५।४।१४०] का उल्लेख किया है, ये दोनों देवनन्दीसे कुछ समय पूर्व हो चुके थे। यद्यपि सिद्धसेन दिवाकरका समय भी सर्वथा निश्चित नहीं है; किन्तु अनुश्रुतिके अनुसार उन्हें विक्रमादित्यका समकालीन माना जाता है। विक्रमके नवरत्नोंकी सूचीमें जिस क्षपणकका उल्लेख है उन्हें विद्वान् सिद्धसेन दिवाकर ही मानते हैं। श्री राइसने सिद्धसेनका समय पाँचवीं शतीके मध्यभागमें माना है; किन्तु चन्द्रगुप्त विक्रमादित्य [३७५-४१३] और सिद्धसेनकी समसामयिकताका आधार यदि सत्य हो तो सिद्धसेनको चौथी शतीके अन्तमें मानना ठीक होगा। लगभग यही समय समन्तभद्रका होना चाहिए। श्री प्रेमीजीने अपने पाण्डित्यपूर्ण लेखमें देवनन्दीके

समयके विषयमें जो प्रमाण संगृहीत किये हैं उनकी सम्मिलित साक्षीसे भी यही सूचित होता है कि आचार्य देवनन्दी लगभग पाँचवीं शतीके अन्तमें हुए हैं। इस सम्बन्धमें एक विशेष प्रमाणकी ओर ध्यान दिलाना आवश्यक है। इसके अनुसार संवत् ९९० में बने हुए दर्शनसार नामक प्राकृत ग्रन्थमें कहा है कि पूज्यपादके शिष्य वज्रनन्दीने दक्षिण मधुरामें ५२६ विक्रमीमें [४६९ ई०] द्राविड़ संघकी स्थापना की। इससे भी पूज्यपादका समय ५ वीं शतीके उत्तरार्धमें सिद्ध होता है। इसीका समर्थन करनेवाला एक अन्य प्रमाण है—कर्नाटककविचरित्र के अनुसार गंगवंशीय राजा अविनीत [वि० सं० ५२३] के पुत्र दुर्विनीत [वि० सं० ५३८, ईस्वी ४८१] आचार्य पूज्यपादके शिष्य थे; अतएव पूज्यपाद ५ वीं शतीके उत्तरार्धके सिद्ध होते हैं। महाराज पृथिवीकोंकणके दानपत्रमें लिखा है—**श्रीमत्कोंकणमहाराजाधिराजस्याविनीतनाम्नः पुत्रेण शब्दावतारकारेण देवभारतीनिबद्धबृहत्कथेन किरातार्जुनीयपंचदशसर्गटीकाकारेण दुर्विनीतनामधेयेन**...; अर्थात् अविनीतके पुत्र दुर्विनीतने शब्दावतारनामक ग्रन्थकी रचना की थी। जैसे प्रेमीजीने लिखा है शिमोगा जिलेकी नगर तहसीलके शिलालेखमें देवनन्दीको पाणिनीय व्याकरण पर शब्दावतार न्यासका कर्ता लिखा है। अनुमान होता है कि दुर्विनीतके गुरु पूज्यपादने वह ग्रन्थ रचकर अपने शिष्यके नामसे प्रचारित किया था।

जैनेन्द्र व्याकरण उस शृंखलाकी पहली कड़ी है जिसमें गुप्तकालसे लेकर मध्यकाल तक उत्तरोत्तर नये नये व्याकरणोंकी रचना होती चली गई। जैनेन्द्र [पांचवीं शती], चन्द्र [पांचवीं शती], शाकटायन [नवमी शती का पूर्वार्द्ध], सरस्वतीकण्ठाभरण [ग्यारहवीं शतीका पूर्वार्द्ध] और प्रसिद्ध हैमशब्दानुशासन [बारहवीं शतीका पूर्वार्द्ध] इन सबने उन्मुक्त मनसे और अत्यन्त सौहार्द भावसे पाणिनीय व्याकरणकी मूल सामग्रीका अवलम्बन लिया। इनमें भी जैनेन्द्र-व्याकरणने भोजके सरस्वतीकण्ठाभरणको छोड़ कर अपने आपको पाणिनीय सूत्रोंके सबसे निकट रखा है। किसी भी प्रकरणके अध्ययनसे यह बात स्पष्ट हो जाती है कि जैनेन्द्रने पाणिनि सामग्रीकी प्रायः अविकल रक्षा की है। केवल स्वर और वैदिक प्रकरणोंको अपने युगके लिए आवश्यक न जानकर उन्होंने छोड़ दिया था। जैनेन्द्र व्याकरणके कर्ताने पाणिनीय गणपाठकी बहुत सावधानीसे रक्षा की थी। मूल व्याकरणमें पाणिनिके गणसूत्रोंको प्रायः स्वीकार किया गया है। यद्यपि वैदिक शाखाओंवाले और गोत्र सम्बन्धी गणोंसे सिद्ध होनेवाले नामोंका जैन साहित्यके लिए उतना उपयोग न था, किन्तु जिस समय इस व्याकरणकी रचना हुई उस समय भाषाके विषयमें लोककी चेतना अत्यन्त स्वच्छ और उदार भावसे युक्त थी; अतएव जैनेन्द्र व्याकरणकी प्रवृत्ति पाणिनि सामग्रीके निराकरणमें नहीं, वरन् उसके अधिकसे अधिक संरक्षणमें देखी जाती है। जैनेन्द्र व्याकरणके साथ उसका अलग गणपाठ किसी समय अवश्य ही रहा होगा, यद्यपि अब वह पृथक् रूपसे उपलब्ध न होकर अभयनन्दी कृत महावृत्तिके अन्तर्गत ही सुरक्षित है। कात्यायनके वार्तिक और पतञ्जलिके भाष्यकी इष्टियोंमें जो नये नये रूप सिद्ध किये गये थे उन्हें देवनन्दीने सूत्रोंमें अपना लिया है; इस लिए भी यह व्याकरण अपने समयमें विशेष लोकप्रिय हुआ होगा। यह प्रवृत्ति काशिकामें भी किसी अंशमें आ गई थी और चन्द्र आदि व्याकरणोंमें भी बराबर पाई जाती है।

जैनेन्द्र व्याकरणके दो सूत्रपाठोंकी परम्परा इस समय पाई जाती है—एकमें तीन सहस्र सूत्र हैं; दूसरेमें लगभग ७०० सूत्र अधिक हैं। इस विषयमें श्रीप्रेमीजीका निष्कर्ष यथार्थ है कि मूल जैनेन्द्र सूत्रपाठकी संख्या ३ सहस्र ही थी जिसपर अभयनन्दीकी टीका पाई जाती है।

अभयनन्दी कृत महावृत्ति लगभग १२ सहस्र श्लोक परिमाणका बड़ा ग्रन्थ है। काशीसे १९१८ में इसके प्रथम ३ अध्यायोंका एक संस्करण प्रकाशित हुआ था। किन्तु वह केवल एक प्रतिके आधारपर तैयार किया गया था, अतएव इस बातकी बहुत आवश्यकता थी कि सम्पूर्ण जैनेन्द्र व्याकरण तथा उसकी महावृत्तिका एक संशोधित संस्करण प्रकाशित किया जाय। हर्षकी बात है कि भारतीय ज्ञानपीठके सत्प्रयत्नसे इस मूल्यवान् ग्रन्थका यह संशोधित संस्करण प्रकाशित किया जा रहा है जिसके तैयार करनेमें पूनाके भण्डारकर ओरिएण्टल इंस्टीट्यूडमें सुरक्षित प्रतियोंका और काशीमें ही प्राप्त २ प्रतियोंका उपयोग किया गया है। आशा है, व्याकरण-

शास्त्रके तुलनात्मक अध्ययनके लिए जैनेन्द्रका यह वर्तमान संस्करण अधिक उपयोगी सिद्ध होगा, विशेषतः गणपाठसे तुलनात्मक अध्ययनके लिए इस संस्करणका विशेष उपयोग हो सकेगा।

आचार्य अभयनन्दीकी महावृत्ति लगभग काशिकाके समान ही बृहत् ग्रन्थ है। इसके कर्ताने कात्यायनके वार्तिक और पतञ्जलिके भाष्यसे बहुत अधिक उपादेय सामग्रीका अपने ग्रन्थमें संकलन कर लिया है। महावृत्तिका काल आठवीं शताब्दीका प्रारम्भ माना जाता है और सम्भावना ऐसी है कि अभयनन्दीने काशिका वृत्तिका उपयोग किया था। वस्तुतः किसी भी पाठकसे यह तथ्य छिपा नहीं रह सकता कि अष्टाध्यायी और काशिकाका ही रूपान्तर जैनेन्द्र पञ्चाध्यायी और उसकी महावृत्तिमें प्राप्त होता है। फिर भी काशिका और महावृत्तिकी सूक्ष्म तुलना करनेपर यह प्रकट हो जाता है कि अभयनन्दीने कुछ ऐसे उदाहरण दिये हैं जो काशिकामें उपलब्ध नहीं होते और फलस्वरूप ऐसी सामग्रीकी रक्षा की है जो काशिकासे प्राप्त नहीं हो सकती। उन्होंने जहाँ सम्भव हो सका वहाँ जैन तीर्थङ्करोंके, महापुरुषोंके, या ग्रन्थोंके नाम उदाहरणोंमें डाल दिये हैं। जैसे, सूत्र १।४।१५ के उदाहरणमें **'अनु शालिभद्रम् आढ्याः, अनुसमन्तभद्रं तार्किकाः**; सूत्र १।४।१६ के उदाहरणमें **'उपसिंहनन्दिनं कवयः, उपसिद्धसेनं वैयाकरणाः'**; सूत्र १।४।२० की वृत्तिमें **'आकुमारेभ्यो यशः समन्तभद्रस्य'**; सूत्र १।४।२२ की टीकामें **'अभयकुमारः श्रेणिकतः प्रति'**; सूत्र २।१।६८ की टीकामें **'भरतगृह्याः, भुजबलिगृह्याः'**; सूत्र १।३।१० की वृत्तिमें **'आकुमारं यशः समन्तभद्रस्य'** ऐसे उदाहरण हैं जो वृत्तिकारने मूलग्रन्थके अनुकूल जैन वातावरणका निर्माण करनेके लिए अपनी प्रतिभासे बनाये हैं। सूत्र १।३।५ की वृत्तिमें **'प्राभृतपर्यन्तमधीते'** उदाहरण महत्त्वपूर्ण है, उसीके साथ **'सबन्धम्, सटीकम् अधीते'** भी ध्यान देने योग्य हैं। यहाँ ऐसा विदित होता है कि प्राभृतसे तात्पर्य महाकर्मप्रकृति प्राभृतसे था जिसके रचयिता आ० पुष्पदन्त तथा भूतबलि माने जाते हैं [प्रथम-द्वितीय शती]। इसीका दूसरा नाम षट्खण्डागम प्रसिद्ध है। इसीका भागविशेष 'बन्ध' या महाबन्ध [महाधवल सिद्धान्तशास्त्र] था जिसके अध्ययनसे यहाँ अभयनन्दीका तात्पर्य ज्ञात होता है; अर्थात् उस समय भी विद्वानोंमें प्राभृत या षट् खण्डागमसे पृथक् महाबन्धका अस्तित्व था और दोनोंका अध्ययन जीवनका आदर्श माना जाता था। **'सटीकमधीते'** में जिस टीकाका उल्लेख है वह धवला टीका नहीं हो सकती क्योंकि उसकी रचना वीरसेनने ८१६ ई० में की थी। श्रुतावतारके अनुसार महाकर्मप्राभृतपर आचार्य कुन्दकुन्दने भी एक बड़ी प्राकृत टीका लिखी थी जो इस समय अनुपलब्ध है। संभवतः वही टीका प्राभृत और बन्धके साथ पढ़ी जाती थी। इनके स्थान पर पाणिनि सूत्रके उदाहरणोंमें किसी समय इष्टि, पशुबन्ध, अग्नि, रहस्य नामक शतपथ ब्राह्मणके तत्तद् काण्डोंका अध्ययन विद्याका आदर्श माना जाता था। देवनन्दीने सूत्र १।४।३४ में जिन श्रीदत्त आचार्यका उल्लेख किया है उन्हें कुछ विद्वान् काल्पनिक समझते हैं, परन्तु अभयनन्दीकी महावृत्तिसे सूचित होता है कि श्रीदत्त कोई अत्यन्त प्रसिद्ध वैयाकरण थे जिनका लोकमें प्रमाण माना जाता है। **'इतिश्रीदत्तम्'**, यह प्रयोग **'इतिपाणिनि'** के सदृश लोकप्रसिद्ध था। इसी प्रकार **'तच्छ्रीदत्तम्'**, **'अहोश्रीदत्तम्'** प्रयोग भी श्रीदत्तकी लोकप्रियता और प्रामाणिकता अभिव्यक्त करते हैं [**श्रीदत्तशब्दो लोके प्रकाशते; महावृत्ति १।३।५**]। सूत्र ३।३।७६ पर **'तेन प्रोक्तम्'** के उदाहरणमें अभयनन्दीने श्रीदत्तके विरचित ग्रन्थको **श्रीदत्तीयम्** कहा है। इससे ज्ञात होता है कि श्रीदत्तका बनाया कोई ग्रन्थ अवश्य था। सूत्र १।४।४ की वृत्तिमें **'शरदं मथुरा रमणीया, मासं कल्याणी काञ्ची'** ये दोनों उदाहरण अभयनन्दीकी मौलिकता सूचित करते हैं। पाणिनि सूत्र **'कालाध्वनोरत्यन्तसंयोगे'** [२।३।५] की काशिका वृत्तिमें **'मासं कल्याणी'** उदाहरण तो है किन्तु **'मासं कल्याणी काञ्ची'** यह ऐतिहासिक सूचना अभयनन्दीने किसी विशेष स्रोतसे प्राप्त की थी। जिस काञ्चीपुरीके मासव्यापी उत्सवोंकी विशेष शोभाकी ओर इस उदाहरणमें संकेत है वह महेन्द्रवर्मन्, नरसिंह वर्मन् आदि पल्लवनरेशोंकी राजधानीके सम्बन्धमें होना चाहिए। अतएव सप्तम शतीसे पूर्व यह उदाहरण भाषामें उत्पन्न न हुआ होगा। सूत्र ४।३।११४ की वृत्तिमें अभयनन्दीने माघके **'सटाच्छटाभिन्नघनेन बिभ्रता···'** श्लोकका उद्धरण दिया है। माघके दादा सुप्रभदेव वर्मलातके मंत्री

थे जिसका एक शिलालेख ६२५ ई० का पाया जाता है। अतएव माघका समय सप्तम शतीका उत्तरार्ध होना चाहिए। उसके बाद ही अभयनन्दीने महावृत्तिका निर्माण किया होगा। सूत्र १।४।६९ पर **'चन्द्रगुप्त-सभा'** उदाहरण तो पाणिनीय परम्परामें प्राप्त होता है किन्तु उसके साथ काशिकामें जो **'पुष्यमित्रसभा'** दूसरा उदाहरण है उसकी जगह महावृत्तिकारने **'सातवाहनसभा'** उदाहरण रक्खा है। उसी प्रकार काशिकामें [२।४।२३] में केवल **'काष्ठसभा'** उदाहरण है, किन्तु अभयनन्दीने **'पाषाणसभा और पक्वेष्टकासभा'** ये दो अतिरिक्त उदाहरण दिये हैं। कहीं-कहीं अभयनन्दीने काशिकाकी अपेक्षा भाष्यके उदाहरणोंको स्वीकार किया है। जैसे सूत्र १।४।१३७ में **'औद्दालकिः पिता, औद्दालकायनः पुत्रः'** यह भाष्यका उदाहरण था जिसे बदलकर काशिकाने अपने समयके अनुकूल **'आर्जुनिः पिता, आर्जुनायनः पुत्रः' [काशिका २।४।६६]** यह उदाहरण कर दिया था। 'आर्जुनायन' काशिकाकारके समयके अधिक सन्निकट था जैसा कि समुद्रगुप्तकी प्रयागस्तम्भ प्रशस्तिमें आर्जुनायनगणके उल्लेखसे ज्ञात होता है। कहीं-कहीं महावृत्तिमें काशिकाकी सामग्रीको स्वीकार करते हुए उससे अतिरिक्त भी उदाहरण दिये गये हैं जो सूचित करते हैं कि अभयनन्दीकी पहुँच अन्य प्राचीन वृत्तियों तक थी, जैसे सूत्र १।४।८३ की वृत्तिमें **'उद्ध्यैरावति'** तो काशिकामें भी है किन्तु **'विपाट्-चक्रभिदम्'** [विपाशा और चक्रभिद् नदीका संगम] उदाहरण नया है। ऐसे ही सूत्र २।४।२९ में मयूरिकाबन्ध, क्रौञ्चबन्ध, चक्रबन्ध, कूटबन्ध उदाहरण महावृत्ति और काशिकामें समान हैं, पर चण्डालिकाबन्ध और महिषिकबन्ध उदाहरण महावृत्तिमें नये हैं। काशिकाका मुष्टिबन्ध महावृत्तिमें दृष्टिबन्ध और चोरकबन्ध चारकबन्ध हो गया है। सूत्र १।३।३६ में भी चारकबन्ध पाठ है। सूत्र ५।४।९६ **'पानं देशे'** की वृत्तिमें काशिकाके **'क्षीरपाणाः उशीनराः'** को **'क्षीरपाणाः आन्ध्राः'** और **'सौवीरपाणा बाह्लीकाः'** को **'सौवीरपाणाः द्रविणाः'** कर दिया है। 'द्रविणाः' द्रमिल या द्रमिडका रूप है। ये परिवर्तन अभयनन्दीने किसी प्राचीन वृत्तिके आधार पर या स्वयं अपनी सूचनाके आधारपर किये होंगे। आन्ध्र देशमें दूध पीनेका और तामिल देशमें काँजी पीनेका व्यवहार लोकमें प्रसिद्ध रहा होगा। कहीं-कहीं महावृत्तिमें कठिन शब्दोंके नये अर्थ संग्रह करनेका प्रयास किया है इसका अच्छा उदाहरण सूत्र २।४।१६ का 'अषडक्षीण' शब्द है। पाणिनि सूत्र ५।४।७ की काशिका वृत्तिमें **'अषडक्षीणो मन्त्रः'** उदाहरण है अर्थात् ऐसा मंत्र या परामर्श जो केवल राजा और मंत्रीके बीचमें हुआ हो **[यो द्वाभ्यामेव क्रियते न बहुभिः]**। **'षट्कर्णो भिद्यते मन्त्रः'** के अनुसार राजा और मुख्य मंत्रीकी 'चार आँखों' या 'चार कानों' से बाहर जो मन्त्र चला जाता था उसके फूट जानेकी आशंका रहती थी। अभयनन्दीने काशिकाके इस अर्थको स्वीकार तो किया है, किन्तु गौण रीतिसे। उन्होंने **'अषडक्षीणो देवदत्तः'** उदाहरणको प्रधानता दी है। अर्थात् कोई देवदत्त नामका व्यक्ति जिसने अपने पिता, पितामह और पुत्रमेंसे किसीको न देखा हो। अर्थात् जो स्वयं अपने पिता पितामहकी मृत्युके बाद उत्पन्न हुआ हो और स्वयं अपने पुत्र जन्मके कुछ मास पहले गत हो गया हो। इसके अतिरिक्त गेंदको भी अषडक्षीणा कहा है **[येन वा कन्दुकेन द्वौ क्रीडतः सोऽप्येवमुक्तः]**। या तो ये अर्थ अभयनन्दीके समयमें लोकप्रचलित थे या उनकी कल्पना है। महावृत्तिमें 'अषडक्षीण'का एक अर्थ मछली भी किया है पर उसमें खींचतान ही जान पड़ती है। सूत्र ३।४।१३४ में 'अयानयीन' शब्दके अर्थका भी महावृत्तिमें विस्तार है।

महावृत्ति सूत्र २।२।९२ में इतिहासकी विशेष महत्त्वपूर्ण सामग्री सुरक्षित रह गई है। उसमें ये दो उदाहरण आये हैं—

'अरुणन्महेन्द्रो मथुराम्। अरुणद् यवनः साकेतम्'

व्याकरणकी दृष्टिसे यह आवश्यक था कि कोई ऐसा उदाहरण लिया जाता जो लोकप्रसिद्ध घटनाका सूचक हो, जो कहनेवालेके परोक्षमें घटित हुआ हो किन्तु जिसका देख सकना उसके लिए सम्भव हो अर्थात् उसके जीवन कालकी ही कोई प्रसिद्ध घटना हो, पर जिसे सम्भव होने पर भी उसने स्वयं देखा न हो। भाष्यकार पतञ्जलिने इसका उदाहरण देते हुए अपनी समसामयिक दो घटनाओंका उल्लेख किया था—'अरुणद्

यवनः साकेतम् , अरुणद् यवनो मध्यमिकाम् ।' इनमें शाकलके यवन राजाओं द्वारा किये हुए उन दो हमलोंका उल्लेख है जिनमेंसे एक पूर्वकी ओर साकेत पर और दूसरा पच्छिममें मध्यमिका पर। मध्यमिका चित्तौड़के पासका वह स्थान था जिसे इस समय नगरी कहते हैं और जहाँ खुदाईमें प्राप्त पुराने सिक्कों पर मध्यमिका नाम लिखा हुआ मिला है। ये हमले किस राजाने किये थे उसका नाम पतञ्जलिने नहीं दिया, किन्तु यूनानी इतिहासलेखकोंके वर्णनसे ज्ञात होता है कि उस राजाका नाम मिनन्डर था जिसे पाली भाषामें मिलिन्द कहा गया है। उसके सिक्कों पर तत्कालीन बोलचालकी प्राकृत भाषामें उसका नाम मेनन्द्र मिलता है। महावृत्तिके **'अरुणन्महेन्द्रो मथुराम्'** इस उदाहरणमें दो महत्त्वपूर्ण सूचनाएँ हैं। इसमें राजाका नाम महेन्द्र दिया हुआ है, पर हमारी सम्मतिमें इसका मूलपाठ 'मेनन्द्र' था। पीछेके लेखकोंने मेनन्द्र नामकी ठीक पहचान न समझ कर उसका संस्कृत रूप महेन्द्र कर डाला। इस उदाहरणसे संस्कृत साहित्यकी भारतीय साक्षी प्राप्त हो जाती है कि पूर्वकी ओर अभियान करनेवाले यवनराजका नाम मेनन्द्र या मिनन्डर था। यवनराज मेनन्द्रने पाटलिपुत्र पर दाँत गड़ा कर पहले धक्केमें मथुरा पर अधिकार जमाया और फिर आगे बढ़कर साकेतको छेंक लिया। साकेत पहुँचनेके लिए मथुराका जीतना आवश्यक था। अब यह सूचना पक्के रूपमें अभयनन्दीके उदाहरणसे प्राप्त हो जाती है। इससे यह भी पता लगता है कि काशिकाके अतिरिक्त भी अभयनन्दीके सामने पाणिनि व्याकरणकी ऐसी सामग्री थी जिससे उसे यह नया ऐतिहासिक तथ्य प्राप्त हुआ। सूत्र १।३।३६ की वृत्तिमें आरण्यक पर्व १२६।८–१० का यह श्लोक पठित है–

उलूखलैराभरणैः पिशाची यदभाषत् । एतत्तु ते दिवा नृत्तं रात्रौ नृत्तं तु द्रक्ष्यसि ॥

काशिका २।१।४५ में यह श्लोक किन्हीं प्रतियोंमें प्रक्षिप्त और किन्हींमें मूलके अन्तर्गत माना गया है, किन्तु महावृत्तिसे सिद्ध हो जाता है कि वह काशिकाके मूलपाठका भाग था। श्लोकके उत्तरार्धमें जो **'दिवानृत्तं रात्रौ नृत्तं'** पाठ है उसका समर्थन महाभारतकी कुछ प्रतियोंसे होता है पर कुछ अन्य प्रतियोंमें 'वृत्तं' पाठ है जैसा कि काशिकामें और महाभारतके पूना संस्करणमें भी स्वीकार किया गया है। आचार्य अभयनन्दीने अपनी महावृत्तिको जिस प्रकार पाणिनीय व्याकरणकी पुष्कल सामग्रीसे भर दिया है वह सर्वथा अभिनन्दनके योग्य है। आशा है जिस समय काशिकावृत्ति, अभयनन्दीकृत महावृत्ति और शाकटायन व्याकरणकी अमोघवृत्ति इन तीनोंका तुलनात्मक अध्ययन करना सम्भव होगा तो यह बात और भी स्पष्ट रूपसे जानी जा सकेगी कि प्रत्येक वृत्तिकारने परम्परासे प्राप्त सामग्रीकी कितनी अधिक रक्षा अपने अपने ग्रन्थमें की थी। यह सन्तोषका विषय है कि इन कृतियोंने सावधानीके साथ प्राचीन सामग्रीको बचा लिया।

आचार्य देवनन्दीने पाणिनीय अष्टाध्यायीको आधार मानकर उसे पञ्चाध्यायीमें परिवर्तन करते समय दो बातोंकी ओर विशेष ध्यान रखा था—एक तो धातु, प्रत्यय, प्रातिपादिक, विभक्ति, समास आदि अन्वर्थ महासंज्ञाओंको भी जिनके कारण पाणिनीय अष्टाध्यायी व्याकरणमें इतनी स्पष्टता और स्वारस्य आ सका था, इन्होंने बीजगणितके जैसे अतिसंक्षिप्त संकेतोंमें बदल दिया है जिनकी सूची परिशिष्टमें दे दी गयी है। दूसरे जितने स्वर सम्बन्धी और वैदिक प्रयोग सम्बन्धी सूत्र थे उनको आ० देवनन्दीने छोड़ दिया है। किन्तु ऐसा करते हुए इन्होंने उदारतासे काम लिया है, जैसे आनाय्य, धाय्या, सानाय्य, कुण्डपाय्य, परिचाय्य, उपचाय्य, [२।१।१०४-१०५]; ग्रावस्तुत् [२।२।१५६] आदि वैदिक साहित्यमें प्रयुक्त होनेवाले शब्दोंको रख लिया है। इसी प्रकार **सास्य देवता प्रकरण** [३।२।२१-२८] में शुक्र, अपोनप्तृ, महेन्द्र, सोम, द्यावापृथिवी, शुनासीर, मरुत्वत् , अग्नीषोम, वास्तोस्पति, गृहमेध आदि गृह्यसूत्रकालीन देवताओंके नामोंको पाणिनीय प्रकरणके अनुसार ही रहने दिया है। प्रत्ययोंमें आनेवाले फ, ढ, ख, छ घ और यु, वु, एवं उनके स्थानमें होनेवाले आदेशोंको भी ज्योंका त्यों रहने दिया है। [५।१।१; ५।१।२]। **'तेन प्रोक्तम्'** प्रकरण [३।३।७६–८०] में वैदिक शाखाओं और ब्राह्मण ग्रन्थोंके नाम भी ज्योंके त्यों जैनेन्द्र व्याकरणमें स्वीकृत कर लिये गये हैं। कहीं कहीं जैनेन्द्रने उन परिभाषाओंको स्वीकार किया है जो प्राक् पाणिनीय व्याकरणोंमें मान्य थीं और जिनका

उल्लेख भाष्य या वार्तिकोंमें आया है। उदाहरणके लिए जैनेन्द्र सूत्र १।३।१०५ में उत्तरपदकी द्युसंज्ञा मानी गई है। पतञ्जलिके महाभाष्यमें सूत्र ७।३।३ पर श्लोकवार्तिकमें घु पाठ है और वहां 'किमिदं घोरिति उत्तर-पदस्येति' लिखा है। सूत्र ७।१।२१ के भाष्यमें अघुको अनुत्तरपदका पर्याय माना है पर कीलहार्न का सुझाव था कि घु का शुद्ध पाठ द्यु होना चाहिए। वह बात जैनेन्द्रके सूत्र १।३।१०५ 'उत्तरपदं द्यु' से निश्चयेन प्रमाणित हो जाती है। और अब भाष्यमें भी द्यु ही शुद्ध पाठ मान लेना चाहिए।

सबसे आश्चर्यकी बात यह है कि पाणिनिके 'पूर्वत्रासिद्धम्' [८।२।१] सूत्र और उससे संबंधित असिद्ध प्रकरणको भी जो पाणिनिके शास्त्रनिर्माण कौशलका अद्भुत नमूना है, जैनेन्द्र व्याकरणमें 'पूर्वत्रासिद्धम्' सूत्र [५।३।२७] में स्वीकार किया है। तदनुसार जैनेन्द्रके साढ़े चार अध्यायोंके प्रति अन्तके लगभग दो पाद असिद्ध शास्त्रके अन्तर्गत आते हैं। देवनन्दीने अपनी पञ्चाध्यायीमें पाणिनीय अष्टाध्यायीके सूत्रक्रममें कमसे कम फेरफार करके उसे जैसेका तैसा रहने दिया है। केवल सूत्रोंके शब्दोंमें जहाँ-तहाँ परिवर्तन करके सन्तोष कर लिया है। जैनेन्द्र और पाणिनीय व्याकरणोंकी तुलनात्मक पाद सारणीसे यह स्पष्ट हो जाता है। विशेष तुलनात्मक सूत्रसूची ग्रन्थके अन्तमें परिशिष्ट रूपमें दी गयी है।

जैनेन्द्र	पाणिनि	जैनेन्द्र	पाणिनि
१।१	१।१–२	३।३	४।३–४।४।१०९
१।२	१।३–४	३।४	५।१–५।२।४७
१।३	२।१–२	४।१	५।२।४८–५।३।११०
१।४	२।३–४	४।२	५।४
२।१	३।१	४।३	६।१–३
२।२	३।२	४।४	६।४
२।३	३।३	५।१	७।१–२।११३
२।४	३।४	५।२	७।२।११४–७।४
३।१	४।१	५।३	८।१–२
३।२	४।२	५।४	८।३–४

पूज्यपाद देवनन्दीने आचार्य गृद्धपिच्छ उमास्वातिके तत्त्वार्थसूत्रपर सर्वार्थसिद्धि नामक टीकाका निर्माण किया था जो ज्ञानपीठसे प्रकाशित हो चुकी है। उस ग्रन्थमें उन्होंने कई स्थलोंपर व्याकरणके सूत्रोंका उद्धरण दिया है। उनमें बिना पक्षपातके जैनेन्द्र सूत्रोंको भी और पाणिनीय सूत्रोंको भी उद्धृत किया गया है। उदाहरणके लिए अध्याय ४ सूत्र १९ की सर्वार्थसिद्धि टीकामें दो सूत्रोंका उल्लेख है—'तदस्मिन्नस्तीति' और 'तस्य निवासः'। इनमें पहलेके विषयमें यह कहना कठिन है कि वह किस व्याकरणसे लिया गया है किन्तु दूसरा पाणिनीय व्याकरणका ही है [४।२।६९] क्योंकि उसका जैनेन्द्रगतपाठ 'तस्य निवासादूरभवौ' रूपमें मिलता है [सर्वार्थसिद्धि प्रस्तावना पृष्ठ ५०]। पूज्यपादने न केवल नवीन व्याकरण सूत्रोंकी रचना की, वरन् उनपर जैनेन्द्रन्यास भी बनाया था। उन्होंने पाणिनीय सूत्रों पर शब्दावतार न्यास भी लिखा था किन्तु अभी तक ये दोनों ग्रन्थ उपलब्ध नहीं हुए हैं। इसमें सन्देह नहीं कि आचार्य पूज्यपाद पाणिनीय व्याकरण, कात्यायनके वार्तिक और पतञ्जलिके भाष्यके पूर्ण मर्मज्ञ थे, एवं जैनधर्म और दर्शनपर भी उनका असामान्य अधिकार था। वे गुप्तयुगके प्रतिभाशाली महान् साहित्यकार थे जिनका तत्कालीन प्रभाव कोंकणके नरेशोंपर था, किन्तु कालान्तरमें जो सारे देशकी विभूति बन गये।

काशी विश्वविद्यालय
५ जून १९५६

दो शब्द

मुग्धबोध व्याकरणके रचयिता बोपदेवके नामसे एक श्लोक प्रसिद्ध है; यथा—

"इन्द्रश्चन्द्रः काशकृत्स्नापिशली शाकटायनः।
पाणिन्यमरजैनेन्द्रा जयन्त्यष्टौ च शाब्दिकाः॥"

इसमें मुख्य आठ व्याकरणोंके साथ जैनेन्द्र व्याकरणका भी उल्लेख है। इस समय यद्यपि इस व्याकरणका पूर्ण रूपसे अध्ययनाध्यापन आदिमें उपयोग नहीं दिखाई देता तथापि ऐतिहासिक तथा सांस्कृतिक दृष्टिसे इसका अपना विशेष महत्त्व है। इतना होने पर भी जैनेन्द्रव्याकरणका कोई प्रामाणिक संस्करण अद्यावधि उपलब्ध न हो सका। लाजरस कम्पनी बनारसकी ओरसे इसका प्रकाशन हुआ भी तो भी वह अध्याय ३ पाद २ सूत्र ६० तकका ही हो सका। और इसलिए इस ग्रन्थके सर्वाङ्गपूर्ण सुन्दर प्रकाशनकी आवश्यकता बनी रही।

लगभग ८-१० वर्ष भारतीय ज्ञानपीठके अधिकारियोंका ध्यान इस कमीकी ओर आकृष्ट हुआ। फलस्वरूप इसके सम्पादनका गुरुतर कार्य इसके अधिकारी विद्वान् श्री पं० शम्भुनाथ जी त्रिपाठी व्याकरणाचार्य सप्ततीर्थको सौंपा गया। श्री त्रिपाठीजीने इसका पूरा प्रामाणिक सम्पादन करनेका प्रयत्न तो किया किन्तु प्रेसमें देनेके पूर्व ही वे यहाँसे चले गये और उन्होंने यहाँ आनेका विचार ही त्याग दिया। तब भी ज्ञानपीठके सुयोग्य मन्त्री श्री अयोध्याप्रसाद जी गोयलीयने अपने प्रयत्नमें कमी न आने दी। उन्होंने सूचित किया कि यदि त्रिपाठी जी यहाँ नहीं आ सकते हैं तो आप इसे उनके पास ले जाकर सम्पादन सम्बन्धी सारी बातें समझ लीजिए और इसे पूर्ण निर्दोष बनाकर प्रकाशनके लिए दे दीजिए। तदनुसार मैं त्रिपाठी जीके मूल निवासस्थान दोस्तपुर [फैजाबाद] भी गया किन्तु उनसे साक्षात् भेंट न हो सकनेके कारण मन्त्री जीकी सम्मतिसे मुझे ही इस कार्यमें लग जाना पड़ा। अभी तक सम्पादित होकर मेरे नामसे कोई ग्रन्थ प्रकाशित तो नहीं हुआ है फिर भी ज्ञानपीठमें रहते हुए मैंने जो सम्पादन सम्बन्धी ज्ञान प्राप्त किया है उसपर विश्वास करके मैंने माननीय मन्त्रीजी, श्री पं० फूलचन्द्र जी सिद्धान्तशास्त्री एवं डा० वासुदेवशरण अग्रवालके उत्साहपूर्ण आदेशसे यह कार्य अपने हाथमें ले लिया। 'अनन्तपारं किल शब्दशास्त्रम्' इस वचनके अनुसार यह शब्दशास्त्र अनन्त और अगाध है—इसका पार पाना कठिन है; फिर भी त्रिपाठी जी द्वारा किये गये सम्पादनरूप सेतुके रहनेसे उसपरसे चलनेमें मुझे विशेष कठिनाईका अनुभव नहीं करना पड़ा। इन सब प्रयत्नोंके फलस्वरूप जो भी कार्य हुआ है वह सामने है।

सम्पादनकी विशेषताएँ

यह तो पहले ही निर्देश कर आये हैं कि इसका सर्वप्रथम सम्पादन श्रीमान् त्रिपाठी जीने किया था। उन्होंने भाण्डारकर इन्स्टीट्यूट पूना और स्याद्वाद विद्यालय काशीकी हस्तलिखित प्रतियों तथा लाजरस कम्पनी बनारसकी मुद्रित प्रतिके आधारसे प्रस्तुत संस्करणका सम्पादन किया है। प्रतियोंका परिचय ग्रन्थमें अन्यत्र दिया है। यद्यपि उपर्युक्त सभी प्रतियोंमें वृत्तिमें आये हुए सूत्रोंकी अध्याय व पादके अनुसार संख्याका उल्लेख नहीं किया है तथापि आवश्यक समझकर [ ] कोष्ठकमें उन्होंने उसका निर्देश कर दिया था जिसमें हमें बहुत कुछ संशोधन भी करना पड़ा है।

प्रायः सब प्रतियोंमें कुछ पाठ त्रुटित व अशुद्ध हो गये हैं। इस सम्बन्धमें वहाँ अशुद्ध पाठको वैसा ही रखकर उसके सामने अन्य ग्रन्थोंके आधारसे शुद्ध पाठ देनेका प्रयास किया गया है; यथा—'अनियता [नियतवृत्तयः] उत्सेधजीविनः', 'दृशोर [दृश्यमानेन] सम्भाव्यमानेन' [पृष्ठ १०३] आदि।

वृत्तिमें प्रायः वार्तिकों और परिभाषाओंका उल्लेख किया गया है। उनके परिज्ञानके लिए वार्तिकोंके अन्तमें [वा०] तथा परिभाषाओंके अन्तमें [प०] या [परि०] ऐसा संकेतात्मक निर्देश कर दिया है।

यह तो मानी हुई बात है कि श्रीमान् त्रिपाठीजीने इसके सम्पादनमें बहुत श्रम किया है तथापि हमें जो अन्य विशेषताएँ लानी पड़ी हैं उनका विवरण इस प्रकार है—

१. किसी भी उपलब्ध प्रतिमें अध्याय व पादके साथ सूत्रसंख्या नहीं दी गई थी, किन्तु आवश्यक समझकर हमने अध्याय तथा पादकी संख्याका प्रत्येक सूत्रके साथ उल्लेख कर दिया है।

२. अध्याय ४ तथा ५ में अनेक स्थलों पर सूत्र तथा उनकी वृत्ति खण्डित है। हमने उन स्थलों पर मुद्रित जैनेन्द्र पञ्चाध्यायीके अनुसार सूत्रपाठ देकर उसे पूर्ण करने का प्रयत्न किया है।

३. श्री त्रिपाठीजीने परिशिष्ट तैयार नहीं किये थे जिनकी पूर्ति हमें करनी पड़ी है। जो परिशिष्ट दिये गये हैं वे ये हैं—[१] जैनेन्द्र सूत्रोंकी अकारादि अनुक्रमणिका, [२] जैनेन्द्र वार्तिकोंकी अकारादि अनुक्रमणिका, [३] जैनेन्द्र परिभाषाओंकी अकारादि अनुक्रमणिका, [५] जैनेन्द्र गणपाठ सूची, [५] जैनेन्द्र संज्ञा सूची [इस सूचीमें विद्वानोंकी जानकारीके लिए जैनेन्द्र संज्ञाओंके साथ तत्समकक्ष पाणिनि संज्ञाओंका भी उल्लेख कर दिया है], [६] जैनेन्द्र तथा पाणिनिके सूत्रोंकी तुलनात्मक सूत्र-सूची और [७] जैनेन्द्रधुपाठ।

प्रत्याहार-विचार

उपलब्ध किसी भी प्रतिमें प्रत्याहार-सूत्रोंका उल्लेख नहीं मिलता। मालूम पड़ता है कि जैनेन्द्र व्याकरणमें लेखक-परम्पराकी भूलसे उनका उल्लेख होना छूट गया है, क्योंकि शब्दानुशासनके सूत्रोंमें प्रत्याहारोंका आश्रय लेकर शास्त्रोंकी प्रवृत्ति दिखलाई गई है। इस समय हमारे सामने दो प्रकारके प्रत्याहार-सूत्र उपस्थित हैं-प्रथम पञ्चाध्यायीके आरम्भमें आये हुए और दूसरे शब्दार्णवचन्द्रिकाके आरम्भमें आये हुए।

पञ्चाध्यायीके प्रारम्भमें आये हुए प्रत्याहार-सूत्र ये हैं—

"अइउण् १। ऋलृक् २। एओङ् ३। ऐऔच् ४। हयवरट् ५। लण् ६। ञमङणनम् ७। झभञ् ८। घढधष् ९। जबगडदश् १०। खफछठथचटतव् ११। कपय् १२। शषसर् १३। हल् १४।"

किन्तु शब्दार्णवचन्द्रिकामें आये हुए प्रत्याहार-सूत्रोंमें पञ्चाध्यायीके प्रत्याहार-सूत्रोंसे कुछ अन्तर है। यहाँ पर द्वैविध्यका ठीक तरहसे ज्ञान करानेके लिए शब्दार्णवचन्द्रिकाके प्रत्याहार-सूत्र भी दिये जाते हैं—

"अइउण् १। ऋक् २। एओङ् ३। ऐऔच् ४। हयवरलण् ५। ञमङणनम् ६। झभञ् ७। घढधष् ८। जबगडदश् ९। खफछठथचटतव् १०। कपय् ११। शषस अं अः ≍क ≍पर् १२। हल् १३।"

शब्दार्णवके ये प्रत्याहार-सूत्र शाटकायनके प्रत्याहारसूत्रोंसे बहुत कुछ साम्य रखते हैं। जानकारीके लिए शाकटायनके प्रत्याहार-सूत्र भी यहाँ उद्धृत किये जाते हैं—

"अइउण् १। ऋक् २। एओङ् ३। ऐऔच् ४। हयवरलञ् ५। ञमङणनम् ६। जबगडदश् ७। झभघढधष् ८। खफछठथट् ९। चटतव् १०। कपय् ११। शषस अं अः ≍क ≍पर् १२। हल् १३।"

यह तो सुनिश्चित है कि महावृत्तिके आधारसे पञ्चाध्यायीमें जो सूत्रपाठ उपलब्ध होता है उससे शब्दार्णव चन्द्रिकाका सूत्रपाठ बहुत अंशमें भिन्न है और इसी सूत्रपाठके अनुसार प्रत्याहार-सूत्रोंमें अन्तर हुआ है; उदाहरणार्थ—सन्धिसूत्रोंमें पञ्चाध्यायीमें 'शश्छोऽटि' [५। ४। १७३] सूत्र आता है उसके अनुसार अट् प्रत्याहारके परे रहते 'श' के स्थानमें 'छ' आदेश होता है किन्तु शब्दार्णवकारने उसके स्थानमें **'शश्छोऽमि'** [५। ४। १५६] सूत्रको रखकर अट् प्रत्याहारको नहीं माना है और इसलिए **'हयवरट्, लण्'** इन दो सूत्रोंके स्थानमें शब्दार्णवकारने **'हयवरलण्'** यह एक ही प्रत्याहार-सूत्र माना है। इसी प्रकार अन्यत्र भी अट् प्रत्याहारके निमित्तसे होनेवाले कार्योंमें शब्दार्णवकारने अन्य प्रकारसे निर्वाह करनेका प्रयास किया है।

ऋ और लृ में अभेद मानकर **'ऋलृक्'** के स्थानमें शब्दार्णवकारने 'ऋक्' प्रत्याहार-सूत्र रखा है।

अनुस्वार, विसर्ग, जिह्वामूलीय, उपध्मानीय तथा यमकी व्याकरण शास्त्रमें अयोगवाह संज्ञा है। पाणिनिके प्रत्याहार-सूत्रोंमें तथा जैनेन्द्र-पञ्चाध्यायीगत प्रत्याहार-सूत्रोंमें इनका उल्लेख नहीं है किन्तु शब्दार्णववाले पाठमें अयोगवाहका भी शर् प्रत्याहारके अन्तर्गत समावेश किया है। शाकटायन व्याकरणके प्रत्याहार-सूत्रोंसे शब्दार्णवके प्रत्याहार-सूत्र बहुत कुछ साम्य रखते हैं। ज्ञात होता है कि शब्दार्णवकारने शाकटायन व्याकरणके सूत्रोंके आधारसे ही अपने प्रत्याहार-सूत्रोंकी रचना करके तदनुसार ही जैनेन्द्र शब्दानुशासनके सूत्रोंमें परिवर्तन या परिवर्धन किया हो। सिद्धान्तकौमुदीके हल्सन्धि प्रकरणमें एक वाक्य मिलता है—**"अनुस्वारविसर्गजिह्वामूलीयोपध्मानीययमानामकारोपरि शर्षु च पाठस्योपसंख्यानत्वेन···"**। ज्ञात होता है कि शाकटायन तथा शब्दार्णवके प्रत्याहार-सूत्रोंको ध्यानमें रखकर ही भट्टोजिदीक्षितने उपर्युक्त वाक्य लिखा हो।

सात विभक्तियोंका विचार

साधारणतया पाणिनीय अष्टाध्यायी सूत्रपाठमें ७ विभक्तियोंके लिए प्रथमा, द्वितीया, तृतीया आदि शब्दोंका ही निर्देश किया है। पृथक् किन्हीं संज्ञाओंका निर्देश नहीं किया है, किन्तु जैनेन्द्रकारने **'विभक्ती'** शब्दके प्रत्येक अक्षरको अलग करके स्वरके आगे 'प्' और व्यञ्जनके आगे 'आ' जोड़कर सात विभक्तियोंकी संज्ञा निर्दिष्ट की है: यथा—'वा' [प्रथमा], इप् [द्वितीया], भा [तृतीया], अप् [चतुर्थी], का [पञ्चमी], ता [षष्ठी] और ईप् [सप्तमी]। इस प्रकार 'विभक्ती' शब्दके आधारसे ही इन संज्ञाओंका उल्लेख अन्यत्र कहीं देखनेमें नहीं आता।

जैनेन्द्र व्याकरण सम्बन्धी अनेक विशेषताएँ

१. पाणिनीय अष्टाध्यायीमें वैदिक एवं स्वरप्रक्रिया इन दो प्रकरणोंके सूत्रोंका स्वतन्त्र रूपसे उल्लेख है किन्तु जनेन्द्रकारने इन दोनों प्रकारणोंके सूत्रोंका उल्लेख नहीं किया है। क्योंकि वैदिक शब्दों व प्रयोगोंकी सिद्धि और स्वरविधानका प्रश्न जैनेन्द्रकारके समक्ष उपस्थित नहीं था।

२. पाणिनीय व्याकरणमें एकशेष प्रकरणके सूत्रोंका स्वतन्त्र रूपसे उल्लेख है। किन्तु जैनेन्द्रकार इस प्रकरणके सूत्रोंकी आवश्यकताका अनुभव नहीं करते हुए मालूम देते हैं। उन्होंने इस प्रकरणको ध्यानमें रखकर **'स्वाभाविकत्वादभिधानस्यैकशेषानारम्भः'** इस सूत्रकी रचना की है। इससे विदित होता है कि उनका मत रहा है कि लोक-व्यवहारमें जो चीज आबाल वृद्ध प्रचलित है उसे सूत्रबद्ध निर्देश करके शास्त्रके कलेवरको बढ़ाना उचित नहीं है। और इसी लिए उन्होंने एकशेष प्रकरणको नहीं रखा है।

३. पाणिनीय व्याकरणसे सम्बद्ध स्वतन्त्र रूपसे चार प्रकरण मिलते हैं—लिङ्गानुशासन, पाणिनीय शिक्षा, धातुपाठ और गणपाठ। यह कह सकना तो कठिन है कि इन सबका निर्माण स्वयं पाणिनिने किया होगा। उदाहरणार्थ—पाणिनीय शिक्षाको ही लीजिए। इसके प्रारम्भके प्रथम श्लोकमें कहा है—**'अथ शिक्षां प्रवक्ष्यामि पाणिनीयं मतं यथा।'** अर्थात् पाणिनिके मतानुसार शिक्षाका निरूपण करते हैं। तथा इसी प्रकरणके अन्तमें एकाधिक बार पाणिनिके लिए नमस्कार भी किया गया है। इसलिए बहुत सम्भव है कि इस प्रकरणका संकलन पाणिनीय व्याकरणको आधार मानकर किसी अन्य समर्थ विद्वान्ने किया हो। स्वामी दयानन्द सरस्वतीने विक्रम संवत् १९३६ में 'वर्णोच्चारण शिक्षा' के नामसे भाषानुवाद सहित एक पुस्तिका प्रकाशित की थी, उसमें उन्होंने किसी प्राचीन प्रतिके आधारसे पाणिनीय शिक्षा-सूत्रोंका संकलन किया था। बहुत सम्भव है कि ये शिक्षासूत्र ही वर्तमान श्लोकबद्ध पाणिनीय शिक्षाके आधार रहे हों।

४. पाणिनीन लिङ्गानुशासनका समावेश अष्टाध्यायीमें नहीं किया गया है। उपलब्ध पाणिनीय लिङ्गानुशासनमें कुल १८१ सूत्र हैं। उनमें कुछ ऐसे भी सूत्र हैं जो अष्टाध्यायीमें भी उपलब्ध होते हैं; परन्तु अधिकतर सूत्र अष्टाध्यायीसे सम्बन्ध नहीं रखते। इन सूत्रोंका निर्माण किसने किया यह प्रश्न विचारणीय है। बहुत सम्भव है कि पाणिनि व्याकरणमें शब्दसिद्धिके आधार पर अन्य किसी विद्वान्ने लिङ्गानुशासनको सूत्रबद्ध कर दिया हो।

जैनेन्द्र व्याकरणमें लिङ्गानुशासन तथा जैनेन्द्र शिक्षा नामके तो प्रकरण अभी तक उपलब्ध नहीं हुए।

५. **'भूवादयो धातवः'** [१।३।१] **'अदिप्रभृतिभ्यः शपः'** [२।४।७२] इत्यादि सूत्रों द्वारा गणशः प्रत्यय-विधान तथा **'इदितो नुम् धातोः'** [७।१।५८], **ह्मयन्तक्षणश्वसजागृणिश्व्येदिताम्'** [७।२।५], **'रुदश्च पञ्चभ्यः'** [७।३।९८] आदि सूत्रों द्वारा अनुबन्ध तथा गणपाठका आश्रय लेकर धातुओंसे कार्य विधान किया गया है। इसी प्रकार गणपाठका आश्रय लेकर भी प्रकृति-प्रत्ययका विधान किया हुआ है, इससे यह सुनिश्चित है कि पाणिनिके समक्ष उनके स्वनिर्मित गणपाठ और धातुपाठ अवश्य ही विद्यमान थे।

यही स्थिति जैनेद्र धातुपाठ तथा गणपाठके विषयमें भी है। वहाँ भी **'भूवादयो धुः'** [१।२।१] **'उज्जुहोत्यादिभ्यः'** [१।४।१४५] **'इदिद्धोर्नुम्'** [५।१।३७] आदि सूत्रों-द्वारा धातुओंसे संज्ञा, प्रत्यय और आगम एवं आदेश आदिका विधान किया गया है। तथा गणपाठके निमित्तसे भी शास्त्र प्रवृत्ति देखी जाती है।

अतः सुनिश्चत है कि जैनेन्द्रके समत्त भी अपने स्वरचित धातुपाठ तथा गणपाठ अवश्य रहे होंगे किन्तु कालक्रम वे आज अनुपलब्ध हो गये हैं।

६. पाणिनि व्याकरणमें उणादि-सिद्ध कार्योंके लिए **"उणादयो बहुलम्"** [३।३।१] सूत्र आता है। जैनेन्द्र व्याकरणमें भी इसी रूपमें इस सूत्रका उल्लेख है [२।२।१६]। इन दोनों मूल व्याकरणोंमें इस प्रकरणमें आये हुए प्रयोगोंकी सिद्धिके विषयमें इससे अधिक कुछ नहीं कहा गया है। मात्र जैनेन्द्र महावृत्तिमें इस सूत्रकी व्याख्या करते समय कुछ सूत्रोंके उल्लेखके साथ उनके द्वारा सिद्ध होनेवाले प्रयोगोंके कतिपय प्रकार दिखलाये गये हैं। यह निश्चित कहना कठिन है कि जैनेन्द्र महावृत्तिमें ये उणादि सूत्र कहाँ से आये। यदि इन्हें जैनेन्द्रकारका माना जाय तो शंका होती है कि पञ्चाध्यायीमें इनका संकलन क्यों नहीं हुआ ? यद्यपि महावृत्तिमें उल्लिखित उणादि सूत्रोंमें कहीं-कहीं जैनेन्द्रव्याकरणकी संज्ञाओंका प्रयोग किया हुआ दिखाई देता है यथा **'अस् सर्वधुभ्यः'** [पृष्ठ १७]; पर जबतक कोई निश्चित आधार नहीं मिलता तबतक इन सूत्रोंको स्वयं जैनेन्द्रकारका मान लेनेको मन नहीं होता। उणादि प्रकरणका संकलन करते हुए भट्टोजिदीक्षितने सिद्धान्तकौमुदीमें ७५५ सूत्र प्रमाण पञ्चपादी उणादि सूत्रोंकी सोदाहरण व्याख्या दी है। किन्तु पाणिनिकी अष्टाध्यायीमें ये सूत्र उपलब्ध नहीं होते। उणादिका निर्देश करनेवाला **'उणादयो बहुलम्' [३।३।१]** सूत्र अष्टाध्यायीमें उपलब्ध होता है किन्तु उसका संकलन भट्टोजिदीक्षितने उणादि प्रक्रियामें न करके उत्तर कृदन्तमें किया है। विद्वानोंका मत है कि ये उणादिसूत्र शाकटायन प्रणीत हैं जिनके समयका उल्लेख करते हुए श्रीयुधिष्ठिर मीमांसकने लिखा है कि **'इनका काल विक्रमसे लगभग ३१०० वर्ष पूर्व होगा'**। [संस्कृत व्याकरणशास्त्रका इतिहास पृष्ठ ११६]

पातञ्जल महाभाष्यमें एक वाक्य मिलता है; यथा—**'नाम च धातुजमाह निरुक्ते व्याकरणे शकटस्य च तोकः।'**

इसका आशय यह है कि 'निरुक्तमें सभी संज्ञाशब्दोंको धातुज कहा है और व्याकरण शास्त्रमें शकटके पुत्र [शाकटायन] भी ऐसा ही कहते हैं।' इससे मालूम पड़ता है कि शाटकायन विरचित कोई ऐसा प्रकरण अवश्य रहा होगा जिसमें धातुओंके निमित्तसे प्रत्यय विधान करके संज्ञाशब्दोंकी सिद्धि की गई हो। वह प्रकरण उणादिके सिवा और क्या हो सकता है ? उणादिके दशपादी तथा त्रिपादी पाठ भी उपलब्ध होते हैं। [विशेष विवरणके लिए इसी ग्रन्थमें प्रकाशित श्री युधिष्ठिर मीमांसकका 'जैनेन्द्र शब्दानुशान और उसके खिलपाठ' शीर्षक निबन्ध देखिए]।

श्री डा० वासुदेवशरणजी अग्रवालने ज्ञानपीठके अनुरोधसे इसकी अनुसन्धानपूर्ण भूमिका लिखकर इसके महत्त्वको बढ़ानेकी कृपा की तथा इनके ही अनुरोधसे ऐतिहासिक सामग्रीकी पूर्णताके लिए श्री पं० नाथूरामजी प्रेमीने अपने 'जैन साहित्य और इतिहास' में मुद्रित 'देवनन्दि तथा उनका जैनेन्द्र व्याकरण' शीर्षक गवेषणापूर्ण निबन्ध छापनेकी अनुमति-पूर्वक उसके दूसरे संस्करणके फार्म भिजवानेकी कृपा की जिससे ग्रन्थकारके विषयमें ऐतिहासिक अन्वेषणके कठिन कार्यसे मुझे छुट्टी मिल गई। श्री युधिष्ठिर मीमांसकने भी 'जैनेन्द्रशब्दानुशासन तथा उसके खिलपाठ' शीर्षक अनुसन्धानपूर्ण निबन्ध लिखकर हमारी बहुत बड़ी सहायता की है। इतना ही नहीं, उन्होंने, प्रस्तुत संस्करणमें जो थोड़ी बहुत त्रुटियाँ रह गई हैं, उनका उल्लेख करके आत्मीयतापूर्वक सौहार्द भी प्रदर्शित किया है। अतः उक्त तीनों विद्वानोंका विशेष आभारी हूँ।

श्री पं० फूलचन्द्र जी सिद्धान्तशास्त्रीने भी समय समय पर उपयोगी सुझाव देकर इस ग्रन्थको शुद्ध, सर्वाङ्गपूर्ण तथा सर्वोपयोगी बनानेमें सहायता दी तथा मेरे उत्साहको बढ़ाया इसलिए मैं उनका भी विशेष आभारी हूँ।

कार्य बहुत बड़ा था और सम्पादनका मेरा यह पहला अवसर है, इसलिए सम्भव है कि इसमें अभी भी कुछ दोष रह गये हों। मेरा विश्वास है कि विद्वान् पाठक इसके लिए क्षमा करेंगे।

वाराणसी
दीपावली
वि० सं० २०१३

—महादेव चतुर्वेदी

देवनन्दिका जैनेन्द्र व्याकरण

लेखक :– श्री पं० नाथूरामजी प्रेमी

जैनेन्द्र और ऐन्द्र

मुग्धबोधकर्ता बोपदेवने जिन आठ वैयाकरणोंके नामोंका उल्लेख किया है, उनमें एक 'जैनेन्द्र' भी है[1]। ये जैनेन्द्र अथवा जैनेन्द्र व्याकरणके कर्त्ता कौन थे इस विषयमें इतिहासज्ञोंमें कुछ समय तक बड़ा विवाद चला था। डॉ० कीलहार्नने इसे जिनदेव अथवा भगवान् महावीरद्वारा इन्द्रके लिए कहा गया बतलाया[2] और इसके सुबूतमें उन्होंने कल्पसूत्रकी समयसुन्दरकृत टीका, और लक्ष्मीवल्लभकृत उपदेशमाला-कर्णिकाका यह उल्लेख पेश किया था कि जिनदेव महावीर जिस समय आठ वर्षके थे उस समय इन्द्रने शब्दलक्षणसंबंधी कुछ प्रश्न किये और उनके उत्तररूप यह व्याकरण बतलाया गया, इसलिए इसका नाम जैनेन्द्र पड़ा[3]।

श्वेताम्बरसम्प्रदायके और भी कई ग्रन्थोंमें इस प्रकारके उल्लेख मिलते हैं। कल्पसूत्रकी विनयविजय-कृत सुबोधिका टीकामें लिखा है कि भगवान्‌को माता-पिताने पाठशालामें गुरुके पास पढ़नेके लिए भेजा है, यह जानकर इन्द्र स्वर्गसे आया और पण्डितके घर, जहाँ भगवान् थे वहाँ, गया। उसने भगवान्‌से पण्डितके मनमें जो जो सन्देह थे, उन सबको पूछा। जब सब लोग यह सुननेके लिए उत्कर्ण हो रहे थे कि देखें यह बालक क्या उत्तर देता है, तब भगवान् वीरने सब प्रश्नोंके उत्तर दिये, और तब 'जैनेन्द्र व्याकरण' बना।

परन्तु इस प्रसंगके वे सब उल्लेख अपेक्षाकृत अर्वाचीन ही हैं जिनमें भगवान्‌के उत्तररूप इस व्याकरणका नाम 'जैनेन्द्र' बतलाया है। प्राचीन उल्लेखोंमें इसका नाम जैनेन्द्रकी जगह 'ऐन्द्र' प्रकट किया है; जैसा कि आवश्यकसूत्रकी हारिभद्रीयवृत्तिके पृष्ठ १८२ में लिखा है[5]।

इसी प्रकार सुप्रसिद्ध आचार्य हेमचन्द्रने अपने योगशास्त्रके प्रथम प्रकाशमें लिखा है कि भगवान्‌ने

---

१. इन्द्रश्चन्द्रः काशकृत्स्नापिशली शाकटायनः।
पाणिन्यमरजैनेन्द्राः जयन्त्यष्टौ च शाब्दिकाः॥—धातुपाठ

२. इंडियन एन्टिक्वेरी १०, पृ० २५१।

३. यदिन्द्राय जिनेन्द्रेण कौमारेऽपि निरूपितम्। ऐन्द्रं जैनेन्द्रमिति तत्प्राहुः शब्दानुशासनम्॥

४. [शक्रः] यत्र भगवान् तिष्ठति तत्र पण्डितगेहे समाजगाम। आगत्य च पण्डितयोग्ये आसने भगवन्तमुपवेश्य पण्डितमनोगतान् सन्देहान् पप्रच्छ, श्रीवीरोऽपि बालोऽयं किं वक्ष्यतीत्युत्कर्णेषु सकललोकेषु सर्वाणि उत्तराणि ददौ, ततो 'जैनेन्द्रव्याकरणं' जज्ञे। यतः—

सक्को य तस्समक्खं भगवंतं आसणे निवेसित्ता। सद्दस्स लक्खणं पुच्छे वागरणअवयवा इंदं॥

५. शक्रः तत्समक्षं लेखाचार्यसमक्षं भगवन्तं तीर्थंकरं आसने निवेश्य शब्दस्य लक्षणं पृच्छति। भगवता च व्याकरणं अभ्यधायि। व्याक्रियन्ते लौकिक-सामायिकाः शब्दाः अनेन इति व्याकरणं शब्दशास्त्रम्। तदवयवाः केचन उपाध्यायेन गृहीताः, ततश्च ऐन्द्रं व्याकरणं संजातम्।

६. मातापितृभ्यामन्येद्युः प्रारब्धेऽध्यापनोत्सवे। आः सर्वज्ञस्य शिष्यत्वमितीन्द्रस्तमुपास्थितः॥ ५६॥
उपाध्यायासने तस्मिन्वासवेनोपवेशितः। प्रणम्य प्रार्थितः स्वामी शब्दपारायणं जगौ॥ ५७॥
इदं भगवतेन्द्राय प्रोक्तं शब्दानुशासनम्। उपाध्यायेन तच्छ्रुत्वा लोकेष्वैन्द्रमितीरितम्॥ ५८॥

इन्द्रके लिए जो शब्दानुशासन कहा, उपाध्यायने उसे सुनकर लोकमें 'ऐन्द्र' नामसे प्रकट किया। अर्थात् इन्द्रके लिए जो व्याकरण कहा गया, उसका नाम 'ऐन्द्र' हुआ[1]।

प्राचीन कालमें इन्द्रनामक आचार्यका बनाया हुआ एक संस्कृत व्याकरण था[2]। उसका उल्लेख अनेक ग्रन्थोंमें मिलता है। ऊपर दिये हुए बोपदेवके श्लोकमें भी उसका नाम है। हरिवंशपुराणके कर्त्ताने देवनन्दिको 'इन्द्रचन्द्रार्कजैनेन्द्रव्यापिव्याकरणेक्षिणः' विशेषण दिया है। शब्दार्णवचन्द्रिकाकी ताड़पत्रवाली प्रतिमें, जो १३ वीं शताब्दीके लगभगकी लिखी हुई मालूम होती है, 'इन्द्रश्चन्द्रः शकटतनयः' आदि श्लोकमें इन्द्रके व्याकरणका उल्लेख किया है। बहुत अधिक समय हुआ यह नष्ट हो गया है[3]। जब यह उपलब्ध ही नहीं है तब इसके विषयमें कुछ कहनेकी आवश्यकता प्रतीत नहीं होती। यद्यपि आजकलके समयमें इस बातपर कोई भी विद्वान् विश्वास नहीं कर सकता है कि भगवान् महावीरने भी कोई व्याकरण बनाया होगा और वह भी मागधी या प्राकृतका नहीं, किन्तु ब्राह्मणोंकी खास भाषा संस्कृतका। तो भी यह निस्सन्देह है कि वह व्याकरण 'जैनेन्द्र' नहीं था। यदि बनाया भी होगा तो वह 'ऐन्द्र' ही होगा। क्योंकि हरिभद्रसूरि और हेमचन्द्रसूरि उसीका उल्लेख करते हैं, जैनेन्द्रका नहीं। जान पड़ता है, विनयविजय और लक्ष्मीवल्लभने पीछेसे 'ऐन्द्र' को ही 'जैनेन्द्र' बना डाला है। उनके समयमें भी 'ऐन्द्र' अप्राप्य था, इसलिए उन्होंने प्राप्य 'जैनेन्द्र' को ही भगवान् महावीरकी कृति बतलाना विशेष सुकर और लाभप्रद सोचा।

हरिभद्रसूरि विक्रमकी आठवीं शताब्दिके और हेमचन्द्रसूरि तेरहवीं शताब्दिके विद्वान् हैं जिन्होंने 'ऐन्द्र' को भगवान्का व्याकरण बतलाया है; परंतु 'जैनेन्द्र' को भगवत्प्रणीत बतलानेवाले विनयविजय और लक्ष्मी-वल्लभ विक्रमकी अठारहवीं शताब्दिमें हुए हैं।

भगवद्वाग्वादिनी

विनयविजयजीके इस उल्लेखका अनुसरण करके उनके कुछ समय बाद वि० सं० १७९७ में किसी विद्वान्ने साक्षात् महावीर भगवान्का बनाया हुआ व्याकरण तैयार कर दिया और उसका दूसरा नाम 'भगवद्वाग्वादिनी' रक्खा!

इस भगवद्वाग्वादिनीकी एक प्रति भाण्डारकर रिसर्च इन्स्टिट्यूटमें है, जो तक्षक[4] नगरमें रत्नर्षि नामक लेखक द्वारा वि० सं० १७९७ में लिखी गई थी। इसकी पत्रसंख्या ३०, और श्लोकसंख्या ८०० है। प्रति बहुत शुद्ध है। जैनेन्द्रका सूत्रपाठ मात्र है और वह सूत्रपाठ है जिसपर शब्दार्णवचन्द्रिका टीका लिखी गई है। इस वाग्वादिनीके आविष्कारकने शक्ति भर इस बातको सिद्ध करनेका प्रयत्न किया है कि इसके कर्त्ता साक्षात् महावीर भगवान् हैं, दिगम्बरी देवनन्दि नहीं। उनकी सब युक्तियाँ हमने इस ग्रन्थके अन्तमें उद्धृत कर दी हैं। उन सबपर विचार करनेकी यहाँ आवश्यकता प्रतीत नहीं होती।

हमारा अनुमान है कि डॉ० कीलहार्नके हाथमें यह 'भगवद्वाग्वादिनी' की प्रति अवश्य पड़ी होगी और इसीकी कृपासे प्रेरित होकर उन्होंने अपना पूर्वोक्त लेख लिखा होगा। उनके लेखमें जो श्लोकादि प्रमाणस्वरूप दिये गये हैं वे भी सब इसी परसे लिये गये जान पड़ते हैं।

---

१. ऋक्तन्त्र (१-४) के अनुसार इन्द्रने प्रजापतिसे शब्दशास्त्रका अध्ययन किया था और यह उसीका अनुकरण मालूम होता है।

२. डॉ० ए० सी० बर्नेलने इन्द्रव्याकरणके विषयमें चीनी तिब्बतीय और भारतीय साहित्यमें जो उल्लेख मिलते हैं उनको संग्रह करके 'ओन दि ऐन्द्रस्कूल ऑफ संस्कृत ग्रामेरियन्स' नामकी एक बड़ी पुस्तक लिखी है।

३. "तेन प्रणष्टमैन्द्रं तदस्माद्व्याकरणं भुवि"—कथासरित्सागर, तरंग ४

४. जयपुर राज्यके 'टोडा रायसिंह' का पुराना नाम तक्षक नगर है।

डॉ० कीलहार्नके इस भ्रमको सबसे पहले स्व० डॉ० के० बी० पाठकने दूर किया और अब तो जैनेन्द्र व्याकरण काफी प्रसिद्ध हो गया है।

देवनन्दि और पूज्यपाद

श्रवणबेल्गोलके शिलालेख नं० ४० (६४) में लिखा है कि उनका पहला नाम देवनन्दि था, बुद्धिकी महत्ताके कारण वे जिनेन्द्रबुद्धि कहलाये और देवोंने उनके चरणोंकी पूजा की, इस कारण उनका नाम पूज्यपाद हुआ[1]।

मंगराज कविके शकसंवत् १३६५ के शिलालेख[2]से भी यही दो नाम प्रकट होते हैं।

जिनेन्द्रबुद्धि नामके एक और वैयाकरण हो गये हैं जिनका बनाया हुआ पाणिनि व्याकरणकी काशिका-वृत्तिपर एक न्यास है। वे बोधिसत्त्वदेशीयाचार्य या बौद्ध साधु थे।

देवनन्दिका संक्षिप्त नाम 'देव' भी था। जिनसेन[3] और वादिराज[4]सूरिने इन्हें इसी संक्षिप्त नामसे स्मरण किया है।

अनेक लेखकोंने उन्हें केवल देवनन्दि नामसे और केवल पूज्यपाद नामसे स्मरण किया है और दोनों नामोंसे उन्हें वैयाकरण माना है।

महाकवि धनंजयकी नाममालामें एक श्लोक है जिसमें पूज्यपादको लक्षण-ग्रन्थ (व्याकरण) का कर्ता माना है[5]।

जैनेन्द्रकी प्रत्येक हस्तलिखित प्रतिके प्रारंभमें जो श्लोक मिलता है, उसमें ग्रन्थकर्त्ताने 'देवनन्दितपूजेशं' पदमें जो कि भगवान्का विशेषण है अपना नाम भी प्रकट कर दिया है[6]। संस्कृत प्राकृत ग्रन्थोंके मंगलाचरणोंमें

---

१. यो देवनन्दिप्रथमाभिधानो बुद्ध्या महत्या स जिनेन्द्रबुद्धिः ॥२॥
श्रीपूज्यपादोऽजनि देवताभिर्यत्पूजितं पादयुगं यदीयम् ॥३॥
जैनेन्द्रं निजशब्दभागनतुलं सर्वार्थसिद्धिः परा
सिद्धान्ते निपुणत्वमुद्धकवितां जैनाभिषेकः स्वकः।
छन्दः सूक्ष्मधियं समाधिशतकं स्वास्थ्यं यदीयं विदा-
माख्यातीह स पूज्यपादमुनिपः पूज्यो मुनीनां गणैः ॥४॥

२. श्रीपूज्यपादोद्धृतधर्मराज्यस्ततः सुराधीश्वरपूज्यपादः।
यदीयवैदुष्यगुणानिदानीं वदन्ति शास्त्राणि तदुद्धृतानि ॥ १५ ॥
धृतविश्वबुद्धिरयमत्र योगिभिः कृतकृत्यभावमनुबिभ्रदुच्चकैः।
जिनवद्बभूव यदनङ्गचापहृत्स जिनेन्द्रबुद्धिरिति साधुवर्णितः ॥ १६ ॥
श्रीपूज्यपादमुनिरप्रतिमौषधर्द्धिर्जीयाद्विदेहजिनदर्शनपूतगात्रः।
यत्पादधौतजलसंस्पर्शप्रभावात् कालायसं किल तदा कनकीचकार ॥ १७ ॥

३. कवीनां तीर्थकृद्देवः किं तरां तत्र वर्ण्यते। विदुषां वाङ्मलध्वंसि तीर्थं यस्य वचोमयम् ॥ ५२ ॥
—आदिपुराण प्र० पर्व

४. अचिन्त्यमहिमा देवः सोऽभिवंद्यो हितैषिणा। शब्दाश्च येन सिद्ध्यन्ति साधुत्वं प्रतिलंभिताः ॥१८॥
—पार्श्वनाथचरित प्र० सर्ग

५. प्रमाणमकलंकस्य पूज्यपादस्य लक्षणम्। धनंजयकवेः काव्यं रत्नत्रयमपश्चिमम् ॥ २० ॥

६. लक्ष्मीरात्यन्तिकी यस्य निरवद्याऽवभासते। देवनन्दितपूजेशं नमस्तस्मै स्वयंभुवे ॥

यह पद्धति अनेक विद्वानोंने स्वीकार की है[1]। इससे स्वयं ग्रन्थकर्ताके वचनोंसे भी जैनेन्द्रके कर्ता 'देवनन्दि' ठहरते हैं।

गणरत्नमहोदधिके कर्ता वर्धमान और हैम शब्दानुशासनके लघुन्यास बनानेवाले कनकप्रभ भी जैनेन्द्र व्याकरणके कर्ताका नाम देवनन्दि ही बतलाते हैं। अतः अब इस विषयमें किसी प्रकारका कोई सन्देह बाकी नहीं रह गया कि यह व्याकरण देवनन्दि या पूज्यपादका बनाया हुआ है।

दो तरहके सूत्र-पाठ

जैनेन्द्र व्याकरणके मूल सूत्र-पाठ दो प्रकारके उपलब्ध हैं—एक तो वह जिसपर आचार्य अभयनन्दिकी 'महावृत्ति' तथा श्रुतकीर्तिकृत 'पञ्चवस्तु' नामकी प्रक्रिया है; और दूसरा वह जिसपर सोमदेवसूरिकृत 'शब्दार्णव-चन्द्रिका' और गुणनन्दिकृत 'प्रक्रिया' है। पहले प्रकारके पाठमें लगभग ३००० और दूसरेमें लगभग ३७०० सूत्र हैं, अर्थात् एकसे दूसरेमें कोई ७०० सूत्र अधिक हैं, और जो ३००० सूत्र हैं वे भी दोनोंमें एकसे नहीं हैं। अर्थात् दूसरे सूत्रपाठमें पहले सूत्र-पाठके सैकड़ों सूत्र परिवर्तित और परिवर्धित भी किये गये हैं। पहले प्रकारका सूत्र-पाठ पाणिनीय सूत्र-पाठके ढंगका है, वर्तमान दृष्टिसे वह कुछ अपूर्ण-सा जान पड़ता है और इसी लिए महावृत्तिमें बहुतसे वार्तिक तथा उपसंख्यान आदि बनाकर उसकी पूर्णता की गई दिखलाई देती है, जब कि दूसरा पाठ प्रायः पूर्ण-सा जान पड़ता है और इसी कारण उसकी टीकाओंमें वार्तिक आदि नहीं दिखलाई देते। दोनों पाठोंमें बहुत-सी संज्ञाएँ भी भिन्न प्रकारकी हैं।

इन भिन्नताओंके होते हुए भी दोनों पाठोंमें समानताकी भी कमी नहीं है। दोनोंके अधिकांश सूत्र समान हैं, दोनोंके प्रारंभका मंगलाचरण बिलकुल एक है और दोनोंके कर्ताओंका नाम भी देवनन्दि या पूज्य-पाद लिखा हुआ मिलता है।

असली सूत्रपाठ

अब प्रश्न यह है कि इन दोनोंमेंसे स्वयं देवनन्दि या पूज्यपादका बनाया हुआ असली सूत्र-पाठ कौन-सा है?

हमारे खयालमें आचार्य देवनन्दि या पूज्यपादका बनाया हुआ सूत्र-पाठ वही है जिसपर अभयनन्दिने अपनी महावृत्ति लिखी है। यह सूत्रपाठ उस समयतक तो ठीक समझा जाता रहा जब तक शाकटायन व्याकरण नहीं बना। शायद शाकटायनको भी जैनेन्द्रके होते हुए एक जुदा जैन व्याकरण बनानेकी आवश्यकता इसीलिए महसूस हुई कि जैनेन्द्र अपूर्ण है, और इसलिए बिना वार्तिकों और उपसंख्यानों आदिके उससे काम नहीं चल सकता, परन्तु जब शाकटायन जैसा सर्वाङ्गपूर्ण व्याकरण बन चुका, तब जैनेन्द्र व्याकरणके भक्तोंको उसकी त्रुटियाँ खटकने लगीं और उनमेंसे आचार्य गुणनन्दिने उसे सर्वांगपूर्ण बनानेका प्रयत्न किया। इस प्रयत्नका फल ही यह दूसरा सूत्र-पाठ है जिसपर सोमदेवकी शब्दार्णव-चन्द्रिका रची गई है। इस सूत्र पाठको बारीकीके साथ देखनेसे मालूम पड़ता है कि गुणनन्दिके समय तक व्याकरण-सिद्ध जितने प्रयोग होने लगे थे उन सबके सूत्र उसमें मौजूद हैं और इसलिए उसके टीकाकारोंको वार्तिक आदि बनानेके झंझटोंमें नहीं पड़ना पड़ा है। अभयनन्दिकी महावृत्तिके ऐसे बीसों वार्तिक हैं जिनके इस दूसरे पाठमें सूत्र ही बना दिये गये हैं।

---

१. क—नीतिवाक्यामृतके मंगलाचरणमें सोमदेव कहते हैं—

सोमं सोमसमाकारं सोमाभं सोमसंभवम्। सोमदेवं मुनिं नत्वा नीतिवाक्यामृतं ब्रुवे॥

ख—आचार्य अनन्तवीर्य लघीयस्त्रयकी वृत्तिके प्रारंभमें कहते हैं—

जिनाधीशं मुनिं चन्द्रमकलंकं पुनः पुनः। अनन्तवीर्यमानौमि स्याद्वादन्यायनायकम्॥

२. शालातुरीय-शकटाङ्गज-चन्द्रगोमि-दिग्वस्त्र-भर्तृहरि-वामन-भोजमुख्याः।

१—शब्दार्णव-चन्द्रिकाके अन्तिम पद्यमें सुप्रसिद्ध गुणनन्दि आचार्यके शब्दार्णवमें प्रवेश करनेके लिए सोमदेवकृत वृत्तिको नौकाके समान बतलाया है।[1] इससे जान पड़ता है कि आचार्य गुणनन्दिके बनाये हुए व्याकरण ग्रन्थकी यह टीका है और उसका नाम शब्दार्णव है। इस टीकाका 'शब्दार्णव-चन्द्रिका' नाम भी तभी अन्वर्थक होता है, जब मूल सूत्र-ग्रन्थका नाम शब्दार्णव हो। हमारे इस अनुमानकी पुष्टि प्रक्रियाके अन्तिम श्लोकसे और भी अच्छी तरहसे हो जाती है[2] जिसका आशय यह है कि गुणनन्दिने जिसके शरीरको विस्तृत किया है, उस शब्दार्णवको जाननेकी इच्छा रखनेवालोंके लिए तथा आश्रय लेनेवालोंके लिए यह प्रक्रिया साक्षात् नावके समान काम देगी। इसमें 'शब्दार्णव' को जो 'गुणनन्दितानितवपुः' विशेषण दिया है, वह विशेष ध्यान देने योग्य है। उससे साफ़ समझमें आता है कि गुणनन्दिके जिस व्याकरणपर ये दोनों टीकाएँ—शब्दार्णव-चन्द्रिका और प्रक्रिया—लिखी गई हैं उसका नाम 'शब्दार्णव' है और वह मूल (असली) जैनेन्द्र व्याकरणके संक्षिप्त शरीरको तानित या विस्तृत करके बनाया गया है।

शब्दार्णवचन्द्रिकाके प्रारम्भका मंगलाचरण भी इस विषयमें ध्यान देने योग्य है[3] जिसमें ग्रन्थकर्ताने भगवान् महावीरके विशेषणरूपमें क्रमसे पूज्यपादका, गुणनन्दिका और अपना (सोमामर या सोमदेवका) उल्लेख किया है, और इससे वे निस्सन्देह यही ध्वनित करते हैं कि मुख्य व्याकरणके कर्ता पूज्यपाद हैं, उसको विस्तृत करनेवाले गुणनन्दि हैं और फिर उसकी टीका करनेवाले सोमदेव (स्वयं) हैं। यदि यह चन्द्रिका टीका पूज्यपादके व्याकरणकी ही होती, तो मंगलाचरणमें गुणनन्दिका नाम लानेकी कोई आवश्यकता नहीं थी। गुणनन्दि उनकी गुरु-परम्परामें भी नहीं हैं, जो उनका उल्लेख करना आवश्यक होता। अतः यह सिद्ध है कि चन्द्रिका और प्रक्रिया दोनोंके ही कर्ता यह समझते थे कि हमारी टीकाएँ असली जैनेन्द्रपर नहीं किन्तु उसके 'गुणनन्दितानितवपुः' शब्दार्णवपर बनी हैं।

२—शब्दार्णव-चन्द्रिका और जैनेन्द्र-प्रक्रिया[4] इन दोनों ही टीकाओंमें 'एकशेष' प्रकरण है; परन्तु अभयनन्दिकृत 'महावृत्ति' वाले सूत्रपाठमें एकशेषको अनावश्यक बतलाया है—"**स्वाभाविकत्वादभिधानस्यैकशेषानारम्भः**।" [१-१-६६] और इसीलिए देवनन्दि या पूज्यपादका व्याकरण 'अनेकशेष' कहलाता है। चन्द्रिका टीकाके कर्ता स्वयं ही "**आदावुपज्ञोपक्रमम्**" [१-४-११४] सूत्रकी टीकामें उदाहरण देते हैं "**देवोपज्ञमनेकशेषव्याकरणम्**।" यह उदाहरण अभयनन्दिकृत महावृत्तिमें भी दिया गया है। इससे सिद्ध है कि शब्दार्णव-चन्द्रिकाके कर्ता भी उसी व्याकरणको देवोपज्ञ या देवनन्दिकृत मानते हैं, जो अनेकशेष है, अर्थात् जिसमें 'एकशेष' प्रकरण नहीं है और ऐसा व्याकरण वही है जिसकी टीका अभयनन्दिने की है।

३—आचार्य विद्यानन्दि अपने तत्त्वार्थश्लोकवार्तिक पृष्ठ २६५ में 'नैगमसंग्रह—' आदि सूत्रकी व्याख्या करते हुए लिखते हैं, "**नयश्च नयौ च नयाश्च नया इत्येकशेषस्य स्वाभाविकस्याभिधाने दर्शनात् केषाञ्चित्तथा वचनोपलम्भाच्च न विरुद्ध्यते**।" इसमें स्वाभाविकताके कारण, एकशेषकी अनावश्यकता प्रतिपादन की है और यह अनावश्यकता जैनेन्द्रके वास्तविक सूत्र-पाठमें ही उपलब्ध होती है। "**स्वाभाविकत्वादभिधानस्यैकशेषानारम्भः**" [१-१-६६] यह सूत्र शब्दार्णववाले पाठमें नहीं है, अतः विद्यानन्द भी पूर्वोक्त सूत्रवाले

---

१. श्रीसोमदेवयतिनिर्मितिमादधाति या नौः प्रतीतगुणनन्दितशब्दवार्धौ।
सेयं सताममलचेतसि विस्फुरन्ती वृत्तिः सदा नुतपदा परिवर्तिषीष्ट ॥

२. सत्संधिं दधते समासमभितः ख्यातार्थनामोन्नतं, निर्ञातं बहुतद्धितं कृतमिहाख्यातं यशःशालिनम्।
सैषा श्रीगुणनन्दितानितवपुः शब्दार्णवं निर्णये, नावित्याश्रयतां विविक्षुमनसां साक्षात्स्वयं प्रक्रिया ॥

३. श्रीपूज्यपादममलं गुणनन्दिदेवं सोमामरव्रतिपपूजितपादयुग्मम्।
सिद्धं समुन्नतपदं वृषभं जिनेन्द्रं सच्छब्दलक्षणमहं विनमामि वीरम् ॥

४. इस प्रक्रियाका भी नाम 'शब्दार्णव-प्रक्रिया' होगा, जैनेन्द्र-प्रक्रिया नहीं।

जैनेन्द्र-पाठके माननेवाले थे। पाठकोंको यह स्मरण रखना चाहिए कि उपलब्ध व्याकरणोंमें 'अनेकशेष' व्याकरण केवल देवनन्दिकृत ही है, दूसरा नहीं[1]।

४—तत्त्वार्थ-टीका 'सर्वार्थसिद्धि' के कर्ता स्वयं पूज्यपाद या देवनन्दि हैं। इस टीकामें अध्याय ५, सूत्र २४ की व्याख्या करते हुए वे लिखते हैं, " **'अन्यतोऽपि' इति तसि कृते सर्वतः।** " और इसी सूत्रकी व्याख्या करते हुए राजवार्तिककार लिखते हैं, " **'दृश्यतेऽन्यतोऽपीति' तसि कृते सर्वेषु सर्वत इति भवति।** " जान पड़ता है कि या तो सर्वार्थसिद्धिकारने इस सूत्रको संक्षेप करके लिखा होगा, या लेखकों तथा छपानेवालोंने प्रारम्भका '**दृश्यते**' शब्द छोड़ दिया होगा। वास्तवमें यह पूरा सूत्र '**दृश्यतेऽन्यतोऽपि**' ही है और यह अभय-नन्दिवाले सूत्र-पाठके अ० ४ पा० १ का ७९ वाँ सूत्र है। परन्तु शब्दार्णववाले पाठमें न तो यह सूत्र है और न इसके प्रतिपाद्यका विधानकर्ता कोई दूसरा सूत्र है। इससे सिद्ध है कि पूज्यपादका असली सूत्रपाठ वही है जिसमें उक्त सूत्र मौजूद है

५—भट्टाकलंकदेवने तत्त्वार्थराजवार्तिकमें '**आद्ये परोक्षम्**' [अ० १, सू० ११] की व्याख्यामें "**सर्वादि सर्वनाम**" [१-१-३५] सूत्रका उल्लेख किया है, इसी तरह पण्डित आशाधरने अनगारधर्मामृतटीका [अ० ७ श्लो० २४] में "**स्तोके प्रतिना**" [१-३-३७] और "**भार्थे** [१-४-१४] इन दो सूत्रोंको उद्धृत किया है और ये तीनों ही सूत्र जैनेन्द्रके अभयनन्दिवृत्तिवाले सूत्रपाठमें ही हैं। शब्दार्णववाले पाठमें इनका अस्तित्व ही नहीं है। अतः अकलंकदेव और पं० आशाधर इसी अभयनन्दिवाले पाठको ही माननेवाले थे। अकलंकदेव वि० की आठवीं नौवीं शताब्दिके और आशाधर १३ वीं शताब्दिके विद्वान् हैं।

६—पं० श्रीलालजी शास्त्रीने शब्दार्णव-चन्द्रिकाकी भूमिकामें लिखा है कि "आचार्य पूज्यपादने स्वनिर्मित 'सर्वार्थसिद्धि' में 'प्रमाणनयैरधिगमः' [अ० १ सू० ६] की टीकामें यह वाक्य दिया है—"**नयशब्द-स्याल्पाच्तरत्वात् पूर्वनिपातः प्राप्नोति ? नैष दोषः; अभ्यर्हितत्वात्प्रमाणस्य तत्पूर्वनिपातः।**" और अभयनन्दि-वाले पाठमें इस विषयका प्रतिपादन करनेवाला कोई सूत्र नहीं है। केवल अभयनन्दिका '**अभ्यर्हितं पूर्वं निपतति**' वार्तिक है। यदि अभयनन्दिवाला सूत्र-पाठ ठीक होता तो उसमें इस विषयका प्रतिपादक सूत्र अवश्य होता जो कि नहीं है। पर शब्दार्णववाले पाठमें '**अर्च्यम्**' [१-३-११५] ऐसा सूत्र है जो इसी विषयको प्रतिपादित करता है। इसलिए यही सूत्र-पाठ देवनन्दिकृत है।" इसपर हमारा निवेदन यह है कि "**अल्पाच्तरम्**" [२-२-३४] यह सूत्र पाणिनिका है और इसके ऊपर कात्यायनका "**अभ्यर्हितं च**" वार्तिक तथा पतंजलिका "**अभ्यर्हितं पूर्वं निपतति**" भाष्य[2] है। इससे मालूम होता है कि पूज्यपादने अपनी सर्वार्थसिद्धि–टीकाके इस स्थलमें पाणिनि और पतंजलिके ही सूत्र तथा भाष्यको लक्ष्य करके उक्त विधान किया है। यह निश्चित है कि उन्होंने अपनी सर्वार्थसिद्धिमें अन्य वैयाकरणोंके भी मत दिये हैं और अनेक बार पतंजलिके महाभाष्यके वाक्य[3]।

सर्वार्थसिद्धि अ० ४ सूत्र २२ की व्याख्यामें लिखा है—"**यथाहुः–द्रुतायां तपरकरणे मध्यमविलम्बित-योरुपसंख्यानमिति।**" इसकी अन्य पुरुषकी '**आहुः**' क्रिया ही कह रही है कि ग्रन्थकर्ता यहाँ किसी अन्य पुरुषका वचन दे रहे हैं। अब पतंजलिका महाभाष्य देखिए। उसमें १–२–१ के ५ वें वार्तिकके भाष्यमें बिल-कुल यही वाक्य दिया हुआ है—एक अक्षरका भी हेरफेर नहीं है। इससे स्पष्ट है कि सर्वार्थसिद्धिके कर्त्ताने अन्य व्याकरण-ग्रन्थोंके भी प्रमाण दिये हैं।

---

१. 'संस्कृत व्याकरणशास्त्रका इतिहास' में श्री युधिष्ठिर मीमांसकने लिखा है कि जैनेन्द्रसे कई शताब्दि पूर्वके चान्द्र व्याकरणमें भी एकशेष प्रकरण नहीं है।

२. तत्त्वार्थराजवार्तिकमें इसी 'प्रमाणनयैरधिगमः' सूत्रकी व्याख्यामें पतंजलिका यह भाष्य ज्यों का त्यों अक्षरशः दिया है। अभयनन्दिका भी यही वार्तिक है। परन्तु तब तक अभयनन्दिका अस्तित्व ही न था।

३. राजवार्तिक और श्लोकवार्तिकमें भी यह वाक्य उद्धृत किया गया है।

सर्वार्थसिद्धि अ० ७ सूत्र १६ की व्याख्यामें लिखा है, "शास्त्रेऽपि 'अश्ववृषयोर्मैथुनेच्छायामि-त्येवमादिषु तदेव गृह्यते ।" यह पाणिनिके ७–१–५१ सूत्रपर कात्यायनका पहला वार्तिक है। वहाँ "अश्ववृष-योर्मैथुनेच्छायाम्" इतने शब्द हैं और इन्हींको सर्वार्थसिद्धिकारने लिया है। यहाँ कात्यायनके वार्तिकको उन्होंने 'शास्त्र' शब्दसे व्यक्त किया है।

सर्वार्थसिद्धि अ० ५ सूत्र ४ की व्याख्यामें 'नित्य' शब्दको सिद्ध करनेके लिए पूज्यपाद स्वामी लिखते हैं, "नेः ध्रुवे त्यः इति निष्पादितत्वात् ।" परन्तु जैनेन्द्रमें 'नित्य' शब्दको सिद्ध करनेवाला कोई सूत्र ही नहीं है, इसलिए अभयनन्दिने अपनी वृत्तिमें "ड्येस्तुट्" [३-२-८१] सूत्रकी व्याख्यामें "नेध्रुवः इति वक्तव्यम्" यह वार्तिक बनाया है और 'नियतं सर्वकालं भवं नित्यं' इस तरह स्पष्ट किया है। जैनेन्द्रमें 'त्य' प्रत्यय ही नहीं है, इसके बदले 'य' प्रत्यय है। अतः सर्वार्थसिद्धिकारने पूर्वोक्त बात स्वनिर्मित व्याकरणको लक्ष्यमें रखकर नहीं कही है। अन्य व्याकरणोंके प्रमाण भी वे देते थे और यह प्रमाण भी उसी तरहका है।

कुछ स्थानोंमें उन्होंने अपने निजके सूत्र भी दिये हैं। जैसे पाँचवें अध्यायके व्याख्यानमें लिखा है "विशेषणं विशेष्येण' इति वृत्तिः ।" यह जैनेन्द्रका १–३–५२ वाँ सूत्र है। यह सूत्र शब्दार्णव-चन्द्रिका [१–३–४८] वाले पाठमें भी है।

इन सब प्रमाणोंसे यह बात अच्छी तरह सिद्ध हो जाती है कि जैनेन्द्रका असली सूत्र-पाठ वही है जिसपर अभयनन्दिकृत वृत्ति है। शब्दार्णव-चन्द्रिकावाला पाठ असली सूत्र-पाठको संशोधित और परिवर्धित करके बनाया गया है और उसका यह संस्करण संभवतः गुणनन्दि आचार्यकृत है।

अब प्रश्न यह है कि जब गुणनन्दिने मूल ग्रंथमें इतना परिवर्तन और संशोधन किया, तब उस परिवर्तित ग्रन्थका नाम जैनेन्द्र ही क्यों रक्खा? इसके उत्तरमें निवेदन है कि एक तो शब्दार्णव-चन्द्रिका और जैनेन्द्र-प्रक्रियाके पूर्वोल्लिखित श्लोकोंसे गुणनन्दिके व्याकरणका नाम 'जैनेन्द्र' नहीं किन्तु 'शब्दार्णव' मालूम होता है। सम्भव है कि अर्ध-दग्ध लेखकोंकी कृपासे इन टीका-ग्रंथोंमें 'जैनेन्द्र' नाम शामिल हो गया हो। दूसरे यदि 'जैनेन्द्र' नाम हो भी, तो ऐसा कुछ अनुचित नहीं है। क्योंकि गुणनन्दिका प्रयत्न कोई स्वतंत्र ग्रंथ बनानेकी इच्छासे नहीं किन्तु 'जैनेन्द्र' को सर्वांगपूर्ण बनानेकी सदिच्छासे है और इसीलिए उन्होंने जैनेन्द्रके आधेसे अधिक सूत्र ज्योंके त्यों रहने दिये हैं, तथा मंगलाचरण आदि भी उसका ज्योंका त्यों रक्खा है।

जैनेन्द्रकी टीकाएँ

पूज्यपादस्वामीकृत असली जैनेन्द्रकी इस समय तक केवल चार ही टीकाएँ उपलब्ध हैं—१ अभयनन्दिकृत 'महावृत्ति,' २ प्रभाचन्द्रकृत 'शब्दाम्भोजभास्करन्यास', ३ श्रुतकीर्तिकृत 'पंचवस्तुप्रक्रिया' और ४ पं० महाचन्द्रकृत 'लघुजैनेन्द्र'। परन्तु इसके सिवाय इसकी और भी कई टीकाएँ होनी चाहिए। पंचवस्तुके अन्तके श्लोकमें[2] जैनेन्द्रशब्दागम या जैनेन्द्र व्याकरणको महलकी उपमा दी है। वह मूलसूत्ररूप स्तम्भोंपर खड़ा किया गया है, न्यासरूप उसकी भारी रत्नमय भूमि है, वृत्तिरूप उसके किवाड़ हैं, भाष्यरूप शय्यातल है, टीकारूप उसके माल या मंजिल हैं और यह पंचवस्तु टीका उसकी सोपानश्रेणी है। इसके द्वारा उक्त महलपर आरोहण किया जा सकता है[2]। इससे मालूम होता है कि पंचवस्तुके कर्ताके समयमें इस व्याकरणपर १ न्यास, २ वृत्ति, ३ भाष्य और ४ कई टीकाएँ, इतने टीका-ग्रन्थ मौजूद थे।

---

१. तत्त्वार्थराजवार्तिकमें भी है "शास्त्रेऽपि अश्ववृषयोर्मैथुनेच्छायामित्येवमादौ तदेव कर्माख्यायते।"

२. सूत्रस्तम्भसमुद्धृतं प्रविलसन्न्यासोरुरत्नक्षितिश्रीमद्वृत्तिकपाटसंपुटयुतं भाष्योऽथ शय्यातलम्।
टीकामालमिहारुरुक्षुरचितं जैनेन्द्रशब्दागमं प्रासादं पृथु पंचवस्तुकमिदं सोपानमारोहतात् ॥

न्यास—उक्त टीकाओंमेंसे 'न्यास' तो शायद स्वयं पूज्यपादका ही होगा जो अभी तक अनुपलब्ध है। शिमोगा जिलेकी नगर तहसील के ४६वें शिलालेखमें लिखा है कि पूज्यपादने एक तो (अपने व्याकरणपर) जैनेन्द्र-संज्ञक न्यास और दूसरा पाणिनि व्याकरण पर शब्दावतार नामक न्यास बनाया। इसके सिवाय वैद्यक-शास्त्र और तत्त्वार्थ-टीका भी लिखी।

यह निश्चय है कि पूज्यपाद केवल सूत्र-ग्रन्थ बनाकर ही न रह गये होंगे। अपनी मानो हुई अतिशय सूक्ष्म संज्ञाओं और परिभाषाओंका स्पष्टीकरण करनेके लिए उन्हें कोई टीका या वृत्ति अवश्य बनानी पड़ी होगी जिस तरह शाकटायनने अपने व्याकरणपर अमोघवृत्ति नामकी स्वोपज्ञटीका बनाई।

विद्यानन्दने अष्टसहस्री (पृष्ठ १३२) में **'प्यखे कर्मण्युपसंख्यानात्'** यह वचन उद्धृत किया है। यह किसी व्याकरण ग्रन्थका वार्तिक है; परन्तु पाणिनिके किसी भी वार्तिकमें यह नहीं मिलता। अभय-नन्दिकी महावृत्तिमें अवश्य ही **"प्यखे कर्मणि का वक्तव्या"** [४-१-३८] इस प्रकारका वार्तिक है; परन्तु अभयनन्दिकी वृत्ति विद्यानन्दसे पीछे की बनी हुई है, इसलिए विद्यानन्दने यह वार्तिक अभयनन्दिकी वृत्तिसे नहीं किन्तु अन्य ही किसी ग्रन्थसे लिया होगा।

भाष्य—जैनेन्द्रके भाष्यका अभी तक पता नहीं लगा।

आगे हम उपलब्ध टीकाग्रन्थोंका परिचय देते हैं—

१-महावृत्ति—इसकी एक प्रति पूनेके भाण्डारकर रिसर्च इन्स्टीट्यूटमें मौजूद है और एक प्रति बम्बईके सरस्वती-भवनमें भी है। पूनेकी प्रतिमें इसकी श्लोकसंख्या १२००० के लगभग है। प्रारंभके ३१४ पत्र एक लेखकके लिखे हुए और शेष ७४ पत्र, चैत्र सुदी २ सं० १६३३ को किसी दूसरे लेखकके लिखे हुए हैं। प्रतिके दोनों ही भाग जयपुरके लिखे हुए मालूम होते हैं। कई स्थानोंमें कुछ पंक्तियाँ छूटी हुई हैं[2] और अन्तमें कोई प्रशस्ति आदि नहीं है[3]।

इस महावृत्तिके कर्ता अभयनन्दि मुनि हैं। उन्होंने न तो अपनी गुरुपरम्पराका ही परिचय दिया है और न ग्रन्थ-रचनाका समय ही। परन्तु सूत्र ३-२-५५ की टीकामें एक जगह उदाहरण दिया है—**"तत्त्वार्थवार्तिकमधीयते।"** इससे मालूम होता है कि भट्टाकलंकदेवके बाद अर्थात् वि० की आठवीं नवीं शताब्दिके बादकी यह वृत्ति है—और पंचवस्तुके पूर्वोल्लिखित श्लोकमें इसी वृत्तिका उल्लेख जान पड़ता है, इसलिए श्रुतकीर्तिके अर्थात् विक्रमकी बारहवीं शताब्दिके पहले किसी समयमें वे हुए हैं। जैनेन्द्रकी उपलब्ध टीकाओंमें यही टीका सबसे प्राचीन मालूम होती है।

२-शब्दाम्भोजभास्करन्यास—बम्बईके सरस्वती-भवनमें इसकी दो अपूर्ण प्रतियाँ मौजूद हैं। एक प्रतिमें १४ वें पत्रसे २६६ तक और फिर ६२० वें पत्रसे ७०३ तकके ही पत्र हैं। १४ वें पत्रपर पहले

---

१. न्यासं जैनेन्द्रसंज्ञं सकलबुधनुतं पाणिनीयस्य भूयो न्यासं शब्दावतारं मनुजततिहितं वैद्यशास्त्रं च कृत्वा। यस्तत्त्वार्थस्य टीकां व्यरचयदिह तां भात्यसौ पूज्यपादस्वामी भूपालवन्द्यः स्वपरहितवचः पूर्णदृग्बोधवृत्तः॥

२. नं ५९० A और B सन् १८७५-७६ की रिपोर्ट।

३. ओं नमः। श्रीमत्सर्वज्ञवीतरागतद्वचनतदनुसारिगुरुभ्यो नमः।

देवदेवं जिनं नत्वा सर्वसत्त्वाभयप्रदम्। शब्दशास्त्रस्य सूत्राणां महावृत्तिर्विरच्यते ॥ १ ॥
यच्छब्दलक्षणमसुव्रजपारमन्यैरव्यक्तमुक्तमभिधानविधौ दरिद्रैः।
तत्सर्वलोकहृदयप्रियचारुवाक्यैर्व्यक्तीकरोत्यभयनन्दिमुनिः समस्तम् ॥ २ ॥
शिष्टाचारपरिपालनार्थमादाविष्टदेवतानमस्कारलक्षणं मंगलमिदमाहाचार्यः।
इत्यभयनन्दिविरचितायां जैनेन्द्रव्याकरणमहावृत्तौ पञ्चमाध्यायस्य चतुर्थः पादः समाप्तः।
समाप्तश्चायं पञ्चमोऽध्यायः।

अध्यायके पहले पादका १९ वाँ सूत्र है। यह प्रति बहुत प्राचीन और शुद्ध है परन्तु आगसे झुलसी हुई है। दूसरी प्रतिमें केवल तीन अध्याय हैं। इसकी श्लोक संख्या १२००० है। इससे जान पड़ता है कि सम्पूर्ण ग्रन्थ १६००० के लगभग होगा।

अभयनन्दिकी वृत्तिसे यह बड़ा है और उससे पीछे बना है। इसमें महावृत्तिके शब्द ज्योंके त्यों ले लिये गये हैं और तीसरे अध्यायके अन्तके एक श्लोकमें अभयनन्दिको नमस्कार भी किया है।

इसके कर्ता प्रभाचन्द्र हैं और वे प्रमेयकमलमार्तण्ड और न्यायकुमुदचन्द्रके ही कर्ता मालूम होते हैं। क्योंकि इसके प्रारंभमें ही यह कहा गया है कि अनेकान्तकी चर्चा उक्त दोनों ग्रन्थोंमें की गई है, इसलिए यहाँ नहीं करते। अवश्य ही इसमें उन्होंने अपने ही ग्रन्थोंको देखनेके लिए कहा है, "अथ कोऽयमनेकान्तो नामेत्याह—अस्तित्वनास्तित्वनित्यत्वानित्यत्वसामान्यासामान्याधिकरण्यविशेषणविशेष्यादिकोऽनेकान्तः स्वभावो यस्यार्थस्यासावनेकान्तः, अनेकान्तात्मक इत्यर्थः। तत्र च प्रतिष्ठितमिथ्याविकल्पकल्पिताशेषविप्रतिपत्तिः प्रत्यक्षादिप्रमाणमेव प्रत्यस्तमयतीति (?) तद्धिततया तदात्मकत्वं चार्थस्य अध्यक्षतोऽनुमानादिश्च यथा सिद्धयति तथा प्रपञ्चतः प्रमेयकमलमार्तण्डे न्यायकुमुदचन्द्रे च प्रतिरूपितमिह द्रष्टव्यम्।"

इसके मंगलाचरणमें पूज्यपाद और अकलंकको नमस्कार किया गया है।[1]

३—पंचवस्तु—भांडारकर रिसर्च इन्स्टिटयूटमें इसकी दो प्रतियाँ मौजूद हैं, जिनमें एक[2] ३००–४०० वर्ष पहलेकी लिखी हुई है और बहुत शुद्ध है और दूसरी[3] संवत् १६९० की। पहलीपर लेखकका नाम और प्रति लिखनेका समय आदि नहीं है। इसके अन्तमें केवल इतना लिखा हुआ है—"कृतिरियं देवनन्द्याचार्यस्य परवादिमथनस्य ॥छ॥ शुभं भवतु लेखकपाठकयोः ॥ श्रीसंघस्य ॥"

दूसरी प्रति रत्नकरण्डश्रावकाचारवचनिका आदि अनेक भाषाग्रन्थोंके रचयिता सुप्रसिद्ध पण्डित सदासुखजीके हाथकी संवत् १९१० की लिखी हुई है[4]।

यह टीका प्रक्रिया-बद्ध है और बड़े अच्छे ढंगसे लिखी गयी है। इसकी श्लोकसंख्या ३३०० के लगभग है। प्रारंभके विद्यार्थियोंके लिए बड़ी उपयोगी है।

इस ग्रन्थके आदि-अन्तमें कहीं भी कर्त्ताका नाम नहीं है। केवल एक जगह पाँचवें पत्रमें नाम आया है, जिससे मालूम होता है कि इसके रचयिता श्रुतकीर्ति हैं[5]।

---

१. नमः श्रीवर्धमानाय महते देवनन्दिने। प्रभाचन्द्राय गुरवे तस्मै चाभयनन्दिने॥

२. नं० १०५६ सन् १८८७–९१ की रिपोर्ट।

३. नं० ५९० सन् १८७५–७६ की रिपोर्ट। इस ग्रन्थकी एक प्रति परतापगढ़ (मालवा) के पुराने दि० जैनमन्दिरके भंडारमें भी है। देखो जैनमित्र ता० २६ अगस्त १९१५।

४. अब्दे नभश्चन्द्रविधिस्थिरांके शुद्धे सहस्यंम (?) युक् चतुर्थ्याम्।
सत्प्रक्रियाबन्धनिबन्धनेयं सद्वस्तुवृत्तीरदनात्समाप्ता (?)॥
श्रीमन्नराणामधिपेशराज्ञि श्रीरामसिंहे विलसत्यलेखि।
श्रीमद्बुधेनेह सदासुखेन श्रीयुक्फतेलालनिजात्मबुद्ध्यै॥
शब्दीयशास्त्रं पठितं न यैस्तैः स्वदेहसंपालनभारवद्भिः।
किं दर्शनीयं कथनीयमेतद् वृथांगसंधावपलापवद्भिः॥
यह प्रति भी प्रायः शुद्ध है।

५. याम-वैर-वर्ण-कर-चरणादीनां संधीना बहूनां संभवत्वात् संशयानः शिष्यः संपृच्छति स्म। कस्सन्धिरिति।
संज्ञास्वरप्रकृतिहल्जविसर्गजन्मा संधिस्तु पंचक इतीत्थमिहाहुरन्ये।
तत्र स्वरप्रकृतिहल्जविकल्पतोऽस्मिन्संधिं त्रिधा कथयति श्रुतकीर्तिरार्यः॥

कनड़ी भाषाके चन्द्रप्रभचरित नामक ग्रन्थके कर्ता अग्गल कविने श्रुतकीर्तिको अपना गुरु बतलाया है–"इदु परमपुरुनाथकुलभूभृत्समुद्भूतप्रवचनसरित्सरिन्नाथ–श्रुतकीर्तित्रैविद्यचक्रवर्तिपदपद्मनिधानदीपवर्तिश्री मदग्गलदेवविरचिते चन्द्रप्रभचरिते—" इत्यादि। और यह चरित शक संवत् १०११ (वि० सं० ११४६) में बनकर समाप्त हुआ है। अतएव यदि श्रुतकीर्ति और श्रुतकीर्ति त्रैविद्य चक्रवर्ती एक ही हों तो पंचवस्तुको भी अभयनन्दि महावृत्तिके पीछेकी–विक्रमकी बारहवीं शताब्दिके प्रारंभकी—रचना समझना चाहिए। नंदिसंघकी गुर्वावलीमें श्रुतकीर्तिको वैयाकरण-भास्कर लिखा है।[1]

४—लघुजैनेन्द्र–इसकी एक प्रति अंकलेश्वर (भरोंच) के दिगम्बर जैनमन्दिरमें है और दूसरी अधूरी प्रति परतापगढ़ (मालवा) के पुराने दि०[2] जैनमन्दिरमें। यह अभयनन्दिकी वृत्तिके आधारसे लिखी गई है। पण्डित महाचन्द्रजी विक्रमकी इसी बीसवीं शताब्दिमें हुए हैं।[3] इन्होंने संस्कृत, प्राकृत और भाषामें कई ग्रंथ लिखे हैं।

५—जैनेन्द्र-प्रक्रिया—यह पं० वंशीधरजी न्यायतीर्थ न्यायशास्त्रीने हाल ही लिखी है। इसका केवल पूर्वार्ध ही छपकर प्रकाशित हुआ है।[4]

शब्दार्णवकी टीकाएँ

जैनेन्द्र-सूत्र-पाठके संशोधित परिवर्धित संस्करणका नाम–जैसा कि पहले लिखा जा चुका है—शब्दार्णव है। इसके कर्ता गुणनन्दि हैं। यह बहुत संभव है कि सूत्र-पाठके सिवाय उन्होंने इसकी कोई टीका या वृत्ति भी बनाई हो जो कि उपलब्ध नहीं है।

गुणनन्दि नामके कई विद्वान् हो गये हैं। एक गुणनन्दिका उल्लेख श्रवणबेल्गोलके ४२, ४३ और ४७ वें नम्बरके लिखालेखोंमें मिलता है। ये बलाकपिच्छके शिष्य और गृध्रपिच्छके प्रशिष्य थे। तर्क, व्याकरण और साहित्य शास्त्रोंके बहुत बड़े विद्वान् थे। इनके ३०० शास्त्रपारंगत शिष्य थे और उनमें ७२ शिष्य सिद्धान्तशास्त्री थे। आदि पंपके गुरु देवेन्द्र भी इन्हींके शिष्य थे[5]। कर्नाटक-कविचरितके कर्ताने इनका समय वि० संवत् ९५७ निश्चय किया है। क्योंकि इनके प्रशिष्य देवेन्द्रके शिष्य आदि पंपका जन्म वि० सं० ९५९ में हुआ था और उसने ३९ वर्षकी अवस्थामें अपने सुप्रसिद्ध कनड़ी काव्य भारतचम्पू और आदिपुराण निर्माण किये हैं। हमारा अनुमान है कि ये ही गुणनन्दि शब्दार्णवके कर्त्ता हैं।

चन्द्रप्रभचरित महाकाव्यके कर्त्ता वीरनन्दिका समय शक संवत् ९०० के लगभग निश्चित होता है। क्योंकि वादिराजसूरिने अपने पार्श्वनाथचरितमें उनका स्मरण किया है और वीरनन्दिकी गुरुपरम्परा इस प्रकार

---

१. त्रैविद्यः श्रुतकीर्त्याख्यो वैयाकरणभास्करः।

२. देखो जैनमित्र ता० २६ अगस्त १९१५।

३. महावृत्तिं शुंभत्सकलबुधपूज्यां सुखकरीं, विलोक्योद्यज्ज्ञानप्रभुविभयनन्दिप्रविहिताम्।
अनेकैः सच्छब्दैर्भ्रमविगतकैः संदृढभूतां (?) प्रकुर्वेऽहं (टीकां) तनुमतिमहाचन्द्रविबुधः (?)॥

४. जैनेन्द्रकी एक टीका प्रक्रियावतार नामकी और है जिसके कर्ता नेमिचन्द्र हैं। डिस्क्रिप्टिव कैटलाक आफ दि सं० मे० गवर्नमेण्ट ओरियण्टल मेनु० लायब्रेरी मद्रास, वोल्यूम III में उसका परिचय दिया है—
सर्वज्ञाय नमस्तस्मै वीतक्लेशाय शान्तये। येन भव्यात्मनश्चेतस्तमस्तोमश्चिकित्सितः॥
किं वाणीचतुराननः किमथवा वाचस्पतिः किं न्वसौ, विद्यानां विभवात्सहस्रवदनस्साक्षादनन्तः किमु।
इत्थं संसदि साधवः समुदितास्संशेरते सादरं, विद्वत्पुङ्गवनेमिचन्द्रभवति व्याख्यानमातन्वति॥

५. तच्छिष्यो गुणनन्दिपण्डितयतिश्चारित्रचक्रेश्वरः, तर्कव्याकरणादिशास्त्रनिपुणः साहित्यविद्यापतिः।
मिथ्यात्वादिमदान्धसिन्धुरघटासंघातकण्ठीरवो, भव्याम्भोजदिवाकरो विजयतां कन्दर्पदर्पापहः॥

है—१ श्री गुणनन्दि, २ विबुध गुणनन्दि, ३ अभयनन्दि और ४ वीरनन्दि। यदि पहले गुणनन्दि और वीरनन्दिके बीचमें हम ७८ वर्षका अन्तर मान लें, तो पहले गुणनन्दिका समय वही शक संवत् ८२२ या वि० सं० ९५७ के लगभग आ जायगा। इससे यह निश्चय होता है कि वीरनन्दिकी गुरुपरम्पराके प्रथम गुणनन्दि और आदि पम्पके गुरु देवेन्द्रके गुरु गुणनन्दि एक ही होंगे।

गुणनन्दि नामके एक और आचार्य शक संवत् १०३७ [वि० सं० ११७२] में हुए हैं जो मेघचन्द्र त्रैविद्यके गुरु थे।

शब्दार्णवकी इस समय दो टीकाएँ उपलब्ध हैं और दोनों ही सनातनजैनग्रन्थमालामें छप चुकी हैं—१—शब्दार्णवचन्द्रिका, और २—शब्दार्णव प्रक्रिया।

१—शब्दार्णव-चन्द्रिका—इसकी एक बहुत ही प्राचीन और अतिशय जीर्ण प्रति भाण्डारकर रिसर्च इन्स्टिट्यूटमें है। यह ताड़पत्रपर नागरी लिपिमें है। इसके आदि-अन्तके पत्र प्रायः नष्ट हो गये हैं। छपी हुई प्रतिमें जो गद्य-प्रशस्ति है, वह इसमें नहीं है और अन्तमें एक श्लोक है जो पूरा नहीं पढ़ा जाता—

इन्द्रश्चन्द्रः शकटतनयः पाणिनिः पूज्यपादो
यत्प्रोवाचापिशलिरमरः काशकृत्स्न······शब्दपारायणस्येति।

इसके कर्त्ता श्रीसोमदेव मुनि हैं। ये शिलाहार वंशके राजा भोजदेव [द्वितीय] के समयमें हुए हैं और अर्जुरिका नामक ग्रामके त्रिभुवनतिलक नामक जैनमन्दिरमें—जो कि महामण्डलेश्वर गंडरादित्यदेवका बनवाया हुआ था, इसे शक संवत् ११२७ [वि० सं० १२७२] में बनाया है। यह ग्राम इस समय आजरें नामसे प्रसिद्ध है और कोल्हापुर राज्यमें है। वादीभवज्रांकुश श्रीविशालकीर्ति पण्डितदेवके वैयावृत्यसे इस ग्रन्थकी रचना हुई है।

इस ग्रन्थके मंगलाचरणके पहले श्लोकमें पूज्यपाद, गुणनन्दि और सोमदेव ये विशेषण वीर भगवान्‌को दिये हैं[2] और दूसरे श्लोकमें कहा है कि यह टीका मूलसंघीय मेघचन्द्रके शिष्य नागचन्द्र (भुजंगसुधाकर) और उनके शिष्य हरिचन्द्र यतिके लिए बनाई गई[3]।

गुणनन्दिकी प्रशंसा चुरादि धातुपाठके अन्तमें भी एक पद्यमें की गई है, जिसका अन्तिम चरण यह है—"**शब्दब्रह्मा स जीयाद्गुणनिधिगुणनन्दिव्रतीशस्सुसौख्यः।**" इसमें शब्दब्रह्मा विशेषण देकर गुणनन्दिको शब्दार्णव व्याकरणका कर्ता ही प्रकट किया गया है।

ये मेघचन्द्र आचारसारके कर्ता वीरनन्दि सिद्धान्तचक्रवर्तीके गुरु ही मालूम होते हैं। इन्हें श्रवणबेल्गोलके नं० ४७ के शिलालेखमें सिद्धान्तज्ञतामें जिनसेन और वीरसेनके सदृश, न्यायमें अकलंकके समान और व्याकरणमें साक्षात् पूज्यपादसदृश बतलाया है। श्रवणबेल्गोलके नं० ५० और ५२ नम्बरके शिलालेखोंसे मालूम होता है कि इनका स्वर्गवास शक संवत् १०३७ [वि० सं० ११७२] में और उनके शुभचन्द्रदेव नामक शिष्यका स्वर्गवास शक संवत् १०६८ [वि० सं० १२०३] में हुआ था। इसके सिवाय उनके दूसरे शिष्य प्रभाचंद्रदेवने शक सं० १०४१ [वि० सं० ११७६] में एक महापूजाप्रतिष्ठा कराई थी। जब सोमदेवने शब्दार्णवचन्द्रिका मेघचन्द्रके प्रशिष्य हरिचन्द्रके लिए शक सं० ११२७ [वि० सं० १२६२] में बनाई थी, तब मेघचन्द्रका समय वि० सं० ११७२ के लगभग माना जा सकता है।

---

१. नं० २५ सन् १८८०—८८ की रिपोर्ट।

२. **श्रीपूज्यपादममलं गुणनन्दिदेवं सोमामरव्रतिपपूजितपादयुग्मम्।**
सिद्धं समुन्नतपदं वृषभं जिनेन्द्रं सच्छब्दलक्षणमहं विनमामि वीरम्॥ १॥

३. **श्रीमूलसंघजलजप्रतिबोधभानोर्मेघेन्दुदीक्षितभुजङ्गसुधाकरस्य।**
राद्धान्ततोयनिधिवृद्धिकरस्य वृत्तिं रेभे हरींदुयतये वरदीक्षिताय॥ २॥

नागचन्द्र नामके दो विद्वान् हो गये हैं, एक पम्प रामायणके कर्ता नागचन्द्र जिनका दूसरा नाम अभिनव पम्प था, और दूसरे लब्धिसारटीकाके कर्ता नागचन्द। पहले गृहस्थ थे और दूसरे मुनि। अभिनव पम्पके गुरुका नाम बालचन्द्र था जो मेघचन्द्रके सहाध्यायी थे और दूसरे स्वयं बालचन्द्रके शिष्य थे। इन दूसरे नागचन्द्रके शिष्य हरिचन्द्रके लिए यह वृत्ति बनाई गई है। इन्हें जो 'राद्धान्ततोयनिधिवृद्धिकर' विशेषण दिया है उससे मालूम होता है, कि ये सिद्धान्तचक्रवर्ती या टीकाकार होंगे।

२—शब्दार्णव-प्रक्रिया—यह जैनेन्द्र-प्रक्रियाके नामसे छपी है, परन्तु वास्तवमें इसका नाम शब्दार्णव-प्रक्रिया[1] ही है। हमें इसकी कोई हस्तलिखित प्रति नहीं मिल सकी। जिस तरह अभयनन्दिकी वृत्तिके बाद उसीके आधारसे प्रक्रियारूप पंचवस्तु टीका बनी है, उसी प्रकार सोमदेवकी शब्दार्णव-चन्द्रिकाके बाद उसीके आधारसे यह प्रक्रिया बनी है। प्रकाशकोंने इसके कर्ताका नाम गुणनन्दि प्रकट किया है; परन्तु जान पड़ता है कि इसके अन्तिम श्लोकमें गुणनन्दिका नाम देखकर ही भ्रमवश इसके कर्त्ताका नाम गुणनन्दि समझ लिया है[2]।

इनमेंसे पहले पद्यसे यह स्पष्ट है कि गुणनन्दिके शब्दार्णवके लिए यह प्रक्रिया नावके समान है और दूसरे पद्यमें कहा है कि सिंहके समान गुणनन्दि पृथ्वीपर सदा जयवन्त रहें। यदि इसके कर्त्ता स्वयं गुणनन्दि होते तो स्वयं ही अपने लिए यह कैसे कहते कि वे गुणनन्दि सदा जयवन्त रहें ? अतः गुणनन्दि ग्रन्थकर्त्तासे कोई पृथक् ही व्यक्ति है जिसे वे श्रद्धास्पद समझते हैं।

तीसरे पद्यमें भट्टारकशिरोमणि श्रुतकीर्ति देवकी प्रशंसा करता हुआ कवि कहता है कि वे मेरे मनरूप मानसरोवरमें राजहंसके समान चिरकालतक विराजमान रहें। इसमें भी ग्रन्थकर्त्ता अपना नाम प्रकट नहीं करते हैं; परन्तु ऐसा जान पड़ता है कि वे श्रुतिकीर्तिदेवके कोई शिष्य होंगे और संभवतः उन श्रुतिकीर्तिके नहीं जो पंचवस्तुके कर्त्ता हैं। ये श्रुतिकीर्ति पंचवस्तुके कर्त्तासे पृथक् जान पड़ते हैं। क्योंकि इन्हें प्रक्रियाके कर्त्ताने 'कविपति' बतलाया है, व्याकरणज्ञ नहीं। ये वे ही श्रुतिकीर्ति मालूम होते हैं जिनका समय प्रो० पाठकने शक संवत् १०४५ या वि० सं० ११८० बतलाया है[3]। श्रवणबेल्गोलके जैन गुरुओंने 'चारुकीर्ति पंडिताचार्य' का पद शक संवत् १०३२ के बाद धारण किया है और पहले चारुकीर्ति इन्हीं श्रुतकीर्तिके पुत्र थे[4]। श्रवणबेल्गोलके १०८ वें शिलालेखमें[5] इनका जिक्र है और इनकी बहुत ही प्रशंसा की गई है।

प्रक्रियाके कर्त्ताने इन्हें भट्टारकोत्तंस और श्रुतकीर्तिदेवयतिप लिखा है और इस लेखमें भी भट्टारकयति लिखा है। अतः ये दोनों एक मालूम होते हैं। आश्चर्य नहीं जो इनके पुत्र और शिष्य चारुकीर्ति पण्डिताचार्य ही इस प्रक्रियाके कर्त्ता हों।

---

१. छपी हुई प्रति के अन्तमें "इति प्रक्रियावतारे कृद्विधिः समाप्तः। समाप्तेयं प्रक्रिया।" इस तरह छपा है। इससे भी इसका नाम जैनेन्द्र-प्रक्रिया नहीं जान पड़ता।

२. सत्संधिं दधते समासमभितः ख्यातार्थनामोन्नतं निर्वातं बहुतद्धितं कृतमिहाख्यातं यशःशालिनम्।
सैषा श्रीगुणनन्दितानितवपुः शब्दार्णवं निर्णयं नाविल्याश्रयतां विविक्षुमनसां साक्षात्स्वयं प्रक्रिया ॥१॥
दुरितमदेभनिशुम्भकुम्भस्थलभेदनक्षमोग्रनखैः। राजन्मृगाधिराजो गुणनन्दी भुवि चिरं जीयात् ॥२॥
सन्मार्गे सकलसुखप्रियकरे संज्ञापिते सद्वने दिग्वासस्सु चरित्रवानमलकः कान्तो विवेकी प्रियः।
सोऽयं यः श्रुतकीर्तिदेवयतिपो भट्टारकोत्तंसको रंरम्यान्मम मानसे कविपतिः सद्राजहंसश्चिरम् ॥३॥

३. देखो 'सिस्टिम्स आफ संस्कृत ग्रामर,' पृष्ठ ६७।

४. देखो 'कर्नाटक जैन कवि', पृष्ठ २०।

५. तत्र सर्वशरीरिरक्षाकृतमतिर्विजितेन्द्रियः। सिद्धशासनवर्द्धनप्रतिलब्धकीर्तिकालापकः ॥२२॥
विश्रुतश्रुतकीर्तिभट्टारकयतिस्समजायत। प्रस्फुरद्वचनामृतांशुविनाशिताखिलहृत्तमाः ॥२३॥

देवनन्दिका समय

देवनन्दिने अपने किसी ग्रन्थमें न तो कोई रचना-तिथि दी है और न अपनी गुरुपरम्परा। इसलिए उनके समयका निर्णय उनके ग्रन्थोंके उल्लेखों तथा दूसरे साधनोंसे ही करना पड़ेगा।

जैनेन्द्र व्याकरणके 'वेत्तेः सिद्धसेनस्य' [५-१-७] सूत्रमें सिद्धसेनका मत दिया है और प्रज्ञाचक्षु पं० सुखलालजीने सिद्धसेनका समय विक्रमकी पाँचवीं शताब्दि निश्चित किया है[1]। उनके लेखका सारांश आगे दिया जाता है—

"जैसलमेरके जैन भण्डारमें विशेषावश्यक भाष्यकी जो अतिशय प्राचीन प्रति मिली है उसके अंतमें ग्रन्थकार जिनभद्र गणिने स्वयं ही ग्रन्थ-रचना-काल दिया है। और उसके अनुसार उक्त ग्रन्थ वि० सं० ६६६ में वल्लभीमें समाप्त हुआ है। उन्होंने अपने इस विशेषावश्यक भाष्यमें और द्वितीय लघुग्रन्थ विशेषणवतीमें सिद्धसेन और मल्लवादिके उपयोगाभेद-वादकी विस्तृत समालोचना की है। मल्लवादि सिद्धसेनके सन्मतितर्कके टीकाकार हैं। इससे सिद्ध होता है कि मल्लवादि और सिद्धसेन जिनभद्रगणिसे क्रमशः पूर्व और पूर्वतर हैं। मल्लवादिके विनष्टमूल द्वादशार नयचक्रके जो प्रतीक उसके विस्तृत टीकाग्रन्थमें मिलते हैं उनमें सिद्धसेन दिवाकरके उल्लेख तो हैं, परन्तु जिनभद्रगणिके नहीं है। इससे फलित होता है कि मल्लवादि जिनभद्रसे पहले हुए हैं और मल्लवादिने सिद्धसेनके सन्मतितर्कपर टीका लिखी थी, इसका निर्देश आचार्य हरिभद्रने किया है। अतः यह सिद्ध है कि सिद्धसेन मल्लवादिसे पहले हुए हैं। इसलिए मल्लवादिको विक्रमकी छठी शताब्दिके पूर्वार्धमें माना जाय, तो सिद्धसेनका समय पाँचवीं शताब्दि ठीक लगता है।

"सिद्धसेनके मतके अनुसार 'विद्' धातुमें 'र' का आगम होता है, भले ही वह सकर्मक हो। उनकी नवीं द्वात्रिंशतिकाके २२वें पद्यमें 'र' आगमवाला 'विद्रते' प्रयोग मिलता है। अन्य वैयाकरण 'सम्' उपसर्ग-पूर्वक अकर्मक विद् धातुमें 'र' आगम मानते हैं जब कि सिद्धसेनने अनुपसर्ग और सकर्मक विद् धातुमें 'र' आगमवाला प्रयोग किया है। इसके सिवाय पूज्यपादकी सर्वार्थसिद्धि टीकाके [अ० ७ सूत्र १३] में सिद्धसेनकी तीसरी द्वात्रिंशिकाके १६ वें पद्यकी 'उक्तं च' शब्दके साथ "वियोजयति चासुभिर्न वधेन संयुज्यते" पंक्ति उद्धृत की है। द्वात्रिंशिकामें यह पूरा पद्य इस प्रकार है—

वियोजयति चासुभिर्न वधेन संयुज्यते
शिवं च न परोपमर्दपु [प] रुषस्मृतेर्विद्यते।
वधायतनमभ्युपैति च परानिघ्नमपि
त्वयाऽयमतिदुर्गमः प्रथ[श]महेतुरुद्योतितः ॥१६॥

"पूज्यपाद देवनन्दिका समय विक्रमकी छठी शताब्दीका पूर्वार्ध माना जाता है। परन्तु मेरी समझमें अभी इसपर और भी गहराईसे विचार होनेकी जरूरत है। यदि सिद्धसेनको देवनन्दिसे पूर्ववर्ती अथवा उनका वृद्धसमकालीन माना जाय, तो भी उनका समय पाँचवीं शताब्दिसे अर्वाचीन नहीं जान पड़ता।"

सिद्धसेनसे देवनन्दि कितने बादके हैं, इसका निर्णय करनेके लिए देवसेनके दर्शनसारसे भी कुछ सहायता मिल सकती है। यह ग्रन्थ उन्होंने वि० सं० ९९० में धारानगरीमें निवास करते हुए पूर्वाचार्योंकी बनाई हुई गाथाओंका एकत्र संचय करके—'पुव्वाइरियकयाइं गाहाइं संचिऊण एयत्थ' लिखा गया है। अर्थात् इस ग्रन्थकी गाथाएँ देवसेनसे भी पहलेकी हैं और इस दृष्टिसे उनकी प्रामाणिकता अधिक है। उसके अनुसार श्री पूज्यपादका शिष्य पाहुडवेदि वज्रनन्दि द्राविड संघका कर्ता हुआ और तब दक्षिण मथुरा [मदुरा] में

---

१ देखो भारतीय विद्या, भाग ३, अंक ५ में 'श्री सिद्धसेन दिवाकरनां समयनी प्रश्न' शीर्षक लेख।

वि० सं० ५२६ में यह महामिथ्याती संघ उत्पन्न[1] हुआ। वज्रनन्दि चूँकि देवनन्दिके शिष्य थे, इसलिए इस संघ-स्थापना-कालके लगभग या दस बीस वर्ष पहले देवनन्दिका समय माना जा सकता है। सिद्धसेनके पूर्वोक्त निश्चित किये हुए समयसे भी यह असंगत नहीं जान पड़ता।

पं० युधिष्ठिर मीमांसकने 'संस्कृत व्याकरण शास्त्रका इतिहास'[2] लिखा है। उन्होंने जैनेन्द्रके **'वेत्तेः सिद्धसेनस्य'** सूत्रपरसे अनुमान किया है कि सिद्धसेनका कोई व्याकरण ग्रन्थ अवश्य होगा। उज्ज्वलदत्तकी उणादि सूत्र वृत्तिमें 'क्षपणक' के नामसे एक ऐसा सूत्र उद्धृत है जिससे प्रतीत होता है कि क्षपणकने भी उणादि सूत्रोंपर कोई व्याख्या लिखी थी और उससे यह भी संभावना होती है कि क्षपणकने अपने शब्दानुशासनपर भी कोई वृत्ति रची होगी। मैत्रेयरक्षितने तंत्रप्रदीपमें भी क्षपणकके व्याकरणका उल्लेख किया है।

बहुतसे विद्वानोंकी राय है कि ज्योतिर्विदाभरणमें[3] बतलाये हुए विक्रमके नौ रत्नोंमें जो क्षपणक है, वही सिद्धसेन है और गुप्तवंशके चंद्रगुप्त (द्वितीय) ही विक्रमादित्य हैं। इतिहासज्ञ विन्सेंट स्मिथके अनुसार चन्द्रगुप्तका समय वि० सं० ४३२ से ४७० तक है और इस तरह सिद्धसेनका समय जो पं० सुखलालजीने विक्रमकी पाँचवीं शताब्दि निश्चित किया है, और भी पुष्ट हो जाता है।

हेब्बुरुके दानपत्रमें गंगवंशी महाराजा अविनीतके पुत्र दुर्विनीतको **"शब्दावतारकारः देवभारतीनिबद्धबृहत्कथः किरातार्जुनीयपञ्चदशसर्गटीकाकारः[4]"** ये तीन विशेषण दिये हैं जिनका अर्थ होता है—शब्दावतारके कर्ता, पैशाचीसे संस्कृतमें गुणाढ्यकी बृहत्कथाको रचनेवाले और किरातार्जुनीय काव्यके पन्द्रह सर्गोंके टीकाकार। इन विशेषणोंमें कोई ऐसी बात नहीं जिससे यह प्रकट हो कि देवनन्दि दुर्विनीतके शिक्षागुरु थे या उनके समकालीन थे। परन्तु चूंकि शिमोगा जिलेके नगर ताल्लुकेके ४६ वें शिलालेखमें[5] पूज्यपादको पाणिनीयके शब्दावतारका कर्त्ता बतलाया है, इसलिए दुर्विनीतके साथ लगे हुए "शब्दावतारकार" विशेषणसे कुछ विद्वानोंको भ्रम हो गया और दोनोंको समकालीन समझकर गुरु-शिष्यका सम्बन्ध खड़ा कर दिया है। दुर्विनीतका राज्यकाल वि० सं० ५३९ से शुरू होता है, इसलिए इसीके लगभग पूज्यपादका समय मान लिया गया, परंतु मैसूरके आस्थान विद्वान् पं० शान्तिराज शास्त्रीने भास्करनन्दिकृत तत्त्वार्थटीकाकी प्रस्तावनामें इस भ्रमको स्पष्ट कर दिया है। इसलिए भले ही पूज्यपाद देवनन्दि दुर्विनीतके राज्यकालमें रहे हों, परन्तु केवल इस दानपत्रसे वह सिद्ध नहीं किया जा सकता।

जैनेन्द्र व्याकरणके एक और सूत्र **"चतुष्टयं समन्तभद्रस्य"** [४-४-१४०] में सिद्धसेनके ही समान आचार्य समन्तभद्रका[6] उल्लेख है, जिससे समन्तभद्रका देवनन्दिसे पूर्ववर्ती होना सिद्ध होता है, परन्तु साथ ही

---

१. सिरिपुज्जपादसीसो दाविडसंघस्स कारणो दुट्ठो। णामेण वज्जणंदी पाहुडवेदी महासत्तो॥
पंचसए छव्वीसे विक्कमरायस्स मरणपत्तस्स। दक्खिणमहुरा-जादो दाविडसंघो महामोहो॥

२. प्रकाशक—भारतीय साहित्यभवन, नवाबगंज, दिल्ली।

३. धन्वन्तरिक्षपणकामरसिंहशंकुवेतालभट्टघटखर्परकालिदासाः। ख्यातो वराहमिहरो नृपतेः सभायां रत्नानि वै वररुचिर्नव विक्रमस्य॥

४. मैसूर एण्ड कुर्ग गैजेटियर, प्रथम भाग पृ० ३७३.

५. इस शिलालेखका वह 'न्यासं जैनेन्द्रसंज्ञं' आदि पद्य इसके पहले पृष्ठ ३३ पर उद्धृत किया है।

६. बौद्धाचार्य चन्द्रकीर्तिने "समन्तभद्र" नामका एक व्याकरण लिखा था और चन्द्रकीर्ति धर्मकीर्तिसे भी पूर्ववर्ती है। १४ वीं शताब्दिमें लिखे हुए बौद्ध धर्मके इतिहाससे जो तिब्बती भाषामें है, और जिसका अंग्रेज़ी अनुवाद हो गया है इस बातकी सूचना मिलती है। पं० श्री दलसुख मालवणियाने अपने एक पत्रमें मुझे यह लिखा है।

सर्वार्थसिद्धि टीकाके 'मोक्षमार्गस्य नेतारं' आदि मंगलाचरण पर समन्तभद्रने 'आत्ममीमांसा' नामक ग्रन्थ लिखा है। इससे जान पड़ता है कि दोनों समकालीन एक दूसरेका आदर करनेवाले हैं और एक दूसरेके ग्रन्थोंसे सुपरिचित होनेके कारण ही यह संभव हुआ है कि देवनन्दि अपने जैनेन्द्र व्याकरणमें समन्तभद्रका व्याकरणविषयक मत देते हैं और समन्तभद्र देवनन्दिकी सर्वार्थसिद्धिके मंगलाचरणपर अपनी आप्तमीमांसा निर्माण करते हैं।

आचार्य विद्यानन्दने अपनी आप्तपरीक्षाके अन्तमें लिखा है—

श्रीमत्तत्त्वार्थशास्त्राद्भुतसलिलनिधेरिद्धरत्नोद्भवस्य,
प्रोत्थानारम्भकाले सकलमलभिदे शास्त्रकारैः कृतं यत्।
स्तोत्रं तीर्थोपमानं प्रथितपृथुयशं स्वामिमीमांसितं तत्,
विद्यानन्दैः स्वशक्त्या कथमपि कथितं सत्यवाक्यार्थसिद्ध्यै ॥ १२३ ॥

अर्थात् प्रकाशमान रत्नोंके उद्भवस्थान तत्त्वार्थशास्त्र रूप अद्भुत समुद्रके उत्थान या बढ़ावके आरम्भकालमें शास्त्रकार (देवनन्दि) ने तीर्थके तुल्य जो प्रसिद्ध और अति यशस्वी स्तोत्र (मोक्षमार्गस्य नेतारं आदि) बनाया और जिसकी स्वामि (समन्तभद्र) ने मीमांसा की, उसीका अपनी शक्तिके अनुसार सत्यवाक्यार्थसिद्धिके लिए विद्यानन्दने बड़े आदरके साथ कथन किया।

इसमें यह बिलकुल स्पष्ट रूपसे कह दिया गया है कि 'मोक्षमार्गस्य नेतारं' इस मंगलाचरण पर ही आप्तमीमांसा रची गई है और उसीपर विद्यानन्द परीक्षा (आप्तपरीक्षा) लिखते हैं।

परन्तु उक्त पद्यमें जो 'शास्त्रकारैः' पद पड़ा हुआ है, उसपर एक बड़ा भारी विवाद खड़ा कर दिया गया है और उसका अर्थ किया जाता है— तत्त्वार्थसूत्रकार उमास्वाति; जब कि वास्तवमें मोक्षमार्गस्य नेतारं आदि मंगलाचरण सर्वार्थसिद्धिका है। मूल तत्त्वार्थसूत्रका नहीं। क्योंकि यदि यह मंगलाचरण तत्त्वार्थसूत्रका होता तो उसकी टीका सभी दिगम्बर श्वेताम्बर टीकाकार जो प्राचीन हैं—अवश्य करते[1]। और कोई न करता तो देवनन्दि पूज्यपाद तो [सर्वार्थसिद्धिमें] अवश्य करते। सर्वार्थसिद्धि टीकाका पहला संस्करण स्व० पं० कल्लाप्पा भरमाप्पा निटवेने प्रकाशित किया था। उसमें इसे टीकाके मंगलाचरणके रूपमें ही दिया है और भूमिकामें भी उन्होंने इसे टीकाका ही बतलाया है। शोलापुरके पं० वंशीधरजी शास्त्रीके संस्करणमें भी यह टीकाका है और यह संस्करण उन्होंने आगरेकी तीन प्राचीन प्रतियोंके आधारसे सम्पादित किया है। उसमेंकी एक प्रतिको तो वे ५०० वर्ष पुरानी बतलाते हैं। अकलंकदेव और विद्यानन्दने भी राजवार्तिक और श्लोकवार्तिकमें इसकी टीका नहीं की है, श्वेताम्बर टीकाकार सिद्धसेन और हरिभद्र आदिने भी नहीं की। तत्त्वार्थसूत्रपाठ [मूल] की भी अधिकांश लिखित प्रतियाँ इस मंगलाचरणसे रहित हैं। सनातनग्रन्थमाला प्रथम गुच्छक, जैननित्यपाठसंग्रह आदि मुद्रित प्रतियोंमें भी यह नहीं है[2]। तत्त्वार्थसारमें भी, जो तत्त्वार्थका एक तरहसे पल्लवित पद्यानुवाद है, अमृतचन्द्रने इस मंगल पद्यका अनुवाद नहीं किया है। इससे स्पष्ट हो जाता है कि यह मंगलाचरण सर्वार्थसिद्धि टीकाके कर्ता पूज्यपाद देवनन्दिका है, इसीपर समन्तभद्रने आप्तमीमांसा और विद्यानन्दने आप्तपरीक्षाकी रचना की।

---

१. दिगम्बर टीकाकारोंमें श्रुतसागर और भास्करनन्दिने 'मोक्षमार्गस्य' आदिकी टीका की है। इनमें श्रुतसागर विक्रमकी सोलहवीं शताब्दिके अन्तमें हुए हैं और भास्करनन्दि १३–१४ वीं शताब्दिमें।

२. जिन पोथियों या गुटकोंमें मूल तत्त्वार्थसूत्र लिखा मिलता है, उसमें इस मंगलाचरणके साथ ही प्रायः "त्रैकाल्यं द्रव्यषट्कं" आदि संस्कृत पद्य और भगवती आराधनाके प्रारम्भकी 'सिद्धे जयप्पसिद्धे' आदि दो गाथाएँ भी लिखी रहती हैं और उनके बाद 'सम्यग्दर्शनज्ञानचारित्राणि मोक्षमार्गः' शुरू होता है। वास्तवमें जो लोग नित्यपाठ करते हैं, उन्होंने यह परम्परा चला दी है।

अतएव समन्तभद्र और देवनन्दि छठी शताब्दिके हैं और समकालीन हैं। सिद्धसेन उनके पूर्ववर्त्ती हैं।

जैनेन्द्रोक्त अन्य आचार्य

पाणिनि आदि वैयाकरणोंने जिस तरह अपनेसे पहलेके वैयाकरणोंके नामोंका उल्लेख किया है, उसी तरह जैनेन्द्रसूत्रोंमें भी नीचे लिखे पूर्वाचार्योंका उल्लेख मिलता है—

१ राद् भूतबलेः [३-४-८३], २ गुणे श्रीदत्तस्याख्रियाम् [१-४-३४], ३ कृवृषिमृजां यशोभद्रस्य [२-१-९९], ४ रात्रेः कृति प्रभाचन्द्रस्य [४-३-१८०], ५ वेत्तेः सिद्धसेनस्य [५-१-७], ६ चतुष्टयं समन्तभद्रस्य [५-४-१४०]।

जहाँतक हम जानते हैं इन छहों आचार्योंमेंसे शायद किसीने भी कोई व्याकरण ग्रन्थ नहीं लिखा है। इनके ग्रन्थोंमें कुछ भिन्न तरहके शब्द प्रयोग किये गये होंगे और उन्हींको लक्ष्य करके उक्त सब सूत्र रचे गये हैं। शाकटायनने भी इसीका अनुकरण करके तीन आचार्योंके मत दिये हैं।

१—**भूतबलि**—भूतबलिका ठीक-ठीक समय निश्चित करना कठिन है। इतना ही कहा जा सकता है कि वे वीर नि० सं० ६८३ के बाद हुए हैं।[1]

२—**स्वामी समन्तभद्र**[2] और ३—**सिद्धसेन** प्रसिद्ध हैं।

४—**श्रीदत्त**—विद्यानन्दने अपने तत्त्वार्थश्लोकवार्तिकमें श्रीदत्तके 'जल्पनिर्णय' नामक ग्रन्थका उल्लेख किया है। मालूम होता है कि ये बड़े भारी वादि-विजेता थे[3]। आदिपुराणके कर्ता जिनसेनसूरिने भी इनका स्मरण किया है। संभव है[4] ये श्रीदत्त दूसरे हों और जल्प-निर्णयके कर्त्ता दूसरे, तथा इन्हीं दूसरेका उल्लेख जैनेन्द्रमें किया गया हो।

५—**यशोभद्र**—आदिपुराणमें यशोभद्रका स्मरण करते हुए कहा है कि विद्वानोंकी सभामें जिनका नाम कीर्तन सुननेसे ही वादियोंका गर्व खर्व हो जाता है।[5]

६—**प्रभाचन्द्र**—आदिपुराणमें जिनसेन स्वामीने प्रभाचन्द्र कविकी स्तुति की है, जिन्होंने चन्द्रोदयकी रचना की थी। हरिवंशपुराणमें भी इनका स्मरण किया गया है। ये कुमारसेनके शिष्य थे।

उपलब्ध ग्रन्थ

जैनेन्द्रके सिवाय पूज्यपादके केवल पाँच ग्रन्थ उपलब्ध हुए हैं।

१—**सर्वार्थसिद्धि**—आचार्य उमास्वातिकृत तत्त्वार्थसूत्रपर दिगम्बर सम्प्रदायकी उपलब्ध टीकाओंमें सबसे पहली टीका।

२—**समाधितंत्र**। इसमें लगभग १०० श्लोक हैं, इसलिए इसे समाधिशतक भी कहते हैं।

३—**इष्टोपदेश**—यह केवल ५१ श्लोकोंका छोटा-सा ग्रन्थ है। पं० आशाधरने इसपर एक संस्कृत टीका लिखी है।

४—**दशभक्ति** [संस्कृत]—प्रभाचन्द्राचार्यने अपने क्रियाकलापमें इसका कर्त्ता पूज्यपाद या पादपूज्यको बतलाया है। परन्तु इसके लिए कोई प्रमाण नहीं मिलता।

१-२. इसके लिए प्रो० हीरालालजीकी धवलाकी 'भूमिका' और पं० जुगलकिशोरजी मुख्तारका 'स्वामी समन्तभद्र' देखिए।

३. द्विप्रकारं जगौ जल्पं तत्त्व-प्रातिभगोचरम्। त्रिषष्टेर्वादिनां जेता श्रीदत्तो जल्पनिर्णये॥

४. श्रीदत्ताय नमस्तस्मै तपःश्रीदीप्तमूर्तये। कण्ठीरवायितं येन प्रवादीभप्रभेदने ॥४५॥

५. विदुष्विणीषु संसत्सु यस्य नामापि कीर्तितम्। निखर्वयति तद्गर्वं यशोभद्रः स पातु नः ॥४६॥

४—सिद्धप्रियस्तोत्र—निर्णयसागरकी काव्यमाला [सप्तमगुच्छ] में छप चुका है। २६ पद्योंमें चौबीस तीर्थङ्करोंकी स्तुति है।

अनुपलब्ध ग्रन्थ

शब्दावतार न्यास और जैनेन्द्र न्यास—पूज्यपादका पाणिनि व्याकरणपर 'शब्दावतार' नामका न्यास है और जैनेन्द्रपर स्वोपज्ञ न्यास भी है।

वैद्यक ग्रन्थ—शुभचन्द्रकृत ज्ञानार्णवके 'अपाकुर्वन्ति' आदि श्लोकके 'काय' शब्दसे ध्वनित होता है कि पूज्यपादका कोई वैद्यक ग्रन्थ होगा[1]।

सार-संग्रह—धवला [वेदनाखंड पु० ९ पृ० १६७] के एक उद्धरणके आधारसे 'सारसंग्रह' नामक एक और ग्रन्थके होनेका अनुमान है—"**तथा सारसंग्रहेऽप्युक्तं पूज्यपादैः अनन्तपर्यायात्मकस्य वस्तुनोऽन्यतमपर्यायाधिगमे कर्तव्ये जात्यहेत्वपेक्षो निरवद्यप्रयोगो नय इति।**" यह कोई न्याय या सिद्धान्तका ग्रन्थ जान पड़ता है।[2] उक्त वाक्यका 'पूज्यपाद' किसी अन्य पूज्य आचार्यका विशेषण भी हो सकता है।

'जैनाभिषेक' नामके एक और ग्रन्थका जिकर श्रवणबेल्गोलके शिलालेख नं० ४० के 'जैनेन्द्रं निज-शब्द भागमतुलं' आदि श्लोकमें किया गया है।

इस लेखके लिखनेमें हमें श्रद्धेय मुनि जिनविजय और पं० बेचरदास जीवराजकी न्याय-व्याकरण-तीर्थसे बहुत अधिक सहायता मिली है। इसलिए हम उक्त दोनों सज्जनोंके अत्यन्त कृतज्ञ हैं। मुनि महोदयकी कृपासे हमको जो साधन सामग्री प्राप्त हुई है, यदि न मिलती तो यह लेख शायद ही इस रूपमें पाठकोंके सम्मुख उपस्थित हो सकता।

परिशिष्ट १

पूज्यपाद-चरित

कनड़ी भाषाके इस चरितको चन्द्रय्य नामक कविने जो कर्नाटक देशके मलयनगरकी 'ब्राह्मणगली' के रहनेवाले थे, दुःषम कालके परिधावी संवत्सरकी आश्विन शुक्ल ५, शुक्रवार, तुलालग्नमें समाप्त किया है। चरितका सारांश यह है—

---

१. **अपाकुर्वन्ति यद्वाचः कायवाक्चित्तसम्भवः। कलङ्कमङ्गिनां सोऽयं देवनन्दी नमस्यते॥**

पूनेके भाण्डारकर रिसर्च इंस्टीट्यूटमें 'पूज्यपादकृत वैद्यक' नामका एक ग्रन्थ है, परन्तु वह आधुनिक कनड़ीमें लिखा हुआ कनड़ी भाषाका ग्रन्थ है। उसमें न कहीं पूज्यपादका उल्लेख है और न वह उनका बनाया हुआ है। "वैद्यसार' नामका एक और ग्रन्थ अभी जैन-सिद्धान्त-भास्करमें प्रकाशित हुआ है, पर वह भी उनका नहीं है।

विजयनगरके राजा हरिहरके समयमें एक मंगराज नामके कनड़ी कवि हुए हैं। वि० सं० १४१६ के लगभग उनका अस्तित्व-काल है। स्थावर विषोंकी प्रक्रिया और चिकित्सापर उनका खगेन्द्रमणिदर्पण नामका ग्रन्थ है। वे उसमें अपनेको पूज्यपादका शिष्य बतलाते हैं और यह भी कि यह ग्रन्थ पूज्यपाद वैद्यक ग्रन्थसे संगृहीत है। अभी हाल ही शोलापुरसे उग्रादित्याचार्यका 'कल्याणकारक' नामका ग्रन्थ प्रकाशित हुआ है। उसमें भी अनेक जगह 'पूज्यपादेन भाषितः' कहकर पूज्यपादके वैद्यक ग्रन्थका उल्लेख किया गया है। उग्रादित्य राष्ट्रकूट अमोघवर्षके समयके बतलाये गये हैं, परन्तु हमें इसमें सन्देह है। उसकी प्रशस्तिकी भी बहुत-सी बातें सन्देहास्पद हैं जिनपर विचार होनेकी आवश्यकता है।

२. इसके लिए प्रो० हीरालालजी जैन लिखित धवला (पुस्तक १) की भूमिकाके पृष्ठ ६०-६१ देखिए।

कर्नाटक देशके 'कोले' नामक ग्रामके माधवभट्ट नामक ब्राह्मण और श्रीदेवी ब्राह्मणीसे पूज्यपादका जन्म हुआ। ज्योतिषियोंने बालकको त्रिलोकपूज्य बतलाया, इस कारण उसका नाम पूज्यपाद रक्खा गया। माधवभट्टने अपनी स्त्रीके कहनेसे जैनधर्म स्वीकार कर लिया। भट्टजीके सालेका नाम पाणिनि था उसे भी उन्होंने जैनी बननेको कहा, परन्तु प्रतिष्ठाके खयालसे वह जैनी न होकर मुडीगुंड ग्राममें वैष्णव संन्यासी हो गया। पूज्यपादकी कमलिनी नामक छोटी बहिन हुई, वह गुणभट्टको ब्याही गई, और गुणभट्टको उससे नागार्जुन नामक पुत्र हुआ।

पूज्यपादने एक बगीचेमें एक साँपके मुँहमें फँसे हुए मेंडकको देखा। इससे उन्हें वैराग्य हो गया और वे जैन साधु बन गये।

पाणिनि अपना व्याकरण रच रहे थे। वह पूरा न हो पाया था कि उन्होंने अपना मरण-काल निकट आया जान कर पूज्यपादसे कहा कि इसे तुम पूरा कर दो। उन्होंने पूरा करना स्वीकार कर लिया।

पाणिनि दुर्ध्यानवश मरकर सर्प हुए। एक बार उसने पूज्यपादको देखकर फूत्कार किया, इसपर पूज्यपादने कहा, विश्वास रक्खो, मैं तुम्हारे व्याकरणको पूरा कर दूँगा। इसके बाद उन्होंने पाणिनि व्याकरणको पूरा कर दिया।

इसके पहले वे जैनेन्द्र व्याकरण, अर्हत्प्रतिष्ठालक्षण और वैद्यक ज्योतिष आदिके कई ग्रन्थ रच चुके थे।

गुणभट्टके मर जानेसे नागार्जुन अतिशय दरिद्री हो गया। पूज्यपादने उसे पद्मावतीका एक मन्त्र दिया और सिद्ध करनेकी विधि भी बतला दी। उसके प्रभावसे पद्मावतीने नागार्जुनके निकट प्रकट होकर उसे सिद्ध-रसकी वनस्पति बतला दी।

इस सिद्ध-रससे नागार्जुन सोना बनाने लगा। उसके गर्वका परिहार करनेके लिए पूज्यपादने एक मामूली वनस्पतिसे कई घड़े सिद्ध-रस बना दिया। नागार्जुन जब पर्वतोंको सुवर्णमय बनाने लगा, तब धरणेन्द्र-पद्मावतीने उसे रोका और जिनालय बनानेको कहा। तदनुसार उसने एक जिनालय बनवाया और पार्श्वनाथकी प्रतिमा स्थापित की।

पूज्यपाद पैरोंमें गगनगामी लेप लगाकर विदेहक्षेत्रको जाया करते थे। उस समय उनके शिष्य वज्रनन्दिने अपने साथियोंसे झगड़ा करके द्राविड़ संघकी स्थापना की।

नागार्जुन अनेक मन्त्र तन्त्र तथा रसादि सिद्ध करके बहुत ही प्रसिद्ध हो गया। एक बार दो सुन्दरी स्त्रियाँ आईं जो गाने नाचनेमें कुशल थीं। नागार्जुन उनपर मोहित हो गया। वे वहीं रहने लगीं और कुछ समय बाद ही उसकी रसगुटिका लेकर चलती बनीं।

पूज्यपाद मुनि बहुत समयतक योगाभ्यास करते रहे। फिर एक देव-विमानमें बैठकर उन्होंने अनेक तीर्थोंकी यात्रा की। मार्गमें एक जगह उनकी दृष्टि नष्ट हो गई थी, सो उन्होंने एक शान्त्यष्टक बनाकर ज्योंकी त्यों कर ली। इसके बाद उन्होंने अपने ग्राममें आकर समाधिपूर्वक मरण किया।

इस चरितपर कोई टीका-टिप्पणी करना व्यर्थ है। इस तरहके न जाने कितने मनगढ़न्त और ऊलजलूल किस्से हमारे यहाँ इतिहासके नामसे चल रहे हैं।

परिशिष्ट २

हेब्बूरुका दानपत्र

श्रीमन्माधवमहाधिराजः, तस्य पुत्रः अविच्छिन्नाश्वमेधावभृथाभिषिक्तः श्रीमत्कदम्बकुलगगनगभस्तिमालिनः श्रीमत्कृष्णवर्ममहाराजस्य प्रियभागिनेयः जननीदेवताङ्कपर्यङ्क एवाधिगतराज्यः विद्वत्कविकाञ्चननिकषोपलभूतः असम्भ्रावनमितसमस्तसामन्तमण्डलः अविनीतनामा श्रीमत्कोङ्गणिमहाराजः तस्य पुत्रः पुन्नाडराजप्रियपुत्रिकापुत्रः विजृम्भमाणशक्तित्रयोपनमितसमस्तसामन्तमण्डलः अन्दर्यालत्तरूपौरुलरेपेनंगराद्यनेकसमर-

मुखमखहुतप्रधानपुरुषपशूपहारः विघसविहस्तीकृतकृतान्ताभिमुखः शब्दावतारकारः देवभारतीनिबद्धबृहत्कथः किरातार्जुनीयपञ्चदशसर्गटीकाकारः दुर्विनीतनामा······ —मैसूर एण्ड कुर्ग गैजेटियर, प्रथम पृ० ३७३

परिशिष्ट ३

[भगवद्वाग्वादिनीका विशेष परिचय]

इसके प्रारंभमें पहले 'लक्ष्मीरात्यन्तिकी यस्य' आदि प्रसिद्ध मंगलाचरणका श्लोक लिखा गया था। परन्तु पीछेसे उसपर हरताल फेर दी गई है और उसकी जगह यह श्लोक और उत्थानिका लिख दी गई है—

ओं नमः पार्श्वाय

त्वरितमहिमदूतामंत्रितेनाद्भुतात्मा, विषममपि मघोना पृच्छता शब्दशास्त्रम्।
श्रुतमदरिपुरासीद् वादिवृन्दाग्रणीनां परमपदपटुर्यः स श्रिये वीरदेवः॥

अष्टवार्षिकोऽपि तथाविधभक्ताभ्यर्थनाप्रणुन्नः स भगवानिदं प्राह—सिद्धिरनेकान्तात्। १-१-१।

इसके बाद सूत्रपाठ शुरू हो गया है। पहले पत्रके ऊपर मार्जिनमें एक टिप्पणी इस प्रकार दी है जिसमें पाणिनि आदि व्याकरणोंको अप्रामाणिक ठहराया है—

"प्रमाणवदव्यामुपेक्षणीयानि पाणिन्यादिप्रणीतसूत्राणि स्यात्कारवादित्रदूरत्वात्परिव्राजकादिभाषितवत् अप्रमाणानि च कपोलकल्पनामलिनानि हीनमातृकत्वात्तद्वदेव।"

इसके बाद प्रत्येक पादके अन्तमें और आदिमें इस प्रकार लिखा है जिससे इस सूत्र-पाठके भगवत्प्रणीत होनेमें कोई सन्देह बाकी न रह जाय—

"इति भगवद्वाग्वादिन्यां प्रथमाध्यायस्य द्वितीयः पादः। ओंनमः पार्श्वाय। स भगवानिदं प्राह।"

सर्वत्र **'नमः पार्श्वाय'** लिखना भी हेतुपूर्वक है। जब ग्रन्थकर्ता स्वयं महावीर भगवान् हैं तब उनके ग्रन्थमें उनसे पहलेके तीर्थंकर पार्श्वनाथको ही नमस्कार किया जा सकता है। देखिए, कितनी दूरतक विचार किया गया है!

आगे अध्याय २ पाद २ के **'सह्वहचल्यपतेरिः'** [६४] सूत्रपर निम्न प्रकार टिप्पणी दी है और सिद्ध किया है कि यदि यह व्याकरण भगवत्कृत न हो तो फिर सिद्धहैमके अमुक सूत्रकी उपपत्ति नहीं बैठ सकती—

"इदं शब्दानुशासनं भगवत्कर्तृकमेव भवति। 'सह्वहचल्यपतेरिर्धाञ्कृसृजन्गमेः कीर्लिट् चवत्-क्ङौ सासहिवावाहचाचलिपापति, सस्रिचाक्रिदधिधञ्जिनेमीति सिद्धहैमसूत्रस्याऽन्यथानुपपत्तेः। शर्ववर्मपाणिन्योस्तु आद्वर्णोपधालोपिन किर्द्वेच १, आपृगमहनजनः किकिनौ लिट् चेति २।"

इसके बाद ३-२-२२ सूत्रपर इस प्रकार टिप्पणी दी है—

"कथं न ह्यचः प्राग्भरतेष्वादि क्षेत्रादिनियापि शिक्षाविशेषाः।
कुमारशब्दः प्राच्यानामाश्विनं मासमूचिवान्।
मैथुनं तु भिषक्तंत्रे वाचकं मधुसर्पिषः॥
इत्याद्यन्यथानुपपत्तेरिति बौटिकतिमिरोपलक्षणम्।"

इसके बाद ३-४-४२ सूत्र [**स्तेयाहंत्यम्**] पर फिर एक टिप्पणी दी है—

"इदं शब्दानुशानं भगवत्कर्तृकमेव भवति। अर्हंतस्तोन्त च १, सहाद्वा २, सखिवणिग्दूताद्यः ३, स्तेनान्नलुक् चे ४, ति सिद्धहैमसूत्रान्यथानुपपत्तेः। पाणिन्यादौ त्वार्हंत्यशब्दं प्रति सूत्राभावात्। कथं सरस्वतीकंठाभरणे तदास्ति। ऐन्द्रानुसारादर्हंतशब्दयश्चेति पश्य।

फिर ३-४-४० सूत्र [**रात्रेः प्रभाचन्द्रस्य**] पर एक टिप्पणी है। इसमें बौटिकों या दिगम्बरियोंका सत्कार किया गया है—

"इदं शब्दानुशासनं भगवत्कर्तृकमेव भवति । रात्रेः प्रभाचन्द्रस्य सूत्रस्य प्रक्षेपता स्फुटत्वात् । अतो बौटिकतिमिरोपलक्षणे—

देवनन्दिमतां मोहः प्रक्षेपरजसोऽपि चेत् ।
चिराय भवता रात्रेः प्रभाचन्द्रस्य जीव्यताम् ।।
पञ्चोत्तरः कः स्वचानासीः प्रभेन्दोः नग्न यस्य यः [१] ।
विस्मयो रमयेः शिष्या स तं चेद्देवनन्दिनम् ।। इति ।

विक्रमाद्वसुखयुगाब्दे ४०६ देवनन्दी, ततो गुणनन्दि-कुमारनंदि-लोकचंद्रानंतरं मुनिरैयुगाब्दे प्रथम-प्रभाचन्द्र इति बौटिके ।"

इसी तरह ४-३-७ [वेत्तेः सिद्धसेनस्य] सूत्रपर लिखा है—

"वेत्तेः सिद्धसेनस्य, चतुष्टयं समंतभद्रस्य प्रक्षेपेऽर्वाच्यता स्फुटत्वात्, रात्रेः प्रभाचन्द्रस्य वदिति बौटिकतिमिरोपलक्षणे ।"

अन्तमें ५-४-६५ [शश्छोमि] सूत्रपर एक टिप्पणी दी है जिसमें पाणिनि आदि वैयाकरणोंकी असर्वज्ञता सिद्ध की गई है—

"प्रयोगाशातना माभूदनादिसिद्धा हि प्रयोगाः । ज्ञानिना तु केवलं ते प्रकाश्यन्ते न तु क्रियन्ते इति । अतएव शश्छोटीति पाणिनीयसूत्रं वर्गप्रथमेभ्यः शकारः स्वरयवरपरः शकारश्छकारं नवेति शर्ववर्मकर्तृककालापकसूत्रानुसारि । अत एव पाणिन्यादयोऽसर्वज्ञा इति सिद्धम् । अतएव तेषां तत्त्वत आप्तत्वाभाव इति सिद्धिः । नव्यैः प्रभृतीनिसूत्रे निर्जरसैर्मुख्या यदि युक्तिस्ते मस्करिणैव भवत्कृतमास्ते न तु सारस्वत-वाग्देव्या । शश्छोटिप्रमुखैः सूत्रैस्तच्छश्रुप्रभृतिपदादर्शी कालापकाद्युपजीवी पाणिनिरजिनत्वं प्रति नाव्यक्तः ।"

जहाँ सूत्रपाठ समाप्त होता है, वहाँ लिखा है:—

इत्याख्यद्भगयानर्हन्श्रुत्वेन्द्रस्तु मुदं वहन् ।
वादिवक्त्राब्जचन्द्रः स्वमंदिराभिमुखोऽभवत् ।।

आगे ग्रन्थ-प्रशस्ति देखिए—

"ओं नमः सकलकलाकौशलपेशलशीलशालिने पार्श्वाय पार्श्वपार्श्वाय । स्वस्ति तत्प्रवचनसुधास-मुद्रलहरीस्नायिभ्यो महामुनिभ्यः । परिसमाप्तं च जैनेद्रं नाम महाव्याकरणम् । तदिदं श्रीवीरप्रभुर्मघोने पृच्छते प्रकाशयांचकार । सपादलक्षव्याख्यानकपरमतमदांधकारापहारपरममिति । नमः श्रीमच्चरमपरमेश्वर-पादप्रसादविशदस्याद्वादनयसमुपासनगुणकोटिमत्कौटिकगणाविर्भूतचिद्‌विभूतिविमलचंद्र चान्द्र कुलविपुलबृहत्त-पोनिगमनिर्गतनागपुरीयस्वच्छगच्छसमुत्थमुत्पविपार्श्वचन्द्रशाखासुखाकृतसुकृतसुकृतिवररामेन्दूपाध्यायचारुचर-णारविन्दरजोराजीमधुकरानुकरवाचकपदवीपविन्नितात्ययचंद्रचरणेभ्यः ससुधी रत्नचंद्रम् । श्रीवीरात् २२६७ विक्रमनृपात्तु सं० १७६७ फाल्गुनसितत्रयोदशी भौमे तक्षकाख्यपुरस्थेन रत्नर्षिणा दर्शनपाविज्याय लिखितं चिरं नंद्यात् ।"

ग्रन्थके पहले पत्रकी खाली पीठपर भी कुछ टिप्पणियाँ हैं और उनमें अधिकांश वे ही हैं जो ऊपर दी जा चुकी हैं । शेष इस प्रकार हैं—

ओं नमः पार्श्वाय

जैनेन्द्रमैन्द्रतः सिद्धहैमतो जयहेमवत् । प्रकृतत्यंतरदूरत्वाच्चान्यतामेतुमर्हति ।। कथं ।
इंद्रश्चंद्रः काशकृत्स्नापिशलीशाकटायनाः । पाणिन्यमरजैनेन्द्रा जयंत्यष्टौ हि शाब्दिकाः ।।
इति (?) चतुर्थी तद्धितानुपलक्षणात् ।

---

१ यह 'बौटिकमततिमिरोपलक्षण' नामका कोई ग्रंथ है और संभवतः वाग्वादिनीके कर्ताका ही बनाया हुआ है ।

यदिंद्राय जिनेंद्रेण कौमारेऽपि निरूपितं । ऐंद्रं जैनेंद्रमिति तत्प्राहुः शब्दानुशासनं ॥

यदावश्यकनिर्युक्तिः—

अह तं अम्मापिअरो जाणित्ता अहियअट्ठवासं तु ।
कयकोउअलंकारं लेहायरिअस्स उवणिंति ॥

सक्को अ तस्समक्कं भयवंतं आसणे निवेसित्ता ।
सद्दस्य लक्खणं पुच्छे वागरणं अवयवा इदं ॥ इति ॥

तदवयवाः केचन उपाध्यायेन गृहीताः । ततश्चैन्द्रं व्याकरणं संजातमिति हरिभद्रः ॥

यत्तु देवनंदिबौटिकं पूज्यपाद

इतीच्छंतस्तद्गुरुकाः पूज्यपादस्य लक्षणं ।
द्विसंधानकवेः काव्यं रत्नत्रयमपश्चिमम् ।

इति धनंजयकोषात्तदयुक्तं । नेति चेत्कथं जैनेन्द्रमिति । द्वादशस्वरमध्यमिति चेन्न इतरोपपदस्याभावात् । जैनकुमारसम्भववद्गतिरिति चेन्न । कुमारवदिद्रं प्रति श्लेषाभावात् थारीतिकततद्धितभावाच्च तर्हि

लक्ष्मीरात्यंतिकी यस्य निरवद्यावभासते । देवनंदितपूजेशे नमस्तस्मै स्वयंभुवे ॥

का गतिरिति चेत् ।

लक्ष्मीरात्यंतिकीपद्यनुपज्ञे शस्य किंतरां । ऐंद्रंत्वयजि तत्त्वार्थे मोक्षमार्गस्य पद्यवत् ॥

मिबादयश्चेत्प्रथमं यदि हैमत्वपेक्ष्यते ।
कालापकादि न तथा षट्वैन्द्रं महते कृतिः ॥

पूर्वंत्र । मिप् वस् मस् १ सिप् थस् थ २ तिप् तस् झि ३ इड् वहि महि १ थस् आथां ध्वं २ त आताम् झङ् ३ इति ।

आख्यातरीतिं प्रति देवराजे मिब्वस्मसो यः पितः रादितोदाः ।
जीवं प्रपन्नाहममात्थ विश्वे तत्त्वादिमं स्वां कतिमात्मनाथं ॥ [2]

तर्हि सिद्धसेनादिविशेषोऽपि दुर्निवार इति चेन्न

जातामात्रोपि चिद्वीर्यं प्रत्यात्मशरणोऽसि यः ।
जनताका वराकीयं परात्मन् वीर तत्पुर ॥

इति बौटिकमततिमिरोपलक्षणस्य तुर्येऽवकाशे इन्द्र जिनेन्द्रौ प्रत्युत्तरिणौ यदतोङ्टातद्धिततस्त्वमसिमिबिङ्ढौरेयमद्रैंद्रं जैनेन्द्रं व्याकरणानां । सिद्धिमनेकांतादिच्छों अः × क × पार्ह त्यतथारीते हैमागीकृतवर्त्मन्प्रक्षेपार्यविजेयचिरंजीया इति प्रसन्नचन्द्रोत्पले [?]

---

१ इसके आगे ४–३–७ सूत्रकी टिप्पणी जैसा ही लिखा है और फिर ३–४–४० सूत्रकी टिप्पणीके 'देवनन्दिमतां' आदि ही श्लोक दिये हैं ।

२ इसके आगे ५–४–६५ सूत्रकी टिप्पणी दी है ।

जैनेन्द्र शब्दानुशासन तथा उसके खिलपाठ

[श्री युधिष्ठिर मीमांसक, प्राच्यविद्याप्रतिष्ठान, दिल्ली]

संसारमें वाङ्मयके प्रादुर्भावका आदिस्थान पुण्यभूमि भारत है। उसका विशाल संस्कृत वाङ्मय मुख्यतः तीन धाराओंमें विभक्त है। इस वाङ्मयकी समृद्धिमें वैदिक, जैन और बौद्ध विद्वानों तथा आचार्योंने मुक्तहस्तसे सहयोग प्रदान किया है। भगवान् महावीरसे पूर्वके जैन तीर्थंङ्करोंने उपदेश और ग्रन्थ-रचनामें किस भाषाका आश्रय लिया था, इसके प्रमाण अभी नहीं मिले। उनका कोई ग्रन्थ उपलब्ध अथवा ज्ञात नहीं। इसलिए उपलब्ध संस्कृत वाङ्मयमें वैदिक वाङ्मय ही प्राचीनतम कहा जा सकता है। भगवान् महावीर और भगवान् बुद्ध तथा उनके अनुयायी मनीषियोंने अपने विचारोंको सर्वसाधारण तक पहुँचानेके लिए उपदेश और ग्रन्थ-रचनामें तात्कालिक जनभाषा प्राकृत तथा पालीका आश्रय लिया। कालान्तरमें, सम्भवतः विक्रमकी प्रथम शतीके लगभग जैन तथा बौद्ध आचार्योंने भारतीय जनताके हृदयमें संस्कृतके प्रति युग-युगसे वर्तमान विशिष्ट अनुराग और आदरकी भावनाको अनुभव किया और उदारचेता होकर उन्होंने भी विद्वज्जनोपयोगी विशिष्ट ग्रन्थोंकी रचनाके लिए संस्कृत भाषाको अपनाना आरम्भ किया।

नये युगके प्रवर्तक

इस नये युगके प्रवर्तक जैन सम्प्रदायमें आचार्य समन्तभद्र और सिद्धसेन दिवाकर तथा बौद्ध सम्प्रदायमें भदन्त अश्वघोष थे। ये सब वैदिक सम्प्रदायके विशिष्ट ज्ञाता थे। इसलिए उभय सम्प्रदायके शास्त्रज्ञानकी जो प्रौढ़ता इनके ग्रन्थोंमें उपलब्ध होती है, वह अन्यत्र दुर्लभ है। इन आचार्योंने अपनी अगाध-विद्वत्ताके कारण अपने-अपने सम्प्रदायोंमें नये युगका सूत्रपात किया। इनका अनुकरण करके उत्तरवर्ती अनेक सुहृद् आचार्योंने अपने-अपने उत्तमोत्तम ग्रन्थों-द्वारा संस्कृत वाङ्मयको आगे बढ़ाया।

संघर्ष युग—दोनों सम्प्रदायोंमें संस्कृत भाषाके प्रति अनुराग उत्तरोत्तर बढ़ने लगा। प्रत्येक विषय पर संस्कृतमें ग्रन्थ-रचनाएँ होने लगीं। विक्रमकी प्रथम शतीसे १२ वीं शती तकका युग संस्कृत वाङ्मयके इतिहासमें अपना स्वतन्त्र स्थान रखता है। इस कालमें वैदिक, जैन और बौद्ध विद्वानोंके पारस्परिक तार्किक वाद-प्रतिवादने वाङ्मयके प्रत्येक क्षेत्रको, विशेषकर न्यायशास्त्रको परिबृंहित करनेमें विशेष योग प्रदान किया। इस कालमें वैदिक न्यायशास्त्रकी तो प्रवृत्ति ही बदल गई। वह अपने मूल प्रयोजनसे हटकर अर्थात् प्रमेय-निर्णायक न रहकर केवल प्रमाण-लक्षण-निर्णय तक ही सीमित हो गया और अन्तमें उसने नव्य न्यायके रूपमें केवल बौद्धिक श्रमका रूप धारण कर लिया।

जैन व्याकरण-वाङ्मय

संस्कृत वाङ्मयमें व्याकरणशास्त्र अपना प्रमुख स्थान रखता है। प्राचीन शास्त्रोंमें इसे स्वतन्त्र विद्या-स्थान माना है। इसलिए जब जैन विद्वानोंने संस्कृत भाषाको अपनाया, तब जैन सम्प्रदायमें भी इस शास्त्रका महत्त्व बढ़ा। अनेक जैन आचार्योंने व्याकरणके क्षेत्रमें भी अनेक उत्तम कृतियाँ प्रदान कीं। उनमेंसे अधिकांश विकराल काल द्वारा कवलित हो गई, अनेक ग्रन्थोंका नाम भी स्मृति-पटलसे नष्ट हो गया। कइयोंका नाम-मात्र शेष रहा। बहुत स्वल्प कृतियाँ शेष बचीं। जो कृतियाँ कथञ्चित् कालकवलित होनेसे इस समय तक बच भी गईं वे ग्रन्थागारोंमें वेष्टनोंमें बँधी, प्रकाशमें आनेकी तिथिकी प्रतीक्षा कर रही हैं। सम्भव है उनमेंसे अधिकांश कृतियाँ 'शीर्यंते वन एव वा' नियमके अनुसार विद्वज्जगत्को सुरभित न करके वनोपम ग्रन्थागारोंमें ही

शीर्ण हो जायँ। ईंट पत्थरोंसे बनी भौतिक कृतियोंको बचाने अथवा उनके उद्धारकी चिन्ताकी अपेक्षा इन सांस्कृतिक और बौद्धिक कृतियोंका बचाना, उनका उद्धार करना परम आवश्यक है। जो विद्वान् महानुभाव, धनी मानी श्रेष्ठीवर्ग तथा संस्थाएँ इस कार्यमें लगी हुई हैं वे देश, जाति तथा धर्मकी वास्तविक सेवा कर रही हैं। देशके स्वतन्त्र हो जाने पर युगयुग उपार्जित प्राचीन वाङ्मयकी रक्षाका भार मुख्यतया राज्यको ही वहन करना चाहिए, परन्तु सम्प्रति हमारे नेता इस ओर उदासीन हैं।

उपलब्ध जैन व्याकरण

जैन आचार्यों-द्वारा लिखे गये ६, ७ व्याकरण इस समय उपलब्ध हैं। उनमेंसे केवल तीन व्याकरण प्रमुख हैं—जैनेन्द्र, शाकटायन और सिद्ध हैम। इनमें आचार्य देवनन्दी, अपर नाम पूज्यपाद, इतर नाम जिनेन्द्रबुद्धि द्वारा प्रोक्त जैनेन्द्र व्याकरण सबसे प्राचीन है।

इन प्रमुख तीन व्याकरणोंके ग्रन्थ भी अभी तक पूरे प्रकाशित नहीं हुए। सबसे अधिक हैम व्याकरणके ग्रन्थ प्रकाशमें आये हैं[1]। शाकटायन व्याकरण केवल चिन्तामणि नामक लघुवृत्ति सहित प्रकाशित हुआ है [परिशिष्टमें मूल गणपाठ, लिङ्गानुशासन तथा धातुपाठ भी छपे हैं]। सूत्रकारकी स्वोपज्ञ अमोघ महावृत्ति अभी तक लिखित रूपमें ही क्वचित् उपलब्ध होती है[2]। जैनेन्द्र व्याकरण भी तृतीय अध्यायके द्वितीय पादके ६० वें सूत्र तक अभयनन्दी विरचित महावृत्ति सहित कुछ वर्ष पूर्व लाजरस कम्पनी काशीसे प्रकाशित हुआ था [अब वह भी दुर्लभ है]। यह प्रथम अवसर है कि भारतीय ज्ञानपीठ काशीने इस भारी कमीको पूर्ण करनेका बीड़ा उठाया और वह उसे अभयनन्दीकी महावृत्ति सहित प्रकाशित कर रहा है।

जैनेन्द्रसे प्राचीन व्याकरण

आचार्य पूज्यपादने अपने शब्दानुशासनमें निम्न ६ पूर्ववर्ती आचार्योंका उल्लेख किया है—

१—गुणे श्रीदत्तस्याऽस्त्रियाम् [१ । ४ । ३४]
२—कृवृषिमृजां यशोभद्रस्य [२ । १ । ६६]
३—राद् भूतबलेः [३ । ४ । ८३]
४—रात्रेः कृति प्रभाचन्द्रस्य [४ । ३ । १८०]
५—वेत्तेः सिद्धसेनस्य [५ । १ । ७]
६—चतुष्टयं समन्तभद्रस्य [५ । ४ । १४०]

इन छ आचार्योंमेंसे किसीका भी ग्रन्थ इस समय उपलब्ध नहीं है। अनेक विद्वानोंको इन आचार्योंके व्याकरण-शास्त्र-प्रवक्तृत्वमें भी सन्देह है। जैसा कि जैन इतिहास-विशेषज्ञ श्री पं० नाथूरामजी प्रेमीने अपने 'जैन साहित्य और इतिहास' [पृष्ठ १२०] में लिखा था—

"इन छ आचार्योंमेंसे किसीका भी कोई व्याकरण ग्रन्थ नहीं है। परन्तु जान पड़ता है इनके अन्य ग्रन्थोंमें कुछ भिन्न तरहके शब्द प्रयोग किये गये होंगे और उन्हींको व्याकरण-सिद्ध करनेके लिए ये सब सूत्र रचे गये हैं[3]।"

---

१ सम्प्रति हैम व्याकरणकी केवल लघुवृत्ति सुप्राप्य है, अन्य सभी मुद्रित ग्रन्थ दुष्प्राप्य हो गये। इनका पुनर्मुद्रण अत्यन्त आवश्यक है।

२ यह महावृत्ति भी शीघ्र ही भारतीय ज्ञानपीठ काशीसे ही प्रकाशित होगी।

३ यद्यपि माननीय प्रेमीजीने इस विचारकी निस्सारताको समझकर अपने ग्रन्थके द्वितीय संस्करणमें उक्त अंश निकाल दिया, पुनरपि जिनकी ऐसी धारणा अभी भी है उनके विचारोंके प्रतिनिधित्व रूपमें उक्त-पङ्क्तियाँ उद्धृत की हैं।

पं० फूलचन्द्र सि० शा० ने भी सर्वार्थसिद्धिकी भूमिकामें लगभग इसी मतका प्रतिपादन किया है।[1]

पाणिनीय व्याकरणमें स्मृत शाकल्य, आपिशलि, शाकटायन आदि १० प्राचीन शाब्दिकोंके विषयमें भी अनेक विद्वानोंकी ऐसी ही धारणा है।

हमारे विचारमें इस प्रकारकी धारणाओंका मूलकारण भारतीय प्राचीन ग्रन्थों और ग्रन्थकारोंके विषयमें पाश्चात्त्य विद्वानों-द्वारा समुत्पादित अविश्वासकी भावना और अनर्गल कल्पनाएँ ही हैं।

हम अपने 'संस्कृत व्याकरण-शास्त्रका इतिहास' ग्रन्थमें पाणिनिसे पूर्ववर्ती आपिशलि, काशकृत्स्न और भागुरि आदि अनेक शाब्दिक आचार्योंके सूत्र, धातु और गणके वचन उद्धृत[2] करके सिद्ध कर चुके हैं कि पाणिनिसे प्राचीन आचार्योंके भी पाणिनिके समान ही सर्वांगपूर्ण व्याकरण थे।[3] अब तो काशकृत्स्न व्याकरणका समग्र धातुपाठ चन्नवीर कवि कृत कन्नड टीकासहित प्रकाशमें आ गया है। उसमें काशकृत्स्न शब्दानुशासनके लगभग १४० सूत्र भी उपलब्ध हो गये हैं।[4] ये [धातुपाठ तथा सूत्र] न केवल उनके सर्वाङ्गपूर्ण होनेके, अपितु पाणिनीय व्याकरणसे अधिक विस्तृत होनेके भी प्रत्यक्ष प्रमाण हैं।

इसी प्रकार आचार्य पूज्यपादके शब्दानुशासनमें उद्धृत प्राचीन वैयाकरणोंके विषयमें भी हमारी यही धारणा है कि उन आचार्योंने भी अपने-अपने शब्दानुशासन रचे थे। उन्हींके शब्दानुशासनोंसे आचार्य पूज्यपादने उनके मतोंका संग्रह किया। इसके विपरीत कल्पना करना पूज्यपाद जैसे प्रामाणिक आचार्यको मिथ्यावादी कहना है [आः शान्तं पापम्]। जब हमने पाणिनिसे पूर्ववर्ती अनेक शाब्दिक आचार्योंके बहुतसे वचन प्राचीन ग्रन्थोंमें ढूँढ लिये, यहाँ तक कि आद्य शब्दतन्त्र-प्रणेता इन्द्रके भी **'अथ वर्णसमूहः', 'अर्थः पदम्'** दो सूत्र उपलब्ध कर लिये,[5] ऐसी अवस्थामें हमें पूर्ण निश्चय है कि यदि जैन वाङ्मयका सावधानता पूर्वक अवगाहन किया जाय तो इन आचार्योंके शब्दानुशासनोंके सूत्र भी अवश्य उपलब्ध हो जायँगे।

आचार्य सिद्धसेनका व्याकरण-प्रवक्तृत्व—आचार्य सिद्धसेनके व्याकरणविषयक मतका उल्लेख आचार्य पूज्यपादने तो किया ही है; उसके अतिरिक्त भी अनेक ऐसे प्रमाण उपलब्ध होते हैं जिनसे उनके व्याकरण प्रवक्ता होने की पुष्टि होती है। यथा—

---

१ सर्वार्थसिद्धि प्रस्तावना पृ० ५१।

२. देखो 'संस्कृत व्याकरण शास्त्रका इतिहास' के तत्तत् प्रकरण।

३. श्री डा० वासुदेवशरणजी अग्रवालने "पाणिनि कालीन भारतवर्ष" [हिन्दी संस्करण] पृष्ठ ५ पं० २२, २३ पर पाणिनिपूर्ववर्ती व्याकरणोंको बिना किसी प्रमाणके एकाङ्गी लिखा है। पृष्ठ २६ पं० ६ पर गणपाठकी सामग्रीको पाणिनिकी मौलिक देन बताया है। परन्तु पृष्ठ ३१ पं० १६, १६ में भर्तृहरिके प्रमाणसे पाणिनि-पूर्ववर्ती आपिशलिके गणपाठकी सत्ता भी स्वीकार की है। डा० कीलहार्नका भर्तृहरि कृत महाभाष्य टीका संबंधी लेख हमें सुलभ नहीं हुआ। अतः नहीं कह सकते कि उसमें आपिशल गणपाठका उल्लेख था या नहीं। परन्तु हमने अपनी भर्तृहरिकृत महाभाष्य टीकाकी प्रतिलिपिके आधारसे 'सं० व्या० शास्त्रका इतिहास' पृष्ठ १०२ पर आपिशल गणपाठका उल्लेख किया है। तथा इसी ग्रन्थके पृष्ठ २७४–२७८ पर महाभाष्यटीकाके इतिहासोपयोगी सभी वचन एकत्रित कर दिये हैं।

४. इन सूत्रोंका प्रकाशन हम शीघ्र ही कर रहे हैं।

५. सं० व्या० शा० का इतिहास पृष्ठ ६२। महाभाष्य मराठी अनुवाद प्रस्तावना खण्ड [भाग ७, सन् १६५४] पृष्ठ १२५, १२६ पर श्री पं० काशीनाथ अभ्यङ्करजीने हमारे द्वारा प्रथमतः [सन् १६५१] प्रकटीकृत दोनों सूत्रोंका उल्लेख किया है। दूसरे सूत्रका पाठ भी हमारे द्वारा परिष्कृत ही स्वीकार किया है। लेखकने अन्यत्र भी हमारे ग्रन्थके पर्याप्त दुर्लभ सामग्री स्वीकार की है, परन्तु हमारे ग्रन्थका कहीं निर्देश नहीं किया।

१. अभयनन्दी जैनेन्द्र १।४।१६ की वृत्तिमें एक उदाहरण देता है—'उपसिद्धसेनं वैयाकरणाः' अर्थात् सब वैयाकरण सिद्धसेनसे हीन हैं।

इस उदाहरणसे स्पष्ट है कि अभयनन्दी आचार्य सिद्धसेनको न केवल वैयाकरण ही मानता है, अपितु उस कालतक प्रसिद्ध वैयाकरणोंमें उसे सर्वश्रेष्ठ कहता है।

जैनेन्द्र व्याकरण

आचार्य पूज्यपाद अपर नाम देवनन्दीने जिस शब्दानुशासनका प्रवचन किया वह लोकमें जैनेन्द्र-नामसे विख्यात है।

इस शब्दानुशासनका जैनेन्द्र नाम क्यों पड़ा, आचार्य पूज्यपादका काल कौन सा है, जैनेन्द्र व्याकरण का मूल सूत्रपाठ कौन सा है, इसपर कितने व्याख्या ग्रन्थ लिखे गये और आचार्य पूज्यपादने जैनेन्द्र व्याकरणके अतिरिक्त और कितने ग्रन्थ लिखे इत्यादि विषयोंपर हम यहाँ विशेष चर्चा नहीं करेंगे, क्योंकि इन विषयोंपर माननीय श्री पं० नाथूरामजी प्रेमीने अपने 'जैन साहित्य और इतिहास' ग्रन्थमें विस्तारसे लिखा है [यही अंश पुनः परिष्कृत करके इस ग्रन्थके आदिमें पृष्ठ१७-३७ तक छपा है]। पश्चात् हमने भी अपने 'संस्कृत व्याकरण शास्त्रका इतिहास' ग्रन्थमें विस्तारसे विवेचना की है[1] [हमने श्री प्रेमीजीके ग्रन्थसे पर्याप्त सामग्री ली है]। इसलिए हम यहाँ केवल उतना ही अंश लिखेंगे, जो उक्त दोनों लेखोंके पश्चात् परिज्ञात हुआ है।

जैनेन्द्र नामका कारण—इस शब्दानुशासनको सर्वत्र जैनेन्द्र नामसे स्मरण किया है। इसके नाम-करणके सम्बन्धमें श्री प्रेमीजीने जैनग्रन्थोंसे जो कथाएँ उद्धृत की हैं, वे प्रायः ऐतिहासिक तत्त्वरहित हैं। श्री प्रेमीजी भी उक्त कथाओंसे सन्तुष्ट नहीं हैं। हमारे विचारमें इस नामकरणका निम्न कारण है—

आचार्य देवनन्दीका एक नाम जिनेन्द्रबुद्धि भी था जैसा कि श्रवणबेलगोलके ४० वें शिलालेखमें लिखा है—

यो देवनन्दिप्रथमाभिधानो बुद्ध्या महत्या स जिनेन्द्रबुद्धिः ॥२॥
श्री पूज्यपादोऽजनि देवताभिर्यत्पूजितं पादयुगं यदीयम् ॥३॥

अर्थात्—आचार्यका प्रथम नाम **देवनन्दी** था, बुद्धिकी महत्ताके कारण वह **जिनेन्द्रबुद्धि** कहलाये और देवोंने उनके चरणोंकी पूजा की, इस कारण उनका नाम **पूज्यपाद** हुआ।

जिस प्रकार **'पदेषु पदैकदेशान्'** नियम अथवा **'विनापि निमित्तं पूर्वोत्तरपदयोर्वा खं वक्तव्यम्' [४।१।१२६]** वार्तिकके अनुसार प्राचीन ग्रन्थकार **देव**[2] अथवा **नन्दी**[3] नामसे देवनन्दीको स्मरण करते हैं, उसी प्रकार जिनेन्द्र एक देश भी जिनेन्द्रबुद्धि अपरनाम देवनन्दीका वाचक है। अतः 'जैनेन्द्र' की व्युत्पत्ति होगी—**जिनेन्द्रेण प्रोक्तं जैनेन्द्रम्**। अर्थात् जिनेन्द्र=जिनेन्द्रबुद्धि=देवनन्दी द्वारा प्रोक्त व्याकरण।

आचार्य देवनन्दीका काल और उसका निश्चायक नूतन प्रमाण—आचार्य देवनन्दीके कालके विषयमें ऐतिहासिकोंका परस्पर वैमत्य है। यथा—

१—कीथ अपने 'हिस्ट्री आफ क्लासिकल संस्कृत लिटरेचर' में लिखता है—

The जैनेन्द्र व्याकरण ascribed to the Jinendra realy written by पूज्यपाद देवनन्दी perhaps was Composed C. 678. P. 432.

---

१. देखो पृष्ठ ३२३–३२८ तथा ४२१–४३१।

२. जिनसेन तथा वादिराज सूरि 'देव' नामसे स्मरण करते हैं। देखो श्री प्रेमीजीका लेख, यही ग्रन्थ, पृष्ठ १६, टि० ३,४।

३. इसके उद्धरण आगे लिङ्गानुशासनके प्रकरणमें देंगे।

अर्थात्—जैनेन्द्र व्याकरण सन् ६७८ [=७३५ वि०] के समीप लिखा गया।

२—श्री प्रेमीजीने अनेक प्रमाण उपस्थित करके देवनन्दीका काल सामान्यतया विक्रमकी षष्ठ शताब्दी निश्चित किया है। [देखो इसी ग्रन्थके साथ मुद्रित उनका लेख]।

३—श्री आई० एस० पवतेने अपने 'स्ट्रक्चर आफ़ दी अष्टाध्यायी' में लिखा है—

'महामहोपाध्याय नरसिंहाचार्यने कर्णाटक कवि चरितके प्रथम भागके प्रथम संस्करणमें पूज्यपादको ईस्वी सन् ४७० [=५२७ वि०] में बताया है और दूसरे संस्करणमें सन् ६०० [=६५७ वि०] का। परन्तु मुझे २१।१२।१९३३ को लिखे एक पत्रमें लिखा है कि पूज्यपाद ४५० ई० [=५०७ वि०] के आसपास है[1]।

४—हमने अपने व्याकरण शास्त्रके इतिहासमें श्री प्रेमीजी द्वारा उद्धृत प्रमाणोंके आधारपर आचार्य पूज्यपादका काल विक्रमकी षष्ठ शताब्दीका पूर्वार्द्ध माना था। अब हम उसे ठीक नहीं समझते।

विक्रमकी षष्ठ शताब्दीसे पूर्व—अब हमें जो नूतन प्रमाण उपलब्ध हुआ है, उसके अनुसार आचार्य पूज्यपाद विक्रमकी षष्ठ शताब्दीसे पूर्ववर्ती हैं, यह निश्चित होता है।

कात्यायनने एक विशिष्ट प्रकारके प्रयोगके लिए नियम बनाया है—**परोक्षे च लोकविज्ञाते प्रयोक्तुर्दर्शन-विषये [महा० ३।२।११]**। अर्थात्—ऐसी घटना जो लोकविज्ञात हो, प्रयोक्ताने उसे न देखा हो, परन्तु प्रयोक्ताके दर्शनका विषय सम्भव हो [अर्थात् वह घटना प्रयोक्ताके जीवन-कालमें घटी हो] उस घटनाको कहनेके लिए भूतकालमें लङ् प्रत्यय होता है।

पतञ्जलिने महाभाष्यमें इस वार्तिकपर उदाहरण दिये हैं—**अरुणद् यवनः साकेतम्, अरुणद् यवनो माध्यमिकाम्**। वार्तिकके नियमानुसार साकेत[=अयोध्या] और माध्यमिका [=चित्तौड़ समीपवर्ती नगरी ग्राम] पर यह लोकप्रसिद्ध आक्रमण पतञ्जलिके जीवनकालमें हुआ था। प्रायः सभी ऐतिहासिक इस विषयमें सहमत हैं।

इसी प्रकारका नियम पाणिनिसे उत्तरवर्ती प्रायः सभी व्याकरण-ग्रन्थोंमें उपलब्ध होता है और उसका उदाहरण देते हुए ग्रन्थकार प्राचीन उदाहरणोंके साथ साथ स्वसमकालिक किन्हीं महती घटनाओंका भी प्रायः निर्देश करते हैं। यथा—

अजयद् जर्तो हूणान्। चान्द्र[2]

अरुणन्महेन्द्रो मथुराम्। जैनेन्द्र० [२।२।६२]

अदहदमोघवर्षोऽरातीन्। शाकटायन [४।३।२०८]

अरुणत् सिद्धराजोऽवन्तिम्। हैम० [५।२।८]

इनमें अन्तिम दो उदाहरण सर्वथा स्पष्ट हैं। आचार्य पाल्यकीर्ति [शाकटायन] महाराज अमोघवर्ष और आचार्य हेमचन्द्र महाराज सिद्धराजके कालमें विद्यमान थे। इसमें किसीको विप्रतिपत्ति नहीं। परन्तु चान्द्रके **जर्त** और जैनेन्द्रके **महेन्द्र** नामक व्यक्तिको इतिहासमें प्रत्यक्ष न पाकर पाश्चात्य मतानुयायी विद्वानोंने जर्तको **गुप्त** और महेन्द्रको **मेनेन्द्र—मिनण्डर** बनाकर अनर्गल कल्पनाएँ की हैं। इस प्रकारकी कल्पनाओंसे इतिहास नष्ट हो जाता है। हमारे विचारमें जैनेन्द्रका **'अरुणन्महेन्द्रो मथुराम्'** पाठ सर्वथा ठीक है, उसमें किञ्चिन्मात्र भ्रान्तिकी सम्भावना नहीं है। आचार्य पूज्यपादके कालकी यह ऐतिहासिक घटना इतिहासमें सुरक्षित है।

१. देखो, स्ट्रक्चर आफ दी अष्टाध्यायी, भूमिका, पृष्ठ १३।

२. यद्यपि ये उदाहरण क्रमशः धर्मदास तथा अभयनन्दीकी वृत्तिसे दिये हैं, परन्तु इन वृत्तिकारोंने ये उदाहरण चन्द्र और पूज्यपादकी स्वोपज्ञ वृत्तिसे लिये हैं।

महेन्द्र और उसका मथुरा-विजय—जैनेन्द्रमें स्मृत महेन्द्र गुप्तवंशीय कुमारगुप्त है। इसका पूरा नाम **महेन्द्रकुमार** है। जैनेन्द्रके **'विनापि निमित्तं पूर्वोत्तरपदयोर्वा खं वक्तव्यम्'** [४।१।१३६] वार्तिक अथवा **'पदेषु पदैकदेशान्'** नियमके अनुसार उसीको **महेन्द्र** अथवा **कुमार** कहते थे। उसके सिक्कोंपर श्री महेन्द्र, महेन्द्रसिंह, महेन्द्रवर्मा, **महेन्द्रकुमार** आदि कई नाम उपलब्ध होते हैं।[1]

तिब्बतीय ग्रन्थ चन्द्रगर्भ सूत्रमें लिखा है—"यवनों, पह्लिकों, शकुनों [कुशनों] ने मिलकर तीन लाख सेनासे महेन्द्रके राज्यपर आक्रमण किया। गङ्गाके उत्तरप्रदेश जीत लिये। महेन्द्रसेनके युवा कुमारने दो लाख सेना लेकर उनपर आक्रमण किया और विजय प्राप्त की। लौटनेपर पिताने उसका अभिषेक कर दिया।"[2]

चन्द्रगर्भ सूत्रका महेन्द्र निश्चय ही महाराज कुमारगुप्त है और उसका युवराज स्कन्दगुप्त। मञ्जु श्री मूलकल्प श्लोक ६४६ में श्री महेन्द्र और उसके सकारादि पुत्र [स्कन्दगुप्त] को स्मरण किया है।[3]

चन्द्रगर्भ-सूत्रमें लिखित घटनाकी जैनेन्द्रके उदाहरणमें उल्लिखित घटनाके साथ तुलना करनेपर स्पष्ट हो जाता है कि जैनेन्द्रके उदाहरणमें इसी महत्त्वपूर्ण घटनाका संकेत है। उक्त उदाहरणसे यह भी विदित होता है कि विदेशी आक्रान्ताओंने गङ्गाके आस-पासका प्रदेश जीतकर मथुराको अपना केन्द्र बनाया था। इस कारण महेन्द्रकी सेनाने मथुराका ही घेरा डाला था।

महाभाष्य, शाकटायन तथा सिद्ध हैम व्याकरणोंमें निर्दिष्ट उदाहरणोंके प्रकाशमें यह स्पष्ट हो जाता है कि आचार्य पूज्यपाद गुप्तवंशीय महाराजाधिराज कुमारगुप्त अपर नाम महेन्द्र कुमारके समकालिक हैं। पाश्चात्यमतानुसार कुमारगुप्तका काल वि० सं० ४७०—५१२ [=४१३—४५५ ई०] तक था। अतः पूज्यपादका काल अधिक-से अधिक विक्रमकी ५ वीं शतीके चतुर्थ चरणसे षष्ठ शताब्दीके प्रथम चरण तक माना जा सकता है, इसके पश्चात् नहीं। भारतीय ऐतिहासिक काल-गणनानुसार गुप्तकाल इससे कुछ शताब्दी पूर्व ठहरता है। इससे यह स्पष्ट हो जाता है कि जैनेन्द्रके **'अरुणन्महेन्द्रो मथुराम्'** उदाहरणमें महेन्द्रको मेनेन्द्र=मिनण्डर समझना भारी भ्रम है।

जैनेन्द्र शब्दानुशासन

अब हम जैनेन्द्र व्याकरणके सम्बन्धमें संक्षेपसे लिखते हैं—

जैनेन्द्र शब्दानुशासनका परिमाण—जैनेन्द्र शब्दानुशासनमें ५ अध्याय, २० पाद और ३०६७ सूत्र [प्रत्याहार सूत्रोंके बिना] हैं।

जैनेन्द्रका प्रधान उपजीव्य ग्रन्थ—आचार्य पूज्यपादके समय निश्चय ही पाणिनीय और चान्द्र शब्दानुशासन विद्यमान थे। पूज्यपादने अपने शब्दानुशासनकी रचना पाणिनीय शब्दानुशासनके आधार पर की है, यह पाणिनीय चान्द्र तथा जैनेन्द्र शब्दानुशासनोंकी सूत्र-रचना और प्रकरण-विन्यासकी तुलनासे स्पष्ट है[4]। कहीं-कहीं ऐसा भी प्रतीत होता है कि पूज्यपादने चान्द्र शब्दानुशासनसे भी कुछ सहायता ली है।

जैनेन्द्रमें प्रत्याहार सूत्रोंका सद्भाव—अभयनन्दीकी महावृत्तिके साथ **'अ इ उ ण्'** आदि प्रत्याहार सूत्र उपलब्ध नहीं होते, परन्तु जैनेन्द्र शब्दानुशासनके मूल पाठमें ये अवश्य विद्यमान थे। इसमें निम्न हेतु हैं।

क—जैनेन्द्र सूत्रपाठमें जहाँ अनेक वर्णोंका निर्देश करना होता है, वहाँ संक्षेपार्थ पाणिनीय अनुशासन के समान प्रत्याहारोंका प्रयोग किया है। यथा—अच् [१।१।५६], इक् [१।१।१७], यण् [१।१।४५],

---

१. श्री पं० भगवद्दत्तजी कृत भारतवर्ष का इतिहास [सं० २००३], पृष्ठ ३५४।

२. वही, पृष्ठ ३५४।

३. महेन्द्रनृपवरो मुख्यः सकाराद्यो मतः परम्।

४. जैनेन्द्र और पाणिनीय सूत्रोंकी तुलनात्मक सूची इस ग्रन्थके अन्तमें छपी है।

ऐच् [१ । १ । १५], एङ् [१ । १ । ७०] । ये प्रत्याहार पाणिनीय प्रत्याहारोंके समान हैं । किस प्रत्याहारमें कितने वर्णोंका निर्देश समझना चाहिए अथवा प्रत्याहार कैसे बनाया जाता है, इसका नियम-प्रदर्शक **"अन्त्येनेतादिः"** सूत्र जैनेन्द्र शब्दानुशासन [१ । १ । ७३] में विद्यमान है। इस सूत्र द्वारा अच् प्रत्याहारोंका परिज्ञान तभी सम्भव है, जब ग्रन्थके आरम्भमें पाणिनीय ग्रन्थवत् प्रत्याहार सूत्र पठित हों। अन्यथा **'अन्त्येनेतादिः'** सूत्र तथा इसकी वृत्ति कभी समझमें नहीं आ सकती।

ख—जैनेन्द्र १ । १ । ४८ पर अभयनन्दी लिखता है—**'रन्त इति लणो लकारेण प्रश्लेषनिर्देशात् प्रत्याहारग्रहणम् ।'** अर्थात् 'रन्त' इस निर्देशमें **लण्** सूत्रके लकारमें पठित अकारसे र प्रत्याहार लिया गया है । **"लण्"** यह पाणिनिके समान प्रत्याहार सूत्र ही है ।

ग—अभयनन्दी १ । १ । ३ सूत्रकी वृत्तिके अनन्तर उदाहरण देता है—**'अ इ उ ण्—णकारः ।** अर्थात् 'अ इ उ ण्' सूत्रमें 'ण्' इत् संज्ञक है। यहाँ भी पाणिनिके समान **'अ इ उ ण्'** सूत्रको उद्धृत किया है।

इन प्रमाणोंसे स्पष्ट है कि जैनेन्द्र व्याकरणके आरम्भमें भी प्रत्याहार सूत्र थे। हमने प्रत्याहार-सूत्रोंके विषयमें इस महावृत्तिके सम्पादक महोदयसे पूछा था कि किसी हस्तलेखमें ये सूत्र मिलते हैं, अथवा नहीं। श्री सम्पादकजीने २६ । ६ । ५६ के उत्तरमें लिखा—"प्रत्याहार-सूत्रोंका पाठ किसी भी हस्तलिखित प्रतिमें उपलब्ध नहीं है। मुद्रित जैनेन्द्र पञ्चाध्यायी तथा शब्दार्णव-चन्द्रिकामें कुछ हेर फेरके साथ पाणिनीय व्याकरण सदृश [अ इ उ ण् आदि] दो प्रकारके सूत्रपाठ मिलते हैं।"

हमारा विचार है कि प्रत्याहार सूत्रोंकी व्याख्याकी आवश्यकता न समझकर[1] अभयनन्दीने इनकी व्याख्या नहीं की। अव्याख्यात होनेके कारण महावृत्तिके हस्तलेखोंमें इनका अभाव हो गया। अथवा यह भी सम्भव है—जैसे अन्यत्र कई स्थानों पर सूत्रोंकी वृत्ति उपलब्ध नहीं होती,[2] उसी प्रकार इन प्रत्याहार-सूत्रोंकी भी व्याख्या नष्ट हो गई और व्याख्याके न रहने पर महावृत्तिके हस्तलेखोंमें सूत्र पाठका भी अभाव हो गया। जो कुछ भी कारण उनके अभावका हो, परन्तु इतना निस्सन्दिग्ध है कि अभयनन्दी जैनेन्द्र प्रत्याहार-सूत्रोंसे परिचित था।

सूत्रपाठके पाठान्तर—महावृत्तिके साथ जो जैनेन्द्रसूत्र पाठ छपा है उसमें तथा अभयनन्दीकी व्याख्यामें उद्धृत सूत्र पाठमें कतिपय पाठान्तर उपलब्ध होते हैं। कई पाठान्तर अभयनन्दीकी वृत्तिके गम्भीर अनुशीलनसे विदित होते हैं; यथा—

क—अभयनन्दी ने १।१।८५ की व्याख्यामें ५।१।७९ का पाठ उद्धृत किया है—**'वदव्रज' इत्यादि-नैप्** । परन्तु ५।१।७६ पर सूत्रपाठ छपा है—**'व्रजवदल्वोऽतः'** [इस पर वृत्ति अप्राप्त है]।

ख—जैनेन्द्र १।२।११४ सूत्रका मुद्रित पाठ है—**साधकतमं करणम् ।** इसकी व्याख्यामें अभयनन्दी लिखता है—**'पुंल्लिङ्गनिर्देशः किमर्थः ? परिक्रयणम् [१।२।११२] इत्यनवकाशया संप्रदानसंज्ञया बाधा मा भूत् ।'** अर्थात्—पुलिंग निर्देश क्यों किया······ ।

इस सूत्र में दो पद हैं। दोनों ही नपुंसक लिङ्ग पढ़े हैं। ऐसी अवस्थामें न तो शंका ही उपपन्न होती है और न उनका समाधान ही। क्योंकि **'नब्बाध्य आसम्'** [१।२।६१] सूत्रानुसार नपुंसक लिंगसे निर्दिष्ट संज्ञाका अनवकाश संज्ञासे बाध होता है। अतः 'करण' संज्ञाका नपुंसकसे निर्देश होनेके कारण अनवकाश सम्प्रदान संज्ञा [१।२।१११२] से निश्चय ही बाध होगा। इस कारण प्रतीत होता है अभयनन्दीका सूत्रपाठ **"साधकतमः करणः"** था, जो पीछेसे विकृत हो गया। **'करणः'** पुल्लिंग निर्देश होनेपर ही

---

१. शाकटायनकी चिन्तामणि वृत्तिमें भी प्रत्याहार सूत्र व्याख्यात नहीं हैं।

२. पृष्ठ २८८, ३१७, ३२८।

'पुल्लिंगनिर्देशः किमर्थः' यह शंका तथा उसका समाधान उत्पन्न हो सकता है। पुंल्लिंग निर्देश [**करणः**] होनेपर अनवकाश संप्रदान संज्ञासे भी करण संज्ञाकी बाधा नहीं होगी और **'शतेन परिक्रीतः'** प्रयोग भी उपपन्न हो जायगा।

जैनेन्द्रमें एक विवेचनीय स्थल—जैनेन्द्र व्याकरण लौकिक भाषाका व्याकरण है। इसलिए उसमें स्वर और वैदिक प्रक्रियाका अंश छोड़ दिया है। प्रथमाध्यायके प्रथम पादमें आचार्यने तीन सूत्र पढ़े हैं—**कौवैतौ, उञः, ऊम्** [२४–२६] [यहाँ शुद्ध पाठ 'ॐ' चाहिए] इन सूत्रोंके पाठ तथा इनकी वृत्तिसे प्रतीत होता है कि इनका प्रयोग विषय लोकभाषा है। परन्तु इनका वास्तविक प्रतिपाद्य विषय वैदिक [पदपाठ] है। यह बात पाणिनिके **'संबुद्धौ शाकल्यस्येतावनार्षे, उञः ॐ'** [१।१।१६–१७] सूत्रोंसे स्पष्ट है। पाणिनिने प्रथम सूत्रमें वैदिक सम्प्रदायके पारिभाषिक 'अनार्ष इति' का निर्देश किया है [इसकी अनुवृत्ति अगले सूत्रमें भी जाती है]। पदकारों द्वारा पदपाठमें प्रगृह्य आदि संज्ञाका निदर्शन करानेके लिए मन्त्रसे बहिर्भूत जिस 'इति' शब्दका प्रयोग किया जाता है वह अनार्ष इतिकरण कहाता है। इसीको उपस्थित भी कहते हैं। इस शब्दका व्यवहार भी पाणिनिने ६।१।१२६ में किया है। ये संज्ञाएँ प्रातिशाख्यग्रन्थोंमें प्रसिद्ध हैं। पदपाठमें अनार्ष इतिकरणका प्रयोग कहाँ करना चाहिए इसका प्रतिपादन प्रातिशाख्योंमें विस्तारसे किया है। ऋग्वेदके पदपाठमें शाकल्यने प्रगृह्य संज्ञक [जैनेन्द्रके अनुसार 'दि' संज्ञक] पदसे परे सर्वत्र इति शब्दका प्रयोग किया है। यथा—**अग्नि इति** [ऋ० ५।४५।४], **मेथेते इति** [ऋ० १।११३।३] **युष्मे इति** [ऋ० ४।१०।८], **वायो इति** [ऋ० १।२।१], **ॐ इति** [ऋ० १।२४।८], **गौरी इति** [ऋ० ६।१२।३]। पाणिनिने शाकल्यके मतका अनुवाद अपने शास्त्रमें किया है। इससे स्पष्ट है कि जैनेन्द्रके उक्त सूत्रों-द्वारा प्रतिपाद्य विषय भी वैदिक नियमोंके अन्तर्गत आता है। इसलिए आचार्यको चाहिए था कि उसने जैसे पाणिनिके **"शे"** [१।१।१३] और **"इदूतौ च सप्तमी"** [१।१।१८] सूत्रोंके प्रतिपाद्य विषयके लिए सूत्र रचना नहीं की, वैसे ही इनका भी समावेश न करता। समावेश करनेसे विदित होता है कि आचार्यने इन सूत्रोंके प्रतिपाद्य विषयको लौकिक समझा है। परन्तु लोकमें **वाया इति ऊँ इति** ऐसे प्रयोग उपलब्ध नहीं हैं।

भूलका कारण—इस भूलका कारण भगवान् पतञ्जलिकी पाणिनीय उञः ऊँ [१ १ । १७] सूत्रकी व्याख्या है। पतञ्जलिने शाकल्य ग्रहणको विकल्पार्थ मानकर और उञः ऊँ का योग-विभाग करके **'वायो इति वायविति, वाय इति, ऊं इति उ इति विति'** इतने काल्पनिक रूप बनाये हैं। पतञ्जलिने भी पारिभाषिक **'अनार्ष इति'** को **'लौकिक इति'** मान लिया, ऐसा प्रतीत होता है, परंतु है यह समस्त प्राचीन वैदिक साम्प्रदायके विपरीत।[1] इस विषयमें भाष्यकार पतञ्जलिका अनुकरण करनेसे ही जैनेन्द्रमें यह भूल हुई प्रतीत होती है।

जैनेन्द्रके सम्बन्धमें एक भ्रम—जैनेन्द्र शब्दानुशासनके सम्बन्धमें भ्रम है कि जैनेन्द्र ही प्रथम व्याकरण है जिसमें एकशेष प्रकरण नहीं है। इसका कारण महावृत्तिमें निर्दिष्ट **'देवोपज्ञमनेकशेष व्याकरणम्'** [१।४।९७] उदाहरण है। हमने सं० व्या० शास्त्रका इतिहास'में [पृष्ठ ४२४] इस भ्रमका निराकरण किया है। जैनेन्द्रसे प्राचीन चान्द्रमें भी एकशेष प्रकरण नहीं है।

सर्वार्थसिद्धि और जैनेन्द्र शब्दानुशासनका पौर्वापर्य—आचार्य पूज्यपादने तत्त्वार्थ सूत्रकी सर्वार्थसिद्धि नामक व्याख्यामें कहीं पाणिनीय शब्दानुशासनके और कहीं स्वरचित शब्दानुशासनके सूत्र यत्र तत्र उद्धृत किये हैं। इससे विदित होता है कि जैनेन्द्र शब्दानुशासनकी रचना आचार्यने सर्वार्थ सिद्धिके पूर्व ही कर

---

१. इसकी विशद विवेचनाके लिए देखो हमारे द्वारा सम्पादित 'अष्टाध्यायीप्रकाशिका' का 'उञः ऊं' [१ । १ । १७] सूत्र।

ली थी। तत्त्वार्थसूत्र अध्याय १० सूत्र ४ की सर्वार्थसिद्धि टीकामें आचार्य पूज्यपादने पञ्चमी विभक्तिके लिए स्वनिर्मित 'का' संज्ञाका निर्देश किया है। इससे भी उक्त तथ्यकी पुष्टि होती है [सर्वार्थसिद्धि प्रस्तावना पृ० ५१]

जैनेन्द्र शब्दानुशासानके खिल[1]पाठ

वैयाकरण वाङ्मयमें शब्दानुशासन पद केवल सूत्रपाठके लिए प्रयुक्त होता है। सूत्रपाठको लघु बनानेके लिए उससे सम्बद्ध विस्तृत विषयोंको सूत्रकार जिन ग्रन्थोंमें संगृहीत करते हैं वे शब्दानुशासनके खिल अथवा परिशिष्ट कहाते हैं। प्रायः प्रत्येक शब्दानुशासनके धातुपाठ, गणपाठ, उणादि और लिङ्गानुशासन ये चार खिल होते हैं। इन्हें मिलाकर व्याकरणकी पञ्चपाठी बनती है। जैनेन्द्र व्याकरण के भी ये चार खिल थे [उणादि और लिङ्गानुशासन उपलब्ध नहीं हैं]।

धातुपाठ—आचार्य देवनन्दी प्रोक्त धातुपाठका मूल ग्रन्थ हमारे देखनेमें नहीं आया। गुणनन्दी प्रोक्त शब्दार्णव व्याकरण [जैनेन्द्रका परिवर्धित संस्करण] का चन्द्रिका टीकासहित जो संस्करण काशीसे छपा है, उसके अन्तमें जैनेन्द्र धातुपाठ भी मुद्रित है। वह धातुपाठ जिनेन्द्र [पूज्यपाद] प्रोक्त मूल रूपमें है अथवा शब्दार्णवके समान परिवर्धित है, यह हम नहीं कह सकते। अभयनन्दीकी महावृत्तिमें जैनेन्द्र धातुपाठके अनेक सूत्र[2] उद्धृत हैं उनकी मुद्रित जैनेन्द्र धातुपाठकी तुलनासे कुछ परिणाम निकाला जा सकता है। परन्तु सम्प्रति मेरे पास मुद्रित जैनेन्द्र धातुपाठ नहीं है। अतः मैं इसके निर्णयमें इस समय असमर्थ हूँ।

मैं इसी वर्ष ६ अगस्तको काशीमें भारतीय ज्ञानपीठके व्यवस्थापक तथा महवृत्तिके सम्पादक महोदयोंसे मिला थो [यह मेरा प्रथम मिलन था] और उन्हें ग्रन्थके अन्तमें जैनेन्द्र धातुपाठ छापनेका सुझाव दिया था। दोनों महानुभावोंने बड़ी सहृदयतासे मेरे सुझावको स्वीकार किया और वह इस ग्रन्थके अन्तमें दिया जा रहा है [अभी छपा मेरे पास नहीं पहुँचा]।

धातुपारायण—आचार्य हेमचन्द्रने स्वीय लिङ्गानुशासनके स्वोपज्ञ विवरणमें पृष्ठ १३२ पं० २० पर **नन्दिधातुपारायण** तथा पृष्ठ १३३ पं० २३ **पर नन्दिपारायण** उद्धृत किया है। इस नामके साथ हैम-धातुपारायण नामकी तुलनासे प्रतीत होता है कि यह आचार्य देवनन्दीका अपने धातुपाठ पर स्वोपज्ञ विवरण रहा होगा।

गणपाठ—जैनेन्द्र गणपाठ अभयनन्दीकी महावृत्तिमें यथास्थान सन्निविष्ट है, पृथक् छपा नहीं मिलता।

उणादिसूत्र—जैनेन्द्र उणादिसूत्रका कोई हस्तलेख अभी तक हमारी दृष्टिमें नहीं आया। महावृत्तिके सम्पादकजीसे भी इसके विषयमें पूछा था। उन्होंने २९। ६। ५६ के पत्रमें लिखा—"उणादि सूत्र तथा परिभाषाओंका भी संकलन कहीं नहीं उपलब्ध हो सका। लिङ्गानुशासन भी जैनेन्द्रका अनुपलब्ध ही है।"

अभयनन्दीकी महावृत्तिमें अनेक उणादि सूत्र उद्धृत हैं। कुछ प्राचीन पञ्चपादीसे पूर्णतया मिलते हैं, कुछमें पाठान्तर है। अनेक सूत्र ऐसे भी हैं जिनमें प्रत्यक्ष जैनेन्द्र संज्ञाओंका प्रयोग हुआ है। इसलिए यह निश्चित है कि जैनेन्द्र प्रोक्त उणादि सूत्र भी थे। उदाहरणके लिए हम कुछ सूत्र उद्धृत करते हैं। यथा—

---

१. काशिका १।३।२ में खिल शब्द इसी अर्थमें प्रयुक्त है।

२. प्राचीन परम्परानुसार 'भू सत्तायाम्' एध वृद्धौ' आदि वाक्य सूत्र माने जाते हैं। द्रष्टव्य-अस्मत्-संपादित क्षीरतरङ्गिणी, पृष्ठ १, टि० २।

१—तनोतेर्डउः सन्वच्च । पृष्ठ ३ । ५—अण्डो जृकुसवृङः ।[1] पृष्ठ ११९ ।
२—अस् सर्वधुभ्यः । पृष्ठ १७ । ६—गमेरिन् । पृष्ठ ११९ ।
३—कृत्रापाजिमिस्वदिसाध्यश्भ्य उण् । पृष्ठ ११८ । ७—आङि णित् । पृष्ठ ११९ ।
४—वृतॄवदिहनिकमिकषिभ्यः सः । पृष्ठ ११८ । ८—भुवश्च । पृष्ठ ११९ ।

जैनेन्द्र उणादि सूत्रोंका आधार—जिस प्रकार आचार्य पूज्यपादने अपने शब्दानुशासनके प्रवचनमें पाणिनीय शब्दानुशासनका प्रधान आश्रय लिया, उसी प्रकार उणादि सूत्रोंके प्रवचनमें भी निश्चय ही किसी प्राचीन उणादिको मुख्य आधार बनाया होगा। जैनेन्द्र उणादि पाठके उपलब्ध न होनेसे यद्यपि हम निश्चय पूर्वक नहीं कह सकते कि आचार्यने किस प्राचीन उणादि पाठको मुख्यता दी, पुनरपि हमारा अनुमान इस प्रकार है—

पाणिनीय सम्प्रदायसे संबद्ध मुख्यतया दो प्रकारके उणादि पाठ उपलब्ध होते हैं। एक है पञ्चपादी और दूसरा दशपादी।[2] पञ्चपादी-पाठ भी रामायण महाभारत आदि ग्रन्थोंके समान अनेक शाखाओंमें विभक्त है। एक है औत्तर पाठ, दूसरा पश्चिमोत्तर, तीसरा दाक्षिणात्य। उज्ज्वलदत्त तथा तदाश्रित भट्टोजिदीक्षित आदिकी वृत्तियाँ औत्तरपाठ पर हैं [उज्ज्वलदत्त वंगीय था, अतः इसे वाङ्ग पाठ भी कह सकते हैं]। श्वेतवनवासी तथा नारायणकी वृत्ति दाक्षिणात्य पाठ पर हैं। क्षीरस्वामी अपनी क्षीरतरङ्गिणीमें पश्चिमोत्तर पाठको उद्धृत करता है [इसे काश्मीर पाठ कह सकते हैं]। दशपादी पाठ पञ्चपादीके सम्भवतः पश्चिमोत्तर पाठके आधार पर रचा गया है। पञ्चपादी पाठका भी मूल कोई त्रिपादी पाठ प्रतीत होता है।[3] उणादिके ये सभी पाठ आचार्य पूज्यपादसे प्राचीन हैं। अभयनन्दीने १।१।७५ सूत्रकी वृत्तिमें एक जैनेन्द्र उणादि सूत्र उद्धृत किया है—"अस् सर्वधुभ्यः"।

पञ्चपादीका औत्तरपाठ—सर्वधातुभ्योऽसुन् । [उज्ज्वल० ४।१८८]
" " दाक्षिणात्य पाठ—असुन् [श्वेत० ४।१९४]
" " पश्चिमोत्तर पाठ—असुन् [क्षीरतरङ्गिणी पृष्ठ ९३ पं० १६[4]]
दशपादीका पाठ असुन् [९।४९]

इन सब सूत्रोंकी तुलनासे स्पष्ट है कि जैनेन्द्र उणादि पाठका मुख्य उपजीव्य औत्तर पाठ है जिसमें जैनेन्द्रके 'सर्वधुभ्यः' समान 'सर्वधातुभ्यः' पद विद्यमान है। अन्यपाठों में 'सर्वधातुभ्यः' पद है ही नहीं—

उणादि सूत्र व्याख्या—आचार्य देवनन्दी कृत उणादि सूत्र व्याख्याका हमें कोई साक्षात् प्रमाण उपलब्ध नहीं हुआ, परन्तु जिस प्रकार आचार्यने अपने धातुपाठकी तथा लिङ्गानुशासनकी व्याख्या[5] की उसी प्रकार उणादिकी व्याख्या भी अवश्य रची होगी।

---

१. महावृत्तिका मुद्रित पाठ है—'अण्डः। जृकुसृङ्ङः'। यह अशुद्ध है। तुलना करो—'अण्डन् कृसभृवृञः' [पञ्चपादी उ० १। ११८ ॥ द० उ० ५। ६ ॥] सूत्र से।

२. हमने इसका अनेक हस्तलेखोंके आधारपर सम्पादन किया है। सरस्वती भवन ग्रन्थमाला काशीसे [१९४२ में] यह प्रकाशित हुआ है।

३. हमने दशपादी-उणादिके उपोद्घातमें दोनों पाठों तथा इनकी वृत्तियोंका संक्षिप्त इतिहास १९४२ में लिखा था। उस समय पञ्चपादीके इतने विभिन्न पाठका बोध हमें नहीं था। उणादि सूत्र और उनकी व्याख्याओंका विस्तृत इतिहास हम अपने सं० व्या० शास्त्रका इतिहासके दूसरे भागमें लिखेंगे।

४. क्षीरतरङ्गिणीके सम्पादनके प्रारम्भमें हमें इसका ज्ञान नहीं था, अतः हमने वहाँ दशपादीके पते दिये हैं।

५. लिङ्गानुशासनकी व्याख्याका वर्णन आगे करेंगे।

लिङ्गानुशासन—आचार्य देवनन्दी प्रोक्त लिङ्गानुशासनका कोई ग्रन्थ हमारी दृष्टिमें नहीं आया, परन्तु जैनेन्द्र लिङ्गानुशासन था अवश्य। इसमें निम्न प्रमाण हैं—

१—वामन अपने लिङ्गानुशासनके अन्तमें प्राचीन आचार्य प्रोक्त लिङ्गानुशासनोंका निर्देश करता हुआ लिखता है—**व्याडिप्रणीतमथ वाररुचं सचान्द्रं जैनेन्द्रलक्षणगतं विविधं तथाऽन्यत्। लिङ्गस्य लक्ष्म······ ॥ ३० ॥** इसमें जैनेन्द्र लिङ्गानुशासनका उल्लेख स्पष्ट है।

२—अभयनन्दी अपनी महावृत्ति १।४।१०८ में लिखता है—**गोमयकषायकार्षापणकुतपकवाटशंखादि-पाठादवगमः कर्तव्यः।** अर्थात् गोमय आदि शब्द जिनमें उभयलिंगता देखी जाती है, उनका ज्ञान पाठसे कर लेना चाहिए।

यहाँ पाठसे अभिप्राय लिङ्गानुशासनका ही है, क्योंकि **'पुंसि चार्धर्चाः'** [१।४।१०८] सूत्र पर पाणिनिके समान जैनेन्द्रमें कोई गण नहीं है। अतः इनका पाठ लिङ्गानुशासनमें ही सम्भव हो सकता है।

३. आचार्य हेमचन्द्रने अपने लिङ्गानुशासनके स्वोपज्ञ विवरणमें नन्दीके नामसे एक पाठ उद्धृत किया है—**"आमरं तु भवेच्छुक्कं चौद्रं तु कपिलं भवेत्"—इति नन्दी।** पृष्ठ० ८५ पंक्ति २५।

हमारे विचारमें यह पाठ देवनन्दीके लिङ्गानुशासनका है और पूर्वोल्लिखित नियमके अनुसार यहाँ नन्दी शब्दसे देवनन्दीका ग्रहण है। हर्षवर्धनीय लिङ्गानुशासनके सम्पादक पं० वेङ्कट राम शर्माने अपनी निवेदनामें २३ प्राचीन लिङ्गानुशासनोंका उल्लेख किया है।[1] उसमें संख्या १८ पर 'नन्दिकृत लिङ्गानुशासन' का निर्देश है। इससे भी हमारे विचारकी पुष्टि होती है कि आचार्य हेमचन्द्र द्वारा नन्दी-नामसे स्मृत आचार्य देवनन्दी ही है।

लिङ्गानुशासन छन्दोबद्ध था—हैमलिङ्गानुशासन विवरणमें उदधृत पूर्व वचनसे प्रतीत होता है कि देवनन्दी प्रोक्त लिङ्गानुशासन छन्दोबद्ध था।

लिङ्गानुशासन-व्याख्या—आचार्य देवनन्दीने अपने लिङ्गानुशासनपर कोई व्याख्या भी लिखी थी। हेमचन्द्र अपने लिङ्ग विवरणमें लिखता है—**"नन्दिनः गुणवृत्तेस्वाश्रयलिङ्गता स्वादुरोदनः, स्वाद्वी पेया, स्वादु पयः।'** आचार्य हेमचन्द्रने यह पङ्क्ति अथवा अभिप्राय निश्चय ही जैनेन्द्रलिङ्गानुशासनकी व्याख्यासे लिया होगा।

व्याकरणके अन्य ग्रन्थ

पूर्वलिखित धातुपाठ, गण पाठ, उणादि और लिङ्गानुशासन इन ४ खिलोंके अतिरिक्त जैनेन्द्र शब्दा-नुशासनसे संबन्ध रखनेवाले न्यूनातिन्यून तीन ग्रन्थ और थे। उनके नाम हैं—वार्तिकपाठ, परिभाषा पाठ, शिक्षा।

वार्तिक-पाठ—अभयनन्दीकी महावृत्तिमें जैनेन्द्र शब्दानुशासनसे संबन्ध रखनेवाले बहुतसे वार्तिक व्याख्यात हैं। ये वार्तिक किसके हैं, यह अज्ञात है। इसी प्रकार महावृत्तिमें समस्त वार्तिक व्याख्यात हैं अथवा उसमें काशिकाके समान अधिक उपयोगी वार्तिकोंका ही सन्निवेश है, यह भी नहीं कहा जा सकता क्योंकि जैनेन्द्र वार्तिक पाठका स्वतन्त्र ग्रन्थ अभी तक प्रकाशमें नहीं आया।

आर्य श्रुतकीर्तिने अपनी पञ्चवस्तुप्रक्रियाके अन्तमें जैनेन्द्रशब्दानुशासनपर रचे गये किसी भाष्य ग्रन्थकी सूचना दी है। यह भाष्य इस समय अनुपलब्ध है। स्वयं आचार्य पूज्यपादने भी अपने शब्दानुशासनपर एक न्यास लिखा था, वह भी अप्राप्य है। अतः जैनेन्द्रसे संबद्ध वार्तिक पाठकी रचना किसने की यह अज्ञात है।

वार्तिक अभयनन्दी विरचित नहीं हैं—महावृत्तिमें व्याख्यात वार्तिक अभयनन्दी विरचित नहीं हैं, क्योंकि उसमें स्थान-स्थानपर पातञ्जल महाभाष्यके समान वार्तिकोंका निराकरण करके सूत्र-द्वारा कार्यका

१. अंग्रेज़ीमें पृष्ठ ११ पर, संस्कृतमें पृष्ठ ३४ पर।

निर्वाह दर्शाया है। यथा—**उदित्कार्यं वर्णकार्यं च तदन्तादपि भवतीति वक्तव्यं-भवती, अतिभवती, दाक्षिः। नैतद् वक्तव्यम्**...... । पृष्ठ १५। यदि वार्तिक अभयनन्दी विरचित होते तो वह स्वयं अनर्थक वार्तिक रचकर उनका खण्डन न करता। इतना ही नहीं, अभयनन्दीसे पूर्ववर्ती विद्यानन्द[1] जैनेन्द्र महावृत्ति १।४।३७ में पठित **'प्यखे का वक्तव्या'** वार्तिकका अष्टसहस्री [पृष्ठ १३२] में **'प्यखे कर्मण्युपसंख्यानात्'** इस रूपमें अर्थतः अनुवाद करता है। 'प्य, ख' ये जैनेन्द्रके पारिभाषिक प्रयोग हैं।

अभयनन्दीकी वृत्तिमें वार्तिकोंके व्याख्यात होने तथा अष्टसहस्रीमें उद्धृत होनेसे इतना तो निश्चय है कि ये अभयनन्दीसे प्राचीन हैं। हमारा विचार है कि व्याकरण संबंधी अन्य ग्रन्थोंके समान वार्तिकपाठ भी आचार्यने स्वयं रचा होगा।

परिभाषा-पाठ—परिभाषाएँ व्याकरण शास्त्रका महत्त्वपूर्ण भाग हैं। परिभाषाएँ दो प्रकार की हैं। कुछ सूत्रकार द्वारा स्वयं सूत्रोंमें पठित होती हैं। यथा—**इको गुणवृद्धी** [अष्टा० १।१।३] **इकस्तौ** [जैनेन्द्र० १।१।१७]। कुछ सूत्रसे बहिर्भूत होती हुई भी सूत्रकार-द्वारा स्वीकृत होती हैं। पाणिनीय व्याकरणसे संबद्ध परिभाषाएँ व्याडिकृत मानी जाती हैं।[2] भाष्यकार पतञ्जलिने अनेक परिभाषाओंको सूत्रोंसे ज्ञापित किया है, अनेकको वे बिना ज्ञापकके प्रमाण मान लेते हैं। अभयनन्दीकी महावृत्तिमें अनेक परिभाषाएँ उद्धृत हैं[3]। कतिपय परिभाषाओंके ज्ञापक भी लिखे हैं। इन परिभाषाओंका पाठ पाणिनीय परिभाषाओंके समान होते हुए भी स्वतन्त्रानुसार परिवर्तित है। जैनेन्द्र संबद्ध परिभाषाओंका प्रवक्ता कौन है, यह निश्चय पूर्वक नहीं कहा जा सकता। परिभाषा पाठका स्वतन्त्र ग्रन्थ हमारे देखनेमें नहीं आया।

परिभाषाओंकी व्याख्या—इन जैनेन्द्र परिभाषाओंकी व्याख्या भी किसी प्राचीन ग्रन्थकारने की थी। अभयनन्दी १।१।६१ पर लिखता है—**सन्निपातपरिभाषाया अनित्यतां वक्ष्यति**। यहाँ **'वक्ष्यति'** क्रियाका कर्ता कौन है, यह अज्ञात है। परन्तु इससे इतना स्पष्ट है कि अभयनन्दीसे पूर्व किसीने परिभाषाओंकी व्याख्या रची थी। इस प्रकारका विचार परिभाषा वृत्तिमें ही सम्भव हो सकता है।

आचार्य हेमचन्द्रने अपने व्याकरणसे संबद्ध परिभाषाओंकी स्वयं ही रचना की और स्वयं ही उनकी व्याख्या की। इसी प्रकार आचार्य पूज्यपादने भी स्वयं परिभाषा पाठ और उसकी व्याख्या लिखी हो यह सम्भव हो सकता है।

शिक्षा—अभयनन्दीने १।१।२ की वृत्तिमें लगभग ४० शिक्षासूत्र उद्धृत किये हैं। ये अधिकांशमें आपिशल शिक्षासूत्रोंसे मिलते हैं[4]। पुनरपि इनका प्रवचन जैनेन्द्र व्याकरणकी प्रक्रियानुसार किया हुआ है, यह दोनोंकी तुलनासे स्पष्ट है। यद्यपि ये जैनेन्द्र सम्बन्धी शिक्षासूत्र किसके द्वारा प्रोक्त हैं, यह निश्चय पूर्वक नहीं कहा जा सकता, तथापि जैसे आपिशलि, पाणिनि और चन्द्रगोमीने अपने-अपने शब्दानुशासनोंसे सम्बद्ध शिक्षासूत्रोंका प्रवचन किया। इसी प्रकार सम्भव है आचार्य देवनन्दीने इन शिक्षासूत्रोंका भी प्रवचन किया हो। इसका विशेष वर्णन हम **'शिक्षाका इतिहास'** नामक ग्रन्थमें करेंगे [पाण्डुलिपि प्रायः तैयार हो चुकी है।

---

१. देखो, श्री प्रेमीजीका 'देवनन्दीका जैनेन्द्र व्याकरण' लेख, यही ग्रन्थ पृष्ठ २४।

२. सं० व्या० शा० का इतिहास पृष्ठ २०७।

३. देखो महावृत्ति पृष्ठ ४५५, ४५६। इस सूचीमें कुछ परिभाषाएँ रह गई हैं। यथा—पृष्ठ १२ पर उद्धृत—"अनुबन्धकृतमनेकालत्वं न" परिभाषा।

४. देखो हमारे द्वारा सम्पादित तथा प्रकाशित 'शिक्षा-सूत्राणि' [आपिशल, पाणिनीय तथा चान्द्र]।

आचार्य पूज्यपादके अन्य ग्रन्थ

श्री पं० नाथूरामजी प्रेमीने अपने लेखमें आचार्य पूज्यपादके निम्न ग्रन्थोंका उल्लेख किया है—

उपलब्ध ग्रन्थ—१. सर्वार्थसिद्धि, २. समाधितन्त्र ३. इष्टोपदेश, ४. दशभक्ति।

अनुपलब्ध, परन्तु ज्ञात ग्रन्थ—१. शब्दावतार न्यास, २. जैनेन्द्र न्यास, ३. वैद्यक ग्रन्थ [नाम अज्ञात], ४. सार-संग्रह, ५. जैनाभिषेक।

वैद्यक ग्रन्थके सम्बन्धमें नये प्रमाण—१. आचार्य पूज्यपाद रचित वैद्यक ग्रन्थका उल्लेख श्री प्रेमीजीके लेखके पृष्ठ १९, टि० १ पर उद्धृत श्रवणबेल्गोलके ४० वें शिलालेखके चतुर्थ श्लोकके तृतीय चरणके 'स्वाथ्यं यदीयम्' पदोंमें भी मिलता है।

२. जैन आचार्य उग्रादित्य-विरचित कल्याणकारक नामक ग्रन्थमें भी पूज्यपादके वैद्यक ग्रन्थका निर्देश है ऐसा ज्ञात हुआ है [स्वयं नहीं देखा]।

आचार्य पूज्यपादका नूतन परिज्ञात ग्रन्थ-छन्दःशास्त्र—आचार्यने छन्दःशास्त्र पर भी कोई ग्रन्थ लिखा था, इसकी सूचना श्रवणबेलगोलके ४० वें शिलालेखके चौथे श्लोकके तृतीय चरणके 'छन्दः' पदसे मिलती है। श्री प्रेमीजीसे इसका संकेत रह गया प्रतीत होता है। जैनेन्द्र छन्दःशास्त्रका विस्तृत वर्णन हम अपने 'छन्दःशास्त्रका इतिहास' में करेंगे। यह लिखा जा रहा है।

इस प्रकार आचार्य पूज्यपादके व्याकरणातिरिक्त उपलब्ध और अनुपलब्ध ग्रन्थोंकी संख्या १० हो जाती है।

हमारे विचारानुसार आचार्य विरचित जैनेन्द्र व्याकरण सम्बन्धी निम्न ग्रन्थ थे—

जैनेन्द्र सूत्रपाठ, जैनेन्द्रन्यास, धातुपाठमूल, धातुपारायण, गणपाठ, उणादिसूत्र, लिङ्गानुशासन, लिङ्गानुशासन व्याख्या, वार्तिकपाठ, परिभाषापाठ और शिक्षासूत्र।

सूत्रपाठ, धातुपाठ, गणपाठके अतिरिक्त अन्य सभी ग्रन्थोंको ढूँढ़नेका प्रबल प्रयत्न होना चाहिए। ये ग्रन्थ निश्चय ही किन्हीं जैन ग्रन्थागारोंमें छिपे पड़े होंगे। उनका उद्धार परम आवश्यक है। धातुपाठ और गणपाठके हस्तलेखोंको भी उपलब्ध करनेका प्रयत्न करना चाहिए। जिससे इनकी पाठशुद्धिमें सहायता मिले।

जैनेन्द्रके व्याख्याग्रन्थ

जैनेन्द्र शब्दानुशासनपर अनेक ग्रन्थ लिखे गये। उनमेंसे जैनेन्द्रन्यास, भाष्य, अभयनन्दीकी महावृत्ति, प्रभाचन्द्रका शब्दाम्भोजभास्कर न्यास, पञ्चवस्तु, लघुजैनेन्द्र और जैनेन्द्र प्रक्रिया नामक ग्रन्थोंका उल्लेख श्री पं० नाथूरामजी प्रेमीने अपने 'देवनन्दीका जैनेन्द्र व्याकरण' नामक लेखमें किया है। इनमेंसे न्यास और भाष्य ग्रन्थ इस समय अनुपलब्ध हैं। उपलब्ध ग्रन्थोंमें अभयनन्दीकी वृत्ति ही सबसे प्राचीन है।

अभयनन्दीसे प्राचीन अनेक वृत्तियाँ—अभयनन्दीने महावृत्तिके आरम्भमें एक श्लोक लिखा है—

यच्छब्दलक्षणमसुव्रजपारमन्यैरव्यक्तमुक्तमभिधानविधौ दरिद्रैः।
तत्सर्वलोकहृदयप्रियचारुवाक्यैर्व्यक्तीकरोत्यभयनन्दिमुनिः समस्तम्॥

अर्थात्—कठिनतासे पार पाने योग्य जिस शब्दलक्षणको दरिद्रोंने व्याख्या करनेमें स्पष्ट नहीं किया, उस सम्पूर्ण शब्दलक्षणको अभयनन्दी मुनि सबके हृदयोंको प्रिय लगनेवाले सुन्दर वाक्योंसे स्पष्ट करता है।

उक्त श्लोकके पूर्वार्धसे स्पष्ट है कि अभयनन्दीसे पूर्व इस जैनेन्द्र शब्दानुशासनपर ऐसी अनेक वृत्तियाँ बन चुकी थीं, जिनमें सूत्रोंकी पूर्ण स्पष्ट व्याख्या नहीं थी। ये व्याख्याएँ लघुवृत्तिके रूपमें थीं, यह 'दरिद्रैः' पदसे व्यक्त होता है।

अभयनन्दीका काल—अभयनन्दीका काल विवादास्पद है। डाक्टर बेल्वेलकरने अपने 'सिस्टम आफ संस्कृत ग्रामर' में अभयनन्दीका काल सन् ७५० [वि० ८०७] माना है [पैराग्राफ ३०]। अभयनन्दीकी

महावृत्ति ३ । २ । ५५ में भट्ट अकलंक [जिनका काल ८०० विक्रम माना जाता है] के **तत्त्वार्थवार्तिक** का उल्लेख है। इससे यह वृत्ति उसके बाद की है, यह निश्चित है। हमने अपने सं० व्या० शास्त्रका इतिहास ग्रन्थमें अभयनन्दीका काल विक्रम संवत् १०००-१०५० के मध्यमें लिखा है [पृष्ठ ४२६]। अभी इस विषयमें अनुसंधानकी आवश्यकता है।

अभयनन्दीकी महावृत्ति—जैनेन्द्र व्याकरणके वाङ्मयमें महावृत्तिका वही गौरवपूर्ण स्थान है जो पाणिनीय व्याकरणमें काशिका का है। यह महावृत्ति काशिकासे भी अधिक विस्तृत है। इसका ग्रन्थ परिमाण १२ सहस्र श्लोक है। ग्रन्थकारने अपनी वृत्तिके सम्बन्धमें पूर्वनिर्दिष्ट श्लोकमें जो लिखा है वह पूर्णतया सत्य है, उसमें यत्किंचित् अतिशयोक्ति नहीं है।

अभयनन्दीका पाण्डित्य—निश्चय ही अभयनन्दी व्याकरण शास्त्रमें परम निपुण थे। उनका व्याकरण विषयक-ज्ञान केवल जैनेन्द्र तक सीमित नहीं था, अपितु पाणिनीय व्याकरणमें भी उनकी अप्रत्याहत गति थी। यह इस वृत्तिके सूक्ष्म अध्ययनसे पदे-पदे स्पष्ट होता है। महावृत्तिमें कई स्थल उनके व्याकरण विषयक अभूतपूर्व पाण्डित्यका निदर्शन कराते हैं। यथा १।२।९६ सूत्रकी व्याख्यामें **"प्रविनय्य"** प्रयोगकी सिद्धिके सम्बन्धमें जो विचार किया है, वह हमें अन्यत्र उपलब्ध नहीं हुआ।

महावृत्तिके उपजीव्य ग्रन्थ—यद्यपि अभयनन्दीने अपनी महावृत्तिकी रचनामें निस्सन्देह जैनेन्द्र न्यास, प्राचीन लघु वृत्तियाँ, पातञ्जल महाभाष्य आदि सभी ग्रन्थोंसे सहायता ली है, तथापि सूत्र व्याख्या शैली और वाक्य विन्यासमें काशिकावृत्तिका प्रभाव अधिक प्रतीत होता है।

पतञ्जलिके पदचिह्नोंपर—[क] पतञ्जलिने जिस प्रकार पाणिनि और कात्यायनके प्रति सम्मान-की भावना रखते हुए उनके सूत्र तथा वार्तिककी सूक्ष्म विवेचना करते समय पाणिनि और कात्यायनके गौरवसे प्रभावित हुए बिना अपना निर्णय प्रकट किया है, उसी प्रकार अभयनन्दी मुनिने भी अनेक स्थलों पर जैनेन्द्र वार्तिकोंका निष्प्रयोजनत्व दर्शाया है। यथा—पृष्ठ १५ पर **"उगित् कार्यम्"** तथा पृष्ठ २६ पर **'दाणश्च सा'** वार्तिक का।

[ख] जैसे पतञ्जलिने पाणिनीय सूत्रोंसे साक्षात् असिद्ध प्रयोगोंका साधुत्व दर्शानेके लिए योगविभाग रूपी कौशल दिखाया है, उसी प्रकार अभयनन्दीने भी योगविभाग-द्वारा अनेक पदोंका साधुत्व दर्शानेका प्रयत्न बहुत स्थानोंपर किया है।

महावृत्तिकी एक महती विशेषता—महावृत्तिकी सबसे बड़ी विशेषता यह है कि इसमें पाणिनि पतञ्जलि चन्द्र तथा पूज्यपाद द्वारा असंगृहीत प्राचीन व्याकरण-नियमोंका यत्र तत्र संग्रह उपलब्ध होता है। यथा [१।२।१]—

'भूवादीनां वकारोऽयं लक्षणार्थः प्रयुज्यते। इको यणिभर्व्यवधानमनेकेषामिति संग्रहः।'[1]

अर्थात्—'भूवादयो धुः' [१।२।१] सूत्रमें 'भू+आदयो' के मध्यमें वकारका निर्देश व्याकरणका लक्षण बतलानेके लिए रखा गया है। अनेक आचार्योंके मतमें **'इक् से परे यण्का व्यवधानं होता है'**[2], इस लक्षणका संग्रह वकारसे दर्शाया है।

---

१. कलकत्ताके श्री पं० क्षितीशचन्द्र जी चट्टोपाध्यायने **'टेक्निकल टर्म्स आफ संस्कृत ग्रामर'** [पृष्ठ ७१] में इस कारिका तथा महावृत्तिमें आगे व्याख्यात दो चरणोंका पाठ इस प्रकार उद्धृत किया है—"भूवादीनां वकारोऽयं लक्षणार्थः प्रयुज्यते। व्यवधानमिको यणिभर्वायुवम्बरयोरिव ॥ भूवो वार्थं वदन्तीति वदेरौणादिके इजि। भूवादय इति ज्ञेया भूवोऽर्था वादयोऽथवा।"

२. इस सन्धि तथा इससे पदसिद्धि-प्रक्रियापर पड़नेवाले प्रभावके लिए हमारा सं० व्या० शा० का इतिहास, पृष्ठ २१–२४ विशेष रूपसे देखना चाहिए।

हमारी दृष्टिमें अभीतक सबसे प्राचीन यही ग्रन्थ है, जिसमें **यण्व्यवधान सन्धि** का साक्षात् उल्लेख किया है।[1] आगे वृत्तिकारने महाभाष्योक्त वकारके मंगलार्थत्वका खण्डन किया है। हमारे विचारमें **'मङ्गलार्थः प्रयुज्यते'** लेखमें पतञ्जलिका 'मंगल' का वह भाव नहीं है जो जनसाधारणमें प्रसिद्ध है। अपितु यहाँपर अध्येता छात्रोंका मंगल अभिप्रेत है। इसकी व्याख्यामें स्पष्ट कहा है—**अध्येतारश्च मंगलार्था यथा स्युः।** अध्येताओंका मंगल लक्षण ज्ञानसे ही सम्भव है।[2]

महावृत्ति मध्यमध्यमें त्रुटित—यद्यपि महावृत्तिका यह संस्करण पाँच हस्तलेखोंके आधार छपा है, परन्तु इसमें अनेक स्थलोंपर कई-कई सूत्रोंकी व्याख्या खण्डित है। देखो पृष्ठ २८८, ३१७, ३५८। इससे स्पष्ट है कि ये पाँचों हस्तलेख किसी एक ही मूल प्रतिकी प्रतिलिपियाँ हैं। अतः इसकी पूर्तिके लिए अन्य हस्तलेख प्राप्त करनेका प्रयत्न करना चाहिए।

जैनेन्द्र व्याकरण तथा महावृत्तिका मुद्रण

आजसे ४६ वर्ष पूर्व काशीकी लाजरस कम्पनीकी ओरसे सन् १६१० में महावृत्ति सहित जैनेन्द्र व्याकरणका मुद्रण आरम्भ हुआ था। इसके सम्पादक थे, विन्ध्येश्वरीप्रसाद द्विवेदी। इसका मुद्रण तृतीय अध्यायके द्वितीय पादके ६०वें सूत्र तक ही होकर रह गया। तब से यह परमोपयोगी ग्रन्थ अधूरा ही रहा। यह परम सौभाग्यका विषय है कि भारतीय ज्ञानपीठ काशीने इस ग्रन्थरत्नको प्रकाशमें लानेका महान् प्रयत्न किया। उसीका यह फल है कि ४६ वर्षके अनन्तर यह ग्रन्थ पूरा छपकर प्रकाशमें आया है। इसके लिए उक्त संस्था अत्यन्त धन्यवादकी पात्र है। इस संस्थाने इसी प्रकारके अनेक दुर्लभ ग्रन्थोंका प्रकाशन करके समस्त भारतीयों, विशेषकर जैनमतानुयायियोंका महान् उपकार किया है। हमारी यही कामना है कि यह संस्था भविष्यमें भी इसी प्रकार अपना कार्य करनेमें समर्थ हो, दिन दूनी रात चौगुनी फले फूले।

महावृत्तिका नूतन संस्करण—भारतीय ज्ञानपीठ द्वारा प्रकाशित महावृत्तिका यह संस्करण निस्सन्देह महान् परिश्रमका फल है। इसके सम्पादनमें ५ हस्तलेखोंसे सहायता ली गई है। इतना प्रयत्न करनेपर भी इसके सम्पादनमें कुछ कमियाँ रह गई हैं। उनकी ओर भी संकेत कर देना हम उचित समझते हैं, जिससे आगामी संस्करणमें उसका परिमार्जन हो सके।

क—अनेक स्थानोंपर उद्धृत जैनेन्द्र सूत्रोंके पते देने रह गये हैं। यथा—पृष्ठ ११ पं० २—**जेरिति दीत्वम्**—'**जेः**' ४।३।२३४ का सूत्र है, यहीं पृष्ठ पं० १३—**शास इत्येवमादिषु**—'**शास**' यह ४।४।३३ का प्रतीक है।

ख—वृत्तिमें उद्धृत उद्धरणोंके पते देने रह गये। यथा—पृष्ठ २४ पङ्क्ति २६—**'एति जीवन्तमानन्दः'।** यह रामायण सुन्दरकाण्ड सर्ग ३४ श्लोक ६ का तृतीय चरण है। पृष्ठ ११६ पं० ६ पर निर्दिष्ट **'बाहुलकं प्रकृतेस्तनुदृष्टेः'** कारिका महाभाष्य ३।३।१ की है। इसी प्रकार १।२।१२१ सूत्रपर उद्धृत कारिकाएँ भी महाभाष्य की हैं।

ग—कई स्थानोंपर कुछ अधिक सावधानता वर्ती जाती तो अनेक पाठ ठीक हो सकते थे। यथा—पृष्ठ ११६ पं० ३ पर मुद्रित **'अण्डः। जृकुस्वृडः'** पाठ **'अण्डो जृकुस्वृडः'** चाहिए। पृष्ठ ८ पं० ५–६—**'कृतः। कृतवान्। भूतवर्तमाने·····'**। यहाँ **'कृतः। कृतवान्। "तः" [२।२।८५] भूत इति वर्तमाने·····"**

---

१. यद्यपि शाकटायन लघुवृत्ति [पृष्ठ २३] में यह नियम उल्लिखित है। उसका काल अनिश्चित है। अमोघवृत्तिमें इसका उल्लेख है या नहीं यह हमें ज्ञात नहीं।

२. महाभाष्यकी पंक्तिका यह अभिप्राय हमें महावृत्तिके प्रकाशमें ही समझमें आया।

पाठ चाहिए। **'भूत इति वर्तमाने'** आदि पदों द्वारा जिस सूत्रकी वृत्ति लिखी है वह, **'तः'** [२।२।८५] सूत्र यहाँ त्रुटित है।

घ - अनेक स्थानोंपर वृत्तिमें उद्धृत जैनेन्द्र सूत्र तथा परिभाषा आदिको भिन्न टाइपमें करना रह गया है।

ङ—कहीं-कहीं सम्पादकीय टिप्पणियोंमें भी भूल प्रतीत होती है। यथा—पृष्ठ १६ पं० १६ पर [४ **अन्यथा अनिदित इति उङः खस्य प्रतिषेधः स्यात्** ।] पर टिप्पणी है—**४. कोष्ठ स्थितः पाठोऽप्रासंगिक इव भाति। "अलुङः—क्ङित्यनिदितः" इत्यस्यात्राप्रवृत्तेः**। प्रतीत होता है यह पङ्क्ति पाणिनीय व्याकरण-की प्रक्रियाकी भ्रान्तिसे लिखी गई है। **'हन्सृत'** इस अवस्थामें 'त' के परे रहने पर **'यस्ये तदादि गुः'** [जै० १।२।१०२] सूत्रसे 'हन् स्' की 'गु' [पाणिनीय अंग] संज्ञा है। जैनेन्द्र प्रक्रियानुसार २।१।३८ सूत्रसे 'सि' प्रत्यय होता है, उसका इकार इत् है। गुके इदित् होनेसे **'हलुङः क्ङित्यनिदितः'** [४।४।२३] सूत्रकी प्रवृत्ति नहीं हो सकती। उसकी प्रवृत्ति न होनेसे उङ् [=उपधा] के 'न्' का लोप नहीं हो सकता। अतः कोष्ठान्तर्गत पङ्क्ति सर्वथा शुद्ध है।

इन सब कमियोंके रहने पर भी जो संस्करण प्रकाशित हुआ है, वह निस्सन्देह महान् प्रयत्नका फल है। प्रथमबार इतना सुन्दर संस्करण प्रकाशित हो गया, यह महान् संतोषकी बात है।

ग्रन्थके सम्पादनमें कितना परिश्रम पड़ता है, यह भी भुक्तभोगी ही जान सकता है। हाँ, ग्रन्थको सर्वाङ्गसुन्दर बनानेका लक्ष्य तथा उसके लिए सर्वविध प्रयत्न सम्पादकका अवश्य होना चाहिए। तत्पश्चात् जो कार्य हो जाय उससे सन्तुष्ट रहते हुए अगले संस्करणको सर्वात्मना श्रेष्ठ बनानेका प्रयत्न होना चाहिए।

जैनेन्द्रमहावृत्तिः

आचार्यदेवनन्दिप्रणीतम्

जैनेन्द्र-व्याकरणम्

अभयनन्द्याचार्यकृतमहावृत्तिसहितम्

देवदेवं जिनं नत्वा सर्वसत्त्वाभयप्रदम् ।
शब्दशास्त्रस्य सूत्राणां महावृत्तिर्विरच्यते ॥ १ ॥
यच्छब्दलक्षणम[1]सुव्रजपारमन्यैरव्यक्तमुक्तमभिधानविधौ दरिद्रैः ।
तत् सर्वलोकहृदयप्रियचारुवाक्यैर्व्यक्तीकरोत्यभयनन्दिमुनिः समस्तम् ॥ २ ॥

शिष्टाचारपरिपालनार्थमादाविष्टदेवतानमस्कारलक्षणं मङ्गलमिदमाहाचार्यः—

लक्ष्मीरात्यन्तिकी यस्य निरवद्याऽवभासते ।
देवनन्दितपूजेशे नमस्तस्मै स्वयम्भुवे ॥

लक्ष्मीः श्रीः । सैव विशिष्यते—अन्तमतिक्रान्तः कालोऽत्यन्तः तत्र भवा आत्यन्तिकी अविनश्वरी आत्मस्वभावाधीना केवलज्ञानादिविभूतिरित्यर्थः । अवद्याद् गर्ह्यान्निष्क्रान्ता निरवद्या निर्दोषा, अवभासते शोभते, यस्य भगवतः, यस्येति सर्वनामपदस्य सामान्यवाचित्वेऽपि अन्यस्यैवंविधा श्रीर्न सम्भवतीति पारिशेष्यादर्हद्भट्टारकस्य ग्रहणम् । यच्छब्दाभिहितोऽर्थस्तच्छब्देन परामृश्यत इति तस्मै देवनन्दितपूजेशे स्वयम्भुवे नमः । 'अस्तु' इत्यध्याहारः, देवाः सुराः तैर्नन्दिता अभिवर्द्धिता सा चासौ पूजा च तस्याः, 'ईष्ट' इति क्विपि कृते देवनन्दितपूजेट्[2], तथा स्वयमात्मना भवतीति स्वयम्भूः । नमःशब्दयोगे सर्वत्र ङेर्भवति ।

लोके प्रसिद्धसाधुत्वानां शब्दानामन्वाख्यानार्थमिदमारभ्यते । अन्वाख्यानञ्च प्रकृत्यादिविभागेन सामान्यविशेषवता लक्षणेन शब्दानां व्युत्पादनम् । तच्च शब्दार्थसम्बन्धम[3]न्तरेण न सम्भवति । शब्दार्थसम्बन्धसिद्धिश्चानेकान्ताधीनेत्यत आह—

सिद्धिरनेकान्तात् ॥१।१।१॥ प्रकृत्यादिविभागेन व्यवहाररूपा श्रोत्रग्राह्यतया परमार्थतोपेता प्रकृत्या[4]दिविभागेन च शब्दानां सिद्धिः अनेकान्ताद्भवतीत्यर्थाधिकार आ शास्त्रपरिसमाप्तेर्वेदितव्यः । अस्तित्वनास्तित्वनित्यत्वानित्यत्वसामान्यसामानाधिकरण्यविशेषणविशेष्यादिकोऽनेकः अन्तः स्वभावो यस्मिन् भावे सोऽयमनेकान्तः अनेकात्मा इत्यर्थः । तस्यावग्रहेहावायधारणात्मकं प्रत्यक्षं तद्व्यवहारान्यथानुपपत्तेरितीदमनुमानञ्च साधकम् । अथास्तित्वनास्तित्वादीनां परस्परविरुद्धानां [5]कथमैकाधिकरण्यमसङ्कीर्णरूपता च ? यथा भवतामेकत्र हेतौ अन्वयव्यतिरेकयोः जनके[6] रसे वा जन्यमानरूपरसापेक्षयोः सहकारित्वासहकारित्वयोः । अथ हेतौ सपक्षविपक्षापेक्षया रूपद्वयं रसे च[7] सभागासभागकार्यापेक्षया; अत्रापि तर्हि स्वरूपपररूपापेक्षयाऽस्तित्वनास्तित्वे द्रव्यपर्यायापेक्षया च नित्यत्वानित्यत्वे, द्रव्यपर्याययोश्चान्वयव्यतिरेकाभ्यां सिद्धिरित्यास्तां तावदेतत् । अनेकान्तादितीदमेव ज्ञापकम्, हेतौ [8]क्वापि भवति । तेनानित्यः शब्दः कृतकत्वादित्यादि सिद्धम् ।

---

१. दुस्तरम् । २. तस्मै नमः इति शेषः । ३. सम्बन्धान्तरेण अ०, मु० । ४. 'प्रकृत्यादिविभागेन' इति पुनरुक्तः । ५. –मैक्याधि–मु० । ६. जनकयोरपि मु० । ७. च भागा–अ० । ८. पञ्चम्यपि ।

उत्तरत्र त्वे[1]कदेशाद्व्यवायो[2]ऽधिकार इति। वक्ष्यति—"**सस्थानक्रियं स्वम्** [१।१।२] इति। एतच्च वस्तुना साधर्म्य-वैधर्म्यात्मकेऽनेकान्ते सत्युपपद्यते। तथा हि अकाराकारयोः ह्रस्वदीर्घकालभेदेन वैधर्म्येऽपि तुल्यस्थान[3]करणत्वेन साधर्म्यमस्तीति स्वसञ्ज्ञाव्यवहारः सिध्यति। यदि हि साधर्म्यमेव स्यात्; तदास्तित्वेनेवान्यैरपि धर्मैः साधर्म्ये सर्वमेकं प्रसज्येत। यदि च वैधर्म्यमेव; तदा कस्यचिदस्तित्वमपरस्य नास्तित्वमन्यस्य चान्यत्[4] स्यात्। "**अधु मृत**" [१।१।५] इति अन्वयव्यतिरेकाभ्यामर्थवच्छब्दरूपं मृत्सञ्ज्ञकमनेकान्तात् सिध्यति। तथा हि— विभक्त्यन्तस्य च शब्दस्य प्रयोगादर्थे ज्ञानमुत्पद्यत इति सङ्घाता अर्थवन्तो दृष्टाः; तदवयवानामप्यन्वयव्यतिरेकाभ्यामर्थवत्ता जायते। वृक्षावित्यत्र, विसर्जनीयाभावादेकत्वार्थो निवृत्तः, औकारभावाद् द्वित्वं जातम्। अकारान्तवृक्षशब्दान्वयाजातिरन्वयिनी प्रतीयते। अन्वयव्यतिरेकौ च[5] भावाद्येकान्तवादे न स्तः। तथा "**ध्यपाये ध्रुवमपादानम्**" [१।२।११०] इत्यादिषट्कारकी नित्यक्षणिकपक्षयोर्नोपपद्यते व्यपायध्रौव्याद्यभावात्। उक्तं च—

"इदं फलमियं क्रिया करणमेतदेष क्रमो
व्ययोयमनुषङ्गजं फलमिदं दशेयं मम।
अयं सुहृदयं द्विषन्[6] प्रयतदेशकालाविमा-
विति प्रतिवितर्कयन् प्रयतते बुधो नेतरः॥"

सस्थानक्रियं स्वम् ॥ १।१।२ ॥ स्थानं ताल्वादि, क्रिया स्पृष्टतादिका। समाना स्थाने क्रिया यस्य, सामर्थ्यात् स्थानमपि समानं लभ्यते। अथवा समानं स्थानक्रियं यस्य, समानस्येति योगविभागात् सादेशः, तत् सस्थानक्रियं स्वसंज्ञं भवति। आत्मलाभमापद्यमाना वर्णास्तिष्ठन्त्यस्मिन्निति स्थानं वर्णोत्पत्तिस्थानमित्यर्थः। तदष्टविधम्—

"अष्टौ स्थानानि वर्णानामुरः कण्ठः शिरस्तथा।
जिह्वामूलं च दन्ताश्च नासिकोष्ठौ च तालु च॥"[7] इति।

द्रव्यस्य देशान्तरप्राप्तिहेतुरान्तरः परिस्पन्दः क्रिया। सा चतुर्विधा—स्पृष्टता ईषत्स्पृष्टता विवृतता ईषद्विवृतता चेति। ध्वनावुत्पद्यमाने यया स्थानानि स्पृशति सा स्पृष्टता। मनाक् स्पर्शे ईषत्स्पृष्टता। दूरेण स्पर्शे विवृतता। समीपेन स्पर्शे ईषद्विवृतता। कस्य पुनः किं स्थानम्? अकुहविसर्जनीयाः कण्ठ्याः। हविसर्जनीया-वुरस्यावेकेषाम्। जिह्वामूलीयो जिह्व्यः। सर्वमुखस्थानमवर्णमेके मन्यन्ते। इशयच्वेदैतस्तालव्याः। एदैतौ कण्ठतालव्यावेकेषाम्[8]। उप्वोदौदुपध्मानीया ओष्ठ्याः। ओदौतौ कण्ठोष्ठ्यावेकेषाम्[9]। वकारो दन्तोष्ठ्यः। सृक्क[9]स्थानमेके वाञ्छन्ति। ऋटुरषा मूर्धन्याः। रेफो दन्तमूल्य एकेषाम्। लृतुलसा दन्त्याः। नासिक्योऽनुस्वारः। ञमङणनाः स्वस्थानाः। नासिकास्थाना एकेषाम्। तेषां स्वसञ्ज्ञाप्राप्तिर्दोषः। स्पृष्टिः स्पृष्टं स्पृष्टानुगतं करणं कृतिरुच्चारणमेषामिति स्पृष्टकरणा वर्ग्याः। ईषत्स्पृष्टकरणा अन्तःस्थाः। ईषद्विवृतकरणा ऊष्माणः। विवृतकरणाः स्वराः। तेभ्य एदोतौ विवृततरौ। तेन दध्येतत् मध्वोदनमिति स्वेऽको दीत्वाभावः। ताभ्यामैदौतौ विवृततरौ। तेन दिश्यैन्द्र्यां मध्वौषधम्। ताभ्यामवर्ण इति। तेन पित्रर्थः, दध्यत्र, मध्वत्र। अन्ये संवृतमकारमिच्छन्ति लोके। शास्त्रव्यवहारे तु विवृतम्। एतच्चायुक्तम्, लोकशास्त्रयोरुच्चारणं प्रत्यविशेषात्। अयं च प्रपञ्चश्चिन्तनीयः। स्वरेभ्यो विवृततराः[10] आवर्णैंच इति। इयत्यपि निर्देशे न दोषं पश्यामः। अ अ अ इत्यकार उदात्तोऽनुदात्तः स्वरितः। स प्रत्येकं ङसञ्ज्ञकोऽङसंज्ञकः[11]। एवं दीः, एवं पः। एवमष्टादशप्रभेदोऽवर्णः तथा इवर्णः, तथा उवर्णः, तथा ऋवर्णः, तथा लृवर्णः। कथं लृकारो द्विमात्रः? अशक्तिजानुकरणापेक्षया। सन्ध्यक्षराणां प्रा न सन्ति, तान्यतो द्वादशप्रभेदानि। अन्तःस्था यवला द्विप्रभेदाः नासिक्येतरभेदात्। एवमर्थं[12]

---

१. उत्तरसूत्रैक–ब०। उत्तरसूत्रैकदेशाध्याचायो–मु०। २.अनुवृत्तिरित्यर्थः। ३.–नकारण–अ०,स०, ४.–न्यत्। अधु ब०, मु०। ५. च भावावेकान्त–मु०। ६. प्रतिपु 'द्विषन्' इति पाठः। ७. पा० शि० १३। ८. पाणिनीयानाम्। ९.ओष्ठप्रान्तयोः सृक्कम्। १०.अवर्णैच ब०, स०, मु०। ११.–कः, एवं पः, एवं दीः, अ०, ब०, स०। १२.–मत्र चै–अ०।

चैतेऽण्सु पठ्यन्ते । अण् स्वं गृह्णातीति यथा स्यात् । रेफोष्मणां स्वा न सन्ति । वर्ग्यः स्ववर्ग्येण स्वसञ्ज्ञो भवति । उदाहरणं—लोकाग्रम् । मुनीशः । स्थानग्रहणं किम् ? कचटतपानां समानक्रियाणां भिन्नस्थानानां मा भूत् । तर्प्ता तर्प्तुमिति । अत्र "झरो झरि स्वे" [५।४।१३९] इति पकारस्य तकारे खं प्रसज्येत । क्रियाग्रहणं किम् ? इचुयशानां समानस्थानानां भिन्नक्रियाणां मा भूत् । तत्र को दोषः ? अरुश्श्च्योततीत्यत्र "झरो झरि स्वे" [५।४।१३९] इति शकारस्य चकारे खं प्रसज्येत । "ऋकारऌकारयोः स्वसञ्ज्ञा वक्तव्या" [वा०] । पितृ ऌकारः पितॄकारः । स्वप्रदेशाः "स्वेऽको दीः" [४।३।८८] इत्येवमादयः ; शास्त्रलाघवार्थं संज्ञाकरणम् ।

हलोऽनन्तराः स्फः ॥ १।१।३ ॥ हलोऽनन्तराः विजातीयैरज्भिरव्यवहिताः सम्बद्धोच्चारणाः[1] स्फसंज्ञा भवन्ति । समुदाये वाक्यपरिसमाप्तिराश्रीयते । तेन प्रत्येकं स्फसञ्ज्ञा न भवति । हल इति जात्यपेक्षो बहुत्वनिर्देशः । तेन द्वयोर्बहूनां च स्फसञ्ज्ञा । शर्म-कर्मेति रमौ । इन्द्रश्चन्द्र इति नदराः । हल इति किम् ? तितउः । "तनेड उः सन्वच्च" इति डउः । अत्राकारोकारावनन्तरौ स्फान्तखं प्रसज्येत । अनन्तरा इति किम् ? पचति पनसम् । आद्यं रूपं प्रत्युदाहरणं पनसमित्यत्र "स्फादेः स्कोऽन्ते च" [४।३।४६] इति सखं स्यात् । स्फ इति वर्णपिण्डेन सञ्ज्ञाकरणं किम् ? एवंरूपः समुदायः स्फसञ्ज्ञो यथा स्यादित्येवमर्थम् । स्फप्रदेशाः "स्फेः" [१।२।१००] "लिङस्फात् कित्" [१।१।७९] इत्येवमादयः ।

नासिक्यो ङः ॥१।१।४॥ नासिकायां भवो वर्णो ङसञ्ज्ञो भवति । नासिकायाश्चावर्णनगरयोर्नसादेशो ये विहितः । जमङणना उदाहरणम् । परस्परं स्वसञ्ज्ञा स्यात् इति[2] चेत् ; नैवम् ; स्वस्थानप्रभवा एवामी । उपचारान्नासिक्यत्वम् । यथा मुखप्रभवोऽपि स्वर उपचाराद्वंशे भवो वंश्य इत्युच्यते । तथापि सति मुख्येऽनुस्वारे नासिक्ये कथमुपचरितग्रहणम् । तस्य ङसंज्ञायां प्रयोजनं नास्तीत्यग्रहणम् । ङसञ्ज्ञाकार्यं शान्तो दान्त इति "ङस्य क्विझलोः क्ङिति" [४।४।१३] इति दीत्वम् । नासिक्य इति किम् ? तप्तम् । "अनुदात्तोपदेश" [४।४।३७] इत्यादिना ङखञ्ज[3] प्रसज्येत । पक्वः पक्ववान् इत्यत्र "ङस्य क्विझलोः" [४।४।१३] इति दीत्वं स्यात् । वत्वस्य चासिद्धत्वात् "अनुदात्तोपदेश" [४।४।३७] इत्यादिना[4] ङखं च प्रसज्येत ।

अधु मृत् ॥१।१।५॥ धुवर्जितमर्थवच्छब्दरूपं मृत्सञ्ज्ञं भवति । धोरर्थवतः पर्युदासाद्धा [द] र्थवत्त्वं लभ्यते । अर्थश्चाभिधेयो भावाभावरूपः । तत्र भावरूपो जातिगुणक्रियाद्रव्यभेदेन चतुर्विधः । गौः । शुक्लः । पाचकः । इति । अद्रव्यविवक्षायां जात्यादिनार्थवत्त्वम् । द्रव्याभिधाने तु द्रव्यगुणलिङ्गसंख्याकर्मादयो व्यपदिश्यन्ते । तेषां द्योतनार्थं टाबादयः स्वादयश्चोत्पद्यन्ते । एवं डित्थो डवित्थः । कुण्डं पीठम् । अभावरूपाभिधाने अभावो विनाशः । शशविषाणम् । अध्विति किम् ? अहन् । मृत्त्वे नखं स्यात् ।[5] पर्युदासादर्थवदिति किम् ? धनं वनम् । नकारावधेर्मृत्सञ्ज्ञायां नखं प्रसज्येत । लूः पूरिति क्व्यन्तस्य धुत्वेऽपि कृदन्तत्वान् मृत्सञ्ज्ञा । मृत्प्रदेशाः "ङ्याम्मृदः" [३।१।१] इत्येवमादयः ।

कृद्धृत्साः ॥१।१।६॥ कृदन्तं हृदन्तं ससञ्ज्ञकञ्च मृत्सञ्ज्ञं भवति । कृत्—ज्ञाता । ज्ञातव्यम् । हृत्—प्राजापत्यः । आकम्पनिः । सः—जिनधर्मः । साधुवृत्तम् । "सिद्धे सत्यारम्भो नियमार्थः"[6] [परि०] 'नियमश्च विधिमुखः प्रतिषेधफलः'[7] इति त्यान्तेषु कृद्धृदन्तस्यैव मृत्संज्ञा । इह मा भूत् । असिचन् । अभवन् । उत्पन्नानां स्वादीनामेकत्वादिनियम इत्यस्मिन् दर्शने[8] स्वाद्युत्पत्तिः स्यात् । इह च काण्डे कुड्ये रमते राजकुलमिति "स्रो नपि" [१।१।७] इति मृत्त्वात्प्रादेशः स्यात् । सग्रहणमपि नियमार्थम् । अर्थवत्संघातानां ससंज्ञकस्यैव मृत्संज्ञा, वाक्यस्य मा भूत् । साधुर्धर्मं ब्रूते इति, "सुपो धुमृदोः" [१।४।१४२] इति सुप उप् प्रसज्येत । सग्रहणात् तुल्यजातीयस्यैव सुबन्तसमुदायस्य वाक्यस्य निवृत्तिः, न प्रकृतित्यसमुदायस्य । तेन "वा सुपो बहुःप्राक्तु" [४।१।१२७] इति बहौ केऽकचि[9] च कृते बहुतृणं कुमारिका उच्चकैः पठतीति मृत्त्वं न निवर्तते । ननु च "सुप्तिङन्तं पदम्" [१।२।१०३]

१.–सम्बन्धो–इति पाठः । २.–ति नै–अ० । ३. खम्प्रस–इति सुवचम् । ४.–ना चु खं च मु० । ५. स्यात् । अर्थवत्पर्यु–अ०, स० ।—त् । अर्थवतः पर्यु–ब० । ६. न्यायसं० । ७. मुखप्रतिषेधफलमि–मु०, स० । ८. मते । ९. –कचि कृ–मु० ।

इत्यत्रान्तग्रहणादन्यत्र"**संज्ञाविधौ त्यग्रहणात्तदन्तविधिर्नास्ति**"[**परि०**]इत्युक्तं तत्कथं कृदन्तहृदन्तग्रहणम् ? नायं संज्ञाविधिः। पूर्वेण विहिताया मृत्संज्ञाया नियमोऽयम्। अथवा "**सात्**"[५।४।७७]इति षत्वप्रतिषेधादिह तदन्तविधिर्ज्ञायते। अन्यथा सादित्येतस्य केवलस्य मृत्त्वे "**नाद्यन्ते**"[५।४।७६] इत्यनेनैव प्रतिषेधः सिद्धः स्यात्। अथ "**कृद्ग्रहणे गतिकारकपूर्वस्यापि ग्रहणम्**" [**परि०**] इति कृद्ग्रहणं समुदायविध्यर्थं न नियमार्थम्। तेन देवदत्तेन कृतमित्यादेः समुदायस्य मृत्वात् "**सुपो धुमृदोः**" [१।४।१४२] इति सुपः उप् प्रसज्येत। नैष दोषः, "**साधनं कृता बहुलम्**" [१।३।२९] इत्यस्यानर्थक्यप्रसङ्गात्। सर्वशब्दानां व्युत्पत्तिरस्तीत्यस्मिन् पक्षे, पूर्वसूत्रे नास्त्युदाहरणं, संज्ञार्थमेव तत्।

प्रो नपि ॥१।१।७॥ मृदिति वर्तमानमर्थात्तान्तं सम्पद्यते। प्रादेशो भवति नपि वर्तमानस्य मृदः। नबिति नपुंसकलिङ्गस्य संज्ञा पूर्वेषाम्। श्रियमतिक्रान्तमतिश्रि। अतिरि। अतिवधु कुलम्। अतिनु जलम्। ईकारैकारौ तालव्यौ। ऊकारौकारौ च ओष्ठ्यावस्माकम्, ततः "**स्थानेऽन्तरतमः**" [१।१।४७] इति परिभाषया अन्त्यस्याचः प्रादेशः। नपीति किम् ? राजकुमारी। अग्रणीः। मृद इति किम् ? रमते कुलम्। नन्वलिङ्गत्वादाख्यातस्यात्र प्रादेशाप्राप्तिरत एवात्रापि न प्रादेशः काण्डीभूतमिति। इह तर्हि मा भूत्। काण्डे तिष्ठतः, कुड्ये तिष्ठत इति। अत्र मृदधिकाराद् मृदमृदोरेकादेशो मृद्वन्न भवति।

स्त्रीगोर्नीचः ॥ १।१।८॥ न्यग्भूतो यः स्त्रीत्यः गोशब्दश्च तदन्तस्य मृदः प्रादेशो भवति। स्त्री इति स्वरितचिह्नितनिर्देशात् स्त्रियामित्येवंविहितस्य त्यस्य ग्रहणम्। निष्कौशाम्बिः। निर्मथुरः। उभयगतिरिह शास्त्रे। तेन एकविभक्तित्वादप्रधानत्वाच्च शास्त्रीयं लौकिकं च न्यक्त्वं गृह्यते। "**त्यग्रहणे यस्मात्स तदादेः**" इतीयं परिभाषा स्त्रीत्यग्रहणान्नेष्यते। तेन—अतितिलपीडनिः। अतिराजकुमारिः। चित्रगुः। श्वेतगुः। [१]वोक्तत्वादप्रधानत्वाच्च न्यक्त्वम्। स्त्री इति स्वरितचिह्नितग्रहणं किम् ? अतिलक्ष्मीः। अतिश्रीः। नीच इति किम् ? साधुविद्या। सुगौः। इह राजकुमारीपुत्रः सुगोकुलमिति यदपेक्षं न्यक्त्वं तत्प्रति तदन्तत्वं नास्तीति न प्रादेशः। मृद इत्यधिकारः किमर्थः ? कुमारीपुत्रः गोकुलम् "**वोक्तं न्यक्**" [१।३।९३] इति प्रादेशः प्रसज्येत। "**ईयसो बसे प्रतिषेधो वक्तव्यः**" (वा०) बह्व्यः श्रेयस्यो यस्य बहुश्रेयसी पुरुषः। विद्यमानश्रेयसी। सान्तो विधिरनित्य इति "**ऋन्नमोः**" [४।२।१५३] इति कबपि न भवति।

हृदुप्युप् ॥ १।१।९ ॥ स्त्रीग्रहणं नीच इति चानुवर्तते। हृदुपि सति स्त्रीत्यस्य नीच उब्भवति। आमलकम्। कुवलम्। बदरम्। आमलक्या अवयवः फलम्। "**नित्यं दुशरादेः**" [३।३।१०९] इति मयट्। इतराभ्यां "**प्राग् द्रोरण्**" [३।१।६८] तयोः "**उप् फले**" [३।३।१२१] इत्युप्। स्त्रीत्यस्य पूर्वेण प्रादेशे प्राप्ते उबनेन क्रियते। तस्य "**परेऽचः पूर्वविधौ**" [१।१।५७] इति स्थानिवद्भावाद् "**यस्य ङ्यां च**" [४।४।१३९] इत्यकारस्य खं प्राप्तमीविधिं प्रति स्थानिवद्भावप्रतिषेधान्न भवति। एवं पञ्चेन्द्रः। पञ्चशष्कुलः। पञ्चेन्द्राण्यो देवता अस्य "**हृदर्थ-**" [१।३।४६] इति षसः "**संख्यादी रश्च**" [१।३।४७] इति रसंज्ञः, "**प्राग्द्रोरण्**" [३।१।६८] इति, तस्य "**रस्योबनपत्ये**" [३।१।७४] इत्युप्। स्त्रीत्यस्योपि "**सन्नियोगशिष्टानामन्यतरापाये उभयोरप्यभावः**" [**परि०**] इत्यानुको निवृत्तिः। पञ्चभिः शष्कुलीभिः क्रीतः आर्हाट्ठणः "**रादुबखौ**"[३।४।२६] इत्युप्। हृदिति किम् ? गार्गीपुत्रः[२]। सुप उबत्र। उपीति किम्। गार्गी त्वम्। नीच इत्येव—अवन्ती। कुन्ती। कुरूः। अवन्तेरपत्यं स्त्री "**द्विकुरुनाद्यजादकोशलाञ्ञ्यः**" [३।१।१५३] इति ञ्यः। तस्य "**कुन्त्यवन्तिकुरुभ्यः स्त्रियाम्**" [३।१।१५७] इत्युप्। "**इतो मनुष्यजातेः**" [३।१।५५] इति ङी। "**ऊरुतः**"[३।१।५६] इति ऊः। अत्र उपि सतीत्युच्यमाने प्रसज्येत।

इद् गोण्याः ॥१।१।१०॥ इकारादेशो भवति गोण्या हृदुपि सति। पञ्चभिर्गोणीभिः क्रीतः पञ्चगोणिः। दशगोणिः। आर्हाट्ठणो "**रादुबखौ**" [३।४।२६] इत्युपि कृते स्त्रीत्यस्य पूर्वेणापि प्राप्तेऽनेन इकारः। गोण्या इति सूत्रे प्रकृतप्रादेशेन सिद्धे इद्वचनं किम्? क्वचिदन्यत्रापि यथा स्यात्। पञ्चभिः सूचिभिः क्रीतः पञ्चसूचिः। सप्तसूचिः।

---

१. चोक्त-मु०। २. गौरीपुत्रः ब०।

आकालोऽच् प्र-दी-पः ॥१।१।११॥ अ इति मात्रिकद्विमात्रिकत्रिमात्राणां संहितया निर्देशः। प्र-दी-प इति **"सूत्रेऽस्मिन् सुब्विधिरिष्टः"** [५।२।११४] इति जसः स्थाने सुः। अ आ आ३इत्येवं काल इव कालो यस्य सोऽच् यथासंख्यं प्र दी प इत्येवंसंज्ञो भवति। अकालः—दधि। मधु। पितृ। आकालः—खट्वा। गौरी। वामोरूः। आ ३ कालः—आगच्छ भो माणव जिनदत्ता ३ इत्यादयः। कालग्रहणं प्रत्येकं परिमाणार्थम्। ततः अकाल इति विशेषणाद् भिन्नकालयोर्दीपयोर्ग्रहणं न भवति। अज्ग्रहणं किमर्थम्? हलचां[1] संघातनिवृत्त्यर्थम्। प्रतक्ष्य[2]। तितउ[3]च्छत्रमिति। प्र-दी-पप्रदेशाः **"प्रो नपि [१।१।७]** इत्येवमादयः।

अचश्च ॥१।१।१२॥ परिभाषेयम्। अचः स्थाने ते प्र-दी पसंज्ञका भवन्ति। **"प्रो नपि"** [१।१।७] इति। अतिनु। अतिश्रि। इच्छातो विशेषणविशेष्यभाव इति अजन्तस्य प्रादेशः। अच इति किम्? सुवाक् पूतकुलम्। हलः प्रो न भवति। **"दीरकृद्गे"** [५।२।१३४] इति। चीयते। स्तूयते। अच इति किम्? भिद्यते। **"शमित्यामदोदीः"** [५।२।७२] इत्यत्र गृह्यमाणेन शामादिनाज् विशिष्यत[4] इत्यनजन्तस्यापि दीत्वम्। शाम्यति। वाक्यटेः प इत्यत्रापि गृह्यमाणेन टिना अज्विशिष्यते[4]। आगच्छ भो माणव जिनदत्ता ३। अच इति किम्? धर्मवी३त्। तकारस्य मा भूत्। चकारः किमर्थः? संज्ञाविधौ नियमार्थः। इह मा भूत्। द्यौः। पन्थाः। सः। द्युभ्याम्। द्युभिः।

उच्चनीचावुदात्तानुदात्तौ ॥१।१।१३॥ अजिति वर्तते। उच्चैरुपलभ्यमानोऽच् उदात्तसंज्ञो भवति। नीचैरुपलभ्यमानोऽनुदात्तसंज्ञो भवति। स्थानकृतमुच्चत्वं नीचत्वं च गुणः संज्ञिनो विशेषणम्। समान एव स्थाने ऊर्ध्वभागनिष्पन्नोऽच् उदात्तसंज्ञो भवति, नीचभागनिष्पन्नोऽनुदात्त इति। **"नित्याः शब्दार्थसंबन्धाः"** इति यैरिष्यते तेषां निरवयवस्य नित्यस्य शब्दस्य अवयवोपचयापचयाभावात् उदात्तादिव्यपदेशो न घटते, सावयवत्वे च तेषामनित्यत्वं प्राप्नोति। न च नित्यस्य स्थानकरणव्यापारविशेषाद्विशेषः प्रसज्यते। क्षणिकपक्षेऽपि नैका नित्या स्वरजातिरस्ति यामपेक्ष्यायमत्रोच्चैरयं नीचैरिति परस्परापेक्षो व्यवहारो भवेत्। तस्मादुक्तमनेकान्तमाश्रित्योदात्तादयः समर्थनीयाः। न च लोकप्रतीतेषु शब्देषु विभागेनोदात्तादयः प्रतीयन्ते केवलं शास्त्रे व्यवहारार्थं प्रति संज्ञायन्ते। भू इति उदात्तत्वादिट्। भविता। एध स्पर्ध इत्येतयोरन्तोऽनुदात्त इति **"ङनुदात्तेतो दः"** [१।२।६] इति दो भवति। एधते। स्पर्धते। उदात्तानुदात्तप्रदेशेषु उच्चनीचगुणविशिष्टस्य ग्रहणं प्रत्येतव्यम्।

व्यामिश्रः स्वरितः ॥१।१।१४॥ उच्चनीचगुणव्यामिश्रोऽच् स्वरितसंज्ञो भवति। पच यज इत्यन्तस्य स्वरितत्वात् **"अस्वरितेतः कर्त्रभिप्राये फले"** [१।२।६८] इति दो भवति। पचे। यजे। स्वरितप्रदेशाः **"स्वरितेनाधिकारः"** [१।२।५] इत्येवमादयः।

आदैगैप् ॥१।१।१५॥ प्रत्येकं वाक्यपरिसमाप्तिराश्रीयते। प्रत्येकमादैचां वर्णानामैबित्येषा संज्ञा भवति। पारिशेष्यात्संज्ञासंज्ञिसम्बन्धो ज्ञायते। तथा हि नानर्थकमिदमाचार्यप्रामाण्यात्। 'साधनानुशासनमपि न भवति, आदैचां प्रत्याहारे उपदेशात्। ऐपृशब्दस्यापि मृत्संज्ञा सिद्धा। नापि पूर्वापरप्रयोगनियमार्थम्। **"सावैम्मे"** [५।१।७७]इत्यन्यथापि प्रयोगदर्शनात्। स्थान्यादेशार्थमपि न संभवति।**"अवथात् [अवयवाद्दतोः]"**[५।२।१६] **"रायो हलि"** [५।१।१४४] **"नावो रात्"**[४।२।१०२]**"मृजेरप्"**[५।२।१]इति च उभयदर्शनात्। लिङ्गाभावान्नगमागमिभावः। विशेषणविशेष्यभावोऽपि प्रतीतपदार्थयोर्भवति नीलोत्पलवत्। एवमन्यस्यार्थस्यासम्भवात् संज्ञासंज्ञिसम्बन्धः। लघ्वक्षरा संज्ञा। आदैचामैपा तद्भावितानामतद्भावितानां च सामान्येनैप्संज्ञा। तद्भावितानामु-

---

१ हलामचां च संघातस्य प्र-दी-पसंज्ञानिवृत्त्यर्थः। २ 'क्ष' इत्यस्य हल्समुदायस्य 'प्र' संज्ञायां ल्यपि परतस्तुक् प्रसज्येत। ३ तितउच्छत्रमित्यत्र 'अउ' इति अ-उसंघातस्य दीसंज्ञायां 'वा पदस्य' [४।३।६४] इति विभाषया तुक् प्रसज्येत। ४. विशेष्यते अ०, ब०, स०। ५, परिशेषा—ब०। ६. साध्वनुशास—स०। ७ 'नाचो रात्' अ०, ब०, स०। एतच्च नोपलभ्यते। 'नावो रात्' इत्युपलभ्यते परन्तु नोचितमिदमत्र। ग्रन्थस्वारस्यात् "अतो नादेर्धेः [५।१।८३] इति प्रतिभाति।

दाहरणम्—नाडायनः। दैवदत्तिः। औपगवः। अतद्भावितानाम्—मालामयम्। रैमयम्। नौमयम्। विकारार्थे "नित्यं दुशरादेः"[३।३।१०९] इति मयट्। आदिति तपरकरणमैजर्थम्। तादपि परस्तपर इति। तेन तवैषा महौषधिरित्यादिषु त्रिमात्रचतुर्मात्राणां निवृत्तिः। "आदैगैप्" [१।१।१५] इत्यत्र "सूत्रेऽस्मिन् सुब्विधिरिष्टः" इति जसः स्थाने सुः। ऐप्प्रदेशाः "मृजेरैप्" [५।२।१] इत्येवमादयः।

अदेङेप् ॥ १।१।१६ ॥ अदेङां वर्णानां प्रत्येकमेबित्येषा संज्ञा भवति। अत्राप्यतद्भावितानां तद्भावितानामदेङामेप्संज्ञा। अतद्भावितानाम्—पचन्ति। पचे। एधन्ते। "एप्यतोऽपदे"[४।३।८४] इति पररूपम्। तद्भावितानाम्—कर्ता। तरति। चेता। स्तोता। ऋकारस्यैबैप्प्रसङ्गे स्थानतोऽन्तरतमौ अकाराकारौ भवतः। तौ च प्रसज्यमानावेव रन्तौ। अदिति तपरकरणं दी-पनिवृत्त्यर्थमेङर्थं च। तेन मालेयं खट्वोढा इत्यत्र त्रिमात्रचतुर्मात्राणां[1] निवृत्तिः। एप्प्रदेशाः "मिदेरेप्" [५।२।७९] इत्येवमादयः।

इकस्तौ ॥ १।१।१७ ॥ परिभाषेयम्। ऐबेपौ संज्ञया विधीयमानौ इक एव स्थाने भवतः। स्थानिनियमोऽयं न विधिनियम इति। कुत एतत्? "सक्थ्यस्थिदध्यक्ष्णाम्" [५।१।५४] इतीको निर्देशात्, एबेपोर्लक्षणान्तरेण विधानाच्च। प्रत्यासत्तेः पूर्वमेबुदाहरणं वक्ष्यति। "गाऽगयोः"[५।२।८१]। करोति। नयति। भविता। "सावैम्मे"[५।१।७७]। अकार्षीत्। अनैषीत्। अहौषीत्। इच्छातो विशेषणविशेष्यभावः। "मिदेरेप्" इत्यत्र गृह्यमाणेन मिदादिना इग्विशेष्यते। तेनानन्त्यस्य भवति। "जुसि" [५।२।८०] "गाऽगयोः" [५।२।८१] इति च गृह्यमाणमिका विशेष्यते इतीगन्तस्य भवति। इक इति किम्? आत्संध्यक्षरव्यञ्जनानां मा भूत्। यानम्। ग्लायति। उम्भिता। अजित्यत्रानुवर्तनादैबेपोः सम्बन्धे सिद्धे 'तौ'ग्रहणं संज्ञाविधाने नियमार्थम्। द्यौः। पन्थाः। सः। यत्र स्थानी निर्दिश्यते तत्र नेदं व्याप्रियते। यथा "ञ्णित्यचः"[५।२।३] इति।

नधुखेऽगे ॥ १।१।१८ ॥ प्रतिषेधसामर्थ्यादेकदेशे धुर्वर्तते। धोः खं यस्मिन्नगे स धुखः। तन्निमित्तावैबेपौ न भवतः। लोलुवः। पोपुवः। मरीमृजः। यङन्तेभ्यः पचाद्यच्। "यङोऽचि" [१।४।१४४] इति यङ उप्। अतः[2] खात् प्रागेव च यङ उबेषितव्यः। अन्यथा देर्घ इत्यत्र अ[3]खमजा[4]देश इति कृत्वा तस्य स्थानिवद्भावात् "दीङोऽचि कृङिति युट्" [४।४।६२] इति युट् प्रसज्येत। धुग्रहणं किम्? लूञ्—लविता। खविधिर्बलवानिति प्रागेव धुसंज्ञाया अनुबन्धनाशः। अत्रागनिमित्तं खं नास्तीति द्व्यङ्गवैकल्यं नाशङ्कनीयम्। यतो धुग्रहणे सति बसो लभ्यतो धोः खं यस्मिन्निति। बसेन अग इत्यस्य विशेषणं किम्? क्नूयी, क्नोपयति। अत्र पुकमाश्रित्य यखं नागनिमित्तमिति न प्रतिषेधः। [6]षसे तु प्रसज्येत। अग इति किम्? रोरवीति। गनिमित्त एब्भवत्येव। अत्रापि[7]यङ्खमगनिमित्तं[8] न भवतीति द्व्यङ्गवैकल्यं न मन्तव्यम्; यतोऽगग्रहणे सति धुखनिमित्तत्वं लभ्यते। इक इत्येव। अभाजि। रागः।

क्ङिति ॥१।१।१९॥ गिति किति ङिति च निमित्तभूते यावैबेपौ प्राप्नुतस्तौ न भवतः। गिति—"ग्लाभूजिस्थः क्स्नुः"[9] [२।२।११५] इति, भूष्णुः। जिष्णुः। किति—चितम्। स्तुतम्। भिन्नम्। मृष्टम्। ङिति—चिनुतः। चिन्वन्ति। मृष्टः। मृजन्ति। इक इत्येव। कामयते। अचिनवमित्यत्र लङो ङित्वात्कस्मान्न प्रतिषेधः, "सूभवत्योर्मिङि" [५।२।८६] इति। अभूत्[10]। भवतेर्हलादौ मिङ्येप्प्रतिषेधवचनं ज्ञापकं ङितो लकारस्यादेशो ङिन्न भवतीति। यासुटो ङित्करणं च ज्ञापकम्।

ईदूदेद्द्विर्दिः ॥१।१।२०॥ ईत् ऊत् एत् इत्येवमन्तो यो द्विः स दिसंज्ञो भवति। अग्नी इति। वायू इति। खट्वे इति। तद्वदित्यनेन द्वे रद्वे श्चैकादेशो द्विग्रहणेन गृह्यत इतीदाद्यन्तश्च भवति व्यपदेशिवद्भावेन। मुख्यरूपेणायं द्विरेकारान्तः। पचेते इति। पचेथे इति। सत्यां दिसंज्ञायाम् "प्रकृत्याऽचि दिपाः" [४।३।१०३]

---

१. त्रनिवृ-अ०, ब०, स०। २. अकारस्येत्यर्थः। ३. अकारनाश इत्यर्थः। ४. अचस्थानिकादेश इत्यर्थः। ५. विधर्यगवै-ब०। ६. बसे तु अ०, ब०, मु०। ७. यङः स-अ०, ब०, स०। ८. 'अगनिमित्तं न' इत्यत्र 'अनिमित्तं न' इति पाठः स्वरसः। ९. 'ग्स्नुः' मु०। १०. अभूत् इत्यस्य 'सूभवत्योर्मिङि' इत्यतः पूर्वमेव पाठो युक्तः। 'अभूत्' इत्यस्याग्रे 'इत्यत्र' इत्यपि योज्यम्।

इति प्रकृतिभावः। ईदूदेदिति किम् ? वृक्षावत्र। तपकरणमसन्देहार्थम्। "मणीवादिषु नेष्यते" मणीव। दम्पतीव। रोदसीव शोभेते। "संज्ञाविधौ प्रत्ययग्रहणे तदन्तविधिर्नास्ति" इति अशुक्ले शुक्ले सम्पन्ने शुक्लयास्तां वस्त्रे इति त्यखे त्याश्रयन्यायेन दिसंज्ञा न भवति।

म्रः ॥१।१।२१॥ एदिति निवृत्तम्। दकारस्य स्थाने यो मकारस्तस्मात्परावीदूतौ दिसंज्ञौ भवतः। अमी आसते। अमी अत्र। अमू आसाते। अमू अत्र। "बहावीरेतः" [५।२।८६] इति मत्वमीत्वं च। "दादुर्दो मोऽदसोऽसेः" [५।३।८८] इति मत्वम्। द्विमात्रस्य औकारस्य द्विमात्र ऊकारः। आश्रयान्म[1]कारादीनां सिद्धिः। द इति किम् ? शम्यत्र। दाडिम्यत्र। म इति किम् ? द इति तानिर्देशपक्षे तेऽत्रेत्यत्र दकारादेशस्य [2]परेणादेपि कृते स्थानिवद्भावात्तद्वद्भावाच्च दिसंज्ञा प्रसज्येत। कानिर्देशपक्षे चतुष्पद्यर्थं इत्यत्र स्यात्। ईदूदित्येव। इमेऽत्र। एकयोग[3]निर्दिष्टानामेकदेशोऽनुवर्तते निवर्तते चैक[4]देश इति एद्ग्रहणं निवृत्तमिति। अन्यथा अमुकेऽत्रेत्यत्रानुवर्तनसामर्थ्यादुकारककाराभ्यां व्यवधानेऽपि वचनप्रामाण्याद्दिसंज्ञा प्रसज्येत।

निरेकाजनाङ् ॥१।१।२२॥ निसंज्ञ एकाच् अनाङ् दिसंज्ञो भवति। अ अपेहि। इ इन्द्रं पश्य। उ अपसर। निरिति किम् ? चकारात्र। अन्वयव्यतिरेकाभ्यां प्रकृतेस्त्यस्य च विभागः। [5]अपायिना ह्यनुबन्धलिङ्गेन[6] निरनुबन्धादकाराद् भिद्यते णल्। एकश्चासावच्च एकाजिति किम् ? प्रश्नाति। अनाङिति किम् ? आ उदकान्तात्। ओदकान्तात्। ङित्करणं [7]येष्वर्थेषु ङिदयं वर्तते तत्र प्रतिषेधो यथा स्यादन्यत्र दिसंज्ञै[?]व भवति।

"ईषदर्थे[8] क्रियायोगे मर्यादा[9]ऽभि[10]विधौ च यः।
एतमातं[11] ङितं विद्याद् वाक्यस्मरणयोरङित्॥"

यथाक्रमम्। आ उष्णम् ओष्णम्। आ इहि एहि। आ उदकान्तात् ओदकान्तात्। आ अर्भकेभ्यः आर्भकेभ्यः। आर्भकेभ्यो यशः प्रतीतम्। वाक्यपूरणे स्मरणे चार्थे ङित्त्वाभावाद्दिसंज्ञा। आ एवं नु मन्यसे। आ एवं किल तत्।

ओत् ॥१।१।२३॥ अनेकाजर्थ आरम्भः। ओदन्तो निर्दिसंज्ञो भवति। अहो इति। उताहो इति। अत्र ओदिति प्रधानम्। वचनात्तु प्रधानेनापि तदन्तविधिः। तेनेह लाक्षणिकत्वान्न भवति। अदोऽभवत्। तिरोऽभवत्। अनुपदेशेऽदः [१।२।१३९] "तिरोऽन्तर्धौ" [१।२।१४०] इति निसंज्ञा। इह तु गौणत्वान्न भवति। अगौर्गौः सम्पन्नो गोभवत्। "च्विडाजूर्यादिः" [१।२।१३२] इति निसंज्ञा। गौणत्वाद्वाहीके गोशब्दस्य कथमैत्वादिकार्यमिति चेत् ? सामान्येन संस्तु[?]तस्य पदस्य प्रयोगाददोषः।

कौ वेतौ ॥१।१।२४॥ किनिमित्तो य ओकारस्तदन्त इतौ परतो वा दिसंज्ञो भवति। पटो इति। पटविति। साधो इती। साधविती। काविति किम् ? गवित्ययमाह। गौरिति वक्तव्यमशक्त्या गो इत्युक्तमनुक्रियतेऽनेकान्ताश्रयणात्। अनुकार्यानुकरणयोरभेदविवक्षायामसत्यर्थवत्त्वे विभक्त्यनुत्पादः। इताविति किम् ? पटोऽत्र।

उञः ॥१।१।२५॥ उञित्येतस्य वा दिसंज्ञा भवतीतौ परतः। उ इति, विति। "निरेकाजनाङ्" [१।१।२२] इति नित्यं दिसंज्ञा प्राप्ता। सानुबन्धकनिर्देशः किमर्थः ? अहो इति। उताहो इति। निसंघातपक्षे निरनुबन्धस्य मा भूत्।

ऊँम् ॥१।१।२६॥ उञः ऊँमित्ययमादेशो भवतीतौ परतः। इति द्विमात्रो नासिक्यो दिसंज्ञकश्च ऊँ इति यद्यपठितोऽपि निसंज्ञकोऽस्ति तस्येतावेव प्रयोगो यथा स्यादित्यारम्भः।

दाधा भ्वपित् ॥१।१।२७॥ दा धा इत्येवंरूपा धवो भुसंज्ञका भवन्ति पितौ वर्जयित्वा। दारूपाश्च-

---

१.-यात्मका—अ०, स०, मु०। २. अकारेण इत्यर्थः। ३. योगे निर्दि—अ०। ४.-को दे-स०। ५. निरिति ग्रहणे कस्मान्न भवतीत्यत आह-अपायिनेत्यादि। ६. लिङ्गेन निरनुबन्धलिङ्गेन निर-अ०, मु०। परमसमीचीन एष पाठः। ७. एष्व-मु०। ८. तेन विना मर्यादा। ९. तेन सहाभिविधिः। १०. माङ्ङि-अ०, ब०, स०। ११. संस्कृतस्य ब०।

त्वारः। प्रणिददाति। दाण्। प्रणिदाता। प्रणिदयते। प्रणिद्यति। धारूपौ द्वौ। प्रणिदधाति। प्रणिधयति। दैपः पित्करणं ज्ञापकम्। अत्र प्रतिपदोक्तपरिभाषा नाश्रीयते। भुसंज्ञाकार्यं "नेर्गदनद" [५।४।१००] इत्यादिना णत्वं "भुमा" [४।४।६५] इत्यादिना हलीत्वं च। दीयते। धीयते। धीतं वत्सेन। अपिदिति किम्? दायते बर्हिः। अवदायते भाजनम्। भुप्रदेशाः "भुस्थोः" [१।१।६१] इत्येवमादयः।

क्तक्तवतू तः ॥१।१।२८॥ क्तश्च क्तवतुश्च तसंज्ञौ भवतः। रूपसंज्ञेयम्। कृतः। कृतवान्। भूत इति वर्तमाने इति क्तक्तवतुरूपौ त्यौ भवतः। कारितः। कारितवान्। "ते सेटि" [४।४।५४] इति णेः खम्। भिन्नः। भिन्नवान्। "द्रान्तस्य तो नः" [५।३।५६] इति नत्वम्। ककारः कित्कार्यार्थः। उकार उगित्कार्यार्थः। तप्रदेशाः "ते सेटि" [४।४।५४] इत्येवमादयः।

संज्ञाः खुः ॥१।१।२६॥ संज्ञाशब्दवाच्योऽर्थः खुसंज्ञो भवति। खुप्रदेशाः "खावन्यपदार्थे" [१।३।१८] इत्येवमादयः।

भावकर्म ङिः ॥१।१।३०॥ भावकर्मशब्दवाच्योऽर्थो ङिसंज्ञो भवति। ङिप्रदेशाः "जिङौ" [२।१।६२] इत्येवमादयः। तत्र भावकर्मणोर्ग्रहणं प्रत्येतव्यम्।

शि धम् ॥१।१।३१॥ शि इत्येतद्धसंज्ञं भवति। शि इति नपुंसके जश्शसोरादेशस्यार्थवतो ग्रहणम्। कुण्डानि तिष्ठन्ति। कुण्डानि पश्य। धप्रदेशाः "धेऽकौ" [४।४।६] इत्येवमादयः।

सुडनपः ॥१।१।३२॥ सुडिति प्रत्याहारेण स्वौजसमौटां ग्रहणम्। सुट् धसंज्ञो भवति नपुंसकलिङ्गादन्यस्य। राजा। राजानौ। राजानः। राजानम्। राजानौ। "धेऽकौ" [४।४।६] इति दीत्वम्। सुडिति किम्? राज्ञः पश्य। अनप इति किम्? सामनी। वेमनी। अनप इति पर्युदासात् [१]स्त्रीपुंसम्बन्धिनः सुटो धसंज्ञा नपुंसके न विधिर्न प्रतिषेधः। तत्र पूर्वेण जश्शसोरादेशस्य शेर्धसंज्ञा भवत्येव। ननु व्यक्तं स्त्रीपुंसग्रहणमेव कर्तव्यम्? एवं तर्ह्यनप इति निर्देशात् सापेक्षस्यापि नञः [२] सविधिर्भवतीति ज्ञाप्यते। तेन अश्राद्धभोजी अलवणभोजीत्येवमादयः सिद्धाः।

कतिः संख्या ॥ १।१।३३ ॥ कतिशब्दः संख्यासंज्ञो भवति। कतिकृत्वः। कतिधा। कतिकः। किं परिमाणमेषां "किमः" [३।४।१६२] "सङ्ख्यापरिमाणे डतिश्च" [३।४।१६३] इति डतिः। कति वारान् भुङ्क्ते। कतिभिः प्रकारैः। कतिभिः क्रीत इति। यथाक्रमं "संख्याया ध्वेऽभ्यावृत्तौ कृत्वस्" [४।२।२४] "संख्याया विधार्थे धा" [४।१।१०६] "संख्यायाः कोऽतिशतः" [३।४।११] इति क इत्येते भवन्ति। ननु प्रदेशेषु संख्याग्रहणेनान्वर्थविज्ञानात् संख्यायतेऽनयेति कृत्वा कतिशब्दस्यापि ग्रहणे सिद्धे किमर्थमिदम्? नियमार्थम्। अनियमितेषु कतिशब्दस्यैव संख्यारूपता। तेन भूरिप्रभूतादीनां निवृत्तिः "संख्याबाङ्गोऽबहुगणात्" [४।२।६६] इत्यत्र बहुगणयोः प्रतिषेधाद्भवति संख्याग्रहणम्। बहुकृत्वः। गणकृत्वः। वैपुल्यसङ्घयोर्न संख्यात्वम्। "वतोर्वेट्" [३।४।२०] इति वचनं ज्ञापकं भवति वत्वन्तस्य संख्याग्रहणेन ग्रहणम्। तावतिकः। तावत्कः। संख्याप्रदेशाः "संख्यायाः कोऽतिशतः" [३।४।११] इत्येवमादयः।

ष्णान्तेल् ॥ १।१।३४ ॥ कतिः संख्येति वर्तते। षकारनकारान्ता संख्या कतिशब्दश्च इल्संज्ञौ भवतः। ष्णान्तेति पदस्य संख्यापेक्षः स्त्रीलिङ्गनिर्देशः। कतेरनुवर्तनसामर्थ्यादिल्संज्ञा। षट्। पञ्च। सप्त। कति तिष्ठन्ति। "उबिलः" [५।१।१६] इति जस उप्। ष्णान्तेति संख्याविशेषणं किम्? विप्रुषः पामान इति अन्तग्रहणं बसनिर्देशेन संख्याप्रतिपत्त्यर्थमौपदेशिकार्थं च। तेन शतानीत्यादौ न भवति। इल्प्रदेशाः "उबिलः" [५।१।१६] इत्येवमादयः।

सर्वादि:[३] सर्वनाम ॥ १।१।३५ ॥ सर्वादयः शब्दाः प्रत्येकं सर्वनामसंज्ञा भवन्ति। सर्वे। सर्वस्मै। सर्वेषाम्। स्त्रियाम्–सर्वस्यै। विश्वे। विश्वस्मै। उभशब्दस्य "सर्वनाम्नो भा" [१।४।३६] इत्येवमर्थः पाठः।

---

१. जिङौ–अ०, स०। २. स्त्रीपुंसम्ब–अ०, स०। ३. नपः ब०। ४.–या अभ्या–मु०। ५.–दि स–मु०। ६.–मो भावत्ये–ब०। -म्नो भावत्ये–स०।

उभाभ्यां हेतुभ्याम् । उभयोर्हेत्वोर्वसति । द्विवचनटाप्परश्चायम् । उभौ पक्षौ । उभे कुले । उभे विद्ये । उभे । उभयस्मिन् । उभयेषाम् । जसि "प्रथमचरम" [१।१।४१] आदिविकल्पात् पूर्वनिर्णयेनायमेव विधिः । उभये इति । डतरडतम इति त्यौ । कतरस्मै । इतर अन्य अन्यतर । इतरस्मै । अन्यस्मिन् । अन्यतरस्मै । त्व इत्ययं शब्दोऽन्यवाची । त्वे । त्वेषाम् । नेम । नेमस्मिन् । जसि वक्ष्यमाणो विकल्पः । नेमे । नेमाः । समशब्दः सर्वशब्दस्यार्थे । समे । समस्मिन् । अन्यत्र यथासंख्यं समाः । समे देशे तिष्ठतीति भवति । सिमः । सिमस्मै । पूर्वपरावरदक्षिणोत्तरापराधराणि व्यवस्थायामसंज्ञायाम्" "स्वमज्ञातिधनाख्यायाम्"[4] "अन्तरं बहिर्योगोपसंव्यानयोः" त्यद् तद् यद् एतद् अदस् इदम् एक द्वि । अत्वविधिं प्रति द्विपर्यन्तास्त्यदादयः । युष्मद् अस्मद् भवत् किम् ।[1] त्यदादीनां यद्यत्परं तत्तदुभयवाचि । सर्वनामेत्यन्वर्थसंज्ञाविज्ञानात् संज्ञोपसर्जनानां न भवति । सर्वो नाम कश्चित्तस्मै सर्वाय देहि । अतिक्रान्तः सर्वमतिसर्वस्तस्मै अतिसर्वाय । "पूर्वपदात् खावगः" [२।४।८७] इति णत्वं न भवति ।[3] सर्वनामप्रदेशाः "आम्यात्सर्वनाम्नः" [२।१।३४] इत्येवमादयः ।

वा दिक्सबे ॥१।१।३६॥ दिगुपदिष्टे से बसंज्ञके सर्वादीनि वा सर्वनामसंज्ञकानि भवन्ति । "न बे" [१।१।३७] इति प्रतिषेधे प्राप्ते वचनम् । दक्षिणपूर्वस्यै । दक्षिणपूर्वायै । उत्तरपूर्वस्यै । उत्तरपूर्वायै । दक्षिणस्याश्च पूर्वस्याश्च दिशोर्यदन्तरालमिति विगृह्य[4] "दिशोऽन्तराले" [१।३।८८] इति बसः । "सर्वनाम्नो वृत्तिमात्रे पुंवद्भावः" [वा०] इति पूर्वपदस्य पुंवद्भावः । उत्तरपदस्य "स्त्रीगोर्नीचः" [१।१।८] इति प्रः । पुनष्टाप् । प्रतिपदोक्तस्य दिक्सस्य ग्रहणादिह नास्ति विकल्पः । दक्षिणैव पूर्वा अस्य मुग्धस्य दक्षिणपूर्वाय देहि । दक्षिणा च सा पूर्वा च सा अस्मिन्नपि विग्रहे परत्वात् "दिशोऽन्तराले" [१।३।८८] इतीयं प्राप्तिर्न राज्ञा दण्डवारितेति कर्तव्यमेवेदं सूत्रम् । दिग्ग्रहणं किम् ? "न बे" इति प्रतिषेधं वक्ष्यति तस्य प्रतिषेधस्यास्य च विकल्पस्य विषयज्ञापनार्थम् । सग्रहणं किम् ? साधिकारविहिते बसे विकल्पो यथा स्यादातिदेशिके मा भूत् । दक्षिणदक्षिणस्मै देहि । "आबाधे" [४।३।८] इति द्वित्वम् । बवदतिदेशश्च "न बे" इत्यत्रापीदं सग्रहणमनुवर्तते तेनापि न प्रतिषेधः । बग्रहणं किम् ? दक्षिणोत्तरपूर्वाणाम् । द्वन्द्वे विकल्पो मा भूत् । ननु प्रतिपदोक्तस्य ग्रहणमत्रोक्तं ततो "द्वन्द्वे" [१।१।३९] इत्येव प्रतिषेधः सिद्धः । उत्तरार्थं[5] तर्हि बग्रहणम् ।

न बे ॥१।१।३७॥ बसे सर्वादीनि सर्वनामसंज्ञानि न भवन्ति । द्व्यन्याय । त्र्यन्याय ।"सर्वनामसंख्ययोः" इति वक्तव्येन पूर्वनिपातः संख्याया एव[6] । प्रियविश्वाय । प्रियोभयाय । इदमेव प्रतिषेधवचनं ज्ञापकमत्र तदन्तविधिरस्तीति । तेन परमसर्वस्मै इत्यत्रापि सर्वनामसंज्ञा । ननु सर्वनामसंज्ञायामन्वर्थविज्ञानात्संज्ञोपसर्जननिवृत्तिरुक्ता सर्वोपसर्जनश्च बस इति सर्वनामसंज्ञायाः प्राप्त्यभावात्सूत्रमिदमनर्थकम् । नानर्थकमेतत्, प्रयोजनसद्भावात् । त्वकं पिताऽस्य अहकं पिताऽस्य त्वत्कपितृकः । मत्कपितृकः । बसावयवस्य सर्वनामसंज्ञाविरहादग्मा भूत् । कुत्साद्यर्थे के परतः "त्यद्योश्च" [२।१।१२७] इति त्वमादेशौ । स इत्येव । एकैकस्मिन् । "एको बवत्" [४।३।७] इत्यातिदेशिके बसे प्रतिषेधो मा भूत् । बाऽधिकारे पुनर्बग्रहणं बसगर्भे द्वन्द्वेऽपि नित्यप्रतिषेधार्थम् । वस्त्रान्तरग्रहान्तरा इति ।

भासे ॥१।१।३८॥ भासे सर्वादीनि सर्वनामसंज्ञानि न भवन्ति । मासपूर्वाय । संवत्सरपूर्वाय । मासेन पूर्वः । "पूर्वावरसदृश" [१।३।२८] आदिसूत्रेण भासः । सः इति वर्त्तमाने पुनः सग्रहणं भासार्थे वाक्येऽपि तत्संज्ञाप्रतिषेधार्थम् । मासेन पूर्वाय । मुख्ये च "पूर्वावर" [१।३।२८] इत्यादि भासे यद् वाक्यं तत्र प्रतिषेधो न । "साधनं कृता बहुलम्" [१।३ २१] इति भासे । त्वयका कृतम् । मयका कृतम् । अन्यथा त्वत्केन कृतं मत्केन कृतमित्यनिष्टं स्यात् । त्वयका मयकेति पूर्वं त्वमादेशौ । ततः सुबन्तादक् । तथा ह्यग्विधौ वक्ष्यति । मृदः सुपः इति च द्वयमपीहानुवर्त्तते । अभिधानतश्च व्यवस्था । तत्र मृदः प्राक् सुपोऽग्भवति । युष्मकाभिः । अस्मकाभिः ।

---

१. एकशेषवादिनो हि "त्यदादीनाम्मिथः सहोक्तौ यत्परं तच्छिष्यते" इति वचनेन परस्य पूर्वार्थवाचितामभ्युपगच्छन्ति । परं "त्यदादीनां यद्यत्परं तत्तदुभयवाचि" इत्येकशेषमकृत्वैवायमाचार्य एकशेषप्रयोजनं निर्वाहयति । २. 'सर्वनाम इत्यत्र' इति शेषः । ३. सौत्रत्वात् इति शेषः । ४. 'प्रदाय' मु० । ५. "न बे" सूत्रार्थमित्यर्थः । ६. 'एवं' मु० ।

युष्मकासु। अस्मकासु। युवकयोरावकयोरिति। क्वचित्तु सुबन्तस्याक्। त्वयका। मयका। त्वयकि। मयकि।

द्वन्द्वे ॥१।१।३९॥ द्वन्द्वे से सर्वादिनि सर्वनामसंज्ञानि न भवन्ति। कतरकतमाय। कतरकतमात्। कतरकतमानाम्।

वा जसि ॥१।१।४०॥ द्वन्द्वे से सर्वादयः सर्वनामसंज्ञा वा भवन्ति। कतरकतमे। कतरकतमाः। पूर्वेण नित्यप्रतिषेधः प्राप्तः। जसीत्याधारनिर्देशाज्जसि कार्यं शीभावो विभाष्यते। अक् तु पूर्वेणैव प्रतिषिद्धः। यदि जसि परतस्तत्संज्ञा विकल्प्येत तदा संज्ञापक्षेऽभवेत्, कतरकतमके इत्यनिष्टं प्रसज्येत। कुत्साद्यर्थविवक्षायां तु के सति तद्व्यवधानान्न शीभावः। अतः कतरकतमका इति सिध्यति। न च केऽपि सति स्वार्थिकस्य प्रकृतिग्रहणेन ग्रहणम्। अन्यथा सर्वादौ डतरडतमग्रहणमनर्थकं स्यात्, सर्वनाम्न एव तयोर्विधानात्।

प्रथमचरमतयाल्पार्धकतिपयनेमाः ॥१।१।४१॥ प्रथमादयः शब्दा जसि वा सर्वनामसंज्ञा भवन्ति। प्रथमे, प्रथमाः। चरमे, चरमाः। तय इति त्यग्रहणं तेन वचनात्संज्ञाविधावपि तदन्तविधिः। द्वाववयवावेषामिति द्वितये, द्वितयाः। **"संख्याया अवयवे तयट्"** [३।४।१६४] इति तयट्। एकदेशविकृतस्यानन्यत्वाद्विकल्पः द्वये, द्वयाः। उभये। अयमुभयशब्दः सर्वादित्वान्नित्यं सर्वनामसंज्ञः। अल्पे, अल्पाः। अर्धे, अर्धाः। कतिपये, कतिपयाः। नेमे, नेमाः। नेमशब्दस्य प्राप्तेऽन्येषामप्राप्ते विभाषा। अत्रापि जसः कार्यं प्रति विकल्पः। कुत्साद्यर्थे के कृते तेन व्यवधानात्पक्षेऽपि सर्वनामसंज्ञा न भवति। तेन प्रथमका इत्यादि सिद्धम्।

पूर्वादयो नव ॥१।१।४२॥ पूर्वादयो नव सर्वादौ व्यवस्थिता जसि वा सर्वनामसंज्ञा भवन्ति। तथा हि— **"पूर्वपरावरदक्षिणोत्तरापराधराणि व्यवस्थायामसंज्ञायाम्"** **"स्वमज्ञातिधनाख्यायाम्"** **"अन्तरं बहिर्योगोपसंव्यानयोः"** इति। पूर्वे, पूर्वाः। परे, पराः। अवरे, अवराः। दक्षिणे, दक्षिणाः। उत्तरे, उत्तराः। अपरे, अपराः। अधरे, अधराः। व्यवस्थायामिति किम्? दक्षिणा इमे गाथकाः। अपरा वादिनः। नात्र दिग्देशकालकृतोऽवधिनियमो व्यवस्था प्रतीयते; किं तर्हि? प्रावीण्यमन्यार्थता च। असंज्ञायामिति किम्। उत्तरा कुरवः। व्यवस्थायामपीयं संज्ञा। तेषां स्वे शिष्याः स्वाः। यदा ज्ञातिधनयोः संज्ञारूपेण वर्तते स्वशब्दस्तदा नास्ति सर्वनामसंज्ञा। उल्मुकानीव स्वा दहन्ति। विद्यमाना अपि स्वा न दीयन्ते। अन्तरे गृहाः। अन्तरा गृहाः। नगरबाह्या इत्यर्थः।

अपुरीति वक्तव्यम् [वा०]। अन्तरायाः पुर आगताः बाह्याया इत्यर्थः अन्तरे शाटकाः। अन्तराः शाटकाः। उपसंव्यानमित्युत्तरीयवस्त्रस्य संज्ञा। बहिर्योगोपसंव्यानयोरिति किम्? इमे ग्रामाणामन्तराः। अयमनयोरन्तरे स्थितः। जसि कार्यं विभाष्यते; अक्तु भवत्येव प्रतिषेधाभावात्। पूर्वके, पूर्वकाः। इत्येवमादि ज्ञेयम्।

ङिङस्योरतः ॥१।१।४३॥ पूर्वादयो नव वेति चानुवर्तते। अकारान्तानि नव पूर्वादीनि ङिङस्योर्वा सर्वनामसंज्ञानि भवन्ति। पूर्वस्मिन्, पूर्वे। पूर्वस्मात्, पूर्वात्। परस्मिन्, परे। परस्मात्, परात्। इत्यादि योज्यम्। ङिङस्याश्रयं कार्यं विभाष्यते; अक्तु भवत्येव। अत इति किम्? पूर्वस्याम्। पूर्वस्याः।

तीयस्य ङिति ॥१।१।४४॥ तीयत्यान्तस्य ङिति वा सर्वनामसंज्ञा भवति। द्वितीयस्मै, द्वितीयाय। तृतीयस्याः, तृतीयायाः। इह मुखादागतः पार्श्वादागतः **"मुखपार्श्वतसोरीयः"** [३।२।११९ ग०] इतीयः। मुखतीयः। पार्श्वतीयः। पर्वते जातः पर्वतीय इति। अमीषां लाक्षणिकत्वादग्रहणम्। ङितीति किम्? द्वितीयायाम्। ङिति कार्यं विकल्प्यते; अक्तु न भवत्येव। कुत्साद्यर्थे के कृते द्वितीयकाय।

इग् यणो जिः ॥१।१।४५॥ इक् यो यणः स्थाने भूतो भावी वा स जिसंज्ञो भवति। इक् यणः स्थाने भावित्वेनासत्त्वात् कथं जिसंज्ञ इति चेत्; संज्ञिनो भावित्वात्संज्ञापि भाविनी। यथाऽस्य सूत्रस्य शाटकं वयेति भावी। यथा **"ष्यङः सम्प्रसारणं पुत्रपत्योर्जिः"** [४।३।१] **"वसोर्जिः"** [४।४।११८] इति। कारीषगन्धीपुत्रः।

विदुषः पश्य। शास्त्रान्तरेण भूतो यणः स्थाने[1] इकू स जिसंज्ञो यथा "जेः" [४|३|६९] इति परपूर्वत्वम्, जेरिति दीत्वम्। हूतः। गृहीतः। यदि यणः स्थाने इक् भाव्यमानो जिसंज्ञ इहापि स्यात्, अजुहितराम्। अजुहु-भ्याम्। अजुहुवा। दुह आत्मकर्मणि लङ्। "स्नोश्च जिश्च" [२|१|२१] इति जियकोः प्रतिषेधः। शप् तल्लोप्। अत्र लस्य स्थाने इट् वकारस्य स्थाने उदूठा ? ततश्च "जः" [४|३|६९] इति परपूर्वत्वं "हलः" [४|४|२] इति दीत्वं च प्रसज्येत। नायं दोषः, भाविन्या संज्ञया विधीयमानस्येको जित्वात्। "कार्यकालं संज्ञापरिभाषम्" इति। जिप्रदेशाह "षे व्यस्य पुत्रपत्योर्जः" [४|३|६] इत्येवमादयः।

ता स्थाने ॥१।१।४६॥ येयमनुसूत्रमुच्चारिता ता सा स्थान एव ज्ञातव्या। बहवो हि तार्थाः। स्वस्वामि-संबन्धसमीपसमूहविकारावयवस्थानादयः। तेषु प्राप्तेषु नियमः क्रियते—अन्यार्थसंप्रत्ययो मा भूदिति। नित्य-शब्दार्थसंबन्धविवक्षायां स्थानशब्दः प्रसङ्गवाची। प्रसङ्गश्च प्राप्तार्हत्वं स्वार्थप्रत्यायकावसरो वा। यथा गुरोः स्थाने शिष्य उपचर्यते इति गुरोः प्रसङ्ग इति गम्यते। एवमस्तेः स्थाने प्रसङ्गे भूः। भविता। भवितुम्। भवितव्यम्। ब्रूञः प्रसङ्गे वचिर्भवति। वक्ता। वक्तुम्। वक्तव्यम्। अनित्यशब्दार्थसम्बन्धविवक्षायामपकर्ष-वाची स्थानशब्दः। यथा गोः स्थाने अश्वं बध्नाति। एवमस्तेः स्थानेऽपकर्षे भूर्भवति। अस्तेरनन्तरमस्तेः समीप इत्येवमादयो निवर्तिता भवन्ति। यत्र तानिर्देशे सम्बन्धविशेषो न निर्ज्ञातस्तत्रेयं परिभाषोपतिष्ठते। शास इत्येवमादिषु तु शासो य उङ्[3] तस्येत्यवयवयोगो निज्ञात इति नेयं व्याप्रियते।

स्थानेऽन्तरतमः ॥१।१।४७॥ अन्तरः प्रत्यासन्नः। स्थाने प्राप्यमाणानामन्तरतम एवादेशो भवति। आन्तर्यं च शब्दस्य स्थानार्थगुणप्रमाणतः। स्थानतः—लोकाग्रम्। "स्वेऽको दीः" [४|३|८८] इति कण्ठ्य एवाकारो दीर्भवति। अर्थतः—वतण्डस्यापत्यं स्त्री "वतण्डात्" [३|१|६७] इति यञ्। तस्य "स्त्रिया-मुप्" [३|१|६८] इत्युप्। वतण्डी चासौ युवतिश्च वातण्ड्ययुवतिः। "पोटायुवतिस्तोक" [१|३|६०] आदि सूत्रेण यसंज्ञः षसः, "स्त्र्युक्तपुंस्क" [४|३|१४६] आदिना पुंवद्भावः प्राप्तो "जातिश्च" [४|३|१५३] इति प्रतिषिद्धः "पुंवद्यजातीयदेशीये" [४|३|१५४] इति। अर्थतो वातण्ड्यशब्दो भवति। गुणतः—पाकः। त्यागः। अल्पप्राणस्य घोषवतस्तादृश एव। प्रमाणतः—अमुष्मै। अमूभ्याम्। प्रस्य प्रः। दीसंज्ञकस्य दीः। स्थान इति वर्तमाने पुनः स्थानग्रहणं यत्रानेकमान्तर्यं सम्भवति तत्र स्थानत एव भवतीति। चेता। स्तोता। प्रमाणतोऽकारः प्राप्तः स्थानतोऽन्तरतमावेकारौकारौ च। तत्र पुनः स्थानग्रहणात्स्थानकृतमेवान्तर्यं बलीय इत्येकारौकारौ भवतः। तमग्रहणं किम् ? वाग्घसति। हकारस्य पूर्वस्वत्वे सोष्मणस्सोष्मा द्वितीयः प्राप्तो नादवतो नादवांस्तृतीयः। तमग्रहणाद्यः सोष्मा नादवांश्च स चतुर्थो भवति।

रन्तोऽणुः ॥१।१।४८॥ उः स्थानेऽण् प्रसज्यमान एव रन्तो भवति। लक्षणान्तरेण विधीयमान एवाण् विधान[4]बलेन तत्सहायकं प्रतिपद्यमानेन[5] रन्तो भाव्यत इत्यर्थः। अकर्तरीति निर्देशात्सर्वादेशो न भवति। कर्ता। किरति। गिरति। द्वैमातुरः। भरतः। शातमातुरः। द्वयोर्मात्रोरपत्यं[6] [शतमातुरपत्यम्] 'तस्यापत्यम्' [३|१|७७] इत्यणि परतो "मातुरुत्संख्यासम्भद्रादेः" [३|१|१०४] इत्युकारादेशः। उरिति किम् ? गेयम्। पन्थाः। अणिति किम् ? मातापितरौ। सौधातकिः। आनङ्ऋकङौ संघातावेतौ। नाणौ। महर्षिरित्यत्र द्वयोः स्थाने एप् कथं रन्तः ? यो हि द्वयोस्तानिर्दिष्टयोः स्थाने भवति सोऽन्यतरेणापि व्यपदिश्यते। नरस्य पुत्रः। नार्याः पुत्रः। ऋकारलृकारयोः स्वसंज्ञोक्ता। तेन तवल्कारः। कथं लन्तत्वम् ? रन्त इति लणो लकाराकारेण प्रश्लेषनिर्देशात् प्रत्याहारग्रहणम्। तेनादोषः।

---

१. स्थाने इग्भूतो जि-मु०। २. प्रत्यायनावसरो वा अ०,स०। ३. उस्तस्य मु०। ४. "रन्तोऽणुः" सूत्रारम्भसामर्थ्येनेत्यर्थः। ५. अनेनेति शेषः। ६.-पत्यं शतमातृणामपत्यं तस्या, अ०, ब०, स०।

अन्तेऽलः ॥१।१।४९॥ तानिर्दिष्टस्य य उच्यते विधिः सोऽन्ते वर्तमानस्यालः स्थाने भवति। **"ता स्थाने"** इति तास्थाने निर्ज्ञातस्यानेनान्ते उपसंहारः क्रियते। टित्किन्मितस्त्ववयवसम्बन्धतानिर्दिष्टस्य विधीयमाना अन्तस्य न भवन्ति। **"इद् गोण्याः"** [१।१।१०] पञ्चगोणिः। दशगोणिः। अन्त्यस्येद् भवति। ननु **"पुंसीदोऽत्"** [४।१।१६६] इति वर्तमाने **"हलि खम्"** [४।१।१७१] इतीद्रूपस्य योऽन्त्यस्तस्य प्राप्नोति। **"नानर्थकेऽन्तेऽलो विधिः"** इति न भवति। **"ता स्थाने"** इत्यस्य योगस्य किं प्रयोजनम्? यस्तानिर्दिष्टस्तस्य स्थाने आदेशो यथा स्यादधिकस्य मा भूत्। **"पादः पत्"** [४।४।११६] इति। द्विपदः पश्य। पादन्तस्य न भवति।

ङित् ॥१।१।५०॥ ङितः सर्वेऽनेकालः। ङिद्य आदेशोऽनेकाल् सोऽन्तेऽलः स्थाने भवति। वक्ष्यति **"युष्मदस्मदोऽकङ् खञ्"** [३।२।१२१] यौष्माकीणः। आस्माकीनः। दकारस्याकङ्। अकारोच्चारणसामर्थ्यात्पररूपाभावः। **"सिद्धे सत्यारम्भो नियमाय"** ङिदेवानेकालन्त्यस्य स्थाने। अतोऽन्यः सर्वस्य। **"अस्तिब्रूञोर्भूवची"** [१।४।१२४] इत्येवमादयः सर्वादेशाः।

परस्यादेः ॥१।१।५१॥ परस्य कार्यं शिष्यमाणमादेरलः स्थाने वेदितव्यम्। क्व च परस्य कार्यम्। यत्र कानिर्देशेन **"ईप्केत्यव्यवाये पूर्वपरयोः** [१।१।६०] इति परस्य ताप्रक्लृप्तिः। **"ईदासः"**[२।१।१४२] आसीनो भुङ्क्ते। **द्व्यन्तगेरीदपः"** [४।३।२०२] द्वीपः। अन्तरीपः। समीपः।

शित्सर्वस्य ॥१।१।५२॥ शिदादेशः सर्वस्य स्थाने वेदितव्यः। **"जश्शसोः शिः"** [२।१।१७] धनानि तिष्ठन्ति। वनानि पश्य। इदमेव ज्ञापकमनुबन्धकृतमनेकाल्त्वं न भवतीति[1]। तेन **"दिव उत्"** [४।३।१०८] इत्येवमादिषु सर्वादेशो न भवति। ण अल् णलिति प्रश्लेषनिर्देशाण्णलादयः सर्वादेशाः। **"अष्टाभ्य औश्"** [२।१।१८] इति **"परस्यादेः"** इतीमं बाधित्वा शित्त्वेन परत्वाद्वा सर्वादेशः।

टिदादिः ॥१।१।५३ टिद्यः स तानिर्दिष्टस्यादिर्भवति। **"बलाद्यगस्येट्"** [४।१।८४] लविता। लवितुम्। लवितव्यम्। **"ता स्थाने"** इत्यस्यायमपवादः। **"चरेष्टः"** [२।२।२१] इत्येवमादौ तानिर्देशाभावान्नादौ विधिः। अथवा **"मध्येऽपवादाः पूर्वान्विधीन् बाधन्ते"** इति **"ता स्थाने"** इत्यस्यैव बाधो[2] न तु त्यपरत्वस्य।

किदन्तः ॥१।१।५४ किद्यः स तानिर्दिष्टस्यान्तो भवति। मुण्डो भीषयते। जटिलो भीषयते। भियो णिच् हेतुभयार्थे। **"ईतः षुग्नित्यम्"** [४।३।४९] इति षुक्। **"णोर्भीस्मेर्हेतुभये"** [१।२।६४] इति दः। पूर्वोक्तपरिहाराद् **"आतः कः"** [२।२।३] इत्येवमादिषु नातिप्रसङ्गः।

परोऽचो मित् ॥१।१।५५ अन्त इति वर्तते। अर्थवशाद्विभक्तिपरिणामः। मिद्यः स तानिर्दिष्टस्यान्त्यादचः परो भवति। अन्तग्रहणानुवृत्तेर्हलन्तस्यापि भवति। अन्यथा अच इति विशेषणम्, तेन तदन्तविधिः स्वयमेव लभ्येतेति वक्ष्यति। **"इदिद्धोर्नुम्"** [५।१।३७] नन्दिता। नन्दितुम्। नन्दितव्यम्। व्यपदेशिवद्भावादत्रान्त्यत्वम्। **"रुधितुदादिभ्यां श्नम्शौ"** [२।१।७३] रुणद्धि। भिनत्ति। **"ता स्थाने"** [१।१।४६] **"त्यः"**[२।१।१] **"परः"**[२।१।२] इत्यनयोरयमपवादः। **"मध्येऽपवादाः पूर्वान् विधीन् बाधन्ते"** इत्यनित्या परिभाषा **"तृणह"** [५।२।६०] इति निर्देशात्।

स्थानीवादेशोऽनल्विधौ ॥१।१।५६॥ स्थानं प्रसङ्गोऽस्यास्तीति स्थानीव भवत्यादेशः। स्थान्याश्रयेषु कार्येष्वनलाश्रयेषु स्थान्यादेशयोर्नानात्वात् स्थानिकार्यमादेशे न प्राप्नोतीत्यतिदिश्यते। धुगुक्तत्वृत् सुम्मिङ्पदगादेशाः प्रायः प्रयोजयन्ति। धोरादेशो धुरिव भवति। अस्तेर्भूभावे धोर्विहितास्तव्यादयः सिद्धाः। भवितव्यम्। भवित्वा। गोरादेशो गुरिव भवति। त्रयाणाम्। **"गोः"** [४।४।१] **"नामि"** [४।४।३] इति दीर्घत्वं[3] सिद्धम्। कृदादेशः कृदिव। प्रकृत्य। प्रहृत्य। प्यादेशो कृते पिति तुक्सिद्धः। हृदादेशो हृदिव। अक्षैर्दीव्यति आक्षिकः।

---

१. नानुबन्धेति परिभाषा एतत्सामर्थ्यान्निष्पन्ना। २. "बाधा" अ०, ब०, स०। ३. तानिर्देशाभावादित्यर्थः।

शालाकिकः "प्राग्घिताट्ठञ्" [३।३।१२६] इकादेशे कृते "कृद्वृत्साः" [१।१।६] इति मृत्संज्ञा सिद्धा। सुबादेशः सुबिव। वृत्राय। ङेर्यादेशेऽपि "सुपि" [४।२।६७] इति दीत्वं सिद्धम्। मिङादेशो मिङिव। बभूवतुः। बभूवुः। अतुस्युसि च कृते "सुम्मिङन्तं पदम्" [१।२।१०३] इति पदसंज्ञायां पदस्येति रित्वं[1] सिद्धम्। पदादेशः पदमिव भवति। ग्रामो वः स्वम्। ग्रामो नः स्वम्। वस्नसोः कृतयोः पदस्येति रित्वं सिद्धम्। गादेशो ग इव। अचिनुतम्। ङित्वादेप्रतिषेधः। इवेति किम्? स्थानी आदेशस्य संज्ञेति मा विज्ञायि। अत्र को दोषः? "आङो यमहनः" [१।२।२३] इति वधेरेव दविधिः स्याद्धन्तेस्त्वाश्रयस्य न स्यात्। इवग्रहणादुभयत्र भवति। आहत। आवधिष्ट। आदेशग्रहणं किम्? विकारमात्रेऽपि यथा स्यात्। पचतु। पचन्तु। मिङन्तं पदं सिद्धम्। अनल्विधाविति किम्? द्यौः। पन्थाः। स्यः। द्युपथित्यदादेशा न स्थानिवद् भवन्ति। स्थानिवद्भावे "हल्ङ्याप:" [४।३।६] इति सोः खं प्रसज्येत। अलः परो विधिरयं प्राप्तः। क इष्ट इत्यत्रेकारस्य स्थानिवद्भावे हशि रेरुत्वं प्रसज्येत। अलि विधिरयम्। प्रदीव्येति क्त्वात्यस्य स्थानिवद्भावे "वलाद्यगस्येट्" [५।१।८४] प्रसज्येत। अलः स्थाने विधिरयम्। अलाश्रयो विधिः अल्विधिः। शाकपार्थिवादिवन्मयूरव्यंसकादित्वात्सः।

परेऽचः पूर्वविधौ ॥१।१।५७॥ आदेशः स्थानीवेति वर्तते। अजादेशः परनिमित्तकः पूर्वविधौ कर्तव्ये स्थानीव भवति। पटुमाचष्टे पटयति। णिनिमित्तस्य स्थानिवद्भावात् "उङोऽतः" [४।२।४] इत्यैप्न भवति। अवधीत्। अगनिमित्तस्यातः खस्य स्थानिवद्भावात् "अतोऽनादेर्वैः" [५।१।८३] इति हलन्तलक्षण ऐब्विकल्पो न भवति। पूर्वेण "अनल्विधौ" [१।१।५६] इति प्रतिषेध उक्तेऽल्विध्यर्थमिदम्। परे इति किम्? वैयाघ्रपद्यः[2]। पादस्य खमजादेशः परनिमित्तो न भवतीति पद्भावे स्थानीव न भवति। युवतिर्जायाऽस्य युवजानिः। जायाया निङ् न परनिमित्तक इति "वलि व्योः खम्" [४।३।५५] न प्रतिबध्नाति। अच इति किम्? प्रगत्य। प्ये परतो ङस्य खं परनिमित्तं प्रस्य तुकि कर्तव्ये स्थानीव न भवति। पूर्वविधाविति किम्? नैधेयः। निधेरपत्यं "द्व्यचः" [३।१।११०] "इतोऽनिञः" [३।१।१११] इति ढणि परविधौ कर्तव्ये आत्वस्य न स्थानिवद्भावः। अन्यथा द्व्यचो ढण् न स्यात्। हे गौः। परविधौ सुखे कर्तव्ये ऐपो न स्थानिवद्भावः। अचोऽनादिष्टात् पूर्वविधौ स्थानिवद्भावः। इह मा भूत्। अचीकरत्। अजीहरत्। अत्र हि "णौ कच्युङः"[४।२।११४] इति प्रादेशे कृते द्वित्वे च प्रादेशस्य स्थानिवद्भावात् "घौ कच्यनक्खे सन्वत्" [४।२।११०] इति सन्वद्भावो न प्राप्नोति। आदिष्टादेशोऽचः पूर्व इति स्थानिवद्भावाद्भवति। वाय्वोरध्वर्य्योरित्यत्र यखविधिं प्रति स्थानिवद्भावप्रतिषेधात् "वलि व्योः खम्" [४।३।५५] इति यखं प्राप्नोति। कर्तव्योऽत्र यत्नः[3]।

न पदान्तद्वित्ववरेयखस्वानुस्वारदीचर्विधौ ॥१।१।५८॥ पदान्तादिविधिष्वजादेशः स्थानीव न भवति। पूर्वेण प्राप्तस्य स्थानिवद्भावस्य प्रतिषेधोऽयम्। पदान्तविधौ—कौ स्तः। कानि सन्ति। अतः खं ङिङन्निमित्तमावादेशो यणादेशो च कर्तव्ये स्थानीव न भवति। अथ नात्र नियमः पूर्वविधेः। स्तः कौ, सन्ति कानि इत्यपि प्रयोगात्। आदिष्टाच्चाचः पूर्वमौकारादि। इदं तर्ह्युदाहरणम्—अभिषन्ति। निषन्ति। द्वित्वविधौ—दध्यत्र। मध्वत्र। यणादेशस्य स्थानिवद्भावप्रतिषेधात् "अनचि" [५।४।१२७] इति धकारस्य द्वित्वं सिद्धम्। "असिद्धं बहिरंगमन्तरंगे" इति स्फान्तस्य खं न भवति। वरविधौ—यायावरः। यातेर्यङन्तात् "यो यङः" [२।२।१५५] इति वरे कृतेऽतः खस्यागनिमित्तस्य स्थानिवद्भावप्रतिषेधाद्यखे च कृते आकारस्य स्थानिवद्भावात् "इटि चात्खम्" [४।४।६३] इत्यात्खं न भवति। ईविधौ—आमलकम्। पञ्चदाढिः।

---

१. पदत्वात् "ससजुषो रिः" इति रित्वं सिद्धमित्यर्थः। २. व्याघ्रस्येव पादावस्येति बसे "खम्पादस्याहस्त्यादेः" इत्यतः खे ततोऽपत्यार्थे "गर्गादेर्यञ्" इति यञि "पादः पत्" इति पदादेशे ऐचि वैयाघ्रपद्य इति। ३. "दीर्घे यलोपे च लोपाजादेश एव न स्थानिवत्" इत्येवंरूपो यत्नः।

आमलक्या अवयवः फलं "नित्यं दुशरादेः" [३।३।१०९] इति मयट्। तस्य "उप्फले" [३।३।१२१] इत्युप्। "हृदुप्युप्" [१।१।६] इति स्त्रीत्यस्योप् परनिमित्तकस्तस्य स्थानिवद्भावप्रतिषेधात् "यस्य ङ्यां च" [४।४।१३६] इत्यखं न भवति। पञ्चभिर्दात्रीभिः क्रीतः "ठादुबखौ" [३।४।२६] इति ठश उपि स्त्रीत्यस्योप्। तस्य स्थानिवद्भावप्रतिषेधादिकारस्य खं न भवति। यखविधौ—कण्डूतिः। कण्डूयतेः "क्विक्तौ खौ" [२।३।१५०] इति क्तिचि कृतेऽतः खस्यागनिमित्तस्य स्थानिवद्भावप्रतिषेधात् "वलि व्योः खम्" [४।३।५५] इति यखं भवति। ऊडादेशं प्रति स्थानिवद्भावः स्यादिति चेद् भवतु। च्छ्वोः शूड् भविष्यति। ततः स्वेऽको दीत्वम्। योऽनादिष्टात्पूर्वं इति न्यायात्पुनरूडादेशो न भवति। स्वविधौ—शिण्ढि। पिण्ढि। श्नस खस्य स्थानिवद्भावप्रतिषेधादत्रानुस्वारस्य परस्वत्वं भवति। अनादिष्टादचः पूर्वस्थानी नकारस्तस्यैवायं विधिः। अनुस्वारविधौ—शिंषन्ति। पिंषन्ति। "नश्चापदान्तस्य झलि" [५।४।८] इत्यनुस्वारे कर्तव्ये नकारः "श्नसः खम्"[४।४।१०१]इत्यनादिष्टादचः पूर्व इत्यखं न स्थानिवद्भवति। दीविधौ—प्रतिदीव्नः। प्रतिदीव्ना। अनः खस्य परनिमित्तस्य स्थानिवद्भावप्रतिषेधात् "हल्यभकुछुरः" [५।३।८६] इत्यनुवृत्तौ "उङि" [५।३।८७] इति दीत्वं सिद्धम्। वकारो हल्परोऽस्मादेव वचनात्। चर्विधौ—जक्षतुः। जक्षुः। "गमहनजनखनघसोऽनङि क्ङिति" [४।४।६३] इत्युङः खं घकारस्य चत्वे कर्तव्ये स्थानीव न भवति। गिर्योरिति[4] प्रकृतिपूर्वत्वेनान्तरङ्गे दीत्वे कर्तव्ये यणादेशोऽसिद्धः।

द्वित्वेऽचि ॥१।१।५९॥ नपदान्तद्वित्वेत्यतो द्वित्वग्रहणमनुवर्तते। तत्कार्यविशेषणम्। द्वित्वनिमित्तेऽच्यजादेशो द्वित्वे कर्तव्ये स्थानीव भवति। रूपातिदेशोऽयम्। आदुङ्णिखान्तःस्थायाद्यादेशाः प्रयोजनम्। आत्वम्—पपतुः। पपुः। "इटि चात्खम्" [४।४।६३] इत्यात्खस्य स्थानिवद्भावादेकाचो लिटि द्वित्वं सिद्धम्। उङः खम्—जग्मतुः। जग्मुः। "गमहनजनखनघसोऽनङि" [४।४।६३] इत्युङः खस्य स्थानिवद्भावाद् द्वित्वं भवति। णिखम्—आटिटत्। लुङि चङि णिखे च कृते णिखस्य स्थानिवद्भावादच[5] इति द्वितीयस्यैकाचो द्वित्वं भवति। अन्तःस्थादेशः—चक्रतुः। चक्रुः। यणादेशस्य स्थानिवद्भावादेकाचो द्वित्वं भवति। अयाद्यादेशाः—अहं निनय निनाय। अहं लुलव लुलाव। अयाद्यादेशानां स्थानिवद्भावादस्य णलि नेनै, लोलौ इति द्वित्वं भवति। द्वित्वनिमित्त इति किम्? दुद्यूषति। ऊठि यणादेशो धोर्न तूठ् द्वित्वनिमित्तमिति स्थानिवद्भावो न भवति। अचीति किम्? जेघ्रीयते। देध्मीयते। यङि द्वित्वनिमित्ते घ्राध्मोरीकारादेशः स्थानीव न भवति। द्वित्वे कर्तव्य इति किम्? जग्ले। मम्ले। धोराकारस्यावस्थानं न भवति।

ईप्केत्यव्यवाये पूर्वपरयोः ॥१।१।६०॥ ईबिति यत्र निर्दिश्यते तत्र पूर्वस्याव्यवहितस्य कार्यं भवति। केति यत्र निर्दिश्यते तत्र परस्याव्यवहितस्य कार्यं भवति। ताप्रकॢतिर्भवतीत्यर्थः। इतिकरणोऽर्थनिर्देशार्थः। ईप्केति इमे संज्ञे द्वयोर्विभक्त्योः प्रत्यायिके प्रसिद्धे। ताभ्यामितिशब्दः परः प्रयुज्यमानो विभक्तिप्रतिपाद्यो योऽर्थस्तं प्रत्याययति। ईबर्थो यत्र निर्दिश्यते, कार्थो यत्र निर्दिश्यत इत्यर्थः। ईबर्थनिर्देशः "अचीको यण्" [४।३।६५] दध्युदकम्। मध्वियत्। अव्यवाय इति किम्? धर्मविदत्र। कार्थनिर्देशः—अत्यात्। ददति। दधति। अव्यवाय इति किम्? चिकीर्षन्ति। शपा व्यवायाज्झेरदादेशो न भवति।

नाशः खम् ॥१।१।६१॥ नाशोऽनुपलब्धिरभावोऽप्रयोग इत्यनर्थान्तरम्। एतैः शब्दैः प्रतिपाद्यमानस्यार्थस्य खमित्येषा संज्ञा भवति। इतिकरणोऽनुवर्तते। तेन नाशार्थस्य संज्ञेयं लभ्यते। स्थानिग्रहणं चानुवर्तते। प्रसङ्गवांश्च स्थानी। तेन प्रसक्तस्य नाशः खसंज्ञो भवति। भाविनो नाशस्य संज्ञित्वं संज्ञापि भाविनीति नेतरेतराश्रयदोषः। वक्ष्यति "वलि व्योः खम्" [४।३।५५] दासेरः। काणेरः। "क्षुद्राभ्यो वा" [३।१।१२०] इति ढ्रण्। "इटि चात्खम्" [४।४।६३] यियम्। जह्यात्। खप्रदेशाः "वलि व्योः खम्" [४।३।५५] इत्येवमादयः।

---

१. खमित्यखं न अ०, स०। २. प्रतिदीव्ना अ०, स०। ३. प्रतिदीव्ने अ०, स०। ४. प्रकृतेः "गिरि" इत्यस्य पूर्वभागस्य "गिर्" इत्यस्यापेक्षत्वेनेत्यर्थः। ५. -वादेकाचो द्वि-प०। ६. आयाद्यादे-स०।

उब्रुजुस् ॥१।१।६२॥ तस्यैव नाशस्य उप् उच् उस् इत्येताः संज्ञा भवन्ति। संज्ञासंकरप्रसङ्ग इति चेत् उप् उच् उस् संज्ञाभिर्भावितस्य नाशस्य एताः पृथक् संज्ञास्तेनादोषः। **"नोमता गोः"** [१।१।६४] इति प्रतिषेधो ज्ञापकः खसंज्ञाया अत्र समावेशो भवति। ततः पञ्च सप्तेति त्याश्रयं पदत्वं सिद्धम्। **"क्सस्याचि खम्"** [५।२।६६] इति वर्तमाने **"वोब् दुहदिह"** [५।२।७०] आदिसूत्र उब्वचनं ज्ञापकमुब्रुजुसः सर्वस्य स्थाने भवन्ति नान्तस्य। एता अपि भाविन्यः संज्ञाः। उदाहरणम्—पञ्चशष्कुलम्। पञ्चभिः शष्कुलीभिः क्रीतम्। **"रादुबखौ"** [३। ।२६] इत्यार्हीस्य ठण उप्। ततो **"ह्रदुप्युप्"** [१।१।६] इति त्रीस्यस्योप्। जुहोति। बिभेति। **"उज् जुहोत्यादिभ्यः"** [१।४।१४५] इति शप उच्। तत उचि द्वित्वम्। पञ्चालानां निवासो जनपद इत्यागतस्याणः **"जनपदे उस्"** [३।२।६१] इत्युस्। ततो **"युक्तवद्रुसि लिङ्गसंख्ये"** [१।१।६८] इति लिङ्गसंख्यातिदेशः। उब्रुजुस्प्रदेशाः **"ह्रदुप्युप्"** [१।१।६] इत्येवमादयः।

त्यखे त्याश्रयम् ॥१।१।६३॥ त्यस्य खे कृतेऽपि त्याश्रयं कार्यं भवति। सुम्मिङ् क्विप्यङ् णिखानि प्रायः प्रयोजयन्ति। सुपः खम्—धर्मवित्। सोः खेऽपि पदसंज्ञा भवति। मिङः खम्—अधोक्। **"हल्ङ्याप:"** [४।३।५६] इति तिपः खेऽपि पदसंज्ञायामेब्घत्वभष्भ्जशत्वचर्त्वानि भवन्ति। क्विपः खम्—अग्निचित्। क्विपो नाशेऽपि तुक्। यङः खम्—पापचीति। यङो नाशेऽपि द्वित्वादिकार्यं भवति। णिखम्—कार्यते। हार्यते। णेरभावेप्यैब्भवति। प्रथमं त्यग्रहणं किम्? आघ्नीत। आङ् पूर्वाद्धन्तेर्विध्यादिलिङ्। **"आङो यमहनः"** [१।२।२३] इति दः। **"लिङोऽनन्त्यसखम्"** [४।१।१३८] इति सीयुडेकदेशस्य सकारस्य खेऽपि त्याश्रयं कार्यं झलि क्ङिति ङस्य खं न भवति। द्वितीयं त्यग्रहणं किम्? वर्णाश्रयं मा भूत्। गवे हितम् गोहितम्। त्यखे सत्यपि अचीति वर्णाश्रया अवादयो न भवन्ति।

नोमता गोः ॥१।१।६४॥ उमता वचनेन नाशिते त्ये यो गुस्तस्य त्याश्रयं न भवति। मृष्टः। जुहुतः। शबाश्रयावैबेपौ न भवतः। गर्गा इति बहुत्वविवक्षायां यञिञोरुपि कृते तदाश्रय आदैत्र्यैब् भवति। गोरिति किम्? पापक्ति। जरीगृहीति। द्वित्वं ञिश्च भवतः। नोमतेति योगविभागः। तेन गोरन्यत्रापि क्वचित्त्याश्रयं न भवति। परमवाचः। परमवाचा। अन्तर्वर्तिनीं विभक्तिमाश्रित्य पदत्वात्कुत्वं प्राप्तं नोमतेति प्रतिषिध्यते।

अन्त्यादचष्टिः ॥१।१।६५॥ अच इति जातिनिर्देशः। निर्धारणे च ता। समानजातीयस्यैवं लोके निर्धारणं प्रसिद्धमिति द्वितीयमज्ग्रहणं लभ्यते। अचां योऽन्त्योऽच् तदादि शब्दरूपं टिसंज्ञं भवति। धर्मविदत्र इच्छब्दः। ज्ञानभुदत्र उच्छब्दः। आताम्, आथामित्यत्र उच्छब्दः। पचेते। पचेथे **"टिदूदटेरे"** [२।४।६५] इति टेरेत्वम्। अहं पचे इति व्यपदेशिवद्भावात्तदादित्वम्। टिप्रदेशाः **"टिदूदटेरे"** [२।४।६५] इत्येवमादयः।

उपान्त्यालुङ् ॥१।१।६६॥ अलामन्त्यस्य समीपोऽल् उङ्संज्ञो भवति। अन्त्यग्रहणादलां समुदायो लभ्यते। अल्समुदायापेक्षया ह्यन्त्योऽल् भवति न केवलः। पच् इत्यकारः। भिद् इतीकारः। पाचकः। भेदकः। उपान्त्य इति किम्? व्यवहितस्यान्त्यस्य च मा भूत्। अलिति किम्? समुदायस्य मा भूत्। उङ्प्रदेशाः **"उङोऽतः"** [५।२।४] **"ञ्णुङः"** [५।२।८३] इत्येवमादयः।

येनालि विधिस्तदन्ताद्योः ॥१।१।६७॥ येन शब्देन यो विधिर्विधीयते स तदन्तस्य भवति। अलि यो विधिः स तदादौ भवति। **"योऽचोऽशसुयुवः"** [२।१।८४] इत्यचो यविधिर्विधीयत इत्यजन्ताद्भवति। चेयम्। जेयम्। केवलाद्व्यपदेशिवद्भावेन। एयम्। अध्येयम्। **"आतः कः"** [२।२।३] इत्याकारान्तात्कः। गोदः। कम्बलदः। **"स-त्य-विधौ न तदन्तविधिः"** [वा०]। सविधौ—कष्टं परमश्रित इति ईप्सो न भवति। त्यविधौ—सूत्रनडस्यापत्यं सौत्रनाडिः। **"नडादेः फण्"** [३।१।८८] इति फण् न भवति। **"उगित्कार्यं[1] वर्णकार्यं च तदन्तादपि भवतीति वक्तव्यम्"** [वा०] भवती। अतिभवती[2]। दाक्षिः। नैतद्वक्तव्यम्।

---

१. कार्यं तद-अ०, ब०, स०। २. वती। नैत—अ०, ब०, स०।

सुपा श्रितादयो विशेष्यन्ते न तु श्रितादिभिः किञ्चिद्विशेषणेन च तदन्तविधिः। मृदा नडादयो विशेष्यन्ते न नडादिभिर्मृदः। उगिता च वर्णेन मृद् विशेष्यते। अलीति वर्णनिर्देशः। अलि यो विधिः स तदादौ भवति। "रनुधुभ्रुवां य्वोरचीयुवौ" [४।४।७२] चिच्छियतुः। चिच्छियुः। व्यपदेशिवद्भावेन केवलेऽपि तदादित्वम्। चिच्छिये। येनेति करणे भा। विधिशब्दः कर्मसाधनः।

अच्वाद्यैब्दुः ॥ १।१।६८ ॥ अद्विवति जातिनिर्देशो निर्धारणे चेप्। अच्सु आदिभूतोऽच् ऐप् यस्य समुदायस्य स दुसंज्ञो भवति। ऐतिकायनस्य शिष्य ऐतिकायनीयः "दोश्छः" [३।२।९०] इति छः। आम्बष्ठस्यापत्यमाम्बष्ठ्यः "द्वितकुरुनाद्यजादकोशलाञ्ञ्यः" [३।१।१५२] इति ञ्यः। द्रुघणा आसिन्देशे सन्ति "वुञ्छणकठेल" [३।२।६०] आदिसूत्रे अरीहणादित्वाद् वुञ्। द्रौघणके जातो द्रौघणकीयः "दोः कखोङः" [३।२।११७] इति छः। अद्विवति किम् ? हलामविवक्षार्थम्। औपगवीयः। कापटवीयः। जात्यपेक्षया बहुत्वं किम् ? द्व्यच एकाचश्च दुसंज्ञा यथा स्यात्। मालामयम्। वाङ्मयम्। आदिरिति किम् ? सभासन्नयने जातः साभासन्नयनः। छः प्रसज्येत। ऐबिति किम् ? दत्तस्यायं दात्तः। दुप्रदेशाः "दोश्छः" [३।२।९०] इत्येवमादयः।

त्यदादि ।।१।१।६९।। त्यदादीनि शब्दरूपाणि दुसंज्ञानि भवन्ति। अच्वादिरिति नेहाभिसंबध्यते। यद्यभिसंबध्येत तदोपसर्जनत्वे सत्यपि वचनात्तदादेरेव दुसंज्ञा स्यान्न केवलानामिति। त्यदीयः। तदीयः। तवापत्यं त्वादायनिः। मादायनिः। "वा वृद्धाद् दोः" [३।१।१४४] इति फिञ्। त्यदादिः सर्वादेरन्तर्गण आ परिसमाप्तेः।

एङ् प्राग्देशे ॥ १।१।७० ॥ अच्वादेरिति वर्तते। एङ् यस्याचामादिस्तद् दुसंज्ञं भवति प्राचो देशाऽभिधाने। एणीपचने जात एणीपचनीयः। एवं गोनर्दीयः। भोजकटीयः। एङिति किम् ? आहिच्छत्रः। कान्यकुब्जः। प्राग्ग्रहणं किम् ? देवदत्तो नाम वाहीकेषु ग्रामस्तत्र भवो दैवदत्तः। देश इति किम् ? गोमती नाम नदी तस्यां भवो गौमतः। "वा नाम्नः" [१।१।७१] इति यदा दुसंज्ञा नास्ति तदेदमुक्तम्। "भिन्नलिङ्गो नदीदेशोऽग्रामोऽपुरम्" [१।४।८३] इति ज्ञापकान्नदी देशग्रहणेन न गृह्यते। शरावती नाम नदी तस्याः पूर्वो देशः प्राग्देशः। उत्तरस्तूदीचां देशः।

वा नाम्नः ॥ १।१।७१ ॥ पुरुषैर्व्यवहाराय सङ्केतितः शब्दः संज्ञा नाम। नामधेयस्य वा दुसंज्ञा भवति। पद्मनन्दीयम्। पाद्मनन्दिनम्। देवदत्तीयम्। दैवदत्तम्। नाम्न इति किम् ? देवैर्दत्त इति यः क्रियानिमित्तको देवदत्तशब्दस्तस्य काश्यादिषु पाठाट्ठकठञावेव भवतः। वेति व्यवस्थितविभाषा। तेन घृतप्रधानो रौढिः घृतरौढिः। संज्ञेयम्। तस्य शिष्या घृतरौढीयाः। एवमोदनपाणीयाः। वृद्धाम्भीयाः। वृद्धकाश्यपीयाः। नित्यं दुसंज्ञा। "जिह्वाकात्यहरितकात्ययोर्न भवत्येव" [वा०] जैह्वाकाताः। हारितकाताः।

अणुदित् स्वस्यात्मनाऽभाव्योऽतपरः ॥ १।१।७२ ॥ अण् उदिच्च गृह्यमाणः स्वस्य ग्राहको भवति आत्मना सह भाव्यमानं तपरं च वर्जयित्वा। इदमण्ग्रहणं परेण णकारेण। "अतः रफादेरेप्"[४।२।१२२] इति तपरनिर्देशाज्ज्ञायते। "यस्य ङ्यां च" [४।४।१३६] दाक्षिः। चौलिः। दैत्यः। कौमारः। "अस्य च्वौ" [४।२।१४१] शुक्लीभवति। मालीभवति। उदित्—"स्तोः श्चुना श्चुः" [४।४।११९] "ष्टुना ष्टुः" [४।४।१२०]। अभाव्य इति किम् ? भाव्यन्ते उत्पाद्यन्ते त्यादेशाट्टित्किन्मितस्ते स्वस्य ग्राहका न भवन्ति। "अस्याल्" [२।३।८४] "त्यदादेरः" [४।१।१६१] टित्—लविता। कित्—बभूव। मित्। "सृजिदृशोरम्" [४।३।२१]। अतपर इति किम् ? भिसोऽत ऐस्" [४।१।८]। वृक्षैः। खट्वाभिरित्यत्र न भवति। तकार इद्यस्य सोऽयं तिदिति सिद्धे परग्रहणमुभयार्थम्। तः परोऽस्मात्तपरस्तादपि परस्त-

१. इतिकस्यापत्यं पुमान् ऐतिकायनः। नडादेः फगिति फण्। ३. अश्नादेरित्यर्थः। ४. वृद्धान्तीयाः ब०, स०।

परः। इदमेव ज्ञापकं सविधौ केति योगविभागोऽस्ति। "आदैगैप्"। [१।१।१५] "अदेङेप्" [१।१।१६] तपरत्वादैजेङादिषु त्रिमात्रचतुर्मात्राणां निवृत्तिः। "अभाव्योऽतपरः" इति पृथग्भावानुच्चारणं किम्? क्वचिद्भाव्योऽपि स्वं गृह्णातीति ज्ञापनार्थम्। अमूभ्याम्। संज्ञासूत्रमिदं न परिभाषा। सा हि नियमार्था भवति। न चाणुदितां स्वस्यास्वस्य च ग्रहणं प्राप्तं येन स्वस्यैवेति नियमः स्यात्।

अन्त्येनेतादिः ॥१।१।७३॥ अन्त्येनेत्संज्ञकेन गृह्यमाण आदिस्तन्मध्यपतितानां ग्राहको भवत्यात्मना सह। आद्यन्तौ सम्बन्धिशब्दौ। अतः सामर्थ्यादाद्यन्तव्यतिरेकेण तन्मध्यपाति वस्तु प्रत्येकं संज्ञित्वेनाक्षिप्तम्। अ इ उ इत्येतेषां प्रत्येकमणिति संज्ञा। एवमक् अच् अट् इत्येवमादयः। अन्त्येनेति किम्? सुडित्यत्र आदिना टा इत्येतस्य टकारेण ग्रहणं मा भूत्। अन्त्येनेतीदमेव ज्ञापकं सहार्थे गम्यमानेऽपि भा भवति।

असंख्यं भिः[१] ॥१।१।७४॥ संख्या एकत्वादिका सा यस्य न विद्यते तदसंख्यं भिसंज्ञं भवति। एकत्वादिनिबन्धना विभक्त्युत्पत्तिरसंख्यादप्राप्ता "सुपो भेः"[१।४।१२०] इति वचनाद्भवति। के पुनरसंख्याः? स्वर्। अन्तर्। प्रातर्। सनुतर्। पुनर्। सायम्। नक्तम्। अस्तम्। वस्तोः। दिवा। दोषा। ह्यः। श्वः। कम्। शम्। योर्मयः (?) च[२]। न। अम्नस्। विहायसा। रोदसी। ओम्। भूः। भुवः। स्वस्ति। समया। निकषा। अन्तरा। बहिस्[३]। साम्प्रतम्। अद्धा। सत्यम्। इद्धा। मुधा। मृषा। वृथा। मिथ्या। मिथो। मिथु। मिथुनम्। मिथस्। अनिशम्। मुहुः। अभीक्ष्णम्। मङ्क्षु। झटिति। उच्चैस्। अवश्यम्। सामि। साचि। विष्वक्। अन्वक्। आनुषक्। साजक्[४]। द्राक्। प्राक्। ऋधक्। पृथक्। धिक्। हिरुक्। ज्योक्। मनाक्। शनैः। ईषत्। जोषम्। तूष्णीम्। कामम्। निकामम्। प्रकामम्। आरात्। अरम्। वरम्। परम्। चिरम्। तिरः। नमः। स्वयम्। भूयः। प्रायः। प्रवाहुकम्।। आर्यहलम्। कुः। अलम्। बलवत्। अतीव। सुष्ठु। दुष्ठु। ऋते। सपदि। साक्षात्। सनात्। सना। आशु। सहसा। युगपत्। उपांशु। पुरा। पुरतः। पुरस्तात्। पुरः। इत्येवंप्रकाराः, निसंज्ञकाश्च सर्वे "च, वा, ह, अह" एवम्प्रभृतयो हृतश्च तसादयस्तत इत्यादयश्च्व्यर्थाः, कृतः मुमामुतुमादयः क्त्वाप्यादेशश्चेति। हसश्चेति केचित्पठन्ति, तत्तु चिन्त्यम्। उपाग्निकमित्यकोऽसम्भवात्। उपकुम्भम्मन्यम् इति मुमो दर्शनात्। उपकुम्भीकृत्येति ईत्वविधानाच्च। सामान्यविषया भिसंज्ञा। विशेषविषया निसंज्ञा। असंख्यग्रहणं किम्? यत्रासंख्यत्वं प्रतीयते तत्र भिसंज्ञा। उच्चैः। परमोच्चैः। अस्ति। स्वस्ति। उपसर्जने मा भूत्। अत्युचैः। अत्युच्चैसौ। अत्युच्चैसः। अत्यस्तिः। भिप्रदेशाः "सुपो भेः" [१।४।१२०] इत्येवमादयः।

गाङ्कुटादेरञ्णिन्ङित् ॥१।१।७५॥ गाङित्येतस्मात् कुटादिभ्यश्च धुभ्यः परेऽञ्णितस्त्या ङितो भवन्ति। विनापि वतमतिदेशो गम्यते। गाङिति व्याख्यानादिङादेशो गृह्यते। कुटादिस्तुदादेरन्तर्गणो यावत् वृत्शब्द इति। गाङ्—अध्यगीष्ट। अध्यगीषाताम्। अध्यगीषत। लुङ्लृङोर्वेति इङो गाङादेशः। "घुमा" [४।४।६५] आदिसूत्रेणेत्वम्। कुटादि—कुटिता। कुटितुम्। कुटितव्यम्। पुटिता। पुटितुम्। पुटितव्यम्। व्यचेरनसि कुटादित्वम्—विचिता। विचितुम्। विचितव्यम्। अनसीति किम्? उद्व्यचाः। "अस् सर्वधुभ्यः" इत्यस्। अञ्णिदिति किम्? उत्कोटयति। उत्कोटो वर्तते। ङितीव ङिद्वत्। ईवन्ताद्वदर्थो गम्यते। तेन उच्चुकुटिषति इत्यत्र "ङ्नुदात्तेतो दः" [१।२।६] इति दो न भवति।

इड्विजः ॥१।१।७६॥ अन्त्येनेतादिरित्यत आदिरिति वर्तते। विजेर्धोरुत्तर इडादिस्त्यो ङि[६]द्भवति। उद्विजित्वा। उद्विजितुम्। उद्विजितव्यम्। इडिति किम्? उद्वेजनम्। उद्वेजनीयम्। विज इति किम्? लविता।

१."भि" मु०। २. "च नाम्नो" इति अ०,ब०,स०, पुस्तकेषु, तत्र "च" "न" "आम्" "नो" इति पदच्छेदो युक्तः। ३. 'बहिर्' अ०, ब०, स०। ४. "भाजक्" इति अ०। "ताजक्" इति स०। "साजक्" इति ब०मुद्रितयोः। परमयं शब्दभेदोऽन्वेष्यमाणोऽन्यव्याकरणकोशेषु च नोपलब्धः। ५. अदर्शनादिति युक्तम्। ६. "ङिद्वद्भ—" अ०, ब०, स०।

वोर्णोः ॥१।१।७७॥ ऊर्णोतेः पर इडादिल्यो[1] वा ङिद्वद्वति । प्रोर्णुविता । प्रोर्णविता । अप्राप्ते[2] विकल्पोऽयम् । दसंज्ञके तु लङ इटि परत्वान्नित्यो विधिः । प्रौर्णुवि । अञ्णिदित्येव । ञिवदिटि-प्रोर्णाविष्यते । इडादिरित्येव । प्रोर्णवनम् । प्रोर्णवनीयम् ।

गोऽपित् ॥ १।१।७८ ॥ अपिद् गसंज्ञको ङिद्वद्वति । कुरुतः । कुर्वन्ति । चिनुतः । चिन्वन्ति । मृष्टः । मृजन्ति । **ग इति** किम् ? कर्ता । मार्ष्टा । अपिदिति किम् ? करोति । मार्ष्टि । अपिदिति प्रसज्यप्रतिषेधः । यद्येवं तुदानि लिखानीत्यत्र पिदपितोरेकादेशः [3]पिद्वद्वतीति "ग्युङः" [४।२।८३] एप्प्रसज्येत । नायं दोषः । लोडादेशस्य पित्त्वं न चाट[4]ः । अथवायं पर्युदासः । इह तर्हि च्यवन्तै प्लवन्त इति परापेक्षपिदपितोरेकादेशस्य पितोऽन्यत्वमस्तीत्येप्प्रतिषेधः प्रसज्येत । नैष दोषः—"**वार्णाद् गावं बलीयः**" इति, प्रागेवैकादेशादेप् ।

लिङस्फात्कित् ॥ १।१।७९ ॥अपिदित्येव । अस्फान्तात्परोऽपिल्लिट् किद्वद्वति । बिभिदतुः । बिभिदुः । ममृजतुः । ममृजुः । लिडिति किम् ? यष्टा । अस्फादिति किम् ? ममन्थतुः । ममन्थुः । ननु ररन्धिव ररन्धिम इत्यत्रास्फाद्विहितो लिट् । नैवम् । मुम्विषावुपदेशग्रहणाश्रयणात् । एवञ्च कुरुडा हुरुडेत्यत्र "**सरोर्हलः**" [२।३।८९] इति अस्त्यो भवति । अपिदित्येव । बिभेदिथ । ङिदिति वर्त्तमाने किद्ग्रहणं किम् ? ईजतुः । ईजुः । ङिति जिनं स्यात् । अयमेव किद्विषयः । ववृते, ववृधे इत्यत्र परत्वादेपि कृते स्फान्तत्वमिति चेत्, इष्टवाचित्वात्परशब्दस्येत्यदोषः । अस्फादिति प्रसज्यप्रतिषेधः । न चेत् स्फान्ताद्विहित इति पर्युदासे हि हलन्तादेव लिट कित् स्यात् । "**वोर्णोः**" [४।२।८८] इत्यतो वेति व्यवस्थितविभाषाऽनुवर्तते । ततः श्रन्थिग्रन्थिदम्भिष्वञ्जीन्धिभ्योऽपि किद्वद्वतीत्येके । श्रेथतुः । श्रेथुः । ग्रेथतुः । ग्रेथुः । देभतुः । देभुः । परिषस्वजे । परिषस्वजाते । समीधे । समीधाते । समीधिरे ।

मृडमृदगुधकुषवदवसः क्त्वा ॥१।१।८०॥ मृड मृद गुध कुष वद वस इत्येतेभ्यः परः क्त्वा त्यः किद्वद्वति । मृडित्वा । मृदित्वा । गुधित्वा । कुषित्वा । उदित्वा । उषित्वा । सिद्धे विधिरारभ्यमाणो नियमार्थः । तुल्यजातीयस्य च नियमः । सेट् क्त्वा तुल्यजातीयः, तेन मृडादिभ्य एव क्त्वा सेट् किद्वद्वति नान्येभ्यः । देवित्वा । सेवित्वा । वर्तित्वा । सेडिति विशेषणं किम् ? भुक्त्वा । मुक्त्वा । मृडादिभ्यः क्त्वैव किद्वद्वतीति[5] विपरीतो नियमो नाशङ्कनीयः । एवं हि "**क्लिशः**" [१।१।८१] इति कित्ववचनमनर्थकं स्यात्, प्रतिषेधाभावात् । गुधिकुष्योस्तु "**व्युङोऽवो हलः संश्च**" [१।१।९७] इति विकल्पे प्राप्ते नित्यार्थः पाठः ।

क्लिशः ॥ १।१।८१ ॥ क्लिशः परः क्त्वा सेट् किद्वद्वति । क्लिशित्वा । पूर्वेण नियमेन कित्त्वे निवर्तिते "**व्युङोऽवो हलः संश्च**" [१।१।९७] इति विकल्पः प्राप्तः । पूर्व[6]सूत्रे इष्टतोऽवधारणार्थं योगान्तरम् ।

मुषग्रहिरुदविदः संश्च ॥१।१।८२॥ मुष ग्रहि रुद विद इत्येतेभ्यः परः संश्च (सन्)क्त्वा च सेट् किद्वद्वति । मुमुषिषति । जिघृक्षति । रुरुदिषति । विविदिषति । मुषित्वा । गृहीत्वा । [7]रुदित्वा । विदित्वा । ग्रहेर्मृडादिनियमान्निवृत्तौ विध्यर्थमितरेषां "**व्युङोऽवो हलः संश्च**" [१।१।९७] इति विकल्पे प्राप्ते वचनम् ।

झलिकः ॥१।१।८३॥ क्त्वेति निवृत्तम् । अन्त्येनेतादिरित्यत आदिरिति वर्तते । इगन्ताद्धोः परो झलादिः सन्किद्वद्वति । सामर्थ्यात्सन्निहितस्य धोरिका तदन्तविधिः । चिचीषति । निनीषति । रुरूषति । चिकीर्षति । लुलूषति । यदि सनि दीत्ववचनसामर्थ्यान्मात्रिकद्विमात्रिकयोरेवभावः सिद्ध इत्यस्यानर्थक्यम् । णिखमपि तर्हि न स्यात् । [8]ज्ञीप्सति । एतस्मिंस्तु सनि चिचीषत्यादिषु सावकाशं दीत्वं परत्वाण्णिखेन बाध्यते । झलादिरिति किम् ? शिशयिषते । इक इति किम् ? पिपासति । सनीत्येव । कर्ता ।

१.-दिः त्यो" ब०, स०, मु० । २.-प्तविक-अ० । ३. पिद्वद् भ-अ०, ब०, स० । ४. त्वाटः अ० । ५.-वति विप—अ०, ब०, स० । ६. पूर्वे सूत्रे मु० । ७. रुदित्वा इति नास्ति अ० ब० स० पुस्तकेषु । ८. ज्ञीप्सतीति अ०, ब०, स० ।

हलन्तात् ॥ १।१।८४ ॥ सन् झलिक इति[1] वर्तते । अन्तशब्दः समीपवचनः । इकोऽन्तः समीपो यो हल तदन्ताद्धोर्झलादिः सन्किद् भवति । बिभित्सति । बुभुत्सते । विवृत्सति । अन्तग्रहणं किम् ? यियक्षति । जिर्न भवति । नात्रेकूसमीपाद्धलः परः सन् । एवं वा सूत्रार्थः । इकः परो हलन्तो हलवयवो यो धुस्तस्मादुत्तरो झलादिः सन्किद्भवति । अन्तग्रहणं स्पष्टार्थमुक्तमस्मिन् व्याख्याने । इक इति कानिर्देशः किम् ? यियक्षति । झलित्येव । विविर्द्धषते । "निरेकाजनाङ्" [१।१।२२] इत्यत्र एकग्रहणं ज्ञापकमुक्तम्, "अन्यत्र वर्णग्रहणे जातिग्रहणमिति ।" तेनेह हल्ग्रहणेन भिन्नेष्वभिन्नाभिधानप्रत्ययनिमित्तं हल् जातिर्गृह्यते । ततो धिप्सतीति सिद्धम् ।

सिलिङ् दे ॥ १।१।८५ ॥ सन्निति निवृत्तम् । झलिकः हलन्तादिति च वर्तते । सिश्च लिङ् च दे इको हलन्तात्परौ झलादी कितौ भवतः । सेरेव दपरत्वं विशेषणं न लिङोऽसम्भवात् । द एव हि लिङ् झलादिः । अभित्त । अबुद्ध । भित्सीष्ट । भुत्सीष्ट । द इति किम् ? अस्राक्षीत् । अद्राक्षीत्[3] । किन्वे सृजिदृशोरमागमो न स्यात् । "वदव्रज (व्रजवद)" [४।१।७९] इत्यादिनैप् । इक इत्येव । अयष्ट । यक्षीष्ट । जिः प्रसज्येत । हलन्तादित्येव । अचेष्ट । चेषीष्ट । एप्न स्यात् । झलादिरित्येव । अवर्तिष्ट । वर्तिषीष्ट । एप्न स्यात् ।

उः ॥ १।१।८६ ॥ अर्तेर्व्याख्यानादग्रहणम् । ऋवर्णान्ताद्धोः परौ सिलिङौ दे झलादी कितौ भवतः । अकृत । अहृत । कृषीष्ट । हृषीष्ट । द्विमात्रस्य । अस्तीर्ष्टाम् । स्तीर्षीष्ट । "लिङ्स्योर्दे" [२।१।६०] इत्यनिट्पक्षे द्रष्टव्यम् । झलादिरित्येव । अस्तरिष्ट । स्तरीषीष्ट ।

गमो वा ॥ १।१।८७ ॥ गमेर्धोः परौ सिलिङौ दे झलादी वा कितौ भवतः । समगत । सङ्गसीष्ट । वा गमः किन्वे "अनुदात्तोपदेश" [४।४।३७] इत्यादिना ङखं "प्राद् गोः" [२।३।४५] इति सेः खम् । पक्षे—समगंस्त । सङ्गंसीष्ट ।

हनः सिः ॥ १।१।८८ ॥ हन्तेर्धोः परः सिर्दे किद्भवति । आहत । आहसाताम् । आहसत । सेः किन्वान्ङस्य खम् । [[4]अन्यथा अनिदित इति उङः खस्य प्रतिषेधः स्यात् ।] पुनः सिग्रहणं लिङ्निवृत्त्यर्थम् । दग्रहणमनुवर्तते । एवं नित्यो वधादेश इति इह [5]प्रयोजनं नास्ति ।

यमः सूचने ॥ १।१।८९ ॥ यमेर्धोः सूचनेऽर्थे वर्तमानात्परः सिर्दे किद्भवति । सूचनं गन्धनमाविष्करणमित्यर्थः । उदायत । उदायसाताम् । उदायसत । अकर्मकत्वे "आङो यमहनः" [१।२।२३] इति दः । सूचन इति किम् । आयंस्त कूपाद्रज्जुम् । सकर्मकत्वे "समुदाङ्यमोऽग्रन्थे" [१।२।७०] इति दः ।

वोपयमे ॥१।१।९०॥ उपयमो दारस्वीकारः । उपयमेऽर्थे वर्तमानाद्यमेर्धोः परः सिर्दे वा किद्भवति । उपायत कन्याम् । उपायंस्त कन्याम् । "स्वीकृतावुपाद्यमः" [१।२।२१] इति दः । इयमप्राप्ते विभाषा । स्वीकारसूचने पूर्वविप्रतिषेधेन पूर्वेण नित्यो विधिः ।

भुस्थोरिः ॥१।१।९१॥ द इति वर्तते । भुसंज्ञकानां स्था इत्येतस्य च धोरिकारोऽन्तादेशो भवति सौ सिश्च दे कित्[6] । अदित । अधित । उपास्थित । "प्रात्" [४।३।२८] इति सेः खम् । सन्निपातपरिभाषाया अनित्यतां वक्ष्यति । तिष्ठतेः "उपान्मन्त्रकरणे" [१।२।२०] "धेः" [१।२।२१] इति दः । इत्वचनसामर्थ्यादेपो निवृत्तिः सिद्धेति किद्ग्रहणमुत्तरार्थमनुवर्त्तमानं सेरपि विशेषणम् ।

---

१. इति च वर्त्तते अ०, ब०, स० । अत्र च शब्दोऽप्यर्थकः । २. अन्तःशब्दः ब० । ३. अद्राक्षीत् इति मुद्रितपुस्तके नास्ति । ४. कोष्ठकस्थितः पाठोऽप्रासंगिक इव भाति । "हलुङः क्ङित्यनिदितः" इत्यस्यात्राप्रवृत्तेः । ५. हन्धोर्दे 'हनो वध लिङि' इति नित्यवधादेशविधानात् "हनः सिः" इत्यत्र लिङनुवृत्तेः प्रयोजनं नास्ति किन्वप्रयुक्त-नख-रूप-फलस्य लिङि नित्ये वधादेशेऽभावात् । ६.-षणं विहितम् । तः सेट्—अ०, ब०, स० ।

तः सेट् पूङ् शीङ् स्विन्मिद्क्ष्विद्धृषो न ॥१।१।६२॥ पूङ् शीङ् स्विद् मिद् क्ष्विद् धृष इत्येतेभ्यः परस्तसंज्ञः सेट् न किद्भवति । पवितः । पवितवान् । "श्युकः किति" [५।१।१०७] इतीटि प्रतिषिद्धे "पूङः" [५।१।११] इति तक्त्वोरिड् विभाषितः । शीङ्–शयितः । शयितवान् । अनुबन्धो यङ्लुक्निवृत्त्यर्थम् । शेशियतः । शेशियतवान् । "एर्गिवाक्चादुङोऽसुधियः" [४।४।७८] इति यत्वम् । स्विदा । प्रस्वेदितः । प्रस्वेदितवान् । प्रमेदितः । प्रमेदितवान् । प्रक्ष्वेदितः । प्रक्ष्वेदितवान् । प्रधर्षितः । प्रधर्षितवान् । वैयात्ये धृष्ट इत्येव भवति । पूङः "तयोर्व्यक्तखार्थः" [२।४।५५] इति कर्मणि क्तः । शीङः "श्लिगत्यर्थाच्च" [२।४।५८] इति कर्तरि (क्तः) चेति । स्विदादीनां "कर्तरि चारम्भे क्तः" [२।४।५६] इति कर्तरि क्तः । "आदितः" [५।१।१२२] इति प्रतिषेधे (सिद्धे) "वा भावारम्भयोः" [५।१।१२३] इति पक्षे भवति । त इति किम् ? पवित्वा । "पूङः" [५।१।११] इतीट्पक्षे मृडादिनियमादकित्त्वम् । सेडिति किम् ? पूतः । पूतवान् ।

मृषः स्वार्थे ॥१।१।६३॥ स्वार्थस्तितिक्षा । मृषेर्धोः स्वार्थे वर्तमानात्तसंज्ञः सेट् न किद्भवति । मर्षितः । मर्षितवान् । स्वार्थं इति किम् ? अपमृषितं वाक्यमाह । धूनामनेकार्थत्वात् स्वार्थग्रहणं पठितापेक्षम्[1] । पाठस्तूपलक्षणम् । सेडित्येव । मृषु सहने चास्योदित्वात् "यस्य वा" [५।१।१२१] इतीटि प्रतिषिद्धे मृष्टम्[2] ।

वोदुङो भावारम्भयोः शपः ॥१।१।६४॥ तः सेण्न किदिति वर्तते । उदुङो धोः शब्विकरणात्परो भावे चारम्भे च तः सेड् वा न किद्भवति । भावग्रहणं क्तस्य विशेषणम् । आरम्भ आद्यः[3]क्रियाक्षणः । स धोर्विशेषणम् । द्युतितमस्य । द्योतितमस्य । सम्बन्धे ता । कर्तृत्वविवक्षायां "न क्तिः" [१।४।७२] इत्यादिना ताप्रतिषेधः । द्युतितमनेन । द्योतितमनेन । प्रलुठितः । प्रलोठितः । प्रलुठितवान् । प्रलोठितवान् । "कर्तरि चारम्भे क्तः" [२।४।५६] इति कर्तरि क्तः । उदुङ इति किम् ? विदितमनेन । प्रविदितः । भावारम्भयोरिति किम् ? रुचितः कार्षापणः । शब्विकरणादिति किम् ? गुधितमस्य । प्रगुधितः । श्नाविकरणोऽयम् । सेडित्येव । रूढमस्य । प्ररूढः । तपरकरणमसन्देहार्थम् । निकुचित इति नकारस्य खे कृते "सन्निपातलक्षणो विधिरनिमित्तं तद्विघातस्य" इत्युदुङो विकल्पो न भवति । विहितविशेषणाद्वा ।

नोङस्थफात् क्त्वा ॥१।१।६५॥ सेडिति वर्तते वेति च । नकारोङो धोस्थकारान्तात् फकारान्ताच्च क्त्वा सेड् वा किद्भवति । श्रथित्वा । श्रन्थित्वा । ग्रथित्वा । ग्रन्थित्वा । गुफित्वा । गुम्फित्वा । मृडादिनियमान्नित्यमकित्त्वे प्राप्ते विधिर्विभाष्यते । नोङ इति किम् ? गोफित्वा । नन्वत्रापि "व्युङोऽवो हलः संश्च" [१।१।६७] इति विकल्पेन भाव्यम् । एवं तर्हि ऋफेर्ऋफित्वा प्रत्युदाहरणम् । थफान्तादिति किम् ? स्रंसित्वा ।

वञ्चिलुञ्च्यृत्तृषिमृषिकृषः ॥१।१।६६॥ वञ्चि लुञ्चि ऋति तृषि मृषि कृष् इत्येतेभ्यः परः क्त्वा सेड् वा किद्भवति । वचित्वा । वञ्चित्वा । लुचित्वा । लुञ्चित्वा । ऋतेर्वाऽगे[4] इति यदा ईयङ् न भवति तदा ऋतित्वा । अर्तित्वा । तृषित्वा । तर्षित्वा । मृषित्वा । मर्षित्वा । कृषित्वा । कर्षित्वा । मृडादिनियमान्नित्यमकित्त्वं प्राप्तम् । सेडित्येव । वक्त्वा । मृष्ट्वा । "वोदितः" [५।१।१०४] इति पक्षे नेट् ।

व्युङोऽवो हलः संश्च ॥१।१।६७॥ सेडिति वर्तते वेति च । उकारोङ इकारोङश्च धोरवकारान्ताद्धलादेः परः संश्च क्त्वा च सेटौ वा कितौ भवतः । उकारेकारोङोऽजन्तत्वासम्भवाद्धल्ग्रहणमादिविशेषणम् । दिद्युतिषते । दिद्योतिषते । "द्युतिस्वाप्योर्जिः" [५।२।१६७] इति चस्य जिः । द्युतित्वा । द्योतित्वा । लिलिखिषति । लिलेखिषति । लिखित्वा । लेखित्वा । सन्नकिदेव क्त्वापि सेण्मृडादिनियमादकित् । तयोरप्राप्तं कित्त्वमनेन विधीयमानं

---

१. धातुपाठपठिततितिक्षार्थस्य ग्रहणमित्यर्थः । २. मृष्टः ब० । ३.–द्यक्रि–ब० । ४. "कमृत्योर्णिङीयङ्" २।१।२८। इति नित्यं णिङीयङौ । अत्र "वाऽगे" इत्यनुवृत्ते अगे विकल्पेन णिङीयङौ इति तत्रत्यवृत्त्यभिप्रायः । एतदाशयेनैवात्र ऋतेर्वाग इति इत्याद्युक्तम् । नन्वित्थं किमपि सूत्रम् । ५. क्त्वेति ब०, स० । ६. अभ्यासस्य ।

विक[1]ल्प्यते । व्युङ इति किम् ? विवर्तिषते । वर्त्तित्वा । अव इति किम् ? दिदेविषति । देवित्वा । हलादेरिति किम् ? एषिषिषति । एषित्वा । सनि एपि कृते द्वित्वम् । सेडित्येव । बुभुक्षते । भुक्त्वा ।

युक्तवदुसि लिङ्गसंख्ये ॥१।१।६८॥ युक्तः प्रकृत्यर्थः । प्रत्ययार्थेन सम्बन्धात् । उसोऽर्थं उस् । उसि युक्त इव लिङ्गसंख्ये भवतः । इवार्थे वत् । उसिति नाशस्य संज्ञा । उसा नष्टस्य त्यस्यार्थः साहचर्यादुस् । तत्रोसर्थे प्रकृत्यर्थे इव लिङ्गसंख्ये विधीयेते । लिङ्गं स्त्रीपुंनपुंसकानि । संख्या एकत्वद्वित्वबहुत्वानि । पञ्चालो नाम राजा तस्यापत्यं **"राष्ट्रशब्दाद्राज्ञोऽञ्"** [३।१।१५०] इत्यञ् । बहुत्वे तस्योपि कृते पञ्चालाः क्षत्रियाः पुंल्लिङ्गा बहुसंख्याः । तेषां निवासो जनपदः **"तस्य निवासादूरभवौ"** [३।२।२६] इत्यागतस्याणः **"जनपद उस्"** [३।२।६१] इत्युस् । क्षत्रियेषु ये लिङ्गसंख्ये ते जनपदेऽपि भवतः । पञ्चालाः । कुरवः । अङ्गाः । वङ्गाः । कलिङ्गाः । एवं वरणानामदूरभवः । गोदौ नाम ह्रदौ तयोरदूरभवः । **"वरणादेः"** [३।२।६२] इति उस् । वरणाः । शिरीषाः । गोदौ ।**"अर्थातिदेशाद्विशेषणानामपि तद्वत्ता सिद्धा"** (वा०) पञ्चाला रमणीया बह्वन्ना बहुक्षीरघृता बहुमाल्यफलाः। वरणा रमणीयाः । गोदौ रमणीयौ । **"अजातेरिति वक्तव्यम्"** (वा०) । पञ्चाला जनपदः । गोदौ ग्रामः । अत्र जनपदग्रामयोर्जातित्वान्नातिदेशः । जात्यर्थो जातिः । तेन तद्विशेषणानामपि प्रतिषेधः। पञ्चाला जनपदो रमणीयः। नेदं वक्तव्यम् । सञ्ज्ञाप्रामाण्यात् । यथा वर्षा आपो दारा गृहाः सिकता इत्येवमादीनां संज्ञाशब्दानां संज्ञाप्रामाण्यादेव स्वलिङ्गेन स्वसंख्यया च साधुत्वमेवं जातेरपि भविष्यति । पञ्चालादीनां तु संज्ञाशब्दानामन्वाख्यानप्रदर्शनार्थमुस्लिङ्गसंख्यातिदेशश्च विधीयते इत्यदोषः । उसीति किम् ? आमलकं फलम् । उपि कृते फलेऽर्थे आमलकशब्दस्य स्त्रीलिङ्गं मा भूत् । लिङ्गसंख्ये इति किम् ? बदर्या अदूरभवो ग्रामः । वरणादित्वादुस् तस्य वनं बदरीवनम् । वनस्पतित्वातिदेशो मा भूत् । **"विभाषौषधिवनस्पतिभ्यः"** [५।४।६०] इति णत्वं प्रसज्येत । वेति व्यवस्थितविभाषानुवृत्तेर्मनुष्यार्थे उसि विशेषणानां न लिङ्गसंख्यातिदेशः । पञ्चाला अभिरूपः । बह्वीका[2] दर्शनीयः। चञ्चेव मनुष्यः । **"इवे प्रतिकृतौ कः"** [४।१।१५०] इति कः । तस्य **"उस् मनुष्ये"** [४।१।१५२] इत्युस् । खलतिकादिषु संख्यातिदेश एव । खलतिकस्य पर्वतस्यादूरभवानि खलतिकं वनानि । हरीतक्यादिषु लिङ्गातिदेश एव । हरीतक्या अवयवः फलानि । **"हरीतक्यादेः"** [३।३।१२४] इत्युस् । हरितक्यः फलानि ।

तिष्यपुनर्वसूनां भद्वन्द्वे द्वित्वम् ॥१।१।६६॥ तिष्य एकः पूनर्वसू द्वौ । तेषां भद्वन्द्वे द्वित्वं भवति । उदितौ तिष्यपुनर्वसू । तिष्यपुनर्वसूनामिति किम् । राधानुराधाः । श्रवणधनिष्ठाः । भग्रहणं किम् । तिष्ये जातः । पुनर्वस्वोर्जातौ तत्र जात इत्यागतस्याणो **"भेभ्यो बहुलम्"** [३।३।१३] इत्युप् । तिष्यश्च पुनर्वसू च तिष्यपुनर्वसवो माणवकाः । ननु गौणत्वादेवात्र न भविष्यति । पर्यायार्थ तर्हि भग्रहणम् । पुष्यपुनर्वसू सिद्धपुनर्वसू इति । बहुवचननिर्देशः किमर्थः ? एकवद्भावे मा भूत् । इदं तिष्यपुनर्वसु । इदमेव ज्ञापकं **"वा तरुमृग०"** [१।४।८८] आदिसूत्रे वेति योगविभागोऽस्ति । द्वन्द्व इति किम् । यस्तिष्यस्तौ पूनर्वसू येषां ते तिष्यपुनर्वसवो मुग्धाः तिष्यादय एवात्र विपर्ययेण प्रतीयन्त इति भविषयत्वमस्ति । **"जात्याख्यायामेकस्मिन् बहुवचनमन्यतरस्याम्** । [१।२।५८ पा० सू०] इति न वक्तव्यम् । सामान्यविशेषात्मकत्वाद्वस्तुनः । विशेषेष्वनुवृत्ताकारबुद्धिनिमित्तं सामान्यम् । व्यावृत्ताकारबुद्धिहेतवो विशेषाः । तत्र सामान्यविवक्षायामेकत्वं भवति । सम्पन्नो व्रीहिः । विशेषविवक्षायां बहुत्वम् । सम्पन्ना व्रीहयः । संख्यानुप्रयोगे जातिविवक्षैव । एको व्रीहिः सम्पन्नः सुभिक्षं करोति । [3]अस्मदो द्वयोरेकस्य च वा बहुत्वं न वक्तव्यम् । कथमहं ब्रवीमि, आवां ब्रूवः, वयं ब्रूम इति ? आत्मन इन्द्रियाणां च स्वातन्त्र्यं पारतन्त्र्यं विवक्षया भविष्यति । कदाचिदात्मा स्वतन्त्रो भवति । अनेनाक्ष्णा पश्यामि । कदाचिदिन्द्रियाणां स्वातन्त्र्यम् । इदम्मेऽक्षि पश्यति । तत्रात्मनः स्वातन्त्र्यविवक्षाया-

---

१. विकल्पेन विधीयत इत्यर्थः । २. "वह्धिका" अ० "वह्निका" मु० । ३. अस्मदो द्वयोश्च (पा० सू० १।२ ५९) इति सूत्रं लक्षयति वृत्तिकारः ।

मेकत्वमिन्द्रियाणां[1] स्वातन्त्र्ये बहुत्वम्। सविशेषणस्यात्मविवक्षैव। अहं देवदत्तो ब्रवीमि। अहं साधुर्ब्रवीमि। युष्मदि गुरावुभयविवक्षा। त्वं मे गुरुः। यूयं मे गुरवः। एतच्च शब्दशक्ति[2]स्वाभाव्यात्। फल्गुनीप्रोष्ठपदानां[3] नक्षत्रे द्वयोर्बहुत्वं वेति न वक्तव्यम्। कथं कदा पूर्वे फल्गुन्यौ कदा पूर्वाः फल्गुन्यः। कदा पूर्वे प्रोष्ठपदे कदा पूर्वाः प्रोष्ठपदाः? यदा फल्गुनीसमीपगते चन्द्रमसि फल्गुनीशब्दो विवक्ष्यते तदा बहुत्वमन्यदा द्वित्वम्।

स्वाभाविकत्वादभिधानस्यैकशेषानारम्भः ॥१।१।१००॥ स्वभावत एव शब्द एकशेषमनपेक्ष्य एकत्वद्वित्वबहुत्वेषु वर्तते। अत एवैकशेषानारम्भः। एकत्वादीनां प्रकृत्युपात्तानामभिव्यक्तये विभक्त्युपादानम्। यथा एको द्वौ बहवः पञ्च सप्तेति। एवं वृक्षः वृक्षौ वृक्षाः। अथ प्रत्य[4]र्थे शब्दनिवेशान्नैकेनानेकस्याभिधानं तत्रानेकार्थाभिधानेऽनेकशब्दत्वं प्रसक्तमत एकशेषः। अत्रोच्यते—यदि भिन्नेष्वभिन्नाभिधाने[5]प्रत्ययहेतुर्जातिः शब्दार्थः। तस्याः प्रत्यायने एक एव शब्दः समर्थः। अथ द्रव्यं शब्दार्थः। तच्चानेकं व्यावृत्ताभिधानबुद्धिलिङ्गम्। तस्याभिधित्सायामनेकशब्दत्वे प्राप्त एकशेष इति। एतदप्ययुक्तम्। अवशिष्टः शब्दो निवृत्त[6]शब्दस्य यद्यर्थमभिधत्ते तदास्य द्वित्वेऽपि वृत्तिरिति किमेकशेषेण। अथ नाभिधत्ते तदा पश्चादपि स एवार्थः। कथमनेक[7]त्रार्थे वृत्तिः? सरूपाणां द्वन्द्वनिवृत्त्यर्थमेकशेष इत्यपि नास्त्यनभिधानात्। न हि भवति द्वौ च द्वौ च द्वाविति। अथ विरूपशब्दार्थ एकशेषः। तथाहि—"**वृद्धो यूना तल्लक्षणश्चेदेव विशेषः**" [पा० सू० १।२।६५] 'अपत्यमन्तर्हितं वृद्धम्'। एवकारो भिन्नक्रमः। विशेषो वैरूप्यम्। वृद्धः शिष्यते यूना सह वचने वृद्धयुवलक्षणे एव यदि विशेषः समानायां प्रकृतौ। गार्ग्यश्च गार्ग्यायणश्च गार्ग्यौ। दाक्षिश्च दाक्षायणश्च दाक्षी। वृद्ध इति किम्? औपगवश्चानन्तर औपगविश्च युवा औपगवौपगवी। गार्गिगार्ग्यायणौ। यूनेति किम्? गर्गश्च गार्ग्यश्च गर्गगार्ग्यौ। तल्लक्षण एवेति किम्? गार्ग्यवात्स्यायनौ। अत्र प्रकृतिविशेषोऽप्यस्ति। एवकारः किमर्थः। भागवित्तिभागवित्तिका। भागवित्तेरपत्यं युवा। "**दोष्ठण् सौवीरेषु प्रायः**" [३।१।१३६] इत्यत्र लोपस्यापि भावान्न तल्लक्षण एव। विशेष इति किम्? वैदश्च वृद्धो वैदश्च युवा वैदवैदौ। तल्लक्षणवैरूप्याभावात् द्वन्द्वो भवत्येव। "**स्त्री पुंवच्च**" [पा० सू० १।२।६६] स्त्री वृद्धा यूना सह वचने शिष्यते पुंवद्भावश्चास्या भवति तल्लक्षण एव यदि विशेषः। गार्गी च गार्ग्यायणश्च गार्ग्यौ। दाक्षी च दाक्षायणश्च दाक्षी। नेदं द्वयं वक्तव्यम्। जीवति वंश्ये वृद्धं द्वयमभिधत्ते। अजीवति वृद्धयूनोर्द्वन्द्वो नास्त्यनभिधानात्। जीवति वंश्ये वृद्धां स्त्रीं युवानञ्च सामान्येन वृद्धशब्द एवाभिधत्ते। द्वन्द्वस्य चानभिधानम्। यदपि पु[8]मान् स्त्रिया सह वचने शिष्यते तल्लक्षण एव यदि विशेषः। कठश्च कठी च कठौ। मयूरश्च मयूरी च मयूरौ। प्राणिधर्मयोः स्त्रीपुंसयोर्ग्रहणादिह न भवति। नदनदीपतिः। घटघटीसरावोदञ्चनादि। तल्लक्षण इत्येव। कुक्कुटमयूर्यौ। एवकार इत्येव। इन्द्रेन्द्राण्यौ। भवभवान्यौ। पुंयोगलक्षणोऽप्यत्र विशेषः। इदमपि जातिमात्रविवक्षया सिद्ध्यति। द्वन्द्वस्य चानभिधानम्। अभिधाने द्वन्द्वोऽस्ति। नदनदीपतिः। ब्राह्मणवत्साब्राह्मणी(ण)वत्सौ। **भ्रातृ[9]पुत्रौ स्वसृदुहितृभ्यां शिष्यत इति न वक्तव्यम्**। भ्राता च स्वसा च भगिनी वा भ्रातरौ। पुत्रश्च दुहिता च पुत्रौ। अपत्यमात्रविवक्षया द्वन्द्वानभिधानञ्च। इदं तर्हि वक्तव्यम्। नपुंसक[10]मनपुंसकेनैकवच्चास्यान्यतरस्यान्तल्लक्षण एव यदि विशेष इति। शुक्लञ्च वस्त्रं शुक्लश्च कम्बलः शुक्ला च साटी तदिदं शुक्लम्। तानीमानि शुक्लानि। नेदं ज्यायः, त्रिषु लिङ्गेषु नपुंसकस्य प्रश्नादौ प्राधान्यात्। तैन (नपुंसकत्वं)

१.–याणां बहु–अ०, ब०, स०। २.–क्तिस्व .ावात्। फल्गु–अ०। ३. "फल्गुनीप्रोष्ठपदानां च नक्षत्रे" पा० सू० १।२।६०। ४. प्रत्यर्थंशब्द–अ०। ५.–धाने प्रत्य–अ०। ६.–त्तस्य शब्द–अ०, ब०, स०। ७.–कार्थे वृ–स०। ८. "पुमान् स्त्रिया" पा० सू० १।२।६७। इत्यभिलक्ष्य खण्डयति। ९. "भ्रातृपुत्रौ स्वसृदुहितृभ्याम्" पा० सू० १।२।६८। इति खण्डयति। १०. "नपुंसकमनपुंसके-नैकवच्चास्यान्यतरस्याम्" इति पा० सू० १।२।६९।

सामान्यविशेषापेक्षया च वचनभेदः । पिता[1] मात्रा श्वशुरः श्वश्र्वाऽन्यतरस्यामित्यपि न वक्तव्यम् । सामान्यविवक्षया पितरौ श्वशुराविति । द्वन्द्वोऽप्यस्ति । मातापितरौ । श्वश्रूश्वशुरौ । श्वश्रूशब्दः स्त्रियामिहैव निपातितः । **"त्यदादीनि सर्वैर्नित्यम् ।"** [पा० सू० १।२।७२] सर्वैरिति त्यदादिभिरन्यैश्च सहवचने त्यदादीनि शिष्यन्त इत्येतदपि नास्ति । त्यदादीनामन्यापेक्षया सामान्यवाचित्वम् । त्यदादिषु च यद्यत्परं तत्तत्सामान्यवाचीति तत्प्रयोगो युक्तः । स च देवदत्तश्च तौ । कश्च देवदत्तश्च कौ । स च यश्च यौ । अथात्र कस्य लिङ्गम् । स च स्थाली च कुण्डञ्च । स च देवदत्ता च[2] कुण्डं चेति । उच्यते—द्वन्द्वा[3]पवादोऽयम् । द्वन्द्वे चान्त्यलिङ्गम् । अत्रापि तदेव युक्तम् । इदं चापि न वाच्यम् । **"ग्राम्यपशुसङ्घेष्वतरुणेषु स्त्री"** [पा० सू० १।२।७३] ग्राम्या ये पशवस्तेषां सङ्घेषु स्त्री शिष्यते अतरुणाश्चेद् ग्राम्यपशवः । गावश्च स्त्रियो गावश्च पुमांसः गाव इमाः । अजा इमाः । ग्राम्यग्रहणं किम् । आरण्यानां मा भूत् । रुरव इमे । पृषत इमे । पशुग्रहणं किम् । ब्राह्मणा इमे । सङ्घेष्विति किम् ? एतौ गावौ चरतः । अतरुणेष्विति किम् ? वत्सा इमे । वर्करा इमे । कथं नेदं वक्तव्यम् ? लिङ्गमशिष्यं लोकाश्रयत्वाल्लिङ्गस्येति । अन्यथा अश्वा इमे इत्येवमादिषु एकशेषेषु अनिष्टं स्त्रीलिङ्गं प्रसज्येत

इत्यभयनन्दि[4]मुनिविरचितायां जैनेन्द्रव्याकरणमहावृत्तौ प्रथमस्याध्यायस्य प्रथमः पादः समाप्तः ।

भूवादयो धुः ॥ १।२।१ ॥ भू इत्येवमादयः शब्दाः प्रत्येकं धुसञ्ज्ञा भवन्ति । भू एध स्पर्द्ध इत्यादि । धोरित्यधिकृत्य लडादिविधिः कार्यम् । भवति । एधते । स्पर्द्धते । आदिशब्दो व्यवस्थावाची । तेन आ[5]णवयत्यादीनां निरासः । अर्थपदोपलक्षितानाञ्च व्यवस्था । ततो धुसमानशब्दानां यावामादिवित्येवमादीनां सर्वनामविकल्पप्रतिषेधस्वर्गादिवाचिनामग्रहणम् । भूशब्द आदिरेषामिति वसे भ्वादय इति प्राप्नोति । नैवम् । **"भूवादीनां वकारोऽयं लक्षणार्थः प्र ्यते । इको यणभिर्व्यवधानमेकेषामिति संग्रहः"** । तेन त्रियम्बकं यजामहे वायुवम्बरयोरिवेत्यादि सिद्धम् । **"भुवो वार्थं वदन्तीति"** भवतेः सम्पदादिपाठात्क्विप् । भुवं भवनं क्रियां वदन्तीति बहुलवचनादण्यन्तादपि वदेरौणादिके इञि कृते भूवादयः । अस्मिन् पक्षे शिष्टाप्रयोगादाणवयत्यादीनां[6] क्षेपः[7] । **"भ्वर्था वा वादयः स्मृताः ।"** अथवा वा गतिगन्धनयोरित्यस्मात्पर आदिशब्दः । भुवो वादयो वाच्यवाचकभावसम्बन्धे ता भ्वर्थ इत्यर्थः । ये तु वकारो मङ्गलार्थ इति पठन्ति[8] । त इदं वाच्याः । यद्याधिक्याद्वकारो मङ्गलमतिप्रसङ्गः स्यात् । एतेन तत् ज्ञानं प्रत्युक्तम् । मङ्गलाभिधेयश्च वकारो नाममालादिषु न पठ्यते । वृत्तौ मध्यनिपातश्च चिन्त्यः । धुप्रदेशाः **"धोर्यङ् क्रियासमभिहारे"** [२।१।१६] इत्येवनादयः ।

अकर्मको धिः ॥ १।२।२ ॥ अकर्मको धुर्धिसञ्ज्ञो भवति । **"कर्त्र्याप्यम्"** [१।२।१२०] इत्यादिना लक्षणेन विहितं कर्म तदविवक्षितं वा नास्या (नास्त्यस्य वाऽ) कर्मकः । धप्रदेशाः **"अनोधेः"** [१।२।४५] इत वमादयः ।

कार्यार्थोऽप्रयोगीत् ॥ १।२।३ ॥ शास्त्रेऽन्यस्य कार्यार्थमाश्रीयते प्रयोगे च न श्रूयते यः स इत्सञ्ज्ञो भवति । अइउण् णकारः । ञिमिदा स्नेहने, टुनदि समृद्धौ, डुकृञ् करण इत्यादिषु ञिटुडवो ङेङ्स्यादिषु ङकारः । कार्यार्थ इति किम् ? कुलात्खः कुलीनः । परमकुलीन इत्यत्र खकारस्याऽप्रयोगित्वात् "खित्यमेर्मु-

---

१. "पिता मात्रा, श्वसुरः श्वश्रवा" पा० सू० १।२।७०,७१ इत्यभिलक्ष्य खण्डयति । २.-त्ता च । स च कु-अ०, स० । ३. इदमेकशेषवादिनां मते संगच्छते । एकशेषानारम्भवादिना वृत्तिकृता तु "लिंगमशिष्यं लोकाश्रयत्वाल्लिंगस्य" इति वाच्यम् । ४.-न्दिविर-अ०, ब०, स० । ५. आणपयत्या-अ०, स० आणयस्या-ब० । ६.-दाणपय-अ०, ब०, स० । ७. निरास इत्यर्थः । ८. "भूवादीनां वकारोऽयम्मंगलार्थः प्रयुज्यते" (१।३।१। पा० म० भा०) इति खण्डनपरः सन्दर्भः ।

मचः” [४।३।१७६, १७७] इति मुम् प्रसज्येत। अप्रयोगीति किम् ? परमकुलीनः। ईनादेशः कार्यमिति मुम् स्यात्। ननु कार्यार्थोऽप्रयोगी च खः कथं नेत्सञ्ज्ञः ? उभयविशेषणोपादानात्। अन्यस्य कार्यार्थो भूत्वा योऽप्रयोगीत्यदोषः। अन्वर्था चेयमित्संज्ञा। एति गच्छति नश्यतीत् तेन “तस्य लोपः” [पा. सू. १।३।६] इति न वक्तव्यम्। प्रयोगानुसारेणाप्रयोगित्वावगतेः। प्रतिपत्तिगौरवमिति चेत् “उपदेशेऽजनुनासिक इत्” [पा० सू० १।३।२] इत्यनुनासिकत्वमपि प्रयोगादेवावसीयत इति समानम्। इत्प्रदेशाः “ठिदादिः” [१।२।४३] इत्येवमादयः।

यथासंख्यं समाः ॥ १।२।४ ॥ यथासंख्यं यथाक्रमं समाः शिष्यमाणा भवन्ति[1]। यथासंख्यं “यावद्यथा-वद्धृत्यसादृश्ये” [१।३।६] इति हसः। समास्तुल्याः। तुल्यत्वञ्च द्विष्ठमतः पूर्वोद्दिष्टानामनुदिष्टाः समा ज्ञेयाः। “मिप्थस्थतसोऽम्तंतताम्” [२।४।८२] प्रथमसंख्यस्य मिपः प्रथमसंख्योऽम् इत्येवमादि योज्यम्। समा इति किम् ? “सङ्ख्याङ्कलक्षणघोषेऽन्यजिन्नामण्” [३।३।६५] सङ्ख्यादयश्चत्वारोऽर्था अञादयस्त्रयः, वैषम्यात् सङ्ख्यादिषु चतुर्ष्वर्थेष्वञंतादण् भवति, तथा यञन्तादिञन्ताच्च। समशब्दस्य सर्वार्थे युक्तार्थे च सर्वनाम-सञ्ज्ञोक्ता न तुल्यार्थे।

स्वरितेनाधिकारः ॥ १।२।५ ॥ स्वरितेन लिङ्गेनाधिकारो वेदितव्यः। “त्यः” [२।१।१] “परः” [२।१।२] “ङ्याप्मृदः” [३।१।१] इत्येवमादिः। स्वरित इति आचार्यप्रतिज्ञाया लिङ्गम्। “व्यामिश्रः स्वरितः” [१।१।१४] इत्यस्याचो धर्मत्वेन “रो रि” [२।४।१८] इत्येवमादिषु हल्स्वसम्भवादग्रहणम्। अधि-कारो विनियोगो व्यापार इत्यर्थः। स्वरितेनेति योगविभागाद्यथासंख्यमपि स्वरितेन ज्ञेयम्।

ङनुदात्तेतो दः ॥ १।२।६ ॥ ङकारेतोऽनुदात्तेतश्च धोर्द एव भवति। ङितः। षूङ्। सूते। शीङ्। शेते। इङ्। अधीते। अनुदात्तेतः। आस। आस्ते। वस। वस्ते। चक्ष। आचष्टे। चक्षेर्ङित्करणमनर्थकम्। अनुदात्तेत्त्वाद्युच्। विचक्षणः। “लः कर्मणि च भावे च धेः” [२।४।५४] इति धोर्लकारा विहिताः। तद्-द्वारेण दविधौ मविधौ च प्राप्ते प्रकृतिनियमोऽयम्। ङनुदात्तेतो द एव भवति। दस्त्वनियतः। सोऽन्येभ्योऽपि प्राप्तः। “मम्” [१।२।७५] इति द्वितीयो नियमः। यत्र मश्च दश्च प्राप्नोति तत्र ममेव भवति। यदि त्य-नियमः स्याद् ङनुदात्तेत एव दो भवति नान्येभ्यस्तदान्यत्र मस्य सिद्धत्वात् “मम्” [१।२।७५] इति सूत्र-मनर्थकं स्यात्। तदारम्भादिष्टावधारणं सिद्धम्। किञ्च त्यनियमे हि ङनुदात्तेतोऽपि मं प्राप्नोति तन्निवृत्तये शेषान्ममिति शेषग्रहणं कुर्यात्। तदकरणं च ज्ञापकं प्रकृतिनियमस्य।

ङौ ॥ १।२।७ ॥ ङिरिति भावकर्मणोः सञ्ज्ञा। ङौ द एव भवति। आस्यते भवता। सुप्यते भवता। भावस्यैकत्वं युष्मदस्मदर्थाऽसम्भवश्च। कारकेभ्यः पृथग्भूतो धोरर्थः स्वप्रधानको भावः। एति जीवन्तमानन्द इत्यत्र आनन्दो बाह्य एतेः कर्तृत्वेन विवक्षित इति[2] दो न भवति। कर्मणि। क्रियते कटः। कर्मकर्तरि। लूयते के[3]सरः। भिद्यते कुसूलः स्वयमेव। अर्थनियमोऽयम्। दस्तु कर्तर्यपि प्राप्तः स ममित्यनेन नियमेन निवर्त्यते। यदि ङावेव दो भवतीति त्यनियमः स्याद् भावकर्मणोरनियतत्वान्मेऽपि प्राप्ते तन्निवृत्त्यर्थं शेषात् कर्तरि ममित्युच्येत शेषा[4]ऽकरणं ज्ञापकमर्थनियमस्य। एवं प्रकृतिनियमेऽर्थनियमे च सति “मम्” [१।२।७५] इत्यत्र कर्तृग्रहणं शेषग्रहणञ्च प्रत्याख्यातम्।

कर्तरि ञे ॥ १।२।८ ॥ कर्त्तरि ञार्थे दो भवति। “कर्मव्यतिहारे ञः” [२।३।७६] इति ञो विहि-तस्तत्सहचरितः[5] कर्मव्यतिहारो ञार्थः। कर्मव्यतिहारश्च कर्मग्रहणसामर्थ्यात् क्रियाव्यतिहारः। अन्यस्य कर्तुमिष्टां क्रियां यदान्यः करोति तदिष्टां चेतरस्तदा क्रियाव्यतिहारः। [6]व्यतिलुनीते। व्यतिपुनीते। आरम्भसामर्थ्यात्

१.-न्ति। यायासङ्ख्या यथा—अ०, ब०, स०। २. इत्यत्र दो अ०, ब०। ३. केदारः अ०, ब०, स०। ४. उत्तरवाक्यस्वारस्येन शेषाकरणं ज्ञापकं प्रकृतिनियमस्य, कर्तृग्रहणाकरणज्ञापक-मर्थनियमस्येति पाठो युक्तः। ५. ञसहचरित इत्यर्थः। ६. व्यतिलुनते। व्यतिपुनते अ०, ब०।

कर्तर्येव सिद्धे कर्तृग्रहणमुत्तरार्थम् **"न गतिहिंसार्थेभ्यः"** [१।२।६] इति । कर्तरि कर्मव्यतिहारे विहितस्य दस्य प्रतिषेधो यथा स्यादिह मा भूत् । व्यतिभूयते सेनया । व्यतिगम्यन्ते ग्रामाः । व्यतिहन्यन्ते दस्यवः । क्रियाव्यतिहार इति किम् ? पारिभाषिककर्मव्यतिहारे मा भूत् । देवदत्तस्य धान्यं व्यतिलुनन्ति ।

न गतिहिंसार्थेभ्यः ॥ १।२।६ ॥ गत्यर्थेभ्यो हिंसार्थेभ्यश्च धुभ्यो ऽार्थे दो न भवति । व्यतिगच्छन्ति । व्यतिधावन्ति । हिंसार्थेभ्यः । व्यतिहिंसन्ति । व्यतिभिन्दन्ति । व्यतिछिन्दन्ति । व्यन्तिपिंषति । बहुवचननिर्देशो हसादिसंग्रहणार्थः । व्यतिहसन्ति । व्यतिजल्पन्ति । व्यतिपठन्ति । व्यतिकथयन्ति । **"हृवहोरप्रतिषेधो वक्तव्यः"** [वा०] सम्प्रहरन्ते राजानः । व्यतिवहन्ते नद्यः । गतिहिंसयोः प्रतिषेधो गतिहिंसाहेतौ न भवति । व्यतिगमयन्ते । व्यतिभेदयन्ते ।

परस्परान्योन्येतरेतरे ॥ १।२।१० ॥ परस्पर अन्योन्य इतरेतर इत्येतेषु प्रयुक्तेषु ऽार्थे दो न भवति । परस्परस्य व्यतिलुनन्ति । अन्योन्यस्य व्यतिलुनन्ति । इतरेतरस्य व्यतिलुनन्ति । व्यतिभ्यां द्योतितेऽपि कर्मव्यतिहारे परस्परादिपदप्रयोगो द्वावपूपौ भक्षयेति यथा । परस्परादिशब्दानां कथं सिद्धिः । द्वित्वप्रकरणे कर्मव्यतिहारे सर्वनाम्नो द्वित्वम् । **"सवच्च बहुलम्"** [**वा०**] इति वक्ष्यति ।

निविशः ॥ १।२।११ ॥ नि इति स्वरूपस्य ग्रहणं न निसञ्ज्ञाया । निपूर्वाद्विशो दो भवति । निविशते । निविशेते । निविशन्ते । लावस्थायामडागमः । तद्भक्तो न व्यवधायकः । न्यविशत । **"मम्"** [**१।२।७२**] इति मं प्राप्तम् । सनिर्देशः सनर्थार्थः । सामर्थ्यञ्च धोर्गिना । तेनेह न भवति । मधुनि विशन्ति भ्रमराः । अनर्थकत्वाद्वा ।

परिव्यवक्रियः ॥१।२।१२॥ परि वि अव इत्येवंपूर्वात् क्रीणातेर्दो भवति । परिक्रीणीते । विक्रीणीते । अवक्रीणीते । अकर्त्राप्ये फले विधिरयम् । अनर्थकत्वादिह न भवति । उपरि क्रीणाति । गवि क्रीणाति । अपचाव क्रीणीवः । क्री इति अनुकरणम् । अनुकार्येणार्थवत्त्वान्मृत्वे सति स्वादिविधिः । **"प्रकृतिवदनुकरणम्"** इति धुत्वातिदेशादियादेशः । उत्तरत्र जेरिति निर्देशात् वत्करणादपि स्वाश्रयोऽपि क्वचिदेव ।

विपराजेः ॥१।२।१३॥ वि परा इत्येवंपूर्वाज्जयतेर्दो भवति । विजयते । पराजयते । अत्रापि सनिदशः समर्थस्य गेर्ग्रहणार्थः । तेनेह न भवति । बहु[1]विजयति वनम् । प[2]राजयति सेना ।

आङो दोऽव्यसने ॥१।२।१४॥ व्यसनं विकसनं विवरणं वा । अन्येषां दारूपाणां व्यसने वृत्तिर्नास्ति । आङ्पूर्वाद्ददातेरव्यसनेऽर्थे दो भवति । विद्यामादत्ते । अकर्त्राप्ये फले प्रापणार्थमिदम् । अव्यसनमिति किम् ? आस्यं व्याददाति । पिलकं व्याददाति । विपादिकां व्याददाति । **"स्वाङ्गकर्मकादिति वक्तव्यम्"** [वा०] इह मा भूत् । व्याददते पिपीलिकाः पतङ्गमुखम् । यद्यकर्त्राप्ये फले प्राप्तस्याव्यसन इति प्रतिषेधः कर्त्राप्ये फले व्यसने दः प्राप्नोति । नैवम् । अव्यसन इति योगविभागाद् येन केनचित्प्राप्तस्य प्रतिषेधः । आङिति ङित्करणं किम् ? आ ददात्यसौ भिक्षामिदानीमहमस्मार्षम् । आङिति योगविभागः । तेन स्थः प्रतिज्ञाने दो भवति । अनित्यं शब्दमातिष्ठ[3]न्ते । **"गमयतेः कालहरणे"** [**वा०**] आगमयस्व तावद्देवदत्त । **"नुप्रच्छिभ्याञ्च"** [वा०] । आनुते शृगालः । आपृच्छते गुरुमिति सिद्धम् ।

क्रीडोऽनुपर्याङः ॥१।२।१५॥ अनु परि आङ् इत्येवंपूर्वात् क्रीडो दो भवति । अनुक्रीडते । परिक्रीडते । आक्रीडते । गिसाहचर्यादनोर्गेरेव ग्रहणादिह न भवति । माणवकमनु क्रीडति । माणवकेन सहेत्यर्थः । **"भार्थे"** [**१।४।१४**] इत्यनुना योग इप् गितिसञ्ज्ञाप्रतिषेधश्च । **"शिक्षेर्जिज्ञासायां दो वक्तव्यः"** [वा०] शकेः सन्नन्तस्येदं ग्रहणम् । विद्यासु शिक्षते । धनुषि शिक्षते । कर्मविवक्षायां विद्याः शिक्षांचक्रे । **"हरतेर्गतिताच्छील्ये"** [वा०] पैतृकमश्वा अनुहरन्ते मातृकं गावः । मातुरागतम् **"ऋतष्ठञ्"** [**३।३।१२**] इति ठञ् ।

---

१. बहु भुवि जय-ब० । २. अपरा अ० । ३. -मातिष्ठते अ०, ब०, स० ।

गतिताच्छील्य इति किम् ? मातरमनुहरन्ति । "शप उपलम्भन इति च वक्तव्यम्" [वा०] वाचा शरीरस्पर्शनमुपलम्भः । देवदत्ताय शपते । उपलम्भन इति किम् ? शपति ।

समोऽकूजे ॥१।२।१६॥ सम्पूर्वात् क्रीडोऽकूजेऽर्थे दो भवति । संक्रीडते । संक्रीडेते । संक्रीडन्ते । अकूज इति किम् ? संक्रीडन्ति शकटानि । अव्यक्तं शब्दं कुर्वन्तीत्यर्थः ।

स्थोऽवविप्राच्च ॥१।२।१७॥ अव वि प्र इत्येवंपूर्वात् सम्पूर्वाच्च तिष्ठतेर्दो भवति । अवतिष्ठते । वितिष्ठते । प्रतिष्ठते । सन्तिष्ठते ।

ज्ञीप्सास्थेयोक्तौ ॥१।२।१८॥ परपरितोषार्थमात्मरूपादिप्रकाशनं ज्ञीप्सा । स्थीयतेऽस्मिन् निर्णयरूपेणेति स्थेयः । बहुलवचनादधिकरणे यः । ज्ञीप्सायां स्थेयोक्तौ च तिष्ठतेर्दो भवति । ज्ञीप्सायाम्–तिष्ठते कन्या छात्रेभ्यः । तिष्ठते ब्राह्मणी छात्रेभ्यः । स्वाभिप्रायप्रकाशनेनात्मानं रोचयतीत्यर्थः । ज्ञीप्सनक्रियया कर्मव्यपदेशभाजां छात्राणामुपेयत्वात् संप्रदानत्वम् । स्थेयोक्तौ–देवदत्ते तिष्ठते । त्वयि तिष्ठते । मयि तिष्ठते । संशयान्निश्चयं करोतीत्यर्थः ।

उद ईहे ॥१।२।१९॥ उत्पूर्वात्तिष्ठतेरीहार्थे[1] वर्तमानाद्दो भवति । गेहे उत्तिष्ठते । धर्मे उत्तिष्ठते । घटत इत्यर्थः । ईह इति किम् ? असाद् ग्रामाच्छतमुत्तिष्ठति । उत्पद्यत इत्यर्थः । ईह इति ईहतेः पर्यायग्रहणात् गम्यमानायामीहायां न भवति । आसनादुत्तिष्ठति । उत्तिष्ठति सेना । असाद् ग्रामाद्दिष्टिः[2] (?) । पञ्च पुरुषा उत्तिष्ठन्ति ।

उपान्मन्त्रकरणे ॥१।२।२०॥ उपपूर्वात्तिष्ठतेर्मन्त्रकरणे दो भवति । जगत्योपतिष्ठते । त्रिष्टुभोपतिष्ठते । मन्त्रकरण इति किम् ? भर्तारमुपतिष्ठति भार्या यौवनेन । उपादिति योगविभागः । तेन देवपूजासङ्गतिकरणमित्रकरणपथिषु दो भवति । देवपूजायाम्–सीमन्धरमुपतिष्ठते । सङ्गतिकरणे–रथिकानुपतिष्ठते । मित्रकरणे–महामात्रानुपतिष्ठते । सङ्गतिकरणमुपश्लेषः । मित्रकरणं मानसः सम्बन्धः । पथि–अयं पन्थाः स्रुघ्नमुपतिष्ठते । "वा लिप्सायामिति वक्तव्यम्" [वा०] । भिक्षुको दातृकुलमुपतिष्ठते[3] । उपतिष्ठति वा ।

धेः ॥१।२।२१॥ अकर्मको धिरिति । उपपूर्वात्तिष्ठतेर्धेर्दो भवति । यावद्भुक्तमुपतिष्ठते । यावदोदनमुपतिष्ठते[4] । भोजने भोजने ओदने ओदने उदीक्षत इत्यर्थः । धेरिति किम् ? स्वामिनमुपतिष्ठति ।

व्युत्तपः ॥१।२।२२॥ धेरिति वर्तते । वि उदित्येवम्पूर्वात्तपतेर्धेर्दो भवति । वितपते । ज्वलतीत्यर्थः । उत्तपते । धेरित्येव । उत्तपति सुवर्णं सुवर्णकारः । वितपति पृथ्वीमादित्यः । दहतीत्यर्थः । व्युद इति किम् ? निष्टपति । दीप्यत इत्यर्थः । "स्वाङ्गकर्मकाच्चेति वक्तव्यम्" [वा०] वितपते पाणिम् । उत्तपते पाणिम् । आत्मीयमङ्गं स्वाङ्गं न पारिभाषिकं तेनेह न भवति । वितपति परपाणिम् । उत्तपति देवदत्तो यज्ञदत्तस्य पृष्ठम् ।

आङो यमहनः ॥१।२।२३॥ आङ्पूर्वाभ्यां यम हन इत्येताभ्यां धिभ्यां दो भवति । आयच्छते । दीर्घो[5] भवतीत्यर्थः । आहते । आघ्नाते । आघ्नते । यमः कर्त्राप्ये फले "समुदाङ्भ्यो यमोऽग्रन्थे" [१।२।७०] इति दः सिद्धोऽन्यत्रेदम् । धेरित्येव । आयच्छति रज्जुम् । आहन्ति पापम् । "स्वाङ्गकर्मकाच्चेति वक्तव्यम्" [वा०] । आयच्छते पाणिम् । आहते वक्षः । स्वाङ्गादिति किम् ? परकीयाङ्गे कर्मणि मा भूत् । आहन्ति शिरः परकीयम् ।

---

१. रीहेऽर्थे अ०, ब०, स० । २. अ० स० पुस्तकयोः "विष्टिः" इति पाठः । ब० मु० पुस्तकयोः "दिष्टिः" इति । परं "विष्टिः" इति पाठः प्रतिभाति । विष्टिश्च कर्मकृत् "आजूवेतनयोर्विष्टिः कर्मकृत्कर्मणोरपि" इति शाश्वतवचनात् । पूर्ववाक्याच्चात्र "उत्तिष्ठति" इत्यध्याहारः । "गृष्टिः" इत्यपि पाठः सम्भवति । गृष्टिश्च सकृत्प्रसूता गौः । ३. दानिकु–अ० । ४.–दामौद–अ० । ५. दीर्घीभव–ब०, स० ।

समो गम्प्रच्छिस्वृच्छिश्रुविद्दृशः ॥१।२।२४॥ धेरिति वर्तते। सम्पूर्वेभ्यो गम्-प्रच्छि-स्वृ-ऋ-ऋच्छि-श्रु-विद्-दृश्-इत्येतेभ्यो दो भवति। सङ्गच्छते। संपृच्छते। संस्वरते। ऋ इति ऋच्छतेरियर्तेश्च ग्रहणम्। समृच्छते। समियृते। समरिष्यते। ऋच्छतेरनादेशस्य ग्रहणम्। आदेशस्य ऋग्रहणेन सिद्धत्वात्। समृच्छिष्यते। संशृणुते। विदेरादादिकस्य ग्रहणं मर्वाद्दृस्साहचर्यात्। संवित्ते। संपश्यते। धेरित्येव। सङ्गच्छति सुहृदम्। संवेत्ति धर्मम्। "**गेरस्यत्यूह्योर्वेति वक्तव्यम्**" [वा०]। निरस्यते। निरस्यति। समूहति। समूहते।

निसंव्युपाद् ह्वः ॥१।२।२५॥ पुनः संग्रहणाद्धे रिति निवृत्तम्। नि-सं-वि-उप इत्येवम्पूर्वात् ह्वयतेर्दो भवति। निह्वयते। संह्वयते। विह्वयते। उपह्वयते। ह्वयतेरात्वेन विकृतनिर्देशेऽपि प्रकृतिग्रहणम् "न व्यो लिटि" [४।३।२६] इति निर्देशात्।

आङः स्पर्द्धे ॥१।२।२६॥ स्पर्द्धः पराभिभवेच्छा। आङ्पूर्वात् ह्वयतेः स्पर्द्धविषये दो भवति। मल्लो मल्लमाह्वयते। छात्रश्छात्रमाह्वयते। स्पर्द्धयाह्वानं करोतीत्यर्थः। स्पर्द्ध इति किम्? गामाह्वयति।

गन्धनाऽवक्षेपसेवाऽन्यायप्रतियत्नप्रकथोपयोगे कृञः ॥१।२।२७॥ गन्धनं सूचनम्। अवक्षेपो भर्त्सनम्। सेवा संश्रयः। अविधिना प्रवृत्तिरन्यायः। अविद्यमानार्जनं विद्यमानसंस्कारो वा प्रतियत्नः। प्रबन्धेन कथनं प्रकथा। उपयोगो धर्मादिनिमित्तो व्ययः। गन्धनादिष्वर्थेषु वर्तमानात् कृञो दो भवति। गन्धने—उत्कुरुते अयमिमम्। सूचयतीत्यर्थः।[1] अवक्षेपे—श्येनो वर्तिकामुपकुरुते। भर्त्सयतीत्यर्थः। सेवायाम्—गणकानुपकुरुते। सेवत इत्यर्थः। अन्याये—परदारानुपकुरुते। न्यायमनपेक्ष्य तेषु प्रवर्तत इत्यर्थः। प्रतियत्ने—एधोदकस्योपस्कुरुते। "प्रतियत्ने कृञः" [१।४।६०] इति कर्मणि ता। "उपात्प्रतियत्नवैकृत०" [४।३।११२] इत्यादिना सुट्। प्रकथायाम्—जनापवादान् प्रकुरुते। उपयोगे—शतं प्रकुरुते। धर्मार्थं विनियुङ्क्त इत्यर्थः। एतेष्विति किम्? कटं करोति। आविष्करोतीत्यत्र आविः शब्द एव गन्धने वर्तते न करोतिः। अपकारप्रयुक्तं वा सूचनं गन्धनमित्यदोषः।

प्रसहनेऽधेः ॥१।२।२८॥ प्रसहनमभिभवः। अधिपूर्वात्कृञः प्रसहनेऽर्थे दो भवति। शत्रूनधिकुरुते। वादिनोऽधिकुरुते। अभिभवतीत्यर्थः। प्रसहन इति किम्? अधिकरोति। अकर्त्रभिप्राये फले ममेव भवति।

शब्दकर्मणो वेः ॥१।२।२६॥ कर्मेह कर्त्राप्यम्। विपूर्वात् करोतेः शब्दकर्मकाद्दो भवति। ध्वाङ्क्षो विकुरुते स्वरान्। क्रोष्टा विकुरुते स्वरान्। शब्दकर्मण इति किम्? विकरोति कटम्। शब्दग्रहणेन शब्दविशेषाः स्वरादयो गृह्यन्ते। तेनेह न भवति। विकरोति शब्दम्। विकरोत्यनुवाकम्। विकरोत्यध्यायमसावहा।

धेः ॥१।२।३०॥ विपूर्वात्करोतेर्धेर्दो भवति। विकुर्वते सैन्धवाः। साधुदान्ताः। ओदनस्य पूर्णाश्छात्रा विकुर्वते। "**तृप्त्यर्थे योगे उपसंख्यानम्**" [वा०] इति करणे ता।

सम्मानोत्सञ्जनोपनयनज्ञानभृतिगणनव्यये नियः ॥१।१।३१॥ सम्मानः पूजनम्। उत्सञ्जनमुत्क्षेपः। उपनयनमाचार्यकरणम्। ज्ञानमवगमः। भृतिर्वेतनादानम्। ऋणशुल्कादिनिर्यातनं गणनम्। व्ययो धर्मादिष्वर्थविनियोगः। सम्मानादिषु यथासम्भवं विशेषणेषु नयतेर्धादा भवति। सम्माने—नयते चार्वी स्याद्वादे। चार्वी बुद्धिस्तद्योगादाचार्योऽपि तथोक्तः। विनेयेषु प्रतिपादनेन सम्मानं करोतीत्यर्थः। उत्सञ्जने—बालमुदानयते। उत्क्षिपतीत्यर्थः। उपनयने—माणवकमुपनयते। आत्मनः शिष्यभावेन माणवकं प्रापयतीत्यर्थः। ज्ञाने—नयते चार्वी तत्त्वार्थे। तत्त्वपदार्थान् निश्चिनोतीत्यर्थः। भृतौ—कर्मकरानुपनयते। वेतनादानेन पुष्णातीत्यर्थः। गणने—मद्रकाः करं विनयन्ते। निर्यातयन्तीत्यर्थः। व्यये—शतं विनयते। सहस्रं विनयते। एतेष्विति किम्? अजां नयति ग्रामम्।

---

१. अत्र गन्धनस्य वर्तमानत्वेन दो वक्तव्य इत्याशङ्कायामुत्तरद्वयम्।

कर्तृस्थे कर्मण्यमूर्तौ ॥१।२।३२॥ नयतेः कर्ता लकारवाच्यः। रूपाद्यात्मिका मूर्तिः। कर्तृस्थे कर्मणि मूर्तिवर्जिते सति नयतेर्दो भवति। क्रोधं विनयते। हर्षं विनयते। श्रमं विनयते। शमयतीत्यर्थः। अत्र कर्तृस्थत्वात्कर्मणः कर्त्राऽप्यफलता कर्मता। तेन कर्त्राप्ये क्रियाफले सिद्धेऽपि दे नियमार्थमेतत्। कर्तृस्थ इति किम्? देवदत्तो जिनदत्तस्य क्रोधं विनयति। कर्मणीति किम्? बुद्ध्या विनयति। अमूर्ताविति किम्? गडुं विनयति।

किरतेर्हर्षजीविकाकुलायकरणे ॥१।२।३३॥ किरतेर्दो भवति हर्षजीविकाकुलायकरण इत्येतेषु गम्यमानेषु। हर्षे—अपस्किरते वृषभो हृष्टः। जीविकायाम्—अपस्किरते कुक्कुटो भक्षार्थी। कुलायो निवासः—कुलायकरणे—अपस्किरते श्वा आश्रयार्थी। "चतुष्पाच्छकुनिष्वपाद्धर्षादौ" [४।३।११५] इति सुट्।

वृत्तिसर्गतायने क्रमः ॥१।२।३४॥ वृत्तिरविघातः। सर्ग उत्साहः। तायनं पृथुभावः। वृत्त्यादिष्वर्थेषु वर्तमानात् क्रमेर्दो भवति। वृत्तौ—नयेष्वस्य क्रमते बुद्धिः। न प्रतिबध्यत इत्यर्थः। सर्गे—क्रमते जैनेन्द्राध्ययनाय। उत्सहत इत्यर्थः। तायने—नास्मिन्मूढे शास्त्राणि क्रमन्ते। न तायन्त इत्यर्थः। एतेष्विति किम्? क्रामति। "क्रमो मे" [२।२।७४] इति दीत्वम्।

परोपात् ॥१।२।३५॥ वृत्तिसर्गतायन इति वर्तते। पर-उप-इत्येवम्पूर्वात् क्रमेर्दो भवति। पराक्रमते। उपक्रमते। सिद्धे सत्यारम्भो नियमाय परोपाभ्यामेव नान्यस्माद्वेः। अनुक्रामति। वृत्त्यादिष्वित्येव। पराक्रामति। उपक्रामति।

ज्योतिरुद्गतावाङः ॥१।२।३६॥ आङ्पूर्वात् क्रमेर्ज्योतिषामुद्गमनेऽर्थे दो भवति। आक्रमते सूर्यः। आक्रमते चन्द्रमाः। आक्रमन्ते ज्योतींषि। ज्योतिरुद्गताविति किम्? आक्रामति धूमो हर्म्यतलम्। आक्रामति माणवकः कुतपमित्यत्रोद्गतिरपि नास्ति।

वेः स्वार्थे ॥१।२।३७॥ स्वार्थः पादविक्षेपः। विपूर्वात् क्रमेः स्वार्थे दो भवति। (अश्वः) सुष्ठु विक्रमते। साधु विक्रमते। विक्रमणमश्वादीनां शिक्षाविशेषाद् गतिविशेषः। स्वार्थ इति किम्? विक्रामत्यजिनसन्धिः। स्फुटतीत्यर्थः।

प्रादारम्भे ॥१।२।३८॥ आरम्भः प्रथमं कर्म। प्रपूर्वात् क्रम आरम्भे दो भवति। प्रक्रमते भोक्तुम्। परोपादित्यत उपादिति वर्तते। उपक्रमते भोक्तुम्। आरभते भोक्तुमित्यर्थः। आरम्भ इति किम्? पूर्वेद्युः प्रक्रामति। अपरेद्युरुपक्रामति। पूर्वस्मिन्नहनि यदनेन गतं तदपरस्मिन्नागच्छतीत्यर्थः।

वाऽगेः ॥१।२।३९॥ अगेः क्रमो वा दो भवति। क्रमते। क्रामति। इयमप्राप्ते विभाषा। वृत्त्यादिषु पूर्वेण नित्यो विधिः। अगेरिति किम्? संक्रामति।

ज्ञोऽपह्नवे ॥१।२।४०॥ अपह्नवोऽपलापः। अपह्नवेऽर्थे जानातेर्दो भवति। शतमपजानीते। सहस्रमपजानीते। अपह्नव इति किम्? [1]किंचिदपि जानासि।

धेः ॥१।२।४१॥ जानातेर्धेर्दो भवति। सर्पिषो जानीते। दध्नो जानीते। सर्पिषा दध्ना चोपायनेन सम्पश्यत इत्यर्थः। "ज्ञोऽस्वार्थे करणे" [१।४।२८] इति करणे ता। अकर्त्राप्ये फले इदं दविधानम्। धेरिति किम्? स्वरेण पुत्रं जानाति।

संप्रतेरस्मृतौ ॥१।२।४२॥ स्मृतिराध्यानं चिन्तनं वा। सम्प्रतिपूर्वाज्जानातेरस्मृत्यर्थे दो भवति। शतं सञ्जानीते। शतं प्रतिजानीते। अस्मृताविति किम्? मातुः सञ्जानाति। पितुः सञ्जानाति। "स्मृदर्थदयेशां कर्मणि" [१।४।२१] इति ता।

दीप्त्युपोक्तिज्ञानेहविमत्युपमन्त्रणे वदः ॥१।२।४३॥ दीप्तिः प्रकाशनम्। उपेत्योक्तिरुपोक्तिः। उपसान्त्वनमित्यर्थः। ज्ञानं पदार्थावगमः। ईहो यत्नः। नानामतिर्विमतिः। उपमन्त्रणं रहस्यनुकूलनम्। दीप्त्या-

---

१. न त्वं किञ्चिद—अ०, स०।

दिव्यर्थेषु वदतेर्दो भवति। दीप्तौ—वदते चार्वी तत्त्वार्थे। [1]दीप्यमानो [2]वदतीत्यर्थः। उपोक्तौ—कर्मकरानुपवदते। उपेत्य सम्भाषत इत्यर्थः। ज्ञाने—वदते चार्वी चन्द्रोदये। जानाति वदितुमित्यर्थः। ईहे—कोऽस्मिन् क्षेत्रे वदते। को यतत इत्यर्थः। विमतौ—गेहे विवदन्ते। [3]गोष्ठे विवदन्ते। विचित्रं भाषन्त इत्यर्थः। उपमन्त्रणे—कुलभार्यामुपवदते। परदारानुपवदते। अनुकूलयतीत्यर्थः। एतेष्विति किम्? वदति देवदत्तः।

व्यक्तवाक्समुक्तौ ॥१।२।४४॥ व्यक्तवाचो व्यक्तवर्णत्वान्मनुष्यादयः प्रसिद्धाः। सम्भूय वचनं समुक्तिः। व्यक्तवाचां समुक्तौ गम्यमानायां वदतेर्दो भवति। सम्प्रवदन्ते ग्राम्याः। सम्प्रवदन्ते साधवः। सम्भूय भाषन्त इत्यर्थः। व्यक्तवागिति किम्? सम्प्रवदन्ति कुक्कुटाः। समुक्ताविति किम्। देवदत्तो वदति जिनदत्तम्।

अनोर्धे ॥१।२।४५॥ अनुपूर्वाद् वदतेर्धे दो भवति। अनुवदते जिनदत्तो देवदत्तस्य। अनुः सादृश्ये पुनरर्थे वा। धेरिति किम्? पूर्वमनुक्तमनुवदति। व्यक्तवाक्समुक्तावित्येव। अनुवदन्ति वीणा[4]ः।

वा विवादे ॥१।२।४६॥ विवादो विप्रलापस्तत्र वर्तमानाद्वदतेर्वा दो भवति। विप्रवदन्ते सांवत्सराः। विप्रवदन्ति सांवत्सराः। विप्रवदन्ते वादिनः। विप्रवदन्ति वादिनः। युगपद्विरुद्धं वदन्तीत्यर्थः। व्यक्तवाग्ग्रहणमनुवर्तते। ततो व्यक्तवाक्समुक्ताविति नित्ये प्राप्ते विकल्पः। विवाद इति किम्? सम्प्रवदन्ते साधवः। व्यक्तवागित्येव। सम्प्रवदन्ति शकुनयः। समुक्तावित्येव। सम्प्रवदन्ति वादिनः क्रमेण।

ग्रोऽवात् ॥१।२।४७॥ अवपूर्वाद्गिरतेर्दो भवति। अवगिरते। अवगिरेते। अवगिरन्ते। गृणातेरवपूर्वस्य प्रयोगो नास्ति। अवादिति किम्? गिरति। निगिरति?

प्रतिज्ञाने समः ॥१।२।४८॥ प्रतिज्ञानमभ्युपगमः प्रतिज्ञानेऽर्थे सम्पूर्वाद्गिरतेर्दो भवति। अनेकान्तात्मकं वस्तु सङ्गिरते। शतं सङ्गिरते[5]। प्रतिज्ञान इति किम्? सङ्गिरति।

उच्चरोऽधेः ॥१।२।४९॥ उत्पूर्वाच्चरतेरधेर्दो भवति। गुरुवचनमुच्चरते[6]। उत्क्रम्य चरतीत्यर्थः। अधेरिति किम्? धूम उच्चरति। उदूर्ध्वं गच्छतीत्यर्थः।

समो भया ॥१।२।५०॥ सम्पूर्वाच्चरतेर्भान्तेन योगे दो भवति। रथेन संचरते। अश्वेन संचरते। भान्ते प्रयुक्ते दो भवति, न तु गम्यमाने। भायुक्तादिति किम्? त्रींल्लोकान् संचरति जिनधर्मः। अत्र स्वात्मनेति करणं गम्यमानम्। "दाणश्च सा चेदबर्थेऽशिष्टव्यवहारे इति वक्तव्यम्" [वा०] सम्पूर्वाद्दाणो भायोगे दो भवति सा चेदबर्थे भा। इदमेव ज्ञापकमशिष्टव्यवहारे भाऽपि भवतीति। दास्या संप्रयच्छते। वृषल्या संप्रयच्छते कामुकः। सम इति संबन्धे ता। तेन प्रशब्देन व्यवधानं न भवति। अबर्थ इति किम्? पाणिना सम्प्रयच्छति। नेदं वक्तव्यम्। कर्मव्यतिहारे दः। सहार्थे च भा द्रष्टव्या।

स्वीकृतावुपाद्यमः ॥१।२।५१॥ पाणिग्रहणमविरोधो वा स्वीकृतिः। उपपूर्वाद्यमः स्वीकृतावर्थे दो भवति। कन्यामुपयच्छते। भार्यामुपयच्छते। स्वीकृताविति किम्? परभार्यामुपयच्छति।

श्रुस्मृदृशः सनः ॥१।२।५२॥ श्रु-स्मृ-दृश-इत्येतेभ्यः सन्नन्तेभ्यो दो भवति। शुश्रूषते शास्त्रम्। सुस्मूर्षते पूर्ववृत्तम्। दिदृक्षते देवम्। श्रुदृशिभ्यामकर्मकावस्थायां "समो गम्प्रच्छि०" [१।२।२४] इत्यादिना दो विहितस्तत्र "सनः पूर्ववत्" [१।२।२८] इत्येव दः सिद्धः सकर्मकार्थमिदम्। स्मरतेरप्राप्ते विधानम्।

ज्ञः ॥१।२।५३॥ जानातेः सन्नन्तात् दो भवति। जिज्ञासते धर्मम्। "ज्ञोऽपह्नवे" [१।२।४०] "धेः" [१।२।४१] "संप्रतेरस्मृतौ" [१।२।४२] इति जानातेर्दो विहितः। तथा कर्त्राप्ये फले "ज्ञोऽगेः" [१।२।७१] इत्यत्र पूर्ववत्सन इति सिद्धस्ततोऽन्यत्रेदं वचनम्।

---

१. तयेति शेषः। २. -प्यमाना वद—अ०, ब०, स०। ३. 'गोष्ठे विवदन्ते' अ०पुस्तके नास्ति। ४. -ति सांवत्सरः। व्यक्त—अ०। ५. वाप्यः ब०, स०, मु०। ६. सङ्गिरन्ते मु०। ७. -रते। कुटुम्बमुच्चरते। उत्क्रम्य—अ०, ब०, स०।

नानोः ॥१।२।५४॥ अनुपूर्वाज्जानातेः सन्नन्ताद्दो न भवति। पुत्रमनुजिज्ञासति। भृत्यमनुजिज्ञासति। **सकर्मकादिति वक्तव्यम् [वा०]** इह मा भूत्। अनुजिज्ञासते मनसा। नो वक्तव्यम्। पूर्वेण प्राप्तस्यायं प्रतिषेधः। पूर्वेण च सकर्मकादेव सन्नन्ताद्दो विहितः। धेस्तु **"सनः पूर्ववत्"** [१।२।५८] इति दः। अनोरिति किम्? पुत्रं जिज्ञासते।

प्रत्याङ्श्रुवः ॥१।२।५५॥ नेति वर्तते। प्रति आङ् इत्येवम्पूर्वात् शृणोतेः सन्नन्ताद्दो न भवति। प्रतिशुश्रूषति। आशुश्रूषति शास्त्रम्। **"श्रुस्मृदृशः सनः"** [१।२।५२] इति प्राप्तस्यानेन प्रतिषेधः। सनिर्देशः समर्थार्थः। सामर्थ्यञ्च धोर्गिना। तेनेह न प्रतिषेधः। देवदत्तं प्रतिशुश्रूषते।

शदेर्गात् ॥१।२।५६॥ नेति निवृत्तमसम्भवात्। गनिमित्तभूतः। शदिरुपचाराद्गः। शदेर्गविषयाद्दो भवति। शीयते। शीयेते। शीयन्ते। **"पाघ्रा"** [२।२।३६] आदिना शीयादेशः। गादिति किम्? शत्स्यति। अशत्स्यत्। शिशत्सति।

मृङो लुङ्लिङोश्च ॥१।२।५७॥ म्रियतेर्लुङ्लिङोर्गपराच्च दो भवति। अमृत। मृषीष्ट। आशिषि लिङ्। "उः" [१।१।८६] इति सिलिङोः कित्वम्। गपरात् खल्वपि। म्रियते। म्रियस्व। **"रिङ यग्लिङ्क्षे"** [५।२।१२७] इति रिङादेशः। ङित्वादेव दे सिद्धे नियमार्थमिदमन्यत्र दो न भवति। मरिष्यति। अमरिष्यत्। ममार।

सनः पूर्ववत् ॥१।२।५८॥ पूर्वेण तुल्यं वर्तत इति पूर्ववत्। पूर्वत्वञ्च प्रत्यासत्तेः। सनः पूर्वो यो धुस्तद्वत्सन्नन्ताद्दो भवति। येभ्यो धुभ्यो येन विशेषणेन दो विहितस्तेभ्यः सन्नधिकेभ्योऽपि दो भवतीत्यर्थः। यथा **"ङनुदात्तेतो दः"** [१।२।६] इति। शेते। आस्ते। एवं सन्नन्तादपि शिशयिषते। आसिसिषते[१]। गिविशेषणेन **"निविशः"** [१।२।११] निविशते। निविविक्षते। अर्थविशेषेण **"गन्धना-"** [१।२।२७] आदिना उत्कुरुते। अर्यमिममुचिकीर्षते। उभयविशेषेण **"ज्योतिरुद्गतावाङः"** [१।२।३६] आक्रमते। आचिक्रंसते। **"स्नोर्दार्थात्"** [२।१।१११] **"क्रमः"** [२।१।११२] इतीट्प्रतिषेधः। कारकविशेषेण **"ज्ञोऽपह्नवे"** [१।२।४०] **"धेः"** [१।२।४१]। सर्पिषो जानीते। सर्पिषो जिज्ञासते। इह जुगुप्सते मीमांसत इति गुप्प्रकृतेरवयवस्यानुदात्तेत्करणं सन्नन्तसमुदायस्य विशेषणमिति[२] दः सिद्धः। यद्येवं गोपायत्यादावपि स्यात्। कर्तव्योऽत्र [३]यत्नः। पूर्ववदिति किम्? शिशत्सति। मुमूर्षति। अत्र दनिमित्तं नास्ति।

आम्वत् तत्कृञः ॥१।२।५९॥ आम्ग्रहणेन यस्मादाम् विहितस्तस्य ग्रहणम्। आम इव आम्वत्। तस्य कृञ् तत्कृञ्। यस्मादाम् तस्यैव धोस्तत्कृञो दो वेदितव्यः। ईहाञ्चक्रे। ईक्षाञ्चक्रे। लिटि परतः **"सरोरिजादेः"** [२।१।३२] इत्याम्। **"आमः"** [१।४।१४६] इति परस्योप्। लस्य कृत्वान्मृत्वे सति स्वादिविधिः। **"सुपो धेः"** [१।४।१५०] इति तस्योप्। **"लिड्वत् कृञि"** [२।१।३६] इत्यनुप्रयोगस्य करोतेरनेन दः। विधिर्नियमश्चात्रेष्यते। पूर्ववदिति वर्तते। अकर्त्राप्ये फले पूर्ववद्दो भवतीति विधिः। कर्त्राप्ये फले आम्वदेव दो भवति। तेन दार्हस्यैवामन्तस्य प्रयोगे दो भवतीति नियमादिह न भवति। उदुम्भाञ्चकार। तद्ग्रहणं किम्? आमन्तानुप्रयोगस्य ग्रहणं यथा स्यादिह मा भूत्। ईहते। करोतीति कृञ्ग्रहणं किमर्थम्? करोतेरेव यथा स्यादिह मा भूत्। ईहामास। ईहाम्बभूव। इह कृञ्ग्रहणादन्यनिरासार्थाज्ज्ञायते"लिड्वत्कृञि"[२।१।३६] इत्यत्र प्रत्याहारग्रहणं "कृभ्वस्तियोगे" [४।२।५५] इत्यत आरभ्य "कृञो द्वितीय"[४।२।६२] इति ञकारेण।

युजोऽयज्ञपात्रे गेः ॥१।२।६०॥ अकर्त्राप्यफलार्थोऽयमारम्भः। युजेर्गिपूर्वाद्दो भवत्ययज्ञपात्रविषये।

---

१. "आसिसिषते" इति अ. पुस्तके नास्ति। २. विशेषकमिति अ०,ब०,स०। ३. "अनुदात्तत्वलक्षणो दोऽनित्यः" इति परिभाषारूपो यत्नः।

प्रयुङ्क्ते। वियुङ्क्ते[1]। नियुङ्क्ते। अयज्ञपात्र इति किम् ? द्वन्द्वं यज्ञपात्राणि प्रयुनक्ति। गेरिति किम् ? युनक्ति। "युज समाधौ" इत्यस्यानुदात्तेत्त्वाद्ग्रहणम्।

उदः ॥१।२।६१॥ उत्पूर्वाद्युजेरयज्ञपात्रे दो भवति। उद्युङ्क्ते। नियमोऽयं हलन्तेषूद एव नान्यस्मात्। निर्युनक्ति। दुर्युनक्ति। संयुनक्ति।

संक्ष्णोः ॥१।२।६२॥ सम्पूर्वात् क्ष्णुवो दो भवति। संक्ष्णुते। संक्ष्णुवाते। संक्ष्णुवते शस्त्रम्।

भुजोऽदौ ॥१।२।६३॥ शब्दे कार्यस्यासम्भवाददावित्यर्थग्रहणम्। भुजेरद्यर्थवर्तमानाद्दो भवति। भुङ्क्ते। भुञ्जाते। भुञ्जते। अद्यर्थासम्भवात्तौदादिकस्य भुजेरग्रहणम्। निभुजति पाणिम्। अदाविति किम् ? भुनक्ति वसुधां भरतः। पालयतीत्यर्थः।

णेर्भीस्मेर्हेतुभये ॥१।२।६४॥ णयन्ताभ्यां भी स्मि इत्येताभ्यां हेतुभयेऽर्थे दो भवति। "तद्योजको हेतुः" [१।२।१२६] इति हेतुः। तस्य भयशब्देन भावसाधनेन "का भीभिः" [१।३।३२] इति षसः। भयग्रहणेन विस्मयोऽपीह लक्ष्यते। मुण्डो भीषयते। "ईतः षुङ् नित्यम्" [४।३।४१] इति षुक्। मुण्डो विस्मापयते। जटिलो विस्मापयते। "स्मिङः" [४।३।४०] इत्यात्वम्। हेतुभय इति किम् ? कुञ्चिकयैनं भाययति। वाचा विस्माययति। अकर्त्राप्यफलार्थोऽयमारम्भः।

वञ्चने गृधिवञ्चेः ॥१।२।६५॥ णेरिति वर्तते। वञ्चनं विसंवादनम्। गृधि वञ्चि इत्येताभ्यां णयन्ताभ्यां वञ्चनेऽर्थे दो भवति। माणवकं गर्द्धयते। माणवकं वञ्चयते। विसंवादयतीत्यर्थः। वञ्चन इति किम् ? श्वानं गर्द्धयति। काङ्क्षामस्योत्पादयतीत्यर्थः। अहिं वञ्चयति। गमयतीत्यर्थः।

लियोऽधार्ष्ट्यसम्मानने च ॥१।२।६६॥ णेरिति वर्तते। न धार्ष्ट्यमधार्ष्ट्यं शालीनीकरणम्। सम्माननं पूजनम्। लिनातेर्लीयतेश्च णयन्तादधार्ष्ट्यसम्माननयोर्वञ्चने च वर्तमानाद्दो भवति। अधार्ष्ट्ये—श्येनो वर्तिकामपलापयते। अभिभवतीत्यर्थः। सम्मानने—जटाभिरालापयते। हेतौ भा। आत्मानं पूजयतीत्यर्थः। वञ्चने च। कस्त्वामुल्लापयते। प्रलम्भयतीत्यर्थः। "विभाषा लियोः" [४।३।४४] इति व्यवस्थितविभाषाश्रयणादेषु त्रिषु नित्यमात्वम्। अधार्ष्ट्यादिष्विति किम् ? बालकमुल्लापयति।

कृञो मिथ्यायोगेऽभ्यासे ॥१।२।६७॥ णेरिति वर्तते। अभ्यासो गुणनिका। करोतेर्ण्यन्तान्मिथ्याशब्दयोगेऽभ्यासेऽर्थे दो भवति। पदं मिथ्या कारयते। स्तुतिं मिथ्या कारयते। सदोषं पुनः पुनरुच्चारयतीत्यर्थः। कृञ इति किम् ? पदं मिथ्या वाचयति। मिथ्यायोग इति किम् ? स्तोत्रं सुष्ठु कारयति। अभ्यास इति किम् ? सकृत्पदं मिथ्या कारयति। एकवारमुच्चारयतीत्यर्थः।

ञस्वरितेतः कर्त्राप्ये फले ॥१।२।६८॥ णेरिति निवृत्तम्। उत्तरत्र णिच इति निर्देशात्। ञितः स्वरितेतश्च ये धवस्तेभ्यो दो भवति कर्तारमाप्नोति चेत् क्रियाया फलम्। फलं सर्वं क्रियातो भवतीति सामर्थ्यात् क्रिया लभ्यते। फलग्रहणं मुख्यफलपरिग्रहार्थम्। ञितः—पुनीते। लुनीते। कुरुते। स्वरितेतः—पचते। यजते। वपते। मुख्यं क्रियाफलमत्र कर्तारमाप्नोति। कर्त्राप्ये फल इति किम् ? पचन्ति भक्तकराः। वपन्ति भृतकाः। नात्र मुख्यं फलं किन्तु भृतिरानुषङ्गिकं वा फलम्। ञस्वरितेत इति किम् ? याति। वाति।

वदोऽपात् ॥१।२।६९॥ अपपूर्वाद्वदतेर्दो भवति कर्त्राप्ये फले। एकान्तवादमपवदते। कर्त्राप्ये फले इत्येव। अपवदति। इतः प्रभृति कर्त्राप्ये फले दो वेदितव्यः।

समुदाङ्भ्यमोऽग्रन्थे ॥१।२।७०॥ सम उत् आङ् इत्येवम्पूर्वाद्यमेरग्रन्थविषये दो भवति। व्रीहीन् संयच्छते। आत्मनश्छद् व्रीहयो भवन्ति। भारमुद्यच्छते। पापमायच्छते। अग्रन्थ इति किम् ? उद्यच्छति

१. वियुङ्क्ते इति अ० पुस्तके नास्ति।

चिकित्सां वैद्यः । चिकित्सेति वैद्यकग्रन्थः । कर्त्राप्ये इत्येव । संयच्छति उद्यच्छति आयच्छति परस्य वस्त्रम् । **"आङो यमहनः"** [१।२।२३] इत्यनेन घेर्दविधानमुक्तम् ।

ज्ञोऽगेः ॥१।२।७१॥ जानातेरगिपूर्वाद्दो भवति कर्त्राप्ये फले । गां जानीते[1] । अगेरिति किम् ? स्वर्गलोकं प्रजानाति । कर्त्राप्ये फले इत्येव । परस्य गां जानाति ।

णिचः ॥१।१।७२॥ णिजन्ताद्दो भवति कर्त्राप्ये फले । कटं कारयते । ओदनं पाचयते । लक्षेः[2] स्वरितेत्करणाज्ज्ञायते हेतुमण्णिचो ग्रहणमिदम् । कर्त्राप्ये फल इत्येव । परस्य कटं कारयति ।

पादम्याङ्यमाङ्यसपरिमुहरुचिनृद्धेट्वद्वसः ॥१।२।७३॥ णिच इति वर्तते । पा दमि आङ्यम आङ्यस परिमुह रुचि-नृत्-धेट् वद् वस इत्येतेभ्यो णयन्तेभ्यः कर्त्राप्ये फले दो भवति । पाययते । दमयते । आयामयते । **"यमोऽपरिवेषणे"** इति मित्सञ्ज्ञाप्रतिषेधात् प्रो न भवति । आयासयते । परिमोहयते । रोचयते । नर्तयते । धापयते । वादयते । वासयते । पाधेटोरद्यर्थत्वान्नतिवद्योश्चल्यर्थत्वात् **"चल्यद्यर्थात्"** [१।२।८४] इति मं प्राप्तम् । अन्येषाम् **"अणौ धेः प्राणिकर्तृकात्"** [१।२।८५] इति । तत आरम्भः ।

वा वागम्ये ॥१।२।७४॥ वागिति नेदं पारिभाषिकस्य **"ईपाऽत्र वाक्"** [२।१।७९] इत्यस्य ग्रहणं किं तर्हि वाक्छब्दः । पदान्तरमित्यर्थः । वाग्गम्ये कर्त्राप्ये फले वा दो भवति । स्वं धान्यं पुनीते । स्वं धान्यं पुनाति । षड्भिर्योगैर्नित्यं दे प्राप्ते विकल्पोऽयम् ।

मम् ॥१।२।७५॥ नियमार्थम्[3] । यस्मान्मं दश्च प्राप्नोति तस्मान्ममेव भवति । पूर्वेण प्रकरणेन प्रकृतिनियमः कृतो दस्त्वनियत इत्युभयप्राप्तिरस्ति । याति । वाति । प्रविशति । आक्रामति धूमः । ङौ द एव भवतीति अर्थनियमो व्याख्यातः । ततः कर्त्तरि मं द्रष्टव्यम् । यदि वा **"कर्त्तरि ञे"** [१।२।८] इत्यतः कर्त्तरि तेनेह न भवति । गम्यते । रम्यते ।

परानुकृञः ॥१।२।७६॥ परा अनु इत्येवंपूर्वात् कृञो मं भवति । गन्धनादिषु दः प्राप्तस्तदपवादोऽयम् । पराकरोति । अनुकरोति । कर्त्राप्ये फले ममेव भवति । कस्मान्न नियमः । तत्रापूर्वो विधिरस्तु नियमो वास्त्वित्य पूर्व एव विधिर्भवति ।

प्रत्यभ्यतिक्षिपः ॥१।२।७७॥ प्रति अभि अति इत्येवम्पूर्वात् क्षिपो मं भवति । प्रतिक्षिपति । अभिक्षिपति । अतिक्षिपति । स्वरितेत्वाद्दः प्राप्तः । एतेभ्य इति किम् ? आक्षिपते ।

प्रवहः ॥१।२।७८॥ प्रपूर्वाद्वहतेः कर्त्राप्ये फले मं भवति । प्रवहति[4] ।

मृषः परेः ॥१।२।७९॥ परिपूर्वान्मृषतेर्मं भवति । परिमृष्यति । परिमृष्यतः । परिमृष्यन्ति । वहिमपि केचिदनुवर्तयन्ति । परिवहति । परेरिति किम् । मृष्यते परीषहान्[5] साधुः ।

व्याङश्च रमः ॥१।२।८०॥ वि आङ् इत्येवम्पूर्वात् परिपूर्वाच्च रमेर्मं भवति । विरमति । आरमति । परिरमति । अनुदात्तेत्त्वाद्दः प्राप्तः । एतेभ्य इति किम् । रमते । अभिरमते ।

उपात् ॥१।२।८१॥ उपपूर्वाच्च रमेर्मं भवति । भार्यामुपरमति । पृथग्योग उत्तरार्थः ।

वा धेः ॥१।२।८२॥ उपपूर्वाद्रमेर्धेर्वा मं भवति । यावद्भुक्तमुपरमति[6] । उपरमते । निवर्तत इत्यर्थः । विरिरंसतीत्यत्र पूर्वस्य दनिमित्ताभावात् **"सनः पूर्ववत्"** [१।२।१८] इति दो न भवति ।

बुध्युधनशजनेङ्प्रुद्रुस्रोर्णेः ॥१।२।८३॥ कर्त्राप्ये फले णिच इति दे प्राप्तेऽयमारम्भः । बुध युध नश जन इङ् प्रु द्रु स्रु इत्येतेभ्यो णयन्तेभ्यो मं भवति । येऽत्राकर्मकास्तेषाम् **"अणौ धेः प्राणिकर्तृकात्"** [१।२।८५]

---

१ जानीते । अश्वं जानीते । अगे—अ०, ब०, स० । २. **"लक्ष दर्शनाङ्कनयोः"** इति धोः स्वरितेत्करणादित्यर्थः । ३. नियमोऽयम् अ०, स० । ४. प्रवहति । प्रवहतः । प्रवहन्ति ।" अ०, ब०, स० । ५. "परिषहान्" अ० । ६. "यावद्भक्तमुपरमति" ब० ।

इति सिद्धे अप्राणिकर्तृकार्थं ग्रहणम्। प्रवत्यादीनामचल्यद्यर्थम्। बोधयति पद्मम्। योधयति काष्ठानि। नाशयति पापम्[1]। जनयति पुण्यम्। अध्यापयति शास्त्रम्। प्रावयति ग्रामम्। प्रापयतीत्यर्थः। द्रावयति लोहम्। वितापयतीत्यर्थः। स्रावयति तैलम्। स्यन्दयतीत्यर्थः।

चल्यद्यर्थात् ॥१।२।८४॥ णेरिति वर्तते। चलेरर्थः कम्पनम्। अदेरर्थोऽभ्यवहारः। चल्यर्थेभ्योऽद्यर्थेभ्यश्च धुभ्यो ण्यन्तेभ्यो मं भवति। चल्यर्थेभ्यः—चलयति। चोपयति। कम्पयति। "**कम्पने चलेः**" (१) इति मित्सञ्ज्ञायां प्रादेशः। अद्यर्थेभ्यः—निगारयति। भोजयति। आशयति। सर्वत्राद्यर्थकार्यमदेर्नेष्यते। आदयन्ते[2] देवदत्तेन। इह पय उपयोजयते देवदत्तेनेति भक्षणार्थाभावान्मं न भवति। सकर्मकार्थमप्राणिकर्तृकार्थञ्च सूत्रम्।

अणौ धेः प्राणिकर्तृकात् ॥१।२।८५॥ अण्यन्तावस्थायां यो धुर्धिः प्राणिकर्तृकस्तस्माण्ण्यन्तान्मं भवति। आस्ते देवदत्तः। आसयति देवदत्तम्। शेते देवदत्तः। शाययति देवदत्तम्। अणाविति किम्? चेतयमानं प्रयोजयति। चेतयते। ननु च "**णिचः**" [१।२।७२] इत्यत्र हेतुमण्णिचो ग्रहणं व्याख्यातम्। अणाविति तस्यायं प्रतिषेधः। तेनात्र मं भवत्येव चेतयतीति। इदं तर्हि प्रत्युदाहरणम्। आरोहयमाणं प्रयोजयति आरोहयते। अथवाऽणाविति धेर्विशेषणम्। अणौ यो धिस्तस्य ग्रहणं यथा स्यात्। अन्यथा धिग्रहणे ण्यन्तविशेषणे इहैव मं स्याच्चेतयमानं प्रयोजयति चेतयति। आसयति इत्यादौ न स्यात्। धेरिति किम्? कटं कुर्वाणं प्रयोजयति कारयते। प्राणिकर्तृकादिति किम्? शुष्यन्ति व्रीहयः। शोषयते व्रीहीनातपः। "**प्राण्योषधिवृक्षेभ्योऽवयवे च**" [३।३।१०३] इति पृथग्निर्देशादिह शब्दशास्त्रे वनस्पतिकायाः प्राणिग्रहणेन न गृह्यन्ते।

क्यषो वा ॥१।२।८६॥ क्यषन्ताद्वा मं भवति। वावचनसामर्थ्यात् पक्षे दोऽपि भवति। अपटत्पटद्भवति पटपटायति। पटपटायते। "**अव्यक्तानुकरणादनेकाचोऽनितौ डाच्**" [४।२।६१] इति डाच्। "**डाचि**" इति द्वित्वम्। "**त्रौ डाचि नित्यम्**" [४।३।८७] इति तकारस्य पररूपत्वम्। टिखम्। "**डाज्लोहितात्क्यष्**" [२।१।११] इति क्यष्। एवमलोहितो लोहितो भवति लोहितायते।

द्युद्भ्यो लुङि ॥१।२।८७॥ कृपूपर्यन्ता द्युतादयः। वेति वर्तते। द्युतादिभ्यो वा मं भवति लुङि परतः। व्यद्युतत्। व्यद्योतिष्ट। अलुटत्। अलोटिष्ट। मविधिपक्षे "**द्युत्पुषादिलिसत्तिशास्त्यर्तेर्मे**" [२।१।४८] इत्यङ्। यद्यपि मेऽङ्विधानसामर्थ्यान्मविधिर्लब्धस्तथाप्यनुदात्तेत्करणं लुङोऽन्यत्र सावकाशमिति नित्यं मं स्यादिति विकल्पार्थं वचनम्। लुङीति किम्? द्योतते। द्युता सहचरिता इतरेऽपि तयोच्यन्त इति बहुवचननिर्देशः।

स्यसनोर्वृद्भ्यः ॥१।२।८८॥ द्युतादिष्वन्तर्भूता वृतादयः। वृतादिभ्यो वा मं भवति स्ये सनि च सति। वर्त्स्यति। अवर्त्स्यत्। विवृत्सति। वर्तिष्यते। अवर्तिष्यत। विवर्तिषते। एवं वृध सृध स्यन्दू इत्येते योज्याः। मविधौ "**न वृतादेः**" [५।१।१०७] इतीट्प्रतिषेधः।

लुटि च क्लृपः ॥१।२।८९॥ क्लृपेर्लुटि स्यसनोश्च वा मं भवति। कल्प्ता। कल्प्तारौ। कल्प्तारः। कल्प्स्यति। अकल्प्स्यत्। चिक्लृप्सति[3]। कल्पितारः। कल्पिष्यते। अकल्पिष्यत। चिकल्पिषते। क्लृपेर्वृतादित्वादेव स्यसनोर्विकल्पे सिद्धे चकारेणानुकर्षणमसन्देहार्थम्। क्लृप इति लत्वं किमर्थम्? ऋकारस्थस्य रेफभागस्य रेफग्रहणेन ग्रहणं यथा स्यात्। क्लृप्तः। क्लृप्तवान्। मातृणाम्। पितृणाम्। लत्वं णत्वञ्च सिद्धम्।

स्पर्द्धे परम् ॥१।२।९०॥ स्पर्द्धे परं कार्यं भवति। द्वयोः प्रसङ्गयोरन्यार्थयोरेकस्मिन् युगपदुपनिपाते सङ्घर्षः स्पर्द्धः। "**यञ्यतो दीः**" [४।२।६६] "**सुपि**" [४।२।६७] इति दीत्वस्यावकाशः। देवाभ्याम्। वृक्षाभ्याम्। "**बहौ झल्येत्** [४।२।६८] इत्यस्यावकाशः। देवेषु। वृक्षेषु। इहोभयं प्राप्नोति देवेभ्य इति। सूत्रविन्यासे परमेत्वं भवति। अप्रवृत्तौ पर्याये वा प्राप्ते वचनम्। "**कार्यकालं सञ्ज्ञापरिभाषम्**" [परि०]इति। यावन्ति

---

१. पापम्। जनयति पापम्। जन—ब०, स०। २.'आदयते' अ०,ब०, स०। ३. चिक्लृप्सति। कल्पिता। कल्पितारौ। कल्पितारः—अ०, ब०

कार्याणि तावद्वा सूत्रस्य भेद इति विधिर्नियमश्चेदं सूत्रम्। यत्र परस्मिन्कार्ये कृते "**पुनः प्रसंगविज्ञानात्**" पूर्वं तत्र विधिः। यत्र परमेव कार्यं दृश्यते "**सकृद्गते परनिर्णये बाधितो बाधित एव**" [परि०] इति तत्र नियमः। तद्यथा द्वित्वस्यावकाशः। बेभिद्यते। जेरवकाशः। विच्चति। वेविच्यते इति परत्वाज्जौ कृते पुनः प्रसङ्गाद् द्वित्वम्। "**जरशसो शिः**" [५।१।१७] इत्यस्यावकाशः। कुण्डानि। "**ङेसुटोरम्**" [५।१।२४] इत्यस्यावकाशः। यूयं राजानः। इह यूयं गुरुकुलानि इति पर एवाम्भावः। अतुल्यबलयोः स्पर्द्धो न भवति। उत्सर्गादपवादः परनित्यविचारणे भवेन्नित्यम्। नित्यात्तथान्तरङ्गम्। तस्मादप्यनवकाशं यत्। एकार्थयोरपि नास्ति विरोधः। घोर्विहितास्त्व्यादयः पर्यायेण भवन्ति।

नब्बाध्य आसम् ॥१।२।९१॥ नपा निर्दिष्टो बाध्यो भवति आ साधिकारपरिसमाप्तेरित्येषोऽधिकारो वेदितव्यः। लोके संज्ञासमावेशो दृष्टः इन्द्रः शक्रः पुरन्दर इति। शास्त्रेऽपि त्यः कृद् व्य इति। "**शेषोऽग एव**" [२।४।९४] इत्यवधारणाज्ज्ञापयति इहापि संज्ञासमावेशः स्यादिति यत्नः क्रियते। यत्र नपः समावेश इष्यते तत्र चशब्दोपादानमस्ति। यथा "**यश्चैकाश्रये**" [१।२।४४] इति। वक्ष्यति "**प्रो घि च**" [१।२।९९] विदि[1]। भिदि। "**स्फे रुः**" [१।२।१००]। शिद्धि। भिद्धि। नपा निर्दिष्टा धिसंज्ञा रुसंज्ञया बाध्यते। समावेशो हि अततक्षदित्यत्र "**घौ कच्यनक्खे सन्वत्**" [५।२।१९०] इति कच्परे[2] घौ परतः सन्वद्भावः प्रसज्येत। अविव्रजदित्यत्र घेर्दीत्वं स्यात्। नबिति किम्? बाभ्रव्यः। पुल्लिङ्गा गुसंज्ञा पुल्लिङ्गया भसंज्ञया न बाध्यते।

य्वौ स्त्र्याख्यौ मुः ॥१।२।९२॥ स्त्रियमाचक्षाते इति स्त्र्याख्यौ। "**प्रे**" [२।२।४] इति नियमादप्राप्तः "**सुपि**" [२।२।७] इति योगविभागात्कः। यावीकारोकारौ स्त्र्याख्यौ तदन्तं शब्दरूपं मुसंज्ञं भवति। "**सुम्मिङन्तं पदम्**" [१।२।१०३] इत्यत्रान्तग्रहणमन्यत्र संज्ञाविधौ तदन्तविधिप्रतिषेधार्थमिह नाश्रीयते "**आमीयुवोः**" [१।२।९४] इति नियमारम्भात्। य्वाविति यणादेशादूकारो द्विमात्रस्तत्साहचर्यादीकारोऽपि द्विमात्रः। ईकारः—कुमारी। गौरी। लक्ष्मीः। ऊकारः—ब्रह्मबन्धूः। वामोरूः। यवागूः। "**अण्[4] मोः**" [५।२।१०७] इत्यादि मुसंज्ञाकार्यम्। य्वाविति किम्? मात्रे। दुहित्रे। स्त्र्याख्याविति किम्? हे ग्रामणीः। हे खलपूः। नेमौ स्त्रियमेवाचक्षाते। आख्याग्रहणं किम्? शब्दार्थे स्त्रीत्वे यथा स्यात् पदान्तरगम्ये मा भूत्। ग्रामण्ये स्त्रियै। खलप्वे स्त्रियै। उभयलिङ्गानामिष्वसनिप्रभृतीनां शब्दार्थ एव स्त्रीत्वम्। इष्वै असन्यै स्त्रियै। तथा गुणशब्दानां पट्व्यै स्त्रियै। इदञ्चाख्याग्रहणस्य प्रयोजनम्। कुमारीमिवात्मानमाचरति (कुमारीवाचरति) "**आचारे सर्वमृद्भ्यः क्विप्**" इति क्विप्। कुमार्यै देवदत्ताय। लक्ष्मीमतिक्रान्ताय अतिलक्ष्म्यै। प्रागेव मुसंज्ञा वृत्ता तदन्तान्मुकार्यं भवति। इह अतिकुमारये देवदत्ताय। प्रादेशे कृते "**अनल्विधौ**" [१।१।५६] इति प्रतिषेधान्मुकार्यं न भवति।

स्त्री ॥१।२।९३॥ स्त्रीशब्दश्च मुसंज्ञो भवति। "**आमीयुवोः**" [१।२।९४] "**वा**" [१।२।९५] **ङिति प्रश्च** [१।२।९६] इति नियमविकल्पयोः सामान्येन पुरस्तादयमपवादः। हे स्त्रि। स्त्रीणाम्। स्त्रियै। प्रादेशनुँडाडागमाः सिद्धाः[5]।

आमीयुवोः ॥१।२।९४॥ आमि परत इयुवोः स्थानिनौ य्वौ स्त्र्याख्यौ मुसञ्ज्ञौ भवतः। सिद्धे सत्यारम्भो नियमार्थः, आम्येव मुसंज्ञा नान्यत्र। हे श्रीः। हे भ्रूः। इयुवोरिति किम्? प्रध्यै। वर्षाभ्वै।

वा ॥१।२।९५॥ वा[6] मुसंज्ञा भवतीत्यामीयुवोः। श्रीणाम्। श्रियाम्। भ्रूणाम्। भ्रुवाम्।

ङिति प्रश्च ॥१।२।९६॥ य्वोयः प्रः स्त्र्याख्य इयुवोश्च स्थानिनौ यौ य्वौ तेषां ङिति वा मुसंज्ञा भवति। कृत्यै। कृतये। धेन्वै। धेनवे। पक्षे "**स्वसखि**" [१।२।९७] इति सुसंज्ञा। "**सोर्ङिति**"

---

१. 'छिदि' अ०, ब०, स०। २.-तक्षत्। अररक्षदित्य-अ०, स०। ३. कच्परघौ प-अ०। ४. 'आण्मोः' स०। ५.-डागमाडागमाः सिद्धाः-अ०, ब०, स०। ६. 'वा च मु-ब०, स०।

[५।२।१०६] एप्। इयुवौ। श्रियै। श्रिये। भ्रुवै। भ्रुवे। स्त्र्याख्यावित्येव। अग्नये। अतिकृतये। अतिश्रिये। अतिभ्रुवे देवदत्ताय। य्वौ य्वोः प्र इति किम्? मात्रे। दुहित्रे।

स्वसखि ॥१।२।९७॥ प्रो य्वोरिति वर्तते। य्वोः प्रस्सुसंज्ञो भवति सखिशब्दं वर्जयित्वा। असखीति प्रतिषेधात् सिद्धौ प्रेति निर्देशाच्चास्त्र्याख्यस्य स्त्र्याख्यस्य च प्रस्येह ग्रहणम्। अग्नये। वायवे। स्त्र्याख्यश्च यो मुसंज्ञो न भवति तस्य ग्रहणम्। कृतये। धेनवे। मुसंज्ञाविषये "**नब्बाध्य आसम्**" [१।२।९१] इति सुसंज्ञा बाध्यते। कृत्याम्। धेन्वाम्। असखीति किम्? सख्युः। सख्यौ। असखीति पर्युदासोऽयम्। तेन शोभनः सखा सुसखा। अतिसखा। अतिसखेरागच्छति। अतिसखेः स्वम्। सखिशब्दादन्यत्वमस्तीति सुसंज्ञा। मृद्ग्रहणेन तदन्तविधिरिति वा[2]। य्वोः प्र इत्येव। पित्रे। मात्रे। सुप्रदेशाः "**सोर्ङिति**" [५।२।१०६] इत्येवमादयः।

पतिः से ॥१।२।९८॥ पतिशब्दः स एव सुसंज्ञो भवति। प्रजाप्रतिना। प्रजापतये। पतिरेव स इति कस्मान्न नियमः। एवं हि "**द्वन्द्वे सुः**" [१।३।९८] इति पूर्वनिपातवचनमनर्थकं स्यात् द्वन्द्वे पतिरिति ब्रूयात्। न ह्यन्यस्य से सुसंज्ञासम्भवः। अपि चानेकप्राप्तावेकस्य नियम इति वचनमनर्थकं स्यात्। पटुमृदुगुप्तषटव इति। स इति किम्? पत्या। पत्ये।

प्रो धि च ॥१।२।९९॥ प्र इति मात्रिकस्य संज्ञा। प्रो घिसञ्ज्ञो भवति। भेत्ता। बोद्धा। घीति नघा निर्देशः किमर्थः? पुल्लिङ्गया रुसञ्ज्ञया बाधा यथा स्यात्। प्रयोजनमग्रे वक्ष्यते। चशब्दः सञ्ज्ञान्तरसमावेशार्थः। धि च भवति यच्चान्यत्प्राप्नोति तच्च भवति। इह प्रविनय्य गत इति सुसंज्ञासमावेशः। विश्च ना च विनरौ तावाचष्टे णिच्। "**णाविष्ठवन्मृदः**" [४।४।१४६] इति इष्ठवद्भावः। ठिकम्। प्रशब्देन योगः। त्तवः प्यादेशो णिखे प्राप्ते घिसंज्ञायां सत्यां "**प्ये घिपूर्वात्**"[४।४।२६] इति णेरयादेशः सिद्धः। सुसंज्ञायाश्च पूर्वनिपातः। अन्यथेकारोकाराभ्यामन्यत्र सावकाशा घिसंज्ञा इकारोकारविषयत्वादनवकाशया सुसंज्ञया बाध्येत।

स्फे रुः ॥१।२।१००॥ प्र इति वर्तते। स्फसञ्ज्ञे परतः प्रो रुसञ्ज्ञो भवति। कुण्डा। हुण्डा। स्पर्धा। नुम्विधावुपदेशाश्रयणात्प्रागेव नुम्। "**सरोर्हलः**" [२।३।८५] इति अस्त्यः। "**अजाद्यतष्टाप्**" [३।१।४]।

दीः ॥१।२।१०१॥ दीरिति द्विमात्रस्य सञ्ज्ञा। दीश्च रुसञ्ज्ञो भवति। ईहाञ्चक्रे। लिटि परतः "**सलेरिजादेः**" [२।१।३२] इत्याम्। शेषम् "**आम्वत्तत्कृञः**" [१।२।५९] इत्यत्रोक्तम्। रुरिति पुल्लिङ्गनिर्देशः किमर्थः? ईकारोकारविषयया मुसञ्ज्ञया बाधा मा भूत्। द्वयोः समावेशे हे परमवाणीक इत्यत्र "**न्मोः**" [४।२।१२३] इति मुसञ्ज्ञाश्रयः कप्। रुसञ्ज्ञाश्रयो "**अनृतोऽनन्तस्याप्येकैकस्य रोः**" [२।३।९४] इति पविधिश्च सिद्धः।

यत्त्ये तदादि गुः ॥१।२।१०२॥ यो हि यस्मात्यः स तस्येत्युच्यते। यस्य धोर्मृदो वा त्यः यत्त्यस्तस्मिन् परतस्तदादिशब्दरूपं गुसञ्ज्ञं भवति। केवलायाः प्रकृतेर्व्यपदेशिवद्भावात्तदादित्वम्। दोग्धि। जुहोति। करिष्यति। कुण्डानि। गुकार्यमेविडागमो नुमागमश्च। जसि "**नोङ**[3]**:**" [४।४।५] इति दीत्वञ्च। यदिति सञ्ज्ञिनिर्देशार्थम्। अन्यथा तदादीति न लभ्येत तथा च त्ये सति पूर्वमात्रस्य गुसञ्ज्ञा स्यात्। तत्र को दोषः? इह न्यविशत प्राकरोदिति सगेरडागमः स्यात्। यत्त्य इति यच्छब्देन त्यस्य विशेषणं किम्? अस्यापत्यमिः। देवदत्त इं पश्येत्यत्र आदैप् स्यात्। अखस्य स्थानिवद्भावाद् व्यवधानमिति चेत् योऽनादिष्टादचः पूर्वस्तं प्रति स्थानिवद्भावः। आदिष्टाच्चैत्रोऽचः पूर्वो निष्पन्नस्य पदस्य पदान्तरेणाभिसम्बन्धात्। यत्त्य इति ईम्निर्देशः

---

१. 'निर्देशात्' इत्यस्य 'अनुवृत्तेः' इत्यर्थः। प्रसङ्गस्वारस्यात्। २. 'वा' अनित्यमित्यर्थः।
३. नोङ इत्यस्मिन्ननुवर्तमाने 'घेऽकौ' इति दीः।

किमर्थः ? यत्त्यस्तदादि गुरित्युच्यमाने यस्य त्यः सम्भवति तस्यान्यस्मिन्नपि शब्दे गुसंज्ञा स्यात्। तथा च स्त्रियै इदं स्त्र्यर्थं भुवे इदं भ्वर्थम्[1]। इयुवौ प्रसज्येयाताम्। तदादिवचनं किमर्थम् ? यत्रानेकस्त्यः सम्भवति तत्र तदादेर्गुसंज्ञा यथा स्यात्। करिष्यति। कुण्डानि। स्यान्तस्य सनुमूकस्य च गुसंज्ञायां "यञ्यतो दीः"[२।२।६६] "धेऽकौ"[४।४।६] इति दीत्वं सिद्धम्। गुरिति पुल्लिङ्गनिर्देशो भपदसंज्ञासमावेशार्थः। इह बाभ्रव्य इति गुसंज्ञाश्रय आदेरैप्। भसंज्ञाश्रयः "कद्र्वो रोऽस्वयम्भुवः" [४।४।१३४] इति ओकारः। इह च यजुः पण्यमस्य याजुष्कः। गुसंज्ञाश्रय आदेरैप् "स्वादावधे" [१।२।१०६] इति पदत्वे पदसंज्ञाश्रयाणि रिसत्वषत्वानि सिद्धानि। नपुंसकलिङ्गा चेद् गुसंज्ञा होतुरपत्यं हौत्र इत्यत्र सावकाशा सती पदसंज्ञया बाध्येत।

सुम्मिङन्तं पदम् ॥१।२।१०३॥ "नः क्ये" [१।२।१०४] इति नियमारम्भात् सुबिति प्रत्याहारग्रहणं नेपो बहोः। मिङा साहचर्याद्वा। सुबन्तं मिङन्तं च शब्द रूपं पदसंज्ञं भवति। सूपकारः पचति। पदसंज्ञाश्रयो रित्वादिविधिः। खरि सादेशविधिश्च भवति। ननु सुम्मिङौ त्यौ। त्यग्रहणे यस्मात्स तदादेर्ग्रहणमित्यन्तग्रहणं किमर्थम् ? अन्यत्र संज्ञाविधौ तदन्तविध्यभावज्ञापनार्थम्। तेन दृषत्तीर्णेत्यत्र क्तान्तस्य "क्तक्तवतू" [१।१।२८] इत्यनेन तसंज्ञा नास्तीति "द्रान्तस्य तो नः" [५।३।५६] इत्येष[3] विधिर्दृषद्दकारापेक्षया न भवति। इह च कुमारीगौरितरा "तादौ ऋः" [४।१।११७] इत्यनेन तरान्तस्य ऋसंज्ञा नास्तीति "ऋरूप०" [४।३।१५५] इत्यादिना प्रादेशो न भवति। पदमिति नपा निर्देशो भसंज्ञया बाधा यथा स्यादित्येवमर्थः। अन्यथा राज्ञः राजन्य इत्यत्र भसंज्ञाश्रयमनोऽखं पदसंज्ञाश्रयं नखञ्च स्यात्। पदप्रदेशाः "पदस्य" [५।३।१४] इत्येवमादयः।

नः क्ये ॥१।२।१०४॥ क्य इति क्यच्क्यङ्क्यषामविशेषग्रहणम्। क्ये परतो नान्तस्य पदसंज्ञा भवति। राजानमिच्छति राजीयति। राजेवाचरति राजायते। अचर्म चर्म भवति चर्मायते। पदत्वे सति नखं सिद्धम्। "नखं सुब्विधि कृत्तु कि" [५।३।२८] इति नियमादन्यत्र सिद्धमिति "क्यचि" [५।२।१४२] इतीत्वं "दीरकृद्गे" [५।२।१३४] इति दीत्वञ्च भवति। "त्यखे त्याश्रयम्" [१।१।६३] इति पदत्वे सिद्धे नियमार्थमिदम्। नान्तमेव क्ये पदसंज्ञं भवति नान्यत्। वाच्यति। शुच्यति[5]। कुत्वं न भवति। नान्तं क्य एवेति विपरीतो नियमो नाशङ्कनीयः। "अकौ" [२।३।३०] इति कौ नखप्रतिषेधात् ज्ञायते पदत्वे हि नखप्राप्तिः।

सिति ॥१।२।१०५॥ सिति त्ये परतः पूर्वं पदसंज्ञं भवति। भवतोऽयं भवदीयः। "भवतष्ठण्छसौ" [३।२।६१] इति छस्। "यचि भः" [१।२।१०७] इति पदसंज्ञायां बाधितायां पुनरारम्भः। एवमूर्णा अस्यास्तीति ऊर्णायुः। "ऊर्णाहंशुभंभ्यश्च युस्" [४।१।६२] इति युस्। "यस्य ङ्याञ्च [४।४।१२६] इति खं न भवति। अहँय्युः। अहंयुः। शुभँय्युः। शुभंयुः। "वा पदान्तस्य" [२।४।१३३] इति परस्वविकल्पः।

स्वादावधे ॥१।२।१०६॥ अध इति प्रतिषेधाद्वाया एकस्य सोर्ग्रहणम्। स्वादौ धवर्जिते परतः पूर्वं पदसंज्ञं भवति। राजभ्याम्। राजभिः। राजत्वम्। राजता। अध इति किम् ? राजानौ। राजानः। यद्येवं राजेत्यत्रापि प्रतिषेधः स्यात्। नैवं शङ्क्यम्। अध इति पर्युदासोऽयं धादन्यत्र पदसंज्ञा विधीयते। धे तु पूर्वेण भविष्यति। यद्येवं सुवाचौ सुवाच इत्यत्रान्तर्वर्तिनीं विभक्तिमाश्रित्य पदत्वं प्राप्नोति। अस्तु तर्हि प्रसज्यप्रतिषेधः। राजेत्यत्र "अकौ" [२।३।३०] इति प्रतिषेधात् ज्ञायते सौ पदसंज्ञा भवति। एवमप्यध इति अनन्तरस्य स्वादौ विधेः प्रतिषेधोऽयं सुवाचौ सुवाच इत्यत्र पूर्वेण प्राप्तिरस्त्येव। कर्तव्योऽत्र यत्नः। "उत्तरपदत्वे चापदादिविधौ त्यलक्षणं न भवतीति।

यचि भः ॥१।२।१०७॥ स्वादावध इति वर्तते। यकारादावजादौ च स्वादौ धवर्जिते पूर्वं भसंज्ञं भवति। गार्ग्यः। वात्स्यः। दाक्षिः। प्लाक्षिः। पूर्वेण पदसंज्ञा प्राप्ता भत्वाद् "यस्य ङ्याञ्च" इत्यखम्। "नभोऽङ्गिरो-

१. भुवे अ०, ब०, स०। २. भवर्थम्–अ०, ब०, स०। ३. इति नखवि–ब०, स०। ४. न सम्भ–अ०। ५. स्रुच्यति अ०, स०।

मनुषो वत्युपसङ्ख्यानम्। [वा०] नभसा तुल्यं वर्तते इति नभस्वत्। अङ्गिरस्वत्। मनुष्वत्। वृष्णो वस्वश्वयोर्ध्वोर्भसंज्ञेति केचित्। वृष्णो वसुः वृषण्वसुः। वृषणश्वः।

मत्वर्थे स्तौ ॥१।२।१०८॥ मत्वर्थे त्ये परतः सकारान्तं तकारान्तञ्च भसंज्ञं भवति। तपस्वी। यशस्वी। "विन्नस्मायामेधास्रजः" [४।१।४७] इति विन्। मतोर्विशेषणत्वेऽपि मत्वर्थग्रहणेन ग्रहणम्। यथा देवदत्तशालापण्डिता आनीयन्तामित्युक्ते देवदत्तो विशेषणभूतोऽपि यदि पण्डितः सोऽपि आनीयते। भास्वान्। विद्युत्वान्। मरुत्वान्। स्ताविति किम्? राजवद् गृहम्।

कारके ॥१।२।१०९॥ कारक इत्ययमधिकारः। यदित उर्ध्वमनुक्रमिष्यामः कारक इत्येवं तद्वेदितव्यम्। कारकं निर्वर्तकं हेतुर्वा। कस्य? क्रियायाः। का च क्रिया? ध्वर्थः। कारक इति निर्धारणलक्षणेयमीप्। जात्यपेक्षैकवचनम्। सौत्रो वा निर्देशः। कारकेषु यद्ध्रुवं तदपादानं, यः कर्मणोपेयोऽर्थः स सम्प्रदानमित्यादि योज्यम्। वक्ष्यति "ध्यपाये ध्रुवमपादानम्"। [१।२।११०] ग्रामादागच्छति। स्वर्गादवरोहति। अपायक्रियाया ग्रामोऽपि निर्वर्त्तकः देवदत्तोऽपि। ध्रुवत्वाद् ग्रामोऽपादानम्। कारक इति किम्? वृक्षस्य पर्णं पतति। कुड्यस्य पिण्डः पतितः। अपायक्रियाया निर्वर्तकत्वेन वृक्षः कुड्यञ्च न विवक्षितम्। "अकथितञ्च" [१।२।१२१] अपादानादिभिरकथितं च कारकं कर्मसंज्ञं भवति। आचार्यं धर्मं पृच्छति। कारक इति किम्? आचार्यस्य शिष्यं धर्मं पृच्छति। आचार्यस्य शिष्यविशेषणत्वादकारकत्वम्। यदा कारकञ्चाकारकञ्च सर्वमकथितमप्रतिपादितमित्यर्थस्तदेदं प्रत्युदाहरणम्। असङ्कीर्तितमिति व्याख्याने कारकमेव लभ्यते। प्रदेशेषु कारकाभिधानेऽपादानादीनां ग्रहणम्।

ध्यपाये ध्रुवमपादानम् ॥१।२।११०॥ धीर्बुद्धिः। प्राप्तिपूर्वको विश्लेषोऽपायः। धिया कृतो अपायो ध्यपायः। धीप्राप्तिपूर्वको विभाग इत्यर्थः। धीग्रहणे ह्यसति कायप्राप्तिपूर्वक एवापायः प्रतीयेत धीग्रहणेन सर्वः प्रतीयते। ध्रुवमविचलम्, अवधिभूतं वा। ध्यपाये साध्ये यद् ध्रुवं तदपादानसंज्ञं भवति। ग्रामादागच्छति। ग्रामो देवदत्तं नानुपतति इति ध्रुवः। अथवा अपायात्प्रागपि ग्रामः। अपायेऽपि ग्राम एव। देवदत्तस्त्वपाये ग्रामग्रहणेन न गृह्यत इति ग्रामो ध्रुवः। एवमश्वाद् धावतः पतितः। गच्छतः सार्थादवहीनः। देवदत्तो जिनदत्तादागतः। मेषौ परस्परतोऽपसर्पतः। शृङ्गाच्छरो जायते। गङ्गा हिमवतः प्रभवति। इह ग्रामान्नागच्छतीति पूर्वमपादानसंज्ञा पश्चात्प्रतिषेधः। धियाऽपायस्य विशेषणं किम्? अधर्माज्जुगुप्सते। प्रेक्षापूर्वकारी दुःखहेतुरधर्म इति बुद्ध्या संप्राप्य ततो निवर्तत इति अपादानत्वम्। एवमधर्माद्विरमति प्रमाद्यति। व्याघ्राद्बिभेति। चौरेभ्यस्त्रायते। अध्ययनात् पराजयते। न शक्नोतीत्यर्थः। यवेभ्यो गां वारयति। अकार्यात्सुतं वारयति। कूपादन्धं वारयति। उपाध्यायादन्तर्द्धत्ते। भयं सञ्चिन्त्य निवर्तत इत्यर्थः। विवक्षातः कारकाणि भवन्ति। उपाध्यायादधीते। उपाध्यायाच्छृणोति। अविवक्षायां नटस्य शृणोति। ग्रन्थिकस्य शृणोति। ध्रुवमिति किम्? अरण्ये बिभेति। नात्र भयावधिभूतमरण्यं किं तर्हि चौराः। नपा निर्देशः किमर्थः। वक्ष्यमाणाभिः संज्ञाभिर्बाधा यथा स्यात्। धनुषा विध्यति। पुलिङ्गया करणसंज्ञया बाधात्। कांस्यपात्र्यां भुङ्क्ते। पुलिङ्गाऽधिकरणसंज्ञेव। धनुर्विध्यतीति कर्तृसंज्ञा। इह गां दोग्धि पय इति परत्वात्कर्मसंज्ञा। अपादानप्रदेशाः "काऽपादाने" [१।४।३७] इत्येवमादयः।

कर्मणोपेयः सम्प्रदानम् ॥१।२।१११॥ उपपूर्वादिङो ये कृते उपेय इति भवति। कर्मणा य उपेयोऽर्थस्तत्कारकं सम्प्रदानसंज्ञं भवति। उपाध्यायाय गा ददाति। देवाय बलिं प्रयच्छति। कर्मणेति किम्? गवा उपाध्यायमुपैति। सम्प्रदानमित्यन्वर्थसंज्ञाकरणात् ददात्यर्थानां धूनां द्रव्येण कर्मणा उपेयोऽर्थः सम्प्रदानमिति। तेनेह न भवति। देवदत्तस्य वस्त्रं दर्शयति। मित्रस्य कार्यं कथयति। अजां नयति ग्रामम्। सम्यक् प्रदानं सम्प्रदानमिति चाश्रितम्। तेनेह न भवति। घ्नतः पृष्ठं ददाति। रजकस्य वस्त्रं ददाति। राज्ञो दण्डं ददाति। इह तर्हि कथं श्राद्धाय निगृह्णते। युद्धाय सन्नह्यति। तिष्ठते ब्राह्मणी छात्रेभ्यः? तादर्थ्यात् सिद्धम्। अथवा

कथञ्चिद्विवक्षितभेदाभिः सन्दर्शनप्रार्थनाऽध्यवसायक्रियाभिः क्रियापि व्याप्या सती कर्मतयोपेयत्वात् सम्प्रदानत्वम्। तेनेहापि भवति। रोचते देवदत्ताय मोदकः। स्वदते देवदत्ताय मोदकः। पुष्पेभ्यः स्पृहयति। मित्राय कथयति। मित्राय क्रुध्यति। मित्राय द्रुह्यति। मित्राय ईर्ष्यति। मित्रायासूयति। मित्राय कुप्यति। कोपादन्यत्र क्रुधादीनां प्रार्थनादिभिः क्रियाविशेषैर्भेदो न विवक्षित इति क्रियायाः कर्मव्यपदेशो नास्ति। भार्यामीर्ष्यति। औषधं द्वेष्टि। शप उपलम्भनेऽर्थे भेदः। देवदत्ताय शपते। ह्नुङ आत्मनिह्नवे भेदः। मित्राय ह्नुते। अन्यत्र मित्रं ह्नुते। राधीक्ष्योर्दैवालोचने। पुत्राय राध्यति। पुत्राय ईक्षते। अन्यत्र पुत्रस्य राध्यति। पुत्रमीक्षते। यत्र च प्रत्याङ्पूर्वः शृणोतिरभ्युपगमे वर्तते। देवदत्ताय प्रतिशृणोति। अनुप्रतिपूर्वश्च गृणातिर्यदि कथयितुः प्रोत्साहने वर्तते। आचार्याय अनुगृणाति। आचार्याय प्रतिगृणाति। इह भेदाभेदविवक्षा। देवदत्ताय श्लाघते। देवाय प्रणमति। **गत्यर्थानां चेष्टायामसम्प्राप्तावुभे [वा०]**। यथा ग्रामाय गच्छति। ग्रामं गच्छति। ग्रामाय व्रजति। ग्रामं व्रजति। चेष्टायामिति किम्? मनसा पाटलिपुत्रं गच्छति। असम्प्राप्ताविति किम्? पन्थानं गच्छति। भार्यां गच्छति। अन्यत्राभेदविवक्षैव। कटं करोति। ओदनं पचति। शास्त्रं पठति। **"सम्योश्च क्रुधिद्रुहोः" [वा०]** मित्रमभिक्रुध्यति। मित्रमभिद्रुह्यति। **"सिद्धिरनेकान्तात्"** [१।१।१] इत्यतो भेदाभेदोभयविवक्षा प्रत्येतव्या। परेषामपि प्रतिपत्तिगौरवं तुल्यम्। क्व क्रियाया व्याप्यत्वमिष्टं क्व च नेति दुर्बोधम्।

धारेरुत्तमर्णः ॥१।२।११२॥ ऋणे उत्तम उत्तमर्णः। निपातनात् सविधिः। धारयतेरुत्तमर्णो योऽर्थस्तत्कारकं सम्प्रदानसंज्ञं भवति। देवदत्ताय गां धारयति। उत्तमर्ण इति किम्? देवदत्ताय शतं धारयति दरिद्रः।

परिक्रयणम् ॥१।२।११३॥ परिक्रीयतेऽनेनेति परिक्रयणम्; तत्कारकं सम्प्रदानसंज्ञं भवति। शताय परिक्रीतः। सहस्राय परिक्रीतः। साधकतमत्वात् करणसंज्ञा प्राप्ता।

साधकतमं करणम् ॥१।२।११४॥ क्रियायामतिशयेन साधकं साधकतमम्, तत्कारकं करणसंज्ञं भवति।

"दानेन भोगं दयया सुरूपं ध्यानेन मोक्षं तपसेष्टसिद्धिम्।
सत्येन वाक्यं प्रशमेन पूजां वृत्तेन जन्माग्र्यमुपैति मर्त्यः॥"

तमग्रहणं किमर्थम्? यथा रूपप्रस्तावे अभिरूपाय कन्या देयेत्युक्तेऽभिरूपतमायेति। एवमिहापि कारकाधिकारादकारके संज्ञावृत्तिर्नास्तीति 'साधकं करणम्' इत्युक्तेऽपि साधकतममिति गम्यते तदेतत् तमग्रहणंज्ञापकमन्यत्र-तमग्रहणेन विना प्रकर्षो न लभ्यते। तेना "आधारोऽधिकरणः" [१।२।११६] इत्यनेन मुख्यामुख्ययोरधिकरणत्वं सिद्धम्। तिलेषु तैलम्। गङ्गायां घोषः। साधकतमस्याविवक्षायां स्वातन्त्र्याद्धनुर्विध्यतीति भवति। पुंल्लिङ्गनिर्देशः किमर्थः? परिक्रयणमित्यनवकाशया सम्प्रदानसञ्ज्ञया बाधा मा भूत्। शतेन परिक्रीतः। वचनात् साऽपि भवति। शताय परिक्रीतः। "दिवः कर्म" [१।२।११५] इत्यत्र च समावेशो यथा स्यात्। अक्षैर्दीव्यति।

दिवः कर्म ॥१।२।११५॥ दिवेः साधकतमं कारकं कर्मसञ्ज्ञं भवति। अक्षान् दीव्यति। शलाकां[1] दीव्यति। नपा निर्देशात् करणत्वमपि।

आधारोऽधिकरणः ॥१।२।११६॥ आध्रियतेऽस्मिन् क्रियेत्याधारः। इदमेव निपातनमधिकरणे घञः। आधारो यस्तत् कारकमधिकरणसञ्ज्ञं भवति। यद्येवं कर्तृकर्मणोरधिकरणसंज्ञा प्राप्ता तदाश्रितत्वात् क्रियायाः। एवं तर्हि कर्तृकर्मणोः क्रियाश्रययोर्धारणादाधारोऽभिप्रेतः। पूर्वं तमग्रहणेन ज्ञापितं गौण-

१. 'शलाका विध्यति' अ०, ब०, स०।

स्याप्याधारस्याधिकरणत्वम्। कर्तृकर्मणोः सत्यपि क्रियाधारत्वेऽनवकाशत्वात् कर्तृकर्मसञ्ज्ञे भविष्यतः। भेदविवक्षायामधिकरणत्वमपि। अशनक्रिया देवदत्ते वर्तते। विक्लेदनं तण्डुलेषु।

"औपश्लेषिकवैषयिकाऽभिव्यापक इत्यपि। आधारस्त्रिविधः प्रोक्तः कटाकाशतिलेषु च॥"

औपश्लेषिकः—कटे आस्ते। स्थाल्यां पचति। वैषयिकः—आकाशे शकुनयः। गङ्गायां घोषः। गुरौ वसति। यदधीना यस्य स्थितिः स तस्याधारः। अभिव्यापको विभागाप्रतीतेः। तिलेषु तैलम्। दधनि सर्पिः। अधिकरणप्रदेशाः **"ईबधिकरणे च"** [१।४।४४] इत्येवमादयः।

कर्मैवाऽधिशीङ्स्थाऽऽसः ॥१।२।११७॥ अधिपूर्वाणां शीङ् स्था आस् इत्येषामाधारो यस्तत् कारकं कर्मसञ्ज्ञमेव भवति। ग्राममधिशेते। पर्वतमधितिष्ठति। प्रासादमध्यास्ते। एवकारः पुंल्लिङ्गाऽधिकरणसंज्ञासमावेशनिवृत्त्यर्थः। कर्मप्रदेशाः **"कर्मणीप्"** [१।४।२] इत्येवमादयः।

वसोऽनूपाध्याङः ॥१।२।११८॥ अनु उप अधि आङ् इत्येवम्पूर्वस्य वसतेराधारो यस्तत् कारकं कर्मसंज्ञं भवति। ग्राममनुवसति। गिरिमुपवसति। गृहमधिवसति। वनमावसति। इह कथं ग्रामे उपवसति। भोजननिवृत्तिं करोतीत्यर्थः ? अत्रापि त्रिरात्रादेराधारस्य कर्मत्वं प्रतीयते।

अभिनिविशश्च ॥१।२।११६॥ अभिनि इत्येवंपूर्वस्य विशतेराधारो यस्तत् कारकं कर्मसंज्ञं भवति। ग्राममभिनिविशते। गेहमभिनिविशते। चकारात् क्वचिदधिकरणसंज्ञाऽपि भवति। या या संज्ञा यस्मिन्नभिनिविशते। अर्थेष्वभिनिविष्टः। कल्याणेऽभिनिवेशः।

कर्त्राप्यम् ॥१।२।१२०॥ कर्त्रा क्रियया यदाप्यं तत् कारकं कर्मसंज्ञं भवति। कर्तृग्रहणादाप्यग्रहणसामर्थ्याद्वा क्रिया लभते। तत्र कर्म।

"प्राप्यं विषयभूतं च निर्वर्त्यं विक्रियात्मकम्। कर्तुश्च क्रियया व्याप्यमीप्सितानीप्सितेतरत्॥"

आप्यत्वसामान्यं सर्वत्र विद्यते। प्राप्यम्—ग्रामं गच्छति। आदित्यं पश्यति। विषयभूतम्-जैनेन्द्रमधीते। हिमवन्तं शृणोति। निर्वर्त्यम्—घटं करोति। ओदनं पचति। विक्रियात्मकम्—काष्ठानि दहति। घटं भिनत्ति। ईप्सितम्-गुडं भक्षयति। ओदनं भुङ्क्ते। अनीप्सितम्—ग्रामं गच्छन् व्याघ्रं पश्यति। कण्टकान् मृद्नाति। अनुभयम्-ग्रामं गच्छन् वृक्षमूलान्युपसर्पति। कर्त्रेति किम् ? माषेष्वश्वं बध्नाति। अश्वेन कर्मणा भक्षणक्रियया माषाणामाप्यानां कर्मसंज्ञा मा भूत्। अथ सर्वाणि कारकाणि कर्त्राऽप्यन्त इति कर्मसंज्ञा प्राप्नोति ? नैष दोषः। सर्वेषु कारकेष्वाप्येषु आप्यग्रहणसामर्थ्यादाप्यतमे संप्रत्ययः। तेन करणादिषु न भवति। पयसा ओदनं भुङ्क्ते। इह कथं कर्मत्वं गेहं प्रविशतीति ? आधारस्याविवक्षा।

अकथितञ्च ॥१।२।१२१॥ अकथितमसङ्कीर्तितम्। अपादानादिभिर्विशेषकारकादिभिरकथितं च यत् कारकं तत् कर्मसंज्ञं भवति। अकथितमप्रधानमिति गृह्यमाणे इह देवदत्ताद् गां याचत इत्यप्रधानतयाऽपादानसंज्ञा कर्मसंज्ञया बाध्येत।

**"दुहियाचिरुधिप्रच्छिभिक्षिचिञामुपयोगनिमित्तमपूर्वविधौ।
ब्रुविशासिगुणेन च यत् सचते तदकीर्तितमाचरितं कविना॥"**

दुहि—गां दोग्धि पयः। गौः कारकमपादानत्वेनासङ्कीर्तितमपायस्याविवक्षितत्वात्। गोरप्याप्यत्वे न सिद्धं कर्मत्वमिति चेत् परिगणनार्थमिदं वक्तव्यम्। इह मा भूत्। नटस्य शृणोति श्लोकम्। याचि—माणवकं गां याचते। याचनमात्रेणापायस्याविवक्षितत्वात्। रुधि—गामवरुणद्धि व्रजम्। सतोऽप्याधारस्याविवक्षा। गां अनुदरा कन्येति यथा। प्रच्छि—आचार्यं धर्मं पृच्छति। प्रश्नमात्रेणापायस्याविवक्षा। भिक्षि—देवदत्तं गां भिक्षते। चिञ्—वृक्षमवचिनोति फलानि। उपयोगनिमित्तं प्रयोगनिमित्तम्। अथवा उपयोगो दुग्धादि तन्निमित्तं गवादि। इहापि तर्हि स्यात्। पाणिना कांस्यपात्र्यां दोग्धि। पाण्यादिकमप्युपयोगनिमित्तमित्याह।

अपूर्वविधौ–यस्य पूर्वो विधिर्नोक्तः। इह तु पूर्वमेव करणसञ्ज्ञा अधिकरणसञ्ज्ञा च विहिता। ब्रुविशास्योर्गुणेन च क्रियया कर्मणा वा यत् सचते सम्बध्यते तदकीर्तितमित्युक्तमाचार्येण। ब्रुवि–माणवकं धर्मं ब्रूते। शासि–माणवकं धर्ममनुशास्ति। माणवकस्य सम्प्रदानत्वेनाविवक्षा। अकथितमिति किम्? देवदत्तात् गां याचते। चकारोऽनुक्तसमुच्चयार्थः। तेनम् "कालभावाध्वगन्तव्याः[1] कर्मसंज्ञा ह्यकर्मणामिति" लब्धम्। काले[2]–मासमास्ते। संवत्सरं वसति। भावे[3]–गोदोहं स्वपिति। अध्वा च स गन्तव्यश्चेति इच्छया विशेषणत्वम्। क्रोशमास्ते। क्रोशं स्वपिति। देशोऽपि कर्मसंज्ञ इति केचित्। कुरूनास्ते। कुरून् स्वपिति। अथ नीवहिहरतिकृषि[4]जयत्यादयो द्विकर्मका उपलभ्यन्ते। तेषां कथं द्विकर्मकत्वं प्रधानाप्रधानकर्मणोः सामान्येनाऽप्यत्वात्। अजां नयति ग्रामम्। भारं वहति ग्रामम्। भारं[5] हरति ग्रामम्। शाखां कर्षति[6] ग्रामम्। देवदत्तो जिनदत्तं शतं जयति। देवदत्तो ग्रामं शतं दण्डयति। अयं तु विशेषः—

"प्रधानकर्मण्यभिधेये लादीनाहुर्द्विकर्मणाम्। अप्रधाने दुहादीनां ण्यन्ते कर्तुश्च कर्मणः॥"

नीयते अजा ग्रामम्। उह्यते भारो ग्रामम्। ह्रियते भारो ग्रामम्। कृष्यते शाखा ग्रामम्। जीयते जिनदत्तः शतम्। दण्ड्यते जिनदत्तः शतम्। अप्रधाने कर्मणि दुहादीनाम्। दुह्यते गौः पयः। याच्यते माणवको गाम्। अवरुध्यते गां व्रजः। पृच्छ्यते आचार्यो धर्मम्। भिद्यते देवदत्तो गाम्। अवचीयते वृक्षः फलानि। उच्यते माणवको धर्मम्। शिष्यते[7] माणवको धर्मम्। ण्यन्ते कर्तुश्च कर्मण इति उत्तर सूत्रेणाऽण्यन्तावस्थायां यः कर्ता ण्यन्तावस्थायां कर्मतामापन्नः प्रयोज्यस्तस्याभिधाने लादीनाहुः। बोध्यते माणवकः शास्त्रम्। गम्यते माणवको ग्रामम्। भोज्यते माणवक ओदनम्। आस्यते माणवको मासम्। अध्याप्यते[8] माणवको जैनेन्द्रम्। ननु ण्यन्तेषु धुषु ण्यन्तवाच्यया क्रियया प्रेषणाऽध्येषणलक्षणया यदाप्यते तत् प्रधानं कर्म। अवयवक्रियया यदाप्यते तदप्रधानम्। एवं च सति प्रधानकर्मण्यभिधेये लादीनाहुरित्यनेनैव सिद्धत्वादनर्थकमिदं ण्यन्ते कर्तुश्च कर्मण इति? नानर्थकं समुच्चयार्थमेतत् प्रधाने कर्मणि लादयो भवन्त्यप्रधाने च। तेन बोध्यते माणवकं धर्मः। भोज्यते माणवकमोदनः। अध्याप्यते माणवकं जैनेन्द्रः। अकर्मणां गत्यर्थानां च प्रधान एव कर्मणि लादयः। आस्यते माणवको मासम्। आस्यते माणवको गोदोहम्। गम्यते माणवको ग्रामम्। प्राप्यते माणवको ग्रामम्।

ज्ञागम्यद्यर्थधेरणि कर्ता णौ ॥१।२।१२२॥ ज्ञार्थानां गम्यर्थानामद्यर्थानां धीनाञ्च धूनामण्यन्तानां यः कर्ता स णौ सति कर्मसंज्ञो भवति। ज्ञार्थानाम्–जानाति माणवको धर्मम्। ज्ञापयति माणवकं धर्मम्। बुध्यते माणवको धर्मम्। बोधयति माणवकं धर्मम्। पश्यति माणवको ग्रामम्। दर्शयति माणवकं ग्रामम्। गम्यर्थानाम्–गच्छति माणवको ग्रामम्। गमयति माणवकं ग्रामम्। याति माणवको ग्रामम्। यापयति माणवकं ग्रामम्। अद्यर्थानाम्–भुङ्क्ते ओदनं माणवकः। भोजयति माणवकमोदनम्। अश्नाति माणवक ओदनम्। आशयति माणवकमोदनम्। धीनाम्–आस्ते माणवकः। आसयति माणवकम्। शेते माणवकः। शाययति माणवकम्। अत्रापि पूर्ववण्णिजन्तवाच्यया क्रियया प्रेषणाध्येषणलक्षणया आप्यत्वात् कर्मसंज्ञा सिद्धा। यद्यपि स्वातंत्र्यमाप्यत्वञ्चास्ति तथापि कर्मैवेत्यवधारणात् कर्तृसंज्ञा न भवतीति। एवं सिद्धे नियमार्थमिदं तेषामेवाणौ कर्ता ण्यन्ते कर्मसंज्ञो भवति नान्येषाम्। पचत्योदनं देवदत्तः। पाचयत्योदनं देवदत्तेन। अणि कर्तेति किम्? गमयति देवदत्तो जिनदत्तम्। तमन्यः प्रयुङ्क्ते। गमयति देवदत्तेन जिनदत्तम्। नयत्यादयः प्रापणार्था न गत्यर्थास्तेनेह कर्मसंज्ञा न भवति। अजां नयति देवदत्तः। नाययति देवदत्तेन। भारं

---

१. गन्तव्यः क–मु०, ब०। २. कालः अ०, स०। ३. भावः अ०, स०। ४. कृषज–मु०। ५. जिनदत्तो ग्रामं भारं हरति अ०, ब०, स०। ६. कृषति अ०, ब०, स०। ७. 'शिष्यते माणवको धर्मम्' इति ब० पुस्तके नास्ति। ८. अध्याप्यते माणवको जैनेन्द्रम् अ०, ब०, स०।

वहति वाहीकः । वाहयति वाहीकेन । यदा गत्यर्थतासंभवस्तदा भवति कर्मसंज्ञा । वहन्ति बलीवर्दा यवान् । वाहयन्ति बलीवर्दान् यवान् । प्रवहत्युदकं देवदत्तः । प्रवाहयत्युदकं देवदत्तम् । **"अद्यर्थेषु अदिखाद्योः प्रतिषेधो वक्तव्यः [वा०]** अत्ति देवदत्तः । आदयति देवदत्तेन । खादयति (खादति) देवदत्तः । खादयति देवदत्तेन । अथवा **"सर्वमद्यर्थकार्यमदेर्न भवतीति वक्तव्यमधिकरणे तद्विधिं मुक्त्वा" [वा०]** आदयते माणवकेन । **"चल्यद्यर्थात्" [१।२।८४]** ममपि न भवति । **"भक्षिरहिंसार्थः कर्मसंज्ञो न भवतीति वक्तव्यम्" [वा०]** भक्षयति पिण्डीं देवदत्तः । भक्षयति पिण्डीं देवदत्तेन । अहिंसार्थस्येति किम् ? भक्षयति बलीवर्दी यवम् । भक्षयति बलीवर्दं यवम् । अत्र हिंसाऽस्ति । वनस्पतिकायानां प्राणित्वात् । प्रकृतेन कर्मणा अकर्मका इह गृह्यन्ते तेन धिग्रहणे कालादिकर्मणः कर्ता कर्मसंज्ञो भवति । आस्ते मासं देवदत्तः । आसयति मासं देवदत्तम् । आस्ते गोदोहं देवदत्तः । आसयति गोदोहं देवदत्तम् । आस्ते क्रोशं देवदत्तः । आसयति क्रोशं देवदत्तम् ।

शब्दे च ॥१।२।१२३॥ शब्दे कर्मभावेन क्रियाभावेन च यो धुर्वर्तते तस्याण्यन्तस्य कर्ता णौ कर्मसंज्ञो भवति । शब्दकर्मणः–शृणोति देवदत्तः शब्दम् । श्रावयति देवदत्तं शब्दम् । उपलभते देवदत्तः शब्दम् । उपलम्भयति देवदत्तं शब्दम् । अधीते माणवकस्तर्कम् । अध्यापयति माणवकं तर्कम् । शब्दक्रियस्य–जल्पति देवदत्तः । जल्पयति देवदत्तम् । विलपति देवदत्तः । विलापयति देवदत्तम् । चशब्दोऽनुक्तसमुच्चयार्थः । तेन ह्वयत्यादिषु न भवति । ह्वयति देवदत्तः । ह्वाययति देवदत्तेन । क्रन्दति देवदत्तः । क्रन्दयति देवदत्तेन ।

हृक्रोर्न वा ॥१।२।१२४॥ हृ कृ इत्येतयोरण्यन्तयोर्यः कर्ता स ण्यन्तयोर्न वा कर्मसंज्ञो भवति । न वेति निर्देशात् प्राप्ते चाप्राप्ते च विकल्पः । प्राप्ते–अभ्यवहरति देवदत्तः । अभ्यवहारयति देवदत्तं देवदत्तेनेति वा । विहरति देवदत्तः । विहारयति देवदत्तं देवदत्तेनेति वा । विकुर्वते सैन्धवाः । विकारयन्ति सैन्धवान् सैन्धवैरिति वा । अद्यर्थगत्यर्थे धिसंज्ञायां पूर्वेण प्राप्तिः । अप्राप्ते–हरति माणवको भारम् । हारयति माणवकं माणवकेन वा । करोति कटं देवदत्तः । कारयति कटं देवदत्तं देवदत्तेन वा । चकारोऽनुक्तसमुच्चयार्थोऽनुवर्तते । तेन अभिवदिदृश्योर्दविषये विकल्पः । अभिवदति गुरुं देवदत्तः । अभिवादयते गुरुं देवदत्तं देवदत्तेन वा । पश्यन्ति भृत्या राजानम् । दर्शयते भृत्यान् भृत्यैरिति वा । **"णिचः" [१।२।७२]** इति दविधिः ।

स्वतन्त्रः कर्ता ॥१।२।१२५॥ स्वतन्त्र आत्मप्रधानः । क्रियासिद्धौ स्वतन्त्रो योऽर्थस्तत् कारकं कर्तृसंज्ञं भवति । देवदत्तः पचति । देवदत्तेन कृतम् । प्रेषितः करोतीत्यत्रापि स्वातन्त्र्यं गम्यते । अनिच्छायामकरणात् । इह स्थाली पचतीति स्वातन्त्र्यं विवक्षितम् ।

तद्योजको हेतुः ॥१।२।१२६॥ योजकः प्रेरकः, तस्य स्वतन्त्रस्य योजको योऽर्थस्तत् कारकं हेतुसंज्ञं भवति । पुल्लिङ्गकर्तृसंज्ञासमावेशात् कर्तृसंज्ञं च । कारयति । भोजयति । हेतुत्वात् **"हेतुमति" [२।१।२४]** इति णिच् । कर्तृत्वाल्लकारवाच्यता । गौणस्यापि योजकस्य हेतुत्वम् । भिक्षा वासयति । कारीषोऽग्निरध्यापयति । तद्योजक इति वचनं ज्ञापकं **"तृजकाभ्यां" [१।३।७८] "कर्तरि" [१।३।७९]** इत्यस्य तासप्रतिषेधस्यानित्यत्वम् ।

निः ॥१।२।१२७॥ अधिकारोऽयम् । **"प्राग्धोस्ते" [१।२।१४९]** इत्यतः प्राक् । यानित ऊर्ध्वमनुक्रमिष्यामो निसंज्ञास्ते वेदितव्याः । वक्ष्यति चादिरसत्त्वे । च वा ह अह एव । निरिति पुल्लिङ्गनिर्देशः किमर्थः ? गितिसंज्ञाभ्यां समावेशो यथा स्यात् । निप्रदेशाः **"निरेकाजनाङ्"** [१।१।२२] इत्येवमादयः ।

चादिरसत्त्वे ॥१।२।१२८॥ सीदत अस्मिंल्लिङ्गसंख्ये इति सत्त्वम् । लिङ्गसंख्यावद् द्रव्यमित्यर्थः । चादयो निसंज्ञका भवन्ति न चेत् सत्त्वे वर्तन्ते । च वा ह अह एव एवम् नूनम् शश्वत् सूपत् कूपत् कुवित्

नेत् चेत् चण् कच्चित् यत्र नह हन्त माकिम् नकिम् माङ्। ङकारो "माङि लुङि" [२।३।१२३] इति विशेषणार्थः। अङिति माशब्दे माऽभवत् मा भविष्यति। न नञ्। ञकारो "नञ्" [१।३।६८] इति विशेषणार्थः। नहि वाच त्वाक ननु च त्वे[1] तु[2] द्वै न्वै नु वै रूवै रै[3] वै श्रौषट् वौषट् वषट् स्वाहा स्वधा ओम् तथाहिं खलु किल अथ अवस् स्म असि अ इ उ ऊ ऋ लृ ए ऐ ओ औ उञ् सुञ् आदह आतङ वेलायमा मात्रायाम यावत् यथा किम् यत् तत् यदि पुरा धिक् है[4] हौ[5] पाट् प्याट् उताहो आहो अथो अधो[6] मानो ननु नाना मन्ये असि ब्रूहि हिनु तु इति इव वत चँन[7] धावत एवं आ आं शं हिकम् हिरुक् शुभम् सुकम् शुकम् तुकम् नहि कम् श्रुतम् सत्यम् अद्धा नो हि मुधा न चेत् जातु कथम् ऋते कुत्र अपि (अयि) आदक आवहन् भोस् श्वित्[8] वाह्य संवत् दिष्ट्या पशु युगपत् फट सह अनुष्वक् ताजक् नाजक अङ्ग पुत्र अये अरे अवे वट् वेटं वाट्[9] उं श्वकित् मर्या ईप[10] कीम् सीम् गिविभक्तीस्वरप्रतिरूपकाश्च। गिप्रतिरूपका अवदत्तमित्यादौ। दुर्नीतं दुर्नय इति णत्वं न भवति। असत्त्व इति किम्? अस्यापत्यमिरिति।

प्रादिः ॥१।२।१२९॥ प्रादयो निसंज्ञा भवन्त्यसत्त्वे। प्रपराऽपसम्निदुर्व्याङ्न्यधयोऽप्यनिसूदभयश्च। प्रतिना सह लक्षयितव्याः पर्युपयोरपि लक्षणमत्र। असत्त्व इत्येव। विप्रातीति विप्रः। पराजयति सेना। पृथक्करणमुत्तरार्थम्। प्रादीनामेव गिसंज्ञा यथा स्याच्चादीनां मा भूत्। उत्तरत्र प्रादिग्रहणे क्रियमाणे अक्रियायोगे निसंज्ञा न स्यात्। आ एवं नु मन्यसे। आ एवं किल तत्।

क्रियायोगे गि ॥१।२।१३०॥ क्रियायोगे प्रादयो गिसंज्ञा भवन्ति। प्रणमति। परिणायकः। **"गोरसेऽपि विकृते"** [२।४।६८] इति णत्वं सिद्धम्। क्रियायोग इति किम्? प्रगता नायका अस्माद्देशात् प्रनायको देशः। नन्वत्रापि क्रियाऽस्ति। योगग्रहणसामर्थ्यात् यत्क्रियायुक्तास्तं प्रति गितिसंज्ञा भवति। गमिक्रियया चात्र योगः। **"मरुच्छब्दस्योपसंख्यानम्"**। मरुत्तः। **"गेस्तोऽचः"** [५।२।१४१] इति अनजन्तत्वेऽप्युपसंख्यानसामर्थ्यात्तादेशः। **"प्रज्ञाश्रद्धार्चावृत्तिभ्यो णः"** [४।१।२८] इति निर्देशादङ्विषये श्रतो गित्वम्। **"तिरोऽन्तर्द्धौ"** [१।२।१४] इति निर्देशादन्तःशब्दस्यापि क्यादिविषये।

ति ॥१।२।१३१॥ तिसंज्ञाश्च प्रादयो भवन्ति क्रियायोगे। प्रकृत्य। प्रस्तुत्य। तिसंज्ञायां **"तिकुप्रादयः"** [१।३।८१] इति षसः। **"ष्यस्तिवाक्से त्वः"** [५।१।३१] इति ष्यादेशः। पुंल्लिङ्गा गिसंज्ञा समाविशति। अभिषिच्य। प्रणम्य। षत्वणत्वे सिद्धे। योगविभागः किमर्थः? उत्तरत्र तिसंज्ञैव यथा स्यात् गिसंज्ञा मा भूत्। इह ऊरीस्यादिति। **"गिप्रादुर्भ्यो यच्यस्तेः"** [२।४।६८] इति षत्वं स्यात्।

च्विडाजूर्यादिः ॥१।२।१३२॥ च्व्यन्तो डाजन्त ऊरीप्रभृतयश्च शब्दाः क्रियायोगे तिसंज्ञा भवन्ति। अशुक्लं शुक्लं कृत्वा शुक्लीकृत्य। डाच्—अपटत् पटत् कृत्वा पटपटाकृत्य। कृभ्वस्तियोगे च्विडाचौ विहितौ तत्साहचर्यादूर्यादीनामपि कृभ्वस्तिभिरेव योगे तिसंज्ञा भवति। ऊर्यादिषु च्व्यर्थो न संभवति। ऊरीकृत्य। उररीकृत्य। ऊरीभूय। उररीभूय। ऊरीउररीशब्दावङ्गीकरणे विस्तारे च। पापीशब्दो विध्वंसे माधुर्य्ये सकरुणविलापे च। तालीआतालीशब्दौ वर्णे। वेताली वैरूप्ये। धूसीशब्दः कान्तौ वाञ्छायाञ्च। सकलाशंसकलाध्वंसकलाभ्रंसकला एते हिंसायाम्। गुलुगुथाशब्दौ पीडायाम्। सजूः सहार्थे। फलू फली विक्ली अक्ली एते विकारे। आलम्बी आलोष्ठी केवासी केवाली वर्षाली भस्मसा मसमसा एते हिंसायाम्। श्रौषट् वौषट् स्वाहा

---

१. त्वै ब०। २. तुवे अ०। तुवै ब०, स०। ३. रै अ०, ब०। ४. है अ०। ५. है स०। ६. अधो अ०, ब०, स०। ७. चन। ध। वत अ०। वत। ध। वत स०। वत। धवत। मु०। ८. भो श्वित् अ०। ९. वाट अ०। १०. इप् अ०।

स्वधा एते दानार्थाः। चादिषु च पाठादक्रियायोगेऽपि निसंज्ञा। प्रादुस् श्रत् आविस्। प्रादुःकृत्य। प्रादुर्भूय। श्रद्धाय। आविर्भूय। आविःशब्दः साक्षादादौ च पठ्यते। तस्य "वा कृञि" [१।२।१४१] इति करोतियोगे तिसंज्ञाविकल्पः। आविष्कृत्य। आविष्कृत्वा।

अनितावनुकरणम् ॥१।२।१३३॥ अव्यक्तो व्यक्तो वा शब्दोऽनुक्रियतेऽनेनेत्यनुकरणम्। अनितिपरमनुकरणं क्रियायोगे तिसंज्ञं भवति। खाट्कृत्य[१]। पटत्कृत्य। अनिताविति किम्? खाडिति[२] कृत्वा निरष्ठीवत्। खाट्छब्दस्य घोः प्राक् प्रयोगः सविधिश्च प्रसज्येत। "ध्वादेः षः सः" [४।३।८२] इत्यत्र सुबधुष्ठीवतिष्वष्कतिष्व्यायतीनां प्रतिषेध उक्तः।

सदादरानादरयोः ॥१।२।१३४॥ आदरः सम्भ्रमः। अवज्ञानमौदासीन्यं वाऽनादरः। सच्छब्द आदरानादार इत्येतयोरर्थयोस्तिसंज्ञो भवति। आदरे-सत्कृत्य। अनादरे-असत्कृत्य। अनादर इत्यर्थनिर्देशात् सच्छब्दस्य तदन्तविधिरिष्टः। तेनेहापि भवति। परमसत्कृत्य। तिसंज्ञायां निसंज्ञासमावेशः। निसंज्ञस्यासंख्यत्वाज्झिसञ्ज्ञा। आदरानादरयोरिति किम्? सत्कृत्वा काण्डं गतः। विद्यमानं कृत्वेत्यर्थः।

भूषाऽपरिग्रहेऽलमन्तः ॥१।२।१३५॥ अलमन्तरित्येतौ शब्दौ भूषायामपरिग्रहे चार्थे यथासंख्यं तिसंज्ञौ भवतः। अलङ्कृत्य। भूषयित्वेत्यर्थः। अन्तर्हत्य। मध्ये हत्वेत्यर्थः। भूषाऽपरिग्रह इति किम्? अलं कृत्वा। अन्तर्हत्वा मूषिका गताः। पर्याप्तं कृत्वेत्यर्थः। परिगृह्येत्यर्थः। "तिरोऽन्तर्द्धौ" [१।२।१४०] इति ज्ञापकादन्तःशब्दस्य गिसंज्ञाऽपि। अङ्किविधिणत्वेषु प्रयोगदर्शनात्। अन्तर्द्धा। अन्तर्द्धिः। अन्तर्णीयः[३]।

कणेमनः श्रद्धाघाते ॥१।२।१३६॥ श्रद्धाघातोऽभिलाषनिवृत्तिः। कणेमनःशब्दौ श्रद्धाघातेऽर्थे तिसंज्ञौ भवतः। कणेशब्द ईबन्तप्रतिरूपको निसंज्ञोऽभिलाषातिशये वर्तते। मनःशब्दोऽपि तत्साहचर्यादिह तादृशः। कणेहत्य भुङ्क्ते। मनोहत्य भुङ्क्ते। श्रद्धाघात इति किम्? तन्दुलावयवे कणे हत्वा गतः। मनो हत्वा गतः। चेतो हत्वेत्यर्थः।

पुरोऽस्तं भिः ॥१।२।१३७॥ पुरस् अस्तमित्येतौ भिसंज्ञौ क्रियायोगे तिसंज्ञौ भवतः। पुरःशब्दः "पूर्वाधरावराणां पुरधवोऽसि" [४।१।१०३] इत्यत्र साधितः। अस्तंशब्दोऽनुपलब्धौ वर्तते। पुरस्कृत्य गतः। अस्तङ्गत्य पुनरुदेति। "नमःपुरसोस्त्योः" [५।४।२१] इति सत्वम्। भिरिति किम्? पूः पुरौ पुरः कृत्वा गतः। अस्तं कृत्वा काण्डं गतः।

गत्यर्थवदेऽच्छः ॥१।२।१३८॥ भिरिति वर्तते। अच्छशब्दो भिसंज्ञः गत्यर्थे वदतौ च तिसंज्ञो भवति। अच्छगत्य। अच्छगम्य। "ल्ये" [४।४।३८] "वा मः" [४।४।३९] इति वा मस्य खम्। अच्छोद्य। अच्छशब्दो दृढार्थे आभिमुख्ये च वर्तते। भिरित्येव। उदकमच्छं गत्वा।

अनुपदेशेऽदः ॥१।२।१३९॥ अवचनात्मिका प्रतिपत्तिरनुपदेशः। अदःशब्दोऽनुपदेशे तिसंज्ञो भवति। अदःकृत्य। अनुपदेश इति किम्? अदः कृत्वा गतः। एतत् कृत्वा गत इति परस्य कथयति।

तिरोऽन्तर्द्धौ ॥१।२।१४०॥ तिरःशब्दोऽन्तर्द्धाने तिसंज्ञो भवति। तिरोभूय। अन्तर्द्धाविति किम्? तिरो भूत्वा स्थितः। तिर्यग्भूत्वा स्थित इत्यर्थः।

वा कृञि ॥१।२।१४१॥ तिरःशब्दोऽन्तर्द्धौ कृञि वा तिसंज्ञो भवति। प्राप्ते विकल्पः। तिरस्कृत्य। तिरः कृत्वा। "तिरसो वा" [२।४।३०] इति सत्वम्। अन्तर्द्धावित्येव। तिरः कृत्वा काष्ठं गतः।

उपाजेऽन्वाजे ॥१।२।१४२॥ उपाजे अन्वाजे ईबन्तप्रतिरूपकावेतौ कृञि वा तिसंज्ञौ भवतः। उपाजेकृत्य। उपाजे कृत्वा। अन्वाजे कृत्य। अन्वाजे कृत्वा। दुर्बलस्य भग्नस्य वा बलाधानं कृत्वेत्यर्थः।

---

१. खाट्कृत्य अ०, ब०, स०। २, खाडिति अ०, ब०, स०। ३. अन्तर्णीयः अ०।

साक्षादादिः ॥१।२।१४३॥ वेति वर्तते । साक्षात्प्रभृतीनि शब्दरूपाणि कृञि वा तिसंज्ञानि भवन्ति । "च्विडाजूर्यादिः" [१।२।१३२] इत्यतो मण्डूकप्लुत्या च्विग्रहणमर्थपरमनुवर्तते । तेन च्व्यर्थे तिसंज्ञाविकल्पोऽयम् । साक्षात्कृत्य । साक्षात्कृत्वा । मिथ्याकृत्य । मिथ्याकृत्वा । यदा च्विरुत्पद्यते तदा "च्विडाजूर्यादिः" इत्यनेन नित्यं तिसंज्ञा भवति । साक्षात् । मिथ्या । चिन्ता । भद्रा । रोचना । लोचना । अमा । आस्था । श्रद्धा । आस्ता । प्राजर्या । प्राजरुहा । बीजर्या । बीजरुहा । संसर्या । अर्थे । लवणम् । उष्णम् । शीतम् । उदकम् । आर्द्रम् । तिसन्नियोगे लवणादीनां मकारान्तत्वं निपात्यते । अग्नौ । वशे । विकसने । विकम्पने । विहसने । अग्नौप्रभृतय ईबन्तप्रतिरूपका निपातनं वा । वेति व्यवस्थितविभाषानुवर्तनाल्लवणादीनां च्व्यन्तानां मकारौकारनिपातनं न भवति । लवणीकृत्य । वशीकृत्य । नमस् । प्रादुराविःशब्दौ ऊर्यादिष्वपि पठ्येते । तयोः कृञि विकल्पार्थं इह पाठः ।

मनस्युरस्यनत्याधाने ॥१।२।१४४॥ मनसिउरसिशब्दौ ईबन्तप्रतिरूपकौ निपातनं च । अत्याधानमुपश्लेषः । मनसि उरसि इत्येतौ अनत्याधानेऽर्थे कृञि वा तिसंज्ञौ भवतः । उरसिकृत्य । उरसि कृत्वा । मनसिकृत्य । मनसि कृत्वा । निश्चित्येत्यर्थः । अनत्याधान इति किम् ? उरसि कृत्वा पाणिं शेते ।

मध्ये पदे निवचने ॥१।२।१४५॥ अनत्याधान इति वर्तते । मध्ये पदे निवचने इत्येते शब्दाः कृञि वा तिसंज्ञा भवन्ति अनत्याधाने । एकारान्तता पूर्ववद्वेदितव्या । मध्येकृत्य । मध्ये कृत्वा । पदेकृत्य । पदे कृत्वा । निवचने इति वचनाभावे वर्तते । निवचनेकृत्य । निवचने कृत्वा । अनत्याधान इत्येव । हस्तिनः पदे कृत्वा हस्तमास्ते ।

हस्ते पाणौ स्वीकृतौ तिः ॥१।२।१४६॥ हस्ते पाणौ इत्येतौ स्वीकृतावर्थे कृञि तिसंज्ञौ भवतः । हस्तेकृत्य । पाणौकृत्य । भार्यां कृत्वेत्यर्थः । स्वीकृताविति किम् ? हस्ते कृत्वा कार्षापणं गतः । नात्र दारस्वीकारः । पुनस्तिग्रहणं नित्यार्थम् ।

प्राध्वं बन्धे ॥१।२।१४७॥ प्राध्वमिति मकारान्तो झिसंज्ञः शब्द आनुलोम्ये वर्तते । प्राध्वंशब्दः कृञि तिसंज्ञो भवति बन्धो निमित्तं चेत् । प्राध्वंकृत्य । बन्धनिमित्तमानुलोम्यमिह प्राध्वंकरणम् । बन्ध इति किम् ? प्रगतमध्वानं प्राध्वं कृत्वा शकटं गतः । "तिकुप्रादयः" [१।३।८१] इति षसः । "गेरध्वनः" [४।२।८७] इति सान्तोऽकारः । प्रतिपदोक्तपरिभाषानाश्रयणे प्रत्युदाहरणमिदम् ।

जीविकोपनिषदाविवे ॥१।२।१४८॥ उपनिषद्रहस्यम् । जीविका उपनिषदित्येतौ शब्दाविवशब्दस्यार्थे कृञि तिसंज्ञौ भवतः । जीविकाकृत्य । उपनिषत्कृत्य । जीविकामिव उपनिषदमिव कृत्वेत्यर्थः । इवाथ इति किम् ? जीविकां कृत्वा गतः ।

प्राग्धोस्ते ॥१।२।१४९॥ प्रयोगनियमोऽयम् । ते गितिसंज्ञा धोः प्रागेव प्रयोक्तव्याः । तथा चैवोदाहृतम् । ते इति वचनं किमर्थम् । अनन्तराणां तीनां गीनां च ग्रहणार्थम् ।

लो मम् ॥१।२।१५०॥ नवानां लकाराणामनुबन्धापाये ल इति सामान्येन निर्देशः । लादेशो मसंज्ञो भवति । मिप् वस् मस् सिप थस् थ तिप् तस झि शतृ । नपा निर्देशः पुंल्लिङ्गया दसंज्ञया बाधा यथा स्यात् । समावेशे हि आक्रमत आदित्यः । सङ्कस्यत इत्यत्र "क्रमो मे" [५।२।७४] दीत्वं "गमेरिण्मे" [२।१।१०६] इति इट् प्रसज्येत । शतरि मसंज्ञा सावकाशेति मिङ्क्षु वक्ष्यमाणाभिरस्मदादिभिः संज्ञाभिर्बाध्यत्वं नाशङ्कनीयम् । "सावैम्मे" [५।१।७७] इति वचनं ज्ञापकं मिङां मसंज्ञाऽपि भवतीति ।

इङानं दः ॥१।२।१५१॥ इङिति प्रत्याहार इडित्यतः प्रभृति आ झङो ङकारेण । इङ् च आनश्च दसंज्ञौ भवतः । इट् वहि महि थास् आथाम् ध्वम् त आताम् झङ् । आन इति शानो गृह्यते ।

मिङस्त्रिशोऽस्मद्युष्मदन्याः ॥१।२।१५२॥ मिङो मसंज्ञानि च त्रीणि त्रीणि वचनानि अस्मद्युष्मदन्य इति एवंसंज्ञानि भवन्ति । मिप् वस् मसित्यस्मद् । सिप् थस् थेति युष्मद् । तिप् तस् झीत्यन्यः ।

दानामपि। इट् वहि महि इत्यस्मद्। थास् आथां ध्वमिति युष्मद्। त आतां झङित्यन्यः। मिङ इति किम्? अनुत्तरस्य दस्य मस्य च ग्रहणार्थम्। त्रिश इति "संख्यैकाद्वीप्सायाम् [४।२।४८] इति शस्।

साधने स्वार्थे ॥१।२।१५३॥ अस्मदादयोऽन्वर्थसंज्ञा अनुवर्तन्ते। लस्येत्यधिकृत्याविशेषेण मिङादयो विहितास्तन्नियमोऽयम्। स्वस्यार्थः स्वोऽर्थो वा स्वार्थस्तस्मिन् स्वार्थे साधनेऽस्मदादयो वेदितव्याः। अस्मत्पदस्यार्थे साधनेऽस्मत्त्रिकं युष्मत्पदस्यार्थे साधने युष्मत्त्रिकमाभ्यामन्यस्यार्थे साधनेऽन्यत्त्रिकं भवति। अस्मदाद्यर्थानां साधनत्वे सति नियमोऽयम्। ततोऽस्मदादिपदानामनुप्रयोगे सत्यसति चास्मदादयो भवन्ति। अहं पचामि। आवां पचावः। वयं पचामः। पचामि। पचावः। पचामः। त्वं पचसि। युवां पचथः। यूयं पचथ। पचसि। पचथः। पचथ। स पचति। तौ पचतः। ते पचन्ति। पचति। पचतः। पचन्ति। एवं दविधावपि योज्यम्। भावेऽस्मद्युष्मदर्थयोरभावात् भावस्य चाभ्यामन्यत्वादेकत्वाच्च तस्मिन् साधनेऽन्य एव भवति। आस्यते भवता। ग्लायते भवता। यत्रास्मदाद्यर्थौ युगपत् साधनं तत्र क इष्यते? पूर्वनिर्णयमेव यः पूर्वः। अत्र किमस्मदर्थ एव साधनेऽस्मद् भवतीत्यवध्रियते आहोस्विदस्मदर्थे साधनेऽस्मदेव भवतीति। उभयथाऽप्यदोषः सर्वेषां नियतत्वात्। ननु द्वितीये पक्षे त्वया (मया) कुर्वाणेनेत्यत्र दोषः। मैवम्। त्रिकापेक्षया नियमो न साधनापेक्षया।

प्रहासे मन्यवाचि युष्मन्मन्यतेरस्मदेकवच्च ॥१।२।१५४॥ मन्य इति मन्यतेरेकदेशः। ब्रूते इति वाक्। मन्यो वाक् यस्य प्रहासस्य तस्मिन् मन्यवाचि प्रहासे गम्यमाने युष्मद्भवति मन्यतेश्चास्मद्भवति एकवच्च। अस्मद्युष्मदोर्व्यत्ययार्थोऽयमारम्भः। एहि मन्ये रथेन यास्यसि न हि यास्यसि यातस्ते पिता। एहि मन्यसे रथेन यास्यामीति प्राप्तम्। एवमेहि मन्ये ओदनं भोक्ष्यसे न हि भोक्ष्यसे भुक्तः सोऽतिथिभिः। द्वित्वबहुत्वविवक्षायामपि मन्यतेरेकवद्भावो भवति। एवं मन्ये रथेन यास्यथ न यास्यथेति। प्रहास इति किम्? एहि मन्यसे ओदनं भोक्ष्य इति सुष्ठु मन्यसे साधु मन्यसे।

एकद्विबहुष्वेकशः ॥१।२।१५५॥ यान्यस्मद्युष्मदन्यसञ्ज्ञानां संज्ञित्वेनोपात्तानि षट् त्रिकाणि तान्येकश एक द्वि बहु इत्येवंसंज्ञानि भवन्ति। मिबित्येकः। वसिति द्विः। मसिति बहुः। एवं शेषेषु योज्यम्। अस्मदादिसंज्ञाः पुंल्लिङ्गा एकादिभिः सह समाविशन्ति।

सुपश्च ॥१।२।१५६॥ त्रिश इति वर्तते। सुपश्च त्रिकाणि एकद्विबहुसंज्ञानि भवन्त्येकशः। सु इत्येकः औ इति द्विः। जसिति बहुः। एवं शेषेषु त्रिकेषु नेयम्। उभयत्र चशब्दः "साधने स्वार्थे" [१।२।१५२] इत्यस्यानुकर्षणार्थः। एकार्थे साधने एको मिब्भवति। द्व्यर्थे द्विर्वस्। बह्वर्थे बहुर्मस्। एवं मिङ्क्षु सुप्सु च योज्यम्। ननु च "साधने स्वार्थे" इत्येतन्मिङ उपपद्यते यतः साधनं कारकं क्रियाया निर्वर्तकं क्रिया च ध्वर्थः। धोश्च मिङो विहिता इति साधनवाचित्वोपपत्तेः। सुपस्त्वक्रियावाचिनो ङ्याम्मृदो विधीयन्त इति तत्र साधने स्वार्थ इत्येतन्न घटते। नैष दोषः। अक्रियावाचिनोऽपि विधीयमानाः सुपः क्रियावाचिपदान्तरमाकाङ्क्षन्ति। पदान्तरवाच्यायाः क्रियायाः साधनभावोपपत्तेः सुप्स्वपि "साधने स्वार्थे" इत्ययं व्यवहारो युज्यते। देवदत्तः पचति देवदत्तौ पचतः। देवदत्ताः पचन्ति। यत्रापि क्रियापदं न प्रयुज्यते वृक्षः प्लक्ष इति तत्राप्यस्ति भवतीति परः सन्निहितस्तदपेक्षया व्यवहारः। मिङः सामान्येन धुमात्राद्विधीयन्ते सुपश्च मृन्मात्रात्तेषां संकरेण प्राप्तौ नियमोऽयम्। त्यनियमोऽर्थनियमो वा। एकार्थ एव साधन एको भवति द्व्यर्थ एव साधने द्विर्भवति बह्वर्थ एव (साधने) बहुर्भवतीति त्यनियमः। एकार्थे साधने एक एव भवति द्व्यर्थे द्विरेव भवति बह्वर्थे बहुरेव भवतीत्यर्थनियमः। त्यनियमपक्षे "सुपो भः" [१।४।१२०] इति वचनं ज्ञापकमेकत्वादीनामभावेऽप्युत्पद्यन्ते भः सुप इति। अर्थनियमपक्षे एकत्वादयो नियतास्त्यान्न व्यभिचरन्ति त्याः पुनरनियता एकत्वादीनामभावे व्यतिकरेणेन भिसञ्ज्ञकेभ्यो भवन्ति। तत्र "सुपो भः" [१।४।१२०] इत्युपि कृते सुबन्तं पदं भवति।

विभक्ती ॥१।२।१५७॥ सुप इत्यनुवर्तते त्रिश इति च । सुपां त्रीणि त्रीणि वचनानि विभक्तीसंज्ञानि भवन्ति । सु औ जसिति त्रिको वर्गस्तस्य विभक्ती इति संज्ञा । त्रिकसमुदाये संज्ञा । विहिताऽवयवेऽप्युपचर्यते । एवं सर्वत्र सुपां त्रिकेषु योज्यम् । मिङां विभक्तीसंज्ञायां न गुणो नापि दोषः । विभक्तीशब्दस्य कथं सिद्धिः । विपूर्वाद्भजेः "क्तिचक्तौ खौ" [२।३।१५०] इति क्तिच् । तस्मात् "कृदिकारादक्तेः" [३ । १ । ३ १ । ग० सू०] इति ङीविधिः । महासंज्ञाकरणमुत्तरार्थम् ।

तासामाप्परास्तद्धलच ॥१।२।१५८॥ तस्य विभक्तीशब्दस्य हलोऽचश्च आकारपकारपरास्तासां विभक्तीनां यथासंख्यं संज्ञा भवन्ति । वा इप् भा अप् का ता ईप् इति एताः संज्ञाः । सुपस्त्रिश इति चानुवर्तते । सु औ जसिति वा । अम् औट् शसिति इप् । टा भ्यां भिसिति भा । ङे भ्यां भ्यसिति अप् । ङसि भ्यां भ्यसिति का । ङस् ओस् आमिति ता । ङि ओस् सुप् इति ईप् । तासां ग्रहणं सुब्विभक्त्युपादानार्थम् । "सपूर्वाया वायाः" [२ ।३ । २३] इत्येवमादयो निर्देशाः सौत्राः ।

इत्यभयनन्दिविरचितायां जैनेन्द्रव्याकरणमहावृत्तौ प्रथमस्याध्यायस्य द्वितीयः पादः समाप्तः ॥२॥

समर्थः पदविधिः ॥१।३।१॥ परिभाषेयम् । समर्थपदाश्रयत्वात् समर्थः । पदसम्बन्धी विधिः पदविधिः । सर्वः पदविधिः समर्थो वेदितव्यः । समर्थानां पदानां विधिर्वेदितव्य इत्यर्थः । द्विविधं[3] सामर्थ्य-मेकार्थीभावः परस्परव्यपेक्षा च । तत्र सविधिनामधुह्वद्विधिषु स्वभावत एकार्थीभावः सामर्थ्यमन्यत्र व्यपेक्षा । एकार्थीभावे सङ्गतार्थः संसृष्टार्थो वा समर्थः । व्यपेक्षायां सम्बद्धार्थः सम्प्रेक्षितार्थो वा समर्थः । वक्ष्यति "इप् तच्छ्रितातीतपतितगतात्यस्तैः [१।३।२१] धर्मं श्रितो धर्मश्रितः । समर्थग्रहणं किम् ? व्याचष्टे मुनिर्धर्मं श्रितः शिष्यो गुरुकुलम् । अत्र व्यपेक्षा नास्ति । "भा गुणोक्त्याऽर्थेनोनैः" [१।३।२७] । मदेन पट्टुर्मदपटुः । समर्थ-ग्रहणं किम् ? दन्ती भ्रमति मदेन पटुः शास्त्रेण । "अप्तदर्थार्थबलिहितसुखरक्षितैः" [१।३।३१] । रथाय दारु रथदारु । समर्थग्रहणं किम् ? गच्छ त्वं रथाय दारु देवदत्तस्य गेहे । "का भीभिः" [१।३।३२] । संसाराद्भयं संसारभयम् । समर्थग्रहणं किम् ? ध्यानी निष्क्रामति संसाराद्भयमरण्ये । "ता" [१।३।७०] । मोक्षस्य मार्गो मोक्षमार्गः । समर्थग्रहणं किम् ? अनन्तसुखं मोक्षस्य मार्गः स्वर्गस्य व्रतम् । "ईप्शौण्डैः [१।३।३५] । अक्षेषु शौण्डोऽक्षशौण्डः । समर्थग्रहणं किम् ? मूढः शक्तोऽक्षेषु शौण्डः पिबति पानागारे । पदग्रहणं किम् ? तिष्ठतु दध्यशान त्वं शाकेन । तिष्ठतु कुमारी, छत्रं हर देवदत्तात् । वर्णविधौ समर्थपरिभाषा नावतरतीत्यान-न्तर्यमात्रेण यणादेशस्तुग्विधिश्च भवति । "वा पदस्य" [४।३।६४] इत्यत्र पदग्रहणं द्विमात्रस्य विशेषण-मिति पदविधिरयं न भवतीति विकल्पेन तुक् ।

सः ॥१।३।२॥ स इत्ययमधिकारो वेदितव्य आ पादपरिसमाप्तेः । समुदाये वाक्यपरिसमाप्तिश्चाश्रीयते तेन पदसमुदाये ससंज्ञा न प्रत्येकमिति । वक्ष्यति "यावद्यथावध्व्ययसादृश्ये" [१।३।६] । यथावृद्धमतिथीन् भोजय । नित्यत्वात् सविधेरस्वपदविग्रहेणार्थः प्रदर्श्यते ये ये वृद्धा इति । वीप्सायां यथाशब्दः । स इति पुंलिंगनिर्देशः किमर्थः ? हादिभिर्विशेषसंज्ञाभिः समावेशो यथा स्यात् ।

सुप् सुपा ॥१।३।३॥ सुबन्तं सुबन्तेन सह सो भवतीत्येतदधिकृतं वेदितव्यमापादपरिसमाप्तेः । वक्ष्यति-"इप्तच्छ्रिता" [१।३।२१] इत्यादि । धर्मश्रितः । लक्षणञ्चेदं सुबन्तं सुबन्तेन सह सो भवति । यदृच्छया ऽतर्कितोपस्थिते चित्रीकरणे वाऽयमिष्यते । तेन काकतालीयादयः सिद्धाः । तथाहि यदृच्छया तालस्य पतनं सन्निहितं काकश्चातर्कित उपस्थितः स काकस्तेन तालेन पतता हतः । अस्मिन्नर्थेऽनयोः सामान्येन सः । काकश्च तालश्च काकतालं तदिव काकतालीयम् । "इवे प्रतिकृतौ" [४।१।१५०] इत्यधिकृत्य "कुशा-ग्राच्छः" [४।१।१२६] इति चानुवर्तमाने "सात्तद्विषयात्" [४।१।१६०] इति च्छो भवति । एवम-जाकृपाणीयमन्धकवर्तकीयम् ।

हः ॥१।३।४॥ अधिकारोऽयम् । यानित ऊर्ध्वमनुक्रमिष्यामो हसंज्ञास्ते वेदितव्याः षमित्यतः प्राक् ।

१.-न्दिरचि-अ० । २.-यां महा–अ० । स० । ३. द्विविधम् इति अ० ब० स० पुस्तकेषु नास्ति ।

वक्ष्यति "स्तोके प्रतिना" [१।३।७] सूपप्रति। शाकप्रति। अस्वपदेन विग्रहः। अस्त्यत्र किंचित् सूपस्य मात्रा स्तोकमिति वा। अत्रान्ये मन्यन्ते अनव्ययस्याव्ययभवनमव्ययीभाव इत्यन्वर्थसंज्ञा कर्तव्या। एतच्चायुक्तम्। असंख्यस्य झिसंज्ञा युज्यते। अस्य च संख्या विद्यते। उपकुम्भेन। उपकुम्भाभ्याम्। उपकुम्भैः। दोषः खल्वपि झिसंज्ञायां "झिसर्वनाम्नोऽक् प्राक्टेः" [४।१।१२०] इति यथेहाग्भवति। उच्चकैः। नीचकैरिति। एवमिहापि प्राप्नोति उपाग्निकं प्रत्यग्निकमिति। तथा "खित्यझेः" [४।३।१७६] "मुमचः" [४।३।१७७] इति झेः प्रतिषेध उच्यते दोषामन्यमहः दिवामन्या रात्रिः। स इहापि प्राप्नोति। उपकुम्भंमन्यः। उपमणिकंमन्यः। इह च "अस्य च्वौ" [२।२।१४१] इति झेः प्रतिषेधो वक्ष्यति दोषाभूतमहः दिवाभूता रात्रिरिति। स इहापि प्राप्नोति। उपकुम्भीभूतः। उपमणिकीभूतः। तस्माल्लघीयसी ह इति संज्ञा युक्ता। यद्येवं "कृकमिकंसकुम्भकुशाकर्णीपात्रेऽतो झेः" [२।४।३४] इत्यनेन सत्वस्य प्रतिषेधो न प्राप्नोति उपपय कार इति। अत्र स्थस्येति तत्र वर्तते। हसे च द्यु स्थो भवतीति प्रतिषेधः सिद्धः। पूर्वपदप्राधान्यञ्च हसस्याभिधानवशाज्ज्ञेयम्। हप्रदेशाः "हात्" [१।४।१५१] इत्येवमादयः।

झि विभक्त्यभ्यासर्द्ध्यर्थाभावातीत्यसंप्रतिव्यृद्धि-शब्दप्रभवपश्चाद्यथानुपूर्व्ययौगपद्य-संपत्साकल्यान्तोक्तौ ॥ १।३।५ ॥ विभक्ती-अभ्यास-ऋद्धि-अर्थाभाव-अतीति-असंप्रति व्यृद्धि-शब्दप्रभव-पश्चात्-यथा-आनुपूर्व्य-यौगपद्य-सम्पत्-साकल्य-अन्तोक्ति इत्येतेष्वर्थेषु यत् झिसंज्ञं वर्तते तत् सुबन्तेन समर्थेन सह हसंज्ञकः सो भवति। विभक्त्यर्थः कारकमधिकरणादि। स्त्रीषु कथा वर्तते। अधिस्त्रि। अधिकुमारि। ईबन्तेन वृत्तिः। "ह्रश्च" [१।४।६४] इति नपुंसकलिङ्गातिदेशः। "प्रो नपि [१।१।७] इति प्रादेशः। "हात्" [१।४।१५१] इति सुप उप्। अभ्यासः—समीपम्। उपकुम्भम्। उपगुरु। कुम्भस्याभ्यास इत्यर्थप्रदर्शनम्, तान्तेन वृत्तिरिति केचित्। तदयुक्तम्। उपशब्दोऽयं द्योतकः स उत्तरपदार्थव्यतिरेकं न जनयति अभ्यासदीनान्तु शब्दानां वाचकानां सन्निधाने व्यतिरेकः प्रतीयते यथा धवश्च खदिरश्चेत्यस्यार्थे समुच्चयो धवखदिरस्य। तस्माद्वान्तेन वृत्तिः। विभूतेराधिक्यं ऋद्धिः। मद्राणां ऋद्धिः सुमद्रं सुमगधं वर्तते। पूर्वपदार्थस्य प्राधान्ये हसः। यदा तु मद्रा ऋद्ध्या विशिष्यन्ते तदा शोभना मद्राः सुमद्रा इति "तिकुप्रादयः" [१।३।८१] इति षसः। अर्थाभाव उत्तरपदार्थप्रध्वंसः। अभावो मक्षिकाणाममक्षिकम्। विमक्षिकम्। निर्मक्षिकम्। अर्थग्रहणं किम्? धर्माभावे इतरेतराभावे च मा भूत्। न भवति ब्राह्मणो गौरश्वो न भवतीति। अतीतिरतीतत्वम्। स्वत एवातिक्रान्तत्वमित्यर्थः। अतीतानि तृणानि अतृणम्। नितृणम्। एवं निशीतं निवातं वर्तते। न सम्प्रति असम्प्रति नेदानीमित्यर्थः। न सम्प्रति तैसृकमतितैसृकम्। नायं तैसृकस्याच्छादनस्योपभोगकाल इत्यर्थः। तिसृका नाम ग्रामस्तत आगतं तैसृकम्। विगम ऋद्धेर्व्यृद्धिः। गब्दिकानामृद्धेर्विगमो दुर्गब्दिकम्। दुर्यवनम्। शब्दप्रभवः शब्दस्य प्रकाशमानता। श्रीदत्तस्य शब्दप्रभवः इतिश्रीदत्तम्। तच्छ्रीदत्तमहो श्रीदत्तम्। श्रीदत्तशब्दो लोके प्रकाशत इत्यर्थः। पश्चात्—रथानां पश्चादनुरथं पादातम्। यथार्थो योग्यता। अनुरूपं सुरूपो वहति। सादृश्यमपि यथार्थः। उत्तरत्रासादृश्य इति प्रतिषेधाज्ज्ञायते। सदृशं व्रतस्य सव्रतम्। सशीलम्। "हेऽकाले" [४।३।१८९] इति सहस्य सादेशः। पूर्वं पूर्वमनुपूर्वं तस्य भाव आनुपूर्व्यम्। अनुज्येष्ठं प्रविशन्तु भवन्तः। ज्येष्ठानुक्रमेणेत्यर्थः। आनुपूर्व्यं विन्यासविशेष इति यथार्थात् पृथगुक्तम्। यौगपद्यसम्पत्साकल्यान्तोक्तिषु सहशब्दो वर्तते। यौगपद्यमेककालता। सचक्रं धेहि। युगचक्रे धेहीत्यर्थः। सधुरं प्राज। युगपद्धुरौ प्राजेत्यर्थः। सम्पत् सिद्धिः। आत्मभावनिष्पत्तिरित्यर्थः। वृत्तस्य सम्पत् क्षत्रस्य सम्पत् सवृत्तं साधूनाम्। सक्षत्रं शालङ्कायनानाम्। साकल्य—सतृणमभ्यवहरति। सर्वेण सहाभ्यवहरतीत्यर्थः। अन्तः समाप्तिः—प्राभृतपर्यन्तमधीते। एवं सबन्धं सटीकम्। अत्र परिसमाप्तिरसाकल्येऽप्यध्ययने प्रतीयत इति साकल्येऽनन्तर्भावः। इह आचण्डालं प्रयच्छतीति अन्तोक्तिरभिविधिरप्यस्ति। परत्वात् "पर्यपाङ्बहिरञ्चवः कया" [१।३।१०] इति विभाषा भवति। आचण्डालमाचण्डालेभ्य इति। "वीप्सायां वा हसो वक्तव्यः" [वा०] प्रत्यर्थम्। प्रतिपर्यायम्। अर्थमर्थं प्रति। पर्यायं पर्यायं प्रति।

यावद्यथावधृत्यसादृश्ये ॥१।३।६॥ प्रसक्तस्य परिमाणमवधृतिः। सादृश्यं तुल्यता। यावत् यथा इत्येतौ शब्दाववधृति असादृश्य इत्येतयोरर्थयोः सुपा सह यथासंख्यं हसो भवति। यावदमत्रं यावदवकाशमतिथीन् भोजय। यावन्त्यमत्राणि तावतो भोजयेत्यवधार्यते। यथावृद्धं साधूनर्चय। यथापट्ट। यथाध्यापकम्। वृद्धानतिक्रमेणेत्यर्थः। उत्तरपदार्थानतिवृत्तिर्यथाशब्दस्यार्थो वीप्सा सादृश्यञ्च। अवधृत्यसादृश्य इति किम्? यावद् दत्तं तावद्भुक्तम्। यथा देवदत्तस्तथेन्द्रदत्तः। पूर्वेणैव यथार्थे हसे सिद्धे सादृश्ये प्रतिषेधार्थमिह यथाशब्दोपादानम्। **गुणक्रियाछायासादृश्ये हसो वक्तव्यः** [वा०] गुणः—यथाशक्ति। यथाबलम्। क्रिया—यथोपदेशम्। छाया—यथासुखम्। न वक्तव्यम्। अत्राप्युत्तरपदार्थानतिवृत्तिर्गम्यते।

स्तोके प्रतिना ॥१।३।७॥ भीति निवृत्तम्। स्तोकं मात्रा। स्तोकेऽर्थे प्रतिना सह सुबन्तं हसो भवति। सूपस्य मात्रा सूपप्रति। शाकप्रति। स्तोक इति किम्? वृत्तं प्रति विद्योतते विद्युत्। लक्षणेऽत्र प्रतिशब्दो वर्तते।

परिणाऽक्षशलाकासंख्याः ॥ १।३।८ ॥ अक्षशब्दः शलाकाशब्दः संख्या च परिणा सह हसो भवति। परिणाक्षशलाकासंख्यमिति सिद्धे बहुवचननिर्देशादिष्टसंग्रहो लब्धो वेति सिंहावलोकनाद्वा। अक्षादयो यदा भान्ता एकत्वञ्चाक्षशलाकयोः पूर्वोक्तस्यान्यथावृत्तौ परिशब्दो यदा वर्तते कितवव्यवहारविषये तदा वृत्तिरिष्यते। तथाहि पञ्चिका नाम द्यूतं यत्र पञ्चाक्षाः शलाका वा पात्यन्ते पञ्चस्वेकरूपासु पातयिता जयत्यन्यथा पाते जीयते। अक्षेणेदं न तथा वृत्तं यथा पूर्वं जये। अक्षपरि। शलाकापरि। संख्या—एकपरि। द्विपरि। त्रिपरि। चतुःपरि। परिणेति किम्? सुबन्तमात्रे मा भूत्। अक्षादय इति किम्? पाशकेनेदं न तथा वृत्तम्। एकत्वेऽक्षशलाकयोरिति किम्? अक्षाभ्यां न तथा वृत्तम्। कितवव्यवहार इति किम्? अक्षेणेदं न तथावृत्तं शकटे।

वा ॥१।३।९॥ वेत्ययमधिकारः। यदित ऊर्ध्वमनुक्रमिष्यामस्तद्वा भवतीति वेदितव्यः। इत उत्तरः सविधिर्वा भवति पक्षे वाक्यमपि साधु भवति। पूर्वस्तु सविधिर्नित्यः। तेनास्वपदेन तत्र विग्रहो ज्ञेयः।

पर्यपाङ्बहिरञ्चवः कया ॥१।३।१०॥ परि अप आङ् बहिस् अञ्चु इत्येते सुबन्ताः कान्तेन सह वा हसो भवति। परित्रिगर्तं वृष्टो देवः। वाक्यपक्षे परेर्वर्जने वा वचनमिति वा द्वित्वम्। परि परि त्रिगर्त्तेभ्यः। परि त्रिगर्त्तेभ्यः। अप त्रिगर्त्तेभ्यः। **"वर्जनेऽपपरिभ्याम्** [१।४।२१] इति का। आपाटलिपुत्रं वृष्टो देवः। पाटलिपुत्रात्। आकुमारं यशः समन्तभद्रस्य। आ कुमारेभ्यः। **"काङ्मर्यादावचने"** [१।४।२०]। इति मर्यादाभिविध्योः का। बहिर्ग्रामम्। बहिर्ग्रामात्। इदमेव ज्ञापकं बहिःशब्दयोगे का भवति। अञ्चु। प्राग्ग्रामम्। प्राग्ग्रामात्। प्राची दिग् रमणीया इति विगृह्य **"दिक्छब्देभ्यो वा केब्भ्योऽस्ताद्दिग्देशयोः काले"** [४।१।६२] इति अस्तात्। तस्य **"अञ्चेरुप्"** [४।१।६६] इत्युप्। **"सुपो के:"**[१।४।१५०] इति सुप उप्। पदत्वात् कुत्वम्। तेन योगे ता प्राप्ता तां बाधित्वा दिक्छब्दत्वात् का प्राप्ता तां बाधित्वा **"ताऽतसर्थे त्येन"** [१।४।३९] इति तायां प्राप्तायाम् **"अञ्चुद्य"** [१।४।३८] इति का भवति। कयेति किम्? परिगतः। अपगतः। वर्जनार्थाभावात् का नास्तीति **"तिकुप्रादयः"** [१।३।८१] इति नित्यं षसो भवति।

लक्षणेनाभिमुख्येऽभिप्रती ॥१।३।११॥ लक्ष्यतेऽनेनेति लक्षणम्। तद्वाचिना सुबन्तेन सह अभिप्रतिशब्दावाभिमुख्ये वर्तमानौ वा हसो भवति। अभ्यग्नि शलभाः पतन्ति। प्रत्यग्नि शलभाः पतन्ति। अग्निमभि पतन्ति। अग्निं प्रति पतन्तीति वाक्यम्। अत्राग्निना चिह्नेन शलभपातो लक्ष्यते। **"वीप्सेत्थम्भूतलक्षणेऽभिना"** [१।४।११] इप्। **"भागे चानुप्रतिपरिणा"** [१।४।१२] इति चेप्। लक्षणेनेति किम्? स्रुघ्नं प्रति गतः। दिङ्मोहात्तत्रैव पुनरागत इत्यर्थः। आभिमुख्य इति किम्? अभ्यङ्का गावः। अभिनवः प्रतिनवोऽङ्को यासामिति। यद्यपि पूर्वपदार्थप्रधानो हसस्तथापीहार्थविशेषाभावेऽन्यपदार्थेऽपि स्यात्। अभिप्रती इति किम्? येनाग्निस्तेन गतः। येनेत्यस्याग्निना सह हसो न भवति।

यत्समयाऽनुः ॥१।३।१२॥ समयावाची अनुशब्द उपचारात् समया। यस्य समया यत्समया। मुख्येन समयाशब्देन योगाभावादिम्न भवति। अत एव "**न क्त्वि**" [१।४।७२] इत्यादिनाऽपि न तासप्रतिषेधः। अनुर्यत्समयावाची तेन लक्षणभूतेन सह वा हसो भवति। अनुवनं गतोऽशनिः। वनमनुगत इति वाक्यम्। "भागे चानुप्रतिपरिणा" [१।४।१२] इति लक्षणा इप्। वनेन समीपस्थमशनिगमनं लक्ष्यते। "**भि विभक्त्यभ्यास-**" [१।३।५] इत्येवं सिद्धे विकल्पार्थं वचनम्। यत्समयेति किम्? वृक्षमनु विद्योतते।

आयामिना ॥१।३।१३॥ अनुरिति वर्तते। लक्षणेनेति च। अनुनाऽऽयामिना लक्षणभूतेन सह वा हसो भवति। द्वयोः प्रकृष्टहीनयोर्दीर्घयोर्योगेऽनुः प्रयुज्यमान उभयोर्दीर्घत्वमाह। तत्र प्रसिद्धाऽऽयामेन लक्षणेनातिशयेन दीर्घेण वा हसवृत्तिर्भवति। अनुगङ्गं वाराणसी। अनुशोनं पाटलिपुत्रम्। वाक्यमपि साधु भवति। गङ्गामन्वायता वाराणसी। नद्यायामेन पत्तनायामो लक्ष्यते। लक्षणे इप्। अथवा "**हेतावनुना**" [१।४।१३]। "भाऽर्थे" [१।४।१४] इतीब्। गङ्गया सहायतेत्यर्थः।

तिष्ठद्ग्वादीनि च ॥१।३।१४॥ तिष्ठद्गु इत्येवमादीनि च शब्दरूपाणि हसंज्ञानि भवन्ति। समुदाया एते हसंज्ञाः कार्यार्थं (कार्यार्थाः) पाठादेवं निपात्यन्त इत्यर्थः। तिष्ठद्गु कालविशेषेऽन्यपदार्थे। तिष्ठन्ति गावो यस्मिन् काले दोहाय तिष्ठद्गु। "**त्यद्यो**"[५।१।१२७]इति लटः शत्रादेशो निपातनाद्वा। "**स्त्रीगोर्नीचः**"[१।१।८] इति प्रादेशः। वहन्ति गावो यस्मिन् काले वहद्गु। आयतीगवम्। पूर्वपदस्य निपातनात् पुंवद्भावाभावो ऽकारश्च सान्तो निपात्यते। खलेबुसम्। निपातनादीपोऽलुप्। लूनयवम्। लूयमानयवम्। लूयन्ते यवा यस्मिन् काले त्यद्योरिति लटः शानादेशः। पूतयवम्। पूयमानयवम्। संहृतयवम्। संह्रियमाणयवम्। संहृतबुसम्। संह्रियमाणबुसम्। एते कालविशेषेऽन्यपदार्थे उक्ताः। समभूमिसमपदातिशब्दौ पूर्वपदार्थप्रधानौ समत्वं भूमेः समत्वं पदातेरिति। उत्तरपदार्थप्रधाने तु समा भूमिः समभूमिरिति षस एव। हसे पूर्वपदस्य केचिन्मकारान्तत्वमपीच्छन्ति। समम्भूमि। समम्पदाति। सुषमम्। विषमम्। निष्षमम्। दुष्षमम्। अवरसमम्। समशब्देन पूर्वपदार्थप्राधान्ये हसः। अत्र शोभनत्वं समस्येत्येवमादिवाक्यमभ्यूह्यम्[1]। उत्तरपदार्थप्राधान्ये तु षसः। समाशब्दः संवत्सरवाचि। तेन वक्ष्यमाणो हसः। आयतीसमा। आयतीसमम्। पापसमम्। पुण्यसमम्। केचित्तु समशब्देनैव भासमिच्छन्ति। आयत्या सममायतीसमम्। प्रगतमह्नः प्राह्णम् (प्राह्णम्)। उत्तरपदार्थप्राधान्ये षसः। प्राह्णे (ह्णे) कल्याणनामानावुदितौ तिष्यपुनर्वसू। प्ररथम्। प्रमृगम्। प्रदक्षिणम्। अप्रदक्षिणम्। सम्प्रति। असम्प्रति। इच्-दण्डादण्डि। मुसलामुसलि। "**न इच्**"[४।२।१२८] इति इच् सान्तः। "**अन्यस्यापि**" [४।३।२३२] इति पूर्वपदस्य दीत्वम्। चशब्दोऽवधारणार्थः। तिष्ठद्ग्वादीन्येव नान्यैः सह वृत्तिं लभन्ते। परमं तिष्ठद्गु। "**सन्महत्परमो०**" [१।३।५६] इत्यादिना षसो न भवति।

पारे मध्ये तया वा ॥१।३।१५॥ पारे मध्ये शब्दौ तान्तेन सह हसो भवति वावचनात्तासोऽपि। प्रकृतेन वाग्रहणेन वाक्यस्य साधुत्वमभ्यनुज्ञायते। हसन्नियोगेन वानयोरेकारान्तता निपात्यते। पारं गङ्गायाः। मध्यं गङ्गायाः। पारेगङ्गम्। मध्येगङ्गम्। तासपक्षे गङ्गापारम्। गङ्गामध्यम्।

संख्या वंश्येन ॥१।३।१६॥ विद्याजन्मादिकृतः सन्तानो वंशः। तत्र भवो वंश्यः। संख्या वंश्यवाचिना सह हसो भवति। द्वौ मुनी व्याकरणस्य वंश्यौ द्विमुनि व्याकरणस्य। अत्र सम्बन्धे ता। यदा व्याकरणस्याचार्ययोरभेदविवक्षा यावेतौ द्वौ मुनी तावेव व्याकरणमिति द्वौ मुनी वंश्यौ द्विमुनि व्याकरणमिति तदासामानाधिकरण्यं भवति। एवं सप्तकाशि। त्रिकोशलम्। एकाश्रयस्य वसस्य चापवादोऽयम्।

नदीभिश्च ॥१।३।१७॥ बहुवचननिर्देशादर्थस्येदं ग्रहणम्। नदीवाचिभिः शब्दैः सह संख्या हसो भवति। सप्त सिन्धवः समाहृताः सप्तसिन्धु। सप्तगङ्गम्। द्वियमुनम्। तिस्रो गोदावर्यः समाहृताः त्रिगोदावरम्। "**कृष्णोदकपाण्डुपूर्वाया भूमेरः सान्त इष्यते। गोदावर्याश्च नद्याश्च संख्याया उत्तरे यदा॥**" इति

1—वाक्यमभ्यूह्यम् अ०, ब०, स०।

अस्त्यः सान्तो भवति । नदीशब्दोऽपि नदीवचन इति तेनापि वृत्तिः । पञ्चनदम् । अत्राऽप्यः सान्तः । चकारः किमर्थः ? समाहारे यथा स्यादिह मा भूत् । द्वीरावतीको देशः । एका नदी एकनदी ।

खावन्यपदार्थे ॥१।३।१८॥ संख्येति निवृत्तम् । नदीभिरिति वर्तते । अन्यपदार्थे खुविषये नदीभिः सह सुबन्तं हसो भवति । उन्मत्तगङ्गं देशः । लोहितगङ्गम् । शनैर्गङ्गम् । तूष्णीगङ्गम् । अत्र वृत्तिपदेन संज्ञा गम्यत इति सामर्थ्यान्नित्यः सविधिः । उन्मत्ता गङ्गा यस्मिन् देशे इति सादृश्यमात्रेणार्थकथनं यथा गौरित्यस्यार्थे गच्छतीति । खाविति किम् ? शीघ्रा गङ्गा यस्मिन् देशे स शीघ्रगङ्गो देशः । अन्यपदार्थ इति किम् ? कृष्णावेण्णा । कृष्णावेण्णा नाम नदीविशेषलक्षणः ।

षम् ॥१।३।१९॥ अधिकारोऽयं प्राग् बसात् । यदित ऊर्ध्वमनुक्रमिष्यामः षसंज्ञः सो भवति इत्येवं वेदितव्यम् । वक्ष्यति **"इस्तच्छ्रितातीतपतितगतात्यस्तैः"** [१।३।२१] । धर्मं श्रितो धर्मश्रितः । नपा निर्देशः किमर्थः ? इह वीरपुरुषको ग्राम इति पूर्वापरप्रथमादिसूत्रेण प्राप्तः स्वपदार्थविषयत्वादन्तरङ्गः षसो बहिरङ्गेन बसेन बाध्यो यथा स्यात् । उत्तरपदार्थप्रधानत्वं षसस्याभिधानवशात् ।

इपा च प्राप्तापन्ने ॥१।३।२०॥ इबन्तेन सह प्राप्तापन्ने शब्दरूपे षसो भवति । प्राप्तो जीविकां प्राप्तजीविकः । आपन्नो जीविकामापन्नजीविकः । **"स्त्रीगोर्नीचः"** [१।१।८] इति प्रादेशः । चकारः किमर्थः ? अकारादेशसमुच्चयार्थः । प्राप्ता जीविकां प्राप्ताजीविका । आपन्ना जीविकामापन्नाजीविका । प्रपञ्चार्थमिदं सूत्रम् । बसेनाप्येतत् सिध्यति । यदा कर्मणि क्तस्तदा प्राप्ता जीविका येनेति विग्रहो यदा कर्तरि तदा प्राप्ता जीविका यं पुरुषमिति ।

इस्तच्छ्रितातीतपतितगतात्यस्तैः ॥१।३।२१॥ तच्छब्देन प्राप्तापन्नयोर्ग्रहणम् । इबन्तं श्रित अतीत पतित गत अत्यस्त इत्येतैश्च सह षसो भवति । जीविकां प्राप्तो जीविकाप्राप्तः[1] । सुखापन्नः । धर्मश्रितः । संसारमतीतः संसारातीतः । नरकं पतितो नरकपतितः । मोक्षं गतो मोक्षगतः । तुहिनमत्यस्तस्तुहिनात्यस्तः । इबिति पदं सूत्रे वानिर्दिष्टं **"वोक्तं न्यक्"** [१।३।१३] इति न्यक्संज्ञं तस्य वृत्तौ **"पूर्वम्"** [१।३।९७] इति पूर्वनिपातः । महान्तं धर्मं श्रित इति सापेक्षत्वाद्वृत्त्यभावः । यदा महांश्चासौ धर्मश्च महाधर्म इति तदा महाधर्मश्रित इति भवति ।

स्वयं क्तेन ॥१।३।२२॥ स्वयमित्येतत् भिसंज्ञं क्तान्तेन सह षसो भवति । इबधिकारोऽसम्भवादिमं योगमुत्प्लुत्य गच्छति । स्वयन्धौतौ पादौ । स्वयंगुप्ताः । **"कृद्ग्रहणे तिकारकपूर्वस्यापि ग्रहणम् ।"** स्वयंविलीनमाज्यम् । ऐकपद्यं प्रयोजनम् । स्वयंधौतस्येदं स्वायंधौतम् ।

खट्वाऽक्रमे ॥१।३।२३॥ आचार्यासनं खट्वा । उत्पथगमनमक्रमः । खट्वाशब्द इबन्तः क्तान्तेन सह षसो भवति अक्रमे । खट्वारूढो जाल्मः । खट्वाश्रितः । खट्वाप्लुतः । सर्व एते अविनीतपर्यायाः । गुरुभिरनुज्ञातेन खट्वा आरोढव्या तदन्यथाकरणमक्रमोऽत्र प्रतीयते । अत्रापि वृत्तिपदेनाक्रमो गम्यत इति नित्यः सविधिः । वाक्यं सादृश्यमात्रेण । अक्रम इति किम् ? खट्वामारूढोऽध्यापकोऽध्यापयति ।

सामि ॥१।३।२४॥ सामि इत्यर्द्धं वाचि भिसंज्ञं तत् सुबन्तं क्तान्तेन षसो भवति । सामिकृतम् । सामिभुक्तम् । सङ्घाताद्धृदुत्पत्तिः प्रयोजनम् । इबित्युपेक्षया गच्छति ।

कालाः ॥१।३।२५॥ कालवाचिनः शब्दा इबन्ताः क्तान्तेन सह षसो भवति । "कालाध्वन्यविच्छेदे" [१।४।४] इत्यनेन या विहितेप् तस्या उत्तरसूत्रेणाक्तान्तेन वृत्तिं वक्ष्यति । विच्छेदे क्तान्तेनेहोदाहरणम् । षण्मुहूर्त्ताश्चराः । ते उत्तरायणेऽहर्गच्छन्ति । दक्षिणायने रात्रिम् । तेन नास्त्यविच्छेदः । अहरतिसृता मुहूर्त्ताः । अहःसंक्रान्ताः । "रोऽसुपि" [५।३।७८] इत्यह्नो नकारस्य रेफादेशः । रात्र्यारूढाः । रात्रिसंक्रान्ताः । मासं प्रमितो मासप्रमितश्चन्द्रमाः । मासं प्रमातुमारब्धः प्रतिपच्चन्द्रमाः । तेन विच्छेदः ।

अविच्छेदे ॥१।३।२६॥ क्तान्तेनेति निवृत्तम् । अविच्छेदोऽत्यन्तसंयोगः । कालाः इबन्ताः सुबन्तेन सह षसो भवति अविच्छेदे । अविच्छेदश्च कालस्य द्रव्यक्रियागुणैः सम्बन्धिभिर्व्याप्तिः । अत्यन्तं सुखमत्यन्त-

---

१—प्राप्तः । सुखमापन्नः । सुखा—अ०, स० ।

सुखम् । अत्यन्तरमणीयम् । सर्वरात्रकल्याणी । सर्वरात्रशोभना । "कालाध्वन्यविच्छेदे" [१।४।४] इतीप् ।

भा गुणोक्त्याऽर्थेनोनैः ॥१।३।२७॥ भान्तं गुणोक्त्या अर्थशब्देन गुणवाचिभिश्च शब्दैः सह षसो भवति । शङ्कुलया खण्डः शङ्कुलाखण्डः । "गुणवचनादुप्" [वा० ४।१।२३]" इति मतोरुप् । एवं गिरिणा काणः गिरिकाणः । मदेन पटुर्मदपटुः । कुसुमैः सुरभिः कुसुमसुरभिः । कार्यकारणभावलक्षणमत्र सामर्थ्यं शङ्कुलादिकृतत्वात् खण्डत्वादीनाम् । उक्तिग्रहणं किमर्थम् ? उच्यते इत्युक्तिः । गुणेनोक्तिर्गुणोक्तिः । गुणद्वारेण द्रव्ये यः शब्दो वर्तते तेन वृत्तिर्यथा स्यात् केवलेन गुणेन मा भूत् । मदेन पाटवम् । वृत्तेन पाटवम् । अर्थेन—धान्येनार्थो धान्यार्थः । पुण्येनार्थः पुण्यार्थः । अर्थशब्दोऽत्र प्रयोजनवाची । ऊनैः—माषेणोनो माषोनः । माषविकलम् । एतैरिति किम् ? गोभिर्वपावान् । अस्त्यत्र कार्यकारणभावः । गोभिः कृतत्वाद्वपावत्त्वस्य । इह कस्मान्न भवति ? अक्ष्णा काणः । असामर्थ्यात् । नात्र काणत्वमक्षिकृतमन्येन केनापि काणः कृतः । केवलमक्ष्णा काणत्वयुक्तो लक्ष्यते । इह कस्मान्न भवति । दध्ना पटुः । घृतेन पटुः । अनभिधानात् ।

पूर्वावरसदृशकलहनिपुणमिश्रश्लक्ष्णसमैः ॥१।३।२८॥ पूर्व-अवर-सदृश-कलह-निपुण-मिश्र-श्लक्ष्ण-सम इत्येतैः सह भान्तं षसो भवति । मासेन पूर्वो मासपूर्वः । संवत्सरपूर्वः । मासावरः । संवत्सरावरः । असादेव वचनाद्वा । हेतौ वा । पित्रा सदृशः पितृसदृशः । "भाऽतुलोपमाभ्यां तुल्यार्थैः" [१।४।७६] इति भा । विद्यया सदृशो विद्यासदृशः । असिना कलहोऽसिकलहः । वाचा निपुणो वाङ्निपुणः । गुडेन मिश्रा गुडमिश्राः । तिलमिश्रा धानाः । वाचा श्लक्ष्णो वाक्श्लक्ष्णः । जिह्वाश्लक्ष्णः । मात्रा समो मातृसमः । कुलेन समः कुलसमः ।

साधनं कृता बहुलम् ॥१।३।२९॥ साधनं कारकं तत् कृदन्तेन बहुलं षसो भवति । कर्तृ—अहिना हतोऽहिहतः । करणम्—विषेण हतो विषहतः । "कृद्ग्रहणे तिकारकपूर्वस्यापि ।"(नखैर्निर्भिन्नः) नखनिर्भिन्नः । तथा देवदत्तेन नखनिर्भिन्नः देवदत्तनखनिर्भिन्नः । कर्म—ग्रामं गमी ग्रामगमी । ओदनं बुभुक्षुरोदनबुभुक्षुः । अपादानम्—ग्रामनिर्गतः । अधर्मजुगुप्सुः । सम्प्रदानम्—पादाभ्यां ह्रियते पादहारको भूपः । अधिकरणम्—गले चोपते गलचोपकः । "युड्व्या बहुलम्" [२।३।६४] इति बहुलवचनादुभयत्र कर्मणि ण्वुच् । क्वचिन्न भवति । दात्रेण लूनवान् । परशुना छिन्नवान् । व्यान्तैराधिकार्थवचन इष्यते । कुक्कुटैः सम्पात्याः कुक्कुटसम्पात्या ग्रामाः । अत्यासन्नताकथनम् । काकपेया नदी । श्वलेह्यः कूपः । कण्टकसंचेय ओदनः । बाष्पच्छेद्यानि तृणानि । क्वचिन्न भवति । काकैः पातव्याः । काकैः पानीया नदी । क्वचिदधिकार्थाभावेऽपि । बुसोपेन्ध्यम् । तृणोपेन्ध्यम् । पूर्वमुत्तरञ्च कारकविभक्तौ लक्षणं सविधानमस्यैव प्रपञ्चः । साधनमिति किम् ? भिक्षाभिरुषितः । हेतौ भा । कृद्ग्रहणं किम् ? कृदन्तेनैव वृत्तिर्यथा स्यात् सुबन्तेन मा भूत् । अभ्रविलिप्ती । "क्तादल्पे" [३।१।४४] इत्यकारान्तात् ङीविधिः सिद्धः । सुप्पुंलिङ्गयुक्ताद्भवति ।

भक्ष्यान्नाभ्यां मिश्रणव्यञ्जने ॥१।३।३०॥ मिश्रणव्यञ्जनवाचिना सुबन्तेन भक्ष्यान्नवाचिभ्यां यथासंख्यं षसो भवति । गुडेन मिश्रा धाना गुडधानाः । वृत्तौ क्रियाया अन्तर्भावादप्रयोगः । एवं गुडपृथुकाः । तिलपृथुकाः । व्यञ्जनम्—दध्ना उपसिक्त ओदनो दध्योदनः । घृतौदनः ।

अस्तदर्थार्थबलिहितसुखरक्षितैः ॥१।३।३१॥ तस्मै इदं तदर्थम् । अबन्तं तदर्थेनार्थशब्देन च बलि-हित-सुख-रक्षित इत्येतैश्च सह षसो भवति । रथाय दारु । रथदारु । कुण्डलाय हिरण्यम् । कुण्डलहिरण्यम् । बहुलग्रहणानुवृत्तेः प्रकृतिविकृतिभावे तदर्थेन वृत्तिः । विकृतिः प्रकृत्या सह इत्यर्थः । इह न भवति । रन्धनाय स्थाली । अवहननायोलूखलम् । इदमेव ज्ञापकं तादर्थ्ये अब् भवति । कथमश्वघासो हस्तिविद्येति ? तासेन सिद्धम् । अर्थशब्देन नित्यं वृत्तिः । मात्रे इदं मात्रर्थम्[1] । त्रिलिङ्गता लोकाश्रयत्वाल्लिङ्गस्य । आतुरार्था

१. मात्रर्थम् । पित्रे इदम्, पित्रर्थम् । त्रिलि-ब० ।

यवागूः । आतुरार्थः सूपः । देवाय बलिः देवबलिः । गृहबलिः । तादर्थ्ये अप् । गोभ्यो हितं गोहितम् । अश्वहितम् । हितयोगे इदमेव ज्ञापकमपः । गोभ्यः सुखं गोसुखम् । "अप् चाशिष्या" [१।४।७७] इत्यादिना अप् । गोभ्यो रक्षितं गोरक्षितम् । तादर्थ्येऽप् ।

का भीभिः ॥१।३।३२॥ बहुवचनादर्थविज्ञानम् । कान्तं भीवचनैः सह षसो भवति । वृकेभ्यो भीः वृकभीः । वृकेभ्यो भीतो वृकभीतः । वृकेभ्यो भयं वृकभयम् । वृकेभ्यो भीतिः वृकभीतिः । सुखनुग्रहार्थं[1] पूर्वस्यायं प्रपञ्चः ।

मुक्तापेतापोढपतितापत्रस्तैः प्रायः ॥१।३।३३॥ मुक्त-अपेत-अपोढ-पतित-अपत्रस्त इत्येतैः सह कान्तं प्रायः षसो भवति । भवान्मुक्तो भवमुक्तः । पापापेतः । सुखापोढः । स्वर्गपतितः । तरङ्गापत्रस्तः । सर्वत्रापादाने का । प्राय इति किम् ? प्रासादात् पतितः । भोजनादपत्रस्त इत्येवमादौ न भवति ।

स्तोकान्तिकदूरार्थकृच्छ्रं क्तेन ॥१।३।३४॥ स्तोक-अन्तिक-दूर इत्येवमर्थाः शब्दाः कृच्छ्रशब्दश्च कान्ताः क्तान्तेन सह षसो भवति । स्तोकान्मुक्तः । अन्तिकादागतः । अभ्यासादागतः । दूरादागतः । विप्रकृष्टादागतः । कृच्छ्रान्मुक्तः । कृच्छ्राल्लब्धः । "स्तोकार्थकृच्छ्रेभ्योऽपादाने का" । दूरान्तिकार्थेभ्य इभ्चेति का । "कायाः स्तोकादेः" [४।३।१२१] इत्यनुप् ।

ईप्शौण्डैः ॥१।३।३५॥ ईबन्तं शौण्डादिभिः सह षसो भवति । शौण्डैः सहचरिताः शौण्डाः । अक्षेषु प्रसक्तः शौण्डोऽक्षशौण्डः । पानशौण्डः । वृत्तौ प्रसक्तिक्रियाया अन्तर्भावादप्रयोगः । सर्वत्र अधिकरणे ईप् । शौण्ड, धूर्त, कितव, व्याड, संवीत, समीरण, अन्तर् वने[2] अन्तर्वनान्तः । अधि राज्ञि अधि राजाधीनम् । "अषडक्षासितङ्ग्वधियोः" [४।२।१६] इति खः । यदा पूर्वपदार्थप्राधान्यं विभक्त्यर्थश्च तदा हसः । अन्तर्वणम् । अधिस्त्रि । पण्डित । कुशल । चपल । निपुण ।

सिद्धशुष्कपक्कबन्धैः ॥१।३।३६॥ सिद्ध-शुष्क-पक्क-बन्ध इत्येतैरीबन्तं षसो भवति । काम्पिल्ये सिद्धः काम्पिल्यसिद्धः । सांकास्यसिद्धः । ऊके शुष्कः । ऊकशुष्कः । छायाशुष्कः । कुम्भीपक्कः । स्थालीपक्कः । चक्रबन्धः । चारकबन्धः । "साधनं कृता" [१।३।२६] इत्यस्यैव प्रपञ्चः ।

ऋणे व्यैः ॥१।३।३७॥ ईबन्तं व्यान्तैः सह षसो भवति ऋणे गम्यमाने । मासे देयमृणं मासदेयम् । मासैकदेशे मासशब्दः । अधिकरणे ईप् । एवं संवत्सरदेयम् । नियोगतः कार्यमृणम् । तेनेहापि भवति पूर्वाह्णगेयम् । प्रातरध्येयम् । अत्र यत्यान्तेनैवाभिधानादिह न स्यात् । मासे दातव्यम् । मासे दानीयम् । ऋण इति किम् ? मासे देया भिक्षा ।

खौ ॥१।३।३८॥ खुविषये ईबन्तं सुबन्तेन सह षसो भवति । अरण्येतिलकाः । वृत्तिपदेन संज्ञा गम्यत इति नित्यः सविधिः । "ईपोऽह्लः" [४।३।१२७] इत्यनुप् । एवमरण्येमाषकाः । वनेकसेरुकाः[3] । वनेबल्वजकाः । पूर्वाह्णेस्फोटकाः । कूपेपिशाचिकाः ।

क्तेनाहोरात्रभेदाः ॥१।३।३९॥ भेदा अवयवाः । क्तान्तेन सह अहोरात्रभेदा ईबन्ताः षसो भवति । पूर्वाह्णकृतम् । अपराह्णकृतम् । पूर्वरात्रभुक्तम् । अपररात्रभुक्तम् । भेदग्रहणं किम् ? *"उलूखलैराभरणैः पिशाची यदभाषत । एतत्तु ते दिवा नृत्तं रात्रौ नृत्तन्तु द्रक्ष्यसि ।"*

तत्र ॥१।३।४०॥ क्तेनेति वर्तते । तत्रेत्येतत् क्तान्तेन सह षसो भवति । तत्रकृतम् । तत्रभुक्तम् । तत्रपीतम् । ऐकपद्यं प्रयोजनम् ।

क्षेपे ॥१।३।४१॥ क्षेपः कुत्सा । क्षेपे गम्यमाने ईबन्तं क्तान्तेन सह षसो भवति । "कृद्ग्रहणे तिका-

---

१.-ग्रहणार्थम् अ० । २. वने अन्तः (वनान्तः) वसति अ०, ब०, स० । ३.-रुकाः । वने हरिद्रुषाः । वने अ० । -रुकाः । वने हरिद्रुकाः । वने ब०, स० ।

रकपूर्वस्यापि।'' अवतप्तेनकुलस्थितं त एतत्। कार्येष्वनवस्थितत्वं तवेदमित्यर्थः। **"षे कृति बहुलम्"** **[४।३।१३२]** इत्युप्। एवमुदकेविशीर्णं भस्मनिहुतम्। निष्फलं तवेदमित्यर्थः।

ध्वाङ्क्षैः ॥१।३।४२॥ क्ते नेति निवृत्तम्। क्षेप इति वर्तते। बहुवचनादर्थनिर्देशः। ध्वाङ्क्षवाचिभिः सुबन्तं षसो भवति क्षेपे। तीर्थे ध्वाङ्क्ष इव तीर्थध्वाङ्क्षः। वृत्ताविवार्थस्यान्तर्भावः। तीर्थकाकः। श्राद्ध-वायसाः। अनवस्थित एवमुच्यते। ध्वाङ्क्षैरित्यर्थनिर्देशात्तत्सदृशानामपि ग्रहणमिति केचित्। तीर्थश्वा। तीर्थसारमेयः। तीर्थशृगालः। क्षेप इति किम्? तीर्थे ध्वाङ्क्षो वास्यते।

पात्रेसमितादयश्च ॥१।३।४३॥ क्षेप इति वर्तते। पात्रेसमितादयश्च शब्दा गणपाठादेव निपातिताः षसंज्ञा भवन्ति क्षेपे। पात्रे एव समिताः पात्रेसमिताः। पात्रेबहुलाः। न क्वचित्कार्यं इति क्षेपो गम्यते। निपातनादनुप्। उदुम्बरे मशक इव उदुम्बरमशकः। उदुम्बरकृमिः। कूपकच्छपः। अवटकच्छपः। कूप-मण्डूकः। उदपानमण्डूकः। नगरकाकः। नगरवायसः। एतेष्विवार्थो वृत्तावन्तर्भूतः। मातरिपुरुषः। अयुक्तकारीत्यर्थः। पिण्डीशूरः। निरुत्साह इत्यर्थः। गेहेक्ष्वेडी। गेहेनर्दी। गेहेनर्त्ती। गेहेविजिती। गेहेव्याडः। गर्भेतृप्तः। गर्भेदृप्तः। आखनिकवकः। गोष्ठेशूरः। गोष्ठेविजिती। गोष्ठेक्ष्वेडी। गेहेशूरः। गेहेमेही। गेहेदासः[1]। गोष्ठेपटुः। गोष्ठेपण्डितः। गोष्ठेप्रगल्भः[2]। कर्णेचुरुचुराः। चकारोऽवधारणार्थः। पात्रेसमितादय एव न वृत्त्यन्तरं लभन्ते। परमाः पात्रेसमिताः। अत एव क्तान्तेनापीह वृत्तिः सार्थिका अन्यथा **'क्षेपे'** **[१।३।४१]** इत्यनेनैव सिद्धा स्यात्।

पूर्वकालैकसर्वजरत्पुराणनवकेवलं यश्चैकाश्रये ॥१।३।४४॥ एकाश्रयः समानाधिकरणम्। पूर्वकालवाचि-एकसर्व-जरत्-पुराण-नव-केवल इत्येते सुबन्ता एकाश्रये सति सुबन्तेन सह यसंज्ञः सो भवति षसंज्ञश्च। पूर्वः कालो यस्य स पूर्वकालः। सम्बन्धिशब्दत्वादपरकालेन तस्य वृत्तिः। पूर्वं स्नाताः पश्चादनुलिप्ता स्नातानुलिप्ताः। कृष्टसमीकृतम्। छिन्नप्ररूढम्। दग्धप्ररूढम्। एकशाटी। एकचर्या। एकभिक्षा। सर्वदेवाः। सर्वपदार्थाः। जरद्धस्ती। जरद्गवः। पुरा भवं पुराणम्। **"सायञ्चिरम्प्राह्णे प्रगेभिम्व्यस्तनट्"** [३।२।१३१] इति तनट्। अत एव निपातनात्तखम्। पुराणान्नम्। पुराणशास्त्रम्। नवावसथः। केवलमसहायं ज्ञानं केवलज्ञानम्। विशेषणवृत्तेरयं प्रपञ्चः। चशब्दः षसंज्ञासमावेशार्थः। अन्यथा राजपुरुषादौ कृतार्थो षसंज्ञा बाध्येत। मोषिका गौः मोषकगवी। **"स्त्र्युक्तपुंस्क"** **[४।३।१४६]** आदिना पुंवद्भावः, **"न वृद्धत्कोङः"** **[४।३।१४९]** इति प्रतिषिद्धो यसंज्ञायां **"पुंवद्यजातीयदेशीये"** **[४।३।१५४]** इति पुनर्भवति। षसंज्ञाश्रयो **"गोरहृदुपि"** **[४।२।६४]** इति टः सान्तः। इत उत्तरमेकाश्रयाधिकारो यावत् **"मयूरव्यंसकादयश्च"** **[१।३।६६]** इति। एकाश्रय इति किम्? एकस्या शाटी।

दिक्संख्यं खौ ॥१।३।४५॥ दिग्वाचि संख्यावाचि च सुबन्तमेकाश्रये सुबन्तेन सह षसो भवति खुविषये। पूर्वेषुकामशमी। अपरेषुकामशमी। पूर्वकृष्णमृत्तिका। अपरकृष्णमृत्तिका। दक्षिणपञ्चालाः। उत्तरपञ्चालाः। संख्या—पञ्चाम्राः। पञ्चवटाः। सप्तर्षयः। खाविति किम्? दक्षिणा ग्रामाः। पञ्च ग्रामाः।

हृदर्थद्युसमाहारे ॥१।३।४६॥ दिक्संख्यमिति वर्तते। हृदर्थविषये द्यौ परतः समाहारेऽभिधेये दिक्संख्यमेकाश्रये सुबन्तेन सह षसो भवति। दिक्। हृदर्थे—पूर्वस्यां शालायां भवः षसे कृते समुदायात् **"दिगादेरखौ"** **[३।२।८४]** इति णः। पौर्वशालः। आपरशालः। द्यौ—पूर्वा शाला प्रिया अस्य पूर्वशालाप्रियः। अपरशालाप्रियः। अवयवापेक्षया षसः। पूर्वपदस्य पुंवद्भावः। दिशां समाहारो नास्ति। क्रियागुणापेक्षयाऽपि समाहारे अनभिधानम्। संख्या। हृदर्थे—पञ्चभिः शष्कुलीभिः क्रीतः पञ्चशष्कुलः। अनेन

---

१. गेहेदाही अ०, ब०। २.–प्रगल्भः। कर्णे टिरिटिराः। कर्णे–अ०, ब०, स०।

षसे कृते तस्य "संख्यादी रश्च" [१।३।४७] इति रसंज्ञायां आर्हीयस्य ठणो "गदुबखौ" [३।४।२६] इत्युप्। "हृदुप्युप्" [१।१।६] इति स्त्रीत्यस्योप्। पञ्चानां नापितानामपत्यं पाञ्चनापितिः। "रस्योबनपत्ये" [३।१।७४] इति वचनं ज्ञापकं हृदर्थेऽपि से हृदुत्पत्तिर्भवति। ग्यौ-पञ्च गावो धनमस्येति पञ्चगवधनः। अवयवसापेक्षया "गोरहृदुपि" [४।२।६४] इति टः सान्तः सिद्धः। द्वेऽहनी जातस्य द्व्यह्नजातः। "एभ्योऽह्नोऽह्नः" [४।२।६०] इत्यह्नादेशः। समाहारे-पञ्च पूलाः समाहृताः पञ्चपूली। अनेन षसः। उत्तरसूत्रेण रसंज्ञायां "रात्" [३।१।२५] इति ङीविधिः। कथं षण्णगरी? अत्रापि क्रियागुणापेक्षया समाहारोऽस्ति। लब्धा शोभना चेति गम्यते समाहारस्यैकत्वादेकवचनम्। ननु समाहारः समूहः स तु हृदर्थ एव न पृथक् समाहारनिर्देशात्। समूहार्थस्य त्यस्यानुपपत्तिः पञ्चानां कुमारीणां समाहारः पञ्चकुमारि। त्योत्पत्तौ हि "रस्योबनपत्ये" [३।१।७४] इत्युप् प्रसज्येत। ततश्च "हृदुप्युप्" [१।१।६] स्त्रीत्यस्योप् स्यात्।

संख्यादी रश्च ॥१।३।४७॥ हृदर्थग्युसमाहार इत्यत्र संख्यादिर्यः स उक्तः स रसंज्ञो भवति हृदर्थे। द्वावनुयोगौ वेत्त्यधीते वा द्व्यनुयोगः[१]। "रस्योबनपत्ये" [३।१।७४] इत्यण उप्। पञ्चसु कपालेषु संस्कृतः पञ्चकपालः। ग्यौ-पञ्च नावः प्रिया अस्य पञ्चनावप्रियः। "नावो रात्" [४।२।१०२] इति टः सान्तः। समाहारे-पञ्चपूली। चशब्दः षसंज्ञासमावेशार्थः। द्वे अंगुली समाहृते द्व्यङ्गुली। "षेऽङ्गुलेर्भिसंख्यादेः" [४।२।८८] इति अः सान्तः। "रात्" [३।१।२५] इति ङीविधिश्च सिद्धः।

कुत्स्यं कुत्सनैः ॥१।३।४८॥ कुत्स्यवाचि सुबन्तं कुत्सनवाचिना षसो भवति। वैयाकरणखसूचिः। प्रत्यासत्तेः शब्दप्रवृत्तिनिमित्तस्य कुत्सायामयं सविधिः। रूपसिद्धिं पृष्टो निःप्रतिभः सन् यः खं सूचयति वीक्षते स खसूची। खसूचित्वं कुत्सनम्। विशेषणस्य परनिपातार्थ आरम्भः। एवं क्षत्रियभीरुः। श्रोत्रियकितवः। भिक्षुविटः। मीमांसकदुर्दुरूढः[२]। कुत्स्यमिति किम्? वैयाकरणः कितवः। न हि वैयाकरणत्वं कितवत्वेन कुत्स्यते। कुत्सनैरिति किम्? कुत्सितो ब्राह्मणः।

पापाणके कुत्स्यैः ॥१।३।४९॥ पापाणकशब्दौ कुत्सनवचनौ कुत्स्यवचनैः षसो भवति। पापकुलालः। अणकनापितः। पूर्वयोगेन कुत्स्यस्य पूर्वनिपाते प्राप्ते परनिपातार्थ आरम्भः।

सामान्येनोपमानम् ॥१।३।५०॥ उपमानोपमेययोः साधारणो धर्मः सामान्यम्। उपमीयते परिच्छिद्यते अनेन सादृश्येनार्थ इत्युपमानम्। उपमानवाचि सुबन्तं सामान्यवाचिना सुबन्तेन सह षसो भवति। निराधारं सामान्यं न प्रतीयत इति सामान्यधर्मेण विशिष्टं यदुपमेयं तेनात्र वृत्तिः। शस्त्रीव श्यामा शस्त्रीश्यामा देवदत्ता। शस्त्रीशब्दः श्यामगुणमुपादाय देवदत्तायां वर्तत इति एकाश्रया वृत्तिर्न विरुध्यते। मृगीव चपला मृगचपलेति पुंवद्भावश्च भवति। एवं कुमुदश्येनी हंसगमनी न्यग्रोधपरिमण्डला दूर्वाकाण्डश्यामा सरकाण्डगोरी। सामान्येनेति किम्? फला इव तण्डुलाः। पर्वता इव बलाहकाः। उपमानमिति किम्? देवदत्ता श्यामा।

व्याघ्रै रुपमेयोऽतद्योगे ॥१।३।५१॥ तस्य सामान्यस्य योगः प्रतिषिध्यते। उपमेयार्थवाचिव्याघ्रादिभिः सह षसो भवत्यतद्योगे। उपमेयशब्दस्य सम्बन्धिशब्दत्वादुपमाने[३] न वृत्तिः। साधारणधर्मः सामान्यं हि वृत्तावन्तर्भूतम्। अतद्योग इत्यनेन विशिष्टः साधारणधर्मः प्रतिषिध्यते। पुरुषोऽयं व्याघ्र इव पुरुषव्याघ्रः। पुरुषविशेषणस्य परनिपातार्थ आरम्भः। व्याघ्र सिंह ऋषभ चन्दन वृक वृषभ वृष वराह हस्तिन् कुञ्जर रुरु पुण्डरीक स्त्री पलाविका। आकृतिगणोऽयम्। तेन मुखकमलं करकिशलयं पुरुषचन्द्रादि सिद्धम्। अतद्योग इति किम्? पुरुषोऽयं व्याघ्र इव शूरः। इदमेव प्रतिषेधवचनं ज्ञापकं भवति-प्रधानस्य सापेक्षस्यापि वृत्तिः। तेन राजपुरुषो दर्शनीयः। राजपुरुषः पण्डित इत्येवमादि सिद्धम्।

१.-योगः। व्यनुयोगः। रस्यो-अ०। २. मीमांसकदुर्दुरूटः स०। ३. सम्बन्धित्वादुप-मु०।

विशेषणं विशेष्येणेति ॥१।३।५२॥ एकाश्रय इति वर्तते। यत् सामान्याकारेण प्रवृत्तं सत् अनेकप्रकाराधारभूतं वस्तु प्रकारान्तरेभ्यो व्यावर्त्यैकत्र प्रकारे अवस्थापयति तद्विशेषणम्। अनेकप्रकाराधारभूतं वस्तु विशेष्यम्। विशेषणं विशेष्यवाचिना सह षसो भवति। कृष्णश्च स कम्बलश्च स कृष्णकम्बलः। लोहिता च सा शाटी च सा लोहितशाटी। अर्द्धञ्च तत् पिप्पली च सा अर्द्धपिप्पली। यदा पिप्पल्यवयवे पिप्पलीशब्दस्तदेयं वृत्तिरेकाश्रयाधिकारात्। यदा समुदाये वर्तते तदा पिप्पल्यर्द्धमिति तासः। भिक्षैकदेशे भिक्षाशब्दः। द्वितीया भिक्षा द्वितीयभिक्षा। तृतीयभिक्षा। चतुर्थभिक्षा। तुर्यभिक्षा। इह भिक्षाद्वितीयमिति तासो नोपपद्यते। "**ङदूगुणतृप्तार्थेन**" [१।३।७१] आदिप्रतिषेधस्य बलीयस्त्वात्। कायैकदेशे कायशब्दः। पूर्वः कायः पूर्वकायः। अपरः कायः अपरकायः। उत्तरकायः। एवं मध्याह्नः। सायाह्नः। पूर्वं कायस्येति अवयवसम्बन्धे तासानभिधानं पूर्वं कायादिति प्राप्नोति। विशेषणविशेष्ययोरन्यतरस्य ग्रहणेऽपि सम्बन्धिशब्दत्वादुभयोः प्रतिपत्तिरिति द्वयनिर्देशो व्यर्थः ? नैवम्; यत्र पूर्वोत्तरपदयोः प्रत्येकं विशेषणविशेष्यभावस्तत्र यथा स्यादिह मा भूत्। वृक्षः शिंशपा। शिंशपा हि वृक्षार्थं न व्यभिचरतीति न तस्या विशेष्यत्वम्। यदा शिंशपादिशब्दाः फलादिष्वपि वर्तन्ते तदोभयोर्विशेष्यत्वे सविधिर्भवत्येव। शिंशपावृक्षः। पलाशवृक्षः। उभयोर्विशेषणत्वे कस्य पूर्वनिपात इति चेत् प्रधानद्रव्यापेक्षयान्वर्थस्य नीचो गुणस्य पूर्वनिपातः। यद्यप्युत्पलादिशब्दो जातिशब्दस्तथापि जातिर्द्रव्यस्योत्पत्तेः प्रभृत्याविनाशादात्मभूता प्रतीयत इति जातिनिमित्तः शब्दो द्रव्यशब्दो व्यवस्थाप्यते। अत एव विशेष्यत्वमुत्तरपदार्थस्य द्रव्यद्वारेण जातेरनीलत्वादनाधेया[1]तिशयत्वाच्च, सामानाधिकरण्यं तु जात्यपेक्षया, जातेर्भेदाभेदविवक्षा अनेकान्ताधिकाराल्लभ्यते। विशेषणमिति किम् ? तक्षकः सर्पः। संज्ञैषा। अस्य विशेष्यत्वमेव न विशेषणत्वम्। विशेष्येणेति किम् ? लोहितस्तक्षकः। तस्य[2] लोहितत्वाव्यभिचारादविशेष्यत्वम्। इतिशब्दः किमर्थो यत्र लोके विवक्षा तत्र यथा स्यात्। इह न भवति रामो जामदग्न्यः। अर्जुनः कार्तवीर्यः। इह कृष्णसर्पः लोहिताहिः लोहितशालिरित्येवमादिषु संज्ञाशब्देषु नित्यः सविधिः। वाक्यं तु सादृश्यमात्रेण। नीलोत्पलादिषूभयम्। नीलमुत्पलं नीलोत्पलम्। इहेच्छया विशेषणत्वम्। खञ्जकुण्टः। कुण्टखञ्जः।

पूर्वाऽपरप्रथमचरमजघन्यसमानमध्यमध्यमवीराः ॥१।३।५३॥ पूर्व-अपर-प्रथम-चरम जघन्य-समान-मध्य-मध्यम-वीर इत्येते एकाश्रये सुपा सह समस्यन्ते षसो भवति। पूर्वपुरुषः। अपरपुरुषः। प्रथमपुरुषः। चरमपुरुषः। जघन्यपुरुषः। समानपुरुषः। मध्यपुरुषः। मध्यमपुरुषः। वीरपुरुषः। एवमाद्यनुक्रमणं पूर्वयोगप्रपञ्चार्थः। उपसर्जनानां परोपसर्जनार्थम्, प्रधानानां परप्रधानार्थञ्च। इह सूत्रे पूर्वशब्दो वीरशब्दश्चोपसर्जनं तयोर्वृत्तौ परत्वात् वीरशब्द उपसर्जनम्। वीरपूर्वः। "**वृन्दारकनागकुञ्जरैस्तत**" [१।३।५७] इत्यत्र नागशब्दः प्रधानं "**पोटायुवति**" [१।३।६०] इत्यत्र प्रवक्तृशब्दः प्रधानं तयोर्वृत्तौ परत्वात् प्रवक्ता प्रधानम्। नागप्रवक्ता।

श्रेण्यादि कृतैः ॥१।३।५४॥ श्रेण्यादयः कृतादिभिः सह एकाश्रये षसो भवति। वैषम्याद्यथासङ्ख्यं न भवति। श्रेण्यादिषु च्व्यर्थग्रहणं कर्तव्यं न कर्तव्यमितिशब्दानुवृत्तेस्तत्रैव वृत्तिः। अश्रेणयः श्रेणयः कृताः श्रेणिकृताः। अनूका ऊकाः कृताः ऊककृताः। च्व्यर्थादन्यत्र श्रेणयः कृताः। करोतेरनेकार्थत्वाद्गणिता पूजिता वेति गम्यते। विकल्पेन च्विर्विधास्यते यदा च्विस्तदा परत्वात् 'तिकुप्रादयः' [१।३।८०] इति नित्यं षसः। श्रेणीकृताः। ऊकीकृताः। श्रेणि ऊक पूग कुन्दुम राशि निचय विषय विशिष्ट निर्धन देव इन्द्र मुण्ड श्रमण भूत वदान्य अध्यापक ब्राह्मण क्षत्रिय पटु पण्डित कुशल चपल निपुण इति श्रेण्यादिः। कृतादिराकृतिगणः। कृत मित मत भूत उक्त समाज्ञात समाख्यात समाम्नात सम्भावित अवधारित संसेवित अवकल्पित निराकृत उपकृत इत्येवमादि। क्रियाकारकसम्बन्धोऽत्र न विशेषणविशेष्यभाव इति।

---

१. न आधेयोऽतिशयो यस्मिन्, तस्य भावः, तस्मात्। २. तक्षकस्य अ०, ब०।

विसमाप्तौ क्तोऽनञ् ॥१।३।५५॥ विगता समाप्तिः विसमाप्तिः । ईषन्निष्पत्तिरित्यर्थः । अनञ्-क्तान्तं विसमाप्तौ सामर्थ्यात् क्तान्तेन समस्यते षसो भवति । एकस्यां हि क्रियायां विसमाप्तिर्भवति न क्रिया-भेद इति सामर्थ्यम् । क्तान्तस्यानञिति प्रतिषेधान्नञ् पूर्वेणापि क्तान्तेन सविधिः । कृतश्च तदकृतश्च कृता-कृतम् । कृतभागसम्बन्धात् कृतम् । अकृतभागसम्बन्धात्तदेवाकृतम् । एवं भुक्ताभुक्तम् । पीतापीतम् । अशितानशितम् । क्लिष्टाक्लिशितम् । **"क्लिशस्तक्त्वोः"** [५।१।१८] इति वेट् । मुक्तविमुक्तम् । पीतवि-पीतम् । कृतापकृतम् । विसमाप्ताविति किम् ? सिद्धं चाभुक्तं च । क्रियाभेदे विसमाप्तिर्नास्ति एकस्याः समाप्तत्वादपरस्या अननुष्ठानात् । क्त इति किम् ? कर्तव्यं तदकर्तव्यं च । अनञिति किम् ? अकृतं च तत्कृतञ्च । ननु कृद्ग्रहणे तिकारकपूर्वस्यैव ग्रहणमनञिति किमर्थम् ? नञ्पूर्वेणापि वृत्त्यर्थमिति शेषः । इह गतप्रत्यागतः यातानुयात इत्येवमादिषु **"पूर्वकालैक"** [१।३।४४] इत्यादिना षसः ।

सन्महत्परमोत्तमोत्कृष्टं पूज्येन ॥१।३।५६॥ सत्-महत्-परम-उत्तम-उत्कृष्ट इत्येते सुबन्ताः पूज्य-वचनेन सह समस्यन्ते षसो भवति । संश्च सः पुरुषश्च सत्पुरुषः । महापुरुषः । परमपुरुषः । उद्गततमः उत्तमः । अत एव निपातनात् **'किमेत्तिङव्ययघादामद्रव्ये'** [४।२।२०] इत्याम् न भवति । उत्तमपुरुषः । उत्कृष्टपुरुषः । पूज्येनेति वचनादत्र सदादयः पूजावचना ज्ञातव्याः । पूज्येनेति किम् ? उत्कृष्टो गौः । कर्द-मादुद्धृत इत्यर्थः ।

वृन्दारकनागकुञ्जरैस्तत् ॥१।३।५७॥ पूज्येनेति वर्त्तमानमर्थवशाद्वान्तं संपद्यते । वृन्दारकादिभिः सह तत् पूज्यवाचिसुबन्तं समस्यते षसो भवति । तदित्यनेन पूज्यवचनेनाभिसम्बन्धात् वृन्दारकादयः पूजा-वचना गृह्यन्ते । गौश्चासौ वृन्दारकश्च गोवृन्दारकः । पुन्नागः । गोकुञ्जरः । अश्वकुञ्जरः । व्याघ्रादेराकृति-गणत्वात् **"व्याघ्रैरुपमेयेऽतद्योगे"** [१।३।५१] इत्येव सिद्धे सामान्यप्रयोगेऽपि यथा स्यादित्यारम्भः । गोनागो बलवान् । तदिति किम् ? शोभना शीमा फणा अस्य सुशीमो नागः ।

कतरकतमौ समर्थौ ॥१।३।५८॥ किंशब्दात् **"किंयत्तदो निर्धारणे द्वयोरेकस्य डतरः"** [४।१।१४७] **"वा बहूनां जातिप्रश्ने डतमः"** [४।१।१४८] तयोः परतष्टिखे कृते कतरकतमशब्दौ सिद्ध्यतः । समर्थौ सङ्ग-तार्थौ समानार्थावेकार्थावित्यर्थः । तौ सुबन्तेन सह समस्येते षसो भवति । कदा चानयोः समानार्थत्वं यदा जातिप्रश्ने तौ व्युत्पाद्येते तदा तयोः समानार्थत्वम् । कतरश्च स गार्ग्यश्च कतरगार्ग्यः । कतमगार्ग्यः । कत-रकठः । कतमकठः । वृद्धं चरणैः सहेति जातिवाचित्वम् । समर्थाविति किम् ? कतरो भवतोर्देवदत्तः । द्रव्यप्रश्नोऽयम् । समर्थग्रहणं हि कतरस्यैव विशेषणं डतरस्याविशेषेण विधानान्न कतमस्य । डतमस्य जातिप्रश्न एव तैर्विधानात् । अतः कतमो भवतां देवदत्त इति व्यावृत्त्युदाहरणमत्रानुपपन्नम् । कतरकत-मयोः प्रश्ने विहितयोः सविधिना न गार्ग्यादेर्विशेष्यव्यवस्थेति वचनम् ।

क्षेपे किम् ॥१।३।५९॥ क्षेपः कुत्सा । यो हि यदर्थस्तस्य तदर्थाननुष्ठानं क्षेपः । किमेतत् क्षेपे गम्ये सुबन्तेन समस्यते षसो भवति । को नाम राजा किंराजा । यो न रक्षति । **"न स्वति किमः"** [४।२।६६] इति सान्तप्रतिषेधः । किंसखा । योऽभिद्रुह्यति । किंगौः । यो न वहति । **"गोरहृदुपि"** [४।२।६४] इति सान्ते टे प्राप्ते **"न स्वति किमः"** [४।२।६६] इति प्रतिषेधः । सर्वत्र स्वकार्याभावात् क्षेपः । क्षेप इति किम् ? को राजा पाटलिपुत्रे । किमिति योगविभागः । तेन संज्ञायां शुकादिभिः सह किंशब्दः समस्यते षसो भवति । किंशुकः पलाशः । किंशुलुकः पर्वतः । किंपुरुषो मयुः । किन्नरः स एव । किञ्जल्कः पुष्परेणुः । किङ्किरातः । किंवदन्तीत्यादयः सिद्धाः ।

पोटायुवतिस्तोककतिपयगृष्टिधेनुवशावेहद्बष्कयणीप्रवक्तृश्रोत्रियाध्यापकधूर्तैर्जातिः ॥१।३।६०॥ पोटादीनामितरेतरयोगो द्वन्द्वः । पोटादिभिः सहैकाश्रये जातिः समस्यते षसो भवति । विशेषणस्य परनिपातार्थ आरम्भः । जातिद्वारेण यः शब्दो द्रव्ये वर्त्तते स इह जातिशब्दोऽभिप्रेतः । इभ्या च सा पोटा

च इभ्यपोटा। इभ्येति जातिशब्दः। स्त्री भूत्वा राज्यपालनार्थं या पुंवेषेण युज्यते सा पोटा। यापि गर्भ एव दास्यं गता साऽपि पोटा। "स्त्र्युक्तपुंस्क" [४।३।१४६] इत्यादिना पुंवद्भावे प्राप्ते "जातिश्च" [४।३।१५३] इति प्रतिषिद्धे "पुंवद्यजातीयदेशीये" [४।३।१५४] इति पुंवद्भावः। एवमार्यपोटा। युवतिस्तरुणी। इभ्ययुवतिः। क्षत्रिययुवतिः। अग्निश्च स स्तोकश्च तदग्निस्तोकम्। दधि च तत् कतिपयञ्च दधिकतिपयम्। स्तोककतिपयशब्दावेकार्थे। सकृत्प्रसूता गृष्टिः। गौश्च सा गृष्टिश्च गोगृष्टिः। धेनुरभिनवप्रसवा। गोधेनुः। वशा वन्ध्या। गोवशा। वेहत् गर्भघातिनी। गर्भधारिणीत्यन्ये। गोवेहत्। महता वत्सेन या दुह्यते सा बष्कयिणी। गोबष्कयिणी। प्रवक्ता उपाध्यायः। कठप्रवक्ता। कठश्रोत्रियः। अध्यापकोऽध्येता। कठाध्यापकः। कठधूर्तः। बुद्धिमानित्यर्थः। धूर्तग्रहणमिहाकुत्सार्थम्। अथवा आश्रयिषु कुत्सितेषु तद्भवति। आश्रयेषु तु कुत्स्येषु इदम्। ब्राह्मणधूर्तः क्षत्रियधूर्तः इति यदा हि ब्राह्मणत्वमाश्रयि कुत्स्यते तदा तेनैव सिद्धं सविधानम्। यदा तु तद्युक्तो देवदत्तः कुत्स्यते तदर्थमिदम्। जातिरिति किम्? देवदत्तः प्रवक्ता। देवदत्तशब्दस्याजातिवचनत्वादवृत्तिः। जातेर्विशेष्यायाः पूर्वनिपातार्थ आरम्भः।

चतुष्पाद्गर्भिण्या ॥१।३।६१॥ जातिरिति वर्तते। चत्वारः पादा यस्याः सा चतुष्पाद्गवादिजातिः। "सुसंख्यादेः [४।२।१४०] इत्यकारस्य खम्। चतुष्पाज्जातिर्गर्भिणीशब्देन सहैकाश्रये समस्यते षसो भवति। गौश्च सा गर्भिणी च गोगर्भिणी। अजगर्भिणी। "पुंवद्यजातीयदेशीये" [४।३।१५४] इति पुंवद्भावः। चतुष्पादिति किम्? ब्राह्मणी गर्भिणी। जातिरित्येव। कालाक्षी गर्भिणी। स्वस्तिमती गर्भिणी। चतुष्पदः संज्ञैषा। न तु जातिः। विशेष्यस्य पूर्वनिपातार्थं वचनम्।

प्रशंसोक्त्या ॥१।३।६२॥ जातिरिति वर्तते। उच्यते इत्युक्तिः शब्दः। प्रशंसाशब्देन सह जातिवाचि सुबन्तं समस्यते षसो भवति। गौश्च स प्रकाण्डश्च तत् गोप्रकाण्डम्। प्रशस्तो गौरित्यर्थः। एवमश्वप्रकाण्डम्। गोमतल्लिका[1]। अश्वमचर्चिका। गोकुमारी। गोतल्लजकः। अभिधा जातिरित्येव। देवदत्ता कुमारी।

युवा खलतिपलितवलिनजरद्भिः ॥१।३।६३॥ खलति पलित वलिन जरदित्येतैरेकाश्रयैर्युवशब्दः समस्यते षसो भवति। युवा खलतिः युवखलतिः। युवतिः खलती युवखलती। युवा पलितः युवपलितः। युवतिः पलिता युवपलिता। वलयोऽस्य सन्ति वलिनः। पामादित्वान्नः। युवा वलिनः युववलिनः। युवतिर्वलिना युववलिना। "जृषोऽतृ" [२।२।८७] इति अतृत्ये कृते जरदिति भवति। युवा जरन् युवजरन्। युवतिर्जरती युवजरती। "मृद्ग्रहणे लिङ्गविशिष्टस्यापि ग्रहणम्।" "पुंवद्यजातीयदेशीये" [४।३।१५४] इति पुंवद्भावात् तिशब्दस्य निवृत्तिः।

व्यतुल्याख्या अजात्या ॥१।३।६४॥ व्यान्तास्तुल्याख्याश्च अजातिवाचिना सह समस्यन्ते षसो भवति। परनिपातः फलम्। भोज्यञ्च तदुष्णञ्च भोज्योष्णम्। भोज्यलवणम्। पानीयशीतम्। हरणीयपूर्णो घटः। तुल्याख्याः। तुल्यश्च स श्वेतश्च स तुल्यश्वेतः। सदृशश्वेतः। तुल्यमहान्। सदृशमहान्। अजात्येति किम्? भोज्य ओदनः। तुल्यो वैश्यः। इह तुल्यसन्निति पूज्यलाभावात् परत्वाद्वानेन सः। इह कथमेकाश्रयावृत्तिः। कृष्णसारङ्गः। लोहितसारङ्गः। कृष्णशबलः। लोहितशबलः। यदि सारङ्गादिशब्दा जातिवचना जातेः कथञ्चिद्द्रव्यादभिन्नत्वमित्येकाश्रयत्वमस्ति ततो विशेषणलक्षणः सः। अथ पूर्वोत्तरपदयोर्वर्णविशेषवाचित्वं तत्रापीच्छातो विशेषणविशेष्यभावः। कृष्णश्वेतः। श्वेतकृष्णः।

कुमारः श्रमणादिभिः ॥१।३।६५॥ कुमारशब्दः श्रमणादिभिः सह समस्यते षसो भवति। कुमारशब्दो मृत्। स्त्रीलिङ्गैरुत्तरपदैः स्त्रीलिङ्गः। अध्यापकादिभिरुभयथा समस्यते। कुमारी श्रमणा कुमारश्रमणा।

---

1. –मतल्लिका। अश्वमतल्लिका। गोमचर्चिका। गोकुमा–अ०। —ल्लिका। अश्वमतल्लिका। अश्वम–ब०।

कुमारी प्रव्रजिता कुमारप्रव्रजिता। कुमारश्च स अध्यापकश्च स कुमाराध्यापकः। कुमारी अध्यापिका कुमाराध्यापिका। श्रमणा प्रव्रजिता कुलटा गर्भिणी तापसी बन्धकी दासी एते स्त्रीलिङ्गाः। अध्यापक अभिरूपक पटु मृदु पण्डित कुशल चपल निपुण।

मयूरव्यंसकादयश्च ॥१।३।६६॥ मयूरव्यंसकादयश्च शब्दा गणपाठादेव निपातिताः षसंज्ञा भवन्ति। विशिष्टावंसावस्य व्यंसः। इवार्थे कः। व्यंसको मयूरो मयूरव्यंसकः। छत्रव्यंसकः। कम्बोजमुण्डः। यवनमुण्डः। एतेषु परनिपातः प्रयोजनम्। **"एहीडादयोऽन्यपदार्थे।"** एहीडमिति यत्र कर्मणि एहि यवैरिति एहीडम्। "हियवं वर्तते। एहिवाणिजेति यस्यां क्रियायां सा एहिवाणिजा। प्रेहिवाणिजा[1]। एहिस्वागता। अपेहिस्वागता। एहिद्वितीया। अपेहिद्वितीया। प्रोहकटमस्यां प्रोहकटा। प्रोहकर्दमा। उद्धमचूडा। आहरचेला। आहरवसना। आहरवितता। भिन्धिप्रलवणा। उद्धर उत्सृजेति यस्यां सा उद्धरोत्सृजा। उद्धमविधमा। उद्धरविसृजा। उत्पतनिपता। उत्पचनिपचा। आख्यातमाख्यातेन सिद्धेऽप्यसातत्यार्थे वचनम्। उदक्च अवाक्च उच्चावचम्। उच्चैश्च नीचैश्च उच्चनीचम्। आचितञ्चोपचितञ्च आचोपचम्। आचितपराचितस्य आचपराचम्। निश्चितप्रचितस्य निश्चप्रचम्। अकिञ्चनम्। स्नात्वाकालकः। पीत्वास्थिरकः। भुक्त्वासुहितः। प्रोष्यपापीयान्। उत्पत्यपाकला जाता। निपत्यरोहिणी जाता। निषद्यश्यामा[2] जाता। अपेहिप्रघसा वर्तते। इहपञ्चमी। इहद्वितीया। **'जहि कर्मणा बहुलमाभीक्ष्ण्ये कर्तारं चाभिदधाति।'**' जहि जोडमित्याह जहिजोडः। उज्जहिजोडः। जहिस्तम्बः। बहुलमिति किम्? पचौदनम्। **"आख्यातमाख्यातेन सातत्ये।"** अश्नीतपिबता वर्तते। पचतभृज्जता। खादतमोदता। खादाचामाः। आहरविवसा। आहरनिष्किरा। अविहितलक्षणं सविधानमिह द्रष्टव्यम्। तेन शाकप्रधानः पार्थिवः शाकपार्थिवः। कुतपसौश्रुतः। अजातौल्वलिः। धृतरौढीयाः। ओदनपाणिनीया इत्येवमादि सिद्धम्। चकारोऽवधारणार्थः। परमो मयूरव्यंसकः। वृत्त्यन्तरं न भवति।

काला मेयैः ॥१।३।६७॥ कालवाचिनः शब्दा मेयैः परिच्छेद्यैः सह समस्यन्ते षसो भवति। मेयैरिति सम्बन्धात् काला मानवचना गृह्यन्ते। यद्यपि मुख्यं मानत्वं व्यवहारकालस्य मासादेर्न सम्भवति तथापि वचनात् परिच्छेदहेतुत्वमात्रं साधर्म्यमुपादायोपचारात् कालः परिमाणम्। मासादयो जातादेः सम्बन्धिनीमादित्यगतिं परिच्छिन्दन्तीति जातस्यापि परिच्छेदहेतव उच्यन्ते। एकाश्रय इति निवृत्तम्। मासो जातस्य मासजातः। संवत्सरजातः। तासापवादोऽयम्। काला इति बहुवचननिर्देशः किमर्थः? द्वे अहनी जातस्य द्व्यहजातः। त्रिपदोऽपि षसो यथा स्यात्। **"द्वन्द्वैकार्थं समाहारे"** [१।३।४६] इत्ययवषसे **"राजाहःसखिभ्यष्टः"** [४।२।९३] इति टः। **"एभ्योऽह्नोऽह्नः"** [४।२।९०] इति अह्लादेशः। यदा द्वयोरह्नोः समाहार इति विग्रहस्तदा **"न समाहारे"** [४।२।९१] इत्यह्लादेशप्रतिषेधः सिद्धः। द्व्यह्नो जातस्य द्व्यहजातः। त्र्यहजातः।

नञ् ॥१।३।६८॥ नञ् सुपा सह समस्यते षसो भवति। अब्राह्मणः। अधर्मः। असर्वज्ञः। अगौः। नेयं पूर्वपदार्थप्रधाना वृत्तिरलिङ्गासंख्यत्वप्रसङ्गात्। किञ्च पूर्वपदप्रधानो हस उक्तः। अमक्षिकमिति। अन्यपदार्थप्राधान्ये तु अवर्षा हेमन्त इत्यत्र प्रादेशादि प्राप्नोति। अस्तूत्तरपदार्थप्रधानेयं वृत्तिः। यद्येवमगामानयेत्युक्ते ऽगोमात्रस्यानयनं स्यात्। अथ स्वयमेव निवृत्तिपदार्थको गोशब्दः स नञा केवलं द्योत्यते। एवं सति न कस्यचिदानयनं स्यात्। नायं दोषः। द्वाविह गोशब्दौ प्रवृत्तपदार्थको निवृत्तपदार्थकश्च। सारूप्यात्तयोर्भेदापरिज्ञाने निवृत्तपदार्थकस्य द्योतनार्थं नञः प्रयोगः प्रतिषेधे सत्युत्तरपदार्थसदृशो वृत्त्यर्थो जायते। **"नञिवयुक्तमन्यसदृशाधिकरणे तथा ह्यर्थगतिः"** [परि०] इति वचनात्। अन्यपदार्थे तु परत्वाद्बसो भवति। अशालिको देशः। ञकारो नञोऽनित्यत्र विशेषणार्थः। वामनपुत्रादिष्वनादेशो मा भूत्।

गुणोक्त्येषद् ॥१।३।६९॥ उच्यते इत्युक्तिः शब्दः। गुणशब्देन सह ईषच्छब्दः समस्यते षसो भवति। ईषत्कडारः। ईषत्पिङ्गलः। ईषद्विकटः। ईषदुन्नतः। ईषद्रक्तः। ईषत्पीतः। द्रव्युत्पत्तिः प्रयो-

---

१. वाणिजा। अपेहिवाणिजा। एहिस्वा-अ०, ब०, स०। २. निषण्णश्यामा मु०।

जनम्। गुणोक्त्येति किम्? ईषत्कारकः। ईषद्गार्ग्यः। जात्येकार्थसमवायिक्रियागुणापेक्षया जातेरपि वृद्धिह्रासौ।

ता ॥१।३।७०॥ तान्तं सुबन्तेन सह षसो भवति। मोक्षमार्गः। स्वर्गसुखम्। राजपुरुषः।

कृति ॥१।३।७१॥ कृत्प्रयोगे या ता तदन्तं सुपा सह षसो भवति। **"न प्रतिपदम्"** [१।३।७३] इति प्रतिषेधं वक्ष्यति। तस्यायं पुरस्तान्निरासः। इध्मनां व्रश्चनः इध्मव्रश्चनः। पलाशसातनः। अविलवनः। श्मश्रुकर्त्तनः। करणे युट्। **"कर्तृकर्मणोः कृति"** [१।४।६८] इति ता।

याजकादिभिः ॥१।३।७२॥ याजकादिभिश्च सह तान्तं समस्यते षसो भवति। पूर्वेण प्राप्तः तृजकाभ्यां कर्त्तरीति प्रतिषिद्धः पुनरनेन षसः। देवानां याजको देवयाजकः। साधूनां पूजकः साधुपूजकः। याजक पूजक परिचारक परिवेषक स्नापक अध्यापक उद्वर्त्तक उत्सादक होतृ भर्तृ रथगणक पत्तिगणक।

न प्रतिपदम् ॥१।३।७३॥ प्रतिपदं विहिता या ता तदन्तं न समस्यते। शेषलक्षणां तां मुक्त्वा सर्वाऽन्या ता प्रतिपदविधाना। सर्पिषो ज्ञानम्। पयसो ज्ञानम्। **"ज्ञो स्वार्थे करणे"** [१।४।५८] इति ता। इहापि धर्मानुस्मरणम्। धर्मचिन्तनमिति। **"स्त्रर्थदयेशां कर्मणि"** [१।४।५६] इत्यनेन शेषलक्षणा तानूद्यते। वनस्वामी। वनेश्वरो विद्यादायाद इत्येवमादिषु **"स्वामीश्वर०"** [१।४।४७] आदि सूत्रे चकारेण शेषलक्षणा ता समुच्चीयते।

निर्धारणे ॥१।३।७४॥ निर्धारणे या ता तदन्तं न समस्यते। जातिगुणक्रियाभिः समुदायादेकदेशस्य निष्कृष्य धारणं पृथक्करणं निर्धारणम्। क्षत्रियो मनुष्याणां शूरतमः। श्यामा नारीणां दर्शनीयतमा। कृष्णा गवां सम्पन्नक्षीरतमा। धावन्तोऽध्वगानां क्षिप्रतमाः। क्षत्रियादिशब्देन सह वृत्तिर्न भवति। **"यतश्च निर्धारणम्"** [१।४।४६] इति चकारेण शेषलक्षणायास्तायाः समुच्चयः। प्रतिपदविधानत्वे हि पूर्वेणैव सिद्धः प्रतिषेध इतीदमनर्थकं स्यात्। इह पुरुषेश्वर इति शेषलक्षणा ता विवक्षिता न निर्धारणलक्षणा।

डड्गुणतृतार्थसत्तव्यैकद्रव्यैः ॥१।३।७५॥ डदन्त गुणार्थं तृतार्थं सत्संज्ञं तव्य एकद्रव्य इत्येतैः सह तान्तं न समस्यते। तस्य पूरणे डडित्यतः प्रभृति तमटष्टकारेण डडिति प्रत्याहारः। चक्रधराणां पञ्चमः। तीर्थङ्कराणां षोडशः। बलदेवानां नवमः। समुदायसमुदितसम्बन्धे शेषलक्षणा ता। गुणार्थः—बलाकायाः शौक्ल्यम्। काकस्य कार्ष्ण्यम्। कण्टकस्य तैक्ष्ण्यम्। गुणगुणिसम्बन्धे ता। **"एङि पररूपम्"** [४।३।८१] इत्यत्र परस्य रूपं पररूपमिति वृत्तिपदं ज्ञापकं यो गुणद्वारेण पूर्वं द्रव्ये वृत्तो भवत्यन्ते गुणमाह तेन गुणशब्देनेह प्रतिषेधः। यस्तु सर्वदा गुणवचनस्तेन वृत्तिर्भवत्येव। हस्तिरूपम्। कपित्थरसः। चन्दनगन्धः। अग्निस्पर्शः। गुणशब्देनेह लोकप्रसिद्धा रूपरसगन्धस्पर्शा गुणा अभिप्रेताः। ततस्तद्विशेषैरयं प्रतिषेधः, तेन यत्नगौरवं सूत्रलाघवं करणपाटवं वचनप्रामाण्यं गोविंशतिरित्येवमादिषु न प्रतिषेधः। वृषलस्य धाष्टर्यमित्यत्र वृत्तेरनभिधानम्। तृतार्थः—फलानां तृतः। सक्तूनां पूर्णः। फलानां सुहितः। सक्तूनां प्रीतः। **"तृप्त्यर्थे तूपसंख्यानम्"** [वा०] इति ता। सदिति शतृशानयोः संज्ञा। चोरस्य द्विषन्। **"कर्तृकर्मणोः कृति"** [१।४।६८] इति कर्मणि ता प्राप्ता **"न क्तित०"** [१।४।७२] इत्यादिना प्रतिषिद्धः। **"द्विषः शतुर्वा वचनम्"** [वा०] इति ता। इह तु शेषलक्षणा ता। देवदत्तस्य कुर्वन्। देवदत्तस्य कुर्वाणः। तव्यः—देवदत्तस्य कर्तव्यम्। जिनदत्तस्य कर्तव्यम्। अत्रापि **"व्यस्य वा कर्तरि"** [१।४।७५] इति शेषलक्षणा ता। तव्येन केचिद्विकल्पमिच्छन्ति। देवदत्तकर्तव्यम्। एकं द्रव्यमस्य एकद्रव्यम्। राज्ञः पाटलिपुत्रकस्य। शुकस्य मारविदस्य। आचार्यस्य श्रीदत्तस्य। पूर्वनि[1]पातस्यानियमः प्रसज्येत। विशेषणादिसूत्रे इतिशब्दोऽस्ति तेन नीलस्योत्पलस्य नीलो-

---

१. पूर्वनिपातस्येत्यादि न भवतीत्यन्तसन्दर्भस्यायमभिप्रायः—

"एक द्रव्ये तासाङ्गीकारे उभयोः पदयोस्तान्तत्वेन वोक्तत्वात्पूर्वनिपातस्यानियमः प्रसज्येत। ननु नीलस्योत्पलस्य नीलोत्पलस्येत्यत्रैकद्रव्यत्वेन तासनिषेधः कुतो न, गुणगुणिभावस्थले एकद्रव्यत्वानङ्गी-

त्पलस्येति। गुणगुणिसम्बन्धे सविधिर्भवति। एकद्रव्येण गुणगुणिविवक्षा नास्तीति विशेषणवृत्तिरपि न भवति। भिना प्रतिषेधो वक्तव्यः। देवदत्तस्य साक्षात्। देवदत्तस्योपरि।

कर्मणि च ॥१।३।७६॥ चकारोऽवधारणार्थः। कर्मण्येव या ता विहिता तदन्तं सो न भवति। आश्चर्यो गवां दोहोऽगोपालकेन। रोचते मे ओदनस्य भोजनं देवदत्तेन। साधु खलु पयसः पानं जिनदत्तेन। "युट्" [२।३।१७] इति नभ्भावे युट्। "कर्तृकर्मणोः कृति" [१।४।६८] इत्युभयत्र तायां प्राप्तायां "द्विप्राप्तौ परे" [१।४।६६] इति कर्मण्येव भवति। कर्तरि तु भा। कर्मण्येवेति किम्? इध्मव्रश्चनः।

कर्तरि क्ते न ॥१।३।७७॥ कर्तरीति ताया विशेषणम्। कर्तरि या ता विहिता तदन्तं क्तान्तेन सो न भवति। असिन्नास्यते स्म इदमेषामासितम्। इदमेषां यातम्। इदमेषां भुक्तम्। तयोरेव भावकर्मणोः क्ते प्राप्ते "धिगत्यर्थाच्च" [२।४।५८] "अधिकरणे चाद्यर्थाच्च" [२।४।५९] इति अधिकरणे क्तः। अधिकरणस्योक्तत्वात्। इदमित्येतस्मादीम्नास्ति "मिङैकार्थे वा" [१।४।५४] इति वैव भवति। "कर्तृकर्मणोः कृति" [१।४।६८] इति ता प्राप्ता "न क्मितलोक" [१।४।७२] इत्यादिना प्रतिषिद्धा 'क्तस्याधिकरणे' [१।४।७०] इत्यनेन एषामिति कर्तरि ता। एवं राज्ञां मतः, राज्ञां बुद्धः, राज्ञां पूजितः "मतिबुद्धिपूजार्थाच्च" [२।२।१६६] इत्यनेन वर्तमाने काले क्तो नियम्यते। स चेह कर्मणि कारके विहितः "कर्तृकर्मणोः कृति" [१।४।६८] इति कर्तरि ता प्राप्ता "नक्मित०" [१।४।७२] इत्यादिना प्रतिषिद्धा भवतीत्यनेन सूत्रेण प्रत्यवस्थाप्यते। अथ यदा सकर्मकेभ्योऽधिकरणे क्तस्तदा कर्तृकर्मणोरनुक्तत्वात् "क्तस्याधिकरणे" [१।४।७०] इत्यनेन या ता कर्तरि तस्याः प्रतिषेधः सिद्धः कर्मणि या ता तस्याः कथं वृत्तिप्रतिषेधः। इदमोदनस्य भुक्तमिति। नैष दोषः। कर्मणि चेति वर्तते तेनेह कर्तरि कर्मणि च ता क्तान्तेन न समस्यते। इह शेषलक्षणा ता। छात्रहसितम्।

तृजकाभ्यां योगे ॥१।३।७८॥ कर्तरि या ता तदन्तेन सो न भवति। तृचैव कर्तुरुक्तत्वात्। तद्योगे कर्तरि ता नास्ति। तृज्ग्रहणमुत्तरार्थम्। भवत आसिका। भवतः शायिका। भवतोऽग्रेगामिका। "पर्यायार्हर्णोत्पत्तौ वुण्" [२।३।६२] इति भावे स्त्रीलिङ्गे वुण्। "कर्तृकर्मणोः कृति" [१।४।६८] इति कर्तरि ता। कर्तरीत्येव। इक्षुभक्षिकां मे धारयसि। पूर्ववद्वुण्। अत्रेक्षुशब्दात् कर्मणि ता "कृति" [१।३।७१] इति ता सः। म इति सम्प्रदानमेतत्।

कर्तरि ॥१।३।७९॥ कर्तरि यौ तृजकौ ताभ्यां सह तान्तं न सो भवति। अपां स्रष्टा। पुरां भेत्ता। वज्रस्य भर्ता। याजकादिषु पतिपर्यायो भर्तृशब्दः। यवानां लावकः। सक्तूनां पायकः। कर्तरीति शक्यमकर्तुं तृचोऽकस्य च कर्तरि विधानात्। नन्वकस्य भावेऽपि विधानमस्ति। सत्यम्। तद्योगे कर्तरि विहितायास्तायाः पूर्वेण वृत्त्यभावः सिद्धः सामर्थ्यादिह कर्तरि विहितस्याकस्य ग्रहणम्। तदेतत्कर्तृग्रहणं ज्ञापकं पूर्वप्रतिषेधो नित्यः अयम नित्यस्तेन तीर्थकर्तारमर्हन्तमित्येवमादि सिद्धम्। तृनन्तेन वा "साधनं कृता" [१।३।२६] इति सः।

क्रीडाजीविकयोर्नित्यम् ॥१।३।८०॥ नेति निवृत्तम्। तृचः क्रीडाजीविकयोरसम्भवान्नानुवृत्तिः। क्रीडायां जीविकायाञ्च तान्तमकेन सह नित्यं षसो भवति। क्रीडायाम्—उद्दालकपुष्पभञ्जिका। भावे खुविषये वुण्। "कर्तृकर्मणोः कृति" [१।४।६८] इति कर्मणि ता। जीविकायाम्—दन्तलेखकः। नखलेखकः। अवस्करसूदकः। क्रीडायां कृतीति विकल्पः प्राप्तः। जीविकायां कर्तरीति प्रतिषेधः प्राप्तः। क्रीडायां आरम्भादेव नित्यत्वं सिद्धं नित्यग्रहणं जीविकार्थमुत्तरार्थञ्च।

तिकुप्रादयः ॥१।३।८१॥ तिसंज्ञाः कुशब्दः प्रादयश्च समर्थेन नित्यं षसो भवति। ऊरीकृत्य। ऊरीकृतम्। पटपटाकृत्य। प्रादिसाहचर्यात् कुशब्दो भिसंज्ञो गृह्यते। कुत्सितो ब्राह्मणः कुब्राह्मणः। ईषन्मधुरं काम-

---

कारात्। ननु भेऽत्र सः विशेषणं विशेष्येणेतिशब्दस्य क्वचिदन्यत्रापि विवक्षितस्थले समासार्थत्वेनात्रेतिशब्दबलेन सः। विशेषणवृत्तिस्तु न गुणगुणिवद्भावे विशेषणवृत्तेरप्यनङ्गीकारात्।"

धुरम्। "क्रियायोगे गि,ति" [१।२।१३०-१३१] इति प्रादयोऽपि क्रियायोगे तिसंज्ञा अक्रियायोगार्थं प्रादिग्रहणम्। स्वती पूजार्थकम्। शोभनः पुरुषः सुपुरुषः। अतिपुरुषः। अतिशयेन स्तुतं सुस्तुतम्। अतिक्रमेण स्तुतमतिस्तुतम्। दुः पापाद्यर्थे। पापः पुरुषो दुष्पुरुषः। कृच्छ्रेण कृतं दुष्कृतम्। आङीषदाद्यर्थे। ईषत्कडार आकडारः। क्रियायोगे आबद्धमाभरणम्। प्रादय एवमात्मका यत्र क्रियापदं प्रयुज्यते तत्र क्रियाविशेषमाहुः। यत्र न प्रयुज्यते तत्र ससाधनां क्रियामाहुरिति। "प्रादयो गताद्यर्थे च वया" [वा०] प्रगत आचार्यः प्राचार्यः। वृत्तिविषये प्रशब्दो गतशब्दस्यार्थं ससाधनमभिधत्ते। एवं प्रवृद्धो गुरुः प्रगुरुः। प्रपितामहः। सङ्गतार्थः समर्थः। "अत्यादयः क्रान्ताद्यर्थे इपा" [वा०] अतिक्रान्तः खट्वामतिखट्वः। उत्क्रान्तो वेलामुद्वेलः। "अवादयः क्रुष्टाद्यर्थे भया" [वा०] अवक्रुष्टः कोकिलया अवकोकिलः। परिणद्धो वीरुद्भिः परिवीरुत्। "पर्यादयो ग्लानाद्यर्थे अपा" [वा०] परिग्लानोऽध्ययनाय पर्यध्ययनः। उद्युक्तः संग्रामाय उत्संग्रामः। पर्यादिराकृतिगण इत्येके। अलं कुमारिः। "निरादयः क्रान्ताद्यर्थे कया" [वा०] निःष्क्रान्तः कौशाम्ब्या निष्कौशाम्बिः। अपगतः शाखाया अपशाखः। लक्षणादिष्वर्थेष्वनभिधानादवृत्तिः। वृक्षं प्रति विद्योतते।

वागमिङ् ॥१।३।८२॥ वाक्संज्ञममिङन्तं समर्थेन नित्यं षसो भवति। कुम्भं करोतीति कुम्भकारः। शरलावः। अमिङिति किम्? एधानाहारको व्रजति। "वुण्तुमौ क्रियायां तदर्थायाम्" [२।३।८] इति वुण्। अमिङिति प्रतिषेधवचनं ज्ञापकमनयोर्योगयोः "सुप्सुपा" [१।३।३] इति नाभिसंबध्यते। एवञ्च सत्येतल्लब्धम् "तिवाक्कारकाणां प्राक् सुबुत्पत्तेः कृद्भिः सविधिः" [परि०] इति। इह माषवापिणी। व्रीहिवापिणी स्त्री। कृदन्तेन वृत्तौ "मृदन्तनुमविभक्त्याम्" [५।४।६५] इति णत्वं सिद्धम्। अन्यथा सुबुत्पत्तिः स्त्रीत्येन बाध्येत। अश्वक्रीती च प्रयोजनम्। यदि सुबुत्पत्तेः प्राक् तिवाक्कारकाणां कृता वृत्तिः। अदःकृत्य तमोपहः राजश्रित इत्यत्र पूर्वस्य पदकार्यं न स्यात्। "कायाः स्तोकादेः" [४।३।१२१] इत्येवमादि अनुबिधानं चानर्थकं क्वचिदेव ङीविधिणत्वादिविषये ज्ञापकात् सिद्धिः।

भ्नाऽमैव ॥१।३।८३॥ पूर्वेण सिद्धे नियमोऽयम्। भ्नसंज्ञकेनामन्तेनैव वागमिङ् षसो भवति। स्वादुङ्कारं भुङ्क्ते। लवणङ्कारं भुङ्क्ते। स्वाद्वर्थेषु वाक्षु "स्वादुमि णम्" [२।४।१२] इति णम् भवति। स्वादुमीति निर्देशात्त्यसन्नियोगे मान्तता निपात्यते। अमैवेति किम्? कालो भोक्तुम्। समयो भोक्तुम्। "कालसमयवेलासु तुम्वा" [२।३।१४३] इति तुम्। आरम्भादेव नियमः सिद्धः। भ्नैवेति विपरीतावधारणे व्यावर्त्यं नास्तीत्येवकारः किमर्थः? अमैव यत् सह निर्दिष्टं वाक्संज्ञं तस्य वृत्तिर्यथा स्यात्। अमा चान्येन च यत् सह निर्दिष्टं तस्य मा भूत्। अग्रे भोजं गच्छति। अग्रेभुक्त्वा। प्रथमम्भोजम्। पूर्वं भोजम्। "वाग्रे प्रथमपूर्वे" [२।४।१०] इति क्त्वाणमौ विहितौ। भ्नेति विस्पष्टार्थम्। व्यावर्त्याभावात्।

वा भादि ॥१।३।८४॥ "उपदंशो भायाम्" [२।४।३३] इत्यतः प्रभृति वाक्संज्ञं भादीत्युच्यते। भादीनि वाक्संज्ञानि अमा सह वा समस्यन्ते षसो भवति। मूलकोपदंशं भुङ्क्ते। "उपदंशो भायाम्" [२।४।३३] इति णम्। पार्श्वोपपीडम्। पार्श्वेनोपपीडं पार्श्वे उपपीडं शेते। "ईपि चोपपीडरुधकर्षः" [२।४।३५] इति णम्। अनन्तेनेत्येव। पर्याप्तो भोक्तुम्। प्रभुर्भोक्तुम्। "पर्याप्तिवचने अलमर्थे" [२।४।५१] इति तुम्। एवकारो नानुवर्तते तेन भादिषु यदमा सह निर्दिष्टं वाक्संज्ञं यदमा चान्येन च सह निर्दिष्टं तदपि समस्यते। उच्चैःकारमाचष्टे उच्चैःकारं "क्त्वणनिष्टोक्तौ कृञः क्त्वाणमौ" [२।४।४४] इति णम्।

क्त्वा ॥१।३।८५॥ क्त्वान्तेन सह वा भादि समस्यते षसो भवति। उच्चैःकृत्याचष्टे। उच्चैः कृत्वा। भादीत्येव। प्रदेशान्तरवाचो वृत्तिर्न भवति। अलं कृत्वा। अग्रे भुक्त्वा।

अन्यपदार्थेऽनेकं बम् ॥१।३।८६॥ वानिर्दिष्टं सुब्ग्रहणमनुवर्तते। भानिर्दिष्टं निवृत्तम्। अन्यस्य पदस्यार्थे वर्तमानमनेकं सुबन्तं बसंज्ञकः सो भवति। चित्रगुः। लम्बकर्णः। दर्शनीयरूपः। अन्यग्रहणं किम्? स्वपदार्थे बसो मा भूत्। लम्बश्च स कर्णश्च स लम्बकर्णः। पदग्रहणं किम्? अन्यवाक्यार्थे मा भूत्।

अर्थग्रहणं किमर्थम् ? यावता शब्दे कार्यस्यासम्भवादर्थे कार्यं विज्ञास्यते। अन्यपदार्थस्य ये लिङ्गसंख्ये ते यथा स्यातामित्येवमर्थम्। बहुयवं कुलम्। बहुयवा भूमिः। बहुयवौ। बहुयवाः। वाविभक्त्यन्ते अन्य-पदार्थे वृत्तिर्न भवत्यनभिधानात्। अनेकग्रहणं बहूनामपि प्रापणार्थम्। सामानाधिकरण्याभावेऽपि बसो भवति। कण्ठेकालः। उरसिलोमा। उच्चैर्मुखो देवदत्तः। अस्तिक्षीरा गौः। भ्रीनामसंख्यत्वादसामाना-धिकरण्यम्। इहाभिधानाभावान्न भवति। पञ्चभिर्भुक्तमस्य। सामानाधिकरण्येऽप्यनभिधानम्। पञ्च भुक्त-वन्तोऽस्य। नपा निर्देशः किमर्थः ? उन्मत्तगङ्गम्। लोहितगङ्गम्। "**खावन्यपदार्थे**" [१।३।१८] इति हस एव भवति। इह वीरपुरुषको ग्राम इति परत्वाद्वसः षसस्य बाधकः। शस्त्रीश्यामा देवदत्तेत्येवमादिषु "**यश्चैकाश्रये**" [१।३।४४] इति प्रकृतमस्ति तेन बसस्य बाधः। "**प्रादयो गताद्यर्थे वया**" [वा०] इत्येवमादि वार्तिकवचनं प्रमाणम्। तेन निष्कौशाम्बिरित्येवमादिषु बसो न भवति। "**ईबुपमानपूर्वस्य वा खं वक्तव्यम्**" [वा०] उदरे स्थितो मणिरस्य उदरेमणिः। "**षे कृति बहुलम्**" [४।३।१३२] इति ईपोऽनुप्। उष्ट्रमुखमिव मुखमस्य उष्ट्रमुखः। उपमानावयवत्वादुष्ट्रोऽप्युपमानम्। इह केशचूडः सुवर्णालङ्कारो देवदत्तः इति केश-सम्भारे केशशब्दः। सुवर्णविकारे सुवर्णशब्दो वर्तते। सङ्गतार्थः समर्थ इति निर्देशादेवंजातीयस्य वा खं द्रष्टव्यम्। प्रपतितपर्णः प्रपर्णः। अविद्यमानभार्यः अभार्यः।

संख्येये संख्यया भ्यासन्नादूरसंख्यम् ॥१।३।८७॥ सख्येये या संख्या वर्तते तया भि आसन्न अदूर इत्येतानि संख्या च बसो भवति। अनन्यार्थार्थं वान्तेऽप्यन्यपदार्थे प्रापणार्थञ्च। समीपे दशानामिमे उपदशाः। उपविंशाः। समीपप्राधान्ये तु हसः। आसन्ना दशानामिमे आसन्नदशाः। आसन्नविंशाः। अदूरदशाः। अदूरचत्वारिंशाः। द्वौ वा त्रयो वा इमे द्वित्राः। त्रयो वा चत्वारो वा इमे त्रिचतुराः। "**नञ्विसूपत्रिभ्यश्चतुरः**" [४।२।७५] इति अस्त्यो निपात्यते। त्रिर्दश इमे त्रिदशाः। वृत्त्यैवाभ्यावृत्तेरुक्तत्वात् सुचोऽप्रयोगः। संख्यासंज्ञाविधानेऽधिकशब्दस्यापि संख्यात्वमुक्तम्। अधिका दशानामिमेऽधिकदशाः। संख्येय इति किम् ? अधिका विंशतिर्गवाम्। संख्ययेति किम् ? पञ्च पदार्थाः। भ्यासन्नादूरसंख्यमिति किम् ? पार्थिवाः पञ्च।

दिशोऽन्तराले ॥१।३।८८॥ दिक्छब्दाः सुबन्ता अन्तरालवचने बसंज्ञकः सो भवति। अन्तराल एव यथा स्यादिति नियमार्थ आरम्भः। दक्षिणस्याश्च पूर्वस्याश्च दिशोर्यदन्तरालं दक्षिणपूर्वा। "**सर्वनाम्नो वृत्तिमात्रे पूर्वपदस्य पुंवद्भावः**" [वा०] इति पुंवद्भावः। उत्तरपदस्य "**स्त्रीगोनीचः**" [१।१।८] इति प्रादेशः। अन्तरालदिशः स्त्रीत्वात् पुनष्टाप्। अनेकमित्यनुवर्त्तनात् न्यक्संज्ञायां द्वयोः पर्यायेण पूर्वनिपातः। एवं दक्षिण-परा। उत्तरपरा। उत्तरपूर्वा। प्रसिद्धानां दिक्छब्दानां ग्रहणादिह न भवति। वारुण्याश्च कौबेर्याश्च दिशोर-न्तरालम्।

तत्रेदमिति सरूपे ॥१।३।८९॥ तत्रेति ईबन्ते द्वे सरूपे इदमित्येतस्मिन्नर्थे बसो भवति। इतिकर-णात् ग्रहणविशिष्टे युद्धे विवक्षा। केशेषु केशेषु च गृहीत्वा इदं युद्धं वृत्तं केशाकेशि। कचाकचि। "**ञ इच्**" [४।२।२८] इति इच् सान्त इजिति तिष्ठद्ग्वादौ हसंज्ञार्थं पठ्यते। "**अन्यस्यापि**" [४।३।२३२] इति पूर्वपदस्य दीत्वम्। अत्र सापेक्षत्वात् पूर्वेण वृत्तिर्न प्राप्नोति। सरूपे इति किम् ? केशेषु च कचेषु च गृहीत्वा इदं युद्धं वृत्तम्।

तेन ॥१।३।९०॥ इदमिति सरूपे इति वर्तते। तेनेति भान्ते सरूपे इदमित्येतस्मिन्नर्थे वसो भवति। इतिकरणानुवृत्तेर्यत्तेनेति निर्दिष्टं प्रहरणं चेत्तद्भवति। दण्डैश्च दण्डैश्च प्रहृत्येदं युद्धं वृत्तं दण्डादण्डि। मुसलामुसलि। सरूपे इत्येव। दण्डैश्च कमण्डलुभिश्च प्रहृत्येदं युद्धं वृत्तम्। योगविभाग उत्तरार्थः।

सहेति तुल्ययोगे ॥१।३।९१॥ तुल्ययोगः समानक्रियादियोगः। तेनेति वर्तते। सह इत्येतत् सुबन्तं तुल्ययोगे वर्तमानं तेनेति भान्तेन सह समस्यते बसो भवति। सह छात्रेण सच्छात्र आगतः। सशिष्यः।

सपुत्रः । "वा नीचः" [४।३।११०] इति सहशब्दस्य सादेशः । तुल्ययोग इति किम् ? प्रत्यहं सह शावेन भारं वहति रासभी । विद्यमानताऽत्र सहार्थः । आद्ये नैव सिद्धे हसनिवृत्त्यर्थं कबभावार्थञ्च वचनम् । इति-शब्दो योगविभागार्थः । तेनातुल्ययोगेऽपि क्वचिद्विसः का च । तेन सकर्मकाच्चरेर्दो भवति । सपक्षको वादी ब्रूत इत्यादि सिद्धम् । अत्र हि चरेरेव देन योगो न कर्मणः । तथा वादिन एव च तेन योगो न पक्षस्य ।

चार्थे द्वन्द्वः ॥१।३।९२॥ चकृतोऽर्थश्चार्थः । तस्मिन् वर्तमानमनेकं सुबन्तं द्वन्द्वसंज्ञः सो भवति । चत्वारश्चार्थाः । समुच्चयोऽन्वाचय इतरेतरयोगः समाहारश्चेति । तत्रानियतक्रमयौगपद्यानां द्व्यादिवस्तूनामेक त्राध्यारोपः समुच्चयः । यथा "गामश्वं पुरुषं पशुमहरहर्नयमानो वैवश्वतो न तृप्यति, सुरया इव दुर्मदी ।" गुणप्रधानभावमात्रविशिष्टः समुच्चय एवान्वाचयः । यथा भिक्षामट गां चानयेति । इतरेतरयोगसमाहारावपि समुच्चयस्य भेदौ । परस्परं सापेक्षाणामवयवभेदानुगत इतरेतरयोगः । अनपेक्षिता अवयवभेदाः संहतिप्रधानाः समाहाराः । आद्ययोश्चमन्तरेणापि क्वचित् प्रयोगात् । असामर्थ्याच्च नास्ति सविधिः । इतरेतरयोगे । प्लक्ष-न्यग्रोधौ छायां कुरुतः । समाहारे प्लक्षन्यग्रोधं सिध्यति । वाक्त्वचम् । वाग्दृषदम् । छत्रोपानहम् । इह द्वाविंशतिस्त्रयस्त्रिंशद्गणितेत्येवमादिषु समाहारेऽपि लिङ्गमशिष्यं लोकाश्रयत्वादिति नपुंसकत्वाभावः । द्वन्द्व-प्रदेशः "द्वन्द्वाच्चुदहषो रार्थे" [४।२।१०८] इत्येवमादयः ।

वोक्तं न्यक् ॥१।३।९३॥ सलक्षणसूत्रेषु वानिर्दिष्टं न्यक्संज्ञं भवति । तस्य प्रयोजनं पूर्वमित्यनेन पूर्वनिपातः । अधिस्त्रि । अधिकुमारि । भीति वोक्तम् । कष्टश्रितः । इबिति वोक्तम् । शङ्कुलाखण्डः । भेति वोक्तम् । एवं सर्वत्र बोद्धव्यम् । वसेऽनेकं सुबन्तं तस्य पूर्वनिपातनियममुत्तरत्र वक्ष्यति । इह राज्ञः पुरुषं श्रित इति यत् प्रति यदप्रधानं तत् प्रति तन्न्यक्संज्ञं भवति । कथमयं विभागो लभ्यते । न्यगितीय-मन्वर्थसंज्ञा । नीचैरञ्चतीति न्यगप्रधानमित्यर्थः ।

एकविभक्ति ॥१।३।९४॥ विभक्तिशब्दः पूर्वाचार्येष्टो निर्दिष्टः एका विभक्तिर्यस्य तन्न्यक्संज्ञं भवति । निष्कौशाम्बिः । निर्मथुरः । "परम्" [१।३।९५] इत्यनेन परनिपातार्थमेतत् । प्रादेशस्तु "स्त्रीगो-र्नीचः" [१।१।६] इत्यत्र अन्वर्थस्य नीचः समाश्रयणात् सिद्धः ।

परम् ॥१।३।९५॥ एकविभक्ति न्यक्संज्ञं परं प्रयोक्तव्यम् । पूर्वमित्यनेन पूर्वनिपाते प्राप्तेऽपवादः । इह धर्मं श्रितः । धर्मं श्रितेन धर्मश्रिताय इत्येवमादिषु "वोक्तम्" [४।३।११०] इत्यनेनैव न्यक्संज्ञा भव-त्यनवकाशत्वात्ततस्तदाश्रयः पूर्वनिपातः ।

राजदन्तादौ ॥१।३।९६॥ राजदन्तादिषु न्यक् परं प्रयोक्तव्यम् । उत्तरसूत्रैः प्राप्तस्य पूर्वनिपातस्या-पवादोऽयम् । दन्तानां राजा राजदन्तः । वनस्याग्रे अग्रेवणम् । गणपाठादनुप् । लिप्तवासितं नग्नमुषितम् अवक्लिन्नपक्वं सिक्तसंमृष्टं भृष्टलुञ्चितम् अर्पितोप्तम् उत्तगाढमेतेषु पूर्वकालस्य[1] परनिपातः । उलूखलमुसलं तन्दुलकिण्वम् । आरग्वायनिबन्धकी । चित्ररथबाह्लीकम् । अवन्त्यश्मकम् । शूद्रार्यम् । स्नातकराजानौ । विष्वक्सेनार्जुनौ । अक्षिभ्रुवम् । दारगवम् । शब्दार्थौ । धर्मार्थौ । कामार्थौ । अत्तु व्यत्ययोऽपि । अर्थशब्दौ । अर्थधर्मौ । अर्थकामौ । वैयाकरणमतम् । भोजवाजौ । गोपालधानीपूलासम् । पूलास-करण्डम् । उशीरबीजम् । सिञ्जस्थम् । शिक्षास्त्री । चित्रास्वाती । भार्यापती । जायापती । जम्पती । दम्पती । जायाशब्दस्य जम्भावो दम्भावश्च निपात्यते । पुत्रपती । पुत्रपशू । केशश्मश्रुः । शिरोबिन्दु । सपिर्मधुनी । मधुसर्पिषी । आद्यन्तौ । अन्तादी । गुणवृद्धी । वृद्धिगुणौ ।

पूर्वम् ॥१।३।९७॥ न्यगिति वर्तते । न्यक्संज्ञं पूर्वं प्रयोक्तव्यम् । वाक्यवद् वृत्तावनियमो मा भूदि-त्यारम्भः । उक्तान्युदाहरणानि । यत्र द्वे अपि तान्ते राज्ञः पुरुषस्येति तत्र कस्य न्यक्त्वं न्यगित्यन्वर्थसंज्ञा-श्रयणाद्राजशब्दस्य ।

---

1. सर्वकालस्य ब०, स० ।

द्वन्द्वे सुः ॥१।३।६८॥ द्वन्द्वे से स्वन्तं पूर्वं प्रयोक्तव्यम्। मुनिगुप्तौ। यदुगुप्तौ। अनेकप्राप्तावनियमेन मुनिपटुगुप्ताः। पटुमुनिगुप्ताः। पटुगुप्तमुनयः। न्यागित्यन्वर्थसंज्ञा। द्वन्द्वे च न कस्यचिदप्राधान्यमित्यप्राप्ते पूर्वनिपात इदं सूत्रम्।

अजाद्यत् ॥१।३।६९॥ अजादि अदन्तं शब्दरूपं द्वन्द्वे से पूर्वं प्रयोक्तव्यम्। इन्द्रचन्द्रौ। उष्ट्रखरम्। उष्ट्रशशम्। इह इन्द्राग्नी। इन्द्रवायू इति सुलक्षणात् परत्वादनेन पूर्वनिपातः। उभयत्र वायोः प्रतिषेध इति आनङ् न भवति। बहुष्वनियमेन इभरथाश्वम्। अश्वरथेभम्। तपरकरणं किम्? वृक्षाश्वे। अश्वावृक्षौ।

अल्पाच्तरम् ॥१।३।१००॥ अल्पाच्तरं शब्दरूपं द्वन्द्वे पूर्वं प्रयोक्तव्यम्। धवखदिरौ। धवाश्वकर्णम्। **"बहुष्वनियमः"** **[वा०]**। वीणादुन्दुभिशङ्खाः। शङ्खदुन्दुभिवीणाः। **"ऋतुनक्षत्राणां समानाक्षराणामानुपूर्व्येण वक्तव्यम्"** **[वा०]**। शिशिरवसन्तौ। हेमन्तशिशिरवसन्ताः। अश्विनीभरण्यः। कृत्तिकारोहिण्यः। समानाक्षराणामिति किम्? ग्रीष्मवसन्तौ। **"द्व्यक्षरस्य पूर्वनिपातो वक्तव्यः"** **[वा०]**। कुशकाशम्। तृणकाष्ठम्। **"वर्णानामानुपूर्व्येण"** **[वा०]**। ब्राह्मणक्षत्रियविट्शूद्राः। **"भ्रातुश्च ज्यायसः"** **[वा०]** युधिष्ठिरार्जुनौ। **"संख्याया अल्पीयसो वाचिकायाः"** **[वा०]** द्वित्राः। एकादश। नवतिशतम्। **"अभ्यर्हितस्य च"** **[वा०]**। मातापितरौ। श्रद्धामेधे। दीक्षातपसी।

ईब्विशेषणे बे ॥१।३।१०१॥ ईबन्तं विशेषणं च बसे पूर्वं प्रयोक्तव्यम्। बसे अनेकं सुबन्तं न्यक्संज्ञमित्यनियमे प्राप्तेऽयमारम्भः। कण्ठेकालः। उरसिलोमा। उदरेमणिः। वहेगडुः। **"अकामेऽमूर्धमस्तकात् स्वाङ्गम्"** **[४।३।१३१]** इत्यनुप्। चित्रगुः। लम्बकर्णः। **"सर्वनामसंख्ययोः पूर्वनिपातो वक्तव्यः"** **[वा०]**। सर्वे श्वेतमस्य सर्वश्वेतः। सर्वगौरः। द्विशुक्लः। द्विकृष्णः। सर्वनामसंख्ययोः परस्परं वृत्तिः। वाक्ये संख्यायाः परत्वात् पूर्वनिपातः। द्व्यन्यः। त्र्यन्यः। **"वा प्रियस्य"** **[वा०]**। प्रियदधिः। दधिप्रियः। कथं गडुकण्ठः। गडुशिराः। आहिताग्न्यादिषु द्रष्टव्यः।

तः ॥१।३।१०२॥ तान्तं बसे पूर्वं प्रयोक्तव्यम्। कृतकटः। भिक्षितभिक्षः। अवमुक्तोपानत्कः। तान्तस्य विशेषणत्वेनाविवक्षितत्वात् पूर्वेण न सिध्यति। कथं क्वचिज्जातिकालसुखादिभ्यश्च तान्तस्य परप्रयोगः (जातः)। सारङ्गजग्धी। पलाण्डुभक्षिती। कालात्—मासजाता। संवत्सरजाता। सुखादिभ्यश्च—सुखं जातं यस्याः सुखजाता। दुःखजाता। वाऽऽहिताग्न्यादिषु व्यवस्थयेदं भविष्यति। प्रहरणार्थेभ्यः परे वेपौ वक्तव्ये। उद्यतोऽसिरनेन अस्युद्यतः। मुसलोद्यतः। असिः पाणावस्य असिपाणिः। दण्डपाणिः। कथमुद्यतगदः। उद्यतासिः। इदमपि वेति सिंहावलोकनात्।

वाऽऽहिताग्न्यादौ ॥१।३।१०३॥ आहिताग्न्यादिषु बसे तान्तं वा पूर्वं प्रयोक्तव्यम्। आहिताग्निः। अग्न्याहितः। एवं जातपुत्रः। जातदन्तः। जातश्मश्रुः। तैलपीतः। घृतपीतः। मद्यपीतः। ऊढभार्यः। अर्थगतः। आकृतिगणोऽयम्। तेनेष्टयो न वक्तव्याः।

ये कडाराः ॥१।३।१०४॥ ये कडारादयो वा पूर्वं प्रयोक्तव्याः। कडारश्च स भद्रश्च स कडारभद्रः। भद्रकडारः। विशेषणस्य **"वोक्तं न्यक्"** **[१।३।९३]** पूर्वनिपातः प्राप्तो विभाष्यते। **कडार गडुल कूट काण खञ्ज कुण्ट खोड खलति गौर वृद्ध भिक्षुक पिङ्गल तनु नट बधिर।**

उत्तरपदं द्यु ॥१।३।१०५॥ से यदुत्तरपदं तद्द्युसंज्ञं भवति। पञ्चगवधनः। द्यौ परतः **"द्वयर्थे (र्थं) द्यु समाहारे"** **[१।३।४६]** इति पूर्वस्य (स) संज्ञायां टः सान्तः सिद्धः। एवं द्वे अहनी जातस्य द्व्यहजातः। **"काला मेयैः"** इति समुदायस्य षसंज्ञा द्यौ परतः पूर्वस्यापि षसंज्ञायां टः सान्तः।

इत्यभयनन्दिविरचितायां जैनेन्द्रव्याकरणमहावृत्तौ प्रथमस्याध्यायस्य तृतीयः पदः समाप्तः।

अनुक्ते ॥१।४।१॥ अनुक्त इत्ययमधिकारः। यदित ऊर्ध्वमनुक्रमिष्याम अनुक्त इत्येवं तद्वेदितव्यम्। स्वार्थद्रव्यलिङ्गानि त्रिको मृदर्थ इति अस्मिन् दर्शने स्वार्थिकाष्टाबादयः संख्याकर्मादयो विभक्त्यर्थाः। एवं च "**कर्मणीप्**" [१।४।२] इत्येवमादीनां "**साधने स्वार्थे**" [१।२।१२३] इत्येतस्य च गुणप्रधानभावेनैक्यता। स्वार्थैकत्वादिविशिष्टेषु कर्मादिष्वनुक्तेष्विबादयो भवन्ति। अथवा अनुक्तकर्माद्याश्रयेष्वेकत्वादिष्विबादयो भवन्ति। इह परिसंख्यानमिति केचित्। मिङ्कृद्धृत्सैरनुक्ते कर्मादाविति। वक्ष्यति "**कर्मणीप्**" [१।४।२]। कटं करोति। ओदनं भुङ्क्ते। अनुक्ते इति किम्? क्रियते कटः। मिङोक्तं कर्म। कृतः कटः। कृतोक्तं कर्म। श्राद्धिको देवदत्तः। "**श्राद्धं भुक्तं ठोऽनेन**" [४।१।१८] इति ठः। हृतोक्तः कर्ता। शतेन क्रीतः। "**शता-दस्वार्थेऽसे ठयौ**" [३।४।१८] इति यः। हृतोक्तं करणमिति। कर्तरि करणे च भा न भवति। प्राप्तमुदकं यं ग्रामं स प्राप्तोदको ग्रामः। सेन कर्मोक्तम्। मिङ्कृद्धृत्सैरिति परिसंख्यानं किम्? कटं करोति भीष्ममुदारं दर्शनीयम्। अत्र कटशब्दादुत्पद्यमानया इपा उक्ते कर्मणि भीष्मादिभ्य इम्न स्यात्। तदेतत्परिगणनमयुक्तम्। कटोऽपि कर्म भीष्मादयोऽपि न ह्यसौ कटमात्रे सन्तोषं करोतीत्यनेकं कर्म गृह्यते। समुदायस्य चामूर्त्त्वात् प्रत्यवयवाद्विभक्त्युत्पत्तिः। इह आसने आस्ते शयने शेते इति अन्यो ह्यधिकरणप्रत्ययः सामान्येन युटाऽभिहितो अन्यश्च विशेषरूपेण विभक्त्योच्यते इति न दोषः।

कर्मणीप् ॥१।४।२॥ कर्मणि कारके अनुक्ते इब् विभक्तिर्भवति। कटं करोति। ग्रामं गच्छति। आदित्यं पश्यति। अविशेषेण ङ्याम्मृदः स्वादयो वक्ष्यन्ते। तन्नियमोऽयं कर्मादिष्वेव इबादयो भवन्ति। इबादयो नियताः। कर्मादयस्त्वनियताः। तेषु ताऽपि प्राप्नोति। तत इदमुच्यते "**ता शेषे**" [१।४।२७] इति शेषे ता भवति[1] नोक्ते कर्मादौ।

अन्तरान्तरेण योगे ॥१।४।३॥ प्रतिपदोक्तत्वादिहान्तरान्तरेणशब्दौ निसंज्ञौ ताभ्यां योगे इब्विभक्तिर्भवति। अन्तरा गन्धमादनं माल्यवन्तञ्च[2] कुरवः। कुरुविशेषणत्वेन तायां प्राप्तायामिब्विधीयते। कुरुशब्दार्थे वर्तमानात् मृदर्थातिरेकाभावात् इम्न भवति। अन्तराशब्दो मध्यमाधेयप्रधानं ब्रूते। अन्तरेणशब्दः तच्च विनार्थे च। अन्तरेण सौमनसं विद्युत्प्रभञ्च देवकुरवः। मोक्षमन्तरेण नात्यन्तिकं सुखम्। निसंज्ञयोर्ग्रहणादिह न भवति। अन्तरायां पुरि वसति। किं ते धात्रवाणां सालङ्कायनानां चान्तरेण गतेन। योग इति किम्? अन्तरा तक्षशिलाञ्च पाटलिपुत्रञ्च स्रुघ्नस्य प्राकारः। ननु पदविधिरयं अन्तराशब्दे सामर्थ्यात् स्रुघ्नशब्दादिम्न[3] भविष्यति योगग्रहणमनर्थकम्। क्वचिदन्यैरपि योगे यथा स्यादित्येवमर्थम्। "**अभितः परितः समयानिकषाहाप्रतियोगेषूपसंख्यानम्**" [वा०] अभितो ग्रामम्। परितो ग्रामम्। समया ग्रामम्। निकषा ग्रामम्। हा देवदत्तम्! वृणीष्व भद्रे प्रतिभाति चेत्त्वम्। बुभुक्षितं न प्रतिभाति किञ्चित्। "**उभसर्वतसोः कार्या धिगुपर्यादिषु त्रिषु। कृतद्वित्वेष्विपा योगस्ततोऽन्यत्रापि दृश्यते**" [वा०] उभयतो ग्रामम्। सर्वतो ग्रामम्। धिग्देवदत्तम्। उपर्यादिष्विति सूत्रोपलक्षणम्। सामीप्येऽधोऽध्युपरि ["**उपर्यध्यधसः सामीप्ये**"] [५।३।५] इति द्वित्वे कृते त्रयाणां ग्रहणम्। अधोऽधो ग्रामम्। उपर्युपरि ग्रामम्। अध्यधि ग्रामम्। "**अन्यत्राऽपि दृश्यते**" [वा०] विना धर्मं कुतः सुखम्। अपि शब्दान्न च दृश्यते। हा तात हा पुत्र वत्सल।

कालाध्वन्यविच्छेदे ॥ १।४।४ ॥ अविच्छेदोऽत्यन्तसंयोगः। द्रव्यगुणक्रियाभिः कार्त्स्न्येन कालाध्वनोः सम्बन्ध इत्यर्थः। कालाध्वनोरविच्छेदे वर्तमानयोः सतोरिब् भवति। अन्यस्याश्रुतत्वात् कालाध्ववाचिभ्यामेवाधिकरणविवक्षायामीपि प्राप्तायां तदविवक्षायां सम्बन्धलक्षणायां तायां प्राप्तायामयं विधिः। कालस्य द्रव्येण योगे—मासं गुडापूपाः। संवत्सरं क्षीरोदनम्। गुणेन—शरदं मधुरा रमणीया। मासं कल्याणी काञ्ची। क्रियया—मासमधीते। संवत्सरमधीते। अध्वनो द्रव्येण योगे—क्रोशं सिकताः। योजनं वनराजिः। गुणेन—

---

१. कर्मत्वेन विवक्षायां नेत्यर्थः। २.-ञ्चान्तरा कुरवः मु०। ३.-दिम्न भवति ब०, स०।

क्रोशं कुटिला नदी। योजनं दीर्घः पर्वतः। क्रियया—क्रोशमधीते। योजनमधीते। अविच्छेद इति किम्? मासस्य द्विरधीते। क्रोशस्यैकदेशे पर्वतः।

सिद्धौ भा ॥१।४।५॥ अविच्छेद इति वर्तते। सिद्धिः क्रियाफलनिष्पत्तिः। अविच्छेदे यौ कालाध्वानौ तद्वाचिभ्यां भा भवति सिद्धौ गम्यमानायाम्। मासेन प्राभृतमधीतम्। योजनेन प्राभृतमधीतम्। सिद्धाविति किम्? मासमधीतं प्राभृतं न चानेनावधारितम्। नात्र क्रियाफलनिष्पत्तिरस्ति पूर्वेण इब्वेव भवति।

क्रियामध्ये केपौ ॥१।४।६॥ कालाध्वनीति वर्तते। क्रिययोर्मध्ये यौ कालाध्वानौ ताभ्यां केपौ विभक्त्यौ भवतः। अद्य भुक्त्वा मुनिद्व्यहाद्भोक्ता द्व्यहे भोक्ता। इहस्थोऽयमिष्वासः क्रोशाद् विध्यति क्रोशे विध्यति लक्ष्यम्। चापाच्छरस्य निर्गमनं धानुष्कावस्थानं वा एका क्रिया द्वितीया व्यधनक्रिया तयोर्मध्ये क्रोशशब्दात्ता प्राप्ता।

सुः[1] पूजायां न गिति ॥१।४।७॥ सुशब्दः पूजायामर्थे गिसंज्ञस्तिसंज्ञश्च न भवति। सुस्थितं भवता। सुसिक्तं भवता। गिसंज्ञाश्रयं षत्वं न भवति। तिसंज्ञाप्रतिषेधे यद्यपि तिसंज्ञाश्रयः सविधिर्न भवति, तथापि प्रादिलक्षणो भविष्यति। स्वती पूजायामिति वचनात्। सुसिच्य गतः। तस्मादुत्तरार्थं तिसंज्ञाप्रतिषेधवचनम्। पूजायामिति किम्? सुषिक्तं किं तवाऽत्र।

अतिक्रमे चातिः[2] ॥१।४।८॥ अतिक्रम आधिक्यम्। अतिक्रमे पूजायाञ्चातिशब्दो गितिसंज्ञो न भवति। अतिसिक्तमेव भवता। अतिस्तुतमेव भवता। गितिसंज्ञाश्रयः प्रादिलक्षणश्च सविधिर्न भवति। अतिसिक्त्वैव गतः। पूजायाम्—अतिसिक्तमतिस्तुतं भवता। स्वती पूजायामिति प्रादिलक्षणः सविधिः। अतिसिच्य गतः। "**प्यस्तिवाक्से क्त्वः**" [**४।१।३१**] इत्यत्र तिग्रहणमुपलक्षणं प्रादिसेऽपि प्यादेशः।

पदार्थसंभावनाऽनुज्ञागर्हासमुच्चयेऽपिः[3] ॥१।४।९॥ अप्रयुज्यमानस्य पदस्यार्थः पदार्थः। संभावनं सामर्थ्याविष्करणम्। अनुज्ञा अभ्युपगमः। गर्हा निन्दा। एकत्रानेकस्य नियोजनं समुच्चयः। एतेष्वर्थेष्वपिर्गितिसंज्ञो न भवति। पदार्थे—सर्पिषोऽपि स्यात्। पयसोऽपि स्यात्। बिन्दुः स्तोकं मात्रा चेत्यस्यार्थेऽपिशब्दः। सम्बन्धे च ता। संभावने—अपि सिञ्चेन्मूलकसहस्रम्। अपि स्तुयाद्राजानम्। अनुज्ञायाम्—अपि सिञ्च। अपि स्तुहि। अतिसर्गे लोट्। गर्हायाम्—धिग् ब्राह्मणमपि सिञ्चेत्पलाण्डुम्। अपि स्तुयाद्वृषलम्। "**अनवक्लृप्त्यमर्षे**" [**२।३।१२१**] इति लिङ्। समुच्चये—अपि सिञ्च। अपि स्तुहि। सिञ्च च स्तुहि चेत्यर्थः। गिसंज्ञाश्रयं षत्वादिकार्यं न भवति।

अधिपरी अनर्थकौ ॥१।४।१०॥ अनर्थकावनर्थान्तरवाचिनौ। अधि परि इत्येतौ अनर्थकौ गितिसंज्ञौ न भवतः। कुतोऽध्यागतः। कुतः पर्यागतः। गितिसंज्ञाश्रयं सविधानं न भवति। "**प्राग्धोस्ते**" [**१।२।१४४**] इति प्रयोगनियमश्च न भवति। इह च पर्यानद्धामिति[4] णत्वं न भवति।

वीप्सेत्थम्भूतलक्षणेऽभिनेप् ॥१।४।११॥ न गितिरिति वर्त्तते योग इति च। वीप्सा इत्थम्भूत लक्षण इत्येतेष्वर्थेषु अभिना योगे इब्विभक्ती भवति गितिसंज्ञाप्रतिषेधश्च। वीप्सायाम्—वृक्षं वृक्षमभिसिञ्चति। इत्थम्भूते—साधुर्देवदत्तो मातरमभिस्थितः। इत्थम्भावोऽभिना गम्यते। लक्षणे—वृक्षमभिषिञ्चति[5]। वृक्षमभिविद्योतते। गितिसंज्ञाप्रतिषेधात् षत्वं "**प्राग्धोस्ते**" [**१।२।१४४**] इति नियमश्च न भवति।

भागे चानुप्रतिपरिणा ॥१।४।१२॥ भागेऽर्थे वीप्सेत्थम्भूतलक्षणेषु च अनु प्रति परि इत्येतैर्योगे इब् भवति गितिसंज्ञाप्रतिषेधश्च। भागोऽत्रांशः। यदत्र मामनुस्यात् मां प्रति स्यात् मां परि स्यात् तदीयताम्। वीप्सायाम्—वृक्षं वृक्षम् अनुसिञ्चति प्रतिसिञ्चति परिसिञ्चति। इत्थम्भूते—साधुर्देवदत्तः मातरम-

१. सु ब०, मु०। २. चाति अ०, स०। ३. येऽपि स०। ४. पर्यानतमिति अ०, ब०, स०। ५. वृक्षमभिसजति अ०, ब०, स०।

नुस्थितः मातरं प्रति मातरं परि। लक्षणे—वृक्षमनुसिञ्चति प्रतिसिञ्चति परिसिञ्चति। वृक्षं प्रति विद्योतते। एतेष्विति किम्? ओदनं परिषिञ्चति। अनुप्रतिपरिणेति किम्? यदत्र मामभिष्यात्। अभेर्भागे गितिसंज्ञा भवत्येव सगित्वात् सकर्मकत्वं कर्मणीप् षत्वं च भवति।

हेतावनुना ॥१।४।१३॥ हेतावर्थे अनुना योगे इब्विभक्ती भवति गितिसंज्ञाप्रतिषेधश्च। जिनस्य ज्ञानोत्पत्तिमन्वागमन्सुराः। सुराणामागमनस्य जिनज्ञानोत्पत्तिर्हेतुः। एवं शान्तिचरितपद्दकप्रसारणमनु प्रावर्षत् पर्जन्यः। यदपि इत्थम्भूते लक्षणे वार्थेऽनुना योगे सिद्धैवेप् तथापि येन नाप्राप्तन्यायेन शेषलक्षणाया-स्तायाः सोऽपवादः। हेत्वर्थे तु परत्वाद्भा प्रसज्येत तद्बाधनार्थमिदम्।

भार्थे ॥१।४।१४॥ भार्थः सहशब्दस्यार्थः। भार्थेऽनुना योगे इब् भवति गितिसंज्ञाप्रतिषेधश्च। नदीमन्ववसिता सेना। नदीमन्ववसिता नगरी। नद्या सह सम्बद्धेत्यर्थः। एवं पर्वतमन्ववसिता सेना।

हीने ॥१।४।१५॥ अनुनेति वर्तते। हीनार्थे द्योत्ये अनुना योगे इब् भवति गितिसंज्ञाप्रतिषेधश्च। उत्कृष्टापेक्षया हीनो भवतीति सामर्थ्यादुत्कृष्टादिप्। अनु शालिभद्रमाढ्याः। अनु समन्तभद्रं तार्किकाः।

उपेन ॥१।४।१६॥ हीनार्थे उपेन योगे इब् भवति न गितिसंज्ञा च। उपसिंहनन्दिनं कवयः। उपसिद्धसेनं वैयाकरणाः।

ईबधिके ॥१।४।१७॥ ईब्विभक्ती भवति अधिकार्थे द्योत्ये उपेन योगे। उप खार्यां द्रोणः। उपनिष्के कार्षापणम्। यस्मादधिकं मृदर्थातिरेकात्तत ईप्।

ईश्वरेऽधिना ॥ १।४।१८ ॥ ईश्वरशब्द ईश्वरेशितव्यसंबन्धमुपलक्षयति। ईश्वरे द्योत्ये अधिना योगे ईब्विभक्ती भवति न गितिसंज्ञा च। उत्तरसूत्राद्वेति विभाषाऽवलोकते। तत ईश्वरादीशितव्याच्च पर्यायेणेप्। अधि मेघेश्वरे कुरवः। अधि कुरुषु मेघेश्वरः। इह विभक्त्यर्थे हसः कस्मान्न भवति विभक्तीशब्देन तत्र कारकं गृह्यते। ईश्वरेशितव्यसंबन्धश्चात्र न तु कारकम्।

वा कृञ्यधिः ॥१।४।१९॥ ईश्वर इति वर्तते। अधिशब्दः करोतौ वा गितिसंज्ञो भवति। तमधिकृत्य तमधिकृत्वा। ईश्वरं कृत्वेत्यर्थः। अत्र कर्मणीप्। पुनरधिग्रहणं गितिसंज्ञाप्रतिषेधार्थमेव न त्वीबर्थम्।

काऽङा मर्यादावचने ॥१।४।२०॥ काविभक्ती भवति आङा योगे मर्यादावचने गितिसंज्ञाप्रतिषेधश्च। आ पाटलिपुत्रात् वृष्टो देवः। आ मथुरायाः। मर्यादायामिति सिद्धे वचनग्रहणमभिविधिसंग्रहार्थम्। आ कुमारेभ्यो यशः समन्तभद्रस्य। मर्यादावचन इति किम्? ईषदर्थे क्रियायोगे च मा भूत्। आकडारः। आबद्धमाभरणम्।

वर्जनेऽपपरिभ्याम् ॥१।४।२१॥ विवक्षितेनासंबन्धो वर्जनम्। वर्जनेऽर्थे अप परि इत्येताभ्यां योगे काविभक्ती भवति गितिसंज्ञाप्रतिषेधश्च। अप त्रिगर्तेभ्यो वृष्टो देवः। "परेर्वर्जने" [४।३।४] इति वा द्वित्वम्। परि परि त्रिगर्तेभ्यः। वर्जन इति किम्? ओदनं परिषिञ्चति।

यतः प्रतिदाप्रतिनिधी प्रतिना ॥१।४।२२॥ प्रतिदानं प्रतिदा प्रतिनिधीयत इति प्रतिनिधिः मुख्यस्य सदृशः। प्रतिना योगे यतः प्रतिदा यतश्च प्रतिनिधिस्ततः काविभक्ती भवति न गितिसंज्ञा च। प्रतिदायाम्–माषानस्मै तिलेभ्यः प्रतियच्छति। तिलान् गृहीत्वा माषान् ददातीत्यर्थः। एवं सर्पिषोऽस्मै तैलं प्रतिसिञ्चति। सर्पिषोऽस्मै तैलं प्रतिसिक्त्वा व्रजति–प्रतिनिधौ अर्ककीर्तिर्भरततः प्रति। अभयकुमारः श्रेणिकतः प्रति। प्रतियोगे "कायास्तसिः [स्तस्]" [४।१।७३] इति तसिः।

संप्रदानेऽप् ॥१।४।२३॥ संप्रदाने कारके अब्विभक्ती भवति। त्रिपृष्ठाय स्वयंप्रभामदात्। क्रिययाऽपि कर्मभूतया यदाप्यते तदपि संप्रदानमुक्तम्। देवदत्ताय रोचते। पत्ये शेते। श्वभ्यो वर्षति। भिक्षुकेभ्यो वर्षति। तदर्थेन सविधिवचनं ज्ञापकं तादर्थ्येऽब् भवतीति। रथाय दारु। रन्धनाय स्थाली। अवहननायोलूखलम्।

ध्वर्थवाचः कर्मणि स्थानिनः ॥१।४।२४॥ ध्वर्थः क्रिया। ध्वर्थो वागस्य स ध्वर्थवाक्। तस्य स्थानिनोऽप्रयुज्यमानस्य धोः कर्मणि कारके अब्विभक्ती भवति। यत्र यस्यार्थः प्रयोगमन्तरेण प्रतीयते स तत्र स्थानी। एधेभ्यो व्रजति। अत्र आहर्तु[१]मित्येतत्तुमन्तं पदं स्थानि। तदेव च ध्वर्थवाक्। कर्मणीपोऽपवादोऽयम्। तादर्थ्येन सिद्धमिति चेत् स्थानिनो यथा स्यात् प्रयुज्यमानस्य मा भूत् इत्येवमर्थमिदम्। ध्वर्थवाच इति किम्? प्रविश पिण्डीम्। प्रविश तर्पणम्। अस्त्यत्र भक्षय सिञ्चेति च स्थानी न तु ध्वर्थवाक्। कर्मणीति किम्? एधेभ्यो व्रजति शकटेन। स्थानिन इति किम्? एधानाहर्तुं व्रजति।

तुमर्थाद्भावे ॥१।४।२५॥ तुमा समानाऽर्थस्तुमर्थः। तुमर्थो भावे वर्तमानो यस्त्यस्तदन्तान्मृदोऽब् भवति। **"वुण्तुमौ क्रियायां तदर्थायाम्"** [२।३।८] इति वर्तमाने भावे **"भाववाचिनः"** [२।३।६] इति वक्ष्यति तेषां घञादीनामिह ग्रहणम्। पाकाय व्रजति। मतये व्रजति। पुष्टये व्रजति। अत्र तदर्थायां क्रियायां त्यस्य विधानात् तादर्थ्ये तेनैवोक्तमिति तादर्थ्ये अब् न प्राप्नोति। तुमर्थादिति किम्? पाकः। त्यागः। भाव इति किम्? कारको व्रजति।

नमःस्वस्तिस्वाहास्वधालंवषड्योगे ॥१।४।२६॥ नमस् स्वस्ति स्वाहा स्वधा अलं वषट् इत्येतैर्योगे अब्विभक्ती भवति। नमो देवेभ्यः। स्वस्ति प्रजाभ्यः। आशीर्विवक्षायां कुशलार्थैर्योगे ताऽपौ प्राप्ते ताभ्यां पूर्वनिर्णयेनायमेव नित्यो विधिः। स्वस्त्यस्तु गोभ्यः। स्वस्ति प्रजाभ्यो भूयात्। स्वाहा इन्द्राय। स्वाहा अग्नये। स्वधा पितृभ्यः। अलं मल्लो मल्लाय। अलमिति पर्याप्त्यर्थानां ग्रहणम्। **"तस्मै प्रभवति"** [३।४।६९] इति निर्देशात्। प्रभुर्मल्लो मल्लाय। समर्थो मल्लो मल्लाय। अन्यत्राऽपि कस्मान्न भवतीति? कन्यामलङ्कुरुते। अलं रोदनेन। **"वाग्विभक्तेः कारकविभक्ति**[१] **बलीयसी"** इति कर्मणीप्। करणे च भा भवति। वषडग्नये। वषडिन्द्राय। योगग्रहणं किम्? नमो जिनानामायतनेभ्यः। ननु ङ्याम्मृदः स्वादयो विहिताः। तदन्तविषयोऽयं नियमः पदविधिः। ततोऽसामर्थ्यादेव जिनशब्दान्न भविष्यति योगग्रहणमनर्थकम्। अन्यैरपि योगे यथा स्यात् इत्येवमर्थम्। **"हितशब्दयोगे उपसंख्यानम्"** [वा०] अरोचकिने हितम्। **"क्लृप्यर्थधुप्रयोगेऽब्वक्तव्या"** [वा०] मूत्राय प्रकल्पते यवागूः। मूत्राय संपद्यते। मूत्राय जायते। भिन्नविकारापत्तौ चेदं वक्तव्यम्। अभेदे मूत्रं संपद्यते यवागूरिति वैव भवति। विकारग्रहणं किम्? देवदत्तस्य संपद्यते यवागूः। मूत्रं संपद्यते यवाग्वाः। **"उत्पातेन ज्ञाप्यमानेऽब्वक्तव्या"** [वा०]।

"वाताय कपिला विद्युदातपायातिलोहिनी।
पीता वर्षाय विज्ञेया दुर्भिक्षाय भवेत्सिता॥"

तेनैतत् सर्वं लब्धम्।

प्रकृष्यगर्हे मन्यकर्मण्यजीवे वा ॥१।४।२७॥ प्रकृष्यगर्होऽतिशयतिरस्कारः। प्रकृष्यगर्हे गम्ये मन्यतेः कर्मणि जीववर्जिते वा अब्विभक्ती भवति। न त्वा तृणं मन्ये। न त्वा तृणाय मन्ये। न त्वा बुसं मन्ये। न त्वा बुसाय मन्ये। प्रकृष्येति किम्? काष्ठं त्वां मन्ये। लोष्ठं त्वा मन्ये। न त्वा नावं मन्ये। यावत्तीर्णं नाव्यम्। न त्वा अन्नं मन्ये। यावद् भुक्तं श्राद्धम्। गर्ह इति किम्? इन्द्रनीलात् पद्मरागम-

---

१.–क्रिबंली–अ०, ब०, स०।

धिकगुणं मन्ये। प्रशंसेयम्। उभयग्रहणं किम्? अश्मानं दृषदं मन्ये। स्वरूपकथनमेतत्। मन्यग्रहणं किम्? न त्वा तृणं चिन्तयामि। विकरणनिर्देशः किम्? न त्वा तृणं मन्ये। अजीव इति किम्? न त्वां[1] श्वानं मन्ये। न त्वां[2] शृगालं मन्ये। अगर्हवाचित्वाद् युष्मदस्मदादेरब्विभक्ती न भवति।

संज्ञो भा ॥१।४।२८॥ कर्मणीति वर्तते। संपूर्वस्य जानातेः कर्मणि भा भवति। मात्रा संजानीते। मातरं संजानीते। पित्रा संजानीते। पितरं संजानीते। "**संप्रतेरस्मृतौ**" [१।२।४८] इति दः। वेति व्यवस्थित-विभाषाऽनुवर्तते। तेन दविषये भाविकल्पः। स्मृत्यर्थे मविधिः। तत्र मातुः संजानाति। मातरं संजानाति। "**स्मृदर्थदयेशां कर्मणि**" [१।४।६६] इत्यत्र ताविकल्पं वक्ष्यति। कृत्प्रयोगे परत्वात् "**कर्तृकर्मणोः कृति**" [१।४।६८] इति तैव भवति। मातुः संज्ञाता।

कर्तृकरणे भा ॥१।४।२६॥ कर्त्तरि करणे च कारके भाविभक्ती भवति। देवदत्तेन भुक्तम्[3]। जिनदत्तेन भुक्तम्। करणे—दात्रेण लुनाति। भेति वर्तमाने पुनर्भाग्रहणं किम्? प्रकृत्यादिभ्यो यथा स्यात्। प्रकृत्याऽभिरूपः। प्रकृत्या दर्शनीयः। प्रायेण वैयाकरणः। काश्यपोऽस्मि गोत्रेण। समेन धावति। विषमेण धावति। द्विद्रोणेन धान्यं क्रीणाति। पञ्चकेन पशून् क्रीणाति। सहस्रेण अश्वान् क्रीणाति।

सहार्थेन ॥१।४।३०॥ योग इति मण्डूकप्लुत्याऽनुवर्तते। सहशब्दार्थेन योगे भाविभक्ती भवति। प्रधानस्य मृदर्थातिरेकाभावादप्रधाने भवति। पुत्रेण सहागतः। पुत्रेण सह पिङ्गलः। पुत्रेण सह धनवान्। अत्र प्रधानाप्रधानयोः क्रियागुणद्रव्यसम्बन्धे सति सहयोगः। अर्थग्रहणं किम्? पुत्रेण सार्द्धमागतः। पुत्रेण समम्। पुत्रेण साकम्। पुत्रेणामा। *"तस्य द्रोणस्य संग्रामः सारणेन गदेन च। युगपत् कोपकामाभ्यां मनीषिण इवाभवत्"*। विनाऽपि सहशब्देन तदर्थसंप्रत्ययमात्रे च भवति। "**अन्त्येनेताऽदिः**" [१।१।७३] अन्त्येन सह आदिरित्यर्थः। योग इत्येव। शिष्येण सहोपाध्यायस्य गौः। पुत्रेण सह स्थूलो ग्रामे। उपाध्याय शब्दस्य ग्रामशब्दस्य च नास्ति सहशब्देन योगः।

येनाङ्गिविकारेत्थम्भावौ ॥१।४।३१॥ अङ्गिविकारः शरीरविकृतत्वम्। अनेन प्रकारेण भवनमित्थंभावः। क्वचिदेव छात्रादौ प्रकारे वृत्तिरित्यर्थः। येनाङ्गिनो विकार इत्थम्भावश्च लक्ष्यते ततो भाविभक्ती भवति। अक्ष्णा काणः। पाणिना कुणिः। पादेन खञ्जः। इत्थम्भावेऽपि-भवान् कमण्डलुना छात्रमद्राक्षीत्। चूलया परिव्राजकमद्राक्षीत्। सहार्थेनेत्यस्याविवक्षायामिदं द्रष्टव्यम्। अङ्गिविकारेत्थम्भावाविति किम्? अक्षि काणमस्य। वृक्षं प्रति विद्योतते।

हेतौ ॥१।४।३२॥ हेताविल्यर्थनिर्देशः। हेतावर्थे भा [च] भवति तद्वाचिनः। अन्नेन वसति। धनेन कुलम्। विद्यया यशः। इह लौकिकफलसाधनयोग्यः पदार्थो हेतुर्गृह्यते। "**तद्योजको हेतुः**" [१।२।१२६] इत्यस्य पारिभाषिकस्य प्रयोगे सिद्धैव भा। उत्तरसूत्रे त्वविशेषेण हेतोर्ग्रहणं द्रष्टव्यम्।

कर्णोऽकर्त्तरि ॥१।४।३३॥ हेताविति वर्तते। कर्तृवर्जिते ऋणे हेतौ काविभक्ती भवति। भापवादोऽयम्। शताद्बद्धः। सहस्राद्बद्धः। उत्तमर्णोऽत्र कर्ता। अकर्तरीति किम्? बद्धस्त्वया देवदत्तः। नाऽहं बध्नामि। शतं मे धारयति। शतेन बद्धः। बन्धितस्त्वया देवदत्तः। नाऽहं बन्धयामि। शतं मे धारयति। शतेन बन्धितः। कथं देवदत्तेन शतेन बन्धितः। एकस्य हेतुकर्तृत्वमपरस्य प्रयोज्यकर्तृत्वमित्यदोषः[5]। केति योगविभागः। तेन हेतौ काऽपि भवति। कृतकत्वादनित्यः। अनुपलब्धेर्नास्तीति।

गुणे श्रीदत्तस्याऽस्त्रियाम् ॥१।४।३४॥ हेताविति वर्तते। अस्त्रीलिङ्गे गुणे हेतौ श्रीदत्तस्याचार्यस्य मतेन काविभक्ती भवति। अन्येषां मतेन हेताविति भा। जाड्याद्बद्धः। जाड्येन बद्धः। पारिख्यात्यान्मुक्तः।

१. त्वां मु०। २. त्वां मु०। ३. कृतम् अ०, ब०, स०। ४. -मन्यस्य अ०, ब०, स०। ५. "-र्मित न दोषः" अ० स०।

पारिख्यात्ये न मुक्तः। गुण इति किम्? धनेन कुलम्। अस्त्रियामिति किम्? बुद्ध्या मुक्तः।

ता हेतौ ॥१।४।३५॥ हेताविति शब्दनिर्देशोऽयं हेत्वर्थस्य तु प्रकृतत्वात्। हेतुशब्दे प्रयुक्ते हेत्वर्था ता भवति। अन्नस्य हेतोर्वसति। अध्ययनस्य हेतोर्वसति। भिक्षाया हेतोर्वसति। हेतुशब्दोऽपि हेत्वर्थे वर्तते। तस्मादपि ता। सामानाधिकरण्याद्वा।

सर्वनाम्नो भा च ॥१।४।३६॥ हेतुशब्दे प्रयुक्ते सर्वनाम्नो भाविभक्ती ता च। केन हेतुना वसति। कस्य हेतोर्वसति। येन हेतुना वसति। यस्य हेतोर्वसति। पूर्वेण तायामेव प्राप्तायामयमारम्भः। अथवा चकारोऽनुक्तसमुच्चयार्थः। तेन निमित्तकारणप्रयोजनहेतुषु प्रयुक्तेषु सर्वासां प्रायो दर्शनमित्येतल्लब्धम्। किं निमित्तं वसति। केन निमित्तेन वसति। कस्मै निमित्ताय वसति। कस्मान्निमित्तात्। कस्य निमित्तस्य। कस्मिन्निमित्ते वसति। एवं कारणप्रयोजनहेतुषूदाहार्यम्। प्रायोग्रहणादिम्न भवति।

काऽपादाने ॥१।४।३७॥ अपादाने कारके काविभक्ती भवति। ग्रामादागच्छति। आचार्यादधीते। रथात् पतितः। केति योगविभागादन्यत्राऽपि भवतीति। तेनेदं बहु वक्तव्यं न भवति। **"प्यखे कर्मणि का-वक्तव्या"** [वा०] प्रासादमारुह्य प्रेक्षते। प्रासादात् प्रेक्षते। प्रासादाच्छृणोति। **"अधिकरणे प्यखे का वक्तव्या"** [वा०] आसने उपविश्य प्रेक्षते। आसनात् प्रेक्षते। शयनात् प्रेक्षते। **"प्रश्नाख्यानयोश्च का वक्तव्या"** [वा०] किं देवदत्तो व्याकरणात् कथयति? आख्याने—व्याकरणात् कथयति। **"यतश्चाध्वकालपरिच्छेदस्ततः का वक्तव्या"** [वा०] गवेधुमतः[1] साङ्काश्यं चत्वारि योजनानि। कार्तिक्या आग्रहायणी मासे। **"कायुक्तात् परादध्वनो वा वेप् च वक्तव्ये"** [वा०] गवेधुमतः साकाश्यं चत्वारि योजनानि, चतुर्षु योजनेषु।

दिक्छब्दाऽन्याऽरादितरर्तेञ्चुध्वाहियुक्ते ॥१।४।३८॥ दिक्छब्द अन्य आरात् इतर ऋते अञ्चु ध्यु आ आहि इत्येतैर्युक्ते काविभक्ती भवति। दिक्छब्द—इयमस्याः पूर्वा। इयमस्या उत्तरा। शब्दग्रहणं किम्? दिशि दृष्टो यः शब्दो देशकालवृत्तिनाऽपि तेन योगे यथा स्यात्। पूर्वो ग्रामात्। उत्तरो ग्रामात्। पूर्वो ग्रीष्माद्वसन्तः। अन्यदित्यर्थग्रहणम्। अन्यो देवदत्तात्। व्यतिरिक्तो देवदत्तात्। भिन्नो देवदत्तात्। अर्थान्तरं देवदत्तात् जिनदत्तः। देवदत्ते मृदर्थातिरेकात् तायां प्राप्तायां का विधीयते। आराच्छब्दो भिसंज्ञको दूरेऽन्तिके च वर्तते तद्योगे **"दूरान्तिकार्थैस्ता च** [१।४।४२] इति अस्मिन् प्राप्ते काविधिः। आराद् गृहात् क्षेत्रम्। आराद्देव-दत्तात् पीठम्। इतरो निर्दिश्यमानप्रतियोग्यर्थः। इतरो देवदत्तात्। ऋते इति भिसञ्ज्ञं पदम्। ऋते धर्मात् कुतः सुखम्। अञ्चु ध्यु। प्राग्ग्रामात्। प्राची दिग्रमणीया। इत्येवमाद्यर्थे आगतस्य अस्तातः **"अञ्चेरुप्"** [४।१।९६] इत्युप्। अस्य दिक्छब्दत्वेऽपि **"ताऽतसर्थे त्येन"** [१।४।३९] इति ता प्राप्ता तदपवादोऽयम्। आ दक्षिणा ग्रामात्। उत्तरा ग्रामात्। आहि। दक्षिणाहि ग्रामात्। उत्तराहि ग्रामात्। अस्तादर्थे **"दक्षिणादा** [४।१।१००] **'आहि च दूरे"** [४।१।१०१] **"उत्तराच्च"** [४।१।१०२] इति आआही[2][3]त्यौ। अत्रापि **"ताऽतसर्थे त्येन** [१।४।३९] इति ता प्राप्ता। **"अवयवयोगे प्रतिषेधो वक्तव्यः"** [वा०] पूर्वाञ्छात्राणामा-मन्त्रयस्व।

ताऽतसर्थे त्येन ॥१।४।३९॥ वक्ष्यति दक्षिणोत्तराभ्यामतस्। तत्समानार्थेन त्येन युक्ते ता विभक्ती भवति। दक्षिणतो ग्रामस्य। उत्तरतो ग्रामस्य। उपरि ग्रामस्य। उपरिष्टाद् ग्रामस्य। उपर्युपरिष्टात्पश्चादिति अतसर्थे निपातितौ। पुरो ग्रामस्य। पुरस्ताद् ग्रामस्य। **"पूर्वावराधराणां पुरवधोऽसि"** [४।१।१०३] **"अस्ताति"** [४।१।१०४] इति च पुरादेशः।

---

१. "गवेधुमतः" इत्यारभ्य "गवेधुमतः" इत्यत:पूर्वम् अ० पुस्तके नास्ति। २. पूर्वे ग्रामात् अ०। ३. उत्तरे ग्रामात् अ०।

इबेनेन॥१।४।४०॥ इब्विभक्ती भवति एनेन योगे। दक्षिणेन विजयार्धं वसति। "**दक्षिणोत्तराधरादात्**" [४।१।१८] इत्यधिकृत्य। "ऐनोऽदूरेऽकायाः" [४।१।११] इति अस्तादर्थे एन इत्ययं त्यः। पूर्वसूत्रे नेति योगविभागादनेन योगे तापि भवति इति केचित्। दक्षिणेन ग्रामस्य। उत्तरेण ग्रामस्य।

पृथग्विनानानाभिर्भा वा ॥ १।४।४१ ॥ पृथग्विना नाना इत्येतैर्युक्ते वा भाविभक्ती भवति। पृथग्देवदत्तेन। पृथग्देवदत्तात्। विना देवदत्तेन। विना देवदत्तात्। नाना देवदत्तेन। नाना देवदत्तात्। पक्षे अन्यार्थत्वात् कापि भवति। अथ पृथगादयोऽसहायार्थे वर्तन्ते नान्यार्थे। एवं तर्ह्यधिकारात् वा एष्ट्व्या। त्रयाणां ग्रहणं पर्यायनिवृत्त्यर्थम्। हिरुग्देवदत्तस्य। "**करणे स्तोकाल्पकृच्छ्रकतिपयेभ्योऽसत्त्ववचनेभ्यो भाके वक्तव्ये**" [**वा०**] स्तोकेन मुक्तः। स्तोकान्मुक्तः। अल्पेन मुक्तः। अल्पान्मुक्तः। कृच्छ्रेण मुक्तः। कृच्छ्रान्मुक्तः। कतिपयेन मुक्तः। कतिपयान्मुक्तः। असत्त्ववचनेभ्य इति किम्? स्तोकेन विषेण हतः। नेदं वक्तव्यम्। विवक्षातः कारकाणि भवन्ति इत्युभयं सिद्धम्। "**क्रियाविशेषणविवक्षायां भाके न भवतः**" [**वा०**] स्तोकं चलति। अल्पं जल्पति।

दूरान्तिकार्थैस्ता च ॥१।४।४२॥ केति वर्तते। दूरार्थैरन्तिकार्थैश्च युक्ते ताविभक्ती भवति का च। दूरं ग्रामस्य। दूरं ग्रामात्। विप्रकृष्टं ग्रामस्य। विप्रकृष्टेन ग्रामात्। अन्तिकं ग्रामस्य। अन्तिकं ग्रामात्। अभ्यासं ग्रामस्य। अभ्यासं ग्रामात्।

तेभ्य इप् च ॥१।४।४३॥ तेभ्यो दूरान्तिकार्थेभ्य इब्विभक्ती भवति का च। दूरं ग्रामस्य। दूराद् ग्रामस्य। विप्रकृष्टं ग्रामस्य। विप्रकृष्टाद् ग्रामस्य। अन्तिकं ग्रामस्य। अन्तिकाद् ग्रामस्य। समीपं ग्रामस्य। समीपाद् ग्रामस्य। काऽनुवर्तनादेव सिद्धा। चकारोऽनुक्तसमुच्चयार्थः। तेन भापि भवति। दूरेण ग्रामस्य। अन्तिकेन ग्रामस्य। असत्त्ववचनेभ्य इति वक्तव्यम्। इह मा भूत्। दूरात् पथ आगतः। दूरस्य पथः शम्बलम्। अन्तिका ग्रामाः। यद्यसत्त्ववचनेभ्य इत्युच्यते इब्विधानमनर्थकम्। लिङ्गमशिष्यं लोकाश्रयत्वात्। नपुंसके सोरम्भावेन सिद्धम्। इदं प्रयोजनं "**सपूर्वाया वायाः**" [**५।२।२३**] इत्येष विकल्पो मा भूत्। ग्रामो दूरं त्वा पश्यति। ग्रा[२]मो दूरं मा पश्यति।

ईबधिकरणे च ॥१।४।४४॥ ईब्विभक्ती भवति अधिकरणे कारके दूरान्तिकार्थेभ्यश्च। कटे आस्ते। शयने शेते। दूरान्तिकार्थेभ्यः। दूरे ग्रामस्य। विप्रकृष्टे ग्रामस्य। अन्तिके ग्रामस्य। समीपे ग्रामस्य। "**क्तस्येन्विषयस्य कर्मणीब् वक्तव्या**" [**वा०**] अधीती व्याकरणे। अधीतमनेन व्याकरणमित्यस्मिन्नर्थे "**इष्टादेः**" [**४।१।२२**] इतीन्। एवमाम्नाती छन्दसि। परिगणिती ज्योतिषि। "**निमित्तात् कर्मसंयोगे ईब् वक्तव्या**" [**वा०**] "*चर्मणि द्वीपिनं हन्ति दन्तयोर्हन्ति कुञ्जरम्। केशेषु चमरीं हन्ति सीम्नि पुष्कलको हतः*॥" नेदं बहु वक्तव्यम्। ईबिति योगविभागात् सिद्धम्।

यद्भावाद्भावगतिः ॥१।४।४५॥ भावः क्रिया। ईबिति वर्तते। यस्य भावाद्भावान्तरगतिर्भवति तत्र ईब् भवति। गोषु दुह्यमानासु गतः। दुग्धास्वागतः। अत्र प्रसिद्धेन गोदोहनभावेन गमनक्रिया लक्ष्यते। एवं देवार्चनायां क्रियमाणायां गतः। कृतायामागतः। इदं बदरमात्रेष्वाम्रेषु गतः पक्वेष्वागतः। सामर्थ्याज्जातेष्विति प्रतीयते। यद्भावादिति किम्? यो जटाभिः स भुङ्क्ते। जटा द्रव्यम्। पुनर्भावग्रहणं किम्? यो भुक्तवान् स देवदत्तः।

ता चाऽनादरे ॥१।४।४६॥ अनादरोऽवज्ञा। यद्भावाद् भावान्तरगतिर्भवति तत्र ताविभक्ती भवति ईप् चानादरे गम्यमाने। देवदत्तस्य क्रोशतः प्राव्राजीत्। देवदत्ते क्रोशति प्राव्राजीत्। रुदतः प्राव्राजीत्। रुदति प्राव्राजीत्। अत्रावज्ञानेन क्रोशनेन प्रव्रजनभावो लक्ष्यते।

---

१. 'द्रष्टव्या' अ०। २. "ग्रामो दूरं मा पश्यति" इति ब० पुस्तके नास्ति।

स्वामीश्वराधिपतिदायादसाक्षिप्रतिभूप्रसूतैश्च ॥१।४।४७॥ स्वामिन् ईश्वर अधिपति दायाद साक्षिन् प्रतिभू प्रसूत इत्येतैर्युक्ते तेपौ विभक्त्यौ भवतः। गवां स्वामी। गोषु स्वामी। गवामीश्वरः। गोष्वीश्वरः। गवामधिपतिः। गोष्वधिपतिः। दायमादत्ते दायादः। "प्रे" [२।२।४] इति नियमादन्यस्मिन् गावप्राप्ते के अत एव निपातनात् कः। गवां दायादः। गोषु दायादः। गवां साक्षी। गोषु साक्षी। गवां प्रतिभूः। गोषु प्रतिभूः। गवां प्रसूतः। गोषु प्रसूतः। चकारः किमर्थः? तेपोरनुवर्तनार्थः। अन्यथा पूर्वत्र चानुकृष्टाया ईपोऽनुवृत्तिर्न स्यात्। उत्तरसूत्रयोरपि चकारस्येदमेव फलम्। प्रसूतयोगे ईबेव प्राप्ता इतरयोगे ता प्राप्ता।

कुशलायुक्ते न चासेवायाम् ॥१।४।४८॥ आसेवा मुहुर्मुहुः सेवा तात्पर्यं च[1]। कुशल आयुक्त इत्येताभ्यां युक्ते आसेवायां गम्यमानायां तेपौ विभक्त्यौ भवतः। कुशलो विद्याग्रहणस्य। कुशलो विद्याग्रहणे। आयुक्तस्तपश्चरणस्य आयुक्तस्तपश्चरणे। आसेवायामिति किम्? आयुक्तो गौः शकटे। आकृष्य युक्त इत्यर्थः। अधिकरणलक्षणेयमीप्।

यतश्च निर्धारणम् ॥१।४।४९॥ जातिगुणक्रियाभिः समुदायादेकदेशस्य पृथक्करणं निर्धारणम्। यतश्च निर्धारणं ततस्तेपौ विभक्त्यौ भवतः। मनुष्याणां क्षत्रियः शूरतमः। मनुष्येषु क्षत्रियः शूरतमः। नारीणां श्यामा दर्शनीयतमा। नारीषु श्यामा दर्शनीयतमा। अध्वगानां धावन्तः शीघ्रतमाः। अध्वगेषु धावन्तः शीघ्रतमाः। प्रपञ्चार्थमिदं समुदाये अवयवोऽन्तर्भूतः। अधिकरणविवक्षायामीप् सिद्धा अवयवसम्बन्धविवक्षायां तापि सिद्धा अत एवापादाने कापि भवति। गोभ्यः कृष्णा निर्धार्यते इति।

विभक्ते का ॥१।४।५०॥ यतश्च निर्धारणमिति वर्तते। भिन्नजातीयात् समुदायाद्गुणादिना पृथक्करणं विभक्तनिर्धारणं तत्र का विभक्ती भवति। पूर्वेण तेपोः प्राप्तयोरयमपवादः। माथुराः पाटलिपुत्रकेभ्य आढ्यतराः। दर्शनीयतराः। अयमस्मादधिकः। अयमस्माद्विलक्षणः। इदमपि प्रपञ्चार्थम्। पाटलिपुत्रकाणामवधिभावेन बुद्धिं प्राप्तानामपादानत्वमस्ति।

साधुनिपुणेनाचार्यामीबप्रतेः ॥१।४।५१॥ साधु निपुण इत्येताभ्यां युक्ते अर्चायां गम्यमानायामीब्विभक्ती भवति प्रतिशब्दस्याप्रयोगे। मातरि साधुः। पितरि साधुः। भ्रातरि निपुणः। पितरि निपुणः। तापवादोऽयम्। अर्चायामिति किम्? साधुर्निपुणो वाऽमात्यो राज्ञः। अप्रतेरिति किम्? साधुर्देवदत्तो मातरं प्रति। प्रतिग्रहणमप्रितिसंज्ञानामभिपर्यन्तानामुपलक्षणम्। मातरमभि। मातरं परि। मातरमनु। कथमसाधुः पितरि। अनिपुणो मातरि। पूजाप्रयुक्तसाधुनिपुणप्रतिषेधोऽयम्। असमर्थस्यापि नञः सविधिरस्ति।

प्रसितोत्सुकाभ्यां भा च ॥१।४।५२॥ प्रसित उत्सुक इत्येताभ्यां युक्ते भाविभक्ती भवति। ईप् च। केशैः प्रसितः। केशेषु प्रसितः। प्रसक्त इत्यर्थः। केशैरुत्सुकः। केशेषूत्सुकः। पक्षे भार्थमिदम्। ईबधिकरणत्वादेव सिद्धा।

उसि भे ॥१।४।५३॥ ईबनुवर्तते भा च। उस्विषये भवाचिनि भेपौ विभक्त्यौ भवतः। "**भाद्युक्तः कालः**" [३।२।४] इत्यागतस्याणः "**उसभेदे**" [३।२।५] इत्युसि कृते यदा भवाची शब्दः काले वर्तते तदा तस्माद्भा च ईप् च भवत इत्यर्थः। पुष्येण पायसमश्नीयात्। पुष्ये पायसमश्नीयात्। मघाभिः पललौदनम्। मघासु पललौदनम्। उसीति किम्? मघासु ग्रहः। नात्र मघाशब्दः काले वर्तते। भ इति किम्? पञ्चालेषु वसति। पञ्चालस्यापत्यानि पञ्चालाः तेषां निवासः पञ्चालः। निवासार्थे आगतस्याणः "**जनपद उस्**" [**३।२।६१**] इत्युस्। इह कस्मान्न भवति? अद्य पुष्यः। मिङैकार्थत्वात्। चानुकृष्टाया ईपः कथमनुवृत्तिः? ईबधिकारे सूत्रारम्भसामर्थ्यात्। अत्राप्यधिकरणत्वादीप् सिद्धा पक्षे भार्थं वचनम्। यद्यधिकरणस्यापि करणविवक्षा यथा स्थाल्या पचति तदेदं प्रपञ्चार्थम्।

---

१. वा अ०, ब०, स०। २. निर्धार्यन्ते अ०, ब०, स०।

मिङैकार्थे वा ॥१।४।५४॥ मिङन्तेन पदेन एकार्थे वर्तमानान्मृदो वा विभक्ती भवति। गौश्चरति। कुमारी तिष्ठति। ओदनः पच्यते। खारी मीयते। एकः। द्वौ। बहवः। इत्यत्रोक्तेष्वप्येकत्वादिषु वा भवतीत्युक्तप्रायम्। च वा ह उच्चैरित्येवमादिषु अनर्थकेषु च प्रादिषु मिङन्तेनैकार्थत्वाभावेऽपि "सुपो मेः" [१।४।१२०] इति ज्ञापकाद्भवति। भावे वर्तमानेन मिङन्तेन स्वभावादन्येनैकार्थत्वं नास्ति। आस्यते देवदत्तेन। नन्वेकत्वादिविशिष्टेषु कर्मादिषु कर्मादिविशिष्टेषु वा एकत्वादिषु इबादिनां नियमात् परिशेषात् वृक्षः प्लक्ष इत्येवमादिषु वादिषु च "ङयाम्मृदः" [३।१।१] इत्यनेनैव वायाः सिद्धत्वादनर्थकमिदम्? नानर्थकम्। एकद्विबहुवचनानां व्यतिकरनिवृत्त्यर्थं वायास्तायाश्च विषयभेदार्थं चेदम्। विसर्जनीयो विभाषा सन्देहनिवृत्त्यर्थम्।

सम्बोधने बोध्यम् ॥१।४।५५॥ सम्बोधनमभिमुखीकरणम्। सम्बोधने या वा तस्या बोध्यमित्येषा संज्ञा। सम्बोधनेऽपि मिङैकार्थत्वमस्ति इति पूर्वेण वाविधानम्। हे देवदत्त आगच्छ। हे देवदत्तौ। हे देवदत्ताः। हे पचन्। हे पचमान। "सम्बोधने" [२।२।१०३] इति शतृशानौ। बोध्यसंज्ञाप्रयोजनम् "बोध्यमसद्वत्" [२।३।२४] इत्येवमादि।

एकः किः ॥१।४।५६॥ बोध्यसंज्ञायां वाया एकवचनं किसंज्ञं भवति। हे कन्ये। हे वटो। किप्रदेशाः "केरेङः" [४।३।२७] इत्येवमादयः।

ता शेषे ॥१।४।५७॥ कर्मादिकारकाणां अविवक्षा कर्मादिभ्योऽन्यो वा मृदर्थातिरेकः स्वस्वामिसंबन्धादिः शेषः। ता विभक्ती भवति शेषे अर्थविशेषे। नटस्य शृणोति। ग्रन्थिकस्य शृणोति। स्वस्वामिसम्बन्धसमीपसमूहविकारावयवस्थानादयस्तार्थाः। राज्ञः स्वम्। मद्राणां राजा। देवदत्तस्य समीपम्। यवानां राशिः। यवानां धानाः। देवदत्तस्य हस्तः। गोः स्थानम्। शेषग्रहणं किम्? इबादयो नियताः कर्मादयस्त्वनियतास्तेभ्यस्ता मा भूत्।

ज्ञोऽस्वार्थे करणे ॥१।४।५८॥ स्वार्थोऽवबोधनं तत्पर्युदस्यतो जानातेरस्वार्थे वर्तमानस्य करणे ताविभक्ती भवति। सर्पिषो जानीते। पयसो जानीते। सर्पिषा करणभूतेन अवेक्षते प्रवर्तते वा इत्यर्थः। "ज्ञोऽपह्नवेः" [१।२।४०] इति दविधिः। करणस्य शेषत्वविवक्षायामविवक्षायां च तैव भवति। अस्वार्थ इति किम्? स्वरेण पुत्रं जानाति।

स्मृर्थदयेशां कर्मणि ॥१।४।५९॥ शेष इति वर्तते। स्मृ इत्यनेन समानार्थानां धूनां दय ईश इत्येतयोश्च कर्मणि शेषत्वेन विवक्षिते ता विभक्ती भवति। मातुः स्मरति। पितुरध्येति। सर्पिषो दयते। सर्पिष ईष्टे। कर्मणीति किम्? मातुर्गुणैः स्मरति। शेष इत्येव। मातरं स्मरति। यद्येवं नार्थोऽनेन "ता शेषे" [१।४।५७] इत्येव सिद्धम्। लादेशे "न ङ्कि" [१।४।७२] इति प्रतिषेधोऽपि "कर्तृकर्मणोः कृति" [१।४।६८] इत्येतस्याः प्राप्तेरनन्तरत्वात्। नापि "प्रतिपदम्" इति सविधिप्रतिषेधार्थम्। नेयं प्रतिपदविधाना ता। वृत्तिरपि दृश्यते। अर्थानुस्मरणं धर्मानुचिन्तनम्। एवं तर्हि कर्मणः शेषत्वेन विवक्षितत्वादकर्मकत्वोपपत्तेर्लव्यक्तखार्थाः भावे सिद्धा भवन्ति। मातुः स्मर्यते। मातुः स्मर्तव्यम्। सकर्मकविवक्षायां कर्मणि भवन्ति। माता स्मर्यते। माता स्मर्तव्या।

प्रतियत्ने कृञः ॥१।४।६०॥ करोतेः कर्मणि ताविभक्ती भवति प्रतियत्ने गम्यमाने। असतोऽर्थस्य प्रादुर्भावाय सतो गुणान्तराधानाय समीहा प्रतियत्नः। एधो दकस्योपस्कुरुते। काण्डं गुणस्योपस्कुरुते। "गन्धनावक्षेप०" [१।२।२७] आदिना दः। प्रतियत्न इति किम्? कटं करोति बुद्ध्या। शेष इत्येव। एधो दकमुपस्कुरुते।

रुजर्थस्य भाववाचिनोऽज्वरिसन्ताप्योः ॥१।४।६१॥ रुजर्थानां धूनां भावकर्तृकाणां कर्मणि ता विभक्ती भवति ज्वरिसन्तापी वर्जयित्वा। चोरस्य रुजति रोगः[1]। रुजर्थस्येति किम्? एति जीवन्तमानन्दः।

1. रोगः। वृषलस्यामयति रोगः। रुज—अ०, ब०, स०

गत्यर्थोऽसौ। भाववाचिन इति किम् ? श्लेष्मा मधुराशिनं रुजति। अज्वरिसन्ताप्योरिति किम् ? आद्यूनं ज्वरयति ज्वरः। घटादित्वात् प्रादेशः। अत्याशिनं सन्तापयति ज्वरः। शेष इत्येव। चोरं रुजति रोगः।

आशिषि नाथः ॥१।४।६२॥ आशीःक्रियस्य नाथः कर्मणि ता विभक्ती भवति। सर्पिषो नाथते। पयसो नाथते। सर्पिर्मे भूयात् इत्यर्थः। "**आशिषि नाथः**" इत्युपसंख्यानेन दविधिः। आशिषीति किम् ? माणवकमुपनाथति अङ्ग पुत्राधीष्वेति। शेष इत्येव। सर्पिर्नाथते।

जासनिप्रहणनाटक्राथपिषां हिंसायाम् ॥१।४।६३॥ जास निप्रहण नाट क्राथ पिष इत्येतेषां हिंसाक्रियाणां कर्मणि ता विभक्ती भवति। "जस ताडने" इति चौरादिकः। चोरस्योज्जासयति। वृषलस्योज्जासयति। 'जसु मोक्षण' इत्येतस्य दैवादिकस्याहिंसार्थत्वादग्रहणम्। जास इति कृतदीत्वोच्चारणं किम् ? प्रादेशे मा भूत्। दस्युमजीजसम्। निप्रहण इति निप्रयोः समुदितयोः व्यस्तयोर्विपर्यस्तयोर्ग्रहणम्। चोरस्य निप्रहन्ति[1]। चोरस्य निहन्ति। चोरस्य प्रहन्ति। चोरस्य प्रणिहन्ति। नट अवस्यन्दने चुरादिः। चोरस्योन्नाटयति। दीत्वोच्चारणं किम् ? दस्युमनीनटत्। "**क्नथ क्रथ क्लथ हिंसार्थाः**" "**हेतुमति**" [२।१।२४] इति णिच्। चोरस्योत्क्राथयति। दीत्वं हि किम् ? दस्युमचिक्रथत्। घटादित्वेऽपि निपातनादुडः प्रादेशबाधनार्थं च। चोरस्य पिनष्टि। वृषलस्य पिनष्टि। हिंसायामिति किम् ? धानाः पिनष्टि। शेष इत्येव। चौरं निहन्ति। रुजर्थत्वादेतेषामपीति चेदभावकर्तृकार्थं वचनम्। चोरस्योज्जासयति राजा।

व्यवहृपणोः सामर्थ्ये ॥१।४।६४॥ सामर्थ्ये समानार्थत्वं व्यवहृ पण इत्येतयोः सामर्थ्ये स्तुतिकर्मणि ता भवति क्रयविक्रये द्यूते च सामर्थ्यम्। शतस्य व्यवहरते। सहस्रस्य व्यवहरते। सहस्रस्य पणते। आयः कस्मान्न भवति गुपादिभिः साहचर्यात् भौवादिकस्य स्तुत्यर्थस्य तत्र ग्रहणम्। इह तु तौदादिकस्यानुदात्तेतः। सामर्थ्य इति किम् ? शलाकां व्यवहरति। गणयतीत्यर्थः। देवान् पणयति। शेष इत्येव। शतं व्यवहरति। सहस्रं पणते।

दिवश्च ॥१।४।६५॥ "**व्यवहृपणोः सामर्थ्ये**" [१।४।६४] इति वर्तते। दिवश्च व्यवहृपणिसमानार्थस्य कर्मणि ता भवति। शतस्य दीव्यति। सहस्रस्य दीव्यति। चकारः किमर्थः ? सामर्थ्यानुकर्षणार्थः। ननु विकारादेव सामर्थ्यग्रहणमनुवर्ततेऽन्यथा चानुकृष्टमुत्तरत्र च नानुवर्तते "**वा गौ**" इत्यत्र सामर्थ्यानुवृत्तिर्न स्यात्, अनुक्तसमुच्चयार्थंस्तर्हि क्वचिदन्यस्यापि प्रयोगे यथा स्यात्। सक्तूनां पूर्णः। ओदनस्य तृप्तः। सामर्थ्य इत्येव। साधून् दीव्यति।

वा गौ ॥१।४।६६॥ सामर्थ्य इति वर्तते। गिपूर्वस्य दिवः कर्मणि वा ता विभक्ती भवति। शतस्य प्रदीव्यति[3]। शतं प्रदीव्यति[3]। सहस्रस्य प्रदीव्यति[3]। सहस्रं प्रदीव्यति। इयं[4] पूर्वेण प्राप्ते विभाषा। ननु शेषविवक्षया तापि भविष्यति इति व्यर्थमिदम्। एवं तर्हि इदमेव ज्ञापकमगिपूर्वस्य शेषविवक्षा नास्ति इति। शतस्य दीव्यति। सामर्थ्य इत्येव। शलाकां प्रतिदीव्यति।

कालेऽधिकरणे सुजर्थे ॥१।४।६७॥ कालेऽधिकरणे ता विभक्ती भवति सुजर्थे त्ये प्रयुक्ते। द्विरह्नोऽधीते। त्रिरह्नोऽधीते। पञ्चकृत्वोऽह्नो भुङ्क्ते। "**संख्याया ध्वभ्यावृत्तौ कृत्वस्**" [४।२।२४] इति कृत्वस्। "**द्वित्रिचतुर्भ्यः सुच्**" [४।२।२५] इति सुच्। काल इति किम् ? द्विः कांसपात्र्यां भुंक्ते। अधिकरण इति किम् ? द्विरह्नो भुङ्क्ते। सुजर्थ इति किम् ? अहनि भुङ्क्ते। रात्रौ भुङ्क्ते। नन्वत्रापि द्विः त्रिर्वेति सुजर्थो गम्यते ? प्रयुक्तग्रहणं दूरादनुवर्तते तेन गम्यमाने सुजर्थे न भवति। शेष इत्येव। द्विरह्न्यधीते।

कर्तृकर्मणोः कृति ॥१।४।६८॥ कृति प्रयुक्ते कर्तरि कर्मणि च ता विभक्ती भवति। अनुक्त इति वर्तते। भवत आसिका। भवतः शायिका। स्त्रीलिङ्गे भावे "**पर्यायार्हर्णोत्पत्तौ वुण्**" [२।३।१२] इति वुण्।

१. चोरस्य निप्रहन्ति इति ब० पुस्तके नास्ति। २. व्यवहृपणेः समा-अ०। ३.-प्रतिदीव्यति ब०। ४. इह अ०।

यवानां लावकः । ओदनस्य भोजकः । विश्वस्य ज्ञाता । तीर्थस्य कर्ता । कृतीति किम् ? ओदनं पचति । ननु "न भित०" [१।४।७२] इत्यादिनाऽत्र प्रतिषेधो भविष्यति । एवं तर्हि ह्वति मा भूत् । कृतपूर्वी कटम् । कृतं पूर्वमनेन "इन्" [४।१।१९] "पूर्वात्" [४।१।२०] "सपूर्वात्" [४।१।२१] इतीन् । पुनः कर्मग्रहणादिह शेषस्य ग्रहणं नाभिसंबध्यते ।

द्विप्राप्तौ परे ॥१।४।६९॥ पूर्वसूत्रविन्यासापेक्षया परशब्देन कर्माऽभिप्रेतम् । द्विप्राप्तौ कृति पर एव कर्मणि ता विभक्ती भवति न कर्तरि । आश्चर्यो गवां दोहोऽगोपालकेन । रोचते मे ओदनस्य भोजनं देवदत्तेन । साधु खलु पयसः पानं जिनदत्तेन । द्वयोः प्राप्तिर्यस्मिन् कृतीति व्यधिकरणस्य बसस्याश्रयणाद् भिन्ने कृति नियमो न भवति । आश्चर्यमिदमतिथीनां प्रादुर्भावः ओदनस्य च नाम पाकः । "**अकाकारयोः प्रयोगे नेति वक्तव्यम्**" [वा०]भेदिका देवदत्तस्य काष्ठानाम् । चिकीर्षा जिनदत्तस्य काव्यानाम् । अकारग्रहणेन निरनुबन्धकस्य "**अस्यात्**" [२।३।८४]इत्यस्यैव ग्रहणम् । "**शेषे विभाषा**" [वा०] अकाकारापेक्षया शेषस्य स्त्रीत्यस्य ग्रहणम् । विचित्रा सूत्रस्य कृतिराचार्यस्य आचार्येण वा । केचिदविशेषेणेच्छन्ति । विचित्रं शब्दानुशासनमाचार्यस्य आचार्येण वा ।

क्तस्याधिकरणे ॥१।४।७०॥अधिकरणे यः क्तस्तस्य प्रयोगे ता विभक्ती भवति । "**अधिकरणे चाद्यर्थाच्च**"[२।४।२९]इति अद्यर्थेभ्यो धिभ्यो गत्यर्थेभ्यश्च क्तो वक्ष्यते तस्य प्रयोगे"**कर्तृकर्मणोः कृति**"[१।४।६८] इति ता प्राप्ता "**न भित**" [१।४।७२]इत्यादिना प्रतिषिद्धा पुनः प्रसूयते । इदमेषामशितम् । इदमेषां भुक्तम् । इदमेषामासितम् । इदमेषां शयितम् । इदमेषां तृतम् । इदमेषां पराक्रान्तम् । एषामिति कर्तरि ता । अधिकरणस्य क्तेनोक्तत्वादिदंशब्दादीप्न भवति । "**अधिकरणे च**" [२।४।५९] इत्यत्र चकारेण यथा प्राप्तः समुच्चीयते । कर्तरि-इहेमे आसिताः । भावे-इह एभिरासितम् । शेषविवक्षायामिह एषामासितम् । एवं सर्वत्र योज्यम् ।

भवति ॥१।४।७१॥ भवति काले विहितस्य क्तस्य प्रयोगे ता विभक्ती भवति । अयमपि प्रतिषेधापवादः । राज्ञां मतः । राज्ञां बुद्धः । सतां पूजितः । "**मतिबुद्धिपूजार्थाच्च**" [२।२।१६६] इति सम्प्रतिकाले क्तः । शेषविवक्षायां यद्यपि ता सिद्धा तथापि कर्तृविवक्षायां भाबाधनार्थमिदम् । सम्प्रतिकाले चकारेण लब्धेषु शीलितादिषु प्रयुक्तेषु ता नेष्यते । देवदत्तेन शीलितः । कथं मयूरस्य नृत्तं छात्रस्य हसितमिति ? शेषविवक्षायेदम् । कर्तरि तु मयूरेण नृत्तम् । छात्रेण हसितम् ।

न भितलोकखार्थतृनाम् ॥१।४।७२॥ भि त ल उ उक खार्थ तृन् इत्येतेषां प्रयोगे ता विभक्ती न भवति । "**कर्तृकर्मणोः कृति**" [१।४।६८] इति तायाः प्राप्तायाः प्रतिषेधोऽयम् । भि-कटं कृत्वा । कटं कर्तुम् । तसंज्ञा-देवदत्तेन कृतम् । देवदत्तः कटं कृतवान् । ल-कटं कुर्वन् । कटं कुर्वाणः । अनूषिवान् श्रीदत्तं धान्यसिंहः । कटं कारयामास । धर्मं दधिश्चित्तम् । "**सहिव हवलिपतीनामियङः**" इत्यधिकृत्य धाक्कृसृजनितनिभ्यो लिड्वदित्युपसंख्यानेन शीलादिष्वर्थेषु इरित्ययं त्यो भवति । कटं चिकीर्षुः । ओदनं बुभुक्षुः । कन्यामलङ्करिष्णुः । उक-आगामुको वाराणसीम् । उकप्रतिषेधे कमेरप्रतिषेधः । दास्याः कामुकः । खार्थः—सुकरः कटो भवता । सुपानं पयो भवता । तृन्निति प्रत्याहारः शतृशानावित्यत आरभ्य तृनो नकारेण । धान्यं पवमानः अधीयन् जैनेन्द्रम् । "**पूङ्यजोः शानः**"[२।२।१०६] इति शानः । "**धाराङः शस्त्रकृच्छ्रिणि**" [२।२।१०८]इति शतृत्यः । कर्ता कटान् । वदिता जनापवादान् । शीलाद्यर्थे तृन्निति तृन् । "**द्विषः शतुर्वा वचनम्**" [वा०]चोरं द्विषन् । चोरस्य द्विषन् । "**द्विषोऽरौ**" [२।२।१०८] इति शतृत्यः ।

वर्त्स्यत्यकस्य ॥१।४।७३॥ वर्त्स्यति काले विहितस्याकस्य योगे ता विभक्ती न भवति । कटं कारको व्रजति । ओदनं भोजको गच्छति । "**वुण्तुमौ क्रियायाम्**" [२।३।८] इति वुण् । वर्त्स्यतीति किम् ? ओदनस्य भोजकः । वर्त्स्यतीति विहितस्याकस्य ग्रहणादिह न भवति । वर्षशतस्य पूरकः । पुत्रपौत्राणां दर्शकः ।

आधमर्ण्ये चेनः ॥१।४।७४॥ आधमर्ण्ये वर्त्स्यति च काले विहितस्येनः प्रयोगे ता विभक्ती न

भवति । शतं दायी । सहस्रं दायी । "आवश्यकाधमर्ण्ययोर्णिन्" [२।३।१४६] इति णिन् । वर्त्स्यति । गमी ग्रामम् । आगामी नगरम् । "गम्यादिर्वर्त्स्यति" [२।३।१] इति वर्त्स्यतिकाले साधुत्वम् । आधमर्ण्ये चेन इति किम् ? अवश्यंकारी कटस्य । आवश्यकेऽर्थे कालसामान्ये णिन् ।

व्यस्य वा कर्त्तरि ॥१।४।७५॥ व्यसंज्ञस्य प्रयोगे कर्तरि वा ता विभक्ती भवति । भवतः कटः कर्तव्यः । भवता कटः कर्तव्यः । कर्तृकर्मणोः कृतीति ता प्राप्ता विभाष्यते । कर्त्तरीति किम् ? गेयो माणवको गाथानाम् । "भव्यगेय०" [२।४।२३] आदि सूत्रे कर्त्तरि गेयशब्दो निपातितः । अत्र कर्मणि नित्यं ता भवति । इह कस्मात्ता न भवति स्रष्टव्या ग्रामं शाखा देवदत्तेन । नेतव्या ग्राममजा देवदत्तेन । वेति व्यवस्थितविभाषा । तेन "द्विप्राप्तौ परे" [१।४।६६]इत्यस्यास्ताया व्यप्रयोगे प्रतिषेध एव ।

भाऽतुलोपमाभ्यां तुल्यार्थैः ॥१।४।७६॥ वेति वर्तते । तुलोपमाशब्दाभ्यामन्यैस्तुल्यार्थैः शब्दैर्युक्ते वा भाविभक्ती भवति । तुल्यो देवदत्तेन । तुल्यो देवदत्तस्य । पक्षे शेषलक्षणा ता । अतुलोपमाभ्यामिति किम् ? नास्ति तुला देवदत्तस्य । उपमा नास्ति सनत्कुमारस्य ।

अप् चाशिष्यायुष्यमद्रभद्रकुशलसुखहितार्थैः ॥१।४।७७॥ वेति वर्तते । वा अब्विभक्ती भवति-आशिषि गम्यमानायाम् । आयुषो निमित्तं संयोगः । "निमित्तं संयोगोत्पादौ" [३।४।३७] "योऽसंख्यापरिमाणाश्वादेः" [३।४।३८] इति यः । आयुष्य मद्र भद्र कुशल सुख हित इत्येवमर्थैर्युक्ते । आयुष्यमिदमस्तु देवदत्ताय देवदत्तस्य वा । चिरमस्तु जीवितं देवदत्ताय देवदत्तस्य वा । मद्रं भवतु जिनशासनाय जिनशासनस्य वा । भद्रं देवदत्ताय देवदत्तस्य वा । कुशलं साधुभ्यः । कुशलं साधूनाम् । निरामयं साधुभ्यः । निरामयं साधूनाम् । सुखं साधुभ्यः । सुखं साधूनाम् । शमस्तु साधुभ्यः । शमस्तु साधूनाम् । हितं देवदत्ताय । हितं देवदत्तस्य । पथ्यं देवदत्ताय । पथ्यं देवदत्तस्य । पक्षे शेषलक्षणा ता । चकारः किमर्थः ? अर्थार्थैरपि योगे यथा स्यात् । अर्थो देवदत्ताय । अर्थो देवदत्तस्य । प्रयोजनं देवदत्ताय । प्रयोजनं देवदत्तस्य । तापक्षे वृत्तिर्न भवति अगमकत्वात् । न हि वृत्त्याऽऽशीर्गम्यते । आशिषीति किम् ? आयुष्यं देवदत्तस्य । अत्र नाप् ।

प्राणितूर्यसेनाङ्गानां द्वन्द्व एकवत् ॥१।४।७८॥ प्राण्यङ्गानां तूर्याङ्गानां सेनाङ्गानां च द्वन्द्व एकवद्भवति । एकार्थवद्भवतीति अर्थनिर्देशाद्विशेषणानामपि तद्वत्ता । पाणी च पादौ च पाणिपादम् । दन्तौष्ठम् । शिरोग्रीवम् । यदि प्राण्यङ्गं प्राणिग्रहणेन गृह्यते "अप्राणिजातेः" [१।४।८२] इति प्रतिषेधे प्राप्ते अथ न गृह्यते तदा "अप्राणिजातेः" इत्येव सिद्धे व्यतिकरनिवृत्त्यर्थं वचनं प्राण्यङ्गानामन्येन द्वन्द्वो मा भूत् । तूर्यम्—मार्दङ्गिकाश्च पाणविकाश्च मार्दङ्गिकपाणविकम् । सेना—रथिकाश्च अश्वारोहाश्च रथिकाश्वारोहम् । रथिकपादातम् । "सेनाङ्गेषु बहुत्वे" [वा०] इति तेन रथिकाश्वारोहौ । हस्त्यश्वादिषु परत्वात् पशु विभाषा । यद्यप्यभिधानवशादिह समाहारे द्वन्द्वः, दधिपयआदिषु इतरेतरयोगे, तरुमृगादिषु उभयत्र, तथापि तद्विषयविभागज्ञापनार्थमिदं प्रकरणम् ।

चरणानामनूक्तौ ॥१।४।७९॥ चरणं कठादिप्रोक्तोऽध्ययनविशेषः । तद्यदा पुरुषेष्वध्येतृषु वर्तते तदेह गृह्यते । अनूक्तिरनुवादः । चरणानां द्वन्द्व एकवद्भवति अनूक्तौ । स्थेणोर्लुङन्तयोः प्रयोगे चेदमिष्यते । उदगात् कठकालापम् । प्रत्यष्ठात् कठकौथुमम् । अनूक्ताविति किम् ? उदगुः कठकालापाः । प्रथमोपदेशोऽयम् । कठेन प्रोक्तमधीयते कठाः । प्रोक्तार्थे "शौनकादिभ्यश्छन्दसि णिन्" [३।३।७७] इति णिन् । तस्य "कठचरणा(का दुप्" इत्युप् । अध्येतृविषयस्याणः "उप् प्रोक्तात्" [३।२।५४] इत्युप् । कलापिना प्रोक्तमधीयते कालापाः । प्रोक्तार्थे "कलापिनोऽण्" । टिखम् । परस्याणः "उप्प्रोक्तात्" [३।२।५४] इत्युप् । "छन्दो ब्राह्मणानि चात्रैव" [३।२।५६] इत्यध्येतृविषयता ।

अध्वर्युक्रतुरनप् ॥१।४।८०॥ अध्वरमिच्छन्ति अध्वर्यवो यजुर्वेदविदः । अतएव निपातनात् क्यच्य-

कारस्य खम्। क्यजन्तस्य उश्च त्यः। अध्वर्युक्रतुरनपुंसकलिङ्गो द्वन्द्वमेकवद्भवति। येषां क्रतूनां यजुर्वेदशाखासु लक्षणं प्रयोगश्च शिष्यते प्राधान्येन तेषामध्वर्युक्रतूनामनपुंसकलिङ्गानां द्वन्द्व एकवद्भवति इत्यर्थः। अर्कश्च अश्वमेधश्च अर्काश्वमेधम्। सायाह्नातिरात्रम्। पौण्डरीकातिरात्रम्। अध्वर्युक्रतुरिति किम्? पञ्चौदनदशौदनाः। इषुवज्रौ। उद्भिद्बलभिदौ। एते सामवेदविहिताः। अनबिति किम्? राजसूयं च वाजपेयं च राजसूयवाजपेये। इह कस्मान्न भवति दर्शपौर्णमासौ। दधिपयआदिषु द्रष्टव्यः।

अधीत्याऽदूराख्यानाम् ॥१।४।८१॥ आख्या नामधेयम्। अधीतया निमित्तभूतया अदूराख्यानां द्वन्द्व एकवद्भवति। पदमधीते पदकः। क्रममधीते क्रमकः। पदकक्रमकम्। क्रमकवार्त्तिकम्। पदाध्ययनस्यासन्नं क्रमाध्ययनम्। अधीत्येति किम्? आढ्यदरिद्रौ। अदूराख्यानामिति किम्! याज्ञिकवैयाकरणौ। यज्ञमधीते याज्ञिकः।

अप्राणिजातेः ॥१।४।८२॥ अप्राणिजातिवाचिनां द्वन्द्व एकवद्भवति। आराशस्त्रि। धानाशष्कुलि। युगवरत्रम्। अप्राणिग्रहणं किम्? गौपालिशालङ्कायनाः। गोत्रं चरणैः सहेति जातिः। जातेरिति किम्? हिमवद्विन्ध्यौ। नन्दकपाञ्चजन्यौ। संज्ञाशब्दा एते। नञ्सदृशसम्प्रत्ययहेतुः। तेन द्रव्यजातीनामेकवद्भावादिह न भवति। रूपरसगन्धस्पर्शाः। गमनागमने। जातेरविवक्षायां न भवति। बदरामलकानि तिष्ठन्ति।

भिन्नलिङ्गो नदीदेशोऽग्रामोऽपुरम् ॥१।४।८३॥ भिन्नलिङ्गानां नदीदेशवाचिनामग्रामाणामपुराणां द्वन्द्व एकवद्भवति। नदी–उद्ध्यश्चेरावती च उद्ध्येरावति। विपाट्चक्रभिदम्। गङ्गाशोणम्। देशाः–कुरवश्च कुरुक्षेत्रं च कुरुकुरुक्षेत्रम्। कुरुकुरुजाङ्गलम्। दार्वाश्च अभिसारं च दार्वाभिसारम्। काश्मीराभिसारम्। भिन्नलिङ्ग इति किम्? गङ्गायमुने। मद्रकेकयाः। नदीदेश इति किम्? कुक्कुटमयूर्यौ। अग्राम इति किम्? जाम्बवश्च शालूकिनी च जाम्बवशालूकिन्यौ। ननु नद्यपि देश इति पृथग्ग्रहणं किमर्थम्? ज्ञापकार्थं जनपदो देशोऽभिप्रेतो न नदीपर्वतादिः। तेनेह नैकवद्भावः। कैलासश्च गन्धमादनं च कैलासगन्धमादने। अपुरमिति किम्? लोके ग्रामग्रहणेन पुरमपि गृह्यते ततोऽपुरमिति प्रतिषेधः। मथुरापाटलिपुत्रम्। अग्राम इति प्रसज्यप्रतिषेधः। तेन यत्र पुरग्रामयोर्द्वन्द्वस्तत्रापि नैकत्वम्। नासौर्यकैतवौ पुरग्रामौ।

क्षुद्रजीवाः ॥१।४।८४॥ इहाल्पशरीरः क्षुद्रः। क्षुद्रजीवानां द्वन्द्व एकवद्भवति। क्षुद्रजीवाश्रयो द्वन्द्व उपचारात् क्षुद्रजीवा इति निर्देशः। यूकालिक्षम्। शतस्वश्च उत्पादकाश्च शतसूत्पादकम्। दंशमशकम्।

"क्षुद्रजीवा अकङ्काला येषां स्वं नास्ति शोणितम्। नाञ्जलिर्यत्सहस्रेण केचिदानकुलादपि॥"[1]

केचित् शब्दः प्रत्येकमभिसंबध्यते। क्षुद्रजीवा इति बहुवचननिर्देशात् द्वित्वविषये नेदमिति यूकालिक्षौ। दंशमशकौ।

येषाञ्च द्वेषः शाश्वतिकः ॥१।४।८५॥ द्वेषोऽप्रीतिः। येषां च द्वेषः शाश्वतिकस्तद्वाचिनां द्वन्द्व एकवद्भवति। शश्वद्भवः शाश्वतिकः। "कालाट्ठञ्" [३।२।१३१] इति ठञ्। निपातनादिकादेशः। "कर्मंमात्रे टिखम्" इति खं च न भवति। अहिनकुलम्। श्ववराहम्।[2] "अन्यस्यापि" [४।३।२३२] इति दीत्वम्। शाश्वतिक इति किम्? गौपालिशालङ्कायनाः। केनचिन्निमित्तेन कलहायन्ते। चकारोऽवधारणार्थः। अयमेव नित्य एकवद्भावो यथा स्यात् पश्वादिविभाषा मा भूत्। अश्वमहिषम्। काकोलूकम्।

---

१. पा० महाभाष्ये–"क्षुद्रजन्तुरनस्थिः स्यादथ वा क्षुद्र एव यः। नाञ्जलिर्यत्सहस्रेण केचिदानकुलादपि।" २।४।८। २. श्ववाराहम् अ०।

वर्णेनार्हद्रूपायोग्यानाम् ॥१।४।८६॥ वर्णेनार्हद्रूपस्यायोग्यास्तेषां द्वन्द्व एकवद्भवति । येन रूपेणार्हन्त्यमवाप्यते, तदिह नैर्ग्रन्थ्यमर्हद्रूपमभिप्रेतम् । अतिशयोपेतस्यार्हद्रूपस्य प्रातिहार्यसमन्वितस्य बहुतरमयोग्यमिति नेह तद् गृह्यते । तक्षायस्कारम् । कुलालवरुडम् । रजकतन्तुवायम् । नन्वेतेष्वप्येकवद्भावः प्राप्नोति । चण्डालमृतपाः । न दधिपयआदिष्वन्तर्भूतो द्वन्द्वो द्रष्टव्यः । वर्णेनेति किम् ? मूकबधिराः । एते करणदोषेणायोग्याः । अर्हद्रूपायोग्यानामिति किम् ? ब्राह्मणक्षत्रियौ ।

गवाश्वादीनि च ॥१।४।८७॥ गवाश्वादीनि च गणपाठे द्वन्द्वरूपाणि च एकवद्भवन्ति । गवाश्वम् । गवैडकम् । गवाविकम् । अजाविकम् । पशुविभाषा प्राप्ता । कुब्जवामनम् । कुब्जकैराकतम् । पुत्रपौत्रम् । श्वचाण्डालम् । अद्वेषे—स्त्रीकुमारम् । दासीमाणवकम् । शाटीपिच्छिकम् । इदं जात्यविवक्षायाम् । उष्ट्रखरम् । उष्ट्रशशम् । पशु विभाषा प्राप्ता । मूत्रशकृत् । मूत्रपुरीषम् । यकृन्मेदः । मांसशोणितम् । इमानि जात्यविवक्षायाम् । दर्भशरम् । दर्भपूतीकम् । अर्जुनपुरुषम्[1] । तृणोपलम् । एतेषां तृणविकल्पः प्राप्तः । दासीदासम् । कुटीकुटम् । भागवतीभागवतम् । एषां सरूपाणां लिङ्गमात्रकृतविशेषाणां निपातनाद् द्वन्द्वः । चकारोऽवधारणार्थः । गवाश्वादीनि पठितान्येवैकवद्भवन्ति नान्यथा । गोऽश्वौ । गोऽश्वम् ।

वा तरुमृगतृणधान्यव्यञ्जनपश्वश्ववडवपूर्वापराधरोत्तरपक्षिणः ॥१।४।८८॥ तरु-मृग-तृण-धान्य-व्यञ्जन-पशुविशेषवाचिनामश्व-वडव-पूर्वापर-अधरोत्तर इत्येषां पक्षिविशेषाणां च द्वन्द्वो वा एकवद्भवति । प्लक्षन्यग्रोधम् । प्लक्षन्यग्रोधाः । आरण्या मृगाः । रुरुपृषतम् । रुरुपृषताः । कुशकाशम् । कुशकाशाः । व्रीहियवम् । व्रीहियवाः । दधिघृतम् । दधिघृते । ग्राम्याः पशवः । वृष्णिस्तभम् । वृष्णिस्तभाः । अश्ववडवम् । अश्ववडवौ । पर्यायनिवृत्त्यर्थं च अश्ववडवग्रहणम् । पूर्वापरम् । पूर्वापरे । अधरोत्तरम् । अधरोत्तरे । तित्तिरिकापिञ्जलम् । तित्तिरिकापिञ्जलाः । अत्रेष्टिः । **"सेनाङ्गफलक्षुद्रजीवतरुमृगतृणधान्यपक्षिणां प्रकृत्यर्थबहुत्वे एकवद्भावः"** [वा०] तेन रथिकाश्वारोहौ । बदरामलके । इदमेव ज्ञापकम् **"अप्राणिजातेः"** [१।४।८२] इत्यत्र न बहुवचनान्त एव विग्रहोऽभिप्रेतः । यूकालिक्षे । प्लक्षन्यग्रोधौ । रुरुपृषतौ । कुशकाशौ । व्रीहियवौ । हंसचक्रवाकौ । वेति योगविभागोऽयम् । द्वन्द्वमात्रे कुतो भवेत् । पूर्वो विधिस्तु नित्यार्थः तुल्यजात्यर्थ उत्तरः । इह मा भूत्—प्लक्षयवाः । हंसपृषताः ।

विरोधि चानाश्रये ॥१।४।८९॥ वेति वर्तते । आश्रयो द्रव्यं विरोधो येषामस्ति तद्वाचिनामनाश्रयाभिधायिनां द्वन्द्व एकवद् भवति । विरोधीत्यामः खे कृते सौत्रो निर्देशः । सुखदुःखम् । सुखदुःखे । जननमरणम् । जननमरणे । शीतोष्णम् । शीतोष्णे । विरोधीति किम् ? कामक्रोधौ । अनाश्रय इति किम् ? सुखदुःखौ ग्रामौ । शीतोष्णे उदके । चकारादविरोधेऽपि । वधूवरम् । वधूवरौ । स्थावरजङ्गमम् । स्थावरजङ्गमे ।

न दधिपयआदीनि ॥१।४।९०॥ दधिपयआदीनि द्वन्द्वरूपाणि नैकवद्भवन्ति । येन केनचित् प्राप्ते प्रतिषेधोऽयम् । दधिपयसी । सर्पिर्मधुनी । मधुसर्पिषी । व्यञ्जनत्वात् प्राप्तिः । ब्रह्मप्रजापती । शिववैश्रवणौ । स्कन्दविशाखौ । परिव्राजककौशिकौ । प्रवर्ग्योपसदौ । वेतिप्राप्तिः । शुक्लकृष्णौ[2] । इध्माबर्हिषी । निपातनात् पूर्वस्य दीर्घत्वम् । योगानुवर्के । दीक्षातपसी । श्रद्धातपसी । अध्ययनतपसी । उलूखलमूसले । आद्यावसाने । श्रद्धामेधे । ऋक्सामे । वाङ्मनसे । वेति योगविभागात् प्राप्तिः । चण्डालमृतपादयश्च ।

अर्थैतावत्त्वे च ॥१।४।९१॥ एतावत्त्वमियत्ता । वृत्त्यवयवार्थानामेतावत्त्वे च द्वन्द्वो नैकवद्भवति । द्वादश मे मार्दङ्गिकपाणविकाः । चकारः प्रतिषेधानुकर्षणार्थः ।

वा समीपे ॥१।४।९२॥ नेति निवृत्तम् । अर्थानामेतावत्त्वस्य समीपे वा द्वन्द्व एकवद्भवति । उपदशं दन्तोष्ठम् । उपदशा दन्तोष्ठाः । एकवद्भावपक्षे हसोऽनुप्रयुज्यते अन्यत्र वसः । हसे **"अनः"** [४।२।११०] इति अः सान्तः । वसे तु डः ।

---

१. अर्जुनशिरीषम् इति काशिका । २. शुक्लकृष्णे अ०, ब०, स० ।

स नप् ॥१।४।९३॥ यस्यायमुक्त एकवद्भावः स नब्भवति । तथा चैवोदाहृतम् । समाहारे रसो नप् भवतीति वक्तव्यम् । पञ्चाग्नि । पञ्चवायु । अकारान्तप्रकरणे "रात" [३।१।२९] इति ङीविधानं ज्ञापकम् । अकारान्तोत्तरपदो रः स्त्रियां वर्तत इति । पञ्चपूली । षण्णगरी । "**वाबन्त इति वक्तव्यम्**" [वा०] पञ्चखट्वी । पञ्चखट्वम् । "**स्त्रीगोर्नीचः**" [१।१।८] इति प्रादेशः । "**अन्नन्तस्य नखं स्त्रियां वा वृत्तिः**" [वा०] पञ्चतक्षम् । पञ्चतक्षी । "**पात्रादिभ्यश्च प्रतिषेधः**" [वा०] पञ्चपात्रम् । त्रिभुवनम् । चतुर्युगम् । पञ्चगवम् । दशगवम् । "**गोरहृदुपि**" [४।२।९४] इति टः सान्तः ।

हश्च ॥१।४।९४॥ हसंज्ञश्च नब्भवति । अधिस्त्रि । उन्मत्तगङ्गम् । द्विमुनीदम् । "**प्रो नपि**" [१।१।७] इति प्रादेशार्थमनुप्रयोगार्थं च वचनम् । पूर्वपदार्थप्रधानस्यालिङ्गत्वं प्राप्तम् । अन्यत्राभिधेयवल्लिङ्गं प्राप्तम् । चकारोऽनुक्तसमुच्चयार्थः । तेन क्रियाविशेषणानां नपुंसकत्वं सिद्धम् । शोभनं पचति[1] ।

षोऽनञ्यः ॥१।४।९५॥ नञ्वं यसञ्च वर्जयित्वा नब्भवतीत्येतदधिकृतं वेदितव्यम् । ष इति पुंल्लिङ्गेन निर्देशः सौत्रः । वाच्यप्रकरणादन्यत्र कामचारो वा वक्ष्यति । सेनासुराच्छायाशालानिशा वेति । क्षत्रियसेना । क्षत्रियसेनम् । ष इति किम् ? महती सेनाऽस्य महासेनः । अनञिति किम् ? असेना । अय इति किम् ? परमसेना ।

खौ कन्थोशीनरेषु ॥१।४।९६॥ खुविषये कन्थान्तः षसो नब्भवति उशीनरेषु चेत् सा कन्था । सौसमीनां कन्था सौसमिकन्थम् । आह्वरकन्थम् । आसमिकन्थम् । चर्मकन्थम् । एते उशीनरेषु ग्रामाः । विग्रहवाक्यं सादृश्यमात्रेण । खाविति किम् ? वीरणकन्था । उशीनरेष्विति किम् ? दक्षिकन्था । अन्यत्र ग्रामसञ्ज्ञेयम् ।

उपज्ञोपक्रमं तदाद्युक्तौ ॥१।४।९७॥ उपज्ञायत इति उपज्ञा उपदेशः । उपक्रम्यत इति उपक्रमः प्रारम्भः । उपज्ञोपक्रम इत्येवमन्तः षसो नब्भवति तयोरुपज्ञोपक्रमयोराद्युक्तौ गम्यमानायाम् । स्वायम्भुवस्योपज्ञा स्वायम्भुवोपज्ञमाकालिकाचाराध्ययनम् । देवोपज्ञमनेकशेषव्याकरणम् । कुरुराजस्योपक्रमः कुरुराजोपक्रमं दानम् । अकम्पनोपक्रमं स्वयंवरविधानम् । उपज्ञोपक्रममिति किम् ? आदिदेवतपस्या तीव्रा । तदाद्युक्ताविति किम् ? देवदत्तोपज्ञा । देवदत्तोपक्रमो गणितम् । उत्तरपदस्य प्राधान्यवल्लिङ्गम् । ष इत्येव । सम्यगुपज्ञो भगवान् स्वायम्भुवो यस्येदमाकालिकाचाराध्ययनम् । वाक्येन तदाद्युक्तौ गम्यमानायामिदं प्रत्युदाहरणम् ।

छाया बहूनाम् ॥१।४।९८॥ बहूनां या छाया तदन्तः षसो नब्भवति । इक्षूणां छाया इक्षुच्छायम् । सलभच्छायम् । बहूनामिति किम् ? कुड्यस्य छाया कुड्यच्छायम् । कुड्यच्छाया । "**सेनासुरा०**"[१।४।१०१] इत्यादिना विकल्पः । ष इत्येव । बहवश्छाया अस्मिन्बहुच्छायो वनखण्डः ।

सभाऽराजामनुष्यात् ॥१।४।९९॥ अराज्ञः अमनुष्याच्च परा या सभा तदन्तः षो नब्भवति । अराज्ञः । इनस्य सभा इनसभम् । ईश्वरसभम् । इन्द्रसभम् । पार्थिवसभम् । राजशब्दपर्युदासात् तत्पर्यायाणामत्र ग्रहणं न विशेषाणाम् । तेनेह न भवति । सातवाहनसभा । चन्द्रगुप्तसभा । अमनुष्यात्—रक्षसां सभा रक्षःसभम् । पिशाचसनम् । अमनुष्यशब्दस्य च रक्षःप्रभृतिष्वेव रूढत्वादिह न भवति । काष्ठसभा । पाषाणसभा । पक्केष्टकासभा । यद्येवं "**टगमनुष्ये**" [२।२।४०] इत्यत्र कथम् । जायाघ्नस्तिलकः । पित्तघ्नं घृतम् । "**युड्व्या बहुलम्** [२।३।१४] इति बहुलवचनात्तत्रान्यस्यापि ग्रहणम् । "**अराजामनुष्यात्**" इति किम् ? राजसभा । देवदत्तसभा । ष इत्येव । ईश्वरा सभाऽस्य ईश्वरसभः ।

अशाला ॥१।४।१००॥ अशाला च या सभा तदन्तः षो नब्भवति । गोपालसभम् । दासीसभम् । स्त्रीसभम् । अत्र समुदाये सभाशब्दः । अशालेति किम् ? देशिकसभा ।

१.-ति । मृदु पचति । अ० ।

सेनासुराच्छायाशालानिशा वा ॥१।४।१०१॥ सेना सुरा छाया शाला निशा इत्येवमन्तः षो वा नब्भवति। देवानां सेना देवसेनम्। देवसेना। पिष्टसुरम्। पिष्टसुरा। कुड्यच्छायम्। कुड्यच्छाया। गोशालम्। गोशाला। श्वनिशम्। श्वनिशा। चोरनिशम्। चोरनिशा। ष इत्येव। सूरसेनो राजा। अनञ्य इत्येव। असेना। परमसेना।

द्वन्द्वे द्युवल्लिङ्गम् ॥१।४।१०२॥ द्वन्द्वे सेयोरिव लिङ्गं भवति। इतरेतरयोगद्वन्द्वस्येह ग्रहणम्। तत्र सर्वेषामवयवानां प्राधान्यात् पर्यायेण समुदायलिङ्गे प्राप्ते वचनम्। कुक्कुटमयूर्याविमे रमणीये। मयूरीकुक्कुटाविमौ। यथा "हश्च" [१।४।६४] इति नपुंसकलिङ्गातिदेशः संघातस्य भवति न चावयवस्य निवर्तकः। अधिस्त्रि। अधिकुमारीति। एवमिहापि समुदाये लिङ्गातिदेशोऽनुप्रयोगार्थे क्रियमाणो नावयवस्य स्त्रीत्यस्य निवर्तकः। षसस्य द्युवल्लिङ्गातिदेशो न वक्तव्यः। विशेष्यवल्लिङ्गवचनानि भवन्ति विशेषणानामित्यनेन सिद्धत्वात्। द्व्यर्थस्य तु विशेष्यत्वात् प्राधान्यम्। अर्द्धपिप्पली। अर्द्धकौशातकी शोभना। यत्र पूर्वपदार्थः प्रधानं तत्र पूर्ववल्लिङ्गमेव। यथा "प्राप्तापन्नालम्पूर्वविसलक्षणेषु"। प्राप्तो जीविकां प्राप्तजीविकः। आपन्नजीविकः। अलं जीविकायै अलञ्जीविकः। "निरादयः क्रान्ताद्यर्थे कया" [वा०] निष्क्रान्ता कौशाम्ब्या निष्कौशाम्बिः। ह्वदर्थे रसस्य अन्यपदार्थप्राधान्यादभिधेयवल्लिङ्गम्। पञ्चसु कपालेषु संस्कृतः पञ्चकपालः पुरोडासः।

अश्ववडवौ पूर्ववत् ॥१।४।१०३॥ अश्ववडवयोरितरेतरयोगे पूर्ववल्लिङ्गं भवति। अश्वश्च वडवा च अश्ववडवौ। समुदाये लिङ्गातिदेशेऽनुप्रयोगार्थे पूर्ववल्लिङ्गनिवृत्तिर्नास्तीत्युक्तम्। कथं टापो निवृत्तिः। अश्ववडव इति निपातनात्। पूर्ववदिति किमर्थम्? अर्थातिदेशार्थम्। अश्ववडवावित्युच्यमाने वचनान्तरे न स्यात्। अश्ववडवान् पश्य। अश्ववडवैः कृतम्।

रात्राह्नौ पुंसि ॥१।४।१०४॥ रात्रअह्नशब्दौ कृतसान्तौ निर्दिष्टौ एतौ पुंसि भवतः। द्वयो रात्र्योः समाहारः द्विरात्रः। "अहःसर्वैकदेशसंख्यातपुण्याच्च रात्रेः" [४।२।८६] इत्यः सान्तः। पूर्वमहः पूर्वाह्णः। अपराह्णः। "पूर्वापरप्रथम" [१।३।२३] इत्यादिना षसः। "राजाहःसखिभ्यष्टः" [४।२।६३] इति टे कृते "एभ्योऽह्नोऽह्नः" [४।२।६०] इत्यह्नादेशः। उत्तरपदप्राधान्यात् स्त्रीनपुंसके प्राप्ते।

अहः ॥१।४।१०५॥ अह इत्ययं शब्दः पुंसि भवति। द्वयोरह्नो समाहारः द्व्यहः। त्र्यहः। "न समाहारे" [४।२।६१] इत्यह्नादेशप्रतिषेधः। टिलम्। "अनुवाकादयश्चेति वक्तव्यम्" [वा०] अनुवाकः। सम्प्रवाकः। सूक्तवाकः।

पुण्यसुदिनाभ्यां नप् ॥१।४।१०६॥ पुण्यसुदिनाभ्यां परः अहशब्दो नब्भवति। पुण्यमहः पुण्याहम्। पुण्यग्रहणं सूत्र उपलक्षणम्। एकाहमिति च भवति। विशेषणसविधिः। "पुण्यैकाभ्याम्" [४।२।६२] इति अह्नादेशप्रतिषेधः। सुदिनमहः सुदिनाहम्।

अपथम् ॥१।४।१०७॥ अपथं शब्दो नब्भवति। न पन्थाः अपथम्। "पथो वा" [४।२।६८] इति प्रतिषेध विकल्पः। "ऋक्पूरब्धूः पथोऽनक्षे" [४।२।७०] इति असान्तः। ष इत्येव। न विद्यते पन्था अस्मिन् अपथो देशः। अपथा अटवी। "क्लिसंख्यादेरिति वक्तव्यम्" [वा०] उत्पथम्। "तिकुप्रादयः" [१।३।८१] इति षसः। त्रिपथञ्चतुःपथमिति तासः।

पुंसि चाधर्चाः ॥१।४।१०८॥ अर्धर्चादयः शब्दाः पुंसि नपि च वेदितव्याः। अर्धं च तत् ऋक् च सार्द्धर्चः। अर्द्धर्चम्। गोमयकषायकार्षापणकुतपकवाटशङ्खादिपाठादवगमः कर्त्तव्यः।

"शब्दरूपाश्रया चेयं प्रणीतोभयलिङ्गता। क्वचिदप्यर्थभेदेन शब्देषु व्यवतिष्ठते॥"

पद्मशङ्खशब्दौ निधिवचनौ पुंल्लिङ्गौ। जलजे द्विलिङ्गौ। भूतशब्दः प्राणिनि द्विलिङ्गः। क्रियाशब्दस्याभिधेयवल्लिङ्गम्। सैन्धवशब्दो लवणे द्विलिङ्गोऽन्यत्राभिधेयवल्लिङ्गः। सारशब्दोऽन्याय्येऽर्थे नपुंसकलिङ्गः। उत्कर्षेऽर्थे पुंल्लिङ्गः। धर्मशब्दोऽपूर्वे पुंल्लिङ्गः। तत्साधने नपुंसकलिङ्गः।

अगे ॥१।४।१०९॥ अगे इत्ययमधिकारो वक्ष्यते । "**हनो वध लिङि**" [१।४।११४] इति । वध्यात् । वध्यास्ताम् । वध्यासुः । "**अतः खम्**" [४।४।५०] इत्यकारस्य खम् । अग इति किम् ? हन्यात् । अग इति विषयनिर्देशः । आदेशे कृते यो यतः प्राप्नोति स ततो यथा स्यादित्येवमर्थः । आख्येयम् । भव्यम् । प्रवेयम् । परनिर्देशे हि एयः प्रसज्येत ।

तिकित्प्येऽदो जग्धिः ॥१।४।११०॥ तकारादौ किति प्ये चागे परतोऽदेर्जग्धिरादेशो भवति । जग्ध्वा । जग्धिः । जग्धवान् । इकार उच्चारणार्थः । "**तथोर्धोऽधः**" [२।३।५६] इति तकारस्य धत्वम् । "**झलां जश् झशि**" [५।४।१२८] इति धकारस्य दत्वम् । "**झरो झरि स्वे**" [२।४।१३१] इति दखम् । कथमन्नम् ? "**अदोऽनन्ने**" [२।२।६०] इति निपातनात् । प्ये—प्रजग्ध्य । "**अनल्विधौ**" [१।१।२६] इति स्थानिवद्भावो नास्ति । इदमेव ज्ञापकम् "**एकपदाश्रयत्वेनान्तरङ्गानपि जग्ध्यादिविधीन् बहिरङ्गः प्यादेशो बाधते**" [प०] तेन प्रधायेत्यत्र हित्वं न भवति । प्रखन्येति "**जनसनखनाम्**" [४।४।४३] इति नित्यमात्वं न भवति । प्रदायेति "**दो दद्भोः**" [५।२।१४८] इति दत्त्वं नास्ति । प्रस्थायेति "**द्यतिस्यतिमास्था**" [५।२।१४४] इत्यादिनेत्वं नास्ति । प्रशम्येति "**ङस्य क्विझलोः**" [४।४।१३] इति दीत्वं नास्ति । प्रपृच्छ्य प्रदीव्येति शूठौ न भवतः । प्रपठ्येति इडभावः ।

घस्लृ लुङ्घञ्सनच्सु ॥१।४।१११॥ अदेर्घस्लृ इत्ययमादेशो भवति लुङि घञि सनि अचि च परतः । लुङि—अघसत् । अघसताम् । अघसन् । घञि—घासः । सनि । जिघत्सति । अजिति पचाद्यचः [२।१।१०६] "**णावदः**" [२।३।८३] इत्यस्य च सामान्येन ग्रहणम् । प्रात्तिः प्रादनं वा प्रघसः ।

लिटि वा ॥१।४।११२॥ लिटि परतः अदेर्घस्लादेशो भवति वा । जघास । जक्षतुः । जक्षुः । आद । आदतुः । आदुः ।

वेञो वयिः ॥१।४।११३॥ वेञो वयिरादेशो लिटि वा भवति । इकार उच्चारणार्थः । उवाय । ऊयतुः । ऊयुः । णलि "**चस्यैषां लिटि**" [४।३।१३] इति वकारस्य जिः । "**लिटि वेञो यः**" [४।३।२२] इति यकारस्य जिप्रतिषेधे "**हलोऽनादेः**" [५।२।१६१] इति खम् । अतुसि उसि च "**वचिस्वपियजादीनां किङि**" [४।३।११] इति जिः प्राप्तः । "**प्ये च**" [४।३।२४] इति प्रतिषिद्धिः । "**वो वा किति**" [४।३।२३] इति विभाषया प्राप्तः । "**ग्रहिज्यावयि**" [४।३।१२] इति नित्यो जिर्भवति । यदा न वयिस्तदा "**प्ये च**" [४।३।२४] इति जिप्रतिषेधे—ववौ । द्विबह्वोः "**वो वा किति**" [४।३।२३] इति जिपक्षे—ऊवतुः । ऊवुः । जौ कृते द्वित्वे च "**वार्णादागं बलीयः**" [प०] इति उवादेशे कृते "**स्वेऽको**" [४।३।८८] दीत्वम् । अजिपक्षे—ववतुः । ववुः ।

हनो वध लिङि ॥१।४।११४॥ हन्तेर्वध इत्ययमादेशो भवति लिङ्यगे परतः । वध इत्यदन्तः उदात्तश्चादेशः । वध्यात् । वध्यास्ताम् । वध्यासुः । अखस्य स्थानिवद्भावादवधीरित्यत्र हलन्तलक्षणः "**अतोऽनादेर्वैः**" [५।१।८३] इत्यैप् न भवति । इह वेति न स्मर्यते । वधक इति प्रकृत्यन्तरस्य ।

लुङि ॥१।४।११५॥ लुङि परतो हन्तेर्वध इत्ययमादेशो भवति । अवधीत् । अवधिष्टाम् । अवधिषुः । उत्तरत्र वानिर्देशादिह नित्यो विधिः ।

वेङि ॥१।४।११६॥ इङि लुङि परतो हन्तेर्वधादेशो वा भवति । आवधिष्ट । आवधिषाताम् । आवधिषत । आहत । आहसाताम् । आहसत । "**आङो यमहनः**" [१।२।२३] इति दविधिः । "**हनः सिः**" [१।१।८८] इति सेः कित्वम् । कर्मणि—अवधि । अवधिषाताम् । अवधिषत । ञिवद्भावे अघानि । अघानिषाताम् । अघानिषत ।

लुङ्येत्योर्गाः ॥१।४।११७॥ लुङि परतः एत्योर्गा इत्ययमादेशो भवति। अगात्। अगाताम्। अगुः। अध्यगात्। अध्यगाताम्। अध्यगुः। ''स्थेण्पिब'' [१।४।१४६] इत्यादिना ''इणवदिकः'' इति च सेरुप्। ''आतः'' [२।४।६०] इति भेर्जुस्। पुनर्लुङ्ग्रहणमित्यपि नित्यार्थम्। अगायि भवता। अध्यगायि भवता। गात्रमिति गायतेः।

णौ गमज्ञाने ॥१।४।११८॥ णौ परत एत्योर्गमित्ययमादेशो भवत्यज्ञानेऽर्थे। गमयति। गमयतः। गमयन्ति। अनेकार्थत्वादिकोऽप्यज्ञाने वृत्तिः। अधिगमयति। अधिगमयतः। अधिगमयन्ति। ''उङोऽतः'' [५।२।४] इत्यैप्। ''जनीजृषक्नसुरञ्जोऽमन्ताश्च'' इति मित्वम्। ''मिणमोर्दीर्मिताम्'' [४।४।८६] ''प्रः'' [४।४।८७] इति प्रादेशः। अज्ञान इति किम्? अर्थान् संप्रत्याययति।

सनि ॥१।४।११९॥ सनि च परत एत्योरज्ञानेऽर्थे गमित्ययमादेशो भवति। जिगमिषति। अधिजिगमिषति। ''गमेरिण्मे'' [५।१।१०६] इतीट्। अज्ञान इत्येव। अर्थान् प्रतीषिषति। अच इति वर्तमाने ''सन्यङोः'' [४।३।८] इति द्वितीयस्यैकाचो द्वित्वम्। योगविभाग उत्तरार्थः।

इङः ॥१।४।१२०॥ सनि परत इङो गमित्ययमादेशो भवति। अधिजिगांसते। इङिकावधिगिं न व्यभिचरतः। ''हनिङ्गम्यर्चां सनि'' [४।४।१४] इति दीत्वम्।

गाङ् लिटि ॥१।४।१२१॥ इङो गाङित्ययमादेशो भवति लिटि परतः। अधिजगे। अधिजगाते। अधिजगिरे। ''सेड्ढपिच्च'' [२।४।७४] इति ज्ञापकादादेशस्य ङित्वे गाङो ङित्करणं किमर्थम्? ''गाङ्कुटादेरञ्णिन्ङित्'' [१।१।७५] इत्यत्र विशेषणार्थः। गायतेर्ग्रहणं मा भूत्। अगासीद्गाथकः इति ईत्वं प्रसज्येत।

लुङ्लृङोर्वा ॥१।४।१२२॥ लुङ्लृङोः परत इङो वा गाङादेशो भवति। लुङि— अध्यगीष्ट। अध्यगीषाताम्। अध्यगीषत। ''गाङ् कुटादेः'' [१।१।७५] इति ङित्वं ''घुमास्थागा'' [४।४।६५] इत्यादिनेत्वम्। पक्षे अध्यैष्ट। अध्यैषाताम्। अध्यैषत। लृङि-अध्यगीष्यत। अध्यगीष्येताम्। अध्यगीष्यन्त। पक्षे अध्यैष्यत। अध्यैष्येताम्। अध्यैष्यन्त।

णौ सन्कचोः ॥१।४।१२३॥ णौ सन्परे कच्परे च परतः इङो वा गादेशो भवति। अध्यापयितुमिच्छति अधिजिगापयिषति। ''प्रकल्प्यापवादविषयं तत उत्सर्गोऽभिनिविशते'' [प०] इति गाङादेशपक्षे ''क्रीङ्जेर्णौ'' [४।३।४१] इत्यात्वं न भवति। अन्यत्र अध्यापिपयिषति। ''अचः'' [४।३।२] इति द्वितीयस्यैकाचो द्वित्वम्। कच्परे—अध्यजीगपत्। अन्यत्र अध्यापिपत्। माङ्योगे - मा भवानध्यापिपदिति भवति। ''णौ कच्युङः'' [२।२।११५] इति प्रादेशे कृते द्वित्वम्। कथं ज्ञायते? ओणतेः ऋदित्करणं ज्ञापकं यदि द्वित्वं प्रागेव स्यात् ओण उकारस्यानुङ्भूतत्वात् प्रादेशप्रतिषेधार्थं ऋदित्करणमनर्थकं स्यात्।

अस्तिब्रूञोर्भूवची ॥१।४।१२४॥ अस्तिब्रूञित्येतयोर्यथासंख्यं भू वचि इत्येतावादेशौ भवतः। भविता। भवितुम्। भवितव्यम्। अस्तीति तिपा निर्देशः किमर्थः? यस्य केवलस्य अस्तीति रूपं तस्य यथा स्यात् अनुप्रयोगस्य लिट्परस्य मा भूत्। ईहामास। ब्रूञ् वक्ता। वक्तुम्। वक्तव्यम्। वचेरिकार उच्चारणार्थः। स्थानिवद्भावाद्दः। ऊचे।

चक्षः ख्शाञ् ॥१।४।१२५॥ चक्षः ख्शाञित्ययमादेशो भवति अगे। आख्शाता। आख्याता। ''ख्शःशो यो वा'' [२।४।१२४] इति वा यकारादेशः। पर्याख्यानमित्यत्र यकारादेशस्यासिद्धत्वात् शाकारेण व्यवहितत्वात् ''कृत्यचः'' [५।४।१०८] इति णत्वं न भवति। स्थानिवद्भावेन ''ङनुदात्तेतो दः'' [१।२।६] इति नित्यं दो मा भूत् इति ञित् क्रियते।

न वर्जने ॥१।४।१२६॥ वर्जनेऽर्थे चक्षः ख्शाञादेशो न भवति। गां संचक्ष्य। वर्जयित्वेत्यर्थः। कण्टकाः संचक्ष्याः। नेति योगविभागादसि युचि च प्रतिषेधः। नृचक्षाः राक्षसः। विचक्षणः।

वा लिटि ॥१।४।१२७॥ लिटि परतो वा चक्षः ख्शाञादेशो भवति। आचख्यौ। आचख्ये। आचचक्षे। पूर्वेण नित्ये प्राप्ते ऽयमारम्भः।

व्यजोऽघञचोः ॥१।४।१२८॥ अजेर्धोः वी इत्ययमादेशो भवति अघञचोः परतः। अनुदात्तोऽयमादेशः। प्रवेता। प्रवायकः। अघञचोरिति किम् ? समाजः। उदाजः। समजः। उदजः। "पशुष्वजः समुदोः" [२।३।५६] इति पशुविषयेऽच्। अन्यत्र घञ्। अजिति सामान्यग्रहणं तेन पचादिलक्षणेऽप्यचि प्रतिषेधः। अजतीत्यजः।

बहुलं खौ ॥१।४।१२९॥ खुविषये बहुलमजेर्वीभावः। प्रवयणो दण्डः (प्राजनः।) बहुलग्रहणाद्युवलादौ च विकल्पः। प्रवेता। प्राजिता। प्रवेतुम्। प्राजितुम्। प्रवयणम्। प्राजनम्। अजिरमित्यौणादिकः शब्दः। समज्या। "समजनिषद" [२।३।८१] इत्यादिना क्यप्। अत्र बहुलवचनान्न भवत्येव।

ञिण्यराजार्षाद्यून्युवणिञोः ॥१।४।१३०॥ ञिदन्तात् ण्यन्तात् राजविशेषवाचिवृद्धात् ऋष्यणन्ताच्च परयोरणिञोः यूनि उप् भवति। ञितः—तिकस्यापत्यं वृद्धं तैकायनिः। तैकायनेरपत्यं प्राग्द्रोरण उपि तैकायनिः पिता तैकायनिः पुत्रः। विदस्यापत्यं वैदः। वैदस्यापत्यं युवा इञ उपि वैदः पिता वैदः पुत्रः। ण्यः। कुरोरपत्यं कौरव्यः। "कुर्वादेर्ण्यः" [३।१।१३९] इति ण्यः। कौरव्यस्यापत्यं इञ उपि कौरव्यः पुत्रोऽपि। इहोप्वचनसामर्थ्यात् कौरव्यशब्दादिञ्। तिकादौ पाठात् फिञपि भवति। कौरव्यायणिरिति। राज्ञः श्वफल्कस्यापत्यं श्वाफल्कः। "कुर्वृष्ण्यन्धकवृष्णेः"[३।१।१०३] इत्यण्। तदन्तादिञ उपि श्वाफल्कः पिता। श्वाफल्कः पुत्रः। एवं कलिङ्गस्यापत्यं कालिङ्गः। "द्व्यञ्मगधकलिङ्गसूरमसादण्" [३।१।१५२] इत्यण्। तदन्तादिञ उपि कालिङ्गो युवाऽपि। इह पाञ्चालः पिता पाञ्चालः पुत्रः इति। "ञितः"इति वा "राज्ञः" इति वा उप्। आर्षात्। वशिष्ठस्यापत्यं "कुर्वृष्ण्यन्धकवृष्णेः" [३।१।१०३] इत्यण्। वाशिष्ठः। तदन्तादिञ उपि वाशिष्ठः पुत्रोऽपि। ञिण्यराजार्षादिति किम् ? कुहडस्यापत्यं कौहडः। "शिवादिभ्योऽण्" [३।१।१०१] इत्यण्। तस्याप्यपत्यं कौहडिः। यूनीति किम् ? वामरथस्यापत्यं वामरथ्यः। "कुर्वादेर्ण्यः" [३।१।१३९]। तस्य शिष्या वामरथाः। वामरथस्य "शकलादिवत्" इत्यतिदेशात् "शकलादिभ्यो वृद्धे" [३।२।८७] इति शैषिकोऽण् "क्यच्व्यना" [४।४।१४१] इत्यादिना यखम्। अणिञोरिति किम् ? दक्षस्यापत्यं दाक्षिः। दाक्षेरपत्यं दाक्षायणः।

पैलादेः ॥१।४।१३१॥ पैलादेः परस्य युवत्यस्योब् भवति। पीलाया अपत्यं पैलः। "पीलाया वा" [३।१।१०७] इत्यण्। पैलस्यापत्यं "द्व्यचोऽणः" [३।१।१४३] इति फिञ्। तस्योप्। पैलः पुत्रोऽपि। अन्य इञन्तास्तेभ्यः परस्य फणः "प्राचामिञोऽतौल्वलिभ्यः" [१।४।१३२] इति प्राप्ते उपि अप्रागर्थमिदम्। पैलः। सालङ्किः। सात्यकिः पिता। सात्यकिः पुत्रः। सात्यकामिः। औदञ्चिः। बाह्वादिषु उदञ्चुशब्दः सनकारः पठ्यते। औदमज्जिः। औदव्रजिः। औदमेघिः। औदशुद्धिः। दैवस्थानिः। पैङ्गलायनिः। राणायनिः। रौहक्षितिः। भौलिङ्गिः। राजाऽयं शाल्वावयवः। सौमिनिः। औद्वाहमानिः[1]। औज्जिहानिः। औज्जिहायिनिः। द्विसंज्ञाच्चाणः परस्य युवत्यस्योप्। आङ्गः। "द्व्यचोऽणः" इति फिञ्। तस्योप्। आकृतिगणोऽयम्। तेन वौविजावालिऔदम्बरि एतेभ्यः साल्वावयवत्वादिञ्। भाडीजङ्घिः इत्यादि द्रष्टव्यम्।

प्राचामिञोऽतौल्वलिभ्यः ॥१।४।१३२॥ प्राचां वृद्धे य इञ् तदन्ताद्युवत्यस्योब् भवति तौल्वलिप्रभृतीन् वर्जयित्वा। पान्नागारिः पिता। पान्नागारिः पुत्रः। मान्थरेषणिः पिता। मान्थरेषणिः पुत्रः।

1. "औदगोहमानिः" अ०, स०।

त्वै रकलम्भिः पिता। त्वै रकलम्भिः पुत्रः। "यञिञोः" [३।१।६०] इत्यस्य फण उप्। प्राचामिति किम्? दाक्षिः पिता। दाक्षायणः पुत्रः। अतौल्वलिभ्य इति किम्? तौल्वलिः पिता। तौल्वलायनः पुत्रः। तौल्वलिः[1]। धारणिः। स्वालिम्पिः। दैलीपिः। दैवतिः। दैवमित्रिः। दैवमतिः। दैवयज्ञिः। प्राडाहनिः। मांधातकिः। आनुराहतिः। बाह्वादिरयम्। आनुतिः। आहिंसिः। आसुरिः। नैमषिः। आसिबन्धकिः। वैङ्किपौष्पिः। पौष्करसादिः। अयं बाह्वादौ वैरकिः। वैलकिः (वैल्वकिः)। वैहतिः। वैकर्णिः। कारेणुपालिः।

द्रेर्बहुषु तेनैवास्त्रियाम् ॥१।४।१२३॥ द्रिसञ्ज्ञकस्य त्यस्य बह्वर्थेषु वर्तमानस्य उब् भवति तेनैव द्रिसञ्ज्ञकेन कृतं बहुत्वं भवति अस्त्रियाम्। आङ्गः। आङ्गौ। अङ्गाः। ऐक्ष्वाकः। ऐक्ष्वाकौ। इक्ष्वाकवः। अणः अञश्च द्रिरित्यधिकारेण द्रिसञ्ज्ञा स्वार्थिकानामपि "ते द्रयः" [४।२।६] इति द्रिसञ्ज्ञा। लौहध्वज्यः। लौहध्वज्यौ। लोहध्वजाः। त्रैहिमत्यः। त्रैहिमत्यौ। त्रीहिमताः। "पूगाञ्ञ्योऽग्रामणीपूर्वात् [४।२।१] इति ञ्यः। द्वन्द्वेऽपि सामान्येन द्रिसञ्ज्ञा कृते बहुत्वे भवति अङ्गवङ्गसुह्माः। द्रेरिति किम्? औपगवाः। बहुष्विति किम्? आङ्गः। आङ्गौ। तेनैवेति किम्? प्रियो वाङ्ग एषामिति प्रियवाङ्गाः। अत्र वृत्त्या बहुत्वं गम्यते। अतोऽनुवर्हत्यान्तानामन्येषां च द्वन्द्वे तेनैव कृतं न बहुत्वमित्युम्न भवति। गार्ग्यवात्स्यौपगवाः। ज्ञापकादुबप्यत्र भवतीति केचित्। गर्गवत्सोपगवाः। किं ज्ञापकमिति चेत् "शरद्वच्छुनकदर्भाद् भृगुवत्साग्रायणेषु" [३।१।११] इति वचनम्। भार्गववात्स्याग्रायणेष्विति निर्देशः स्यात्। उभयथाऽपि साधुः प्रयोगः। अस्त्रियामिति किम्? आङ्ग्यः वाङ्ग्यः स्त्रियः।

यस्कादिभ्यो वृद्धे ॥१।४।१२४॥ यस्क इत्येवमादिभ्यः परस्य वृद्धत्यस्य बहुषु वर्तमानस्योब् भवति अस्त्रियां तेनैव चेत् कृतं बहुत्वम्। उभयगतिरिह शास्त्रे लौकिकमपि वृद्धं गृह्यते तेनानन्तरापत्येऽप्युब् भवति। यास्कः। यास्कौ। यस्काः। "शिवादिभ्योऽण्" [३।१।१०१] इत्यागतस्याण उप्। यस्क लुह्य द्रुह्य अयस्थूण तृणकर्ण भलन्दन एतेषां शिवादिषु पाठः। कम्बलहार बहिर्योग कर्णाटक पर्णाटक सदामत्त पिण्डीजङ्घ बकसक्थ रक्षोमुख जङ्घारथ उत्कास कटुक मन्थक पुष्करसत्। अस्य "न गोपवनादेः" [१।४।१३८] इति प्रतिषेधः प्राप्तः। विषपुट उपरिमेखल पदक भटक भडिल भण्डिल एतेभ्यः "अश्वादेः फञ्" [३।१।६६] इति फञ्। कुद्रि अजवस्ति विश्रि मित्रयु एतेभ्यः "गृष्ट्यादेः" [३।१।१२४] इति ढण्। वृद्ध इति किम्? यस्को देवता एषां यास्काः। बहुष्वित्येव। यास्कौ। तेनैव चेत्येव। प्रिययास्काः। अस्त्रियामित्येव। यास्क्यः।

यञञोः ॥१।४।१२५॥ यञश्च अञश्च वृद्धे बहुषु वर्त्तमानस्योब् भवति तेनैव चेद्बहुत्वमस्त्रियाम्। गर्गाः। वत्साः। अजः। विदाः। ऊर्वाः। "विदादिभ्योऽनृष्यानन्तर्ये ञ्" [३।१।६३] इति अञ्। बहुष्वित्येव। गार्ग्यः। वैदः। तेनैवेत्येव। प्रियगार्ग्याः। वृत्त्याऽत्र बहुत्वं गम्यते। यत्र वृत्त्यैकत्वं गम्यते यञा बहुत्वं तत्रापि भवति। गर्गानतिक्रान्तः अतिगर्गः। अस्त्रियामित्येव। गार्ग्यः स्त्रियः। "यञः" [३।१।१६] इति ङीविधिः। "यस्य ङ्याञ्च" [४।४।१३६] इति खम्। "हलो हतो ङ्याम्" [४।४।१४०] इति यकारस्य खम्। "यञादीनामेकत्वद्वित्वयोर्वा तासे इति वक्तव्यम्" [वा०] गार्ग्यस्य कुलं गार्ग्यकुलम्। गर्गकुलम्। गार्ग्ययोः कुलं गार्ग्यकुलम्। गर्गकुलम्। वैदस्य कुलं वैदकुलम्। विदकुलम्। वैदयोः कुलं वैदकुलम्। विदकुलम्। न वक्तव्यं यदा यञादयो न श्रूयन्ते तदा मूलप्रकृतेस्तासः नियतविषयत्वात् शब्दानां तत उभयं सिध्यति।

भृग्वत्रिकुत्सवशिष्ठगोतमाङ्गिरोभ्यः ॥१।४।१२६॥ वृद्ध इति वर्तते। भृग्वादिभ्यः परस्य वृद्धत्यस्य बहुषूब्भवति। भार्गवः। भार्गवौ। भृगवः। आत्रेयः। आत्रेयौ। अत्रयः। एवं कुत्साः वशिष्ठाः गौतमाः

---

१. -लिः। तैल्वलिः। धार-ब०, स०।

आङ्गिरसः। अत्रिशब्दात् "इतोऽनिञः" [३।१।१११] इति ढण्। अन्येभ्य ऋष्यण्। बहुष्वित्येव। भार्गवः। आङ्गिरसः। तेनैवेत्येव प्रियभार्गवाः। अस्त्रियामित्येव। भार्गव्यः स्त्रियः। वृद्ध इत्येव। भृगुर्देवता एषामिति भार्गवाः।

इञो बह्वचः प्राच्यभरतेषु ॥१।४।१३७॥ बह्वचो मृदो य इञ् तस्य प्राच्यभरतेषु वृद्धे बहुषूब्भवति। पान्नागारिः। पान्नागारी। पन्नागाराः। एवं मान्थरेषणिः। मान्थरेषणी। मन्थरेषणाः। बह्वच इति किम्? पौष्पयः। प्राच्यभरतेष्विति किम्? बालाकयः। हास्तिदासयः। ननु भरतः प्राच्य एव तेषां पृथग्ग्रहणं किमर्थम्? ज्ञापकार्थमन्यत्र प्राच्यग्रहणे भरतग्रहणं न भवतीति। तेन "प्राचामिञोऽतौल्वलिभ्यः" [१।४।१३२] इति अत्र भरतानां युवत्यस्योम्न भवति। यौधिष्ठिरिः पिता यौधिष्ठिरायणः पुत्रः। ननु युधिष्ठिरादिभ्य इञेव नास्ति "कुर्वृष्ण्यन्धकवृष्णेः" [३।१।१०३] इत्यणा भवितव्यम्। इह तर्हि उम्न भवति औद्दालकिः पिता औद्दालकायनः पुत्रः। अत्र "प्राचामिञोऽतौल्वलिभ्यः" इति युवत्यस्योप्प्रसज्येत। एतद्धि प्राच्यभरतगोत्रम्।

न गोपवनादेः ॥१।४।१३८॥ विदाद्यन्तर्गणो गोपवनादिः। गोपवन इत्येवमादेः परस्य वृद्धत्यस्योब् न भवति। गोपवनस्यापत्यानि गौपवनाः। "यञञोः" [१।४।१३५] इत्युप्प्राप्तः। गोपवन शिग्रु बिन्दु भाजन अश्वावतान श्यामक श्यामाक श्यापर्ण एते गोपवनादयः। प्राग्घरितशब्दात् परत उम्भवति। हरिताः। किंदासाः। तौल्वलिप्रभृतयोऽत्र पठ्यन्त इति केचित्। तौल्वलयः। अनन्तरेण उप्प्राप्तः।

वोपकादिभ्यः ॥१।४।१३९॥ उपक इत्येवमादिभ्य उत्तरस्य वृद्धत्यस्य वा बहुषूब्भवति। उपकस्यापत्यानि उपकाः। औपकायनाः। लमकाः। लामकायनाः। एतौ नडादी। भ्रष्टकाः। भ्राष्टकयः। कपिष्ठलाः। कापिष्ठलयः। कृष्णाजिनाः। कार्ष्णाजिनयः। कृष्णसुन्दराः। कार्ष्णसुन्दरयः। वेति व्यवस्थितविभाषा। तेनैषामद्वन्द्वे विकल्पः। परिशिष्टानां द्वन्द्वे चाद्वन्द्वे च। सुपिष्ट मयूरकर्ण कर्णक पर्णक पिङ्गलक जटिलक वधिरक एतेषां शिवादिषु पाठः। अनुलोमप्रतिलोम एतौ बाह्वादी। वटारक आडारक अभुक्तक [अबन्धक] उद्दक सुपर्चक सुवर्चक सुवर्मक खरीजङ्घ शलाजङ्घ शलायल पतञ्जल कमन्दक कण्ठेरणि कुषीतक काशकृत्स्न निदाघ कलशीकण्ठ दामकण्ठ कृष्णपिङ्गल जतुक अविरग्ध कपिञ्जलक प्रतान अनभिहित।

तिककितवादिभ्यो द्वन्द्वे ॥१।४।१४०॥ वेति नानुवर्तते। कतिकितव इत्येवमादिभ्यो द्वन्द्वे वृद्धस्य बहुषूब् भवति। तैकायनयश्च कैतवायनयश्च तिककितवाः। तिकादिलक्षणस्य फिञ उप्। वाङ्खरयश्च भाण्डीरथयश्च इञ उपि वङ्खरभण्डीरथाः। पाटकयश्च नारकयश्च पटकनरकाः। वाकनखयश्च श्वागुदपरिणद्धयश्च वकनखश्वगुदपरिणद्धाः। औब्जयश्च काकुभाश्च ककुभशब्दः शिवादिषु विदादिषु वास्ति उब्जककुभाः। लाङ्कयश्च शान्तमुखयश्च लङ्कशान्तमुखाः। उरसशब्दस्तिकादौ। औरसायनयश्च लाङ्कटयश्च उरसलङ्कटाः। अग्निवेशशब्दो गर्गादौ। आग्निवेश्याश्च दाशेरकयश्च अग्निवेशदाशेरकाः। औपकायनाश्च लामकायनाश्च फण उपि उपकलमकाः। भ्राष्टकयश्च कापिष्ठलयश्च भ्रष्टककपिष्ठलाः। कार्ष्णाजिनयश्च कार्ष्णसौन्दरयश्च कृष्णाजिनकृष्णसुन्दराः।

कौण्डिन्यागस्त्ययोः कुण्डिनागस्ती ॥१।४।१४१॥ कौडिन्य आगस्त्य इत्येतयोर्वृद्धत्यस्य बहुषूब् भवति कुण्डिन अगस्ति इत्येतौ चादेशौ यथासङ्ख्यं भवतः। अगस्त्यशब्दात् ऋष्यण्। कुण्डमस्यास्तीति कुण्डिनी नाम काचित् गर्गादौ पठ्यते। कौण्डिन्यः। कौण्डिन्यौ। कुण्डिनाः। आगस्त्यः। आगस्त्यौ। अगस्तयः। यद्यपि "यञञोः"[१।४।१३५] इति यञ उप् सिद्धस्तथापि कुण्डिनशब्दोऽकारान्त आदेशो विधीयमानो बाधकः स्यादिति पुनर्वचनम्। अगस्तीनां छात्रा आगस्तीया इत्यत्र अगस्तिरादेशो भवति। प्राग्दीव्यतीयविषये "वृद्धेऽच्यनुप्" [३।१।७३] इति अनुपि सति "दोश्छः" [३।२।९०] इति छः सिद्धः। कौण्डिन्यशब्दाच्छस्य बाधकः "शकलादिभ्यो वृद्धे" [३।२।८७] इति अण् भवति। कौण्डिनाश्छात्राः।

सुपो धुमृदोः ॥१।४।१४२॥ धुमृदोरन्तस्यावयवस्य सुप उब्भवति। पुत्रमिच्छत्यात्मनः पुत्रीयति। पटीयति। मृदः—राज्ञः पुरुषः राजपुरुषः। धर्मे श्रितो धर्मश्रितः। "तदन्ता धवः" [२।१।२६] इति धुसंज्ञायां "कृद्धृत्साः" [१।१।६] मृत्संज्ञायां च सुप उप्। एवं तस्मात्ततः। तस्मिन् तत्र। धुमृदोरिति किम्? वृक्षः। अत्र "कृद्धृत्साः" इति नियमात् विभक्त्या मृत्सञ्ज्ञा नास्ति।

शपोऽदादिभ्यः ॥१।४।१४३॥ अदादिभ्यो धुभ्यः परस्य शप उब्भवति। अत्ति। हन्ति। दोग्धि।

यङोऽचि ॥१।४।१४४॥ यङ उब्भवति अचि परतः। लोलूय पोपूय मरीमृज्य इत्येतेभ्यः पचाद्यचि लोलुवः पोपुवः मरीमृजः। "न धुखेओ" [१।१।१८] इति एबैपोः प्रतिषेधः। "यङो वा" [५।२।६२] इत्यत्र वक्ष्यत्यविशेषेण यङ उब् भवति। तेन वावदीति इत्येवमादि सिध्यति।

चज्जुहोत्यादिभ्यः ॥१।४।१४५॥ शप इति वर्तते। जुहोत्यादिभ्यः परस्य शप उज्भवति। जुहोति। नेनेक्ति। बिभर्ति। उब्विति वर्तमाने उज्ग्रहणं द्वित्वाद्यर्थम्।

स्थेण्पिबभुभूभ्यः सेर्मे ॥१।४।१४६॥ स्था इण् पिब भुसंज्ञक भू इत्येवमादिभ्यः परस्य सेरुब्भवति मे परतः। अस्थात्। अस्थाताम्। अस्थुः। "आतः" [२।४।९०] इति भेर्जुस्। अगात्। इ इणिति प्रश्लेषनिर्देशात् इकोऽपि ग्रहणम्। अध्यगात्। अपात्। पिब इति विकृतनिर्देशात् शोषणार्थस्य निवृत्तिः। प्रतिपदोक्तपरिभाषा चानित्या। तेन "गामादाग्रहणेष्वविशेषः" [प०] इतीदं लब्धम्। भु इति संज्ञानिर्देशः "दाधा भ्वपित्" [१।१।२७] इति। अदात्। अदाताम्। अदुः। भु इति भवतेरत्यादेशस्य च ग्रहणम्। अभूत्। "सूभवत्योर्मिङि" [५।२।८६] इत्येप्प्रतिषेधः। म इति किम्? उपास्थिषाताम्। उपास्थिषत। "उपान्मन्त्रकरणे" [१।२।२०] "धेः" [१।२।२१] इति दविधिः। "भुस्थोरिः" [१।१।६१] इत्याकारस्येत्वं सेः किल्वम्।

वा घ्राधेट्छाशासः ॥१।४।१४७॥ घ्रा धेट् छा शा सा इत्येतेभ्यः परस्य सेर्वा उब्भवति मे परतः। अघ्रात्। अनुप् पक्षे "यमरमनमातः सक् च [५।१।१२२] इति सगिटौ भवतः। "हल्यस्सेः" [५।२।६३] इतीट्। "इटीटः" [४।४।२०] इति सेः खम्। अघ्रात्। अघ्रासीत्। अधात्। अधासीत्। अदधत्। अच्छात्। अच्छासीत्। न्यशात्। न्यशासीत्। असात्। असासीत्। धेटो भुसंज्ञात्वात् पूर्वेण प्राप्ते इतरेषामप्राप्ते विकल्पः। म इत्येव। अघ्रासाताम्। अघ्रासत। "स्तुसुधूञो मे" [५।१।१२१] इत्यधिकाराद्दे सगिटौ न भवतः।

तनादिभ्यस्तथासोः ॥१।४।१४८॥ तनादिभ्य उत्तरस्य सेर्वा उब्भवति तथासोः परतः। थासा सहचरितो दसंज्ञस्तो गृह्यते। अतत। अतनिष्ट। उपपक्षे "अनुदात्तोपदेश" [४।४।३७] इत्यादिना ङखम्। अतथाः। अतनिष्ठाः। षण्। असात। असनिष्ट। उपपक्षे "जनसनखनाम्" [४।४।४२] इत्यात्वम्। असाथाः। असनिष्ठाः।

आमः ॥१।४।१४९॥ आम उत्तरस्य संभवाल्लकारस्योब् भवति। ईहांचक्रे। ईहाञ्चक्रे। लकारस्य कृत्वात् मृत्त्वे सति स्वाद्युत्पत्तिः। "सुपो भेः" [१।४।१५०] इति सुप उप्। आमन्तस्य पदसंज्ञा। "वा पदान्तस्य" [५।४।१३३] इत्येतत् प्रयोजनम्।

सुपो भेः ॥१।४।१५०॥ भिसंज्ञादुत्तरस्य सुप उब्भवति। च वा अह कृत्वा कर्तुम्। इदमेव ज्ञापकम्। असंख्यादपि सुपो भवन्ति। यदि वा "कर्मणीप्" [१।४।२] इत्येवमादिषु अर्थनियमपक्षे विभक्तीनामनियतत्वात् भिसंज्ञेभ्योऽप्युत्पत्तिः।

हात् ॥१।४।१५१॥ हसादुत्तरस्य सुप उब्भवति। अधिस्त्रि। अधिकुमारि। हसस्य भिसंज्ञा नास्तीत्युक्तं तेनायमारम्भः।

नातोऽम् त्वकायाः ॥१।४।१५२॥ हसस्य संख्यायोगात् कर्मादियोगाच्च सर्वासां विभक्तीनां सम्भवः।

हादकारान्तात् परस्य सुप उम्न भवति । अमादेशस्तु भवति सुपः कां विभक्तीं वर्जयित्वा । उपकुम्भं तिष्ठति । उपकुम्भं पश्य । उपकुम्भं देहि । अत इति किम् ? उपाग्नि । अकाया इति किम् । उपकुम्भादानय ।

ईब्भयोर्विभाषा ॥१।४।१५३॥ ईप् भा इत्येतयोर्विभाषा अमादेशो भवति । उपकुम्भं कृतम् । उपकुम्भेन कृतम् । उपकुम्भं कृतम् । उपकुम्भाभ्यां कृतम् । उपकुम्भं निधेहि । उपकुम्भे निधेहि । व्यवस्थितविभाषेयम् । तेन ऋद्धिनदीसंख्यावयवेभ्यो नित्यममादेशः । ऋद्धौ । सुमद्रं कृतम् । सुमगधं कृतम् । नदीसे—"नदीभिश्च" [१।३।१७] इति हसः । उन्मत्तगङ्गम् । द्वियमुनम् । संख्यावयवः—"संख्या वंश्येन" [१।३।१६] इति हसः । द्विकौशलम् । त्रिकौशलम् । एकविंशति भारद्वाजम् ।

लुटोऽन्यस्य डारौरसः ॥१।४।१५४॥ लुटोऽन्यसंज्ञस्य त्रिकस्य डा रौ रस् इत्येते आदेशा भवन्ति । अर्थद्वारकमत्र यथासंख्यम् । श्रोता । श्रोतारौ । श्रोतारः । अध्येता । अध्येतारौ । अध्येतारः । डा इत्यन्तादेशः । डा आ इति प्रश्लेषनिर्देशाद्वानेकाल् सर्वादेशः । डित्यभस्यापि डित्करणसामर्थ्याट्टिखम् । रौरसोः परतः "रि" [५।२।१२३] इति सखम् ।

इत्यभयनन्दिमुनिविरचितायां जैनेन्द्रव्याकरणमहावृत्तौ प्रथमाध्यायस्य चतुर्थः पादः ॥ ४ ॥

अध्यायश्च समाप्तः ।

द्वितीयोऽध्यायः

त्यः ॥२।१।१॥ अधिकारेण संज्ञेयमा कपः । यदित ऊर्ध्वमनुक्रमिष्यामः अपूर्वं शब्दोपजननं प्रकृतिवाग्विशेषणविकारागमवर्जं यत् त्यसंज्ञं तद वेदितव्यम् । प्रकृतिर्गुपादिः । वाक् "**कर्मण्यण्**" [२।२।१] इत्येवमादावीपा निर्दिष्टम् । विशेषणं "**हतिनाथयोः पशौ ह्ञः**" [२।२।३०] इत्येवमादौ पश्वादि । विकारः सतो भावान्तरावाप्तिः । "**दुहो घश्च**" [२।२।६] इत्येवमादिषु घकारादिः । आगमः परतन्त्रः । "**त्रपुजतुनोः षुक्**" [३।३।१०६] इत्येवमादिः । युक्तिरुच्यते निमित्ति कार्यत्र निमित्तिस्येति प्रकृतिवाग्गुणाधीनामग्रहणम् । अथवा भाव्यमानविभक्तीनिर्दिष्टं सन्नादि प्रधानं भूतविभक्तीनिर्दिष्टं प्रकृत्याद्यप्रधानं प्रधाने च कार्यसम्प्रत्ययः । विकारागमयोस्तु "**परः**" [२।१।२] इत्यनेन निरासः; नहि तयोः परत्वसम्भवः । वक्ष्यति तव्यानीयौ । कर्तव्यः । करणीयः । प्रतियन्ति तेनार्थमिति प्रत्ययः । "**पुंखौघः प्रायेण**" [२।३।१००] इति घः । एवं यद्यन्वर्था संज्ञा क्रियेत तदा प्रकृतेः सविभक्तिकस्य वा पदस्य त्यसंज्ञा स्यात् । त्यप्रदेशाः "**यस्ये तदादि गुः**" [१।२।१०२] इत्येवमादयः ।

परः ॥२।१।२॥ परिभाषेयं नियमार्था । पर एव भवति धोर्मृदो वा यस्त्यसंज्ञः । कर्तव्यः । करणीयः । औपगवः । धोरित्येवमादौ दिग्योगलक्षणकानिर्देशेऽपि पूर्वशब्दस्याध्याहारः स्यादिति परत्वं न लभ्यते "**ईप्केत्यव्यवाये पूर्वपरयोः**" [१।१।६०] इत्यत्र यदि कार्यं परमुच्यते तत्तानिर्दिष्टस्येति । न च सनादयस्तानिर्दिष्टाः । अथासतः प्रादुर्भावः पर उच्यते एवं सति नियमार्थमिदं त्यपरैव प्रकृतिः प्रयोक्तव्या न केवला ।

गुप्तिज्किद्भ्यः सन् ॥२।१।३॥ त्य इति वर्तते । गुप् तिज् कित् इत्येतेभ्यः परः सन् भवति । जुगुप्सते । तितिक्षते । चिकित्सति । धुसंशब्देनाविधानात् अगसंज्ञा नास्ति । तेन[2] नेडागमः । "**निन्दाक्षमारोगापनयेषु यथाक्रमं सन्निष्यते**" [वा०] । गोपननिशाननिवासादिषु न भवति । गोपनं गोपायति । तेजनं तेजयति । निकेतनं निकेतयति । भुवादिषु पाठः किमर्थः ? "**अस्यात्**" [२।३।८४] इत्यकारो यथा स्यात्[3] ।

---

१. न्दिविर–अ०, ब०, स० । २.-स्तीति ने–अ० । ३. जुगुप्स तितिक्ष चिकित्सेत्यादीनां भ्वादिषु पृथक् पाठाकरणम् अस्त्यादित्यर्थमित्याशयः कथञ्चिदुन्नेयः ।

जुगुप्सा । तितिक्षा । चिकित्सा । सनोऽकारोपदेशः प्रतीषिषतीत्यादौ श्रवणार्थः ।

"एकदेशकृतं लिङ्गं समुदायविशेषणम् । अनुदात्तेत्त्वमाद्याभ्यां तेनायं दो विधीयते ।"

मान्बधदान्शान्भ्यो दीश्चस्य ॥२।१।४॥ मान् वध दान शान् इत्येतेभ्यः सन् भवति दीश्च चस्येकारस्य । मीमांसते । बीभत्सते । दीदांसते । शीशांसति । शीशांसते । आद्यावनुदात्तेतौ । परौ स्वरितेतौ । "चविकारेष्वपवादा उत्सर्गान्न बाधन्ते" [प०] इति कृतेकारस्य चस्य दीत्वम् । अत्रापि "जिज्ञासावैरूप्यार्जवनिशानेषु यथाक्रमं सन्निष्यते"[वा०] । पूजाबधनावखण्डनतेजनेषु न भवति । मानयति । बाधयति । दानयति । निशानयति । दान उत्तरत्र वेति व्यवस्थितविभाषा । तदवलोकनादयं विभागः ।

तुमीच्छायां धोर्वोप् ॥२।१।५॥ इच्छायां तुमि यो धुस्तस्मात् सन् वा भवति तुमश्चोब्भवति यदा सन् । कर्तुमिच्छति चिकीर्षति । बुभुक्षते । अयं [1]हीच्छायां तुम् विहितः । हेतुफलयोरित्यधिकृत्य "इच्छार्थे लिङ्लोटौ" [२।३।१३३] "तुमेककर्तृके" [२।३।१३४] इति वचनात् । इहापि सामान्यविशेषभावेन हेतुफलभावोऽस्ति । एषितुमिच्छति एषिषिषति । तुमिति किम् ? इच्छायामित्युच्यमाने इच्छार्थानामिषिवाञ्छ्यादीनां ग्रहणं स्यात् । तुम्ग्रहणे सति इच्छायामित्येतत्तुमो विशेषणम् । इच्छायामुपलक्षिते तुमीति । तेन यत्र तुमो निमित्तं हेतुफलभावो नास्ति तत्र न भवति । इच्छति कटं करोति चैनम् । भिन्नकर्तृकत्वे च न भवति । इच्छति देवदत्तः कटं कुर्याज्जिनदत्तः । यत्र तुम् नास्ति तत्र च न भवति । इच्छायामिति किम् ? कर्तुं गच्छति । अत्र "वुणतुमौ क्रियायां तदर्थायाम्" [२।३।८] इति तुम् । धोरिति किम् ? प्रकर्तुमैच्छत् प्राचिकीर्षत् । सगेरुत्पत्तिर्मा भूत् । अगसंज्ञार्थं च धुग्रहणम् । वाग्रहणाद्वाक्यस्यापि साधुत्वम् । इहोपचारात् सिद्धम् । पिपतिषतीव पिपतिषति कूलम् । मुमूर्षतीव मुमूर्षति श्वा । वेति व्यवस्थितविभाषा । तेनेच्छासन्नन्तात् सन्न भवति । चिकीर्षितुमिच्छति । अनिच्छासन्नन्ताद्भवति । जुजुगुप्सिषते ।

"मत्वर्थाच्छैषिकाच्चापि मत्वर्थः शैषिकस्तथा । सरूपप्रत्ययविधिर्नेष्टः सन्नन्तान्न सनिष्यते ॥"

स्वेपः क्यच् ॥२।१।६॥ स्वस्य यदिबन्तं तस्मादिच्छायां वा क्यज् भवति । आत्मनः पुत्रमिच्छति पुत्रीयति । पटीयति । ककारो "नः क्ये"[१।२।१०४] इत्यत्र सामान्यग्रहणार्थः । चकारः सामान्यग्रहणाविघातार्थः । तेन "एकानुबन्धग्रहणे न द्व्यनुबन्धकस्य"[प०]इत्ययं विघातो नास्ति । स्वग्रहणं किम् ? पुत्रमिच्छति ब्रह्मचारी मरणमिच्छति दुर्जनः । अत्र परस्येति गम्यते । इबिति किम् ? पुत्र इच्छति । पुत्राय इच्छति । वाक्यात् कस्मान्न भवति । महान्तं पुत्रमिच्छति वाक्यस्यानिबन्तत्वात् । अवयवादसामर्थ्यान्न भवति । कर्मोक्तमत्र क्यचा तेन कर्त्तरि भावे च प्रयोगः । पुत्रीयति । पुत्रीयते अनेन । वेत्यनुवृत्तेर्भिमन्तेभ्यो न भवति । उच्चैरिच्छति । इदमिच्छति । किमिच्छति ।

काम्यः ॥२।१।७॥ स्वस्य यदिबन्तं तस्माद्वा काम्यो भवतीच्छायाम् । पुत्रमिच्छत्यात्मनः पुत्रकाम्यति । पटकाम्यति । ककारस्य प्रयोगार्हत्वादित्संज्ञा नास्ति । योगविभागादुत्तरत्र क्यच एवानुवृत्तिर्न काम्यस्य ।

गौणादाचारे ॥२।१।८॥ गौणममुख्यमाचरणक्रियायामुपमानमित्यर्थः । गौणादिबन्तादाचारेऽर्थे वा क्यज् भवति । पुत्रमिवाचरति पुत्रीयति छात्रम् । प्रावारीयति कम्बलम् । व्यवस्थितविभाषाधिकारादीप्यपि भवति । प्रासादीयति कुट्यां ।

कर्त्तुः क्यङ् सखं विभाषा ॥२।१।९॥ कर्तुं गौणादाचारेऽर्थे वा क्यङ् भवति यद्यन्ते सकारस्तस्य च खं विभाषया । इह कर्तृग्रहणादिम्नि सम्भवति सुबन्तात् क्यङ् । श्येन इव आचरति काकः श्येनायते । कुमुदं पुष्करायते । व्यवस्थितविभाषेयम् । "ओजोऽप्सरसोर्नित्यं पयसस्तु विभाषया सखम्" [वा०] ।

---

१. यदीच्छा–अ० । २. पा० भाष्ये—"शैषिकान्मतुबर्थीयाच्छैषिको मतुबर्थिकः । सरूपः प्रत्ययो नेष्टः सन्नन्तान्न सनिष्यते ॥" इत्येवंरूपः ।

ओजस्वीवाचरति ओजायते । वृत्तिविषये मत्वर्थीयः क्यङोक्तः । अप्सरायते । मथितं पयायते पयस्यते । असखपक्षे "नः क्ये" [१।२।१०४] इति नियमात् पदत्वाभावे रित्वादिविधिर्न भवति । कर्तुरिति सखापेक्षया तया विपरिणम्यते तेनान्त्यस्य खम् । इह न भवति । सारसायते । "आचारे सर्वमृद्भ्यः क्विवा भवतीत्येके" [वा०] अश्व इवाचरति अश्वति । अश्वायते ।

भृशादेश्च्वौ हलो भुवि ॥२।१।१०॥ कर्तुरिति वर्तते । भृश इत्येवमादिभ्यः च्व्यर्थे वर्तमानेभ्यो भवत्यर्थे वा क्यङ् भवति यद्यन्ते हल् तस्य[1] च नित्यं खम् । च्विर्विकल्पेन विधीयते । यत्र नोत्पद्यते तत्रायं क्यङ् । अभृशो भृशो भवति भृशायते । भृश शीघ्र चपल पण्डित उत्सुक । नात्र गेर्बहिर्भावः । उन्मनस् सुमनस् दुर्मनस् अभिमनस् । संग्राम युद्ध इति ज्ञापकादुदादीनामडागमादिषु बहिर्भावः । रेहत् वेहत् शश्वत् तृपत् वर्चस् ओजस् आण्डर शुचि मन्द नील मद्र फेन हरित ।

डाज्लोहितात् क्यष् ॥२।१।११॥ डाजन्ताल्लोहितशब्दाच्च च्व्यर्थाद्भवत्यर्थे वा क्यष् भवति । च्व्यर्थग्रहणं लोहितस्य विशेषणं न डाजन्तस्याव्यभिचारात् । पटपटायति । पटपटायते । यदा न क्यष् तदा पटपटाभवतीति प्रयोगः । अलोहितो लोहितो भवति लोहितायति । लोहितायते । एवं हि "नः क्ये" [१।२।१०४] इत्यत्र सामान्यग्रहणार्थः ककारः शोभेत यदि चर्मादिभ्योऽपि स्यात् । चर्मायति । चर्मायते । निद्रायति । निद्रायते । करुणायति । करुणायते । कृपायति । कृपायते । वृत्तिविषये मत्वर्थीयः क्यषाऽभिहितः ।

कष्टाय ॥२।१।१२॥ क्यङ् अनुवर्तते । कष्टायेति तादर्थ्ये अप् । कष्टाय ये शब्दा वर्तन्ते तेभ्यः क्यङ् भवति । कष्टार्थादिति वक्तव्यम् । अबन्तनिर्देशः समर्थविभक्त्युपादानार्थः । अभिधानवशात् क्रमणेऽनार्जवे क्यङ् द्रष्टव्यः । यथा "नमोवरिवश्चित्रङः क्यच्" [२।१।१६] इत्यत्र पूजाद्यर्थनियमः । कष्टाय कर्मणे क्रामति कष्टायते । अनार्जवं पापं करोतीत्यर्थः । सत्राय कर्मणे क्रामति सत्रायते । कक्षायते[2] । गहनायते । अनार्जव इति किम् ? अजः कष्टं क्रामति । नात्र पापं गम्यते ।

वाष्पोष्मफेनादुद्वमे ॥२।१।१३॥ इप इति वर्तते । वाष्प ऊष्मन् फेन इत्येतेभ्यः उद्वम इत्यर्थे क्यङ् भवति । वाष्पमुद्वमति वाष्पायते । ऊष्माणमुद्वमति ऊष्मायते । फेनायते ।

रोमन्थतपःशब्दवैरकलहाभ्रकण्वमेघात् कृञि ॥२।१।१४॥ रोमन्थ तपस् शब्द वैर कलह अभ्र कण्व[3] मेघ इत्येतेभ्यः करोत्यर्थे क्यङ् भवति । रोमन्थं करोति रोमन्थायते गौः । अत्र करोतिः क्रियासामान्ये वर्तमानोऽपि अभ्यवहृतचर्वणक्रियायां गृह्यते । तेनेह न भवति । कीटको रोमन्थं वर्तयति । "तपसो मश्चेति वक्तव्यम्" [वा०] तपः करोति तपस्यति । तपश्चरतीत्यर्थः । शब्दं करोति शब्दायते । वैरायते । कलहायते । अभ्रायते । कण्वायते[4] । पापं करोतीत्यर्थः । मेघायते । तत्करोतीत्यस्मिन्नर्थे णिजपि भवति । शब्दयति । वैरयति । "सुदिनदुर्दिननीहारेभ्यश्चेति वक्तव्यम्" [वा०] सुदिनायते । दुर्दिनायते । नीहारायते । "अटाट्टाशीकाकोटापोटासोटाप्रुष्टाभ्योऽपीति केचित् ।" [वा०] अटायते । अट्टायते । शीकायते । कोटायते । पोटायते । सोटायते । प्रुष्टायते ।

सुखादेः स्वभोगे ॥२।१।१५॥ भोगोऽनुभवो वेदना वा । सुख इत्येवमादिभ्य इबन्तेभ्यः स्वभोगे क्यङ् भवति । सुखमात्मनः करोति सुखायते । सुखं भुङ्क्ते अनुभवति वेदयतीत्यनर्थान्तरम् । एवं दुःखायते । सुख दुःख तृप्त कृच्छ्र अस्र अलीक करुण कृपण सोढ प्रतीप । स्वभोग इति किम् ? सुखं करोति प्रसाधको देवदत्तस्य ।

---

१. तस्य नित्यं खम् ब०, स०, मु० । २. कण्ठ अ०, ब०, स० । ३. कण्ठ अ०, ब०, स० । ४. कण्ठायते अ०, ब०, स० ।

नमोवरिवश्चित्रङः क्यच् ॥२।१।१६॥ कृञीति वर्तते। नमस् वरिवस् चित्रङ् इत्येतेभ्यः क्यज् भवति करोत्यर्थे। पूजापरिचर्याश्चर्यविशेषे। नमः करोति नमस्यति देवान्। अत्र नमःशब्दस्यानर्थकत्वात्तद्योगे नाब् भवति। वरिवः करोति वरिवस्यति गुरून्। चित्रङ् करोति चित्रीयते। ङित्वाद्दः। पूजादिभ्योऽन्यत्र नमः करोतीति भवति।

पुच्छभाण्डचीवराण्णिङ् ॥२।१।१७॥ पुच्छ भाण्ड चीवर इत्येतेभ्य इबन्तेभ्यो णिङ् भवति करोत्यर्थविशेषे। कोऽसौ विशेषः। **"पुच्छादुदसने पर्यसने वा"** [वा०] उत्पुच्छयते। परिपुच्छयते। **"भाण्डात्समाचयने परिचयने वा"** [वा०] संभाण्डयते परिभाण्डयते। **"चीवरादर्जने परिधाने वा"** [वा०] संचीवरयते भिक्षुः। णकारः **"णाविष्ठवन्मृदः"** [४।४।१४४] इत्यत्र सामान्यग्रहणाविघातार्थः। अर्थविशेषादन्यत्र णिजेव भवति।

मुण्डमिश्रश्लक्ष्णलवणव्रतवस्त्रहलकलकृततूस्तेभ्यो णिच् ॥२।१।१८॥ मुण्ड इत्येवमादिभ्य इबन्तेभ्यो णिज् भवति करोत्यर्थे। चुरादिषु **"मृदो ध्वर्थे"** इति णिचि सिद्धे अर्थविशेषपरिग्रहार्थमिदम्। च्व्यर्थे वायमिति केचित्। अमुण्डं मुण्डं करोति मुण्डयति। मिश्रयति। श्लक्ष्णयति। लवणयति। **"व्रताद्भोजने तन्निवृत्तौ च"** [वा०] पयो व्रतयति। पयो भुङ्क्ते इत्यर्थः। सावद्यं व्रतयति। सावद्यं न भुङ्क्ते इत्यर्थः। **"वस्त्रात् समाच्छादने"** [वा०] वस्त्रेण संच्छादयति संवस्त्रयति। हलिं गृह्णाति हलयति। कलिं गृह्णाति कलयति। **"हलिकल्योरकारान्तता णिचा योगे निपात्यते"** [वा०] **"णौ कच्यनक्खे सन्वत्"** [४।२।१८१] इति सन्वद्भावप्रतिषेधार्थम्। कलिं गृहीतवानचकलत्। अजहलत्। अन्यथा परत्वादैपि कृते टिखं स्यात् ततः सन्वद्भावः प्रसज्येत। यथा अलीलघत् अपीपटत् इति। कृतं गृह्णाति कृतयति। तूस्तानि केशजटाः विहन्ति वितूस्तयति।

धोर्यङ् क्रियासमभिहारे ॥२।१।१९॥ पौनःपुन्यं भृशार्थो वा क्रियासमभिहारः। धोर्यङ् भवति क्रियासमभिहारे। पुनः पुनः पचति भृशं वा पापच्यते। बोभुज्यते। क्रियान्तरैरव्यवहितायाः प्रधानभूतविक्लेदनक्रियायाः पुनः पुनरारम्भः पौनःपुन्यम्। गुणभूताधिश्रयणादिक्रियाणां क्रियान्तरैरव्यवहितानां साकल्येन करणं भृशार्थता। सूचिसूत्रिमूत्र्यट्यर्त्यशूर्णोतीनां ग्रहणं नियमार्थं कर्त्तव्यम्। सोसूच्यते। सोसूत्र्यते। मोमूत्र्यते। अनेकाज्भ्य एव नान्यस्मात्। अत्यर्थं जागर्तीति। अटाट्यते। अरार्यते। **"यङि"** [५।२।१३१] इत्येप्। अत्यर्थमश्नुते अशाश्यते। प्रोर्णोनूयते। अट्यादिग्रहणं किमर्थम्? अन्यस्मादजादेर्मा भूत्। भृशमीक्षते। पुनः पुनरीहते। क्रियासमभिहारे सर्वस्य द्वित्वे वेति विभाषानुवर्तते। तेन यङन्तस्य द्वित्वं न भवति। तत एव क्रियासमभिहारे यो लोट् तदन्तस्य भवति। लोलूयस्व लोलूयस्व इत्येवायं लोलूयते। धोरिति किम्? सगेरुत्पत्तिर्मा भूत्। अगसंज्ञार्थं च धुग्रहणम्। पेपीयते। **"शुभिरुचिभ्यां प्रतिषेधो वक्तव्यः"** [वा०]। अत्यर्थं शोभते। अत्यर्थं रोचते।

नित्यं गतिविशेषे ॥२।१।२०॥ नित्यं यङ् भवति गतिविशेषे गम्यमाने। चङ्क्रम्यते। दन्द्रम्यते। आवनीवच्यते। गतिविशेषो हि यङन्तवाच्यः। तेनास्वपदेनार्थमात्रकथनमिदं कुटिलं क्रामतीति। नित्यग्रहणं तु विषयनियमार्थम्। एतयोर्योगयोर्गतिविशेष एव गर्हे एव च यङ् यथा स्यात् क्रियासमभिहारे मा भूत्। भृशं क्रामति। भृशं लुम्पति।

लुपसदचरजपजभदहगृदशो गर्हे ॥२।१।२१॥ लुपादिभ्यो गर्हे गम्यमाने नित्यं यङ् भवति। प्रत्यासत्तेर्धात्वर्थस्य गर्हा गृह्यते न साधनस्य। अनर्थकं लुम्पति लोलुप्यते। सासद्यते। चञ्चूर्यते। जञ्जप्यते। जञ्जभ्यते। दन्दह्यते। निजेगिल्यते। दन्दश्यते। दशेः कृतनखस्य निर्देशाद्यङ्लुप्यपि खं भवतीति केचित्। दंदशीति। तदयुक्तं सौत्रत्वान्निर्देशस्य। गर्हे इति किम्? सुखं सीदति स्वगृहे।

पाशरूपवीणातूलश्लोकसेनालोमत्वचवर्मवर्णचूर्णचुरादेर्णिच् ॥२।१।२२॥ पाशरूपवीणातूलश्लोकसेनालोमत्वचवर्मवर्णचूर्णचुरादिभ्यश्च णिज् भवति। चुरादौ **"मृदो ध्वर्थे"** इति सिद्धेऽपि अर्थविशेषपरिग्रहार्थं पाशादेः पृथग्ग्रहणम्। **"पाशाद्विमोचने"** [वा०] पाशं विमोचयति विपाशयति। **"रूपाद्दर्शने** [वा०] रूपं दर्शयति रूपयति। वीणया उपगायति उपवीणयति। तूलैरनुकुष्णाति अनुतूलयति। श्लोकैरुपस्तौति उपश्लोकयति। सेनया अभियाति अभिषेणयति। लोमान्यनुमार्ष्टि अनुलोमयति। त्वचं गृह्णाति त्वचयति। त्वच इति अकारान्तनिपातनात् **"परेऽचः पूर्वविधौ"** [१।१।४७] इत्यलस्य स्थानिवद्भावात् **"उडोऽतः"** [२।२।४] इत्यैन्न भवति। वर्मणा सन्नह्यति संवर्मयति। वर्णान् गृह्णाति वर्णयति। चूर्णैरवकिरति अवध्वंसयति वा अवचूर्णयति। चुरादिभ्यः-चोरयति। मन्त्रयते।

आ चार्थवेदसत्यानाम् ॥२१।२३॥ अर्थ वेद सत्य इत्येतेषां आकारश्चान्तादेशो भवति णिच्च। अर्थमाचष्टे अर्थापयति। वेदापयति। सत्यापयति।

हेतुमति ॥२।१।२४॥ हेतुस्तत्प्रयोजकः। हेतुमति ध्वर्थेऽभिधेये णिज् भवति अन्येषां दर्शनं प्रयोजकव्यापारः प्रेषणाध्येषणरूपो हेतुमान् तस्मिन्नभिधेये णिज् भवति। कटं कारयति। ओदनं पाचयति। अत्र वाग्विसर्गो हेतुव्यापारः। क्वचित् समर्थाचरणम्। यथा भिक्षा वासयति। कारीषोऽग्निरध्यापयति। **"आख्यानात् कृतस्तदाचष्ट इति कृदुप्प्रत्यापत्तिः प्रकृतिवच्च कारकमिति"** [वा०] आख्यायते यत्तदाख्यातं तस्मात् कृदन्तात् आचष्ट इत्यस्मिन्नर्थे णिज् वक्तव्यः कृदुप्प्रकृतिप्रत्यापत्तिः, प्रकृतिवच्च कारकं भवतीति वक्तव्यम्। कंसवधमाचष्टे कंसं घातयति। वलिबन्धमाचष्टे बलिं बन्धयति। राजागममाचष्टे राजानमागमयति। **"आख्यानशब्दात्प्रतिषेधो वक्तव्यः"** [वा०] आख्यानमाचष्टे इति वाक्यमेव भवति। मृगरमणमाचष्टे मृगान् रमयति। यदा ग्रामे मृगरमणमाचष्टे तदा नेष्यते। **"आङ्निवृत्तिश्च कालात्यन्तसंयोगे मर्यादायाम्"** [वा०] कृदन्तात् णिच् तदाचष्टे इति कृदुप्प्रकृतिप्रत्यापत्तिः प्रकृतिवच्च कारकमिति वर्तते। आरात्रिविवासमाचष्टे रात्रिं विवासयति। **"चित्रीकरणे च प्राप्त्यर्थे णिच् वक्तव्यः"** [वा०] उज्जयिन्याः प्रस्थितो माहिष्मत्यां सूर्योद्गमनं सम्भावयति सूर्यमुद्गमयति। **"नक्षत्रयोगे ज्ञार्थे"** [वा०] पुष्येण योगं जानाति पुष्येण योजयति। चन्द्रमसा मघाभिर्योगं जानाति मघाभिर्योजयति। नेदं बहु वक्तव्यमत्रापि कथञ्चिद्धेतुव्यापारोऽस्ति बहुलग्रहणाद्वा सिद्धम्।

कण्ड्वादेर्यक् ॥२।१।२५॥ कण्डूञ् इत्येवमादिभ्यो यक् भवति। यकः कित्करणं एप्प्रतिषेधार्थं ज्ञापकमिह कण्ड्वादयो धवो गृह्यन्ते न मृद्रूपाणि (मृद्रूपाः)। कण्डूञ्हृणीङादिषु दीर्घोच्चारणं ज्ञापकं विकल्पेन धुरूपतैषामन्यथा **"दोरकृद् गे"** [४।२।१३४] इति दीर्घेनाप्येतत्सिद्ध्येत। तेन मृत्पक्षे कण्डुः मन्तुः वल्गुः इत्यादिप्रयोगा ज्ञातव्याः। कण्डूयति। कण्डूयते। कण्डूतिः। मन्तूयति। कण्डूञ् मन्तु वल्गु असङ् हृणीङ महीङ् वेटलीङ्। ङकारो दावध्यर्थः। इयस् इरस् तिरस् मगधस् पम्पस् कुषुभ उषस् तन्तस् सुख दुःख भिषज् भिष्णुज् अरर चुरण तुरण तरण सरण (चरण) सपर इषुध इषुभ गद्गद एला वेला केला खेला लेट् लोट् उरस्। अकारान्तानाम् अतः खम्।

गुपूधूपविच्छिपणिपनेरायः ॥२।१।२६॥ गुपू धूप विच्छि पणि पनि इत्येतेभ्यो धुभ्य आयो भवति। गोपायति। धूपायति। विच्छेरन्तरङ्गत्वात्तुकि कृते आयः। विच्छायति। अनुदात्तेत्त्वं केवले चरितार्थमिति दो न भवति। गुपादिभिर्भौवादिकैः साहचर्यात्पणेर्भौवादिकस्य ग्रहणं न तौदादिकस्य। शतस्य पणते। **"व्यवहृपणोः सामर्थ्ये"** [१।४।६४] इति कर्मणि ता। पनिरिहैव पणिना समानार्थः उपदिश्यते। पनायति।

वाऽगे ॥२।१।२७॥ अगविषये गुपादिभ्यो वा आयो भवति। गोपायिता। गोप्ता। गोपायांचकार। जुगोप। गोपाया। गुप्तिः। इत्येवमादि योज्यम्।

कमृत्योर्णिङीयङ् ॥२।१।२८॥ सूत्रत्वात्कायाः स्थाने ता कृता। कम् ऋति इत्येताभ्यां णिङ् ईयङ् इत्येतौ त्यौ भवतः। कामयते। णकारः ऐबर्थः। "न कम्यमिचमाम्" इत्यत्र कमेर्मित्संज्ञाप्रतिषेधः किमर्थः? "जिणमोर्दीमिताम्" [४।४।८६] इति वा प्रादेशो मा भूदित्येवमर्थः। अकामि। कामं कामम्। "वाऽगे" [२।१।२७] इति णिङोऽनुत्पत्तौ णिजिनिमित्तस्यैषः प्रादेशनिवृत्त्यर्थश्च। ङकारो दविध्यर्थः। क्ङितीत्येप्रतिषेधार्थं न भवति इकस्तत्रानुवृत्तेः। ऋतिरिहैव घृणार्थमुपदिश्यते ऋतीयते। वाऽग इति च वर्तते। तेन कमिता। कामयिता। अर्तिता। ऋतीयिता।

तदन्ता धवः ॥२।१।२९॥ येऽनुक्रान्ताः सनादयस्ते अन्ता येषां ते धुसञ्ज्ञका भवन्ति। तथा चैवोदाहृतम्। पदसंज्ञायामन्तग्रहणं नियमार्थमुक्तम्। अन्यत्र "संज्ञाविधौ त्यग्रहणे तदन्तविधिर्नास्ति" [प०] इति एष प्रतिषेधो मा भूदित्यन्तग्रहणम्।

स्यतासी ऌलुटोः ॥२।१।३०॥ ऌ इति ऌङ्ऌटोः सामान्येन ग्रहणम्। धोः स्यतासी इत्येतौ मध्ये त्यौ भवतः ऌलुटोः परतः। शब्दापेक्षमत्र यथासंख्यम्। धोरधिकारात् पूर्वभक्ततानिवृत्तिः। अगा संज्ञा च। भावकर्मकर्तृषु लो विहितः। तत्र यक्शपावुत्सर्गौ स्यादयस्तदपवादाः। करिष्यति। अकरिष्यत्। कर्ता। तासेरिदित्करणं किम्? "हलुङः क्ङित्यनिदितः" [४।४।२३] इति नखप्रतिषेधार्थम्। हन्ता। मन्ता।

कास्यनेकाच्त्याल्लिट्याम् ॥२।१।३१॥ कासेरनेकाचस्त्यान्ताच्च लिटि परतः आम्भवति। कासाञ्चक्रे। अनेकाज्भ्यः—चकासाञ्चकार। चुलुम्प इति सौत्रो धुः; चुलुम्पाञ्चकार। दरिद्राञ्चकार। त्यान्तात्—लोलूयाञ्चक्रे। कारयाञ्चक्रे। गवाञ्चकार। "आचारार्थे सर्वमृद्भ्यः" इति क्विप्। अनेकाज्ग्रहणमत्यान्तार्थम्। आमिति नायमागमः। कासेर्विधानात्।

सरोरिजादेः ॥२।१।३२॥ सह रुणा वर्तते इति सरुः। सरोरिजादेर्धोर्लिट्याम्भवति। ईहाञ्चक्रे। इन्दाञ्चकार। उपदेशावस्थायां नुम्। ऊहाञ्चक्रे। उञ्छाञ्चकार। उदम्भाञ्चकार। सरोरिति किम्? इयेष। उवोष। एपि कृते सरुरिति चेत्; "सन्निपातलक्षणो विधिरनिमित्तं तद्विघातस्य" [प०] इति न भवति। इजादेरिति किम्? ततक्ष। "ऋच्छत्यृताम्" [५।२।१२३] इति लिट्येप्वचनं ज्ञापकं ऋच्छेराम्न भवति। आनर्च्छ। आनर्च्छतुः। आनर्च्छुः। कथं प्रोर्णुनाव? "वाच्य ऊर्णोर्णुवद्भावो यङ्प्रसिद्धिः प्रयोजनम्। आमश्च प्रतिषेधार्थमेकाचश्चेण्निवृत्तये"। प्रोर्णुनूषति। "सनिग्रहश्च" [४।१।११८] इतीट्प्रतिषेधः।

दयायासः ॥२।१।३३॥ दय अय आस इत्येतेभ्यश्च लिटि आम्भवति। दयाञ्चक्रे। पलायाञ्चक्रे। "गेरयतौ" [२।३।३७] इति ललम्। आसाञ्चक्रे।

वोषजागृविदात् ॥२।१।३४॥ उष जागृ विद् इत्येतेभ्यश्च लिटि परतो वा आम् भवति। ओषाञ्चकार। उवोष। जागराञ्चकार। जजागार। विदाञ्चकार। विवेद। विदेराम्यकारान्तत्वनिपातनात् एप्न भवति। जागृसाहचर्यादादादिकस्य ग्रहणम्।

भीह्रीभृहुवामुज्वत् ॥२।१।३५॥ भी ह्री भृ हु इत्येतेभ्यो लिटि आम् भवति उचीव कार्यं भवत्येषाम्, उचि कार्यं द्वित्वमित्येव। तदतिदिश्यते। लिडपेक्षं द्वित्वमामा व्यवधानान्न प्राप्नोति। बिभयाञ्चकार। बिभाय। जिह्रयाञ्चकार। जिह्राय। बिभराञ्चकार। बभार। "भृञां त्रयाणाम्" [५।२।१७५] इति घस्येत्वम्। जुहवाञ्चकार। जुहाव।

लिड्वत् कृञि ॥२।१।३६॥ कृञिति प्रत्याहारेण कृभ्वस्तीनां त्रयाणां ग्रहणम्। मण्डूकप्लुत्या वेति विभाषाऽपेक्षणीया। तेन सम्पदो बहिर्भावः। य उक्त आम् स लिड्वत्कृञि प्रयुक्ते साधुर्भवति। लिड्वत् कृञीतीम्निर्देशात् आमन्तस्याव्यवहितस्य पूर्वं प्रयोगः। ईहाञ्चक्रे। "आम्वत् तत्कृञः" [१।२।२६] इति दः। ईहाम्बभूव। ईहामास। "अस्तिब्रूञोर्भूवची" [१।४।१२४] इत्यत्रोक्तमस्तेरनुप्रयोगस्य भूभावो न भवति। कृञि प्रत्याहारग्रहणसामर्थ्याद्वा।

विदाङ्कुर्वन्तु वा ॥२।१।३७॥ विदाङ्कुर्वन्त्विति एतद्वा निपात्यते। किमत्र निपात्यते ? लोटि वा आम् एबभावो लोडन्तस्य करोतेरनुप्रयोगश्च निपात्यते। विदाङ्कुर्वन्तु। विदन्तु। सर्वेषु लोड्वचनेषु निपातनमिदं प्रायेण। ल्यन्तस्य प्रयोगान्ते निर्देशः। विदाङ्करवाणि। वेदानि। विदाङ्करवाव। वेदाव। विदाङ्करवाम। वेदाम। विदाङ्कुरु। विद्धि। विदाङ्कुरुतम्। वित्तम्। विदाङ्कुरुत। वित्त। विदाङ्करोतु। वेत्तु। विदाङ्कुरुताम्। वित्ताम्। (विदाङ्कुर्वन्तु। विदन्तु।)

सिर्लुङि ॥२।१।३८॥ धोः सिर्भवति लुङि परतः। अकार्षीत्। अभैत्सीत्। अकृषातां कटौ देवदत्तेन। इदित्करणं किम् ? अमंस्त। "अनिदितः" [४।४।२३] इति प्रतिषेधात् नोङः खं न भवति।

स्पृशमृशकृषतृपदृपो वा ॥२।१।३९॥ स्पृश मृश कृष तृप दृप इत्येतेभ्यो लुङि वा सिर्भवति। तृपिदृप्योः पुषादित्वान्नित्यमङ् प्राप्तः। अन्यत्र "शलः" [२।२।४०] इति क्सः। अस्प्राक्षीत्। अस्पार्क्षीत्। "वाऽमुदात्तस्यर्दुङः" [४।३।२२] इति वामागमः। यणादेशे कृते "वदव्रजहल" [५।१।७६] इत्यैप्। पक्षे—अस्पृक्षत्। अम्राक्षीत्। अमार्क्षीत्। अमृक्षत्। अक्राक्षीत्। अकार्क्षीत्। अकृक्षत्। अत्राप्सीत्। अतार्प्सीत्। अतृपत्। अद्राप्सीत्। अदार्प्सीत्। अदृपत्।

इगुङः शलोऽनिटोऽदृशः क्सः ॥२।१।४०॥ इगुङ् शलन्तो यो धुः अनिट् तस्माद् दृशिवर्जितात् मे क्सो भवति। दिह—अधिक्षत्। दुह—अधुक्षत्। लिह—अलिक्षत्। इगुङ इति किम् ? दह—अधाक्षीत्। शल इति किम् ? अभैत्सीत्। अनिट इति किम् ? अकोषीत्। "नेटि" [२।१।८०] इत्यैप्प्रतिषेधः। अदृश इति किम् ? अदर्शत्। अद्राक्षीत्। "वेरितः" [२।१।४६] इत्यङ्।

श्लिषः ॥२।१।४१॥ अनिट इत्यधिकारात् श्लिष दाहे इत्यस्य ग्रहणं न भवति। श्लिषः क्सो भवति लुङि परतः। आश्लिक्षत्। पूर्वेण प्राप्तस्य बाधके पुषादित्वादङि प्राप्ते अयमारम्भः। "पुरस्तादपवादा अनन्तरान् विधीन् बाधन्ते नोत्तरान्" [प०] इत्यङ एव बाधा न ञेः। आश्लेषि।

स्वार्थे ॥२।१।४२॥ स्वार्थः आलिङ्गनम्। श्लिषः स्वार्थ एव क्सो भवति। आश्लिक्षत् कन्यां देवदत्तः। स्वार्थ इति किम् ? समाश्लिषत् जतु च काष्ठं च (जतुकाष्ठम्)। दविगये सिखे समाश्लिष्टस्त्वं धवखदिरेण। "झलो झलि" [५।३।४४] इति सेः खम्।

णिश्रिद्रुस्रुकमेः कर्त्तरि कच् ॥२।१।४३॥ णिजन्तेभ्यः श्रि द्रु स्रु कमि इत्येतेभ्यः कर्तृवाचिनि लुङि कज्भवति। ककारः क्कित्कार्यार्थः। चकारः "लुङि कचि धोः" [लिडुच्कचि धोः] [४।३।७] इति विशेषणार्थः। अचीकथत्। अपीपचत्। "ओनयत्यादेः कच्प्रतिषेधो वक्तव्यः" [वा०] औनयीत्। अशिश्रियत्। अदुद्रुवत्। कमिग्रहणं "वाऽगे" [२।१।२७] इति यदा णिङ् न भवति तदा प्रयोजयति। अचकमत्। अकः खं यस्मिन् णाविति तत्र विग्रहात् सन्वद्भावो न भवति। णिङ्पक्षे सन्वद्भावः। अचीकमत्। आत्मकर्मणापि चङ् भवति। अचीकरत् कटः स्वयमेव। "णिश्रिश्रन्थिग्रन्थिब्रूञां दविधौ धीनाञ्च" [वा०] इति ञियकोः प्रतिषेधं वक्ष्यति।

वा धेट्श्व्योः ॥२।१।४४॥ धेट् श्वि इत्येताभ्यां वा कज्भवति कर्तरि लुङि परतः। अदधत्। "द्वित्वेऽचि" [१।१।२६] इत्यात्वस्य स्थानिवद्भावाद् द्वित्वं यदा सिस्तदा "वा घ्राधेट्च्छाशासः" [१।४।१४७] इति वा सेरुप्। अधात्। अधासीत्। अनुपि "यमरमनमातः सक्च" [२।१।१३२] इति सगिटौ। अशिश्वियत्। "न जौ जिः" [४।३।३१] इत्यत्रेकारप्रश्लेषात् जिप्रतिषेधः। कचा मुक्ते पक्षे "जॄश्वि" [२।१।५०] इत्यादिना विकल्पेनाङ्। अश्वत्। अश्वयीत्। "ह्यन्तक्षण" [२।१।८१] इत्यादिना सावैप्प्रतिषेधः। कर्तरीत्येव। अधिषातां वत्सेन।

वक्त्यसुख्यातेरङ् ॥२।१।४५॥ वक्ति असु ख्याति इत्येतेभ्यो लुङि परतः अङ् भवति। इदमेव वक्तिवचनं ज्ञापकं गेऽपि ब्रूञो वचिरादेशो भवतीति। अवोचत्। अवोचत। "श्व्यस्पद्धचोऽथुक् पुमुमोऽङि" [४।२।१२८] इत्युमागमः। अस्। उदास्थत। उदास्थेताम्। उदास्थन्त। "अगेरस्यूस्यद्यौर्वचनम्" [वा०] इति दः। मविषये पुषादित्वादेवाङ् सिद्धः। ख्यातिरिति ख्या प्रकथन इत्यस्य चक्षादेशस्य च कृतयकारस्याविशेषेण ग्रहणम्। आख्यत्। आख्यताम्। आख्यन्।

ह्वालिप्सिचः ॥२।१।४६॥ ह्वा लिप् सिच् इत्येतेभ्यश्चाङ् भवति लुङि परतः। आह्वत्। अलिपत्। असिचत्। पृथगारम्भ उत्तरार्थः।

दे वा ॥२।१।४७॥ ह्वा लिप सिच् इत्येतेभ्यो लुङि दे वा अङ् भवति। आह्वत। आह्वास्त। अलिपत। अलिप्त। असिचत। असिक्त। "सिलिङ् दे" [१।२।८९] इति कित्वादेप्प्रतिषेधः। पूर्वेण नित्ये प्राप्ते विकल्पोऽयम्।

द्युत्पुषादिलित्सर्तिशास्त्यर्तेर्मे ॥ २।१।४८ ॥ द्युतादिभ्यः पुषादिभ्यः लृकारेद्भ्यः सर्ति शास्ति अर्ति शा इत्येतेभ्यश्च लुङि मे परतः अङ् भवति। वेति नानुवर्तते। द्युतादयः कृपूपर्यन्ताः। व्यद्युतत्। व्यलुटत्। अश्वितत्। "द्युद्भ्यो लुङि"[१।२।८७] इति वा मम्। पुषादयः आ गणपरिसमाप्तेः। अपुषत्। अशुषत्। क्सः प्राप्तः लृकारेद्भ्यः। आपत्। अगमत्। अशकत्। असरत्। अशिषत्। आरत्। म इति किम्। व्यद्योतिष्ट। व्यत्यपुक्षत। अर्तेरपि दविषये—मा समृषातां मा समृषत।

वेरितः ॥२।१।४९॥ म इति वर्तते। इरशब्देतो धोर्वाऽङ् भवति लुङि मे परतः। अरुधत्। अरौत्सीत्। अभिदत्। अभैत्सीत्। म इत्येव। अरुद्ध। अभित्त।

जृश्विस्तम्भुम्रुचुम्लुचुग्रुचुग्लुचः ॥२।१।५०॥ वेति वर्तते। जृ श्वि स्तम्भु म्रुच् म्लुच् ग्रुच् ग्लुच् इत्येतेभ्यः कर्तरि लुङि वाङ् भवति। जृष्। अजरत्। आजारीत्। अङि "दृशुरेप्" [५।२।१२१] अश्वत्। अश्वयीत्। कजपि विभाषितः। अशिश्वियत्। स्तम्भुरिहैवोपदिष्टः। अस्तभत्। अस्तम्भीत्। न्यम्रुचत्। न्यम्रोचीत्। न्यम्लुचत्। न्यम्लोचीत्। अग्रुचत्। अग्रोचीत्। अग्लुचत्। अग्लोचीत्। ग्लुञ्चेर्नोङो ग्रहणमनर्थकम्। अङ्पक्षे विशेषाभावात् नोङ्ग्रहणसामर्थ्यान्नखं न भवति इत्यपि न युक्तं न्यग्लुञ्चदिति लङा सिद्धयति।

ञिस्ते पदः ॥२।१।५१॥ वेति निवृत्तमुत्तरत्र वाग्रहणात्। कर्त्तरीति वर्तते। पदेर्धोर्लुङि ते परतः ञिर्भवति। उदपादि भैक्षम्। समपादि शस्यम्। त इति किम्? उदपत्साताम्। उदपत्सत।

दीपजनबुधपूरितायिप्यायो वा ॥२।१।५२॥ दीपादिभ्यः लुङि ते परतः वा ञिर्भवति। अदीपि। अदीपिष्ट। अजनि। अजनिष्ट। ञौ "जनिवध्योः" [५।२।४०] इत्यैप्प्रतिषेधः। साहचर्याद् बुधेरनुदात्तेतो ग्रहणम्। अबोधि। अबुद्ध। अपूरि। अपूरिष्ट। अतायि। अतायिष्ट। अप्यायि। अप्यायिष्ट। अयं कर्तरि विकल्पः। अन्यत्र "ञिङौ" [२।१।६२] इत्यनेन नित्यो ञिः।

कर्मण्यात्मनि ॥२।१।५३॥ आत्मशब्देन कर्त्ताऽभिप्रेतः। यदा सौकर्यात् कर्म कर्तृत्वेन विवक्ष्यते तदा कर्मणि आत्मनि विहिते तशब्दे परतः वा ञिर्भवति। अकारि कटः स्वयमेव। अकृत कटः स्वयमेव। "उः" [१।१।८६] इति सेः कित्वम्। अलावि केदारः स्वयमेव। अलविष्ट केदारः स्वयमेव। "ञिङौ" [२।१।६२] इति नित्ये ञौ प्राप्ते विकल्पोऽयम्। आत्मकर्मणीति किम्? अकारि कटो देवदत्तेन।

दुहश्च ॥२।१।५४॥ चशब्दो विकल्पानुकर्षणार्थः। दुहेर्वा ञिर्भवति तशब्दे परतः कर्मण्यात्मनि। नियमोऽयं हलन्तेषु दुहेरेव विकल्पः, तेन पूर्वसूत्रेऽजन्तेषु विकल्पो द्रष्टव्यः। अदोहि गौः स्वयमेव। अदुग्ध गाः स्वयमेव। "वोप् दुहदिहलिहगुहो दे दन्त्ये" [४।२।७०] इति क्सस्योप्। आत्मकर्मणीत्येव। अदोहि गौर्गोपालकेन।

न रुधः ॥ २।१।५५ ॥ ञिङ्गाविति प्राप्ते प्रतिषेधोऽयम् । भावे कर्मण्यात्मनि ञिर्न भवति । अन्ववारुद्ध गौः स्वयमेव ।

तपोऽनुतापे च ॥ २।१।५६ ॥ तपतेरनुतापे च कर्मण्यात्मनि च ञिर्न भवति । अनुतापः पश्चात्तापः तत्र तावत् भावकर्मणोरनुपि प्रतिषेधः । अन्ववातप्त पापेन कर्मणा । कर्मण्यात्मनि । अतप्त तपः स्वयमेव । साधुस्तावदुपवासादिलक्षणं तपस्तप्यते । तद्यदा तीव्रत्वात् कर्तृत्वेन विवक्षितं तदाऽयं प्रयोगः ।

यग् दुहः ॥ २।१।५७ ॥ नेति वर्तते । दुहेः कर्मण्यात्मनि यङ् न भवति । दुग्धे गौः स्वयमेव । लङि-अदुग्ध गौः स्वयमेव ।

नमः शप्तु ॥ २।१।५८ ॥ नमः कर्मण्यात्मनि यङ् न भवति शप् तु भवति । नमते दण्डः स्वयमेव । अनमत दण्डः स्वयमेव । कर्त्राश्रयः शम्न स्यात् ।

स्नोश्च ञिश्च ॥२।१।५९॥ स्नोश्च नमश्च कर्मण्यात्मनि ञिर्यग् च न भवतः । प्रास्नोष्ट गौः स्वयमेव । प्रस्नुते गौः स्वयमेव । लङि प्रास्नुत गौः स्वयमेव । ञिप्रतिषेधार्थं नमोऽनुकर्षणम् । यक् तु पूर्वेणैव प्रतिषिद्धः । अनंस्त दण्डः स्वयमेव । "**ञियकोः प्रतिषेधे णिश्रन्थिग्रन्थिब्रूञां दविधौ धीनां चोपसंख्यानं कर्तव्यम्**" [वा०] णिरिति हेतुमण्णिचोऽन्यस्य चाविशेषेण ग्रहणम् । अचीकरत कटः स्वयमेव । कारयते कटः स्वयमेव । अश्रन्थिष्ट मेखला स्वयमेव । श्रथ्नीते माला स्वयमेव । अग्रन्थिष्ट मेखला स्वयमेव । ग्रथ्नीते मेखला स्वयमेव । अवोचत वाक् स्वयमेव । ब्रूते वाक् स्वयमेव । दविधौ धीनाम् व्यकृषत सैन्धवाः स्वयमेव । व्यकुर्वत सैन्धवाः स्वयमेव । विकुर्वते सैन्धवाः स्वयमेव । ञियकोः प्रतिषेधे कथं कर्त्राश्रयाः कञादयः । "**नमः शप्तु**" [२।१।५८] इत्यतस्तुशब्दोऽनुवर्तते तेन कर्त्राश्रयविकरणसिद्धिः । अत इदमपि सिद्धम् । आरोहन्ति हस्तिनं हस्तिपकाः । आरोहयते हस्ती स्वयमेव । सिञ्चन्ति हस्तिनं हस्तिपकाः । सेचयते हस्ती स्वयमेव । "**ङौ**" [१।२।७] इति दविधिः । यदान्यत्कर्म प्रति स्वातन्त्र्येण विवक्षा तदा कर्त्राश्रया विधयो भवन्ति । आरोहयमाणो हस्ती स्थलमारोहयति मनुष्यान् । यथा भिद्यमानः कुशूलः पात्राणि भिनत्ति । इह कसादो न भवति । स्मरति वनगुल्मस्य कोकिलः । स्मरयत्येनं वनगुल्मः स्वयमेव । कर्मस्थभावकानां कर्मस्थक्रियाणां चात्मकर्म विवक्षा । कर्तृस्वभावकं चाऽध्यानमिति दो न भवति ।

कुषिरञ्जेः श्यो मे वा ॥२।१।६०॥ कुषिरञ्जीत्येताभ्यां कर्मण्यात्मनि वा श्यो भवति मे परतः । कथं मविधिः वृद्धकुमारीवरवाक्यन्यायेन यथा बहुक्षीरघृतमोदनं मम पुत्रा भुञ्जीरन्नित्यत्र वरादिलब्धिः । कुष्यति पादः स्वयमेव । रज्यति वस्त्रं स्वयमेव । यदा श्यो न भवति तदा यग् दविधी भवतः । कुष्यते पादः स्वयमेव । रज्यते वस्त्रं स्वयमेव । यगनुवर्तते तदपवादोऽयं तेन लिङ्लिङोः स्यादिविषये च नायं विधिः ।

तपस्तपःकर्मकस्य कर्मवत् ॥ २।१।६१॥ तपतेस्तपःकर्मकस्य कर्ता कर्मवद्भवति । कर्मातिदेशस्य यग्दविधी प्रयोजनम् । तप्यते तपः साधुः । अर्जयतीत्यर्थः । अतप्यत तपः साधुः । अतप्त तपः साधुः । तपःकर्मकस्येति किम् ? उत्तपति सुवर्णं सुवर्णकारः ।

ञिङौ ॥ २।१।६२ ॥ मण्डूकप्लुत्याते इति वर्तते लुङीति च । ञिरित्ययं त्यो भवति ङावर्थे लुङि ते परतः । भावे—आसि भवता । अशायि भवता । कर्मणि—अकारि कटो भवता । अलावि केदारो भवता । पुनर्ञिग्रहणं किम् ? ञिरेव यथा स्यात् । यदन्यत्प्राप्नोति तन्मा भूत् । उपाश्लेषि कन्या । "**श्लिषः**" [२।१।४१] इति क्सो न भवति ।

गे यक् ॥२।१।६३॥ ङाविति वर्तते । ङिवाचिनि गे यक् भवति । आख्यातवाच्यस्य भावस्यैकत्वात्

अस्मद्युष्मत्सञ्ज्ञाऽभावाच्च अन्यसञ्ज्ञक एक एव च भवति। आस्यते भवता। सुप्यते भवता। कर्मणि—क्रियते कटः। भुज्यते ओदनः। ऋकारस्य दीत्वे प्राप्ते "रिङ्यग्लिङ्क्षे" [४।२।१३७] इति रिङ्। कर्मसामान्यात् आत्मकर्मण्यपि यग् भवति। क्रियते कटः स्वयमेव। भिद्यते कुशूलः स्वयमेव। कथं भिद्यते कुशूलेन स्वयमेवेत्यत्र कर्त्तरि भा। अत्राकर्मकत्वविवक्षा। तेन भावे लकारः। लान्तस्यो (तस्यो) भयविवक्षा। व्यक्तखार्थेष्वकर्मकविवक्षैव (त्वयैव)। भेत्तव्यं कुशूलेन स्वयमेव। भिन्नं कुशूलेन स्वयमेव। ईषद्भेदं कुशूलेन स्वयमेव।

कर्तरि शप् ॥२।१।६४॥ कर्तृवाचिनि गे परतो धोः शब्भवति। जयति। भवति। तरति। शकारः "मिङ्शिद्गः" [१।४।६३] इति विशेषणार्थः। पकारः "गोऽपित्" [१।१।७८] इति विशेषणार्थः।

दिवादेः श्यः ॥२।१।६५॥ दिव इत्येवमादिभ्यः श्यो भवति गे परतः। दीव्यति। सीव्यति। श्रीव्यति। "हल्यभकुच्छुरः" [५।३।८६] इति उङो दीत्वम्। इमे श्यादय शपोऽपवादाः।

वा आशम्लाशभ्रमुक्रमुत्रसित्रुटिलषः ॥२।१।६६॥ आश म्लाश भ्रम् क्रम् त्रसि त्रुटि लष इत्येतेभ्यो धुभ्यो वा श्यो भवति। उभयत्र विभाषेयम्। आशते। आश्यते। म्लाशते। म्लाश्यते। भ्रमति। भ्रम्यति। श्ये (शिति) भौवादिकस्याशमादित्वाद्दीत्वं नास्ति। दैवादिकस्य दीत्वम्। भ्रमति। भ्राम्यति। क्रमति। क्राम्यति। "क्रमो मे" [४।२।७४] इति दीत्वम्। त्रसति। त्रस्यति। त्रुटति। त्रुट्यति। लषति। लष्यति। क्लमिग्रहणं न कर्तव्यम्। दिवादिपाठात् श्ये सति "शमित्यामदो दीः" [४।२।७२] इति दीत्वं सिद्धम्। "ष्ठिवुक्लम्वाचमां शिति" [४।२।७३] पुनर्दीत्ववचन ज्ञापकं शबपि भवतीति।

यसः ॥२।१।६७॥ यसु प्रयत्न इत्यस्माद्वा श्यो भवति। यसति। यस्यति।

समः ॥२।१।६८॥ संपूर्वाच्च यसः वा श्यो भवति। संयस्यति। संयसति। नियमोऽयं सम एव च गोर्विकल्पो नान्यस्मात्। आयस्यति। प्रयस्यति। दिवादिपाठान्नित्यः श्यः।

स्वादेः श्नुः ॥२।१।६९॥ षुञ् इत्येवमादिभ्यो धुभ्यः श्नुरित्ययं त्यो भवति। सुनोति। सिनोति।

श्रुवः शृ ॥२।१।७०॥ शृ इत्येतस्मात् श्नुर्भवति शृ इत्ययं चादेशः। श्रु इति भुवादौ स्वादौ च पठ्यते। शृणुतः। शृण्वन्ति।

वाऽक्षः ॥२।१।७१॥ अक्ष इत्येतस्माद्धोः वा श्नुर्भवति। अक्ष्णोति। अक्षति। भौवादिकोऽयम्।

तक्षः स्वार्थे ॥२।१।७२॥ स्वार्थस्तनूकरणम्। तक्षु इत्यस्मात् स्वार्थे वा श्नुर्भवति। तक्ष्णोति काष्ठम्। तक्षति काष्ठम्। स्वार्थे इति किम्? सन्तक्षति वाग्भिर्दुर्जनः।

रुधितुदादिभ्यां श्नम्शौ ॥२।१।७३॥ रुधादिभ्यस्तुदादिभ्यः श्नम्शौ त्यौ भवतः। शकारः "श्नाक्षम्" [४।४।२२] इति विशेषणार्थः। मकारः "परोऽचो मित्" [१।१।२५] इति विशेषणार्थः। रुणद्धि। भिनत्ति। तुदादिभ्यः शः। तुदति। क्षिपति।

कृञ्तनादेरुः ॥ २।१।७४ ॥ कृञ् इत्येतस्मात्तनादिभ्यश्च उरित्ययं त्यो भवति। करोति। कुरुतः। कुर्वन्ति। तनादिभ्यः—तनोति। सनोति। क्षणोति। तनादित्वादेव सिद्धे पृथक् कृञो ग्रहणं किम्? अन्यत्तनादिकार्यं करोतेर्मा भूत्। "तनादिभ्यस्तथासोः" [१।४।१४८] इति विभाषया सेरुम्न भवति। अकृत। अकृथाः। न चानुप्पत्ते "प्राद् गोः" [४।३।४५] इति खं सम्भवति। तस्मिन् प्राप्ते उप आरम्भात्सेः भवणं प्रसज्येत।

धिन्विकृण्व्योर च॥२।१।७५॥ 'धिवि प्रीणने','कृवि हिंसाकरणयोः' इत्येताभ्यां उरित्ययं त्यो भवति अकारश्चान्तादेशः। धिनोति। कृणोति। अतः खम्। **"न धुखेऽगे"** [१।१।१८] इति प्रतिषेधात् **"परेऽचः पूर्वविधौ"** [१।१।५७] इति स्थानिवद्भावाद्वा (एप्) न भवति। सनुम्कोच्चारणं ज्ञापकं त्योत्पत्तेः प्रागेव नुम्भवतीति। तेन कुण्डा हुण्डेति सिद्धम्।

क्र्यादेः श्ना ॥२।१।७६॥ क्री इत्येवमादिभ्यो धुभ्यः श्ना इत्ययं त्यो भवति। क्रीणाति। प्रीणाति।

स्तम्भुस्तुम्भुस्कम्भुस्कुम्भुस्कुञ्भ्यः श्नुश्च ॥२।१।७७॥ स्तम्भ्वादिभ्यः श्नुर्भवति श्ना च। स्तभ्नोति। स्तभ्नाति। स्तुभ्नोति। स्तुभ्नाति। स्कभ्नोति। स्कभ्नाति। स्कुभ्नोति। स्कुभ्नाति। स्कुनोति। स्कुनाति। स्कुञ् क्र्यादिषु पठ्यते। इतरेषामिहैवोपदेशः। उदित्करणादन्यत्रापि प्रयोगः।

हौ हलः श्नः शानः ॥२।१।७८॥ हल उत्तरस्य श्ना इत्येतस्य शान इत्ययमादेशो भवति हौ परतः। अशान। पुषाण। हाविति किम्? अश्नाति। हल इति किम्? क्रीणीहि। श्न इति स्थानिनिर्देशः किमर्थः? स्तम्भादीनां यदा श्नुस्तदा मा भूत्। स्तभ्नुहि। त्यान्तरं वा सर्वेभ्यः सम्भाव्यते। शानस्य शित्करणं ज्ञापकम्-अनित्योऽनुबन्धस्य स्थानिवद्भाव इति। तेन लङादीनां मिबादिषु स्थानिवद्भावाच्छित्त्वं ङित्त्वं च न भवति। पचमाना स्त्री। अचिनवम्। असुनवम्।

ईपाऽत्र वाक् ॥२।१।७९॥ धोरिति वर्तते। अत्र धोरधिकारे ईपा निर्दिष्टं वाक्संज्ञं भवति। गम्यमानक्रियापेक्षया ईपेत्यस्य करणत्वम्। वक्ष्यति **"कर्मण्यण्"** [२।२।१] कुम्भकारः। शरलावः। मृद्रूपस्येयं वाक्संज्ञा तेन **"कर्तृकर्मणोः कृति"** [१।४।६८] इति कर्मणि ता भवति। तासाद्वाक्सः परत्वेन। अत्रग्रहणं विस्पष्टार्थम्। वागितीयमन्वर्था संज्ञा। ब्रूतेऽर्थे वागिति तेनासामर्थ्ये वाक्संज्ञा नास्ति। पश्य कुम्भं करोति कटम्। मृत्पिण्डं कुम्भं करोति। महान्तं कुम्भं करोति। सविशेषणानां च न भवति। हरतेः **"हृतिनाथयोः पशौ"** [२।२।३०] इति पशुशब्दस्य न भवति। यत्र वाचकत्वं तत्र भवति। काशकटकारः।

कृदमिङ् ॥२।१।८०॥ अत्र धोरधिकारे मिङ्वर्जितास्त्याः कृत्संज्ञा भवन्ति। अत ऊर्ध्वं ये वक्ष्यन्ते तेषामधिकारेणेयं सञ्ज्ञा। वक्ष्यति **"तव्यानीयौ"** [२।१।८३]। कर्तव्यः। करणीयः। अत्र मृत्सञ्ज्ञाप्रयोजनम्। इत्यः। स्तुत्यः। **"पिति कृति"** [४।३।२९] इति तुक्। अमिङिति किम्? चीयात्। सूयात्। अकृद्यकारादीत्वं सिद्धम्।

प्राक्तेर्वाऽसमः ॥२।१।८१॥ स्त्रियां क्तिरिति वक्ष्यते। प्रागेतस्मादसमो यस्त्यः कृत् स वा भवतीत्येषोऽधिकारो वेदितव्यः। सरूपत्वपवादो बाधक एवेति भावः। विक्षेपकः। विक्षेप्ता। विक्षिपः। इगुङ्लक्षणकविषये ण्वुतृचावपि भवतः। प्राक्तेरिति किम्? चिकीर्षा। **"अस्त्यात्"** [२।३।८४] इत्यकारः क्तेर्बाधकः। व्याक्रोशी। व्याकृष्टिरित्येवमादिषु यत्नो विधेयः। असम इति किम्? गोदः। कम्बलदः। **"आतः कः"** [२।२।३] इति को भवति। अणोऽपवादः। अनुबन्धापाये रूपगतं समत्वमत्र।

ण्वोर्व्याः ॥२।१।८२॥ प्रागिति वर्तते **"ण्वुतृचौ"** [२।१।१०६] इति वक्ष्यति। प्रागेतस्माद्ये त्यास्ते व्यसंज्ञा वेदितव्याः। देवदत्तस्य कर्तव्यम्। देवदत्तेन कर्तव्यम्। व्यप्रदेशाः **"व्यस्य वा कर्तरि"** [१।४। ७४] इत्येवमादयः।

तव्यानीयौ ॥२।१।८३॥ तव्य अनीय इत्येतौ त्यौ भवतः। कर्तव्यः। करणीयः। कथं वास्तव्यः? वास्तु क्षेत्रं तस्माद्भवाद्यर्थे दिगादित्वाद्यः। एवं वस्तुनि भवो वस्तव्यः।

योऽचोऽरासुयुवः ॥२।१।८४॥ य इत्ययं त्यो भवत्यजन्ताद्धोः आवर्णान्त आसु यु इत्येतान् वर्जयित्वा। देयम्। गेयम्। **"ईद्ये"** [४।४।६४] इति ईत्वम्। **"गागयोः"** [२।२।८१] इति पुनरेप्। **"देयमृणे"** [३।३।२२] इति निर्देशादीत्वे गुकार्ये निवृत्ते पुनरेप्। दित्स्यं धित्स्यमित्यत्र अगे ये परतोऽतः खम्। अच इति किम्? पाक्यम्। अरासुयुव इति किम्। कार्यम्? हार्यम्। आसाव्यम्। याव्यम्।

पोरदुङोऽत्रपिवपिरपिलपिचमः ॥२।१।८५॥ पवर्गान्ताद्धोरदुङो य इत्ययं त्यो भवति त्रपिवपिरपिलपिचमीन् वर्जयित्वा । रम्यम् । लभ्यम् । समत्वेन एयापवादोऽयम् । पोरिति किम् ? वाच्यम्[1] । अदुङ इति किम् ? डेप्यम् । कुटादित्वादेन्न स्यात् । तपरकरणमसन्देहार्थम् । अत्रपिवपिरपिलपिचम इति किम् ? त्राप्यम् । वाप्यम् । राप्यम् । लाप्यम् । आचाम्यम् ।

शकिसहश्च ॥२।१।८६॥ शकि सह इत्येताभ्यां यो भवति । शक्यम् । सह्यम् । चकारोऽनुक्तसमुच्चयार्थः । तेन ससितकिचतियतितियजिजनीनां संग्रहः । सस्यम् । तक्यम् । चत्यम् । यत्यम् । यज्यम् । जन्यम् । **"हनो वा वध इति च वक्तव्यम्"** [वा०] वध्यम् । घात्यम् ।

गदमदचरयमोऽगे ॥२।१।८७॥ गद मद चर यम इत्येतेभ्योऽगिपूर्वेभ्यः यस्त्यो भवति । गद्यम् । मद्यम् । चर्यम् । यम्यम् । अगेरिति किम् ? निगाद्यम् । प्रमाद्यम् । अभिचार्यम् । प्रयाम्यम् । यमः "पोरदुङः" [२।१।८५] इति सिद्धे नियमार्थमिदम् । अगेरेव यथा स्यात् । इतरेषामप्राप्ते विधिः । **"चरेराङि चागुराविति वक्तव्यम्"** [वा०] आचर्यं व्रतम् । अगुराविति किम् ? आचार्यो गुरुः ।

पण्याऽवद्यवर्यावह्याऽर्योपसर्याऽजर्याणि ॥२।१।८८॥ पण्य अवद्य वर्या वह्य अर्य उपसर्या अजर्य इत्येतानि शब्दरूपाणि निपात्यन्ते । पण्यमिति निपात्यते व्यवहर्तव्यं चेद्भवति । पण्यः कम्बलः । पण्या गौः । पाण्यमित्यन्यत्र । अवद्यं भवति गर्ह्यं चेत् । अवद्यं द्यूतम् । अवद्यं पापम् । न उद्यते इत्यनुद्यमन्यत् । वर्येति वृङो यो भवत्यनिरोधेऽर्थे । शतेन वर्या । सहस्रेण वर्या । स्त्रीलिङ्गादन्यत्र एय एव भवति । वार्या ऋत्विजः धनसंविभागरूपोऽत्राप्यनिरोधोऽस्ति । अनिरोध इति किम् ? वार्या गौः शस्येषु । वह्यमिति निपात्यते करणं चेद्भवति । वहति तेन वह्यं शकटम् । वाह्यमन्यत् । अर्य इति निपात्यते स्वामिनि वैश्ये च । अर्यः स्वामी । अर्यो वैश्यः । अन्यत्र एय एव । आर्य साधु । उपसर्येति निपात्यते काल्या प्रजने चेत् । प्रजनो गर्भग्रहणकालः प्राप्तोऽस्याः काल्या । **"तदस्य प्राप्तम्"** [३।४।९७] इति वर्तमाने **"कालाद्यः"** [३।४।१००] इति यः । उपसर्या गौः । उपसर्या वडवा । उपसार्या शरदि मथुरा अन्यत्र । अजर्यमिति नञ्पूर्वाज्जॄषः कर्तरि यो निपात्यते सङ्गतेऽर्थे । न जीर्यत इत्यजर्यमर्थसङ्गतम् । अजरिता कम्बल इत्यन्यत्र ।

वदः सुपि क्यप् च ॥२।१।८९॥ अगेरिति वर्तते । वदतेः क्यब्भवति यश्च गिवर्जिते सुपि वाचि । सत्यमुद्यत इति सत्योद्यम् । सत्यवद्यम् । मिथ्योद्यम् । मिथ्या वद्यम् । "वागमिङ्"[१।३।८२] इति षसः । सुपीति किम् ? वाद्यम् । अगेरित्येव । अनुवाद्यम् ।

भूयहत्ये ॥२।१।९०॥ सुप्यगेरिति वर्तते । भूय हत्य इत्येते शब्दरूपे निपात्येते गिवर्जिते सुपि वाचि । देवभूयं गतः । देवत्वं गत इत्यर्थः । साधुभूयं गतः । क्यबत्र निपात्यते । दरिद्रहननं दरिद्रहत्या । चोरहत्या । हन्तेः स्त्रीलिङ्गे भावे क्यन्निपात्यते । सुपीत्येव । भव्यम् । घातो वर्तते । अगेरित्येव । प्रभव्यमुपघातः ।

स्तुशासिणवृदृजुषः क्यप् ॥२।१।९१॥ सुप्यगेरिति निवृत्तम् । सामान्येनायं विधिः । स्तु शास् इण वृणोति दृ जुष इत्येतेभ्यः क्यब्भवति । स्तुत्यः । शिष्यः । इत्यः । आवृत्यः । आदृत्यः । पुनः क्यब्ग्रहणं किमर्थम् ? **"ओरावश्यके"** [२।१।१०२] इत्यस्यापि बाधनार्थम् । अवश्यस्तुत्यः । **"शंसिदुहिगुहिभ्यो वेति वक्तव्यम्"** [वा०] शस्यम् । दुह्यम् । शंस्यम् । दोह्यम् । गुह्यम् । गोह्यम् । **"आङ्पूर्वादञ्जेः सञ्ज्ञायां क्यब् वक्तव्यः"** [वा०] आज्यम् । न वक्तव्यम् । पुनः क्यब्ग्रहणाद्योगविभागाद्भविष्यति । उपेयमिति ईङो रूपम् ।

ऋदुङोऽक्लपिचृतेः ॥२।१।९२॥ ऋकारोङो धोः क्यब्भवति कृपिचृती वर्जयित्वा । वृत्यम् । वृध्यम् । एयापवादोऽयम् । अकृपिचृतेरिति किम् ? कल्प्यम् । चर्त्यम् । **"पाणौ समवशब्दे च सृजेर्ण्यो वक्तव्यः"** [वा०] पाणिसर्ग्या रज्जुः । समवसर्ग्यः करः ।

---

1. पद्यम् अ० ।

भृत्योऽखौ ॥२।१।९३॥ भृञः क्यब्भवति अखुविषये। भृत्याः कर्मकराः। भृत्याः शिशवः। भर्तव्या इत्यर्थः। अखाविति किम्? भार्या नाम क्षत्रियाः केचित्। देवदत्तस्य भार्या। स्त्रियां "**समजनिषद**" [२।३।८१] इत्यादिना भावे क्यप्। कर्मणि चायं भार्याशब्दः। '**संपूर्वाद्वेति वक्तव्यम्**'' [वा०] सम्भृत्या सम्भार्याः कर्मकराः।

खेयराजसूयसूर्यमृषोद्यरुच्यकुप्यकृष्टपच्याव्यथ्याः ॥२।१।९४॥ खेयादयः शब्दा निपात्यन्ते। खेयमिति खनतेर्यो निपात्यते इकारश्चान्तादेशः। आदेप्। '**ये वा**' [४।४।४५] इत्यात्वं नाशङ्कनीयं निपातनादेव। राजसूयमिति राजशब्दे वान्ते भान्ते सुनोतेः क्यप् दीर्त्वं च निपात्यते। राज्ञा सूयते राजा वा अस्मिन् सूयते इति राजसूयम्। सरति कर्माणि सुवतीति वा सूर्यः। सर्त्तेरुत्वं सूवतेर्वा रुडागमः क्यप्च निपात्यते। मृषापूर्वस्य वदतेर्मित्यं क्यब्निपात्यते। मृषोद्यम्। रुच्यमिति कर्त्तरि क्यप् निपात्यते। कुप्यमिति सञ्ज्ञायां गुपेरादौ कत्वं क्यप्च निपात्यते। कुप्यं फल्गु भाण्डमित्यर्थः। गोप्यमन्यत्। कृष्टे पच्यन्ते स्वयमेव कृष्टपच्या व्रीहयः। आत्मकर्मणि क्यप्। न व्यथतेऽसावव्यथ्यः। नञ्पूर्वाद्व्यथतेः कर्त्तरि क्यप् निपात्यते।

भिद्योद्ध्यौ नदे ॥२।१।९५॥ भिद्य उद्ध्य इत्येतौ निपात्येते नदेऽभिधेये। भिनत्ति कूलानि भिद्यः। उज्झत्युदकमिति उद्ध्यः। कर्त्तरि कारके क्यप् उज्झेर्धत्वं च निपात्यते। नद इति किम्? भिदः। उज्झः। इगुपधलक्षणः कः पचाद्यच यथाक्रमम्।

पुष्यसिद्ध्यौ भे ॥२।१।९६॥ पुष्य सिध्य इत्येतौ निपात्येते भेऽभिधेये। पुष्यन्त्यस्मिन्नर्था आरभमाणानामिति पुष्यः। सिध्यन्त्यस्मिन्नर्था इति सिद्ध्यः। अधिकरणे क्यप्निपात्यते नक्षत्रे वाच्ये। अन्यत्र पोषणः सेधन इति च भवति।

विपूयविनीयजित्या मुञ्जकल्कहलिषु ॥२।१।९७॥ विपूय विनीय जित्या इत्येते शब्दा निपात्यन्ते यथासंख्यं मुञ्ज कल्क हलि इत्येतेषु वाच्येषु। विपूयते इति विपूयो मुञ्जः। पवतेः क्यप्निपात्यते। विपव्यमन्यत्। विनीयतेऽसौ घृतादिना विनीयः। त्रिफलादिकल्कः। विनेयमन्यत्। जित्यो हलिः। जेयमन्यत्।

पदास्वैरिबाह्यापक्ष्येषु ग्रहः ॥२।१।९८॥ पदे अस्वैरिणि बाह्यायां पक्ष्ये चार्थे ग्रहेर्धोः क्यब्भवति। प्रगृह्यते इति प्रगृह्यं पदम्। अवगृह्यं पदम्। अस्वैरी परवशः। गृह्यका इमे। अनुकम्पायां कः। परतन्त्रा इत्यर्थः। बहिर्भवा बाह्या। गृह्यते इति गृह्या; ग्रामस्य गृह्या ग्रामगृह्या नगरगृह्या सेना। ताभ्यां बहिर्भूता इत्यर्थः। स्त्रीलिङ्गादन्यत्र न भवति। पक्षे भवः पक्ष्यः। भरतगृह्यः। भुजबलिगृह्यः। तत्पक्ष्य इत्यर्थः।

कृवृषिमृजां यशोभद्रस्य ॥२।१।९९॥ कार्थे ता। कृ वृषि मृज् इत्येतेभ्यः क्यप् भवति यशोभद्रस्याचार्यस्य मतेन। कृत्यम्। कार्यम्। नित्यं ण्यः प्राप्तः। वृष्यम्। वर्ष्यम्। परिमृज्यम्। परिमार्ग्यम्। "**ऋदुङः**" [२।१।९२] इति नित्यं क्यप् प्राप्तः।

युग्यं पत्रे ॥२।१।१००॥ पतति अनेनेति पत्रं वाहनम्; तस्मिन्नर्थे युग्यमिति निपात्यते। युज्यते इति युग्योऽश्वः। युग्यो गौः। क्यप् कुत्वं च निपात्यते। पत्रादन्यत्र योग्यमिति।

ण्यः ॥२।१।१०१॥ ण्य इत्ययं त्यो भवति धोः। अयमुत्सर्गः। अजन्ताद्यः क्यप् चास्यापवादो। कार्यम्। हार्यम्। पाक्यम्। पाठ्यम्।

ओरावश्यके ॥२।१।१०२॥ उवर्णान्ताद्धोर्ण्यो भवत्यावश्यके द्योत्ये। अवश्यमित्यस्य भावः आवश्यकम्। मनोज्ञादित्वाद् वुञ्। लाव्यम्। पाव्यम्। यद्यावश्यकेऽर्थेऽवश्यलाव्यमिति कथं सविधिः? मयूरव्यंसकादित्वाद्विभाषया। आवश्यक इति किम्? लव्यम्। पव्यम्।

अमावस्या वा ॥२।१।१०३॥ अमावस्य इति वा प्रादेशो निपात्यते। अमा वसतः सूर्याचन्द्रमसावस्यां

अमावस्या। अमावास्या। अमाशब्दे सहार्थे वाचि वसेरधिकरणेऽर्थे ण्यो विभाषया उङः प्रादेशश्च निपात्यते। प्रदेशेषु एकदेशविकृतस्य ग्रहणार्थम्।

पाय्यसान्नाय्यनिकाय्यधाय्याऽऽनाय्यप्रणाय्या मानहविर्निवाससामिधेन्यनित्याऽसम्मतिषु ॥२।१।१०४॥ पाय्य सान्नाय्य निकाय्य धाय्य आनाय्य प्रणाय्य इत्येते शब्दा निपात्यन्ते यथासंख्यं मान हविर्निवास सामिधेनी अनित्य असम्मति इत्येतेष्वर्थेषु। मीयतेऽनेनेति पाय्यं मानम्। माङः करणे ण्यः। आदिपत्वञ्च निपात्यते। मानमन्यत्। सन्नीयते इति सान्नाय्यं हविः। सम्पूर्वान्नयतेः ण्यः आयादेशो गेर्दीर्घत्वं च निपात्यते। सन्नेयमन्यत्। निचीयते इति निकाय्यो निवासश्चेत्। निपूर्वाच्चिञः ण्यायादेशावादिकत्वं च निपात्यते। निचेयमन्यत्। धीयते इति धाय्या सामिधेनी। दधातेर्ण्यो निपात्यते। विशिष्टा ऋचः सामिधेन्यः। तत्र रूढिवशात्काचिदेवोच्यते। धेयमन्यत्। आनाय्य इति नयतेराङ्पूर्वात्ण्यायादेशौ निपात्यावनित्येऽर्थे। आनाय्यो दक्षिणाग्निः। रूढिरेषा दक्षिणाग्निविशेषस्य। आनेयोऽन्यः। अविद्यमानसम्मतिरसम्मतिः प्रपूर्वान्नयतेर्ण्यायादेशौ निपात्यौ। प्रणाय्यश्चौरः। प्रणेयोऽन्यः।

कुण्डपाय्यसंचाय्यपरिचाय्योपचाय्यचित्याग्निचित्याः ॥२।१।१०५॥ कुण्डपाय्य सञ्चाय्य परिचाय्य उपचाय्य चित्य अग्निचित्या इत्येतानि शब्दरूपाणि निपात्यन्ते। कुण्डेन पीयतेऽस्मिन्सोम इति कुण्डपाय्यः क्रतुः। कुण्डशब्दे भान्ते ण्योऽधिकरणे निपात्यते। कुण्डपानमन्यत्। सञ्चीयते इति सञ्चाय्यः क्रतुः। सञ्चेयमन्यत्। परिचाय्योपचाय्यौ निपात्येते अग्नावभिधेये। परिचेय उपचेय इत्यन्यत्¹। चित्याग्निचित्याशब्दौ निपात्येते अग्नावभिधेये। चीयतेऽसौ चित्योऽग्निः। अग्निचयनमग्निचित्या। अन्त्ये स्त्रीलिङ्गे भावे क्यन्निपात्यः।

ण्वुतृचौ ॥२।१।१०६॥ ण्वु तृच इत्येतौ त्यौ भवतः। कारकः। कर्ता। भोजकः। भोक्ता।

नन्दिग्रहिपचिभ्यो ल्युणिन्यचः ॥२।१।१०७॥ नन्द्यादिभ्यो ग्रहादिभ्यः पचादिभ्यश्च यथासंख्यं ल्यु णिन् अच् इत्येते त्या भवन्ति। नन्दयतीति नन्दनः। लकारः "युवोरनाकौ" [५।१।१]इति सामान्यग्रहणाविघातार्थः। नन्दिवाशिमदिनर्दिभूषिसाधिशोभिवर्द्धिभ्यो ण्यन्तेभ्यः संज्ञायां सहितपिदमिज्वलिरुचिजल्पिदृपिरसिसङ्क्रन्दिसङ्कर्षिभ्यः संज्ञायामण्यन्तेभ्यः। जनार्दनः। मधुसूदनः। लवण इति निपातनाण्णत्वम्। विभीषणः। पवनः। वित्तनाशनः। कुलदमन एतावणोऽपवादौ इति नन्द्यादिः। ग्रह उत्सह उद्दास स्था उद्भास मंत्र संमर्द निरक्षी निश्रावी निवापी निवेशी एतेभ्यः निपूर्वेभ्यः। अयाची अव्याहारी असंव्याहारी अवादी अव्राजी अवासी एतेभ्यः प्रतिषिद्धेभ्यः। अचामचित्तकर्तृकाणां प्रतिषिद्धानामिति वर्तते। अकारी अहारी अविनायी विशयी विषयीशब्दौ देशे निपतनात् अद्रिभावी प्रविभावी भूते भवतः। अपराधी उपरोधी परिभवी परिभावी इति ग्रहादिः। पच पठ वप वद चल पत तथा चरिचलिपतिवदीनामच्याक्चस्येति वक्ष्यते। नदट् प्लवट् तरट् चरट् चारट् चेलट् गा हट् देवट् टित्करणं स्त्रियां ङ्यर्थम्। जर मर च्चर सेच मेष कोष दर्भ सर्प नर्त प्रण डर। अर्णि विषयेऽपि²। श्वपच चक्रधर। पचादिराकृतिगणः।

ज्ञाकॄप्रीगुडः कः ॥२।१।१०८॥ ज्ञा कॄ प्री इत्येतेभ्यः इगुडश्च धोः को भवति। जानातीति ज्ञः। आकारान्तलक्षणो णः प्राप्तः। इह अर्थं जानातीति अर्थज्ञः। परत्वादातः के सति नित्यः सविधिः। उत्किरतीति उत्किरः। विकिरः। प्रीणातीति प्रियः। इगुडः। विक्षिपः। विबुधः। विमृतः। इह काष्ठभेदः इति परत्वादण्।

आतो गौ ॥२।१।१०९॥ आकारान्ताद्धोः को भवति गौ वाचि। णापवादोऽयम्। प्रस्थः। सुग्लः। इह वडवासन्दाय इति परत्वादण्।

पाघ्राध्माधेट्दृशः शः ॥२।१।११०॥ गाविति वर्तते। पादिभ्यः शो भवति। पा इति साहचर्याद्लाक्षणिकत्वाच पिबतेर्ग्रहणम्। उत्पिबः। विपिबः। उज्जिघ्रः। विजिघ्रः। संज्ञायां तु "व्याघ्रैरुपमेयेऽतद्योगे"

---

१. इत्यन्यत्र अ०, ब०, स०। २. अणिविषयेऽपि अ०, स०।

[१।३।२१] इति निर्देशात् कः। व्याघ्रः। उद्धमः। विधमः। उद्धयः। विधयः। उत्पश्यः। विपश्यः। गाविति केचिदिह नाभिसम्बध्नन्ति। तेन पश्यतीति पश्यः। जिघ्रः।

लिम्पविन्दधारिपारिवेद्युदेजिचेतिसातिसाहिभ्योऽगे: ॥२।१।१११॥ लिम्प विन्द धारि पारि वेदि उदेजि चेति साहि इत्येतेभ्यः अगिपूर्वेभ्यः शो भवति। लिम्पतीति लिम्पः। कथं कुड्यलेप इति? "मध्येऽपवादाः पूर्वान्विधीन् बाधन्ते नोत्तरान्" [प०] इति इगुङः कस्यायं शो बाधको नाणः। विन्दतीति विन्दः। लिम्पविन्द इति सानुषङ्गनिर्देशादन्यत्राप्ययं विधिर्भवति। संज्ञायां गावपि। निलिम्पा नाम देवाः। अरविन्दं गोविन्द इत्यण्विषयेऽपि शः सिद्धः। धारयतीति धारयः। पारयः। वेदयः। उदेजयः। निर्देशादेव गिपूर्वस्य ग्रहणम्। चेतयः। सातं करोतीति णिच्। सातयः। साहयः। आद्याभ्यां के इतरेभ्योऽचि प्राप्ते वचनम्।

दान्धाञोर्वा ॥२।१।११२॥ कार्थे ताविभक्ती। दाञ् धाञ् इत्येताभ्यां अगिपूर्वाभ्यां वा शो भवति। ददः। दधः। दायः। धायः। अगावित्येव। प्रदः। प्रधः। अनुबन्धनिर्देशो यङ्लुबन्तयोः शो मा भूदित्येवमर्थः।

ज्वलितिकसन्ताण्णः ॥२।१।११३॥ इतिः आद्यर्थे अविभक्तिकश्च निर्देशः। ज्वलादिभ्यः कस गतौ इत्येवमन्तेभ्यो वा णो भवति। ज्वालः। ज्वलः। कासः। कसः। चालः। चलः। अगावित्येव। प्रज्वलः।

श्याद्व्यधास्रुसंस्रुलिहश्लिषश्वसतीणः ॥२।१।११४॥ श्यैङ् आकारान्त व्यध आस्रु संस्रु लिह श्लिष श्वस् अतीण् इत्येतेभ्यो णो भवति। वेति निवृत्तं अगाविति च। अवश्यायः। आदिति सिद्धे पुनः श्याग्रहणम् "आतो गौ" [२।१।१०६] इत्यस्य बाधनार्थः। आत्। दायः। धायः। व्याधः। आस्रावः। संस्रावः। लेहः। श्लेषः। श्वासः। अत्यायः। "अवादिभ्यस्तनेरिति वक्तव्यम्" [वा०] अवतनोतीत्यवतानः।

हृसोऽवे ॥२।१।११५॥ हृ सा इत्येताभ्यामवपूर्वाभ्यां णो भवति। अवहारः। अवसायः।

दुन्योरगौ ॥२।१।११६॥ दुनी इत्येताभ्यां णो भवति। दुनोतीति दावः। नायः। अगाविति किम्? प्रदवः। प्रणयः।

विभाषा ग्रहः ॥२।१।११७॥ ग्रहेर्विभाषया णो भवति। ग्राहः। ग्रहः। व्यवस्थितविभाषेयम्। जलचरे ग्राह एव। ज्योतिषि ग्रह एव। विभाषेति योगविभागाद् भवतीति भावः।

गेहे कः ॥२।१।११८॥ ग्रहेर्गेहेऽभिधेये को भवति। गेहं सद्म। तात्स्थ्याद्दारा अपि। गृहं गृहाः।

शिल्पिनि ट्वुः ॥२।१।११९॥ शिल्पिन्यभिधेये ट्वुर्भवति धोः। नर्तकः। खनकः। रजकः। रजकरजनरजःसु नखं वक्ष्यति। एत एव ध्वः प्रयोजयन्तीति केचित्।

गो ण्युथकौ ॥२।१।१२०॥ गायतेर्ण्यु थक इत्येतौ त्यौ भवतः। शिल्पिनीति वर्तते। गायनः। गाथकः।

हायनः ॥२।१।१२१॥ हायन इति निपात्यते व्रीहिकालयोः कर्त्रोः। जहात्युदकमिति हायना नाम व्रीहयः। जहाति सद्वृत्ताः क्रियाः हायनः संवत्सरः।

प्रुसृल्वः साधुकारिणि वुन् ॥२।१।१२२॥ प्रु सृ लू इत्येतेभ्यः धुभ्यः साधुकारिणि कर्तरि वुन् भवति। साधु प्रवते यः स प्रवकः। एवं सरकः। लवकः। साधुकारिणीति किम्? प्रवः।

आशिषि ॥२।१।१२३॥ आशिषि चार्थे वुन् भवति धोः। जीवतादिति य उच्यते स जीवकः। एवं नन्दकः। वर्धकः।

इत्यभयनन्दिविरचितायां जैनेन्द्रव्याकरणमहावृत्तौ द्वितीयस्याध्यायस्य प्रथमः पादः।

कर्मण्यण् ॥२।२।१॥ कर्मणि कारके वाचि धोरणित्ययं त्यो भवति। कुम्भकारः। शरलावः। चर्चापारः। कुम्भादिशब्दात् **"कर्तृकर्मणोः कृति"** [१।४।६८] इति ता। **"वागमिङ्"** [१।३।८२] इति षसः। **"शीलिकामिभक्ष्याचरीक्षिक्षमिभ्यो णो वक्तव्यः"** [वा०] धर्मशीलः। धर्मशीला। धर्मकामः। वायुभक्षः। धर्माचारः। धर्मापेक्षः। क्षे शक्षमः। नेदं वक्तव्यम्। घञन्तेन षसे सति सिद्धम्। धर्मं शीलमस्य धर्मशीलः। धर्मे कामोऽस्य धर्मकामः। धर्मं शीलयतीत्येवमादिविग्रहे अनभिधानादण् न भवति यथा आदित्यं पश्यति हिमवन्तं शृणोतीत्येवमादो न भवति। कुम्भकारादिष्वण् घञन्तेन च षस इत्युभयं भवति।

ह्वावामः ॥२।२।२॥ ह्वा वा मा इत्येतेभ्यश्चाण् भवति कर्मणि वाचि। के प्राप्ते इदं वचनम्। स्वर्गह्वायः। तन्तुवायः। वातिवायत्योर्मातेश्चाकर्मकत्वादग्रहणम्। धान्यं मिमीते मयते वा धान्यमायः। मीनातिमिनोत्योः कप्राप्तेरभावात् पूर्वेणैवाण्।

आतः कः ॥२।२।३॥ आकारान्ताद्धोः कर्मणि वाचि क इत्ययं त्यो भवति। गोदः। अर्थज्ञः। पार्ष्णित्रम्। अङ्गुलित्रम्। ज्या वयोहानावित्यस्य ब्रह्म जिनातीति ब्रह्मज्यः।[1] के कृते परत्वादातः खं पश्चाज्जिः। **"असिद्धवदत्राभात्"** [४।४।२१] इत्यात्वस्यासिद्धत्वादियादेशो न भवति। यणादेशः सिद्धः। जुहुवतुः जुहुवुरित्यत्र ह्वेञ आत्वमकृत्वा जिः क्रियते इत्यात्वं नास्तीत्युवादेशः सिद्धः। आह्वः। प्रह्वः। इत्याकारान्तात् **"आतो गौ"** [२।३।८८] इति कः। प्रागात्वं पश्चाज्जिः।

प्रे ॥२।२।४॥ प्रपूर्वादातः को भवति कर्मणि वाचि। तत्त्वप्रज्ञः। मोक्षप्रज्ञः। नियमार्थोऽयमारम्भः। प्र एव गौ नान्यस्मिन्नातः को भवति। गोसंदायः। वडवासंदायः।

दाज्ञः ॥२।२।५॥ अयमपि नियमः। दा ज्ञा इत्येताभ्यामेव प्रपूर्वाभ्यां कर्मणि को भवति। धर्मप्रदः। धर्मप्रज्ञः। नियमादिह न भवति। पार्ष्णिप्रत्रायः। अङ्गुलिप्रत्रायः। कथं भाष्ये प्रयोगः *"अभिज्ञश्च पुनरेकत्वादीनामर्थानाम्"* इति। अत्राभिधानवशात् **"आतो गौ"** [२।३।८८] इति को भविष्यति।

संख्यः ॥२।२।६॥ प्र इति नियमेन निवर्तिते के पुनरारम्भः। सम्पूर्वात् ख्या इत्येतस्मात्कर्मणि वाचि को भवति। पशून् सञ्चष्टे पशुसंख्यः। अश्वसंख्यः।

सुपि ॥२।२।७॥ सुबन्ते वाचि धोरातः को भवति। पादैः पिबति पादपः। कच्छेन पिबति कच्छपः। द्वाभ्यां पिबति द्वीपः। समस्थः। विषमस्थः। धर्माय प्रददाति धर्मप्रदः। शास्त्रेण प्रजानाति शास्त्रप्रज्ञः। अकर्मण्यपि वाचि यथा स्यादिति सुब्ग्रहणम्। इह केचिदात इति नानुवर्तयन्ति। तेन मूलविभुजादिष्वभिधानवशात् कः सिद्धः। मूलान् विभुजति मूलविभुजो रथः। जलरुहम्। नखमुचानि धनूंषि। काकगुहास्तिलाः।

स्थः ॥२।२।८॥ सुपि वाचि तिष्ठतेः को भवति। कर्तरि पूर्वो योगः। अनिर्दिष्टार्थत्वात् भावेऽपि यथा स्यादित्यारम्भः। आखूनामुत्थानमाखूत्थः। शलभोत्थः। **"स्थास्तम्भोः पूर्वस्योदः"** [४।४।१३५] इति सकारस्य पूर्वस्वत्वम्।

दुहो घश्च ॥२।२।९॥ इतः प्रभृति कर्मणीति सुपीति च द्वयमनुवर्तते। कर्मणि वाचि दुहेः को भवति घकारश्चादेशः। कामान्दोग्धि कामदुघो धर्मः। कामदुघा धेनुः।

तुन्दशोकयोः परिमृजापनुदोः ॥२।२।१०॥ तुन्द शोक इत्येतयोः कर्मणोर्वाचोः परिमृज अपनुद इत्येताभ्यां को भवति। अविशेषेण **"सुपि"** [२।२।७] इत्येतेनैव के सिद्धे आलस्यसुखाहरणयोरर्थयोर्यथा स्यादित्यारम्भः। तुन्दपरिमृजः अलसश्चेत्। शोकापनुदः पुत्रो जातः। पूर्वं **"तिकुप्रादयः"** [१।३।८१] इति षसः पश्चाद्वाक्सः। आलस्यसुखाहरणयोरिति किम्? तुन्दपरिमार्जं आतुरः। शोकापनोदो धर्माचार्यः।

---

१. के कृते परत्वादेरयारभ्य प्रागात्वं पश्चाज्जिः इत्यन्तः पाठश्चिन्त्यः।

गष्टक् ॥२।२।११॥ गा इत्येतस्माद्धोः कर्मणि वाचि टगित्ययं त्यो भवति। वक्त्रगः। वक्त्रगी। "ग्रे" [२।२।४] "दाज्ञः" [२।२।५] इति नियमादगिपूर्वादातः कर्मणि को विहितस्तस्मिन्नेव विषये टक्। अन्यत्राणेव भवति। वक्त्रसंगायः।

सुराशीध्वोः पिबः ॥२।२।१२॥ सुरा शीधु इत्येतयोः कर्मणोः पिबतेः टग्भवति। सुरापः। सुरापी। शीधुपः। शीधुपी। अयमपि कापवादः। सुराशीध्वोरिति किम्? क्षीरं पिबतीति क्षीरपा कन्या। पिब इति विकृतनिर्देशः किम्? सुरां पातीति सुरापा।

ग्रहेः ॥२।२।१३॥ ग्रहेर्धोः कर्मणि वाचि अ इत्ययं त्यो भवति। शक्तिलाङ्गलाङ्कुशयष्टितोमरघटघटी धनुःषु वाक्षु प्रायेणाभिधानम्। शक्तिग्रहः। लाङ्गलग्रहः। अङ्कुशग्रहः। यष्टिग्रहः। तोमरग्रहः। घटग्रहः। घटीग्रहः। धनुर्ग्रहः। सूत्रग्रहो भवति धारयति चेत्। सूत्रग्राहोऽन्यः।

ह्वोऽनुत्सेधे ॥२।२।१४॥ उत्सेध उत्क्षेपणम्। ह्वोऽनुत्सेधे वर्तमानात् कर्मणि वाचि अत्यो भवति। अंशं हरति अंशहरः। भागहरः। रिक्थहरः। अनुत्सेधे इति किम्? भारहारः। न केवलमुच्छ्राये उत्क्षेपणेऽप्युत्सेध इति शब्दो वर्तते तद्यथा नानाजातीया अनियता (तत्त्वतः) उत्सेधजीविन इति।

वयसि ॥२।२।१५॥ शरीरिणां कालकृतावस्था वयः, तत्र अत्यो भवति वयसि गम्ये। अयमुत्सेधार्थ आरम्भः। कवचहरः क्षत्रियकुमारः। अस्थिहरः श्वशिशुः। दृशोर (दृश्यमानेन) संभाव्यमानेन वा भारोत्क्षेपणेन वयो गम्यते।

आङि शीले ॥२।२।१६॥ शीलं स्वाभाविकी प्रवृत्तिः। आङि च वाचि ह्वोऽत्यो भवति शीले गम्यमाने। पुष्पाहरः। फलाहरः। सुखाहरः। उत्सेधानुत्सेधयोरयं विधिरिष्यते। अनुत्सेधे पूर्वेण कस्मान्न भवति? शीले परत्वात्तृन् स्यात्। शील इति किम्? भारमाहरति भाराहारः।

अर्हः ॥२।२।१७॥ अर्हतेः कर्मणि वाचि अत्यो भवति। पूजार्हा प्रतिमा।

स्तम्बेरमकर्णेजपौ ॥२।२।१८॥ स्तम्बेरम कर्णेजप इत्येतौ शब्दौ हस्तिसूचकयोरर्थयोर्निपात्येते। स्तम्बेरमो हस्ती। कर्णेजपः सूचकः। स्तम्बकर्णयो रमिजपोरिति सूत्रं कर्तव्यं सुपीति वर्तते। "षे कृति बहुलम्" [४।३।१३२] इत्यनुपा सिद्धम्। अर्थविशेषपरिग्रहार्थं निपातनम्। इह मा भूत्। स्तम्बे तृणस्तवके रन्ता गौः। कर्णे जपिता वैद्यः।

शमि धोः खौ ॥२।२।१९॥ शमि वाचि धोः खुविषये अत्यो भवति। शम्भवः। शंवदः। शङ्करः। धुग्रहणेऽनुवर्तमाने पुनर्धुग्रहणं बाधकबाधनार्थम्। शङ्करा नाम परिव्राजिका। खुविषये कृञो हेत्वादिषु परत्वाट्टो मा भूत्। खाविति किम्? शङ्करी जिनविद्या।

शीङोऽधिकरणे ॥२।२।२०॥ शेतेरधिकरणे सुबन्ते वाचि अत्यो भवति। खे शेते खशयः। खेशयः। गर्तशयः। गर्तेशयः। "षे कृति बहुलम्" [४।३।१३२] इति पक्षेऽनुप्। शीङ इति योगविभागात् पार्श्वादिषु सुबन्तेषु वाक्षु अत्यो भवति। पार्श्वाभ्यां शेते पार्श्वशयः। पृष्ठशयः। उदरशयः। "उत्तानादिषु च कर्तृषु" [वा०] उत्तानः शेते उत्तानशयः। अवमूर्द्धशयः। "दिग्धसहपूर्वाच्च अत्यो भवति" [वा०] दिग्धेन सह शेते दिग्धसहशयः। कथं गिरिशः लोमादिपाठान्मत्वर्थीयः शः। यो हि गिरौ शेते गिरिस्तस्यास्ति।

चरेष्टः ॥२।२।२१॥ चरेर्धोरधिकरणे वाचि टो भवति। कुरुषु चरति कुरुचरः। मद्रचरः। मद्रचरी। अधिकरण इत्येव। कुरूँश्चरति कुरुचारा।

---

१. वक्त्रं छन्दोविशेषः। २. दृशो सम्भा-अ०, स०। ३. प्रकृतिः ब०, स०, मु०।

भिक्षासेनादाये ॥२।२।२२॥ अनधिकरणार्थमेतत्। भिक्षा सेना आदाय इत्येतेषु वाच्चु चरेष्टो भवति। भिक्षाचरः। सेनाचरः। आदायशब्दः प्यान्तः। आदाय चरति आदायचरः।

पुरोऽग्रतोऽग्रेषु सुः ॥२।२।२३॥ पुरस् अग्रतस् अग्रे इत्येतेषु सुबन्तेषु वाच्चु सरतेष्टो भवति। पुरःसरः। "अग्रतस् आद्यादिभ्य उपसंख्यानम्" [वा०] इत्येवन्तात्तसिः। अग्रतःसरः। अग्रेसरः। अग्रेसरी। अनीबन्तत्वेऽप्येकारो निपातनात्।

पूर्वे कर्त्तरि ॥२।२।२४॥ कर्तृग्रहणं कर्मनिवृत्त्यर्थं पूर्वशब्दे कर्तृवाचिनि सुबन्ते वाचि सरतेष्टो भवति। पूर्वः सरति पूर्वसरः। क्रियाया विशेषणेऽपीष्यते। पूर्वं प्रथमं सरति पूर्वसरः। कर्तरीति किम्? पूर्वं देशं सरति पूर्वसारः।

कृञो हेतुशीलानुलोम्येऽशब्दश्लोककलहगाथावैरचाटुसूत्रमन्त्रपदे ॥२।२।२५॥ शब्दश्लोकादिवर्जिते कर्मणि वाचि कृञः ट इत्ययं त्यो भवति हेतौ शीले आनुलोम्ये च गम्यमाने। हेतुशब्दोपादानात् इह हेतुः प्रकृष्टं कारणम्। विद्या यशस्करी। धनं कुलकरम्। शीलं स्वभावः। समासकरः। अर्थंकरः। आनुलोम्यमनुकूलता। प्रेषकरः। वचनकरः। एतेष्विति किम्? कुम्भकारः। अशब्दादिष्विति किम्? शब्दकारः। श्लोककारः। कलहकारः। गाथाकारः। वैरकारः। चाटुकारः। सूत्रकारः। मन्त्रकारः। पदकारः।

दिवाविभानिशाप्रभाभास्करान्तानन्तादिनान्दीलिपिलिविबलिभक्तिकर्तृचित्रक्षेत्रसंख्याजङ्घाबाह्वहर्धनुररुःषु ॥२।२।२६॥ अहेत्वाद्यर्थ आरम्भः। दिवाशब्दे सुबन्ते वाचि विभादिषु कर्मसु वाच्चु करोतेष्ट इत्ययं त्यो भवति। दिवेति भिसंज्ञं पदम्। दिवा करोतीति दिवाकरः। विभां करोतीति विभाकरः। निशाकरः। प्रभाकरः। भासनं भाः। भासं करोति भास्करः। सूत्रे भास्करान्तेति सकारस्य निपातनात् जिह्वामूलीयविसर्जनीयौ न भवतः। कारं करोतीति कारकरः। अन्तकरः। अनन्तकरः। अन्तकरस्य नञ् से अन्योऽर्थः प्रतीयते इत्यनन्तग्रहणम्। आदिकरः। नान्दीकरः। लिपिकरः। लिविकरः। बलिकरः। भक्तिकरः। कर्तृकरः। चित्रकरः। क्षेत्रकरः। संख्या एकत्वद्वित्वादिका। एककरः। बहुशब्दोऽपि नानाधिकरणवाची संख्याशब्दः। बहुकरः। जंघाकरः। बाहुकरः। अहस्करः। "रोऽसुपि" [५।३।७८] इति रेफः। तस्य "कुकमि" [५।४।३४] आदि सूत्रेण सत्वम्। धनुष्करः। अरुष्करः। "सस्सेऽद्युस्थस्य" [५।४।३३] इति सत्वम्। "इणः षः" [५।४।२७] इति षत्वम्।

कर्मणि भृतौ ॥२।२।२७॥ कर्मशब्दे वाचि कृञष्टो भवति भृतौ गम्यमानायाम्। भृतिर्नियतं कर्ममूल्यम्। कर्म करोति कर्मकरः। भृताविति किम्? कर्मकारः।

किंयत्तद्बहुष्वः ॥२।२।२८॥ किम् यद् तद् बहु इत्येतेषु वाच्चु कृञः अ इत्ययं त्यो भवति। किङ्करः। किङ्करा। यत्करः। यत्करा। तत्करः। तत्करा। चौर्ये तस्करः। बहुकरा। इह बहुशब्दो वैपुल्यवाची। हेत्वादिषु ट एव भवति। किङ्करणशीला किङ्करी।

सकृत्स्तम्बे वत्सव्रीह्योरिः ॥२।२।२९॥ सकृत् स्तम्ब इत्येतयोः कर्मणोः कृञ इरित्ययं त्यो भवति वत्सव्रीह्योः कर्त्रोः। सकृत्करिर्वत्सः। स्तम्बकरिः व्रीहिः। वत्सव्रीह्योरिति किम्? सकृत्कारः। स्तम्बकारः।

दृतिनाथयोः पशौ ह्रञः ॥२।२।३०॥ दृति नाथ इत्येतयोर्वाचोः पशौ कर्तरि ह्रञ इरित्ययं त्यो भवति। दृतिहरिः। नाथहरिः पशुः। पशाविति किम्? दृतिहारः। नाथहारः।

फलेग्रह्यात्मम्भरिकुक्षिम्भरयः ॥२।२।३१॥ फलेग्रहि आत्मम्भरि कुक्षिम्भरि इत्येते शब्दा निपात्यन्ते। फलानि गृह्णाति फलेग्रहिः। वाच एत्वमिश्र निपात्यते। आत्मानं बिभर्ति आत्मम्भरिः। कुक्षिम्भरिः। वाचो मन्तत्वमिश्र निपात्यते।

एजेः खश् ॥२।२।३२॥ एजतेर्ण्यन्तात्खशित्ययं त्यो भवति कर्मणि वाचि । खकारः "खित्यमेः" [४।३।१७६] इति विशेषणार्थः । शकारो गसंज्ञार्थः । अङ्गान्येजयति अङ्गमेजयः । जनमेजयः । "वाततिल-सार्धेषु अजतुदजहातिभ्यः खश्वक्तव्यः" [वा०] वातमजाः मृगाः । तिलन्तुदः काकः । सार्धञ्जहा मृगाः ।

नासिकादौ धेट्ध्मः ॥२।२।३३॥ नासिकादिषु कर्मसु धेट् ध्मा इत्येताभ्यां खश् भवति । नासिकान्धयति नासिकन्धयः । नासिकान्धमः । स्वरिन्धयः । स्वरिन्धमः । नाडिन्धयः । नाडिन्धमः । मुष्टिन्धयः । मुष्टिन्धमः । घटिन्धयः । घटिन्धमः । वातन्धयः । वातन्धमः । शुनीस्तनयोर्धेट एव । शुनिन्धयः । स्तनन्धयः । आदिशब्दः प्रकारवाची ।

उदि कूले रुजिवहोः ॥२।२।३४॥ उदीति कास्थाने ईप् । उत्पूर्वाभ्यां रुजि वहि इत्येताभ्यां कूले कर्मणि खश् । कूलमुद्रुजः । कूलमुद्वहः ।

वहाभ्रे लिहः ॥२।२।३५॥ वह अभ्र इत्येतयोः कर्मणोः लिहेर्धोः खश् भवति । वहं लेढि वहंलिहो गौः । अभ्रंलिहः प्रासादः ।

मितनखपरिमाणे पचः ॥२।२।३६॥ मितशब्दस्य पृथग्निर्देशात् परिमाणं प्रस्थादि गृह्यते । मित नख परिमाण इत्येतेषु कर्मसु पचेर्धोः खश् भवति । मितं पचते मितम्पचा कन्या । नखम्पचा यवागूः । प्रस्थम्पचा । आढकम्पचा । द्रोणम्पचा ।

विध्वरुषोस्तुदः सखम् ॥२।२।३७॥ विधु अरुष् इत्येतयोः कर्मणोः तुदेर्धोः खश् भवति । सकारस्य च खम् । विधुन्तुदः । अरुन्तुदः ।

वाचंयमासूर्यंपश्योग्रम्पश्यललाटन्तपपरन्तपद्विषन्तपेरम्मदपुरन्दरसर्वंसहाः ॥२।२।३८॥ एते शब्दा निपात्यन्ते । वाक्छब्दे कर्मणि यमेर्धोः खो निपात्यते व्रते । वाचं यच्छति वाचंयमस्तपस्वी । वाग्यामोऽन्यः । सूर्यं न पश्यति असूर्यंपश्यं मुखम् । असूर्यंपश्या राजदाराः । निपातनादसामर्थ्येऽपि नञः दृशेः खश् । उग्रं पश्यति उग्रम्पश्यः । उग्रे कर्मणि दृशेः खश् निपात्यते । ललाटन्तपति ललाटन्तपो भास्वान् । खश् निपात्यः । परांस्तापयति परन्तपः । द्विषतस्तापयति द्विषंतपः । परद्विषतोः कर्मणोस्तापेः खन्निपात्यते । तकारस्य च खम् । "खचि" [४।४।८८] इति प्रादेशः । स्त्रियामनभिधानम् । द्विषतीतापः । इरया माद्यति इरम्मदम् । खन्निपात्यः । पुरो दारयति पुरन्दरः । खच् वाचो मन्तता च निपात्यते । सर्वं सहते इति सर्वंसहः । खश् निपात्यः । कथं पाणयो ध्मायन्ते एषु पाणिन्धमा पन्थान इति ? नासिकादौ पाणिशब्दः; तत्र पाणिन्धमाः पथिकाः तात्स्थ्यात्पन्थानोऽपीत्यधिकरणे खश् न वक्तव्यः ।

प्रियवशे वदः खच् ॥२।२।३९॥ प्रिय वश् इत्येतयोः कर्मणोः वदतेः खजित्ययं त्यो भवति । प्रियंवदः । वशंवदः । खकारो वागर्थः (मुमर्थः) । चकारः "खचि" [४।४।८८] इति विशेषणार्थः । त्यान्तरकरणं किमर्थम् ? खशि सति उत्तरत्र करोतेर्बिभर्तेश्च विकरणः स्यात् । धोरिहोङः प्रादेशश्च न स्यात् ।

सर्वकूलाभ्रकरीषेषु कषः ॥२।२।४०॥ सर्व कूल अभ्र करीष इत्येतेषु वाक्षु कषतेः खज् भवति । सर्वंकषो विप्रः । कूलङ्कषा नदी । अभ्रङ्कषो वायुः । करीषङ्कषा वात्या । "भगे दारेः खज् वक्तव्यः" [वा०] भगन्दरः ।

मेघर्तिभयेषु कृञः ॥२।२।४१॥ मेघ ऋति भय इत्येतेषु कर्मसु करोतेः खज् भवति । मेघङ्करः । ऋतिङ्करा । भयङ्करः । "अभयाच्चेति वक्तव्यम्" [वा०] अभयङ्करो जिनः । नञ् से अन्योऽर्थः प्रतीयते । अणोऽपवादोऽयम् । परत्वेन हेत्वादिटस्य च बाधकः ।

क्षेमप्रियमद्रेऽण् च ॥२।२।४२॥ क्षेम प्रिय मद्र इत्येतेषु कर्मसु करोतेरणित्ययं त्यो भवति खश्च। वेति सिद्धे कृञो हेत्वादिष्वपि टप्रतिषेधार्थमण्ग्रहणम्। क्षेमकारः। क्षेमङ्करः। प्रियकारः। प्रियङ्करः। मद्रकारः। मद्रङ्करः।

आशितम्भवः ॥२।२।४३॥ आशितम्भव इति निपात्यते। आशितशब्दे सुबन्ते वाचि भवतेर्भावकरणयोः खञ् निपात्यते। आसित इति कर्त्तरि क्तो दीत्वं चात एव निपातनात्। आशितस्य भवनमाशितम्भवो वर्त्तते। आशितो भवत्यनेनालमयमाशितम्भव ओदनः। प्रकरणान्तरविहितो युडपि भवति। भावे घञः समत्वादयं बाधकः।

भृतवृजिधारिसहितपिदमः खौ ॥२।२।४४॥ भृ तृ वृ जि धारि सहि तपि दमि इत्येतेभ्यः खुविषये खञ् भवति। कर्मणि सुपि वाचि यथासम्भवमयं विधिः। विश्वम्भरा। वसुन्धरा। रथन्तरो नाम राजा। वृङ्वृञोः—पतिंवरा कन्या। अरिञ्जयः। युगं धारयति इति युगन्धरः। "खचि"[४।४।८८] इत्युङः प्रादेशः। शत्रुंसहः। शत्रुन्तपः। दमिरन्तर्गतण्यर्थः। अरिन्दमः। खाविति किम्? कुटुम्बभारः।

गमः ॥२।२।४५॥ खाविति वर्त्तते। सुबन्तवाचि गमेर्धोः खञ् भवति। सुतङ्गमो नाम कश्चित्। कचिदखावपीष्यते। मितंगमोऽश्वः। अमितङ्गमा हस्तिनी। 'विहायसो विहादेशः खच्च वा डिद्वक्तव्यः' [वा०] विहायसा गच्छति विहङ्गः। विहङ्गमः। 'तुरभुजयोश्च' [वा०] तुरङ्गः। तुरङ्गमः। भुजङ्गः। भुजङ्गमः।

डः ॥२।२।४६॥ खाविति निवृत्तं गम इति वर्तते। गमेर्डो भवति सुबन्ते वाचि। अन्तादिषु वाच्चु प्रायेणाभिधानम्। अन्तगः। अत्यन्तगः। अध्वगः। दूरगः। पारगः। अनन्तगः। गुरुतल्पगः। त्र्यागारगः। ग्रामगः। सर्वत्र गच्छति सर्वत्रगः। पन्नं गच्छति पन्नगः। "उरसः सखञ्चे ति वक्तव्यम्" [वा०] "विहायसो विहं च" [वा०] उरसा गच्छति उरगः। विहायसा गच्छति विहगः। "सुदुरोरधिकरणे डो वक्तव्यः" [वा०] सुखेन गच्छति अस्मिन् सुगः। दुर्गः। "निसो देशे" [वा०] निर्गो देशः। डित्यभस्यापि डित्करणसामर्थ्याट्टेः खम्।

आशिषि हनः ॥२।२।४७॥ आशिष्यर्थे हन्तेर्डो भवति कर्मणि वाचि। तिमिं हन्ति तिमिहः। शापहः।

अपे क्लेशतमसोः ॥२।२।४८॥ अप इति काध्याने ईप्। अपपूर्वात् हन्तेः क्लेशतमसोः कर्मणोर्वाचोर्डो भवति। अनाशीरर्थोऽयमारम्भः। क्लेशापहः। तमोपहः।

कुमारशीर्षयोर्णिन् ॥२।२।४९॥ कुमार शीर्ष इत्येतयोः कर्मणोर्हन्तेर्णिन् भवति। अशीलार्थोऽयमारम्भः। कुमारघाती। शीर्षघाती। शीर्षशब्दोऽकारान्तः शिरःपर्यायोऽस्ति।

टगमनुष्ये ॥२।२।५०॥ हन इति वर्तते। हन्तेः कर्मणि वाचि टग् भवति अमनुष्ये कर्तरि। पित्तं हन्ति पित्तघ्नं घृतम्। श्लेष्मघ्नमौषधम्। जायाघ्नस्तिलकः। पतिघ्नी रेखा। अमनुष्य इति किम्? पापघातस्तपस्वी। चौरघातो हस्तीत्यत्र "युड्व्या बहुलम्" [२।३।८४] इति बहुलवचनादण्।

जायापत्योर्लक्षणे ॥२।२।५१॥ लक्षणं चिह्नं तदस्यास्तीति लक्षणः। अर्शआदिपाठादः। जाया पति इत्येतयोः कर्मणोर्हन्तेर्लक्षणवति कर्तरि टग्भवति। जायाघ्नो ब्राह्मणः। लक्षणमस्य तद्विधमस्ति। पतिघ्नी कन्या।

शकि हस्तिकवाटे ॥२।२।५२॥ शकनं शक् शक्तिरित्यर्थः। हस्ति कवाट इति एतयोः कर्मणोः हन्तेष्टग् भवति शकि गम्यमानायाम्। अयं पूर्वश्च मनुष्यकर्त्रर्थ आरम्भः। हस्तिनं हन्ति हस्तिघ्नो मनुष्यः। हस्तिनं हन्तुं शक्त इत्यर्थः। कवाटघ्नो मनुष्यः। शकीति किम्? हस्तिघातो व्याधः उपायेन।

पाणिघताडघराजघाः ॥२।२।५३॥ एते शब्दा निपात्यन्ते । पाणिघताडघौ शिल्पिनि निपात्येते । अन्यत्र-पाणिघातः । ताडघातः । राजघ इत्यविशेषेण । टग्घत्वं टिखं च निपाद्यम् ।

सुभगाढ्यस्थूलपलितनग्नान्धप्रियेऽच्वौ स्नुख्खुकञौ भुवः ॥२।२।५४॥ **अच्वाविति** च्व्यन्त-प्रतिषेधात् नञिवयुक्तन्यायेन च्व्यर्थविज्ञानम् । अच्व्यन्तेषु च्व्यर्थे वर्तमानेषु सुभगादिषु वाक्षु भवतेः स्नुख् खुकञ् इत्येतौ त्यौ भवतः । असुभगः सुभगो भवति सुभगम्भविष्णुः । सुभगम्भावुकः । आढ्यम्भविष्णुः । आढ्यम्भावुकः । स्थूलम्भविष्णुः । स्थूलम्भावुकः । पलितम्भविष्णुः । पलितम्भावुकः । नग्नम्भविष्णुः । नग्नम्भावुकः । अन्धम्भविष्णुः । अन्धम्भावुकः । प्रियम्भविष्णुः । प्रियम्भावुकः । अत्र तदन्तविधिरिष्टः । श्रीसुभगम्भविष्णुः । श्रीसुभगम्भावुकः । अच्वाविति किम् ? सुभगीभविता । आढ्यीभविता । नञ्निर्दिष्टे सदृशसंप्रत्ययादिह न भवति-सुभगो भविता ।

कृञः करणे ख्युट् ॥२।२।५५॥ कृञः करणे कारके ख्युट् भवति अच्व्यन्तेषु च्व्यर्थे वर्तमानेषु सुभगादिषु वाक्षु । असुभगं सुभगं कुर्वन्त्यनेन सुभगङ्करणम् । आढ्यङ्करणम् । स्थूलङ्करणम् । पलितङ्करणम् । नग्नङ्करणम् । अन्धङ्करणम् । प्रियङ्करणम् । सुभगङ्करणी विद्या । अच्व्यन्तेषु इत्येव । सुभगीकुर्वन्त्यनेन । नन्वत्र ख्युटि युटि वा नास्ति विशेषः । सत्यम् । अच्व्यन्तानुवृत्तेस्तु युटोऽप्यत्रार्थः प्रतिषेधः । च्व्यर्थे वर्तमाने-ष्वित्येव । आढ्यं कुर्वन्ति तैलेन । अभ्यञ्जयन्तीत्यर्थः ।

स्पृशोऽनुदके क्विः ॥२।२।५६॥ उदकवर्जिते सुपि वाचि स्पृशेर्धोः क्विर्भवति । ककारः कित्कार्यार्थः । वकारः सति साम्ये क्विपो बाधनार्थः । मन्त्रेण स्पृशति मन्त्रस्पृक् । दलं स्पृशति दलस्पृक् । "व्रश्च" [५।३।५३] आदि सूत्रेण षत्वं जश्त्वं "क्विन्यस्य कुः" [५।३।७५] इति कुत्वम् । अनुदक इति किम् ? उदकं स्पृशति उदकस्पर्शः ।

ऋत्विग्दधृक्स्रग्दिगुष्णिगञ्चुयुजिक्रुञ्चः ॥२।२।५७॥ ऋत्विक् दधृक् स्रक् दिक् उष्णिक् इत्येते क्व्यन्ता निपात्यन्ते । अञ्चु युजि क्रुञ्चि इत्येतेभ्यस्तु क्विर्भवति । ऋतौ यजते ऋतुप्रयोजनो वा यजते ऋत्विक् । ऋतुशब्दे वाचि यजेः क्विर्निपात्यते । धृष्णोतीति दधृक् । धृषेः क्विर्द्वित्वं च निपात्यते । सृजन्ति तामिति स्रक् । सृजेः कर्मणि क्विरमागमश्च निपात्यः । दिशन्ति तामिति दिक् । दिशेः कर्मणि क्विः । उत्स्निह्यतीति उष्णिक् । उत्पूर्वो स्निहः ग्यन्तखं षत्वं च । उष्णीषेण नह्यतीति वा उष्णिक् । षनखं प्रश्च । अञ्चु । प्राङ् । दध्यङ् । सुबन्तमात्रे क्विर्भवति । युजेः केवलादेव क्विः । युङ् । युञ्जौ । युञ्जः । क्रुङ् । क्रुञ्चौ । क्रुञ्चः । क्रुञ्चेरपि केवलात् क्विः । नखं न भवति । स एष विशेषो निपातनैः सह निर्देशाल्लभ्यते ।

त्यदादौ दृशोऽनालोके टक् च ॥२।२।५८॥ त्यदादिषु वाक्षु दृशेर्धोरनालोकेऽर्थे टग् भवति क्विश्च । आलोकश्चक्षुर्विषयः पर्युदस्यते । त्यादृक् । त्यादृशः । "दृशदृक्षवतौ" [४।३।११५] इति निर्देशात्क्सोऽपि भवति । त्यादृक्षः । "आसर्वनाम्नः" [४।३।११७] इत्यात्वम् । एवं तादृक् । तादृशः । तादृक्षः । यादृक् । यादृशः । यादृक्षः । रूढिशब्दा एते तेन नैतेष्ववयवार्थोऽस्ति । तमिव पश्यति अथवा स इव दृश्यते इति यथा कथञ्चिद्वाक्यम् । "समानान्ययोश्चेति वक्तव्यम्" [वा०] सदृशः । सदृक् । सदृक्षः । अन्यादृक् । अन्यादृशः । अन्यादृक्षः । "दृशदृक्षवतौ" [४।३।११५] इति समानस्य सभावः । अनालोक इति किम् ? यं पश्यति यद्दर्शः । तद्दर्शः ।

सत्सूद्विषद्रुहदुहयुजविदभिदच्छिदजिनीराजो गावपि क्विप् ॥२।२।५९॥ सदादिभ्यो धुभ्य क्विब् भवति गौ वाचि अपिशब्दात् सुबन्तेऽपि । प्रसत् । दिवि सीदतीति द्युषत् । अन्तरिक्षसत् । सू इति

---

१. युटोऽप्यत्रार्थतः प्रति-म०

द्विषा सहचरितः आदादिकः । प्रसूते प्रसूः । अण्डं सूते अण्डसूः । शतसूः । गर्भसूः । विद्वेष्टीति विद्विट् । मित्रद्विट् । प्रद्रुह्यतीति प्रध्रुक् । मित्राय द्रुह्यति मित्रध्रुक् । प्रदोग्धि प्रधुक् । युजिर् योगे युज समाधाविति चाविशेषेण ग्रहणम् । प्रयुनक्ति प्रयुक् । अश्वयुक् । युजेर्ण्यन्तस्याऽपि युज इति निपातनात् णेरुप् । प्रयोजयतीति प्रयुक् । अश्वान् योजयति—अश्वयुक् । विदेरविशेषेण ग्रहणम् । प्रवित् । धर्मवित् । प्रभित् । बलभित् । प्रच्छित् । रज्जुच्छित् । प्रजित् । कर्मजित् । प्रणीः । ग्रामणीः । विराजते विराट् । सम्राट् । "मन्वन्क्वनिब्विचः क्वचित्" [२।२।६२] "क्विप्" [२।२।६३] इति क्विपि सिद्धे नियोगार्थमिदम् । सुपीति वर्तमाने गिग्रहणं किमर्थम् ? अन्यत्र सुब्ग्रहणे गिग्रहणं नास्तीति ज्ञापनार्थम् । तेन "वदः सुपि क्यप् च" [२।१।८१] इति गे क्यप्न भवति । प्रवाद्यमनुवाद्यम् ।

अदोऽनन्ने ॥२।२।६०॥ अदेर्धोः क्विब्भवति अनन्ने सुबन्ते वाचि । आममत्ति आमात् । वृन्नात् । अनन्न इति किम् ? अन्नादः ।

क्रव्ये ॥२।२।६१॥ क्रव्यमाममांसम् । क्रव्यशब्दे वाचि अदेः क्विब्भवति । क्रव्यमत्ति क्रव्यात् । पूर्वेणैव सिद्धे पुनरारम्भः असरूपस्याणो बाधकः । कथं तर्हि क्रव्यादः ? पृषोदरादिषु कृत्तविकृतादः क्रव्याद इति द्रष्टव्यम् ।

मन्वन्क्वनिब्विचः क्वचित् ॥२।२।६२॥ मन् वन् क्वनिप् विच् इत्येते त्याः क्वचिद् दृश्यन्ते । गावपीत्यनुवर्तते । सुशर्मा । सुवर्मा । क्वचिदिति वचनात् केवलादपि । दामा । पामा । वामा । हेमा । वन् । विजावा । अग्रेगावा । "वन्याः" [४।४।४२] इत्यात्वम् । क्वनिप् । प्रातरित्वा । प्रातरित्वानौ । केवलादपि । कृत्वा । कृत्वानौ । धीवा । पीवा । विच् । विशतीति वेट् । रेट् । वकारः कृत्कार्यार्थः । इकार उच्चारणार्थः । चकारः एबर्थः । जागर्ति जागः । विरित्युच्यमाने "जागुरविजिणल्ङिति" [५।२।८२] इति एप्प्रतिषेधः शङ्क्येत ।

क्विप् ॥२।२।६३॥ क्विप् धोः क्वचिद् दृश्यते गावपि । उखेन (उखायाः) स्रंसते[1] उखास्रत् । वाहात्[2] भ्रश्यति वाहाभ्रट्[3] । "अन्यस्यापि" [४।३।२३२] इति दीत्वम् । क्वचिदधिकारात्केवलादपि । याति याः । वाति वाः ।

स्थः कः ॥२।२।६४॥ गावपीति वर्तते । तिष्ठतेः को भवति । शन्तिष्ठति शंस्थः । सुस्थः । ननु "सुपि" [२।२।७] "स्थः" [२।२।८] इत्यनेनैव कः सिद्धः । न सिध्यति । "शमि धोः खौ" [२।२।१६] इत्यत्र धुग्रहणस्य प्रयोजनमुक्तं समत्वेन पूर्वस्य कस्य बाधनमिति । यथा शङ्करा परिव्राजिकेत्यत्र हेत्वादिलक्षणस्य टस्य बाधात्कस्याकारस्य बाधनार्थं पुनः कविधानं क्विपोऽसमत्वादस्यो न बाधक इति पूर्वेण क्विप्सिद्धः । शंस्थाः ।

भजो ण्विः ॥२।२।६५॥ भजतेर्ण्विर्भवति सुपि गावपि । अर्द्धभाक् । प्रभाक् । णकार ऐबर्थः । वकारः सति साम्ये बाधार्थः । इकारः उच्चारणार्थः । समत्वेन क्विविचोर्बाधकोऽस्ति ण्विः ।

सुपि शीलेऽजातौ णिन् ॥२।२।६६॥ चतुष्टयी शब्दानां प्रवृत्तिरित्यस्मिन् दर्शने जातिप्रतिषेधोऽयम् । अजातिवाचिनि सुबन्ते वाचि शीले गम्यमाने धोर्णिन्भवति । सुपीति वर्तमाने पुनः सुब्ग्रहणं सुम्मार्थम् । अन्यथा अजाताविति सत्त्ववाचिनः प्रतिषेधादन्यस्यापि सत्त्ववाचिनो ग्रहणं न स्यात् । उष्णं भुङ्क्ते

---

१. "पिठरस्थाल्युखाकुण्डम्" इत्यमरादिप्रामाण्यादुखाशब्दस्य नित्यस्त्रीत्वात् "उखायाः स्रंसते" इति वक्तुमुचितम् । मूले "उखेन स्रंसते" इति करणतृतीयाऽस्त्रीत्वं च चिन्त्यम् । २. वहाद् अ०, ब० । ३. वहाभ्रट्-अ०, ब० ।

इत्येवंशीलः उष्णभोजी । उदासारिण्यः । प्रत्यासारिण्यः । अजाताविति किम् ? शालीन् भुङ्क्ते इत्येवं शीलः शालिभोजः । साधूनामन्त्रयिता । शील इति किम् ? उष्णभोजः आतुरः । क्वचिदित्यनुवृत्तेः साधुकारिण्यप्यर्थे णिन् । साधुकारी । साधुदायी । "ब्रह्मणि वदेर्णिन् वक्तव्यः" [वा०] असमस्याणो बाधकः । ब्रह्मवादिनो वदन्ति ।

कर्त्तरीवे ॥२।२।६७॥ कर्तरि वाचि इवार्थे धोर्णिन् भवति । उपमानभूते कर्तरीत्यर्थः । जात्यर्थमशीलार्थे चेदम् । उष्ट्र इव क्रोशते उष्ट्रक्रोशी । ध्वाङ्क्षरावी । खरनादी । सिंहनर्दी । वृत्त्यैवार्थस्योक्तत्वादिवशब्दस्याप्रयोगः । कर्त्तरीति किम् ? तिलानिव भुङ्क्ते कोद्रवान् । इव इति किम् ? उष्ट्रः क्रोशति ।

व्रते ॥२।२।६८॥ सुबन्ते वाचि धोर्णिन् भवति समुदायेन चेद् व्रतं गम्यते । शास्त्रपूर्वको नियमो व्रतम् । पार्श्वशायी । स्थण्डिलशायी । वृक्षमूलवासी । श्राद्धं न भुङ्क्ते व्रतमस्य अश्राद्धभोजी । अलवणभोजी । सापेक्षस्यापि नञो वृत्तिर्व्याख्याता । व्रत इति किम् ? स्थण्डिले शेते कामचारेण ।

प्रायो (य आ) ऽभीक्ष्ण्ये ॥२।२।६९॥ सुबन्ते वाचि धोराभीक्ष्ण्ये गम्ये प्रायो णिन् भवति । शीलं गुणान्तरे द्वेषः । ततोऽन्यन्मुहुर्मुहुः सेवनमाभीक्ष्ण्यम् । कषायपायिणो गान्धारयः । सौवीरपायिणो इपिलाः[1] । तक्रपायिणो अन्ध्राः । क्षीरपायिण उशीनराः । "मृदन्तनुम्विभक्त्याम्" [१।४।९५] इति णत्वम् । प्रायोग्रहणादिह न भवति । कुल्माषखादाश्चोलाः ।

मनः ॥२।२।७०॥ मन्यतेः सुपि वाचि णिन् भवति । अशीलाद्यर्थमेतत् । शोभनं मन्यते परं शोभनमानी । दर्शनीयमानी । मन इति श्यविकरणस्य ग्रहणं व्याख्यानात् । उत्तरत्र खशि विशेषो भविष्यति ।

खश्चात्मनः ॥२।२।७१॥ आत्मनो यत्सुबन्तं तस्मिन् वाचि मन्यतेः खश् भवति णिश्च । शोभनमात्मानं मन्यते शोभनम्मन्यः । शोभनमानी । पण्डितम्मन्यः । पण्डितमानी ।

भूते ॥२।२।७२॥ भूत इत्यधिकारो वेदितव्यः । धोरिति वर्तते । अर्थवशाद् भूते ध्वर्थे वक्ष्यमाणविधयो भवन्तीत्यर्थः । वक्ष्यति दृशेः क्वनिप् । मेरुं दृष्टवान् मेरुदृश्वा । भूत इति किम् ? मेरुं द्रक्ष्यति । न च भूतशब्दस्येतरेतराश्रयत्वेनासिद्धिः, अनादित्वाच्छब्दव्यवहारस्य । भूत इति निसंज्ञको वा शब्दः । "इयन्त इति संख्यानं निसंज्ञानां न विद्यते । प्रयोजनवशादेते निपात्यन्ते पदे पदे ॥"

करणे यजः ॥२।२।७३॥ णिन्निति वर्त्तते । करणे सुबन्ते वाचि यजेर्धोर्भूते णिन् भवति । अग्निष्टोमेनेष्टवान् अग्निष्टोमयाजी । वाजपेययाजी । विशेषस्य करणत्वम् । यजनसामान्यं यजेरर्थः ।

कर्मणि हनः ॥२।२।७४॥ कर्मणि वाचि हन्तेर्णिन् भवति भूते । पितृव्यं हतवान् पितृव्यघाती । मातुलघाती । कुत्साविशेष इति वक्तव्यमिह मा भूत् । देवदत्तं हतवान् देवदत्तघातः ।

ब्रह्मभ्रूणवृत्रेषु क्विप् ॥२।२।७५॥ ब्रह्म भ्रूण वृत्र इत्येतेषु कर्मसु हन्तेः क्विब्भवति । ब्रह्माणं हतवान् । ब्रह्महा । भ्रूणहा । वृत्रहा । सामान्येन क्विपि सिद्धे नियमार्थमिदम् । ब्रह्मादिष्वेव कर्मसु हन्तेः क्विम्नान्यस्मिन् । मित्रं हतवान् मित्रघातः । उभयथा नियमश्चायम् । ब्रह्मादिषु कर्मसु भूते क्विबेव नान्यस्त्यः । उभयथा शिष्यैः प्रतिपन्नत्वात् उभयथा नियमो लभ्यते । कथं मधुहा ? चिन्त्यमेतत् । हन इत्येव । ब्रह्माणं कृतवान् । भूत इत्येव । ब्रह्माणं हन्ति हनिष्यति वा ।

सुकर्मपापमन्त्रपुण्ये कृञः ॥२।२।७६॥ क्विबिति वर्तते । सुशब्दे वाचि कर्मादिषु च करोतेः क्विब्भवति भूते । सुष्ठु कृतवान् सुकृत् । कर्मकृत् । पापकृत् । मन्त्रकृत् । पुण्यकृत् । एषोऽप्युभयथा नियमः ।

---

1. द्रमिलाः अ० ।

स्वादिष्वेव वाच्चु कृञः क्विब्भवति नान्यस्मिन्। सूत्रं कृतवान् सूत्रकारः। स्वादिषु च भूते क्विबेव नान्यस्त्यः। कृञ इति किम्? पापं चितवान्। भूत इत्येव। कर्म करोतीति कर्मकारः। स्वादिष्वेव भूते क्विब्भवतीति नायमिह नियम इत्येके। तेन भाष्यकृत् शास्त्रकृत् तीर्थकृदित्येवमादि सिद्धम्। वर्तमानकालविवक्षा वा तेनानियमः।

सोमे सुञः ॥२।२।७७॥ सोमे कर्मणि सुनोतेः क्विब्भवति भूते। सोमं सुतवान् सोमसुत्। सोमसुतौ। सोमसुतः। एषोऽप्युभयथा नियमः। सोम एव वाचि सुनोतेः क्विम्नान्यस्मिन्। सुरां सुतवान् सुरासावः। सोमे वाचि भूते क्विबेव नान्यस्त्यः। सुञ इति किम्? सोमं कृतवान्। भूत इत्येव। सोमं सुनोति सोमसावः।

अग्नौ चेः ॥२।२।७८॥ अग्नौ कर्मणि चिनोतेः क्विब्भवति भूते। अग्निं चितवान् अग्निचित्। अग्निचितौ। अग्निचितः। अयमप्युभयथा नियमः। अग्नावेव वाचि नान्यस्मिन्। कुड्यं चितवान् कुड्यचायः। अग्नौ वाचि भूते क्विबेव नान्यस्त्यः। चेरिति किम्? अग्निं कृतवान्। भूत इत्येव। अग्निं चिनोति अग्निचायः।

कर्मण्यग्न्याख्यायाम् ॥२।२।७९॥ कर्मणीति प्रकृतं वर्त्तते। कर्मणि वाचि चिनोतेः कर्मणि कारके क्विब्भवति समुदायेन चेदग्न्याख्या गम्यते। श्येन इव चितः श्येनचित्। काक इव चितः काकचित्। रथचक्रचित्। आख्याग्रहणं किमर्थम्? रूढेः परिग्रहार्थम्। अग्न्यर्थं इष्टकाचयः श्येनचिदुच्यते।

कर्मणीन्विक्रियः ॥२।२।८०॥ कर्मणि वाचि इन्नित्ययं त्यो भवति। विपूर्वात् क्रीणातेः। कर्मणीति वर्तमाने पुनः कर्मग्रहणमभिधेयनिवृत्त्यर्थम्। कर्मणि वाचि कर्त्तरि कारके यथा स्यात्। तैलं विक्रीतवान् तैलविक्रयी। घृतविक्रयी। "कुत्सायामिति वक्तव्यम्" [वा०] इह न भवति। धान्यविक्रायः।

दृशेः क्वनिप् ॥२।२।८१॥ भूते कर्मणीति च वर्त्तते। कर्मणि वाचि दृशेर्धोः क्वनिब्भवति। मेरुं दृष्टवान् मेरुदृश्वा। विश्वदृश्वा। पित्करणमुत्तरार्थम्। सामान्येन क्वनिपि सिद्धे पुनर्वचनं भूते मन्वन्विचां निवर्तकम्।

राज्ञि युधिकृञः ॥२।२।८२॥ राजशब्दे कर्मणि युधि कृञ् इत्येताभ्यां क्वनिब्भवति। युधिरन्तर्भावितण्यर्थः सकर्मकः। राजयुध्वा। राजकृत्वा। अयमपि योगः मन्वन्विचां निवृत्त्यर्थः। कर्मणीत्येव। राज्ञा युद्धवान्।

सहे ॥२।२।८३॥ सहशब्दे वाचि युधिकृञित्येताभ्यां क्वनिब्भवति भूते। सह युद्धवान् सहयुध्वा। सहकृत्वा। "वा नोचः" [४।३।११०] इत्यत्र न्यगवयवस्य बसस्य ग्रहणात् सहशब्दस्य सभावो न भवति। योगविभागो यथासंख्यनिवृत्त्यर्थः।

जनेर्डः ॥२।२।८४॥ सुपि शील इत्यतः सुपीति संबध्यते। जनेर्धोः सुपि वाचि ड इत्ययं त्यो भवति। उपसरे जातः उपसरजः। मन्दुरायां जातः मन्दुरजः। "त्वे ङ्यापोः क्वचित् खौ च" [४।३।१७२] इति प्रादेशः। बलभीजः। "कायामजातावभिधानम्" [वा०] जाड्याज्जातं जाड्यजं दुःखम्। सन्तोषजं सुखम्। सङ्कल्पजः कामः। बुद्धिजः संस्कारः। अजाताविति किम्? मृगाज्जातः। हस्तिनो जातः। गौ वाचि खुविषये प्रजाताः प्रजाः। 'अनौ कर्मणि वाच्यभिधानम्' [वा०] पुमांसमनुजातः पुमनुजः। स्त्र्यनुजः। 'अन्यस्मिन्नपि वाचि दृश्यते कारकान्तरेऽपि' [वा०] किञ्जातेन किञ्जः। अलं जातेन अलञ्जः। द्विर्जातो द्विजः। न जातः अजः। "कायामजातौ" इत्युक्तम्। जातावपि दृश्यते ब्राह्मणजः पशुबधः। क्षत्रियजं युद्धम्। गौ वाचि खाविःत्युक्तः अखावपि दृश्यते। अधिजातः। अधिजः। अभिजः। परिजः। अनौ कर्मणीत्युक्तम्। अकर्मण्यपि दृश्यते। अनुजातः अनुजः। यद्यपि विशेषेण सुनीत्युच्यते इहापि प्राप्नोति सर्वाङ्गपरिपूर्णो जातः गृहस्थो जातः। अनभिधानान्न भवति। "युड्या बहुलम्" [२।३।६४] इति बहुलवचनात्। कर्मणि कारके अन्यस्मादपि भवति। परिखाता परिखा। पुंसा अनुजातः पुंसानुजप्रकरणे पुंसानुजो जनुषान्ध इत्यत्रानुबध्यते।

तः ॥२।२।८५॥ तसंज्ञस्त्यो भवति धोर्भूते। इह वाग्विशेषपरिग्रहो नास्ति। कृतः। कृतवान्। भुक्तः। भुक्तवान्। क्तक्तवत्वोर्भाविनोः तसंज्ञाश्रिता तेन संज्ञया त्यविधाने इतरेतराश्रयं नास्ति। आदिकर्मण्यपि कथञ्चित् भूतत्वमस्ति। प्रकृतः कटं देवदत्तः। प्रकृतवान् कटं देवदत्तः।

सुयजोर्वनिप् ॥२।२।८६॥ सुपीति निवृत्तम्। सु यजि इत्येताभ्यां वनिप् भवति भूते। सुतवान्। सुत्वा। इष्टवानिति यज्वा।

जृषोऽतृ ॥२।२।८७॥ जीर्यतेरतृ इत्ययं त्यो भवति भूते। जरन्। जरन्तौ। जरन्तः। क्तक्तवत्वोरसमत्वादबाधकोऽयम्।

वस्सदिणो वसुर्लिरमम् ॥२।२।८८॥ वस् सद् इण् इत्येतेभ्यः भूते वसुर्भवति लिड्वन्मसंज्ञश्च। अनूषिवान् श्रीदत्तं धान्यसिंहः। उपसेदिवान् उपाध्यायं शिष्यः। ईयिवान् उपेयिवान् उपाध्यायं शिष्यः। इणः क्रादिनियमादिटि द्वित्वम्। धुरूपस्य "यणेल्योः" [४।४।७७] इति यणादेशः। वस्य "कितीणो दीः [५।२।१६६] इति दीत्वम्। अथ क्रादिनियमलक्षणस्येटः "वशि" [५।१।११४] इति प्रतिषेधः कस्मान्न भवति? उत्तरत्र "श्रुवोऽनिट्" [२।२।८९] इत्यनिड्वचनं ज्ञापकं "वशि" [५।१।११४] इति प्रतिषेधो न भवति। उदात्तस्य वा स प्रतिषेधः। लिड्वदतिदेशाद्द्वित्वम्। "न क्तिल्लोक" [१।४।७२] इत्यादिना कर्मणि ताप्रतिषेधश्च भवति। मसंज्ञायाः किं प्रयोजनं कर्मव्यतिहारे मा भूत्। व्यत्यूषे जनपद इति। "प्राक्केर्वाऽसमः"[२।१।८१] इति लुङादयोऽपि भवन्ति। अन्ववात्सीत्। अन्ववसत्। अनूवास। उपासदत्। उपासीदत्। उपससाद। उपागात्। उपैत्। उपेयाय। क्वसुकानौ लिडादेशौ सर्वधुभ्य इत्येके। "क्वसुर्लो मम्" इति मसंज्ञकः। कानस्य "इङानं दः" [१।२।१५१] इति दसंज्ञा। भावकर्मकर्तृषु च सम्भवः। लिङ देशत्वादेव कित्त्वे सिद्धे स्फान्तार्थं कित्करणमनयोः। अञ्जेः आजिवान्। स्वञ्जेः सस्वज्वान् इति कित्त्वान्नखं सिद्धम्। ऋकारान्तस्यैप्प्रतिषेधार्थं च कित्करणं तितीर्वानः। "ऋच्छत्यॄताम्" [५।२।१२३] इत्यैप्न भवति। कर्मणि ततिराणः। "ऋत इद्धोः" [५।१।७४] इति इत्वस्य "द्विस्वेऽचि" [१।१।५६] इति स्थानिवद्भावे तृ इति द्वित्वम्। "उरः" [५।२।१६६] इति अत्वम्। तैरेवाचार्यैः "वस्वेकाजाद्घसामिड्" इति वसौ परतः एकाचामाकारान्तानां घसेश्चेड्विहितः। पेचिवान्। पपिवान्। जक्षिवान्। इह कस्मान्न भवति? बिभिद्वान् चिच्छिद्वान्। "हलमध्ये लिव्यतः" इत्यनेन एत्वखयोः कृतयोर्वसो य एकाच तत्रैवेड् भवति। यद्येवं ययिवानित्यत्रापि "इटि चात् खम्"[४।४।६३] इति खे कृते एकाच्त्वमस्तीति आद्ग्रहणमनर्थकम्। नियमार्थमेतत्। यथा इण्निमित्तमेकाच्त्वं तेषामाकारान्तानामेव [इड् भवति] नान्येषां चखन्वानिति। अत्रापीटि कृते उङः खे क्रियमाणे एकाच्त्वसम्भवोऽस्ति। अत एव नियमात् घसेरिट्यप्राप्ते ग्रहणम्। तथा वा दृशिगमहन-षिदविशाम्। ददृशिवान्। ददृश्वान्। जग्मिवान्। जगन्वान्। जघ्निवान्। जघन्वान्। "मो नः" [५।३।८३] "म्वोः" [५।३।८४] इति मकारस्य नत्वम्। दृशेरनेकाच्त्वात् गमहनोरात इति नियमात् इस्यप्राप्ते विभाषा। वसौ परतो विदेः शविकरणस्य ग्रहणम्। विविदिवान्। विविद्वान्। ज्ञानार्थस्य ग्रहणे ते "यस्य वा" [५।१।१२१] इति प्रतिषेधः स्यात्। विविशिवान्। विविश्वान्।

श्रुवोऽनिट् ॥२।२।८९॥ श्रु इत्येतस्माद्वसुर्भवत्यनिट्। उपशुश्रुवान् श्रीदत्तं धान्यसिंहः। असमत्वा-लुङादयोऽपि। उपाश्रृणोत्। उपशुश्राव।

अनाश्वाननूचानौ ॥२।२।९०॥ अनाश्वान अनूचान इत्येतौ शब्दौ निपात्येते। नञ्पूर्वादश्नातेः वसुर्लिड्वदिडभावश्च निपात्यते। अनाश्वांस्तपश्चकार। असमत्वात् नाश्नात् नाश इत्यपि भवति। वचेरनुपूर्वात् कर्तरि कानो निपात्यते। अनूचानो व्रतोपपन्नः। असमत्वात् अनूक्तवान् अन्ववोचत् अनूवाच इति च भवति।

लुङ् ॥२।२।९१॥ लुङ् इत्ययं त्यो भवति भूते धोः। अकार्षीत्। अहार्षीत्। क्व भवानुषितः। अमुत्रा-वात्समिति। अत्र भूतमात्रस्य विवक्षा, अतएव लङ् न भवति।

अनद्यतने लङ् ॥२।२।९२॥ भूत इति वर्तते । अविद्यमानाद्यतने भूते धोर्लङ् भवति । अतीतायाः रात्रेः आ पश्चिमयामात् आगामिन्याश्च रात्रेराप्रथमयामात् अद्यतनकालः । तत्प्रतिषेधादनद्यतनः । अकरोत् । अहरत् । अनद्यतनभूतविवक्षायाः समत्वाल्लुङो बाधको लङ् । अनद्यतन इति बसनिर्देशाद्यत्राद्यतनगन्धोऽप्यस्ति तत्र लङ् न भवति । अद्य ह्यश्चाभुञ्ज्महि । यदि बसः अद्यतनेऽप्यद्यतनो नास्तीति लङ् प्राप्नोति । नायं दोषः । विशेषाद्यतने सामान्याद्यतनस्य विद्यमानत्वात् । इह भूतमात्रं विवक्षितम् । आगच्छाम घोषात् अपिबाम पय इति । **'परोक्षे लोकविज्ञाते प्रयोक्तुः शक्यदर्शनत्वेन दर्शनविषये लङ् वक्तव्यः'** [वा०] अरुणन्महेन्द्रो मथुराम् । अरुणद्यवनः साकेतम् । परोक्षे इति किम् ? उदगादादित्यः । लोकविज्ञात इति किम् ? जगाम ग्रामं देवदत्तः । प्रयोक्तुः दर्शनविषय इति किम् ? जघान कंसं किल वासुदेवः ।

अयद्यभिज्ञोक्तौ लृट् ॥२।२।९३॥ अभिज्ञोक्तिः स्मृतिवचनम् । अविद्यमाने यच्छब्दे अभिज्ञावचने वाचि अनद्यतने लृङ् भवति । अभिजानासि देवदत्त कश्मीरेषु वत्स्यामः । मद्रेषु वत्स्यामः । उक्तिग्रहणं पर्यायार्थम् । स्मरसि बुध्यसे चेतयसे वा कश्मीरेषु वत्स्यामः । लङोऽपवादोऽयम् । अयदीति किम् ? अभिजानासि देवदत्त यत् कश्मीरेष्ववसामः ।

न वा साकाङ्क्षे ॥२।२।९४॥ आकांक्षा सम्बन्धः । अनद्यतन इत्येव । साकाङ्क्षे अभिज्ञावचने वाचि धोर्न वा लृङ् भवति । अयद्यभिज्ञावचने पूर्वेण प्राप्तो लृट् नेति प्रतिषिध्यते । ततः केवले यच्छब्दसहिते चाभिज्ञावचने साकांक्षे वाचि । वेति सर्वत्र विभाषा । अभिजानासि देवदत्त कश्मीरेषु वत्स्यामः कश्मीरेष्ववसाम तत्रौदनान् भोक्ष्यामहे तत्रौदनानभुञ्ज्महि । यच्छब्दसहिते अभिजानासि देवदत्त यत् कश्मीरेषु वत्स्यामः यत्तत्रौदनान् भोक्ष्यामहे यत्तत्रौदनानभुञ्ज्महि ।

परोक्षे लिट् ॥२।२।९५॥ भूते अनद्यतने इति च वर्तते । परावृत्तोऽक्षेभ्यः परोक्षः इन्द्रियागोचर इत्यर्थः । परोक्षशब्दस्य चेदमेव निपातनम् । भूतानद्यतनपरोक्षे ध्वर्थे लिङ् भवति । यद्यपि सर्वो ध्वर्थः साध्यत्वेनानुमेयत्वेन वा परोक्षस्तथापि यत्राश्रयद्वारेण प्रत्यक्षाभिमानो नास्ति लोकस्य स परोक्ष उक्तः । पपाच । चकार । आत्मनानुष्ठिता हि क्रिया सर्वस्य प्रत्यात्मं प्रत्यक्षेति सुप्तमत्तयोरस्मदः प्रयोगः । सुप्तोऽहं किल विललाप । मत्तोऽहं किल जघान । **"अत्यन्तापह्नवे लिङ् वक्तव्यः"** [वा०] नाहं कलिङ्गं जगाम । कलिङ्गगमनस्य प्रत्यक्षत्वाल्लिङप्राप्तः ।

हशश्वतोर्लङ् च ॥२।२।९६॥ ह शश्वदित्येतयोर्वाचोर्लङ् भवति लिट् च भूतानद्यतनपरोक्षे । इति हाकरोत् । इति ह चकार । शश्वदकरोत् । शश्वच्चकार ।

प्रश्ने चान्तर्युगे ॥२।२।९७॥ प्रष्टव्य इति प्रश्नः । पञ्चवर्षं युगम् । युगाभ्यन्तरे प्रश्ने भूतानद्यतने परोक्षे लङ्लिटौ भवतः । चकारः किमर्थः ? पूर्वसूत्रे चानुकृष्टस्य लिटोऽनुकर्षणार्थः । किमगच्छस्त्वं पाटलिपुत्रम् । अददादसौ दानम् । ददावसौ दानम् । प्रश्न इति किम् ? देवदत्तो जगाम । अन्तर्युग इति किम् ? अहं त्वां पृच्छामि । जघान कंसं किल वासुदेवः ।

पुरि लुङ् वा ॥२।२।९८॥ पुराशब्दो भूतानद्यतने वर्त्तते न भूतमात्रे । पुराशब्दे वाचि भूतानद्यतने वा लुङ् भवति पक्षे यथाप्राप्तं च । अवात्सुरिह पुरा छात्राः । अवसन्निह पुरा छात्राः ।

लट् ॥२।२।९९॥ वेति निवृत्तम् । लङ् भवति पुराशब्दे वाचि भूतानद्यतने । वसन्तीह पुरा छात्राः । योगविभाग उत्तरत्र लट एवानुवर्तनार्थः ।

स्मे ॥२।२।१००॥ स्मशब्दोऽप्यनद्यतने परोक्षे च वर्तते न भूतमात्रे । स्मशब्दे वाचि अनद्यतने लङ् भवति । इति स्मोपाध्यायः कथयति स्वयंप्रभार्थं युध्यन्ते स्म विद्याधराः । लङ्लिटोरपवादोऽयम् । स्मपुराशब्दयोर्युगपत्प्रयोगे परत्वात् स्मलक्षणो लट् । सुलोचनार्थं पुरा युध्यन्ते स्म पार्थिवाः । हशश्वल्लक्षणादपि विधिः

परत्वेन सलक्षणः। इति हाधीयते स्म। शश्वदधीयते स्म। तथा हशश्वल्लक्षणात् परत्वेन पुरालक्षणो विधिः। इति ह पुरा अध्यगीषत। शश्वत्पुरा अध्यगीषत। "**ननौ पृष्टप्रतिवचने भूतमात्रे लट् वक्तव्यः**" [**वा०**] अकार्षीः कटं देवदत्त! ननु करोमि भोः। तथा "**नशब्दे नुशब्दे च वाचि पृष्टप्रतिवचने भूते वा लट् वक्तव्यः**" [**वा०**] अकार्षीः कटं देवदत्त! न करोमि भोः नाकार्षं भोः। अहं नु करोमि अहं न्वकार्षम्। नेदं द्वयं वक्तव्यम्। पूर्वत्र क्रियाया अपरिसमाप्तेर्वर्तमानत्वम्। उत्तरत्रासमाप्तिः समाप्तिश्च क्रियाया विवक्षिता।

सम्प्रति ॥२।२।१०१॥ सम्प्रति ध्वर्थे लट् भवति। आरम्भात्प्रभृत्याऽनुपरमाद्वर्तमानः कालः सम्प्रति इत्युच्यते। उक्तं च–"*आरम्भाय प्रसृता यस्मिन् काले भवन्ति कर्त्तारः। कार्यस्यानिष्ठातस्तन्मध्यं कालमिच्छन्ति ॥*" तरति। नयति। याति।

तस्य शतृशानावचैकार्थे ॥२।२।१०२॥ तस्य सम्प्रतिकाले विहितस्य लटः स्थाने शतृ शान इत्येतावादेशौ भवतः न चेद्वान्तेनैकार्थ्यं भवति। पचन्तं पश्य। पचता कृतम्। पचमानेन कृतम्। तस्य ग्रहणं किम्? असम्प्रतिकाले विहितस्य लटः स्थाने मा भूत्। उष्यते इह पुरा छात्रैः। अधीयते स्म नटैः। अवैकार्थ इति किम्? पचति देवदत्तः। अत्र तस्य शतृशानाविति योगविभागः कर्त्तव्यः। "**न वा साकाङ्क्षे**" [**२।२।६४**] इत्यतो मण्डूकप्लुत्या नवाग्रहणं चाभिसम्बन्धनीयम्। ततो नेत्यनेन इतिशब्दयोगे प्रतिषेध एव भवति। वर्षतीति धावति। हन्तीति पलायते। वेति व्यवस्थितविभाषा। तेन इबादिभिर्योगे द्यौ भिन्नाधिकरणेषु च हृत्सु नित्यो विधिः। कुर्वती भक्तिः। कुर्वद्भक्तिः। कौर्वतः। पाचमानः। भक्तिशब्दः प्रियादौ पठ्यते। तेन '**पुंवद्यजातीयदेशीये**" [**४।३।१२४**] इति पुंवद्भावः। समानाधिकरणेषु हृत्सु विकल्पः। कुर्वत्तरः। कुर्वद्रूपः। कुर्वाणरूपः। करोतितराम्। करोतिरूपम्। तस्मात् द्युत्ययोरुपसंख्यानं न कर्त्तव्यम्। पुनरवैकार्थ इति द्वितीयो योगः। अत्रापि नवेत्यधिकारात् कचिद्वान्तेन सामानाधिकरण्येऽपि शतृशानौ भवतः। सन् घटः। अस्ति घटः। विद्यमानो घटः। विद्यते घटः। जुह्वन् जुहोति वा देवदत्तः। अधीयानो मुनिः। अधीते मुनिः। व्यवस्थितविभाषाबलात् माङ्याक्रोशे लुङ्पि। मा पचन्। मा पचमानः। मा पाक्षीत्।

संबोधने ॥२।२।१०३॥ सम्बोधनमभिमुखीकरणम्। तद्विषये लटः शतृशानौ भवतः वैकार्थ्येऽपि। नित्यार्थमिदम्। हे पचमान। उभयोर्योत्यं सम्बोधनमिति वाविभक्त्यपि भवति।

लक्षणहेत्वोः क्रियायाः ॥२।२।१०४॥ लक्षणं ज्ञापकं चिह्नम्। हेतुर्जनकः। लक्षणं च या क्रिया क्रियाया हेतुश्च या क्रिया तत्र वर्तमानाद्धोः परस्य लटः शतृशानौ भवतः। शयाना भुञ्जते यवनाः। तिष्ठन्तोऽनुशासति गणकाः। व्यभिचार्यपि लक्षणं दृश्यते यथा यत्रासौ काकस्तद्देवदत्तगृहमिति। अन्यथैव स्यात् शयाना वर्द्धते दूर्वा। आसीनं वर्द्धते विसम्। हेतौ। अधीयान आस्ते। अर्जयन् वसति। नवेत्यनुवृत्तेरिह न भवति। वर्षतीति धावति। हन्तीति पलायते। लक्षणहेत्वोरिति किम्? यो वेपते सोऽश्वत्थः। यद्गुत्प्लवते तल्लघु। द्रव्यस्य गुणस्य च लक्षणे न भवतः। इह शास्त्रे अन्यत्र हेतुग्रहणे कारकग्रहणमिति लक्षणग्रहणे च ज्ञापकग्रहणमिति अन्यतरनिर्देशेनोभयप्रतिपत्तेर्द्वयोरुपादानं द्वन्द्वेषु अल्पाच्तरमिति पूर्वनिपातव्यभिचारार्थं [च]।

तौ सत् ॥२।२।१०५॥ तौ शतृशानौ सत्संज्ञौ भवतः। शतृशानयोः प्रकृतत्वात् तौग्रहणं शतृशानरूपपरिग्रहार्थम्। तेन लृडादेशयोरपि सत्संज्ञा सिद्धा। देवदत्तस्य कुर्वन् करिष्यन्। "**डड्ग्रहण**" [**१।३।७२**] इत्यादिना तासप्रतिषेधः।

पूङ्यजोः शानः ॥२।२।१०६॥ सम्प्रतीति वर्तते। पूङ् यज् इत्येताभ्यां शानस्त्यो भवति। अनादेशोऽयं कर्तर्येव भवति। मभाभ्योऽपि धुभ्यो विधास्यते। सोमं पवमानः। यजमानः। "**न भित**" [**१।४।७२**] आदिसूत्रे शतृ इत्यतः प्रभृति आ तृनो नकारात् तृनिति प्रत्याहार उक्तः। तेन कर्मणि ताप्रतिषेधः।

वयःशक्तिशीले ॥२।२।१०७॥ वयस् शक्ति शील इत्येतेषु गम्यमानेषु धोः शानो भवति। शरीरावस्था वयः। कतीह शिखण्डं वहमानाः। कतीह कवचं पर्यस्यमानाः। शक्तिः सामर्थ्यम्। कतीह भटं निघ्नानाः। कतीह भुञ्जानाः। शीलं गुणान्तरद्वेषः। कतीह मण्डयमानाः। कतीह मुण्डयमानाः।

धारीङः शत्रकृच्छ्रिणि ॥२।२।१०८॥ अकृच्छ्रमनायासो यस्यास्ति सोऽकृच्छ्री। धारि इङ इत्येताभ्यां शतृत्यो भवति अकृच्छ्रिणि कर्त्तरि। धारयन् धर्मशास्त्रम्। अधीयन् जैनेन्द्रम्। अकृच्छ्रिणीति किम्? कृच्छ्रेण धारयति। कृच्छ्रेणाधीते।

द्विषोऽरौ ॥२।२।१०९॥ द्विषः शतृत्यो भवत्यरौ कर्तरि। चौरस्य द्विषन्। चौरं द्विषन्। "**द्विषः शतुर्वा वचनम्**" [वा०] इति कर्मणि वा ता। अराविति किम्। द्वेष्टि पतिं भार्या। असमा एते त्या लटं न बाधन्ते।

सुञो यज्ञसंयोगे ॥२।२।११०॥ संयुज्यते इति संयोगः संयुक्त इत्यर्थः। सुनोतेर्यज्ञसंयोगे कर्तरि शतृत्यो भवति। सर्वे सुन्वन्तः। यज्ञस्वामिन इत्यर्थः। यज्ञसंयोग इति किम्? सुनोति सुराम्।

प्रशंसेऽर्हः ॥२।२।१११॥ अर्हतेः प्रशंसेऽर्थे शतृत्यो भवति। अर्हन्निह भवान् पूजाम्। अर्हन्निह भवान् विद्याम्। प्रशंस इति किम्? अर्हति चोरो वधम्।

आक्वेः शीलधर्मसाधुत्वे ॥२।२।११२॥ आङभिविधौ द्रष्टव्यः। वक्ष्यति ग्रावस्तुवः क्विप्। आ एतस्मात् क्विप्संशब्दनात् यानित ऊर्ध्वं वक्ष्यामः शीलधर्मसाधुत्वेषु वेदितव्याः। शीलं व्याख्यातम्। धर्म आचारः। ध्वर्थस्य साधु करणं साधुत्वम्।

तृन् ॥२।२।११३॥ तृन्नित्ययं त्यो भवति सर्वधुभ्यः शीलादिषु। शीले—कर्ता कटान्। वदिता जनापवादान्। धर्मे—मुण्डयितारः श्राविष्टायना भवन्ति। वधूमूढाम् अन्नमपहर्तार आह्वरका भवन्ति श्राद्धे सिद्धे। साधुत्वे। कर्त्ता कटम्। गन्ताऽखेटम्। गमेरुकञ्वक्ष्यते। अधिकारात्तृन्नपि भवति।

अलङ्कृञ्निराकृञ्प्रजनोत्पचोत्पतोन्मदरुच्य-पत्रपवृतवृधुसहचर इष्णुः ॥२।२।११४॥ अलङ्कृञित्येवमादिभ्य इष्णुर्भवति शीलादिषु। अलङ्करिष्णुः। मण्डनार्थे पूर्वविप्रतिषेधेन युचोऽयं बाधकः। निराकरिष्णुः। प्रजनिष्णुः। उत्पचिष्णुः। उत्पतिष्णुः। उन्मदिष्णुः। रोचिष्णुः। अपत्रपिष्णुः। वर्तिष्णुः। सहिष्णुः। चरिष्णुः।

ग्लाभूजिस्थः क्स्नुः ॥२।२।११५॥ ग्ला भू जि स्था इत्येतेभ्यो धुभ्यः क्स्नुर्भवति शीलादिषु। ग्लास्नुः। भूष्णुः। जिष्णुः। स्थास्नुः। "**क्स्नोर्गित्वान्न स्थ ईकारः क्ङितोरीत्वस्य शासनात्। एबभावस्त्विषु स्मार्थः श्र्युकोऽनिट्त्वङ्कोरितोः॥**"

त्रसिगृधिधृषिक्षिपः क्नुः ॥२।२।११६॥ त्रसि गृधि धृषि क्षिप इत्येतेभ्यः क्नुर्भवति शीलादिषु। त्रस्नुः। गृध्नुः। धृष्णुः। क्षिप्नुः। ध्युङः एप्रतिषेधार्थे कित्करणमिदं ज्ञापकं त्यादिहलपेक्षया रुसंज्ञायामपि "**ध्युङः**" [५।१।८३] एब्भवतीति। वेत्ता। बोद्धा।

शमित्यामदेर्घिणिन् ॥२।२।११७॥ इति आद्यर्थे आङभिविधौ। शमादिभ्य आ मदेर्घिनिण् भवति। अष्टौ च शमादयः-शमी। तमी। दमी। श्रमी। भ्रमी। क्षमी। क्लमी। प्रमादी। उन्मादी। "**उङोऽतः**" [५।२।४] इत्यैप्राप्तः "**न सेटस्तासि मोऽवमिकमिचमः**" [५।२।२१] इति प्रतिषिद्धः। मदेस्तु भवति। घकारः उत्तरत्र कुत्वार्थः। इकारः उच्चारणार्थः। अन्ये उकारमितं कुर्वन्ति तेषामिह शमिनितरा इति "**उगितश्च**" [४।३।१२७] इति वा प्रादेशः प्राप्नोति। आमदेरिति किम्? यसिता।

दुहानुरुधदुषद्विषद्रुहयुजत्यजरजभुजाभ्याहनः ॥२।२।११८॥ दुहादिभ्यो घिनिण् भवति शीलादिषु। दोही। अनुरोधी। दोषी। द्वेषी। द्रोही। योगी। त्यागी। रज इति सूत्रे निपातनान्नलम्। रागी। भोगी। अभ्याघाती। अकर्मकाणामिति वक्तव्यमिह मा भत्। गां दोग्धा। शत्रूनभ्याहन्ता।

परेः सृदेविक्षिपरटवददहमुहः ॥२।२।११९॥ परिपूर्वेभ्यः सृप्रभृतिभ्यो धुभ्यः घिनिण् भवति । परिसारी । देव देवन इत्यस्य परिदेवी । क्षिपेरविशेषेण ग्रहणम् । परिक्षेपी । परिपाटी । परिवादी । परिदाही । परिमोही ।

वौ कषविचलसकत्थस्रम्भः ॥२।२।१२०॥ विपूर्वेभ्यः कषादिभ्यो धुभ्यो घिनिण् भवति । विकाषी । विवेकी । विलासी । विकत्थी । विस्रम्भी ।

अपे च लषः ॥२।२।१२१॥ अपे च वौ वाचि लषेर्धिनिण् भवति । अपलाषी । विलाषी ।

चरेः ॥२।२।१२२॥ अप इति वर्तते । अपपूर्वाच्चरेः घिनिण् भवति । अपचारी ।

अतेः ॥२।२।१२३॥ अतिपूर्वाच्चरेर्घिनिण् भवति । अतिचारी ।

समि पृचिसृजिज्वरः ॥२।२।१२४॥ सम्पूर्वेभ्यः पृचि सृजि ज्वरि इत्येतेभ्यो घिनिण् भवति । सम्पर्की । संसर्गी । संज्वरी । अकर्मकाणामित्येव । संपृणक्ति साकम् ।

आङि यमियसिक्रीडिमुषः ॥२।२।१२५॥ आङ् पूर्वेभ्यः यमि यसि क्रीडि मुषि इत्येतेभ्यो घिनिण भवति । आयामी । तासाव[1]निङ्भावादैप्प्रतिषेधो न भवति । आयासी । आक्रीडी । आमोषी ।

प्रे लपसृद्रुमथवदवसः ॥२।२।१२६॥ प्रशब्दे वाचि लप सृ द्रु मथ वद वस इत्येतेभ्यो घिनिण् भवति । प्रलापी । प्रसारी । प्रद्रावी । प्रमाथी । प्रवादी । वसेरनुब्विकरणस्य प्रवासी ।

निन्दहिंसक्लिशखादविनाशव्याभाषासूयो वुञ् ॥२।२।१२७॥ निन्दादिभ्यो वुञ् भवति शीलादिषु । निन्दकः । हिंसकः । क्लिशेरविशेषेण ग्रहणे युचोऽपि बाधा । क्लेशकः । खादकः । विनाशेर्ण्यन्तस्य विनाशकः । असूय इति कण्ड्वादिर्यगन्तः । असूयकः । एवुना सिद्धे वुञ्ग्रहणं ज्ञापकमन्येभ्यः शीलादिषु एव्वादयो न भवन्तीति ।

परौ वादिक्षिपरटः ॥२।२।१२८॥ परिपूर्वेभ्यः वादि क्षिप रट् इत्येतेभ्यो वुञ् भवति । परिवादकः । परिक्षेपकः । परिराटकः ।

देविक्रुशो गौ ॥२।२।१२९॥ देवि क्रुश इत्येताभ्यां गौ वाचि वुञ् भवति । देवीति देवतेर्ण्यन्तस्य । परिदेवकः । आदेवकः । परिक्रोशकः । आक्रोशकः । गाविति किम् ? देवयिता ।

रुचलार्थाद्धेर्युच् ॥२।२।१३०॥ रौत्यर्थेभ्यश्चलत्यर्थेभ्यश्च धिसंज्ञकेभ्यो युच् भवति । रवणः । शब्दनः । कथनः । चलत्यर्थेभ्यः—चलनः । चोपनः । कम्पनः । धेरिति किम् ? पठिता शास्त्रम् ।

अनुदात्तेतोऽयसूददीपदीक्षो हलादेः ॥२।२।१३१॥ अनुदात्तेतो हलादेर्धोर्युज्भवति यकारान्त-सूद-दीप दीक्ष इत्येतान्वर्जयित्वा । द्योतनः । रोटनः । अनुदात्तेत इति किम् ? यष्टा । अयसूददीपदीक्ष इति किम् ? क्नूयिता । क्ष्मायिता । सूदेः सकर्मकस्यापि सूदिता । कथं मधुसूदनः । नन्द्यादिपाठाण्ण्युः । दीपिता । दीपेर्विशेषेण रो विधास्यते युचः प्राप्तिर्नास्ति । इदं प्रतिषेधवचनं ज्ञापकं शीलादिकेषु असमविधिर्न भवतीत्यनित्यमेतत् । तेन कमनः । कम्रः । कम्पनः । कम्प्रः । विकत्थी विकत्थनः इति च भवति । दीक्षिता । हलादेरिति किम् ? एधते इत्येवं शील एधिता । आदिग्रहणं किम् ? हला तदन्तविधिर्मा भूत् । इह न स्यात् । जुगुप्सनः । मीमांसनः । धेरेव । वसिता वस्त्रम् ।

सृजुज्वलगृधशुचलषपतपदः ॥२।२१३२॥ सृप्रभृतिभ्यो युज्भवति । शरणः । जवनः । ज्वलनः । गर्द्धनः । शोचनः । लषणः । पतनः । पदनः । चलत्यर्थानां पदेश्च ग्रहणं सकर्मकार्थम् । पदिग्रहणं

१.–सावनिट्त्वादै- अ० ।

ज्ञापनार्थमित्यन्ये। शीलादिकेषु चासमविधिर्न भवतीति। पदेरुकञा विशेषविहितेन सामान्यविहितस्य युचो वाधितत्वात् पुनरनेन प्रत्यापत्तिः।

क्रुधमण्डार्थात् ॥२।२।१३३॥ क्रुध्यर्थेभ्यो मण्डार्थेभ्यश्च धुभ्यो युज्भवति। क्रोधनः। कोपनः। रोषणः। मण्डार्थेभ्यः—मण्डनः। रचनः। भूषणः।

क्रमिद्रमो यङः ॥२।२।१३४॥ क्रमिद्रमिभ्यां यङन्ताभ्यां युज्भवति। चङ्क्रमणः। दन्द्रमणः।

यजिजपिवददशामूकः ॥२।२।१३५॥ यङ इति वर्तते। यज्यादिभ्यो यङन्तेभ्यः ऊको भवति। यायजूकः। जञ्जपूकः। वावदूकः। दन्दशूकः। जपिदंशिभ्यां "लुपसदचरजपजभदहदशगॄभ्यो गर्हे" [२।१।२१] इति यङ्। "जपजभदहदशभञ्जपशाम्" [४।२।१८४] इति चस्य नुमागमः।

जागुः ॥२।२।१३६॥ जागुरूको भवति। जागरूकः।

लषपतपदस्थाभूवृषहनशृकमगम उकञ् ॥२।२।१३७॥ लषादिभ्यः उकञ् भवति। अपलाषुकं नीचसङ्गतम्। "अपे च लषः" [२।२।१२१] इति वचनात् घिनिणपि भवति। प्रपातुका गर्भाः। उपपादुकाः देवाः। उपस्थायुको गुरून्। प्रभावुकः। प्रवर्षुकः। आघातुकः। शृणोतेः शारुकः। कामुका वन्यस्य स्त्रियो भवन्ति। "न ङ्कित" [१।४।७२] इत्यादिना कर्मणि तायाः प्रतिषेधे प्राप्ते उकप्रतिषेधे कमेरप्रतिषेध इत्युक्तम्। आगामुकः स्वगृहम्।

जल्पभिक्षकुट्टलुण्टवृङ्ष्टाकः ॥२।२।१३८॥ जल्पादिभ्यो धुभ्यष्टाको भवति। जल्पाकः। जल्पाकी। अकर्मकविवक्षायां "रुचलार्थाद्ध युच्" [२।२।१३०] इति युच् प्राप्तः। भिक्षाकः। अनुदात्तेतो युच् प्राप्तः। कुट्टाकः। लुण्टाकः। वराकः।

प्रे सृजोरिन् ॥२।२।१३९॥ प्रपूर्वाभ्यां सृजुभ्यां इन् भवति। प्रसवी। प्रजवी।

परिभूजिदृक्षिविश्रीण्वमाव्यथाभ्यमः ॥२।२।१४०॥ इन्निति वर्तते। परिभू जि दृ क्षि विश्री इण् वम अव्यथ अभ्यम इत्येतेभ्य इन् भवति। परिभावी। जयी। आदरी। क्षयी। विश्रयी। अत्ययी। वमी। अव्यथी। अभ्यमी।

स्पृहिगृहिपतिदयिनिद्रातन्द्राश्रद्धाभ्य आलुः ॥२।२।१४१॥ स्पृहिप्रभृतिभ्यो धुभ्यः आलुर्भवति। स्पृहयालुः। गृहयालुः। पतयालुः। एते चुरादिष्वदन्ताः। दयालुः। निद्रालुः। तन्द्रालुः। तन्निति निपातनमालुविषये भवति। श्रद्धालुः। इह शीङो ग्रहणं कर्त्तव्यम्। शयालुः।

दाधेट्सिशदसदो रुः ॥२।२।१४२॥ दा धेट् सि शद सद इत्येभ्यो रुर्भवति। दा इत्यविशेषेण ग्रहणम्। दारुः। धारुः वत्सो मातरम्। "न ङ्कित" [१।४।७२] इत्यत्र उकारप्रश्लेषात् तदन्तविधिना तायाः प्रतिषेधः। सेरुः। शद्रुः। सद्रुः। यत्त्वात्मकर्मणि द्यतेर्दारु काष्ठं तदुणादिषु द्रष्टव्यम्।

सृघस्यदः क्मरः ॥२।२।१४३॥ सृ घसि अद् इत्येतेभ्यः क्मरो भवति। सृमरः। घस्मरः। अद्मरः। अनेनैवादेः घस्भावो निपात्यते।

भञ्जभासमिदो घुरः ॥२।२।१४४॥ भञ्जादिभ्यो घुरो भवति। भञ्जेरात्मकर्मण्यभिधानम्। भङ्गुरं काष्ठम्। भासुरं ज्योतिः। मेदुरं मुखम्।

विद्भिच्छिदः कुरः ॥२।२।१४५॥ विद् भिद् छिद् इत्येतेभ्यः कुरो भवति। विदुरः इति ज्ञानार्थस्यैव। भिच्छिदोरात्मकर्मणि कुर इष्यते। भिदुरं काष्ठम्। छिदुरा रज्जुः।

सृजीण्नशः क्वरप् ॥२।२।१४६॥ सृ जि इण् नश् इत्येतेभ्यः क्वरप् भवति। सृत्वरः। जित्वरः। इत्वरः। नश्वरः। नश्वरी।

गत्वरः ॥२।२।१४७॥ गत्वर इति निपात्यते गमेः क्वरप, मकारस्य खं निपात्यते। गत्वरः। गत्वरी।

नमिकम्पिस्म्यजस्कमहिंसदीपो रः ॥२।२।१४८॥ नमि कम्पि स्मि अजस कम हिंस दीप इत्येतेभ्यो रो भवति। नमेरात्मकर्मण्यपि। नम्रं काष्ठम्। नम्रो देवदत्तः। कम्प्रा शाखा। स्मेरं मुखम्। जस्यतेर्नञ्पूर्वात् अजस्रं ज्ञानं भावयामः। कम्रा युवतिः। हिंस्रः पापमेति। दीप्रो मणिः। कम्पेश्च ण्यर्थत्वात् कमदीप्योरनुदात्तेत्वादयुच् प्राप्तः।

सनाशंसभिक्ष उः ॥२।२।१४९॥ सन्नन्त आशंस भिक्ष इत्येतेभ्य उत्यो भवति। चिकीर्षुः। आङः शसि इच्छायामित्यस्य आशंसुः। भिक्षुः।

विन्द्विच्छू २।२।१५०॥ विन्दु इच्छु इत्येतौ शब्दौ निपात्येते। वेत्तेरुकारः नुमागमश्च निपात्यते। विन्दुः। इच्छतीत्येवंशील इच्छुः। उश्छत्वं च निपात्यते।

स्वपितृषोर्नजिङ् ॥२।२।१५१॥ स्वपितृषिभ्यां नजिङ भवति शीलादिषु। स्वप्नक्। स्वप्नजौ। तृष्णक्। तृष्णजौ।

शॄवन्द्योरारुः ॥२।२।१५२॥ शॄ वन्दि इत्येताभ्यामारु इत्ययं त्यो भवति। शरारुः। वन्दारुः जिनान्।

भियः क्रुक्लुकौ ॥२।२।१५३॥ बिभेतेः क्रु क्लुक इत्येतौ भवतः। भीरुः। भीलुकः। क्रुकोऽपि वक्तव्यः। भीरुकः।

स्थेशभासपिसकसो वरः ॥२।२।१५४॥ स्था ईश भास पिस कस इत्येतेभ्यो वरो भवति। स्थावरः। ईश्वरः। भास्वरः। पेस्वरः। कस्वरः।

यो यङः ॥२।२।१५५॥ यातेर्यङन्ताद्वरो भवति। यायावरः। वरे अतः खम्, तस्य यखविधिं प्रति न स्थानिवद्भाव इति "वलि व्योः खम्" [४।३।२२] इति यखम। यखे कृते अतः खस्य स्थानिवद्भावात् "इटि चात्खम्" [४।४।६३] इति आत्वं प्राप्तम्। वरे पूर्वादेशस्य न स्थानिवद्भाव इति न भवति। "**शीलादिप्रकरणे धाञ्कृसृजनिनमिभ्य इकिट् वक्तव्यः**" [वा०] धानशीलो दधिः। करणशीलः चक्रिः। सरणशीलः सस्रिः। जननशीलः जज्ञिः। नमनशीलः नेमिः। "**हल्मध्ये लिड्व्यतः**" इति एत्वचखे।

ग्रावस्तुवः क्विप् ॥२।२।१५६॥ ग्रावपूर्वात् स्तौतेः क्विप् भवति शीलादिषु। ग्रावाणं स्तौतीत्येवंशीलः ग्रावस्तुत्। शीलादिषु वाऽसमविधिर्नास्तीति सामान्यलक्षणः क्विप् न प्राप्नोति पुनर्विधीयते।

अन्येभ्योऽपि ॥ २।२।१५७ ॥ अन्येभ्योऽपि धुभ्यः शीलादिषु क्विब् भवति। अपिग्रहणं विकल्पार्थम्। अन्येभ्योऽपि धुभ्यः शीलादिष्वपि भवत्यशीलादिष्वपि तत्राभिधानवशात्। भ्राजभासधुर्विद्युतेर्जिपृजुभ्यः शीलादिषु क्विब् भवति। अन्येभ्योऽन्यत्र। विभ्राजनशीले विभ्राट्। विभ्राजौ। भाः। भासौ। धूर्वणशीलः धूः। धुरौ। विद्युत्। विद्युतौ। ऊर्क्। ऊर्जौ। पूः। पुरौ। जूः। जुवौ। जुवः। "**क्विपिवचिप्रच्छायतस्तुकटप्रुजुश्रीणां दीरजिश्च**" [वा०] इति दीत्वम्। अन्येभ्योऽशीलादिषु। पक्। पचौ। भित्। भिदौ। छित्। छिदौ। वाक्। प्रच्छेः प्राट्। आयतस्तूः। कटप्रूः।

भुवः स्वन्तरे ॥२।२।१५८॥ भवतेः क्विब् भवति खावन्तरे च गम्यमाने। मित्रभूः। मित्रभुवौ। मित्रभुवः। अन्तरे। प्रतिभूः। प्रतिभुवौ। प्रतिभुवः। पूर्वेणैव सिद्धे नियमार्थमेतत् स्वन्तरयोरेव भुवः शीलादिषु नान्यत्र। भविता। भावुकः।

विप्रसमोऽखौ डुः ॥२।२।१५९॥ शीलादिष्विति निवृत्तम्। सम्प्रतीत्यनुवर्तते एव। विप्रसंपूर्वाद्भा-

र्भुवो डुर्भवत्यखौ। विभुः। प्रभुः। शम्भुः। अखाविति किम्? विभुर्नाम कश्चित्। "डुप्रकरणे मितद्र्वादिभ्य उपसंख्यानम्" [वा०] मितं द्रवति मितद्रुः। शम्भुः।

दाम्नीशसयुयुजस्तुतुदसिसिचमिहपतदशनहः करणे त्रट् ॥२।२।१६०॥ दाप् लवन इत्येवमादिभ्यः करणे कारके त्रट् भवति। दान्ति तेन दात्रम्। नेत्रम्। शस्त्रम्। योत्रम्। योक्त्रम्। स्तोत्रम्। तोत्रम्। सेत्रम्। सेक्त्रम्। मेढ्रम्। पत्रम्। दंष्ट्रा। अजादिषु पाठाट्टाप्। नध्री। दंशेः कृतनखस्य निर्देशो ज्ञापकः क्वचिदन्यत्रापि नखम्। दशनः।

धात्रपोत्रे ॥२।२।१६१॥ धात्र पोत्र इत्येते शब्दरूपे निपात्येते। धेटः कर्मणि त्रट् निपात्यते। धयन्ति तामिति धात्री। पोत्रमिति पुनातेः पवतेर्वा करणे त्रट् निपात्यते। हलस्य सूकरस्य वा मुखं चेद्भवति हलस्य पोत्रम्। सूकरस्य पोत्रम्।

लूधूसूखनर्तिसहचर इत्रः ॥२।२।१६२॥ करण इति वर्तते। ल्वादिभ्यो धुभ्यः करणे इत्रो भवति। लुनाति तेन लवित्रम्। धुवति तेन धवित्रम्। सुवति तेन सवित्रम्। खनित्रम्। अरित्रम्। सहित्रम्। चरित्रम्।

पुवः खौ ॥२।२।१६३॥ करण इति वर्तते। पवतेः पुनातेर्वा करणे इत्रो भवति खुविषये। पूयतेऽनेन पवित्रम्। पवित्रा नाम नदी।

कर्तरि चर्षिदेवतयोः ॥२।२।१६४॥ पुव इत्रो भवति कर्तरि करणे च कारके ऋषिदेवतयोरभिधेययोः। भिन्नयोगनिर्दिष्टत्वाद्यथासंख्यं न भवति। पूयतेऽनेन पुनाति वा पवित्रोऽयमृषिः। देवतायां पवित्रोऽर्हन् स मां पुनातु।

ञीतः क्तः ॥२।२।१६५॥ संप्रतीति वर्तते। ञिशब्देतो धोः संप्रति क्तो भवति। ञिमिदा मिन्नः। ञिधृषा। धृष्टः। ञिक्ष्विदा। क्ष्विण्णः।

मतिबुद्धिपूजार्थाच्च ॥२।२।१६६॥ मतिरनुमतिः। बुद्धिर्ज्ञानम्। पूजा अर्चा। मत्यर्थेभ्यो बुद्ध्यर्थेभ्यः पूजार्थेभ्यश्च धुभ्यः संप्रति क्तो भवति। राज्ञां मतः। राज्ञामिष्टः। राज्ञां बुद्धः। राज्ञां ज्ञातः। राज्ञां पूजितः। राज्ञामर्चितः। क्तयोगे कर्तरि ता प्राप्ता "न क्ति" [१।४।७२] इत्यादिना प्रतिषिद्धा भवतीत्यनेन पुनर्विधीयते। चकारोऽनुक्तसमुच्चयार्थः।

शीलितो रक्षितः क्षान्त आक्रुष्टो जुष्ट इत्यपि। रुष्टश्च रुषितश्चोभौ अभिव्याहृत इत्यपि॥

हृष्टतुष्टौ तथा कान्तः दयितोऽन्यः संयतोद्यतौ। कष्टं भविष्यतीत्याहुरमृताः पूर्वकस्मृताः॥

अमृतशब्दः संप्रति बहुत्वनिर्देशात्। सुप्तः शयितः स्थितः आशित इत्येवमादयोऽपि संप्रति बोद्धव्याः।

उणादयो बहुलम् ॥२।२।१६७॥ "पुवः खौ" [२।२।१६३] इत्यतो मण्डूकप्लुत्या खाविति वर्तते। उण् इत्येवमादयस्त्याः संप्रति ध्वर्थे बहुलं भवन्ति। खुविषये क्वचित्त्यसंज्ञा भवति। "**कृवापाजिमिस्वदिसाध्यशूभ्य उण्।**" कारुः। वायुः। पायुः। जायुः। मायुः। स्वादुः। साधुः। आशुः। क्वचित्त्यसंज्ञा न भवति। कृधूभ्यां क्सरः। कृसरः। धूसरः। त्यसंज्ञाविरहात् "त्यादेशयोः" [५।४।३१] इति षत्वं न भवति। इह च शङ्खः शण्ढ इण् न भवति। क्वचिदुभयथा। "**वृतृवदिहनिकमिकाषिभ्यः सः।**" वर्सम्। तर्सम्। एषम्प्रति त्यसंज्ञा षत्वं प्रति नास्ति। इह च षण्ड इति प्रकृतिकार्यं ध्वादिसत्वं न भवति उक्तं च–

१. मां अ, ब०, स०।

"क्वचित्प्रवृत्तिः क्वचिदप्रवृत्तिः क्वचिद्विभाषा क्वचिदन्यदेव।
विधेर्विधानं बहुधा समीक्ष्य चतुर्विधं बाहुलकं वदन्ति ॥"

तथा अनुक्ताभ्योऽपि प्रकृतिभ्यस्त्या भवन्ति। अण्डः। जृकुसृवृङः—जरण्डः। करण्डः। सरण्डः। वरण्डः। आङि ईतेरपीष्यते। एरण्डः। अनुक्ता अपि त्या भवन्ति ऋफिडः ऋफण्डः इत्येवमादिषु। तथा संप्रतिकाले उणादयो विहिताः क्वचिद्भूतेऽपि दृश्यन्ते। कषितोऽसौ कषिः। ततोऽसौ तन्तिः। भक्षितं भस्म। चरितं चर्म। वृत्तं तदिति वर्त्म। तदुक्तं *"बाहुलकं प्रकृतेस्तनुदृष्टेः प्रायसमुच्चयनादपि तेषाम्। कार्यसशेषविधेश्च तदुक्तं नैगमरूढभवं हि सुसाधु ॥"* जात्यपेक्षयैकत्वं तनुदृष्टेरिति प्यखे कर्मणि का। तनुदृष्टि वीक्ष्य तनुदृष्टः प्रकृतेस्त-नोर्गुणस्य दर्शनादित्यर्थः। तद्बाहुलकमुक्तम्। एवं हि नैगमाः गौरित्येवमादयः रूढिभवाः पलाश इत्येवमादयः शब्दा सुसाधवो भवन्ति।

इत्यभयनन्दिविरचितायां जैनेन्द्रमहावृत्तौ द्वितीयस्याध्यायस्य द्वितीयः पादः समाप्तः।

गम्यादिर्वर्त्स्यति ॥२।३।१॥ उणादयो अन्यत्र च ये साधिता गम्यादयः शब्दास्ते च वर्त्स्यति काले साधवो भवन्ति। वर्त्स्यतीत्यनागतस्य कालस्य सामान्येन ग्रहणम्। संप्रत्यादिकाले तेषां साधुत्वव्यवच्छेदार्थं आरम्भः। गमिष्यति गमी ग्रामम्। आगमिष्यति आगमी नगरम्। "आधमर्ण्यं चेनः"; [१।४।७४] इति कर्णोर्मणि तायाः प्रतिषेधात् "कर्म्म" [१।४।२] इतीनेव भवति। एवं भविष्यति भावी। प्रस्थास्यते प्रस्थायी। प्रतिभोत्स्यते प्रतिबोधी। प्रतियोत्स्यते प्रतियोगी। प्रयास्यति प्रयायी। "गमेरिन्" इति इन्। स एव "आङि णित्" इति णित्। "भुवश्च" इति भवतेरपि णिन्। अन्येभ्यः "सुपि शीलेऽजातौ णिन्" [२।२।६६] इति णिन्। कथं श्वो गमी ग्रामम्। "अनद्यतने लुङ्" इति लुङ्प्राप्तेः? तदसत्। यतो वर्त्स्यतीत्यनेन सामान्य-शब्देनानद्यतनविशेषोऽप्यत्र गृहीतो यथा गौरित्यनेन खण्डमुण्डोऽपि। अतो वर्त्स्यतीत्यविशेषेण वृत्तावप्यर्थकरणा-देर्विशेषप्रतिपत्तिः। अथवा "अनद्यतने लुट्" [२।३।१४] इत्यत्र "गम्यादिर्वर्त्स्यति" इत्येतदनुवर्तिष्यते। तेनान-द्यतनविषयेऽपि गम्यादयः सिद्धा भवन्ति। असमाद्वा अनद्यतने भवन्ति। लुड्लृटावपि भवतो गमिष्यति गन्तेति।

पुरायावतोर्लट् ॥२।३।२॥ पुरा च यावच्च पुरायावतौ। तयोः पुराया-च्छब्दयोर्वाचोर्वर्त्स्यति धोर्लड् भवति। पुरा भुङ्क्ते। पुराधीते। यावद्भुङ्क्ते। यावदधीते। भविष्यदनद्यतने लृटोऽयमपवादो लट्। लुङपि लृडपवादः, तत्रापवादयोः स्पर्द्धे परत्वाल्लुट् प्राप्तः पूर्वनिर्णयेन लड् भवति। श्वः पुराऽधीते। श्वो यावदधीते। लक्षणप्रतिपदोक्तयोः प्रतिपदोक्तस्यैव ग्रहणं न तु लाक्षणिकस्येत्यभिधानात्। तेनेह न भवति। यावद्दास्यति तावद्भोक्ष्यते। महत्या पुरा जेष्यति।

वा कदाकर्ह्योः ॥२।३।३॥ कदा कर्हि इत्येतयोर्वाचोर्वर्त्स्यति धोर्वा लड् भवति। कदा भुङ्क्ते। कदा भोक्ष्यते। कदा भोक्ता। कर्हि भुङ्क्ते। कर्हि भोक्ता।

किंवृत्ते लिप्सायाम् ॥२।३।४॥ किमो वर्तनं किंवृत्तं तस्मिन् वाचि लिप्सायां गम्यमानायां वर्त्स्यति वा लड् भवति। लुटि लृटि च प्राप्ते अयमारम्भः। लब्धुमिच्छा लिप्सा प्रार्थनाभिलाषः। को भवद्भ्यो भिक्षां ददाति। को भवद्भ्यो भिक्षां दास्यति। को भवद्भ्यो भिक्षां दाता। इह कस्मान्न भवति। कदा भोजयिष्यसि भोजयितासि वा। किमो हि त्रिभक्त्यन्तस्य डतरडतमान्तस्य च वर्तनं किंवृत्तमिति वैयाकरणानामभिप्रायः। तच्चेह नास्ति ततोऽत्र लटोऽभावात् लृङ्लुटावेव भवतः। लिप्सायामिति किम्? कः पाटलिपुत्रं यास्यति?

लिप्स्यसिद्धौ ॥२।३।५॥ वर्त्स्यतीत्यनुवर्तते। लिप्सति हि लिप्स्यो दाता ओदनादिश्च। तत्र दातरि ताप्तः। लिप्स्यस्य सिद्धिः लिप्स्यसिद्धिः। याचकेन हि यो लिप्स्यते दाता तस्य सिद्धौ स्वर्गादिफलप्राप्तौ। ओदनादौ तु भावः। याचकेन हि यो लिप्स्यते ओदनादिना करणभूतेन सिद्धिः दातुः स्वर्गादिफलप्राप्तिः तस्यां गम्यमानायां वर्त्स्यति वा लड् भवति। यो भवद्भ्यो भिक्षां ददाति दास्यति दाता वा स स्वर्गलोकं गच्छति गमिष्यति गन्ता वा। दानाद्दातुः स्वर्गसिद्धिं ब्रुवाणो दातारमेवमुत्साहयति। ननु चात्र उभयत्रापि लिप्सायां गम्यमानत्वात् "किंवृत्ते लिप्सायाम्" [२।३।४] इत्येव लड्विकल्पसिद्धेर्व्यर्थोऽयमारम्भः। न व्यर्थोऽकिंवृत्तार्थत्वादेतदारम्भस्य। पूर्वेण हि किंवृत्ते वाचि लड्विकल्पो विहितः।

लोडर्थलक्षणे ॥२।३।६॥ वर्त्स्यतीति वेति च वर्तते। लोडर्थः प्रैषादिः, स लक्ष्यतेऽनेन लोडर्थलक्षणम्, तस्मिन् लोडर्थलक्षणे ध्वर्थे वर्तमानात् धोर्वर्त्स्यति वा लड् भवति। उपाध्यायश्चेदागच्छति। उपाध्यायश्चेदागमिष्यति। उपाध्यायश्चेदागन्ता। अथ त्वं तर्कमधीष्व अथ गणितमधीष्व। अत्रोपाध्यायागमनेन प्रैषो लक्ष्यते।

लिङ् चोर्ध्वमौहूर्तिके ॥२।३।७॥ वेति वर्तते। लोडर्थलक्षण इति। ऊर्ध्वं मुहूर्तोद्भवः काल ऊर्ध्वमौहूर्तिकः। निपातनात्सविधिरुत्तरपदस्यैप्। ऊर्ध्वमौहूर्तिके वर्त्स्यति काले लोडर्थलक्षणे वर्तमानाद्धोर्लिङ भवति लड् वा। ऊर्ध्वं मुहूर्तादुपाध्यायश्चेदागच्छेत् उपाध्यायश्चेदागच्छति उपाध्यायश्चेदागमिष्यति उपाध्यायश्चेदागन्ता अथ त्वं तर्कमधीष्व अथ त्वं गणितमधीष्व।

वुण्तुमौ क्रियायां तदर्थायाम् ॥२।३।८॥ वर्त्स्यतीत्येव वर्तते। यस्माद्धोरुत्पत्तिः प्रार्थ्यते तद्वाच्यक्रिया तच्छब्देनाभिप्रेता सा क्रिया अर्थः प्रयोजनं यस्या व्रजनादिक्रियायाः सा तदर्था, तस्यां वाचि वर्त्स्यतिकाले वुण्तुमौ भवतः। कारको व्रजति। कर्तुं व्रजति। भोजको व्रजति। भोक्तुं व्रजति। क्रियायामिति किम्? भिक्षिष्ये इत्यस्य जटाः। अध्येष्ये इत्यस्य कमण्डलुः। द्रव्यमत्र तदर्थम्। तदर्थायामिति किम्? धावतस्ते पतिष्यति दण्डः। नात्र धावनं दण्डपतनार्थम्। ननु सामान्यविहितेन ण्वुना सिद्धं किमर्थं वुण्विधीयते भिक्षुतो भावे भवन्तीति भिन्नविषयत्वात्तुमपि न बाधकः। क्रियायां तदर्थायां वाचि लृङ् वक्ष्यते स बाधकः स्यात्। वाऽसमविधिना ण्वुर्भविष्यतीति चेत्; एवं तर्हि नियमार्थं वुणवचनम्। वर्त्स्यति क्रियायां तदर्थायां वाचि वुणेव यथा स्यात् तृजादयो मा भूवन् इति। कर्ता व्रजति विकिरो व्रजति इत्येवमादि न भवति।

भाववाचिनः ॥२।३।९॥ भाववाचिनो घञादयस्ते वर्त्स्यति काले क्रियायां तदर्थायां वाचि भवन्ति। यद्यपि सामान्येन विहिता घञादयस्तथापि वुण्ग्रहणं ज्ञापकमुक्तम् सामान्यविहितास्त्वा वर्त्स्यति काले क्रियायां तदर्थायां न भवन्तीति तुमा च बाध्येरन्। तेनायं यत्नः। पाकाय व्रजति। त्यागाय व्रजति। मतये व्रजति। पुष्टये व्रजति। "तुमर्थाद् भावे" [१।४।२५] इत्यप्। भाव इति विशेषणेन। वाचि ग्रहणं किमर्थम्? यकाभ्यः प्रकृतिभ्यो येन विशेषणेन त्या विहितास्ताभ्यः प्रकृतिभ्यस्तेन विशेषणेन क्रियायां तदर्थायां वाचि यथा स्युरित्येवमर्थम्।

कर्मणि चाण् ॥२।३।१०॥ कर्मणि वाचि तदर्थायां च क्रियायामण् भवति। पूर्वेण वुण्प्राप्तः। वाऽसमविधिश्च नास्तीत्युक्तम्। अण् न स्यात् तेनायमारम्भः। कुम्भकारो व्रजति। काण्डलावो व्रजति। वाचिग्रहणानुवृत्तेर्यथाविहितमण् भवति इति कर्मण्येव वाचि भविष्यति। कर्मग्रहणं किमर्थम्? अपवादविषयेऽपि यथा स्यादित्येवमर्थम्। गोदायो व्रजति। तुषपायो व्रजति। क्रियायां तदर्थायामनुवर्तते। चकारः किमर्थः? केवले कर्मणि केवलायां च क्रियायां वाचि मा भूत्। प्रत्येकमीपा निर्देशात् वाक्सः।

लृट् ॥२।३।११॥ लृड् भवति क्रियायां तदर्थायां वाचि। करिष्यामीति व्रजति। हरिष्यामीति व्रजति। उदाहरणे इतिशब्दो हेतुहेतुमद्भावद्योतनार्थः।

शेषे ॥२।३।१२॥ उक्तादन्यः शेषः; शुद्धं वर्त्स्यत् कालमात्रम्. शेषे वर्त्स्यति लृट् भवति। करिष्यति। हरिष्यति।

विभाषा लटः सत् ॥२।३।१३॥ वर्त्स्यति लृट् तस्य स्थाने सत्संज्ञौ शतृशानौ विभाषया भवतः। पक्ष्यन्तं पश्य। पक्ष्यमाणं पश्य। पक्ष्यता कृतम्। पक्ष्यमाणेन कृतम्। हे पक्ष्यन्। हे पक्ष्यमाण। अर्जयिष्यन् वसति। अध्येष्यमाण आस्ते। देवदत्तः पक्ष्यन् पक्ष्यति वा पक्ष्यमाणः पक्ष्यते वा। व्यवस्थितविभाषेयम्। तेन इवादिभिर्योगे सम्बोधने लक्षणहेत्वोः क्रियायामित्यत्र नित्यो विधिः। वान्तैकार्थत्वे विकल्पः। इतिशब्दयोगे तु न भवति। करिष्यामीति व्रजति। हरिष्यामीति व्रजति। लङ्ग्रहणं किम्? त्यान्तरत्वं मा विज्ञायि।

अनद्यतने लुट् ॥२।३।१४॥ वर्त्स्यतीति वर्तते। वर्त्स्यत्यनद्यतने ध्वर्थे वर्तमानाद्धोर्लुङ् भवति। श्वः कर्ता। श्वोऽध्येता। अनद्यतन इति बहुनिर्देशादद्य श्वो भोक्ष्यामहे इत्यत्र न भवति। विभाषानुवर्तनात् परिदेवने लृङ्विषयेऽपि लुङ् भवति। इयन्तु कदा गन्ता एवं निदधती पादौ। अयं तु कदाध्येता एवमनभियुक्तः।

पदरुजविशस्पृशो घञ् ॥२।३।१५॥ पद रुज विश स्पृश इत्येतेभ्यो घञ् भवति। पद्यतेऽसौ पादः। एवुतृचोरयमपवादो न पचाद्यचः "सुप्तिङन्तं पदम्" [१।२।१०३] इति पदनिर्देशात्। रुजत्यसौ रोगः। विशत्यसौ वेशः। इगुङ्लक्षणस्यापवादः। स्पृश उपतापेऽभिघातम्। स्पृशतीति स्पर्शो रोगः। उपतापादन्यत्र स्प्रष्टा। स्पर्शकः।

सृ स्थिरे ॥२।३।१६॥ सरतेः स्थिरे कर्तरि घञ् भवति। कालान्तरं सरतीति सारः। मधूकसारः। विभाषानुवर्तनात् स्थिरव्याधिमत्स्यबलेष्वभिधानम्। अतीसारो व्याधिः। विसारो मत्स्यः। सारो बलम्। एतेष्विति किम्? सर्ता। सारकः।

भावे ॥२।३।१७॥ भावे धोर्घञ् भवति। भाव इति क्रियासामान्यं ध्वर्थः। तद्यद्यपि पूर्वापरीभूतम-परिनिष्पन्नमलिङ्गसंख्यं प्रकृत्यैवोच्यते, तथापि यस्त्वस्यासिद्धताधर्मः स लिङ्गसंख्यावानिति तत्र घञादयः। पाकः। त्यागः। रागः।

अकर्तरि ॥२।३।१८॥ कर्तुरन्यस्मिन् कारके घञ् भवति।

"नञ्युक्तमिवयुक्तं वा यत्कार्यं संप्रतीयते। तुल्याधिकरणेऽन्यस्मिन् लोकेऽप्यर्थगतिस्तथा॥"

प्रास्यन्ति तं प्रासः। प्रसीव्यन्ति तं प्रसेवः। आहरन्ति तस्मादाहारः। [1]संज्ञायामसंज्ञायामपि दृश्यते। को भवता दायो दत्तः। को भवता लाभो लब्धः। कर्तव्यः कटः इत्येवमादिषु अनभिधानात् भवति।

परिमाणाख्यायां सर्वेभ्यः ॥२।३।१९॥ आख्याग्रहणात्परिमाणमिह संख्यादिकं गृह्यते। परिमाण-स्याख्यायां गम्यमानायां सर्वेभ्यो घञ् भवति। एकस्तण्डुलनिचायः। [2]एकस्तण्डुलाव[3]चायः। द्वौ केदारलावौ। द्वौ बीजकारौ। "ग्रहवृदृनिश्चिगमोऽच्" [२।३।५२] इति अचि प्राप्ते इदम्। परिमाणाख्यायामिति किम्? निश्चयः। सर्वग्रहणं बाधकबाधनार्थम्। एकस्तृणनिघासः। अन्यथा पुरस्तादपवादोऽयमिति अनन्तरमेवाचं बाध्येत न व्यवहितम्। नौ णश्चेति णम्। घञि घस्लृभावः सिद्धः। इहाकर्तरीत्येवाभिसंबध्यते। स्त्रीलिङ्गे भावे घञमा भवेत्। एका तिलोच्छ्रितिः। द्वे श्रुती। सर्वग्रहणं बाधकबाधनार्थमुक्तं क्तिरपि बाध्येत।

इङः ॥२।३।२०॥ इत उत्तरं भावे अकर्तरीति च वर्तते। इङश्च धोर्घञ् भवति। अधीयते इत्यध्यायः। उपेत्याधीयतेऽस्मादित्युपाध्यायः। अपादाने यो घञ् तदन्ताद्वा ङीर्वक्तव्यः। उपाध्यायी। उपा-

---

१. प्रायेण संज्ञाया—अ०। २. -स्तन्दुलनिश्चायः ब०, स०। ३. -छावक्षायः अ०, ब०, स०।

ध्याया । वृद्धकुमारीवरवाक्यन्यायेनास्मिन्विषये क्विमपि घञ् बाधते । "अणातेर्वायुवर्णयोर्घञ् वक्तव्यः" [वा०] शारो वायुः । शारो वर्णः ।

गौ रुवः ॥२।३।२१॥ गिसंज्ञे वाचि रौतेर्घञ् भवति । विरावः । संरावः । अचोऽपवादोऽयम् । गाविति किम् ? रवः ।

समि युद्रुदुवः ॥२।३।२२॥ संपूर्वेभ्य यु द्रु दु इत्येतेभ्यो घञ् भवति । संयाव । संद्रावः : संदावः । समीति किम् ? यवः ।

यज्ञे स्तुवः ॥२।३।२३॥ समीति वर्तते । सम्पूर्वात् स्तौतेर्घञ् भवति यज्ञविषये । समेत्य स्तुवन्ति अस्मिन्निति संस्तावः छन्दोगानम् । यज्ञ इति किम् ? सतां संस्तवः ।

श्रिणीभुवोऽगौ ॥२।३।२४॥ अगिपूर्वेभ्यः श्री णी भू इत्येतेभ्यो घञ् भवति । श्रायः । नायः । भावः । अगाविति किम् ? प्रश्रयः । प्रभवः । कथं प्रभावो धर्मस्य । प्रकृष्टो भावः प्रभावः इति प्रादिसः । कथं षाड्गुण्यस्य यथावत्प्रयोगो यथावत्प्रयोगो नयः "पुंखौघः प्रायेण" [२।३।१००] इति करणे घो द्रष्टव्यः ।

नियोऽवोदोः ॥२।३।२५॥ अव उद् इत्येतयोर्वाचोर्नयतेर्घञ् भवति । अवनायः । उन्नायः । कथमुन्नयः । शब्दानां पूर्ववत्करणे घो विधेयः ;

निरभ्योः पूल्वोः ॥२।३।२६॥ निस् अभि इत्येवंपूर्वाभ्यां पू लू इत्येताभ्यां यथासंख्यं घञ् भवति । पू इति सामान्येन ग्रहणम् । निष्पावः । अभिलावः । निरभ्योरिति किम् ? पवः । लवः ।

उन्न्योर्ग्रः ॥२।३।२७॥ उद नि इत्येवंपूर्वात् गॄ इत्येतस्मात् घञ् भवति । गॄ इति सामान्येन ग्रहणम् । उद्गारः । निगारः ।

कॄ धान्ये ॥२।३।२८॥ उन्न्योरिति वर्तते । कॄ इत्येतस्माद्धोरुद्निपूर्वात् घञ् भवति धान्यविषये । उत्कारो धान्यस्य । निकारो धान्यस्य । धान्य इति किम् ? पुष्पोत्करः । पुष्पनिकरः ।

प्रे द्रुस्तुश्रुवः ॥२।३।२९॥ प्रशब्दे वाचि द्रु स्तु श्रु इत्येतेभ्यो घञ् भवति । प्रद्रावः । प्रस्तावः । प्रश्रावः । प्र इति किम् ? द्रवः ।

स्तोऽयज्ञे ॥२।३।३०॥ प्र इति वर्तते । प्रपूर्वात् स्तॄ इत्येतस्मात् घञ् भवति अयज्ञविषये । शङ्खप्रस्तारः । मणिप्रस्तारः । ॠकारान्तत्वादभि (चि) प्राप्ते इदम् । अयज्ञ इति किम् ? बर्हिष्प्रस्तरः । "इदुदुङोऽत्यपुम्मुहुसः" [१।४।२८] इति षत्वम् ।

प्रथने वावशब्दे ॥२।३।३१॥ प्रथनं विस्तीर्णता । विपूर्वात्स्तॄ इत्येतस्मात् घञ् भवति अशब्दविषये प्रथने । पटस्य विस्तारः । गृहस्य विस्तारः । प्रथन इति किम् ? तृणविस्तरः । अशब्द इति किम् ? वाक्यविस्तरः ।

छन्दः खौ ॥२।३।३२॥ छन्दः पद्ये वर्णविन्यासः । छन्दःसंज्ञायां च विपूर्वात् स्तृणातेः घञ् भवति । विष्टारः पंक्तिच्छन्दः । विष्टारो बृहतीछन्दः । षत्वप्रकरणे विष्टार इति निपातनादेव सिद्धे छन्दःसंज्ञाज्ञापनार्थमिदम् ।

क्षुश्रुवः ॥२।३।३३॥ वाविति वर्तते । क्षु श्रु इत्येताभ्यां विपूर्वाभ्यां घञ् भवति । विक्षावः । विश्रावः । वावित्येव । क्षवः । श्रवः ।

उदि ग्रहः ॥२।३।३४॥ उत्पूर्वाद् ग्रहेर्घञ् भवति । उद्ग्राहः । अचोऽपवादोऽयम् ।

समि मुष्टौ ॥२।३।३५॥ संपूर्वाद् ग्रहेर्घञ् भवति मुष्टिविषये । शाकमुष्ट्यादौ परिमाणवचनो मुष्टिशब्दः । तत्र परिमाणाख्यायामित्येव सिद्धं ततोऽन्यदुदाहरणम् । अहो मल्लस्य संग्राहः । अहो मौष्टिकस्य संग्राहः । मुष्टेर्दाढर्यमित्यर्थः । मुष्टाविति किम् ? संग्रहः शास्त्रस्य ।

न्यायपरिणायपर्य्यायः ॥२।३।३६॥ न्यायादयः शब्दाः निपात्यन्ते। निपूर्वादिणः अभ्रेषे घञ् निपात्यते। अभ्रेषो युक्तकरणमकुत्सा वा। एषोऽत्र न्यायः। अभ्रेष इति किम्? न्ययं गतश्चौरः। परिपूर्वात् नयतेर्द्यूतविषये घञ् निपात्यते। परिणायेन सारान् हन्ति। द्यूतविषयादन्यत्र परिणयः परिपूर्वादिणः अनुपात्यये गम्यमाने घञ् निपात्यते। अनुपात्ययः क्रमप्राप्तस्यानतिवृत्तिः। तव पर्यायो भोक्तुम्। मम पर्यायो भोक्तुम्। अनुपात्यय इति किम्? स्वाध्यायकालस्य पर्य्ययः। अतिक्रम इत्यर्थः।

व्युपे शीङोऽन्त्ये ॥२।३।३७॥ अन्त्य इति पूर्वसूत्रे विन्यासापेक्षया पर्यायोऽभिप्रेतः। वि उप इत्येतयोर्वाचोः शीङो घञ् भवति पर्याये गम्ये। तव विशायो मम विशायः। तव राजोपशायः। मम राजोपशायः। राजानमुपशाययितुमवसर इत्यर्थः। अन्त्य इति किम्? विशयः। उपशयः।

हस्तादाने चेरस्तेये ॥२।३।३८॥ हस्तादाने गम्यमाने चिनोतेर्घञ् भवति न चेत्स्तेयं भवति। पुष्पप्रचायः। फलप्रचायः। हस्तादानशब्देन निकटस्य गुच्छादेर्ग्रहणं लक्ष्यते। हस्तादान इति किम्? पुष्पप्रचयः। अस्तेय इति किम्? पुष्पप्रचयं करोति चौर्येण।

निवासचितिशरीरोपसमाधाने चः कः ॥२।३।३९॥ चेरिति वर्तते। निवास चिति शरीर उपसमाधान इत्येतेष्वर्थेषु चिनोतेर्घञ् भवति चकारस्य च ककारः। निवासे–साधुनिकायः। उत्कृष्टनिकायः। अधिकरणे घञ्। चीयतेऽसौ चितिः। यज्ञे अग्निविशेषः। अकायमग्निं चिन्वीत। शरीरे–चीयते इति कायः। उपसमाधानमुपर्य्युपरि राशीकरणम्। महान् गोमयनिकायः। उपर्य्युपरीति विशेषणादिह न भवति। महान् काष्ठनिचयः। एतेष्विति किम्? चेयः।

संघेऽनूर्ध्वे ॥२।३।४०॥ संघः प्राणिविशेषसमुदायः। अनूर्ध्वे संघे वाच्ये चिनोतेर्घञ् भवति चकारस्य च कत्वम्। निचीयते इति निकायः। साधुनिकायः। पण्डितनिकायः। प्राणिविशेषस्य सङ्घस्य ग्रहणादिह न भवति। काष्ठचयः। पदसमुच्चयः। विशेषग्रहणं किम्? प्राणिसमुच्चयः। सामान्येन समुदायोऽयम्। अनूर्ध्व इति किम्? उपर्य्युपरि सूकरनिचयः।

आक्रोशेऽवन्योर्ग्रहः ॥२।३।४१॥ आक्रोशः शपनम्। अव नि इत्येतयोर्वाचोर्ग्रहेर्घञ् भवति आक्रोशे गम्ये। अवग्राहो ह ते वृषल भूयात्। निग्राहो ह ते वृषल भूयात्। आक्रोश इति किम्? अवग्रहः पदस्य। निग्रहो दुष्टस्य।

प्रे लिप्सायाम् ॥२।३।४२॥ प्रशब्दे वाचि लिप्सायां गम्यमानायां ग्रहेर्घञ् भवति। प्रग्राहेण चरति भिक्षुः। पात्रं प्रगृह्य अन्नं लिप्सुर्भ्रमतीत्यर्थः। लिप्सायामिति किम्? प्रग्रहो देवदत्तस्य राज्ञा।

परौ यज्ञे ॥२।३।४३॥ परिपूर्वाद्ग्रहेर्घञ् भवति यज्ञविषये। उत्तरः परिग्राहः। यज्ञ इति किम्? परिग्रहो देवदत्तस्य।

नौ वृधान्ये ॥२।३।४४॥ निशब्दे वाचि वृ इत्येतस्मात् घञ् भवति धान्यविशेषे वाच्ये। वृ इति वृङ्वृञोर्ग्रहणम्। नीवारा नाम व्रीहयो भवन्ति। धान्य इति किम्? निव्रियत इति निवरा कन्या।

उदि पूद्रुयौतिश्रिञः ॥२।३।४५॥ उत्पूर्वेभ्यः पू द्रु यौति श्रिञ् इत्येतेभ्यो घञ् भवति। उत्पावः। उद्द्रावः। उद्यावः। उच्छ्रायः।

वाङि रुप्लुवोः ॥२।३।४६॥ आङ्पूर्वाभ्यां रु प्लु इत्येताभ्यां वा घञ् भवति। आरावः। आरवः। "गौरवः" [२।३।२१] इति नित्यं घञ् प्राप्तः। आप्लावः। आप्लवः।

ग्रहोऽवे वर्षप्रतिबन्धे ॥२।३।४७॥ वेति वर्त्तते। अवशब्दे वाचि ग्रहेर्वा घञ् भवति वर्षप्रतिबन्धे वाच्ये। अवग्राहो देवस्य। अवग्रहो देवस्य। वर्षप्रतिबन्ध इति किम्? अवग्रहः पदस्य।

प्रे वणिजाम् ॥२।३।४८॥ वेति वर्तते। प्रशब्दे वाचि ग्रहेर्वा घञ् भवति समुदायेनाभिधेयं वणिजां सम्बन्धि चेद्भवति। तुलाप्रग्राहेण चरति। तुलाप्रग्रहेण चरति। तुलासूत्रं गृहीत्वा वणिक् चेष्टते इत्यर्थः। वणिजामिति किम्? प्रग्रहो देवदत्तस्य।

रश्मौ ॥२।३।४९॥ प्र इति वेति च वर्तते। इह रश्मिशब्देन अश्वादिसंयमनरज्जुरेव गृह्यते। प्रशब्दे वाचि ग्रहेर्वा घञ् भवति समुदायेन रश्मावभिधेयायाम्। प्रगृह्यते इति प्रग्राहः। प्रग्रहः।

आच्छादने वृञः ॥२।३।५०॥ वेति वर्तते प्र इति च। प्रपूर्वाद्वृणोतेर्वा घञ् भवति आच्छादनविशेषे वाच्ये। प्रवृणोति तं प्रावारः। प्रवरः। आच्छादन इति किम्? प्रवरः।

परौ भुवोऽवज्ञाने ॥२।३।५१॥ वेति वर्तते। अवज्ञानमवक्षेपः परिपूर्वाद्भू इत्येतस्माद्वा घञ् भवति अवज्ञाने वाच्ये। परिभावः। परिभवः। अवज्ञान इति किम्? सर्वतो भवः परिभवः।

य्वृग्रहवृदृगमोऽच् ॥२।३।५२॥ भावे अकर्तरीत्येवानुवर्तते। इवर्णान्तात् उवर्णान्तात् ऋवर्णान्तात् ग्रह वृ दृ गमि इत्येतेभ्यः वाजित्ययं त्यो भवति। घञोऽपवादोऽयम्। चयः। जयः। रयः। रवः। लवः। करः। गरः। शरः। ग्रहः। वरः। आदरः। गमः। चकारः "व्यजोऽघञचोः [१।४।१२८] इत्यत्र विशेषणार्थः। "अज्विधौ भयादीनामुपसंख्यानं नपुंसके क्तादिनिवृत्त्यर्थम्" [वा०] भयम्। वर्षम्। "रणिवशिभ्यामज्वक्तव्यः" [वा०] रणः। वशः। "घञर्थे कविधानं स्थास्नापाव्यधिहनियुध्यर्थं कर्तव्यम्" [वा०] प्रतिष्ठतेऽस्मिन् प्रस्थः। प्रस्नात्यस्मिन् प्रस्नः। प्रपिबन्त्यस्यां प्रपा। आविध्यन्त्यनेन आविधम्। विहन्यतेऽनेनास्मिन्वा विघ्नः। आयुध्यन्तेऽनेनेति आयुधम्।

गावदः ॥२।३।५३॥ गिपूर्वाद् अदेरज् भवति। प्रादनं प्रघसः। विघसः। संघसः। "घस्लृलुङ्घञ्सनक्षु" [१।४।१११] इति अदेर्घस्लादेशः। गाविति किम्? घासः। अस्मिन् प्रकरणे यत्रेपा गिनिर्दिश्यते तत्र वाग्लक्षणः प्रादिलक्षणो वा सविधिः।

नौ णश्च ॥२।३।५४॥ निपूर्वाददेर्णो भवति अच। न्यादः। निघसः।

पणः परिमाणे ॥२।३।५५॥ पणेर्धञि णे वा नास्ति विशेषः इत्यारम्भसामर्थ्यादच एवानुवृत्तिः। पणः परिमाणे गम्यमाने अन् भवति। पण्यत इति पणः मूलकपणः। शाकपणः। 'परिमाणाख्यायां सर्वेभ्यः' [२।३।१९] इति घञ् प्राप्तः। परिमाण इति किम्? पाणः।

पशुष्वजः समुदोः ॥२।३।५६॥ सम उद् इत्येतयोर्वाचोरजेर्धोरज भवति पशुविषये। समजः। पशूनां समुदाय इत्यर्थः। उदजः। पशुनाममुच्चालनमित्यर्थः। पशुष्विति किम्? समाजः साधूनाम्। उदाजः शकुनीनाम्। "चजोः कुधिण्ण्यतोस्तेऽनिटः" [५।२।२९] कुत्वं विधीयते अजेस्तु वीभावेन भवितव्यमित्यसत्वाद् विशेषणं नास्तीति कुत्वं न भवति।

ग्लहोऽक्षे ॥२।३।५७॥ ग्लह ग्रहणे इत्यस्मादज् भवति अक्षविषये। अक्षेषु ग्लहः। अक्ष इति किम्? ग्लाहः।

प्रजने सुः ॥२।३।५८॥ प्रजनो गर्भाधानम्। प्रजनविषये सृ इत्येतस्मादज् भवति। गवामुपसरः। गर्भाधानाय स्त्रीगवीषु वृषाणामुपसरणमित्यर्थः। एवं पशूनामुपसरः। प्रजन इति किम्? उपसारो भृत्यै राज्ञाम्।

ह्वो जिश्च न्यभ्युपविषु ॥२।३।५९॥ नि अभि उप वि इत्येतेषु वाक्षु ह्वयतेरजर्भवत्यञ। निहवः। अभिहवः। उपहवः। विहवः। हुरादेशो वक्तव्य इति चेत् इह निजोहवः इति यङ्लुबन्तस्य सचस्य प्रसज्येत। एतेष्विति किम्? संह्वायः।

आङ्याजौ ॥२।३।६०॥ आजिः संग्रामः । आङ्पूर्वात् ह्वयते आजावभिधेयायां जिर्भवत्यच्च । आह्वयन्तेऽस्मिन्निति आहवः । आजाविति किम् ? आह्वायः ।

निपानमाहावः ॥२।३।६१॥ निपिबन्त्यस्मिन्निति निपानं जलस्थानम् । आहाव इति निपात्यते निपानं चेद्भवति । आङ्पूर्वस्य ह्वयतेरधिकरणे घञ् निपात्यते । आहूयन्तेऽस्मिन्निति आहावः शकुनीनाम् । निपानमिति किम् ? आह्वायः ।

भावेऽगौ ॥२।३।६२॥ अगिपूर्वस्य ह्वयतेर्भावे जिर्भवत्यच्च । ह्वानं हवः । अगाविति किम् ? आह्वायो वर्तते । कर्तरीत्यस्यानुप्रवेशो मा भूदिति पुनर्भावग्रहणम् ।

हनश्च वधः ॥२।३।६३॥ हन्तेरगिपूर्वस्य भावे वधादेशो भवत्यच्च । हननं वधः । चकारो घञ्समुच्चयार्थः । घातो वर्तते ।

व्यधमदजपोऽगौ ॥२।३।६४॥ अगाविति वर्तमाने पुनरगिग्रहणं भावनिवृत्त्यर्थम् । तेन भावे अकर्तरीति द्वयं संबध्यते । अगिपूर्वेभ्यो व्यध मद जप इत्येतेभ्यः अज् भवति । व्यधः । मदः । अगाविति किम् ? प्रव्याधः । उन्मादः । उपजापः ।

स्वनहसोर्वा ॥२।३।६५॥ अगाविति वर्तते । अगिपूर्वाभ्यां स्वन हस इत्येताभ्यामज् भवति वा । स्वनः । स्वानः । हसः । हासः । अगावित्येव । प्रस्वानः । प्रहासः ।

यमः सन्निव्युपे च ॥२।३।६६॥ यमेर्धोः सम् नि वि उप इत्येतेषु वाच्च अगौ च अज् भवति । वेति वर्तते । संयमः । संयामः । नियमः । नियामः । वियमः । वियामः । उपयमः । उपयामः । अगौ-यमः । यामः ।

नौ गदनदपठस्वनः ॥२।३।६७॥ वेति वर्तते । निपूर्वेभ्यः गद नद पठ स्वन इत्येतेभ्यो वा अज् भवति । निगदः । निगादः । निनदः । निनादः । निपठः । निपाठः । निस्वनः । निस्वानः ।

क्वणो वीणायां च ॥२।३।६८॥ नौ वा अगाविति त्रयं वर्तते । क्वणेर्धोः निपूर्वादगिपूर्वाच्च अवीणायां वीणायां च विषये अज् भवति । निक्वणः । निक्वाणः । अगौ–क्वणः । क्वाणः । वीणाग्रहणं गावपि प्रापणार्थम् । कल्याणप्रक्वणा वीणा । कल्याणप्रक्वाणा वीणा । एतेष्विति किम् ? अतिक्वाणः ।

घनान्तर्घणप्रघणप्रघाणोद्घनापघनायोघनविघनद्रुघणस्तम्बघ्नस्तम्बघनपरिघोपघ्नसंघोद्घनिघप्रमदसम्मदाः ॥२।३।६९॥ घनादयः शब्दा निपात्यन्ते । हन्तेरच् घनभावश्च मूर्तावभिधेयायां निपात्यते । मूर्तिः काठिन्यम् । अभ्रघनः । दधिघनः । कर्मणि घनं दधीति भवति । अन्तःशब्दपूर्वस्य हन्तेरधिकरणे घनभावोऽच्च निपात्यते देशाभिधाने । अन्तर्हन्यतेऽस्मिन्निति अन्तर्घणो वाहीकेषु देशविशेषः । केचिन्नकारं पठन्ति । अन्तर्घातोऽन्यः । प्रपूर्वस्य हन्तेः अचि घञि च घनभावो निपात्यते अगारैकदेशेऽभिधेये । प्रघणः । प्रघाणः । गृहद्वारदेश इत्यर्थः । प्रघातोऽन्यः । उत्पूर्वस्य हन्तेरधिकरणे घनभावोऽच्च निपात्यते अत्याधानं चेद्भवति । अत्याधीयतेऽस्मिन्नित्याधानम् । यत्र काष्ठानि लोहानि चाहन्यन्ते तदुच्यते । ऊर्ध्वं हन्यतेऽस्मिनुद्घनः । उद्घातोऽन्यः । अपघन इति निपात्यते अङ्गं चेद्भवति । अपघातोऽन्यः । अयोघनः । द्रुघणः स्तम्बघ्नः स्तम्बघनः परिघ इत्येते करणे कारके अजन्ता निपात्यन्ते । द्रुघणे केचिन्नकारं पठन्ति । स्तम्बघ्ने कमात्रं निपात्यते । परिपूर्वस्य हन्तेर्घभावश्च निपात्यः । उपपूर्वात् हन्तेराश्रयेऽभिधेये को निपात्यते । गुरूपघ्नः । पर्वतोपघ्नः । उपघातोऽन्यः । सम्पूर्वस्य हन्तेर्घभावोऽच्च निपात्यते गणश्चेद्भवति । गणः प्राणिसमुदाय एव । पशूनां संघः । अन्यत्र संघातः । उत्पूर्वस्य हन्तेर्घादेशोऽच्च निपात्यते प्रशंसायाम् । उद्घो मनुष्यः । उद्घातोऽन्यः । निघ इति निपात्यते निमित्तेऽर्थे । संमतादारोहपरिणाहाभ्यां मितंतुल्यन्निमित्तम् । निघाः शालयः । निघातोऽन्यः । प्रमदसंमदौ हर्षेऽभिधेये । अन्यत्र प्रमादः । सम्मादः ।

ड्वितः क्त्रिः ॥२।३।७०॥ डुशब्देतो धोः क्त्रिस्त्यो भवति। भावे अकर्तरीति वर्तते। डुपचष्-पक्त्रिमम्। "भावादिमः" [३।३।१४३], "त्रेः" [३।३।१४४] इति इमः। त्र्यन्तस्य केवलस्य प्रयोगो नास्तीत्यस्वपदेनार्थकथनम्। पाकेन निर्वृत्तमिति। एवं डुवप् उप्त्रिमम्। टुयाचृ याचित्रिमम्।

ट्वितोऽथुः ॥२।३।७१॥ टुशब्देतो धोरथुस्त्यो भवति। टुवेपृ-वेपथुः। टुओश्वि-श्वयथुः। टुक्षु-क्षवथुः।

यजयाचयतविच्छप्रच्छरक्षस्वपो नङ् ॥२।३।७२॥ यजादिभ्यो नङ् भवति। भावे अकर्तरीति वर्तते। यज्ञः। "स्तो श्चुना श्चुः" [५।४।११६] इति चुत्वम्। याच्ञा लिङ्गं लोकवशात्। यत्नः। विश्नः। नङो ङित्करणमेपप्रतिषेधार्थं ज्ञापकं प्रागेव तुकः। "छ्वोः शूड् (ङे) च" [४।४।१७] इति शत्वम्। प्रश्नः। 'प्रश्ने चान्त्युंगे' [२।२।६७] इति निर्देशाज्जिर्न भवति। रक्ष्णः। "ष्टुना ष्टुः" [५।४।१२०] इति टुत्वम्। स्वप्नः।

गौ भोः किः ॥२।३।७३॥ गौ वाचि भुसंज्ञकेभ्यो धुभ्यः किर्भवति। भावे अकर्तरीति वर्तते। प्रादीयते[1] अस्मात् प्रादिः। निधीयतेऽसौ निधिः। संधानं संधिः।

कर्मण्यधिकरणे ॥२।३।७४॥ कर्मणि वाचि अधिकरणे कारके भुसंज्ञकेभ्यः किर्भवति। जलं धीयते अस्मिन् जलधिः। वालधिः। अधिकरणग्रहणं कारकान्तरनिवृत्त्यर्थम्।

स्त्रियां क्तिः ॥२।३।७५॥ भावे अकर्तरीति वर्तते। स्त्रीलिङ्गे धोः क्तिर्भवति। घञचोरपवादोऽयम्। कृतिः। सृष्टिः[2]। संपत्तिः। 'संपदादिभ्यः क्विबपि वक्तव्यः' [वा०] संपत्। विपत्। "ग्लाज्याहाभ्यो निः स्त्रियां वक्तव्यः" [वा०] ग्लानिः। ज्यानिः। हानिः। "ऋकारान्तल्वादिभ्यः क्तिस्तवद्भवतीति वक्तव्यम्" [वा०] कीर्णिः। गीर्णिः। लूनिः। पूनिः। इत उत्तरः स्त्रियामित्यधिकारः।

कर्मव्यतिहारे ञः ॥२।३।७६॥ इह कर्मव्यतिहारः क्रियाव्यतिहारो गृह्यते धोरधिकारात्। कर्मव्यतिहारे गम्यमाने धोर्ञ इत्ययं त्यो भवति स्त्रियाम्। परस्परस्य व्याक्रोशनं व्याक्रोशी "ञात् स्त्रियाम्" [४।२।२२] इति स्वार्थिकोऽण्। "कृद्ग्रहणे तिकारकपूर्वस्यापि" [परि०] सतिकाद्भवति। एवं व्यावलेखी[3] व्यावहारी[4] वर्तते। स्त्रियामित्येव। व्यतिपाको वर्तते। "मध्येऽपवादाः पूर्वान् विधीन्बाधन्ते नोत्तरान्" [परि०] इति "स्त्रियां क्तिः" [२।३।७५] इत्यस्यैव बाधको न "सरोहलः" [२।३।८४] इति अत्यस्य। व्यतीक्षा व्यतीहा वर्तते। कथं व्यात्युक्षी। "युड् व्या बहुलम्" [२।३।६४] इति बहुलवचनात्। व्याकुष्टिरित्येवमादिषु क्तिरपि।

णेः ॥२।३।७७॥ ण्यन्ताच्च कर्मव्यतिहारे ञो भवति। अस्य बाधके युचि प्राप्तेऽयमारम्भः। व्यावचोरी[5] व्यावचर्ची[6] वर्तते।

यूतिजूतिसातिहेतिकीर्त्तयः ॥२।३।७८॥ यूत्यादयः शब्दा निपात्यन्ते। यौतिजवत्योर्दीर्घत्वं निपात्यते। यूतिः। जूतिः। स्यतेः सुनोतेर्वा सातिः। इत्वाभावः आत्वं च निपात्यते। हिनोतेर्हन्तेर्वा हेतिः। कीर्तयतेः युचि प्राप्ते कीर्तिः।

स्थागापापचो भावे ॥२।३।७९॥ स्था गा पा पच् इत्येतेभ्यः स्त्रीलिङ्गे भावे क्तिर्भवति। भावग्रहणमकर्तरीत्यस्य निरासार्थम्। प्रस्थितिः। संस्थितिः। गा इत्यविशेषेण ग्रहणम्। उपगीतिः। उद्गीतिः। पिबतेः

---

१. आदीयतेऽस्मादादिः अ०, स०। २. स्तृष्टिः अ०। ३. व्यापलेखी अ०, ब०, स०। ४. व्यापहारी अ०, ब०, स०। ५. व्यापचोरी अ०, ब०, स०। ६. व्यापचर्ची अ०, ब०, स०।

प्रपीतिः । निपीतिः । पक्तिः । "आतो णौ" [२।१।१०९] इति "षिद्:" [२।३।८६] इति च अङ् प्राप्तः तद्बाधनार्थमिदम् । गणे "व्यवस्थायामसंज्ञायाम्" इति निर्देशादङपि भवति । संस्था । "श्रुयजोषिस्तुभ्यः स्त्रियां करणे युड्बाधनार्थं क्तिर्वक्तव्यः" [वा०] श्रूयतेऽनयेति श्रुतिः । इष्टिः । स्तुतिः ।

व्रजयजः क्यप् ॥२।३।८०॥ भाव इति वर्तते । व्रज यज इत्येताभ्यां स्त्रीलिङ्गे भावे क्यप् । व्रज्या । प्रव्रज्या । इज्या । पित्करणमुत्तरार्थम् ।

समजनिषदनिपदमनविदषुशीङ्भृञिणः खौ ॥२।३।८१॥ भाव एवेति निवृत्तम् । द्वयमनुवर्तते । समजादिभ्यः स्त्रियां क्यप् भवति खुविषये । समजन्ति अस्यां समज्या । क्यपि वीभावः कस्मान्न भवति । "बहुलं खौ" [१।४।१२६] इति तत्रापेद्यते । निषीदन्ति अस्यां निषद्या । निपद्यन्ते अस्यां निपद्या । केचित्पदिस्थाने पतिं पठन्ति । मन्यते अनया मन्या । विद्यते अनया विद्या । सुनोति तस्यां सुत्या । शेते अस्यां शय्या । भरणं भृत्या । भाव एवाभिधानं करणे वा । इत्या । कथं भार्या कर्मणि भविष्यति ? अथवा "तृञ्व्याश्चार्हे" [२।३।१४९] इत्येवमादिषु विशेषेण विधानात् । व्यसङ्गानामिमे स्त्रीत्या न बाधकाः । "मतिबुद्धिपूजार्थाच्च" [२।२।१६६] "कर्मणि भृतौ" [२।२।२७] "रजःकृष्यासुतिपरिषदो वल" [४।१।३८] इति ज्ञापकात् क्वचित् क्तिरपि भवति । मतिः । वित्तिः । आसुतिः । भृतिः ।

कृञः श च ॥२।३।८२॥ करोतेः स्त्रियां शो भवति क्यप् च । यदा भावकर्मणोः शस्तदा मध्ये यक् "रिङ्यग्लिङ्क्षे" [४।२।१३७] इति रिङादेशः । यदापादानादिविवक्षा तदा यग्नास्तीति रिङादेशेयादेशौ । क्रिया । कृत्या । "गेरसेऽपि विकृतेः" [५।४।१८] इति ज्ञापकात् क्तिरपि नवति । कृतिः ।

इच्छा ॥२।३।८३॥ इच्छेति निपात्यते । इष इच्छायामित्यस्माद्भावे शः यगभावश्च निपात्यते । क्तेरपवादोऽयम् । "परिचर्यापरिसर्यामृगयाणां निपातनं वक्तव्यम्" [वा०] परिपूर्वाच्चरेः शः सरतेरेप् च निपात्यते । मृगयतेः शप् शो यगभावश्च निपात्यते । "जागर्तेरशौ वक्तव्यौ" [वा०] जागरा । जागर्या । शे यक् । "जागुरविञिणक्ङिति" [४।२।८२] इत्येप् ।

अस्त्यात् ॥२।३।८४॥ अ इत्ययं त्यो भवति त्यान्तेभ्यो धुभ्यः स्त्रियाम् । चिकीर्षा । लोलूया । अटाट्या । पुत्रीया । पुत्रकाम्या । कण्डूया ।

सरोहलः ॥२।३।८५॥ सह रुणा वर्तत सरुः । सरुर्हलन्तो यो धुस्ततः स्त्रियामस्त्यो भवति । कुण्डा । चुण्डा[1] । मेधा । ईहा । "पर्याप्तिवचनेऽलमर्थे" [२।४।५१] इति निर्देशाद् ये सेटस्तेषामिह ग्रहणम् । तेनेह न भवति । आप्तिः । दीप्तिः । राद्धिः । अस्तिः । प्रध्वस्तिः । प्रशस्तिः । 'प्रशंसायां रूपः'[४।१।१२९] इति निर्देशात् । शसेरत्योऽपि भवति । सरोरिति किम् ? निपठितिः । हल इत्येव । नीतिः ।

षिद्भिदादिभ्योऽङ् ॥२।३।८६॥ षिद्भ्यो धुभ्यो भिदादिषु च गणपठितेषु याः प्रकृतयस्ताभ्यश्चाङ् भवति स्त्रियाम् । जृष्-जरा । त्रपुष्-त्रपा । घटादयः षितः । घटा । व्यथा । "युड्व्या बहुलम्" [२।३।९४] इति बहुलवचनात् लब्धिर्लभेति च भवति । भिदादिभ्यः खल्वपि । भिदा विदारणे । भित्तिरन्या । छिदा द्वैधीकरणे । छित्तिरन्या । विदा विचारणे । वित्तिरन्या । क्षिपा प्रेरणे । क्षितिरन्या । गुहा गिर्योषध्योः । गूढिरन्या । कुहा नद्याम् । कुहना अन्या । आरा शस्त्र्याम् । आर्तिरन्या । आङि वाचि (आङि) कृते "इणुरेप्" [५।२।१२१] । क्तौ कृते "धावृति गेः" [४।३।७९] इत्यैप् । कारा बन्धने । कृतिरन्या । तारा

---

1. हुण्ड—अ०, स० ।

ज्योतिषि। तारिरन्या। एपि कृते दीत्वमनयोर्निपातनात्। वपा मेदोविशेषे। उप्तिरन्या। वशा शरीरगतस्नेहे। उष्टिरन्या। मृजा शरीरसंस्कारे। मृष्टिरन्या। धारा वर्षप्रपाते। धृतिरन्या। निपातनादात्वम्। "क्रपेर्जिश्च" [वा०] कृपा। गोधा। हारा। रेखा। लेखा। निपातनादेप्। चूडा। पीडा।

चिन्तिपूजिकथिकुम्भिचर्चः ॥२।३।८७॥ चिन्त्यादिभ्यो धुभ्यः स्त्रियामङ् भवति। युचोऽपवादोऽयम्। चिन्ता। पूजा। कथा। कुम्भा। चर्चा।

आतो गौ ॥२।३।८८॥ आकारान्तेभ्यो धुभ्यो गौवाचि अङ् भवति। क्तेरपवादः। प्रदा। प्रधा। प्रपिबन्त्यस्यां प्रपा। पिबतेर्भावे क्तिर्विहितः। "प्रज्ञाश्रद्धार्चावृत्तिभ्यो णः" [४।१।२८] "तिरोऽन्तर्द्धौ" [१।२।१४०] इति प्रयोगात् श्रदन्तरोर्गिवद्वृत्तिः। श्रद्धा। अन्तर्धा।

णयासश्रन्थिघट्टिवन्दिविदो युच् ॥२।३।८९॥ णयन्तेभ्यः आस श्रन्थि घट्टि वन्दि विद् इत्येतेभ्यो धुभ्यः स्त्रियां युज् भवति। णयन्तात् "अस्त्यात्" [२।३।८४] इति इतरेभ्यः "सरोर्हल" [२।३।८२] इत्यकारः प्राप्तः। विदेः क्तिः प्राप्तः। कारणा। गणना। कामना। आसना। श्रन्थना। घट्टना। वन्दना। वेदना। अनुभवे वेदनद्रष्टव्या। "इषोऽनिच्छायां युज् वक्तव्यः" [वा०] अन्वेषणा। "परेर्वा" [वा०] पर्येषणा। परीष्टिः। "युड्व्या बहुलम्" [२।३।९४] इति वा भविष्यति। व्यानां स्त्रीत्याः अबाधका इत्युक्तम्। तेन आस्या उपास्या।

खौ विभाषा वुण् ॥२।३।९०॥ खुविषये विभाषया वुण् भवति धोः। क्यादीनामपवादाः। प्रस्कन्दिका। प्रच्छर्दिका। प्रवाहिका। विचर्चिका। एता रोगसंज्ञाः। उद्दालकपुष्पभञ्जिका। वारणपुष्पप्रचायिका। अभ्योषखादिका। शालभञ्जिका। एताः क्रीडासंज्ञाकाः। कृल्लल्युणा कर्मणि ता। "क्रीडाजीविकयोर्नित्यम्" [१।३।८०] इति नित्यः षविधिः। उद्दालकपुष्पाणि भज्यन्ते यस्यां क्रीडायां इत्येवमादिरस्वपदविग्रहो बोद्धव्यः। विभाषाग्रहणादिह न भवति शीर्षर्त्तिः शीर्षाभितप्तिः। शिरोऽर्तिः। "धावृति गे" [४।३।७९] इत्येषा भवितव्यमिति चेत्; न; अर्दं हिंसायामित्यस्य प्रयोगः। चन्दनतक्षिका। क्रीडेयम्। विभाषाग्रहणादूध्वर्थनिर्देशेऽपि वुण् भवति। आसिका। शायिका वर्तते।

वेञ्प्रश्नाख्याने ॥२।३।९१॥ प्रश्ने आख्याने च गम्यमाने धोरिञ् भवति वुण् च वा। कां त्वं कारिमकार्षीः कां कारिकां वा। वचनाद्यथाप्राप्तं च भवति। कां क्रियां कां कृत्यां कां कृतिम्। आख्याने सर्वां कारिमकार्षं सर्वां कारिकां सर्वां क्रियां सर्वां कृत्यां सर्वां कृतिम्। कां त्वं गणिमजीगणः कां गणिकां कां गणनाम्। सर्वां गणिर्मया गणिता। सर्वा गणिका सर्वा गणना। कां त्वं पाठिमपाठीः कां पाठिकां कां पठितिम्। सर्वा मया पाठिः पठिता सर्वा पाठिका सर्वा पठितिः। प्रश्नाख्यान इति किम्? कृतिः।

पर्यायार्हर्णोत्पत्तौ वुण् ॥२।३।९२॥ पर्याय अर्ह ऋण उत्पत्ति इत्येतेष्वर्थेषु गम्यमानेषु धोर्वुण् भवति स्त्रियाम्। पर्यायोऽनुक्रमः तस्मिन्। भवतः शायिका। भवतोऽग्रगामिका। "कर्तृकर्मणोः कृति" [१।४।६८] इति कर्तरि ता। "तृजकाभ्याम्" [१।३।७८] इति तासप्रतिषेधः। अर्हणमर्हयोग्यता। तत्र अर्हति भवानिक्षुभक्षिकाम्। ओदनभोजिकाम्। पयःपायिकाम्। "तृजकाभ्याम्" [१।३।७८] इत्यत्र कर्तरीत्यनुवर्तनात् कर्मणि या ता तत्र "कृति" [१।३।७१] इत्यनेन तासः। ऋणं यत्परस्य धार्यते। तत्र इक्षुभक्षिकां मे धारयसि। ओदनभोजिकाम्। पयःपायिकाम्। उत्पत्तौ-इक्षुभक्षिका मे उदपादि। ओदनभोजिका। पयःपायिका। विभाषानुवर्तनात् क्वचिन्न भवति। घटचिकीर्षा मे उदपादि। ओदनबुभुक्षा मे उदपादि।

---

१. कुभि-अ०, स०।

आक्रोशे नञ्यनिः ॥२।३।९३॥ आक्रोशे गम्यमाने नञि वाचि धोरनिस्त्यो भवति। क्त्यादीनामपवादः। अकरणिस्ते वृषल भूयात्। अप्रयाणिस्ते वृषल भूयात्। आक्रोश इति किम्? अकृतिस्तस्य पटस्य[1]। नञीति किम्? मृतिस्ते वृषल भूयात्।

युड्व्या बहुलम् ॥२।३।९४॥ भावे अकर्तरि स्त्रियामिति च निवृत्तम्। युड्व्यसंज्ञाश्च बहुलं भवन्ति। भावकरणाधिकरणेषु युड् विहितोऽन्यत्रापि भवति। निरदन्ति तदिति निरदनम्। अवसेचनम्। अवस्रावणम्। राज्ञा भुज्यन्ते राजभोजनाः शालयः। क्षत्रियपानं मधु। राजाच्छादनानि वस्त्राणि। प्रयतते तस्मात् प्रयतनम्। प्रस्कन्दनम्। प्रच्छर्दनम्। भावकर्मणोर्व्या उक्तास्ततोऽन्यत्रापि भवन्ति। स्नान्ति तेन स्नानीयं चूर्णम्। दीयतेऽस्मै दानीयोऽतिथिः। ज्ञानमावृणोति आव्रियते वानेन ज्ञानावरणीयम्। दर्शनावरणीयम्। वेदनीयम्। मोहनीयम्। बहुलवचनादन्येऽपि कृतः उक्तादन्यत्र भवन्ति। गले चोप्यते गलचोपकः। पादाभ्यां ह्रियते पादहारकः।

नप् भावे क्तः ॥२।३।९५॥ नबिति ङिखं कृत्वा निर्देशः। नपि नपुंसकलिङ्गे भावे क्तो भवति। घञचोरपवादः। हसितं छात्रस्य शोभनम्। जल्पितम्। आसितम्। शयितम्। नपुंसकलिङ्गे भावे क्तादिनिवृत्त्यर्थं भयादीनामज् वक्तव्य इत्युक्तम्। तेन भयं वर्षमित्यादौ क्तो युर्न भवति। येषां घञजन्तानां नपुंसकत्वमिष्टं तेऽर्द्धर्चादिषु द्रष्टव्याः।

ञिन्नभिविधौ ॥२।३।९६॥ नब्भावे इति वर्तते। अभिविधिः क्रियागुणाभ्यां कार्त्स्न्येन व्याप्तिः। नपि भावे धोर्ञिन् भवति अभिविधौ गम्यमाने। क्तस्यायमपवादः। साङ्कोटिनं सांमार्जिनं सांराविणं सान्द्राविणं वर्तते। "ञिनोऽण्" [४।२।२१] इति स्वार्थिकोऽण "नो पुंसोऽह्रति" [४।४।१३०] इति टिखं प्राप्तं "प्रायोऽनपत्येऽखीन:" [४।४।१२५] इति न भवति। मध्येऽपवादोऽयं युटं न बाधते। संकुटनं संमार्जनम्। अभिविधाविति किम्? संरावः।

युट् ॥२।३।९७॥ नब्भाव इति वर्तते। नपि भावे युड् भवति धोः। हसनं छात्रस्य शोभनम्। जल्पनम्। आसनम्। शयनम्।

कर्मणि यत्स्पर्शात्कर्त्रङ्गसुखम् ॥२।३।९८॥ युड् नब्भाव इति च वर्त्तते। येन संस्पर्शात् कर्त्रङ्गस्य सुखं भवति तस्मिन् कर्मणि वाचि नपुंसकलिङ्गे भावे युड् भवति। ओदनभोजनं सुखम्। पयःपानम्। चन्दनानुलेपनम्। पूर्वेण सिद्धेऽपि नित्यसविध्यर्थं आरम्भः। कर्मणीति किम्? तूलिकाया उत्थानम्। युडत्र पूर्वेण सिद्धः। सविधिस्तु न भवति। यत्स्पर्शादिति किम्? अग्निकुण्डस्योपासनं सुखम्। युट् पूर्वेण। पाक्षिकः सविधिः। कर्तरीति किम्? गुरोः स्नापनं सुखम्। नात्र स्नापयतेः कर्तुः शरीरसुखं किं तर्हि गुरोः कर्मणः। अङ्गग्रहणं किम्? पुत्रस्य परिष्वञ्जनं सुखम्। मानसमिदम्। अन्यथा परपुत्रपरिष्वञ्जनेऽपि स्यात्। सुखमिति किम्? कण्टकानां मर्दनम्।

करणाधिकरणयोः ॥२।३।९९॥ करणेऽधिकरणे च कारकेऽभिधेये युड् भवति। घञाद्यपवादः। करणे—इध्मव्रश्चनः। पलाशशातनः। अविलवनः। कर्मणि ता। कृतीति तासः। अधिकरणे गोदोहनी। शक्तुधानी। तिलपीडनी। परत्वात् त्त्यादिकं स्त्रीत्वं बाधते।

पुंखौ घः प्रायेण ॥२।३।१००॥ करणाधिकरणयोरिति वर्तते। पुंल्लिङ्गसंज्ञायां गम्यमानायां धोर्घो भवति प्रायेण। घकारः "छादेर्घे" [४।४।९०] इत्यत्र विशेषणार्थः। प्रच्छदः। उरच्छदः। प्लवः। आखनः। अधिकरणे—एत्य कुर्वन्त्यस्मिन्नाकरः। आलवः। आपवः। पुंग्रहणं किम्? प्रधानम्। विचयनी।

---

१. घटस्य अ०, ब०, स०।

नपुंसकलिंगा स्त्रीलिंगा चेयं संज्ञा। खाविति किम् ? हरणो दण्डः। प्रायेणेति किम् ? क्वचिन्न भवति। प्रसाधनः। दोहनः।

तृस्त्रोऽवे घञ् ॥२।३।१०१॥ तृ स्तृ इत्येताभ्यामवशब्दे वाचि घञ् भवति करणाधिकरणयोः पुंखौ। अवतारः। अवस्तारः। कथमसंज्ञायामवतारो नद्या इति ? चिन्त्यमेतत्।

हलः ॥२।३।१०२॥ हलन्ताद्धोर्घञ् भवति करणाधिकरणयोः पुंखौ। घापवादोऽयम्। वेदः। नेगः। वेशः[1]। गन्धः। सङ्गः। विषङ्गः। तैलोदकम्। घृतोदकम्। नास्त्यत्र घञि घे वा विशेषः। इमानि तर्ह्युदाहरणानि। खेलः। निमार्गः। अपामार्गः। प्रासादः। आखानः। प्रायेणेत्यनुवर्तनात् हलन्तेभ्यः केभ्यश्चित् घञ् न भवति घ एव भवति। अधिकरणे—कषः। निकषः। निगमः। गोचरः। आपणः। करणे—संचरः। वहः। व्रजः। इह व्यजन्त्यस्मिन्निति व्यजः। घे कृते "बहुलं खौ" [१।४।१२१] इति बहुलवचनादजेर्वीभावो न भवति। इह उदकोदञ्चनः। दोहनः। प्रसाधन इति घघञौ न भवतः। आखनः आखानः इत्यत्रोभयं भवति।

संहारोद्यावानायावहारावायाः ॥२।३।१०३॥ संहारादयः शब्दा घञि निपात्यन्ते पुंखौ। अहलन्तत्वात् पूर्वेणाप्राप्तिः। संहरति तेन संहारः। करणेऽधिकरणे वा उद्यावः। आनयन्ति तेन आनायो जालं चेत्। अवहरन्ति तेन अवहारः। एत्य तस्मिन् वयन्ति आवायः। "अध्यायानुवाकयोर्वोप्" [४।१।६४] "आधारोऽधिकरणः" [१।२।११६] इति ज्ञापकात् उञ्छादिषु न्यायशब्दस्य निर्देशात् अधीयते अनेनाध्यायः। आध्रियते अस्मिन् आधारः। नीयतेऽनेन न्यायः। एतेऽपि शब्दाः साधवः।

स्वीषद्दुसि कृच्छ्राकृच्छ्रे खः ॥२।३।१०४॥ सु ईषत् दुस् इत्येतेषु वाक्षु कृच्छ्रे अकृच्छ्रे चार्थे खो भवति धोः। कृच्छ्राकृच्छ्रग्रहणं स्वादिविशेषणम्। सुकरः कटो भवता। ईषत्करः कटो भवता। दुष्करः कटो भवता। "तयोर्व्यक्तखार्थाः" [२।४।५५] इति कर्मणि खः। "न ङित" [१।४।७२] इत्यादिना ताप्रतिषेधः। खित्वात्पूर्वपदस्य मुम्न भवति। कृच्छ्राकृच्छ्र इति किम् ? ईषत्कार्यः। मनाक्कार्यं इत्यर्थः।

कर्तृकर्मणोर्भूकृञ्भ्याम् ॥२।३।१०५॥ स्वीषद्दुसि कृच्छ्राकृच्छ्रे ख इति वर्तते। कृञ्ग्रहणसामर्थ्यात् कर्तृकर्मग्रहणं वाग्विशेषणम्। कर्तरि कर्मणि च वाचि भू कृञ् इत्येताभ्यां यथासंख्यं खो भवति सु ईषत् दुस् इत्येतेषु वाक्षु कृच्छ्रे अकृच्छ्रे चार्थे। त्यस्य खित्करणं मुमर्थमिति पूर्वे कर्तृकर्मभ्यां योगः पश्चात्स्वादिभिः। प्रायेणेत्यनुवर्तनात् कर्तृकर्मणोश्च्व्यर्थयोर्ग्रहणम्। अनाढ्येन सुखमाढ्येन भूयते स्वाढ्यंभवं भवता। ईषदाढ्यंभवं भवता। दुराढ्यम्भवं भवता। सुखमनाढ्यमाढ्यङ्क्रियते। स्वाढ्यंकरो देवदत्तो भवता। ईषदाढ्यङ्करः। सूत्रन्यासे परत्वात्कर्तृकर्मणोः वाक्त्वं कृत्वा पश्चात्पूर्वस्य क्रियते। च्व्यर्थयोरिति किम् ? स्वाढ्येन भूयते। स्वाढ्येन क्रियते। यदा करोतिर्विकारार्थः तदा सुकटंकराणि वीरणानि। यदा निष्पत्तिवचना तदा सुकरः कटो वीरणैरिति।

युजातः ॥२।३।१०६॥ स्वीषद्दुसि कृच्छ्राकृच्छ्र इति वर्तते। आकारान्तेभ्यो धुभ्यो युज् भवति स्वादिषु कृच्छ्राकृच्छ्रार्थेषु वाक्षु। सुपानं पयो भवता। ईषत्पानम्। दुष्पानम्। सुग्लानम्। ईषद्ग्लानम्। दुर्ग्लानम्। खापवादोऽयम्। प्रायेणेति वर्तते। तेन "दुःशब्दे वाचि शासियुधिदृशिधृषिमृषिभ्यः युज् भवति" [वा०]। दुःशासनः। दुर्योधनः। दुर्दर्शनः। दुर्धर्षणः। दुर्मर्षणः। सुदर्शनादिषु बसो द्रष्टव्यः।

---

1. वेष्टः अ०; ब०; स०।

भवद्वद्वा तत्सामीप्ये ॥२।३।१०७॥ भवच्छब्दो वर्तमानपर्यायः। समीपमेव सामीप्यम्। भवतीव त्यविधिर्भवति वा तत्समीपे भूते भविष्यति च ध्वर्थे वर्तमानाद्धोः। संप्रतीत्यारभ्य आ पादपरिसमाप्तेर्विहितास्त्या अतिदिश्यन्ते। कदा देवदत्त आगतोऽसि। एष आगच्छामि। आगच्छन्तमेव मां विद्धि। एष आगामुकोऽस्मि। वावचनाद्यथाप्राप्तम्। एष आगतोऽस्मि। कदा देवदत्त गमिष्यसि। एष गच्छामि। गच्छन्तमेव मां विद्धि। गन्तारमेव मां विद्धि। पक्षे एष गमिष्यामि। एषोऽस्मि गन्ता। वत्करणं किमर्थम्? प्रकृतिविशेषादिपरिग्रहार्थम्। तत्सामीप्यग्रहणं व्यवहितनिरासार्थम्। कदा ग्राममगच्छत्। श्वः करिष्यति। इह मा भूत्। नन्वत्र लुटा भवितव्यं कथं लृट्? पदसंस्कारवेलायां श्वःप्रभृतिपदानामसंनिधानाददोषः।

भूतवच्चाशंसायाम् ॥२।३।१०८॥ आशंसनमाशंसा भविष्यत्कालविषया; तस्यां गम्यमानायां भूतवत्त्यविधिर्भवति भवद्वच्च वा। भूतग्रहणेन भूतसामान्ये विहितस्य त्यस्य परिग्रहः। उपाध्यायश्चेदागमिष्यति उपाध्यायश्चेदागमत् उपाध्यायश्चेदागतः तदा तर्कमधीमहे अध्येष्यामहे अध्यगीष्महि एषोऽधीतस्तर्कः। आशंसायामिति किम्? उपाध्याय आगमिष्यति।

क्षिप्रवचने लृट् ॥२।३।१०९॥ आशंसायामिति वर्तते। क्षिप्रार्थे शब्दे वाचि लृट् भवत्याशंसायां गम्यमानायाम्। भूतवच्चेत्यस्यापवादः। उपाध्यायश्चेदागमिष्यति क्षिप्रमध्येष्यामहे शीघ्रमध्येष्यामहे। नेति वक्तव्ये लृट्ग्रहणं लुट्विषयेऽपि यथा स्यात् इत्येवमर्थम्। श्वः क्षिप्रमध्येष्यामहे।

लिङाशंसोक्तौ ॥२।३।११०॥ आशंसा उच्यते येन शब्देन तस्मिन् वाचि लिङ् भवत्याशंसायां गम्यमानायाम्। अयमपि भूतवच्चेत्यस्यापवादः। उपाध्यायश्चेदागच्छेत् आशंसे युक्तोऽधीयीय। अवकल्पये युक्तोऽधीयीय। परत्वाल्लृटो बाधकोऽयम्। आशंसे क्षिप्रमधीयीय।

न लङ्लुट् सामीप्याव्युच्छित्त्योः ॥२।३।१११॥ सामीप्यं तुल्यजातीयेनाव्यवधानम्। अव्युच्छित्तिः क्रियाप्रबन्धः। लङ्लुटौ न भवतः सामीप्याव्युच्छित्त्योः गम्यमानयोः। अनद्यतनविहितयोर्लङ्लुटोरयं प्रतिषेधः। सामीप्ये–येयं पौर्णमास्यतिक्रान्ता एतस्यां देवानपूपुजामः। अतिथीनबूभुजामः। येयममावास्यागामिनी एतस्यां देवान् पूजयिष्यामः अतिथीन् भोजयिष्यामः। अव्युच्छित्तौ–यावज्जीवीत् भृशमन्नमदात्। यावज्जीविष्यति भृशमन्नं दास्यति।

वर्त्स्यत्यवरेऽवधेः ॥२।३।११२॥ यद्यपि लङ्लुडिति प्रकृतम्; तथापीह वर्त्स्यद्ग्रहणाल्लुट एव प्रतिषेधः। वर्त्स्यतिकाले अवरस्मिन् भागे लुण्न भवति। असामीप्याव्युच्छित्त्यर्थोऽयमारम्भः। कालविभाग उत्तरत्र वक्ष्यते। देशविभागेऽयं प्रतिषेधः। योऽयमध्वा गन्तव्य आ चित्रकूटात् तस्य यदवरं मथुरायाः तत्र द्विरोदनं भोक्ष्यामहे द्विःसक्तून्पास्यामः। वर्त्स्यतीति किम्? योऽयमध्वागत आ चित्रकूटात् तस्य यदवरं मथुरायास्तत्र युक्ता द्विरध्यैमहि। अवर इति किम्? योऽयमध्वा गन्तव्य आ चित्रकूटात् तस्य यत्परं मथुरायास्तत्र युक्ता द्विरध्येतास्महे। अवधेरिति किम्? योऽयमध्वा गन्तव्यो निरवधिकः तस्य यदवरं मथुरायास्तत्र युक्ता द्विरध्येतास्महे।

कालविभागेऽनहोरात्राणाम् ॥२।३।११३॥ वर्त्स्यत्यवरेऽवधेरिति वर्तते। वर्त्स्यतिकाले अवरस्मिन्कालविभागेऽहोरात्रसंबंधविवर्जिते लुण्न भवति। पूर्वेण प्रतिषेधे सिद्धेऽप्यहोरात्रसंबन्धिविभागप्रतिषेधार्थं वचनम्। कालविभागग्रहणमिहार्थमुत्तरार्थं च। योऽयं संवत्सर आगामी तस्य यदवरमाग्रहायण्यास्तत्रार्हत्पूजां करिष्यामहे अतिथिभ्यो दानं दास्यामहे। वर्त्स्यतीत्येव। योऽयं संवत्सरोऽतीतस्तस्य यदवरमाग्रहायण्यास्तत्र युक्ता द्विरध्यैमहि। अवर इति किम्? "वा परे" [२।३।११४] इति वक्ष्यति। अवधेरित्येव। योऽयं निरवधिकः काल आगामी तस्य यदवरमाग्रहायण्यास्तत्र युक्ता द्विरध्येतास्महे। अनहोरात्राणामिति किम्? योऽयं त्रिंशद्रात्र आगामी तस्य योऽवरः पञ्चदशरात्रस्तत्र युक्ता द्विरध्येतास्महे। योऽयं त्रिंशद्रात्र अतीतआगत

योऽवरोऽर्द्धमासस्तत्र द्विरध्येतास्महे । योऽयं मास आगामी तस्य योऽवरः पञ्चदशरात्रस्तत्र द्विरध्येतास्महे । प्रसज्य [इति] प्रतिषेधात् त्रिविधमुदाहरणम् ।

वा परे ॥२।३।११४॥ कालविभाग इति वर्तते । परस्मिन्नवधेः कालविभागे वर्त्स्यति लुण्न भवति न चेदहोरात्राणां विभागः । योऽयं संवत्सरः आगामी तस्य यत्परमाग्रहायण्यास्तत्र द्विरध्येष्यामहे अध्येतास्महे वा । सामीप्याव्युच्छित्तिविवक्षायामपि परत्वादयं विकल्पः । अनहोरात्राणामित्येव । योऽयं त्रिंशद्रात्र आगामी तस्य यः परः पञ्चदशरात्रः तत्र द्विरध्येतास्महे । सामीप्याव्युच्छित्त्योर्लुटः प्रतिषेध एव । वर्त्स्यतीत्येव । योऽयं संवत्सरोऽतीतः तस्य यत्परमाग्रहायण्यास्तत्र द्विरध्यैमहि । अवधेरित्येव । योऽयं निरवधिः काल आगामी तस्य यत्परमाग्रहायण्यास्तत्र द्विरध्येतास्महे । कालविभाग इत्येव । योऽयमध्वा गन्तव्यः आ चित्रकूटात् तस्य यत्परं मथुरायास्तत्र द्विरध्येतास्महे । सर्वत्र लुङ् भवति न चेदव्युच्छित्तिविवक्षा ।

लिङ्हेतौ लृङ् क्रियाऽवृत्तौ ॥२।३।११५॥ वर्त्स्यतीति वर्तते । हेतुर्निमित्तम् । लिङ्हेतौ वर्त्स्यति काले लृङ् भवति क्रियाया अवृत्तौ सत्याम् "हेतुफलयोर्लिङ्" [२।३।१३२] इत्येवमादि लिङ्निमित्तं वक्ष्यति । अतिथींश्चेदलिप्स्यत भृशमन्नमदास्यत् । अत्रान्नदानं फलं तद्धेतुभूतोऽतिथिलाभः तदनभिनिर्वृत्तिं प्रमाणादवगम्येदं वाक्यं प्रयुक्तम् । एवमुपाध्यायं चेदुपासिष्यत शास्त्रान्तमगमिष्यत् । अभोक्ष्यत भवान् दध्ना यदि मत्समीपे आसिष्यत । इह दक्षिणेन चेदयास्यत् न पर्य्याभविष्यदिति यानमनिष्पन्नं पर्याभवनं तु निष्पन्नमिति कथमवृत्तिः क्रियायाः । एवं तर्हि प्रत्यासत्तेर्हेतुभूतायाः क्रियाया अवृत्ताविति द्रष्टव्यम् । क्रियायाः अवृत्तावपि शक्तिरूपेण क्रियामध्यारोप्य कर्तृत्वेनाभिसंबन्धः क्रियते यथा भूतभविष्यत्कालविषयायाः कर्तृत्वेनाभिसंबन्धः ।

भूते ॥२।३।११६॥ भूते च काले लिङ्हेतौ क्रियाया अवृत्तौ सत्यां लृङ् भवति । "उताप्योः पृष्टोक्तौ लिङ्" [२।३।१२८] इत्यतः प्रभृति कालसामान्ये यल्लिङ्निमित्तं विधानं तत्रानेन भूते लृङ् । ततः पूर्वं तु "वाऽशेषात्" [२।३।११७] इत्येनेनैव विकल्पः सिद्धः । दृष्टो मया भवतः पुत्रोऽन्नार्थी चङ्क्रम्यमाणः । इतरश्चातिथ्यर्थी यदि तेन दृष्टोऽभविष्यत् उताभोक्ष्यत । अप्यभोक्ष्यत अन्येन यथा स गतः नापि भुक्तवान् । इदं सर्वं प्रतिवचनम् ।

वाऽशेषात् २।३।११७॥ वक्ष्यति "शेषेऽयदौ लृट्" [२।३।१२७] इति आ एतस्मात्सूत्रावधेः यदित ऊर्ध्वमनुक्रमिष्यामः भूते काले लिङ्हेतौ क्रियायाः अवृत्तौ लृङ् वा भवतीत्येतदधिकृतं वेदितव्यम् । परस्तु लृङो विधिर्नित्य इति तत्रैवोदाहरिष्यामः ।

लड् गर्हेऽपिजात्वोः ॥२।३।११८॥ अपि जातु इत्येतयोर्वाचोः लड् भवति गर्हे गम्यमाने । अयं कालसामान्ये विहितो लट् कालविशेषे विहितान् लकारान् परत्वाद्बाधते । अपि तत्रभवान् प्राणिनो हन्ति । जातु तत्रभवान् प्राणिनो हन्ति । गर्हामहे । अन्याय्यमेतत् । लिङ्हेत्वभावात् भूते क्रियाऽवृत्तौ लृङ् न भवति ।

वा कथमि लिङ् च ॥२।३।११९॥ गर्हे इति वर्तते । कथंशब्दे वाचि लिङ् भवति लड्वा । **कथं नाम** तत्र भवान् मांसं भक्षयेत् । मांसं भक्षयति । गर्हामहे । अन्याय्यमेतत् । वावचनाद्यथाप्राप्तम् । अबभक्षत् । अभक्षयत् । भक्षयाञ्चकार । भक्षयिष्यति । भक्षयिता । अत्र लिङ्हेतुरस्तीति भूते क्रियाऽवृत्तौ वा लृङ् भवति । अभक्षयिष्यत् । वर्त्स्यति नित्यं लृङ् ।

किंवृत्ते लिङ्लृटौ ॥२।३।१२०॥ गर्हे इति वर्तते । वेति नाधिकृतम् । विभक्त्यन्तस्य उत्तरडतमान्तस्य च किमो वर्तनं किंवृत्तम् । किंवृत्ते वाचि गर्हे गम्यमाने लिङ्लृटौ भवतः । सर्वलकाराणामयमपवादः । किं तत्रभवान् अनृतं ब्रूयात् । अनृतं वक्ष्यति । लिङ्हेतुरस्तीति भूते वा लृङ् भवति । वर्त्स्यति तु नित्यः ।

अनवक्लृप्त्यमर्षे ॥२।३।१२१॥ गर्ह इति निवृत्तम्। लिङ्लृटाविति वर्तते। **अनवक्लृप्त्यर्थे अवमर्षे च** गम्यमाने लिङ्लृट् इत्येतौ त्यौ भवतः। अयमपि सर्वलकाराणामपवादः। अनवक्लृप्तौ नावकल्पयामि न संभावयामि न वा श्रद्धधे किं तत्र भवानदत्तं गृह्णीयात् अदत्तं ग्रहीष्यति। अमर्षे। धिङ् मिथ्या नैतदस्त्यमर्षो मे किं तत्रभवानदत्तं गृह्णीयात् अदत्तं ग्रहीष्यति। किंवृत्तेऽकिंवृत्ते च वाचि सामान्येनायं विधिः। लिङ्हेतुरस्तीति भूते क्रियावृत्तौ वा लृङ्। वर्त्स्यति तु नित्यः।

किंकिलास्त्यर्थे लृट् ॥२।३।१२२॥ अनवक्लृप्त्यमर्ष इति वर्तते। किंकिलशब्दे अस्त्यर्थेषु च शब्देषु वाक्षु अनवक्लृप्त्यमर्षयोर्लृट् भवति। लिङोऽपवादः। नावकल्पयामि किंकिल तत्र भवान् परदारान् प्रकरिष्यते। गंधनादिसूत्रेणात्मन्याये दः। अस्त्यर्था अस्तिभवतिविद्यतयः। अस्ति नाम भवति नाम विद्यते नाम तत्रभवान् परदारान् प्रकरिष्यते।

जातुयद्यदायदौ लिङ् ॥२।३।१२३॥ अनवक्लृप्त्यमर्ष इति वर्तते। जातुयद्यदायदीत्येतेषु वाक्षु अनवक्लृप्त्यमर्षयोर्लिङ् भवति। लृटोऽपवादः। नावकल्पयामि जातु तत्रभवान् सुरां पिबेत्, यत्तत्रभवान् सुरां पिबेत्, यदा तत्रभवान् सुरां पिबेत्, यदि तत्रभवान् सुरां पिबेत्। न मृष्यामि जातु तत्रभवान् सुरां पिबेत् इत्येवमादि योज्यम्। लिङ्हेतुरस्तीति भूते वा लृङ्। वर्त्स्यति तु नित्यः।

यच्चयत्रयोः ॥२।३।१२४॥ अनवक्लृप्त्यमर्ष इति वर्तते। यच्च यत्र इत्येतयोर्वाचोरनवक्लृप्त्यमर्षयोर्लिङ् भवति। लृटोऽपवादः। उत्तरार्थो योगविभाग। न संभावयामि यच्च तत्रभवान् परिवादं कथयेत्। न मृष्यामि यच्च तत्रभवान् परिवादं कथयेत्। यत्र तत्रभवान् परिवादं कथयेत्। क्रियाऽवृत्तौ भूते वा लृङ्। वर्त्स्यति तु नित्यः।

गर्हे ॥२।३।१२५॥ अनवक्लृप्त्यमर्ष इति निवृत्तम्। अर्थान्तरोपादानात्। यच्च यत्र इत्येतयोर्वाचोर्गर्हे गम्यमाने लिङ् भवति। सर्वलकाराणामपवादः। यच्च तत्रभवान् अस्मानाक्रोशेत् विद्वान् वृद्धः सन्नुत्कृष्टः। गर्हामहे। अन्याय्यमेतत्। लिङ्हेतुरस्तीति यथासंभवं लृङ् वेदितव्यः।

चित्रार्थे ॥२।३।१२६॥ चित्रशब्दस्यार्थे गम्यमाने यच्चयत्रयोर्वाचोर्लिङ् भवति। सर्वलकारापवादः। यच्च तत्रभवान् लोभं कुर्यात् यत्र तत्रभवान् लोभं कुर्यात् विद्वान् वृद्धः सन्नुत्कृष्टः। चित्रमाश्चर्यमद्भुतं विस्मयमित्येषामन्यतमप्रयोगः। लिङ्हेतुरस्तीति भूते क्रियाऽवृत्तौ वा। वर्त्स्यति तु नित्यः।

शेषेऽयदौ लृट् ॥२।३।१२७॥ यच्चयत्राभ्यामन्यश्चित्रार्थः शेषः। शेषे चित्रार्थे गम्यमाने लृट भवति यदिशब्दश्चेद्वाङ् न भवति। अयमपि सर्वलकारापवादः। चित्रमाश्चर्यमद्भुतं विस्मयमित्ययमन्धो नाम पुस्तकं वाचयिष्यति मूको नाम जैनेन्द्रमध्येष्यते। लिङ्हेत्वभावात् लृङ् वा न भवति। अयदाविति किम्? आश्चर्यं यदि स भुञ्जीत। अत्रानवक्लृप्तिश्चित्रार्थश्च प्रतीयते। "जातुयद्यदायदौ लिङ्" [२।३।१२३] इति लिङ्भूते "वाऽशेषाद्" [२।३।११७] इति लृङधिकारो निवृत्तः।

उताप्योः पृष्टोक्तौ लिङ् ॥२।३।१२८॥ उत अपि इत्येतयोर्वाचोः पृष्टस्योक्तौ गम्यमानायां लिङ भवति। सर्वलकारापवादः। किमकार्षीः कटं देवदत्त। इति पृष्टः प्रत्याह उत कुर्यात्। अपि कुर्यात्। कटं कृतवानित्यर्थः। इतः प्रभृति यत्र लिङ्हेतुरस्ति तत्र वर्त्स्यति भूते च नित्यो लृङ्। उताकरिष्यत्। अप्याकरिष्यत्। पृष्टोक्ताविति किम्? उत दण्डः पतिष्यति। अपि धास्यति द्वारम्। अत्र प्रश्नोद्घट्टनं च प्रतीयते।

इच्छोद्बोधेऽकच्चिति ॥२।३।१२९॥ इच्छोद्बोधः स्वाभिप्रायनिवेदनम्। इच्छोद्बोधे गम्यमाने लिङ् भवति कच्चिच्छब्दाप्रयोगे। सर्वलकारापवादः। कामो मे अधीयीत भवान्। अभिलाषो मे भुञ्जीत भवान्।

१—त्तौ लृङ्वा अ.।

अकच्चितीति किम्? कच्चिज्जीवति मे माता। कच्चिज्जीवति मे पिता। माराविद त्वां पृच्छामि कच्चिजीवति पार्वती।

संभावनेऽलमि स्थानिनि ॥२।३।१३०॥ लिङिति वर्तते। संभावनं क्रियायां सामर्थ्यश्रद्धानम्। अलंशब्दश्चेह पर्याप्तिवचनः। यस्य यत्रार्थो गम्यते न चासौ प्रयुज्यते स तत्र स्थानीशब्दः। अलमर्थविशिष्टे संभावने लिङ् भवति अलंशब्दे स्थानिनि। सर्वलकारापवादः। शक्यसंभावने—अपि हस्तिनं हन्यात्। अपि स्तुयाद्राजानम्। अशक्यसंभावने — अपि पर्वतं शिरसा भिन्द्यात्। अपि श्वारीयकं भुञ्जीत। अपि समुद्रं दोर्भ्यां तरेत्। अलमीति किम्? विदेशस्थायी मे देवदत्तो मन्ये गमिष्यति ग्रामम्। अत्राहमिति स्थानी। स्थानिनीति किम्? वसति चेत् सुराष्ट्रेषु वन्दिष्यते अलमूर्जयन्तम्। क्रियाऽवृत्तौ वर्त्स्यति भूते लृङ् भवति।

तद्वाचि धौ वाऽयदि ॥२।३।१३१॥ अलमीति वर्तते। तच्छब्देन संभावनं परामृश्यते अलमर्थविशिष्टे सम्भावनवाचिनि धौ वाचि वा लिङ् भवति। यच्छब्दाप्रयोगे पूर्वेण नित्ये प्राप्ते विकल्पोऽयम्। सम्भावयामि भुञ्जीत भवान्। श्रद्दधे भुञ्जीत भवान्। पक्षे यो यतः प्राप्नोति स ततो भवति। अलमीति किम्? सम्भावयामि यत्स भुञ्जीत। अत्रालमर्थे पूर्वेण नित्यो लिङ्।

हेतुफलयोर्लिङ् ॥२।३।१३२॥ हेतुः कारणम्; फलं कार्यम्। हेतौ तत्कार्ये च ध्वर्थे वर्तमानाद्धोः लिङ् भवति। अतिथींश्चेल्लभेत भृशमन्नं ददीत। यदि गुरुपूजां कुर्वीत स्वर्गमारोहेत्। वेत्यनुवर्तनात्पक्षे लृट्। अतिथींश्चेल्लप्स्यते भृशमन्नं दास्यते। लिङिति वर्तमाने पुनर्लिङ्ग्रहणं वर्त्स्यति यथा स्यादिह मा भूत्। वर्षतीति धावति। हन्तीति पलायते। क्रियाऽवृत्तौ वर्त्स्यति भूते च नित्यो लृङ्।

इच्छार्थे लिङ्लोटौ ॥२।३।१३३॥ इच्छार्थे धौ वाचि लिङ्लोटौ त्यौ भवतः। सर्वलकारापवादौ। वेति व्यवस्थितविभाषानुवर्तते। तेन कामप्रकाशने इदं विधानम्। इच्छामि भुञ्जीत भवान्। भुङ्क्तां भवान्। प्रार्थये अधीयीत भवान्। अधीतां भवान्। कामप्रकाशन इति किम्? इह मा भूत्। इच्छन् करोति। नात्र प्रयोक्तुः कामप्रवेदनम्। "उताप्योः पृष्टोक्तौ" [२।३।१२८] इत्यत आरभ्य यत्र केवलो लिङ्हेतुः शिष्यते तत्र क्रियाऽवृत्तौ लृङ् नान्यत्रेति केचित्।

तुमेककर्तृके ॥२।३।१३४॥ इच्छार्थे एककर्तृके धौ वाचि तुम्भवति यस्मात्तुम् विधीयते प्रत्यासत्तेस्तदपेक्षयैककर्तृकत्वम्। लिङ्लोटोरपवादोऽयम्। इच्छति भोक्तुम्। वाञ्छति कर्तुम्। कामयते कर्तुम्। एककर्तृक इति किम्? देवदत्तं भुञ्जानमिच्छति परः। इह कस्मान्न भवति। इच्छति कटं करोति चैनम्। नात्र करोतिं प्रतीच्छतेः सामर्थ्यं किन्तु कटं प्रति तेनान्वर्थत्वात्संज्ञाविरहात्तुम् न भवति।

लिङ् ॥२।३।१३५॥ इच्छार्थे एककर्तृके धौ वाचि लिङ् भवति। पूर्वे तुमा लिङ्लोटौ बाधितौ पुनर्लिङ्प्रसवार्थमेतत्। योगविभाग उत्तरार्थः। अधीयीयेति इच्छति। भुञ्जीयेति वाञ्छति। इतिशब्दः क्रियाशब्दसम्बन्धद्योतनार्थः।

तेभ्यो भवति वा ॥२।३।१३६॥ तेभ्य इच्छार्थेभ्यो धुभ्यः भवति काले वा लिङ् भवति। इच्छेत्। इच्छति। कामयेत। कामयते। उश्यात्। वष्टि।

विधिनिमन्त्रणामन्त्रणाधीष्टसंप्रश्नप्रार्थने लिङ् ॥२।३।१३७॥ विधिराज्ञापनम्। निमन्त्रणं नियमेन करणम्। यदकरणे प्रत्यवाय इत्यर्थः। आमन्त्रणं स्वेच्छया करणम्। अधीष्टः सत्कारपूर्विका व्यापारणा। संप्रश्नः संप्रधारणा। प्रार्थनं याच्ञा। विध्यादिष्वर्थेषु लिङ् भवति। सर्वत्यापवादः। विध्यादिविशिष्टेषु कर्त्रादिषु त्यार्थेषु लिङ् भवतीत्यर्थः। कटं भवान् कुर्यात्। प्राणिनो भवान् हिंस्यात्। निमन्त्रणे—संध्यासु भवान् आवश्यकं कुर्यात्। आचारं भवानधीयीत। आमन्त्रणे—इह भवानासीत। इह भवान्

शयीत। अधीष्टे-अधीच्छामो भवान् व्रतं रक्षेत्। तत्त्वं भवान् गृह्णीयात्। संप्रश्ने—किन्नु खलु भोः जैनेन्द्रमधीयीय। प्रार्थने-भवति मे प्रार्थना व्याकरणमधीयीय। तर्कशास्त्रमधीयीय। यदि विध्यादिषु प्रकृत्युपाधिषु लिङ् विधीयेत; इह विदध्यात् निमन्त्रयेत आमन्त्रयेत अधीच्छेत्। प्रकृत्यैव विध्यादयोऽभिधीयन्ते इति (इहैव) लिङ् प्राप्नोति। तस्माद्विध्यादयः कर्तृकर्मभावानां विशेषणानि। तदभावादिह लिङ् न भवति। विदधाति। निमन्त्रयते। आमन्त्रयते। अधीच्छति। अत्र क्रियाया अवृत्तौ परत्वाल्लटा लृङ् बाध्यते।

लोट् ॥२।३।१३८॥ लोड् भवति विध्यादिविशिष्टेषु कर्त्रादिषु विधौ। ग्रामं भवान्नागच्छतु। प्राणिनो भवान्न हिनस्तु। निमन्त्रणे-संध्यासु भवानावश्यकं करोतु। आचारमधीताम्। आमन्त्रणे-इह भवानास्ताम्। इह शेताम्। अधीष्टे-अधीच्छामो भवान् व्रतं रक्षतु। तत्त्वं भवान् गृह्णातु। संप्रश्ने-किन्नु खलु भो काव्यमध्ययै। प्रार्थने-भवति मे प्रार्थना धर्मशास्त्रमध्ययै। योगविभाग उत्तरार्थः।

प्रैषातिसर्गप्राप्तकाले व्याश्च ॥२।३।१३९॥ प्रेषणं प्रैषः। अतिसर्गः कामचारानुज्ञा। प्राप्तकालः प्राप्तकालता, विशिष्टस्य कालस्यावसर इत्यर्थः। प्रैषादिष्वर्थेषु कर्त्रादिविशेषणत्वेन गम्यमानेषु व्यसंज्ञकास्त्या भवन्ति लोट् च। भवता खलु दानं दातव्यं दानीयं देयम्। करोतु कटो भवानिह प्रेषितः। भवानतिसृष्टः। भवतो हि प्राप्तः कालः। यद्यपि व्यसंज्ञा सामान्येन भावकर्मणोर्विहितास्तथापि सर्वापवादेषु प्रैषादिषु लोटा बाध्येरन्निति पुनर्विधीयन्ते।

लिङ् चोर्ध्वमौहूर्तिके ॥२।३।१४०॥ प्रैषादयोऽनुवर्तन्ते। ऊर्ध्वं मुहूर्ताद्भवः ऊर्ध्वमौहूर्तिकः। निपातात्सविधिरुत्तरपदस्यैवैप्। ऊर्ध्वमौहूर्तिकेऽर्थे वर्तमानाद्धोः प्रैषादौ गम्यमाने लिङ् भवति चकाराद्व्याश्च। उपरि मुहूर्तस्य भवान् खलु दानं दद्यात्। भवता खलु दानं दातव्यं दानीयं देयम्। केचिच्चकारेण यथाप्राप्तं समुच्चिन्वन्ति। तेषां लोडपि भवति। भवान् खलु दानं ददातु। भवान् हि प्रेषितः। भवानतिसृष्टः। भवतो हि प्राप्तः कालः।

स्मे लोट् ॥२।३।१४१॥ प्रैषादयोऽनुवर्तन्ते। ऊर्ध्वमौहूर्तिक इति च। स्मशब्दे वाचि प्रैषादिषु गम्यमानेषु ऊर्ध्वमौहूर्तिकेऽर्थे लोड् भवति। व्यानां लिङश्चापवादः। ऊर्ध्वं मुहूर्ताद्भवान् दानं ददातु स्म। भवान् हि प्रेषितः। भवानतिसृष्टः। भवतो हि प्राप्तः कालः।

अधीष्टे ॥२।३।१४२॥ ऊर्ध्वमौहूर्तिक इति निवृत्तम्। अधीष्टे गम्यमाने स्मशब्दे वाचि लोड् भवति। लिङो बाधकः। अङ्ग स्म राजन् दानं देहि व्रतं रक्ष।

कालसमयवेलासु तुम् वा ॥२।३।१४३॥ काल समय वेला इत्येतेषु वाक्षु धोः तुम् भवति वा। कालो भोक्तुम्। समयो भोक्तुम्। वेला भोक्तुम् वा। वावचनाद्यथाप्राप्तं च भवति। कालो भोक्तव्यस्य। प्रैषादिग्रहणमनुवर्तते। तेनेह न भवति।

"कालः पचति भूतानि कालः संहरति प्रजाः। कालः सुप्तेषु जागर्ति कालो हि दुरतिक्रमः॥"

लिङ् यदि ॥२।३।१४४॥ यच्छब्दप्रयोगे कालादिषु वाक्षु धोर्लिङ् भवति। तुमोऽपवादः। कालो यत्प्रजां कुर्वीत भवान्। समयो यद्भुञ्जीत भवान्। वेला यच्छयीत भवान्। केचिद्वेत्यनुवर्तयन्ति तेषां यथाप्राप्तमपि।

तृज्व्याश्चार्हे ॥२।३।१४५॥ अर्हतीत्यर्हः। अर्हे कर्तरि गम्यमाने तृज्व्याश्च भवन्ति लिङ् च। भवान् खलु कन्यायाः वोढा। भवता कन्या वोढव्या वहनीया वाह्या। भवान् खलु कन्यां वहेत्। भवान् योग्य इत्यर्थः। अर्हेऽर्थे लिङा विधीयमानेन तृचो व्यानां च बाधा मा भूत् इति पुनर्विधानम्।

आवश्यकाधमर्ण्ययोर्णिन् ॥२।३।१४६॥ अवश्यं भाव आवश्यकम्। मनोज्ञादिपाठाद्वुञ्। अधमम् ऋणमस्य अधमर्णः; तद्भाव आधमर्ण्यम्। आवश्यकाधमर्ण्यविशिष्टे त्यार्थे कर्तरि णिन् भवति। अवश्यंहारी मयूरव्यंकादित्वात्सविधिः। शतंदायी। सहस्रंदायी। निष्कदायी "आधमर्ण्ये चेनः" [१।४।७४] इति कर्मणि ताया: प्रतिषेधः।

व्याः ॥२।३।१४७॥ आवश्यकाधमर्ण्ययोरिति वर्तते। आवश्यकाधमर्ण्ययोर्व्यासंज्ञा भवन्ति। सर्वत्यापवादेन णिना व्यसंज्ञा बाधिता इति पुनर्विधीयन्ते। भवता खलु अवश्यं धर्मः कर्तव्यः। करणीयः। कृत्यः। कार्यः। आधमर्ण्ये भवता खलु निष्को दातव्यः। देयः। योगविभाग उत्तरार्थः।

शकि लिङ् च ॥२।३।१४८॥ शकीत्यर्थनिर्देशः। शक्नोत्यर्थविशिष्टे धवर्थे लिङ् भवति चकाराद् व्याश्च। भवता खलु विद्या अध्येतव्या। अध्ययनीया। अध्येया। भवान् खलु विद्यामधीयीत। भवान् हि समर्थः। लिङ् सर्वापवाद इति (चकारेण) व्यानामनुकर्षणं क्रियते। यदि शकीति प्रकृत्यर्थविशेषणम्। शक्नुयादित्यत्र लिङ् न प्राप्नोति प्रकृत्यैवाभिहितत्वात् शक्यर्थस्य। नैष दोषः। सामान्यविशेषभावेन भेदाभ्युपगमात्। यथा एषितुमिच्छति एषिषिषति।

आशिषि लिङ्लोटौ ॥२।३।१४९॥ इष्टस्याशंसनमाशीः। अतएव निपातनादिह इकारः। आशीर्विशिष्टेऽर्थे वर्तमानाद्धोर्लिङ्लोटौ भवतः। जी[1]व्यात्। जीव्यास्ताम्। जीव्यासुः। जीवतु। आशिषीति किम्? जीवति यदि पथ्याशी।

क्तिच्क्तौ खौ ॥२।३।१५०॥ आशिषीति वर्तते। आशिष्यर्थे क्तिच्क्तौ त्यौ भवतः खुविषये। चकारः "न क्तिचि दीश्च" [४।४।४०] इति विशेषणार्थः। तनुतात् तन्तिः। सनुतात् सातिः। भवताद्भूतिः। कृतः क्तिचा विशेषविहितेन बाध्येरन्निति पुनर्विधीयन्ते। देवा एनं देयासुरिति देवदत्तः। देवा एनं श्रृण्वन्तु देवश्रुतः।

माङि लुङ् ॥२।३।१५१॥ माङि वाचि लुङ् भवति। सर्वलकारापवादः। मा कार्षीरधर्मम्। मा हार्षीत्परस्वम्। ङकारः प्रतिषेधवाचिनो माङ्शब्दस्य ग्रहणं यथा स्यादित्येवमर्थः।

सस्मे लङ् च ॥२।३।१५२॥ सह स्मशब्देन वर्तते सस्मः। तस्मिन् माङि वाचि लङ् भवति लुङ् च। मा स्म क्रुध्यत्। मा स्म हरत्। मा स्म हार्षीत्।

इत्यभयनन्दिविरचितायां जैनेन्द्रमहावृत्तौ द्वितीयस्याध्यायस्य तृतीयः पादः समाप्तः।

१—चिरं जीव्यात् मु०।

धुयोगे त्याः ॥२।४।१॥ धुशब्देन ध्वर्थोऽत्र निर्दिष्टः। अभिधेये अभिधानस्योपचारात्। धूनां योगे सति अयथाकालोक्ता अपि त्याः साधवो भवन्ति। विश्वदृश्वाऽस्य पुत्रो जनिता। कृतः कटः श्वो भाविता। भाविकृत्यमासीत्। विश्वदृश्वेति भूतकालः जनितेत्यनेन भविष्यत्कालेन (अभिसम्बध्यमानः) साधुर्भवति। इहोपसर्जनभूतं सुबन्तं प्रधानभूतस्य मिङन्तस्य कालमनुवर्तते। धोरिति वर्तमाने पुनर्धुग्रहणं अस्तिभूजनिपरिग्रहार्थम्। त्य इति वर्तमाने पुनस्त्यग्रहणं त्यमात्रपरिग्रहार्थम्। गोमान् भवितेति मत्वन्तस्य वर्तमानकालस्य अयथाकालत्वेन साधुत्वम्।

क्रियासमभिहारे लोट् तस्य हिस्वौ वा तध्वमोः ॥२।४।२॥ क्रियासमभिहारविशिष्टे ध्वर्थे वर्तमानाद्धोर्लोड् भवति। सर्वलकारापवादः। तस्य लोटो हि स्व इत्येतावादेशौ भवतस्तध्वमोस्तु वा भवतः। क्रियासमभिहारे लोडिति योगविभागः कर्तव्यः। ततस्तस्य हिस्वौ भवतः। किमेवं सति लब्धम्? अन्यत्र यौ लोडादेशौ हिस्वौ प्रसिद्धौ ताविह भवतः। तेन मविधिदविधिव्यतिकरो न भवति। वा तध्वमोरित्यत्र ध्वमा सह निर्देशात्तशब्दस्य थादेशस्य वहोर्ग्रहणम्। लुनीहि लुनीहि इत्येवाहं लुनामि। आवां लुनीवः। वयं लुनीमः। लुनीहि लुनीहि इत्येव त्वं लुनासि। युवां लुनीथः। यूयं लुनीथ। तशब्दस्य तु वा भवति। लुनीत लुनीत इत्येव यूयं लुनीथ। लुनीहि लुनीहि इत्येवायं लुनाति। इमौ लुनीतः। इमे लुनन्ति। भूते लुनीहि लुनीहि इत्येवाहमलाविषम्। आवामलाविष्व। वयमलाविष्म। एवं युष्मदन्ययोरपि। वर्त्स्यति-लुनीहि लुनीहीत्येवाहं लविष्यामि। आवां लविष्यावः। वयं लविष्यामः। एवं युष्मदन्ययोरपि। अधीष्व अधीष्व इत्येवाहमधीये। आवामधीवहे। वयमधीमहे। एवं युष्मदन्ययोरपि योज्यम्। ध्वमस्तु पक्षे श्रवणम्। अधीध्वमधीध्वमित्येवं यूयमधीध्वे। भूते—अधीष्व अधीष्व इत्येवाहमध्यगीषि। आवामध्यगीष्वहि। वयमध्यगीष्महि। एवं सर्वत्र। वर्त्स्यति-अधीष्व अधीष्व इत्येवाहमध्येष्ये। आवामध्येष्यावहे। वयमध्येष्यामहे। एवं युष्मदन्ययोरपि। एवं शेषेष्वपि लकारेषु योज्यम्। द्वित्वमपेक्ष्य लोड् क्रियासमभिहारस्य द्योतकः। धुयोग इति वर्तते। प्रत्यासत्तेर्यत एव लोट् विधीयते तस्यैवानुप्रयोगः कालास्मदाद्युक्तत्वादीनामभिव्यक्तये क्रियते।

प्रचये वा ॥२।४।३॥ प्रचयः समुच्चयः। स चैकस्मिन् द्विप्रभृतेरध्यावापः। प्रचये उपाधौ वा लोड् भवति तस्य हिस्वावादेशौ भवतस्तध्वमोस्तु वा। अयं सर्वलकारप्राप्तौ विकल्पः। कर्मप्रचयो ग्राममट नगरमट गिरिमट इत्येवाहमटामि। आवामटावः। वयमटामः। ग्राममट नगरमट गिरिमट इत्येवं त्वमटसि। युवामटथः। यूयमटथ। तशब्दस्य तु वा-ग्राममटत नगरमटत गिरिमटत इत्येव यूयमटथ। ग्राममट नगरमट गिरिमट इत्येवायमटति। इमौ अटतः। इमे अटन्ति। वावचनात् ग्राममटामि नगरमटामि गिरिमटामि इत्येवाहमटामि। आवामटावः। वयमटामः। एवं युष्मदन्ययोरपि। एवं भूते वर्त्स्यति सर्वलकारेषु योज्यम्। दभाग्भ्यः। जैनेन्द्रमधीष्व तर्कमधीष्व गणितमधीष्व इत्येवाहमधीये। आवामधीवहे। वयमधीमहे। जैनेन्द्रमधीष्व तर्कमधीष्व गणितमधीष्व इत्येव त्वमधीषे। युवामधीयाथे। यूयमधीध्वे ध्वमस्तु वा-जैनेन्द्रमधीध्वं तर्कमधीध्वं गणितमधीध्वं इत्येव यूयमधीध्वे। जैनेन्द्रमधीष्व तर्कमधीष्व गणितमधीष्व इत्येवायमधीते। इमौ अधीयाते। इमे अधीयते। वावचनात् जैनेन्द्रमधीये गणितमधीये तर्कमधीये इत्येवाहमधीये। आवामधीवहे। वयमधीमहे। एवं भूते वर्त्स्यति सर्वलकारेषु योज्यम्। कर्तृसमुच्चये देवदत्तोऽद्धि जिनदत्तोऽद्धि गुरुदत्तोऽद्धि इत्येव वयमोदनमद्मः। देवदत्तोऽद्धि जिनदत्तोऽद्धि गुरुदत्तोऽद्धि इत्येव यूयमोदनमत्थ। देवदत्तोऽद्धि जिनदत्तोऽद्धि गुरुदत्तोऽद्धि इत्येव इमे ओदनमदन्ति। कर्तृसमुच्चये द्विर्वचनं बहुवचनं वा भवति एकस्य समुच्चयाभावात्। क्रियासमुच्चये। ओदनं भुङ्क्ष्व सक्तून् पिब धानाः खाद इत्येवाहमभ्यवहरामि। आवामभ्यवहरावः। वयमभ्यवहरामः। बहूनां क्रियाणां समुच्चये सामान्यप्रयोगोऽभिधानवशात्। एवं सङ्करसमुच्चयोऽप्यूह्यः[1]।

1.-योऽप्यभ्यूह्यः अ०, ब०, स०।

निषेधेऽलंखल्वोः क्त्वा ॥२।४।४॥ वेति वर्तते। अलं खलु इत्येतयोर्निषेधवाचिनेर्वाचोर्धोः क्त्वाल्यो भवति। अलं कृत्वा। अलं बाले रुदित्वा। "क्तिनाऽमैव" [१।३।८३] इति नियमात् वाक्सो न भवति। निषेध इति किम्? अलंकारः। अलंखल्वोरिति किम्? मा कार्षीः। वेत्येव। अलं रोदनेन। "**प्रकृत्यादिभ्य उपसंख्यानम्**" [वा०] इति भा।

माङो व्यतिहारे ॥२।४।५॥ माङो व्यतिहारेऽर्थे क्त्वा भवति वा। परकालत्वादप्राप्तः क्त्वा विभाष्यते। अपमित्य याचते। अवमित्य हरति। "वेमेङः" [४।४।६६] इतीत्वम्। वेत्यधिकारात् याचित्वा अपमयते। हृत्वा अपमयते। मेङः कृतात्त्वस्य निर्देशो ज्ञापकः—"नानुबन्धकृतं हलन्तत्वम्" [परि०]।

परावरयोगे ॥२।४।६॥ परावराभ्यां योगे गम्यमाने धोः क्त्वा भवति। वेति वर्तते। संबन्धिशब्दत्वात् परेण पूर्वस्य योगे। अप्राप्य नदीं पर्वतः। परया नद्या युक्तः पर्वतः प्रतीयते। अवरेण योगे परस्य क्त्वा। अतिक्रम्य पर्वतं नदी। अवरपर्वतयोगविशिष्टा परा नदी प्रतीयते। वावचनाल्लडादयो भवन्ति। न प्राप्नोति नदीं पर्वतः। अतिक्रामति पर्वतं नदी।

परकालैककर्तृकात् ॥२।४।७॥ परः कालो यस्याः सेयं परकाला क्रिया, तया एककर्त्ता यस्य सामर्थ्यात् पूर्वकालक्रियाभिधायिनः स तथोक्तः। तस्माद्धोः क्त्वा भवति। स्नात्वा भुङ्क्ते। स्नात्वा भुक्त्वा पीत्वा व्रजति। एककर्तृकादिति किम्? भुक्तवति देवदत्ते गच्छति जिनदत्तः। परकालग्रहणं किम्? सामर्थ्यात् पूर्वकालक्रियाभिधायिनो यथा स्यादिह मा भूत्। भुङ्क्ते च पिबति च आस्ते च जल्पति च इहापि कथञ्चित् पूर्वकालत्वविवक्षास्ति। व्यादाय स्वपिति। संमील्य हसति इति। वेत्यधिकरात्। भुङ्क्ते शेते च।

णम् चाभीक्ष्ण्ये ॥२।४।८॥ परकालैककर्तृकादिति वर्तते। मुहुर्मुहुर्वृत्तिराभीक्ष्ण्यम्। एतच्च प्रकृत्यर्थविशेषणम्। परकालैककर्तृकात् णमित्ययं त्यो भवति क्त्वाल्यश्च। आभीक्ष्ण्ये—भोजंभोजं व्रजति। भुक्त्वा भुक्त्वा व्रजति। पायं पायं गच्छति। पीत्वा पीत्वा गच्छति। क्त्वाणमौ द्वित्वमपेक्ष्याभीक्ष्ण्य द्योतयतः। पूर्वेण क्त्वाल्ये सिद्धे णमर्थं वचनम्। इह वेति निवृत्तम्। उत्तरत्र वाग्रहणात्।

न यदनाकाङ्क्षे ॥२।४।९॥ यच्छब्दे वाचि क्त्वाणमौ न भवतोऽनाकाङ्क्षे सति वाक्ये। अनन्तरव्यवहितभेदाभावात् पूर्वसूत्रविहितो अनन्तरश्च क्त्वा निषिध्यते णम् च। यदयं भुङ्क्ते ततो गच्छति। यदयं शेते ततोऽधीते। अनाकाङ्क्ष इति किम्? यदयं भुक्त्वा व्रजति। अधीत एव ततः परम्। अत्र पूर्वोत्तरक्रियाभ्यां अतिरिक्तमध्ययनं काङ्क्षते।

वाऽग्रेप्रथमपूर्वे ॥२।४।१०॥ आभीक्ष्ण्य इति निवृत्तम्। "परकालैककर्तृकात्" [२।४।७] इत्यनेन क्त्वाल्ये प्राप्ते विभाषेयम्। अग्रे प्रथम पूर्व इत्येतेषु वाक्षु क्त्वाणमौ वा भवतः। अग्रे भोजं ततो ददाति। अग्रे भुक्त्वा ततो ददाति। प्रथमं भोजं ततो ददाति। प्रथमं भुक्त्वा ततो ददाति। पूर्वं भोजं ततो ददाति। पूर्वं भुक्त्वा ततो ददाति। "क्तिनामैव" [१।३।८३] इत्यत्रैवकारोपादानात् केवलेनैवामा विहितेन वाक्सो भवति नान्यसहितेन। वावचनाल्लडादयोऽपि भवन्ति। अग्रे भुङ्क्ते ततो ददाति। प्रथमं भुङ्क्ते ततो ददाति। पूर्वं भुङ्क्ते ततो ददाति।

कर्मण्याक्रोशे कृञः खमुञ् ॥२।४।११॥ कर्मणि वाचि आक्रोशे गम्यमाने कृञः खमुञ् भवति। चोरोऽसीत्येवमाक्रोशति चोरङ्कारमाक्रोशति। दस्युङ्कारमाक्रोशति। क्त्वाऽपवादोऽयम्। आक्रोश इति किम्? चोरं कृत्वाऽऽगच्छति। नात्राऽऽक्रोशसंपादनार्थं चोरग्रहणम्।

स्वादुमि णम् ॥२।४।१२॥ स्वादुमीत्यर्थनिर्देशः। स्वाद्वर्थेषु वाक्षु कृञो णम् भवति। परकालैककर्तृकादिति वर्तते। स्वादुङ्कारं भुङ्क्ते। सम्पन्नङ्कारं भुङ्क्ते। लवणङ्कारं भुङ्क्ते। स्वादुमीति णमूसन्नियोगे

मकारान्तता निपात्यते। खमुञि प्रकृते। "खित्यनेः" [४।३।१७६] "मुमचः" [४।३।१७७] इति मुमा सिद्धमिति चेत् ण्यन्तविवक्षायां अनेरिति प्रतिषेधः प्रसज्येत। खमुञ्येव मान्तनिपातनं कर्तव्यमिति चेन्न ण्यन्तार्थमेव तत्संभाव्येत। णमि पुनर्निपातनं ङीनिवृत्त्यर्थं "च्वौ" [५।२।१३५] दीत्वनिवृत्त्यर्थं च। स्वाद्वींकृत्वा यवागू भुङ्क्ते। स्वादुङ्कारं भुङ्क्ते। च्विविवक्षायामस्वादुं स्वादुं कृत्वा भुङ्क्ते स्वादुंकारं भुङ्क्ते। "च्वौ" [५।२।१३५] इति दीत्वं प्रसज्येत। उत्तरार्थं च इह णम्ग्रहणम्। विभाषाधिकारात् क्त्वापि भवति। क्त्वादय आतुमो विधीयमाना भावे भवन्ति। ननु स्वादुंकारं भुङ्क्ते देवदत्त इति णमा कर्तुरनुक्तत्वात् कर्तरि ता प्राप्ता "न ञित" [१।४।७२] इत्यादिना ता कर्तरि न भवति।

अन्यथैवंकथमित्थंस्वनर्थात् ॥२।४।१३॥ अन्यथा एवं कथमित्थमित्येतेषु वाक्षु धुभ्यो णम् भवति अनर्थात्। येन विनापि यदर्थः प्रतीयते स तत्रानर्थस्तस्मिन्प्रयुज्यमाने त्यो भवति। तथाहि यावानेवार्थोऽन्यथा भुङ्क्ते इति तावानेव कृञ्प्रयोगेऽपि अन्यथाकारं भुङ्क्ते। एवंकारं भुङ्क्ते। कथंकारं भुङ्क्ते। इत्थङ्कारं भुङ्क्ते। अनर्थादिति किम्? अन्यथा कृत्वा शिरो भुङ्क्ते।

यथातथयोरसूयाप्रत्युक्तौ ॥२।४।१४॥ कृञोऽनर्थादिति वर्तते। यथा तथा इत्येतयोर्वाचोः कृञोऽनर्थात् णम् भवति असूयाकृतायां प्रत्युक्तौ गम्यमानायाम्। कथं कृत्वा भवान् भुङ्क्ते इत्येवं पृष्टोऽसूयकस्तं प्रत्याह यथाकारमहं भोक्ष्ये तथाकारमहं भोक्ष्ये किं तवानेन। अनर्थादिति किम्? यथा कृत्वाहं बलिं भोक्ष्ये कि तवानेन। असूयाप्रत्युक्ताविति किम्? यथाकृत्वाहं भोक्ष्ये तथा द्रक्ष्यसि त्वम्। तथाकृत्वाऽहं भोक्ष्ये यदा द्रष्टव्यं भवता।

कर्मण्यशेषे दृशिविदः ॥२।४।१५॥ अशेषः कः? साकल्यम्। इदं कर्मणो विशेषणम्। अशेषविशिष्टे कर्मणि वाचि दृशिविदोर्धोर्णम् भवति। साधुदर्शं प्रणमति। सर्वं साधुं प्रणमतीत्यर्थः। अतिथिवेदं भोजयति। यं यं विन्दति विन्ते वा तं सर्वं भोजयतीत्यर्थः। अशेष इति किम्? अतिथिं दृष्ट्वा भोजयति।

यावति विन्दजीवः ॥२।४।१६॥ यावच्छब्दे वाचि विन्दतिजीवत्योर्णम् भवति। यत्र पूर्वकालत्वं सम्भवति तत्र क्त्वाऽपवादः। यत्र न सम्भवति [1]तत्रापूर्व एव विधिः। धुयोग इति वर्तते। यावद्वेदं भुङ्क्ते। यावल्लभते तावद्भुङ्क्ते इत्यर्थः। यावज्जीवमधीते। यावज्जीवति तावदधीते इत्यर्थः।

चर्मोदरयोः पूरेः ॥२।४।१७॥ कर्मणीति वर्तते। चर्म उदर इत्येतयोः कर्मणोर्वाचोः पूरयतेर्णम् भवति। चर्मपूरं शेते। उदरपूरं भुङ्क्ते।

वर्षप्रमाणे ॥२।४।१८॥ कर्मणीति वर्तते। कर्मणि वाचि पूरयतेर्णम् भवति समुदायेन वर्षप्रमाणे गम्यमाने। गोष्पदपूरं वृष्टो देवः। सीतापूरं वृष्टो देवः। कथं गोष्पदप्रं वृष्टो देवः? प्रातेरातः के कृते क्रियाविशेषणत्वेन नपुंसकलिङ्गम्। एतस्य कान्तस्यैव विभक्त्यन्तच्व्यादिषु च प्रयोगः साधुः। गोष्पदप्रेण गोष्पदप्री भवति। गोष्पदप्रतरम् गोष्पदपूरं वृष्टो देव इत्येवमादावुभयथा प्रयोग इष्यते। णमन्तस्य घञन्तस्य च क्रियाविशेषणभावेन द्वुति विभक्त्यन्तरे च विशेषः। णमन्तस्य हि देश्यादिषु गोष्पदपूरं भवति गोष्पदपूरंदेश्यम् गोष्पदपूरंदेशीयं गोष्पदपूरंकल्पं गोष्पदपूरंतराम्। घञन्तस्य गोष्पदपूरीभवति गोष्पदपूरदेश्यं गोष्पदपूरदेशीयम् गोष्पदपूरकल्पम्। गोष्पदपूरतराम्।

चेलेषु क्नोपेः ॥२।४।१९॥ कर्मणीति वर्तते। चेलार्थेषु कर्मसु वाक्षु क्नोपयतेर्णम् भवति वर्षप्रमाणे गम्ये। चेलक्नोपं वृष्टो देवः। एवं वस्त्रक्नोपं वसनक्नोपम्।

---

१. तत्रापूर्वो विधिर्वेदितव्यः अ०।

शुष्कचूर्णभद्मेषु पिषः ॥२।४।२०॥ कर्मणीति वर्तते। शुष्क चूर्ण भद्म इत्येतेषु कर्मसु वाच्चु पिषेर्णम् भवति। शुष्कपेषं पिनष्टि तगरम्। शुष्कं पिनष्टीत्यर्थः। एवं चूर्णपेषं पिनष्टि। भद्मपेषं पिनष्टि। घञि सति क्रियाविशेषणे शुष्कस्य पेषं पिनष्टि इत्येवमादयः प्रयोगाः साधवः। इतः प्रभृति "उपदंशो भायाम्" [२।४।३३] इत्यतः प्राक् यत एव धोर्णम् भवति तस्यैवानुप्रयोगोऽपि भवत्यभिधानवशात्।

जीवाकृते ग्रहिकृञः ॥२।४।२१॥ कर्मणीति वर्तते। जीव अकृत इत्येतयोः कर्मवाचिनोर्वाचोर्यथासंख्यं ग्रहि कृञ् इत्येताभ्यां णम् भवति। जीवग्राहं गृहीतः। अकृतकारं करोति।

निमूले कषः ॥२।४।२२॥ कर्मणीति वर्तते। निमूले कर्मणि वाचि कषेर्णम् भवति। निमूलकाषं कषति। घञि सति क्रियाविशेषणे निमूलस्य काषं कषति इत्यपि भवति।

समूले हनश्च ॥२।४।२३॥ कर्मणीति वर्तते। समूले कर्मणि वाचि हन्तेः कषेश्च णम् भवति। समूलघातं हन्ति। समूलकाषं कषति।

करणे ॥२।४।२४॥ हन इति वर्तते। करणे वाचि हन्तेर्णम् भवति। पाणिघातं कुड्यं हन्ति। पाणिना हन्तीत्यर्थः। पादघातं शिलां हन्ति। यदा हिंसार्थो हन्तेर्विवक्षितः तदा "हिंसार्थादेककर्मकात्" [२।४।३४] इतीममपि विधिं पूर्वविप्रतिषेधेन बाधित्वाऽयमेव णम्। असिघातं हन्ति चौरान्। कोऽत्र विशेषः? अनेन नित्यः सविधिः तस्यैव धोरनुप्रयोगश्च भवति।

हस्ते वर्तिग्रहः ॥२।४।२५॥ करण इति वर्तते। हस्त इति अर्थनिर्देशः। हस्तवाचिनि करणे वाचि वर्तयतिगृह्णातिभ्यां णम् भवति। हस्तवर्तं वर्तयति। हस्तेन वर्तयतीत्यर्थः। एवं पाणिवर्तम्। करवर्तम्। हस्तग्राहं गृह्णाति। हस्तेन गृह्णातीत्यर्थः। एवं पाणिग्राहं करग्राहम्।

स्वेषु पुषः ॥२।४।२६॥ करण इति वर्तते। स्व इति स्वरूपस्य तद्विशेषाणां च ग्रहणम्। बहुत्वनिर्देशात्। स्ववाचिकरणवाचिनि पुषेर्णम् भवति। आत्मात्मीयज्ञातिधनानि स्वशब्देनेष्यन्ते। स्वपोषं पुष्टः। विद्यापोषं गोपोषं मातृपोषं पितृपोषं रैपोषं पुष्णाति। सर्वत्र घञन्तेन णमन्तस्यार्थकथनं द्रष्टव्यम्। स्वेन पोषं पुष्ट इति स एव पुषिः कालसाधनभेदादन्यत्वं गतः पुषिणा युज्यते। यथा एषितुमिच्छति एषिषिषति इषिरिषिणा युज्यते।

स्नेहने पिषः ॥२।४।२७॥ करण इति वर्तते। स्निह्यतेऽनेनेति स्नेहनम्। स्नेहनवाचिनि करणे वाचि पिषेर्णम् भवति। घृतपेषं पिनष्टि। घृतेन पिनष्टीत्यर्थः। एवं तैलपेषम्। उदपेषम्। "पेषमि" [४।३।१६६] इत्युदकस्योदादेशः।

बन्धोऽधिकरणे ॥२।४।२८॥ अधिकरणे वाचि बध्नातेर्णम् भवति। चक्रबन्धं बद्धः। चक्रे बद्ध इत्यर्थः। एवं चारकबन्धम्। दृष्टिबन्धम्[2]। गुप्तिबन्धम्। बध्यमानाधारे वाचि णम् भवति न बन्धाधारे। हस्ते बध्नातीति वेत्यधिकाराद्वा न भवति।

खौ ॥२।४।२९॥ खुविषये च बध्नातेर्णम् भवति। चण्डालिकाबन्धं बद्धः। अट्टालिकाबन्धं बद्धः। महिषिकाबन्धं मयूरिकाबन्धं क्रौञ्चबन्धं बद्धाः। णमन्ताः बन्धविशेषाणां संज्ञा एताः। अर्थप्रदर्शनं तु यथाकथंचित्करणेन वाचा अन्यथा वा दर्शनीयम्। अन्ये तु व्याचक्षते खुभूतो यो बन्धः तस्मिन् करणवाचिनि वाचि बध्नातेर्णम् भवति।

कर्त्रोर्जीवपुरुषयोर्नशिवहोः ॥२।४।३०॥ जीव पुरुष इत्येतयोः कर्तृवाचिनोर्वाचोर्यथाक्रमं नशि-

---

१. हन्तिर्वि—अ०, ब०, स०। २. कूटबन्धम् अ०।

वहिभ्यां णम् भवति। जीवनाशं नश्यति। जीवो नश्यतीत्यर्थः। पुरुषवाहं वहति। पुरुषो भूत्वा वहतीत्यर्थः। कर्त्रोरिति किम्? जीवेन नष्टः। पुरुषं वहन्ति। अत्र करणं कर्म च वाक्।

ऊर्द्ध्वे शुषिपुरोः ॥२।४।३१॥ कर्त्रोरिति वर्तते। ऊर्द्ध्वशब्दे कर्तृवाचिनि वाचि शुषि पूरि इत्येताभ्यां णम् भवति। ऊर्ध्वशोषं शुष्कः। ऊर्द्ध्वः इत्यर्थः। ऊर्द्ध्वपूरं पूर्यते। ऊर्द्ध्वः पूर्यत इत्यर्थः।

कर्मणि चेवे ॥२।४।३२॥ शब्दे कार्यस्यासम्भवादिवार्थ उपमानं गृह्यते। इवशब्दार्थे वर्तमाने कर्मणि कर्तरि भूवादिधोर्णम् भवति कर्मणि। घृतनिधायं निहितः। घृतमिव निहित इत्यर्थः। एवं जीवितरक्षं रक्षितः। कर्तरि—अक्रूरनाशं नष्टः। अक्रूर इव नष्ट इत्यर्थः। एवमजकनाशं नष्टः। चूडकनाशं नष्टः। पिषादिषु यथाविध्यनुप्रयोगो न वक्तव्यः। धुयोग इति वर्तते तत्र प्रत्यासत्तेरभिधानवशाद्वा यत एव धोर्णम् तस्यैवानुप्रयोगः।

उपदंशो भायाम् ॥२।४।३३॥ उपपूर्वाद्दंशेर्भान्ते वाचि णम् भवति। धुयोग इति च वर्तते। एककर्तृकादिति च पूर्वकालत्वं संभवतः संबन्धनीयम्। मूलकोपदंशं भुङ्क्ते। मूलकेनोपदंशं भुङ्क्ते। "वा भादि" [१।३।८४] इति विभाषया वाक्सः। इत ऊर्द्ध्वं यानि वाक्संज्ञकानि वक्ष्यन्ते तानि भादिग्रहणेन गृह्यन्ते। सर्वत्रास्मिन् प्रकरणे वेत्यनुवर्तते। तेन क्त्वाऽपि भवति। मूलकेनोपदंश्य भुङ्क्ते। कर्मणः साधकतमत्वविवक्षायां भा भवति। अथवा उपदंशिगुणस्य भुञ्जेरेतत्करणम्।

हिंसार्थादेककर्मकात् ॥२।४।३४॥ भायामिति वर्तते। हिंसार्थेभ्यो धुभ्योऽनुप्रयोगेणैककर्मकेभ्यो भान्ते वाचि णम् भवति। दण्डाघातं गाः सादयति। दण्डेनाघातम्। "करणे" [२।४।२४] इत्यनेन हन्तेर्यः पूर्वनिर्णयेन णम् विहितस्तस्यैवानुप्रयोगो द्रष्टव्यः। हन्तेरन्यदपीहोदाहरणम्। दण्डाताडं गाः कालयति। दण्डेनाताडम्। खड्गप्रहारं शत्रून् विजयते। खड्गेन प्रहारम्। एककर्मकादिति किम्? दण्डेनाहत्य भूमिं गोपालको गाः सादयति।

ईपि चोपपीडरुधकर्षः ॥२।४।३५॥ उपपूर्वेभ्यः पीडरुधकर्षेभ्य ईपि वाचि चकाराद्भान्ते वाचि णम् भवति। उपशब्दः प्रत्येकमभिसम्बध्यते। व्रजोपरोधम्। व्रजे उपरोधम्। व्रजेनोपरोधम्। पार्श्वोपपीडं शेते। पार्श्वाभ्यामुपपीडम्। पार्श्वयोरुपपीडम्। पाण्युपकर्षं धानाः पिनष्टि। पाणावुपकर्षम्। पाणिनोपकर्षम्।

प्रमाणासत्त्योः ॥२।४।३६॥ ईपि भायां चेति वर्तते। प्रमाणमायाममानम्। आसत्तिः सन्निकर्षः। ईबन्ते भान्ते वाचि धोर्णम् भवति प्रमाणासत्त्योर्गम्यमानयोः। द्व्यङ्गुलोत्कर्षं गण्डिकाश्छिनत्ति। त्र्यङ्गुलोत्कर्षम्। त्र्यङ्गुलेनोत्कर्षम्। त्र्यङ्गुले उत्कर्षम्। आसत्तौ। केशग्राहं युध्यन्ते। केशेषु ग्राहं केशैर्ग्राहम्। सन्निकृष्टं युध्यन्ते इत्यर्थः। एवमस्यपनोदं युध्यन्ते। असिष्वपनोदम्। असिभिरपनोदम्। हस्तग्राहम्। हस्तेषु ग्राहम्। हस्तैर्ग्राहम्।

त्वर्यपादाने ॥२।४।३७॥ त्वरणं त्वरा त्वरीति सौत्रमात्वम्। त्वरायां गम्यमानायामपादाने वाचि धोर्णम् भवति। शय्योत्थायं धावति। शय्याया उत्थाय। मुखप्रक्षालनाद्यवश्यकार्यमकृत्वा त्वरत इत्यर्थः। एवं स्तनरन्ध्रापकर्षं पयः पिबति। स्तनरन्ध्रादपकर्षम्। भ्राष्टापकर्षमपूपान् भक्षयति। भ्राष्ट्रादपकर्षम्। वेत्यनुवर्तनात् शय्याया उत्थाय धावति। त्वरीति किम्? आसनादुत्थाय गच्छति।

इपि ॥२।४।३८॥ त्वरीति वर्तते। इबन्ते वाचि त्वरायां गम्यमानायां धोर्णम् भवति। यष्टिग्राहं युध्यन्ते। यष्टिं ग्राहम्। त्वरया युद्धप्रहरणमनपेक्ष्य यष्टिमादाय युध्यते इत्यर्थः। एवं पटापकर्षं धावन्ति पटमपकर्षम्। त्वरीत्येव। खड्गं गृहीत्वा युध्यन्ते।

स्वाङ्गेऽध्रुवे ॥२।४।३९॥ इपीति वर्तते। यस्मिन्विनष्टेऽपि प्राणिनां मरणं न भवति तदध्रुवं स्वाङ्गम्। तस्मिन्निबन्ते वाचि धोर्णम् भवति। अक्षिनिकोचं जल्पति। अक्षिणी निकोचम्। भ्रूक्षेपं जल्पति। भ्रुवं क्षेपम्। अंगुलिनिकोटं जल्पति। अंगुलिं निकोटं जल्पति। अध्रुव इति किम्? शिर उत्क्षिप्य जल्पति।

अद्रवं मूर्तिमत्स्वांगं प्राणिस्थमविकारकम्। अतत्स्थं तत्र दृष्टं च तेन चेत्तत्तथायुतम्।

आद्यैश्चतुर्भिर्विशेषणैर्लालाबुद्धिफलशोफादिरहितप्राणिस्थं वस्तु स्वाङ्गमुक्तम्। अतत्स्थं तत्र दृष्टं चेत्यनेन भूमिपतितकेशादिपरिग्रहः। तेन चेत्तत्तथायुतमित्यनेन काष्ठादिप्रतिमायां स्थितं पाण्यादि संगृहीतम्।

सक्लेशे ॥२।४।४०॥ इपीति वर्तते स्वाङ्ग इति वा। सह क्लेशेन दुःखेन वर्त्तते इति सक्लेशं क्लिश्यमानमित्यर्थः। इबन्ते सक्लेशे स्वाङ्गे वाचि धोर्णम् भवति। ध्रुवार्थोऽयमारम्भः। उरःप्रतिपेषं युध्यन्ते। उरांसि प्रतिपेषम्। उरांसि पीडयन्तो युध्यन्ते इत्यर्थः। एवं शिरःप्रतिपेषम्। शिरांसि प्रतिपेषम्।

विशिपतिपदिस्कन्दो व्याप्यासेव्ययोः ॥२।४।४१॥ इपीति वर्तते। विश्यादिभिः कार्त्स्न्येन व्यापनीयद्रव्यं व्याप्यम्। क्रियारूपं तात्पर्येण आसेवनीयमासेव्यम्। क्रियाधारभूतमुपचाराद्द्रव्यमप्यासेव्यम्। विशि पति पदि स्कन्द इत्येतेभ्यो धुम्यः व्याप्य आसेव्ये च वाचि णम् भवति। गेहानुप्रवेशमास्ते। वृत्त्या व्यापनस्यासेवनस्य चोक्तत्वात् द्वित्वं न भवति। वाक्यपक्षे व्याप्यमानस्य द्रव्यस्य द्वित्वम्। आसेव्यविवक्षायां तु मुख्यस्यासेव्यस्य क्रियारूपस्य द्वित्वम्। गेहंगेहमनुप्रवेशमास्ते। गेहमनुप्रवेशमनुप्रवेशमास्ते। गेहानुप्रपातमास्ते। गेहंगेहमनुप्रपातम्। गेहमनुप्रपातमनुप्रपातमास्ते। गेहमनुप्रपादमास्ते। गेहंगेहमनुप्रपादम्। गेहमनुप्रपादमनुप्रपादम्। गेहावस्कन्दमास्ते। गेहं गेहमवस्कन्दम्। गेहमवस्कन्दमवस्कन्दम्। वेत्यधिकारात् गेहं गेहमनुप्रविश्य गेहमनुप्रविश्यानुप्रविश्यास्ते। वीप्सायामाभीक्ष्ण्ये च द्वित्वम्। व्याप्यासेव्ययोरिति किम्? गेहमनुप्रविश्य भुङ्क्ते। "णम् चाभीक्ष्ण्ये" [२।४।८] इति यद्यप्यासेव्ये णम् सिद्धः, तथापि वाक्यविकल्पार्थमिदम्।

तृष्यस्वोः क्रियान्तरे काले ॥२।४।४२॥ इपीति वर्तते। इबन्ते कालवाचिनि वाचि तृषि असु इत्येताभ्यां णम् भवति क्रियान्तरार्थे यद्यनुप्रयुज्यमानक्रियापेक्षया क्रियान्तरे वृत्तिरित्यर्थः। द्व्यहातर्षं गाः पाययति। द्व्यहमपतर्षम्। त्र्यहातर्षम्। त्र्यहमपतर्षम्। द्व्यहात्यासं गाः पाययति। द्व्यहमत्यासम्। त्र्यहात्यासम्। त्र्यहमत्यासम्। कालाध्वन्यविच्छेदे इतीप्। तृष्यस्वोरिति किम्? द्व्यहमुपोष्य भुङ्क्ते। क्रियान्तर इति किम्? अहरत्यस्य गतः। अत्रास्यतिर्न क्रियान्तरे वर्तते किन्तु गतावेव। काल इति किम्? पञ्च पूलान् अत्यस्य तिलान् भक्षयति।

नाम्न्यादिशिग्रहः ॥२।४।४३॥ इपीति वर्तते। इबन्ते नामशब्दे वाचि आदिशिग्रहिभ्यां णम् भवति। नामादेशमाचष्टे। नामान्यादेशम्। नामग्राहमाकारयति। नामानि ग्राहम्।

भावनिष्टोक्तौ कृञः क्त्वाणमौ ॥२।४।४४॥ भिसंज्ञके वाचि अनिष्टोक्तौ गम्यमानायां कृञः क्त्वाणमौ भवतः। वेत्यधिकारात् क्त्वात्ये सिद्धे पुनः क्त्वाग्रहणं क्त्वा इत्यनेन वृत्तिविकल्पार्थम्। भादीति तत्र वर्तते तेनोत्सर्गे क्त्वात्ये सविकल्पो न स्यात्। ब्राह्मण पुत्रस्ते जातः किं तर्हि वृषल नीचैःकृत्याचष्टे। नीचैः कृत्वा। नीचैःकारम्। उच्चैर्नाम प्रथमाख्येयम्। नीचैराख्यायमानमनिष्टं भवति। ब्राह्मण कन्या ते गर्भिणी। तर्हि वृषल उच्चैःकृत्याऽचष्टे। उच्चैःकृत्वा। उच्चैः कारम्। कन्यागर्भः उच्चैराख्यायमानोऽनिष्टः। अनिष्टोक्ताविति किम्? उच्चैःकृत्याचष्टे पुत्रस्ते जातः।

तिरश्च्यपवर्गे ॥२।४।४५॥ अपवर्गः समाप्तिः। तिर्यक्छब्दे वाचि अपवर्गे गम्यमाने कृञः क्त्वाणमौ

---

१. –दिक्क्रियाभिः—अ०, ब०, स०।

भवतः। तिर्यक्कृत्य गतः। तिर्यक्कृत्वा। तिर्यक्कारम्। समाप्य गत इत्यर्थः। अपवर्ग इति किम्? तिर्यक् कृत्वा काष्ठं गतः। तिरश्चीति तिर्यक्छब्दानुकरणनिर्देशः। **"प्रकृतिवदनुकरणं भवति" [परि०]** इति रूपसिद्धिः।

स्वाङ्गे तस्त्ये कृभुवः ॥२।४।४६॥ तस्त्यो यस्मात्तत्तथोक्तम्। तस्त्ये स्वाङ्गे वाचि कृ भू इत्येताभ्यां क्त्वाणमौ भवतः। भिन्नयोगनिर्दिष्टत्वाद्यथासंख्यमत्र न भवति। मुखतःकृत्य गतः। मुखतः कृत्वा। मुखतःकारम्। पृष्ठतःकृत्य। पृष्ठतः कृत्वा। पृष्ठतःकारम्। मुखतोभूय। मुखतोभूत्वा। मुखतोभावम्। पृष्ठतोभूय। पृष्ठतोभूत्वा। पृष्ठतोभावम्। **"अपादानेऽहीयरुहोः"** [४।२।५०] इति **"आदिभ्य उपसंख्यानम्" [वा०]** इति वा तसिः। स्वाङ्ग इति किम्? सर्वतःकृत्वा। तस्त्यग्रहणं किम्? मुखीकृत्य गतः। त्यग्रहणं किम्? मुखे तस्यति मुखतः। अमुखतसं मुखतसं कृत्वा मुखतःकृत्य।

नाधार्थत्ये च्व्यर्थे ॥२।४।४७॥ नार्थो धार्थश्च त्यो यस्मात्स तथोक्तः। नार्थत्ये धार्थत्ये च शब्दे च्व्यर्थे वाचि कृ भू इत्येताभ्यां क्त्वाणमौ भवतः। नार्थत्ये—विनाकृत्य गतः। विनाकृत्वा। विनाकारम्। विनाभूय। विना भूत्वा। विनाभावम्। अनाना नाना कृत्य गतः। नानाकृत्वा। नानाकारम्। नानाभूय। नानाभूत्वा। नानाभावम्। **"विनञ्भ्यां नानाञौ न सह"** [३।४।१४७] इति नानाञौ भवतः। धार्थे त्ये—अद्विधा द्विधा कृत्य गतः। द्विधाकृत्वा। द्विधाकारम्। द्विधाभूय। द्विधाभूत्वा। द्विधाभावम्। अद्वैधं द्वैधं कृत्य गतः। द्वैधं कृत्वा। द्वैधंकारम्। द्वैधं भूय। द्वैधं भूत्वा। द्वैधं भावम्। अद्वेधा द्वेधा कृत्य गतः। द्वेधाकृत्वा। द्वेधाकारम्। द्वेधाभूय। द्वेधाभूत्वा। द्वेधाभावम्। **"संख्याया विधार्थे धा"** [४।१।१०६] **"द्वित्रेर्धमुञ्"** [४।१।१०८] एकधा। ऐकध्यम्। **'वैकाद्ध्यमुञ्'** [४।१।१०७]। अर्थग्रहणं स्वरूपमात्रनिरासार्थम्। त्यग्रहणं किम्? नाधार्थे वाचीत्युच्यमाने इहापि स्यात्। अहिरुक् हिरुक्कृत्वा पृथक्कृत्वा च्विर्विकल्पेन विधास्यते। च्व्यर्थमात्रमत्र विवक्षितं न च्विः। अर्थ इति किम्? नाना कृत्वा काष्ठानि गतः।

तूष्णीमि भुवः ॥२।४।४८॥ तूष्णीम्शब्दे वाचि भू इत्येतस्मात् क्त्वाणमौ भवतः। तूष्णींभूयास्ते। तूष्णीं भूत्वा। तूष्णींभावम्।

अन्वच्यानुलोम्ये ॥२।४।४९॥ आनुलोम्यमनुकूलता। अन्वक्छब्दे वाचि आनुलोम्ये गम्यमाने भुवः क्त्वाणमौ भवतः। अन्वग्भूत्वा। अन्वग्भावम्। आनुलोम्य इति किम्? अन्वग्भूत्वा आस्ते। पश्चाद्भूत्वेत्यर्थः। अन्वचीति निर्देशः प्रकृतिवदनुकरणमिति न्यायात्।

शकधृषज्ञाग्लाघटरभलभक्रमसहार्हास्त्यर्थे तुम् ॥२।४।५०॥ शकादिषु अस्त्यर्थेषु च धुषु वाक्षु धोस्तुम् भवति। शक्नोति भोक्तुम्। धृष्णोति भोक्तुम्। जानाति भोक्तुम्। ग्लायति भोक्तुम्। घटते भोक्तुम्। आरभते भोक्तुम्। लभते भोक्तुम्। प्रक्रमते भोक्तुम्। सहते भोक्तुम्। अर्हति भोक्तुम्। अस्त्यर्थेषु—अस्ति भोक्तुम्। भवति भोक्तुम्। विद्यते भोक्तुम्। क्रियायां तदर्थायां वाचि तुम् विहितः। अतदर्थायामपि यथा स्यादित्यारम्भः।

पर्याप्तिवचनेऽलमर्थे ॥२।४।५१॥ पर्याप्तिः प्रभूतत्वं सामर्थ्यं च अलमर्थेन विशेष्यमाणत्वात्सामर्थ्यमेवावतिष्ठते। पर्याप्तिवचनेष्वलमर्थविशिष्टेषु वाक्षु धोस्तुम् भवति। पर्याप्तो भोक्तुम्। समर्थो भोक्तुम्। प्रभुर्भोक्तुम्। अलं भोक्तुम्। पारयति भोक्तुम्। इदमप्यस्योदाहरणम्। युक्तं पुनरिदं विचारयितुम्। **"वा भादि"** [१।३।८४] इति षसो न भवति। अमैवेति तत्र वर्तते। पर्याप्तिवचन इति किम्? अलङ्कुरुते कन्याम्। अलं रुदित्वा। समर्थेष्विति वक्तव्ये गुरुकरणं किम्? सामर्थ्यमात्रे मा भूत्। शक्त्या भुङ्क्ते। बलेन भुङ्क्ते। अलमर्थे इति किम्? पर्याप्तं भुङ्क्ते। प्रभूतं भुङ्क्ते। अन्यूनं भुङ्क्ते। पूर्वसूत्रे शक्तिः सौकर्ये वर्तते नालमर्थे।

कर्तरि कृत् ॥२।४।५२॥ कर्तरि कारके कृत्संज्ञास्त्या भवन्ति। अनिर्दिष्टार्थास्त्याः स्वार्थे भावे प्राप्ताः। कारकः। कर्ता। ये कृतः कर्तरि नेष्टाः तेषां करणाधिकरणयोर्युडित्येवमादिरपवाद उक्तः।

भव्यगेयप्रवचनीयोपस्थानीयजन्याप्लाव्यापात्या वा ॥२।४।५३॥ भव्य इत्येवमादयः शब्दाः कर्तरि वा निपात्यन्ते। "तयोर्व्यंक्तखार्थः" [२।४।५५] इत्यस्मिन् प्राप्ते पक्षे कर्तरि विधानम्। भवत्यसौ भव्यः। भव्यमनेनेति वा। गेयो माणवकः षडङ्गस्य[1]। गेयो माणवकेन षडङ्गः[2]। प्रवचनीयो गुरुः शास्त्रस्य। प्रवचनीयं शास्त्रं गुरुणा। उपस्थानीयः शिष्यो गुरोः। उपस्थानीयो गुरुः शिष्येण। जायते असौ जन्यः। जन्यमनेन। "जनिवध्योः" [५।२।४०] इत्यैप्प्रतिषेधः। अथवा "शकिसहश्च" [२।१।८६] इति चकारेण जनेर्यः। आप्लवतेऽसौ आप्लाव्यः। आप्लाव्यमनेन। आपततीत्यापात्यः। आपात्यमनेन।

लः कर्मणि च भावे च धे[3]: ॥२।४।५४॥ ल इति लडादीनां नवानामुत्सृष्टानुबन्धानां सामान्येन ग्रहणं जसा च निर्देशः। लकाराः सकर्मकेभ्यो धुभ्यः कर्मणि कर्तरि च कारके भवन्ति, भावे कर्तरि च धिसंज्ञेभ्यः। कर्मणि—क्रियते कटः। गम्यते ग्रामः। कर्तरि—करोति कटम्। गच्छति ग्रामम्। धेर्भावे—आस्यते भवता। सुप्यते। कर्तरि—आस्ते भवान्। स्वपिति भवान्। लो ङौ चेति वक्तव्ये प्रपञ्चेन निर्देशः किमर्थः? सकर्मकेभ्यो लो भावे मा भूवन्।

तयोर्व्यंक्तखार्थः ॥२।४।५५॥ तयोर्भावकर्मणोः व्यसंज्ञाश्च क्तश्च खार्थाश्च[4] भवन्ति। "कर्तरि कृत्" [२।४।५२] इत्यस्यायमपवादः। कर्मणि—कर्तव्यः कटो भवता। भोक्तव्य ओदनो भवता। भावे—आसितव्यं भवता। शयितव्यं भवता। क्तः कर्मणि। कृतः कटो भवता। भुक्त ओदनो भवता। भावे—आसितं भवता। शयितं भवता। खार्थाः[5] कर्मणि—ईषत्करः कटो भवता। सुकरः कटो भवता। सुपानं पयो भवता। दुष्पानं पयो भवता। भावे—स्वासं भवता। दुरासं भवता। सुग्लानं भवता। दुर्ग्लानं भवता। आत्मकर्मविवक्षायां व्यक्तखार्थप्रयोगविषये सकर्मका अप्यविवक्षितकर्मकत्वेनाकर्मकाः। तेन भावे व्यादयः। भेत्तव्यं कुशूलेन स्वयमेव। भावकर्मग्रहणे तु वर्तमाने तयोरिति ग्रहणं यथाविधिप्रतिपादनार्थं सकर्मकेभ्यः कर्मण्यकर्मकेभ्यो भाव इति।

कर्तरि चारम्भे क्तः ॥२।४।५६॥ आरम्भः आद्यः क्रियाक्षणः। आरम्भे यो धुर्वर्तते तस्माद्यः क्तः स कर्तरि भवति यथाप्राप्तं च भावकर्मणोः। प्रकृतो भवान् कटम्। प्रकृतः कटो भवता। प्रकृतं भवता। प्रभुक्तो भवानोदनम्। प्रभुक्तः ओदनो भवता। प्रभुक्तं भवता। धिभ्यस्तु "धिगत्यर्थाच्च" [२।४।५८] इति वक्ष्यति। आद्यक्रियाक्षणकाले। कटो नाभिनिर्वृत्तः तस्योपचारात् भूतकालेन प्रकृतशब्देन सामानाधिकरण्यम्।

श्लिषशीङ्स्थासवसजनरुहजॄषश्च ॥२।४।५७॥ श्लिषादिभ्यः कर्तरि क्तो भवति यथाप्राप्तं च भावकर्मणोः। "धिगत्यर्थाच्च" [२।४।५८] इति सिद्धे इह सकर्मकार्थमुपादानम्। इदमेव ज्ञापकम्। अकर्मका (सकर्मका) अपि भवन्ति। आश्लिष्टः कन्यां देवदत्तः। आश्लिष्टा कन्या देवदत्तेन। आश्लिष्टं देवदत्तस्य। अतिशयितो गुरुं भवान्। अतिशयितो भवता गुरुः। अतिशयितं भवतः। उपस्थितो गुरुं भवान्। उपस्थितो भवता गुरुः। उपस्थितं भवतः। उपासितो गुरुं भवान्। उपासितो भवता गुरुः। उपासितं भवतः। अनूषितो गुरुं भवान्। अनूषितो भवता गुरुः। अनूषितं भवतः। अनुजातो माणवको माणविकाम्। अनुजाता माणविका माणवकेण। अनुजातं माणवकस्य। आरूढो वृक्षं देवदत्तः। आरूढ वृक्षो

---

१. षड्जस्य ब०, स०। २. षड्जः ब०, स०। ३. चाधेः मु०। ४. खार्थौ च अ०, ब०, स०।
५. खार्थौ अ०, ब०, स०।

देवदत्तेन। आरूढं देवदत्तस्य। अनुजीर्णा वृषलीं देवदत्तः। अनुजीर्णा वृषली देवदत्तेन। अनुजीर्णं देवदत्तस्य। रुहेरगत्यर्थत्वादन्यदपि गत्यर्थकार्यं न भवति। आरोहयति वृक्षं देवदत्तेन। कर्मसंज्ञा न भवति।

धिगत्यर्थाच्च ॥२।४।५८॥ धिसंज्ञेभ्यः गत्यर्थेभ्यश्च धुभ्यः क्तस्य[1] कर्तरि भवति यथाप्राप्तं च। आसितो भवान्। आसितं भवता। शयितो भवान्। शयितं भवता। गत्यर्थेभ्यः–गतो भवान् ग्रामम्। गतो भवता ग्रामः। गतं भवता। यातो भवान्। यातो भवता ग्रामः। यातं भवता। **"कालभावाध्वभिः कर्मभिः सकर्मकवद्भवति"** [वा०] वत्करणात् स्वाश्रयमपि भवति। अतस्त्रैरूप्यम्। सुप्तो भवान् मासम्। सुप्तो भवता मासः। सुप्तं भवता। ओदनपाकं सुप्तो भवान्। ओदनपाकः सुप्तो भवता। ओदनपाकं सुप्तं भवता। क्रोशं सुप्तो भवान्। क्रोशः सुप्तो भवता। क्रोशं सुप्तं भवता।

अधिकरणे चाद्यर्थाच्च ॥२।४।५९॥ क्त इति वर्तते। अद्यर्था अभ्यवहारार्थाः। अद्यर्थेभ्यो धिगत्यर्थेभ्यश्च क्तोऽधिकरणे भवति कर्तरि भावे कर्मणि च। यथाप्राप्तं कर्तृकर्मभावेषु। अद्यर्थेभ्यः अधिकरणकर्मभावेषु क्तः। अधिकरणे अस्मिन्निमे भुञ्जते स्म इदमेषां भुक्तम्। इदमेषां पीतम्। **"क्तस्याधिकरणे"** [१।४।७०] इति कर्तरि ता। कर्मणि–एभिर्भुक्त ओदनः। एभिः पीतं मधु। भावे–भुक्तमेभिः। पीतमेभिः। धिभ्योऽधिकरणकर्तृभावेषु क्तः। अधिकरणे–इदमेषामासितम्। आसितो भवान्। आसितं भवता। गत्यर्थेभ्यः अधिकरणकर्तृकर्मभावेषु क्तः। अधिकरणे–इदमेषां यातम्। यातो देवदत्तो ग्रामम्। यातो देवदत्तेन ग्रामः। यातं देवदत्तेन। इह विभुक्ता भ्रातरः पीता गावः इति मत्वर्थीयोऽकारः।

दासगोघ्नौ संप्रदाने ॥२।४।६०॥ दास गोघ्न इत्येतौ शब्दौ निपात्येते संप्रदाने कारके। दासतेऽस्मै पचाद्यचि दासः। गां हन्ति अस्मै आगताय गोघ्नोऽतिथिः। टगत्र निपात्यः। स्त्रियां गोघ्नी देवदत्ता।

भीमादयोऽपादाने ॥२।४।६१॥ भीमादयः शब्दा अपादाने कारके ज्ञातव्याः। भीमादयः शब्दा अन्यत्र साधिताः कारकनियमार्थमिह तेषां पाठः। बिभेत्यस्मादिति भीमः। भीष्मः। भयानकः। चरुः। प्रस्कन्दनम्। प्रयतनम्। समुद्रवन्त्यस्मात् समुद्रः। स्रुवः। स्रुक्। भृष्टिः। रक्षा। संकसन्ति तस्मात् संकसुकः। खलिनः।

उणादयोऽन्यत्राभ्याम् ॥२।४।६२॥ उणादयस्त्वा आभ्यां संप्रदानापादानाभ्यामन्येषु कारकेषु भवन्ति। करोतीति कारुः। वृश्चति तं वृक्षः। कषितोऽसौ कषिः। ततोऽसौ तन्तुः। वृत्तं तत्र वर्त्म। चरितं तत्रेति चर्म। भसितं तत्रेति भस्म। ऋचन्ति तया ऋक्।

लस्य ॥२।४।६३॥ अकार उच्चारणार्थः। लस्येत्ययमधिकारः। यदित ऊर्ध्वमनुक्रमिष्यामो लस्य स्थाने तद्वेदितव्यम्। नव लकाराः पञ्च टितश्चत्वारो ङितः–लट् लिट् लुट् लृट् लोट् लङ् लिङ् लुङ् लृङ्। एषामनुबन्धापायेन लकारमात्रं स्थानित्वेनाधिक्रियते। ल्य इति वर्तते धोरिति च। धोर्विहितस्य ल्यस्य लकारस्य ग्रहणात् लभते चूडाल इत्येवमादि परिहृतम्।

मिब्वस्मस्सिप्थस्थतिप्तस्झोड्वहिमहिथासाथांध्वंतातांझङ् ॥२।४।६४॥ लस्य स्थाने मिबादयः आदेशा भवन्ति। पकारः "गोऽपित्" [१।१।७८] इति विशेषणार्थः। इटष्टकारो "टस्झेटः" [२।४।८६] इति विशेषणार्थः। झङो ङकारः प्रत्याहारार्थः। पचामि। पचावः। पचामः। पचसि। पचथः। पचथ। पचति। पचतः। पचन्ति। टितां दविषये आदेशान्तराणि वक्ष्यन्ते। लिटो मानां णलादयः आदेशाः वक्ष्यन्ते। लुट्। पक्तास्मि। पक्तास्वः। पक्तास्मः। इत्येवमादि ज्ञेयम्। लृट्। पक्ष्यामि। पक्ष्यावः। पक्ष्यामः। लोट् आदेशाः वक्ष्यन्ते। ङितां लकाराणां मविषये च इह तानुदाहरिष्यामः।

---

१. क्तः कर्त–अ०।

लङ् । अपचे । अपचावहि । अपचामहि । वक्ष्यते लिङ् । लुङ् । अपक्षि । अपक्ष्वहि । अपक्ष्महि । लृङ् । अपक्ष्ये । अपक्ष्यावहि । अपक्ष्यामहि ।

टिद्दटेरे ॥२।४।६५॥ टितां लकाराणां ये दास्तेषां टेरेत्वं भवति । यत्र एक एवाच् तत्र व्यपदेशिवद्भावाददन्तत्वमुक्तम् । यत्र च तदादिरन्यो नास्ति तत्रापि व्यपदेशिवद्भावात्तदादित्वम् । पचे । पचावहे । पचामहे । **"थासः से"** [२।४।६६] इति वक्ष्यति । पचसे । पचेथे । पचध्वे । पचते । पचेते । पचन्ते । लिट् । पेचे । पेचिवहे । पेचिमहे । लुट् । पक्ताहे । पक्तास्वहे । पक्तास्महे । लृट् । पक्ष्ये । पक्ष्यावहे । पक्ष्यामहे । लोटो वक्ष्यति । प्रकृतानां मिङां दस्य टेरेत्वम् । तेनेह न भवति । पचमान इति ।

थासः से ॥२।४।६६॥ टिद्ग्रहणमनुवर्तते । टितो लकारस्य थासः स इत्ययमादेशो भवति । पचसे । पेचिषे । पक्तासे । पक्ष्यसे ।

"एश्चिरेलेविधानेषु किं स्यादेत्वे प्रयोजनम् । आदेशे तु कृते मा भूत् ज्ञापकं भवितादिषु ।"

लिटस्तझयोरेशिरे ॥२।४।६७॥ लिडादेशयोस्त झ इत्येतयोः एश् इरे इत्येतावादेशौ भवतः । शकारः सर्वादेशार्थः । परस्यादिर्मा भूत् । पेचे । पेचिरे । नेमे । नेमिरे ।

मानां णल्वमथाथुसणलतुसुसः ॥२।४।६८॥ लिट इति वर्तते । लिटो मानां स्थाने यथासंख्यं णलादयो नव आदेशा भवन्ति । णकारः ऐवर्थः । लकारः सर्वादेशार्थः । अ इति द्वयोरकारयोः प्रश्लेषनिर्देशः सर्वादेशार्थः । अन्त्यस्याकारस्याकारवचने प्रयोजनाभावात् सर्वादेश इति चेत् समसंख्यत्वं प्रयोजनं संभाव्येत । अथवा घोरिति कानिर्देशात् परस्यादेस्थकारस्याकारः । पपाच । पेचिव । पेचिम । पपक्थ । पेचिथ । पेचथुः । पेच । पपाच । पेचतुः । पेचुः । **"वोपदेशे"** [५।१।१०८] इत्यादिना वेट् । **"सेटि"** [४।४।१११] इति एत्वं च । वमयोः क्रादिनियमादिट् ।

विदो लटो वा ॥२।४।६९॥ मानामिति वर्तते । वेत्तेरुत्तरेषां लटो मानां स्थाने वा णलादयो भवन्ति । वेद । विद्व । विद्म । वेत्थ । विदथुः । विद । वेद । विदतुः । विदुः । न च भवन्ति । वेद्मि । विद्वः । विद्मः । वेत्सि । वित्थः । वित्थ । वेत्ति । वित्तः । विदन्ति । विद इति कानिर्देशात् ज्ञानार्थस्य ग्रहणम् । लाभार्थस्य शेन व्यवधानात् ।

ब्रुव आहश्च ॥२।४।७०॥ मानामिति वर्तते । लटो वेति वर्तते । ब्रुव उत्तरस्य लटो मानां वा णलादयो भवन्ति । तत्सन्नियोगे ब्रुव आहादेशः । अकार उच्चारणार्थः । **"न थास्मदः"** [२।४।७१] इत्युत्तरत्र प्रतिषेधादत्र पञ्चग्रहणम् । आत्थ । आहथुः । आह । आहतुः । आहुः । सिपस्थे कृते **"आहस्थः"** [५।३।५२] इति हकारस्य थकारः । **"खरि"**[४।४।१२०] इति चर्त्वम् । यद्यत्र स्थानिवद्भावात् **"ब्रुव ईट्"** [५।२।४१] इति ईट् स्यात् झलादिप्रकरणे **"आहस्थः"** [५।३।२२] इति वचनमनर्थकं स्यात् । न च भवति । ब्रवीषि । ब्रूथः । ब्रवीति । ब्रूतः । ब्रुवन्ति ।

न थास्मदः ॥२।४।७१॥ ब्रूञः परस्य थस्यास्मदश्च पूर्वोक्ता आदेशा न भवन्ति । ब्रूथ । ब्रवीमि । ब्रूवः । ब्रूमः ।

लोटो लङ्वत् ॥२।४।७२॥ लोटो लङ इव कार्यं भवति । लोडादेशानां लङादेशानामिव कार्यमतिदिश्यते इत्यर्थः । पचाव । पचाम । ङितः सखं सिद्धम् । पचतम् । पचेते । पचताम् । **"मिप्थस्थतसोऽमृतंतताम्"** [२।४।८२] इत्येतत् सिद्धम् । **"एरुः"** [२।४।७३] इति उकारः पुरस्तादपवादन्यायेन **"एमें"** [२।४।८१] इति इखमेव बाधते न जुसादेशम् । एवं च यथा अदुः अधुरिति भवति तथा यान्तु पान्तु इत्यत्रापि जुसादेशः प्राप्नोति । नैष दोषः । वक्ष्यते **"आतः"** [२।४।९०] **"लङो वा"**

[२।४।९१] इत्यत्र लङ्ग्रहणस्य प्रयोजनं लङेव यो लङ् तस्य जुस् भवति अतिदेशेन यो लङ् तस्य मा भूत् । लङ्वदिति तांताद्वत् (अमूततांम्वत्) तेनाडागमो न भवति ।

एरुः ॥२।४।७२॥ लोट इति वर्तते मानामिति च । लोटो मानामिकारस्य उकारादेशो भवति । इखस्यापवादः । पचतु । पचन्तु । करोतु । कुर्वन्तु । मिप्सिपोरादेशान्तरमुत्वस्य बाधकं वक्ष्यते ।

सेर्ह्यपिच्च ॥२।४।७४॥ लोट इति वर्तते । सेर्हिरादेशो भवति अपिच्च । लुनीहि । पुनीहि । आप्नुहि । राध्नुहि ।

मेर्निः ॥२।४।७५॥ लोटो मेर्निरित्ययमादेशो भवति । पचानि । करवाणि ।

आमेतः ॥२।४।७६॥ लोट इति वर्तते । लोडादेशस्य य एकारस्तस्य आमित्ययमादेशो भवति । निर्दिश्यमानस्यादेशो भवति । पचेथाम् । पचताम् । पचेताम् । पचन्ताम् ।

स्वो वामौ ॥२।४।७७॥ लोट इति वर्तते एत इति च । सकारवकाराभ्यां परस्य एतो व अम् इत्येतावादेशौ भवतः । पचस्व । पचध्वम् । वयस्व । वयध्वम् ।

पिच्चाडस्मदः ॥२।४।७८॥ लोट इति वर्तते । लोटोऽस्मदः आडागमो भवति पिच्च । करवाणि । करवाव । करवाम । करवै । करवावहै । करवामहै ।

एत ऐ ॥२।४।७९॥ लोटोऽस्मद इति वर्तते । लोटोऽस्मदः एकारस्यैकारादेशो भवति । निर्दिश्यमानस्यादेशोऽयमामोऽपवादः । करवै । करवावहै । करवामहै । चिनवै । चिनवावहै । चिनवामहै ।

ङितः सखम् ॥२।४।८०॥ अस्मद इत्येव । ङितो लकारस्य योऽस्मत्तस्य सखं भवति[1] । लङ्-अपचाव । अपचाम । लिङ्-पचेव । लुङ्-अपाक्ष्व । अपाक्ष्म । लृङ्-अपक्ष्याव । अपक्ष्याम ।

एर्मे ॥२।४।८१॥ ङित इति वर्तते । ङिल्लकारसम्बन्धिन इकारस्य खं भवति मविषये । लङ्-अपचः । अपचत् । अपचन् । लिङ्-पचेरन् । पचेत् । लुङ्-अपाक्षीः । अपाक्षीत् । लृङ्-अपक्ष्यः । अपक्ष्यत् । अपक्ष्यन् । म इति किम् ? अपचावहि । अपचामहि ।

मिप्थस्थतसोऽमृतंतताम् ॥२।४।८२॥ ङितां लकाराणां मिप् थस् थ तस् इत्येतेषां यथासंख्यं अम् तं त ताम् इत्येते आदेशा भवन्ति । अपचम् । अपचतम् । अपचत । अपचताम् । लिङ्-पचेयम् । पचेतम् । पचेत । पचेताम् । लुङ्-अपाक्षम् । अपाक्तम् । अपाक्त । अपाक्ताम् । "वदव्रज (व्रजवद)" [५।१।७६] इत्यादिनैप् । "झलो झलि" [५।३।४४] इति सखम् । लृङ्-अपक्ष्यम् । अपक्ष्यतम् । अपक्ष्यत । अपक्ष्यताम् ।

लिङः सीयुट् ॥२।४।८३॥ लिङादेशानां सीयुडागमो भवति । मे यासुटो विधानाद्दे सीयुड् द्रष्टव्यः । टकारः "टिदादिः" [१।१।५३] इति विशेषणार्थः । उकार उच्चारणार्थः । पचेय । पचेवहि । पचेमहि । पचेथाः । पचेयाथाम् । पचेध्वम् । पचेत । पचेयाताम् । पचेरन् । "रुदादेगें" [५।१।१३५] इति वर्तमाने "लिङोऽनन्त्यसखम्" [५।१।१३८] इति सीयुट्सकारस्य "सुट्तथोः" [२।४।८७] इति सुट्सकारस्य च खम् । आशिषि लिङ्-पक्षीय । पक्षीवहि । पक्षीमहि । पक्षीष्ठाः । पक्षीयास्थाम् । पक्षीध्वम् । पक्षीष्ट । पक्षीयास्ताम् । पक्षीरन् ।

यासुण् मो ङित् ॥२।४।८४॥ लिङ इति वर्तते । लिङो मविषयस्य यासुडागमो भवति ङिच्च । सीयुटोऽपवादोऽयम् । अत्र "किदाशिषि" [२।४।८९] इति वचनात् विध्यादिलक्षणस्य लिङ इहोदाहरणम् ।

---

[1] -वति । अपचाव । अपचाम । लिङ् । पचेः । पचेत । अ०, ब०, स० ।

कुर्याम् । कुर्याव । कुर्याम । कुर्याः । कुर्यातम् । कुर्यात । कुर्यात् । कुर्याताम् । कुर्युः । "कृञो ये च" [४।४।११] इति विकरणस्य खम् । "झेर्जुस्" [२।४।८८] इति जुस् । 'उसि'' [४।३।८३] इति पररूपम् । स्थानिवद्भावादेव लिङादेशस्य ङित्त्वे सिद्धे यासुटो ङिद्वचनं ज्ञापकं लकाराश्रयमादेशानां ङित्त्वं च न भवति । तेन अचिनवमित्येप् सिद्धः । पचमाना स्त्री । टित इति ङीत्यो न भवति ।

किदाशिषि ॥२।४।८५॥ आशिषि लिङो यासुट् किद्भवति । ङित्त्वे प्राप्ते कित्त्वं विधीयते । ज्यर्थं जागर्तेरैबर्थं च । उह्यासम् । उह्यास्व । उह्यास्म । उह्याः । उह्यास्तम् । उह्यास्त । उह्यात् । उह्यास्ताम् । उह्यासुः । जागर्यासम् । जागर्यास्व । जागर्यास्म । "जागुर्विचिण्णलङिति" [५।२।८२] इत्येप् ।

रन्झज्झेटः ॥२।४।८६॥ लिङादेशयोर्झ इट् इत्येतयोर्यथासंख्यं रन् अत् इत्येतावादेशौ भवतः । पचेरन् । पक्षीरन् । "झोऽन्तः" [५।१।३] इत्यस्यापवादोऽयम् । पचेय । पक्षीय । "क्षीयाशीःप्रैषेषु मिङाकाङ्क्षम्" [१।३।१०२] इत्येवमादिना प्राप्तस्य पस्य निवृत्त्यर्थं तपरकरणम् ।

सुट् तथोः ॥२।४।८७॥ लिङो यौ तकारथकारौ तयोः सुडागमो भवति । अगविषये लिङ् प्रयोजयति । गे सखेन भवितव्यम् । पक्षीष्ठाः । पक्षीयास्थाम् । पक्षीष्ट । पक्षीयास्ताम् ।

झेर्जुस् ॥२।४।८८॥ लिङादेशस्य झेर्जुसित्ययमादेशो भवति । अन्तादेशापवादः । कुर्युः । क्रियासुः । निर्दिश्यमानस्यादेशो न यासुटः ।

थवित्सेः ॥२।४।८९॥ थसंज्ञक वेत्ति सि इत्येतेभ्यः परस्य झेर्जुसादेशो भवति । ङित इति वर्तते । तत्र लिङ आदेश उक्तः । लृङः स्येन व्यवधानमस्ति । लुङोऽपि सेरिति भविष्यति । पारिशेष्यात्थविद्-ग्रहणं लङर्थम् । अबिभरुः । अजागरुः । "उसि" (जुसि) [५।२।८०] इत्येप् । विदेः । अविदुः । अकार्षुः । अहार्षुः ।

आतः ॥२।४।९०॥ सेरिति वर्तते । आकारान्तात्सेः परस्य झेर्जुस् भवति । श्रुतिकृतं भेरातः परत्वं सेरपि कृते त्याश्रयलक्षणेन सेः परत्वम् । अत उभयगतमानन्तर्यं भेरस्ति । अस्थुः । अगुः । अयुः । अदुः । अधुः । त्याश्रयलक्षणेन झेरिति पूर्वेणैव सिद्धे नियमार्थमेतत् । आत एव सेरपि कृते नान्य स्मात् अभूवन्निति ।

लङो वा ॥२।४।९१॥ आत इति वर्तते । आकारान्तात्परस्य लङादेशस्य झेर्वा जुस् भवति । अयुः । अयान् । अधुः । अधान् । ननु लङ्ग्रहणमनर्थकम् । ङित इति वर्तते । पारिशेष्यात् लङ एव संप्रत्ययः । नानर्थकम् । इह लङेव यो लङ् तस्य झेर्जुस् भवति । अतिदेशे मा भूत् । यान्तु । वान्तु । "थवित्सेः" [२।४।८९] इत्यनेनापि मुख्यस्य लङो ग्रहणादिह न भवति । बिभ्यतु । जाग्रतु । विदन्तु ।

द्विषः ॥२।४।९२॥ लङो वेति वर्तते । द्विषः परस्य लङो झेर्वा जुस् भवति । अद्विषुः । अद्विषन् । अनिगन्तत्वात् "जुसि" [५।२।८०] इत्येप्न भवति ।

मिङ्शिद्गः ॥२।४।९३॥ मिङः शितश्च त्या धोर्विहिताः गसंज्ञा भवन्ति । भूयते । नयति । रोदिति । शित् । पचमानः । यजमानः । गसंज्ञाश्रयो विकरण एब्भवति ।

शेषोऽग एव ॥२।४।९४॥ मिङ्शिद्भ्यामन्यः शेषः । धोरित्येवं विहितस्त्यः शेषोऽगसंज्ञ एव भवति । लविता । लवितुम् । लवितव्यम् । अगसंज्ञाकार्यमिडागम एप् च । धोरिति विशेषणं किम् ? जुगुप्सते । श्रीकाम्यति । लूभ्याम् । अभिलम् । एवकार उत्तरार्थः । अगप्रदेशाः-"वलाद्यगस्येट्" [५।१।८४] "गागयोः" [५।२।८१] इत्येवमादयः ।

लिट् ॥२।४।६५॥ एवशब्दोऽनुवर्तते। लिडादेशो मिङ् अगसंज्ञ एव भवति। पेचिथ। शेकिथ। "वोपदेश" [५।१।१०८] इत्यादिनेट्। "सेटि" [४।४।११] इत्येत्वञ्चखे। गसंज्ञासमावेशनिवृत्त्यर्थमेवकारोऽभिसंबध्यते। तेरिम इत्यत्र गसंज्ञायामसत्यां तदाश्रयः शम्न भवति।

लिङाशिषि ॥२।४।६६॥ एवेति वर्तते। आशिषि यो लिङ् तदादेशश्चागसंज्ञ एव भवति। भावे—जागरिषीष्ट। कर्मणि—लविषीष्ट। अगसंज्ञायां गाश्रयं "लिङोऽनन्त्यसखम्" [१।१।१३८] इति सखं न भवति। एवकाराधिकारात् गसंज्ञासमावेशो न भवति। यदि स्याद्यक् प्रसज्येत। आशिषीति किम्? जागृयात्। जागृयाताम्। जागृयुः।

इत्यभयनन्दिविरचितायां जैनेन्द्रमहावृत्तौ द्वितीयस्याध्यायस्य चतुर्थः पादः समाप्तः। समाप्तश्च द्वितीयोऽध्यायः।

—:०:—

यत्किञ्चिद्वाङ्मयं लोके सान्वयं संप्रतीयते।
तत् सर्वं धातुभिर्व्याप्तं शरीरमिव धातुभिः॥

तृतीयोऽध्यायः

ङ्याम्मृद् ॥३।१।१॥ ङी इति स्वरूपग्रहणम्। आबिति टाब्डापोः सामान्येन ग्रहणम्। मृदिति संज्ञानिर्देशः "अधु मृत्" [१।१।५] "कृद्धृत्तलाः" [१।१।६] इति। यदित ऊर्ध्वमनुक्रमिष्यामः आ कपो विधानात् ङ्यन्तादाबन्तान्मृद्रूपाच्च तद्भवतीत्येवं वेदितव्यम्। ननु वक्ष्यमाणास्त्याः "परः" [२।१।२] इति नियमेन परे प्रयुज्यन्ते। धोः परत्वञ्च तव्यादिभिराक्रान्तम्। मिङन्तं च क्रियावाचि सुबन्तमपि पदं क्रियासापेक्षं क्रियात्वभूतमित्यतः पारिशेष्यान्ङ्याम्मृद एव भविष्यन्ति। एवं तर्हि वाक्यान्मा भूवन्। वृद्धस्य उपगोरपत्यमिति। गुपदभसंज्ञाश्च प्रयोजनम्। द्वद्वकारद्व्यजादिग्रहणानि च ङ्याम्मृदो विशेषणानि न समर्थविभक्त्यन्तस्येत्यधिकारः क्रियते। दु इति मृद्रूपम्। दु—ज्ञानामपत्यमित्यत्र मृद्रूपापेक्षया "वाऽवृद्धाद्दोः" [३।१।१४४] इति दुलक्षणः फिञ् न भवति। अदुलक्षण एव "फिरदोः" [३।१।१४७] इति फिर्भवति। दक्षाणामपत्यमिति मृद्रूपापेक्षया अदन्तलक्षणः इञ् भवति। घटेन तरतीत्यत्र मृदपेक्षया "नौद्व्यचष्ठः" [३।३।१२१] इति "द्व्यज्लक्षणष्ठः सिद्धः" वाचा तरतीत्यत्र न भवति। मृद्ग्रहणे लिङ्गविशिष्टस्यापि ग्रहणमिति सिद्धे ङ्याब्ग्रहणं किम्? कालितरा। मालितरा। एनिका। हरिणिका। परमपि ह्रतं बाधित्वा स्त्रीत्यो यथा स्यात्। अथ "ऋरूपकल्पचेलड्ब्रुवगोत्रमतहते ग्रोऽनेकाचः" [४।३।१५५] [करणे] इति प्रादेशवचनसामर्थ्यादेतल्लभ्यते। एवं तर्हि मृद्ग्रहणे लिङ्गविशिष्टस्यापि परिभाषेयमनित्येति ज्ञाप्यते। तेन गोमतीति उगिल्लक्षणो नुम्न भवति। युवतीः पश्येति जिर्न भवति। सख्यौ। सख्यः। इति च णिन्न भवति। हे भवति भगवति अघवति इत्यत्र "भवद्भगवदघवतो वा रिः कववस्यौः" [२।४।३] इत्येष विधिर्न भवति। इह त्यग्रहणं न कर्तव्यम्। कथं युवतितरा वामोरुतरा? ह्रदन्तत्वाद्युवतिशब्दस्य मृत्संज्ञा, वामोरुशब्दस्यापि मृदमृदोरेकादेशो मृद्ग्रहणेन गृह्यते। अजादिषु हलन्ताट्टापं विधास्यति डापि च टिखेन भवितव्यमिति एकादेशो नास्ति तस्मात् ङ्याप्ग्रहणं कर्तव्यम्।

स्वौजसमौट्छष्टाभ्यांभिस्ङेभ्यांभ्यस्ङसिभ्यांभ्यस्ङसोसाम्ङ्योस्सुप् ॥ ३।१।२ ॥ ङ्याम्मृदः स्वादयो भवन्ति। उकाराद्यनुबन्धनाशः। अनेन विहितानां स्वादीनां "कर्मणीप्" [१।४।२] इत्येवमादिना विभक्तिनियमः "साधने स्वार्थे" [१।२।१२३] इति वचननियमश्च ज्ञातव्यः। ङ्यन्तात्तु कुमारी।

कुमार्यौ। कुमार्यः। कुमारीम्। कुमार्यौ। कुमारीः। कुमार्या। कुमारीभ्याम्। कुमारीभिः। कुमार्यै। कुमारीभ्याम्। कुमारीभ्यः। कुमार्याः। कुमारीभ्याम्। कुमारीभ्यः। कुमार्याः। कुमार्योः। कुमारीणाम्। कुमार्याम्। कुमार्योः। कुमारीषु। आबन्तात्—माला। माले। मालाः। मालाम्। माले। मालाः। मालया। मालाभ्याम्। मालाभिः। मालायै। मालाभ्याम्। मालाभ्यः। मालायाः। मालाभ्याम्। मालाभ्यः। मालायाः। मालयोः। मालानाम्। मालायाम्। मालयोः। मालासु। एवं डाबन्तात्। दामाबहुराजादयो नेयाः। मृदः—दृषद्। दृषदौ। दृषदः। दृषदम्। दृषदौ। दृषदः। दृषदा। दृषद्भ्याम्। दृषद्भिः। दृषदे। दृषद्भ्याम्। दृषद्भ्यः। दृषदः। दृषद्भ्याम्। दृषद्भ्यः। दृषदः। दृषदोः। दृषदाम्। दृषदि। दृषदोः। दृषत्सु।

स्त्रियाम् ॥३।१।३॥ स्त्रियामिति प्रकृतिविशेषणम्। यदित ऊर्ध्वमनुक्रमिष्यामः स्त्रियां वर्तमानान्मृदः स्वार्थे तद्वेदितव्यम्। यदि स्त्रियामभिधेयायामिति स्यात् द्विबहू न स्याताम्। कुमार्यौ कुमार्य इति। एकत्वात् स्त्रीत्वस्य अनेकत्योत्पत्तिश्च न स्यात्। कालितरा। भावप्रधानत्वात् स्त्रियामिति निर्देशस्य कुमारी देवदत्तेति सामानाधिकरण्यं च न स्यात्। अथापि स्त्रीसमानाधिकरणान्मृद इत्यभ्युपगम्येत एवमपि भूतमियं नारी। कारणमियं कन्या। आवपनमियमुष्ट्रिकेति। भूतशब्दादिषु स्त्रीत्याः प्रसज्येरन्। तस्मात् स्त्रियां वर्तमानान् मृद इत्येवाधिकृतम्। वक्ष्यति "अजाद्यतष्टाप"। अजा। देवदत्ता। स्त्रियामिति किम्? अजो देवदत्तः। शब्दजनित-प्रत्ययवर्गाः स्त्रीत्वादय इहाभिप्रेता न वस्तुवर्गाः। अव्याप्तेः। शब्दो हि श्रोत्रपथं गतो लिङ्गसंख्यावन्तं स्वप्रत्ययं जनयति स प्रत्ययः। खट्वादिषु रसादिषु अभावादिषु च शब्देषु संभवति।

अजाद्यतष्टाप् ॥३।१।४॥ अजादिभ्यः अकारान्तेभ्यश्च मृदः स्त्रियां वर्तमानेभ्यष्टाबित्ययं त्यो भवति। पकारः टाप्डापोः सामान्यग्रहणार्थः। टकारः सामान्यग्रहणाविघातार्थः। अन्यथा एकानुबन्धकग्रहणे न द्व्यनुबन्धकस्येति विघातः स्यात्। बाधकबाधनार्थमनकारान्तार्थं चाजादिग्रहणम्। अजा। एडका। अश्वा। चटका। मूषिका। "जातेरयोङः" [३।१।५३] इत्यस्यापवादः। बाला। होढा। पाका। वत्सा। मन्दा। विलाता। "वयस्यनन्त्ये" [३।१।२४] इत्यस्य प्राप्तिः। पूर्वापहाणा। अपरापहाणा। टिड्ढाणञित्यस्यापवादः। निपातनाण्णत्वम्। "संभस्त्राजिनशणपिण्डेभ्यः फलाट्टाप्" [वा०] संफला। भस्त्राफला। अजिनफला। शणफला। पिण्डफला। "सत्प्राक्काण्डप्रान्तशतैकेभ्यः पुष्पाट्टाप्" [वा०] सत्पुष्पा। प्राक्पुष्पा। काण्डपुष्पा। प्रान्तपुष्पा। शतपुष्पा। एकपुष्पा। "पाककर्णपर्णपुष्कफलमूलवालह्योः" [३।१।५४] इत्यस्यापवादः। "शूद्राच्चामहत्पूर्वात् जातिश्चेत्" [वा०] शूद्रा नाम जातिः। अमहत्पूर्वादिति किम्? महाशूद्री। आभीर-जातिरियम्। अमहत्पूर्वादिति शब्दपरस्य महतः आत्वं न भवति। जातिरिति किम्? शूद्रस्य भार्या शूद्री। पुंयोगादीकारः। अमहत्पूर्वादिति प्रतिषेधवचनं ज्ञापकं भवत्यत्र प्रकरणे तदन्तविधिरिति। तेन महाजा। धीवानमतिक्रान्ता अतिधीवरी। अतिभवती। अतिमहतीति सिद्धम्। क्रुञ्चा। उष्णिहा। देवविशा। "हल्लता-ट्टाप्"[वा०] ज्येष्ठा। कनिष्ठा। मध्यमा। पुंयोगलक्षणा प्राप्तिः। कोकिला जातिः। "मूलान्ताच्च टाप्"[वा०] अमूला। षकाराद्यजष्टाप। शार्कराद्या। पौतिमाष्या। गौकद्या। अतः खल्वपि खट्वा। देवदत्ता। तपरकरणं किम्? क्षीरपाः स्त्री।

आवट्यात् ॥३।१।५॥ आवट्यशब्दादाप् भवति। अवटस्यापत्यं स्त्री आवट्या। यञ इति ङीवि-धेरपवादः। पुरस्तादपवादोऽयं ष्फो न बाधकः। आवट्यायनी।

उगिदन्नान्ङी ॥३।१।६॥ उक् इत् यस्य तस्य मृदो वर्णस्य वा तदन्तात् ऋकारान्तेभ्यो नका-रान्तेभ्यश्च मृदः स्त्रियां वर्तमानेभ्यो ङीत्यो भवति। ङकारो "हलुङ्यापः" [४।३।२६] इत्यत्र विशेषणार्थः।

---

१. अन्ननिधानिकोष्ठिका उष्ट्रिकेत्युच्यते।

गोमती। तत्रभवती। पचन्ती। उगिदिति यदीदं त्यग्रहणमेव स्यात् त्यग्रहणे यस्मात् तदादेरिति इह न स्यात्। अतिभवती। निर्गोमती। अथ मृद्विशेषणमेव स्यात् मृद्ग्रहणेन तदन्तविधिरिति तथापीह न स्यात्। अतिमहतीति। तस्मान्नेदं त्यग्रहणमेव; नापि मृद्ग्रहणमेव; अपि त्वेकदेशग्रहणमिदम्। उक् इत् यस्यैकदेशस्य तदन्तान्मृद इति। स चैकदेशः त्यो मृद्वर्णश्च संभवति। त्यः। श्रेयसीत्यादि। मृद्–तत्रभवतीत्यादि। वर्णः। पुमांसमतिक्रांता अतिपुंसीति। "पुनातेर्मुम्सुकौ प्रश्च" इति सकारो वर्ण उगित्। यद्यागमेषु वर्ण उगिदिति[1] ङीविधिर्विधीयते तुक्यपि प्राप्नोति अग्निचित् कन्येति। उभयोरुकारयोर्ग्रहणसामर्थ्यादिहैव भवति नान्यत्र। अञ्चतेरुपसंख्यानं नियमार्थं कर्तव्यम्। प्राची। प्रतीची। उदीची। धोरुगितः नान्यस्मात्। उखास्रत्कन्या। ऋकारान्तात् कर्त्री। हर्त्री। नकारान्तात्। दण्डिनी। छत्रिणी।

वनोऽहशो रश्च ॥३।१।७॥ वन इति वनः क्वनिपश्च ग्रहणम्। अहशन्ताद्यो विहितो वन् तदन्तात् स्त्रियां वर्तमानान्मृदो रेफश्चान्तादेशो भवति ङीश्च। पूर्वेण सिद्धे रेफार्थमिदम्। धयतिपिबतिभ्यां क्वनिप्। धीवरी। पीवरी। मेरुदृश्वरी। कथं शर्वरी? शृणातेरजन्ताद् वन्। कथमवावरी? अत्र ओणतेरगविषय आत्वे कृते वन्। "अनीचः" [३।१।१७] इत्यत्र वक्ष्यति। पूर्वो विधिर्नीचोऽपि भवति। बहुधीवरी। अतिधीवरी। अथवा अमहत्पूर्वादित्यत्र तदन्तविधिर्ज्ञापितः। अहश इति किम्? सहयुद्ध्वा स्त्री "राज्ञि युधि कृञः" [२।२।८२] "सहे" [२।२।८३] इति क्वनिप्। "सन्नियोगशिष्टानामन्यतराभावे उभयोरप्यभावः" [परि०] इति रेफादेशाभावे पूर्वेणाप्यत्र ङीत्यो न भवति। एवमर्थश्चकारः क्रियते।

नेल्स्वस्रादेः ॥३।१।८॥ स्त्रियामिति वर्तते। इल्संज्ञकेभ्यः स्वस्रादिभ्यश्च मृद्भ्यः स्त्रियां यदुक्तं तन्न भवति। पञ्च कुमार्यः। सप्त रोहिण्यः। अथात्रानेन ङीप्रतिषेधे कृते नखे सति अत इति टाप् कस्मान्न भवति। सुब्विधौ नखस्यासिद्धत्वात्तदन्तत्वाभावान्न टाप्। कथमयं सुब्विधिः? तत्र टापः पकारेण सुपो ग्रहणात्। यद्येवं बहुचर्मिकेत्यत्र नखस्यासिद्धत्वात् "त्यस्थे क्यापी" [२।२।२०] इति कात्पूर्वस्यात इत्वं न स्यात्। एवं तर्हि इहोभौ ङीटापौ प्रतिषिध्येते। उक्तं च—

"इल्संज्ञानामन्ते नष्टे टाबुत्पत्तिः कस्मान्न स्यात्? प्रत्याहारादापा सिद्धं दोषस्त्वित्वे तस्मान्नोभौ।"

स्वस्रादिभ्यः–स्वसा। दुहिता। स्वसृ दुहितृ ननान्दृ यातृ मातृ तिसृ चतसृ।

मनो डाप् च ॥३।१।९॥ ङी इति वर्तते नेति च। मन्नन्तान्मृदः स्त्रियां वर्तमानाड्डाब् भवति ङीप्रतिषेधश्च। डकारः टिखार्थः। पकारः सामान्यग्रहणार्थः। पामे। पामाः। पामानौ। पामानः। "अनिनस्मन्ग्रहणान्यर्थवता चानर्थकेन च तदन्तविधिः" [परि०] सीमे। सीमानौ। सुप्रथिमे। सुप्रथिमानौ। अतिमहिमे। अतिमहिमानौ।

अनश्च बात् ॥३।१।१०॥ अन्नन्ताद् बसात् स्त्रियां वतमानाड्डाब् भवति ङीप्रतिषेधश्च। चकारो ङीप्रतिषेधानुकर्षणार्थः। अर्थवतोऽनर्थकस्य चानो ग्रहणम्। अनुङ्खवतो बसस्येहोदाहरणम्। उङ्खवतस्त्रैरूप्यं वक्ष्यति। सुपर्वे। सुपर्वाः। सुपर्वाणौ। सुपर्वाणः। नकारान्तत्वान्ङी प्रसज्येत। बादिति किम्? अतिक्रान्ता पर्वाणि अतिपर्वणी।

वोङ्खे ॥३।१।११॥ अन्नन्ताद्बसात् उङः खे वर्तमानात् डाब्ङीप्रतिषेधौ वा भवतः। वावचनाद्यथाप्राप्ताः। नकारान्तान्ङीविधिः "वनोऽहशो रश्च" [३।१।७] इत्यभ्यनुज्ञायते। बहुराजे। बहुराजाः। बहुराजानौ। बहुराजानः। बहुराज्ञ्यौ। बहुराज्ञ्यः। बहुतक्षे। बहुतक्षाः। बहुतक्षाणौ। बहुतक्षाणः। बहुतक्ष्णौ।

---

1. उगिदृचां घेऽघोः [२।१।४१] इति सूत्र इति शेषः।

बहुतक्षाः। बहुधीवे। बहुधीवाः। बहुधीवानौ। बहुधीवानः। बहुधीवर्यौ। बहुधीवर्यः। उङ्ख इति किम्? सुपर्वा। सुपर्वाणौ। पूर्वेण द्वैरूप्यम्। अन इत्येव सुमत्स्या नदी।

ङी खौ ॥३।१।१२॥ खुविषयेऽन्नताद् बसान्ङी भवति। अधिराज्ञी नाम ग्रामः। पुनर्ङी-ग्रहणं नित्यार्थम्।

ऊधसः ॥३।१।१३॥ बादिति वर्तते। ऊधःशब्दान्ताद्बसान्ङी भवति। कुण्डमिवोधो यस्याः कुण्डोध्नी। द्वे ऊधसी यस्या द्व्यूध्नी। निर्गतमूधोऽस्या निरूध्नी "ऊधसोऽनङ्" [४।२।१३२] इति अनङ्-सान्तः। "वोङ्खे" [३।१।११] इति त्रैरूप्यं प्राप्तम्। स्त्रियामेवानङ्। सान्त इत्येव। इह मा भूत्। महोधाः। पर्जन्यः। बादित्येव। प्राप्ता ऊधः प्राप्तोधा गौः। "इपा च प्राप्तापन्ने" [१।३।२०] इति षसः। तत्रैव पूर्ववल्लिङ्गं व्याख्यातम्।

दामहायनात्संख्यादेः ॥३।१।१४॥ संख्यादेर्बसात् दामान्तात् हायनान्ताच्च ङी भवति। द्विदाम्नी। त्रिदाम्नी। "वोङ्खे" [३।१।११] इति त्रैरूप्यं प्राप्तम्। "हायनाद्वयसि स्मृतः" [वा०] द्विहायनी। त्रिहायणी। चतुर्हायणी वत्सा। "त्रिचतुर्भ्यां हायनस्य णत्वमपि वयसीष्यते" [वा०] तेनेह ङीविधिर्णत्वं च न भवति। द्विहायना। त्रिहायना। चतुर्हायना शाला। संख्यादेरिति किम्? उद्दामा वडवा। "वोङ्खे" [३।१।११] इत्यनेन त्रैरूप्यं भवति।

पादो वा ॥३।१।१५॥ पाच्छब्दान्तान्मृदः स्त्रियां वर्तमानाद्वा ङी भवति। द्विपात्। द्विपदी। त्रिपात्। त्रिपदी। "सुसंख्यादेः" [४।२।१४०] इति पादशब्दस्य खम्। पादयतेः क्विबन्तस्य प्रयोगो नास्ति।

टाबृचि ॥३।१।१६॥ पाद इति वर्तते। पाच्छब्दान्तान् मृदष्टाब् भवति ऋच्यभिधेयायाम्। द्विपदा ऋक्। त्रिपदा ऋक्। ऋचीति किम्? द्विपदी देवदत्ता।

अनीचः ॥३।१।१७॥ न्यक्छब्दोऽत्राप्रधानवचनो नञ्पूर्वः। यदित ऊर्ध्वमनुक्रमिष्यामोऽनीच इत्येवं तद्वेदितव्यम्। नीचो ङ्यादयो न भवन्तीत्यर्थः। वक्ष्यति "टिड्ढाणञ्" [३।१।१८] इति। कुरुचरी। मद्रचरी। "जातेरयोङः" [३।१।२३]। कुक्कुटी। शूकरी। अनीच इति किम्? बहुकुरुचरा। बहुकुक्कुटा मथुरा। ननु पूर्वत्र समुदायः स्त्रियां वर्तते नावयवः। अवयव एव च टित्न समुदायः। द्वितीयेऽपि बसे न समुदायो जातिवाची; किं त्ववयवः, तत्कथं प्राप्तिः? इदमेव ज्ञापकं भवत्यत्र प्रकरणे तदन्तविधिरिति। तथाहि प्रधानभूतेन तदन्तविधिः कुम्भकारी देवदत्तकुक्कुटी। यद्येवं पूर्वमेवेदं सूत्रं वक्तव्यम्। इह करणात् पूर्वोक्त-विधिर्नीचोऽपि भवतीति ज्ञाप्यते। बहुधीवरी बहुपीवरीति।

टिड्ढाणञ्ठण्ठञ्क्वरपः ॥३।१।१८॥ अत इति वर्तते। टित् ढ अण् अञ् ठण् ठञ् क्वरप् इत्येवमन्तेभ्यः स्त्रियां ङी भवति। टापोपवादः। "अनीचः" [३।१।१७] इत्यधिकारात् प्रधानेन तदन्तविधि-रुक्तः। कुरुचरी। भद्रचरी। "कृद्ग्रहण तिकारकपूर्वस्यापि ग्रहणम्" [परि०] न मन्तव्यम्। इह कृदकृतो-र्ग्रहणात्। ढ–सौपर्णेयी। वैनतेयी। "शिलाया ढः" [४।१।१२६] इत्यस्य निरनुबन्धकस्य स्त्रियामभिधानं नास्ति। अण्–कुम्भकारी। औपगवी। कथं चुराशीला चौरी। तपःशीला तापसी? णेऽप्यण्कृतं भवतीति वक्ष्यति। अञ्–औत्सी। वैदी। ठण्–लाक्षिकी। रौचनिकी। ठञ्–पारायणं वर्तयति पारायणिकी। प्राग्वतेष्ठञ्। क्वरप्–इत्वरी। नश्वरी। अनीच इत्येव। बहुकुरुचरा। ख्युट्प्रभृतीनां द्व्यनुबन्धकत्वेऽपि टित्करणसामर्थ्याद् ग्रहणम्। लकाराणां स्थानिवद्भावाट्टित्वं ङित्वं च न भवतीत्युक्तम्। पचमाना स्त्री। अचिनवम्। त्यसाहचर्यादागमस्य न ग्रहणम्। लिखिता विद्येति।

यञः ॥३।१।१९॥ यञन्तान्मृदः स्त्रियां ङी भवति। गार्गी। वात्सी। "हलो ह्नतो ङ्याम्" [४।४।१४०] इति यकारस्य खम्। "द्वीपादनुसमुद्रे ड्यञ्" [३।२।१३०] इति ञ्यञ्। द्व्यनुबन्धकः। तस्येहाग्रहणम्। द्वीपे भवा द्वैप्या। योगविभाग उत्तरार्थः।

फट् ॥३।१।२०॥ यञ इति वर्तते। यञन्तान्मृदः स्त्रियां फडित्ययं त्यो भवति। टकारो ङ्यर्थः। अथ गार्ग्यायणी इति स्थिते फटो द्वत्संज्ञाविरहात् "कृद्धत्सः" [१।१।६] इति मृत्संज्ञा नास्ति। कथं ङीविधिः? टित्करणसामर्थ्यात् भविष्यति। गार्ग्यायणी। वात्स्यायनी। आवस्त्यायनी। वचनात्पूर्वोऽपि विधिर्भवति। गार्गी। वात्सी।

लोहितादिसकलान्तात् ॥३।१।२१॥ यञ इति वर्तते। लोहितादिर्गर्गादिष्वन्तर्गणः। लोहितादिभ्यः सकलशब्दपर्यन्तेभ्यो यञन्तेभ्यः स्त्रियां फट् त्यो भवति। पुनरारम्भो नित्यार्थः। तेन फडेव भवति। "यञः" [३।१।१९] इत्यनेन ङीः प्राप्तो निवर्त्यते। लौहित्यायनी। सांसित्यायनी[1]। बाभ्रव्यायणी। सौत्रव्यायणी। सांचव्यायनी। लान्तव्यायनी। जैगीषव्यायणी। मानव्यायनी। मांतव्यायनी। मनायीशब्दस्य पाठसामर्थ्यात् "भस्य ढत्यढे" [वा०] इति पुंवद्भावो न भवति। मानाय्यायनी। काव्यव्यायनी। रौढ्यायणी। तारुक्ष्यायणी। तालुक्ष्यायणी। ताण्ड्यायनी। वातण्ड्यायनी। आङ्गिरसे तु वतण्डीत्येव भवति। काप्यायनी। कात्यायनी। शाकल्यायनी।

कौरव्यासुरिमाण्डूकात् ॥३।१।२२॥ कौरव्य आसुरि माण्डूक इत्येतेभ्यः फट् भवति। कौरव्यायणी। टाप्प्राप्तः। अ आसुरीति प्रश्लेषनिर्देशात् अकारश्चान्तादेश आयनादेशो (शे) न स्वेको दीत्वार्थः। अद्दत्वाद् "यस्य ङ्यां च" [४।४।१३६] इति इखं प्राप्नोति। आसुरायणी। "इतो मनुष्यजातेः" [३।१।५५] इति ङीत्यः प्राप्तः। माण्डूकस्यापत्यं स्त्री माण्डूकायनी। "ढञ्च मण्डूकात्"[३।१।१०८] इत्यण्। ङी प्रसज्येत। "तस्येदम्" [३।३।८८] इत्यणि विवक्षिते कौरवीति भवति। शैषिकार्थविवक्षायां "इञः" [३।२।८८] इत्यणि प्राप्ते "दोरद्धः" [३।२।९०] इष्यते। आसुरिणा प्रोक्ता आसुरीया शिक्षा।

गौरादेः ॥३।१।२३॥ गौरादिभ्यः स्त्रियां ङी भवति। गौरी। वर्णत्वे बहुलं ङीप्राप्तेः संज्ञायामप्राप्तेः। गौर मत्स्य मनुष्य शृङ्ग गवय हय मुकय ऋष्य[2] "अयोङः" [३।१।५३] इति ङीप्रतिषेधः प्राप्तः। शृङ्गाट्टाप् प्राप्तः। एवमुत्तरत्राप्यूह्यम्[3]। पुट पट[4] द्रुण द्रोण हरिण ककण अरीहण वरट उकण[5] आमलक कुवल बदर बिल्व (बल्लक) बिम्ब कर्कर तर्कार शर्कार शष्कण्ड शबल सुषव षाण्डशौ केषाञ्चित्। सालन्द (सलद) गड्डुल पड्डुश[6] आढक आनन्द सृपाट शष्कुल सूर्य्य पूष मूष धातक सल्लक मालक मालत साल्वक वेतस वृत (वृस) अतस उमा (उभय) भृङ्ग मह मठ छेद स्वन् तक्षन् अनडुही अनड्वाही। एषणात्करणे कारके। देहमेथकाकादनगवादनादय। यान मेध गौतम (गोतम) अयस्थूण भौरिकि भौलिकि भौलिङ्गि औद्गाहमानि आलम्बि आयामक आलब्धि आपाच्याङ्क (आपच्चिक[7]) ऊपस्तश्चं[8] (?) आरट टोट नट मूलाट आसूरण (आस्तरण) अधिकार प्रत्यवारोहिणी[9] आग्रहायणी[10]। अग्रहायनस्य स्वार्थे अण् णत्वं च निपात्यते। सेचनी। सुमंगलात्संज्ञायाम्। सुन्दर मण्डल मन्थर मन्दुल पेट (पट, पिट (विट) पिण्ड ऊर्द गूर्द सूर्द। केषांचित् रेफात्परो मकारः। सूर्म ह्र्द भाण्ड लोहाण्ड कदर कन्दर कदल कन्दल तरुण तलुन सौधर्म्म। रोहिणी रेवती च नक्षत्रे। विकल निष्कल पुष्कल। कटाच्छ्रोण्याम्। पिप्पल्यादयश्च। पिप्पली हरीतकी कोशातकी शमी करीरी

---

१. सांशित्यायनी मु०। २. ऋश्य अ०। ३. त्राऽप्यभ्यूह्यम् अ०, ब०, स०। ४. पद मु०। ५. उणक मु०। ६. पण्डुश अ०। पटुस ब०। ७. अपामक ब०। आपामक स०। ८. ऊपतश्च ब०। ९. प्रत्यवारोहिन् मु०। १०. आग्रहायण मु०।

पृथिवी क्रोष्टु मातामह पितामही एही पर्येही आश्मरथ्यात्फट् प्राप्तः। काव्या शैव्या एतौ व्यान्तौ। आरोह चण्ड। "नृनरयोरैप् च" [वा०] नारी। येऽत्रानडुहीप्रभृतय ईकारान्ताः पठ्यन्ते तेषां से पुंवद्भावो न भवति। अनडुहीभार्यः। प्रत्यवरोहिणीभार्यः। आग्रहायणीभार्यः। इति।

वयस्यनन्त्ये ॥३।१।२४॥ प्राणिनां कालकृता शरीरावस्था वयः। वयस्यनन्त्ये वर्तमानान्मृदः स्त्रियां ङीत्यो भवति। कुमारी। किशोरी। बर्करी। वधूटी। चिरण्टी। तरुणी। तलुनी। अनन्त्य इति किम्? स्थविरा। वृद्धा। "कन्यायाः कनीन च"[३।१।१०५] इति निपातनात् कन्या। अत इत्येव। शिशुः। उत्तानशया। लोहितपादिका। द्विवर्षा। नैते साक्षाद्वयोवाचिनः शब्दाः। अथवा द्विवर्षादिषु "परिमाणाद्धृदुपि" [३।१।२६] इत्येतस्मान्नियमान्न भविष्यतीति।

रात् ॥३।१।२५॥ रसंज्ञकान्मृदः स्त्रियां ङीत्यो भवति। अकारान्तोत्तरपदो रः स्त्रियां भाष्यते। पञ्चानां पूलानां समाहारः पञ्चपूली। दशपूली। अन्नन्तस्य रसस्य खं स्त्रियां चेति पञ्चतक्षी दशतक्षी। पञ्चाजी। अजादिष्वजशब्दो जातिवचनोऽभिप्रेतः। कथं त्रिफला? अजादिषु पाठात्।

परिमाणाद्धृदुपि ॥३।१।२६॥ सर्वतो मानं परिमाणम् परिमाणान्ताद् रात् हृदुपि सति ङीत्यो भवति। द्वाभ्यां कुडवाभ्यां क्रीता आर्हीयस्य त्यस्य "राढुबखौ"[३।४।२६]इत्युप्। द्विकुडवी। द्व्याढकी। "रात्" [३।१।२५] इति सिद्धे नियमार्थोऽयम्। यतः परिमाणादेव हृदुपि नान्यतः। पञ्चभिरश्वैः क्रीता पञ्चाश्वा। दशाश्वा। तुल्यजातीयस्य नियमान्निवृत्तिः। समाहारे भवत्येव। पञ्चाश्वी। परिमाणादिति योगवियोगः कर्तव्यः। तत इष्टतोऽवधारणं लभ्यते परिमाणशब्देनेह रूढिवशात् प्रस्थादिर्गृह्यते। कालसंख्ययोरग्रहणम्। तेन द्विवर्षा। त्रिवर्षा। द्विशता। त्रिशता। द्वे वर्षे प्रमाणमस्याः "प्रमाणे ध्वंसनं राच्च" इति द्वयसडादीनामुप्। उक्तं च– "ऊर्ध्वमानं किलोन्मानं परिमाणं तु सर्वतः। आयामस्तु प्रमाणं स्यात् संख्या बाह्या तु सर्वतः"।

न बिस्ताचितकम्बल्यात् ॥३।१।२७॥ बिस्त आचित कम्बल्य इत्येवमन्ताद् रात् हृदुपि ङीत्यो न भवति। बिस्तादीनां परिमाणत्वात् सर्वेण प्राप्तिः–द्वाभ्यां बिस्ताभ्यां क्रीता द्विबिस्ता। त्रिबिस्ता। द्व्याचिता। त्र्याचिता। द्विकम्बल्या। त्रिकम्बल्या।

काण्डात् क्षेत्रे ॥३।१।२८॥ काण्डशब्दान्तात् रात् हृदुपि सति क्षेत्रेऽभिधेये ङीत्यो न भवति। द्वे काण्डे प्रमाणमस्या द्विकाण्डा त्रिकाण्डा क्षेत्रभक्तिः। "प्रमाणेण्द्वयसड्दघ्न मात्रटः" [३।४।५८] इत्यागतानां द्वयसडादीनां प्रमाणे ध्वंसनं राच्चेति वक्ष्यमाणया इष्टया उप्। काण्डं धनुः। तस्य परिमाणशब्देनासंगृहीतमतः "परिमाणाद्धृदुपि" [३।१।२६] इत्यनेन नियमेन प्रतिषेधे सिद्धे नियमार्थमिदम्। क्षेत्र एव प्रतिषेधो भवति नान्यत्र। द्विकाण्डी। त्रिकाण्डी रज्जुः। "रात्" [३।१।०५] इति ङीविधिः।

पुरुषात्प्रमाणे वा ॥३।१।२९॥ हृदुपीति वर्तते। प्रमाणे यो वर्तते पुरुषशब्दस्तदन्ताद्राद् हृदुपि वा ङीत्यो भवति। द्वौ पुरुषौ प्रमाणमस्याः खातायाः द्वयसडादीनां "प्रमाणे ध्वंसनं राच्च" इति उप्। द्विपुरुषा। द्विपुरुषी। त्रिपुरुषा। त्रिपुरुषी। अपरिमाणत्वात्पुरुषस्य "परिमाणाद्धृदुपि" [३।१।२६] इति नियमान्निवर्तितो ङीत्यो विकल्पते। प्रमाण इति किम्? द्वाभ्यां पुरुषाभ्यां क्रीता द्विपुरुषा। हृदुपीत्येव। समाहारे पञ्चपुरुषी।

गुणोक्तेरुतोऽखरुस्फोङः ॥३।१।३०॥ वेति वर्तते। गुणोक्तेर्मृद उकारान्ताद् वा ङीत्यो भवति खरुशब्दं स्फोङं च वर्जयित्वा। यः शब्दो गुणे वर्तित्वा द्रव्ये वर्तते स गुणोक्तिरित्युच्यते। पटुः। पट्वी। मृदुः। मृद्वी। गुणोक्तेरिति किम्? आखुः। जातिशब्दोऽयम्। उत इति किम्? शुचिरियं कन्या। अखरुस्फोङ इति किम्? खरुरियं कन्या। पाण्डुरियं कन्या। "सत्त्वे निविशतेऽपैति पृथग्जातिषु दृश्यते।

आधेयश्चाक्रियाजश्च सोऽसत्त्वप्रकृतिर्गुणः ।'' सत्त्वं द्रव्यं तत्र निविशते उत्पद्यते आश्रयति वा स गुण इति संबंधः। द्रव्यादपैति अपगच्छति यथाम्रात् हरितता पीततायां उत्पन्नायाम्। पृथग्जातिषु दृश्यते, यथा सैव हरितता तरुणतृणेषु। आधेयः उत्पाद्यः, यथा कुसुमयोगात् गन्धो वस्त्रे, यथा वा घटे रक्तता। अक्रियाजश्च क्रियाजश्च क्रियातो नोत्पद्यते यथाऽऽकाशादिषु महत्त्वादि। चकारात् क्रियाजश्च यथा संयोगो विभागो वा असत्त्वप्रकृतिर्द्रव्यस्वभावरहितो निर्गुण इत्यर्थः।

बह्वादेः ॥३।१।३१॥ वेति वर्तते। बहु इत्येवमादिभ्यश्च मृद्भ्यः स्त्रियां वा ङीत्यो भवति। बहुः। बह्वी। पद्धतिः। पद्धती। बहु पद्धति अञ्चति अङ्कति अंहति शकटि शक्ति। केचिच्छस्त्रेऽर्थे शक्तिं पठन्ति। सामर्थ्ये शक्तिरेव तेषाम्। शस्त्रि शारि राति राधि शाधि अहि कपि मुनि यष्टि। किमर्थमिकारान्ताः पठ्यन्ते। यावता कृदिकारादक्तेरित्येव सिद्धं पद्धतिशब्दान्न स्यात् इतरेभ्यश्चाव्युत्पत्तिपक्षः "इतः प्राण्यङ्गात्" [ग०] श्रोणिः श्रोणी। धमनिः। धमनी। इत इति किम्? ग्रीवा। प्राण्यङ्गादिति किम्? कौणिः। साणिः। "कृदिकारादक्तेः" [ग०] भूमिः। भूमी। अक्तेरिति किम्? कृतिः। हृतिः। अक्त्यर्थाविति(दि)त्येके। इहापि मा भूत्। अकरणिर्हन्त ते वृषल। कृदिकारादिति किम्? सुगन्धिः। सुरभिगंधिः। स्त्रीहृतो न भवति। व्युत्पत्तिपक्षे कृदिकारस्यैचः पूर्वः प्रपञ्चः। चण्ड अराल कमल कृपण विकट विशाल विशङ्कट भरुज। चन्द्रभागान्नद्याम्। कल्याण उदार पुराण। अहःशब्दस्येह पाठोऽनर्थकः। केवलस्य स्त्रियामवृत्तेः। सविधौ तु उत्तरपदभूतस्य "वोङ्खे" [३।१।११] इत्यनेनैव त्रैरूप्यं सिद्धम्। बहुशब्दस्य गुणवाचित्वात्पूर्वेणैव विकल्पे सिद्धे द्विर्बद्धं सुबद्धं भवतीति पुनर्ग्रहणम्। तेन सक्तुद्धक्तो अणन्तान्ङीविधिः। क्वचिन्न भवति। कामिकेति।

पतिवत्न्यन्तर्वत्न्यौ ॥३।१।३२॥ पतिवत्नी अन्तर्वत्नी इत्येतौ शब्दौ निपात्येते। पतिमच्छब्दस्य ङीत्ये परतः मतोर्वत्वं नुमागमश्च निपात्यते। जीवति भर्तरि पतिवत्नी। जीवत्पतिरित्यर्थः। अन्यत्र पतिमती पृथिवी। अन्तःशब्दादधिकरणप्रधानात् अस्तिसामानाधिकरण्याभावात् विहितो मतुर्नुक् च निपात्यते गर्भिण्याम्। अन्तर्वत्नी गर्भिणी। अन्यत्र अन्तरस्यामस्ति शालायाम्। उक्तं च—"पतिवत्न्यां नुका वत्वमन्तर्वत्न्यां मतुर्नुका। जीवत्पत्न्यां च गर्भिण्यां यथासङ्ख्यं निपात्यते॥"

पत्नी ॥३।१।३३॥ पत्नीति निपात्यते। पतिशब्दस्य स्त्रियां नकारोऽन्तादेशः पुंयोगे निपात्यते ङीत्यो नकारान्तत्वादेव भवति। इयमस्य पत्नी। अस्य पुंसः वित्तस्य स्वामिनीत्यर्थः। पुंयोगादन्यत्र पतिरियमस्य ग्रामस्य।

सपत्न्यादौ ॥३।१।३४॥ सपत्न्यादिषु पत्नीशब्दो निपात्यते "वा से" [३।१।३५] इति विभाषया पत्नीशब्दस्य निपातने प्राप्ते नित्यार्थं वचनम्। समानः पतिरस्याः सपत्नी। यद्येवं पत्नीति वर्तते समानादिभ्य इति वक्तव्ये सनकारेकारस्य समुदायस्योच्चारणं किमर्थम्? समानशब्दस्य सभावार्थम्। इकारापायेऽपि नकारश्रवणार्थं च। सपत्न्याः अयं सापत्न्यः। कृतेकारस्योच्चारणं पुंवद्भावप्रतिषेधार्थमित्येके। सपत्नीभार्यः। एवं एकपत्नी। वीरपत्नी। पिण्डपत्नी। पुत्रपत्नी। भ्रातृपत्नी।

वा से ॥३।१।३५॥ से पत्नी वा निपात्यते। पतिशब्दान्तस्य मृदः स्त्रियां वा नकारोऽन्तादेशो निपात्यते। बसे षसे चेदं निपातनम्। अनीच इति नाभिसम्बध्यते। गृह्यमाणस्य शब्दस्याभावात्। बसे—दृढः पतिरस्या दृढपतिः। दृढपत्नी। स्थिरपतिः। स्थिरपत्नी। वृद्धपतिः। वृद्धपत्नी। स्थूलपतिः। स्थूलपत्नी। षसे ग्रामस्य पतिः ग्रामपतिः। ग्रामपत्नी। अप्राप्ते विकल्पोऽयम्। पुंसा योगे पत्नीति नित्यं निपातनम्। तेन पत्नीशब्देन तासे राजपत्नीत्येव भवति। स इति किम्? पतिरियमस्य ग्रामस्य।

वर्णाद्बहुलं तो नस्तु ॥३।१।३६॥ वर्णवाचिनो मृदः स्त्रियां बहुलं ङीत्यो भवति तकारस्य तु नकारादेशः। तुशब्दः किमर्थः? बहुलं ङीविधिर्भवति तकारस्य तु नकारो नित्यं यथा स्यादित्येवमर्थः। एता।

एनी । स्येता । स्येनी । रोहिता । रोहिणी । हरिता । हरिणी । शवली । पिशङ्गी । कल्माषी । सारङ्गी । काली संज्ञायां वर्णे च । काला अन्या । क्वचिदप्रवृत्तिरेव श्वेता । असिता । पलिता । कृष्णा । कपिला । क्वचिदुभयथा । शोणी । शोणा । वडवा । नीली औषधिः । प्राणिनि च नीली वडवा । नीली गौः । संज्ञायामुभयम् । नीली । नीला । आच्छादने न भवत्येव । नीला शाटी । नीला मेघसंहतिः । वर्णादिति किम् ? कृता । हृता । अत इत्येव । सितिः कन्या ।

कुण्डगोणस्थलभाजनागकुशकामुककबरादत्रमावपनाकृत्रिमाश्राणास्थौल्यायोविकारमैथुनेच्छाकेशवेशेषु ॥३।१।३७॥ कुण्डादिभ्यः कबरशब्दपर्यन्तेभ्योऽमत्रादिष्वर्थेषु यथासंख्यं स्त्रियां ङीत्यो भवति । कुण्डी भवति अमत्रं चेत् । कुण्डा अन्या । दाह इत्यर्थः । गोणी भवति आवपनं चेत् । गोणा अन्या । संज्ञैषा । स्थली भवति अकृत्रिमा चेत् । स्थला अन्या । भाजी भवति श्राणा चेत् । भाजा अन्या । भाजयतेः स्त्रियां युचि प्राप्ते अत एव निपातनादकारः । नागी भवति स्थौल्यं चेत् । नागा अन्या । तन्वी दीर्घा वा । संज्ञायां वा । जातिविवक्षायां तु नित्यं ङी । कुशी भवति अयोविकारश्चेत् । कुशा अन्या । काष्ठादिमयी तदाकृतिः । कामुकी भवति मैथुनेच्छा चेत् । कामुका अन्या । कबरी भवति केशवेशश्चेत् । कबरा अन्या ।

पुंयोगात् खोरगोपालकादेः ॥३।१।३८॥ अत इति वर्तते । पुंयोगाद्धेतोर्यः शब्दः स्त्रियां वर्तते खुभूतस्तस्मान्ङीत्यो भवति गोपालकादीन् वर्जयित्वा । उपाध्यायस्य स्त्री उपाध्यायी । गणकी । प्रष्ठी । महामात्री । एते संज्ञाशब्दा पुंयोगात् स्त्रियां वर्तन्ते । पुंयोगादिति किम् ? देवदत्ता । खोरिति किम् ? प्रसूता । प्रजाता । परिभ्रष्टा । पुंयोगादेते शब्दाः स्त्रियां वर्तन्ते; न तु पुंसि संज्ञाभूताः । अगोपालकादेरिति किम् ? गोपालिका । पशुपालिका । आदिशब्दः प्रकारवाची । तेन सूर्याद्देवतायां ङीर्न भवति । सूर्यस्य भार्या सूर्या । देवतायामिति किम् ? सूर्यो नाम मनुष्यः तस्य सूरीति ।

पूतक्रतोरै च ॥३।१।३९॥ पुंयोगादिति वर्तते । पूतक्रतुशब्दान्ङीत्यो[1] भवत्यैकारश्चान्तादेशः । पूतक्रतोः स्त्री पूतक्रतायी । पुंयोगादित्येव । पूताः क्रतवो यस्याः सा पूतक्रतुः ।

वृषाकप्यग्निकुसितकुसीदात् ॥३।१।४०॥ ऐ चेति वर्तते पुंयोगादिति च । वृषाकपि अग्नि कुसित कुसीद इत्येतेभ्यः स्त्रियां ङीत्यो भवति ऐकारश्चान्तादेशः । वृषाकपायी । अग्नायी । कुसितायी । कुसीदायी । कुसितकुसीदयोः संज्ञाशब्दत्वात् पूर्वेणैव सिद्धेऽप्यैकारार्थं वचनम् । पुंयोगादित्येव । वृषाकपिर्नाम काचित् ।

मनोरौ च ॥३।१।४१॥ पुंयोगादिति वर्तते । औकारश्चान्तादेश ऐकारश्च । मनोः स्त्री मनावी । मनायी । केषाञ्चिन्मनुरित्यपि ।

वरुणभवशर्वरुद्रेन्द्रमृडहिमारण्ययवयवनमातुलाचार्याणामानुक् ॥३।१।४२॥ वरुणादिभ्यो मृद्भ्यो स्त्रियां ङीत्यो भवति आनुगागमः । अत्र केषाञ्चिच्छब्दानां पुंयोगादिति सिद्धेऽप्यानुगर्थं ग्रहणम् । वरुणानी । भवानी । शर्वाणी । रुद्राणी । इन्द्राणी । मृडानी । "हिमारण्ययोर्महत्त्वे" [वा०] महद्धिमं हिमानी । महदरण्यमरण्यानी । "यवाद्दोषे" [वा०] सदोषो यवः यवानी । "यवनाल्लिप्याम्" [वा०] यवनानां लिपिः यवनानी । उपाध्यायमातुलाभ्यां वा । आनुक एवायं विकल्पः। उपाध्यायी । उपाध्यायानी । मातुली । मातुलानी । "आचार्यादणत्वं च" [वा०] आचार्यानी । आचार्या । "आर्यक्षत्रियाभ्यामपुंयोगे वेति वक्तव्यम्" [वा०]

1. -ब्दात्तु ङीत्यो मु० ।

आर्याणी। आर्या। क्षत्रियाणी। क्षत्रिया। अपुंयोग इति किम्? आर्यस्य भार्या आर्यी। क्षत्रियस्य भार्या क्षत्रियी। आनुगिति द्विमात्रोच्चारणमिष्टिसंग्रहार्थम्।

क्रीतात्करणादेः ॥३।१।४३॥ क्रीतशब्दान्तान्मृदः करणादेः स्त्रियां ङीत्यो भवति। वस्त्रेण क्रीयते या वस्त्रक्रीती। वसनक्रीती। "साधनं कृता बहुलम्" [१।३।२१] इत्यत्र बहुलवचनाल्लब्धम्। "तिवाकारकाणां कृद्भिः सविधिः प्राक्सुबुत्पत्तेः" [परि०] इति करणवाचिशब्दस्य क्रीतशब्देन सविधिः। पश्चादकारान्तलक्षणो ङीविधिः। करणादेरिति किम्? सुक्रीता। दुष्क्रीता। "इदुदुङोऽस्यपुम्मुहुसः" [५।४।२८] इति सत्वषत्वे। कथं "सा हि तस्य धनक्रीता प्राणेभ्योऽपि गरीयसी" बहुलवचनान्न। सुबन्तेन वृत्तिर्न कृदन्तेन। सुबुत्पत्तिश्च बहिरङ्गा अन्तरङ्गे टापि कृते भवतीति सिद्धम्। क्रीतान्तान्मृद इति विशेषणात् वाक्ये न भवति, वत्येन (वित्तेन) क्रीता।

क्तादल्पे ॥३।१।४४॥ करणादेरिति वर्तते। करणादेर्मृदः क्तान्तादल्पे ङीत्यो भवति। अत्रापि प्राक् सुबुत्पत्तेः सविधिः। अभ्रविलिप्ती द्यौः। अल्पान्यस्यामभ्राणीत्यर्थः। रूपविलिप्ती पात्री। अल्प इति किम्? चन्दनानुलिप्ता।

जातेर्बात् ॥३।१।४५॥ क्तादिति वर्तते। जातिशब्दपूर्वः क्तान्तो यो बसस्तस्माण्ङीत्यो भवति। अस्वाङ्गादेरुत्तरत्र विकल्पो वक्ष्यते। स्वाङ्गे पूर्वपदमिहोदाहरणम्। शङ्खौ भिन्नौ यस्याः सा शङ्खभिन्नी। उरुच्छिन्नी। गलकोत्कृत्ती। केशलूनी। जातेरिति किम्? मासजाता। बहुजाता। अजाता। सुखजाता। दुःखजाता। बादिति किम्? सव्यजानुप्रतिष्ठिता। "जातान्तात्प्रतिषेधो वक्तव्यः" [वा०] दन्तजाता। स्तनजाता। "पाणिगृहीत्यादीनां गुर्वनुज्ञातेन ङी वक्तव्यः" [वा०] पाणिगृहीती भार्या। यस्यास्तु यथाकथञ्चित् पाणिर्गृहीतः सा पाणिगृहीता। त इति दतोक्तं (त इत्यत्रोक्तं) जातिकालसुखादिभ्यः परनिपातस्तान्तस्येति जातिरत्र सकृदाख्यातनिर्ग्राह्या।

वाऽस्वाङ्गादेः ॥३।१।४६॥ क्तादिति वर्तते बादिति च। अस्वाङ्गादेः क्तान्ताद्बसाद् वा ङीत्यो भवति। सारङ्गं जग्धमनया सारङ्गजग्धी। सारङ्गजग्धा। पलाण्डुभक्षिती। पलाण्डुभक्षिता। सुरापीती। सुरापीता। अस्वाङ्गादेरिति किम्? शङ्खभिन्नी। स्वाङ्गादेः पूर्वेण नित्यो विधिः। वेति व्यवस्थितविभाषा। तेनेह न भवति। वस्त्रं छन्नमस्याः वस्त्रच्छन्ना। वसनच्छन्ना। षसेऽपि संज्ञायां विकल्पः। प्रवद्धविलूनी। प्रवद्धविलूना।

स्वाङ्गान्नोचोऽस्फोडः ॥३।१।४७॥ वेति वर्तते। स्वाङ्गं न्यक् अस्फोङ् यत् तदन्तान्मृदो वा ङीत्यो भवति। दीर्घकेशी। दीर्घकेशा। गौरमुखी। गौरमुखा। स्वाङ्गादिति किम्? बहुयवा। अस्फोङ इति किम्? कल्याणगुल्फा। कल्याणपार्श्वा। वेति व्यवस्थितविभाषा व्याख्याता। तेन 'अङ्गगात्रकण्ठेभ्यो वा प्रतिषेधः" [वा०] मृद्वङ्गी। मृद्वङ्गा। मृदुगात्री। मृदुगात्रा। स्निग्धकण्ठी। स्निग्धकण्ठा। बसाधिकारे पुनर्न्यग्ग्रहणं षार्थम्। अतिकेशी। अतिकेशा। निष्केशी। निष्केशा माला। इह कस्मान्न भवति? कल्याणं पाणिपादमस्याः कल्याणपाणिपादा। स्वाङ्गसमुदायः स्वाङ्गग्रहणेन न गृह्यते। किं स्वाङ्गम्? "अद्रवं मूर्तिमत्स्वाङ्गं प्राणिस्थमविकारजम्। अतत्स्थं तत्र दृष्टं चेत् तस्य चेत् तत् तथायुतम्।" स्वाङ्गं मुखादि। अद्रवमिति किम्? बहुकफा। मूर्तिमदिति किम्? बहुज्ञाना। प्राणिस्थमिति किम्? श्लक्ष्णमुखा शाला। अविकारजमिति किम्? बहुशोफा। अतत्स्थं तत्र दृष्टं च प्राक् प्राणिनि दृष्टं संप्रत्यप्राणिस्थमपि स्वाङ्गम्। दीर्घकेशी। दीर्घकेशा रथ्या। तस्य चेत् तत् तथायुतम् येन प्रकारेण प्राणिनो युतं दृष्टं तस्याप्राणिनोऽपि यदि तत्तथायुतं दृश्यते एवमपि स्वाङ्गम्। दीर्घमुखी दीर्घमुखा अर्चा।

नासिकोदरौष्ठजङ्घादन्तकर्णशृङ्गात् ॥३।१।४८॥ स्वाङ्गाच्चीच इति वर्तते वेति च। नासिकादयो ये न्यञ्चस्तदन्तान्मृदो वा ङीप्यो भवति। दीर्घनासिकी। दीर्घनासिका। तनूदरी। तनूदरा। बिम्बोष्ठी। बिम्बोष्ठा। **"ओत्वोष्ठयोर्वा से पररूपमुपसंख्यास्यते"** [वा०] समजङ्घी। समजङ्घा। समदन्ती। समदन्ता। चारुकर्णी। चारुकर्णा। तीक्ष्णशृङ्गी। तीक्ष्णशृङ्गा। नासिकोदरयोः **"बह्वचः"** [३।१।४६] इत्यनन्तरे प्रतिषेधे प्राप्ते ग्रहणम्। सहनञ्विद्यमानलक्षणस्तु प्रतिषेधो भवत्येव। शेषाणामस्फोङ इति पूर्वस्मिन् प्रतिषेधे प्राप्ते उपादानम्। सहादिप्रतिषेधस्तु भवत्येव। **"पुच्छाच्चेति वक्तव्यम्"** [वा०] दीर्घपुच्छी। दीर्घपुच्छा। **"कबरमणिशरविषेभ्यो नित्यमिति वक्तव्यम्"** [वा०] कबरं पुच्छमस्याः कबरपुच्छी। मणिः पुच्छेऽस्याः मणिपुच्छी। विषं पुच्छेऽस्याः विषपुच्छी। **"ईङिबशेषणे बे"** [१।३।१०१] इत्यत्र खङ्गादिभ्यः ईबन्तस्य परवचनमुक्तम्। **"उपमानात् पक्षपुच्छाभ्यामिति वक्तव्यम्"** [वा०] उलूक इव पक्षावस्याः उलूकपक्षी शाला। उलूक इव पुच्छमस्या उलूकपुच्छी सेना।

न क्रोडादिबह्वचः ॥३।१।४६॥ क्रोडादिर्गणः। क्रोडाद्यन्तात् बह्वजन्ताच्च मृदो ङीप्यो न भवति। **"स्वाङ्गाच्चीचः"** [३।१।४७] इति प्राप्तिः। क्रोडाशब्दः स्त्रीलिङ्गः। कल्याणी क्रोडा अस्याः कल्याणक्रोडा। कल्याणगोखा। कल्याणबाला। कल्याणखुरा। कल्याणशफा। कल्याणगुदा। क्रोडादिराकृतिगणः। सुभगा। सुगला। बह्वचः खल्वपि। पृथुजघना। दृढहृदया। महाललाटा।

सहनञ्विद्यमानात् ॥३।१।५०॥ सह नञ् विद्यमान इत्येतेभ्य उत्तरं यत्स्वाङ्गं तदन्तात् ङीप्यो न भवति। सकेशा। अकेशा। विद्यमानकेशा। सनासिका। अनासिका। विद्यमाननासिका। सुदन्ता। अदन्ता। विद्यमानदन्ता।

नखमुखात्खौ ॥३।१।५१॥ नख मुख इत्येवमन्तान्मृदः खुविषये ङीप्यो न भवति। शूर्पणखा। व्याघ्रणखा। वज्रणखा। **"पूर्वपदात् खावगः"** [५।४।८७] इति णत्वम्। गौरमुखा। श्लक्ष्णमुखा। कालमुखा। संज्ञाशब्दा एते। खाविति किम्? शूर्पमिव नखा अस्या शूर्पणखी। शूर्पणखा। चन्द्रमुखी। चन्द्रमुखा।

सख्यशिश्वी ॥३।१।५२॥ सखी अशिश्वी इत्येतौ शब्दौ निपात्येते। ङीविधिर्निपात्यते। सखीयं कुमारी। नास्याः शिशुरस्ति अशिश्वी।

जातेरयोङः ॥३।१।५३॥ अत इति वर्तते। जातिवाचिनः अयकारोऽङो मृदः स्त्रियां ङीप्यो भवति। **"आकृतिग्रहणा जातिर्लिङ्गानां च न सर्वभाक्। सकृदाख्यातनिर्ग्राह्या गोत्रं च चरणैः सह।"** आकृतिः संस्थानम्। आकृतिग्रहणमस्याः आकृतिग्रहणा। ब्राह्मणत्वादीनां जातिविशेषाणां संस्थानविशेषाभावात् कथं संग्रहः? लिङ्गानां च न सर्वभाक्। एकलिङ्गो द्विलिङ्गो वा भावो जातिः। ब्राह्मणत्वादिषु केवलमुपदेशमात्रं जातिव्यवहारस्य निर्बन्धनम्। जात्यभावेऽपि द्विलिङ्गतास्ति देवदत्तः देवदत्ता इति। अथ कथं त्रिलिङ्गेषु तटस्तटी तटमित्येवमादिषु जातिवाचित्वम्? सकृदाख्यातनिर्ग्राह्या। अभिधानप्रत्ययोरनाकस्मिकत्वात्तन्निमित्तं जातिरिति। एवं सकृदाख्याता निश्चयेन ग्राह्या। ननु सर्वे शब्दा जातिवाचिनः इत्यस्मिन् दर्शने यदृच्छाशब्दानां क्रियागुणशब्दानां च जातिशब्दत्वं देवदत्तादयोऽपि संज्ञाशब्दा बाल्यकौमारयौवनादिष्वन्वयिनीमाकृतिमवलम्बन्ते। एवं च देवदत्ता कारणा शुक्लेत्यत्र ङीविधिः प्रसज्येत? यदीदं दर्शनमाश्रीयेत व्यावर्त्यं नास्तीति ग्रहणमनर्थकं स्यात्। तस्मायेषां जातिरेव प्रवृत्तेर्निमित्तं त इह जातिशब्दाः। गोत्रं च लौकिकमपत्यमात्रं

---

१. -दाख्यानति—अ० । २. -दाख्यानति—अ० ।

जातिः । नात्राकृतिः प्रतीयते नापि किञ्चिल्लिङ्गमस्ति येन सकृदाख्यायेत । लिङ्गानां च न सर्वभागित्यस्मिन् दर्शने गोत्रं चेति न वक्तव्यम् । चरणैः सहेति चरणमध्ययनवशात् क्रिया तदात्मकं[1] जातिः । कुक्कुटी । ब्राह्मणी । तटी । नाडायनी । बह्वृची । कठी । कठेन प्रोक्तमधीते या "शौनकादिभ्यश्छन्दसि णिन्" [३।३।७७] इति णिन् । परस्याणः "उप्प्रोक्तात्" [३।२।२४] इत्युप् । शौनकादिष्वेव । "कठचरकात्" इति इन उप् । जातेरिति किम् ? मुण्डा । अयोङ इति किम् ? आर्या । क्षत्रिया ।

पाककर्णपर्णपुष्पफलमूलवालद्योः ॥३।१।५४॥ पाकादयो द्युभूता यस्य तस्माज्जातिवाचिनो मृदः स्त्रियां ङीत्यो भवति । ओदनपाकी । क्षणपाकी । मूषिककर्णी । शङ्कुकर्णी । पृष्टिपर्णी । शालिपर्णी । शङ्खपुष्पी । हिरण्यपुष्पी । दासीफली । पूगफली । दर्भमूली । शीर्यमूली । गोवाली । अश्ववाली । पुष्पफलमूलोत्तरपदाद्यतो ङीविधिर्नेष्यते तदजादिषु पठनीयम् । पूर्वेण सिद्धे नियमार्थमेतत् । स्त्रियामेव ये जातिवाचिनः शब्दास्तेषु एतेभ्य एव ङीविधिर्नान्यस्मात् । बलाका । मक्षिका ।

इतो मनुष्यजातेः ॥३।१।५५॥ इकारान्तान्मनुष्यजातिवाचिनो मृदः स्त्रियां ङीत्यो भवति । कुन्ती । अवन्ती । अपत्यार्थे "द्वित्कुरुनाद्यजादकौशलाञ्ञ्यः" [३।१।१५३] इति ञ्यः । तस्य "कुन्त्यवन्तिकुरुभ्यः स्त्रियाम्" [३।१।१२७] इत्युप् । एवं दाक्षी । प्लाक्षी । इत इति किम् ? विट् । दरत् । यथासंख्यमत्रणोः "अतोऽप्राच्यभर्गादेः" [३।१।१२८] इत्युप् । मनुष्यग्रहणं किम् ? तित्तिरिः । जातेरिति वर्तमाने पुनर्जातिग्रहणं योङोऽपि यथा स्यात् । औदमेयी । "अयोङः" [३।१।५३] इति प्रतिषेधः उत्तरत्र त्रिसूत्र्यां च वर्तते । "इञ उपसंख्यानमजात्यर्थं कर्तव्यम्" [वा०] सुतङ्गमेन निर्वृत्ता नगरी सौतङ्गमी । "वुञ्छणकठे" [३।२।६०] इत्यादिना सुतङ्गमादिभ्य इञ् ।

ऊरुतः ॥३।१।५६॥ मनुष्यजातेरिति वर्तते । उकारान्तान्मनुष्यजातिवाचिनो मृदः स्त्रियां ऊकारस्त्यो भवति । कुरूः । इक्ष्वाकूः । पर्शूः । अस्य "कुन्त्यवन्तिकुरुभ्यः स्त्रियाम्" [३।१।१२७] इति अणोः "अतोऽप्राच्यभर्गादेः" [३।१।१२८] इत्युप् । द्विमात्रोच्चारणं "शेषाद्वा" [४।२।१५४] इति परस्यापि कपो बाधनार्थम् । तथाहि ब्रह्मा बन्धुर्यस्याः सा ब्रह्मबन्धूः । वीरबन्धूः । अत्र च समुदायो ब्राह्मणविशेषजातिः । यद्भावेन मृदमृदोरेकादेशो मृद्वद्भवतीति मृत्सञ्ज्ञायां स्वाद्युत्पत्तिः । मनुष्यजातेरित्येव । रुरुः । कृकवाकुः । आखुः । अयोङ इत्येव । अध्वर्युः स्त्री । अलाबूः । कर्कन्धूरित्येवमादय औणादिकाः । कथं अलाबुकर्कन्धुदृन्भुफलमिति ? "इकः प्रोऽङ्याः" [४।३।१७२] इति प्रादेशेन सिद्धम् ।

पङ्गोः ॥३।१।५७॥ पङ्गुशब्दात् स्त्रियामूत्यो भवति । पङ्गूः । श्वशुरशब्दस्योकाराकारयोः खमूश्च त्यो वक्तव्यः । श्वश्रूः ।

ऊरुद्योरिवे ॥३।१।५८॥ ऊरुशब्दो द्युर्यस्य तस्मान्मृद इवार्थे गम्ये स्त्रियामूत्यो भवति । करभोरूः । कदलीस्तम्भोरूः । नागनासोरूः । इव इति किम् ? वृत्तोरुः कन्या ।

संहितशफलक्षणवामादेः ॥३।१।५९॥ संहिताद्यादेर्मृदः ऊरुद्योः स्त्रियामूत्यो भवति । अनिवार्थोऽयमारम्भः । संहितोरूः । शफोरूः । लक्षणोरूः । वामोरूः । "सहितसहाभ्यां चेति वक्तव्यम्" [वा०] सहितोरूः । सहोरूः ।

बाह्वन्तकद्रुकमण्डलुभ्यः ॥३।१।६०॥ बाहुशब्दान्तान्मृदः कद्रुकमण्डलुशब्दाभ्यां खुविषये ऊत्यो भवति । मद्रबाहूः । भद्रबाहूः । कद्रूः । कमण्डलूः । कासाञ्चिद्देताः संज्ञाः । खाविति किम् ? वृत्तौ बाहू अस्याः वृत्तबाहूः । कद्रुः । कमण्डलुः ।

---

1. यदात्मकं जातिः अ०, ब०, स० ।

इतः ॥३।१।६१॥ अधिकारोऽयं संज्ञा। यानित ऊर्ध्वमनुक्रमिष्याम आकपो इत्संज्ञास्ते वेदितव्याः। वक्ष्यति।‘ “यूनस्तिः” [३।१।६२] युवतिः। “कद्रुरस्त्राः” [१।१।६] इति मृत्संज्ञाया स्वाद्युत्पत्तिः। बहुत्वनिर्देशोऽनुक्तपरिग्रहार्थः। मध्यान्म उक्तोऽन्यतोऽपि भवति। अन्तमः। आदिमः। धर्म्माट्ठण् विहितः। अधर्मादपि। आधर्मिकः। इतामिह बहुत्वेन निर्देशे किं प्रयोजनम्? अनुक्ताच्च इदुत्पत्तिर्यथा स्यादन्तमादिषु। तथा अनुक्ता अपि इतो भवन्ति “अग्रपश्चाड्डिमः” [वा०] इत्येवमादयः।

यूनस्तिः ॥३।१।६२॥ युवन्नित्येतस्मात्तिर्भवति स्त्रियाम्। युवतिः। यूनः स्त्रीविवक्षायां कुत्साद्यर्थविवक्षायां च परत्वात् कादयः प्राप्नुवन्ति तस्माद्यून इति योगविभागः। यूनो इत्प्रसङ्गे स्त्रीत्य एव भवति ततः कादयः। युवतिकाः।

ष्योऽन्तु रूपान्त्ययोर्वृद्धेऽनार्षेऽणिञोः ॥३।१।६३॥ स्त्रियामिति वर्तते। अणिञौ यौ वृद्धेऽनार्षे विहितावन्तु रूपान्त्यौ तदन्तस्य मृदः ष्य इत्ययमादेशो भवति। निर्दश्यमानयोरणिञोरेव व्यादेशः। “पौत्रादि वृद्धम्” [३।१।७८] इति अपत्यविशेषस्य वृद्धसंज्ञा। ऋषेरिदमार्षं तद्रहिते वृद्ध इति। “इफे रुः [१।२।८१] “दीः” [१।२।८२] इति अचां रुसंज्ञोक्ता। रुः उपान्त्यं सन्निहितं ययोरणिञोस्तयोः ष्यादेशः। षकारः “षे ष्यस्य पुत्रपत्योर्जिः” [४।३।६] इत्यत्र विशेषणार्थः। करीषस्येव गन्धोऽस्य करीषगन्धिः। “उपमानात्” [४।२।१३८] इति वा इकारः सान्तः। करीषगन्धेरपत्यं स्त्री कारीषगन्ध्या। कौमुदगन्ध्या। वराहस्यापत्यं स्त्री वाराह्या। बालाक्या। जातिलक्षणस्य “अयोङः” [३।१।५३] इति प्रतिषेधः। अनल्विधाविति स्थानिवद्भावप्रतिषेधादणिञ्लक्षणोऽपि ङीब्यो न भवति। ततः ष्यान्ताट्टाप्। अच्विति इलामविवक्षार्थमचां निर्द्धारणं क्रियतेऽन्तु रूपान्त्ययोरिति। अन्यथा येन नाव्यवधानं तेन व्यवहितेऽपीति एकेन वर्णेन व्यवधाने वाराह्यादिषु स्यात्। वर्णसङ्घाते व्यवधाने कारीषगन्ध्यादिषु न स्यात्। अच्विति बहुत्वनिर्देशः प्रधानभूतो यत्राचां बहुत्वमस्ति तत्रादेशः। तेनेह न भवति। दाक्षी। प्लाक्षी। रूपान्त्ययोरिति किम्? औपगवी। वृद्ध इति किम्? अहिच्छत्रे जाता आहिच्छत्री। अनार्ष इति किम्? वाशिष्ठी। वैश्वामित्री। अणिञोरिति किम्? आर्तभागी। ऋतभागाद्विदादिलक्षणोऽञ्। इह उडुलोम्नोऽपत्यं स्त्री औडुलोम्या। बाह्वादित्वादिञ् टिखे कृते रूपान्त्यत्वं ततः ष्यादेश इति आनुपूर्व्यम्[1]।

गोत्रावयवात् ॥३।१।६४॥ अणिञोरिति वर्तते। गोत्रमिति पूर्वाचार्याणां वृद्धस्य संज्ञा। गोत्रावयवाः गोत्राभिमताः कुलाख्याः। गोत्रावयववाचिनो मृदः वृद्धे विहितयोरणिञोः स्त्रियां ष्यो भवति। अरूपान्त्यार्थोऽयमारम्भः। पुणिकस्यापत्यं स्त्री पौणिक्या[2]। भुणिकस्य भौणिक्या। मुखरस्य मौखर्या। यत्रानन्तरापत्येऽपि ष्यो दृश्यते क्रौड्यादिषु तत्पठनीयम्। यथा आन्तकाम्या देवदत्ता।

क्रौड्यादेः ॥३।१।६५॥ क्रौडीत्येवमादिभ्यश्च स्त्रियां ष्यो भवति यथासम्भवं ङीटापोः प्राप्तयोः क्वचिदनन्तरापत्यार्थः। क्वचिदवृद्धार्थः। क्वचिदरूपान्त्यार्थः आरम्भः। क्वचिदणिञोरसन्तोरपि। त्य एवायं ष्य इष्यते। क्रौडि। क्रौड्या। “इतो मनुष्यजातेः” [३।१।५२] इति ङीविधिः प्राप्तः। क्रौडि लाडि व्याडि आपिशलि आपक्षिति एते इञन्ताः। चौपयत चैटयत सैकयत एते तकारान्ता अणन्ताः। सौधातकिरिञन्तः। “सूतशब्दाद्युवत्यां ष्यः” [ग० सू०] सूत्या। सूता अन्यत्र। “भोजात् क्षत्रियजातौ” [ग० सू०] भोज्या। भोजा अन्या। भौरिकि शालास्थलि कापिष्ठलि एते इञन्ताः। गौकक्ष्या। टाबन्तोच्चारणं जित्वनिवृत्त्यर्थम्। गौकक्ष्यापुत्रः।

---

१. आनुपूर्वी अ०। २. पुराणिकस्यापत्यं पौराणिक्या ब०।

दैवयज्ञिशौचिवृक्षिसात्यमुग्रिकाण्ठेविद्धिभ्यो वा ॥३।१।६६॥ दैवयज्ञि शौचवृक्षि सात्यमुग्रि काण्ठेविद्धि इत्येतेभ्यः वा ष्यो भवति। उभयत्र विभाषेयम्। वृद्धे प्राप्तेऽनन्तरापत्ये चाप्राप्ते। दैवयज्ञ्या। दैवयज्ञी। शौचिवृक्ष्या। शौचिवृक्षी। सात्यमुग्र्या। सात्यमुग्री। काण्ठेविद्ध्या। काण्ठेविद्धी। अनन्तरापत्ये **"इञ उपसंख्यानमजात्यर्थम्"** [वा०] इति ङी। वृद्धापत्ये **"इतो मनुष्यजातेः"** [३।१।५५] इति।

समर्थात्प्रथमाद्वा ॥३।१।६७॥ समर्थादिति प्रथमादिति वेति च पदत्रितयमधिकृतं वेदितव्यम्। "किंबहुसर्वनाम्नोऽद्व्यादेः" [४।१।६८] इत्यतः प्रा वक्ष्यति **"तस्यापत्यम्"** [३।१।७७] उपगोरपत्यं औपगवः। तस्येत्येतत् तान्तं सूत्रे प्रथमं सन्निविष्टम् तस्मादपत्याभिधाने त्यः। समर्थादित्युच्यते सामर्थ्यं च सुबन्तस्येति सुबन्तात्त्योत्पत्तिः। द्वद्ववर्णादिति विशेषणार्थं तु ङ्याप्मृद्ग्रहणमधिक्रियते। वृद्धस्य उपगोरपत्यमिति वाक्यस्यासुबन्तत्वात् वाक्यावयवस्य चासामर्थ्यात् त्यानुत्पत्तिः। समर्थादिति किम्? कम्बल उपगोरपत्यं देवदत्तस्य। यद्येवं समर्थः पदविधिरिति समर्थादेव भविष्यति किमनेन? कृतवर्णानुपूर्वकात् पदात् त्यो यथा स्यादित्येवमर्थम्। सुत्थितस्यापत्यं सौत्थितिः। वैद्धमाणिरिति। **"नेन्द्रस्य"** [५।२।२७] इत्यत्र वक्ष्यति समुदायकार्यं तावद्भवति पश्चादेकादेशः। एवं वा (चा) संहितात्योत्पत्तावनिष्टं रूपं स्यात्। प्रथमादिति किम्? तान्ताद्यथा स्यादपत्यशब्दान्मा भूत्। वाग्रहणं किम्? उपगोरपत्यमिति वाक्यमपि साधु यथा स्यात्। अनन्तराद्वाग्रहणात् सविधिरपि। उपग्वपत्यम्।

प्राग्द्रोरण् ॥३।१।६८॥ "द्रोः" [३।३।११६] "माने वयः" [३।३।१२०] इति वक्ष्यति। प्रागेतस्माद्येऽर्था वक्ष्यन्ते तेष्वण् भवतीति वेदितव्यम्। अधिकारो विधिर्वाऽयम्। अधिकारपक्षे **"पीलाया वा"** [३।१।१०७], **"वोदश्वितः"** [३।२।१४] इत्येवमादौ वावचनादण्वादविषये नास्ति वृत्तिः। विधिपक्षेऽपि 'परिहृत्यापवादविषयं तत उत्सर्गोऽभिनिविशते[1]। वक्ष्यति तस्यापत्यम् औपगवः। कापटवः। अपवादेन बाधितोऽप्युत्तरत्रानुवर्ततामिति प्राग्वचनम्।

अश्वपत्यादेः ॥३।१।६९॥ अश्वपति इत्येवमादिभ्यः समर्थविभक्त्यन्तेभ्यः अण् भवति प्राग् द्रोरर्थेषु। "पतिद्योः" [३।१।७०] इति ण्यो वक्ष्यते। तस्यायमपवादः। अश्वपतेरपत्यं आश्वपतः। अश्वपति गणपति वनपति गजपति राष्ट्रपति कुलपति पशुपति धान्यपति बन्धु[2]पति सभापति प्राणपति क्षेत्रपति येऽत्र दुसंज्ञास्तेभ्यो **"दोश्छः"** [३।२।९०] इतिच्छं बाधित्वा पूर्वनिर्णयेनायमेवाण्।

दित्यदित्यादित्यपतिद्योर्ण्यः ॥३।१।७०॥ प्राग् द्रोरिति वर्तते। दिति अदिति आदित्य पतिद्यु इत्येतेभ्यः समर्थविभक्त्यन्तेभ्यः प्राग् द्रोरर्थेषु ण्यो भवति। अणोऽपवादः। दितेरपत्यं दैत्यः। **"द्व्यचः"**, **"इतोनिञः"** [३।१।११०, १११] इतीमं ढणं पूर्वनिर्णयेनायं बाधते। सर्वतो **"अक्त्यर्थात्"** [३।१।३१ ग०सू०] इति ङीविधौ कृते परत्वाड्ढण् च भवति। दैतेयः। लिङ्गविशिष्टपरिभाषा वा नित्या अदितेरपत्यं आदित्यः। आदित्यस्यापत्यमादित्यः। प्राक्तनस्य यकारस्य **"क्यच्व्यनादृच्ल्यापत्यस्य"** [४।४।१४१] इति **"हलो यमां यमि खम्"** [५।४।१३८] इति वा खम्। पतिद्योः खल्वपि। बार्हस्पत्यः। सैनापत्यः। प्राजापत्यः। ण्यादयोऽर्थविशेषलक्षणादण (णोऽ) पवादात् पूर्वनिर्णयेन (इति) ण्य एव भवति। वनस्पतीनां समूहः वानस्पत्यम्। **"यमाच्चेति वक्तव्यम्"** [वा०] यमस्यापत्यं याम्यः। **"पृथिव्या ञाञौ"** [वा०]। पार्थिवः। पार्थिवी। **"देवस्य यञञौ"** [वा०]। दैव्यम्। दैवम्। **"बहिषष्टिलं यञ्च"** [वा०]। बाह्यम्। **"ईकण् च"** [वा०] बाहीकः। भेर्मेमात्रटिखमनित्यमारातीय इत्यादौ। स्थाम्नोऽकारः। अश्वत्थाम्नोऽपत्यम् अश्वत्थामः। **"लोम्नश्चापत्येषु बहुषु"** [वा०] उडुलोमाः। शरलोमाः। बहुष्विति किम्? औडुलोमिः। शारलोमिः। **"सर्वत्र गोरजादिप्रसङ्गे यः"** [वा०] गव्यः। अजादिप्रसङ्ग इति किम्? गोरूप्यम्। गोमयम्।

1. प्रकल्प्य चापवादविषयं... इति परिभाषेन्दुशेखरे। 2 बन्धपति अ०, ब०, स०।

उत्सादेरञ् ॥३।१।७१॥ प्राग्द्रोरिति वर्तते। उत्स इत्येवमादिभ्यः समर्थविभक्त्यन्तेभ्यः प्राग्द्रोरर्थेष्वञ् भवति। अणस्तदपवादानां च बाधकः। अञि सति "यञञोः" [१।४।१३५] इति बहुत्वे उब्भवति। उत्सस्यापत्यं औत्सः। उदपानस्यापत्यमौदपानः। उत्स उदपान विकर विनद महानद महानस महाप्राण तरुण तलुन। वष्कयशब्दादसे। असमास इत्यर्थः। धेनु पङ्क्ति जगती त्रिष्टुप् अनुष्टुप् जनपद भरत उशीनर पीलुकुण। उदस्थानशब्दाद्देशे। पृषदंश भल्लकीय रथन्तर मध्यन्दिन बृहत् महत्। सत्वतशब्दो सत्वन्तुशब्दो मत्वन्तः आगतनुङ्को गृह्यते। कुरु पञ्चाल इन्द्रावसान उष्णिह् ककुभ् सुवर्ण। ग्रीष्मादच्छन्दसीति वक्तव्यम्। छन्दश्चेह वृत्तजातिः। तरुणशब्दस्य लिङ्गविशिष्टस्य ग्रहणम्। तरुण्या अपत्यं तारुणः। एयादयोऽर्थविशेषलक्षणादण-(णोऽ)पवादात् पूर्वनिर्णयेन भवन्तीति।

स्त्रीपुंसान्नुक्स्वात् ॥३।१।७२॥ वक्ष्यति "ब्रह्मणस्त्वः" ३।४।१२६] एतस्मात्त्वसंशब्दनात् प्राग्योऽर्थो वक्ष्यते तेषु स्त्रीशब्दात् पुंशब्दाच्च अञ् भवति नुगागमः। स्त्रीषु भवं स्त्रैणं समूहः स्त्रीभ्यः आगतम् स्त्रीभ्यो हितं स्त्रीणां भावो वा स्त्रैणम्। एवं पौंस्नम्। "नोऽपुंसो ह्रति" [४।४।१३०] इति प्रतिषेधात् पुंसष्टिखं न भवति। स्त्रीशब्दस्य तु नुग्वचनसामर्थ्यात्[1]। स्त्रैणाः पौंस्ना इत्यत्र "यञञोः" [१।४।१३५] इत्युप् प्राप्नोति। इह च स्त्रैणानां संघ इति "संघाङ्कलक्षण" [३।३।६५] इत्यण् प्राप्नोति चेत् नैतौ दोषौ। अपत्याधिकारात् प्रागूर्ध्वं च वृद्धग्रहणेषु लौकिकगोत्रग्रहणमिति वक्ष्यते। न च स्त्रैणं पौंस्नमिति वा लौकिकं गोत्रं तस्मादुबणौ न भवतः। "पुंवद्यजातीयदेशीये" [४।३।१२४] इति वचनं योगापेक्षं ज्ञापकम्। वतोऽर्थे नायं विधिरिति। स्त्रीवत्। पुम्वत्।

वृद्धेऽच्यनुप् ॥३।१।७३॥ प्राग्द्रोरिति वर्तते। "यस्कादिभ्यो वृद्धे" [१।४।१३४] इत्यत्र प्रकरणे वृद्धे यस्य त्यस्य उबुक्तः तस्यानुब्भवति प्राग्द्रवीयेऽजादावुत्पत्स्यमाने। गर्गाणां छात्राः गार्गीयाः। "यञञोः" [१।४।१३५] इति बहुत्वे उप् प्राप्तः। ईयविषये प्रतिषिध्यते। "यस्य ङ्यां च" [४।४।१३६] इत्यखम् "क्यच्व्यनाद्धत्यापत्यस्य" [४।४।१४१] इति यखम्। त्याश्रयलक्षण ऐब्भवति। यास्कीयाः। शिवादिलक्षणस्याणः "यस्कादिभ्यो वृद्धे" [१।४।१३४] इत्युप् प्राप्तः। आत्रेयीयाः। "द्व्यचः" [३।१।११०] "इतोऽनिञः" [३।१।१११] इति ढण् तस्य "भृग्वत्रिकुत्सवशिष्ठगोतमाङ्गिरोभ्यः" [१।४।१३६] इत्युप्प्राप्तः। खारपायणीयाः। "यस्कादिभ्यो वृद्धे" [१।४।१३४] इत्यनेन नडादिफण उप् प्राप्तः। वृद्ध इति किम्? कुवलस्येदं कौवलम्। वादरम्। अवयवार्थे आगतस्याणः "उप्फले" [३।३।१२१] इति उबेव भवति। अचीति किम्? गर्गेभ्यः गर्गरूप्यम्। गर्गमयम्। प्रागद्रोरित्येव गर्गेभ्यो हितं गार्गीयम्। वृद्धाद्वद्वन्तात् एकस्मिन् यूनि द्वयोर्वा यूनोर्यस्त्यः तस्मिन्नष्टेऽप्यनुब्भवति। विदानामपत्यं युवा वैदः। वैदौ। अञन्तादत इञ्। तस्य "ञिण्यराजयाद्य न्युबणिञोः" [१।४।१३०] इत्युप्। "त्यखे त्याश्रयम्" [१।१।६३] इत्यञादित्वमस्ति। वर्णाश्रये नास्ति त्याश्रयमिति न मन्तव्यम्। अचीति विषयनिर्देशः। एकद्व्यन्ताच्च वृद्धात् युवबहुत्व विवक्षायां उप् च वक्तव्यः। वैदस्य वैदयोरपत्यानि युवानः विदाः।

रस्योबनपत्ये ॥३।१।७४॥ प्राग्द्रोरिति वर्तते। रस्य निमित्तत्वेन संबन्धी यो ह्रत् अपत्यवर्जिते प्राग्द्रोरर्थे विहितस्तस्योब्भवति। पञ्चसु गुरुषु भवः पञ्चगुरुर्नमस्कारः। दशसु धर्मेषु भवः दशधर्मः। द्वावनुयोगावधीते द्व्यनुयोगः। त्र्यनुयोगः। ह्रदर्थे षसः। संख्यादीरसंज्ञः। भवार्थे आगतस्याण उप्। रस्येति निमित्तविशेषणं किम्? उबन्ताद्यो ह्रत् तस्योम्मा भूत्। पञ्चगुरोर्नमस्कारस्येदं पाञ्चगुरवम्। यदि रस्य निमित्तं यो ह्रत् तस्योप्

---

१. अत्रापि टिखं न भवतीत्यत्रापि योज्यम्।

इह तर्हि न प्राप्नोति पञ्चानां कपालानां समाहारः पञ्चकपाली। पञ्चकपाल्यां संस्कृतः पञ्चकपालः। नैष दोषः। अव्यविकन्यायेन पञ्चकपालशब्दात् त्योत्पत्तिः। यथा अवेर्मांसं आविकमिति अविकशब्दादेव त्यो नाविशब्दात्। अनपत्य इति किम्? द्वयोर्देवदत्तयोरपत्यं द्वैदेवदत्तिः। अजग्रहणमनुवर्तते। तेनेह न भवति। पञ्चभ्यो गर्गेभ्य आगतं पञ्चगर्गरूप्यम्। प्राग्द्रोरित्येव। द्वाभ्यामक्षाभ्यां दीव्यति द्वैयक्षिकः। त्रैयक्षिकः।

यूनि ॥३।१।७५॥ प्राग्द्रोरिति वर्तते अचीति च। यूनि यस्त्यस्तस्योब् भवति प्राग्द्रवीयेऽजादौ त्य उत्पत्स्यमाने। फाण्टाहृतस्यापत्यं फाण्टाहृतिः। तस्यापत्यं युवा "फाण्टाहृतेर्णः" [३।१।१३८] इति णः। फाण्टाहृतः। तस्य यूनश्छात्रा बुद्धिस्थ एवानुत्पन्नेऽजादौ त्ये णस्योपि कृते इञन्तमिदं जातम्। "इञः" [३।२।८८] इत्यण् भवति। फाण्टाहृताः। भगवित्तस्यापत्यं भागवित्तिः। तस्यापत्यं युवा "दोष्ठण् सौवीरेषु प्रायः" [३।१।१३६] इति ठण्। भागवित्तिकः। तस्य यूनश्छात्राः ठण उपि कृते "इञः" [३।२।८८] इत्यण्। भागवित्ताः। तिकस्यापत्यं तैकायनिः। तस्यापत्यं युवा "फेश्छः" [३।१।१३७] इति छः। तैकायनीयः। तस्य यूनश्छात्राः छस्योपि कृते "दोश्छः" [३।२।१०] इति छः। तैकायनीयाः। ग्लुचुकस्यापत्यं "फिरदोः" [३।१।१४७] इति फिः। ग्लुचुकायनिः। तस्यापत्यं युवा "प्राग्द्रोरण्" [३।१।६८] ग्लौचुकायनः। तस्य यूनश्छात्रा अण उपि तस्येदमित्यण्। ग्लौचुकायनाः। कपिञ्जलादस्यापत्यं कापिञ्जलादिः तस्यापत्यं युवा "कुर्वादेर्ण्यः" [३।१।१२९] इति ण्यः। कापिञ्जलाद्यः। तस्य यूनश्छात्रा ण्यस्योपि कृते "इञः"[३।२।८८] इत्यण् कापिञ्जलादाः। अचीत्येव। फाण्टाहृतरूप्यम्। फाण्टाहृतमयम्। प्राग्द्रोरित्येव। भागवित्तिकाय हितं भागवित्तिकीयम्।

फण्फिञोर्वा ॥३।१।७६॥ यूनीति वर्तते। यूनि यौ फण्फिञौ तयोर्वा उब्भवति प्राग्द्रवीयेऽजादौ त्ये विवक्षिते। पूर्वेण नित्ये उपि प्राप्ते विभाषेयम्। गार्ग्यस्यापत्यं युवा "यञिञोः" [३।१।९०] इति फण्। गार्ग्यायणः। तस्य यूनश्छात्राः गार्गीया गार्ग्या वा। फिञः खल्वपि। यस्कस्यापत्यं "शिवादिभ्योऽण्" [३।१।१०१] यास्कः। यास्कस्यापत्यं युवा "द्व्यचोऽणः" [३।१।१४३] इति फिञ्। यास्कायनिः। तस्य यूनश्छात्राः यास्कीयाः। यास्कायनीयाः।

तस्यापत्यम् ॥३।१।७७॥ तस्येति तासमर्थात् अपत्यमित्येतस्मिन्नर्थे यथाविहितं त्यो भवति। इहार्थनिर्देशे लिङ्गवचनादिकमविवक्षितमप्राधान्यात्। उपगोरपत्यं औपगवः। तान्तादण्। उक्तार्थस्यापत्यशब्दस्य निवृत्तिः। "सुपो धुमृदोः" [१।४।१४२] इति सुप उप्। ऐप्। आश्वपतः। दैत्यः। सैनापत्यः। औत्सः। स्त्रैणः। पौंस्नः। वृत्तौ स्वभावत एकार्थीभावः। प्रकृत्यर्थो विशेषणभूतोऽप्रधानम्। त्यार्थस्य सामान्येन प्रवृत्तस्य विशेषेऽवस्थापनात्त्यार्थः प्रधानम्। गुणप्रधानभावेन प्रकृतिस्त्यश्च त्यार्थं सह ब्रूत इति। ननु च तस्येदं विशेषणं (सामान्यम्) एते अपत्यं समूहो निवासो विकार इति। तस्येदमित्येव सिद्धं किमर्थमिदमुच्यते? बाधकबाधनार्थम्। भानोरपत्यं भानवः। श्यामगवः। दुलक्षणश्लो बाधितः। "तस्यापत्यम्" "अदूबाह्वादेरिञ्" [३।१।८५] इत्येव वक्तव्ये इह करणं पूर्वैरुत्तरैश्च त्यैरभिसंबन्धो यथा स्यादित्येवमर्थम्।

पौत्रादि वृद्धम् ॥३।१।७८॥ पुत्रस्यापत्यं पौत्रः। विद्यादित्वादञ्। प्रथमादिति वर्तमानमर्थवशात्तया विपरिणम्यते। प्रथमस्य पौत्रादि यदपत्यं तद् वृद्धसंज्ञं भवति। संज्ञाविषयस्य प्रथमस्य गर्गस्यापत्यं गार्ग्यः। वात्स्यः। "वृद्धे कुञ्जादिभ्यो ञ्फः" [३।१।८७] इति वर्तमाने "गर्गादेर्यञ्" [३।१।९४] इति यञ्। पौत्रादीति किम्? गार्गिः। अनन्तरमपत्यं वृद्धं मा भूत्।

एकः ॥३।१।७९॥ वृद्धमिति वर्तते। वृद्धेऽपत्ये विवक्षिते एक एव त्यो भवति। स्वस्याः स्वस्याः प्रकृतेरपत्यभेदविवक्षायामनेकं त्यं बुद्ध्या समुदायीकृत्य नियमः क्रियते। यदिदं गर्गादिपितृकमपत्यजातं वृद्धं

---

१. एनम् अ०, ब०।

तस्मिन्नेक एव त्यो भवति। स च परमप्रकृतेर्भवति। यदपि व्यवहितेन जनितमपत्यं तदपि परमप्रकृतेः सामान्येनापत्यं भवत्येव। यदपि सर्वेऽप्यपत्येन युज्यन्ते तथापि प्रथमादित्यनुवर्तनात् परमप्रकृतेरेव भविष्यति गर्गस्यापत्यं गार्ग्यः। तत्सुतोऽपि गार्ग्यः। एवं व्यवहितेऽपि वृद्धापत्ये विवक्षिते गर्गशब्दाद् यञेव भवति। अथवा प्रकृतिनियमोऽयं वृद्धापत्ये विवक्षिते एक एव शब्दः प्रथमा प्रकृतिः त्यमुत्पादयति नान्येति प्रकृतिर्नियम्यते। एवं नडस्यापत्यं नाडायनः।

ततो यूनि ॥३।१।८०॥ ततो वृद्धत्यान्ताद् यून्यपत्ये विवक्षिते एक एव त्यो भवति। गार्ग्यस्यापत्यं युवा गार्ग्यायणः। दाक्षायणः। औपगविः। नाडायनिः।

जीवति तु वंश्ये युवाऽस्त्री ॥३।१।८१॥ वंशः पितृपितामहादिप्रबन्धः; तत्र भवो वंश्यः पित्रादिः। पौत्रादीति वर्तते। तच्चार्थवशात् तान्तं संबध्यते। पौत्रादेर्यदपत्यं चतुर्थादिकं तद्वंश्ये जीवति युवसंज्ञं भवति स्त्रियं वर्जयित्वा। गार्ग्यस्यापत्यं गार्ग्यायणः। दाक्षेर्दाक्षायणः। अस्त्रियामिति किम्? गार्ग्यस्यापत्यं स्त्री गार्गी। दाक्षी। तु शब्दो वृद्धसंज्ञासमावेशनिवृत्त्यर्थम्। इह दोषः स्यात्। सालङ्केरपत्यं युवा "यञिञोः" [३।१।१०] इति फण्। पैलस्यापत्यं युवा "द्व्यचोऽणः" [३।१।१४३] इति फिञ्। तयोर्यूनि "पैलादेः" [१।४।१३१] इत्युब् भवति। वृद्धसंज्ञासमावेशे तु "वृद्धेऽच्यनुप्" [३।१।७३] इति प्राग्द्रवीये अजादावनुप् प्रसज्येत। अस्तु "यूनि" [३।१।७५] इति भविष्यति। इह तर्हि दोषः। "फण्फिञोर्वा" [३।१।७६] इति उब्विभाष्यते। उप्यत्तेऽपि वृद्धसंज्ञासमावेशे "वृद्धेऽच्यनुप्" [३।१।७३] इति अनुप्स्यात्। अथासमावेशे कथं वृद्धलक्षणो वुञ् गार्ग्यायणानां समूहः गार्ग्यायणकम्। वक्ष्यति "वृद्धोक्षोष्ट्रो" [३।२।३४] आदिसूत्रे वृद्धग्रहणेनैव सिद्धे राजन्यमनुष्यग्रहणं ज्ञापकमपत्याधिकारादन्यत्र वृद्धग्रहणे लौकिकं गोत्रग्रहणम्। तेन वृद्धयूनोः समावेशः।

भ्रातरि च ज्यायसि ॥३।१।८२॥ पौत्रादिरपत्यमिति वर्तते। भ्रातरि च ज्यायसि जीवति कनीयान् भ्राता युवसंज्ञो भवति। मृतेऽपि वंश्ये यथा स्यादित्यारम्भः। भ्राता वंश्यो न भवति साक्षात् परम्परया वा। अकारणत्वाद्गार्ग्यस्य द्वौ पुत्रौ ज्यायसि जीवति कनीयान् गार्ग्यायणः। एवं दाक्षायणः। ज्यायांस्तु भ्राता गार्ग्यो दाक्षिरिति।

वान्यस्मिन् सपिण्डे स्थविरतरे जीवति ॥३।१।८३॥ पौत्रादेरपत्यमिति वर्तते। येषां सप्तमः पुरुष एकस्ते सपिण्डाः परस्परम्। बसे यसे वा सपिण्डशब्दः। समानस्य सभाव इहैव निपातितः। प्रकृतं जीवतीति शत्रन्तं स्थविरतरस्य विशेषणम्। इदं तु जीवतीति पदं तिङन्तं संज्ञिनो विशेषणम्। भ्रातुरन्यस्मिन् सपिण्डे स्थविरतरे जीवति पौत्रादेरपत्यं यज्जीवति तद्वा युवसंज्ञं भवति। गार्ग्यायणो गार्ग्यः। दाक्षायणो दाक्षिः। अन्यग्रहणं किम्? भ्रातरि इति वर्तते। तस्मिन्नेव सपिण्डे पितृव्यपुत्रे जीवति स्यात्। सपिण्डग्रहणमसम्बन्धान्यसम्बन्धनिरासार्थम्। ज्यायसीति वर्तमाने स्थविरतरग्रहणं किम्? स्थानवयोभ्यां ज्येष्ठे सपिण्डे यथा स्यात् भ्रातृव्ये वयोज्येष्ठे पितृव्यः कनीयान् युवसंज्ञो न भवति। जीवतीति किम्? मृते गार्ग्य एव।

पूजाकुत्सयोर्व्यत्ययः ॥३।१।८४॥ वेति वर्तते। परस्परविषयगमनं व्यत्ययः। वृद्धस्य युवसंज्ञा यूनश्च वृद्धसंज्ञेत्यर्थः। पूजायां कुत्सायां च गम्यमानायां यथासंख्यं वृद्धयूनोर्वा व्यत्ययो भवति। पूजायाम्— तत्रभवान् गार्ग्यायणः, तत्रभवान् गार्ग्यो वा। युवसंज्ञासामर्थ्यात् वृद्धत्यस्य युवत्येन योगः। कुत्सायां गार्ग्यस्त्वं जाल्म। गार्ग्यायणस्त्वं जाल्म। वृद्धसंज्ञासामर्थ्यात् युवत्यस्य निवृत्तिः।

अद्बाह्वादेरिञ् ॥३।१।८५॥ तस्यापत्यमिति वर्तते। अकारान्तेभ्यो मृद्भ्यः बाहु इत्येवमादिभ्यश्च अनन्तरे वृद्धे युवसंज्ञके चाऽपत्ये इञ् भवत्यणोऽपवादः। आकम्पनिः। दाक्षिः। औपगविः। अनकारा-

न्तार्थे बाधकबाधनार्थं च बाह्वादिग्रहणम् । बाहविः । औपवाकविः । बाहु उपवाकु निषाकु वराकु उपबिन्दु एभ्योऽण् प्राप्तः । बला "द्व्यचः" [३।१।११०] इति ढण् प्राप्तः । वृकला बलाका मूषिका भगला लगहा ध्रुवका सुमित्रा दुर्मित्रा एभ्यः "स्त्रीभ्यो ढण्" [३।१।१०१] इति ढण् । मानुषीलक्षणो वा ढण् स्यात् । पुष्करसत् अनुरदत्[1] अनुशतिकादित्वादनयोः पदद्वयस्यैप् । देवशर्म्मन् अग्निशर्म्मन् इन्द्रशर्म्मन् कुनामन् पञ्चन् सप्तन् । "अमितौजसः सखं च" [वा०] सुधावत् उदञ्च अञ्चेर्निपातनात् नखाभावः । शिरस्-शिरोमात्रस्यापत्यं नास्ति इति तदन्तविधिः । हातिशीर्षिः । पैलुशीर्षिः । शिरसः शीर्षादेशो वक्ष्यते । माषशराविन् क्षेमवृत्विन् शृङ्खलतोदिन् खरनादिन् निपातनादणत्वम् । नगरमर्दिन् प्राकारमर्दिन् लोमन् लोम्ना तदन्तविधिः इत उत्तरं प्रागुदङ्कशब्दात् "कुर्वष्यन्धक" [३।१।१०३] आदिनाऽण् प्राप्तः । अजीगर्त कृष्ण युधिष्ठिर अर्जुन साम्ब गद प्रद्युम्न राम संकर्षण मध्यन्दिन सत्यक उदक । "संभूयोऽम्भसोः सखं च" [वा०] ख्याताख्यातयोः ख्याते संप्रत्यय इति । तेन बाह्वादिप्रभृतिषु येषां लौकिकगोत्रभावं प्रति प्रवर्तकत्वमस्ति तेभ्य एव इञादयः । इह माभूत् बाहुर्नाम कश्चित् तस्यापत्यं बाहवः । आकृतिगणत्वादस्याजबन्धविः । आजवेनविरिति ।

सुधातुरकङ् च ॥३।१।८६॥ सुधातृशब्दादिञ् भवति तत्सन्नियोगेन अकङादेशश्च । सुधातुरपत्यं सौधातकिः । "व्यासवरुडनिषादचण्डालबिम्बादीनामिति वक्तव्यम्" [वा०] । न वक्तव्यम् । अव्यविकन्यायेन कान्तेभ्य एव त्यविधिः । वैयासकिः । वारुडकिः[2] । नैषादकिः । चाण्डालकिः । बैम्बकिः । कार्मारकिः ।

वृद्धे कुञ्जादिभ्यो ञ्फः ॥३।१।८७॥ वृद्धसंज्ञके अपत्ये विवक्षिते कुञ्ज इत्येवमादिभ्यो ञ्फो भवति । इञोऽपवादः । आदौ ञकारः "व्रातञ्फादस्त्रियाम्" [४।२।२] इति विशेषणार्थः । कुञ्जस्यापत्यं पौत्रादि कौञ्जायन्यः । कौञ्जायन्यौ । कौञ्जायनाः । "व्रातञ्फादस्त्रियाम्" [४।२।२] इति स्वार्थे ञ्यो भवति द्विसंज्ञः । कुञ्ज ब्रध्न शङ्ख गण लोमन् लोमशब्देन तदन्तविधिरिति केचित् । भस्मन् शट । अयं गर्गादिष्वपि । शाक शौण्ड शुभ विपाश् । अयं शिवादिष्वपि । स्कन्द स्कम्भ । वृद्ध इति किम् ? कुञ्जस्यापत्यमनन्तरं कौञ्जिः । वृद्ध इत्ययमधिकारश्च "शिवादिभ्योऽण्" [३।१।१०१] इत्यतः प्राक् ।

नडादेः फण् ॥३।१।८८॥ नड इत्येवमादिभ्यो वृद्धेऽपत्ये फण् भवति । नडस्यापत्यं वृद्धं नाडायनः । वृद्ध इत्येव । अनन्तरो नाडिः । नड चर वक मुञ्ज इतिक इतिश उपक लमक शलङ्कु शलङ्कआदेशं लभते । शालङ्कायनः । कथं शालङ्कायनः ? कथं सालङ्किः पिता सालङ्किः पुत्रः [सलङ्क] शालङ्क इति प्रकृत्यन्तरमस्ति । अथवा पैलादिषु पाठसामर्थ्यात् इञपि भवति । पञ्चपूल वाजप्य तिक अग्निशर्मन् वृषगणे । गोत्रे आग्निशर्मायणो भवति वार्षगण्यश्चेत् । आग्निशर्म्मिरन्यः । प्राण नर सायक दास मित्र द्वीप तगर पिङ्गल किङ्कर कथन कतर कतल काश्य काव्य सैव्य अजावाच्य स्तम्भ शिंशपा अमुष्य निपातनात् साधुः । कृष्णारणौ ब्राह्मणवाशिष्ठयोः । यथाक्रमं ब्राह्मणवाशिष्ठेऽर्थे । अजमित्र लिगु चित्र कुमार । क्रोष्टुरपत्यं क्रौष्टवं च । लोह दुर्ग अग्र तृण शकट सुमत मिमत ब्राह्मण चटक । ऐरोपीष्यते । चाटकैर बदर अश्वल अस्वर कामुक ब्रह्मदत्त उदम्बर अलोह दण्डपा । अन्ये इमानपि पठन्ति वक्ष्यमाणान् । ऋच् जत् ज्वलत् जनलत् हिंसक दण्डिन् हस्तिन् पञ्चाल चमसिन् । लौकिकगोत्रमात्र इत्येव । नडो नाम कश्चित्तस्यापत्यं नाडिः ।

हरितादयञः ॥३।१।८९॥ हरितादिर्बिदाद्यन्तर्गणः । हरितादिभ्योऽञन्तेभ्यः फण् भवति । इञोऽपवादः । इह वृद्धग्रहणमनुवर्तमानमञो विशेषणम् । वृद्धे योऽञ् विहितस्तदन्तात् फण् एक इति नियमाद्यूनि द्रष्टव्यः । हरितस्यापत्यं युवा हारितायनः । कैन्दासायनः ।

---

1. अनुरहत् अ० । 2. वरुट अ०, ब०, स० । 3. वारुटकिः अ०, ब०, स० ।

यञिञोः ॥३।१।९०॥ अत्रापि वृद्धग्रहणं यञिञोर्विशेषणम् । वृद्धे विहितौ यौ यञिञौ तदन्तात्फण् भवति । सामर्थ्याद्यूनीति ज्ञातव्यम् । गार्ग्यायणः । दाक्षायणः । इह गार्ग्या अपत्यं गार्गेय इति लिङ्गविशिष्टस्य ग्रहणेऽपि परत्वाट्ढण् भवति ।

शरद्वच्छुनकदर्भाद् भृगुवत्साग्रायणेषु ॥३।१।९१॥ वृद्ध इति वर्तते । शरद्वत् शुनक दर्भ इत्येतेभ्यः फण् भवति यथासंख्यं भार्गवे वात्स्ये आग्रायणे चापत्येऽभिधेये । शारद्वतायनो भवति भार्गवश्चेत् । शारद्वतोऽन्यः । शौनकायनो भवति वात्स्यश्चेत् । शौनकोऽन्यः । दार्भायणो भवति आग्रायणश्चेत् । दार्भिरन्यः । शरद्वत्शुनकशब्दौ विदादिषु पठ्येते ।

द्रोणपर्वतजीवन्ताद्वा ॥३।१।९२॥ द्रोण पर्वत जीवन्त इत्येतेभ्यो वृद्धापत्ये फण् च भवति । द्रौणायणः । द्रौणिः । पार्वतायनः । पार्वतिः । जैवन्तायनः । जैवन्तिः । वृद्ध इत्येव । द्रौणिः ।

विदादिभ्योऽनृष्यानन्तर्येऽञ् ॥३।१।९३॥ वृद्ध इति वर्तते । विद इत्येवमादिभ्यः अनृषीणामानन्तर्ये अञ् भवति । विदस्यापत्यं वैदः । विद उर्व कश्यप कुशिक भरद्वाज उपमन्यु किलात किन्दर्भ विश्वानर ऋष्टिषेण ऋतभाग हर्यश्व प्रियक आपस्तम्ब कूचवार शरद्वत् शुनक धेनु गोपवन शिग्रु विन्दु भाजन तामज अश्वावतान श्यामाक श्यापर्ण गोपवनादिप्रतिषेधः प्राग्घरितादेः इत ऊर्ध्वं बहुत्वेऽञ उबेव भवति । हरित किन्दास वह्यस्क अकलूष वध्योग विष्णु वृद्ध प्रतिबोध रथन्तर गविष्ठिर निषाद निषादशब्दस्य "**सुधातुरकङ् च**" [३।१।८६] इत्यत्र नैषादकिरुक्तोऽनन्तरे वृद्धे परत्वादयमञ् । मठर । अयं गोपवनादिष्वपि मठराद्यपि । एते हरितादय इत्याचार्यस्मृतिः । पृदाक सृदाक पुनर्भ्वादिष्वनन्तरेऽपत्ये पुनर्भू पुत्र दुहितृ ननान्दृ परस्त्री परशुं च या तु सवर्णा परस्य स्त्री परस्त्री सा कल्याण्यादिषु पठ्यते पारस्त्रैणेयः । वृद्ध इत्येव । अनन्तरो वैदिः । बाह्वादेराकृतिगणत्वाद् ऋष्यण् न भवति लौकिकगोत्रमात्र इत्येव । वैदो नाम कश्चित् तस्य वैदिः । अनृष्यानन्तर्ये इति किमर्थम् ? पुनर्भूप्रभृतीनामनृषीणामानन्तर्ये अनन्तरेऽपत्ये अञ्वेदितव्यः । ये तु ऋष्यपत्यानां नैरन्तर्ये प्रतिषेधमाचक्षते । तेषां कौशिको विश्वामित्र इति न स्यात् । ऋष्यानन्तर्ये प्रतिषेधो नास्ति । इन्द्रभूः सप्तमः काश्यपानाम् । भारद्वाजानां कतमोऽसीति "**तस्येदम्**" [३।३।८८] इत्यणा भविष्यतीति ।

गर्गादेर्यञ् ॥३।१।९४॥ वृद्ध इति वर्तते । गर्ग इत्येवमादिभ्यः वृद्धापत्ये यञ् भवति । गर्गस्यापत्यं पौत्रादि गार्ग्यः । गर्ग वत्स "**वाजादसे**" [सू० ग०] । अस इति किम् ? सौवाजिः । संकृति अज व्याघ्रपात् विदभृत् पुलस्ति प्राचीनयोग पुलस्त्यशब्दात् ऋष्यणि पौलस्त्यः । स्त्रियामणि पौलस्त्यी । यञि पौलस्त्यायनीति विशेषः । रेभ अग्निवेश शङ्ख शट धूम अवट मनस् धनञ्जय वृक्ष विश्वावसु जरमाण लोहित संशित बभ्रु मण्डु मङ्क्षु सङ्कु शङ्कुलि गुगुलु जिगीषु मनु मन्तु तन्तु मनायी ढण् प्राप्तः । "**भस्य ढत्यढे**" [वा०] इति पुंवद्भावः कसान्न भवति । कौडिन्यागस्ती इति निर्देशात् । यदि यञि पुंवद्भावः स्यात्, कुण्डिनीशब्दस्य पुंवद्भावे टिखे च कृते कौण्डिन्य इति न स्यात् । सूनु कथक रुक्ष तलुक्ष तण्ड वतण्ड कपि कत सकल कुरुकत । अयमनुशातिकादौ । अनडुह कण्ठ गोकक्ष अगस्त्य कुण्डनी यज्ञवल्क अभयजात विरोहित वृषगण रहूगण शण्डिल मुद्गल मुसल पराशर जतूकर्ण मन्त्रित अश्मरथ शर्कराक्ष पूतिमाष स्थूरा अरराक वामरथ पिङ्गल कृष्ण गोलुन्द उलूक तितम्भ तितव भिषज तिलज भण्डित चेकित देवहू इन्द्रहू एकहू एकलू पिप्पलु वृहदग्नि सुलाभिन् कुटीगु उक्थ । वृद्ध इत्येव । आनन्तरो गार्गिः । कथमनन्तरो जामदग्न्यो रामः पाराशर्यो व्यास इति ? गोत्राध्यारोपेण । अनन्तरापत्ये ऋष्यणा भवितव्यम् । लौकिकगोत्रमात्र इत्येव । यो गोत्रस्याप्रवर्तको गर्गस्तस्यापत्यं वृद्धं गार्गिः ।

मधुबभ्र्वोर्ब्राह्मणकौशिकयोः ॥३।१।९५॥ वृद्ध इति वर्तते । मधु बभ्रु इत्येताभ्यां यञ् भवति यथासंख्यं ब्राह्मणे कौशिकेऽत्राभिधेये । माधव्यो ब्राह्मणश्चेत् । माधवोऽन्यः । बाभ्रव्यः कौशिकश्चेत् । बाभ्र-

वोऽन्यः। बभ्रुशब्दो गर्गादिषु पठ्यते। तस्येह नियमार्थं वचनम्। कौशिक एव यथा स्यात्। गर्गादिषु पाठो लोहितादिकार्यार्थः। बाभ्रव्यायणी। अथ गणे एव कौशिकग्रहणं कर्तव्यम्। इह करणं वृद्धार्थम्। ननु गणेऽपि वृद्धे यञ्विहितः। इदमेव तर्हि ज्ञापकं गणपाठे क्वचिदनन्तरापत्येऽपि यञ् भवति। जामदग्न्यो रामः। पाराशर्यो व्यास इति।

कपिबोधादाङ्गिरसे ॥३।१।९६॥ वृद्ध इति वर्तते। कपिबोधशब्दाभ्यां यञ् भवति आङ्गिरसेऽपत्यविशेषे। काप्यः आङ्गिरसश्चेत्। अन्यत्र "इतोऽनिञः" [३।१।१११] इति ढणि कापेयः। बौध्य आङ्गिरसश्चेत्। बौधिरन्यः। इ पि कपिशब्दस्य गर्गादिषु पाठः। तस्य नियमार्थं वचनम्। आङ्गिरस एव यञ। गर्गादिषु पाठो लोहिताद्यर्थः। काप्यायनी। मधुबोधयोस्तु यत्त (यञि) तयोरुभयम्। माधवी माधव्यायनी। बौधी बौध्यायनी।

वतण्डात् ॥३।१।९७॥ आङ्गिरस इति वर्तते। वतण्डशब्दादाङ्गिरसेऽपत्यविशेषे वृद्धे यञ् भवति। वातण्ड्यः। आङ्गिरस इत्येव। अनाङ्गिरसे शिवादिपाठादण् वातण्ड इति। गर्गादिषु पाठादनाङ्गिरसे यञ् लोहितादिकार्यार्थः। वातण्ड्यायनी।

स्त्रियामुप् ॥३।१।९८॥ आङ्गिरस इति वर्तते। वतण्डशब्दादाङ्गिरस्यां स्त्रियां यञ उब्भवति। वतण्डस्यापत्यं वृद्धा स्त्री वतण्डी। यञ उपि "जातेरयोङः" [३।१।५३] इति ङीविधिः। आङ्गिरस इत्येव। वातण्ड्यायनी। शिवाद्यणि वातण्डा। वृद्धादन्यत्र वातण्डी।

अश्वादेः फञ् ॥३।१।९९॥ वृद्ध इति वर्तते। आङ्गिरस इति निवृत्तम्। अश्व इत्येवमादिभ्यो वृद्धे फञ् भवति। अश्वस्यापत्यं आश्वायनः। अश्व अश्मन् शङ्ख शूद्रक कुञ्जादिषु गर्गादिषु च पठ्यते। विद पुट रोहिण खद्वार खञ्जर खजूर वटिल भण्डिल भटल भडित भण्डित प्रहृत रामोद त्त्र ग्रीवा काश काण वात गोलाङ्क अर्क स्वन ध्वन पत पाद चक्र कुल अविष्ट पविन्द पवित्र गोमिन् श्याम धूम्रवाग्मिन् विश्वानर स्फुट कुट चुटि[1] शपादात्रेये। शापिरन्यः। जनक सनक स्नक ग्रीष्म अर्ह वीज रीत्त[2] विशम्प विशाल गिरि चपल चुप दासक। येऽत्र वृद्धत्वान्तास्तेभ्यः सामर्थ्यात् यूनि फञ् द्रष्टव्यः। वैश्य वैल्व वाद्य आनडुह्य धाप्य जात शब्दात् पुंसि। जातेयोऽन्यः। अर्जुन। अस्य बह्वादिषु पाठोऽनन्तरार्थः। शूद्रक सुमनस् दुर्मनस्। आत्रेयाद्भारद्वाजे। आत्रेयिरन्यः। भारद्वाजादात्रेये। विदाद्यञि भारद्वाजोऽन्यः। उत्स उत्सादिषु पाठोऽनन्तरार्थः। आतव कितव किव शिव खदिर वृद्ध इत्येव। आश्विः। लौकिक गोत्र इत्येव। गोत्रस्य प्रवर्तको योऽश्वः तस्यापत्यमेकान्तरितमाश्विः।

भर्गात् त्रैगर्ते ॥३।१।१००॥ वृद्ध इति वर्तते। भर्गशब्दात् फञ् भवति त्रैगर्तेऽपत्यविशेषे। भार्गायणो भवति त्रैगर्तश्चेद्। भार्गिरन्यः।

शिवादिभ्योऽण् ॥३।१।१०१॥ वृद्ध इति निवृत्तम्। इत उर्ध्वं सामान्येनापत्ये त्वविधानम्। शिव इत्येवमादिभ्योऽण् भवत्यपत्यमात्रे। इञादीनामपवादः। शिवस्यापत्यं शैवः। शिव प्रोष्ठ प्रोष्ठिक चण्ड जम्भ भूरि। अस्मात् "इतोऽनिञः"[३।१।१११] इति ढण् प्राप्तः। कुठार अन[3]भिम्लान सन्धि मुनि ककुत्स्थ कोहड कहूय रोवविरल (रोध विरल) वतण्ड। स्त्रियां वातण्ड्या। तृण कर्ण क्षीर हृदय परिषिक गोपिलका कपिलका जटिलका वधिरका मञ्जीरक वृष्णिक खञ्जर खञ्जल रेभ आलेखन विश्रवण रवण। विश्रवसोऽपत्यमिति विग्रहे विश्रवणरवणादेशौ। प्रकृत्यन्तरे वा। अव्यविकन्यायेन ताभ्यामेवाण्। वर्तनाक्ष विकट पिटक तृक्षक विभाग नभाक तटाक ऊर्णनाभ जरत्कारू उत्कोयस्तु रोहितिका आर्यश्वेता। आभ्यां 'स्त्रीभ्यो ढण्'

---

१. त्रुटि ब०, स०। २. वीक्ष ब०। ३. अनभिम्लान अ०, मु०।

[३।१।१०४] प्राप्तः। सुपिष्ट मयूरकर्णं खर्जूरकर्णं तद्वन्। अत्र कारिलक्षणस्य इञो बाधा। यस्त्विष्यत एव। तादण्य इति। ऋष्टिषेण। विदादिष्वस्य पाठो वृद्धार्थः। गङ्गा। अत्र नदीलक्षणस्याणो "द्व्यचः" [३।१।११०] इति ढण् बाधकः तमपि बाधित्वा "द्व्यचो नद्याः" इत्यण् प्राप्तः। तस्यापि तिकादिषु पाठात् फिञ् बाधकः स्यात्। अयं गङ्गाशब्दः शुभ्रादिषु च पठ्यते। तेन त्रैरूप्यम्। गाङ्गः। गाङ्गायनिः। गाङ्गेयः। विपाश। अत्रापि नदीमानुषीलक्षणस्याणः "द्व्यचः" [३।१।११०] इति ढण् बाधकः। तमपि "द्व्यचो नद्याः" इत्यण् बाधते। तमपि बाधित्वा कुञ्जादिलक्षणो फ्फ एव स्यात्। द्वैरूप्यं चेष्यते। वैपाशः वैपाशायन्य इति। यस्क लह्य दुह्य अयस्थूण भलन्दन विरूपाक्ष विरूपा भूमि इला सपत्नी। "द्व्यचो नद्याः" इति गणसूत्रम्। अन्यथा "द्व्यचः" [३।१।११०] इति ढण् प्रसज्येत। त्रिवेणी त्रिवेणं च।

नदीमानुषीभ्योऽदुभ्यस्तदाख्याभ्यः ॥३।१।१०२॥ नदीमानुषीभ्य इत्यर्थनिर्देशः। नदीमानुषीवाचिप्रकृतिभ्योऽदुसंज्ञाभ्यस्तदाख्याभ्योऽण् भवति। ढणोऽपवादः। यमुनाया अपत्यं यामुनः प्रणेता। इरावत्या अपत्यम् ऐरावतः। उद्ध्यः। वितस्तायाः पलालशिराः वैतस्तः। नर्मदाया नीतो नार्मदः। मानुषीभ्यः-चिन्तितायाः चैन्तितः। सुदर्शनायाः सौदर्शनः। स्वयंप्रभायाः स्वायंप्रभः। नदीमानुषीभ्य इति किम्? सौपर्णेयः। वैनतेयः। सुपर्णा विनता च देव्यौ। अन्येषां पक्षिण्यौ। अदुभ्य इति किम्? चान्द्रभागायाः चान्द्रभागेयः। वायुवेगेयः। तदाख्याभ्य इति किम्? या (भ्यः), काम्यः। प्रकृतिभ्योऽण् प्रार्थ्यते ता एवाख्या नामधेयानि नदीमानुषीणां यदि भवति। तेनेह न भवति। शोभनाया अपत्यं शौभनेयः। पुरस्तादपवादोऽयमिति अनन्तरमणं बाधते न व्यवहितं "क्षुद्राभ्यो वा" [३।१।१२०] इति ढणम्। पुलिकायाः पौलिकेरः।

कुर्वृष्यन्धकवृष्णेः ॥३।१।१०३॥ कुरवः अन्धकाः वृष्णयश्च क्षत्रियवंशाख्याः। ऋषयश्चेह ग्राम्या मठपतयो वशिष्ठाद्या गृह्यन्ते। महर्षीणामहिंसादिव्रतोपपन्नानामपत्यापत्यवत्सम्बन्धो नास्ति। कुरु-ऋषि-अन्धकवृष्णिवाचिभ्यो मृद्व्यः सामान्येनापत्येऽण् भवति। इञोऽपवादः। कुरुभ्यः—नाकुलः। साहदेवः। दौर्योधनः। ऋषिभ्यः—वाशिष्ठः। वैश्वामित्रः। अन्धकेभ्यः—श्वाफल्कः। रान्धसः। श्वैत्रकः। वृष्णिभ्यः—अदारः प्रातिवाहः। वासुदेवः। आनिरुद्धः। इह आत्रेयः इति परत्वाड्ढण्। यद्यपि भीमसेनः कुरुः, जातसेन ऋषिः। उग्रसेनोऽन्धकः, विष्वक्सेनो वृष्णिस्तथापि परत्वात्सेनान्तलक्षणो ण्य इञ्च भवति। मध्येऽपवादोऽयं पूर्वं ञित्यं बाधते।

मातुरुत्संख्यासंभद्रादेः ॥३।१।१०४॥ मातृशब्दस्य संख्यासंभद्रादेः उकारश्चान्तादेशो भवति अण् चाधिकारात्। द्वयोर्मात्रोरपत्यं द्वैमातुरो भरतः। शातमातुरः। सांमातुरः। भाद्रमातुरः। अभिधानवशात् जननीपर्यायस्य मातृशब्दस्य ग्रहणम्। संख्यासंभद्रादेरिति किम्? सौमात्रः। वैमात्रेयः। विमातृशब्दः शुभ्रादिषु पठ्यते।

कन्यायाः कनीन च ॥३।१।१०५॥ कन्यायाः कनीन इत्ययमादेशो भवति। अण् च तस्मात्। ढणोऽपवादः। कानीनः कर्णः। कानीनो हि नारकः।

विकर्णशुङ्गछगलाद्वत्सभरद्वाजात्रिषु ॥३।१।१०६॥ विकर्ण शुङ्ग छगल इत्येभ्यः अण् भवति यथासंख्यं वात्स्ये भारद्वाज आत्रेये चापत्यविशेषे। वत्सभरद्वाजात्रिष्वित्यत्र वत्सादयः शब्दा उपचारात् वृद्धत्यान्तेषु वर्तमाना गृह्यन्ते। वैकर्णो भवति वात्स्यश्चेत्। वैकर्णिरन्यः। काश्यपे वैकर्णेयः। शौङ्गो भवति भारद्वाजश्चेत्। शौङ्गिरन्यः। लिङ्गविशिष्टस्य ग्रहणे शुङ्गाया अपत्यं शौङ्गो भवति भारद्वाजश्चेत्। अन्यत्र शौङ्गेयः। छागलो भवति आत्रेयश्चेत्। छागलिरन्यः।

---

१. मकन्दन।

पीलाया वा ॥३।१।१०७॥ पीला तदाख्या मानुषी। पीलाया अपत्ये वाऽण् भवति। पैलः। पैलेयः।

ढण् च मण्डूकात् ॥३।१।१०८॥ मण्डूकशब्दाड्ढण् भवति चकारादण् च वा। तेन त्रैरूप्यम्। माण्डूकेयः। माण्डूकः। मण्डूकिः। स्त्रियां माण्डूकेयी। अणन्तस्य "कौरव्यासुरिमाण्डूकात्" [३।१।२२] इति फटि कृते माण्डूकायनी। ढञन्तस्य माण्डूक्या।

स्त्रीभ्यो ढण् ॥३।१।१०९॥ इह स्त्रीग्रहणेन स्त्रियामित्येवं विहिताष्टाबादयः स्त्रीत्या गृह्यन्ते। स्त्र्यर्थ-ग्रहणं तु न भवति। शुभ्रादिषु मातृशब्दस्य पाठाज्ज्ञायते। स्त्रीत्यान्तेभ्यो ढण् भवत्यपत्ये। सौपर्णेयः। वैनतेयः। वायुवेगेयः। स्त्रीत्यग्रहणमिति विशेषणं किम्? स्त्र्यर्थे मा भूत्। इडबिडः स्त्रिया अपत्यम्; दरदः अपत्यम् ऐडबिडः, दारदः। "पीलाया वा" [३।१।१०७] इत्यतो मण्डूकप्लुत्या वेति व्यवस्थितविभाषा वर्तते। तेन वडवायाः वृषे वाच्ये ढण् भवति। वाडवेयो वृषः। अपत्ये वाडव इति। क्रुञ्चकोकिलाभ्यामण् भवति। क्रुञ्चाया अपत्यं क्रौञ्चः। कोकिलाया अपत्यं कौकिलः।

द्व्यचः ॥३।१।११०॥ द्व्यचश्च स्त्रीत्यान्तादपत्ये ढण् भवति। मानुषीलक्षणस्याणोऽपवादः। दत्ताया दात्तेयः। गुप्ताया गौप्तेयः।

इतोऽनिञः ॥३।१।१११॥ स्त्रीभ्य इति निवृत्तम्। अविशेषेण स्त्रियाश्च विधानाद् द्व्यच इति वर्तते। इकारान्तान्मृदोऽनिञन्ताड्ढण् भवति। वलेरपत्यं वालेयः। नाभेयः। आत्रेयः। दौलेयः। इत इति किम्? दाक्षिः। अनिञ इति किम्? दाक्षायणः। द्व्यच इत्येव। मरीचेरपत्यं मारीचः।

शुभ्रादेः ॥३।१।११२॥ शुभ्र इत्येवमादिभ्यो ढण् भवति। इञादीनामपवादः। शुभ्रस्यापत्यं शौभ्रेयः। शुभ्र विष्टपुर पिष्टपुर ब्रह्मकृत शतद्वार शतहार शलाथल शलाकाभ्रू लेखाभ्रू विधवा कृकसा रोहिणी रुक्मिणी विकचा विवसा इलिका दिशा शालूका अजवस्ति शकन्धि। लक्ष्मणश्यामयोर्वाशिष्ठे। लाक्ष्मणिरन्यः। श्यामायनोऽन्यः। "अश्वादेः" [३।१।६६] इति फञ्। गोधा। कृकलास। प्राणि विकर्णाचि[1] प्रवाहण भरत भागर[2] मध्र मकुष्ट सुकण्डु मृषण्डु कर्पूर इतर अन्यतर आलीढ सुदत्त सुदक्ष सुनामन् सुदामन् कद्रु तुद अकशाप कुमारिका कुवणिका (किशोरिका) जिह्वाशिन् परिधि वायुदत्त शलाका सवला खड्वर अम्बिका अशोक गन्धपिङ्गला खरोन्मत्ता कुदत्ता कुसम्बा शुक्र वलीवर्दिन् विस्त वीजश्वन् अश्व अजिर विमातृ। आकृतिगणश्चायम्। तेन गाङ्गेयः पाण्डवेय इत्यादि सिद्धम्।

विकर्णकुषीतकात्काश्यपे ॥३।१।११३॥ विकर्णकुषीतकशब्दाभ्यां ढण् भवति काश्यपेऽपत्यवि-शेषे। वैकर्णेयः काश्यपश्चेत्। वैकर्णिरन्यः। कौषीतकेयः काश्यपश्चेत्। कौषीतकिरन्यः।

भ्रुवो वुक् ॥३।१।११४॥ भ्रूशब्दादपत्ये ढण् भवति वुक् चागमः। भ्रौवेयः।

कल्याण्यादीनामिनङ् ॥३।१।११५॥ कल्याणी इत्येवमादीनां ढण् भवति इनङादेशश्च। येऽत्र स्त्रीत्यान्ताः शब्दास्तेषामादेशार्थं वचनम्। ढण् पूर्वेण सिद्धः। अन्येषामुभयार्थं वचनम्। कल्याण्या अपत्यं काल्याणिनेयः। सौभागिनेयः। कल्याणी सुभगा दुर्भगा बन्धकी अनुकृष्टि जरती वलीवर्दी ज्येष्ठा कनिष्ठा मध्यमा परस्त्री जारस्त्री।

कुलटाया वा ॥३।१।११६॥ कुलान्यटतीति कुलटा। अत एव निपातनात् पररूपम्। कुलटाया वा इनङादेशो भवति। ढण् स्त्रीभ्य इत्येव सिद्धः। कौलटिनेयः। कौलटेयः। अनियतपुंस्कत्वविवक्षायां पर-त्वात् क्षुद्रालक्षणो ढ्रण्। कौलटेरः।

---

१. विकर्णाञ्चि ब०। २. भामण ब०। भामर स०।

चटकाण्णैरः ॥३।१।११७॥ चटकशब्दाण्णैरो भवति। चटकस्यापत्यं चाटकैरः। लिङ्गविशिष्टस्यापि ग्रहणम्। चटकाया अपत्यं चाटकैरः। स्त्रीढणः परत्वात् णैरः। **"स्त्रियामपत्ये उब्वक्तव्यः"** [**वा०**] चटकस्य चटकाया वा अपत्यं स्त्री चटका। **"ह्रदुप्युप्"** [१।१।६] इति स्त्रीत्यस्योप्। पुनष्टाप्।

गोधाया णारः ॥३।१।११८॥ गोधाशब्दादपत्ये णारो भवति। गौधारः। रणा सिद्धे णारवचनं ज्ञापकम्, अन्येभ्योऽपि भवतीति। जडस्यापत्यं जाडारः। पण्डस्यापत्यं पाण्डारः। पत्नस्य पात्नारः।

ढ्रण् ॥३।१।११९॥ ढ्रण् च भवति गोधाशब्दात्। गौधेरः। शुभ्रादिषु पाठात् गौधेय इति च भवति।

क्षुद्राभ्यो वा ॥३।१।१२०॥ अनियतपुंस्का अङ्गहीना वा क्षुद्राः। क्षुद्राभ्य इत्यर्थनिर्देशः। क्षुद्रावाचिप्रकृतिभ्यः स्त्रीलिङ्गाभ्यः वा ढ्रण् भवति। दास्या अपत्यं दासेरः। दासेयः। नट्या नाटेरः। नाटेयः। काणायाः काणेरः। काणेयः। **"द्व्यचः"** [३।१।११०] इत्ययं ढण् मध्येऽपवादः पूर्वस्य नदीमानुषीलक्षणस्याणो बाधकः।

ष्वसुश्छण् ॥३।१।१२१॥ ष्वसृशब्दाद् ऋकारान्तपूर्वान्तादपत्ये छण् भवति। अणोऽपवादः। मातृष्वस्रीयः। पैतृष्वस्रीयः। स्वसुरिति कृतषत्वग्रहणं किम्? भ्रातृस्वसुरपत्यं भ्रातृस्वस्रः। उरिति किम्? मातुःस्वसुरपत्यं मातुःष्वस्रः। **"वा स्वसृपत्योः"** [४।३।१३७] इत्यनुप्।

ढणि खम् ॥३।१।१२२॥ ढणि परतः ष्वसुर्ऋवर्णपूर्वस्य खं भवति। अनेनैव ढण्निपात्यते। मातृष्वस्रेयः। पैतृष्वस्रेयः।

चतुष्पाद्भ्यो ढञ् ॥३।१।१२३॥ चत्वारः पादाः यासां ताश्चतुष्पादः। चतुष्पाद्वाचिप्रकृतिभ्यः स्त्रीलिङ्गाभ्यो ढञ् भवति। अणादीनामपवादः। कामण्डलेयः। सैतवाहेयः। माद्रवाहेयः। जाम्बेयः। ढञि सति तस्मादुत्पन्नस्य युवत्यस्योब्भवति न ढणि।

गृष्ट्यादेः ॥३।१।१२४॥ गृष्टि इत्येवमादिभ्यः शब्देभ्यो ढञ् भवति। अणादीनामपवादः। गृष्टेरपत्यं गार्ष्टेयः। अचतुष्पाद्वचनमिह गृष्टिशब्दो गृह्यते। गृष्टि हृष्टि हलि वालि विद्वक्रादि (विश्र कुद्रि) अजवस्ति मित्रयु मित्रयोरपत्यं मैत्रेयः। **"औणहस्य"** [४।४।१६६] आदिना यकारादेः खं निपात्यते। बहुषु **"यस्कादिभ्यो वृद्धे"** [१।४।१३४] इति उप्। मित्रयवः।

क्षत्राद् घः ॥३।१।१२५॥ क्षत्रशब्दादपत्ये वा भवति। क्षत्रस्यापत्यं क्षत्रियः। जातावभिधानम्। अन्यत्र क्षात्रिः।

राजश्वशुराद्यः ॥३।१।१२६॥ राजश्वशुरशब्दाभ्यामपत्ये यो भवति। राज्ञोऽपत्यं राजन्यः। इहापि जातावभिधानम्। राजनोऽन्यः। श्वशुरस्यापत्यं श्वशुर्यः। ख्यातस्य सम्बन्धवचनस्य प्रेक्षणात् संज्ञायां श्वाशुरिः।

कुलाड्ढकञ्च ॥३।१।१२७॥ कुलशब्दादपत्ये ढकञ भवति यश्च। कुलस्यापत्यं कौलेयकः। कुल्यः। इहापि भवति ईषदसिद्धं कुलं बहुकुलं **"वा सुपो बहुःप्राक्तु"** [४।१।१२७] इति बहुत्यः। बहुकुलस्यापत्यं बाहुकुलेयकः। बहुकुल्यः।

खः ॥३।१।१२८॥ कुलशब्दात् खश्च भवति। कुलीनः। उत्तरत्र खस्यानुवृत्तिर्यथा स्यादिति योगविभागः।

सादेः ॥३।१।१२९॥ सह आदिना वर्तते इति सादिः। सादेः कुलशब्दात् खो भवति। आढ्यकुलीनः। राजकुलीनः। क्षत्रियकुलीनः। स-त्यविधौ न तदन्तविधिरिति पूर्वेण न सिद्ध्यति।

महतोऽञ्खञौ ॥३।१।१३०॥ महच्छब्दपूर्वात् कुलशब्दात् अञ्खञौ इत्येतौ भवतः। महतः आलविषये अभिधानं माहाकुलः। माहाकुलीनः। केचित्खस्यानुवृत्तिमिच्छन्ति। महाकुलीनः। आर्लविषये इति किम्? महतां कुलं महत्कुलं तस्मात् "सादेः" [३।१।१२१] इति खः। महत्कुलीनः।

दुसो ढण् ॥३।१।१३१॥ दुःशब्दपूर्वात् कुलादपत्ये ढण् भवति। पापं कुलं दुष्कुलम् "इदुदुपोऽत्य-पुम्मुहुसः" [५।४।२८] इति सलषत्वे। दुष्कुलस्यापत्यं दौष्कुलेयः। केचित् खमप्यनुवर्तयन्ति। दुष्कुलीनः।

स्वसुश्छः ॥३।१।१३२॥ स्वसृशब्दादपत्ये छो भवति। अणोऽपवादः। स्वस्रीयः।

भ्रातुर्व्यश्च ॥३।१।१३३॥ भ्रातृशब्दादपत्ये व्यो भवति छश्च। अणोऽपवादः। भ्रातुरपत्यं भ्रातृव्यः। भ्रात्रीयः। कथं लोके भ्रातृव्यशब्देन सपत्नोऽभिधीयते? उपचारात्। एकद्रव्याभिलाषश्च उपचारनि-मित्तम्। सपत्नी इव सपत्नः शत्रुः। पृषोदरादिपाठादकारो निपात्यते।

रेवत्यादेष्ठण् ॥३।१।१३४॥ रेवती इत्येवमादिभ्योऽपत्ये ठण् भवति। अणादीनामपवादः। रेवत्या अपत्यं रैवतिकः। रेवती अश्वपाली मणिपाली द्वारपाली वृकवञ्चिन् वृकग्राह कर्णग्राह दण्डग्राह कुक्कुटाक्ष।

वृद्धस्त्रियाः क्षेपे णश्च ॥३।१।१३५॥ पौत्राद्यपत्यं वृद्धं क्षेपः कुत्सा। वृद्धस्त्रीवाचिशब्दादपत्ये णो भवति ठण् च क्षेपे गम्यमाने। गार्ग्या अपत्यं युवा गार्गो जाल्मः। गार्गिको जाल्मः। ग्लुचुकायन्या अपत्यं युवा ग्लौचुकायनो जाल्मः। ग्लौचुकायनिको जाल्मः। क्षेपश्चात्र प्रतिषिद्धाचरणेन पितुरज्ञानाद्वा गम्यते। वृद्ध इति किम्? कारिकेयो जाल्मः। स्त्रिया इति किम्? औपगविर्जाल्मः। क्षेप इति किम्? गार्गेयो माणवकः।

दोष्ठण् सौवीरेषु प्रायः ॥३।१।१३६॥ वृद्धग्रहणं चानुवर्तते। सौवीरेष्विति वृद्धविशेषणम्। सौवी-रेषु यद्वृद्धवाचि दुसंज्ञं तस्मादपत्ये प्रायष्ठण् भवति क्षेपे गम्यमाने। वेति वक्तव्ये प्रायोग्रहणं परिगणनार्थम्।

"भागपूर्वपदो वित्तिर्द्वितीयस्तार्णविन्दवः। तृतीयस्त्वाकशापेयो वृद्धाट्ठण् बहुलं ततः।"

भागवित्तेरपत्यं युवा भागवित्तिकः। भागवित्तायनः। तार्णविंदवस्यापत्यं युवा तार्णविन्दविकः। तार्ण-विन्दविः। अकशाप इति शुभ्रादिषु। आकशापेयस्यापत्यं युवा आकशापेयिकः। आकशापेयिः। दुग्रहणं स्त्रीनिवृत्त्यर्थमविशेषेणेष्यते। सौवीरेष्विति किम्? औपगविर्जाल्मः। क्षेप इत्येव। भागवित्तायनो माणवकः।

फेश्छ च ॥३।१।१३७॥ वृद्धग्रहणं सौवीरेष्विति च वर्तते। फिञन्तात् सौवीरेषु वृद्धादपत्ये छो भवति ठण् च क्षेपे गम्यमाने। दोरित्यधिकारात् फेरित्यत्र फिञ एव संप्रत्ययः। यमुन्द तिकादिः। यामुन्दा-यनीयः। यामुन्दायनिकः। प्राय इत्यनुवर्तनादणपि भवति। तस्य फिञन्तात्परस्य "ञिण्यराजार्थाद्यून्युव-णिञोः" [१।४।१३०] इत्युप्। यामुन्दायनिर्जाल्मः। सुयामन्—सौयामायनिः। तस्यापत्यं युवा सौयामायनीयः। सौयामायनिकः। अणि। सौयामायनिः। वृषस्य वार्षायणिः। फिञः संनियोगे वृद्धयभावे वक्ष्यते वार्ष्यायणेरपत्यं वार्ष्यायणीयः। वार्ष्यायणिकः। अणि वार्ष्यायणिः। क्षेप इत्येव। यामुन्दायनिर्मा-णवकः। अणेव भवति। सौवीरेष्वित्येव। तैकायनेरपत्यं युवा अण् तस्योप्। तैकायनिर्जाल्मः।

"यमुन्दश्च सुयामा च वार्ष्यायणिः फिञः स्मृताः।
सौवीरेषु च कुत्सायां द्वौ योगौ शब्दविस्मरेत्।।"

फाण्टाहृतेर्णः ॥३।१।१३८॥ क्षेप इति निवृत्तम्। वृद्धग्रहणं सौवीरेष्विति च "ञिण्यराजार्थात्" [१।४।१३०] इत्यत्र "अणिञोरुप्यब्राह्मणगोत्रमात्राद्युवत्यस्योपसंख्यानम्" [वा०] इति उम्मा भूदिति णित्करणम्। "फिञप्यत्र भवतीति वक्तव्यम्।" [वा०] फाण्टाहृतायनिर्माणवकः। सौवीरेष्वित्येव। फाण्टा-हृतायनः। "सौवीरेषु मिमतशब्दाण्णफिञौ वक्तव्यौ" [वा०] मैमतः। मैमतायनिः। सौवीरेष्वित्येव। मैमतिः।

कुर्वादेर्ण्यः ॥३।१।१३६॥ सौवीरेष्विति निवृत्तम् । कुरु इत्येवमादिभ्योऽपत्ये ण्यो भवति । आदौ णकारः "ञिण्ण्यराजार्षात्" [१।४।१३०] इत्यत्र विशेषणार्थः । कुरोरपत्यं कौरव्यः । राजार्षात् कुरुशब्दाञ्ञ्यो वक्ष्यते । तस्य द्विसंज्ञकत्वाद्बहुषूप् । तिकादिषु कौरव्यायणिः । कुरु गर्ग संजय अतिमारक रथकाराजातौ च । पट्टक । सम्राजः क्षत्रिये । कवि पितृमत् ऐन्द्रजालि धातुजि पेजि दामोष्णीषि । गणकारि कैशोरि कापिञ्जलादि ऐन्द्रजाल्यादिभ्यः ततो "यूनि" [३।१।७५] इति यूनि ण्यः । क्रोड कुरु शलाका मुर खण्डाक एमुक शुद्धरसी केशिनी । स्त्रीलिङ्गनिर्देशसामर्थ्यात् पुंवद्भावो न भवति । शूर्पणाय श्यावनाय श्यावरथ श्यावपुत्र सत्यङ्कार वडभीकार पथिकारिन् मूढ़ सीन्न भूहेतु शकशालीन इनपिण्डी वामरथ । वामरथ्यस्य सकलादिकार्यं भवति । सकलादयो गर्गाद्यन्तःपातिनः । बहुत्वे उब्भवति वामरथाः । स्त्री वामरथी । वामरथ्यायनी । वामरथ्यायनः । वामरथ्यस्य छात्राः वामरथाः "शकलादिभ्यो वृद्धे" [३।२।८७] इत्यण् भवतीति । वामरथानां संघः वामरथः । "संघाङ्क" [३।३।१५] आदिनाऽण् ।

सेनान्तलक्षणकारिभ्य इञ्च ॥३।१।१४०॥ कारिशब्दः कारुवाचि । सेनान्तान्मृदो लक्षणशब्दात् कारिवाचिभ्यश्चापत्ये इञ् भवति ण्यश्च । हारिषेण्यः । हारिषेणिः । भैमसेन्यः । भैमसेनिः । जातसेन्यः । जातसेनिः । लाक्षण्यः । लाक्षणिः । कारिभ्यः—कौम्भकार्यः । कौम्भकारिः । तान्तुवाय्यः तान्तुवायिः । तक्षन्शब्दात् शिवादिलक्षणोऽण् । स इञो बाधको न तु ण्यस्य । तेन द्वैरूप्यम् । ताक्ष्णः । ताक्षण्यः ।

तिकादेः फिञ् ॥३।१।१४१॥ तिक इत्येवमादिभ्योऽपत्ये फिञित्ययं त्यो भवति । तिकस्यापत्यं तैकायनिः । तिक कितव संज्ञा वाल शिखा उरस् शाट्य सैन्धव यमुन्द रूप्य नाडी[1] सुमित्रा कुरु देवर देवरथ तितिलिन् सिलालिन् उरस । कौरव्य । द्विसंज्ञस्येदं ग्रहणम् । औरसशब्देन राष्ट्रसमानशब्देन साहचर्यात् । कथं कौरव्यः पिता कौरव्यः पुत्रः ? अनु (अत्र) ण्यान्तादिञ् तस्योप् । लाङ्कव गोकक्ष्य भौरिकि चौपयत चैटयत सैकयत दौञ्जयत त्वजवत् चन्द्रमस् शुभ गङ्गा वरेण्य बन्ध आरद्ध वाह्यका खल्यका लोयका सुयामन् उदन्या यज्ञ । यदिहावृद्धं दुसंज्ञं पठ्यते तस्य नित्यार्थं वचनम् ।

कौशल्येभ्यः ॥३।१।१४२॥ कौशल्यादिभ्योऽपत्ये फिञ् भवति । बहुवचनेन कर्मारछागवृषा गृह्यन्ते । कोशलस्यापत्यं कौशल्यायनिः । सर्वत्र मूलप्रकृतेः फिञ् । तस्यायनादेशे कृते कौशल्य इति । विकृतनिर्देशात् युट् निपात्यते । एवं दागव्यायनिः । कार्मार्यायणिः । छाग्यायनिः । वार्ष्यायणिः । राष्ट्रसमानशब्दात् कोशलात् ञ्यो वक्ष्यते । कर्मारशब्दात् कारिलक्षणो ण्योऽपि भवति । इञः प्रयोगो नोपलभ्यते ।

द्व्यचोऽणः ॥३।१।१४३॥ अणन्ताद् द्व्यचो मृदोऽपत्ये फिञ् भवति । इञोऽपवादः । कर्तुरपत्यं कार्त्रायणिः । पोतुरपत्यं पौत्रः; तस्यापत्यं पौत्रायणिः । एवं शैवायनिः । द्व्यच इति किम् ? औपगविः । अण इति किम् ? दाक्षिः ।

वा वृद्धाद्दोः ॥३।१।१४४॥ पौत्राद्यपत्यं वृद्धम् अवृद्धं यद्दुसंज्ञं तस्मादपत्ये वा फिञ् भवति । वायुरथायनिः । वायुरथिः । आदित्यगतायनिः । आदित्यगतिः । कारिशब्दात्परत्वादनेन भवितव्यम् । नापितायनिः । ण्योऽपि भवति । नापित्यः । इञोऽभिधानं नास्ति । अवृद्धादिति किम् ? आकम्पनायनः । औपगविः । दोरिति किम् ? आश्वग्रीविः ।

वाकिनादेः कुक ॥३।१।१४५॥ वेति वर्तते । वाकिन इत्येवमादिभ्योऽपत्ये वा फिञ् भवति । यदा फिञ् तदा कुगागमः । वाकिनस्यापत्यं वाकिनकायनिः । वाकिनिः । गारेवस्यापत्यं गारेवकायनिः ।

---

१. नाडी नीडी सु- ब० ।

गारेविः । वाकिन गारेव कार्कच काक लङ्क । वर्म्मिचर्म्मिणोर्नखं च । यदिहावृद्धं द्रुसंज्ञं तस्य कुगर्थं वचनम् । अन्यस्योभयार्थम् ।

पुत्रान्ताद्वा ॥३।१।१४६॥ वा वृद्धाद्दोरिति वर्तते । पुत्रान्तान्मृदो द्रुसंज्ञकाद् वा कुगागमो भवति फिञि परतः । प्रकृतेन वाग्रहणेन फिञ् विकल्प्यते अनेन कुक् । तेन त्रैरूप्यम् । वासवदत्तापुत्रस्यापत्यं वासवदत्तापुत्रकायणिः । वासवदत्तापुत्रायणिः । वासवदत्तापुत्रिः । गार्गीपुत्रकायणिः । गार्गीपुत्रायणिः । गार्गीपुत्रिः ।

फिरदोः ॥३।१।१४७॥ त्यान्तरोपादानात् फिञि निवृत्ते तत्संबद्धः कुगपि निवृत्तः । वेति वर्तते । अदोर्मृदोऽपत्ये फिर्भवति वा । त्रिपृष्टायनिः । त्रैपृष्टिः । श्रीविजयायनिः । श्रैविजयिः । ग्लुचुकायनिः । ग्लौचुकिः । ग्लौचुकायनिः । ग्लौचुकिः । वेति व्यवस्थितविभाषा । तेनेह न भवत्येव । दाक्षिः । प्लाक्षिः । अदोरिति किम् ? रामदत्तिः ।

मनोर्जातौ षुक्चाऽञ्यौ ॥३।१।१४८॥ मनुशब्दात् अञ् य इत्येतौ त्यौ भवतः षुक् चागमः समुदायेन जातौ गम्यमानायाम् । मानुषः । मनुष्यः । अपत्यापत्यवत्संबन्धद्वारेण व्युत्पत्तिमात्रं क्रियते । परमार्थतस्तु रूढिशब्दावेतौ । अत एव "यञञोः" [१।४।१३५] इति बहुषुम्न भवति । मानुषा इति । जाताविति किम् ? अपत्यमात्रेऽण् (औत्सर्गिकोऽणेव) भवति । लोहितादिपाठात् पौत्रादौ यञि तूभवति । मानव्यः । मानव्यौ । मनवः । स्त्री मनव्यायनी । [जाताविति किम् ? अपत्यमात्रे औत्सर्गिकोऽणेव भवति ।]

"पुरुदेवस्य पौत्राद्य(त्रोऽसा)वर्ककीर्तिर्जिता हतः । पालयामास लक्ष्मीवान् मानवो मानवीः प्रजाः ॥"

वृद्धापत्यविवक्षायां तु गर्गादित्वाद्यञा भवितव्यम् ।

"अपत्ये कुत्सिते मूढे मनोरौत्सर्गिकः स्मृतः । नकारस्य च मूर्द्धन्यस्तेन सिद्ध्यति माणवः ॥"

नेदं णत्वार्थं बहु वक्तव्यम् । "माणवचरकात् खञ्" [३।४।१०] इति निपातनात् सिद्धम् ।

द्रिः ॥३।१।१४९॥ यानित ऊर्ध्वमापादपरिसमाप्तेस्त्यान्वक्ष्यामो द्रिसंज्ञास्ते वेदितव्याः । वक्ष्यति "राष्ट्रशब्दाद्राज्ञोऽञ्" [३।१।१५०] पाञ्चालः । पाञ्चालौ । पञ्चालाः । सत्यां द्रिसंज्ञायां "द्रेर्बहुषु तेनैवास्त्रियाम्" [१।४।१३३] इत्युप् सिद्धः ।

राष्ट्रशब्दाद्राज्ञोऽञ् ॥३।१।१५०॥ राष्ट्रं जनपदः राजशब्दश्चेह क्षत्रियपर्यायः । राष्ट्रशब्दाद्राजवाचिनोऽपत्येऽञ् भवति । स्वभावतः पञ्चालादिशब्देन राष्ट्रं राजा चाभिधीयते । अथवा पञ्चालानां निवासो जनपद इति निवासार्थं आगतस्याणो "जनपद उस्" [३।२।६१] इति उसि कृते अवरकालेनापि पञ्चालशब्देन क्षत्रियशब्दो लक्ष्यते । यथा देवदत्तस्य पितेति । पञ्चालस्यापत्यं पाञ्चालः । पाञ्चालौ । पञ्चालाः । ऐक्ष्वाकः । ऐक्ष्वाकौ । इक्ष्वाकवः । इक्ष्वाकुशब्दस्य अञि "औणहत्य" [४।४।१६६] इत्यादिना उलं निपात्यते । राष्ट्रशब्दादिति किम् ? श्रीविजयिः । द्रुह्योः द्रौह्यवः । राज्ञ इति किम् ? पञ्चालो नाम ब्राह्मणस्तस्यापत्यं पाञ्चालिः ।

साल्वेयगान्धारिभ्याम् ॥३।१।१५१॥ साल्वा नाम क्षत्रिया तस्माद्द्व्यच इति ढणि साल्वेयः । साल्वेय गान्धारि इत्येताभ्यां राजशब्दाभ्यामञ् भवति । अञोऽपवादे "द्विस्कुरुनाद्यजादकोशलाञ्ञ्यः" [३।१।१५३] इति ञ्ये प्राप्ते वचनम् । साल्वेयस्यापत्यं साल्वेयः । गान्धारेरपत्यं गान्धारः । गान्धारौ । बहुषूपि गान्धारयः ।

द्व्यच्मगधकलिङ्गसूरमसादण् ॥३।१।१५२॥ राष्ट्रशब्दाद्राज्ञ इति वर्तते । द्व्यचो मृदः मगध कलिङ्ग सूरमस इत्येतेभ्यश्च अण् भवति । अञोऽपवादः । आङ्गः । वाङ्गः । सौह्मः । पौण्ड्रः । मागधः । कालिङ्गः । सौरमसः । सर्वत्र बहुषूप । अञैव सिद्धे किमर्थमण विधीयते ? "द्व्यचोऽणः" [३।१।१४३]

इति फिञ् यथा स्यात् । नास्त्यत्र विशेषः सर्वस्यैव युवत्यस्य द्रेरुत्तरस्योबिष्यते । इह तर्हि विशेषः राजसमानशब्दराष्ट्रात् तस्य राजन्यपत्यवदिति वक्ष्यते । अङ्गानां राजा आङ्ग इति अणि सति आङ्गस्यापत्यं आङ्गायनिः । 'द्व्यचोऽणः' [३।१।१४३] इति फिञ् । युवत्योऽयं न भवतीति उप् नास्ति । अपि च अञि सति संघाद्यर्थविवक्षायामण् प्रसज्येत । अणि सति "वृद्धचरणाञ्जित्" [३।३।१४] इति वुन् भवति । आङ्गकः । वाङ्गकः । मागधकः । कालिङ्गकः । सौरमसकः ।

द्वित्कुरूनाद्यजादकोशलाञ्ञ्यः ॥३।१।१५३॥ दुसंज्ञान्मृद इकारान्तात् कुरुशब्दात् नकारादेः अजादकोशलशब्दाभ्यां च ञ्यो भवति । अणोपवादः । दोः—आम्बष्ठस्यापत्यं आम्बष्ठ्यः । सौवीरस्य सौवीर्यः । काम्बचस्य काम्बच्यः । दार्वस्य दार्व्यः । द्व्यज्लक्षणोऽपि फिञ् परत्वादेतेन बाध्यते । इकारान्तात् अवन्तेरावन्त्यः । कुन्तेः कौन्त्यः । वसन्तेर्वासन्त्यः । तपरकरणं किम् ? कुमारी नाम जनपदः क्षत्रियश्चास्ति । तस्यापत्यं कौमारः । कुरोः—कौरव्यः । नादेः—निचकस्य नैचक्यः । निषधस्य नैषध्यः । नीपस्य नैप्यः । अजादस्य आजाद्यः । कोशलस्य कौशल्यः । सर्वत्र बहुषूप् ।

साल्वावयवप्रत्यग्रथकलकूटाश्मकादिञ् ॥३।१।१५४॥ साल्वा नाम मानुषी क्षत्रिया तस्या अपत्यं "द्व्यचः" [३।१।११०] इति ढणि साल्वेय इत्युसि कृते निपातनादणपि भवति । साल्वः क्षत्रियः तस्य निवासो जनपदः साल्वः । तदवयवाः ।

"उदुम्बरास्तिलखला मद्रकारा युगन्धराः । भुलिङ्गाः शरदण्डाश्च साल्वावयवसंज्ञिताः ।"

साल्वावयवेभ्यो राजवाचिभ्यः प्रत्यग्रथिः । कालकूटिः । आश्मकिः । सर्वत्र बहुषूप् योज्यः ।

पाण्डोर्ड्यण् ॥३।१।१५५॥ राष्ट्रशब्दाद्राज्ञ इति वर्तते । पाण्डुशब्दाड्ड्यण् भवत्यपत्येऽर्थे । पाण्डोरपत्यं पाण्ड्यः । डकारो टिखार्थः । णकारः "ञ्णिद्घदरक्तविकारे" [४।३।१५१] इति पुंवद्भावप्रतिषेधार्थः । पाण्ड्या भार्या अस्य पाण्ड्यभार्यः । कथमयं प्रयोगः असिद्वितीयो न ससार पाण्डवः ? पाण्डवा यस्य दासाः इति ? येन जनपदेन समानशब्दो राजा तस्य जनपदस्य स्वामी यदि विवक्षितस्तदायं विधिर्वेदितव्यः । अन्यत्रोत्सर्ग एव भवति । 'इह प्रकरणे राजसमानशब्दात् राष्ट्रात् तस्य राजन्यपत्यवदिति वक्तव्यम्" [वा०] राजसमानशब्दात् राष्ट्रात् तस्येति तासमर्थात् राजन्यभिधेये अपत्य इव त्यविधिर्भवति । पञ्चालानां राजा पाञ्चाल । साल्वेयानां राजा साल्वेयः । एवं आङ्गः । आम्बष्ठ्यः । औदुम्बरिः । पाण्डवानां राजा पाण्ड्यः । सर्वत्र बहुषूप् । अस्मादपत्यविवक्षायां "व, वृद्धाद्दोः" [३।१।१४४] इति फिञ् । पाञ्चालायनिः ।

उप् चोलादेः ॥३।१।१५६॥ राष्ट्रशब्दाद्राज्ञ इति वर्तते । चोलादेः परस्योब् भवति । कस्य ? सम्भवादणञोः । चोलस्यापत्यं चोलः । केरलः । कम्बोजः । शकः । यवनः । आदिशब्दः प्रकारवाची तस्य राजनीति वर्तते । चोलानां राजा चोलः ।

कुन्त्यवन्तिकुरुभ्यः स्त्रियाम् ॥३।१।१५७॥ कुन्ति अवन्ति कुरु इत्येतेभ्यः उत्पन्नस्य द्रेरुब् भवति स्त्रियामभिधेयायाम् । कुन्ती । अवन्ती । कुरूः । "द्वित्कुरुनाद्यजादकोशलाञ्ञ्यः" [३।१।१५३] इत्यस्य उपि कृते "इतो मनुष्यजातेः" [३।१।२५] इति ङीविधिः । कुरुशब्दात् "ऊरुतः" [३।१।५६] इति ऊत्यः । स्त्रियामिति किम् ? कौन्त्यः ।

अतोऽप्राच्यभर्गादेः ॥३।१।१५८॥ स्त्रियामिति वर्तते । अतस्त्यस्य उब्भवति स्त्रियामभिधेयायां प्राच्यान् भर्गादींश्च वर्जयित्वा । कुन्त्यादिभ्य उब्वचनं ज्ञापकम् – इह अत इति तदन्तविधिर्न भवति । सामर्थ्यादणञोरुब्भवतीति वेदितव्यम् । अपाच्यो नाम राष्ट्रसमानशब्दो राजा तस्यापत्यं स्त्री अपाच्या अञ उपि टाप् । एवं सूरसेनी । मद्रस्यापत्यं स्त्री मद्री । अण उपि जातिलक्षणो ङीविधिः । दरदोऽपत्यं स्त्री दरद् । अत इति किम् ? औदुम्बरी । साल्वावयवत्वादिञ् । "इतो मनुष्यजातेः"[३।१।२५] इति ङीविधिः । अप्राच्य-

भर्गादेरिति किम्? प्राच्या ये राष्ट्राभिधाना राजानस्तेभ्य उप् प्रतिषिध्यते। पाञ्चाली। वैदेही। पैप्पली। आङ्गी। वाङ्गी। सौह्मी। पौण्ड्री। मागधी। कालिङ्गी। भर्गादेरप्राच्यार्थ उप् प्रतिषेधः। भर्गस्यापत्यं स्त्री भार्गी। करूषस्य कारूषी। भर्ग करूष केकय कश्मीर सेल्व (सुल्वा) सुस्थाल उरस कौरव्य। वचनाद्यर्थेण उपि कुरुः। अनेनानुपि कौरव्येति। यौधेयः। शौक्रेय शौभ्रेय धार्तेय ग्रावाणेय नृगर्त भरत। उशीनर। कस्य पुनरकारस्य यौधेयादिभ्यः द्रुसंज्ञकेभ्यः परस्योप् प्राप्तः प्रतिषिध्यते? उच्यते। "पर्श्वादेरण्" [४।२।६] इति द्रिसंज्ञकोऽण् स्वार्थिको वक्ष्यते। तस्यायं प्रतिविधिः[1] न तु राष्ट्रसमानशब्दात्। आपत्यस्य उबुच्यमानः कथं स्वार्थिकस्य भिन्नप्रकरणस्य द्रेरुब्भवति। इदमेव यौधेयादिभ्यः प्रतिषेधवचनं ज्ञापकं भिन्नप्रकरणस्यापि द्रेरुब्भवति। अपत्यग्रहणेन गृह्यते इति किमेतस्य ज्ञापने प्रयोजनम्। इह स्त्रियामुप्। पशुः रक्षाः असुरी इति पशु रक्षस् असुर इति राष्ट्रशब्दा राजानः एषामपत्यं संघः स्त्रीत्वविशिष्टो विवक्षित इति अणञोरागतयोः "उप् चोञादेः" [३।१।१२६] इति उपि कृते पुनः "पर्श्वादेरण्" [४।२।६] इति स्वार्थिकोऽण्। तस्यापि स्त्रियामनेनोप् सिद्धः।

इत्यभयनन्दिविरचितायां जैनेन्द्रमहावृत्तौ तृतीयस्याध्यायस्य प्रथमः पादः समाप्तः।

तेन रक्तं रागात् ॥३।२।१॥ रज्यतेऽनेन शुक्लं वस्त्विति रागः; कुसुम्भादि द्रव्यम्। तेनेति भासमर्थात् रागविशेषवाचिनो मृदो रक्तमित्येतस्मिन्नर्थे यथाविहितं त्यो भवति। कषायेण रक्तं वस्त्रं काषायम्। हारिद्रम्। कौसुम्भम्। माञ्जिष्ठम्। रागादिति किम्? देवदत्तेन रक्तम्। "पुंखौ घः प्रायेण" [२।३।१००] इत्येतद् घञ्विधानेऽपेक्ष्यते। तेन वर्णविशेषस्य रागस्य ग्रहणादिह न भवति। पाणिना रक्तमिति। इहोपमानाद्भवति। काषायौ गर्दभस्य कर्णौ। हारिद्रौ कुक्कुटस्य पादाविति।

नीलपीतादकौ ॥३।२।२॥ नील पीत इत्येताभ्यां भान्ताभ्यां रक्तमित्येतस्मिन्नर्थे यथासंख्यम् अ क इत्येतौ त्यौ भवतः। नीलेन रक्तं नीलम्। लिङ्गविशिष्टस्यापि ग्रहणम्। नील्या रक्तं नीलम्। पीतेन रक्तं पीतकम्।

लाक्षारोचनाशकलकर्दमाट्ठण् ॥३।२।३॥ लाक्षादिभ्यो भासमर्थेभ्यो रक्तमित्येतस्मिन्नर्थे ठण् भवति। अणोऽपवादः। लाक्षया रक्तं लाक्षिकम्। शाकलिकम्। शकलकर्दमाभ्यामणपीष्यते।

भाद्युक्तः कालः ॥३।२।४॥ तेनेति वर्तते। भविशेषवाचिनो मृदो भासमर्थाद् युक्त इत्येतस्मिन्नर्थे यथाविहितं त्यो भवति। योऽसौ युक्तः कालश्चेत् स भवति। नित्ययुक्तौ हि भकालौ न तयोः सन्निकर्षविप्रकर्षौ स्तः। तत्कथं पुष्यादिना 'भेन युक्तः काल' इत्युच्यते? व्यभिचाराभावात्। नैष दोषः। इह पुष्यादिसमीपस्थे चन्द्रमसि पुष्यादयः शब्दाः वर्तमाना गृह्यन्ते। पुष्येण युक्तः कालः पुष्यसमीपगतेन चन्द्रमसा युक्त इत्यर्थः। पौषी रात्रिः। पौषमहः। "तिष्यपुष्ययोर्भाणि" [४।४।१३१] इति यकारस्य खम्। माघी रात्रिः। माघमहः। भादिति किम्? चन्द्रमसा युक्ता रात्रिः। काल इति किम्? पुष्येण युक्तश्चन्द्रमाः।

उसभेदे ॥३।२।५॥ अभेदो नामाविशेषः। पूर्वेण विहितस्योस् भवति न चन्द्रेण युक्तस्य कालस्य भेदो रात्र्यादिविशेषोऽभिधीयते। अद्य पुष्यः। अद्य कृत्तिकाः। अद्य रोहिण्यः। "युक्तवद्धुसि लिङ्गसंख्ये" [१।१।६८] इति युक्तवद्भावः। अत्र यावान् कालः त्रिंशन्मुहूर्तमात्रो भेन युक्तो न तस्य भेदोऽभिधीयते। अभेद इति किम्? पौषी रात्रिः। पौषमहः। अभेद इति प्रसज्यप्रतिषेधः। तेनेहापि न भवति। पौषोऽहोरात्रः।

---

1. प्रतिषेधः स०।

पौषः कालः इति। अथेह कथमुस् न भवति अद्य दिवा पुष्यः। अद्य रात्रौ पुष्य इति। पूर्वमष्टप्रहरात्मकस्य समुदायस्याभेद उसं विधाय पश्चाद्दिवारात्रिशब्दयोः प्रयोगः कृतः।

खौ श्रवणाश्वत्थाभ्याम् ॥३।२।६॥ खौ भेदेऽपि उस् यथा स्यादित्यारम्भः। श्रवण अश्वस्थ इत्येताभ्यामुत्तरस्य त्यस्योस् भवति खुविषये। श्रवणेन युक्ता श्रवणा रात्रिः। अश्वत्थेन युक्ता अश्वत्था रात्रिः। अश्वत्थो मुहूर्तः। "फाल्गुनीश्रवणाकार्तिकीचैत्रीभ्यः" [३।२।१८] इति श्रवणाशब्दनिर्देशो ज्ञापक इह सूत्रे उसि युक्तवद्भावो न भवति। खाविति किम्? श्रावणी रात्रिः। आश्वत्थी रात्रिः।

द्वन्द्वाच्छः ॥३।२।७॥ भद्वन्द्वाद्भाश्समर्थात् युक्तः काल इत्येतस्मिन्नर्थे छो भवति भेदे चाभेदे च। अणोऽपवादः। राधानुराधीयम्। राधानुराधीयं तिष्यपुनर्वसवीयमहः। अद्य तिष्यपुनर्वसीयम्। अयं परत्वादुसो बाधकः।

परिवृतो रथः ॥३।२।८॥ तेनेति वर्तते। तेन परिवृत इत्येतस्मिन्नर्थे यथाविहितं त्यो भवति; यः परिवृतो रथश्चेत् स भवति। वस्त्रेण परिवृतो रथो वास्त्रः। काम्बलः। चार्मणः। "अनः" [४।४।१२८] इति अणि टिखाभावः। रथ इति किम्? वस्त्रेण परिवृता शय्या। स इह कस्मान्न भवति छात्रैः परिवृतो रथ इति? अनभिधानात्। अथवा समन्तादवृतः परिवृत इत्याश्रयणात्। रथैकदेशस्त्वमुत्पादयति न छात्रादिः। इह कस्मादण् न भवति। पाण्डुकम्बलैः परिवृतो रथ इति? अनभिधानात्। कथं पाण्डुकम्बली रथ इति पाण्डुकम्बला अस्य संवृद्य (सन्ति व्रीह्यादि) पाठात् यसे कृते इन्द्रष्टव्यः। ठस्याभिधानं नास्ति। "तीयान्तात् स्वार्थे वा ईकण् वक्तव्यः" [वा०] द्वैतीयिकम्। द्वितीयम्। तार्तीयिकम्। तृतीयम्। "विद्याया अभिधाने नेष्यते" [वा०] द्वितीया विद्या। तृतीया विद्या। इह कथमण् भवति? न विद्यते पूर्वः पतिर्यस्याः सा अपूर्वा कुमारी। तादृशीं कुमारीमुपपन्नः कौमारः पतिरिति "तत्र भवः" [३।३।२८] इत्यण् भविष्यति। कुमार्यां भवः पतिः कौमारः पतिः। पुंयोगात् कौमारी भार्या इत्यपि सिद्धम्।

तत्रोद्धृतममत्रेभ्यः ॥३।२।९॥ भुक्तावशिष्टमुद्धृतमुच्यते इति केचित्। तत्तु नातिश्लिष्टम् अन्यत्रापि प्रयोगात्। उद्धृतं ब्राह्मणेन लब्धमिति। तत्रेति ईप्समर्थादमत्रवाचिनो मृदः उद्धृतमित्येतस्मिन्नर्थे यथाविहितं त्यो भवति। सरावेषु उद्धृत ओदनः सारावः। माल्लवः (माल्लिकः)। अमत्रेभ्य इति किम्? पाणावुद्धृत ओदनः।

स्थाण्डिलः ॥३।२।१०॥ स्थाण्डिल इति निपात्यते। स्थण्डिलशब्दादीबन्ताच्छयितर्यभिधेयेऽण् निपात्यते समुदायेन व्रते गम्ये। स्थण्डिले शेते स्थाण्डिलो ब्रह्मचारी। व्रतादन्यत्र स्थण्डिले शेते देवदत्त इति।

संस्कृतं भक्षाः ॥३।२।११॥ सतो गुणान्तराधानं संस्कारः। खरविश (श) दमभ्यवहार्यं भक्षः। तत्रेति ईप्समर्थात् संस्कृतमित्येतस्मिन्नर्थे यथाविहितं त्यो भवति यत्तत् संस्कृतं भक्षाश्चेत्तद् भवति। भ्राष्ट्रे संस्कृताः भ्राष्ट्राः। एवं कैलासाः (कालशाः) पात्राः। भक्षा इति किम्? फलके संस्कृतो मालागुणः।

शूलोखाद्यः ॥३।२।१२॥ शूल उखा इत्येताभ्यां ईप्समर्थाभ्यां संस्कृतं भक्षा इत्येतस्मिन्नर्थे यो भवति। अणोऽपवादः। शूले संस्कृतं शूल्यम्। उखायां संस्कृतमुख्यम्। उपमानात् सिद्धम्। पिठरे शूले इव संस्कृतं पिठरशूल्यम्। मयूरव्यंसकादित्वात् खविधिः।

दध्नष्ठण् ॥३।२।१३॥ दधिशब्दादीप्समर्थात् संस्कृतं भक्षा इत्येतस्मिन्नर्थे ठण् भवति। दधिनि संस्कृतं दाधिकम्। तत्र यद्दध्नि संस्कृतं तद्दध्ना संस्कृतमित्यपि भवति। एवं च "तेन संस्कृतम्" इति वक्ष्यमाणेन ठणा सिद्धं नार्थोऽनेन? नैष दोषः। यदन्यत्रोत्पन्नं दधिकृतमेवोत्कर्षमपेक्षते तदिहोदाहरणम्। यस्य तु दध्ना लवणादिना च संस्कारस्तस्य वक्ष्यमाणमुदाहरणम्।

वोदश्वितः ॥३।२।१४॥ उदश्वित्-शब्दादीप्समर्थात् संस्कृतं भक्षा इत्येतस्मिन्नर्थे ठण् भवति। उदश्विति संस्कृत ओदनः औदश्वित्कः। औदश्वितः। अतोऽपि वाक्चनाज्ज्ञायते तेन संस्कृतात्तत्र संस्कृत-स्यार्थभेदः। अन्यथैवन्ताट्ठण् भान्तादण् इत्युभयं सिद्धं स्यात्।

क्षीराड्ढण् ॥३।२।१५॥ क्षीरशब्दादीप्समर्थात् संस्कृतं भक्षा इत्येतस्मिन्नर्थे ढण् भवति। अणोऽपवादः। क्षीरे संस्कृता क्षैरेयी यवागूः।

सास्मिन् पौर्णमासीति खौ ॥३।२।१६॥ सेति वासमर्थादस्मिन्निति ईबर्थे यथाविहितं त्यो भवति यत्तद्वानिर्दिष्टं पौर्णमासी सा चेद्भवति। इतिकरणाद्यदि लोके विवक्षा समुदायेन चेत् संज्ञा गम्यते। पूर्णमासा चन्द्रमसा युक्तः कालः पौर्णमासी। इदमेव ज्ञापकमत्राण भवतीति। माघी पौर्णमास्यस्मिन् मासेऽर्द्धमासे संवत्सरे वा माघो मासोऽर्द्धमासः संवत्सरः। एवं पौषः। खाविति किम्? माघी पौर्णमास्य-स्मिन् पञ्चदशरात्रे। इतिशब्दः किमर्थः? विद्यमानेऽपि लक्षणे लौकिकप्रयोगानुसारणार्थः। इह मा भूत्। माघी पौर्णमासी अस्मिन् हि भवति संवत्सरपर्वणि।

अश्वत्थाग्रहायणीभ्यां ठञ् ॥३।२।१७॥ सास्मिन् पौर्णमासीति वर्तते। अश्वत्थ आग्रहायणी इत्येताभ्यां पौर्णमासीति वासमर्थाभ्यामस्मिन्निति ईबर्थे ठञ् भवति। अणोऽपवादः। अश्वत्थेन युक्तः कालः अश्वत्था पौर्णमासी अस्मिन्मासे अर्द्धमासे संवत्सरे वाऽश्वत्थिकः। अग्रहायणेन युक्तः काल आग्रहायणी आग्रहायणिकः।

फाल्गुनीश्रवणाकार्तिकीचैत्रीभ्यो वा ॥३।२।१८॥ फाल्गुन्यादिभ्यो वा ठञ् भवति। सास्मिन् पौर्णमासीति वर्तते। फाल्गुनी पौर्णमासी अस्मिन् मासे संवत्सरे वा फाल्गुनिकः। फाल्गुनः। एवं श्रावणिकः। श्रावणः। कार्तिकिकः। कार्तिकः। चैत्रिकः। चैत्रः।

सास्य देवता ॥ ३।२।१९ ॥ सेत्यत्र लिङ्गवचने अप्रधानभूते। सेति वासमर्थादस्येति ताऽर्थे यथाविहितं त्यो भवति यत्तद्वानिर्दिष्टं देवता चेत्स भवति। अर्हन् देवता अस्य आर्हतः। भगवती देवता अस्य भागवतः। बार्हस्पत्यः। सेति वर्तमाने पुनः साग्रहणं संज्ञाविषयनिवृत्त्यर्थम्। तेन संज्ञायां वायं विधिः। देवतेति किम्? कन्या देवदत्तस्य।

कस्येः ॥३।२।२०॥ कशब्देन प्रजापतिरभिधीयते। कस्य इकारोऽन्तादेशो भवत्यण् च सास्य देवतेत्यस्मिन्विषये। को देवताऽस्य कायं हविः। अणि पूर्वेण सिद्धे इत्वार्थं वचनम्। आरम्भसामर्थ्यात् "यस्य ङ्यां च" [४।४।१३२] इति खं न भवति।

शुक्राद् घः ॥३।२।२१॥ शुक्रशब्दाद् घो भवति। अणोऽपवादः। सास्य देवतेति वर्तते। शुक्रो देवतास्य शुक्रियः।

अपोनप्त्रपान्नप्तृभ्याम् ॥३।२।२२॥ घ इति वर्तते। अपोनप्तृ अपान्नप्तृ इत्येताभ्यां घो भवति। अणोऽपवादः। साऽस्य देवतेति वर्तते। अपोनपाद्देवताऽस्य अपोनप्त्रियः। अपान्नपाद्देवता अस्य अपान्न-प्त्रियः। प्रत्यय (त्य) सन्नियोगेन प्रकृत्योः अपोनप्तृअपान्नप्तृभावो निपात्यते। संप्रेषे अपोनपाते ब्रूहि अपान्नपाते ब्रूहि इति भवति।

छः ॥३।२।२३॥ अपोनप्तृ अपान्नप्तृ इत्येताभ्यां छश्च भवति सास्य देवतेत्यस्मिन् विषये। अपोनप्त्रीयः। अपान्नपत्रीयः। योगविभाग उत्तरार्थः "पैङ्गीपुत्रादिभ्यश्छो वक्तव्यः" [वा०] पैङ्गी-पुत्रीयः। तार्णविन्दवीयः। "शतरुद्राद् घश्च" [वा०] शतरुद्रियः। शतरुद्रीयः।

महेन्द्राद्घाऽणौ च ॥३।२।२४॥ सास्य देवतेति वर्तते। महेन्द्रशब्दाद् घ अण् इत्येतौ भवतश्छश्च। महेन्द्रो देवता अस्य महेन्द्रियः। माहेन्द्रः। महेन्द्रीयः।

सोमाट्ट्यण् ॥३।२।२५॥ सोमशब्दाट्ट्यण् भवति सास्य देवतेत्यस्मिन्विषये। अणोऽपवादः। सोमो देवता अस्य सौम्यः। स्त्रियां सौमी। "**हलो ङतो ङ्याम्**" [४।४।१४०] इति यखम्।

वाय्वृतुपित्रुषसो यः ॥३।२।२६॥ वायु ऋतु पितृ उषस् इत्येतेभ्यो यो भवति। अणोऽपवादः। साऽस्य देवता इति वर्तते। वायव्यः। ऋतव्यः। पित्र्यः। "**रीङृतः**" [५।२।१३६] इति रीङादेशः। उषस्यः।

द्यावापृथिवीसुनाशीरमरुत्वदग्नीषोमवास्तोष्पतिगृहमेधाच्छ च ॥३।२।२७॥ द्यावापृथिवी इत्येवमादिभ्यश्छो भवति यश्च सास्य देवतेत्यस्मिन्विषये। द्यौश्च पृथिवी च द्यावापृथिव्यौ देवते अस्य द्यावापृथिवीयः। द्यावापृथिव्यः। सुनो वायुः शीर आदित्यः सुनश्च शीरश्च "**देवताद्वन्द्वे**" [४।३।१२१] इत्यानङ्। सुनाशीरौ देवते अस्य सुनाशीरीयः। सुनाशीर्यः। मरुत्वान् देवता अस्य मरुत्वतीयः। मरुत्वत्यः। अग्निश्च सोमश्च देवते अस्य अग्नीषोमीयः। अग्नीषोम्यः। "**सोमवरुणेऽग्नेरीः**" [४।३।१४०] इतीत्वम्। "**स्तुत्सोमौ चाग्नेः**" [२।४।६२] इति षत्वम्। वास्तोष्पतीयः। वास्तोष्पत्यः। पुल्लिङ्गत्वं ताया अनुप् षत्वं च निपातनात्। गृहमेधीयः। गृहमेध्यः।

सर्वत्राग्निकलिभ्यां ढण् ॥३।२।२८॥ साऽस्य देवतेति वर्तमाने सर्वत्रग्रहणं सर्वार्थसंग्रहार्थम्। अग्निकलिशब्दाभ्यां सर्वेष्वर्थेषु ढण् भवति प्राग्द्रोः। अग्निर्देवता अस्य अग्नौ भवः अग्नेरागतो आग्नेयः। एवं कालेयः।

कालेभ्यो भववत् ॥३।२।२९॥ कालविशेषवाचिभ्यो भव इव त्यविधिर्भवति। वत्करणं सर्वविशेषपरिग्रहार्थम्। येभ्यः कालविशेषवाचिभ्यो मृद्भ्यो भवे ये त्या विहिताः सास्य देवतेत्यस्मिन्विषये तेभ्य एव मृद्भ्यस्त एव त्या अतिदिश्यन्ते। यथा मासे भवं मासिकं सांवत्सरिकं वासन्तं प्रावृषेण्यम्। "**कालाट्ठञ्**" [३।२।१२१] "**भसंध्यादृतुभ्यो वर्षाभ्योऽण्**" [३।२।१२७] "**प्रावृष एण्यः**" [३।२।१२६] एते त्या भवन्ति। तथा मासो देवता अस्य वसन्तो देवता अस्य प्रावृड् देवता अस्येति अत्रापि भवन्ति।

महाराजप्रोष्ठपदाभ्यां ठण् ॥३।२।३०॥ महाराजो वैश्रवणः। महाराज प्रोष्ठपदा इत्येताभ्यां ठण् भवति सास्य देवतेत्यस्मिन्विषये। महाराजो देवताऽस्य माहाराजिकः। प्रोष्ठपदा देवताऽस्य प्रोष्ठपदिकः। "**ठण्प्रकरणे तदस्मिन्वर्तते इति नवयज्ञादिभ्य उपसंख्यानम्**" [वा०] नवयज्ञोऽस्मिन् वर्तते नावयज्ञिकः। पाकयज्ञिकः। "**पूर्णमासादण् वक्तव्यः**" [वा०] पूर्णमासोऽस्यां वर्तते पौर्णमासी तिथिः।

पितृव्यमातुलमातामहपितामहाः ॥३।२।३१॥ पितृव्यादयः शब्दा निपात्यन्ते। समर्थविभक्तिस्त्योऽनुबन्धस्त्यार्थं इति सर्वमिदं निपात्यते। पितृमातृभ्यां तासमर्थाभ्यां भ्रातरि वाच्ये व्यड्डुलौ निपात्येते पितुर्भ्राता पितृव्यः। मातुर्भ्राता मातुलः। डित्त्वाट्टिखम्। "**ताभ्यामेव पितरि डामहः**" [वा०] मातुः पिता मातामहः। "**स एव डामहो मातरि वाच्यायां टिच्च**" [वा०] मातुर्माता मातामही। पितुर्माता पितामही। टित्त्वान्ङीविधिः।

तस्य समूहः ॥३।२।३२॥ तस्येति तासमर्थात् समूह इत्येतस्मिन्नर्थे यथाविहितस्त्यो भवति। चित्तवद्वृद्धं यस्य न चान्यत्र प्रतिपदं ग्रहणं तदिहोदाहरणम्। अचित्तवतष्ठ वदणय् ते। वृद्धाद्वुञ्। प्रति

पदमुख्यादिभ्योऽपि वुञादिः । काकानां समूहः काकम् । शौकम् । वार्कम् । इह पञ्चानां पूलानां समूहः पञ्चपूला इति प्राप्नोति । समूहार्थेऽण् तस्य "रस्योबनपत्ये" [३।१।७४] इत्युप् "परिमाणाद्‌घ्नुपि" [३।१।२६] इति नियमात् । असति ङीविधौ टापा भवितव्यम् । नायं दोषः । समाहारलक्षण एवात्र रसः । ह्वदुत्पत्तिर्न भवत्यनभिधानात् ।

भिक्षादेः ॥३।२।३३॥ तस्य समूह इति वर्तते । भिक्षा इत्येवमादिभ्यः यथाविहितं त्यो भवति । पुनर्विधानं ठणो बाधनार्थम् । भिक्षाणां समूहः भैक्षम् । भिक्षा गर्भिणी क्षेत्र करीष अङ्गार चर्मन् सहस्र युवति पद्धति अथर्वन् दक्षिणा । इह पाठसामर्थ्यात् गर्भिणी-युवतिशब्दे न पुंवद्भावः ।

वृद्धोक्षोष्ट्रोरभ्रराजराजन्यराजपुत्रवत्समनुष्याजाद्‌वुञ् ॥ ३।२।३४ ॥ वृद्धादिभ्यो वुञ् भवति । तस्य समूह इति वर्तते । औपगवानां समूह औपगवकम् । कापटवकम् । औक्षकम् । औष्ट्रकम् । औरभ्रकम् । राजकम् । राजन्यकम् । राजपुत्रकम् । वात्सकम् । मानुष्यकम् । आजकम् । "वृद्धाच्चेति वक्तव्यम्" [वा०] वार्द्धकम् । "प्रकृत्या अके राजन्यमनुष्ययुवानः" इति "क्यच्यनाद्‌घ्रत्यापत्यस्य" [४।४।१३१] इति यखं न भवति । इह वृद्धग्रहणात् सिद्धे राजन्यमनुष्ययोः पृथग्ग्रहणं ज्ञापकम् । अपत्याधिकारादन्यत्र वृद्धग्रहणेन लौकिकं गोत्रमपत्यमात्रमुच्यते न तु पौत्राद्यपत्यं वृद्धमिति । तथाहि लोके किङ्गोत्रो भवान् इति पृष्टः वात्स्यायनोऽस्मीत्याह । राजन्यमनुष्ययोस्तु जातिशब्दत्वात् लौकिकगोत्रग्रहणम् ।

केदाराद्यञ्च ॥३।२।३५॥ केदारशब्दाद्यञ् भवति वुञ् च तस्य समूह इत्यस्मिन्विषये । ठणोऽपवादः । केदाराणां समूहः कैदार्य्यम् । कैदारकम् । "गणिकायाः यञ्च वक्तव्यः" [वा०] गणिकाणां समूहः गाणिक्यम् ।

ठञ् कवचिनश्च ॥३।२।३६॥ ठञ् भवति कवचिनश्च केदाराच्च तस्य समूह इत्यस्मिन्विषये । कवचिनां समूहः कावचिकम् । कैदारिकम् ।

ग्रामजनबन्धुसहायेभ्यस्तल् ॥३।२।३७॥ ग्रामादिभ्यस्तल् भवति तस्य समूह इति वर्तते । ग्रामाणां समूहो ग्रामता । जनता । बन्धुता । सहायता । "गजाच्चेति वक्तव्यम्" [वा०] गजता ।

चरणेभ्यो धर्मवत् ॥३।२।३८॥ चरणवाचिशब्देभ्यः समूह इत्येतस्मिन्नर्थे धर्म इव त्या भवन्ति । इदमेव ज्ञापकम् । अस्त्येतत् "चरणाद्‌धर्माम्नाययोः" [वा०] इति "वृद्‌धचरणाञ्जित" [३।३।६४] इत्यारभ्य चरणाद्धर्मे त्यविधिर्वक्ष्यते, स इहातिदिश्यते । वत्करणं सर्वविशेषपरिग्रहार्थम् । यथा कठानां धर्मः काठकम् । कालापकम् । मौदकम् । पैप्पलादकम् । आर्वाभकम् । वाजसनेयकम् । छान्दोग्यम् । औक्थिक्यम् । आथर्वणः । "वृद्‌धचरणाञ्जित" इति वुन् "छन्दोगौक्थिकयाज्ञिकबह्‌वृचनटाञ्ज्यः" [३।३।६७] इति ञ्यः । "आथर्वणः" [३।३।१०१] इति च निपात्यते आथर्वणिकानां धर्म इत्यत्र वाक्ये । तथा कठानां समूहः काठकमित्येवमादि योज्यम् ।

अचित्तहस्तिधेनोष्ठण् ॥३।२।३९॥ अचित्तमचेतनम् । अचित्तार्थवाचिभ्यो हस्तिधेनुशब्दाभ्यां च ठण् भवति तस्य समूह इत्यस्मिन् विषये । अपूपानां समूहः आपूपिकम् । शाष्कुलीनां समूहः शाष्कुलिकम् । हास्तिकम् । धैनुकम् । "पर्श्वा णस् वक्तव्यः" [वा०] पर्शूनां स्त्रीणां समूहः पार्श्वम् । स्वित्वात्पदसंज्ञायां भलक्षणमोरोत्वं न भवति । खण्डिकादिभ्योऽञ् वक्तव्य इति चेत् न वक्तव्यः । नास्ति विशेषोऽञि वा सत्यणि वा । खण्डिकादिषु ये चित्तवतस्तेभ्य औत्सर्गिकोऽण् सिद्धः । ये त्वचित्तास्ते भिक्षादिषु पठनीयाः । खण्डिका अहन् वडवक्षुद्रकमालवाद्रिसंज्ञाताः क्षत्रिया इत्यर्थः । तेषां समूह वृद्धलक्षणो वुञ् प्राप्तः । ननु च यथा "राष्ट्रावध्योः" [३।२।१०२] इत्यत्र राष्ट्रादुच्यमानो वुञ् न राष्ट्रसमुदायाद्भवति । काशिकौशलेषु भवा

काशिकोशलीया इति छ एव भवति। तथेह वृद्धादुच्यमानस्त्यः कथं वृद्धसमुदायादिति ? एवं तर्हि तदन्तविधिना भविष्यति। इदमेव ज्ञापकं सामूहिके त्ये तदन्तविधिर्भवति। क्षौद्रकमालवी सेना। क्षौद्रकमालवकमन्यत्। भिक्षुक शुक उलूक। अयं यञन्तः बहुत्वेऽणं प्रयोजयति। स्वन् (श्वन्) युग वरत्र हंस इति खण्डिकादिसामूहिके तदन्तविधिर्ज्ञापितः। तेन औपगवकापटवानां समूहः औपगवकापटवकम्। ब्राह्मणराजन्यकम्। दम्यहस्तिनां समूहः दाम्यहस्तिकम्। गौधेनुकम्। "धेनोर्नञ्पूर्वाया नेष्यते" [वा०] अधेनूनां समूहः आधेनवम्।

केशाश्वाभ्यां यञ्छौ वा ॥३।२।४०॥ केश अश्व इत्येताभ्यां यथासंख्यं यञ्छ इत्येतौ त्यौ वा भवतः। केशानां समूहः कैश्यम्। कैशिकम्। अश्वानां समूह अश्वीयम्। आश्वम्।

पाशादेर्यः ॥३।२।४१॥ पाश इत्येवमादिभ्यो यो भवति। तस्य समूह इति वर्तते। पाशानां समूहः पाश्या। तृण तृण्या। धूम्या। वात वात्या। लिङ्गं लोकतो ज्ञेयम्। पाश तृण धूम वात अङ्गार पालवाल पिटल पिटाक शकल हल नल वन पृस्व।

ब्राह्मणमाणववाडवात् ॥३।२।४२॥ य इति वर्तते। ब्राह्मण माणव वाडव इत्येतेभ्यो यो भवति तस्य समूह इत्यस्मिन्विषये। ब्राह्मणानां समूहो ब्राह्मण्यम्। माणव्यम्। वाडव्यम्।

गोखलरथात् ॥३।२।४३॥ गो खल रथ इत्येतेभ्यस्तान्तेभ्यो यो भवति समूहे। गवां समूहः गव्या। खल्या। रथ्या। योगविभाग उत्तरार्थः।

त्रेन्कट्याः ॥३।२।४४॥ गो खल रथ इत्येतेभ्यो यथासंख्यं त्र इन् कट्य इत्येते प्रत्यया (त्या) भवन्ति। तस्य समूह इति वर्तते। गवां समूहः गोत्रा। खलिनी। रथकट्या। "खलादिभ्य इन् वक्तव्यः" [वा०] डाकिनी। कुटुम्बिनी। लोकतो लिङ्गव्यवस्था।

राष्ट्रे ॥३।२।४५॥ समूह इति निवृत्तम्; अर्थान्तरोपादानात्। तस्येति वर्तते। राष्ट्रं जनपदः। तस्येति तासमर्थात् राष्ट्रेऽर्थे यथाविहितं त्यो भवति। शिवानां राष्ट्रं शैवम्। जनपदापेक्षया पुंलिङ्गता प्रयोक्तव्या। शैवः। अयुष्टः (औष्ट्रः)। आभिसारः। "राष्ट्राभिधाने बहुत्वे उस्वक्तव्यः" [वा०] अङ्गानां राष्ट्रम् अङ्गाः। वङ्गाः। सुह्माः। "गान्धार्यादिभ्यो वेति वक्तव्यम्" [वा०] गान्धारीणां राष्ट्रं गान्धारयः। वसातः। वसातयः। शैवः। शिवाः। "राजन्यादिभ्यो वा वुञ उस्वक्तव्यः" [वा०] राजन्यानां राष्ट्रं राजन्याः। राजन्यकः। दैवयातवः। दैवयातवकाः। "बिल्ववनादिभ्यो नित्यमुस् न भवतीति वक्तव्यम्" [वा०] बैल्ववनकः। आम्बरीषपुत्रकः। आत्मकामेयकः। नेदं बहु वक्तव्यम्। राष्ट्रविवक्षाया निवासविवक्षायाश्च प्रतिनियमात्सिद्धम्। बहुत्वविषये जनपदस्य निवासविवक्षयैव तत्र "जनपद उस्" [३।२।६१] इति उस् भवति। गान्धार्यादीनां राजन्यादीनां च उभयी विवक्षा बिल्ववनादीनां राष्ट्रविवक्षैव।

राजन्यादेर्वुञ् ॥३।२।४६॥ राजन्य इत्येवमादिभ्यस्तासमर्थेभ्यो वुञ् भवति राष्ट्रे। राजन्यानां राष्ट्रं राजन्यकः। राजन्यः। आभृति वात्सक (बाभ्रव्य) शालङ्कायन दैवयातव जालन्धरायण कौन्तल आत्मकामेय आम्बरीषपुत्र वसाति बिल्वधन शैलूष उदुम्बर वैल्वल आर्जुनायन संप्रिय दाक्षि ऊर्णनाभ। आकृतिगणश्चायम्। मालवत्रिगर्तबिराटादीनां ग्रहणम्।

भौरिक्याद्यैषुकार्यादिभ्यो विधभक्तौ ॥३।२।४७॥ आदिशब्दः प्रत्येकमभिसम्बध्यते। भौरिक्यादिभ्यः ऐषुकार्यादिभ्यश्च यथासंख्यं विध भक्त इत्येतौ त्यौ भवति राष्ट्रेऽर्थे। भौरिकीणां राष्ट्रं भौरिकिविधः। भौलिकिविधः। भौरिकि भौलिकि चौपयत चैटयत सैकयत कास्ये (काणेय) वाणिजक (वाणिज्यक) वालिकाज्यक वैकयत्। ऐषुकारिभक्ता। सारसायनभक्ता। ऐषुकारि सारसायन[1] चान्द्रायण द्व्याक्षायण त्र्याक्षायण

1. सारस्यायन ब०, स०।

अलायन ताडायन खाडायन सौवीर (सौवीरायण) दासमित्रायण शौद्रायण स (श) यण्ड शौण्ड । वैश्वमाणव वैश्वधेनव तुण्डदेव सापिण्डि ।

तदस्मिन्युद्धे योद्धृप्रयोजनात् ॥३।२।४८॥ योद्धारश्च प्रयोजनं च योद्धृप्रयोजनम्, तदिति वासमर्थाद् अस्मिन्निति ईबर्थे यथाविहितं त्यो भवति यत्तद्वानिर्दिष्टं योद्धारश्चेत् तद्भवन्ति । प्रयोजनं चेत् तद्भवति । यत्तस्मिन्निति निर्दिष्टं युद्धं चेद्भवति । विद्याधराः योद्धारोऽस्मिन् युद्धे वैद्याधरं युद्धम् । कौरवम् । भारतम् । प्रयोजनात् खल्वपि । सुलोचना प्रयोजनमस्मिन् युद्धे सौलोचनम् । स्वायंप्रभम् । सौतारम् । संग्रामे त्वभिधेये पुलिङ्गता । वैद्याधरः संग्रामः । सौलोचनः संग्रामः । युद्ध इति किम् ? सुभद्रा प्रयोजनमस्मिन्वैरे । योद्धृप्रयोजनादिति किम् ? रथा वाहनमस्मिन् युद्धे ।

प्रहरणमिति क्रीडायां णः ॥३।२।४६॥ तदस्मिन्निति वर्तते । तदिति वासमर्थादस्मिन्निति ईबर्थे णो भवति यत्तद्वासमर्थं प्रहरणं चेत्तद्भवति यत्तदस्मिन्निति निर्दिष्टं क्रीडा सा चेद्भवति । इतिकरणस्ततश्चेद्विवक्षा । अद्रोहेण यत्र घातः सा क्रीडा । दण्डः प्रहरणमस्यां क्रीडायां दाण्डा । मौष्टा । पादा । प्रहरणमिति किम् ? गन्धोदकसेचनमस्यां क्रीडायाम् । क्रीडायामिति किम् ? असिः प्रहरणमस्मिन् युद्धे ।

श्यैनंपातातैलंपाता ॥३।२.५०॥ श्यैनंपाता तैलंपाता इत्येतौ शब्दौ निपात्येते । श्येनानामिव पातः श्येनपातोऽस्यां क्रीडायां वर्तते श्यैनंपाता । तिलानामिव पातस्तिलपातोऽस्यां क्रीडायां तैलंपाता । अस्मिन्नर्थे णो निपात्यते पूर्वपदस्य च मुमागमः । कथं दण्डपातः क्रिया अस्यां तिथौ वर्तते दाण्डपाता तिथिः । मुशलपातोऽस्यां वर्तते मौशलपाता भूमिः । पूर्वसूत्रे इतिकरणादन्यत्रापि णो भवति ।

तद्वेत्त्यधीते ॥३।२।५१॥ तदिति इप्समर्थात् वेत्ति अधीते इत्येतयोरर्थयोर्यथाविहितं त्यो भवति । तदिति प्रत्येकं सम्बध्यते । तद्वेत्ति तदधीते इति । यथा "तेन दीव्यति खनति जयति जितम्" [३।३।१२७] इत्यत्र तेनेति । मुहूर्तं वेत्ति मौहूर्त्तः । औत्पातः । व्याकरणमधीते वैयाकरणः । सैद्धान्तः ।

क्रतूक्थादिसूत्रान्ताट्ठण् ॥३।२।५२॥ सयूपा यज्ञाः क्रतवः । क्रतुविशेषवाचिभ्यो मृद्भ्य उक्थादिभ्यः सूत्रान्ताच्च ठण् भवति । तद्वेत्त्यधीते इति वर्तते । अग्निष्टोमं वेत्त्यधीते वा आग्निष्टोमिकः । राजसूयिकः । वाजपेयिकः । उक्थादिभ्यः उक्थशब्दः केषुचिदेव सामसु रूढः । स च औक्थिक्ये वर्तमानस्त्यविधिं लभते । उक्थमधीते औक्थिकः । औक्थिक्यमधीते इत्यर्थः । औक्थिक्यशब्दात्तु न त्यविधिर्भवत्यनभिधानात् । एवं यज्ञशब्दोऽपि याज्ञिक्ये त्यविधिं लभते । याज्ञिकः । लोकायतमधीते लौकायतिकः । सूत्रान्तात् – वार्तिसूत्रिकः । सांग्रहसूत्रिकः । "सूत्रान्तादकल्पादेरिष्यते" [वा०] । तेन काल्पसूत्र इत्यणेव भवति । सूत्रान्तग्रहणमुक्थादेः प्रपञ्चः । उक्थ लोकायत न्याय न्यास पुनरुक्त संज्ञा चर्चा क्रमेतर श्लक्ष्ण संहिता पद क्रम संघात वृत्ति संग्रह गण गुण आयुर्वेद वसन्त । सहचरितेऽध्ययने वसन्तात् । वर्षा शरद् । व्यस्तसमस्तात् । शिशिर हेमन्त प्रथमगुण अनुगुण प्रथमगण । अनुगण इति केचित् । अथर्वन् । "विद्यालक्षणकल्पसूत्रान्तादकल्पादेः" [वा०] । वायसविद्यिकः । सार्पविद्यिकः । हास्तिलक्षणिकः । आश्वलक्षणिकः । मातृकल्पिकः । पैतृकल्पिकः । वार्तिसूत्रिकः । अकल्पादेरिति किम् ? काल्पसूत्रः । "विद्यामाननक्षत्र (विद्या च नाङ्गक्षेत्र) धर्मत्रिपूर्वा" [वा०] इह विद्यान्ताट्ठणुक्तस्तस्यायं प्रतिषेधः । अङ्गविद्यामधीते आङ्गविद्यः । क्षात्रविद्यः । धार्मविद्यः । त्रैविद्यः । त्र्यवयवा विद्या इति यसेऽयं प्रतिषेधः । रसे तु "रस्योबनपत्ये" [३।१।७४] इत्युपा भवितव्यम् । तत्र नास्ति विशेषः । "आख्यानाख्यायिकेतिहासपुराणेभ्यश्च" [वा०] आख्यानाख्यायिकयोरर्थग्रहणमितिहासपुराणयोः स्वरूपग्रहणम् । आख्यानात्–यावक्रीतिकः । आधिभारिकः[1] । आख्यायिकायाः–वासव-

1. आधिमारिकः ब०, स० ।

दत्तिकः। ऐतिहासिकः। पौराणिकः। "सर्वसादेरसाच्चोप्" [वा०] सर्वादेः सादेरसाच्चोब् भवति। सर्ववेदः। सर्वतन्त्रः। सादेः-सवार्त्तिकः। ससंग्रहः। सर्वत्र ठण उप्। रसात्। पञ्चकल्पः। त्रिलक्षणः। त्रिसूत्रः। विद्यालक्षणकल्पसूत्राडणुक्तः। पदोत्तरपदादिकः। पूर्वपदिकः। उत्तरपदिकः। "शतषष्टिभ्यां पथष्टिकः" [वा०] शतपथिकः। शतपथिकी। षष्टिपथिकः। षष्टिपथिकी। "अनुसूलक्ष्यलक्षणेभ्यश्च ठण्" [वा०] अनुसूर्नाम ग्रन्थः। अनुसूमधीते आनुसुकः। लाक्ष्यिकः। लाक्षणिकः। द्विपद ज्योतिष अनुपद अनुकल्प। इतिकरणं प्रयोगार्थं वर्तते। ततोऽयं विभागो लभ्यते।

क्रमादेर्वुन् ॥३।२।५३॥ तद्वेत्त्यधीते इति वर्तते। क्रम इत्येवमादिभ्यो वुन् भवति। क्रमं वेत्त्यधीते वा क्रमकः। क्रम पद शिक्षा मीमांसा सामन्। "अनुब्राह्मणादिन्वक्तव्यः" [वा०] ब्राह्मणसदृशो ग्रन्थो अनुब्राह्मणं तदधीते अनुब्राह्मणी। अनुब्राह्मणिनौ। अनुब्राह्मणिनः। मत्वर्थीयेन सिद्धेऽपि अण्बाधनार्थमिदं वक्तव्यम्।

उप्प्रोक्तात् ॥३।२।५४॥ प्रोक्तेऽर्थे विहितः प्रोक्तः। प्रोक्तत्यान्तादध्येतृवेदित्रोरुत्पन्नस्य त्यस्योब् भवति। गोतमेनं प्रोक्तं गौतमं तद्वेत्त्यधीते वा गौतमः। भद्रबाहुना प्रोक्तं भाद्रबाहवं तद्वेत्त्यधीते वा भाद्रबाहवः। परस्याण उपि कृते योऽवस्थितः प्रोक्तार्थविषयोऽण तस्य न्यक्त्वात् "अनीचः" [३।१।१७] इत्यधिकारात् "टिड्ढाणञ्" [३।१।१८] इति ङीविधिर्न भवति अतश्चापि गोतमा। भाद्रबाहवा स्त्री।

सूत्रात्कोङः ॥३।२।५५॥ सूत्रवाचिनः ककारोङः अध्येतृवेदित्रोरुत्पन्नस्य त्यस्योब्भवति। अप्रोक्तार्थोऽयमारम्भः। पञ्चाध्यायाः परिमाणमस्य पञ्चकं सूत्रम्। एवमष्टकं द्वादशकम्। पञ्चकमधीयते विदन्ति व पञ्चका जैनेन्द्राः। अष्टकाः पाणिनीयाः। द्वादशका आर्हताः। "संख्याप्रकृतेरिति वक्तव्यम्" [वा०] इह मा भूत्। तत्त्वार्थवार्तिकमधीते तात्त्वार्थवार्त्तिकः। कलापकमधीयते कालापकाः।

छन्दोब्राह्मणानि चात्रैव ॥३।२।५६॥ प्रोक्तग्रहणमनुवर्तमानं छन्दोब्राह्मणानां विशेषणम्। अत्रेत्यनेनाध्येतृवेदितृत्यविषयो गृह्यते। छन्दोवाचीनि ब्राह्मणवाचीनि च प्रोक्तत्यान्तान्यत्रैवाध्येतृवेदितृत्यविषये वर्तन्ते। अध्येतृवेदितृत्यविषया वृत्तिरेव यथा स्यादित्यर्थः। उभयावधारणं चेदमेवकारोपादानाल्लभ्यते। अन्यथाऽरम्भसामर्थ्यात् विषयावधारणे सिद्ध एवकारोऽनर्थकः स्यात्। प्रोक्तत्यान्तस्यात्रैव वृत्तिर्नान्यत्र। तथा वृत्तिरेव न केवलावस्थानमित्युभयथा नियमः। अन्यत्रानियमात् क्वचित् स्वातन्त्र्यं भवति। अर्हता प्रोक्तं शास्त्रं क्वचिदुपान्यतरयोगः। आर्हतमर्हत्सु विहितमिति। क्वचिद्वाक्यमार्हतमधीते। क्वचिद्वृत्तिः आर्हत इति। इदं पुनर्नियमाद् युगपदेव विग्रहः। कठेन प्रोक्तं छन्दोऽधीयते कठाः। शौनकादिषु "वैशम्पायनान्तेवासिभ्यः" [ग०सू० ३।३।७७] इति वचनात् णिन्। तत्रैव "कठचरकादुप्" [ग० सू०३।३।७७] इति तस्योप्। ततः परस्याणः "उप्प्रोक्तात्" [३।२।५४] इत्युप्। नोदेन प्रोक्तमधीयते नोदाः। पैप्पलादाः। "कलापिनोऽण्" [३।३।७१] इत्यत्राणग्रहणसामर्थ्यात् अन्यत्राप्यण्। आर्चानिनः (आर्चायिनः) "वैशम्पायनान्तेवासिभ्यः" [३।३।७७] इति णिन्। वाजसनेयिनः। शौनकादित्वात् णिन्। ब्राह्मणानि खल्वपि। ताण्डिना प्रोक्तं ब्राह्मणमधीयते ताण्डिनः। शौनकादिषु "पुराणप्रोक्तेषु ब्राह्मणकल्पेषु" [ग०सू०३।३।७७] इति णिन्। भल्लवेन प्रोक्तमधीते पूर्ववर्णिणन्। भाल्लविनः। एवं सात्यायनिनः। ऐतरेयिणः। छन्दोग्रहणेन सिद्धे पृथग् ब्राह्मणग्रहणं किम्? पुराणप्रोक्तत्वविशिष्टब्राह्मणपरिग्रहार्थम्। इह मा भूत्। याज्ञवल्केन प्रोक्तानि याज्ञवल्कानि ब्राह्मणानि। "शकलादिभ्यो वृद्धे" [३।२।८७] इत्यण्। यलम्। सुलभेन प्रोक्तानि सौलभानि "कलापिनोऽण्" [३।३।७१] इत्यन्यत्राप्यण्। याज्ञवल्क्यादयोऽवरकाला इति व्यवहारः। चकारः किमर्थः? ब्राह्मणसदृशब्राह्मणानां समुच्चयार्थः। काश्यपेन प्रोक्तं कल्पमधीयते काश्यपिनः। कौशिकेन प्रोक्तं कल्पमधीयते कौशिकिनः। शौनकादिषु "काश्यपकौशिकाभ्याम्" [ग० सू० ३।३।७७] इति णिन्। गुणभूतछन्दसां च समुच्च-

यार्थम् । पाराशर्येण प्रोक्तं सूत्रमधीयते पाराशरिणो भिक्षवः । शिलालिना प्रोक्तमधीयते शैलालिनो नटाः । शौनकादिषु "पाराशर्यशिलालिभ्यां भिक्षुनटसूत्रयोः" [ग० सू० ३।३।७७] इति णिन् । कर्मन्देन प्रोक्तमधीयते कर्मन्दिनः । कृशाश्वेन प्रोक्तमधीयते कृशाश्विनः । शौनकादिष्वेव "कर्मन्दकृशाश्वाभ्यामिन्" [ग० सू० ३।३।७७] इति भिक्षुनटसूत्रयोरिति वर्तते ।

तदस्मिन्नस्तीति देशः खौ ॥३।२।५७॥ तदिति वासमर्थादस्मिन्नितीत्यर्थे यथाविहितं त्यो भवति । यत्तद्वासमर्थमस्ति चेत् तद्भवति । यत्तदस्मिन्निति निर्दिष्टं देशश्चेत्तद् भवति । समुदायेन खुविषये । इतिकरणाद् भूमादिविषये विवक्षा । औदुम्बरः । वाल्वजः । पार्वतः । मत्वर्थीयोऽनेन बाध्यते ।

तेन निर्वृत्तः ॥३।२।५८॥ देशः खाविति वर्तते । तेनेति भासमर्थाद् निर्वृत्त इत्येतस्मिन्नर्थे यथाविहितं त्यो भवति देशः खौ । ककन्देन निर्वृत्ता काकन्दी । मकन्देन निर्वृत्ता माकन्दी । कुशाम्बेन निर्वृत्ता कौशाम्बी । सहस्रेण निर्वृत्ता साहस्री परिखा । खावित्येव । वनेन निर्वृत्तम् । इह यदाऽकर्मका अपि धवः सगयः सकर्मका भवन्तीति कर्मणि निर्वृत्तशब्दो व्युत्पाद्यते, तदा तेनेति कर्तरि करणे वा भा । यदा त्वकर्मकविवक्षया कर्तरि निर्वृत्तशब्दस्तदा हेतौ भा ।

तस्य निवासादूरभवौ ॥३।२।५९॥ देशः खाविति वर्तते । तस्येति तासमर्थात् निवास अदूरभव-इत्येतयोरर्थयोर्यथाविहितं त्यो भवति देशनाम्नि गम्यमाने । निवसन्त्यस्मिन्निति निवासः "हलः" [२।३।१०२] इत्यधिकरणे घञ् । भवतीति भवः । पचाद्यच् । अदूरे भवः निपातनात्वविधिः । वसतेर्निवासः वासातम् । औषुष्टम् । शलाकाया निवासः शालाकम् । वाराणस्या अदूरभवा वाराणसी । विदिशाया अदूरभवं वैदिशम् । व्रीहीमत्या अदूरभवं व्रैहिमतं नगरम् ।

वुञ्छण्कठजिलसेनिरढञ्ण्ययफक्फिञिञ्ञ्यकक्ठकोऽरीहणकृशाश्वर्श्यकुमुदकाशतृणप्रेक्षाश्मसखिसंकाशबलपक्षकर्णसुतङ्गमवराहकुमुदादिभ्यः ॥३।२।६०॥ वुञादयः षोडश त्या यथासंख्यमरीहणादिभ्यः षोडशभ्यो गणेभ्यो भवन्ति यथासंभवं प्रागुक्तेषु चतुरर्थेषु । अरीहणादिभ्यो वुञ् । अरीहणेन निर्वृत्तं आरीहणकम् । अरीहण द्रुघण द्रवण खदिर भगल उलुन्द साम्परायण क्रौष्ट्रायण चैत्रायण त्रैगर्तायन रायस्पोष विपथ विसाय उद्दण्ड उदञ्चन शालायन खाण्डायन खण्डवीरण काशकृत्स्न जाम्बवत शिंशपा किरण रैवत तैल्व वैमतायन सौमायन शाण्डिल्यायन सुयज्ञ विपाश वायस । कृशाश्वादिभ्यश्छण् भवति । कृशाश्वेन निर्वृत्तं कार्शाश्वीयम् । कृशाश्व अरिष्ट वेश्मन् वेष्य विशाल रोमक लोमक ववर शवल रोमश वर्वर सूकर पूतर सदृश सुख धूम अजिर विनत अवनत इरस अयस् विकुषास अनस् अवसाय मौद्गल्य । ऋश्यादिभ्यः को भवति । ऋश्या अस्मिन्देशे सन्ति ऋश्यकः । ऋश्य । न्यग्रोध । सर (शिरा)। निलीन । निवास[1] । निधास । वितान । विधान । निबद्ध । विबुद्ध । परिगूढ । उपगूढ । उपगूह । उच्चराश्मन्[2] । स्थूलबाहु । स्थूलवाह । खदिर । शर्करा । अनडुह् । परिवंश । वेणु । वीरण । कुमुदादिभ्यष्ठो भवति । कुमुदान्यस्मिन् देशे सन्ति कुमुदिकम् । कुमुद । शर्करा । न्यग्रोध । कर्कट । संकट । इत्कट । मन्तु । बीज । अश्वत्थ । बल्वज । ग्रथक । गर्त । वरिवाप[3] । अक्ष । पवाश । शिरीष । कूप । विकङ्कत । काशादिभ्य इलो भवति । काशा अस्मिन्देशे सन्ति काशिलम् । आश्र । वास[4] । अश्वत्थ । पलाश । पीलूष । विस । तृण । वर्घूल[5] । कार्दम । नड । वन । कर्पूर । कर्कट । गुहा । सा(शा)कटिक । तृणादिभ्यः सो भवति । तृणान्यस्यां सन्ति तृणसा । तृण । नड ।

---

1. निवात ब०, पू० । 2. उत्तराश्मन् पू० । 3. परिवाय ब०, पू० । 4. वाम पू० । 5. वर्धूल ब० ।

पर्ण । वर्ण । मूल । वराण[1] । अर्जुन । जनक[2] । फल । प्रेक्षादिभ्य इन् भवति । प्रेक्षाऽस्मिन्नस्ति प्रेक्षी । फलक । वन्धुक । ध्रुवक[3] । धुवका । क्षिपका । न्यग्रोध । इत्कट । कण्टक[4] । संकट । कपि । **अश्मादिभ्यो रो भवति** । अश्मानोऽस्मिन् सन्ति, अश्मरम् । अश्मन् । यूथ । ऊथ । मीन । दर्भ । वृन्दा । गुडा । खण्ड । काण्ड । नग । शिखा । **सख्यादिभ्यो ढण् भवति** । सख्या निर्वृत्तं साखेयम् । दान्तेयम् । सखि । दन्त[5] । वासवदत्त । अग्निदत्त । वायुदत्त । गोपिल[6] । भल्ल । पाल । चक्रवाक । छगल । अशोक । सिनका । सरकापाल । **संकाशादिभ्यो ण्यो भवति** । संकाशेन निर्वृत्तं सांकाश्यम् । संकाश । कम्पिल । काश्मीर । शूरसेन । सुपथिन् । सुपथञ्च । मन्मथ । यूथ । अङ्गनाथ[7] । कुल । अश्मन् । कूटा । मलिन । तीर्थ । अगस्ति । सूर । विरत । विरह । विकर । नासिका । सादिन् । शादिन् । मगदिन् । कलिर । खदिर । गडिर । चूडार । मन्जार । कोविदार । गोहल । चक्रवाक । अशोक । करवीरक । सीरक । सूरक । मुसल । मुखर । **बलादिभ्यो यो भवति** । बलेन निर्वृत्तं बल्यम् । बल । पूल । मूल । ऊल । तल । नल । वच । कुल । **पक्षादिभ्यः फण् भवति** । पक्षेण निर्वृत्तः पाक्षायणः । पक्ष । तुष[8] । अण्डक । मुण्ड । कम्बलिक । यका । चित्रा । अस्तिश्वन् । पथिन् पन्थ च । कुम्भ । सीरक । सरक । सरस । पञ्जल । रोमन् । लोमन् । लोमक । हंसक । सकर्णक । हस्त । विल । **कर्णादिभ्यः फिञ् भवति** । कर्णेन निर्वृत्तः कार्णायनिः । कर्ण । वशिष्ठ । अर्क । लुस[9] । द्रुपद । आनडुह्य । पाञ्चजन्य । स्फिग् । कुलिश । कुम्भ । जित्वन् । जीवन्त । अण्डीवत् । **सुतङ्गमादिभ्य इञ् भवति** । सुतङ्गमेन निर्वृत्तः सौतङ्गमिः । सुतङ्गम । मुनिचित्त । विप्रचित्त । महाचित्त । महापुत्र । श्वेत । अण्डिक । शुक्र । विग्र । बीजवापिन् । श्वन् । अर्जुन । अजिर । **वराहादिभ्यः कण्भवति** । वराहा अस्मिन्देशे सन्ति वाराहकम् । वराह । पलाश । शिरीष । विनद्ध । स्थल । निबद्ध । निदग्ध । विजग्ध । विभिन्न । विभग्न । बहु । खदिर । शर्कर । **कुमुदादिभ्यः ठण् भवति** । कुमुदानि अस्मिन्देशे सन्ति कौमुदिकम् । कुमुद । गोमथ[10] । रथकार । दशग्राम । अश्वत्थ । शाल्मली । मुनिस्थल । कूट । शुचुकर्ण । शुचिकर्ण । इति केचित् । अरीहणादिषु कुमुदादिषु पठितस्य शिरीषशब्दस्य वरणादिषु दर्शनात् तस्य पक्षे उस् भवतीति वेदितव्यम् । उक्तञ्च भाष्यकृता शिरीषाणामदूरभवो ग्रामः शिरीषः । तस्य वनं शिरीषवनम् ।

जनपदे उस् ॥३।२।६१॥ चतुर्ष्वर्थेषु देशे यौ यस्त्यो विहितः तस्य जनपदे देशविशेषेऽभिधेये उस् भवति । पञ्चालस्यापत्यानि पञ्चालाः । पञ्चालानां निवासो जनपदः पञ्चालाः । कुरवः । अङ्गाः । उसन्तेन यत्र देशः खुविषयो भवति तत्रायमुस् । इह मा भूत् । उदुम्बरा अस्मिन्देशे सन्ति औदुम्बरो जनपदः ।

वरणादेः ॥३।२।६२॥ वरण इत्येवमादिभ्यस्त्यस्योस् भवति चतुर्ष्वर्थेषु उत्पन्नस्य । अजनपदार्थोऽयमारम्भः । वरणानामदूरभवं वरणा नगरम् । शृङ्गिशाल्मलयः । शिरीषा ग्रामः । गोदौ ह्रदौ तयोरदूरभवो गोदौ ग्रामः । एवम् आलिङ्ग्यायन । पर्णी । सपाटी[11] । जालपदी[12] । मथुरा । उज्जयनी । गया । तक्षशिला । उरस् । आकृतिगणोऽयम् । तेन वदरी । कटुबदरी । काञ्ची । समन्तपञ्चकस्यादूरभवं समन्तपञ्चकं कुरुक्षेत्रम् इत्येवमादीनां परिग्रहः ।

---

१. चरण इति काशिकायाम् । २. जन पू० । ३. ध्रुवका । धुवका । पू० । धुवक । धुवका । ब० । ४. कंकट पू० । ५. सखि दन्त पू० । ६. पिङ्क । गहिल । भ–पू० । ७. कश्मीर पू० । अङ्ग । कुलनाथ पू० । ८. रुष पू० । ९. तुष स० । १०. गोमठ ब०, स० । ११. सफाटी ब० । सम्फाटी । १२. जालपद्वा ब० ।

शर्करायां वा ॥३।२।६३॥ शर्कराशब्दादुत्पन्नस्य चातुरर्थिकस्य वा उस्भवति । शर्कराशब्दः । कुमुदादिषु वराहादिषु च पाठसामर्थ्यात् पक्षे ठण् कणोः श्रवणं भवति । शर्कराग्रामः । शर्करिकः । शार्करिकः । "केऽणः" [५।२।१२५] इति प्रादेशः । अन्ते उत्सर्गस्येमं विकल्पमिच्छन्ति । तेषां शार्करेत्यपि भवति । अन्यथा विकल्पोऽनर्थकः स्यात् ।

ठण्छौ ॥३।२।६४॥ ठण्छ इत्येतौ त्यौ भवतः शर्कराशब्दात् चतुर्ष्वर्थेषु । शार्करिकम् शर्करीयम् ।

नद्यां मतुः ॥३।२।६५॥ नद्यामभिधेयायां मृदो मतुर्भवति चतुर्ष्वर्थेषु देशे खौ । उदुम्बरा अस्यां सन्ति, उदुम्बरावती । वीरणावती । पुष्करावती । इक्षुमती । द्रुमती । कथं भागीरथी भैमरथी जाह्नवी ? वेत्यनुवृत्तेर्व्यवस्था ।

मध्वादेः ॥३।२।६६॥ मधु इत्येवमादिभ्यो मतुर्भवति चतुर्ष्वर्थेषु । अनद्यर्थोऽयमारम्भः । मधु अस्मिन्देशेऽस्ति, मधुमान् । मधु । विश । स्थाणु । पृथि[1] । इक्षु । वेणु । कर्कन्धु । शमी । करीर । हिम । किसरा । सार्यण[2] । उरुस् । वा[3]र्दाकी । वल्मीक । इष्टका । शुक्ति । आसुति । आसन्दी । शलाका । वेयवेण ।

कुमुदनडवेतसाड्डित् ॥३।२।६७॥ कुमुद नड वेतस इत्येतेभ्यश्चतुर्ष्वर्थेषु मतुर्भवति डित्व । कुमुदान्यस्मिन्देशे सन्ति, कुमुद्वान् । वेतस्वान् । "महिषाच्चेति वक्तव्यम्" [वा०] । महिष्मान् ।

शिखाया वलः ॥३।२।६८॥ शिखाशब्दाद् वलो भवति चातुरर्थिकः । शिखया निर्वृत्तं शिखाया अदूरभवं वा शिखावलं नाम नगरम् ।

नडशादाड्डित् ॥३।२।६९॥ नडशादाभ्यां वलो भवति डिच्चतुर्ष्वर्थेषु । नडा अस्मिन्देशे सन्ति नड्वलः । शाड्वलः ।

उत्करादेश्छः ॥३।२।७०॥ उत्कर इत्येवमादिभ्यश्छो भवति चतुर्ष्वर्थेषु यथासम्भवम् । उत्करेण निर्वृत्तम्, उत्करीयम् । उत्कर । संकर । सम्फल । पिप्पल । मूल । अश्मन् । अर्क । पर्ण[4] । खण्डाजिन[5] । अग्नि । तिक । कितव । आतप । अंशक[6] ।

नडादेः कुक् ॥३।२।७१॥ नड शब्द आदिर्यस्य नडादिः, तस्मात्, नड इत्येवमादिभ्यो यथासम्भवं चातुरर्थिकश्छो भवति कुगागमश्च । नडा अस्मिन्देशे सन्ति नडकीयः । नड । लक्ष । बिल्व । वेणु । वेत्र । वेतस । तृण । इक्षु । काष्ठ । कपोत । क्रौञ्चः प्रादेशश्च । तक्षन् तक्षश्च ।

शेषे ॥३।२।७२॥ अपत्यादयश्चतुरर्थपर्यन्ता येऽर्था उक्तास्ततोऽन्यः शेषः, शेषेऽर्थविशेषे यथाविहितं त्यो भवति । चतुर्भिरुह्यते चातुरं शकटम् । अश्वैरुह्यते आश्वो रथः । चक्षुषा गृह्यते चाक्षुषं रूपम् । श्रावणः शब्दः । दार्शनं स्पार्शनं च द्रव्यम् । दृषदि पिष्टाः दार्षदाः सक्तवः । उलूखले क्षुण्णः, औलूखलो यावकः । चतुर्दश्यां दृश्यते चातुर्दशं रक्षः । अनुष्टुबादिरस्य प्रगाथस्य, आनुष्टुभः । पाङ्क्तः । जागतः । स्वार्थेऽनुष्टुबेव आनुष्टुभम् । पाङ्क्तम् । जागतम् । "तेन दृष्टं साम ।" क्रौञ्चेन दृष्टं साम, क्रौञ्चम् । वासिष्ठम् । वैश्वामित्रम् । मायूरम् । "वामदेवाद्यो वक्तव्यः" [वा०] । वामदेवेन दृष्टं वामदेव्यम् । "क्वचिद्दृष्टे सामनि जाते चार्थे योऽन्योऽण् विधीयते स च डिद्भवतीति वक्तव्यम् ।" उशनसा दृष्टं साम औशनम् । औशनसम् । शतभिषजि जातः शातभिषः शातभिषजः । "काकाट्ठञ्" [३।२।१३१] प्राप्ते

---

१. पृष्टि ब०, पू० । २. सीर्यण ब० । ३. वार्दाका पू० । ४. -पर्ण । सुपर्ण । ब-ब०, पू० । ५. -जिन । वक्राजिन । अग्नि ब०, पू० । ६. असंक पू० ।

"भसन्ध्याद्यृतुभ्योऽवर्षाभ्योऽण्" [३।२।१३७] इत्यण्। "दृष्टे सामनि वृद्धादङ्कवद् वक्तव्यम्" [वा०]। औपगवेन दृष्टं साम, औपगवकम्। कापटवकम्। "वृद्धचरणाञ्जित्" [३।३।१४] इति वुन्।

"दृष्टे सामनि जाते च योऽन्योऽण् वा डिद्विधीयते। तीयादीकण् च विद्यायां वृद्धादङ्कवदिष्यते।"

शेष इति लक्षणमधिकारश्चायम्। शेषभूतेषु जातादिष्वर्थेषु घादयो वक्ष्यमाणा वेदितव्याः। तस्येदं विशेषेष्वर्थेषु अपत्यसमूहादिषु मा भूवन्निति।

राष्ट्रावारपाराद्घखौ ॥३।२।७३॥ राष्ट्र अवारपार इत्येताभ्यां यथासंख्यं घ ख इत्येतौ त्यौ भवतः। राष्ट्रे जातः राष्ट्रियः। अवारपारीणः। "विगृहीतादपीष्यते"। अवारीणः। पारीणः। "विपरीतादपि" पारावारीणः। अवारस्य पारे (रम्) पारावारः समुद्रः, राजदन्तादित्वात् [१।३।९६] परनियमः।

ग्रामाद्यखञौ ॥३।२।७४॥ ग्रामशब्दात् य खञ् इत्येतौ भवतः शेषार्थेऽभिधाने। ग्राम्यः। ग्रामीणः। खञो ञित्करणं "ञिद्वृद्धरक्तविकारे" [४।३।१५१] इत्यत्र पुंवद्भावप्रतिषेधार्थम्। ग्रामीणभार्यः।

कत्त्र्यादेर्ढकञ् ॥३।२।७५॥ कत्त्रि इत्येवमादिभ्यो ढकञ् भवति। कुत्सितास्त्रयो यस्या यस्य वा असौ कत्त्रिः, तत्र जातो भवो वा कात्त्रेयकः। कत्त्रि। उम्भि[1]। पुष्कर। पुष्कल। पोदन[2]। मौदन। उम्बि। कुण्डिनी[3]। नगरी। माहिष्मती। चर्मण्वती। कुड्या। कुल्या। अनयोर्यखं च "ग्रामाच्चेति वक्तव्यम्" [वा०] ग्रामेयकः। "कुलकुक्षिग्रीवाभ्यो यथासंख्यं श्वास्यलङ्कारेष्विति वक्तव्यम्" [वा०] कौलेयको भवति श्वा चेत्, कौलोऽन्यः। कौक्षेयको भवत्यसिश्चेत्, कौक्षोऽन्यः। ग्रैवेयको भवत्यलङ्कारश्चेत्, ग्रैवोऽन्यः।

नद्यादेर्ढण् ॥३।२।७६॥ नदी इत्येवमादिभ्यो ढण् भवति शेषे। नद्यां जातो भवो वा नादेयः। नदी। मही। वाराणसी। श्रावस्ती। कौशाम्बी[4]। काशफरी[5]। खादिरी। पूर्वनगरी। पावा। मावा। शील्वा[6]। दार्वा। सैतव। वडवायाः[7] नृषे इति। अत्र केचित् पूर्वनगरीशब्दस्थाने पूर्वनगिरिशब्दं पठन्ति छेदेन च त्यमुत्पादयन्ति। पुरि भवं पौरेयम्। वने भवं वानेयम्। गिरौ भवं गैरेयम्।

दक्षिणापश्चात्पुरसस्त्यण् ॥३।२।७७॥ दक्षिणा पश्चात् पुरस् इत्येतेभ्यस्त्यण् भवति शेषे। दक्षिणस्यां दिशि वसति "दक्षिणादा" [४।१।१००] इति आकारे कृते दक्षिणा, तत्र भवो दाक्षिणात्यः। पाश्चात्त्यः। पौरस्त्यः।

ट्फण् कापिश्याः ॥३।२।७८॥ ट्फण् भवति कापिशीशब्दात् शेषे। कापिश्यांभवं कापिशायनं मधु। कापिशायनी द्राक्षा। "बाह्य दिभ्यश्चेति वक्तव्यम्" बाह्यायनी। आर्दायनी।

रङ्कोः ॥४।२।७९॥ रङ्कुशब्दात् ट्फण् भवति शैषिकः। रङ्कुषु जातः राङ्कवायणो गौः। "प्राणिनीति वक्तव्यम्"। इह माभूत्। राङ्कवः कम्बलः। कथं राङ्कवो गौः ? शेषे कच्छादिपाठात् अणपि भवति। मनुष्ये त्वभिधेये परत्वात् "नृतस्थयोर्वुञ्" [३।२।११३] इति वुञ् भवति। राङ्कवको मनुष्यः।

द्युप्रागपागुदक्प्रतीचो यः ॥३।२।८०॥ दिव् प्राच् अपाच् उदच् प्रतीच् इत्येतेभ्यो यो भवति शेषे। दिव्यः। प्राच्यः। अपाच्यः। उदीच्यः। प्रतीच्यः। यदा प्रागादयः शब्दाः भिसंज्ञकाः कालवाचिनस्तदा परत्वात् "सायंचिरम्प्राह्णेप्रगेभिभ्यस्तनट्" [३।२।१४०] इति तनट्। प्राक्तनः।

---

१. उंसि पू०। २. पौदन ब०, स०। ३. कण्डिनी अ०, ब०, पू०। ४. -म्बी। बनकौशाम्बी। का-अ०, ब०, पू०। ५. कासपशि। सफरी पू०। कासपारी। सफरी अ०। कासपारी खा- ब०। ६. शाल्वा अ०, पू०। ७. बडवाया वषे इति काशि०।

भेस्तुट् ॥३।२।८१॥ भिसंज्ञकाद्यो भवति तुडागमः शेषे। अत्र परिगणनम्। "अमेहक्तसित्रेभ्य" इति। अमात्यः। इहत्यः। क्वत्यः। ततस्त्यः। तत्रत्यः। परिगणनं किम्? उपरिष्टात् जातः, औपरिष्टः। भेर्भमात्रे टिखम्। परतो जातः पारतः। उत्तराहि जातः, औत्तराहः। "वोश्छः" [३।२।१०] एव भवति। आरातीयः। "नेध्रुव इति वक्तव्यम्" [वा०] नियतं सर्वकालं भवं नित्यम्। "निसो गत इति वक्तव्यम्" [वा०] निर्गतो वर्णाश्रमेभ्यो निष्ट्यः श्वपचादिः।

वैषमोह्यस्श्वसः ॥३।२।८२॥ ऐषमस् ह्यस् श्वस इत्येतेभ्यो वा यो भवति। यदा यस्तदा तुट्। ऐषमस्त्यः। ऐषमस्तनः। ह्यस्त्यः। ह्यस्तनः। श्वस्त्यः। श्वस्तनः। "श्वसस्तुट् च" [३।२।१३५] इति पाक्षिके ठञि, शौवस्तिकः। "द्वारादेः" [५।२।६] इत्यौच्।

रूप्यद्योर्ण्यः ॥३।२।८३॥ रूप्यशब्दो द्युर्यस्य तस्मात् णो भवति शैषिकः। वृकरूप्ये जातः वार्करूप्यः। दुसंज्ञायां परत्वात् "धन्वयोङः" [३।२।११] इति वुञ् भवति। माणिरूप्ये जातः, माणिरूप्यकः।

दिगादेरखौ ॥३।२।८४॥ दिग्विशेषादेर्मृदः अखौ वर्त्तमानात् णो भवति। व्यणोऽपवादः। शेषे। पूर्वस्यां शालायां भवः पौर्वशालः। "हृदर्थं" [१।३।४६] षसः। एवम् आपरशालः। दाक्षिणशालः। अखाविति किम्? पूर्वेषुकामसम्यां जातः, पूर्वेषुकामसमः। अपरैषुकामसमः। "दिक्संख्यं खौ" [१।३।४२] इति सः। "प्राचां ग्रामाणाम्" [५।२।१४] इति द्योरैप्।

मद्रेभ्योऽण् ॥३।२।८५॥ दिगादेरिति वर्त्तते। दिगादेर्मद्रशब्दात् अण् भवति शैषिकः। "बहुस्वेऽदोरपि" [३।२।१०३] इति वुञ् प्राप्तः। तदपवादे "वृजिमद्रात्कः" [३।२।१०६] इति के प्राप्ते पुनरनेनाण्। पौर्वमद्रः। आपरमद्रः। "दिशोऽमद्राणाम्" [५।२।१८] इति पर्युदासादादेरैप्। दिगादेरित्येव। मद्रकः। आरम्भसामर्थ्यादेवाणि सिद्धे अण्ग्रहणं राष्ट्रलक्षणस्यापि वुञो बाधनार्थम्।

पलद्यादेः ॥३।२।८६॥ पलदी इत्येवमादिभ्योऽण् भवति शैषिकः। पलद्यां जातः, पालदः पारिषदः। "वा नाम्नः" [१।१।७१] इति दुसंज्ञायां छः प्रसज्येत। इह वाहीकशब्दश्छबाधार्थमुपात्तः। गोष्ठीनैकेतीशब्दाभ्यां छः प्राप्तः। वाहीकशब्दत्वाच्च ठञिठौ प्राप्तौ। गोमतीशब्दात् "रोङीतोः प्राचाम्" [३।२।१०१] इति वुञ् प्राप्तः। "ओ[1]र्देशे ठञ्" [३।२।९५] इत्यत्र (इत्यतो) देशग्रहणमनुवर्त्तते। गोमती च नदी। "भिन्नलिङ्गे नदीदेशे" [१।४।८३] इत्यत्र ज्ञापितं नदीदेशग्रहणेन न गृह्यते। गोमत्यां भवा मत्स्या गौमता इति। तस्मादिह पाठोऽनर्थकः। एकीयमतमेतत्। अथवा इदमेव ज्ञापकम्, नद्यपि देशग्रहणेन गृह्यते। "भिन्नलिङ्गे नदीदेशे" [१।४।८३] इत्यत्र नदीग्रहणं जलाशयनियमार्थमुक्तम्। श्रवदुदकानां द्वन्द्व एकवद् भवति (न) स्थिरोदकानां कूपसरस्तडागानाम्। वैश्वामित्रं च तडागं जरत्कूपश्च वैश्वामित्रजरत्कूपौ। शूरसेनशब्दात् "बहुस्वेऽदोरपि" [३।२।१०३] इति वुञ् प्राप्तः। पलदी। परिषत्। यकृत्। लोमन्। नञ्ज। पटच्चर। वाहीक। कलकीक। बहुकीट। कमलभित्। गोष्ठी। नैकेती। परिखा। उदपान। रोमक। शूरसेन। गोमती।

शकलादिभ्यो वृद्धे ॥३।२।८७॥ शकल इत्येवमादिभ्यो वृद्धे यो विहितस्तस्तदन्तेभ्योऽण् भवति शेषे। शाकल्यस्य छात्राः शाकलाः। "क्यच्व्यनादृध्यापत्यस्य" [४।४।१४१] इति यखम्। काण्वस्य छात्राः काण्वाः। गौकक्षस्य गौकक्षः। कौण्डिन्यस्य कौण्डिनः। वृद्ध इति किम्? शाकलो देवताऽस्य शाकलः। शाकलस्येदम् शाकलीयम्। उत्तरार्थं च वृद्धग्रहणम्।

1. ननु "रोङीतोः" इत्यत्र देशग्रहणमनुवर्तते। अ०, पू०।

इञः ॥३।२।८८॥ वृद्धे यो विहितः इञ् तदन्तादण् भवति शेषे। दाक्षेरिदं दाक्षम्। प्लाक्षम्। वृद्ध इत्येव। सौतङ्गमेरिदं सौतङ्गमीयम्।

न द्वयचः प्राच्यभरतेषु ॥३।२।८९॥ द्वयचो मृदः प्राच्यभरतात् वृद्धादिञन्तादण् न भवति। पूर्वेण प्राप्तस्य प्रतिषेधः। प्राच्येषु चैदीयाः[१]। पौषीयाः। भरतेषु काशीयाः। वासीयाः। द्वयच इति किम्? पानागारेश्छात्राः पानागाराः। प्राच्यभरतेषु इति किम्? दाक्षाः। प्लाक्षाः। "काश्यादेष्ठञ्ञिठौ" [३।२।९२] इत्यत्र चेदिशब्देन साहचर्याद्देशवाचिनः काशिशब्दस्य ग्रहणम्। इह वृद्धत्वान्ताच्छ उदाहृतः। ननु भरताः प्राच्या एव तेषां किमर्थं पृथगुपादानम्। अन्यत्र प्राच्यग्रहणेन भरतग्रहणं मा भूदित्येवमर्थम्।

दोश्छः ॥३।२।९०॥ वृद्ध इति निवृत्तम्। सामान्येनोपादानात्। दोर्मृदश्छो भवति शेषे। सौतारीयम्। मालीयम्। "रूप्यञोः" [३।२।८३] छं (छणं) बाधित्वा परत्वात् "धन्वयोङः" [३।२।९९] इति वुञ्। मणिरूप्ये भवः मणिरूप्यकः। "उदीच्यग्रामात् प्रस्थयोरण् वक्तव्यः" [वा०] माषीप्रस्थम्। माहकीप्रस्थम्।

भवतष्ठण्छसौ ॥३।२।९१॥ दोरिति वर्त्तते। भवच्छब्दात् ठण् छस् इत्येतौ त्यौ भवतः शेषे। सकारः "सिति" इति पद संज्ञार्थः। भावत्कम्। भवदीयम्। "मृद्ग्रहणे लिङ्गविशिष्टस्य भवतीशब्दस्य ग्रहणे ठण्छसोः" [वा०] इति वक्ष्यमाणेनोपसंख्यातेन पुंवद्भावे तदेव रूपम्। यस्त्यदादिषु न पठ्यते शत्रन्तो भवच्छब्दः, तस्मादणि भावतमिति।

काश्यादेष्ठञ्ञिठौ ॥३।२।९२॥ काशि इत्येवमादिभ्यः ठञ् ञिठ इत्येतौ त्यौ भवतः शेषे। इकार उच्चारणार्थः। काशयो जनपदः तत्र जाता काशिकी, काशिका। वैदिकी, वैदिका। काशि। वेदि। सांयाति। संवाह। अच्युत। मोदमान। संकुलाद। हस्तिकर्ण। कुनामन्। हिरण्य। करण। गोवासन। भौरिङ्गि। भौलिङ्गि। अरिन्दम। शकमित्र। देवदत्त। दासमित्र। दासग्राम। गोवाहन। तरङ्ग। सौदावतामि[२]। युवराज। उपराज। सिन्धुमित्र। देवराज। "आपदादिपूर्वपदात् कालान्ताद् ठञ्ञिठौ वक्तव्यौ" [वा०]। आपत्कालिकी। आपत्कालिका। और्ध्वकालिकी। और्ध्वकालिका। आपद्। ऊर्ध्व। कूप। अनु। पूर्व। इत्यापदादिः। दोरिति वर्त्तते। यत्राद्युसंज्ञास्तेषां वचनाद् ग्रहणम्। दोरधिकारस्य तु प्रयोजनं देवदत्तस्य प्राग्देशे वर्त्तमानस्य दुसंज्ञा न वाहीकग्रामे। दोरेव ठञ्ञिठौ। कथं भाष्ये प्रयोगः देवदत्तीयाः। दैवदत्ताः इति। "वा नाम्नः" [१।१।७१] इत्यत्र वेति व्यवस्थितविभाषा छे कर्त्तव्ये दुसंज्ञा भवति ठञ्ञिठयोर्न भवति।

वाहीकग्रामेभ्यः ॥३।२।९३॥ दोरिति वर्त्तते। वाहीकग्रामेभ्यष्ठञ्ञिठौ भवतः शेषे। सकलाज्जाता, साकलिकी, साकलिका। मान्थपिकी। मान्थपिका। कारतायिकी। कारतायिका।

वोशीनरेषु ॥३।२।९४॥ दोरिति वर्त्तते। उशीनरेषु ये ग्रामाः, तद्वाचिभ्यष्ठञ्ञिठौ वा भवतः। आह्वजालिकी, आह्वजालिका, आह्वजालीया। सौदर्शनिकी, सौदर्शनिका, सौदर्शनीया।

ओर्देशे ठञ् ॥३।२।९५॥ इह दो रदोश्च विधिः। उत्तरसूत्रे पुनर्दुग्रहणात्। उवर्णान्ताद्देशवाचिनो मृदष्ठञ् भवति देशे। निषादकर्ष्वां जातः, नैषादकर्षुकः। एदञ्जरजन्तुकः[३]। छस्य परत्वादयं ठञ् बाधकः। दाक्षिकर्षुकः। दोष्ठञ्ञिठयोरपि बाधकः। वाहीकग्रामे, नापितवास्तौ जातः नापितवास्तुकः। देश इति किम्? पटोश्छात्राः—पाटवाः।

---

१. चैकीयाः अ०, ब०, पू०,। २. सौधावनानि अ०। सोधावतानि पृ०। ३. एपञ्जरजन्तुकः अ०, पू०। एयञ्जरजन्तुकः ब०।

दोः प्राचाम् ॥३।२।९६॥ उद्देश (आदेशे) इति वर्त्तते। उवर्णान्ताद्दोः प्राग्देशवाचिनष्ठञ् भवति शेषे। दोरदोश्च पूर्वेण सिद्धे नियमार्थमेतत्। दोरेव प्राचां नाप्यदोः। आढकजम्बुकः। नापितवास्तुकः। दोरिति किम्? मल्लवास्तु माल्लवास्तवः।

कन्थायाः ॥३।२।९७॥ कन्थाशब्दाट्ठञ् भवति शेषे। कन्था प्रावरणम्, उपचाराद् देशोऽपि। कान्थिको गौः।

वर्णौ वुञ् ॥३।२।९८॥ वर्णौ या कन्था तस्या वुञ् भवति शेषे। वर्णुर्नाम नदः, तस्य अदूरभवो जनपदो वर्णुः, तद्विषये या कन्थेत्यर्थः। कान्थको गौः। कान्थकोऽश्वः।

धन्वयोङः ॥३।२।९९॥ दोरिति देश इति च वर्त्तते। बन्ध (धन्व)वाचिनो यकारोङश्च देशवाचिनो दोर्वुञ् भवति शेषे। प्राचामिति निवृत्तम्। पारेबन्ध(धन्व)नि जातः, पारेबन्ध(धन्व)कः। आपारेबन्ध(धन्व)कः। पारावतकः। योङः। साङ्कास्यकः। काम्पिल्यकः। ठञ्ञिठाभ्यां योङो वुञ् परत्वात्। वाहीकग्रामे। दासरूप्ये जातः, दासरूप्यकः। "आदेशे" [३।२।९५] ठञः परत्वाद्योङो वुञ भवति। आत्रींतमायौ जातः, आत्रीतमायवकः।

प्रस्थपुरवहान्तात् ॥३।२।१००॥ दोरिति देश इति च वर्त्तते। प्रस्थ पुर वह इत्येवमन्ताद्देशवाचिनो दोर्वुञ् भवति। छस्यापवादः। दोरित्यधिकारात्तदन्तत्वे लब्धे अन्तग्रहणमनर्थकमिति चेत्; असत्यन्तग्रहणे तदर्थवाचि दुसंज्ञं गृह्येत। यथा पूर्वसूत्रे बन्धा (धन्वा) र्थवाचि दुसंज्ञं गृहीतम्। मालाप्रस्थे जातः। मालाप्रस्थकः। सौ (शौ) णप्रस्थकः। क्षान्तिप्रस्थकः[1]। नान्दीपुरकः। कान्चीपुरकः। पैलुवहकः। फाल्गुनीवहकः। पुरान्ताद् "रोङीतोः प्राचाम्" [३।२।१०१] इति सिद्धेऽप्यप्रागर्थं वचनम्। प्रस्थाद्यन्तात् ठञ्ञिठाभ्यां परत्वेन वुञ्। पानप्रस्थकः। कौत्कुञ्जीवहकः। एतेभ्यो वाहीकग्रामत्वात् ठञ्ञिठौ प्राप्तौ।

रोङीतोः प्राचाम् ॥३।२।१०१॥ दोरिति देश इति च वर्त्तते। प्राग्ग्रहणं देशविशेषणम्। रेफोङ इकारान्ताच्च दोः प्राग्देशवाचिनो वुञ् भवति शेषे। छापवादः। पाटलिपुत्रकः। ऐकचक्रकः। ईतः खल्वपि। काकन्दी, काकन्दकः। माकन्दी, माकन्दकः। प्राचामिति किम्? दात्तामित्रीयः। तपरकरणमसन्देहार्थम्।

राष्ट्रावध्योः ॥३।२।१०२॥ दोरिति देश इति च वर्त्तते। देशविशेषणं राष्ट्राऽवधी। राष्ट्रवाचिनस्तदवधिवाचिनश्च दोर्वुञ् भवति शेषे। छापवादः। आभिसारे जातः, आभिसारकः। राष्ट्रावधेः, औषुमकः। श्यामायनकः। अवधिग्रहणेनापि राष्ट्रं गृह्यते। किमर्थं तर्ह्युपादानम्? बाधकबाधनार्थम्। "गर्त्तद्योः" [३।२।१०४] राष्ट्रावधेः परमण्छं बाधित्वा वुञेव भवत्युत्तरसूत्रेण। त्रैगर्त्तकः। इदं च प्रयोजनम्—मौञ्जिर्नाम वाहीकानामवधिग्रामः, तत्र भवो मौञ्जीयः। ग्रामे अवधौ वुञ् न भवति।

बहुत्वेऽदोरपि ॥३।२।१०३॥ राष्ट्रावध्योरिति वर्त्तते। बहुत्वविषयान्मृदः अदोरपि दोरपि राष्ट्रवाचिनस्तदवधिवाचिनश्च वुञ् भवति शेषे। अण्छयोरपवादः। अदो राष्ट्रात्—अङ्गेषु जातः आङ्गकः। वाङ्गकः। अदो राष्ट्रावधेः[4]। अजकुन्देषु जातः, आजकुन्दकः। दो राष्ट्रात्, दार्वेषु जातः, दार्वकः। काम्बधकः। दो राष्ट्रावधेः। कालञ्जरेषु जातः, कालञ्जरकः। वैकुलिशेषु जातः, वैकुलिशकः। जह्नुषु जातः, जाह्नवकः। बहुत्वग्रहणं किम्? जनपदैकदेशबहुत्वेन विवक्षिते वुञ् मा भूत्, वर्तनीषु भव इति। दोः पूर्वेणैव सिद्धे अपिग्रहणं किमर्थम्? उत्तरत्र द्वयोरनुवर्तनार्थम् वाधावाधि[5]ज्ञा(न्या)येत(न)तक्रदानेनैव दधिदानस्य, तस्मादपील्युक्तम्। "ओष्ठञः" [३।२।१६] परत्वात् राष्ट्रलक्षणो वुञ्। जह्नुषु जातः, जाह्नवकः।

---

१. क्षान्जिप्रस्थकः अ०, पू०। २. कौकुजीवहकः पू०। कोकुजीवहकः अ०। कौत्कुजीवहकः ब०। ३. तर्हि पृथगुपादानम् अ०, ज०, पू०। ४. धेः। अजमीदे (ढे) षु जातः, आजमीद (ढ) कः पू०। ५ विज्ञायेत ब०।

कच्छाग्निवक्त्रवर्त्त[1](गर्त)घोः ॥३।२।१०४॥ कच्छ अग्नि वक्त्र वर्त्त (गर्त) इत्येवं घोर्देशवाचिनो मृदो दोरदोश्च वुञ् भवति शेषे। छाणोऽपवादः। भरुकच्छे जातः, भारुकच्छकः। पैप्पलीयकच्छकः। काण्डाग्नौ जातः काण्डाग्नकः। वैभुजाग्नकः। तैन्दुवक्त्रकः। सैन्धुवक्त्रकः। बाहुवर्तकः। चाक्रवर्तकः।

धूमादेः ॥३।२।१०५॥ धूम इत्येवमादिभ्यो वुञ् भवति शेषे। अणादीनामपवादः। धूमे जातः, धौमकः। धूम। षण्ड। शशादन। अर्जुनवा। दण्डायन। स्थली। माणवस्थली। घोषस्थली। पोषस्थली। माहकस्थली। राजगृह। सत्रासाह। भक्षास्थली। समुद्रस्थली। मद्रस्थल। अञ्जलीकूल। द्व्याहाव। त्र्याहाव। संस्फीय। पर्वत। गर्भ। विदेह। आनर्त्त। अनयोरराष्ट्रार्थं ग्रहणम्। पादूर। पाथेय। योऽन्योऽप्यदेशार्थं ग्रहणम्। घोष। सव्य[2]। पल्लि। आराज्ञी। आराज्ञकः। धार्त्तराज्ञी। धार्तराज्ञकः। इत्येवमादिग्रहणमप्रागर्थम्। अभय। तीर्था। तीरकूलात्सौवीरेषु। कौलमन्यत्। समुद्रान्नावि मनुष्ये च। सामुद्रमन्यत्। कुक्षि। अन्तरीप। अरुण। उज्जयिनी। दक्षिणापथ। साकेत।

नगरात्कुत्सादाक्ष्ययोः ॥३।२।१०६॥ कुत्सा निन्दा, दाक्ष्यं नैपुण्यम्। एते त्यार्थस्य जातादेर्विशेषणम्। नगरशब्दाद् वुञ् भवति शैषिकः कुत्स्यदाक्ष्ययोर्गम्यमानयोः। तत्र कुत्सायां केनाऽयं मुषितः। इह नगरे मनुष्येण। सम्भाव्यत एतत्[3]। नागरकाश्चौरा हि जागरूका भवन्ति। केनेयं वीणा वादिता इह नगरे मनुष्येण। उपपद्यत एतन्नागरको (कैः) निपुणा हि नागरका भवन्ति। कुत्सादाक्ष्ययोरिति किम्? नागरः पुरुषः। कत्र्यादिषु नगरीशब्दः पठ्यते। तस्माद्ढकञि नागरेयक इति भवति।

मनुष्यादिष्वरण्यात् ॥३।२।१०७॥ अरण्यशब्दान्मनुष्याभिधेये शैषिको वुञ् भवति। "अरण्याण्णो वक्तव्यः" [वा०] इत्युक्तम्, तस्यायमपवादः। आरण्यको मनुष्यो वा पन्था वा अध्यायो वा न्यायो वा विहारो वा हस्ती वा। एते मनुष्यादयः। "वा गोमयेष्विति वक्तव्यम्"[वा०] आरण्यका आरण्या गोमयाः। मनुष्यादिष्विति किम्? आरण्या ओषधयः।

कुरुयुगन्धरेभ्यो वा ॥३।२।१०८॥ कुरु युगन्धर इत्येताभ्यां शैषिको वुञ् भवति। "राष्ट्रशब्दो धा (राष्ट्रावध्योः)" [३।२।१०२] इति "बहुत्वेऽदोरपि" [३।२।१०३] इति नित्ये वुञि प्राप्ते विकल्पोऽयम्। कुरुषु जातः कौरवकः। कच्छादिपाठादणपि भवति। कौरवः। वाग्रहणं युगन्धरार्थमेव। युगन्धरेषु जातः यौगन्धरकः। यौगन्धरः। नृतत्स्थयोरभिधेययोः कुरुशब्दान्नित्यो वुञ् भवति। कौरवको मानुष्यः। कौरवकमस्य जल्पितम्।

वृजिमद्रात् कः ॥३।२।१०९॥ वृजिमद्रशब्दाभ्यां को भवति शेषे। राष्ट्रलक्षणस्य "बहुत्वेऽदोरपि" [३।२।१०३] इत्यस्य वुञोऽपवादः। वृजिकः। मद्रकः। यस्मिन्प्रकरणे जनपदास्तेषु "स्त्यविधौ (न) तदन्तविधि"रिति प्रतिषेधे प्राप्ते "सुसर्वार्द्धदिक्छब्देभ्यो जनपदस्य" [वा०] इति सर्वत्र तदन्तविधिः। सुमागधकः। सर्वमागधकः। अर्धमागधकः। पूर्वमागधकः। सुमद्रकः। सर्वमद्रकः। अर्धमद्रकः। दिक्शब्दपूर्वकत्वे तु मद्रशब्दस्य "दिगर (गा) देरखौ" [३।२।८४] "मद्रेभ्योऽञ्" [३।२।८५] इत्यपि। पौर्वमद्रः।

---

१. अत्र गर्तघोरिति पाठः सुवचः। पूर्वत्र राष्ट्रावध्योरिति सूत्रवृत्तौ वुञेवोत्तरसूत्रेण त्रैगर्तकः। इत्युक्ते। बाहुवर्तकः। चाक्रवर्तकः। इत्युदाहरणमप्यत्रोक्तं चिन्त्यम्। २. शष्प अ०, ब०, स०।
३. -व्यत एतन्नागरको (कैः) निपुणा भवन्ति। केने-ब०।-त एतन्नागरके (कैः) चौरा हि नागरका भवन्ति। केने-अ०, पु०।

कोपधोऽण् ॥३।२।११०॥ देश इति वर्त्तते। देशवाचिनो मृदः ककारोङ्गोऽण् भवति। "बहुत्वेऽद्योरपि" [३।२।१०३] इति वुञोऽपवादः। ऋषिकेषु जातः आर्षिकः। माहिषिकः। आश्मकः। कथमिक्ष्वाकुषु जात ऐक्ष्वाक इति? उच्यते, "ओर्देशे" [३।२।६४] इति ठञ् प्राप्तः, तं बाधित्वा परत्वाद् "बहुत्वेऽद्योरपि" इति वुञ् प्राप्तः, तमपि परत्वादयमण् बाधते। "औपहत्य" [४।४।१६६] इत्यादिना उक्तं निपात्यते। देश इति वर्त्तते।

कच्छादेः ॥३।२।१११॥ कच्छ इत्येवमादिभ्यो देशवाचिभ्योऽण् भवति शेषे। वुञोऽपवादः। काच्छः। कच्छशब्दादबहुत्वविषयादुत्सर्ग एवाण् सिद्धः। तस्य नृतत्स्थयोर्वुञ् यथा स्यादित्येवमर्थः पाठः। कच्छ। सिन्धु। वर्ण। गन्धार। मधुर। मधुरात्। अस्याप्युत्तरत्र वुञर्थः पाठः। द्वीप। अनूप। अजावह। विजापक। अस्यापि कोङ्गो वुञर्थः पाठः। कुलूत। रङ्कु।

नृतत्स्थयोर्वुञ् ॥३।२।११२॥ कच्छादेरिति वर्त्तते। नरि तत्स्थे चाभिधेये कच्छादेर्वुञ् भवति। अणोऽपवादः। काच्छको ना। काच्छकमस्य हसितं जल्पितम्। काच्छिका चूला। सैन्धवको मनुष्यः। सैन्धवकमस्य हसितं जल्पितम्। सैन्धविका चूला। नृतत्स्थयोरिति किम्? काच्छो गौः। सैन्धवोऽश्वः।

गोयवाग्वपदातौ सल्वात् ॥३।२।११३॥ गवि यवाग्वामपदातौ च जातादौ सल्वशब्दाद् "बहुत्वेऽद्योरपि" [३।२।१०३] इत्येव वुञ्सिद्धः। नियमार्थमिदमुच्यते। एतस्मिन्नेव जातादिविशेषे वुञ् यथा स्यात्। अन्यत्र उत्सर्गोपवादोऽण् भवति। तद्विशेषणमपदातिग्रहणम्। कच्छादिष्वस्य पाठोऽनर्थकः। सल्वेषु जातः साल्वको गौः। साल्विका यवागूः। नृतत्स्थयोरित्येतदत्र[1] वर्त्तमानमपदाति विशेषणम्। साल्वको मनुष्यः। साल्वकमस्य हसितं जल्पितम्। साल्विका चूला। एतेषु वुञो नियमादन्यत्र साल्वं वस्त्रम्। साल्वाः पदातयः।

गर्त्तद्युगहादिभ्यश्छः ॥३।२।११४॥ गर्त्त इत्येवं द्योर्देशवाचिनो गहादिभ्यश्च छो भवति। अणादेरपवादः। स्वाचिद्गर्त्तीयः। वाहीकग्रामेभ्य इति ठञ्ञिठयोः प्राप्तयोरनेन पुनश्छः। वृकगर्त्तीयः। शृगालगर्तीयः। अण् प्राप्तः। देश इत्यधिकारोऽपि गहादीनां सम्भवापेक्षं विशेषणम्। गहे जातः, गहीयः। गह। अन्तस्थ। सम। मध्य मध्यम चाण् चरणेत्यस्यायमर्थः। पृथिवीमध्यशब्दस्य मध्यमादेशः। पृथिवीमध्ये शब्दस्य वा मध्यमादेशो भवति। माध्यमीयः कठः। चरणसम्बन्धे निवासलक्षणे त्यार्थे अण् भवति। माध्यमा इति। उत्तम। अङ्ग। मगध। पूर्वपक्ष। अपरपक्ष[2]। अवमसाख। उत्तमसाख। समानशील। एकग्राम। एकवृक्ष। इद्ववग्र। इद्ववनीक। अवस्पन्द। कामप्रस्थ। अस्मात् "प्रस्थपुरवहान्तात्" [३।२।१००] इति वुञ् प्राप्तः। खाडायनिः। काठेरणिः। लावेरणिः[3]। शैशिरि। शौङ्गि। आसुरि। आहिंसि। आमित्रि। व्याडि। भौजि। आश्वि[4]। आग्नि। शर्मि। दैवशर्मि। यौगिकतराकि[5]। वाल्मीकि[6]। माल्लकि। सौमवृत्तिन्[7]। उत्तर। मुखपार्श्वतसोः खश्च। पार्श्वतीयम्। मुखतीयम्। जनपरयोः कुक्च। जनकीयम्। परकीयम्। देवस्य च (वा)। देवकीयम्। वेणुकायाश्छण् वक्तव्यः। आकृतिगणोऽयम्। वैणुकीयम्। औतरपदीयम्। प्रास्थीयम्। माध्यमकीयम्। मातृकीयम्। चैत्रकीयम्। कृकणवर्णाद् भारद्वाजे देशविशेषे। कृकणीयः। पर्णीयः।

---

१. -दनुवर्त-पू०। -रित्येव तदनुवर्त-अ०। २. अन्तरपक्ष पू०। ३. लावेरणि अ०, पू०। ४. आशिव अ०। ५. ज्योति अ०। श्रोति (श्रौति) पू०। ६. वाराकि पू०। वाटारकि अ०। ७. क्षेमवृत्तिन् अ०, पू०। समवृत्तिन् ब०।

प्राचां कटादेः ॥३।२।११५॥ देश इति वर्तते। तद्विशेषणं प्राग्ग्रहणम्। कटादेः शब्दात्प्राग्देशवाचिनश्छो भवति शेषे। अणोऽपवादः। कटनगरीयः। कटग्रामीयः। कटघोषीयः। कटपल्वलीयः।

राज्ञः क च ॥३।२।११६॥ असम्भवाद् देश इति नाभिसम्बध्यते। राजशब्दस्य ककारोऽन्तादेशो भवति छश्च। आदेशार्थमिदम्। "दोश्छः" [३।२।९०] सिद्ध एव। राज्ञ इदम् राजकीयम्। एकदेशविकृतस्यानन्यत्वाद "अनोऽखं" [४।४।१२०] नाशङ्कनीयम्। तानिर्दिष्टस्यानन्यवद् भाव उक्तः। न चेहाऽनस्तानिर्देशः; किं तर्हि राजशब्दस्य।

दोः कखोङः ॥३।२।११७॥ देश इति वर्त्तते। दोर्देशवाचिनः ककारोङः खकारोङश्छो भवति शेषे। आरीहणकीयः। द्रौघणकीयः। आश्वत्थिके जातः, आश्वत्थिकीयः। शाल्मलिके जातः शाल्मलिकीयः। कोङ इत्यणि प्राप्ते कः। सौसुके जातः, सौसुकीयः। वाहीकग्रामलक्षणौ ठञ्ञिठौ बाधित्वा कोङ इत्यण् प्राप्तः (आष्टकं नाम बन्धः तत्र जातः) आष्टकीयः। बन्धलक्षणं वुञं बाधित्वा कोङ इत्यण् प्राप्तः ब्राह्मणको नाम राष्ट्रम्, तत्र जातः, ब्राह्मणकीयः। "राष्ट्र" [३।२।१०२] वुञोऽपवादः "कोङः" [३।२।११०] इत्यण् प्राप्तः। खोङः खल्वपि। कौटिशिखीयः। माटिशिखीयः। कोटिशिखादयो वाहीकग्रामाः।

कन्थापलदनगरग्रामह्रदद्योः ॥३।२।११८॥ देश इति वर्त्तते दोश्छ इति च। द्युशब्दः प्रत्येकमभिसम्बद्ध्यते। कन्थादि द्योर्देशवाचिनो दोश्छो भवति शेषे। वाहीकग्रामादिलक्षणस्य त्यस्यापवादः। दाक्षिकन्थायां जातः, दाक्षिकन्थीयः। माहकिकन्थीयः। यदोशीनरेषु ग्रामस्तदा नपुंसकलिङ्गत्वम्। "वोशीनरेषु" [३।२।६४] ठञ्ञिठयोः प्राप्तिः। यदा तु वाहीकग्रामः, तदा स्त्रीलिङ्गत्वम्। "वाहीकग्रामेभ्यः" [३।२।६३] इति प्राप्तिः। दाक्षिपलदीयः। माहकिपलदीयः। दाक्षिनगरीयः। माहकिनगरीयः। दाक्षिग्रामीयः। माहकिग्रामीयः। दाक्षिह्रदीयः। गोमयह्रदीयः।

पर्वतात् ॥३।२।११९॥ पर्वतशब्दाच्छो भवति शेषे। अणोऽपवादः। उत्तरत्रामर्त्यविभाषा वक्ष्यते। मर्त्ये इहोदाहरणम्। पर्वतीयो मनुष्यः।

वाऽमर्त्ये ॥३।२।१२०॥ मर्त्यादन्यस्मिन्नभिधेये पर्वताद् वा छो भवति। पूर्वेण नित्ये प्राप्ते विकल्पोऽयम्। पर्वतीयं फलम्। पर्वतीयमुदकम्। पार्वतमुदकम्। अमर्त्य इति किम्? पर्वतीयो ना।

युष्मदस्मदोऽकङ् खञ् ॥३।२।१२१॥ देश इति निवृत्तम्। वेति वर्त्तते। युष्मदस्मद्भ्यां वा खञ् भवति, यदा खञ् तदाऽकङादेशः। यौष्माकीणः। आस्माकीनः। "ङित्" [१।१।२०] इति दकारस्याकङादेशः, अकारोच्चारणसामर्थ्यात् "स्वेऽको दीत्वम्" [४।३।८८]। वेत्याधिकाराच्छो भवति। युष्मदीयः। अस्मदीयः।

अणि ॥३।२।१२२॥ अणि च परतो युष्मदस्मदोरकङादेशो भवति। इदमेव ज्ञापकम्, युष्मदस्मद्भ्यामणपि भवति। यौष्माकः। आस्माकः।

तवकममकावेकार्थे ॥३।२।१२३॥ अनन्तरस्य विधिर्वा भवति प्रतिषेधो वेति परिभाषेयमनित्या। अणि खञि च परतो युष्मदस्मदोरेकार्थे वर्त्तमानयोस्तवक ममक इत्येतावादेशौ भवतः। स्थान्यादेशयोर्यथासंख्यं न त्वादेशनिमित्तयोः। तावकीनो मामकीनः। तावको मामकः। युष्माकं युवयोर्वाऽयं यौष्माकीणः। एवम् आस्माकीनः। यौष्माकः। आस्माकः। अर्थग्रहणं किम्? तवकममकावेक इत्युच्यमाने, एकवचने परत इति विज्ञायेत, तदाऽत्र को दोषः? यौष्माकीण आस्माकीन इत्यत्राऽप्यादेशविधिः स्यात्। तावकीना मामकीना इत्यत्र च न स्यात्, अतोऽर्थग्रहणं क्रियते। तेनैकार्थे वर्त्तमानयोर्युष्मदस्मदोरेकवचने बहुवचने वा परत आदेशविधिः सिद्धो भवति।

योऽर्द्धात् ॥३।२।१२४॥ वेति निवृत्तम्। अर्धशब्दाच्छैषिको यो भवति। अणोऽपवादः। अर्धे भवः, अर्ध्यः।

पराबराधमोत्तमादेः ॥३।२।१२५॥ पर अवर अधम उत्तम इत्येवमादेरर्धशब्दाद्यो भवति शैषिकः। परार्ध्यः। अवरार्ध्यः। अधमार्ध्यः। उत्तमार्ध्यः। "**इदथंघ्न समाहारे**" [१।३।४६] इति षसः। परमर्द्धम्परार्द्धमिति "विशेषणं विशेष्येणेति" [१।३।५२] यसे कृते परार्धे जातः परार्ध्यः। यदा परा ऽवरादिशब्दौ दिग्वाचिनौ तदोत्तरसूत्रेण यठणौ प्राप्तौ। तदवाचित्वे त्वण् प्राप्तः। अधमोत्तमादेरण् प्राप्तः। प्रकृतिलमेतेषां मा विज्ञायीति आदिग्रहणम्।

दिगादेष्ठण् च ॥३।२।१२६॥ अर्धादिति वर्त्तते। दिगादेरर्धाच्छैषिकष्ठण् भवति चकाराद्यश्च। पूर्वार्द्धे जातः, पौर्वार्द्धिकः। पूर्वार्द्ध्यः। दाक्षिणार्द्धिकः। दाक्षिणार्द्ध्यः। अपरमर्द्धं पश्चार्द्धम् "**उपर्युपरिष्टात्परवाद्**" [४।१।१७] इत्यत्रार्द्धे परतोऽपरस्य पश्चभावो वक्ष्यते। पश्चार्द्धे जातः, पाश्चार्द्धिकः। पश्चार्द्ध्यः। "**अन्यादेष्ठण् वक्तव्यः**" [वा०] दिक्छब्दादन्यो यदाऽर्धस्यादिर्भवति तदा ठण् भवति। पौष्करार्द्धिकः। वैजयार्द्धिकः। वालेयार्द्धिकः। चैत्रार्द्धिकः। पराऽवरादेस्तु पूर्वेण य एव भवति।

ग्रामराष्ट्रयोरणठञौ ॥३।२।१२७॥ दिगादेरर्धादण् ठञ् इत्येतौ त्यौ भवतः शेषेऽर्थे ग्रामराष्ट्रयोश्चेदर्द्धं भवति। ग्रामैकदेशवाची राष्ट्रैकदेशवाची चेदर्द्धशब्दो भवतीत्यर्थः। ग्रामस्य राष्ट्रस्य वा पूर्वार्द्धे भवः, पौर्वार्द्धः। पौर्वार्द्धिकः। दाक्षिणार्द्धः। दाक्षिणार्द्धिकः। पाश्चार्द्धः। पाश्चार्द्धिकः।

मध्यान्मः ॥३।२।१२८॥ मध्यशब्दाच्छैषिको म इत्ययं त्यो भवति। अणोऽपवादः। मध्यमः। "**आदेश्चेति वक्तव्यम्**" [वा०] आदिमः। "**अवाधयोः (अवोऽधसोः) सखं चेति वक्तव्यम्**"। अवमः। अधमः।

सम्प्रत्यः ॥३।२।१२९॥ सम्प्रत्यर्थे जातादौ मध्यशब्दाद इत्ययं त्यो भवति। कः पुन इवार्थः स्वार्थः। सम्प्रतिकालो वर्त्तमानः, सोऽतीतानागतयोर्द्वयोरन्तराले वर्त्तते। एवमन्यदपि द्वयोरन्तराले वर्त्तमानं सम्प्रतीत्युच्यते। यन्नातिदीर्घं नातिह्रस्वं मध्यं काष्ठम्। नात्युत्कृष्टो नाप्यपकृष्टो मध्यो वैयाकरणः। मध्या स्त्री।

द्वीपादनुसमुद्रं यञ् ॥३।२।१३०॥ समुद्रसमीपे यो द्वीपशब्दस्तस्माच्छैषिको यञ् भवति। कच्छादिपाठादणो नृतस्थयोर्वुञश्चापवादः। द्वैप्यम्। द्वैप्या स्त्री। अनुसमुद्र इति किम्? अनुनदि यो द्वीपः तस्माद्यमुनादिसम्बन्धे द्वीपे भवम्, द्वैपं तृणम्। "**कच्छादि**" [३।२।११२] पाठादण्। द्वैपको व्यासः। "**नृतस्थयोः**" [३।२।११३] इति वुञ्।

कालाट्ठञ् ॥३।२।१३१॥ कालविशेषवाचिनो मृदः शैषिकष्ठञ् भवति। अणोऽपवादः। वृद्धत्वं[1] परत्वाद् बाधते। मासिकः। सांवत्सरिकः। यथा (दा) कदम्बपुष्पयोगात्कालोऽपि कदम्बपुष्पवाच्यः, तत्राऽनेन ठञ्। कदम्बपुष्पे देयमृणं कादम्बपुष्पिकम्। त्रैहिपालालिकम्। "**तत्र जातः**" [३।३।१] प्रागितः[2] कालोऽधिकारः।

श्राद्धे शरदः ॥३।२।१३२॥ शरच्छब्दात्कालवाचिनः श्राद्धेऽभिधेये शैषिकष्ठञ् भवति। शरदिति हि ऋतुविशेषः। तत्र "**भसन्ध्यादृतुभ्योऽवर्षाभ्योऽण्**" [३।२।१३८] प्राप्तः, तदपवादोऽयम्। शरदि जातं[3] शारदिकं श्राद्धम्। श्राद्ध इति किम्? शारदं दधि। शारदं सस्यम्। श्रद्धाशब्देन चात्र रूढिवशात्पितृकार्यमेवोच्यते, न तु श्रद्धावान्। तेनेह न भवति शारदः श्राद्धः। श्रद्धावानित्यर्थः।

---

१. वृद्धछं अ०, ब०, पू०। २. गतः का-अ०, ब०, पू०। ३. भवं पू०।

वा रोगातपयोः ॥३।२।१३३॥ रोगे आतपे चाभिधेये शरच्छब्दाच्छैषिको वा ठञ् भवति। शारदिकः। शारदो रोग आतपो वा।

निशाप्रदोषाभ्याम् ॥३।२।१३४॥ वेति वर्त्तते। निशाप्रदोषशब्दाभ्यां वा ठञ् भवति शेषे। नित्ये कालाट्ठञि प्राप्ते विकल्पोऽयम्। निशा सोढाऽस्य, नैशिकः। नैशः। प्रादोषिकः। प्रादोषः। निशाप्रदोषसहचरितमध्ययनमुपचारात्तथोच्यते।

श्वसस्तुट् च ॥३।२।१३५॥ श्वस्शब्दाट्ठञ् भवति। तस्य च ठञ इकादेशे कृते तुडागमः। ठञोऽपवादो भिन्नलक्षणस्तुट् प्राप्तः, तं बाधित्वा "वैषमोषसश्वसः" [३।२।८३] इति विभाषया ये प्राप्ते अनेन ठञ् विभाष्यते। श्वो जातो भवो वा शौवस्तिकः, श्वस्त्यः। आभ्यां मुक्ते तनप् श्वस्तनः।

प्रावृष एण्यः ॥३।२।१३६॥ प्रावृष[1]शब्दात् एण्यो भवति शेषे। ञ्लणोऽपवादः। प्रावृषेण्यो बलाहकः। णत्वं किमर्थम्? प्रावृषेण्यमाचष्टे णिचि क्विपि अतः खे च कृते णकारस्य श्रवणार्थम्।

भसन्ध्याद्यृतुभ्योऽवर्षाभ्योऽण् ॥३।२।१३७॥ कालादिति वर्तते। "भाद्युक्तः कालः" [३।२।४] इत्यागतस्याणः "उसमेदे" [३।२।५] इत्युसि कृते कालवाचिभ्यो भेभ्यः सन्ध्यादिभ्य ऋतुभ्यो वर्षावर्जितेभ्योऽण् भवति शेषे। ठञोऽपवादः। भेभ्यः—तैषः। पौषः। "तिष्यपुष्ययोर्भाणि" [४।४।१३७] इति यखम्। सन्ध्यादिभ्यः—सन्ध्यायां भवो जातो वा सान्ध्यः। सन्ध्या सविखला (सन्धिवेला)। अमावास्या। एकदेशविकृतस्य अमावस्याशब्दस्यापि ग्रहणम्। त्रयोदशी चतुर्दशी पञ्चदशी पौर्णमासी प्रतिपद्। "संवत्सरात्फलपर्वणोः"[ग०सू०] सांवत्सरं फलम्। सांवत्सरं पर्व। अन्यत्र सांवत्सरिको रोगः। ऋतुभ्यः—शारद्धैमन्तशिशिरवसन्त-ग्रैष्मः। अवर्षाभ्य इति किम्? वर्षासु साधु वार्षिकं वासः। अण्ग्रहणं छबाधनार्थम्। स्वातौ तदं (भवं) सौवातम् "पदे स्वोरैयौव्" [५।२।८] इत्यौव्।

हैमन्तात्तखम ॥३।२।१३८॥ हेमन्तशब्दादण्भवति तत्संनियोगेन चास्य तखम्। हेमन्ते साधुः हैमनम्। हैमन्तः। (हैमनमनुलेपनम्। हैमनं वासः। ठञपीष्यते।) हैमन्तिकमिति। हेमन्ततखमिति वक्तव्यम्। कानिर्देशः किमर्थः? केवलेऽप्यऽण् (हेमन्ताद्) यथा स्यात्। तेन सिद्धम्। हैमन्ती पङ्क्तिः।

सायंचिरंप्राह्णेप्रगेभिभ्यस्तनट् ॥३।२।१३९॥ कालादिति वर्त्तते। सायं चिरं प्राह्णे प्रगे शब्देभ्यो भिभ्यः कालवाचिभ्यस्तनड भवति शेषे। सायंचिरंशब्दयोरभिसंज्ञयोस्त्यसन्नियोगेन मकारान्तता निपात्यते। सायन्तनम्। चिरन्तनम्। प्राह्णप्रगयोस्त्वेकारान्तता निपात्यते। प्राह्णः सोढोऽस्य, प्राह्णेतनः। प्रगः सोढोऽस्य, प्रगेतनः। ईबन्तात्तनटि "भकालतनेकालेभ्यो वा" [४।३।१३३] इत्यनुपा सिद्धम्। प्रातस्तनम्। दिवातनम्। दोषातनम्। "चिरपरुत्परारिभ्यस्त्नो वक्तव्यः" [वा०] चिरत्नम्। परुत्नम्। परारित्नम्। "अन्तादिमो वक्तव्यः" [वा०] अन्तिमम्।

वा पूर्वापराह्णात् ॥३।२।१४०॥ पूर्व अपर इत्येवंपूर्वादह्नशब्दाद् वा तनड् भवति शेषे। नित्ये कालाट्ठञि प्राप्ते विभाषेयम्। पूर्वाह्णेतनः। पूर्वाह्णतनः। अपराह्णेतनः। अपराह्णतनः। पौर्वाह्णिकम्। आपराह्णिकम्। यदा पूर्वाह्णः सोढोऽस्य तदा पूर्वाह्णतनः, अपराह्णतनः।

इत्यभयनन्दिविरचितायां जैनेन्द्रमहावृत्तौ तृतीयस्याऽध्यायस्य द्वितीयः पादः समाप्तः।

---

१. प्रावृट् पु०।

तत्र जातः ॥३।३।१॥ अणादयः परमोत्सर्गाद्यादयश्च शैषिकाः प्रकृताः, तेषामितः प्रभृति प्रकृत्यर्थाः समर्थविभक्त्युपादानं च वेदितव्यम्। तत्रेति ईप्समर्थाज्जात इत्येतस्मिन्नर्थे यथाविहितं त्यो भवति। स्रुघ्ने जातः स्रौघ्नः। औत्सः। राष्ट्रियः। शाकलिकी। शाकलिका। शौत्रेयकः।

प्रावृषष्ठः ॥३।३।२॥ प्रावृट्छब्दादीप्समर्थाज्जात इत्येतस्मिन्नर्थे ठो भवति। एण्यस्यापवादः। प्रावृषिकः। प्रावृषिका स्त्री।

खौ शरदो वुञ् ॥३।३।३॥ शरच्छब्दाद् वुञ् भवति खुविषये। तत्र जात इति वर्त्तते। शारदिका मुद्गा। संज्ञाशब्दानां व्युत्पत्तिमात्रमिदम्। खाविति किम्? शारदं सस्यम्[1]।

सिन्ध्वपकरादण् ॥३।३।४॥ सिन्धु अपकर इत्येताभ्यामण् भवति तत्र जात इत्यस्मिन्विषये। सिन्धुषु जातः सैन्धवः। आपकरः। सिन्धुशब्दात् "कच्छादेः" [३।२।११२] इत्यण्। "नृतस्थयोः" [३।२।११३] इति वुञ् च प्राप्तः। तयोरपवादे के अपकरशब्दादणोऽपवादे उत्तरसूत्रेण के प्राप्तेऽनेनाणपि विधीयते।

पूर्वाह्णापराह्णार्द्रामूलप्रदोषावस्कराच्च कः ॥३।३।५॥ पूर्वाह्ण अपराह्ण आर्द्रा मूल प्रदोष अवस्कर इत्येतेभ्यः सिन्ध्वपकराभ्याञ्च को भवति। तत्र जात इति वर्त्तते। पूर्वाह्णे जातः पूर्वाह्णकः। अपराह्णकः। "वा पूर्वापराह्णात्" [३।२।१४०] इत्यस्यापवादः। आर्द्रकः। "केऽणः" [५।२।१२५] इति प्रादेशः। मूलकः। कालवाचित्वे सति भलक्षणस्याऽणोऽपवादः। प्रदोषकः। "निशाप्रदोषाभ्याम्" [३।२।१३५] इत्यस्य बाधा। अवस्करकः। अणोऽपवादः। सिन्धुकः। अपकरकः। आभ्यां पूर्वेणाणपि भवति।

पथः पन्थः ॥३।३।६॥ पथिशब्दात्को भवति तत्सन्नियोगेन पथिशब्दस्य पन्थ इत्ययं चादेशः। तत्र जात इति वर्त्तते। पथि जातः, पन्थकः। अणोऽपवादः।

वाऽमावास्यायाः ॥३।३।७॥ अमावास्याशब्दाद् वा को भवति तत्र जात इत्यस्मिन् विषये। "भसन्ध्यादिना" [३।२।१३७] नित्येऽणि प्राप्ते को विभाष्यते। अमावास्यकः। एकदेशविकृतादमावस्याशब्दादपि। अमावस्यकः। पक्षेऽण्। आमावास्यः। आमावस्यः।

अषाढाच्च ॥३।३।८॥ अ इत्ययं त्यो भवति अषाढशब्दात् चकारादमावास्यायाश्च। तत्र जात इति वर्त्तते। अषाढाया इति प्राप्ते अषाढादिति सौत्रो निर्देशः। अषाढायां जातः, अषाढः। अषाढा स्त्री। अमावास्यः। अमावस्यः। "अविष्ठाषाढाभ्यां छणिति[2] वक्तव्यम्" [वा०]। श्राविष्ठीयः। आषाढीयः।

फल्गुन्याष्टः ॥३।३।९॥ फल्गुनीशब्दाट्टो भवति तत्र जात इत्यस्मिन्विषये। नाणोऽपवादः। फल्गुन्यां जातः फल्गुनः। फल्गुनी स्त्री।

स्थानान्तादुप् ॥३।३।१०॥ स्थानान्तादुत्तरस्य जातार्थे आगतस्याण्[3] उब्भवति। गोस्थाने जातः गोस्थानः। अश्वस्थानः।

शालाद् गोखरात् ॥३।३।११॥ गो खर इत्येवम्पूर्वाच्छालात्परस्य जातार्थे आगतस्य त्यस्योब्भवति। गवां शाला गोशालम्। खराणां शाला खरशालम्। "सेनासुराच्छायाशालानिशा वा" [१।४।१०१] इति नप्। गोशाले जातः, गोशालः। खरशालः। लिङ्गविशिष्टस्य स्त्रीलिङ्गस्याऽपि "ङ्युप्युप" [१।१।४] इति टाप उपि सति तदेवोदाहरणम्।

वत्साद् वा ॥४।३।१२॥ वत्सपूर्वात् शालात्परस्य जातार्थे आगतस्य त्यस्योब्भवति वा। वत्सशाले जातः, वत्सशालः। वात्सशालः।

---

१. धान्यम् अ०, ब०, पू०। २. छण् चेति अ०, ब०, पू०। ३.-स्य त्यस्यो-अ०, ब०, पू०।

भेभ्यो बहुलम् ॥३।३।१३॥ भशब्देभ्यः परस्य जातार्थे आगतस्य त्यस्य बहुलमुब् भवति। "श्रविष्ठाऽनुराधास्वातिपुनर्वसुतिष्यहस्तविशाखाबहुलाभ्य उबेव भवति"। श्रविष्ठासु जातः श्रविष्ठः। भलक्षणस्याण उप्। "हृदुप्युप्" [१।१।६] इति स्त्रीत्यत्योरभवति। अनुराधः। स्वातिः। पुनर्वसुः। तिष्यः। तिष्यग्रहणे पर्यायग्रहणम्। पुष्यः। हस्तः। विशाखः। बहुलः। तथा "चित्रारेवतीरोहिणीभ्यः स्त्रियामुबेव भवति"। चित्रायां जाता स्त्री अण उप्। हृदुप्युबिति उप्। पुनष्टाप्। ङीप्। चित्रा। रेवती। रोहिणी। पुंसि न भवत्येव। चैत्रः। रैवतः। रौहिणः। "अन्येभ्यो विभाषा"। अभिजित्। आभिजितः। अश्वयुक्। आश्वयुजः। (शतभिषक्)। शातभिषजः। कृत्तिकः। कार्त्तिकः। मृगशिरा। मार्गशीर्षः। शिरसः शीर्षादेशो वक्ष्यते। बहुलवचनादन्यदपि, अणो वा ङित्वम्। शातभिषः। शातभिषजः।

कृतलब्धक्रीतसम्भूताः ॥३।३।१४॥ तत्रेति वर्त्तते। जात इति निवृत्तम्। अर्थान्तरोपादानात्। तत्रेतीप्समर्थात् कृत लब्ध क्रीत सम्भूत इत्येतेष्वर्थेषु यथाविहितं त्यो भवति। स्रुघ्ने कृतो वा लब्धो वा क्रीतो वा सम्भूतो वा स्रौघ्नः। राष्ट्रियः। जातस्यैव विशेषोऽपेक्षितपरव्यापारः स्वभावनिष्पत्तौ भावः कृतशब्दस्यार्थः। सामान्येन प्राप्तं लब्धशब्दार्थः। मूल्येन प्राप्तं क्रीतशब्दार्थः। विद्यमानस्य गुणान्तरयोगः सम्भूतशब्दार्थः। उपचारेणेद स्वयमुत्पादः सम्भूतत्वं जन्मेति चेत्; एवं तर्हि ज्ञापकमिदम् जन्मोपचारे तत्र जात इत्येष विधिर्न भवति। "प्रावृष एण्यः" [३।२।१३६] इति एण्यो भवति। प्रावृषि सम्भूतं हिरण्यम्; प्रावृषेण्यम्। "प्रावृषष्ठः" [३।३।२] इति ठोऽत्र न भवति। पथि सम्भूतं हिरण्यम् इत्यत्र "पथः पन्थः" [३।३।६] इत्येष विधिर्न भवति।

कुशलः ॥३।३।१५॥ तत्रेतीप्समर्थात्कुशल इत्येतस्मिन्नर्थे यथाविहितं त्यो भवति। स्रुघ्ने कुशलः स्रौघ्नः। राष्ट्रियः। उत्तरोऽपवादविधिः। कुशलेऽर्थे यथा स्यादिति योगविभागः।

पथो वुन् ॥३।३।१६॥ पथिशब्दाद् वुन् भवति तत्र कुशल इत्यस्मिन्विषये। पथि कुशलः पथकः।

आकर्षादेः कः ॥३।३।१७॥ तत्र कुशल इति वर्त्तते। आकर्ष इत्येवमादिभ्यः को भवति। आकर्षे कुशलः आकर्षकः। आकर्ष। त्सरु। पिशाच। पिचण्ड। अशनि। अस्मन्। निचयः। ह्रादः।

कालात्साधुपुष्प्यत्पच्यमाने ॥३।३।१८॥ कालविशेषवाचिभ्य ईप्समर्थेभ्यः साध्वादिष्वर्थेषु यथाविहितं त्यो भवति। हेमन्ते साधु, हैमन्तं वस्त्रम्। शैशिरं भोज्यम्। वसन्ते पुष्प्यन्ति, वासन्त्यो लताः। ग्रैष्म्यो लताः। शरदि पच्यन्ते शारदाः शालयः। ग्रैष्मा यवाः। ऋतुलक्षणोऽण् सर्वत्र।

उप्ते ॥३।३।१९॥ तत्रेति ईप्समर्थात्कालविशेषवाचिन उप्तेऽर्थे यथाविहितं त्यो भवति। शरदि उप्यन्ते शारदा यवाः। ग्रैष्माः शालयः। उत्तरार्थो योगविभागः।

आश्वयुज्या वुञ् ॥३।३।२०॥ आश्वयुजीशब्दादीप्समर्थाद् वुञ् भवति उप्तेऽर्थे। आश्वयुज्यामुप्ता आश्वयुजका मुद्गाः। ञित्करणमुत्तरार्थम्।

ग्रीष्मवसन्ताद् वा ॥३।३।२१॥ ग्रीष्मवसन्तशब्दाभ्यामीप्समर्थाभ्यां वुञ् भवत्युप्तेऽर्थे वा। नित्यम् ऋत्वणि प्राप्ते विकल्पः। ग्रीष्मे उप्ताः ग्रैष्मका ग्रैष्मा वा शालयः। वासन्तका वासन्ता वा यवाः।

देयमृणे ॥३।३।२२॥ तत्रेति वर्त्तते। कालादिति च। कालविशेषवाचिनः ईप्समर्थाद् देयमित्येतस्मिन्नर्थे यथाविहितं त्यो भवति यत्तद्देयमृणं चेद्भवति। मासे देयमृणं मासिकम्। आर्धमासिकम्। सांवत्सरिकम्। ऋण इति किम्? मासे देया भिक्षा।

कलाप्यश्वत्थयवबुसाद् वुन् ॥३।३।२३॥ कालाद् देयमृण इति च वर्त्तते। कलापिन् अश्वत्थ यवबुस इत्येतेभ्य ईप्समर्थेभ्यो वुञ् भवति देयमृणमित्येतस्मिन्नर्थे। ठञोऽपवादः। यस्मिन्काले मयूरा इक्षवो वा कलापिनो भवन्ति स कालः तत्साहचर्यात्कलापी। यस्मिन्नश्वत्थानां फलं सोऽश्वत्थः। यस्मिन्यवबुसं भवति, सः यवबुसम् (सः)। कलापिनि काले देयमृणम्, कलापकम्। अश्वत्थकम्। यवबुसकम्।

ग्रीष्मावरसमाद् वुञ् ॥३।३।२४॥ ग्रीष्म अवरसम इत्येताभ्यां वुञ् भवति। तत्र देयमृणमिति वर्त्तते। ग्रीष्मे देयमृणम्; ग्रैष्मकम्। अलणोऽपवादः। आवरसमकम्। ठञोऽपवादः। अवरसमा, अवरसमम्। "तिष्ठद्ग्वादि" [१।३।१४] इति हस इत्येके।

संवत्सराऽग्रहायणीभ्यां ठञ् च ॥३।३।२५॥ संवत्सर-आग्रहायणीशब्दाभ्यां ठञ् भवति वुञ् च। तत्र देयमृणमिति वर्त्तते। संवत्सरे देयमृणं सांवत्सरिकम्। सांवत्सरकम्। आग्रहायणिकम्। आग्रहायणकम्। वेति वक्तव्ये ठञ्ग्रहणं सन्ध्यादिषु "संवत्सरात्फलपर्वणोः" [ग० सू० ३।२।११७] इत्यस्याणो बाधनार्थम्।

रौति मृगः ॥३।३।२६॥ तत्रेति वर्त्तते कालादिति च। कालविशेषवाचिन ईप्समर्थाद् रौति मृग इत्येतस्मिन्नर्थे यथाविहितं त्यो भवति। निशायां रौति मृगः, नैशिकः। नैशः। प्रादोषिकः। प्रादोषः। "निशाप्रदोषाभ्याम्" [३।२।१२४] इति ठञणौ। मृग इति किम्? निशायां रौति उलूकः।

तदस्य सोढम् ॥३।३।२७॥ सोढमभ्यस्तम्। कालादिति वर्त्तमानमर्थाद् वान्तं सम्पद्यते। तदिति वासमर्थात्कालविशेषवाचिनो मृदोऽस्येति तार्थे यथाविहितं त्यो भवति। यत्तद्वासमर्थं सोढं चेत्तद् भवति। निशा सोढाऽस्य, नैशिकः। नैशः। प्रादोषिकः। प्रादोषः। साहचर्यान्निशादिशब्देनाध्ययनमत्रेष्टम्।

तत्र भवः ॥३।३।२८॥ लब्धात्मलाभ उपलभ्यमानो भवः। तत्रेतीप्समर्थाद् भव इत्येतस्मिन्नर्थे यथाविहितं त्यो भवति। स्रौघ्नः। राष्ट्रियः। अनुवर्तते तत्रग्रहणं कालसम्बन्धम् (सम्बद्धम्), पुनस्तत्रग्रहणं कालनिवृत्त्यर्थम्। इह प्रायभवग्रहणं च कर्त्तव्यम्। अनित्यभवः प्रायभवः। स्रुघ्ने प्रायभवः स्रौघ्नो मनुष्यः। नियतो भवस्तत्र भवः। यथा स्रौघ्नः प्राकारः। न कर्त्तव्यम्। तत्र भव इति प्रकृत्य "जिह्वामूलाङ्गुलेः" [३।३।३८] छो विधीयते। स यथैव तस्मिन्दृष्टोपचारे अङ्गुलीयमित्यादौ भवति, एवं प्रायभवेऽपि भविष्यति।

दिगादेर्यः ॥३।३।२९॥ दिश् इत्येवमादिभ्यो यो भवति। तत्र भव इति वर्त्तते। अणश्छस्य चायमपवादः। दिशि भवो दिश्यः। दिश्। वर्ग। पूग। गण। पक्ष। वाप[1]। मित्र। मेधा। अन्तर। पथिन्। रहस्। अलीक। उखा। साक्षिन्। आदि। अन्त। मुखजघनग्रहणमदेहाङ्गार्थम्। सेनामुखम्। सेनाजघनमिति। मेघ। यूथ। "उदकात्संज्ञायाम्" [ग० सू०] उदक्या स्त्री। औदकोऽन्यः। न्याय। वंश। अनुवंश। वेश। आकाश।

देहाङ्गात् ॥३।३।३०॥ अङ्गमवयवः। देहाङ्गवाचिनो यो भवति तत्र भव इत्यस्मिन् विषये। अणोऽपवादः। तस्य तु परत्वादेव बाधकः। दन्तेषु भवः, दन्त्यः। ओष्ठ्यम्। मुख्यम्। तालव्यम्। इह तदन्तविधिर्वक्तव्यः। कण्ठतालव्यम्। दन्तोष्ठ्यम्।

दृतिकुक्षिकलसिवस्त्यस्त्यहेर्ढञ् ॥३।३।३१॥ दृत्यादिभ्यो ढञ् भवति। तत्र भव इति वर्त्तते। दृतौ भवं दार्त्तेयम्। अणोऽपवादः। देहाङ्गत्वे यस्यापवादः। कलस्यां भवम् कालसेयम्। अणोऽपवादः।

---

१. चाप अ०।

वास्तेयम्। यस्यापवादः। अस्त्रजस्त्यसन्नियोगेऽस्तिभावो निपात्यते। अस्त्रजि भवम्, आस्तेयम्। प्रकृत्यन्तरमस्तिशब्दः। आहेयं विषम्। अणोऽपवादः।

ग्रीवाभ्योऽण्[1] **च** ॥३।३।३२॥ ग्रीवाः शिरोधमन्यः। ग्रीवाशब्दादण् भवति ढञ् च तत्र भव इत्यस्मिन् विषये। यस्यापवादः। ग्रीवासु भवं ग्रैवम्। ग्रैवेयम्।

गम्भीराञ्ञ्यः ॥३।३।३३॥ गम्भीरशब्दाञ्ञ्यो भवति। गम्भीरे भवम्, गाम्भीर्यम्। अत्यल्पमिदम्। **"गम्भीरबहिर्देवपञ्चजनेभ्य इति वक्तव्यम्" [वा०]** बाह्यम्। दैव्यम्। पाञ्चजन्यम्।

हात् ॥३।३।३४॥ तत्र भव इति वर्तते। हसंज्ञकान्मृदो ञ्यो भवति। अणोऽपवादः। हसंज्ञकेभ्यः परिमुखादिभ्य एवेष्यते। परिमुखे भवम्, पारिमुख्यम्। परिमुख परिहन् पर्योष्ठ पर्युलूखल परिशाल परिशील अनुसीर उपसीर उपस्थूण उपवाल उपकपाल अनुपथ अनुरथ परिरथ अनुगङ्ग अनुतिल अनुमाष अनुयव अनुयूथ अनुवंशो येषु परिपूर्वेषु वर्जनार्थप्रतीतिः, तेषां **"पर्यपाद्बहिरञ्चवः कया"** [१।३।१०] इति हसः। अन्यत्र **"भि"** [३।१।५] इति योगविभागात्। परिमुखादेरिति किम्? औपकूलम्। हादिति किम्? परिगतं मुखं षसे य एव भवति। परिमुख्यम्।

अन्तरादेष्ठञ् ॥३।३।३५॥ हादिति वर्तते। अन्तःशब्दादेर्हाठञ् भवति। अणोऽपवादः। अन्तःशब्दो भिसंज्ञको विभक्त्यर्थः। अन्तर्गेहे भवम्, आन्तर्गेहिकम्। आन्तरगारिकम्। **"पुरान्तात्प्रतिषेधो वक्तव्यः" [वा०]** अन्तःपुरे भवम्, आन्तःपुरम्। अत्रेष्टयः।

"समानाच्च,तदादेश्च, अध्यात्मादिषु चेष्यते। ऊर्ध्वाद्दमाच्च देहाच्च लोकोत्तरपदादपि॥" [वा०]

समाने भवम्, सामानिकम्। **"तदादेश्च"** सामानग्रामिकम्। सामानदेशिकम्। **"अध्यात्मादिषु"**। आध्यात्मिकम्। आधिदैविकम्। आध्यात्मादिराकृतिगणः। ऊर्ध्वदमात्, और्ध्वदमिकम्। केचिदूर्ध्वशब्देन समानार्थमूर्ध्वं शब्दं मान्तं पठन्ति। तेषाम् और्ध्वन्दमिकम्। और्ध्वन्देहिकम्। **"लोकोत्तरपदादपि"**। ऐहलौकिकम्। पारलौकिकम्।

"मुखपार्श्वतसोरीयः कुग्जनस्य परस्य च। ईयः कार्योऽथ मध्यस्य मण्मीयौ च हतौ मतौ॥" [वा०]

मुखपार्श्वाभ्यां तसन्ताभ्यामीयो वक्तव्यः। मुखतीयम्। पार्श्वतीयम्। भेर्भमात्रे टिखम् इति टिखम्। कुग्जनस्य परस्य च। जनकीयम्। परकीयम्। **"मध्यादीयो वक्तव्यः"**। मध्यीयः। **"मण्मीयौ च हतौ मतौ मध्यादेश्च"**। माध्यमः। मध्यमीयः।

"मध्यो मध्यन्दिनरवास्मादुप् स्थाम्नो ह्यजिनात्था" [वा०]। मध्यशब्दो मध्यं रूपमापद्यते। दिनश्चास्मात्त्यः। मध्ये भवम्, मध्यन्दिनम्। **उप् स्थामान्तादजिनान्ताच्च वक्तव्यः।** अश्वस्थाम्नि भवः, अश्वस्थामा। वृकाजिने भवः, वृकाजिनः। अण उप्।

उपाज्जानुनीविकर्णात् ॥३।३।३६॥ उपपूर्वेभ्यो जानु नीवि कर्ण इत्येतेभ्यष्ठञ् भवति। तत्र भव इति वर्तते हादिति च। उपजानु भवम्, औपजानुकम्। औपनीविकम्। औपकर्णिकम्। देहाङ्गलक्षणस्य यस्यापवादः। इह कस्मान्न भवति, अपजानु भवं गड्वित। अनभिधानात्।

ग्रामात्पर्यन्वोः ॥३।३।३७॥ हादिति वर्तते। परि अनु इत्येवंपूर्वाद् ग्रामशब्दाट्ठञ् भवति तत्र भव इत्यस्मिन्विषये। पारिग्रामिकः। आनुग्रामिकः। अणोऽपवादः।

जिह्वामूलाङ्गुलेश्छः ॥३।३।३८॥ हादिति निवृत्तम्। तत्र भव इति वर्तते। जिह्वामूल-अङ्गुलिशब्दाभ्यां छो भवति। यस्यापवादः। जिह्वामूलीयः। अङ्गुलीयः।

वर्गान्तात् ॥३।३।३९॥ वर्गशब्दान्ताच्च छो भवति तत्र भव इत्यस्मिन्विषये। अशब्देऽपवादो वक्ष्यते। शब्द इहोदाहरणम्। कवर्गीयो वर्णः। चवर्गीयः।

१. णूवा।

यखौ वाऽशब्दे ॥३।३।४०॥ तत्र भव इति वर्तते। वर्गान्तात् य ख इत्येतौ त्यौ वा भवतः शब्दादन्यस्मिंस्त्यार्थे। पूर्वेण नित्ये छे प्राप्ते विभाषेयम्। भरतवर्गे भवः, भरतवर्ग्यः। भरतवर्गीणः। भरतवर्गीयः। बाहुबलिवर्ग्यः। बाहुबलिवर्गीणः। बाहुबलिवर्गीयः।

कर्णललाटभूषणे कः ॥३।३।४१॥ तत्र भव इत्यस्मिन्विषये कर्णललाटशब्दाभ्यां को भवति समुदायेन भूषणेऽभिधेये। कर्णिका। ललाटिका। स्वभावतः स्त्रीलिङ्गः। भूषण इति किम्? कर्ण्यम्। ललाट्यम्।

तस्य व्याख्यान इति च व्याख्येयाख्यायाः ॥३।३।४२॥ व्याख्यायतेऽनेनेति व्याख्यानम्। व्याख्यातव्यं व्याख्येयम्। तस्याख्या नाम व्याख्येयाख्या। तस्येति तासमर्थाद् व्याख्येयाख्यारूपाद् मृदो व्याख्यानेऽर्थे यथाविहितं त्यो भवति चकारात्तत्र भव इत्यस्मिंश्च वाक्यार्थे। इतिशब्दः पूर्ववाक्यपरिसमाप्त्यर्थः। सुपां व्याख्यानं सुप्सु भवं वा सौपम्। मिङां व्याख्यानं मिङ्क्षु भवं वा मैङम्। एवं कार्त्तम्। हार्त्तम्। व्याख्येयाख्याया इति किम्? पाटलिपुत्रस्य व्याख्यानं सुकौशला। पाटलिपुत्रं सुकौशलया व्याख्यायते सन्निवेशद्वारेण। न पुनर्लोके तद्व्याख्येयस्य ग्रन्थस्याख्याभूतम्। ननु च तस्य व्याख्याने अर्थे "तस्येदम्" [३।३।८८] इत्यनेनैव त्यविधिः सिद्धः। चकारानुकृष्टेऽपि तत्र भवेऽर्थे पूर्वमेव त्यविधिरुक्तः। तत्किमनयोर्युगपदुपादानम्? वक्ष्यमाणोऽपवादविधिः। व्याख्येयाख्याया अनयोरर्थयोर्यथा स्यादित्येवमर्थम्।

बह्वृचो बहुलं ठञ् ॥३।३।४३॥ बह्वृचो व्याख्येयाख्याभूतान्मृदो बहुलं ठञ् भवति तस्य व्याख्याने तत्र भवे चार्थे। अणादेरपवादः। बहुलग्रहणं बहुप्रपञ्चार्थम्। सविधौ ये बह्वचः तेभ्यः ऋकारान्तब्राह्मणप्रथमाध्वरपुरश्चरणनामाख्यातपौरोडाशेभ्यः क्रतुभ्यश्च गौणमुख्येभ्यष्ठञ् भवति। सविधौ – षत्वणत्वस्य व्याख्यानम्, षत्वणत्वे भवं षात्वणात्विकम्। ऋकारान्तात् – चातुर्होतृकम्। पाञ्चहोतृकम्। ब्राह्मणिकम्। प्राथमिकम्। आध्वरिकम्। पौरश्चरणिकम्। नामाख्यातिकम्। विगृहीतादपि। नामिकम्। आख्यातिकम्। पौरोडाशिकम्। मुख्येभ्यः क्रतुभ्यः – आग्निष्टोमिकम्। राजसूयिकम्। वाजपेयिकम्। पाकयज्ञिकम्। भावयज्ञिकम्। गौणेभ्यः – पाञ्चौदनिकम्। दाशौदनिकम्। ऋषिभ्योऽध्यायैर्भवति। वाशिष्ठिकोऽध्यायः। वैश्वामित्रिकोऽध्यायः। अन्यत्र वाशिष्ठी ऋक्। तिसेषु न भवति। संहिताया व्याख्यानं तत्र भवं वा सांहितम्। बह्वृच इति किम्? कार्त्तम्। हार्त्तम्। व्याख्येयाख्याया इत्येव। मथुरायां भवः, माथुरः।

द्व्यजृचः ॥३।३।४४॥ द्व्यचो मृद ऋक्छब्दाच्च ठञ् भवति तस्य व्याख्याने तत्र भवे चार्थे। अणादेरपवादः। अङ्गस्य व्याख्यानम्, अङ्गे भवं वा आङ्गिकम्। पौर्विकम्। तार्किकम्। नामिकम्। ऋचां व्याख्यानं ऋक्षु भवं वा आर्चिकम्।

पुरोडाशाट्टद्[1] ॥३।३।४५॥ पुरोडाशशब्दाट्टद्[2] भवति तस्य व्याख्याने तत्र भवे चार्थे। पुरोडाशाः पिष्टपिण्डाः। साहचर्यात्तेषां संस्कारको मन्त्रोऽपि तथोक्तः। पौरोडाशिकी।

छन्दसो यः ॥३।३।४६॥ छन्दःशब्दाद्यो भवति तस्य व्याख्यान इत्येवास्मिन्विषये। द्व्यज्लक्षणठञोऽपवादः। छन्दसो व्याख्यानं छन्दसि भवं वा छन्दस्यम्।

ऋगयनादेश्चाण् ॥३।३।४७॥ ऋगयन इत्येवमादिभ्यो मृद्भ्यश्छन्दःशब्दाच्चाण् भवति तस्य व्याख्याने तत्र भवे चार्थे। ऋगयनस्य व्याख्यानः, ऋगयने भवो वा, आर्गयणः। अणि परत ऋगयनस्य

णत्वमिष्यते। ऋगयन। पदव्याख्यान। छन्दोव्याख्यान। छन्दोमान। छन्दोभाषा। छन्दोविजित। छन्दोविचिति। न्याय। पुनरुक्त। निरुक्त। व्याकरण। निगम। निगम। वास्तुविद्या। अङ्गविद्या। छत्रविद्या। उत्पात। उत्पाद। संवत्सर। मुहूर्त्त। निमित्त। उपनिषत्। भिद्य। इति ऋगयनादिः। छन्दस्। छन्दसः पृथगग्रहणं पूर्वेण यार्थम्। पुनरणग्रहणं बाधकस्य ठञः छस्य च बाधनार्थम्।

तत आगतः ॥३।३।४८॥ तत इति काथाम् अर्थात् आगत इत्यस्मिन्नर्थे यथाविहितं त्यो भवति। स्रुघ्नादागतः स्रौघ्नः। राष्ट्रियः। मुख्यस्याऽपादानस्य सम्प्रत्ययः। स्रुघ्नादागच्छन् वृक्षमूलादागत इति वृक्षमूलशब्दात्त्यो न भवति।

आयस्थानेभ्यष्ठण् ॥३।३।४९॥ द्रव्यागमनमायः। स यस्मिंस्तिष्ठत्युत्पत्तिद्वारेण तदायस्थानम्। तद्वाचिभ्यष्ठण् भवति तत आगत इत्यस्मिन्विषये। अणोऽपवादः। छस्य तु परत्वादेव बाधकः। शुल्कशालाया आगतं शौल्कशालिकम्। आतरिकम्[1]। आपणिकम्। गौल्मिकम्। दौवारिकम्। बहुत्वनिर्देशः स्वरूपनिरासार्थं।

शुण्डिकादिभ्योऽण् ॥३।३।५०॥ शुण्डाशब्दो मद्यवचनः, तस्मान्मत्वर्थीये ते (त्ये) कृते शुण्डिक इति भवति। शुण्डिक इत्येवमादिभ्योऽण् भवति तत आगत इत्येतस्मिन्विषये। शुण्डिकादागतः शौण्डिकः। शुण्डिक। कृकण। स्थण्डिल। उदक। उदपान। उपल। तीर्थ। पिप्पल। भूमि। तृण। पर्ण। पुनरणग्रहणं किम् ? आयस्थाने ठणः, "गेहादियुक्तकणाद् भारद्वाज" इति को विहितस्तस्याऽपि बाधनार्थम्।

यौनमौखाद्वुञ् ॥३।३।५१॥ जन्मसम्बन्धेन योनेरिमे, योनेरागता वा, यौनाः शब्दा मातुलादयः। विद्यासम्बन्धेन मुखस्येमे, मुखादागता वा मौखा उपाध्यायादयः, ऋत्विगादयश्च। यौनमौखेभ्यः शब्देभ्यष्ठञ् भवति तत आगतेऽर्थे। अणोऽपवादः। छस्य तु परत्वाद् बाधकः। मातुलादागतं मातुलकम्। मातामहकम्। पैतामहकम्। मौखेभ्यः – उपाध्यायादागतम्। औपाध्यायकम्। आचार्यकम्। शैष्यकम्। आर्त्विजकम्।

ऋतष्ठञ् ॥३।३।५२॥ ऋकारान्तेभ्यो यौनमुखे(मौखे)भ्यः शब्देभ्यष्ठञ् भवति तत आगतेऽर्थे। यौनेभ्यो भ्रातुरागतं भ्रातृकम्। स्वासृकम्। मातृकम्। मौखेभ्यः – होतुरागतं होतृकम्। पौतृकम्। औद्गातृकम्। पूर्वस्य वुञोऽपवादः।

पितुर्यश्च ॥३।३।५३॥ पितृशब्दाद् य इत्ययं त्यो भवति ठञ् च तत आगतेऽर्थे। पितुरागतं पित्र्यम्। "रीङृतः" [५।२।१३६] रीङादेशः "यस्य ङ्याञ्च" [४।४।१३६] इतीकारस्य खम्। पक्षे पैतृकम्।

वृद्धादङ्कवत् ॥३।३।५४॥ वृद्धत्यान्तान्मृदः अङ्क इव यविधिर्भवति। वृद्धमिहापत्यमात्रम्। यथेह भवति। गर्गाणामङ्कः, गार्गः। वैदः। "सङ्घाङ्कलक्षणघोषेऽञ्यञिञामण्" [३।३।९५] इत्यण् तथा गर्गेभ्य आगतम्, गार्गम्। वैदम्। अङ्कग्रहणे वृद्धान्तस्ये (द्धत्यान्तस्ये) दमर्थे तस्येदमर्थसामान्यं लक्ष्यते। तेन वुञोऽप्यतिदेशः सिद्धः। औपगवा (ना) मिदम्, "वृद्धचरणाञ्जित्" [३।३।९४] इति वुनि कृते, औपगवकम्। नाडायनकम्। तथा औपगवादागतम् औपगवकम्। नाडायनकम्।

---

१. आसरिकम् ब०, स०। २. -द्धगतस्यैदमर्थं सामा— अ०। -द्धयस्येदमर्थे तस्येदमर्थसामा— ब०। -द्धतस्येदमर्थं सामा—पू०।

हेतुमनुष्याद् वा रूप्यः ॥३।३।५५॥ तत आगत इति वर्तते। हेतुभ्यो मनुष्येभ्यश्च वा रूप्य इत्ययं त्यो भवति। हेतुभ्यः कारणाद्, धेनोरागतं धेनुरूप्यम्। विश्वरूप्यम्। कररूप्यम्। पक्षे गेहादिलक्षणश्छः। समीयम्। विषमीयम्। पापीयम्। मनुष्येभ्यः-देवदत्तादागतं देवदत्तरूप्यम्। जिनदत्तरूप्यम्। पक्षे देवदत्तकम्। जिनदत्तकम्। देवदत्तकल्पकम्। हेतौ का भवतीति मनुष्येभ्योऽपादानलक्षणा का।

मयट् ॥३।३।५६॥ हेतुभ्यो मनुष्येभ्यश्च मयड् भवति तत आगतेऽर्थे। समाद्धेतोरागतं सममयम्। पापमयम्। मनुष्येभ्यः-देवदत्तादागतम्, देवदत्तमयम। जिनदत्तमयम्। जिनदत्तमयी। योगविभागो यथासंख्यनिवृत्त्यर्थः।

प्रभवति ॥३।३।५७॥ तत इत्येव वर्त्तते। तत इति कासामर्थ्यान्ङ्याम्मृदो यथाविहितं त्यो भवति। प्रथमं भवति प्रभवति। भवतिरिहोपलब्धिक्रियः, अनेकार्थत्वाद् धूनाम्। स्रुघ्नात् प्रभवति, स्रौघ्नः। राष्ट्रियः। हिमवतः प्रभवति, हैमवती गङ्गा। दारदी सिन्धुः।

विदूराञ्ञ्यः ॥३।३।५८॥ ततः प्रभवतीति अनुवर्त्तते। विदूरशब्दाञ्ञ्यो भवति। अणोऽपवादः। विदूरात्प्रभवति, वैदूर्यो मणिः। यदि प्रथमं भवति प्रभवतीत्युच्यते वालवायाद्गिरेरसौ प्रभवति न विदूरान्नगरात्। कथं ततस्त्योत्पत्तिः? एवं तर्हि "**वालवायो विदूरञ्च प्रकृत्यन्तरमेव वा। नैवं तत्रेति चेद्ब्रूयात् जित्वरीवदुपाचरेत्**॥" वालवायस्त्यं लभते विदूरमादेशञ्च। यथा शिवादिषु विश्रवःशब्दो विश्रवणरवणादेशौ अणं च लभते। प्रकृत्यन्तरमेव वा वालवायस्य विदूरशब्दः। अव्यविकन्यायेन विदूरादेव त्यः। नैवं तत्रेति चेद्ब्रूयात् जित्वरीवदुपाचरेत्। यथा वाणिजाः वाराणसीं जित्वरीति मङ्गलार्थमुपाचरन्ति। एवं वालवायोऽप्युपचाराद् विदूरशब्देनोक्तः। अथवा विदूरादेव मणित्वेन प्रभवति।

तद्गच्छति पथिदूतयोः ॥३।३।५९॥ तदितीप्समर्थाद्गच्छतीत्यस्मिन्नर्थे यथाविहितं त्यो भवति योऽसौ गच्छति पन्था दूतो वा चेद् भवति। स्रुघ्नं गच्छति, स्रौघ्नः। राष्ट्रियः। पन्था दूतो वा। पथिस्त्येषु गच्छत्सु पन्था गच्छतीत्युच्यते। पथिदूतयोरिति किम्? स्रुघ्नं गच्छति सार्थः।

अभिनिष्क्रामति द्वारम् ॥३।३।६०॥ तदिति वर्त्तते। तदितीप्समर्थादभिनिष्क्रामतीत्येतस्मिन्नर्थे यथाविहितं त्यो भवति। अनभिनिष्क्रमणक्रियायां द्वारं करणं स्वातन्त्र्येण विवक्षितम्। यथा, असिश्छिनत्ति। धनुर्विध्यति। द्वारस्थेषु च निष्क्रामत्सु द्वारं निष्क्रामतीत्युच्यते। स्रुघ्नमभिनिष्क्रामति पाटलिपुत्रस्य द्वारम्, स्रौघ्नम्। राष्ट्रियम्। द्वारमिति किम्? [1]मधुरामभिनिष्क्रामति वैदिस (श) स्य ग्रामः। स्रुघ्नमभिनिष्क्रामति पुरुषः।

अधिकृत्य कृते ग्रन्थे ॥३।३।६१॥ तदितीप्समर्थादधिकृत्य कृतेऽर्थे यथाविहितं त्यो भवति यत्तत्कृतं ग्रन्थश्चेत्स भवति। सुलोचनामधिकृत्य कृतो ग्रन्थः सौलोचनः। औदयनः। ग्रन्थ इति किम्? सुलोचनामधिकृत्य कृतः प्रासादः। "**उसाऽख्यायिकासु बहुलमिति वक्तव्यम्**" [वा०] वासवदत्तामधिकृत्य कृताऽख्यायिका, वासवदत्ता।। दोस्थ (छ) स्योस्। उर्वशी। सुमनोत्तरा। अण उस्। न च भवति भैमरथी।

शिशुक्रन्दयमसभद्वन्द्वेन्द्रजननादिभ्यश्छः ॥३।३।६२॥ तदधिकृत्य कृते ग्रन्थ इति वर्तते। शिशुक्रन्द यमसभ इत्येताभ्यां द्वन्द्वादिन्द्रजननादिभ्यश्च छो भवति। अणोऽपवादः। शिशुक्रन्दमधिकृत्य कृतो ग्रन्थः, शिशुक्रन्दीयः। यमस्य सभा, यमसभम्। "सभाऽराजाऽमनुष्यात्" [१।४।११] इति नप्। यमसभीयः। द्वन्द्वात्, त्रिपृष्ठविजयीयः। भरतबाहुबलीयः। वाक्यपदीयम्। "**द्वन्द्वे देवाऽसुरादिभ्यः प्रतिषेधो वक्तव्यः**" [वा०] दैवासुरम्। राक्षोऽसुरम्। गौणमुख्यम्। इन्द्रजननादिभ्यः-इन्द्रजननीयम्।

---

१. मथुराम—ब०, स०।

प्रद्युम्नोदयनीयम् । प्रद्युम्नागमनीयम् । शी (सी) तान्वेषणीयम् । इन्द्रजननादिराकृतिगणः । शिशुक्रन्दादयोऽपि तत्रैव द्रष्टव्याः । देवासुरादिषु छस्यादर्शनात् प्रतिषेधश्च न वक्तव्यः । प्रपञ्चो बालावबोधनार्थः ।

सोऽस्य निवासः ॥३।३।६३॥ स इति वासमर्थादस्येति ताऽर्थे यथाविहितं त्यो भवति यत्तद् वासमर्थं निवासश्चेत्स भवति । निवसन्त्यस्मिन्निति निवासः । स्रु्घ्नं निवासोऽस्य स्रौघ्नः । राष्ट्रियः ।

अभिजनः ॥३।३।६४॥ अभिजनः पूर्वे बान्धवाः । साहचर्यात्तैरुषितो देशोऽपि तथोक्तः । निवासो यत्र साम्प्रतमुच्य(ष्य)ते । स इति वासमर्थादभिजन इत्येतस्मिन्नर्थे यथाविहितं त्यो भवति । स्रुघ्नमभिजनोऽस्य, स्रौघ्नः । राष्ट्रियः ।

गिरेश्छः शस्त्रजीविषु ॥३।३।६५॥ सोऽस्याभिजन इति वर्तते । गिरिवाचिनो वासमर्थादभिजनविशिष्टादस्येति ताऽर्थे छो भवति शस्त्रजीविष्वभिधेयेषु । हृद्गोलोऽभिजन एषां शस्त्रजीविनाम्, हृद्गोलीयाः । अत्वर्म । अत्वर्मीयाः । वेल । वेलीयाः । रोहितगिरि । रोहितगिरीयाः । गिरेरिति किम् ? साङ्काश्योऽभिजन एषां शस्त्रजीविनां साङ्काश्यकाः शस्त्रजीविनः । "बन्व (धन्व) योङः" [३।२।११] इति वुञ् । शस्त्रजीविष्विति किम् ? ऋक्षोदो गिरिरभिजन एषां ब्राह्मणानामन्येषां वा, आर्क्षोदाः । पृथु । पार्थवाः ।

शण्डिकादेर्ञ्यः ॥३।३।६६॥ सोऽस्याभिजन इति वर्तते । शण्डिक इत्येवमादिभ्यो ञ्यो भवति । अणादेरपवादः । शण्डिकोऽभिजनोऽस्य, शाण्डिक्यः [शाण्डिकः] । सर्वसेन । सर्वकेश । शक । शठ । चणक । शङ्ख । बोध । गोध । अत्र कोङ्भ्यः "कोङोऽण्" [३।२।११०] इत्यण् प्राप्तः । इतरेभ्यः "बहुत्वेऽद्रोरपि [३।२।१०२] इति वुञ् प्राप्तः ।

सिन्ध्वादेरण् ॥३।३।६७॥ सोऽस्याभिजन इति वर्तते । सिन्धु इत्येवमादिभ्योऽण् भवति । सिन्धुरभिजनोऽस्य, सैन्धवः । सिन्धु । वर्ण । मधुमत् । कम्बोज । कश्मीर । सल्व । एतेभ्यः कच्छादित्वात् "नृतत्स्थयोः" [३।२।११२] इति वुञ् प्राप्तः । गन्धार । पञ्चाल । किष्किन्ध । गब्दिक । उरस् । दरद् । एतेभ्यः "बहुत्वेऽद्रोरपि", [३।२।१०२] इति वुञ् प्राप्तः । कैमेदुर । काण्डकार[1] । ग्रामणी । एतेभ्यश्छः प्राप्तः ।

तूदीवर्मतीभ्यां ढण् ॥३।३।६८॥ सोऽस्याभिजन इति वर्तते । तूदीवर्मतीशब्दाभ्यां ढण् भवति । अणोऽपवादः । तूदी अभिजनोऽस्य, तौदेयः । वार्मतेयः ।

शालातुरकूचवाराच्छण्ण्यौ ॥ ३।३।६९ ॥ सोऽस्याऽभिजन इति वर्तते । शालातुरकूचवारशब्दाभ्यां छण्ण्य इत्येतौ त्यौ भवतः । अणोऽपवादः[2] । शालातुरोऽभिजनोऽस्य, शालातुरीयः । कौचवार्यः ।

भक्तिः ॥३।३।७०॥ सोऽस्येति वर्तते । अभिजन इति निवृत्तं विशेषणान्तरोपादानात् । स इति वासमर्थादस्येति ताऽर्थे यथाविहितं त्यो भवति यत्तद् वासमर्थं भक्तिश्चेत् सा भवति । भज्यत भक्तिः । स्रुघ्नं भक्तिरस्य, स्रौघ्नः । राष्ट्रियः ।

अदेशकालाट्ठण् ॥३।३।७१॥ सोऽस्य भक्तिरिति वर्तते । देशकालावचित्तौ । तत्पर्युदासादन्यस्याऽचित्तस्य ग्रहणम् । अचित्तवाचिनो मृदठणित्ययं त्यो भवति । अणोऽपवादः । ठस्य परत्वाद् बाधकः । अपूपा भक्तिरस्य, आपूपिकः । शाष्कुलिकः । पायसिकः । अदेशादिति किम् ? स्रौघ्नः । अकालादिति किम् ? शैशिरः ।

---

१. काण्डवार अ०, पू० । २. -पवादौ पू० ।

महाराजात् ॥३।३।७२॥ सोऽस्य भक्तिरिति वर्त्तते। महाराजशब्दाट्ठण् भवति। महाराजो भक्तिरस्य, माहाराजिकः।

अर्जुनाद् वुन् ॥३।३।७३॥ सोऽस्य भक्तिरिति वर्त्तते। अर्जुनशब्दाद् वुन् भवति। अर्जुनो भक्तिरस्य, अर्जुनकः। उत्तरसूत्रेण राजाख्याद् वुञ् प्राप्तः।

वृद्धराजाख्येभ्यो वुञ् प्रायः ॥३।३।७४॥ सोऽस्य भक्तिरिति वर्त्तते। वृद्धाऽख्येभ्यो राजाख्येभ्यश्च प्रायो वुञ् भवति। अणोऽपवादः। छस्य तु परत्वाद्बाधकः। वृद्धराजाख्येभ्य इत्यत्र "ञे" [२।२।४] इति नियमात्कर्मणि "आतः कः" [२।२।३] न प्राप्नोति। मूलविभुजादित्वात् "सुपि" [२।२।७] इति [वा] भविष्यति। वृद्धाख्येभ्यः, ग्लुचुकायनिर्भक्तिरस्य ग्लौचुकायनकः। औपगवो भक्तिरस्य, औपगवकः। कापटवकः। राजाख्येभ्यः नकुलो भक्तिरस्य, नाकुलकः। साहदेवकः। वासुदेवो भक्तिरस्य, वासुदेवकः। आख्याग्रहणं किमर्थम्? अङ्ग वङ्गकलिङ्गादिग्रहणार्थम्। दुर्योधननकुलसहदेवग्रहणार्थं च। यत्र सामान्येन विशेषेण वा प्रसिद्धा राजसंज्ञाऽस्ति तस्य सर्वस्य सङ्ग्रहार्थमित्यर्थः। प्रायोग्रहणात्क्वचिन्न भवति। पाणिनो भक्तिरस्य, पाणिनीयः। पौरवीयः।

राष्ट्रवत्तद्वतां सर्वं बहुत्वे सरूपाणाम् ॥३।३।७५॥ सोऽस्य भक्तिरिति वर्त्तते। राष्ट्रस्येव राष्ट्रवत्। बहुत्वे राष्ट्रेण समानशब्दानां तद्वतां राष्ट्रवत्सर्वं प्रकृतिस्त्यश्च भवति। "राष्ट्राऽवध्योः" [३।२।१०२] इत्यादिप्रकरणे विहितानामिहाऽतिदेशः। यथा, अङ्गा जनपदो भक्तिरस्य, आङ्गकः। वाङ्गकः। सौह्मकः। एवमङ्गाः क्षत्रिया भक्तिरस्य, आङ्गकः। सौह्मकः। तद्वतामिति किम्? पञ्चाला ब्राह्मणा भक्तिरस्य पाञ्चालः। सर्वग्रहणं किम्? प्रकृतेरप्यतिदेशो यथा स्यात्। स च द्व्येकयोः प्रकृत्यतिदेशः (शं) प्रयोजयति। यत्रैग्निमित्तभूतो द्वदतिदेशो नास्ति। वृजेरपत्यं वार्ज्यः। "द्विक्कुरुनादजाद्कुरुकोशलाञ्ञ्यः" [३।१।१५६] इति ञ्यः। मद्रस्याऽपत्यं माद्रः। "द्व्यञ्मगध" [३।१।१५२] इत्यादिनाऽण्। वार्ज्यो भक्तिरस्य, माद्रो भक्तिरस्य, अत्र "वृजि [म] द्राल्कः" [३।२।१०६] इति कोऽतिदिश्यते। प्रकृतिरप्युदुसंज्ञाऽ(रप्यत्रा) तिदिश्यते। वृजिकः। मद्रकः। वार्ज(र्ज्य)को माद्रक इति मा भूत्। सरूपाणामिति किम्? अंसषण्डो जनपदः, तस्य पौरवो राजा; स भक्तिरस्य पौरवीयः। बहुत्वग्रहणं सारूप्योपलक्षणार्थम्। यद्यपि द्वित्वैकत्वयोः सारूप्यं नास्ति तथाप्यतिदेशः सिद्धः। वाङ्गो वाङ्गौ वा भक्तिरस्य, वाङ्गकः।

तेन प्रोक्तम् ॥३।३।७६॥ तेनेति भासमर्थात्प्रोक्तमित्यस्मिन्नर्थे यथाविहितं त्यो भवति। व्याख्यादिना प्रकर्षेणोक्तं प्रोक्तमिति गृह्यते, न तु कृतं यदन्येन कृतम्। गोतमेन प्रोक्तम्, गौतमम्। श्रीदत्तीयम्। सामन्तभद्रम्। आपिशलम्। "इञः" [३।२।८८] इत्यण्।

शौनकादिभ्यश्छन्दसि णिन् ॥३।३।७७॥ शौनक इत्येवमादिभ्यश्छन्दस्यभिधेये णिन् भवति तेन प्रोक्तमित्यस्मिन्विषये। दुभ्यश्छस्य इतरेभ्यश्चाणोऽपवादः। "छन्दोब्राह्मणानि चात्रैव" [३।२।२६] इति नियमादेकवाक्यम्। शौनकेन प्रोक्तं छन्दोऽधीयते शौनकिनः। "तद्वेत्त्यधीते" [३।२।२१] इत्यागतस्याण "उपप्रोक्तात्" [३।२।२४] इत्युप्। शौनक। वाजसनेय। साङ्गरव। सापेय। शा(शा)ष्पेय। [1]खादायन। स्कन्ध। स्कभ[2]। स्तम्भ। देवदर्श। रज्जुभार। रज्जुकण्ठ। कठ। साठ। कौशायन। तलवकाल (र)। [3]पुरुषांसक। "काश्यपकौशिकाभ्यामृषिभ्यां कल्पस्थाभ्यां प्रोक्तः स्मर्यते"। तस्योपचारा-

---

१. खादायन पू०। वोदायम अ०। २. स्कंभ अ०, पू०। ३. पलर्षासक इति गणरत्नमहोदधौ।

च्छन्दस्त्वम् । तेन तद्विषयतानियमः । काश्यपेन प्रोक्तं कल्पं विदन्ति, काश्यपिनः । कौशिकिनः । ऋषिभ्यामिति किम् ? इदानीन्तनेन काश्यपेन प्रोक्तम्, काश्यपीयम् । "कलापिवैशम्पायनान्तेवासिभ्यः" । कलाप्यन्तेवासिनश्चत्वारः ।

"हरिद्रुरेषां प्रथमस्ततश्छगलितुम्बुरू । उलपेन चतुर्थेन कालापकमिहोच्यते ।"

हरिद्रुणा प्रोक्तं छन्दोऽधीयते, हारिद्रविणः । तौम्बुरविणः । औलपिनः । छगलिनो ढिनिणं वक्ष्यति । वैशम्पायनान्तेवासिनो नव ।

"आलम्बिः प्रथमः प्राचां पलिङ्गकमलावुभौ । ऋचभागारुणी ताण्ड्यो मध्यमीयास्ततोऽपरे ॥
श्यामायन उदीच्येषु तथा कठकलापिनौ ।"

आलम्बिना प्रोक्तमधीयते, आलम्बिनः । पालिङ्गिनः । कामलिनः । आर्चभागिनः । आरुणिनः । ताण्डिनः । श्यामायनिनः । कठादत्रैवोप वक्ष्यते । उत्तरत्र कलापिनोऽण् वक्ष्यति । अन्तेवासिग्रहणेन प्रत्यक्षशिष्यग्रहणम् । न तु व्यवहितानां शिष्यशिष्याणां ग्रहणं व्याख्यानात् । "पुराणप्रोक्तेषु ब्राह्मणकल्पेषु" [ग०सू०] यत्तत्प्रोक्तं (यत्प्रोक्तं तत्) पुराणप्रोक्ताश्चेद् ब्राह्मणकल्पा भवन्ति । पुराणेन पुरातनेन ऋषिणा प्रोक्ताः, पुराणप्रोक्ताः, ब्राह्मणानि च कल्पाश्च ब्राह्मणकल्पाः । भाल्लवेन प्रोक्तं ब्राह्मणमधीयते भाल्लविनः । [1]वाणायनिनः । ऐतरेयिणः । पिङ्गेन प्रोक्तः कल्पः पैङ्गी । आरुणपराजी । कल्पस्य तद्विषयतानियमो नास्ति । पुराणप्रोक्तेष्विति किम् ? याज्ञवल्कानि ब्राह्मणानि । आश्मरथः कल्पः । "शकलादिभ्यो वृद्धे" [३।२।८७] इत्यण् । याज्ञवल्कादयोऽवरकाला इत्याख्यानेषु श्रुतिः । तद्विषयतानियमोऽपि प्रतिपदं ब्राह्मणेषु भवति इति इह सोऽपि नास्ति । "कठचरकादुप्" [ग०सू०]। कठेन प्रोक्तं छन्दोऽधीयते, कठाः । वैशम्पायनान्तेवासित्वाण्णिन्, तस्योप् । चरक इति वैशम्पायनस्याख्या । चरकादछन्दस्येष्यते । चरकेण प्रोक्ताश्चरकाः श्लोकाः । अण उप् । सर्वप्रवचनाभिधाने "वृद्धचरणाञ्जित्" [३।३।९४] इति वुन् भवत्येव । शौनकिनामिदम्, शौनककम्, इत्येवमादि योज्यम् । "पाराशर्यशिलालिभ्यां भिक्षुनटसूत्रयोः।" पाराशर्येण प्रोक्तं भिक्षुसूत्रमधीयते, पाराशरिणो भिक्षवः । शिलालिनो नटाः । गुणकल्पनया चात्र छन्दस्त्वम् तेन तद्विषयता (भवति । भिक्षुनटसूत्रयोरिति किम् ? पारा) शरम् । शैलालम् । "शकलादिभ्यो वृद्धे" [३।२।८७] इत्यण् उत्सर्गश्च "कर्मन्दकृशाश्वाभ्यामिन्" । अत्रापि तद्विषयता, कर्मन्दिनो भिक्षवः । कृशाश्विनो नटाः । भिक्षुनटसूत्रयोरित्येव । कार्मन्दम् । कार्शा (कार्शाश्वम्) । छन्दसीति किम् ? शौनकीया शिक्षा ।

तित्तिरिवरतन्तुखण्डिकोखाच्छण् ॥३।३।७८॥ छन्दसीति वर्त्तते, तेन प्रोक्तमिति (च) । तित्तिरि वरतन्तु खण्डिका उख इत्येतेभ्यश्छण् भवति । अणोऽपवादः । तित्तिरिणा प्रोक्तं छन्दोऽधीयते विदन्ति वा तैत्तिरीयाः । खाण्डिकीयाः । औखीयाः । छन्दसीत्येव । तित्तिरिणा प्रोक्ताः श्लोकाः, तैत्तिराः ।

कलापिनोऽण् ॥३।३।७९॥ छन्दसीति वर्त्तते । कलापिशब्दादण् भवति तेन प्रोक्तं इत्यस्मिन्विषये । वैशम्पायनान्तेवासित्वाण्णिन् प्राप्तः । कलापिना प्रोक्तं छन्दोऽधीयते, कालापाः । "नोऽपुंसो हृति" [४।४।१२०] इति टिखं प्राप्तम्, "प्रायोऽनपत्येणीनः" [४।४।१२२] इति प्रतिषिद्धम्, "सब्रह्मचर्यादेः" [४।४।१२१] इति पुनष्टिखम् । पुनरण्ग्रहणं किम् ? क्वचिच्छविषयेऽपि यथा स्यात् । तेन सौलभानि ब्राह्मणानीत्येवमादि सिद्धम् ।

---

१. शाट्यायनिनः अ०, पू० । २. चरकादच्छन्दस्येव इत्यत्र अच्छन्दसीति, चरकाः श्लोका इत्यत्रोक्तिविधानं च चिन्त्यम् । काशिकादौ छन्दसीत्येव । चारकाः श्लोका इत्यत्रानुदर्शनात् ।

छगलिनो ढिनिण् ॥३।३।८०॥ छन्दसीति वर्त्तते, तेन प्रोक्तमिति च। छगलिन्शब्दाड्ढिनिण् भवति। नेरिकार उच्चारणार्थः। छगलिना प्रोक्तं छन्दोऽधीयते, छागलेयिनः। कलाप्यन्तेवासिलक्षणस्य णिनोऽपवादः।

एकदिक् ॥३।३।८१॥ छन्दसीति निवृत्तम्। तेन प्रोक्तमिति च निवृत्तमर्थान्तरग्रहणात्। एका दिग् यस्य तदेकदिक्, त्य (स) मानदिगित्यर्थः। भासमर्थादेकदिगित्यस्मिन्नर्थे यथाविहितं त्यो भवति। सुदाम्ना पर्वतेन एकदिक्, सौदामनी विद्युत्। "अनः" [४।४।१५८] इति टिखाऽभावः। एवं हैमवती। त्रैककुदी।

तस् ॥३।३।८२॥ तसित्ययं त्यो भवति मृदः। तेनैकदिगित्यनुवर्त्तते। पूर्वसूत्रेणाणादयो घादयश्च भवन्ति। अयं च वचनाद् भवति। न तु बाध्यबाधकभावः। सुदाम्ना एकदिक् सुदामतः। हिमवतः। त्रिककुत्तः। तस्यान्तस्य स्वभावतो भिर्संज्ञा।

यश्चोरसः ॥३।३।८३॥ तेनैकदिगिति वर्त्तते। उरःशब्दात् य इत्ययं त्यो भवति तश्च। अणोऽपवादः। उरसा एक दिक्, उरस्यः, उरस्तः।

उपज्ञाते ॥३।३।८४॥ तेनेति वर्तते। तेनेति भासमर्थादुपज्ञातेऽर्थे यथाविहितं त्यो भवति। विनोपदेशेन प्रथमं ज्ञातमुपज्ञातम्। स्वायम्भुवेनोपज्ञातं स्वायम्भुवीयमाकालिकाऽचाराऽध्ययनम्। दैवन्दिनमनेकशेषं व्याकरणम्।

कृते ग्रन्थे ॥३।३।८५॥ तेनेति भासमर्थात्कृतेऽर्थे यथाविहितं त्यो भवति यत्कृतं ग्रन्थश्चेद् भवति। बलदेवेन कृताः, बालदेवाः श्लोकाः। वाररुचाः। सिंहनदीयाः। ग्रन्थ इति किम्? तक्ष्णा कृतः प्रासादः।

खौ ॥३।३।८६॥ तेनेति भासमर्थात्कृतेऽर्थे यथाविहितं त्यो भवति समुदायेन खुविषये। अग्रन्थेऽपि विधिरयम्। मक्षिकाभिः कृतं माक्षिक मधु। एवं गर्मुत्, गार्मुतम्। पुत्तिका, पौत्तिकम्। क्षुद्रा, क्षौद्रम्। सरघा, सारघम्। नर्मुक, नार्मुकम्। भ्रमर, भ्रामरम्। वटर, वाटरम्। वातप, वातपम्। छः कस्मान्न भवति। संज्ञाशब्दानां व्युत्पत्तिरियम्। न च छे कृते संज्ञा गम्यते।

कुलालादेर्वुञ् ॥३।३।८७॥ खाविति वर्तते। कुलाल इत्येवमादिभ्यो वुञ् भवति तेन कृतेऽर्थे। अणोऽपवादः। कुलालेन कृतम्, कौलालकम्। घटादिसमुदायस्येयं संज्ञा। कुलाल। वरुट। कर्मार। चण्डाल। निषाद। सेना। सिलिच्[1]। देवराजी। परिषत्। वधू। रुद्र। अस्य स्थाने रुरुशब्दं [2]केचित् पठन्ति। अनडुह्। ब्रह्मन्। कर्मार। कुलाल। कुम्भकार। श्वपाक।

तस्येदम् ॥३।३।८८॥ तस्येति तासमर्थादिदमित्यस्मिन्नर्थे यथाविहितं त्यो भवति। तस्येति सामान्येन ताऽर्थमात्र इदमिति ताऽर्थसम्बन्धिमात्रं विवक्षितम्। उभयत्र लिङ्गसंख्याप्रत्यक्षपरोक्षत्वादिकमविवक्षितम्। उपगोरिदम्, औपगवम्। औत्सम्। राष्ट्रियम्। आङ्गकम्। अनन्तरादिष्वभिधानं नास्ति। देवदत्तस्यानन्तरम्, देवदत्तस्य समीपम्। विंशतेरवयव एकः, शतस्य द्वौ, सहस्रस्य पञ्चेति। "संवोढुः संवहितृभावश्च स्वे वक्तव्यः" [वा०]। संवोढुः स्वं सांवहित्रम्। "अग्नीधः शरणे वाच्ये रण्

1. सिलिम् अ०। मिलिव् पू०। सिरिध्र इति काशिकायाम्। २. केचित् काशिकाकारा इत्यर्थः।

वक्तव्यो भसंज्ञा च" [वा०] अग्नीध इदम्, आग्नीध्रम्। 'समिधामाधाने षेण्यण् वक्तव्यः'' [वा०]। सामिधेनी स्रुक्।

रथाद्यः ॥३।३।८९॥ तस्येदमिति वर्त्तते। रथशब्दाद्यो भवति। अणोऽपवादः। रथाङ्ग एवेष्यते। रथस्येदं चक्रं युगं वा रथ्यम्। "रथसीताहलेभ्यो यविधौ तदन्तविधिरुपसंख्यातः'' [वा०]। परमरथ्यम्। रथाङ्ग इति किम्? रथस्य स्थानम्।

पत्राद॒ण् ॥३।३।९०॥ पतन्ति तेनेति पत्रं वाहनम्। तत्पूर्वाद्रथशब्दादण् भवति। पूर्वस्य यस्याऽपवादः। अश्वरथस्येदं चक्रं युगं वाऽऽश्वरथम्। औष्ट्ररथम्। पुनरण्ग्रहणं छबाधनार्थम्। रासभरथम्। युगम्। रथाङ्ग इत्येव। अश्वरथस्य स्वामी।

पत्रात् ॥३।३।९१॥ पत्रं वाहनम्। तद्वाचिशब्दादण् भवति, तस्येदमित्यस्मिन्विषये। "पत्राद् वाह्य एवेष्यते'' [वा०]। अश्वस्येदं वाह्यम्, आश्वम्। उत्सर्गेण सिद्धमिति चेद्दुसंज्ञेषु न सिद्ध्यति। रासभस्येदं वहनीयम्, रासभम्।

हलसीराट्ठण् ॥३।३।९२॥ तस्येदमिति वर्तते। हलसीरशब्दाभ्यां ठण् भवत्यणि प्राप्ते। हलस्येदं हालिकम्। सैरिकम्।

द्वन्द्वाद्वुन् वैरमैथुनिकयोः ॥३।३।९३॥ तस्येदमिति वर्तते। मैथुनिका विवाहनादिका क्रिया। द्वन्द्वाद् वुन् भवति वैरे मैथुनिकायां च। अणोऽपवादः। छस्य तु परत्वादेव बाधकः। अहिनकुलिका। काकोलूकिका। वभ्रवशालङ्कायनिका[1]। वुन्नन्तस्य स्वभावतः स्त्रीलिङ्गम्। मैथुनिकायां च। कुरुकाशि(शि)का। कुरुवृष्णिका। अत्रिभरद्वाजिका। भरद्वाजशब्दादञ्, तस्य वृद्धे बहुत्वे "यञञोः'' [१।४।१२५] इत्युप् कृतः। "वृद्धेऽव्यनुप्'' [३।१।७३] इति अनुप् कस्मान्न भवति। प्रथमादित्यधिकाराद् द्वितीयस्य न भवति। अथ प्रथमस्याऽत्रिशब्दस्य यो ढण् तस्याऽनुप् कस्मान्न भवति। अजादावव्यवहिते अपु(नु)न् भवति। भरद्वाजशब्देन चाऽत्र व्यवधानम्। अत्रेष्टिः। गर्गभृगूणामियं मैथुनिका गर्गभार्गविका। अत्र वोरकादेशो कृते भृगुशब्दाद् योऽण् तस्य बहुत्वे "भृग्वत्रिकुत्स'' [१।४।१२६] इत्यनेनोप् प्राप्तः। "प्रथमाऽधिकारे द्वितीयस्यापि वृद्धेऽव्यनुब्वक्तव्यः'' [वा०]। "देवासुरादिभ्यो वुनः प्रतिषेधो वक्तव्यः'' [वा०]। दैवासुरम्। राक्षोसुरम्।

वृद्धचरणाञ्ञित् ॥३।३।९४॥ तस्येदमिति वर्तते। वृद्धवाचिनश्चरणवाचिनश्च ञिदिव ञिद्भवति वुन्। अनेनैव वुनो विधानम्। अयमणोऽपवादः। छस्य तु परत्वाद् बाधकः। त्रिपृष्ठायनेरिदम्, त्रैपृष्ठायनकम्। औपगवानामिदम्, औपगवकम्। चरणानि वेदशाखाः। तद्योगादध्येतारोऽपि कठादयश्चरणाख्याः। "चरणाद् धर्माम्नाययोरेवेष्यते'' [वा०]। कठानामयं धर्म आम्नायो वा काठकम्। कालापकम्। मौदकम्। पैप्पलादकम्। अध्वर्युशब्दस्य समुदायवाचित्वाच्चरणशब्दत्वमिह नेष्टम्, तेनाणेव भवति। आध्वर्यवम्।

सङ्घाङ्कलक्षणघोषेऽञ्यञिञामण् ॥३।३।९५॥ तस्येदमिति वर्तते। सङ्घादिषु चतुर्षु इदमर्थविशेषणेषु अञन्ताद्यञन्तादिञन्ताच्चाण् भवति। पूर्वस्य वुनोऽपवादः। विदानां सङ्घः, अङ्कः, लक्षणं

---

१. वभ्रवसालङ्कायनिका अ०, । वभ्रवशालङ्कायनिका पू०। बाभ्रव्यशालङ्कायनिका इति काशिकायाम्।

घोषो वा, वैदम्। यञन्तात्। गर्गाणां सङ्घः, अङ्को लक्षणं घोषो वा, गार्गम्। "क्यच्व्यनादृत्यापत्यस्य" [४।४।१४१] इति यखम्। इञन्तात्। दाक्षम्। प्लाक्षम्। अणो विकरणं स्त्रियां ङ्यर्थम्। "ञ्यादृद्धदर-क्तविकारे" [४।३।१५१] इत्यत्र पुंवद्भावप्रतिषेधार्थं च। वैदी स्थूणा अस्य, वैदीस्थूणः। लक्ष्म्या(क्ष्य)गतं-चिह्नं लक्षणं यथोपशमो मुनीनाम्। बाह्यसम्बन्धि गतं चिह्नमङ्कः, यथा गवां रेखा।

शाकलाद् वा ॥३।३।९६॥ शाकलशब्दात्सङ्घादिषु इदमर्थविशिष्टेषु वाऽण् भवति चरणलक्षणे नित्ये वुनि प्राप्ते विभाषेयम्। कथं चरणत्वम्? शाकल्येन प्रोक्तमधीयते शाकलाः। प्रोक्ताऽर्थे "शकलादिभ्यो वृद्धे" [३।२।८७] इत्यण्। "क्यच्व्यनादृत्यापत्यस्य" [४।४।१४१] इति यखम्। "तद्वेत्त्यधीते" [३।२।२१] इत्यागतस्याण "डप्प्रोक्तात्" [३।२।५४] इत्युप्। शाकलानां सङ्घः, अङ्कः, लक्षणं, घोषो वा, शाकलम्।

छन्दोगौक्थिकयाज्ञिकबह्वृचनटाञ्ज्यः ॥३।३।९७॥ सङ्घादयो निवृत्ताः। सामान्येन तस्ये-दमिति वर्तते। छन्दोग औक्थिक याज्ञिक बह्वृच नट इत्येभ्यो ञ्यो भवति। वुनोऽपवादः। नटशब्दादणोऽ-पवादः। छन्दोगानां धर्मं आम्नायो वा छान्दोग्यम्। औक्थिकानां धर्मं आम्नायो वा, औक्थिक्यम्। याज्ञिक्यम्। बह्वीः ऋचोऽधीयते, बह्वृचाः। ऋः सान्तः। "तद्वेत्त्यधीते" [४।२।२१] इत्यागतस्याणो "रस्योबनपत्ये" [३।१।७४] इत्युप्। तेषां धर्म आम्नायो वा, बाह्वृच्यम्। चरणसाहचर्यान्नटशब्दादपि धर्माम्नाययोरेव त्यः। नाट्यम्।

न दण्डमाणवान्तेवासिषु ॥३।३।९८॥ दण्डप्रधाना माणवाः दण्डमाणवाः। आश्रमिणां रक्षापरिचरणविधायिन इत्यर्थः। अन्तेवासिनो विनेयाः। वृद्धग्रहणमनुवर्तते। दण्डमाणवेषु अन्तेवासिषु इदमर्थविशेषेषु तस्येदमित्यस्मिन्विषये वृद्धाद्यदुक्तं तन्न भवति। काण्ठ्यस्येमे काण्ठाः। गौकक्ष्यस्येमे, गौकक्षाः। दण्डमाणवा अन्तेवासिनो वा। वुनि प्रतिषिद्धे "शकलादिभ्यो वृद्धे" [३।२।८७] इत्यण्। दाक्षेरिमे दाक्षाः। प्लाक्षाः। "इञः" [३।२।८८] इत्यण्।

रैवतिकादेश्छः ॥३।३।९९॥ तस्येदमिति वर्तते। वृद्धादिति च। रैवतिक इत्येवमादिभ्यो वृद्धे भ्यश्छो भवति। वुनादेरपवादः। रैवतिकस्येदं रैवतिकीयम्। वुनः प्रकृते प्रतिषेधे कृते सामर्थ्याद् दोश्छः सिद्धः। नैवं शक्यम् इञतात् "इञः" [३।२।८८] इति अण् प्राप्नोति सङ्घादिषु चाणः प्रतिषेधे वुन् प्रसज्येत। रैवतिक। गौरग्रीवि। स्वापिशि। दौमवृत्लि। दौमवृद्धि इति केचित्[1]। औदमेधि। औदवाहि। औद-वापि। बैजवापि।

कौपिञ्जलहास्तिपदादण् ॥३।३।१००॥ कौपिञ्जलहास्तिपद्शब्दाभ्यामण् भवति तस्येदमित्य-स्मिन्विषये। वृद्धलक्षणस्य वुनोऽपवादः। कुपिञ्जल हस्तिपादशब्दाभ्यामपत्येऽर्थे त एव निपातनादण्। पादस्य पद्भावश्च। कौपिञ्जलस्येदं कौपिञ्जलं शकटम्। हास्तिपदं शकटम्। आरम्भसामर्थ्यादेवाणि सिद्धे पुनरण्-ग्रहणं "न दण्डमाणवान्तेवासिषु" [३।३।९८] इति वुनि प्रतिषिद्धे "दोः" [३।२।९०] इति छे प्राप्ते अण् यथा स्यात्। कौपिञ्जला अन्तेवासिनो दण्डमाणवा अन्तेवासिनो वा।

आथर्वणः ॥३।३।१०१॥ तस्येदमिति वर्त्तते। आथर्वण इति निपात्यते। आथर्वणिकशब्दादण् निपात्यते इकस्य च खम्। चरणवाचि[2]शब्दादस्माद् वुञ् प्राप्तः। अथर्वणा प्रोक्तं छन्दोऽधीयते, आथर्वणिकाः। प्रोक्तार्थेऽपि "नोऽपुंसो इति" [४।३।१२०] इति टिखं प्राप्तम्? "अनः"

---

१. केचित् काशिकाकाराः। २. चरणशब्दत्वादस्माद् वु-पु०।

[४।४।१५८] इति प्रतिषिद्धम्। आथर्वण इति स्थिते "छन्दोब्राह्मणानि चात्रैव" [३।२।२६] इति नियमात् "तद्वेत्त्यधीते" [३।२।२१] इत्यपि प्राप्ते उक्थादिष्वाथर्वणशब्दस्य पाठात् ठण्। तत्र पाठसामर्थ्यादेव "उपप्रोक्तात्" [३।२।२४] इत्युम्न भवति। आथर्वणिकानां धर्म आम्नायो वा आथर्वणः। यस्तूक्थादिष्वथर्वन्शब्दः पठ्यते स उपचाराच्छास्त्रवचनः अथर्वाणं वेत्त्यधीते वा आथर्वणिकः। टिलाभावश्चात्र वक्तव्यः। अस्याप्याथर्वणिकशब्दस्येदं निपातनमिष्यते।

तस्य विकारः ॥३।३।१०२॥ प्रकृतेरवस्थान्तरं विकारः। तस्येति तासमर्थाद् विकार इत्यस्मिन्नर्थे यथाविहितं त्यो भवति। अदु यस्य च नाम्पत्(न्यत्र) प्रतिपदं ग्रहणं तदिहोदाहरणम्। अश्मनो विकार आश्मः। "श्वाश्मचर्मणां सङ्कोचविकारकोशेषु" [४।४।१३२] इति टिलम्। भस्मनो विकारः, भास्मनः। मार्त्तिकः। तार्कवः। दैवदारवः। तैत्तिडीकः। वैल्वः। कापित्थः। पालाशः। प्रकृत्युपस(म)र्देन यो विकारस्तत्रायं विधिः। तेनेह न भवति, आम्रं पक्वमिति। भवति पक्वमाम्रस्य फलस्य विकारे न तु प्रकृत्युपमर्दि। तस्येति वर्त्तमाने पुनस्तस्य ग्रहणं शैषिकाणां घादीनां निवृत्त्यर्थम्। अतः परमोत्सर्ग एव भवति। अत्र केषाञ्चिद्युक्तिः पूर्वसूत्रादणीति वर्त्तते स इह विधीयमानः परत्वेन शैषिकाणां बाधकः।

प्राण्योषधिवृक्षेभ्योऽवयवे च ॥३।३।१०३॥ प्राणिनश्चेतनावन्तः। फलपाकान्ता ओषधयः। पुष्पवन्तः फलवन्तश्च वृक्षाः। वृक्षविशेषत्वाद्वनस्पतिवीरुधामपि वृक्षग्रहणेन ग्रहणम्। प्राण्योषधिवृक्षवाचिभ्यस्तासमर्थेभ्योऽवयवे विकारे च यथाविहितं त्यो भवति। अवयव एकदेशः। प्राणिभ्य उत्तरत्र वक्ष्यते। ओषधिभ्यः;मूर्वाया अवयवो विकारो वा मौर्वं काण्डम्। मौर्वं भस्म। वृक्षेभ्य:-कारीरं काण्डम्। कारीरं भस्म। पैप्पलं काण्डम्। शातपत्रिकं काण्डं भस्म च। इह ओषधिवृक्षग्रहणं ज्ञापकम्। "अणौ घेः प्राणिकर्तृकात्" [१।२।८५] इत्येवमादिषु प्राणिग्रहणे वृक्षादीनां प्राणित्वेऽपि ग्रहणं न भवति। तस्य विकारः प्राण्योषधिवृक्षेभ्योऽवयवे चेति द्वयमधिक्रियते। अयं तु विभागः। प्राण्योषधिवृक्षेभ्यः, अवयवविकारयोरुत्तरो विधिः। अन्येभ्यस्तु विकारमात्र एष्टव्यः।

जातरूपेभ्यः परिमाणे ॥३।३।१०४॥ इहाऽसम्भवादवयवार्थो न सम्बध्यते। जातरूपवाचिभ्यस्तान्तेभ्यो विकारविशेषे परिमाणे यथाविहितं त्यो भवति। बहुत्वनिर्देशात्स्वरूपस्य तत्पर्यायवाचिनां च ग्रहणम्। इह यूनि (दुनि) प्रयोजयन्ति। "नित्यं दुशरादेः" [३।३।१०६] इत्यनेन प्राप्तस्य मयटोऽपवादः। जातरूपस्य विकारो जातरूपो निष्कः। जातरूपं कार्षापणम्। हाटको निष्कः। हाटकं कार्षापणम्। परिमाण इति किम्? हाटकमयी यष्टिः।

प्राणितालादेः ॥३।३।१०५॥ तस्य विकारः प्राण्योषधिवृक्षेभ्योऽवयवे चेति वर्त्तते। प्राणिवाचिभ्यस्ताल इत्येवमादिभ्यश्च यथाविहितं त्यो भवति। "नित्यं दुशरादेः" [३।३।१०६] इत्यस्य मयटोऽपवादः। सारसस्य विकारोऽवयवो वा सारसं मांसम्। सारसं सक्थि। काकं मांसम्। काकं सक्थि। अदवोऽपि ये प्राणिवाचिनः तेभ्यो "मयड्वैतयोरभक्ष्याच्छादनयोः" [३।३।१०८] इति पक्षे मयट् प्राप्नोति। तद्बाधनार्थञ्चेदम्। कपोतस्य विकारोऽवयवो वा कापोतम्। मायूरम्। तैत्तिरम्। पुरस्तादपवादोऽयमनन्तरस्य मयड्विकल्पस्य बाधको युक्तो नोत्तरस्य "नित्यमुट् (–त्यं दुश–) शरादेः" [३।३।१०६] इत्यस्य। तत्कथं (-थमु-ः) भयोर्बाधा? अनन्तरव्यवधानाभावात् सामान्यापेक्षया। तालादिभ्यः, तालस्य विकारः तालं धनुः। "तालाद्धनुष्येवेष्यते"। अन्यत्र तालमयम्। तालाद्धनुषि। बर्हिण। इन्द्रालिश। इन्द्रदिश[१]। इन्द्रायुध। चाप। श्यामाक। पीयुक्षन्। रजत। सीस। लोह। उदुव (म्ब) र। निदुदारु[१] (नीच दारु)।

रोहीतक। विभीतक। पीतदारु। त्रिकण्टक। कण्टकार। काण्ड। गवेधुक[1]। पाटली। येऽत्रादयः, तेभ्यः "मयड्वैतयोरभक्ष्याच्छादनयोः" [३।३।१०८] इति विकल्पेन मयटि प्राप्तेऽपवादः।

त्रपुजतुनोः षुक् ॥३।३।१०६॥ त्रपुजतुशब्दाभ्यां यथाविहितमण् भवति तत्सन्नियोगेन च षुगागमः। त्रपुणो विकारः, त्रापुषम्। जातुषम्।

शम्याः ष्लञ् ॥३।३।१०७॥ शमीशब्दाद्ष्लञ् भवति विकारावयवयोरर्थयोः। अणोऽपवादः। शामीलं भस्म। शामीली स्रुक्।

मयड्वैतयोरभक्ष्याच्छादनयोः ॥३।३।१०८॥ भक्ष्यमभ्यवहार्यम्। आच्छादनं वसनम्। तासमर्थान्मृदो वा मयड् भवति भक्ष्याच्छादनवर्जितयोर्विकारावयवयोरर्थयोः। अश्मनो विकारोऽश्ममयम्। आश्मम्। सिकतामयम्। सैकतम्। दूर्वामयम्। दौर्वम्। विकाराऽवयवौ प्रकृतावेव तत्किमर्थमेतयोरिति ग्रहणम्? अनन्तरयोरपि योगयोरपवादबाधनार्थम्। त्रपुमयम्। जतुमयम्। शामीमयमिति। अन्ये[2] कपोतमयम्, रजतमयम्, लोहमयमित्यादि इच्छन्ति। तत्तेषां "प्राणिरजतादिभ्योऽञ्" [४।३।५४ पा० सू०] इत्यस्य सूत्रस्य व्याख्यानेन विरुध्यते। तस्मात्कपोतमयमिति चिन्त्यम्। अभक्ष्याच्छादनयोरिति किम्? मौद्गः सूपः। कार्पासः प्रावारः।

नित्यं दुशरादेः ॥३।३।१०९॥ अभक्ष्याच्छादनयोरिति वर्त्तते। दुभ्यः शरादिभ्यश्च तासमर्थेभ्यो भक्ष्याच्छादनवर्जितयोर्विकारावयवयोर्नित्यं मयड् भवति। दुभ्यः, आम्रस्य विकारोऽवयवो वा आम्रमयम्। शालमयम्। शरादिभ्यः, शरमयम्। शर। दर्भ। मृदु। कुटी। तृण। सोम। वल्वज। आरम्भान्नित्यत्वे लब्धे नित्यग्रहणं किम्? एकाचो नित्यं मयट् यथा स्यात्। वाङ्मयम्। त्वङ्मयम्। त्ये नित्यं परङ्संज्ञादेशः। अथ विकारावयवयोर्यस्त्यस्तदन्ताद्विकारावयवान्तरविवक्षायां मयट् कस्मान्न भवति। दैवदारवस्य विकारोऽवयवो वा दैवदारवम्। दाधित्थस्य, दाधित्थम्। पालाशस्य पालाशम्। शामीलस्य, शामीलम्। कापोतस्य, कापोतम्। औष्ट्रकस्य, औष्ट्रकम्। ऐणेयस्य, ऐणेयम्। कांसस्य, कांस्यम्। पारशवस्य, पारशवमिति। नैष दोषः, समुदायशब्दोऽवयवेऽपि दृष्टः। इति विकारान्तरे अवयवान्तरे च विवक्षिते मूलप्रकृतेरेव त्यः। तेन त्यान्तान्मयण्न भवति। अनभिधानाद्वा। यत्राभिधानमस्ति तत्र विकारान्तरेऽवयवान्तरे च त्यो भवत्येव। गोमयस्य विकारः, गौमयं भस्म। द्रुवयस्य विकारः, द्रौवयम्। कपित्थस्य फलस्य विकारः, कापित्थम्। आमलकस्य फलस्य विकारः, आमलकमयम्। सर्वमयं मयट् दुसंज्ञकेभ्यः शरादिभ्यश्च नित्यं भवति। अन्येभ्योऽभक्ष्याच्छादनयोर्वा भवति। जातरूपेभ्यः, प्राणितालादिभ्यश्चाण् भवति।

पिष्टात् ॥३।३।११०॥ पिष्टशब्दाद् विकारेऽर्थे नित्यं मयड् भवति। पिष्टस्य विकारः, पिष्टमयम्। भक्ष्यत्वादणेव प्राप्तः, तदपवादोऽयम्।

कः खौ ॥३।३।१११॥ पिष्टशब्दात्को भवति खुविषये। अनन्तरस्य मयटोऽपवादः। पिष्टस्य विकारः पिष्टिका।

---

१. गवेधुका अ०, पू०। २. अन्ये काशिकाकाराः। चिन्त्यमिदम्—कपोतमयम्, लोहमयमित्यादीनां प्राणिरजतादिसूत्रव्याख्यानविरोधाभावात्। रजतादिपठितस्यानुदात्तादिशब्दस्यैव मयड्बाधकत्वम्। उदात्तादेस्तु अञ्मयटोरुभयोरपि विधानस्य तत्रत्यन्यासग्रन्थे निर्णीतत्वात्। रजतमयमिति काशिकायां नास्त्येव। विस्तरस्तु काशिकान्यासे द्रष्टव्यः।

तिलयवादखौ ॥३।३।११२॥ तिलयवशब्दाभ्यामखुविषये नित्यं मयड् भवति विकारावयवयोरर्थयोः। तिलानामवयवो विकारो वा, तिलमयम्। यवमयम्। अखाविति किम्? तैलम्। यावकः। "कोऽण्वि यावादेः [४।२।३५] इति स्वार्थिकः कः।

गोव्रीहेः शकृत्पुरोडाशे ॥३।३।११३॥ गोव्रीहिशब्दाभ्यां यथासंख्यं शकृति पुरोडाशे च विकारेऽभिधेये नित्यं मयड् भवति। गोमयं शकृत्। व्रीहिमयः पुरोडाशः। शकृत्पुरोडाश इति किम्? गव्यं पयः। व्रैह ओदनः।

क्रीतवत्परिमाणात् ॥३।३।११४॥ क्रीत इव परिमाणवाचिनः त्यविधिर्भवति विकारे। परिमीयतेऽनेनेति परिमाणं परिच्छेदहेतुः न तु रूढिपरिमाणमेव। तेन संख्यायाः प्रस्थादीनां च ग्रहणम्। क्रीतार्थे ये त्या यस्मात्परिमाणाद्विहिताः, ते विकारेऽप्यर्थे तस्मादेव परिमाणादतिदिश्यन्ते। यथा भवति "तेन क्रीतम्" [३।४।३५] इत्यत्र। शतेन क्रीतः शतिकः, शत्यः। "शताद्यस्वार्थेऽसे ठयौ" [३।४।१८] इति। सहस्रे ण क्रीतं, साहस्रम् "शतमानविंशतिसहस्रवसनादण्" [३।४।२४] इति ठयाणः। एवमिहापि शतस्य विकारः शत्यः, शतिकः, साहस्रः। यथा परिमाणात्क्रीतार्थे "आर्हाट्ठण्" [३।४।१७] भवति। प्रस्थेन क्रीतः, प्रास्थिकः। कौडविकः। खार्या क्रीतः खारीकः। "खारीकाकणीभ्यां कप्" [३।४।३०] इति कप्। एवं प्रस्थस्य विकारः प्रास्थिकः। कौडविकः। खारीकः।

कोशैण्या ढञ् ॥३।३।११५॥ कोश एणी इत्येताभ्यां ढञ् भवति विकारावयवयोरर्थयोः। कोशाद् वस्त्रे प्रयोगः। कोशस्य विकारः, कौशेयं वस्त्रम्, आच्छादनम्। मयट् नास्ति। अणोऽपवादः। एण्या विकारोऽवयवो वा, ऐणेयं मांसम्। ऐणेयं सक्थि। एणीति स्त्रीलिङ्गनिर्देशात्पुंस्यणेव भवति। ऐणं मृगम् (मांसम्)।

उष्ट्राद् वुञ् ॥३।३।११६॥ उष्ट्रशब्दाद् वुञ् भवति विकारावयवयोरर्थयोः। प्राणिलक्षणस्याऽणोऽपवादः। उष्ट्रस्य विकारोऽवयवो वा, औष्ट्रकम्।

वोमोर्णात् ॥३।३।११७॥ उमा अतसी। उमाऊर्णाशब्दाभ्यां वा वुञ् भवति विकारावयवयोरर्थयोः। उमाया विकारोऽवयवो वा औमकम्। पक्षे अणमयटौ। औमम्। उमामयम्। ऊर्णाया विकारः, और्णकम्। पक्षे पूर्ववदणमयटौ। और्णम्। ऊर्णामयम्।

गोपयसोर्यः ॥३।३।११८॥ गो पयस् इत्येताभ्यां य इत्ययं त्यो भवति विकारावयवयोरर्थयोः। गोर्विकारोऽवयवो वा गव्यम्। पयसो विकारः पयस्यम्।

द्रोः ॥३।३।११९॥ द्रोः शब्दाद्यो भवति विकारावयवयोः। अणमयटोरपवादः। द्रव्यम् "प्राग्द्रोः" [३।१।६८] इत्यधिकार इत ऊर्ध्वं न प्रवर्त्तते।

माने वयः ॥३।३।१२०॥ द्रुशब्दान्माने विकारविशेषे वय इत्ययं त्यो भवति। पूर्वस्य यस्यापवादः। द्रुवयं मानम्।

उप्फले ॥३।३।१२१॥ फलमवयवविशेषो यथा पत्रम्। अवयवविशेषे फल उत्पन्नस्य त्यस्योब्भवति। आमलक्या अवयवः फलम्, आमलकम्। मयट उप्। कुवल्या अवयवः फलम्, कुवलम्। बदरम्। अणमयटोरुप्। सर्वत्र "हृदुप्युप्" [१।१।४] इति स्त्रीत्यस्योप्।

प्लक्षादिभ्योऽण् ॥३।३।१२२॥ प्लक्ष इत्येवमादिभ्योऽण् भवति फलेऽवयवे विवक्षिते। प्लक्षस्याऽवयवः फलं प्लाक्षम्। अणमयटौ प्राप्तौ, तयोश्च पूर्वेणोप्प्राप्तः, तदपवादोऽयम्। न्यग्रोधस्याऽवयवः फलम्,

नैयग्रोधम् । "न्यग्रोधस्य केवलस्य" [५।२।१०] इत्यैप् । प्लक्ष । न्यग्रोध । अश्वत्थ । इङ्गुदी । शिग्रु । कितन्तु[1] । बृहती ।

जम्ब्वा वोश्च ॥३।३।१२३॥ फल इति वर्त्तते । जम्बूशब्दादवयवविशेषे फलेऽभिधेये वा उस् भवति अण् च । पक्षे उम्भवति । जम्ब्वा अवयवः फलम्, मयट उसि, जम्बूः फलम् । अणो वचनादुस् न भवति । जाम्बवं फलम् । उपि जम्बु फलम् ।

हरीतक्यादेः ॥३।३।१२४॥ उसिति वर्त्तते फले इति च । हरीतक्यादिभ्यः फले अवयवे उस् भवति त्यस्य । हरीतक्या अवयवः फलम्, हरीतकी फलम् । हरीतकी । पिप्पली । कोशातकी । नखरजनी । चण्डी । दोडी । श्वेतपाकी । अर्जुनपाकी । शाला । काला । द्राक्षा । ध्वाङ्क्षा । गङ्गडिका । कण्टकारिका । शेफालिका । "येषां च पाकनिमित्तः शोषः, तेभ्यश्च उस् फले" [वा०] व्रीहयः । यवाः । माषाः । मुद्गाः । "पुष्पमूलेषु बहुलम्" [वा०] । मल्लिकायाः पुष्पम्, अवयवः, मल्लिका । नवमल्लिकाः । जाती । बृहत्या मूलमवयवः, बृहती । विदारी । अंशुमती । न च भवति उस् उबेव भवति । पाटलानि पुष्पाणि । शाल्वानि मूलानि । करवीरं पुष्पम् । कदम्बम् । अशोकम् । क्वचिदुभयोरभावः । वैणवानि फलानि । "जम्ब्वा हरीतक्यादिषु च उसि लिङ्गमेव उक्तवद् भवति न वचनम्" [वा०] । जम्बूः फलम् । जम्ब्वौ फले । जम्ब्वः फलानि । हरीतकी फलम् । हरीतक्यौ फले । हरीतक्यः फलानि ।

कांस्यपारशवौ ॥३।३।१२५॥ कांस्य पारशव इत्येतौ शब्दौ निपात्येते । कंसीय-परशव्यशब्दयो र्यञिञोः परतश्छययोरुस् निपात्यते विकारेऽर्थे । यञञोरणोरनेनैव विधानम् । कांसार्थम्, कंसीयम् । परश्वर्थे परशव्यम् । "तदर्थं विकृतेः प्रकृतौ" [३।४।११] इत्यनेन प्राक्ठ्यणश्छः । "उगवादेर्यः" [३।४।२] इति छयौ भवतः । कंसीयस्य विकारः, कांस्यम् । परशव्यस्य विकारः, पारशवम् ।

प्राग्घ्याट्ठण् ॥३।३।१२६॥ "तद्वहति रथयुगप्रासङ्गाद्यः" [३।३।१६१] इति यो वक्ष्यते । प्रागेतस्माद्यसंशब्दनाद्येऽग्रे वक्ष्यन्ते तेषु ठणधिक्रियते । वक्ष्यति "तेन दीव्यति खनति जयति जितम्" [३।३।१२७] इति । अक्षैर्दीव्यति आक्षिकः । शालाकिकः । प्राग्वचनं किम् ? अर्थविशेषे त्यान्तरेण निवर्त्तितस्य उत्तरत्रोपस्थानं यथा स्यादित्येवमर्थम् ।

तेन दीव्यति खनति जयति जितम् ॥३।३।१२७॥ तेनेति भासमर्थात् दीव्यति खनति जयति जितमित्येतेष्वर्थेषु ठण् भवति । अक्षैर्दीव्यति आक्षिकः । शालाकिकः । अभ्र्या खनति, आभ्रिकः । कौद्दालिकः । अक्षैर्जयति, आक्षिकः । शालाकिकः । अक्षैर्जितम्, आक्षिकम् । शालाकिकम् । सर्वत्र करणे भा द्रष्टव्या । तेनेह न भवति देवदत्तेन जितमिति । दीव्यत्यादिषु त्रिषु संख्याकालावविवक्षितौ । जितशब्दे कालो विवक्षितः । क्रियाप्रधानत्वेऽप्याख्यातस्य ह्रस्वभावादेव कारकाभिधायी । आक्षिको दीव्यतीत्यनुप्रयोगः सन्देहनिवृत्त्यर्थः ।

संस्कृतम् ॥३।३।१२८॥ तेनेति वर्त्तते । भासमर्थान्मृदः संस्कृतमित्येतस्मिन्नर्थे ठण् भवति । वक्ष्यमाणात्संसृष्टात्संस्कृतस्य को भेदः । सतो गुणाभिधानं संस्कारः । मिश्रणमात्रं संसर्गः । दध्ना संस्कृतं दाधिकम् । शार्ङ्गवेरिकम् । मारीचिकम् । "संस्कृतं भक्षाः" [३।२।११] इत्येतदाधारविवक्षायामुक्तम् ।

कुलत्थकोङोऽण् ॥३।३।१२९॥ तेनेति संस्कृतमिति च वर्त्तते । कुलत्थशब्दात्ककारोङश्च मृदोऽण् भवति । ठणोऽपवादः । कुलत्थैः संस्कृतं कौलत्थम् । कोङः, तैत्तिडीकम् । दार्दरूकम् ।

---

१. कतन्तन्तु अ०, पू० । कर्कन्धु इति काशिकायाम्

तरति ॥ ३।३।१३० ॥ तेनेति वर्तते । भासमर्थात्तरतीत्यस्मिन्नर्थे ठण् भवति । उडुपेन तरति औडुपिकः । काण्डप्लविकः । सारप्लविकः । गौपुच्छिकः ।

नौद्व्यचष्ठः ॥३।३।१३१॥ तेनेति तरतीति च वर्त्तते । नौशब्दाद्द्व्यचश्च मृदष्ठो भवति । ठणोऽपवादः । नावा तरति नाविकः । नाविका स्त्री । द्व्यचः, घटेन तरति घटिकः । प्लविकः । बाहुकः ।

चरति ॥३।३।१३२॥ तेनेति वर्त्तते । चरतिरिह भक्षणार्थो गत्यर्थश्चेष्टः । तेनेति भासमर्थाच्चरति इत्यस्मिन्नर्थे यथाविहितं त्यो भवति । इह तु करणे भा । शकटेन चरति, शाकटिकः । हारितकः ।

पर्पादेष्ठट् ॥३।३।१३३॥ तेनेति चरतीति च वर्त्तते । पर्प इत्येवमादिभ्यष्ठट् भवति । ठणोऽपवादः । पर्पेण चरति, पर्पिकः । पर्पिकी । अश्विकः । अश्विकी । पर्प । अश्व । ऊषर । अश्वत्थ इति केचित् । रथ । जाल । व्यास । पादः पच्च । पदिकः । पदिकी ।

श्वगणाद्वा ॥३।३।१३४॥ तेनेति चरतीति वर्त्तते । श्वगणशब्दाद् वा ठड्भवति । पक्षे ठण् । श्वगणेन चरति, श्वगणिकः । श्वगणिकी । श्वागणिकः । श्वागणिकी । ठणि श्वशब्दस्य द्वारादित्वादौवादेशः प्राप्तः "श्वादेरवतः" [४।२।१३] इति प्रतिषेधः ।

वेतनादेर्जीवति ॥३।३।१३५॥ तेनेति वर्त्तते । वेतनादिभ्यो भान्तेभ्यो जीवतीत्यस्मिन्नर्थे यथा विहितं त्यो भवति । वेतनेन जीवति, वैतनिकः । वेतन । बाहु । अर्द्धबाहु । उस् । दण्ड । धनुर्दण्ड । धनुर्दण्डग्रहणं सङ्घातविगृहीतार्थम् । वेश । उपवेश । प्रेषण । भृति । जाल । उपस्थ । सुख । शष्प । शक्ति । उपनिषत् । ष्फिक् (स्रक्) । पाठ । उपस्थान ।

वस्नक्रयविक्रयाट्ठः ॥३।३।१३६॥ तेनेति जीवतीति च वर्त्तते । वस्न-क्रयविक्रयशब्दाभ्यां ठो भवति । वस्नं मूल्यम्, वस्नेन जीवति, वस्निकः । क्रयविक्रयेण जीवति, क्रयविक्रयिकः । उभयथा वाक्याश्रयणा-त्क्रयविक्रयेण जीवति, क्रयिकः । विक्रयिकः ।

छश्चायुधात् ॥३।३।१३७॥ आयुध्यतेऽनेनेत्यायुधम् । घ्यर्थ (घञर्थे) कविधानं स्थास्नापा-व्यधिहनियुध्यर्थमिति । आयुधशब्दाद् भासमर्थाच्छश्च भवति ठश्च जीवतीत्यर्थे । आयुधेन जीवति आयुधीयः । आयुधिकः । आयुधिका स्त्री ।

हरत्युत्सङ्गादेः ॥३।३।१३८॥ तेनेति वर्त्तते । उत्सङ्ग इत्येवमादिभ्यो भासमर्थेभ्यो हरतीत्यस्मिन्नर्थे ठण् भवति । उत्सङ्गेन हरति, औत्सङ्गिकः । उत्सङ्ग । उडुप । उत्तुप । उत्प्रुत उत्पुत) । पिटक । पिटाक ।

ठड्भस्त्रादेः ॥३।३।१३९॥ भस्त्रा इत्येवमादिभ्यो भासमर्थेभ्यष्ठड् भवति । भस्त्रया हरति, भस्त्रिकः । भस्त्रिकी । भस्त्रा । भरट । भरण । शीर्षभार । अंसभार । अंसेभार ।

वा विवधवीवधात् ॥३।३।१४०॥ तेनेति हरतीति वर्तते । विवधवीवधशब्दाभ्यां वा ठड् भवति, तेन मुक्ते ठण् भवति । विवधेन हरति, विवधिकः । वीवधिकः । ठणि । वैवधिकः । स्वदेशान्वाधति[1] (विवा-धते)वीवधः पर्याहार इत्यर्थः । तद्योगात्पथा अपि तथोच्यते । विवधशब्दस्य पृषोदरादित्वाद्वा दीत्वम् ।

अण् कुटिलिकायाः ॥३।३।१४१॥ कर्मारागामङ्गारापकर्षणी, मृद्गतां (त) पलालोत्क्षेपणो दण्डः, परिव्राजकानां त्रिदण्डधारणम् । कुटिलिका । कुटिलिकाशब्दाद् भासमर्थादण् भवति हरत्यस्मिन्नर्थे । कुटिलिकया हरति, कौटिलिकः कर्मारः कर्षकः, परिव्राजको वा । अन्यत्रापि प्रयोगोऽभ्यूह्यः ।

---

१. शादन्वायतिर्वी—अ०, पू० ।—शान्वायतिर्वि-ब० ।

निर्वृत्तेऽक्षद्यूतादेः ॥३।३।१४२॥ हरतीति निवृत्तम् । तेनेति वर्त्तते । अक्षद्यूतादिभ्यो भासमर्थेभ्यो निर्वृत्तेऽर्थे ठण् भवति अक्षद्यूतेन निर्वृत्तम्, आक्षद्यूतिकम् । अक्षद्यूत । जङ्घाप्रहत । जङ्घाप्रहृत । पादस्वेदन । कण्टकमर्दन । शर्करामर्दन । गतागत । यातोपयात । अनुगत ।

भावादिमः ॥३।३।१४३॥ तेनेति निर्वृत्त इति च वर्त्तते । भाववाचिनो मृदो भासमर्थान्निर्वृत्तेऽर्थे इम इत्ययं त्यो भवति । कुट्टेन निर्वृत्ता, कुट्टिमा भूमिः । सेकिमोऽसिः । पाकिम ओदनः ।

त्रेः ॥३।३।१४४॥ त्र्यन्ताच्च इमो भवति तेनेति निर्वृत्तेऽर्थे । पूर्वेण सिद्धे पुनरारम्भो वाक्यनिवृत्त्यर्थः । अस्वपदेनार्थः प्रदर्श्यते । पाकेन निर्वृत्तम्, पक्त्रिमम् । वापेन निर्वृत्तम्, उप्त्रिमम् । करणेन निर्वृत्तम्, कृत्रिमम् । भावे "ड्वितः क्त्रिः" [२।३।७०] इति क्त्रिः ।

नित्यम् ॥ ३।३।१४५ ॥ त्र्यन्तं नित्यमिमविषयं वेदितव्यम् । यथाऽन्ये भाववाचिनो निर्वृत्तार्थादन्यत्रापि प्रयुज्यन्ते । पाको वर्त्तते । सेको वर्तते, इति निर्वृत्तार्थे वाक्यं वृत्तिश्च भवति, तथा त्र्यन्तस्य त्रैरूप्यं मा भूत् इत्येवमर्थमिदमुच्यते । पूर्वेण वाक्यनिवृत्तिः कृताऽनेनेमविषयादन्यत्र प्रयोगो निषिध्यते ।

याचितापमित्यात्कण् ॥३।३।१४६॥ तेनेति निवृत्तमिति च वर्त्तते । याचित-अपमित्यशब्दाभ्यां कण् भवति । याचितेन निर्वृत्तं याचितकम् । आपमित्यकम् । "माङो व्यतिहारे" [२।४।५] इति क्त्वात्यः । "वेर्मेङः" [४।४।६१] इत्वम् । अभान्तादपि वचनात्त्यः । अपमित्य इत्यनेन निर्वृत्तम् इत्येवं विग्रहे शब्दान्तरेण करणात्वं व्यज्यते ।

संसृष्टे ॥३।३।१४७॥ तेनेति वर्तते । भासमार्थान्मृदः संसृष्टेऽर्थे ठण् भवति । संसृष्टं मिश्रितम् । दध्ना संसृष्टम्, दाधिकम् । मारीचिकम् । "चूर्णादिन् वक्तव्यः" [वा०] । चूर्णैन संसृष्टाः, चूर्णिनो धानाः । चूर्णिनोऽपूपाः । इह कस्मान्न भवति लवणेन सैन्धवादिना संसृष्टमिति ? अनभिधानात् । कथं लवणः सूपः, लवणं शाकम्, लवणा यवागूरिति ? गुणवाचिनो लवणशब्दस्य तद्योगात् द्रव्ये वृत्तिरियम् । यथा कषायमुदकम् । कटुकमुदकमिति ।

मुद्गादण् ॥३।३।१४८॥ मुद्गशब्दाद् भान्तादण् भवति संसृष्टेऽर्थे । ठणोऽपवादः । मौद्ग ओदनः ।

व्यञ्जनैरुपसिक्ते ॥३।३।१४९॥ तेनेति वर्त्तते । समर्थविभक्त्युपादानं तस्यैव व्यक्तये । व्यञ्जनवाचिभ्यो भासमर्थेभ्य उपसिक्तेऽर्थे ठण् भवति । दध्ना उपसिक्तं दाधिकं भक्तम् । घार्तिकः सूपः । व्यञ्जनैरिति किम् ? उदकेन उपसिक्त ओदनः । बहुत्वनिर्देशः स्वरूपनिरासार्थः ।

ओजः सहोऽम्भसा वर्त्तते ॥३।३।१५०॥ तेनेति वर्त्तते । निर्देशाद् वासमर्थविभक्त्युपादानम् । ओजःप्रभृतिभ्यो भासमर्थेभ्यो वर्तते इत्यस्मिन्नर्थे ठण् भवति । ओजसा वर्तते, औजसिकः । साहसिकः । आम्भसिकः ।

तत्प्रत्यनुपूर्वमीपलोमकूलात् ॥३।३।१५१॥ तदिति इपसमर्थेभ्यः प्रति अनु इत्येवंपूर्वेभ्यः ईपलोमकूलशब्देभ्यो वर्तत इत्यस्मिन्नर्थे ठण् भवति । वृत्तिः क्रियासामान्ये वर्तमानः सकर्मकः । वर्तते आचरतीत्यर्थः । अपः प्रति, प्रतीपम् । "वीप्सेत्थंभूतलक्षणेऽभिनेप्" [१।४।११] । "भागे चानुप्रतिपरिणा" [१।४।१२] इति लक्षणेऽर्थे ईप् 'लक्षणेनाभिमुख्येऽभिप्रती [१।३।११] इति हसः । "द्व्यन्तरुपसर्गेभ्योऽप ईत्" [४।३।२०२] इति ईत्वम् । भावप्रधाना चेयं वृत्तिः । समुदायात्कर्मणीप् । प्रतीप वर्तते प्रातीपिकः । अनुर्यथार्थे वर्त्तमानः अप्शब्देन सह हसो भवति । आन्वीपिकः । प्रतिलोम वर्तते, प्रातिलोमिकः ।

आनुलोमिकः। इसे कृते "प्रत्यन्ववात्सामलोम्नः" [४।२।७१] इति अः सान्तः। प्रातिकूलिकः। आनुकूलिकः। अथवा प्रतिगता आपोऽस्मिन्निति प्रतीपम् इति। एवं सर्वत्र वसः कर्तव्यः।

परिमुखम् ॥३।३।१५२॥ तदिति वर्तते। परिमुखशब्दात् इप्समर्थाद् वर्तते इत्यस्मिन्नर्थे ठण् भवति। मुखात्परि परिमुखम्। "वर्जनेऽपपरिभ्याम्" [१।४।२१] इति का। "पर्यपाङ्बहिरञ्चवः कया" [१।३।१०] इति हसः। परिमुखं वर्तते पारिमुखिकश्चौरः। सर्वतो मुखं वा परिमुखम्। प्रादिलक्षणः सः। पारिमुखिकः। "परिपार्श्वाच्चेति वक्तव्यम्" [वा०]। पारिपार्श्विकः।

प्रयच्छति गर्ह्यम् ॥३।३।१५३॥ तदिति वर्तते। तदिति इप्समर्थात्प्रयच्छति इत्यस्मिन्नर्थे ठण् भवति यत्तदिप्समर्थं चेत्तद् भवति। द्विगुणं प्रयच्छति, द्वैगुणिकः। त्रैगुणिकः। "(वृ) द्धेर्वृधुषि-भावो वक्तव्यः" [वा०]। वृद्धिं प्रयच्छति वार्धुषिकः। यदि प्रकृत्यन्तरमस्ति, अव्यविकन्यायेन तस्मादेव त्यः। गर्ह्यमिति किम्? द्विगुणं प्रयच्छत्यधमर्णः।

कुसीददशैकादशाट्टट्टौ ॥३।३।१५४॥ तत्प्रयच्छति गर्ह्यम् इति च वर्तते। कुसीद-दशैकादश-शब्दाभ्यां प्रयच्छतीत्यस्मिन्नर्थे यथासंख्यं ठट् ठ इत्येतौ त्यौ भवतः ठणोऽपवादौ। कुसीदम् ऋणं वृद्धिर्वा। कुसीदं प्रयच्छति, कुसीदिका। कुसीदिकी। एकादशार्था दश दशैकादश निपातनात्सः। तान् प्रयच्छति, दशैका-दशिकी। दशैकादशिका।

रक्षत्युञ्छति ॥३।३।१५५॥ तदिति इप्समर्थाद् रक्षति उञ्छति इत्येतयोरर्थयोष्ठण् भवति। समाजं रक्षति, सामाजिकः। नागरिकः। वदराण्युञ्छति वादरिक। नैवारिकः।

शब्ददर्दुरं करोति ॥३।३।१५६॥ इप्समर्थाभ्यां शब्ददर्दुरशब्दाभ्यां करोत्यस्मिन्नर्थे ठण् भवति। शब्दं करोति, शाब्दिकः। वैयाकरण इत्यर्थः। दार्दुरिकः कुम्भकारः। तदित्यधिकारे पुनः समर्थविभक्त्युपादानं लौकिकप्रयोगाऽनुसरणार्थम्। तेनेह न भवति। शब्दं करोति वायसः। "अस्मिन्प्रकरणे तदाहेति माशब्दा-दिभ्य उपसंख्यानम्" [वा०] माशब्द इत्याह माशब्दिकः। नैत्यशब्दिकः। कार्यशब्दिकः। वाक्यादिदं विधानम्। "प्रभूतादिभ्यश्च" [वा०] तदाहेति वर्तते। प्रभूतमाह प्राभूतिकः। पार्याप्तिकः। "पृच्छतौ सुस्नातादिभ्य इप्समर्थेभ्यः" [वा०]। सुस्नातं पृच्छति, सौस्नातिकः। सौखरात्रिकः। सौखशायनिकः। "गच्छतौ परदारादिभ्य इप्समर्थेभ्यः" [वा०]। परदारं गच्छति, पारदारिकः। गौरुतल्पिकः।

पक्षिमत्स्यमृगान् हन्ति ॥३।३।१५७॥ तदिति इप्समर्थेभ्यः पक्षिमत्स्यमृगेभ्यो हन्तीत्यस्मिन्नर्थे ठण् भवति। स्वरूपस्य पर्यायाणां तद्विशेषाणाञ्च ग्रहणम्। पक्षिणो हन्ति, पाक्षिकः। नास्यस्याभिधानमित्येके। पर्यायशब्दस्य शकुनेरेव ग्रहणम्। शाकुनिकः। तैत्तिरिकः। मायूरिकः। मत्स्य, मात्स्यिकः। पर्यायस्य मीन-शब्दस्यैव अनिमिषादिषु न भवति। शाफरिकः। रौहितिकः। मृग, मार्गिकः। हारिणिकः। सौकरिकः। सारङ्गिकः।

परिपन्थं तिष्ठति ॥३।३।१५८॥ परिपन्थशब्दादिप्समर्थात् तिष्ठतीत्यस्मिन्नर्थे ठण् भवति "काल-भावाऽध्वगन्तव्याः कर्मसंज्ञा ह्यकर्मणाम्" [वा०] इति कर्मभावादिप्। परिपन्थं तिष्ठति पारिपन्थिकश्चौरः। पन्थानं वर्जयित्वा व्याप्य वा तिष्ठतीत्यर्थः। "हन्तीत्यपि वक्तव्यम्" [वा०]। परिपन्थं हन्ति, पारिपन्थिकः। परिपथपर्यायः परिपन्थशब्दोऽस्ति तस्यायं प्रयोगः।

माथद्युपदव्यनुपदाक्रन्दं धावति ॥३।३।१५९॥ तदिति वर्तते। माथद्यु पदवी अनुपद आक्रन्द इत्येतेभ्य इप्समर्थेभ्यो धावतीत्यस्मिन्नर्थे ठण् भवति। माथशब्दो मार्गपर्यायः। दण्डमाथं धावति, दण्ड-

माथिकः। मौलमाथिकः[1]। पदस्य वी पदवी। "वेञो डित्" इति इकारो डित्। "सर्वतोऽक्त्यर्थादित्येके" [३।१।२१ ग० सू०] इति ङीविधिः। तां धावति, पादविकः। पदस्य पश्चाद्धावतीति, अनुपदिकः। आक्रन्दिकः।

पदद्योर्गृह्णाति ॥३।३।१६०॥ तदिति वर्तते। पदद्युशब्दाद् इप्सनर्थाद् गृह्णातीत्यस्मिन्नर्थे ठण् भवति। आदिपदं गृह्णाति, आदिपदिकः। पौर्वपदिकः। औत्तरपदिकः।

प्रतिकण्ठललामार्थात् ॥३।३।१६१॥ तदिति गृह्णातीति च वर्तते। प्रतिकण्ठ ललाम अर्थ इत्येतेभ्य इप्समर्थेभ्यो गृह्णातीत्यस्मिन्नर्थे ठण् भवति। कण्ठं प्रति, प्रतिकण्ठम्। "लक्षणेनाभिमुख्येऽभिप्रती" [१।३।११] इति हसः। प्रतिकण्ठं गृह्णाति, प्रातिकण्ठिकः। प्रतिगतः कण्ठः, प्रतिकण्ठः इत्यत्राभिधानं नास्ति। "पुरुषध्वजशृङ्गेषु हविर्भूषणलक्ष्मसु। वामश्रेष्ठावनीन्द्रेषु ललामं नवसु स्मृतम् ॥" लालामिकः। आर्थिकः।

धर्मं चरति ॥३।३।१६२॥ धर्मशब्दादिप्समर्थाच्चरतीत्यस्मिन्नर्थे ठण् भवति। तदिति वर्तमाने पुनः समर्थविभक्त्युपादानं किम्? आसेवायां यथा स्यात्। मुहुर्मुहुर्धर्मं चरति, धार्मिकः। "अधर्माच्चेति वक्तव्यम्" [वा०]। आधर्मिकः।

प्रतिपथमेति ठश्च ॥३।३।१६३॥ प्रतिपथशब्दादिप्समर्थादेतीत्यस्मिन्नर्थे ठो भवति ठण् च। प्रतिपथमेति, प्रतिपथिकः। प्रातिपथिकः।

समवायात्समवैति ॥३।३।१६४॥ समवायवाचिभ्य इप्समर्थेभ्यः समवैतीत्यस्मिन्नर्थे ठण् भवति। बहुलनिर्देशात्तस्य तत्पर्यायाणां च ग्रहणम्। समवायं समवैति, सामवायिकः। सामूहिकः। सामाजिकः। सांषदिकः।

परिषदो ण्यः ॥३।३।१६५॥ तदिति वर्तते। परिषच्छब्दादिप्समर्थात् समवैतीत्यस्मिन्नर्थे ण्यो भवति। ठणोऽपवादः। परिषदं समवैति, पारिषद्यः।

सेनाया वा ॥३।३।१६६॥ सेनाशब्दादिप्समर्थाद्वा ण्यो भवति समवैतीत्यस्मिन्नर्थे। पक्षे ठण् भवति। सेनां समवैति सैन्यः। सैनिकः।

लालाटिककौक्कुटिकौ ॥३।३।१६७॥ लालाटिककौक्कुटिकशब्दौ निपात्येते। ललाटकुक्कुटीशब्दाभ्यामिप्समर्थाभ्यां पश्यतीत्यस्मिन्नर्थे ठण् निपात्यते। ललाटं पश्यति, लालाटिकः सेवकः। कुक्कुटीशब्देन कुक्कुटीपातमात्रो देशो लक्ष्यते। कुक्कुटीं पश्यति, कौक्कुटिको भिक्षुः। पुरो युगमात्रदेशप्रेक्षीत्यर्थः।

तस्य धर्म्यम् ॥३।३।१६८॥ धर्म्यं न्याय्यम्। तस्येति तासमर्थाद् धर्म्यमित्यस्मिन्नर्थे ठण् भवति। शुल्कशालाया धर्म्यम्, शौल्कशालिकम्। आतरिकम्। आपणिकम्।

ऋन्महिष्यादेरण् ॥३।३।१६९॥ तस्य धर्म्यमिति वर्तते। ऋकारान्तान्मृदः महिषी इत्येवमादिभ्यश्चाण् भवति। ठणोऽपवादः। मातुर्धर्म्यं मात्रम्। पैत्रम्। हौत्रम्। शास्त्रम्। महिष्यादिभ्यः। महिष्या धर्म्यम्, माहिषम्। महिषी। प्रजावती। केषाञ्चित् प्रजापतीति पाठः। प्रलेपिका। विलेपिका। अनुलेपिका। वर्णकपेषिका। "भस्य हत्यढे" [४।३।१५७ वा०] इति पुंवद्भावः प्राप्तः "न वृद्धतकोङः" [४।३।१४१] इति प्रतिषिध्यते। "विशसितुरिटः खं च" [वा०]। विशसितुर्धर्म्यं वैशस्त्रम्। "विभाजयितुर्णिखश्च" [वा०]। विभाजयितुर्धर्म्यं वैभाजित्रम्।

---

१. सौ(शौ)ल्कमाथिकः प्र०। सौ(शौ)ल्वमाथिकः अ०।

अवक्रयः ॥ ३।३।१७० ॥ तस्येति वर्तते । तस्येति तासमर्थान्मृदोऽवक्रय इत्यस्मिन्नर्थे ठण् भवति । अवक्रीयतेऽनेनेत्यवक्रयः । अन्याय्यमपि स्वेच्छया परिकल्पितपरिमाणम् । द्रव्यमेकत्र पिण्डितमित्यर्थः । शुल्कशालायामवक्रयः शौल्कशालिकः । आतरिकः । आपणिकः । गौल्मिकः ।

तदस्य पण्यम् ॥३।३।१७१॥ तदिति वासमर्थात् पण्यविशिष्टादस्येति तार्थे ठण् भवति । अपूपाः पण्यमस्य, आपूपिकः । शाष्कुलिकः ।

किसरादेष्ठट् ॥३।३।१७२॥ तदस्य पण्यमिति वर्तते । किसर इत्येवमादिभ्यष्ठड् भवति । ठणोऽपवादः । किसरं पण्यमस्य, किसरिको गन्धिकः । किसर । नलद । स्थगर । तगर । उशी(शी)र । गुग्गुलु । हरिद्रा । हरिद्रुपर्णी ।

शलालुनो वा ॥३।३।१७३॥ तदस्य पण्यमिति वर्तते । शलालुशब्दाद्वा ठड् भवति । पक्षे ठण् भवति । शलालु पण्यमस्य, शलालुकः । शालालुकः ।

शिल्पम् ॥३।३।१७४॥ तदस्येति वर्तते । शिल्प क्रियाविशेषे नैपुण्यम् । तदिति वासमर्थादस्येति तार्थे ठण् भवति, यत्तद्वानिर्दिष्टं शिल्पं चेत्तद् भवति । (मृदङ्गवादनं शिल्पमस्य, मार्दङ्गिकः ।) मृदङ्गवादने मृदङ्गशब्द उपचर्य्यते, तस्मादेव त्यः । एवं पाणविकः । वैणविकः ।

मड्डुकझर्झराद् वाऽण् ॥३।३।१७५॥ तदस्य शिल्पमिति वर्तते । मड्डुकझर्झरशब्दाभ्यां वाऽण् भवति । अणाऽनुक्ते ठण् भवति । मड्डुकवादनं शिल्पमस्य, माड्डुकः । माड्डुकिकः । झार्झरः । झार्झरिकः ।

प्रहरणम् ॥३।३।१७६॥ तदस्येति वर्तते । वासमर्थात्प्रहरणोपाधिविशिष्टान्मृदः अस्येति तार्थे ठण् भवति । असिः प्रहरणमस्य, आसिकः । त्सारुकः । धानुष्कः ।

शक्तियष्टेष्टीकण् ॥३।३।१७७॥ शक्तियष्टिशब्दाभ्यां टीकण् भवति तदस्य प्रहरणमित्यस्मिन्विषये । ठणोऽपवादः । शक्तिः प्रहरणमस्य, शाक्तीकः । याष्टीकः । इकारोच्चारणसामर्थ्यात् ''यस्य ङ्याञ्च'' [४।४।१३६] इति खं न भविष्यति (इति) दीर्घोच्चारणं किम् ? अन्यत्रापि यथा स्यात् । अन्तः (अम्भः) प्रहरणमस्य, आन्तसीकः (आम्भसीकः) । इषं प्रहरणमस्य ऐषीकः । बहिर्भवः बाहीक इति ।

नास्तिकास्तिकदैष्टिकाः ॥३।३।१७८॥ नास्तिकादयः शब्दा निपात्यन्ते । नास्ति अस्ति दिष्ट इत्येतेभ्यः शब्देभ्यो मतिविशिष्टेभ्योऽस्येति तार्थे ठण् निपात्यते । परलोको नास्तीति मतिरस्य, नास्तिकः । परलोकोऽस्तीति मतिरस्य, आस्तिकः । दिष्टं दैवतं तत्प्रमाणमस्य, दैष्टिकः । निपातनाद्वाक्यादपि त्यविधानम् ।

शीलम् ॥३।३।१७९॥ तदस्येति वर्तते । वासमर्थादस्येति तार्थे ठण् भवति वासमर्थं शीलं चेद् भवति । अपूपभक्षणं शीलमस्य, आपूपिकः । तात्स्थ्यात्ताच्छब्द्यमिति अपूपशब्दात्त्यः । एवं शाष्कुलिकः । मौदकिकः ।

छत्रादेर्णः ॥३।३।१८०॥ तस्य शीलमिति वर्तते । छत्र इत्येवमादिभ्यो णो भवति । ठणोऽपवादः । छत्रमावरणं तद्वद्गुरुकार्येष्ववहितत्वम् । छत्रं शीलमस्य, छात्रः । शिष्यः शीलमस्य[1] शैष्यः । छत्र । शिष्य[2] । मुक्षा[3] । भिक्षा । तितिक्षा । चुरा । उदस्थान । कृषि । कर्मन् । तपस् । पुरोड । आस्था । संस्था । अवस्था । विश्रधा । सत्य । अनृत । पिसिक (शिविका)।

---

१. शिक्षा (क्षा) शीलमस्य शैक्षः अ०, पू० । २. शिक्ष (क्षा) अ०, पू० । ३. मुक्षा (बुभुक्षा) अ०, पू० ।

कर्माध्ययने वृत्तम् ॥३।३।१८१॥ तदस्येति वर्तते। तदिति वासमर्थादस्येति तार्थे ठण् भवति यत्तद् वासमर्थं कर्म चेद्वृत्तमध्ययनविषयं तद्भवति। एकमन्यदध्ययने कर्म वृत्तमस्य, ऐकान्यिकः। किम्पुनस्तदेकमन्यदध्ययने कर्म? अपपाठः। एवं द्वैयन्यिकः। त्रैयन्यिकः। सर्वत्र हृदर्थे रसः। ततष्ठण्।

बह्वजादेष्टः ॥३।३।१८२॥ बह्वच् पदमादिर्यस्य तस्मान्मृदष्ठो भवति। ठणोऽपवादः। तदस्य कर्माध्ययने वृत्तमिति वर्तते। द्वादश अन्यानि अपपाठलक्षणानि अध्ययने कर्माणि दत्तान्यस्य, द्वादशान्यिकः।

हितमस्मै भक्षः (क्षाः ॥३।३।१८३॥ तदिति वर्तते। तदिति वासमर्थादस्मै इत्येतदर्थे ठण् भवति यत्तद् वासमर्थं हितं भक्षाश्चेत्तद् भवन्ति। अपूपभक्षणं हितमस्मै, आपूपिकः। शाष्कुलिकः। इदमेव ज्ञापकं हितयोगेऽप् भवति।

तद्दीयते नियुक्तम् ॥३।३।१८४॥ अस्मै इति वर्तते। तदिति वासमर्थादस्मै इत्यस्मिन्नर्थे ठण् भवति यत्तद् वासमर्थं तच्चेद्दीयते। नियुक्तं नियमेन युक्तं नियुक्तमित्यर्थः। अग्रभोजनमस्मै दीयते नियुक्तम्, आग्रभोजनिकः। आपूपिकः। श्राणाऽस्मै दीयते नियुक्तम्, श्राणिकः। शाणौ(कौ)दनिकः। "ओदनशब्दाद् वक्तव्यः" [वा०] ओदनिकः। ओदनिकी।

भक्ताद् वाऽण् ॥३।३।१८५॥ तदस्मै दीयते नियुक्तमिति वर्तते। भक्तशब्दाद् वाऽण् भवति। पक्षे ठण् भवति। भक्तमस्मै दीयते नियुक्तम्, भाक्तः। भाक्तिकः।

तत्र नियुक्तः ॥३।३।१८६॥ अधिकृतो नियुक्तः। तत्रेतीप्समर्थाद् नियुक्त इत्यस्मिन्नर्थे ठण् भवति। शुल्कशालायां नियुक्तः, शौल्कशालिकः। आक्षपटलिकः। दौवारिकः।

ठोऽगारान्तात् ॥३।३।१८७॥ तत्र नियुक्त इति वर्तते। अगारान्तान्मृदष्ठो भवति। ठणोऽपवादः। भाण्डागारे नियुक्तः, भाण्डागारिकः। कोष्ठागारे नियुक्तः, कोष्ठागारिकः।

अध्यायिन्यदेशकालात् ॥३।३।१८८॥ अध्येतुं शीलमस्येति, अध्यायी। ईप्समर्थाद्देशवाचिनोऽकालवाचिनश्च मृदोऽध्यायिन्यभिधेये ठण् भवति। अध्यायिनीत्युक्तम्, तत्सम्बन्धात् अध्ययनस्य देशकालौ पर्युदस्येते। अशुचावधीते, आशुचिकः। सान्ध्यावेलिकः। आनध्यायिकः। अदेशकालाविति किम्? चैत्यालयेऽधीते। पूर्वाह्णेऽधीते।

कठिनान्तप्रस्तारसंस्थानेषु व्यवहरति ॥३।३।१८९॥ व्यवहरति, अनुतिष्ठति। तत्रेत्यनुवृत्तेर्निर्देशाद् वासमर्थविभक्त्युपादानम्। कठिनशब्दान्तान्मृदः प्रस्तार-संस्थानशब्दाभ्यां च व्यवहरतीत्यस्मिन्नर्थे ठण् भवति। वंशकठिने व्यवहरति, वांशकठिनिकः। वार्द्धकठिनिकः। प्रास्तारिकः। सांस्थानिकः। अन्तग्रहणं मध्ये कृतमपि केचिदुत्तरयोः सम्बध्नन्ति।

निकटावसथे वसति ॥३।३।१९०॥ तत्रेति वर्तते। निकट-अवसथशब्दाभ्यामीप्समर्थाभ्यां वसतीत्यस्मिन्नर्थे ठण् भवति। निकटमविदूरम्। निकटे वसति, नैकटिकः। आवसथिकः।

तद् वहति रथयुगप्रसङ्गाद्यः ॥३।३।१९१॥ दम्यानां स्कन्धकाष्ठं प्रसङ्गः। तदितीप्समर्थेभ्यो रथयुग-प्रसङ्गशब्देभ्यो वहतीत्यस्मिन्नर्थे यो भवति। य इत्ययं चाऽधिकार आपादपरिसमाप्तेर्वेदितव्यः।

---

१. लक्ष्यानुरोधात् "ओदनशब्दाट्टड् वक्तव्यः" इति प्रतिभाति।

रथं वहति, रथ्यः। युग्यः। प्रासङ्ग्यः। इहानभिधानान्न भवति। कालसंज्ञिनं युगं वहति राजा। युगं वहति मनुष्यः। "शकटादण् वक्तव्यः" [वा०] शकटं वहति शाकटो गौः। "हलसीराट्ठण् वक्तव्यः" [वा०] हलं वहति हालिकः। सैरिकः। नेदं वक्तव्यम्; शकटस्य वोढा हलस्य वोढा इत्येवं विग्रहे शैषिकेणाण् "हलसीराट्ठण्" [३।३।९२] इति ठणा च सिद्धम्। तर्हि रथग्रहणमप्यनर्थकम्। "रथाद्यः" [३।३।८६] इत्यनेन सिद्धत्वात्। तदन्तार्थमिह रथग्रहणम्। द्वौ रथौ वहति, द्विरथः। अत्र प्राग्द्रवीयस्य "रस्योबनपत्ये" [३।१।७४] इत्युप् प्रसज्यते।

धुरो ढण् वा ॥३।३।१९२॥ धूःशब्दाद् वहतीत्यस्मिन्नर्थे ढण् भवति यश्च। प्रकृतिविशेषाड्ढणा विधीयमानेन यस्य बाधने प्राप्तेऽनेन समुच्चयः क्रियते। न त्वनुकर्षः। उत्तरत्राऽप्यनुवृत्तेः। धुरं वहति, धौरेयः। धुर्य्यः।

सर्वैकाभ्यां खः ॥३।३।१९३॥ तद्वहतीति वर्तते। सर्व-एकशब्दाभ्यां परस्या धुरः खो भवति। सर्वा धूः, सर्वधुरा। "पूर्वकालैकसर्व" [१।३।४४] इत्यादिना षसः। सर्वधुरां वहति, सर्वधुरीणः। एकधुरीणः। "एकधुराशब्दात्खस्योस् वक्तव्यः" [वा०] एकधुरं वहति, एकधुरः। न वक्तव्यः। एकस्या धुरो वोढेभ्या (त्या) गतस्याणः "रस्योबनपत्ये" [३।१।७४] इत्युपा सिद्धम्। इष्टसङ्ग्रहार्थश्चकारोऽनुवर्त्यः। उत्तरधुरीणः।

विध्यत्यकरणेन ॥३।३।१९४॥ तदिति वर्त्तते। इप्समर्थान्मृदः विध्यतीत्यस्मिन्नर्थे यो भवति न चेत्करणेन विध्यति तदिति। पादं विध्यति पद्याः शर्कराः। "पद्य" [४।३।१६४] इति पादस्य पदादेशः। ऊरव्याः कण्टकाः। अकरणेनेति किम्? पादं विध्यति धनुषा। प्रतीयमानेऽपि धनुषः करणत्वेनानभिधानान्न भवति। शत्रुं विध्यति। चोरं विध्यति राजा।

जन्यधेनुष्यान्नवश्यवन्यगण्यपद्यमूल्यहृद्यसतीर्थ्यगार्हपत्याः ॥३।३।१९५॥ जन्यादयः शब्दा निपात्यन्ते। जनी वधूः, तां वहतीत्यत्रार्थे यः। जन्याः परिणेतृसहायानामियं संज्ञा। "धेनुष्येति संज्ञायां धेनुशब्दाद्यः षुक्चागमः" प्रकृष्टा धेनुर्धेनुष्या। या गोपालाय दोहार्थं दीयते। अन्यत्र धेनुतरेति भवति। अन्नं लब्धेत्यस्मिन्वाक्ये अन्नाण्णो निपात्यते। आन्नः। वशं गत इत्यस्मिन्वाक्ये वशशब्दाद्यः। वश्यः। विनेय इत्यर्थः। वनगणशब्दाभ्यामिबन्ताभ्यां लब्धरि यः। वनं लब्धा वन्यः। गणं लब्धा गण्यः। पदमस्मिन् दृश्यते अस्मिन्वाक्ये पादशब्दाद्यः। पद्यं हिमम्। पद्यः कर्दमः। पदमस्मिन्द्रष्टुं शक्यमित्यर्थः। 'मूलमस्यावर्हि' इत्यस्मिन्वाक्ये मूलशब्दाद्यः। मूल्या मुद्गाः। मूल्या माषाः। मूलोत्पाटेन सङ्ग्राह्या इत्यर्थः। अथवा मूलेन समं मूल्यं वस्त्रम्। मूलेनानम्यं वा मूल्यम्। हृदयस्य प्रिय इत्यस्मिन् वाक्ये हृदयशब्दाद्यः। "हृदयस्य हृल्लेखयाणलासेषु" [४।३।१६१] इति हृदादेशः। हृद्यो देशः। हृद्यमन्नम्। हृदयस्य बन्धनमृषिः हृद्यः। वशीकरणभूत इत्यर्थः। समाने तीर्थे वसतीत्यस्मिन्वाक्ये समानतीर्थशब्दाद्यः। समानस्य च सभावः। सतीर्थ्यः। गृहपतिना संयुक्त इत्यस्मिन्वाक्ये गृहपतिशब्दात् संज्ञायां ञ्यो निपात्यते। गार्हपत्योऽग्निः।

वयस्तुलाभ्यां सम्मिते ॥३।३।१९६॥ निर्देशादेव भाया उपादानम्। वयस्तुला इत्येताभ्यां भासमर्थाभ्यां सम्मितेऽर्थे यो भवति। वयसा सम्मितः, वयस्यः। संज्ञायामभिधानम्। अन्यत्र वयसा सम्मितः शत्रुरित्येव। तुलया सम्मितं तुल्यम्। सदृशमित्यर्थः।

नौधर्मविषमूलसीताभ्यस्तार्यप्राप्तबध्यसमितेषु ॥३।३।१९७॥ त्यार्थवसाद्भासमर्थादिति लभ्यते। नावादिभ्यश्चतुर्भ्यो भासमर्थेभ्यो यथासंख्यं तार्यादिषु यो भवति। नावा तार्यं नाव्यमुदकम्। "यि त्ये" [४।३।६७] इत्यावादेशः। प्राक्तनेन धर्मेण प्राप्तं धर्म्यम्। वदन्यानां तु धर्मादनपेतं धर्म्यं न्याय्यमुच्यते।

विषेण वध्यः, विष्यः। वध इति प्रकृत्यन्तरम्। वधमर्हति, वध्यः। सीतया समितं सङ्गतं सीत्यं क्षेत्रम्। "रथसीताहलेभ्यो यविधौ तदन्तविधिरपीष्यते" [वा०] परमसीत्यम्। द्विसीत्यम्।

धर्मपथ्यर्थन्यायादनपेते ॥३।३।१९८॥ निर्देशादेव समर्थविभक्त्युपादानम्। धर्म पथिन् अर्थ न्याय इत्येतेभ्यः कासमर्थेभ्योऽनपेतेऽर्थे यो भवति। धर्मादनपेतं धर्म्यम्। पथ्यम्। अर्थ्यम्। न्याय्यम्।

छन्दसा निर्मिते ॥३।३।१९९॥ छन्द इच्छा। निर्मितमुत्पादितम्। निर्देशादेव भासमर्थाच्छन्दःशब्दात् निर्मितेऽर्थे यो भवति। छन्दसा निर्मितः, छन्दस्यः।

उरसाऽण् च ॥३।३।२००॥ निर्देशाद् भाया उपादानम्। उरःशब्दाद् भासमर्थान्निर्मितेऽर्थेऽण् भवति यश्च। उरसा निर्मितः, औरसः। उरस्यः।

मदजनहलात्करणजल्पकर्षेषु ॥३।३।२०१॥ मद जन हल इत्येतेभ्यो यथासंख्यं करण जल्प कर्ष इत्येतेष्वर्थेषु यो भवति। करणादयः शब्दा भावे करणे वा व्युत्पादयितव्याः। तेन सामर्थ्यात्त्योत्पत्तिः। मदकस्य करणं मद्यम्। मदस्थाने केचिन्मतशब्दं पठन्ति, तेषां मत्यमिति भवति। जनस्य जल्पः, जन्यः। हलस्य कर्षः, हल्यः। द्विहल्यः। परमहल्यः।

तत्र साधुः ॥३।३।२०२॥ तत्रेतीप्समर्थात्साधुरित्येतस्मिन्नर्थे यो भवति। सामनि साधुः, सामन्यः। कर्मण्यः। सभ्यः। शरण्यः। साधुरिह योग्यो निपुणो वा न तु हितः, तत्र हि प्राक्ठणीय एव त्यः।

प्रतिजनादेः खञ् ॥३।३।२०३॥ तत्र साधुरिह वर्तते। प्रतिजन इत्येवमादिभ्यः खञ् भवति। यस्याऽपवादः। जनं जनं प्रति, प्रतिजनम्। यथार्थे हसः। प्रतिजने साधुः, प्रातिजनीनः। प्रतिजन। इदंयुग। संयुग। परयुग। परकुल। परस्यकुल। अमुष्यकुल। निपातनात्ताया अनुप्। सर्वजन। विश्वजन। पञ्चजन। महाजन। योऽत्र हितार्थः साध्वर्थः, तत्र वचनात्प्राक्ठणीयस्य बाधा।

भक्ताण्णः ॥३।३।२०४॥ तत्र साधुरिह वर्तते। भक्तशब्दाण्णो भवति। यस्याऽपवादः। भक्ते साधुर्भाक्तस्तन्दुलः।

परिषदो ण्यः ॥३।३।२०५॥ तत्र साधुरिति वर्तते। परिषच्छब्दाण्ण्यो भवति। यस्याऽपवादः। परिषदि साधुः, पारिषद्यः। णोऽप्यत्राऽनुवृत्तिरिष्यते। परिषदि साधुः, पारिषदः।

कथादेष्ठण् ॥३।३।२०६॥ तत्र साधुरिति[1] वर्तते। कथा इत्येवमादिभ्यष्ठण् भवति। यस्याऽपवादः। कथायां साधुः, काथिकः। कथा। विकथा। विश्वकथा। संकथा। वितन्द्रा। कुष्टिदा (कुष्टचित्)। जनवाद। जनेवाद। चित्र। वृत्ति। सङ्ग्रह। गण। गुण। आयुर्वेद। गुड। कुल्यास (कुल्माष)। सक्तु। अपूप। मांसोदन। इक्षु। वेणु। संग्राम। संघात। प्रवास। निवास। उपवास।

पथ्यतिथिवसतिस्वपतेर्ढञ् ॥३।३।२०७॥ तत्र साधुरिति वर्तते। पथ्यादिभ्यो ढञ् भवति। यस्यापवादः। पथि साधु पाथेयम्। आतिथेयम्। वासतेयम्। स्वापतेयम्।

समानोदरे शयितः ॥३।३।२०८॥ तत्रेति वर्तते। निर्देशाद् वा (ईप्समर्थात्) समानोदरशब्दात् शयित इत्यस्मिन्नर्थे यो भवति। समानोदर्यः। सोन्दर्यः। "वोदर्ये" [४।३।१६४] इति समानस्य सादेशः। कथं तर्हि सोदरशब्दस्य सिद्धिः? "समानस्य" [४।३।१६२] इति योगविभागात्।

इत्यभयनन्दिविरचितायां जैनेन्द्रमहावृत्तौ तृतीयस्याऽध्यायस्य तृतीयः पादः समाप्तः।

---

१. -रिह व-अ०, पू०।

प्राक्ठणश्छः ॥३।४।१॥ वक्ष्यन्ति (ति) "**आर्हाट्ठण्**" [३।४।१७] प्रागेतस्माट्ठण् संशब्दनाद्येऽर्था वक्ष्यते (न्ते) तेषु छोऽधिकृतो वेदितव्यः। वक्ष्यति "**तस्मै हितम्**" [३।४।४]। वत्सेभ्यो हितः, वत्सीयः। अवत्सीयः। करभीयः। प्राग्वचनं किम्? अर्थविशेषेऽपवादेन निवर्त्त (र्ति) ते पुनरर्थान्तर उपस्थानं यथा स्यात्। नन्ववि(धि)कारादेवापवादविषयेऽप्युपस्थानं प्राप्नोति। नैतदेवम्। तत्र तत्र वाग्रहणाच्चकारकरणाच्चापवादविषयपरिहारो गम्यते।

उगवादेर्यः ॥३।४।२॥ प्राक्ठण इति वर्तते। उवर्णान्तान्मृदो गवादिभ्यश्च यो भवति प्राक्ठणोऽर्थेषु। छाऽपवादः। शङ्कव्यं दारु। परशव्यमयः। पिचव्यः कार्पासः। **गवादिभ्यः**। **गव्यम्**। **हविष्यम्**। **गो**। हविष्। इह हविरिति स्वरूपग्रहणम्। अष्टका। वर्हिष्। युग। मेधा। स्रुव् (स्रुक्)। नाभि नभं वा। नभ्योऽक्षः। नभ्यम् ञ्जनम्। "**सु (शु) नोजिर्वाचदीत्वम्**" [**वा०**] सू(शू)न्यम्। सु (शु) न्यम्। **ऊधसो नश्च**। ऊधन्यः। **कूप**। अक्षर। दर। खर। दवद। स्त्व (स्ख) द। विष।

हविरपूपादेर्वा ॥३।४।३॥ हविःशब्दो गवादिषु पठितः। तद्विशेषाणामिह ग्रहणम्। **हविर्विशेष**वाचिभ्योऽपूपादिभ्यश्च प्राक्ठणोऽर्थेषु वा यो भवति। नित्ये ठे प्राप्ते विभाषेयम्। **आमीक्ष्यम्**। **आमीक्षीयं** दधि। पुरोडाश्याः। पुरोडाशीयास्तन्दुलाः। अपूपादिभ्यः, **अपूप्यम्**। अपूपीयम्। अपूप। तन्दुल। पृथुक। अभ्योष। अवोष। किण्व। मुसल। कटक। कर्णवेष्टक। द्रुर्गल (अर्गल)। स्थूणा। यूप। सूप। **दीप**। प्रदीप। अश्वपत्र। "**विगृहीतादपीष्यते**।" "**अन्नविकारेभ्यश्च**।" उदन्याः। उदनीयाः। सूर्याः, **सूरीयास्तन्दुलाः**। अन्नविकारत्वादेव सिद्धे अपूपाऽभ्योषादीनां प्रपञ्चार्थं पृथग्ग्रहणम्। अतो विकल्पात्पूर्वनिर्णयेन उवर्णान्तलक्षणो नित्यो विधिर्भवति। चरुरिति हविर्विशेषः। चरव्यास्तन्दुलाः। शक्तुरन्नविकारः, **शक्तव्या** धानाः। "**कम्बलाश्चौप्रा कृणोर्थे (कम्बलाच्च प्राक्ठणोऽर्थे) नित्यं यो वक्तव्यः**" [**वा०**]। कम्बल्यमूर्णाशतम्। खुविषयादन्यत्र। कम्बलीया ऊर्णा। नेदं वक्तव्यम्। "**न विस्ताचितकम्बल्यात्**" [**३।१।२७**] इति निपातनात्सिद्धम्।

तस्मै हितम् ॥३।४।४॥ तस्मै इति अप्समर्थाद् हितमित्येतस्मिन्नर्थे यथाविहितं त्यो **भवति**। वत्सेभ्यो हितः, वत्सीयः। करभीयः। पटव्यम्। गव्यम्। हविष्यम्।

प्राण्यङ्गरथखलयवमाषवृषब्रह्मतिलाद्यः ॥३।४।५॥ प्राण्यङ्गं शरीरावयवः, **देहदेहिनोः** कथञ्चिदभेदात्। प्राण्यङ्गवाचिभ्यो रथ खल यव माष वृष ब्राह्मण तिल इत्येतेभ्यश्च यो भवति तस्मै **हित**मित्यस्मिन्नर्थे। छस्याऽपवादः। दन्तेभ्यो हितं दन्त्यम्। कर्ण्यम्। चक्षुष्यम्। नाभये हितं नाभ्यं **तैलम्**। "**नाभि नभञ्च**" [**वा०**] इति नभभावः। गवादिलक्षणो यो विहितः स इह न भवति। **गवादिलक्षणो** य इह कस्मान्न भवति? प्राण्यङ्गलक्षणो यस्तस्य परत्वाद् बाधकः। रथाय हिता भूमिः, रथ्या। **खलाय** हितम्, खल्यम्। यव्यम्। माष्यम्। वृषाय हितम्, वृष्यम्। ब्रह्मणे हितम्, ब्रह्मण्यम्। तिल्यम्। **वृष्णे** हितं ब्राह्मणाय हितमित्यत्रानभिधानाच्छो न भवति।

अजाविभ्यां थ्यः ॥३।४।६॥ अज-अविशब्दाभ्यां थ्यो भवति तस्मै हितमित्यस्मिन्नर्थे। छस्याऽपवादः। अजे (जाय) हितम्, अजथ्यम्। अविथ्यम्। लिङ्गविशिष्टस्याजाशब्दस्य ग्रहणेऽपि "**तसादौ**" [**४।३।१४७**] इति पुंवद्भावे कृते तदेव रूपम्।

विश्वजनात्मभोगान्तात्खः ॥३।४।७॥ तस्मै हितमिति वर्तते। विश्वजन आत्मन् इत्येताभ्यां भोगान्ताच्च मृदः खो भवति। छस्याऽपवादः। विश्वजनाय हितः, विश्वजनीनः जिनः। अत्र यथादेवेष्यते।

तासाद (द्व) सञ्च छ एव भवति । विश्वजनीयम् । '**पञ्चजनशब्दादुपसंख्यानम्**'' [**वा०**] पञ्चजनीनम् । अत्र "**दिक्संख्यं खौ**" [**१।३।४५**] इत्यनेन विहितात्समानाधिकरणाद् बसादेवेष्यते । पञ्चजनीयमन्यत् । "**सर्वजनाट्ठण् खश्च वक्तव्यः**" [**वा०**] सार्वजनिकः । सर्वजनीनः । **अत्रापि** यसादेवेष्यते । सर्वजनीयमन्यत् । "**महाजनाट्ठञ्वक्तव्यः**" [**वा०**] महाजनिकम् । षसादयं विधिः । बसाच्छ एव भवति । महाजनीयम् । ईनादेशे कृते "**नोऽपुंसो हृति**" [**४।४।१२०**] इति टिखं प्राप्तम्, सूत्रे नकारान्तनिपातनान्न भवति । भोगः शरीरम् । तदंसा(दन्ता)त् मातृभोगीणः । पितृभोगिणः । मात्रादिभ्यः केवलेभ्यश्छ एव भवति । मात्रीयः । पित्रीयः । "**राजाऽऽचार्याभ्यां भोगान्ताभ्यां नित्यमिति वक्तव्यम्**'' [**वा०**] राजभोगीनम् । आचार्यभोगीनम् । **आर्यभोगान्** (गीन) शब्दस्य "**क्षुम्नादित्वाद्**" [**५।४।११७**] णत्वं (न) भवति । नित्यग्रहणं किम् ? केवलाभ्यां न भवति । राज्ञे हितम् । **आचार्याय** हितमिति ।

सर्वाण्णो वा ॥३।४।८॥ तस्मै हितमिति वर्त्तते । सर्वशब्दाद् वा णो भवति पक्षे छो भवति । **सर्वस्मै** हितम्, सार्वम् । सर्वीयम् ।

पुरुषाड्ढण् ॥३।४।९॥ पुरुषशब्दाड्ढण् भवति तस्मै हितमित्यस्मिन्विषये । छस्याऽपवादः । पुरुषाय हितं पौरुषेयम् । अल्प (त्य) ल्पमिदम् । "**पुरुषाद् वधविकारसमूहतेनकृतेष्विति वक्तव्यम्**" । पौरुषेयो वधः । "**तस्येदम्**" [**३।३।८८**] इत्यण् प्राप्तः । पौरुषेयो विकारः । "**प्राणितालादेः**" [**३।३।१०५**] इत्यण् प्राप्तः । पौरुषेयं स्यमागतं (यः समूहः) "**तस्य समूहः**" इत्यण् प्राप्तः । **पौरुषेयः** प्रासादः । पौरुषेयो ग्रन्थः । तेन कृते "**नि ग्रन्थे (कृते ग्रन्थे)** [**३।३।८९**] "**खौ**" [**३।३।८९**] **इत्यण्** प्राप्तः ।

माणवचरकात्खञ् ॥३।४।१०॥ तस्मै हितमिति वर्तते । माणव-चरक-शब्दाभ्यां खञ् भवति । **छस्याऽपवादः** । माणवाय हितं माणवीनम् । **चारकीणम्** ।

तदर्थं विकृतेः प्रकृतौ ॥३।४।११॥ हितमिति निवृत्तम् । तस्मै इति वर्तते । तस्मै इदं तदर्थं समानजातीयमभिन्नसन्तानवर्त्ति कारणम्, प्रकृतिः । तस्या एवाऽवस्थान्तरं विकृतिः । तदर्थमित्येतत्प्रकृतेर्विशेषणम् । तदर्थायां प्रकृताविति । यद्येवं स्त्रीलिङ्गमीप् च प्राप्नोति । "**सूत्रेऽस्मिन् सुब्विधिरिष्टः**'' [**५।२।११४**] इने पा (इतीपो) वाया एकेन च निर्देशः । विकृतिवाचिभ्योऽबन्तान्मृदस्तदर्थायां प्रकृताभिधेयायां यथाविहितं त्यो भवति । विकृत्यर्थायां प्रकृतौ त्यो भवतीत्यर्थः । **अङ्गारेभ्यः, अङ्गारीयाणि** काष्ठानि । प्राकारीया इष्टकाः । शङ्कव्यं दारु । पिचव्यः कर्पासः । अपूप्याः । अपूपीयास्तन्दुलाः । **विग्रहे** तादर्थ्यलक्षणाऽप् द्रष्टव्या । तदर्थमिति किम् ? मूत्राय यवागूः । उच्चाराय यवान्नम् । पादरोगाय नड्वलोदकं कल्पते । योग्यतामात्रेण विकृतिप्रकृत्यभिसम्बन्धो मा भूत् । अत्र केचित्तस्मै ग्रहणं नानुवर्त्तयन्ति । तादर्थ्यं तयाऽपि व्यज्यते । यथा गुरोरिदम्, गुर्वर्थम् इति । विकृतिवाचिनस्तान्तात्तदर्थायां प्रकृतावभिधेयायां त्यमुत्पादयति । एवमङ्गाराणामिमानि अङ्गारार्थानि काष्ठानि, अङ्गारीयाणि । तदर्थमिति किम् ? यवानां धानाः धानानां शक्तवः । नात्र प्रकृतेरनन्यार्थया गम्यते । अपि तु प्रकृत्यन्तरनिवृत्तिमात्रम् । नान्येषां धाना नान्येषां शक्तवः । अत एव विकारप्रकृतिसम्बन्धमात्रेऽपि त्यो न भवति । धानानां यवाः, शक्तूनां धानाः इति । विकृतेरिति किम् ? उदकार्थः कूपः । नात्र पार्थिवस्य कूपस्य विकृतिरुदकम् । प्रकृताविति किम् ? असयर्था कोशी । असिरयसो विकृतिर्भवति । तन्न कोशी तस्य प्रकृतिः ।

छदिरुपधिबलेर्ढञ् ॥३।४।१२॥ तदर्थं विकृतेः प्रकृताविति वर्त्तते । छदिस् उपधि बलि इत्येतेभ्यो ढञ् भवति । छादिरर्थानि छादिषेयाणि तृणानि । इह छदिरर्थं चर्मेति परत्वात् "**चर्मणोऽञ्**"

[३।४।१४] इति अञि प्राप्ते पूर्वनिर्णयेन ठञ् भवति। छादिषेयं चर्म। उपधीयत इत्युपधिः, रथाङ्गं गुणान्तरयोगाद् विकृतिरियम्। उपध्यर्थम्, औपधेयं दारु। वालेयास्तन्दुलाः।

ऋषभोपानहो ञ्यः ॥३।४।१३॥ तदर्थं विकृतेः प्रकृताविति वर्तते। ऋषभ उपानह इत्येताभ्यां ञ्यो भवति। ठस्यापवादः। गुणान्तरयोगादपि विकारो भवति। तद्यथा बैभीतको ऽपूपः इति। ऋषभार्थेभ्यो वत्सः (आर्षभ्यो वत्सः)। औपानह्यो मुञ्जः। "चर्मणोऽञ्" [३।४।१४] इत्यतः पूर्वनिर्णयेनायमेवेष्यते। औपानहं चर्म।

चर्मणोऽञ् ॥३।४।१४॥ तदर्थं विकृतेः प्रकृताविति वर्तते। चर्मण इति विकारसम्बन्धे ता। चर्मणो या विकृतिस्तद्वाचिनोऽञ् भवति। छस्यापवादः। वद्ध्र्यर्थं वाद्ध्रम्। वर्त्रा (वरत्रा) र्थं वार्त्रं (वारत्रं) चर्म। सनङ्गुर्नाम चर्मविकारः, ततः पूर्वनिर्णयेन उवर्णान्तलक्षणो यो भवति। सनङ्गव्यं चर्म।

तदस्यास्मिन्निति ॥३।४।१५॥ प्रकृतिविकृतिभावस्तादर्थ्यं वेह न विवक्षितं योग्यतामात्रं विवक्षितम्। तदिति वासमर्थादस्य अस्मिन्नित्येतयोरर्थयोर्यथाविहितं त्यो भवति। इतिकरणस्ततश्चेद् विवक्षा। अस्य सम्भावनेऽभिधानम्। तेन मत्वर्थीयाद् भेदः। प्रासादोऽस्य स्यात् प्रासादीयं दारु। प्राकारीया इष्टकाः। प्रासादोऽस्मिन् देशे स्यात् प्रासादीयो देशः। प्राकारीयो देशः। इह कस्मान्न भवति, प्रासादो देवदत्तस्य स्यात्? इति करणादविवक्षाऽत्र।

परिखाया ढञ् ॥३।४।१६॥ तदस्याऽस्मिन्निति वर्तते। परिखाशब्दाड्ढञ् भवति। छस्यापवादः। परिखाऽस्मिन्देशे सम्भाव्यते पारिखेयो देशः। पारिखेयी भूमिः। इत ऊर्ध्वं छयौ नानुवर्तेते।

आर्हाट्ठण् ॥३।४।१७॥ तदर्हतीति निवृत्तम्। प्रागेतस्मादर्ह संशब्दनाद्यानित ऊर्ध्वमनुक्रमिष्यामः, तेषु ठणधिकृतो वेदितव्यः। प्रागिति वर्तमाने अभिविध्यर्थमाङ्ग्रहणम्। अर्हतीत्यस्मिन्नप्यर्थे ठण् भवति। वक्ष्यति "तेन क्रीतम्" [३।४।३५]। वस्त्रेण क्रीतं वास्त्रिकम्। गोपुच्छिकम्।

शतादस्वार्थेऽसेठयौ ॥३।४।१८॥ आर्हादिति वर्तते। स्वार्थे शतमेव। शतशब्दादस्वार्थेऽसेठय इत्येतौ त्यौ भवत आर्हीयेष्वर्थेषु। कस्यापवादः। शतेन क्रीतम्, शतिकम्। शत्यम्। अस्वार्थ इति किम्? शतं परिमाणमस्य शतकं स्तोत्रम्। नात्र प्रकृत्यर्थादर्थान्तरभूतस्त्यार्थः समुदायः किन्तु शतमेव। यत्र त्वर्थान्तरभावस्तत्र विधिरेव न प्रतिषेधः। शतेन क्रीतं शतिकं पटशतम्। शत्यं पटशतम्। वाक्येन ह्यत्र त्यार्थस्य शतत्वं गम्यते न श्रुत्या। अस इति किम्? द्वौ च शतं च द्विशतम्। तेन क्रीतं द्विशतकम्। द्वाभ्यां शताभ्यां क्रीतमिति रसे "शदुबखौ" [३।४।२६] इत्युपि नास्ति विशेषः। ननु स-त्यविधौ तदन्तविधिर्नास्तीति असग्रहणमनर्थकम्? नाप्युत्तरत्र तदन्तविधेर्ज्ञापकम्। "प्राग्वतः सख्यापूर्वपदानां तदन्तग्रहणमनुपीति उपसंख्यानमवश्यं कर्तव्यम्।" पारायणं वर्तयति पारायणिकः। द्विपारायणिकः। असंख्यापूर्वपदस्य न भवति। सहस्रेण क्रीतम्, साहस्रम्। सुवर्णसहस्रेण क्रीतमित्यत्राण् न भवति। तथा उबन्तायाः प्रकृतेर्नेष्यते। द्वाभ्यां सूर्पाभ्यां क्रीतम्, द्विसूर्पेण क्रीतम् तदन्तविधेरभावात् "सूर्पाद्वा" [३।४।२५] इत्यय विधिर्न भवति। सामान्येन ठण्, द्विसौर्पिकम्। "परिमाणमस्याखुशाणे" [४।२।२२] इति द्योरैप्। एवं तर्हि पूर्वत्र तदन्तविधिरपि भवतीति ज्ञाप्यते। गव्यम्। अगव्यम्। हविष्यम्। प्रसूरहविष्यम्। अपूप्यम्। यवापूप्यम्। अष्टक्यम्। एकाष्टक्यम्। राजदन्त्यम्। माष्यम्। तिल्यम्। कृष्णतिल्यम्।

संख्यायाः कोऽतिशतः ॥३।४।१९॥ आर्हादिति वर्तते। संख्याया अतिशदन्तायाः को भवति। आर्हादर्थेषु ठणोऽपवादः। संख्याशब्दः "कतिः संख्या" [१।१।३३] इति कतिशब्दं प्रत्याययति। तत्र

चाऽन्वर्थसंज्ञाग्रहणाद् यैरेकत्वादिभिः संख्यायते तेषां च ग्रहणे प्राप्तेऽतिशत इति प्रतिषेधः। त्यन्तां शदन्तां च संख्यां वर्जयित्वेत्यर्थः। पञ्चभिः क्रीतः पञ्चकः। सप्तकः। "संख्या बाड्डोऽबहुगणात्" [४।२।३३] इति पर्य्युदासाद्बहुगणयोः संख्यात्वम्। बहुकः। गणकः। अतिशत इति किम्? षाष्टिकः। साप्ततिकः। चत्वारिंशत्कः। पञ्चाशत्कः। अर्थवतस्तिशब्दस्येह ग्रहणाड्डतेर[ति] प्रतिषेधः। कतिभिः क्रीतः, कतिकः।

वतोर्वेट् ॥३।४।२०॥ वतुरिति त्यः पञ्चप्रकृतिः। "यत्तदेतेभ्यः परिमाणे वतुः" [३।४।१६०] "इदमो वो घः" [३।४।१६१] "किमः" [३।४।१६२] इति वतोः परस्य कस्य च इड्भवति। ननु च अज्ञाते यत्तेषु कतिशब्दस्यैव संख्यात्वमुक्तम्। तत्कथं वत्वन्तात्संख्यालक्षणः कः? इदमेव वत्वन्तात्परस्य कस्य वेड्वचनं ज्ञापकं भवति वत्वन्तस्य संख्या संज्ञेति। यावता क्रीतः, यावतिकः, यावत्कः। तावतिकः। तावत्कः।

विंशतित्रिंशद्भ्यांड्वुरखौ ॥३।४।२१॥ विंशतित्रिंशच्छब्दाभ्यां ड्वुर्भवत्यखुविषये। विंशत्या क्रीतः, विंशकः। तेः खे कृते "असिद्धवदत्राभात्" [४।४।२१] इति टिखे प्रतिषिद्धे "एप्यतोऽपदे" [४।३।८४] इति पररूपम्। त्रिंशता क्रीतः, त्रिंशकः। अखाविति किम्? विंशतिः परिमाणमस्य, "परिमाणात्संख्यायाः सञ्ज्ञसूत्राऽध्ययने" [३।४।५६] "खौ" [३।४।५७] इति कः। विंशतिकं परिमाणनामधेयम्। अनर्थकत्वादस्य तिशब्दस्य त्यन्तलक्षणः प्रतिषेधो न भवति। द्वयोर्दशतोर्वि(न्) भावः शतिश्चात्र त्यो निपातयिष्यते। त्रिंशत्परिमाणमेषां त्रिंशत्काः। शदन्तान्नेति प्रतिषेधः कस्मान्न भवति? विंशति त्रिंशद्भ्यामिति योगविभागात्को भवति।

कंसाट्टन् ॥३।४।२२॥ कंसशब्दाट्टन् भवति आर्हादर्थेषु। ठणोऽपवादः। कंसेन क्रान्तः (क्रीतः) कंसिकः। कंसिकी। "अर्धाच्चेति वक्तव्यम्" [वा०] अर्द्धिकी।

कार्षापणाड्डा प्रतिश्च ॥३।४।२३॥ आर्हादिति वर्तते। कार्षापणशब्दात् ठड् भवति तस्य प्रतिरयं वादेशो वा भवति। कार्षापणेन क्रीतः, कार्षापणिकः। कार्षापणिकी। प्रतिकः। प्रतिकी।

शतमानविंशति(क)सहस्रवसनादण् ॥३।४।२४॥ शतमानादिभ्योऽण् भवति। आर्हादर्थे। ठणोऽपवादः। शतमानेन क्रीतम्, शातमानम्। वैंशतिकम्। साहस्रम्। वासनम्।

सूर्पाद्वा ॥३।४।२५॥ आर्हादिति वर्तते। सूर्पशब्दाद्वाऽण् भवति। नित्ये ठणि प्राप्ते विकल्पोऽयम्। सूर्पं परिमाणनाम। सूर्पेण क्रीतम्, सौर्पम्। सौर्पिकः।

रादुबखौ ॥३।४।२६॥ आर्हादिति वर्तते। रादुत्तरस्य आर्हीयस्य त्यस्योब्भवत्यखौ। द्वाभ्यां कंसाभ्यां क्रीतम्, द्विकंसम्। त्रिकंसम्। इदर्थे रसे कृते संख्यापूर्वपदानां तदन्तविधिना कंसाट्टट्, तस्योप्। अधिकमर्धमस्मिन्नित्यध्यर्धम्, संख्यासंज्ञाविधानेऽध्यर्धग्रहणं सकविध्यर्थमित्युपसंख्यासंज्ञा। अध्यर्धेन कंसेन कीतं ठट उपि अध्यर्धकंसम्। द्वाभ्यां कंसाभ्यां क्रीतम् इत्यागतयोरण्ठणोरुब्भवति। द्विसूर्पम्। त्रिसूर्पम्। अध्यर्धसूर्पम्। रादिति हेत्वर्थे का। रस्य हेतुर्निमित्तं यो इत् तस्योप्न भवति। द्विसूर्पेण पटेन क्रीतम्, द्विसौर्पिकम्। "अतन्निमित्तादपि समाहारलक्षणाद्रादुब्वक्तव्यः" [वा०]। द्वयोः सूर्पयोः समाहारः द्विसूर्पी। द्विसूर्पात् क्रीतम् द्विसूर्पमिति। न वक्तव्यः। अभिधानवशात् समाहारे वाक्यमेव भवति। न त्योत्पत्तिः। अखाविति किम्? पाञ्चलोहितिकम्। पाञ्चकलापिकम्। परिमाणनामधेये इमे। पञ्च लोहितानि परिमाणमस्य पञ्चकपालाः परिमाणमस्येति "परिमाणात्संख्यायाः सङ्घसूत्राऽध्ययने" [३।४।५६] "खौ" [३।४।२७] इति ठण्। परिमाणस्य व्योरादेरैपि प्राप्ते "अखुज्ञाणे" इति प्रतिषिद्धे आदेरैप्। अन्ये पञ्चलोहित्यः परिमाणमस्येति विगृह्य "तस्य इत्यढे" [वा०] इति पुंवद्भावं विदधाति।

कार्षापणसहस्रसुवर्णशतमानाद्वा ॥३।४।२७॥ कार्षापण सहस्र सुवर्ण शतमान इत्येवमन्तात्परस्यार्हीयस्य त्यस्य वोब् भवति। पूर्वेण नित्य उपि प्राप्ते विभाषेयम्। द्वाभ्यां कार्षापणाभ्यां क्रीतं द्विकार्षापणं द्विकार्षापणिकम्। त्रिकार्षापणं त्रिकार्षापणिकम्। अध्यर्धकार्षापणम्। अध्यर्धकार्षापणिकम्। "प्राग्वतः संख्यापूर्वपदानां तदन्तग्रहणमनुपाति कार्षापणाद्वा प्रतिश्च" [३।४।२३] इति ठट्। अनुप्यपि च प्रतिरादेशो विकल्पितः। द्विप्रतिकम्। त्रिप्रतिकम्। अध्यर्धप्रतिकम्। द्वाभ्यां सहस्राभ्यां क्रीतं द्विसहस्रम्। द्विसाहस्रम्। त्रिसहस्रम्। त्रिसाहस्रम्। अध्यर्धसहस्रम्। अध्यर्धसाहस्रम्। "संख्यायाः संख्यासंवत्सरस्य" [४।२।२७] इति द्योरैप्। द्वाभ्यां सुवर्णाभ्यां क्रीतं द्विसुवर्णम्। द्विसौवर्णिकम्। त्रिसुवर्णम्, त्रिसौवर्णिकम्। अध्यर्धसुवर्णम्, अध्यर्धसौवर्णिकम्। "परिमाणस्याखुशाणे" [४।२।२२] इति द्योरैप्। सुवर्णमुन्मानं कथं परिमाणम्? अशाण इति प्रतिषेधात्। उन्मानस्यापि द्योरैब्भवति द्वाभ्यां शतमानाभ्यां क्रीतं द्विशतमानम्। द्विशातमानम्। त्रिशतमानम्। त्रिशातमानम्। अध्यर्धशातमानम्।

द्वित्रिबहोर्निष्कबिस्तात् ॥३।४।२८॥ द्वि त्रि बहु इत्येतेभ्यः परौ यौ निष्कबिस्तशब्दौ तदन्तात्परस्यार्हीयस्य त्यस्य वोब्भवति। द्विनिष्कम्। द्विनैष्किकम्। त्रिनिष्कम्। त्रिनैष्किकम्। बहुनिष्कम्। बहुनैष्किकम्। द्विबिस्तम्। द्विबैस्तिकम्। त्रिबिस्तम्। त्रिबैस्तिकम्। बहुबिस्तम्। बहुबैस्तिकम्।

विंशतिकात्खः ॥३।४।२९॥ वेति निवृत्तम्। रादिति वर्तते। विंशतिकशब्दान्तात् रात् आर्हादर्थेषु खो भवति। द्वाभ्यां विंशतिकाभ्यां क्रीतम्, द्विविंशतिकीनम्। त्रिविंशतिकीनम्। अध्यर्धविंशतिकीनम्। वचनात्खस्योम्न भवति।

खारीकाकणीभ्यां कप् ॥३।४।३०॥ रादिति वर्तते। खारी-काकणीशब्दान्तात् आर्हादर्थेषु कब् भवति। द्वाभ्यां खारीभ्यां क्रीतम्, द्विखारीकम्। त्रिखारीकम्। अध्यर्धखारीकम्। द्विकाकणीकम्। त्रिकाकणीकम्। अध्यर्धकाकणीकम्। "केवलाभ्यां चेति वक्तव्यम्" [वा०]। खार्या क्रीतं, खारीकम्। काकणीकम्।

पणपादमाषाद्यः ॥३।४।३१॥ रादिति वर्तते। पण-पाद-माषशब्दान्ताद् रादार्हादर्थेषु यो भवति। द्वाभ्यां पणाभ्यां क्रीतम्, द्विपण्यम्। त्रिपण्यम्। अध्यर्धपण्यम्। द्विपाद्यम्। त्रिपाद्यम्। अध्यर्धपाद्यम्। "असिद्धवदत्राऽभात् [४।४।२१] इत्यखस्याऽसिद्धत्वात्पाच्छब्दस्य पद्भावो न भवति। "पद्य" [४।३।१६७] इति पदादेशोऽपि पादस्य केवलस्योक्तम् (क्तः)। द्विमाष्यम्। त्रिमाष्यम्। अध्यर्धमाष्यम्।

शताद् वा ॥३।४।३२॥ रादिति वर्तते। शतशब्दान्ताद् रादार्हादर्थे वा यो भवति। द्वाभ्यां शताभ्यां क्रीतं द्विशत्यम्। त्रिशत्यम्। अध्यर्धशत्यम्। पक्षे ठण्। तस्य "रादुबखौ" [३।४।२६] इत्युप्। द्विशतं त्रिशतम्। अध्यर्धशतम्।

शाणात् ॥३।४।३३॥ रादिति वर्तते वेति च। शाणशब्दान्तादार्हादर्थेषु वा यो भवति। पक्षे ठण्। तस्य चोप्। पञ्चभिः शाणैः क्रीतं पञ्चशाण्यम्। पञ्चशाणम्। अध्यर्धशाण्यम्। अध्यर्धशाणम्। योगविभाग उत्तरार्थः।

द्वित्रिभ्यामण् च ॥३।४।३४॥ शाणादिति वर्तते। द्वित्रिशब्दाभ्यां परो यः शाणशब्दस्तदन्ताद् रादार्हीयेष्वर्थेष्वण् भवति यश्च वा। तेन त्रैरूप्यम्। द्वाभ्यां शाणाभ्यां क्रीतम्, द्वैशाणम्। त्रैशाणम्। त्रिशाण्यम्। त्रिशाणम्। अणि परतः "अखुशाण" इति प्रतिषेधादादैरैप्।

तेन क्रीतम् ॥३।४।३५॥ तेनेति भासमर्थात् क्रीतमित्येतस्मिन्नर्थे यथाविहितं ठणादयो भवन्ति। निष्केण क्रीतम्, नैष्किकम्। शतिकम्। शत्यम्। साहस्रम्। द्विकम्। त्रिकम्। इह **करणादिति वक्तव्यम्।** कर्त्तरि माभूत्। देवदत्तेन क्रीतम्। **"मूल्यादिति च वक्तव्यम्"** [वा०]। इह मा भूत् पाणिना क्रीतमिति। **"द्विबहुत्वाच्च करणात्प्रतिषेधो वक्तव्यः"** [वा०]। द्रोणाभ्यां क्रीतम्। द्रोणैः क्रीतम् इति। नेदं बहु वक्तव्यम्। अभिधानतो व्यवस्था भविष्यति। यत्र प्रकृत्यर्थस्य संख्याभेदावगतिरस्ति तत्र द्विबहुत्वविषयेऽपि भवति। द्वाभ्यां क्रीतम्, द्विकम्। मुद्गैः क्रीतम्, **मौद्गिकम्।**

तस्य वापः ॥३।४।३६॥ उप्यतेऽस्मिन्निति वापः क्षेत्रम्। तस्येति तासमर्थात् वाप इत्येतस्मिन्नर्थे यथाविहितं त्यो भवति। प्रस्थस्य वापः, प्रास्थिकः। कौद्रविकः। खारीकः। **"यस्य प्रकरणे वातपित्तश्लेष्मसन्निपातेभ्यः शमनकोपनयोरुपसंख्यानम्"** [वा०] वातस्य शमनं कोपनं वातिकं द्रव्यम्। एवं पैत्तिकम्। श्लैष्मिकम्। सान्निपातिकम्।

निमित्तं संयोगोत्पादौ ॥३।४।३७॥ बुद्धिपूर्विका व्याप्तिः संयोगः। शुभाशुभयोः सूचकः उत्पादः। उत्पात इत्यर्थः। तस्येति तासमर्थान्निमित्तमित्यस्मिन्नर्थे यथाविहितं त्यो भवति यत्तन्निमित्तं संयोग उत्पादो वा स चेद् भवति। शतस्य निमित्तमीश्वरेण संयोगः शतिकः, शत्यः। साहस्रः। शतस्य निमित्तं दक्षिणाक्षिस्पन्दनमुत्पादः शतिकः। शत्यः। साहस्रः। सोमग्रहणस्य निमित्तमुत्पादो भूमिकम्पः। सौमग्रहणिकः।

योऽसंख्यापरिमाणाश्वादेः ॥३।४।३८॥ तस्येति तासमर्थाद्यो भवति संख्यापरिमाणाश्वादीन् वर्जयित्वा निमित्तं संयोगोत्पादावित्यस्मिन् विषये। ठणादीनामपवादः। वनं निमित्तं संयोग उत्पादो वा वन्यः। यशस्यः। स्वर्ग्यः। आयुष्यः। असंख्यापरिमाणाश्वादेरिति किम्? पञ्चानां निमित्तं संयोग उत्पादो वा, पञ्चकः। सप्तकः। परिमाणात्। प्रस्थस्य निमित्तं संयोग उत्पादो वा प्रास्थिकः। द्रौणिकः। खारीकः। अश्वादिर्गणः। अश्वस्य निमित्तं संयोग उत्पादो वा आश्विकः। अश्व। अश्मन्। गण। ऊर्णा। उमा। भङ्गा। वर्षा। वस्त्र। वसु। संख्यापरिमाणयोरर्थभेदोऽस्ति। **"ऊर्ध्वमानं किलोन्मानं परिमाणं तु सर्वतः। आयामं तु प्रमाणं स्यात् संख्या तु गुणनात्मिका।"**

गोब्रह्मवर्चसात् ॥३।४।३९॥ तस्य निमित्तं संयोगोत्पादाविति वर्तते। गोब्रह्मवर्चसशब्दाभ्यां यो भवति। गोर्निमित्तं संयोग उत्पादो वा गव्यः। ब्रह्मणो वर्चः, ब्रह्मवर्चसम्, अत एव निपातनात्सान्तः। ब्रह्मवर्चसस्य निमित्तं संयोग उत्पादो वा ब्रह्मवर्चस्यः। पूर्वेण ये सिद्धे सत्यारम्भो नियमाय। एकाचो गोशब्दादेव बह्वचो ब्रह्मवर्चसशब्दादेव यः। इह न भवति। नावो निमित्तं संयोगः नाविकः। वास्तुयुगिकः। द्व्यच एव पूर्वेण यो वेदितव्यः।

पुत्राच्छ वा ॥३।४।४०॥ तस्य निमित्तं संयोगोत्पादाविति वर्तते। पुत्रशब्दाच्छो यश्च। पुत्रस्य निमित्तं संयोग उत्पादो वा पुत्रीयः। पुत्र्यः।

सर्वभूमिपृथिवीभ्यामण् ॥३।४।४१॥ तस्य निमित्तं संयोगोत्पादाविति वर्तते। सर्वभूमि-पृथिवीशब्दाभ्यामण् भवति। ठणोऽपवादः। सर्वभूमेर्निमित्तं संयोग उत्पादो वा, सार्वभौमः। अनुशतिकादित्वादुभयत्रैप्। पृथिव्या निमित्तं संयोग उत्पादो वा, पार्थिवः।

ईश्वरः ॥३।४।४२॥ तस्येति वर्तते। तासमर्थाभ्यां सर्वभूमिपृथिवीशब्दाभ्यामीश्वर इत्यस्मिन्नर्थेऽण् भवति। ठणोऽपवादः। सर्वभूमेरीश्वरः, सार्वभौमः। पार्थिवः।

तत्र विदितः ॥३।४।४३॥ तत्रेतीप्समर्थाभ्यां सर्वभूमिपृथिवीशब्दाभ्यां विदित इत्यस्मिन्नर्थेऽण् भवति। सर्वभूमौ विदितः सार्वभौमः। पार्थिवः।

लोकात् ॥३।४।४४॥ तत्र विदित इति वर्तते । लोकशब्दादीप्समर्थाद्विदित इत्येतस्मिन्नर्थे ठण् भवति । लोके विदितः, लौकिकः ।

सर्वात् ॥३।४।४५॥ सर्वशब्दात्परो यो लोकशब्दः, तदन्तान्मृदष्ठण् भवति तत्र विदित इत्यस्मिन्नर्थे । सर्वलोके विदितः, सार्वलौकिकः । अनुशतिकादित्वादुभयत्रैप् ।

तदस्मिन्वृद्ध्यायलाभशुल्कोपदा दीयते ॥३।४।४६॥ तदिति वासमर्थाद् वृद्ध्यादिविशिष्टा-दस्मिन्नितीवर्थे यथाविहितं त्यो भवति । यत्तद्वासमर्थं वृद्ध्यादिविशिष्टं दीयते चेत्तद् भवति । वृद्धिः कालान्तरादिका । नियतनिबद्धा प्रातिरायः । पटादीनां मूल्यातिरेको लाभः । वा (व णिजां रक्षाकारितो राजभागः शुल्कः । उत्कोटः उपदा । दीयते इत्येकवचनान्तं वृद्ध्यादिभिः प्रत्येकमभिसम्बध्यते । पञ्चास्मिन्नृद्धिर्वा आयो वा लाभो वा शुल्को वा उपदा वा दीयते, पञ्चकः । प्रास्थिकः । कौडविकः । **"इह तदस्मै दीयते इति वक्तव्यम्" [वा०]** पञ्चाऽस्मै वृद्ध्यादि दीयते, पञ्चकः । सप्तकः । न वक्तव्यम् । सम्प्रदानस्याधिकरणविवक्षया सिद्धम् ।

डडर्धाट्ठः ॥३।४।४७॥ डडिति प्रत्याहारग्रहणम् । **"तस्य पूरणे डट्"** [४।१।१] इत्यारभ्य आ तमःष्टकारात् । डडन्तान्मृदः अर्धशब्दाच्च ठो भवति तदस्मिन्वृद्ध्यायलाभशुल्कोपदा दीयते इत्यस्मिन्नर्थे । ठणः **"अर्धाच्च"** [४।२।१०३ (वा०)] इत्यौपसंख्यानिकस्य च ठटोऽपवादः । पञ्चमः दीयते वृद्धिर्वा आयो वा लाभो वा शुल्को वा उपदा वा, पञ्चमिकः । द्वितीयिकः । अर्धिकः । स्त्रियाम्—अर्धिका ।

भागाद्यश्च ॥३।४।४८॥ भागशब्दोऽर्धवाची । तदस्मिन्वृद्ध्यायलाभशुल्कोपदा दीयते इति च वर्तते । भागशब्दाद्यो भवति ठश्च । भागो वृद्ध्यादिरस्मिन्दीयते भाग्यं शतम् । भागिकं शतम् ।

तद्धरति वहत्यावहति भाराद् वंशादेः ॥३।४।४९॥ वंशादिभ्यः परो यो भारशब्दः तदन्तान्मृदः ई (इ) प्समर्थाद् हरत्यादिष्वर्थेषु यथाविहितं त्यो भवति । हरति नयतीत्यर्थः । वहति उत्क्षिपतीत्यर्थः । आवहति उत्पादयतीत्यर्थः । वंशभारं हरति वहति आवहति वा, वांशभारिकः । वाल्वजभारिकः । भारादिति किम् ? वत्सं हरति । वंशादेरिति किम् ? भारं हरति । केवलान्न भवति । अन्ये पुनरन्यथा सूत्रार्थं ग्राहिताः । वत्स (वंशा) दिभ्यो भारभूतेभ्यस्त्यो भवति । अर्थद्वारेण भारो वंशादेर्विशेषणम् । भारभूतात् (न) हरति, वांशिकः । वाल्वजिकः । भारादिति किम् ? एकं वंशं हरति । वत्स(वंशा)देरिति किम् ? भारभूतान् यवान् हरति । सूत्रार्थद्वयमपि प्रमाणम् । वंश । वल्वज । कूट । मूल । स्थूल । खट्वा । अश्व । इक्षु ।

वस्नद्रव्याभ्यां ठकौ ॥३।४।५०॥ वस्नद्रव्यशब्दाभ्यामिप्समर्थाभ्यां हरत्यादिष्वर्थेषु यथासंख्यं ठ क इत्येतौ त्यौ भवतः । वस्नं हरति वहति आवहति वा, वस्निकः । द्रव्यकः ।

सम्भवत्यवहरति पचति ॥३।४।५१॥ तदिति वर्त्तते । इप्समर्थान्मृदः सम्भवत्यादिष्वर्थेषु यथाविहितं त्यो भवति । सम्भवति गृह्णातीत्यर्थः । अवहरति क्षयं नयतीत्यर्थः । पचति विक्लेदनं करोतीत्यर्थः । प्रस्थं सम्भवत्यहरति पचति वा, प्रास्थिकी स्थाली । एवं कौडविकी । खारीकी । ननु या प्रस्थं सम्भवति सा पचत्यपि, तत्कथं भेदः ? इदं तर्हि पचतेरुदाहरणम् । प्रस्थं पचति ब्राह्मणी, प्रास्थिकी । **"तत्पचतीति द्रोणादण् च वक्तव्यः"** [वा०] । द्रोणं पचति द्रौणी, द्रौणिकी ।

वाऽऽढकाचितपात्रात्खः ॥३।४।५२॥ आढक-आचितपात्रशब्देभ्य इप्समर्थेभ्यः सम्भवत्यादिष्वर्थेषु वा खो भवति । पूर्वेण नित्ये ठणि प्राप्ते विभाषेयम् । आढकं सम्भवति अवहरति पचति वा, आढकीना, आढकीकी । आचिताना, आचितिकी । पात्रीणा, पात्रिकी । आढकादीनि परिमाणानि ।

राट्ठट् च ॥३।४।५३॥ आढकाचितपात्रान्तात् रात् इप्समर्थात्सम्भवत्यादिष्वर्थेषु ठट् भवति खश्च वा। तेन त्रैरूप्यं भवति। द्वे आढके सम्भवति अवहरति पचति वा द्व्याढकिकी। द्व्याढकीना। आभ्यां मुक्ते टण तस्य "रादुबखौ" [३।४।२६] इत्युप्। द्व्याढकी। "परिमाणादद्धद्रुपि" [३।१।२६] इति ङी-विधिः। ठट्खयोर्वचनाद्वम् (दुम्न) भवति। द्व्याचितीना, द्व्याचिता। "न विस्ताचितकम्बल्यात्" [३।१।२७] इति ङीप्रतिषेधः। द्विपात्रिकी। द्विपात्रीणा। द्विपात्री।

कुलिजाच्च ॥३।४।५४॥ चकारस्त्रिकाऽनुकर्षणार्थः। रादिति वर्तते। कुलिजशब्दान्तात् रात् इप्सम-र्थात् सम्भवत्यादिष्वर्थेषु ठङ् भवति खश्च वा। तेन त्रैरूप्यम्। कुलिजं परिमाणविशेषः। द्वे कुलिजे सम्भ-वत्यवहरति पचति वा द्विकुलिजिकी, द्विकुलिजीना, द्विकुलिजी। केचिदुपोऽपि विकल्पमिच्छन्ति। पक्षे ठणः श्रवणम्। द्वैकुलिजिकीति। त एव "अखुशाणे" [५।२।२२] इत्यत्र कुलिजस्यापि प्रतिषेधमिच्छन्ति।

तदस्यांशवस्नभृतयः ॥३।४।५५॥ तदिति वासमर्थात् अस्येति तार्थे यथाविहितं त्यो भवति यत्तद्वा-समर्थम् अंश वस्न भृतयश्चेत्तद् भवन्ति। पञ्च अंशा वा वस्नो वा भृतिर्वाऽस्य, पञ्चकः। सप्तकः। शतिकः, शत्यः। साहस्रः। खारीकः।

परिमाणत्सङ्ख्यायाः सङ्घसूत्राऽध्ययने ॥३।४।५६॥ तदस्येति वर्तते। परिमीयते परिच्छिद्यते-ऽनेन परिमाणम्। परिच्छेदकमिह तत् पारिभाषिकम्। तदिति वासमर्थात् संख्यावाचिनः परिमाणे वाधिका-दस्येति तार्थे यथाविहितं त्यो भवति। यत्तदस्येति सङ्घसूत्राऽध्ययनानि चेद् भवन्ति। सङ्घे-पञ्च परिमा-णमस्य सङ्घस्य पञ्चकः। सप्तकः। सूत्रे ग्रन्थ इत्यर्थः। पञ्चाऽध्यायाः परिमाणमस्य, पञ्चकं जैनेन्द्रम्। अष्टकं पाणिनीयम्। शतकं स्तोत्रम्। अधीतिरध्ययनं तस्मिन्। पञ्च रूपाण्यस्याध्ययनस्य पञ्चकम्। सप्तकम्। कर्मणि यद्यध्ययनशब्दो व्युत्पाद्येत सूत्रान्न भेदः स्यात्। "स्तोमे डो वक्तव्यः" [वा०] पञ्चदशाद्यर्थः पञ्चदश मन्त्राः परिमाणमस्य स्तोमस्य पञ्चदशः स्तोमः। एवं सप्तदशः। एकविंशः। परिमाणादिति योग-विभागः कर्तव्यः। तदस्येति वर्तते। पञ्चकलापः परिमाणमस्य, पञ्चकलापिकम्। पाञ्चलोहितिकम्। प्रस्थः परिमाणमस्य प्रास्थिको राशिः। कौतिकः। खारीशतिकः। वर्षशतं परिमाणमस्य वार्षशतिकः। "जीवितपरिणाम इति च वक्तव्यम्" [वा०] षष्टिः संवत्सरा जीवितपरिमाणमस्य, षाष्टिकः। साप्ततिकः। आशीतिकः। नेदं वक्तव्यम्। "तमवी(धी)ष्टो भू(भृ,तो भूतो भावी" [३।४।७६] इत्येव सिद्धम्। षष्टिं भूतो (तः) षाष्टिकः। एवञ्चानुबपि सिद्धः। द्वे षष्टी भूतो द्विषाष्टिकः। इह विधानो(ने) "रादुबखौ" [३।४।२६] इत्युप् प्रसज्येत।

खौ ॥३।४।५७॥ खुविषये च परिमाणविशिष्टायाः संख्याया यथाविहितं त्यो भवति। विंशतिः परिमाणमस्य विंशतिकं परिमाणनामधेयम्। स्वार्थे चाऽत्र त्यो द्रष्टव्यः। पञ्चैव पञ्चकाः शकुनयः। त्रय एव त्रिकाः सा शा)लङ्कायनाः।

पङ्क्तिविंशतित्रिंशच्चत्वारिंशत्पञ्चाशत्षष्टिसप्तत्यशीतिनवतिशतम् ॥३।४।५८॥ पङ्क्त्यादयः शब्दा निपात्यन्ते। यदत्र लक्षणेनानुपपन्नं तत्सर्वं निपातनात्सिद्धम्। तदस्य परिमाणमिति वर्तते। पञ्चपादा परिमाणमस्य पङ्क्तिस्तच्छन्दः; क्रमवन्निवेशोऽपि। पञ्चशब्दात्तिरित्ययं त्यष्टिखं च निपात्यते। द्वौ दश तौ परिमाणमस्य वर्गस्य विंशतिः। द्वेर्विभावः शतिश्च त्यः। त्रिचतुःपञ्चानाम् इमारिमाश्चान्तादेशाः शच्च त्यः। त्रयो दशतः परिमाणमस्य वर्गस्य त्रिंशत्। चत्वारो दशतः परिमाणमस्य चत्वारिंशत्। पञ्च दशतः परिमाणमस्य, पञ्चाशत्। षड्दशतः परिमाणमस्य षष्टिः। षषस्तिरित्ययं त्योऽपदत्वं च। सप्त दशतः परिमाणमस्य सप्ततिः। सप्तनस्तिरित्ययं त्यः। अष्टौ दशतः परिमाणमस्य अशीतिः। अष्टनः अशीभावः तिश्च

त्यः। नव दशतः परिमाणमस्य नवतिः। नवशब्दात्तिः। दश दशतः परिमाणमस्य शतम्। दशानां शभावः तश्च त्यः। विंशत्यादीनां क्वचित्संख्यानप्रधानत्वम्, क्वचित्संख्येयप्रधानत्वम्। लिङ्गवचनं च स्वाभाविकत्वादेव सिद्धम्। इह यथाकथञ्चिद्व्युत्पत्तिः क्रियते। सहस्रादयोऽप्यनयैव दिशाऽनुगन्तव्याः। दशशतानि परिमाणमस्य, सहस्रम्। दशसहस्राणि परिमाणमस्य, अयुतम्।

पञ्चदशतौ वर्गे वा ॥३।४।५९॥ पञ्चन् दशन् इत्येतौ शब्दौ वर्गेऽभिधेये वा निपात्येते। तदस्य परिमाणमित्यस्मिन्विषये नित्ये के प्राप्ते पक्षे डदित्ययं त्यो निपात्यते। पञ्च परिमाणमस्य पञ्चद्वर्गः। दशद्वर्गः। दशको वर्गः।

तदर्हति ॥३।४।६०॥ तदितीप्समर्थादर्हतीत्यस्मिन्नर्थे यथाविहितं त्यो भवति। श्वेतच्छत्रमर्हति श्वैतच्छत्रिकः। आभिषेचनिकः। वास्त्रयुगिकः। दाध्योदनिकः। शतिकः। शत्यः। इह भोजनमर्हतीत्यनभिधानान्न भवति। "स्त्रीपुंसान्नुक्त्वात्" [३।१।७२] इत्येषोऽपि विधिरनभिधानान्नावतरति। ठणादय इमं योगं प्राप्य निवृत्ताः।

प्राग्वतष्ठञ् ॥३।४।६१॥ तदर्हे वदिति वक्ष्यते। प्रागेतस्माद्वत्संशब्दनाद्यानित ऊर्ध्वमनुक्रमिष्यामः तेषु ठञधिकृतो वेदितव्यः। वक्ष्यति "पारायणतुरायणचान्द्रायणं वर्तयति" [३।४।६८] पारायणिकः। "प्राग्वतः संख्यापूर्वपदानां तदन्तग्रहणमनुपि" इति द्वैपारायणिकः। इह (ठणि) प्रकृते तस्योप् प्रसज्येत तेन ठञधिकृतः।

छेदादेर्नित्यम् ॥३।४।६२॥ नित्यग्रहणमर्हतीत्यस्य विशेषणम्। छेदादिभ्यो नित्यमर्हतीत्यस्मिन्नर्थे यथाविहितं त्यो भवति। छेदं नित्यमर्हति छैदिकः। छेद। भेद। द्रोह। द्रोह। तस्कर। नर्त। कर्ष। विकर्ष। विप्रकर्ष। प्रयोग। संप्रयोग। विप्रयोग। सम्प्रश्न। प्रेषण। विरागः विरङ्गं च।

शीर्षच्छेदाद्यश्च ॥३।४।६३॥ नित्यमिति वर्तते। शीर्षच्छेदशब्दात् इप्समर्थात् नित्यमर्हतीत्यस्मिन्नर्थे यो भवति ठञ् च। शीर्षच्छेदं नित्यमर्हति शीर्षच्छेदिकः। अन्ये शिरश्छेदं नित्यमर्हतीति त्यसन्नियोगे शिरसः शीर्षभावं वर्णयन्ति। तदयुक्तं यत्नाभावात्। तस्मान्नियतविषयः शिरःपर्यायः शीर्षशब्दोऽस्तीत्यभ्युपगन्तव्यम्।

दण्डादेः ॥३।४।६४॥ नित्यमिति निवृत्तम्। दण्ड इत्येवमादिभ्योऽर्हतीत्यस्मिन्नर्थे यो भवति। ठञोऽपवादः। दण्डमर्हति दण्ड्यः। दण्ड। मुशल। मधुपर्क। कशा। अर्घ। मेधा। मेघ। वध। उदक। युग। इभ (भ)।

पात्राद्घश्च ॥३।४।६५॥ तदर्हतीति वर्तते। पात्रशब्दाद्घो भवति चकाराद्यश्च। ठञोऽपवादः। पात्रमिति परिमाणं च गृह्यते। पात्रमर्हति पात्रियः। पात्र्यः।

कडङ्गरदक्षिणास्थालीविलाच्छश्च ॥३।४।६६॥ तदर्हतीति वर्तते। कडङ्गर दक्षिणा स्थालीबिल इत्येतेभ्यश्छो भवति यश्च। ठञोऽपवादः। मुद्गादि काष्ठं कडङ्गरम्। कडङ्गरमर्हति कडङ्गरीयो गौः। दक्षिणामर्हति दक्षिणीयः। दक्षिण्यः। स्थालीविलमर्हति स्थालीविलीयाः स्थालीविल्यास्तण्डुलाः। पाकार्हा इत्यर्थः।

यज्ञर्त्विग्भ्यां घखञौ ॥३।४।६७॥ तदर्हतीति वर्तते। यज्ञ-ऋत्विक्शब्दाभ्यां यथासंख्यं घखञित्येतौ त्यौ भवतः। ठञोऽपवादः। यज्ञमर्हति यज्ञियः। आर्त्विजीनः। उपचारात्तत्कर्मापि तथोक्तम्। यज्ञकर्मार्हति, यज्ञियो देशः। ऋत्विक्कर्मार्हति, आर्त्विजीनं कुलम्।

पारायणतुरायणचान्द्रायणं वर्तयति ॥३।४।६८॥ तदिति वर्त्तते। पारायणतुरायणचान्द्रायणशब्देभ्य इप्समर्थेभ्यो वर्तयतीत्यस्मिन्नर्थे ठञ् भवति। पारायणं वर्तयति पारायणिकः। शिष्य एवाभिधानं नाध्यापके। तुरायणं यज्ञं वर्तयति तौरायणिकः। यजमान एव न याजके। चान्द्रायणिकः।

संशयमापन्नः ॥३।४।६९॥ संशयशब्दादिप्समर्थादापन्न इत्यस्मिन्नर्थे ठञ् भवति। सशीतिः संशयः, तमापन्ने कर्तृकर्मणी भवतः। तत्र कर्त्तरि पुरुषेऽभिधानं नास्ति। संशयं विषयभावेनापन्नः सांशयिकः। स्थाणवादि।

योजनं याति ॥३।४।७०॥ योजनशब्दादिप्समर्थाद्यातीत्यस्मिन्नर्थे ठञ् भवति। योजनं याति यौजनिकः। संख्यापूर्वपदादपि। द्वैयोजनिकः। "क्रोशशतयोजनशतयोरुपसंख्यानम्" [वा०]। क्रोशशतं याति क्रौशशतिकः। यौजनशतिकः। "ततोऽभिगमनमर्हति च वक्तव्यम्" [वा०] क्रोशशतादभिगमनमर्हति क्रौशशतिकः। यौजनशतिको गुरुः।

पथः कट् ॥३।४।७१॥ तदिति वर्तते। पथिशब्दादिप्समर्थाद्यातीत्यस्मिन्नर्थे कट् इत्ययं त्यो भवति। पन्थानं याति पथिकः, पथिकी। द्वौ पन्थानौ याति, द्विपथिकः, द्विपथिकी। ह्रदर्थे रसे कृते सान्तात्पूर्वनिर्णयेनायमिष्यते।

पन्थो ण नित्यम् ॥४।४।७२॥ नित्यग्रहणं यातीत्यस्य विशेषणम्। पथिशब्दादिप्समर्थान्नित्यं यातीत्यस्मिन्नर्थे णो भवति तत्सन्नियोगे पन्थ इत्ययञ्चादेशः। पन्थानं याति पान्थः। नित्यमिति किम्? पथिकः।

उत्तरपथेनाहृतं च ॥३।४।७३॥ निर्देशादेव भाया उपादानम्। उत्तरपथशब्दाद् भासमर्थादाहृतं यातीति चानयोरर्थयोष्ठञ् भवति। उत्तरपथेनाहृतम्, औत्तरपथिकम्। उत्तरपथेन याति, औत्तरपथिकः। "वारिजङ्गलस्थलकान्ताराजशङ्कुपूर्वपदादिति वक्तव्यम्" [वा०] वारिपथेनाहृतं वारिपथिकः वारिपथेन याति वारिपथिकः। एवमर्थद्वयोऽपि। जाङ्गलपथिकः। स्थालपथिकः। कान्तारपथिकः। आजपथिकः। शाङ्कुपथिकः। "मधुकमरिचयोः स्थलपूर्वादण् वक्तव्यः"। स्थलपथेनाहृतं स्थालपथं मधुकं मरिचं वा।

कालेभ्यः ॥३।४।७४॥ बहुत्वनिर्देशः स्वरूपनिरासार्थः। अधिकारोऽयम्। यदित ऊर्ध्वमनुक्रमिष्यामः कालवाचिभ्य इत्येवं तद्वेदितव्यम्। वक्ष्यति "तेन निर्वृत्तः" [३।४।७५]। मासेन निर्वृत्तम् मासिकम्। आर्द्धमासिकम्।

तेन निर्वृत्तः ॥३।४।७५॥ तेनेति भासमर्थेभ्यः कालवाचिभ्यो निर्वृत्त इत्यस्मिन्नर्थे ठञ् भवति। मासेन निर्वृत्तः, मासिकः। साँवत्सरिकः प्रासादः।

तमवी(धी)ष्टो भृतो भूतो भावी ॥३।४।७६॥ तमितीप्समर्थात् कालवाचिशब्दात् अवी(धी)ष्टो भृतो भूता भावीति एतेष्वर्थेषु ठञ् भवति। सत्कृत्य नियुक्तोऽवी(धी)ष्टः। वेतनेन क्रीता भू(भृ)तः। मासमवो(धी)ष्टो भृता भूतो भावी वा मासिकः। आर्द्धमासिकः। साँवत्सरिकः। "कालाध्वन्यविच्छेदे" [१।४।४] इतीप्। अवी(धी)ष्टभू(भृ) तयोरर्थयोर्मासैकदेशे मुहूर्ते मासशब्दो वर्तते। तस्याऽध्येषणभरणक्रियाभ्यां व्याप्तेरविच्छेदः। भूतभाविभ्यां तु [2]खुसन्तया (स्वसत्तया) कालस्य व्याप्तेरविच्छेदः सिद्ध एव। इह षष्टिं भूतः षाष्टिकः। सातिकः। इति कथं कालवाचित्वम्? कालस्य संख्येयत्वात् कालविषयत्वाद्वा। रमणीयं काल भूत इत्यत्राऽनभिधानान्न भवति।

---

१. याजकः अ०, पू०। २. ख सन्तया अ०, पू०।

मासाद् वयसि खञ् ॥३।४।७७॥ तमवी(धी)ष्टो भृतो भूतो भावीति वर्तते। मासशब्दाद् वयस्यभिधेये खञ् भवति। ठञोऽपवादः। वयसीति वचनात्। अवी(धी)ष्टभृतग्रहणं नाभिसम्बध्यते। मासं भूतो भावी वा, मासीनः। कथं भावि वयो विगमः इति चेत्. अभिष्टदर्शनात्। ञकारः "ञिद्दृद्दरक्तविकारे" [४।३।१५१] इत्यत्र पुंवद्भावप्रतिषेधार्थः। मासीनो दुहितृकः। वयसीति किम्? मासिकः।

यः ॥३।४।७८॥ मासशब्दाद् वयस्यभिधेये यश्च भवति। मासं भूतो भावी वा मास्यः। योगविभाग उत्तरार्थः।

रात् ॥३।४।७९॥ मासाद् वयसीति वर्तते। मासान्ताद् राद् वयस्यभिधेये यो भवति। द्वौ मासौ भूतो भावी वा द्विमास्यः। प्राग्वतः संख्यापूर्वपदानामनुपीति ठञपवादयोर्यखञोः प्राप्तयोरनेन यो विधीयते।

षण्मासाण्ण्यश्च ॥३।४।८०॥ षण्मासशब्दाद् वयस्यभिधेये ण्यो भवति यश्च। षण्मासाद् भूतो भावी वा षाण्मास्य। षण्मास्यः। अन्ये चशब्देन ठञं समुच्चिन्वन्ति। यस्त्वनुवर्तनादेव भवति तेषां षाण्मासिक इत्यपि।

ठश्चावयसि ॥३।४।८१॥ षण्मासशब्दादवयस्यभिधेये ठो भवति ण्यश्चानन्तरः। षाण्मासिको नायकः। षाण्मास्यः।

समायाः खः ॥३।४।८२॥ अवी(धी)ष्टादयश्चत्वारोऽर्था अनुवर्त्तन्ते। समाशब्दादिप्समर्थादधीष्टादिष्वर्थेषु खो भवति। ठञोऽपवादः। समामवी(धी)ष्टो भृतो भावी वा समीनः।

राद् भूतबलेः ॥३।४।८३॥ समाशब्दान्ताद् निर्वृत्तादिषु पञ्चस्वर्थेषु खो भवति भूतबलेराचार्यस्य मतेन। नान्येषाम्। प्राग्वतः संख्यापूर्वपदानां तदन्तग्रहणमनुपीति पूर्वेण नित्ये खे प्राप्ते विभाषेयम्। द्वे समे भृते भूतो भावी वा द्विसमीनः। द्वैसमिकः। त्रिसमीनः। त्रैसमिकः। कालः परिमाणग्रहणेन न गृह्यते। तेन "परिमाणस्याखुशाणे" [४।२।२२] इति द्योरैप् न भवति।

रात्र्यहःसंवत्सरात् ॥३।४।८४॥ रादिति वर्त्तते। अहन् संवत्सर इत्येवमन्ताद्रान्निर्वृत्तादिष्वर्थेषु भूतबलेराचार्यस्य मतेन खो भवति। अहन्। द्व्यहीनः। द्वैयह्निकः। अत्रापि अहरन्तादिति वचनात् "राजाहःसखिभ्यष्टः" [४।२।१३] इति सान्तो न भवति। अन्यथा "एभ्योऽह्नोऽह्नः" [४।२।१०] इत्यह्नादेशे सति द्व्यह्नीन इत्यनिष्टं रूपं स्यात्। द्वैयह्निक इति चेष्यते। तत्कथं सिद्ध्यति? द्वयोरह्नोः समाहारः टे सान्ते "न समाहारे" [४।२।११] इत्यह्नादेशप्रतिषेधे च सति सिद्ध्यति। संवत्सर, द्विसंवत्सरीणः। द्विसांवत्सरिकः। "संख्यायाः (संख्या) संवत्सरस्यं" [४।२।२०] इति द्योरादेरैप्।

वर्षादुप् च ॥३।४।८५॥ रादिति वर्त्तते। वर्षशब्दान्तान्निर्वृत्तादिष्वर्थेषु भूतबलेराचार्यस्य मतेन ठञ उभवति खश्च। अन्येषां ठञेव। तेन त्रैरूप्यम्। द्वे वर्षे भूतः, द्विवर्षः, द्विवर्षीणः, द्विवार्षिकः। "वर्षस्याभाविनि" [५।२।२१] इति द्योरादेरैप्। भाविनि द्वैवार्षिक इति भवति।

प्राणिन्युप् ॥३।४।८६॥ पुनरुब्ग्रहणं नित्यार्थम्। वर्षशब्दान्ताद्रात्प्राणिनि त्यार्थेऽभिधेये नित्यं त्यस्योभवति। पूर्वेण विकल्पेन पक्षे ठञः श्रवणं खश्च न भवति। द्वे वर्षे भूतो भावी वा द्विवर्षो दारकः। भूतभाविनोरेवार्थयोरयं नित्यमुबिष्यते नान्यत्र। द्वे वर्षे अधीष्टो भृ (भृ)तो वा कर्म करिष्यति, द्विवार्षिको मनुष्यः।

तदस्य ब्रह्मचर्यम् ॥३।४।८७॥ तदितीप्समर्थात्कालवाचिनो मृदोऽस्येति तार्थे ठञ् भवति यत्तदिप्समर्थं तस्य व्यापकं त्यार्थस्य च स्वं ब्रह्मचर्य्यं चेद् भवति। मासं ब्रह्मचर्य्यमस्य मासिको ब्रह्मचारी। सम्बन्धो वृत्तावन्तर्भूत इति पुरुषोऽभिधेयः। एवम्, आर्धमासिकः। सांवत्सरिकः। "संख्यापूर्वपदाच्च"

द्वादशवार्षिकः । "ब्रह्मचर्यमित्यस्मिन्नर्थे महानाम्न्यादिभ्य उपसंख्यानम्" [वा०] । महानाम्न्यो नाम ऋचः । महानाम्नीनां ब्रह्मचर्य्यम्, माहानाम्निकम् । आदित्यव्रतिकम् । गौदानिकम् । "तच्चरतीति च महानाम्न्यादिभ्य उपसंख्यानम्" [वा०] । महानाम्नीश्चरति माहानाम्निकः । महानाम्नीसहचरितं व्रतं चरतीत्यर्थः । एवम्, आदित्यव्रतिकः । गौदानिकः । "अवान्तरदीक्षादिभ्यो डिन् वक्तव्यः" [वा०] । अवान्तरदीक्षां चरति अवान्तरदीक्षी । देवव्रती । तिलव्रती । "अष्टाचत्वारिंशतो ड्वुडिनौ च वक्तव्यौ" [वा०] । अष्टाचत्वारिंशद्वर्षाणि व्रतं चरति, अष्टाचत्वारिंशतकः । अष्टाचत्वारिंशी । "चातुर्मास्यानां यखं च ड्वुडिनौ च वक्तव्यौ" [वा०] । चातुर्मास्यानि चरति चातुर्मासकः । चातुर्मासी । अथ किमिदं चातुर्मास्यानीति ? "चतुर्मासाण्ण्यो यज्ञे तत्रभवे वक्तव्यः" [वा०] । चतुर्षु मासेषु भवन्ति चातुर्मास्यानि । "संज्ञायामण् वक्तव्यः" [वा०] । चतुर्षु मासेषु भवा पौर्णमासी चातुर्मासी । कार्त्तिकी । फाल्गुनी । आषाढी चेति । अथ मासोऽस्य ब्रह्मचर्य्यस्य मासिकं ब्रह्मचर्य्यम् । आर्धमासिकम् । सांवत्सरिकमित्यस्य सिद्धये यत्नः कर्तव्यः । न कर्तव्यः । मासं भूतं भावि वा ब्रह्मचर्य्यं मासिकमिति भविष्यति ।

तस्य दक्षिणा यज्ञाख्यात् ।।३।४।८८।। तस्येति तासमर्थात् यज्ञाख्यान्मृदो दक्षिणेत्यस्मिन्नर्थे ठञ् भवति । यज्ञमाचष्टे यज्ञाऽख्यः । कप्रकरणे उर्षीति (सुपि [२।२।७] इति) योगविभागे "मूलविमुजादिभ्यः" [वा०] इति (वा) कः । अग्निष्टोमस्य दक्षिणा आग्निष्टोमिकी । "तस्येदम्" [३।३।८८] इत्यस्याऽणोऽपवादः । एवं राजसूयिकी । दासौदनिकी । अकालार्थं चाऽख्यग्रहणम् । अन्यथा कालाधिकारात् एकाहद्वादशाहप्रभृतिभ्य एव यज्ञेभ्यः स्यात् । प्राग्वतः संख्यापूर्वपदानां तदन्तग्रहणमलुपीति कालावि (धि) कारेऽपि द्वादशाहादिष्वस्ति प्राप्तिः ।

तत्र दीयते भववत् ।।३।४।८९।। तत्रेतीप्समर्थात् कालवाचिनो मृदो दीयते इत्यस्मिन्नर्थे भव इव त्यविधिर्वेदितव्यः । यथा मासे भवं मासिकम् । आर्धमासिकम् । "कालाट्ठञ्" [३।२।१३१] इत्येवमादिविधिः । एवं मासे दीयते मासिकम् । आर्द्धमासिकम् । प्रावृषेण्यम् । हैमनम् । शैशिरम् । वद्ग्रहणं सर्वसादृश्यार्थम् । इह कार्यग्रहणमपि कर्त्तव्यम् । मासिकम् । वासन्तम् । हैमनम् । कर्त्तव्यम्, यन्मासे कार्यं तन्मासे भवमित्यपि भवति । ततः "तत्र भवः" [३।३।२८] इत्येव सिद्धम् । तदनुबर्थं तर्हि कार्यग्रहणं सार्थकम् । द्वयोर्मासयोः कार्यं द्वैमासिकम् । भवार्थलक्षणस्य ठञः "रस्योबनपत्ये" [३।१।७४] इत्युप् प्रसज्येत । नेदं युक्तम् । उबेवात्रेष्यते । यदन्यैरप्युक्तम् । कार्यग्रहणमप्यनर्थकम् । तत्र भवेन कृतत्वादिति । अथापि कार्यमनुपः प्रयोगो दृश्यते । एवं तर्हि "तेन कार्यं" मित्यत्र स द्रष्टव्यः । द्वाभ्यां मासाभ्यां कार्य्यं द्वैमासिकम् । "जय्यकभ्यकार्यसुकरम्" [३।४।९२] इति ठञ् । तत्र दीयते इति योगविभागः कर्त्तव्यः । यज्ञाख्यादित्यनुवर्त्तते । अग्निष्टोमे दीयते आग्निष्टोमिकमन्नम् । राजसूयिकम् । वाजपेयिकम् । द्वयोर्वाजपेययोर्दीयते द्वैवाजपेयिकम् ।

व्युष्टादेरण् ।।३।४।९०।। इह कलिभ्य इति नापेक्ष्यते । सामान्येन विधानात् । तत्रेति वर्तते । व्युष्ट इत्येवमादिभ्य ईप्समर्थेभ्यो दीयते इत्यस्मिन्नर्थेऽण् भवति । उछी विवास इत्यस्य क्ते व्युष्टमिति कालवाचि । व्युष्टे दीयते वैयुष्टम् । नित्यशब्दादोबन्तादपि वचनाद् भवति । तीर्थ । निष्क्रमण । उपसंक्रमण । प्रवेशन । संग्राम । संघात । प्रवास । उपवास । अग्निपदी । पीलुमूल । "अण्प्रकरणे अग्निपदादिभ्य उपसंख्यानम्" [वा०] न कर्तव्यमिह पाठात् ।

तेन यथाकथाचहस्ताभ्यां णयौ ।।३।४।९१।। अत्रापि कालेभ्य इति नापेक्ष (क्ष्य) ते । दीयते इति वर्तते । तेनेति भासमर्थाभ्यां यथाकथाच-हस्तशब्दाभ्यां दीयत इत्यस्मिन्नर्थे यथासंख्यं णयौ भवतः । यथाकथाच दीयते याथाकथाचम् । अनादरदत्तमित्यर्थः । हस्तेन दीयते हस्त्यम् ।

जय्यलभ्यकार्यसुकरम् ॥३।४।९२॥ कालेभ्य इति वर्तते। तेनेति भासमर्थात् कालवाचिनो मृदो जय्य लभ्य कार्य्य सुकर इत्येतेष्वर्थेषु ठञ् भवति। मासेन जय्यो मासिको हस्ती। मासेन शक्यते जेतुमित्यर्थः। मासेन लभ्यो मासिकः पटः। मासेन कार्यं मासिकं गृहम्। मासेन सुकरो मासिकः प्रासादः।

सम्पादिनि ॥३।४।९३॥ कालेभ्य इति निवृत्तम्। भासमर्थान्मृदः सम्पादिन्यर्थे ठञ् भवति। कर्णवेष्टाभ्यां सम्पादि शोभते कार्णवेष्टिकं मुखम्। वस्त्रयुगेन सम्पद्यते वास्त्रयुगिकं शरीरम्।

कर्मवेषाद्यः ॥३।४।९४॥ तेन सम्पादिनीति च वर्तते। कर्मवेषशब्दाभ्यां यो भवति। ठञोऽपवादः। कर्मणा सम्पद्यते कर्मण्यं शौर्यम्। वेषेण सम्पद्यते वेष्या नर्तकी। नेपथ्येन शोभते इत्यर्थः।

तस्मै प्रभवति सन्तापादेः ॥३।४।९५॥ तस्मै इति अप्समर्थेभ्यः सन्तापादिभ्यः प्रभवतीत्यस्मिन्नर्थे ठञ् भवति। अलमर्थेऽप्। सन्तापाय प्रभवति सान्तापिकः। सन्ताप। सन्नाह। संयोग। संग्राम। सम्पराय। सम्पेष। निष्पेष। निसर्ग। उपसर्ग। विसर्ग। प्रवास। उपवास। संघात। संमोहन। शक्तुमांसौदनाद् विगृहीतादपि। शाक्तुमांसौदनिकम्। शाक्तुकम्। मांसिकम्। औदनिकम्।

योगाद्यश्च ॥३।४।९६॥ तस्मै प्रभवतीति वर्तते। योगशब्दाद्यो भवति ठञ् च। योगाय प्रभवति, योग्यः। यौगिकः।

कर्मण उकञ् ॥३।४।९७॥ तस्मै प्रभवतीति वर्तते। कर्मशब्दादुकञ् भवति। कर्मणे प्रभवति कार्मुकं धनुः।

समयस्तदस्य प्राप्तम् ॥३।४।९८॥ तदिति वासमर्थात्समयादस्येति ताऽर्थे ठञ् भवति यत्तद्वासमर्थं प्राप्तं चेत्तद्भवति। समयः प्राप्तोऽस्य सामयिकम्। प्राप्तकालमित्यर्थः।

ऋतोरण् ॥३।४।९९॥ ऋतुशब्दात् वासमर्थात्प्राप्तोपाधिकादस्येति ताऽर्थेऽण् भवति। ऋतुः प्राप्तोऽस्य, आर्तवं पुष्पम्। "उपवस्त्रादिभ्य उपसंख्यानम्" [वा०]। उपवस्ता प्राप्तोऽस्य औपवस्त्रम्। प्राशिता प्राप्तोऽस्य प्राशितम्। कर्मनामधेयम्।

कालाद्यः ॥३।४।१००॥ तदस्य प्राप्तमिति वर्तते। कालशब्दाद्यो भवति। कालः प्राप्तोऽस्य, काल्यं शीतम्। रात्रावुषितायामहरादिः कालोऽपि काल्यः।

प्रकृष्टे ठः ॥३।४।१०१॥ तदस्येति वर्तते कालादिति च। प्रकृष्टे प्रकर्षे वर्तमानादस्येति ताऽर्थे ठो भवति। प्रकृष्टः दीर्घः कालोऽस्य कालिकम् ऋणम्। कालिकं सख्यम्। अन्ये प्रकृष्टे ठञिति पठन्ति। कालिका मैत्री।

प्रयोजनम् ॥३।४।१०२॥ कालादिति निवृत्तम्। तदस्येति वर्तते। प्रयोजयतीति प्रयोजनम्। नन्द्यादिपाठाल्ल्युः। बहुलवचनाद्वा कर्तरि युट्। तदिति वासमर्थात्प्रयोजनोपाधिकादस्येति ताऽर्थे ठञ् भवति। अर्हत्पूजाप्रयोजनमस्य आर्हत्पूजिकः। ऐन्द्रमहिकः।

वैशाखाषाढषाष्टिकैकागारिकडाकालिकट् ॥३।४।१०३॥ वैशाखादयः शब्दा निपात्यन्ते। यदत्र लक्षणेनानुपपन्नं तत्सर्वं निपातनात्सिद्धं तदस्य प्रयोजनमित्यस्मिन्विषये। "विशाखाषाढाभ्यां यथासंख्यं मन्थदण्डयोरण्निपात्यते।" विशाखा प्रयोजनमस्य वैशाखो मन्थः। आषाढो दण्डः। "षष्टिरात्रेण पच्यन्ते इत्यस्मिन्वाक्ये कः। रात्रशब्दस्य च लुक्।" षष्टिका नाम व्रीहयः। असंज्ञायां वाक्यमेव भवति। षष्टिरात्रेण पच्यन्ते मुद्गा इति। "एकागारशब्दात्तदस्य प्रयोजनमित्यस्मिन्नर्थे चौरेऽभिधेये ठञ्।" एकागारं प्रयोजनमस्य ऐकागारिकश्चौरः। चौरादन्यत्र वाक्यमेव। एकागारं प्रयोजनमस्य भिक्षोरिति। अथवा "एकः समर्थः अगारमोषि-

तुमिति वाक्ये एक शब्दार्ण्णागारिकडित्ययं त्यो निपात्यते। ऐकागारिकश्चौरः। ऐकागारिकी चौरी। समानकालशब्दादाद्यन्तोपाधिविशिष्टादस्येति ताऽर्थे इकड्निपात्यते समानकालस्य च आकाल आदेशः। समानकालावाद्यन्तावस्य आकालिकः स्तनयित्नुः। आकालिकी विद्युत्। यस्तु प्रादिलक्षणे से आकाल इष्टः। आवृत्तः काल ईषत्कालो वा आकाल इति। तस्मात् ठञ् च ठश्चेष्यते। आकालिकी आकालिका विद्युत्।

छोऽनुप्रवचनादेः ॥३।४।१०४॥ तदस्य प्रयोजनमिति वर्तते। अनुप्रवचनादिभ्यश्छो भवति। ठञोऽपवादः। अनुप्रवचनं प्रयोजनमस्य, अनुप्रवचनीयम्। अनुप्रवचन। उत्थापन। उपस्थान। संवेशन। प्रवेशन। अनुवाचन। अनुवचन। अनुपान। अनुवादन। अनुवासन। अन्वारोहण। प्रारोहण। आरोहण। आभरण। "विशिपूरिपादिरुहिप्रकृतेरनात्सपूर्वपदादुपसंख्यानम्" [वा०]। गृहप्रवेशनीयम्। प्रपापूरणीयम्। अश्वप्रपदनीयम्। प्रासादरोहणीयम्। एतस्मिंश्च वक्तव्ये सति यानि गणे विश्यादिप्रकृती-त्यनान्तानि पठ्यन्ते तेषां पाठोऽनर्थकः प्रपञ्चाऽर्थो वा।

समापनात्सादेः ॥३।४।१०५॥ तदस्य प्रयोजनमिति वर्तते। समापनशब्दात्सादेश्छो भवति। ठञोऽपवादः। जैनेन्द्रसमापनं प्रयोजनमस्य जैनेन्द्रसमापनीयम्। तर्कसमापनीयम्। "स्वर्गादिभ्यो यो वक्तव्यः" [वा०]। स्वर्गः प्रयोजनमस्य स्वर्ग्यम्। वन्यम्। यशस्यम्। आयुष्यम्। काम्यम्। "पुण्याह-वाचनादिभ्य ठब्वक्तव्यः" [वा०]। पुण्याहवाचनं प्रयोजनमस्य पुण्याहवाचनम्। शान्तिवाचनम्। स्वस्ति-वाचनम्। अक्षतपात्रम्। नेदं वक्तव्यम्। तादर्थ्यात्ताच्छब्द्यं भविष्यति। अनभिधानाट्ठञ् भवति। "श्रद्धा-दिभ्योऽण् वक्तव्यः" [वा०]। श्रद्धा प्रयोजनमस्य श्राद्धम्। चूडा प्रयोजनमस्य चौडम्।

तदर्हं वत् ॥३।४।१०६॥ अर्हतीत्यर्हः, तदितीप्समर्थाद् अर्हतीत्यर्थे वद् भवति। राजानमर्हति राजानं (राजवद्) वृत्तम्। कुलीनवत्। इह कस्मान्न भवति शतमर्हति देवदत्तः। राजानमर्हति मणिः। उत्तरत्र क्रियाग्रहणं गुणभूतमपि सिंहावलोकनेन सम्बध्यते तेन क्रिया यत्रार्हतेः कर्तृत्वेन विवक्षिता तत्राऽयं विधिः।

तेन क्रिया तुल्ये ॥३।४।१०७॥ वदिति वर्तते। क्रिया तुल्या अस्य क्रियातुल्यम्। इच्छातो विशे-षणविशेष्यभाव इति क्रियाशब्दस्य पूर्वनिपातः। तेनेति भासमर्थात्क्रियातुल्येऽर्थे वद् भवति। क्षत्रियेण तुल्यं युध्यते क्षत्रियवद्युध्यते। "भाऽतुलोपमाभ्यां तुलयार्थैः" [१।४।७६] इति भा। शिष्येण तुल्यं वर्तते, शिष्यवद् वर्तते। अश्ववद्धावति। साधुवद् ब्रूते। इह कस्मान्न भवति। तैलपाकेन तुल्योऽस्त पाक इति ? इह सूत्रे वर्थः (द्व्यर्थो) क्रिया सा च साध्या पूर्वापरीभूताऽवयवा, असाध्यभूता[1] च। घञाद्यन्तेन पुनर्वं-(द्व्य) थंस व (ध) र्म्मः सिद्धतालक्षणो द्रव्यभूत उच्यते इति नास्ति प्राप्तिः। यदि घञाद्यन्तेन क्रिया नाभिधीयते कथं भोक्तुं पाकः भोजकस्य पाकः इति ? नैष दोषः। "व्रतु[2] यादि (वुण्तुमादि)" [२।३।८] सूत्रे घञाद्यन्तायाः प्रकृतेरर्थः क्रियाऽऽश्रीयते। क्रियाग्रहणं किमर्थम् ? ब्राह्मणेन तुल्यः पिङ्गलः। गुण-तुल्ये मा भूत्।

तत्रेव ॥३।४।१०८॥ तत्रेतीप्समर्थात् इवार्थे वद् भवति। मथुरायामिव मथुरावत् स्रुघ्ने प्रासादाः। मथुरावद् रमणीयता। मथुरावद् वर्षति।

तस्य ॥३।४।१०९॥ इवशब्दोऽनुवर्तते। तस्येति तासमर्थादिवार्थे वद् भवति। देवदत्तस्य इव देवदत्तस्य वनम्। राज्ञ इव राजवद् देवदत्तस्याश्वाः। वत्प्रकरणे "स्त्रीपुंसान्नुकूल्वात्" [३।१।७२]

---

१. "असत्त्वभूतश्च" इत्यपि पाठः। २. व्रतुमादि पु०।

इत्येष विधिर्न भवति। "भाद्यौ वोक्तपुंस्कं पुंवत्" [४।१।५२] इति निर्देशात्। योगापेक्षं चेदं ज्ञापकम्। तेन स्त्रीवदित्यपि सिद्धम्। योगविभाग उत्तरार्थः।

भावे त्वन्तलौ[1] ॥३।४।११०॥ तस्येति वर्तते। तासमर्थाद् भावेऽर्थे त्वन्[2] तल इत्येतौ त्यौ भवतः। नकारः "स्त्रीपुंसान्नुक्त्वात्" [३।१।७२] इत्यत्राऽस्यावधिरूपेण ग्रहणं मा भूत् इत्येवमर्थः। लकारस्तलन्तः स्त्रियामिति विशेषणार्थः। भावः शब्दप्रत्ययप्रवृत्तिकारणम्। तद्यथा भवतोऽस्माच्छब्दप्रत्ययाविति भावः। उक्तं च "यस्य गुणस्य हि भावाद्द्रव्ये शब्दविनिवेशः[3], तदभिधाने त्वन्तलौ[4]" [पा० महा० ५।१।११९] इति। इह गुण इति विशेषणमात्रम्, द्रव्यमिति विशेष्यमात्रम् इष्टम्। अश्वस्य भावः, अश्वत्वम्। अश्वता। शुक्लत्वम्। शुक्लता। अत्र जातिगुणयोरभिधाने त्वन्तलौ[5]। सम्बन्धस्तु गम्यो नाभिधेयः। इह पाचकत्वमिति क्रियाऽभिधाने। अथवा सम्बन्धप्रधानाः। सम्बन्धे चाभिधेये त्वन्तलौ। कारकत्वम्। औपगवत्वम्। राजपुरुषत्वमिति। एतेऽपि ये जातिगुणशब्दाः, तेभ्यो जातिगुणस्य चाभिधाने। कुम्भकारत्वम्। हस्तित्वम्। राजवृक्षत्वम्। ये गुणमात्रवचना रूपं रसो गन्ध इति, तेभ्यः सामान्याभिधाने रूपत्वम्, रसत्वम्। उपचारशब्देषूपचारनिमित्तेऽभिधेये गोत्वं वाहीकस्य। अग्नित्वं माणवकस्य। पृथक्त्वं नानात्वमित्येवमादौ असत्त्वभूतत्वेऽपि शब्दान्तरेण तासमर्थता पृथगित्यस्य भाव इति। यदृच्छाशब्देषु डित्थादिषु संज्ञासम्बन्धाभिधाने सर्वावस्थाव्याप्याकृतिसामान्याभिधाने च डित्थत्वम्। उत्क्षेपणादिषु सामान्येऽभिधेये उत्क्षेपणत्वम्।

आ च त्वात् ॥३।४।१११॥ वक्ष्यति "ब्रह्मणस्त्वः" [३।४।१२६] इति। आ एतस्मात् त्व संशब्दनाद्यदित ऊर्ध्वमनुक्रमिष्यामस्त्वन्तलौ तत्राऽधिकृतौ वेदितव्यौ। अपवादविषये समावेशार्थं कर्मणि च विधानार्थमेव तावधिक्रियेते। वक्ष्यति "पृथ्वादेर्वेमन्" [३।४।११२] प्रथिमा। पृथुता। ननु वावचनात् त्वन्तलौ स्वयमेव भविष्यतः? नैतदेवम्, "ष्यादेरिकः" [३।४।१२१] इत्येवमादिसमावेशार्थं तद् वावचनम्। चकारकरणं किमर्थम्? "स्त्रीपुंसान्नुक्त्वात्" [३।१।७२] इत्यस्मिन्नपि विषये प्रापणार्थम्। स्त्रीत्वम्। स्त्रीता। पुंस्त्वम्। पुंस्ता। प्राक्त्वादिति मर्यादाकरणसामर्थ्यादपि सिद्धः। स्त्रिया भावः स्त्रैणम्। पौंस्नम्।

पृथ्वादेर्वेमन् ॥३।४।११२॥ पृथु इत्येवमादिभ्यो वा इमन् भवति तस्य भाव इत्यस्मिन्विषये। वावचनं "ष्यादेरिकः" [३।४।१२१] इत्यस्याणः, गुणवचनेभ्यष्ष्यणः, वयोवाचिभ्यस्त्वञः समावेशार्थम्। पृथोर्भावः, प्रथिमा, पार्थवम्, पृथुत्वम्, पृथुता। पृथु। मृदु। महि। पटु। तनु। लघु। बहु। आसु। ऊरु। बहुल। दण्ड। खण्ड। चण्ड। अकिञ्चन। बाल। होड। पाक। वत्स। मन्द। स्वादु। ऋजु। वृष। ह्रस्व। दीर्घ। क्षिप्र। क्षुद्र। प्रिय।

वर्णदृढादेष्ट्यण् च ॥३।४।११३॥ वर्णशब्देन वर्णविशेषा गुणोपसर्जने द्रव्ये ये वर्तन्ते, तेषामिह ग्रहणम्। तादृशैरेव दृढादिभिर्गुणवचनैः साहचर्याद् वर्णविशेषवाचिभ्यो दृढादिभ्यश्च ट्यण् भवति इमंश्च वा तस्य भाव इत्यस्मिन्विषये। शुक्लस्य भावः शौक्ल्यम्, शुक्लिमा, शुक्लत्वम्, शुक्लता। कार्ष्ण्यम्। कृष्णिमा। शैत्यम्, शितिमा, शितित्वम्। विभाषाऽनुकर्षणादन(ण)पि भवति। शैतम्। दृढादिभ्यः। दृढस्य भावः, दार्ढ्यम्, द्रढिमा, दृढत्वम्, दृढता। दृढशब्दस्य क्षुब्धादिषु अनिट्त्वं ढत्वं च निपात्यते। दृढ। वृढ। परिवृढ। कृश। भृश। चुक्र। अम्ल। लवण। "वेर्यातलातरसमतिमनःशारदानाम्"

---

१. स्वतलौ अ०, पू०। २. त्वत् अ०, पू०। ३. -ब्दनिवेशः पा० महा०। ४. त्वतलौ पा० महा०। त्वत्तलौ अ०, पू०। ५. स्वत्तलौ अ०, पू०।

[ग० सू०] वैयात्यम् । वैलात्यम् । वैरस्यम् ।। वैशारद्यम् । "समो मतिमनसोः" [ग० सू०] । साम्मत्यम् । साम्मनस्यम् । शीत । उष्ण । जड । बधिर । मूक । मूर्ख । पण्डित । मधुर इति । किमर्थमिदमुच्यते ? एषां गुणोक्तित्वादेव "गुणोक्तिब्राह्मणादिभ्यः" [३।४।११४] इत्येव ष्यण् सिद्धः इमप्रापणार्थम् । एतत् ट्यण्ग्रहणमुत्तरत्राऽवश्यकर्तव्यमिहैव कृतम् ।

गुणोक्तिब्राह्मणादिभ्यः कर्मणि च ॥३।४।११४॥ गुणोक्तिभ्यः शब्देभ्यो ब्राह्मणादिभ्यश्च तासमर्थेभ्यष्ट्यण् भवति कर्मणि भावे चाभिधेये । उच्यते इत्युक्तिः, गुण उक्तिर्यस्य स गुणोक्तिः । प्रागगुणमुक्त्वा गुणद्वारेण द्रव्ये यो वर्तत इत्यर्थः । जडस्य कर्म भावो जाड्यम् । मौढ्यम् । ब्राह्मणादिराकृतिगणः । आदिशब्दस्य प्रकारवाचित्वात् । एवं च गुणोक्तिग्रहणं गणे च ब्राह्मणादीनामनुक्रमणं स्वार्थेऽपि भवतीति प्रपञ्चार्थम्, बाधकबाधनार्थं च । ब्राह्मणस्य कर्म भावो वा ब्राह्मण्यम् । वाडव्यम् । ब्राह्मणात् प्राणिजातिलक्षणोऽञ् प्राप्तः । माणव वाडव वृद्धलक्षणो वुञ् प्राप्तः । "अर्हतो नुम्च" [वा०] नुमर्थः पाठः । चोर । धूर्त । मनोज्ञादित्वाद् वुञ् प्राप्तः । आराव(ध)य । विराव(ध)य । उपराव(ध)य । अपराव(ध)य । एते "उपचोलादेः" [३।१।१२६] इत्युबन्ताः । ततो वृद्धलक्षणो वुञ् प्राप्तः । प्राणिजातिलक्षणो वाऽञ् । एकभाव । द्विभाव । त्रिभाव । अन्यभाव । एतेभ्यः स्वार्थे । अद्येत्रज्ञनञ् पूर्वार्थे ग्रहणम् । संवादिन् । संवेशिन् । संभाषिन् । बहुभाषिन् । शीर्षघातिन् । समस्थ । परस्थ । प्रस्थ[1] । आव्यस्थ । विषमस्थ । विशाल । एवं नञ्पूर्वार्थं ग्रहणम् । अनीश्वर नञ्पूर्वार्थपाठः । कुशल । चपल । निपुण । पिशुन । एभ्यो युवादित्वादण् प्राप्तः । बालिस (श) बालवयोवाधि(चि)त्वादञ् प्राप्तः । अलस । बसो[2]ऽयम् । इष । रुष्ट । कापुरुष । अनयोर्नञ्पूर्वार्थम् । राजनपुरोहितादित्वाण्ण्यः प्राप्तः । गणपति । अधिपति । पत्यन्तलक्षणो यणः प्राप्तः । गण्डुल । दायाद । विशस्ति । विशाप । विधान । निघात । एभ्यस्त्वत्तलोर्निवृत्त्यर्थम् । "सर्ववेदादिभ्यः स्वार्थे" [वा०] । सार्ववैद्यम् । सार्वलौक्यम् । धानुर्वेद्यम् । अनुशतिकादित्वादुभयत्रैप् । त्रैलोक्यम् । चातुर्वर्ण्यम् । "वीरात्तेजसि यः" [वा०] । वीरस्य तेजः वीर्यम् । "विरोधेऽण् वक्तव्यः" [वा०] । वैरम् । ट्यणष्टित्करणं ङ्यर्थम् । आचिती । सामग्री । "हलो हतो ङ्याम्" [४।४।१४०] इति यखम् ।

नञ्सेचतुरसंगतलव(व)णवडबुधकतरसलसेभ्यः ॥३।४।११५॥ प्रतिपदोक्ते नञ्से कृते चतुर संगत लक्षण (लवण) वड बुध कत रस लस इत्येतेभ्य एव भावकर्माभिधायिनस्त्या भवन्ति । ननु ग्रहणवद्भ्यो विहिताः कथं तदन्तेभ्यः प्राप्नुवन्ति ? येनायं नियम उच्यते । ब्राह्मणादेराकृतिगणत्वान्नञ्पूर्वादपि यण् (ट्यण्) प्राप्नोति । पत्यन्ताद्विहितो यणः, हायनान्तादण्, योङो वुञ्पूर्वादपि प्राप्नोति । न चतुरः अचतुरः, तस्य भावः कर्म वा आचतुर्यम् । आसंगत्यम् । आलवण्यम् । आवड्यम् । आबुध्यम् । आकत्यम् । आरस्यम् । आलस्यम् । एतेभ्य एव नञ्से कृते यथा स्युर्नान्येभ्य इति । अपटुत्वम् । अपटुता । अपतित्वम् । अपतिता । (अ)हायनत्वम् । (त्व) त्वतलोर्नियमान्निवृत्तिर्न भवति, आ च त्वादिति वचनात् । प्रतिपदग्रहणं किमर्थम् ? नञ्पूर्वाद् बसात् भाववचनो यः प्राप्नोति स भवत्येव । न विद्यते पटुरस्य, अपटुः, अपटोर्भावः आपटवम् । अपतेर्भावः आपत्यम् । आहायनम् । आरमणीयकम् । अथ यत्र नञ्सस्य हृद्वृत्तेश्चैकमेव वाक्यं तत्र कथं भवितव्यम् न पटोर्भाव इति ? हृद्वृत्या प्राग्भवितव्यं पश्चान्नञ्सः । अपाटवमिति । न कर्णवेष्टाऽभ्यासपादिमुखम् अकाणवेष्टिकम् । चतुरादिष्वभिधानवशान्नञ्सः । पश्चाद् भावे त्यः । न चतुरस्य भाव आचतुर्यम् ।

---

१. परमस्थ अ०, पू० । २. अप्रस । वसोऽयम् ब०, स० ।

स्तेयसख्ये ॥३।४।११६॥ स्तेय सख्य इत्येते शब्दरूपे निपात्येते, स्तेनशब्दात्तासमर्थात् भावकर्मणोर्यः, नशब्दस्य च खं निपात्यते। स्तेनस्य भावः कर्म वा स्तेयम्। यण् (ट्यण्) चात्रेष्यते। स्तैन्यम्। सखिशब्दाद् भावकर्मणोर्यः। सख्युर्भावः कर्म वा सख्यम्। **"दूतवणिग्भ्यां यो वक्तव्यः" [वा०]** दूतस्य भावः कर्म वा दूत्या। वणिज्या।

कपिज्ञातेर्ढञ् ॥३।४।११७॥ कपि-ज्ञातिशब्दाभ्यां तासमर्थाभ्यां ढञ् भवति भावे कर्मणि चाभिधेये। कपेर्भावः कर्म वा कापेयम्। इगन्तत्वादण् प्राप्तः। ज्ञातेर्भावः कर्म वा ज्ञातेयम्। प्राणिजातित्वादञ् प्राप्तः। त्वतलावपि भवतः। कपित्वम्। कपिता। ज्ञातित्वम्। ज्ञातिता।

पत्यन्तपुरोहितादेर्यः ॥३।४।११८॥ पत्यन्तात्पुरोहितादेश्च यो भवति। तस्य भावे कर्मणि चेति वर्तते। बृहस्पतेर्भावः कर्म वा, बार्हस्पत्यम्। सैनापत्यम्। इगन्तत्वादण् प्राप्तः। पुरोहितादिभ्यः। पुरोहितस्य भावः कर्म वा पौरोहित्यम्। राज्यम्। पुरोहित। **"राजासे" [ग० सू०]**। **असे इति किम्?** सौराज्यम्। ब्राह्मणादित्वाट्ट्यण्। ग्रामिक। खण्डिक। दण्डिक। कर्मिक। वस्तिक[1]। शिलिक। सूचिक। अञ्जलिक। छत्रिक। वर्षिक। प्रतिक। सारथिक। सांजनिक। आजनिक। साराक्षसूचक। ब्राह्मणादेराकृतिगणत्वाट्ट्यणि सिद्धे स्त्रियां टाबर्थं वचनम्।

वयोवाक्प्राणिजात्युद्गात्रादिभ्योऽञ् ॥ ३।४।११९ ॥ वयसो वाग्भ्यः प्राणिजातिवाचिभ्य उद्गात्रादिभ्यश्चाञ् भवति। तस्य भावे कर्मणि चेति वर्तते। कुमारस्य भावः कर्म वा, कौमारम्। कैशारम्। कालभम्। प्राणिजातिभ्यः। आश्वम्। औष्ट्रम्। माहिषम्। उद्गातुर्भावः कर्म वा, औद्गात्रम्। उद्गातृ। उन्नेतृ। प्रतिहन्तृ। प्रशास्तृ[2]। होतृ। भर्तृ। रथगणक। पङ्क्तिगणक। सुष्ठु। दुष्ठु। अध्वर्यु। वधू।

हायनान्तयुवादिभ्योऽण् ॥३।४।१२०॥ हायनान्तेभ्यो युवादिभ्यश्चाण् भवति। तस्य भावे कर्मणि चेति वर्तते। अवयोवाचित्वे हायनान्ताः प्रयोजयन्ति। द्विहायनस्य युवादेर्भावः कर्म वा, द्वैहायनम्। त्रैहायनम्। युवादिभ्यः—यूनो भावः कर्म वा यौवनम्। मनोज्ञादित्वाद् वुञ् प्राप्तः; अनेनाण्। "अन[3] अणि" [४।४।१२८] इति टिखप्रतिषेधः। पूर्वे सूत्रे यद्यण्ग्रहणं क्रियेत हस्तिनो भावः कर्म वा हास्तमित्यत्र "प्रायोऽनपत्येऽणीनः" [४।४।१५५] इति टिखप्रतिषेधः प्रसज्येत। मृद्ग्रहणे लिङ्गविशिष्टस्यापि, युवतेर्भावः "भस्य ढ्यढे" [वा०] इति पुंवद्भावे कृते यौवनम्। युवन्। यजमान। **"पुरुषासे" [ग०सू०]** **असे इति किम्?** राजपौरुष्यम्। अपुरुषत्वम्। कर्तृ। ऋत्विक्। कन्दुक। श्रवण। कुस्त्री। दुःस्त्री। सुस्त्री। सुहृदय। सुहृत्। दुर्हृत्। सुभ्रातृ। दुर्भ्रातृ। वृषल। परिव्राजक। सब्रह्मचारिन्। अनृशंस। **"हृदयासे" [ग०सू०]** **असे इति किम्?** अहृदयत्वम्। चपल। निपुण। पिशुन। कुतूहल। क्षेत्रज्ञ। श्रोत्रियस्य भावः कर्म वा श्रौत्रम्। उद्गात्रादिरत्रैव पठितव्य इति चेत्; न; अस्याऽनित्यत्वात्। तेनानृशंस्यमिति सिद्धम्।

ध्यादेरिकः ॥३।४।१२१॥ ध्यादिग्रहणमिको विशेषणम्। धि आदिर्यस्येकः स ध्यादिः, ध्यादिर्य इक् तदन्तान्मृदोऽण् भवति। तस्य भावकर्मणोरिति वर्तते। शुचेर्भावः कर्म वा शौचम्। नखरजनि। नाखरजनम्। हरीतकी। हारीतकम्। पृथु। पार्थवम्। वधू। वाधवम्। पितृ। पैत्रम्। ध्यादिग्रहणं मृत्समुदायस्य विशेषणमित्यन्ये। ध्यादेर्मृद इगन्तात्। कृशानु। कार्शानवम्। प्रतिहर्तृ। प्रातिहार्त्रम्।

---

१. वस्तिक अ०, पू०। २. प्रमातृ अ०। ३. सूत्रम् "अनः" इत्येव। अणीत्यनुवृत्त्यभिप्रायेण "अनः अणि" इति।

इह (विश्च)नां च विनरो । चित्रे (विनु) भावः कर्म वा परत्वाद्द्वन्द्वलक्षणो वुञ् । चैत्र (वैत्र)-कमिति । कथं काव्यम् ? कविशब्दो ब्राह्मणादिषु पठनीयः । घ्यादेरिति किम् ? पाण्डुत्वम् । पाण्डुता । इक इति किम् ? वकुलत्वम् ।

योङो रूपोत्तमाद् वुञ् ॥३।४।१२२॥ त्रिप्रभृतीनामन्त्यम् उत्तमम्, उत्तमस्य समीपमुपोत्तमम्, रूपोत्तमं यस्य मृदः, तद्रूपोत्तमम् । योङो मृदो रूपोत्तमाद् वुञ् भवति । तस्य भावकर्मणोरिति वर्तते । रमणीयस्य भावः कर्म वा, रामणीयकम् । औपाध्यायकम् । योङ इति किम् ? कापोतम् । रूपोत्तमादिति किम् ? क्षात्रियम् । कुवलयत्वम् । रूपान्त्यादिति वक्तव्ये उत्तमग्रहणं त्रिप्रभृतिनामचां परिग्रहार्थम् । तेनेह न भवति । कायत्वम्, कायता । कथं ज्ञायते तमशब्दोऽयमातिशयिकः । अयमेतेषामतिशयेन उद्गततम इति, "सन्महत्परमोत्तमोत्कृष्टम्" [१।३।५६] इति निपातनात् । "किमेत्तिङव्ययादामद्रव्ये" [४।२।१२०] इति आम्न भवति । अव्युत्पन्नं वा मृद्रूपम् । त्रिप्रभृत्यन्तवाचि ह्युपोत्तमादिति सिद्धे रूपग्रहणमनेकहल्व्यवधानेऽपि प्रापणार्थम् । आचार्यकम् इति । "सहायाद्वेति वक्तव्यम्" [वा०] । साहायकम् । साहाय्यम् ।

द्वन्द्वमनोज्ञादेः ॥३।४।१२३॥ द्वन्द्वमनोज्ञादिभ्यश्च वुञ् भवति । तस्य भावकर्मणोरिति वर्तते । कुरुकाशीनां भावः कर्म वा कौरुकाशिका । भारतबाहुबलिका । श्रैपालवसुपालिका । मनोज्ञादिभ्यः । मनोज्ञस्य भावः कर्म वा, मानोज्ञः । प्रियरूप । आदो (अभि) रूप । कल्याण । मेधाविन् । आढ्य (ढ्य) । सुकुमार । कुलपुत्र । छान्दस । छात्र । श्रोत्रिय । चौर । धूर्त । वैश्वदेव । युवन् । यौवनिका । "प्रकृत्याऽके राजन्यमनुष्ययुवानः" [वा०] इति प्रकृतिभावः । ग्रामपुत्र । ग्रामखण्ड । ग्रामकुमार । अमुष्यपुत्र । अमुष्यकुल । शरपुत्र । गोत्र ।

वृद्धचरणाच्छ्लाघाऽत्याकारावेते ॥३।४।१२४॥ वृद्धवाचिनश्चरणवाचिनश्च मृदो वुञ् भवति भावकर्मणोरर्थयोः श्लाघादिषु विषयभूतेषु द्योत्येषु वा । श्लाघो विकत्थनं स्मय इत्यर्थः । अत्याकारः पराधि-(धि) क्षेपः । अवेतः अवगतः । गार्गिकया श्लाघते । गार्गिकया अत्याकुरुते । गार्गिकामवेतः । चरणात् । काठिकया श्लाघते । काठिकया अत्याकुरुते । काठिकामवेतः । श्लाघादिष्विति किम् ? काष्ठेन प्रसिद्धः । प्राणिजातिलक्षणोऽञ् ।

होत्राभ्यश्छः ॥३।४।१२५॥ होत्राशब्द ऋत्विजां वाचकः । बहुलनिर्देशः स्वरूपनिरासार्थः । होत्राभ्य ऋत्विग्विशेषवाचिभ्यः शब्देभ्यश्छो भवति भावकर्मणोरर्थयोः । अच्छावाकस्य भावः कर्म वा, अच्छावाकीयम् । मैत्रावरुणीयम् । ब्राह्मणाच्छंसीयम् । अच्छावाकत्वम् । अच्छावाकता । अथवा होत्रा कठः । अच्छावाकशब्दसहचरिता ऋक् अच्छावाक् । मैत्रावरुणीशब्दसाहचर्याद् मैत्रावरुणी । ब्राह्मणाच्छंसिशब्दसहचरिता ऋक् ब्राह्मणाच्छंसी । "होत्रायाः स्वार्थे को (छो) वक्तव्यः" [वा०] । होत्रैव होत्रीयः ।

ब्रह्मणस्त्वः ॥३।४।१२६॥ ब्रह्मशब्दात् होत्रावाचिनस्त्वो भवति भावकर्मणोरर्थयोः । ब्रह्मणो भावः कर्म वा ब्रह्मत्वम् । पुनरारम्भः तलादिनिवृत्त्यर्थः । यस्तु जातिवाची ब्रह्मशब्दः ब्राह्मणपर्यायः, ततस्त्वतलौ भवतः । ब्रह्मत्वम् । ब्रह्मता ।

धान्यप्ररोहणे खञ् ॥३।४।१२७॥ भावकर्मग्रहणं निवृत्तम् । तस्येति वर्तते । प्रकर्षेण रोहन्ति धान्यान्यस्मिन् प्ररोहणं क्षेत्रमित्यर्थः । धान्यविशेषवाचिभ्यः प्ररोहणेऽभिधेये खञ् भवति । प्रियङ्गूणां प्ररोहणं क्षेत्रं प्रैयङ्गवीणम् । मौद्गीनम् । गौधूमीनम् । धान्यानामिति किम् ? तृणानां प्ररोहणं चत्वरम् । प्रग्रहणं

किम् ? रोहणमित्युच्यमाने मुद्गानां रोहणः कुशूल इत्यत्रापि प्राप्नोति। प्रग्रहणे पुनः सति प्रकर्षेण रोहत्यस्मिन् प्ररोहणं केदारादि क्षेत्रमित्युक्तं भवति।

व्रीहिशालेढञ् ॥३।४।१२८॥ व्रीहिशालिशब्दाभ्यां तासमर्थाभ्यां प्ररोहणेऽर्थे ढञ् भवति। खञोऽपवादः। व्रीहीणां प्ररोहणं क्षेत्रं व्रैहेयम्। शालेयम्।

यवयवकषष्टिकाद्यः ॥३।४।१२९॥ यवादिभ्यस्तासमर्थेभ्यः प्ररोहणेऽर्थे खञ् भवति यश्च। उमाभङ्गयोरधान्यत्वेऽपि वचनाद्भवति। धान्यानि लोके प्रसिद्धानि मुद्गादीनि। "यवाश्च मे तिलाश्च" इत्यादौ पठितानीत्यपरे। तिलानां प्ररोहणं तैलीनम्, तिल्यम्। माषीणम्। माष्यम्। औमीनम्, उम्यम्। भाङ्गीनम्, भङ्ग्यम्। आणवीनम्, अणव्यम्।

सर्वचर्मणः कृतः खश्च ॥३।४।१३०॥ कृतशब्दः कर्मणि। तदपेक्षया तासमर्था प्रकृतिः। सर्वचर्मशब्दात् कृत इत्यस्मिन्नर्थे खो भवति खञ् च। सर्वचर्मणा कृतः सर्वचर्मीणः, सार्वचर्मीणः। यद्येवं सर्वशब्दस्य कृत इति त्यार्थमपेक्षमाणस्य चर्मणा सह सो न प्राप्नोति। अतएव निपातनाद् भवति।

यथामुखसम्मुखस्य दर्शनः खः ॥३।४।१३१॥ दृश्यतेऽस्मिन्निति दर्शनो दर्पणादिः। यथामुखसम्मुखशब्दाभ्यां तासमर्थाभ्यां दर्शन इत्यस्मिन्नर्थे खो भवति। मुखस्य सदृशोऽर्थो यथामुखम्। अतएव निपातनात् "असादृश्ये" [१।३।६] इति हसप्रतिषेधो न भवति। समं मुखमस्य प्रतिबिम्बस्य सम्मुखम्। समं वा मुखम्, सम्मुखम्। निपातनात्समशब्दान्तखम्। यथामुखं दर्शनः, यथामुखीनः। सम्मुखस्य दर्शनः सम्मुखीनः। कर्मणि ता।

पथ्यङ्गकर्मपत्रपात्रमाप्नोति सर्वादेः ॥३।४।१३२॥ निर्देशात्समर्थविभक्त्युपादानम्। पथिन् अङ्ग कर्मन् पत्र पात्र इत्येवमन्तात् सर्वशब्दादेर्मृद इप्समर्थादाप्नोतीत्यस्मिन्नर्थे खो भवति। सर्वपथानाप्नोति सर्वपथीनमुदकम्। सान्तस्तद्ग्रहणेन गृह्यते। सर्वाङ्गीणः पटः। सर्वकर्मीणः पुरुषः। सर्वपत्रीणः सारथिः। सर्वपात्रीण ओदनः। सर्वादेरिति किम् ? पन्थानमाप्नोति।

आप्रपदम् ॥३।४।१३३॥ आप्रपदशब्दादाप्नोतीत्यस्मिन्नर्थे खो भवति। प्रवृद्धं पदं प्रपदम्। पदस्योपरि गुल्फः, पदाग्रं वा। आ प्रपदादाप्रपदम्। "पर्यपाड्बहिरञ्चवः कया" [१।३।१०] इति हसः। क्रियाविशेषणमिदं वान्तम्। ततो वचनात्त्यः। आप्रपदमाप्नोति आप्रपदीनः कम्बलः।

सर्वान्नीनानुपदीनायानयीनागवीनाद्यश्वीनाः ॥३।४।१३४॥ सर्वान्नीन, अनुपदीन, अयानयीन आगवीन, अद्यश्वीन इत्येते शब्दा निपात्यन्ते। सर्वान्नशब्दादिबन्ताद् भक्षयतीत्यस्मिन्नर्थे खो निपात्यते। सर्वान्नानि भक्षयति सर्वान्नीनो भिक्षुः। पदसदृशमनुपदम्, यथार्थे हसः। अनुपदशब्दाद् वान्ताद्बद्धेत्यस्मिन्नर्थे खः। अनुपदं बद्धा अनुपदीना उपानत्। पदप्रमाणेत्यर्थः। अयः प्रदक्षिणम्, अनयः प्रसव्यम्। प्रदक्षिणप्रसव्यमागामिना यस्मिन् परैः पदानामसमावेशः सोऽयानयः। अयादप्रवृत्तोऽनयः, अयानयः। मयूरव्यंसकादित्वात् [१।३।६६] सविधिः। अयानयशब्दादिबन्ताद् नेय इत्यस्मिन्नर्थे खः। अयानयं नेयः शारोऽयानयीनः। स्वस्यां दिशि फलकशिरोगत इत्यर्थः। गोशपूर्वादागोः प्रतिदानात्कर्म करोतीत्यस्मिन्नर्थे खः। आगवीनः कर्मकरः। यो गवां भूतः कर्म करोति आ तस्य गोः प्रत्यर्पणात्स एवमुच्यते। अद्यश्वःशब्दादासन्ने विजनने खो निपात्यते। अद्य श्वो वा विजनिष्यते अद्यश्वीना गौः। अद्यश्वीना वडवा। केचिद् विजनन इति विशेषणं नेच्छन्ति। आसन्नमात्रे निपातयन्ति। अद्यश्वीनो वियोगः। अद्यश्वीनं मरणम्।

परोवरपरम्परपुत्रपौत्रमनुभवति ॥३।४।१३५॥ निर्देशादेव समर्थविभक्त्युपादानम् । परोवर परम्पर पुत्रपौत्र इत्येतेभ्य इप्समर्थेभ्योऽनुभवतीत्यस्मिन्नर्थे खो भवति । पराँश्च अवराँश्च अनुभवति परोवरीणः । त्यसन्नियोगे परोवरभावो निपात्यते । पराँश्च परतराँश्च अनुभवति परम्परीणः । त्यसन्नियोगे परपरतरयोः परम्परभावः । कथं मन्त्रिपरम्परा मन्त्रं भिनत्तीति प्रयोगः ? शब्दान्तरमप्यस्ति । पुत्रपौत्राननुभवति पुत्रपौत्रीणः ।

अवारपारात्यन्तानुकामंगामी ॥३।४।१३६॥ अवारपारं अत्यन्त अनुकाम इत्येतेभ्य इप्समर्थेभ्यो गामीत्यस्मिन्नर्थे खो भवति । गमिष्यतीति गामी । "आवश्यकाऽधमर्ण्ययोर्णिन्" [२।३।१४६] इति आवश्यकार्थे णिन् । वर्त्स्यत्कालभावस्य "गम्यादिर्वर्त्स्यति" [२।३।१] इति वचनात् । अवारपारं गामी अवारपारीणः पोतः । विगृहीतादपि भवति । अवारीणः । पारीणः । "विपरीताच्चेति वक्तव्यम्" [वा०] पारावारीणः । अतएव निपातनात्पारस्य वा पूर्वनिपातः । अन्तस्याभावोऽत्यन्तम् । "स्फि" [१।३।५] इति अर्थाभावे हसः । अथवा अन्तमतिक्रान्तः अत्यन्तः । "तिकुप्रादयः" [१।३।८१] इति षसः । हसपदे वान्तादपि वचनात्खः । अत्यन्तं गामी अत्यन्तीनः । कामस्याऽनुरूपमनुकामम् । यथार्थे हसः । अनुगतो वा कामः, अनुकामः । अनुकामं गामी अनुकामीनः ।

समां समां विजायते ॥३।४।१३७॥ समा संवत्सरः । तदेकदेशे समाशब्द उपचरितः । विजननक्रियायाऽवश्याविच्छेदात् "कालाध्वन्यविच्छेदे" [१।४।४] इतीप् । वीप्सायां द्वित्वम् । समां समां शब्दाद्विजायते इत्यस्मिन्नर्थे खो भवति । मृदवि (धि) कारेऽपि सुबन्तसमुदायाद् वचनात्त्यः । समां समां विजायते समांसमीना गौः । समांसमीना वडवा । त्ये कृते "सुपो धुमृदोः" [१।४।१४२] इति सुप उप् । पूर्वपदे सुपोऽनुब्वक्तव्यः । यदा संवत्सरे समाशब्दः प्रवर्तते तदा समायां समायामिति विग्रहेऽपि समांसमीना गौः । त्यविषये पूर्वपदस्य समां भावो निपात्यते, उत्तरपदस्य च पादः खम् । परिशिष्टस्य तु सुपः "सुपो धुमृदोः" [१।४।१४२] इत्युप् ।

अनुग्वलंगामी ॥३।४।१३८॥ अनुग्विति क्रियाविशेषणम् । अनुगुशब्दात् अलङ्गामी इत्येतस्मिन्नर्थे खो भवति । गवां पश्चात् अनुगु । पश्चादर्थे हसः । अनुगु अलङ्गच्छति अनुगवीनः ।

यखावध्वनः ॥३।४।१३९॥ इवत्र समर्था संभवति अध्वशब्दादिप्समर्थादलङ्गामीत्यस्मिन्नर्थे यखौ त्यौ भवतः । अध्वानमलङ्गच्छति अध्वन्यः, अध्वनीनः यदा यस्तदा "येऽङौ" [४।४।१२१] इति टिखप्रतिषेधः । अन्यत्र "खेऽध्वनः" [४।४।१६०] इति टिखाभावः ।

छश्चाऽभ्यमित्रात् ॥३।४।१४०॥ अमित्रमभि अभ्यमित्रम् । "वीप्सेत्थंभूतलक्षणेऽभिनेप्" [१।४।११] इतीप् "लक्षणेनाभिमुख्येऽभिप्रती" [१।३।११] इति हसः । क्रियाविशेषणमेतत् । अभ्यमित्रशब्दाद् वासमर्थादलङ्गामीत्यस्मिन्नर्थे छो भवति यखौ च । अभ्यमित्रमलङ्गच्छति, अभ्यमित्रीयः, अभ्यमित्र्यः, अभ्यमित्रीणः ।

गोष्ठीनाश्वीनकौपीनशालीनव्रातीनसाप्तपदीनहैयङ्गवीनम् ॥३।४।१४१॥ गोष्ठीनादयः शब्दा निपात्यन्ते । गावस्तिष्ठन्त्यस्मिन्निति गोष्ठः । "सुपि" [२।२।७] "स्थः[1] कः" [२।२।८] इति कः । गोष्ठशब्दाद् भूतपूर्वोपाधिकात् स्वार्थे खञ् निपात्यते । गोष्ठो भूतपूर्वो गोष्ठीनो देशः । चरटोऽपवादः । अश्व-

---

1. "स्थः" इत्येव सूत्रम् । अनुवृत्त्यभिप्रायेण "स्थः कः" इति वृत्तौ ।

शब्दात् तासमर्थाद्देकाहगम इत्यस्मिन्नर्थे खञ् । गम्यते गमः । एकमहः, एकाहः । एकाहेन गमः, एकाहगमः । "साधनं कृता" [१।३।२१] इति सः । अश्वस्य एकाहगम आश्वीनोऽध्वा । आश्वीनानि पञ्चदशयोजनानि । कूपावतरणशब्दादिप्समर्थादर्हतीत्यस्मिन्नर्थे खञ् युखं च निपात्यतेऽकार्येऽभिधेये । कूपावतरणमर्हति कौपीनं पापम् । करोतिः क्रियासामान्येन वर्तते । तेनाऽद्रष्टव्यमप्यकार्यम् । कौपीनमिन्द्रियम् । तात्स्थ्याद् वस्त्रमपि । शालाप्रवेशशब्दादिप्समर्थादर्हतीत्यस्मिन्नर्थे खञ् निपात्यते युखं चाधृष्टेऽभिधेये । शालाप्रवेशमर्हति शालीनः । अप्रगल्भ इत्यर्थः । व्रातकर्मशब्दाद् भासमर्थाज्जीवतीत्यस्मिन्नर्थे खञ् युखं च । नानाजातीया अनियतवृत्तय उत्सेधजीविनः संघा व्राताः । उत्सेधः शरीरम्, तदायासेन ये जीवन्ति ते उत्सेधजीविनः । व्रातकर्मणा जीवति व्रातीनः । तेषामेव व्रातानामन्यतमो यस्त्वन्यो व्रातकर्मणा भारोद्वहनेन जीवति स व्रातीन इति नेष्यते । सप्तपदशब्दाद् भासमर्थादवाप्यते इत्यस्मिन्नर्थे खञ् निपात्यते सख्येऽभिधेये । सप्तभिः पदैरवाप्यते साप्तपदीनं सख्यम् । कथं साप्तपदीनं मित्रमिति सामानाधिकरण्यम् ? अर्शआदिपाठादकारो मत्वर्थयो द्रष्टव्यः । ह्योगोदोहशब्दात्तासमर्थाद्विकार इत्यस्मिन्नर्थे खञ् निपात्यते प्रकृतेश्च हियङ्गुभावः । संज्ञायां ह्योगोदोहस्य विकारः हैयङ्गवीनम् । अभिनवघृतस्य संज्ञैषा । अन्यत्र ह्योगोदोहस्य विकारः, अणि, ह्यौगोदोहं तक्रम् ।

भूतपूर्वे चरट् ॥३।४।१४२॥ पूर्वं भूतो भूतपूर्वः । "कालाः" [१।३।२५] इति क्रान्तेन षसः । अतएव निपातनादेवंजातीयेषु पूर्वशब्दस्य परनिपातो द्रष्टव्यः । भूतपूर्वे यन्ङ्याम्मृद्रूपं वर्तते तस्मात्स्वार्थे चरड् भवति । आढ्यो भूतपूर्व आढ्यचरः । आढ्या भूतपूर्वा आढ्यचरी । "तसादौ" [४।३।१४७] इति पुंवद्भावः । यद्यपि भूतशब्दः पूर्वशब्दश्च अतीतकालवाचिनौ तथापि विशेषणविशेष्यभाव उपपद्यते । किञ्चित्कालं भूत्वेनावस्थाय दर्शनविषयतां नेदानीमस्तीत्ययं विशेषः पूर्वशब्दविशेषणात्प्रतीयते ।

ताया रूप्यश्च ॥३।४।१४३॥ भूतपूर्वे इति वर्तते । तान्तान्ङ्याम्मृदो भूतपूर्वेऽर्थे रूप्यो भवति चरट् च । देवदत्तस्य भूतपूर्वो गौः, देवदत्तरूप्यः, देवदत्तचरः । इहासामर्थ्यान्न भवति । कम्बलो देवदत्तस्य गौर्भूतपूर्वो जिनदत्तस्येति । इह आढ्यस्य देवदत्तस्य भूतपूर्वो गौरिति समुदायस्यातान्तत्वादवयवस्य चासामर्थ्यान्न भवति ।

पाकमूले पीलुकर्णादिभ्यः कुणजाहौ ॥३।४।१४४॥ ताया इति वर्तते । तासमर्थेभ्यः पील्वादिभ्यः कर्णादिभ्यश्च यथासंख्यं पाकमूलयोरर्थयोः कुण जाह इत्येतौ भवतः । पीलूनां पाकः पीलुकुणः । पीलु । कर्कन्धु । शमी । करीर । बदर । कुवल । अश्वत्थ । खदिर । कर्णादिभ्यो जाहः । कर्णस्य मूलं कर्णजाहम् । कर्ण । अक्षि । मुख । नख । पाद । गुल्फ । भ्रू । दन्त । ओष्ठ । केश । शृङ्ग । पुष्प ।

पक्षात्तिः ॥३।४।१४५॥ ताया इति वर्तते । पक्षशब्दान्तान्मूलेऽर्थे तिर्भवति । द्वयोः पीलुपाकयोरनुवर्तनेऽपि पाकस्याऽसम्भवान्मूलग्रहणमेवाभिसम्बध्यते । पक्षस्य मूलं पक्षतिः ।

तेन वित्तश्चुञ्चुचणौ ॥३।४।१४६॥ वित्तः प्रतीत इत्यर्थः । तेनेति भासमर्थाद्वित्त इत्येतस्मिन्नर्थे चुञ्चु चण इत्येतौ त्यौ भवतः । न्यायेन वित्तो न्यायचुञ्चुः । न्यायचणः । केशैर्वित्तः केशचुञ्चुः । केशचणः ।

विनञ्भ्यां नानाञौ न सह ॥३।४।१४७॥ न सहेति प्रकृतिविशेषणम् । कर्मादियोगाऽसम्भवाद् वाविभक्त्यत्र समर्था । असहार्थे वर्तमानाभ्यां विनञ्भ्यां यथासंख्यं नानाञौ भवतः । स्वार्थे । न सह, विना । न सह, नाना ।

वेः शालशङ्कटौ ॥३।४।१४८॥ गादयः पुनरेवमात्मका यत्र क्रियावाची शब्दः प्रयुज्यते तत्र क्रियाविशेषमाहुः। यत्र न प्रयुज्यते तत्र ससाधनां क्रियामाहुरिति। वेः ससाधनक्रियावचनाच्छालशङ्कट इत्येतौ त्यौ भवतः स्वार्थे। विसृष्टे (विगते) शृङ्गे विशाले। विशङ्कटे। तद्योगात्ताच्छब्द्यो (च्छब्द्यम्) विशालो गौः। विशङ्कटो गौरिति। अथवा विशालादयः परमार्थतो गुणशब्दाः, ते यथाकथञ्चिद् व्युत्पाद्यन्ते। तेन विशालः पटः, विशालं यशः इत्येवमादि सिद्धम्।

सम्प्रोदश्च कटः ॥३।४।१४९॥ सम् प्र उद् इत्येतेभ्यो वेश्च कट इत्ययं त्यो भवति। अत्रापि ससाव(ध)नक्रियावचनेभ्यस्त्यो वेदितव्यः। सङ्कृष्टं सङ्कटम्। प्रकटम्। उत्कटम्। विकटम्। विकट-दन्तयोगाद् विकटो हस्ती। **"अलाबूतिलोमाभङ्गाभ्यो रजस्युपसंख्यानम्"** [वा०] अलाबूनां रजः अलाबूकटम्। तिलकटम्। उमाकटम्। भङ्गाकटम्।

कुटारश्चावात् ॥३।४।१५०॥ अवात् ससाव(ध)नक्रियावचनात् कुटार इत्ययं त्यो भवति कटश्च स्वार्थे। अवकृष्टः, अवकुटारः। अवकटः। **"गोष्ठादयस्त्याः स्थानादिषु पशूनामिति वक्तव्यम्"** [वा०] गवां स्थानं गोगोष्ठम्। महिषीगोष्ठम्। अजागोष्ठम्। **"समूहे कटः"** [वा०] अवीनां समूहः, अविकटः। पशुकटः। **"विस्तारे पटः"** [वा०] अवीनां विस्तारः, अविपटः। **"द्वित्वे गोयुगः"** [वा०] उष्ट्रगोयुगम्। अश्व-गोयुगम्। महिषगोयुगम्। **"प्रकृत्यर्थस्य षट्त्वे षड्गवः"** [वा०] हस्तिनां षट्त्वं हस्तिषड्गवम्। **"संस्कृते शूल्यः"** [वा०] पिठरे संस्कृतं पिठरशूल्यम्। **"विकारे स्नेहे तैलः"** [वा०] इङ्गुदीनां स्नेहः इङ्गुदीतैलम्। **"प्ररोहणे शाकटशाकिनौ"** [वा०] इक्षूणां प्ररोहणं क्षेत्रम्, इक्षुशाकटम्। मूलशाकटम्। इक्षुशाकिनम्। मूलशाकिनम्।

नते नासिकायाः खौ टीटनाटभ्रटाः ॥३।४।१५१॥ अवादिति वर्तते। नमनं नतम्। नासिका नतवाचिनोऽवशब्दाट्टीट नाट भ्रट इत्येते त्याः स्वार्थे भवन्ति खुविषये। नासिकाया इति सम्बन्धसामान्ये ता। तत्र यदा नासिकायाः कर्तृत्वविवक्षा, तदा सामानाधिकरण्येन विग्रहः। अवनता नासिका अवटीटा। अवनाटा। अवभ्रटा। यदा सम्बन्धित्वविवक्षा तदा वैयधिकरण्येन, नासिकाया अवनतम्, अवटीटम्। अवनाटम्। अवभ्रटम्। एवमुत्तरत्रापि विग्रहद्वयं ज्ञातव्यम्। तद्योगात्पुरुषेऽपि तथोच्यते। अवटीटः पुरुषः।

नेर्बिडबिरीसौ ॥३।४।१५२॥ नते नासिकायाः खाविति वर्तते। निशब्दान्नासिकानतार्थवचनाद् बिड बिरीस इत्येतौ त्यौ भवतः। निनता नासिका निबिडा। निबिरीसा। निबिडम् निबिरीसमिति वा। तद्यो-गात्पुरुषोऽपि निबिडः। निबिरीसः। कथं निबिडं वस्त्रं निबिडाः केशा इति। उपमानात्सिद्धम्।

केनौ वि(चि)क् ॥३।४।१५३॥ नते नासिकायाः खाविति वर्तते निरिति च। नासिकानतार्थ-वाचिनो नेः क इन इत्येतौ त्यौ भवतः वि(चि)क् इत्ययश्चादेशः प्रकृतेः। निनता नासिका वि(चि)क्का। वि(चि) किना। तद्योगाद् वि(चि)क्को देवदत्तः। वि(चि)किनः।

पिटे चिः ॥३।४।१५४॥ नासिकानतार्थवाचिनो नेः पिटे त्ये परतश्चिरित्ययमादेशो भवति। अनेनैव पिटस्य विधानम्। निनता नासिका चिपिटा। तद्योगाच्चिपिटो देवदत्तः। **"क्लिन्नस्य चिल्पिलौ लश्च-क्षुषीति वक्तव्यम्"** [वा०] क्लिन्नं चक्षुः चिल्लम्, पिल्लम्। तद्योगाद्देवदत्तोऽपि चिल्लः। **"चुल्लादेशश्च वक्तव्यः"** [वा०] क्लिन्नं चक्षुः चुल्लम्। तद्योगाद्देवदत्तोऽपि चुल्लः।

उपत्यकाऽधित्यके ॥३।४।१५५॥ उपत्यका अधित्यका इत्येतौ शब्दौ निपात्येते। उपशब्दात्पर्वता-सन्ने देशे वर्तमानात्स्वार्थे त्यक इत्ययं त्यो निपात्यते इलाभावश्च स्त्रीलिङ्गे खुविषये। पर्वतमुपासन्नो देश

उपत्यका। अधीत्येतस्मात्पर्वतमारूढे देशे वर्तमानात्त्यक इत्वाभावश्च स्त्रीलिङ्गे खुविषये। पर्वतमध्यारूढो देशोऽधित्यका।

कर्मठः ॥३।४।१५६॥ कर्मठ इति निपात्यते। कर्मशब्दादीप्समर्थाद्घटते इत्यस्मिन्नर्थेऽठो निपात्यते कर्मणि घटते कर्मठः।

तदस्य सञ्जातं तारकादिभ्य इतः ॥३।४।१५७॥ तदिति वासमर्थेभ्यः सञ्जातोपादि(धि)भ्यस्तारकादिभ्योऽस्येति ताऽर्थे इतो भवति। तारकः संजाता अस्य तारकितं नभः। पुष्पिता लता। तारका। पुष्प। कर्णक। ऋजीष। सूत्र। निष्क्रमण। पुरीष। उच्चार। प्रचार। कुड्मल। मुकुल। कुसुम। स्तवक। किसलय। वेग। वेश। निद्रा। बुभुक्षा। पिपासा। श्रद्धा। स्वभ्र(श्वभ्र)। अन्न। रोग। अङ्गारक। वर्णक। द्रोह। सुख। दुःख। उत्कण्ठा। भर। व्याधि। "गर्भादप्राणिनि" [ग० सू०] गर्भिताः शालयः। अप्राणिनीति किम्? गर्भिणी गौः।

प्रमाणे द्वयसड्दघ्नण्मात्रटः ॥३।४।१५८॥ तदस्येति वर्तते। तदिति वासमर्थात्प्रमाणेऽर्थे वर्तमानादस्येति ताऽर्थे द्वयसट् दघ्नट् मात्रट् इत्येते त्या भवन्ति। प्रमाणस्य प्रमेयापेक्षत्वात्प्रमेयस्त्यार्थः। ऊरुः प्रमाणमस्य ऊरुद्वयसम्। ऊरुमात्रम्। यद्यप्यायामः प्रमाणत्वेन प्रसिद्धस्तथाप्यभिधानवशाद् द्वयसड्दघ्नटावूर्ध्वमाने, मात्रट् पुनरविशेषेण। कर्षमात्रं घृतम्। प्रस्थमात्रं धान्यम्। धनुर्मात्री भूमिः। "प्रमाणशब्दा ये प्रसिद्धास्तेभ्यो द्वयसडादीनां ध्वंसनं वक्तव्यम्" [वा०] समः प्रमाणमस्य समः। दिष्टिः प्रमाणमस्य दिष्टिः। वितस्तिः। "राच्च ध्वंसनं वक्तव्यम्" [वा०] द्वौ समे प्रमाणमस्य द्विसमम्। त्रिसमम्। द्विदिष्टिः। द्विवितस्तिः। तदन्तविध्यभावात्पूर्वेणाप्राप्तिः। चकारः किमर्थः? संशये स्थायिनं मात्रटं वक्ष्यति। तत्राऽपि राद्ध्वंसनमेव यथा स्यात्। "डट् स्तोमे वक्तव्यः" [वा०] पञ्चदशाहानि परिमाणमस्य यज्ञस्य पञ्चदशः स्तोमः। सप्तदशः। पञ्चदशी रात्रिः। छन्दसि पूर्वमेव सिद्धमछन्दोविषयार्थमेतत्। "शन्शतोर्डिनिर्वक्तव्यः" [वा०] पञ्चदशाहोरात्राः परिमाणमेषां पञ्चदशिनोऽर्द्धमासाः। त्रिंशिनो मासाः। द्वात्रिंशिनो देवेन्द्राः। त्रयस्त्रिंश इत्यपीष्यते। "विंशतेश्चेति वक्तव्यम्" [वा०] विंशिनो भवनेन्द्राः। विंशिनोऽङ्गिरसः। "प्रमाणपरिमाणाभ्यां संख्यायाश्चापि संशये मात्रड् वक्तव्यः" [वा०] समः प्रमाणमस्य स्यात् सममात्रम्। वितस्तिमात्रम्। प्रस्थः परिमाणमस्य स्यात् प्रस्थमात्रम्। कुडवमात्रम्। पञ्च संख्याः एषां स्यात् पञ्चमात्राः। पुरुषाः दशमात्राः। उक्तं च –

"प्रमाणध्वंसनं राच्च डट्स्तोमे शन्शतोर्डिनिः। प्रमाणपरिमाणाभ्यां संख्यायाश्चापि संशये॥"

"स्वार्थे द्वयसण्मात्रटौ बहुलं वक्तव्यौ" [वा०] तावदेव तावद्द्वयसम्। तावन्मात्रम्। यावदेव यावद्द्वयसम्, यावन्मात्रम्।

पुरुषहस्तिनोऽण् च ॥३।४।१५९॥ तदस्येति वर्तते प्रमाण इति च। पुरुष-हस्तिशब्दाभ्यामण् च भवति, द्वयसडादयश्च भवन्ति। पुरुषः प्रमाणमस्य पौरुषम्। पुरुषद्वयसम्। पुरुषदघ्नम्। पुरुषमात्रम्। हस्ती प्रमाणमस्य हास्तिनम्। "प्रायोऽनपत्येऽणोनः" [४।४।१५५] इति टिखप्रतिषेधः। हस्तिद्वयसम्। हस्तिदघ्नम्। हस्तिमात्रम्। प्रमाणशब्दाच्च प्रसिद्धो "प्रमाणाद्ध्वसनमिति" च भवति। पुरुषः प्रमाणमस्य पुरुषः। "अणादीनां ध्वंसनवचनाच्छूवणोऽचाराच्चेति ध्वंसनं द्वयसडादीनामेव द्रष्टव्यम्।" अण् तदन्तान्न सम्भवति। द्वौ पुरुषौ प्रमाणमस्य द्विपुरुषं जलम्। द्विपुरुषी द्विपुरुषा वा खाता। द्विहस्ति जलम्। द्विहस्तिनी नदी। नान्तलान्ङीविधिः।

यत्तदेतेभ्यः परिमाणे वतुः ॥३।४।१६०॥ तदस्येति वर्तते । यद् तद् एतद् एतेभ्यः परिमाणोपाधिभ्योऽस्येति ताऽर्थे वतुर्भवति । यत्परिमाणमस्य यावान् । तावान् । एतावान् । "आ सर्वनाम्नः" [४।३।११७] इति दकारस्यात्वम् । प्रमाणे ग्रहणेऽनुवर्तमाने परिमाणग्रहणं किम् ? प्रमाणे द्वयसडादीनां बाधा मा भूत् । यद्द्वयसम् । प्रमाणपरिमाणयोर्भेदाद्वत्वं तदपि (वत्वन्तादपि) द्वयसडादयः सिद्धाः । यावन्मात्रम् ।

इदमो वो घः ॥३।४।१६१॥ इदमित्येतस्मादुत्तरस्य वतोर्वकारस्य घकार आदेशो भवति । इदमेव ज्ञापकम् । इदमो वतुर्भवतीति । इदम्परिमाणमस्य इयान् । घस्य इयादेशः । "किमिदमोः कीश्" [४।३।११६] इति इदमः ईशादेशः । "यस्य ङ्याञ्च" [४।४।१३६] इति खः । त्यमात्रमेवावशिष्टम् । तस्य व्यपदेशिवद्भावात् मृत्संज्ञा "परस्यादेः" [१।१।५१] इत्येव सिद्धे व इति स्थानिनिर्देशः किमर्थः ? घस्य त्यान्तरत्वं मा भूत् ।

किमः ॥३।४।१६२॥ किम इत्येतस्मात्परस्य वतोर्वकारस्य घकार आदेशो भवति । अनेनैव वतोर्विधानम् । किम्परिमाणमस्य कियान् ।

सङ्ख्यापरिमाणे डतिश्च ॥३।४।१६३॥ किम इति वर्तते तदस्येति च । परिमितिः परिमाणम् । सङ्ख्यायाः परिमाणं परिच्छित्तिः । सङ्ख्यापरिमाणे वर्तमानात् किमो वासमर्थादस्येति ताऽर्थे डती[1]त्ययं त्यो भवति वतुश्च । वतोर्वकारस्य च घकारादेशः । का संख्या एषां कतीमे पुरुषाः । द्वित्वैकत्वयोः सम्परिप्रश्नस्याभावात् । बह्वन्तमेवोदाहरणम् । अथवा परिमीयतेऽनेनेति परिमाणम्, सङ्ख्यैव परिमाणं सङ्ख्यापरिमाणमिति यद्यः । अस्मिन्पक्षे परिमाणग्रहणं सङ्ख्याविशेषणं किमर्थम् ? तथाहि का संख्या एषाम्, किम्परिमाणमेषामिति एक एवार्थः । एवं तर्हि यत्र सङ्ख्याऽद्वेपविषया तत्र मा भूत् । केयमेषां संख्या पञ्चानामिति । परिमाणग्रहणेऽत्र वर्तमाने पुनः परिमाणग्रहणं विस्पष्टार्थम् ।

सङ्ख्याया अवयवे तयट् ॥३।४।१६४॥ तदस्येति वर्तते । तदिति वासमर्थायाः सङ्ख्यायाः अवयवोपाधिकाया अस्येति तार्थे तयड् भवति । सामर्थ्यादवयविनि तयड् वेदितव्यः । पञ्च अवयवा यस्य पञ्चतयो यमः । दशतयो धर्मः । सप्ततयी नयष्टतिः ।

उभात्खम् ॥३।४।१६५॥ उभशब्दादुत्तरस्य तयटः खं भवति । इदमेव ज्ञापकं भवत्युभशब्दात्तयटि । उभाववयवावस्य उभयो मणिः । उभये देवमनुष्याः । उभयशब्दः सर्वादिषु पठ्यते ।

द्वित्रिभ्यां वा ॥३।४।१६६॥ द्वित्रिभ्यामुत्तरस्य तयटो वा खं भवति । "परस्यादेः" [१।१।५१] इति तकारस्य खम् । द्वयम्, द्वितयम् । त्रयम्, त्रितयम् । द्वये, द्वयाः । खेपनेष्याः (त्रये । त्रयाः) एकदेशविकृतस्यानन्यत्वात् "प्रथमचरम" [१।१।४१] इत्यादिना जसि वा सर्वनामसंज्ञा ।

तदस्मिन्नधिकमिति शदशान्ताड्डः ॥३।४।१६७॥ तदिति वासमर्थात्शदशान्तान्मृदोऽधिकोपाधिविशिष्टादस्मिन्नितीवर्थे डो भवति । इतिकरणस्ततश्चेद् विवक्षा । सङ्ख्या इति वर्तते । त्रिंशदधिका अस्मिन् शते त्रिंशं शतम् । चत्वारिंशं शतम् । ननु शदिति त्यग्रहणे "त्यग्रहणे यस्मात्स तदादेर्ग्रहणमित्यन्तग्रहणमनर्थकम् । एवं तर्ह्यन्तग्रहणसामर्थ्यादेकत्रिंशदादीनामपि सङ्ख्याशब्दानां ग्रहणम् । एकत्रिंशदधिका अस्मिन् शते एकत्रिंशं शतम् । द्वात्रिंशम् । त्रयस्त्रिंशम् । दशार्थं वाऽन्तग्रहणम् । एकादश अधिका अस्मिन् शते एकादशं शतम् । एवं द्वादशम्, त्रयोदशम् । इह कस्मान्न भवति । एकादश माषा अधिका अस्मिन् कार्षापणशते इति ? यज्जातीयत्यार्थस्तज्जातीय एव प्रकृत्यर्थे सति

---

१. डतिरिति पू० ।

त्य इष्यते। इह तर्हि प्राप्नोति। एकादश कार्षापणा अधिका अस्मिन् कार्षापणशते, गोत्रिंशदधिका अस्मिन् गोशत इति सङ्ख्याया इत्यनुवृत्तेर्न भवति। इतिकरणः किमर्थः ? शतसहस्रयोरेवाभिधानमिति ज्ञापनार्थः। तेनेह न भवति। एकादश अधिका अस्यां त्रिंशति, एकत्रिंशदधिका अस्यां षष्टाविति। कथम् एकादशं शतसहस्रमिति ? अत्राऽपि शतसहस्रयोरन्यतरप्राधान्यमस्ति। उक्तञ्च—

''अधिके समानजाताविष्टः शतसहस्रयोः। यस्य सङ्ख्या तदाधिक्ये डः कर्तव्यो मतो मम॥''

[पा० म० ५।२।४४]।

विंशतेश्च ॥३।४।१६८॥ सङ्ख्याया इति वर्तते। विंशतिशब्दाद् वासमर्थादधिकोपाधिविशिष्टादस्मिन्नितीत्यर्थे डो भवति। चशब्दात् विंशत्यन्तादपि भवति। विंशतिरधिका अस्मिन् शते विंशं शतं सहस्रम्। तदन्तात्। एकविंशं शतम्। इकविंशं सहस्रम्। ''ते विंशतेर्डिति'' [४।४।१२८] इति खे कृते ''एप्यतोऽपदे'' [४।३।८४] इति पररूपत्वम्। संख्याया इत्येव। गोविंशतिरधिका अस्मिन् गोशते इति।

सङ्ख्याया गुणस्य निमाने मयट् ॥ ३।४।१६९ ॥ ''तदस्य सञ्जातम्'' [३।३।१५७] इत्यतः तदस्येत्यनुवर्तते। गुणो भाग इत्यर्थः। गुणो निमीयते परिवर्त्यते विक्रीयते वा येन तन्निमानं मूल्यमित्यर्थः। तदपि सामर्थ्याद् भाग एव। यतो गुणैरेव गुणो निमीयते। तदिति वासमर्थायाः संख्याया गुणस्य निमाने वर्तमानाया अस्येति ताऽर्थे निमेयेऽभिधेये मयड् भवति। गुणस्येति कर्मणि ता। यवानां द्वौ भागौ निमानमस्योदश्विद्ग्रहणस्य द्विमयमुदश्वित् यवानाम्। द्विगुणं मूल्यमित्यर्थः। एवं त्रिमयं चतुर्मयम्। यथा अणादयः शब्दशक्तिस्वाभाव्यादपत्यापत्यवत्सम्बन्धे विधीयमाना अपि प्राधान्येन सम्बन्धमाचक्षते। अपगवोदरश्चि(औपगवोदाश्चि)रिति। तथा मयड्भागो विधीयमानो भागवन्तमाचष्टे तेन द्विमयमुदश्वित् इति सामानाधिकरण्यम्। टिक्करणं द्वौ गुडस्य एकं शर्करायाः द्विमयी शर्करा। गुणनिमान इति वक्तव्ये गुणस्येत्येकत्वं विवक्षितम्। तेनेह न भवति। यवानां त्रयो भागा निमानमुदश्वितः। द्वयोर्भागयोरिति अधिकायाश्च संख्यायास्त्य इष्यते। तेनेह न भवति। एको भागो निमानमस्योदश्विद्भागस्येति। इह तर्हि प्राप्नोति द्वौ यवानामध्यर्ध उदश्वित इति। अत्रापि गुणस्येति समर्थनिर्देशादेव न भवति। तदपेक्षया प्रकृतेरपि निरंशसंख्यानं द्रष्टव्यम्। तेनेह न भवति अध्यर्धो यवानाम् एकस्योदश्वित इति। न च सकविधेरन्यत्र अध्यर्धशब्दस्य संख्यात्वमिष्टम्। गुणस्येति किम् ? द्वौ व्रीहियवौ निमानमस्योदश्वितः। अत्र भागस्येति न प्रयुक्तम्। निमान इति किम् ? द्वौ गुणौ क्षारस्य एकस्तैलस्य द्विगुणं क्षीरेण तैलपक्वम्। नात्र वासमर्थं गुणं निमाने वर्तते। अन्ये अन्यथा सूत्रार्थं वर्णयन्ति। निमीयते इति निमानं निमातव्यम्। बहुलवचनात्कर्मणि युट्। गुणस्येति कर्तरि ता। करणस्यापि कर्तृत्वेन विवक्षितत्वात्। ''वासमर्थायाः संख्याया गुणस्य निमेये वर्तमानयोः'' [वा०] निमानेऽभिधेये मयड् भवति। उदश्वितो द्वौ भागौ निमेयस्य यवभागस्य द्विमया यवा उदश्वितः। त्रिमयाः। चतुर्मया यवाः। अत्र व्याख्याने समर्थमुदश्वित्, यवास्तु त्यार्थः। पूर्वत्र महार्घमुदश्वित् , तदेव च त्यार्थः। मतद्वयमपि प्रमाणम्।

इत्यभयनन्दिविरचितायां जैनेन्द्रमहावृत्तौ तृतीयस्याध्यायस्य चतुर्थः पादः। समाप्तश्च तृतीयोऽध्यायः।

चतुर्थोऽध्यायः

तस्य पूरणे डट् ॥४।१।१॥ सङ्ख्याया इति वर्तते। पूर्यतेऽनेनेति पूरणः। तस्येति तासमर्थात्सङ्ख्यावाचिनः पूरण इत्येतस्मिन्नर्थे डड् भवति। एकादशानां पूरण एकादशः। द्वादशः। द्वादशी। द्वितीयमपि सङ्ख्याग्रहणमनुवर्तते। तत्सङ्ख्यानप्रधानं सत् त्यार्थविशेषणम्। सङ्ख्याया डड् भवति सङ्ख्यानपूरण इति न सङ्ख्येयपूरणे डट् भवति। एकादशानामुष्ट्रिकाणां (मुष्टिकानां) पूरणो घट इति। ननु नात्र एकादशभ्यः प्रकृत्यर्थभूतेभ्योऽन्यः पूरण इत्यर्थं उपलभ्यते। अतो वृत्तिर्न प्राप्नोति। नैष दोषः। समुदायस्य चावयवानां च कथञ्चिद् भेद इति। यथा वृक्षान्तर्भूताऽपि शाखा वृक्षस्येति व्यवह्रियते। उक्तञ्च—

"बहूनां वाचिका (वाचिका) सङ्ख्या पूरणं ह्येक इष्यते। अन्यत्वादुभयोर्वृत्तिर्वाक्षी शाखानिदर्शनम्॥"
[पा० म० ४।२।४८]।

नोऽसे मट् ॥४।१।२॥ न इति वर्णनिर्देशः। वर्णग्रहणं सर्वत्र तदन्तविधिं प्रयोजयति। नकारान्तात्सङ्ख्यावाचिनो मृदो मड्भवत्यसे तस्य पूरण इत्यस्मिन्विषये। डटोऽपवादः। पञ्चानां पूरणः पञ्चमः। सप्तमः। सप्तमी। असे इति किम्? एकादशानां पूरण एकादशः।

षट्कतिकतिपयचतुरां थुक् ॥४।१।३॥ मूलसूत्रे विहितो यो डट् तस्येहानुवर्तमानस्यार्थवशादीबन्तात्षट् कति कतिपय चतुर इत्येतेषां डटि परतस्थुगागमो भवति। इदमेव डटि थुग्वचनं ज्ञापकं भवति। कतिपयशब्दादपि डट्। षण्णां पूरणः षष्ठः। कतिथः। कतिपयथः। चतुर्थः। थुग्वचनसामर्थ्याट्टिखं न भवति। पूर्वान्तकरणं पदकार्यनिवृत्त्यर्थम्। इह कतिपयानां स्त्रीणां पूरणी कतिपयथी। **"तस्य इत्यदे"** [वा०] इति विषयनिर्देशात्प्रागेव थुकः पुंवद्भावः। **"चतुरश्छयावाद्यक्षरस्य (स्य) खं चेति वक्तव्यम्"** चतुर्णां पूरणः, तुरीयः, तुर्यः।

बहुपूगगणसङ्घस्य तिथुक् ॥३।१।४॥ डडिति वर्तते। बहु पूग गण सङ्घ इत्येतेषां डटि परतस्तिथुगागमो भवति। डडि (टि) ति थुग्वचनं ज्ञापकं भवति पूगसङ्घाभ्यां डट्। बहूनां पूरणः बहुतिथः। पूगतिथः। सङ्घतिथः। गणतिथः। इह बह्वीनां पूरणी बहुतिथी। **"तस्य इत्यदे"** [वा०] पुंवद्भावे कृते तिथुग्वेदितव्यः।

वतोरिथुक ॥४।१।५॥ डडिति वर्तते। वत्वन्तस्य डटि परत इथुगागमो भवति। **"वतोर्वेट्"** [३।४।२०] इत्यत्र वत्वन्तस्य संख्यासंज्ञा प्रतिपादिता। यावतां पूरणः यावतिथः। तावतिथः। एतावतिथ। इयतिथः। कियतिथः।

द्वेस्तीयः ॥४।१।६॥ तस्य पूरण इति वर्तते। द्विशब्दात्तीय इत्ययं त्यो भवति। डटोऽपवादः। द्वयोः पूरणः द्वितीयः।

त्रेस्तृ च ॥४।१।७॥ तस्य पूरण इति वर्तते। त्रिशब्दात्तीयो भवति तृ इत्ययं चादेशः। अयमपि डटोऽपवादः। त्रयाणां पूरणः तृतीयः।

शतादिमासार्धमाससंवत्सरात्तमट् ॥४।१।८॥ शतादिभ्यो मासार्धमास सवत्सर इत्येतेभ्यश्च तमड् भवति तस्य पूरण इत्यस्मिन्विषये। डटोऽपवादः। शतस्य पूरणः शततमः। सहस्रतमः। लक्षतमः। "विंशत्यादेर्वा" [४।१।१०] इत्येषा विभाषा शतात् पूर्वां सङ्ख्यामवगाहते। मासार्धमाससंवत्सराणामसङ्ख्याशब्दत्वात् डटोऽप्राप्ते तमट्। मासस्य पूरणो मासतमो दिवसः। अर्धमासतमः। संवत्सरतमः। संवत्सरतमी तिथिः।

तेरसङ्ख्यादेः ॥४।१।९॥ तस्य पूरणे इति वर्तते। "पङ्क्त्यादि" [३।४।५८] सूत्रे तिरिति त्यो निपातितः। त्यन्तात्सङ्ख्यावाचिनो मृदोऽसङ्ख्यापूर्वात्तमड् भवति। "विंशत्यादेर्वा" [४।१।१०] इति विकल्पे प्राप्ते नित्यार्थोऽयमारम्भः। षष्टेः पूरणः षष्टितमः। सप्ततितमः। अशीतितमः। नवतितमः। असङ्ख्यादेरिति प्रतिषेधः किमर्थः? यावता तिरिति त्यः, त्यग्रहणे यस्मात्स तदादेर्ग्रहणमिति षष्ट्यादीनामेव ग्रहणम्, तदन्तानां ग्रहणं नास्तीत्यस ङ्ख्यादेरिति प्रतिषेधोऽनर्थकः। इदमेव ज्ञापकं भवति। इह सङ्ख्यापूर्वपदानामपि ग्रहणम्। तेन एकषष्टेः पूरणः एकषष्टः एकषष्टितमः इत्येवमादिषु "विंशत्यादेर्वा" [४।१।१०] इति वा तमड् भवति। पूर्वसूत्रेऽपि शतादेरुच्यमानस्तमट् तदन्तादपि भवति। एकशततमः। एकसहस्रतमः। शतसहस्रतमः।

विंशत्यादेर्वा ॥४।१।१०॥ तस्य पूरणे इति वर्तते। विंशत्यादिभ्यो वा तमड भवति। तमटा मुक्ते डट् भवति। विंशतेः पूरणः विंशतितमः, विंशः। एकविंशतितमः, एकविंशः। त्रिंशत्तमः, त्रिंशः। सङ्ख्या-पूर्वपदादपि भवतीति ज्ञापितम्। अथवा व्याप्तेर्न्यायात्। विंशत्यादयो लोकप्रसिद्धाः सङ्ख्याशब्दा गृह्यन्ते न "पङ्क्त्यादि" [३।४।५८] सूत्रे व्यवस्थिताः।

डटो ग्रहणे कः ॥४।१।११॥ डडिति प्रत्याहारः। गृह्यतेऽनेनेति ग्रहणम्। डडन्तान्मृदो ग्रहणोपाधि-विशिष्टात्स्वार्थे क इत्ययं त्यो भवति। द्वितीयं ग्रहणं द्वितीयकम्। तृतीयकम्। व्याकरणस्य ग्रन्थ एवाऽभिधानम्। अन्यत्र द्वितीयं ग्रहणं धान्यस्येति वाक्यमेव भवति। "डटो वा डव्वक्तव्यः" [वा०] द्विकं द्वितीयकम्। तृकम्। तृतीयकम् व्याकरणस्य। तेन "गृह्णात्युपचेति वक्तव्यम्" [वा०]। डडन्ताद् भासमर्थाद् गृह्णाति इत्यस्मिन्नर्थे को भवति डटश्च नित्यमुप्। द्वितीयेन रूपेण गृह्णाति। कः। तीयस्य च उप्। द्विको देवदत्तः। एवं त्रिकः। "सन्नियोगशिष्टानामन्यतरापाये उभयोरप्यभावः" इति तीये निवृत्ते प्रकृत्यादेशोऽपि निवर्तते। चतुर्थेन गृह्णाति चतुष्कः। डटि निवृत्ते थुगपि निवर्तते। "इदुदुङोऽत्यमुहुसः" [५।४।२८) इति रेफस्य सत्त्वम्। "इणः षः" (५।४।२७) इति षत्वम्। षष्ठेन गृह्णाति षट्कः। ग्रन्थ एवाभिधानम्। इह न भवति। द्वितीयेन गृह्णाति पुस्तकम्।

स एषां ग्रामणीः ॥४।१।१२ ग्रामणीर्मुख्य इत्यर्थः। स इति वासमर्थान्मृद एषामिति चतुर्थे को भवति। यत्तद् वासमर्थं ग्रामणी श्चेत्स भवति। देवदत्तो ग्रामणीरेषां देवदत्तकाः। जिनदत्तकाः। सङ्घेऽपीष्यते। देवदत्तो ग्रामणीरस्य सङ्घस्य देवदत्तकः।

स्वाङ्गेषु प्रसिते ॥४।१।१३॥ अद्रवं मूर्तिमत्स्वाङ्गमित्यादिना परिभाषितमिह स्वाङ्गम्। निर्देशादेव समर्थविभक्त्युपादानम्। स्वाङ्गवाचिभ्य ईप्समर्थेभ्यः प्रसित इत्यस्मिन्नर्थे को भवति। प्रसितः प्रसक्तः। केशेषु प्रसितः केशकः। "प्रसितोत्सुकाभ्यां भा च" [१।४।२२] इतीप्। एवं दन्तकः। नखकः। केशादिसंस्कारे केशादिशब्दा वर्तन्ते। बहुत्वनिर्देशः किमर्थः? स्वाङ्गसमुदायादपि यथा स्यात्। नखकेशकः। मुखदन्तकः।

तदस्मिन्नन्नं प्राये खौ ॥४।१।१४॥ तदिति वासमर्थादस्मिन्नितीबर्थे को भवति। यत्तद् वासमर्थमन्नं चेत्प्रायविषयं तद् भवति। त्यान्तं चेत्संज्ञायां वर्तते। नृपुटाः प्रायेणान्नमस्यां नृपुटिका पौर्णमासी। प्राय इति सूत्रे उपाधिलक्षणो वा विषयलक्षणो वा ईम्निर्देशः। विग्रहे तु करणत्वविवक्षायां भा। अन्नविशेषणत्व-विवक्षायां वाऽपि भवति। नृपुटाः प्रायोऽन्नमस्यामिति। एवं गुडापूपाः प्रायेणान्नमस्यां गुडापूपिका। तिला-पूपिका। कृतशरिका। "वटकेभ्य इन्वक्तव्यः" [वा०] वटकिनी। खाविति किम्? अपूपाः प्रायेणान्न(म)वन्तिषु।

कुल्माषादण् ॥४।१।१५॥ कुल्माषशब्दादण् भवति तदस्मिन्नन्नं प्रायेण खावित्यस्मिन्विषये। कस्यापवादः। कुल्माषाः प्रायेणान्नमस्यां कौल्माषी पौर्णमासी।

कालप्रयोजनाद्रोगस्य ॥४।१।१६॥ तदिति वर्तते खाविति च। तदिति वासमर्थान्मृदः काल-प्रयोजनोपाधिकाद् रोगस्येति ताऽर्थे को भवति संज्ञायां गम्यमानायाम्। सततं कालोऽस्य सततकः। द्वितीयं कालोऽस्य द्वितीयको ज्वरः। तृतीयकः। चतुर्थकः। प्रयोजनाद्—विषपुष्पप्रयोजनमस्य विषपुष्पको ज्वरः। काशपुष्पकः। पर्वतकः। कालनिमित्ताद्रोगस्येति च वक्तव्ये प्रयोजनग्रहणस्यैतत्प्रयोजनम्। फलेऽपि प्रयोजने यथा स्यात्। उष्णकार्यमस्य उष्णकः। शीतको ज्वरः।

शृङ्खलकौदरिकसस्यकांशकतन्त्रकब्राह्मणकोष्णिकोष्मकशीतकाऽधिकाऽनुकाऽभिकाऽभीकाऽनुपदिपार्श्वकायःशूलिकादाण्डाजिनिकोत्कश्रोत्रियसाक्षीन्द्रियक्षेत्रियाः ॥४।१।१७॥ शृङ्खलक इत्येवमादयः शब्दा निपात्यन्ते। शृङ्खलशब्दाद् वासमर्थाद् बन्धनोपाधिकादस्येति ताऽर्थे को निपात्यते करभे। शृङ्खलं बन्धनमस्य गौरिति वाक्यमेव भवति। उदरशब्दादीपूसमर्थात् प्रसित इत्यस्मिन्नर्थे ठञ् निपात्यते आद्यूने गम्यमाने। आद्यून उदरे अविजिगीषुरुच्यते। उदरे प्रसित औदरिकः। आद्यून इत्यर्थः। उक्तं च—

"मिताशिनं षट् सुगुणा रुजन्ते (भजन्ते) आरोग्यमायुश्च वपुर्बलञ्च।
अनाविलश्चास्य भवत्यपत्यं न चैनमाद्यूनमिति क्षिपन्ति॥"

अन्यत्र उदरे प्रसित उदरकः। स्वाङ्गेषु प्रसित इति कः। सस्यशब्दाद् भासमर्थात्परिजात इत्येतस्मिन्नर्थे कः। सस्येन परिजातः सस्यकः शालिः। सस्यको देशः। सस्यको वत्सः। वैगुण्यरहित इत्यर्थः। सस्यमिव सस्यम्, तेन परिजातः सस्यको मणिः। आका(क)रशुद्ध इत्यर्थः। "विग्रहे (अंश) शब्दादीप्समर्थात् हरतीत्यस्मिन्नर्थे कः।" अंशं हरति अंशको दायादः। "तन्त्रशब्दात्कासमर्थादचिरापहृत इत्यस्मिन्नर्थे कः। तन्त्रादचिरापहृतः तन्त्रकः पटः। "ब्राह्मणक उष्णिक इत्येतौ शब्दौ खुविषये कल्यान्तौ निपात्येते।" ब्राह्मणको देशः। यत्रायुधजीविनो ब्राह्मणास्तस्य देशस्येयं संज्ञा। उष्णादल्पान्ने। उष्णिका अल्पान्ना यवागूरुच्यते। "उष्णशीतशब्दाभ्यां क्रियाविशेषणाभ्यां वासमर्थाभ्यां करोतीत्यस्मिन्नर्थे कः।" उष्णं करोतीति उष्णकः। शीघ्रकारीत्यर्थः। शीतं करोति शीतकः। जड इत्यर्थः। "अधिकमित्यत्र अध्यारूढशब्दात्स्वार्थे के ध्युखं च निपात्यते।" "श्लिषशीङ्स्थास" [२।४।५७] इत्यादिना यदाऽध्यारूढशब्दः कर्तरि व्युत्पाद्यते तदाऽधिको द्रोणः खार्यामित्युदाहरणम्। यदा कर्मणि व्युत्पाद्यते तदा अधिका खारी द्रोणेनेत्युदाहरणम्। "अनुक अभिक अभीक इत्येते शब्दाः कल्यान्ताः कमिता इत्यस्मिन्नर्थे निपात्यन्ते"। अनुकामयतेऽनुकः। अभिकामयतेऽभिकः। अभेर्वा दीर्घत्वं निपात्यते। "अनुपदशब्दादन्वेष्टरि इन्निपात्यते।" पदस्य पश्चादनुपदम्। (प) श्चादर्थे हसो भावप्रधानः। अनुपदमन्वेष्टा अनुपदी गवाम्। "पार्श्वशब्दाद् भासमर्थादन्विच्छतीत्यस्मिन्नर्थे कः।" अनृजुरुपायः पार्श्वं पार्श्वेनान्विच्छति पार्श्वकः। "अयःशूलदण्डाजिनशब्दाभ्यां भासमर्थाभ्यामन्विच्छतीत्यस्मिन्नर्थे ठण्।" तीक्ष्ण उपायोऽयःशूलम्, अयःशूलेनान्विच्छति आयःशूलिकः। दण्डाजिनेनान्विच्छति दाण्डाजिनिकः। दम्भप्रधान इत्यर्थः। "उत्क उन्मनसि को निपात्यते।" उत्कः प्रवासी। उत्कण्ठित इत्यर्थः। "छन्दःशब्दादिप्समर्थादधीते इत्येतस्मिन्नर्थे घो निपात्यते प्रकृतेश्च श्रोत्रभावः।" छन्दोऽधीते श्रोत्रियः। मनोज्ञादिपाठाच्छान्दस इत्यपि भवति। "साक्षात्शब्दाद् द्रष्टरि इन् खुविषये।" साक्षाद्द्रष्टा साक्षी। दातृप्रतिग्रहीतृभ्यां योऽन्य उपद्रष्टा तस्येयं संज्ञा। "इन्द्रशब्दात्तासमर्थाल्लिङ्ग इत्यस्मिन्नर्थे घः।" इन्द्रस्य लिङ्गम् इन्द्रियम्। इन्द्र आत्मा। अथवा इन्द्रं कर्म। इन्द्रेण जुष्टं सृष्टं दृष्टं दत्तं वा इन्द्रियम्। तान्ताद् घः। "परक्षेत्रशब्दादीप्समर्थाच्चिकित्स्य इत्यस्मिन्नर्थे घः परशब्दस्य च खम्।" परक्षेत्रे चिकित्स्यः क्षेत्रियो व्याधिः। परक्षेत्रं जन्मान्तरशरीरमुच्यते।

श्राद्धं भुक्तं ठोऽनेन ॥४।१।१८॥ तदिति वर्तते। श्राद्धशब्दाद् वासमर्थाद् भुक्तोपाधिकादनेनेति

कर्तरि ठो भवति। श्राद्धं कर्मनामधेयम्। श्रद्धा प्रयोजनमस्य श्राद्धम्। "अण्प्रकरणे अग्निपदादिभ्य उपसंख्यानम्" [वा०] इत्यण्। "प्रज्ञाश्रद्धाऽर्चा" [४।१।१८] आदिना मत्वर्थीयो वाण्। श्राद्धं भुक्तमनेन श्राद्धिको देवदत्तः।

इन् ॥४।१।१९॥ श्राद्धं भुक्तमनेनेति वर्तते। इन् भवति श्राद्धशब्दात्। श्राद्धं भुक्तमनेनेति श्राद्धी देवदत्तः। योगविभाग उत्तरार्थः। "**ठेनोः समानकालग्रहणं वक्तव्यम्**"। यस्मिन्नहनि श्राद्धमनेन भुक्तं तस्मिन्नेव श्राद्धिकः श्राद्धी वाऽभिधीयते। अद्य भुङ्क्ते श्राद्धे श्वः श्राद्धिकः श्राद्धीति च न भवति।

पूर्वात् ॥४।१।२०॥ तदिति वर्तते अनेनेति च। पूर्वशब्दाद् वासमर्थात् अनेनेति कर्तरि इन् भवति। कर्ता क्रियामन्तरेण न भवतीति पाकादिक्रिया व्याहर्तव्या। पूर्वशब्दः क्रियाविशेषणमिह गृह्यते। पूर्वमनेन भुक्तं पीतं गतं वा पूर्वी। प्रतीयमानस्य कर्मणोऽनुप्रयोगः। ओदनं सुरां ग्रामं वा।

सपूर्वात् ॥४।१।२१॥ सपूर्वाच्च मृदः पूर्वशब्दान्ताद् वासमर्थादनेनेत्यस्मिन्नर्थे इन् भवति। पूर्वसूत्रे यत् क्रियापदमव्याहृतं तत्पूर्वात् पूर्वशब्दादिह त्यः। पूर्वं कृतमनेन कृतपूर्वी कटम्। भुक्तपूर्वी ओदनम्। पीतपूर्वी सुराम्। त्योत्पत्तेः प्राक् मयूरव्यंसकादित्वात् [१।३।६६] सविधिः। "भूतपूर्वे चरट्" [३।४।१४२] इति ज्ञापकात्पूर्वशब्दस्य परनिपातः। क्तान्तं भावे व्युत्पादनीयम्। अथापि कर्मणि व्युत्पाद्यते। इत्युत्पन्ने क्रियाकर्म सम्बन्धं त्यक्त्वा कर्त्रा सह वर्तते। इति कर्मण्यनुक्ते इवेव भवति। कर्मसम्बन्धाभावादेव टापो निवृत्तिः। ननु "पूर्वात्" [४।१।२०] इत्युक्तं तत्र तदन्तविधिना संपूर्वाद् भविष्यति, व्यपदेशिवद्भावेन केवलाच्च भविष्यति, किमर्थं योगान्तरम्? एवं तर्हीदमेव योगद्वयं ज्ञापकम्। अस्तीदं परिभाषाद्वयम्, मृद्ग्रहणे न तदन्तविधिः, व्यपदेशिवद्भावो न मृदेति।

इष्टादेः ॥४।१।२२॥ तदिति अनेनेति च वर्तते। इष्ट इत्येवमादिभ्यो मृद्भ्यो वासमर्थेभ्योऽनेनेत्यस्मिन्नर्थे इन् भवति। इष्टमनेन इष्टी यज्ञे। क्तस्येन्विषयस्य कर्मण्युपसंख्यानमिति ईप्। इष्ट। पूर्त। उपपादित। निगदित। परिविदित। निकथित। निपतित। सङ्कलित। परिकलित। संरक्षित। परिरक्षित। गणित। अवकीर्ण। आयुक्त। निगृहीत। आभूत। श्रुत। आसेवित। अवधारित। अवकल्पित। निराकृत। उपाकृत। अनुयुक्त। अनुगणित। अनुपठित। व्याकुलित।

तदस्यास्त्यस्मिन्निति मतुः ॥४।१।२३॥ तदिति वासमर्थादस्य अस्मिन्नित्येतयोरर्थयोर्मतुर्भवति। यत्तद् वासमर्थमस्त्युपाधिकं चेत्तद् भवति। इति करणसूत(णस्तत)श्चेद्विवक्षा। प्रायो भूमादिषु विवक्षा।

"भूमनिन्दाप्रशंसासु नित्ययोगेऽतिशायने। संसर्गेऽस्तिविवक्षायां मत्वादिविधिरिष्यते।"

भूम्नि—गावोऽस्य सन्ति गोमान्। निन्दायाम्—शङ्खादकोऽस्याऽस्ति शङ्खादकी। ककुदावर्ती। प्रशंसायाम्—रूपमस्यास्ति रूपवान्। नित्ययोगे—क्षीरमेषां सन्ति क्षीरिणो वृक्षाः। अतिशायने—उदरिणी कन्या। संसर्गे—दण्डी। भूमाद्यभावेऽपि विवक्षा। व्याघ्रवान् पर्वतः। स्पर्शवान् वायुः। हस्तिमती शाला।

"मत्वर्थाच्छैषिकाच्चापि मत्वर्थः शैषिकस्तथा। सरूपस्त्यविधिर्नेष्टः सन्नन्तान्न सनिष्यते॥"

"गुणवचनेभ्यो मत्वर्थीयस्योपलक्तव्यः" [वा०]। शुक्लो गुणोऽस्यास्तीति शुक्लः पटः। कृष्णः। "रसादिभ्यो मतुर्वक्तव्यः" [वा०]। रसवान्। रस। रूप। वर्ण। गन्ध। स्पर्श। शब्द। स्नेह। एते गुणशब्दाः। 'एकाचः' स्ववान्। स्ववान्। अन्यनिवृत्त्यर्थमिदं वक्तव्यम्। कथं रूपिणी कन्या। रूपिको दारकः। रसिको नटः। इति? इतिकरणाद् भवति, अगुणार्थत्वाद् वा। अस्यास्मिन्निति द्वयोरुपादानं किम्? नानयो-

नियतः समावेशः। देशान्तरे राशौ हस्तिनः। न चैते राशि भवन्ति। कूपे गर्गाः। न च ते तस्य भवन्ति। अस्तिग्रहणं वर्तमानकालसत्ताप्रतिपत्त्यर्थम्। इह मा भूत्। गावोऽस्याऽऽसन्। गावोऽस्य भवितारः इति। कथं गोमानासीत्, गोमान् भविता इति? "धुयोगे त्याः" [२।४।१] इत्यत्रोपपत्तिर्वक्ष्यते।

प्राण्यङ्गादातो वा लः ॥४।१।२४॥ प्राण्यङ्गवाचिन आकारान्ताद्वा ल इत्ययं त्यो भवति मत्वर्थे। चूडालः। चूडावान्। घाटालः। घाटावान्। कथं तर्हि कर्णिकालः। कर्णिकावान्? प्राणिनि अङ्गं प्राण्यङ्गमिति विग्रहाल्लभ्यते। अथवा कर्णिका प्राण्यङ्गमप्यस्ति नाभरणविशेष एव। प्राणिग्रहणं (किम्)? शिखावान् प्रदीपः। अङ्गग्रहणं किम्? धर्मोन्मा भूत्। चिकीर्षावान्। आत इति किम्? हस्तवान्।

सिध्मादेः ॥४।१।२५॥ सिध्म इत्येवमादिभ्यश्च वा लो भवति मत्वर्थे। वाग्रहणमिह मतोः समुच्चयार्थम्। न विकल्पार्थम्। उत्तरत्र वाग्रहणात्। तेन येऽत्राकारान्तास्तेभ्यष्ठेनौ न भवतः। सिध्मान्यस्य सन्ति सिध्मलम्। सिध्म। वर्म। गडु। तुण्डि। मणि। नाभि। बीज। निष्पाव। सुयात। दत्त। सक्तु। पशुं। पांशु। मांस। पार्ष्णिधमन्योर्दीर्घत्वं च। "वा तदन्तवाक्ककाटानामूक च" [वा०] "जटा-घटाकालेभ्यः क्षेपे"। [वा०] पर्ण। उदक। प्रज्ञा। "क्षुद्रजन्तूपतापाभ्यां चेष्यते" [वा०] यूकालः। मक्षिकालः। उपतापात्–विचर्चिकालः। विपादिकालः। मूर्च्छालः।

फेनादिलश्च ॥४।१।२६॥ फेनशब्दादिलो भवति लश्च मत्वर्थे। वाग्रहणं मतुसमुच्चयार्थमनुवर्तते। फेनिलम्। फेनलम्। फेनवदुदकम्। "पिच्छादेश्चेति वक्तव्यम्" [वा०] पिच्छिलः। पिच्छलः। पिच्छवान्। पिच्छ। उरस्। ध्रुवक[1]। ध्रूवक। "जटा घटा काला त्रिभ्यः क्षेपे" [वा०] पर्ण। उदक। प्रज्ञा।

लोमपामादिभ्यां शनौ ॥४।१।२७॥ लोमादिभ्यः पामादिभ्यश्च यथासंख्यं श न इत्येतौ त्यौ भवतो मत्वर्थे। वेत्यनुवृत्तेर्मतोः समुच्चयः। लोमान्यस्य सन्ति लोमशः। लोमवान्। लोमन्। रोमन्। बभ्रु। वल्गु (वल्गु)। हरि। कपि। मुनि। तरु[2]। पामादिभ्यः। पामनः। पामवान्। पामन्। वामन्। हेमन्। श्लेष्मन्। बलि। सामन्। अङ्गः कल्याणे। अङ्गानि कल्याणान्यस्याः सन्ति अङ्गना। अङ्गमती अन्यत्र। लक्ष्म्या अच्च। लक्ष्मणः। वक्रुशाकी पकाली प्रश्च। ददुणः। शाकिनः। पलालिनः। "विष्वगिति णुत्वं चाकृतसन्धेः"। विष्वञ्चोऽस्य सन्ति विषुणः। विषुशब्दो निसंज्ञः।

प्रज्ञाश्रद्धाऽर्चावृत्तिभ्यो णः ॥४।१।२८॥ प्रज्ञा श्रद्धा अर्चा वृत्ति इत्येतेभ्यो णो भवति मत्वर्थे। वेत्यनुवृत्तेर्मतोः समुच्चयः। प्रज्ञाऽस्यास्तीति प्राज्ञः। प्रज्ञावान्। श्राद्धः। श्रद्धावान्। आर्चः। अर्चावान्। वार्त्तः। वृत्तिमान्।

तपःसहस्राभ्यां विनिनौ ॥४।१।२९॥ तपस् सहस्र इत्येताभ्यां यथासङ्ख्यं विन् इन् इत्येतौ त्यौ भवतो मत्वर्थे। तपस्वी। सहस्री। वेत्यनुवृत्तेर्मतुरपि। तपस्वान्, सहस्रवान्। तपसोऽसन्तत्वादेव विनि सिद्धे वक्ष्यमाणेनाणा बाधा माभूदिति पुनर्वचनम्।

अण् ॥४।१।३०॥ अण् च भवति तपःसहस्राभ्यां मत्वर्थे। तापसः। साहस्रः। "अण्प्रकरणे ज्योत्स्नादिभ्य उपसंख्यानम्" [वा०]। ज्योत्स्ना अस्मिन्नस्ति ज्यौत्स्नः पक्षः। तमिस्रा। तामिस्रः। कुण्डल। कौण्डलः। कुण्डलार्हं इत्यर्थः। कुतप। कौतुपः। विसर्प। वैसर्पः। विपादिका। वैपादिकः।

---

1. ध्रवका। ध्रूवका अ०। ध्रुवका ध्रूवका पू०। ध्रुवका। क्षुवका इति काशिकायाम्।
2. मरु अ०, पू०।

सिकताशर्कराभ्याम् ॥४।१।३१॥ सिकता शर्करा इत्येताभ्यामण् भवति मत्वर्थे। सैकतः। शार्करः। अदेशार्थ आरम्भः।

उसिलौ च देशे ॥४।१।३२॥ सिकताशर्कराभ्यामुस् इल् इत्येतौ त्यौ भवतः, चकारादण् मतुश्च देशेऽभिधेये। तदस्यास्त्यस्मिन्निति वर्तते। कस्योस्? मतोः। तेन चत्वारः शब्दाः। सिकता देशः। सिकतिलः। सैकतः। सिकतावान्। शर्करा देशः। शर्करिलः। शार्करः। शर्करावान्। देश इति किम्? सैकतो घटः। शार्करो घटः।

मधूषशुषिमुष्काद्रः ॥४।१।३३॥ मधु ऊष शुषि मुष्क इत्येतेभ्यो रो भवति मत्वर्थे। वेत्यनुवृत्तेर्मतुरपि भवति। इह मधुशब्दो रसवाची गृह्यते न द्रव्यवाची। मधु अस्मिन्नस्ति मधुरो गुडः। रसवाचिनि मधुशब्दे कथं मधुरो रसः? इति चेत्, उपचारात्। रसवाचिनो मधुशब्दान्मतोरभिधानं नास्ति। ऊषरं क्षेत्रम्। शुषिरो वंशः। मुष्करः पशुः। "रप्रकरणे खमुखकुञ्जेभ्य उपसंख्यानम्" [वा०] खं महत्कण्ठविवरमस्यास्ति खरः। मुखमस्यास्ति मुखरः। कुञ्जोऽस्यास्ति कुञ्जरः। "रविधिर्नगपांशुभ्याम्" [वा०]। (नगरः। पांशुरः)।

द्युद्रुभ्यां मः ॥४।१।३४॥ द्युद्रुशब्दाभ्यां मो भवति मत्वर्थे। द्यौरस्यास्तीति द्युमः। "दिव उत्" [४।३।१०८] इति उत्। द्युशब्दो वा प्रकृत्यन्तरम्। द्रूण्यस्य सन्ति द्रुमः। रूढिशब्दावेतौ। यदा रूढिर्नास्ति तदा मतुरेव भवति। द्युमान्। द्रुमान्।

केशाद्वो वा ॥४।१।३५॥ केशशब्दाद् व इत्ययं त्यो भवति वा मत्वर्थे। प्रकृतं वाग्रहणं मतुसमुच्चयार्थम्। इदं तु सर्वविकल्पार्थम्। तेन ठेनावपि भवतः। केशवः। केशवान्। केशिकः। केशी। "मण्यादिभ्यश्च इति वक्तव्यम्" [वा०]। मणिवः। हिरण्यवः। कुररावम्। इष्टकावम्। राजीवम्। "अर्णसः खं च" [वा०]। अर्णवः।

गाण्ड्यजगात्खौ ॥४।१।३६॥ गाण्डी अजग इत्येताभ्यां वो भवति मत्वर्थेखुविषये। गाण्डीवं धनुः। अजगवं धनुः। प्रादपि भवति। गाण्डिवं धनुः। मत्वन्तेन संज्ञा न गम्यते इति मतुर्न भवति। खाविति किम्? गाण्डीमान् दण्डः।

काण्डाण्डादीरः ॥४।१।३७॥ काण्ड-अण्डशब्दाभ्यामीर इत्ययं त्यो भवति मत्वर्थे। ठेनोरपवादः। काण्डीरः। अण्डीरः। वेति मतुसमुच्चयार्थे वर्तते। काण्डवान्। अण्डवान्।

रजःकृष्यासुतिपरिषदो वलः ॥४।१।३८॥ रजः कृषि आसुति परिषद् इत्येतेभ्यो वलो भवति मत्वर्थे। रजसो विनि प्राप्ते इतरेभ्यो मतौ वचनम्। रजस्वला नारी। कृषीवलः कुटुम्बी। आसुतीवलः कल्पपालः। "वले" [४।३।२२१] इति दीत्वम्। परिषद्वलो नृपः। इतिशब्दः प्रयोगनियमार्थमनुवर्तते। परिषदः सामान्येन। इतरेभ्यः संज्ञायां प्रयोगः। तेनेह वलो न भवति। रजोऽस्मिन् ग्रामेऽस्ति, आसुतिरस्मिन् भाण्डेऽस्ति। "वलप्रकरणेऽन्येभ्योऽपि दृश्यते इति वक्तव्यम्" [वा०]। पुत्रवलः। भ्रातृवलः। उत्सङ्गवलः। "वले" [४।३।२२१] इत्यत्र खावित्यनुवर्तनादखौ दीत्वं न भवति।

दन्तशिखात्खौ ॥४।१।३९॥ दन्त-शिखाशब्दाद् वलो भवति मत्वर्थे खुविषये। दन्तवलो नाम कश्चित्। शिखावलं नाम नगरम्। यत्र तदन्तेन संज्ञा गम्यते तत्र मतुरपि भवति। शिखावान्नाम ऋषिः। ननु देशः खावित्युच्यमाने "शिखाया वलः" [३।२।६८] इत्यनेन चातुरर्थिकेन सिद्धे किमर्थमिदं वक्तव्यम्? अदेशार्थमिदं वक्तव्यम्। तदपि निर्वृत्ताद्यर्थं वक्तव्यम्।

ज्योत्स्नातमिस्राशृङ्गिणोर्जस्विन्नूर्जस्वलवत्सलांशलदन्तुरहस्तिन्गोमिन्स्वामिन्वर्णिन्मलिनमलीमसाः ॥४।१।४०॥ ज्योत्स्नादयः शब्दा निपात्यन्ते मत्वर्थे। "ज्योतिष उङः खं नश्च तुविषये निपात्यते।" ज्योत्स्नेति चन्द्रप्रकाशस्याख्या। अन्यत्र ज्योतिष्मती रात्रिः। "तमसः खं च उङश्च इत्वं निपात्यते।" तमिस्रा रात्रिः। स्त्रीत्वमतन्त्रम्। तेन तमिस्रं नभः। मतुरपि भवति। तमस्वती रात्रिः। "शृङ्गादिनो निपात्यते।" शृङ्गिणः। शृङ्गवान्। "ऊर्जस्विन् ऊर्जस्वल इत्येतौ निपात्येते।" ऊर्जस्वी, ऊर्जस्वलः, ऊर्जस्वान्। "वत्सांशशब्दाभ्यां यथासङ्ख्यं कामवति बलवति च लो निपात्यते।" वत्सलः साधुः। स्नेहवान् इत्यर्थः। अंशलः पुरुषः। बलवानित्यर्थः। रूढिशब्दावेतौ। रूढिश्च मत्वन्तेन न गम्यते इति रूढेरन्यत्र मतुर्वेदितव्यः। "दन्तशब्दादुन्नतोपाधिकादुरः।" दन्ता उन्नता अस्य सन्ति दन्तुरः। उन्नतविशेषणादन्यत्र दन्तवान्। "हस्तशब्दाज्जातावभिधेयायामिन्"। हस्ती। अन्यत्र हस्तवान् पुरुषः। "गोशब्दान्मिन्"। गावोऽस्य सन्ति गोमी। गोमानिति भवति। "स्वशब्दान्मिन् दीर्त्वं च निपात्यत ऐश्वर्ये गम्ये"। स्वमस्यास्ति स्वामी। अन्यत्र स्ववान्। "वर्णादिन् ब्रह्मचारिणि"। वर्णी। ब्रह्मचारीत्यर्थः। "मलशब्दादिन ईमस इत्येतौ निपात्येते"। मलिनः। मलीमसः।

ठेनावतः ॥४।१।४१॥ अकारान्तान्मृदष्ठ इन् इत्येतौ त्यौ भवतो मत्वर्थे। दण्डिकः। दण्डी। छत्रिकः। छत्री। वेत्यनुवृत्तेर्मतोः समुच्चयः। दण्डवान्। अत इति किम्? खट्वावान्। अत्रेष्टिः।

"एकाक्षरात् कृतो जातेरीबर्थे[1] च न तौ स्मृतौ" [पा. म. ५।२।११५]। एकाक्षरात्-खवान्। स्ववान्। कृदन्तात्। कारकवान्। हारकवान्। जातेः। व्याघ्रवान्। सिंहवान्। ईबर्थे। दण्डा अस्या सन्ति दण्डवती शाला। नेदं वक्तव्यम्। अनभिधानादेवात्र ठेनौ न भवतः। यत्राभिधानं तत्र भवत एव। कार्यी। हार्यी। तन्दुलिकः। तन्दुली। ईबर्थे। खलिनी भूमिः। सा(शा)द्वलिनी भूमिः।

व्रीह्यादेः ॥४।१।४२॥ व्रीहि इत्येवमादिभ्यष्ठेनौ भवतो मत्वर्थे। वेत्यनुवृत्तेर्मतुरपि भवति। व्रीहयोऽस्य सन्ति व्रीहिकः, व्रीही, व्रीहिमान्। मायिकः, मायी, मायावान्। इतिशब्दः प्रयोगनियमार्थोऽनुवर्तते। न व्रीह्यादिषु ये शिखादयः पठ्यन्ते तेभ्य इन् भवति। यवखडादिभ्यष्ठो भवति। परिशिष्टेभ्य उभयं भवति। सर्वत्र आदिशब्दः प्रकारवाची। शिखाऽस्यास्ति शिखी। शिखावान्। शिखा। माला। मेखला। शाखा। वीणा। संज्ञा। वडवा। अष्टका। बलाका। पताका। कर्मन्। घर्मन्। चर्मन्। यव। खड। नौ। कुमारी। एतेभ्य इन्नेष्यते। परिशिष्टेभ्यो द्वावपि भवतः। "शीर्षान्नञः" [वा०] अशीर्षिकः। अशीर्षी। अशीर्षवान्। शीर्षशब्दोऽकारान्तोऽप्यस्ति।

तुन्दादेरिलः ॥४।१।४३॥ तुन्द इत्येवमादिभ्य इलो भवति ठेनौ च मत्वर्थे। उत्तरान्नित्यग्रहणादिह ठेनोः समावेशो लभ्यते। मतोस्तु वेत्यनुवृत्तेरेव समुच्चयः। तुन्दमस्यास्ति तुन्दिलः। तुन्दिकः। तुन्दी। तुन्दवान्। तुन्द। उदर। पिचण्ड। चय। व्रीहिग्रहणं सरूपार्थम्, अर्थनिर्देशार्थं च। व्रीहिलः, व्रीहिकः, व्रीहिमान्। शालिलः, शालिकः, शालिमान्। स्वाङ्गविवृद्धौ। कर्णौ विवृद्धावस्य कर्णिलः, कर्णिकः, कर्णी, कर्णवान्। पिच्छादयोऽपि पठनीयाः। तेभ्यष्ठेनोरभिधानं नास्ति। पिच्छा। उरस्। ध्रुवका। जटाघाटा काला क्षिभ्यः क्षेपे। पर्ण। उदक। प्रज्ञा।

एकगोपूर्वाट्ठञ्नित्यम् ॥४।१।४४॥ एकपूर्वाद् गोपूर्वाच नित्यं ठञ् भवति मत्वर्थे। एकपूर्वात्समानाधिकरणाद्बसादेव विधिः। एकहलमस्यास्ति ऐकहलिकः। "हृदर्थे" [१।३।४६] इति रसे कृते ठञ्। ननु लघुलात् परत्वाच्च बसे कृते वसेनोक्तत्वान्मत्वर्थीयो न प्राप्नोति यथा चित्रगुरिति। सत्यम्।

---

१. -ते सप्तम्यां च इति महाभाष्ये।

इह तु वचनाद् भवति। एकस्य हलम्, एकहलम्, इत्यत्रानभिधानान्नेष्यते। एवम् ऐकशतिकः। ऐकसहस्रिकः। गवां शतं गोशतं तदस्यास्ति गौशतिकः। गौसहस्रिकः। यदि अत इति वर्तते इह न भवति। एकविंशतिरस्यास्ति, गोविंशतिरस्यास्ति। इदं तु न सिद्ध्यति। ऐकगविक इति सान्ते कृते भविष्यति। कथमेका शकटिरस्यास्ति, ऐकशाकटिकः। गौशकटिक इति ? अव्यविकन्यायेन शकटान्ता इत्यन्ति (न्तादुत्पत्तिः)। नित्यग्रहणं ठेनोर्मतोश्च बाधनार्थम्। कथमेकद्रव्यत्वादिति ? चिन्त्यमेतत्।

निष्काच्छतसहस्रान्तात् ॥४।१।४५॥ निष्कात्परौ यौ शत-सहस्रशब्दौ तदन्तान्मृदो नित्यं ठञ् भवति मत्वर्थे। निष्काणां शतम्, निष्कशतम्, तदस्यास्ति नैष्कशतिकः। नैष्कसहस्रिकः। सुवर्णनिष्कशतमस्यास्तीत्येवमादिष्वनभिधानान्न भविष्यति।

रूप्यहिम्यगुण्याः ॥४।१।४६॥ रूप्य हिम्य गुण्य इत्येते शब्दाः निपात्यन्ते मत्वर्थे। रूपशब्दादाहत-विशिष्टाच्च यत्यो निपात्यते। आहतं रूपमस्यास्ति रूप्यः कार्षापणः। प्रशस्तं रूपमस्यास्ति रूप्यो गौः। रूप्या कन्या। आहतप्रशंसाभ्यामन्यत्र रूपवान्। हिममस्यास्तीति हिम्यः पर्वतः। गुणा अस्य सन्ति गुण्यस्तपस्वी। नित्यग्रहणं ठञा सह निवृत्तम्। वेत्यनुवृत्तेर्मतुरपि भवति। रूपवान्। हिमवान्। गुणवान्।

विन्नस्मायामेधास्रजः ॥४।१।४७॥ असन्तान्मृदो माया मेधा स्रज् इत्येतेभ्यश्च विन् भवति। मत्वर्थे। वेत्यनुवृत्तेर्मतुरपि भवति। ओजस्वी। तेजस्वी। मायावी। मेधावी। स्रग्वी। तेजस्वान्। मेधावान्। स्रग्वान्। मायाशब्दस्य व्रीह्यादिपाठान्मतुठेनो भवन्ति।

वाचो ग्मिन् ॥४।१।४८॥ वाक्शब्दाद्ग्मिन् भवति मत्वर्थे। वाग्मी। "स्वादावधे" [१।२।१०६] इति पदत्वात् पूर्वस्य कुलजस्त्वे। वाग्वान्। "झयः" [५।३।३१] इति मतोर्वत्वम्।

बहुलापिन्यालाटौ ॥४।१।४९॥ वाच आल आट इत्येतौ त्यौ भवतो मत्वर्थे बहुलापिन्यभिधेये। वाचालः। वाचाटः। "कुत्सायामयं योगो वक्तव्यः।" यो हि समीचीनं बहु संलपति वाग्मीति भवति।

अर्शआदेरः ॥४।१।५०॥ अर्शस् इत्येवमादिभ्यः, अ इत्ययं त्यो भवति मत्वर्थे। आदिशब्दः प्रकारवाची। अर्शांस्यस्य सन्ति, अर्शसः। अर्शस्। उरस्। तुन्द। मुण्ड। चतुर। पलित। जटा। घाटा। आभ्यां सिध्मादित्वात् लमतू अपि भवतः। तुन्दादित्वादिलोऽपि भवति। अभ्र। अम्ल। लवण। स्वाङ्गाद्धीनात्। खञ्जः पादोऽस्याऽस्तीति खञ्जः। काणं चक्षुरस्य काणः। कथं कुणिः पुरुषः कुणिर्हस्तः ? तद्योगात्तथोक्तः। यथा पङ्गुः। वर्णात्। शुक्लं हरितम्। ननु शुक्लादीनां भेदोपचारादेव भविष्यति। एवं तर्हि द्रव्यवाचिभ्यो भविष्यति। शुक्लगुणयुक्ताः प्रासादा शुक्ला अस्मिन् सन्ति शुक्लं नगरम्। "ज्योत्स्नातमिस्राभ्यां णिद् भवति पक्षे" [वा०] ज्यौत्स्नः पक्षः। तामिस्रः पक्षः। नेदं वक्तव्यम्। "अण्प्रकरणे ज्योत्स्नादिभ्य उपसंख्यानमिति" सिद्धम्। एवं च ज्यौत्स्नी रात्रिः, तामिस्री रात्रिरिति ङीविधेरपि लाभः।

द्वन्द्वोपतापगर्ह्यात्प्राणिनीन् ॥४।१।५१॥ उपतापो व्याधिः, गर्ह्यं कुत्स्यम्। अत इति वर्तते। द्वन्द्वशब्दादुपतापवाचिनो गर्ह्यवाचिनश्च मृदः प्राणिनि वर्तमानादिन् भवति मत्वर्थे। शङ्खनूपुरिणी। कटककेयूरिणी। "अप्राण्यङ्गादिति वक्तव्यम्" [वा०] इह मा भूत्। पाणिपादवती। उपतापात्। कुष्ठी। किलासी। गर्ह्यात्। ककुदावर्ती। काकतालकी। प्राणिनीति किम् ? पुष्पफलवान् वृक्षः। अत इत्येव। कटुकण्ठकावती। ठमत्वोर्वचनार्थं (बाधनार्थं) सूत्रम्।

वातातीसाराभ्यां कुक् ॥४।१।५२॥ वात अतीसारशब्दाभ्यां मत्वर्थे इन् भवति, तत्सन्नियोगेन कुगागमः। उपतापत्वात्पूर्वेणेनि सिद्धे कुगर्थ आरम्भः। वातकी। अतीसारकी। "पिशाचाच्चेति वक्तव्यम्" [वा०] पिशाचकी।

डटो वयसि ॥४।१।५३॥ इन्निति वर्तते। डडन्तान्मृद इन्नेव भवति वयसि गम्यमाने। पञ्चमोऽस्यास्ति संवत्सरो मासो वा पञ्चमी उष्ट्रः। एवं नवमी। दशमी।

सुखादेः ॥४।१।५४॥ सुख इत्येवमादिभ्य इन्नेव भवति मत्वर्थे। सुखमस्यास्ति सुखी। सुख। दुःख। तृप्र। कृच्छ्र। अभ्र। आस्र। अलीक। करुण। कृपण। सोढ। सोफ। प्रतीप। शील। हल। फल। माला क्षेपे। माली। अन्यत्र मालावान् माली च। व्रीह्यादिषु शिखादिमालाशब्दाः पठ्यन्ते, क्षेपे मतुबाधनार्थस्तस्येह पाठः।

धर्मशीलवर्णान्तात् ॥४।१।५५॥ धर्मान्तात् शीलान्तात् वर्णान्ताच्च मृद इन्नेव भवति मत्वर्थे। तपस्विनां धर्मः तपस्विधर्मः, सोऽस्यास्तीति तपस्विधर्मी। तपस्विशीली। क्षत्रियवर्णी।

पुष्करादेर्देशे ॥४।१।५६॥ पुष्कर इत्येवमादिभ्य इन्नेव भवति मत्वर्थे देशेऽभिधेये। पुष्पकरिणी। पद्मिनी। देश इति किम्? पुष्करवान् हस्ती। पुष्कर। पद्म। उत्पल। कुमुद। तमाल। नड। कपित्थ। कर्दम। बिस। मृणाल। साल्वक। विगर्ह। करीष। शिरीष। यवास। हिरण्य। अत्रेष्टयः—"इन्प्रकरणे बलाद् बाहूरुपूर्वादुपसंख्यानम्"[वा०]। बाहुबली। ऊरुबली। "सर्वादेश्चेति वक्तव्यम्"[वा०]। सर्ववनी। सर्ववाजी। सर्वकेशी। "अर्थाद्वाऽसन्निहिते वर्तमानादिन् वक्तव्यः"[वा०]। असन्निहितस्यास्तित्वेन विरोध इति चेद्, एवं तर्हि तद्विषयाऽभिलाषस्याविरोधः। अर्थी। अर्थाभिलाषवानित्यर्थः। असन्निहित इति किम्? अर्थवान्। "तदन्ताच्चेति वक्तव्यम्"[वा०]। धान्यार्थी। हिरण्यार्थी। "शृङ्गवृन्दाभ्यामारको वक्तव्यः" [वा०] शृङ्गे अस्य स्तः शृङ्गारकः। वृन्दारकः। "फलबर्हाभ्यामिनः" [वा०] फलिनो वृक्षः। बर्हिणो मयूरः। "हृदयाच्चालुर्वा वक्तव्यः"[वा०]। हृदयालुः। हृदयिकः। हृदयी। हृदयवान्। "शीतोष्णतृप्तेभ्यस्तन्न सहत इत्यालुर्वक्तव्यः" [वा०]। शीतं न सहते शीतालुः। उष्णालुः। तृप्तालुः। "हिमाच्चेलुः" [वा०]। हिमं न सहते हिमेलुः। "बलादूलः"[वा०]। बलं न सहते बलूलः। "वातात्समूहे तन्न सहते इति च"[वा०]। वातसमूहो वातूलः। वातं न सहते वातूलः। "तः पर्वमरुद्भ्यां मत्वर्थे" [वा०]। पर्वाण्यस्य सन्ति पर्वतः। मरुत्तः।

बलादेर्मतुर्वा ॥४।१।५७॥ बल इत्येवमादिभ्यो मतुर्भवति। वावचनेन पक्षे इन् प्रकृतः समुच्चीयते। ठोऽत्र न भवति। बलमस्यास्ति बलवान्। बली। इदमेव मतुवचनं ज्ञापकम्, इन्विषये मतुर्न भवतीति। बल। उत्साह। उद्दास। उद्भास। वुल। दुष। पुल। दल। कुल। आयाम। व्यायाम। प्रयाम। उपयाम। आरोह। अवरोह। परिणाह। शिखादेराकृतिगणत्वात्सिद्धे प्रपञ्चार्थमिदम्।

मन्माभ्यां खौ ॥४।१।५८॥ मन्नन्तान्मशब्दान्ताच्च मृद इन् भवति मत्वर्थे खुविषये। धर्मिणी। चर्मिणी। चर्मवतीति निपातनं वक्ष्यति। तत एव मतुः। मान्तात्। भामिनी। कामिनी।

तुण्डिवटिवलेर्भः ॥४।१।५९॥ तुण्डि वटि वलि इत्येतेभ्यो भ इत्ययं त्यो भवति मत्वर्थे। विवृद्धा नाभिस्तुण्डिः, सोऽस्यास्ति तुण्डिभः। तुन्दादिषु स्वाङ्गविवृद्धाविति इलमतुठेनः प्राप्ताः। वटिभः। मतुः प्राप्तः। वलिभः। असात्पामादिषु पाठात् नमतू च भवतः। वलिनः। वलिमान्।

कंशम्भ्याम् ॥४।१।६०॥ कंशंशब्दौ मकारान्तौ बलसुखयोर्वाचकौ। कं शं शब्दाभ्यां भत्यो भवति मत्वर्थे। कम्भः। शम्भः।

बयस्तितुताः ॥४।१।६१॥ कंशम्भ्यां व यस् ति तु ता इत्येते त्या भवन्ति मत्वर्थे। कम्बः, शम्बः, कंयः, शंयः। सकारः "स्विति" [१।२।१०५] इति पदसंज्ञाऽर्थः। पदस्येत्यधिकृत्य यकारस्यानुस्वारपरस्वत्वे सिद्धे

भसंज्ञायां हि कम्यः शम्यः इत्यनिष्टं प्रसज्येत। कन्तिः, शन्तिः, कन्तुः, शन्तुः, कन्तः, शन्तः, । सर्वत्र पूर्वस्य पदत्वात् "मोऽनुस्वारः" [५।४।७] इत्यनुस्वारः । तस्य "वा पदान्तस्य" [५।४।१३३] इति परस्वत्वम् ।

ऊर्णाऽहंशुभंभ्यश्च युस् ॥४।१।६२॥ ऊर्णा, अहम्, शुभम्, इत्येतेभ्यः कंशम्भ्यां च युस् इत्ययं त्यो भवति मत्वर्थे। सकारः "सिति" [१।२।१०५] इति पदसंज्ञार्थः । ऊर्णायुः । अहमित्यहङ्कारवाचि शब्दान्तरम् । अहंयुः । शुभमिति मकारान्तः शुभपर्यायः । शुभंयुः । कंयुः । शंयुः । नामिक्यस्य योरनादेशो वक्ष्यते इत्यस्य न भवति ।

सूक्तसाम्नोश्छः ॥४।१।६३॥ मृदश्छो भवति मत्वर्थे सूक्ते साम्नि चाभिधेये। वेदे वाक्यसमूहः सूक्तम्, सामेति च संज्ञा। मतुठेनामपवादः। अच्छावाकशब्दोऽस्मिन्नस्ति अच्छावाकीयं सूक्तम्। मैत्रावरुणीयं सूक्तम्। यज्ञशब्दोऽस्मिन्नस्ति यज्ञीयं साम। वारतन्तवीयं साम। अनुकरणशब्दा एतेऽनुकार्यशब्दैरर्थवन्त इति मृत्संज्ञा सिद्धा। तेऽन्यपदसङ्घातादपि अनुकरणात्त्यो न भवति। अस्यवामशब्दोऽस्मिन्नस्त्यस्यवामीयम्। कयाशुभशब्दोऽस्मिन्नस्ति कयाशुभीयम्।

अध्यायाऽनुवाकयोर्वोप् ॥४।१।६४॥ अध्यायाऽनुवाकयोरभिधेययोर्मृदश्छो भवति मत्वर्थे तस्य च वा उब्भवति। गर्दभाण्डशब्दोऽस्मिन्नस्ति गर्दभाण्डीयः। गर्दभाण्डः। कूर्चमुखः। उच्छिष्टीयः। उच्छिष्टः। दीर्घजीवितीयः। दीर्घजीवितः। पदसमुदायात्त्यः। वलितस्कम्भीयः। वलितस्कम्भः।

विमुक्तादिभ्योऽण् ॥४।१।६५॥ विमुक्त इत्येवमादिभ्योऽण् भवति मत्वर्थेऽध्यायानुवाकयो-रभिधेययोः। विमुक्तशब्दोऽस्मिन्नस्ति वैमुक्तोऽध्यायोऽनुवाको वा। विमुक्त। देवासुर। रक्षोऽसुर। उपसत्। परिसारक। वसु। मरुत्। सत्वन्तु(त्)। पत्नीवन्तु(त्)। दशार्ह। वयस्। हविर्धाता। महित्री। सोमा-पूषन्। ईडा। आग्नाविषु (अग्नाविष्णू)। वृत्र। हर्तृ।

घोषदादेर्वुन् ॥४।१।६६॥ अध्यायानुवाकयोरिति वर्तते। घोषदादिभ्यो मृद्भ्यो वुन् भवति मत्वर्थे। घोषच्छब्दोऽस्मिन्नर्थे (अस्मिन्नस्तीत्यर्थे) वुन् भवति। घोषदकोऽध्यायोऽनुवाको वा। घोषदिति केषाञ्चित्पाठः। घोषद्। ईषेत्वा। मातरिश्वन्। देवस्य त्वा। देवीराया (रापः)। देवीस्या। कृष्णो स्याखरेस्वा (खरेष्ट)। देवीन्विया (देवीं धियम्)। रक्षोहण। अर्जत। प्रतूर्त। दशान। अधार। अञ्जन। प्रभूता (प्रभृत)। कृशानु।

वनहिरण्ये कामे ॥४।१।६७॥ वनहिरण्यशब्दाभ्यामीप्समर्थाभ्यां काम इत्येतस्मिन्नर्थे वुन् भवति। कामोऽभिलाषः। वने कामः, वनको देवदत्तस्य। हिरण्यको देवदत्तस्य।

किंबहुसर्वनाम्नोऽद्व्यादेः ॥४।१।६८॥ किमः, बहुशब्दात्, सर्वनाम्नश्च द्व्यादिवर्जितात् वक्ष्यमाणास्त्या भवन्तीत्येषोऽधिकारो वेदितव्यः। "ते विभक्त्यः" [४।१।८१] इति वक्ष्यति। प्रागेतस्मा-दयमधिकारः। द्व्यादिपर्युदासेन प्रतिषेधे प्राप्ते किमः पृथग्ग्रहणम्। वक्ष्यमाणास्तसादयः स्वार्थिकाः। तेषु समर्थग्रहणं प्रथमग्रहणं च प्रतियोगिनो द्वितीयस्याऽभावान्न सम्भवति। वाग्रहणं त्वनुवर्तत एव। कुतः। कस्मात्। बहुतः। बहुभ्यः। बहुशब्दश्चेह सङ्ख्यावाची गृह्यते, न वैपुल्यवाची। तेनेह (न) भवति बह्वोः सूपात्। यतः। यस्मात्। ततः। तस्मात्।

इदम इश् ॥४।१।६९॥ इदम इश् भवति वक्ष्यमाणेषु तसादिषु परतः। शकारः सर्वादेशार्थः। इतः। इह। इदानीम्।

एतेतौ र्थोः ॥४।१।७०॥ इदम एत इत् इत्येतावादेशौ भवतो यथासङ्ख्यं रेफथकारादौ तसादौ परतः। इशोऽपवादः। अस्मिन् काले एतर्हि। अनेन प्रकारेण इत्थम्। "इदमो र्हि" [४।१।८२] "किमिदंभ्यां थम्" [४।१।९०] इति र्हिथमौ।

एतदः ॥४।१।७१॥ एतदश्च एत इत् इत्येतावादेशौ भवतो यथासङ्ख्यं रेफथकारादौ परतः। एतस्मिन्काले, एतर्हि। "वाऽनद्यतने र्हि" [४।१।८६] इति र्हिः। इदमो यो रेफथकारादिः, तस्मिन्परत इतीदं विशेषणम्। एतदोऽपि प्रकारे थं भवति। एतेन प्रकारेण इत्थम्।

अश् ॥४।१।७२॥ एतदोऽशित्ययमादेशो भवति वक्ष्यमाणेषु तसादिषु परतः। शकारः सर्वादेशार्थः। अतः। अत्र।

कायास्तस् ॥४।१।७३॥ किंबहुसर्वनाम्नोऽद्व्यादेरिति वर्तते। कान्तात्तस् भवति। कस्मात् कुतः। बहुभ्यो बहुतः। यस्माद् यतः। तसि कृते पूर्वस्य सुपः 'सुपो धुमृदोः' [१।४।१४२] इत्युप्। अद्व्यादेरित्येव। द्वाभ्याम्। युष्मत्। अस्मत्।

तसेः ॥४।१।७४॥ "प्रतियोगे कायास्तसिः"। [४।२।४६] "अपादानेऽहीयरुहोः" [४।२।५०] इत्येवमादिना विहितस्य तसेरिह ग्रहणम्। एतदर्थमेव च तत्रेकारेत्करणम्। किम्बहुसर्वनाम्नः परस्य तसेस्तसादेशो भवति। कुत आगतः। बहुत आगतः। यत आगतः। विभक्तीसंज्ञार्थं तसेस्तसादेशः। पूर्वेणैव तसा सिद्धमिति चेत्, नैवं शंक्यम्, हीयरुहोः प्रयोगे कुतो हीनः यतो हीन इत्यत्र तसं पूर्वं सावकाशं बाधित्वा हीयरुहोरप्रयोगे (?) अपादाने किंबहुसर्वनामभ्यः परत्वात्तसिर्भवति।

पर्यभिभ्याम् ॥४।१।७५॥ परि अभि इत्येताभ्यां तस् भवति। परितः। अभितः। यथासङ्ख्यं सर्वोभयार्थे वर्तमानाभ्यामिष्यते। इह मा भूत्। परिभवति। अभ्येति।

ईपत्रः ॥४।१।७६॥ किम्बहुसर्वनामभ्यो द्व्यादिवर्जितेभ्य ईबन्तेभ्यस्त्र इत्ययं त्यो भवति स्वार्थे। बहुषु बहुत्र। यस्मिन् यत्र। किमिदम्भ्यामपवादो वक्ष्यति।

इदमो हः ॥४।१।७७॥ इदम ईबन्तात् ह इत्ययं त्यो भवति। त्रस्यापवादः। अस्मिन्, इह।

किमोऽः ॥४।१।७८॥ किम ईबन्तात् अ इत्ययं त्यो भवति। त्रस्यापवादः। कस्मिन् कः। "कुश्चो तयोः (कुक्वौ तयोः)" [२।१।१६३] इति किमः कशब्दादेशः। कथं कुत्रचित् इति ? चिन्त्यमेतत्।

दृश्यन्तेऽन्यतोऽपि ॥४।१।७९॥ कामीपं च विहाय अन्यविभक्त्यन्तेभ्योऽपि दृश्यन्ते तसादयः। किंबहुसर्वनाम्नोऽद्व्यादेरिति वर्तते। क पुनर्दृश्यन्ते ? भवदादिशब्दस्य प्रयोगे। के पुनर्भवदादयः ? भवान् दीर्घायुर्देवानां प्रियः। आयुष्मानिति। स भवान्। ततो भवान्। तत्र भवान्। तं भवन्तम्। ततो भवन्तम्। तत्र भवन्तम्। तेन भवता। ततो भवता। तत्र भवता। तस्मै भवते। ततो भवते। तत्र भवते। तस्माद् भवतः। ततो भवतः। तत्र भवतः। तस्य भवतः। ततो भवतः। तत्र भवतः। तस्मिन् भवति। तत्र भवति। ततो भवति। एवमन्यत्राप्युदाहरणानि योज्यानि। भवदादिभ्योऽन्यत्रापि प्रयोगवशात्तसादयो वेदितव्याः। इतो गतः। अनेन गतः। इत आस्यताम्। इह आस्यताम्।

दैकान्यकियत्तदः काले ॥४।१।८०॥ ईप् इति वर्तते। एक अन्य किं यत्तद् इत्येतेभ्य ईप्समर्थेभ्यः काले वर्तमानेभ्यो दा इत्ययं त्यो भवति। त्रादेरपवादः। एकस्मिन् काले एकदा। अन्यदा। कदा। तदा। यदा। काल इति किम् ? एकस्मिन् देशे एकत्र।

सर्वस्य सो वा दि ॥४।१।८१॥ सर्वशब्दस्य स इत्ययमादेशो भवति वा दा इत्येतस्मिन्परतः। ईप इति वर्तते। काल इति च। वृद्धकुमारीवरवाक्यन्यायेन इदमेव लक्षणं दाविधानस्य। सर्वस्मिन् काले सदा। सर्वदा।

इदमो हिं ॥४।१।८२॥ इदम ईबन्तात् काले वर्तमानात् हिंत्यो भवति। ह्स्याऽपवादः। अस्मिन् काले एतर्हि। काल इत्येव। इह देशे।

अधुना ॥४।१।८३॥ अधुनेति निपात्यते। अस्मिन्काले अधुना। इदमः अश्भावो धुना त्यः। अथवा अधुना इति त्यो निपात्यते। इदम इशादेशः। "यस्य ङ्याश्च" [४।४।१२६] इति तस्य खम्।

दानीम् ॥४।१।८४॥ इदम ईप्समर्थात्काले दानीमित्ययं त्यो भवति। अस्मिन्काले इदानीम्।

तदः ॥४।१।८५॥ तद ईबन्तात्काले दानीं भवति। तस्मिन्काले तदानीम्। तदः पूर्वं दाविहितः सोऽपि भवति। तदा।

वाऽनद्यतने हिं ॥४।१।८६॥ किंबहुसर्वनामभ्योऽद्व्यादिभ्य ईबन्तेभ्योऽनद्यतने काले हिंत्यो वा भवति। पक्षे यो यतो विहितः स च भवति। कर्हि, कदा। यर्हि, यदा। तर्हि, तदा। अमुर्हि, अमुत्र।

पूर्वान्यान्येतरेतरापरावरोभयोत्तरेभ्योऽह्न्येद्युस् ॥४।१।८७॥ पूर्वादिभ्य ईप्समर्थेभ्योऽहनि वर्तमानेभ्य एद्युस् भवति। पूर्वस्मिन्नहनि पूर्वेद्युः। अन्येद्युः। अन्यतरेद्युः। इतरेद्युः। अपरेद्युः। अवरेद्युः। उभयस्मिन्नहनि उभयेद्युः। उत्तरेद्युः। "द्युश्चोभयाद्वक्तव्यः" [वा०]। उभयद्युः।

सद्योऽद्यैषमः परेद्यविपरुत्परारि ॥४।१।८८॥ सद्य इत्येवमादयः शब्दा निपात्यन्ते। ईप इति वर्तते काल इति च। समानस्य सभावो द्यश्चाहनि निपात्यते। समानेऽहनि सद्यः प्राणकरं जलपानम्। इदमोऽम्(श)भावोऽहनि द्य इत्ययं च त्यः। अस्मिन्नहनि अद्य। इदमः समसण् संवत्सरे। अस्मिन् संवत्सरे ऐषमः। अकार उच्चारणार्थः। इदम इशादेशः। आदेरैप्। "त्यादेशयोः" [५।४।३९] इति षत्वम्। परशब्दादहनि एद्यवि। परस्मिन्नहनि परेद्यवि। पूर्वपूर्वतरयोः परभावः उदारी च त्यौ संवत्सरे। पूर्वस्मिन् संवत्सरे परुत्। पूर्वतरे संवत्सरे परारि। कथं परुद्दास्यामि, परारि दास्यामि इति? एवं तर्हि परपरतरयोरपि प्रकृत्योः परिग्रहः कर्तव्यः।

प्रकारे था ॥४।१।८९॥ ईप् इति निवृत्तं काल इति च। किंबहुसर्वनामभ्योऽद्व्यादिभ्यो यथा सम्भवं सर्वविभक्त्यन्तेभ्यः प्रकारे वर्तमानेभ्यस्था इत्ययं त्यो भवति स्वार्थे। सामान्यस्य भेदको विशेषनिर्देशः प्रकारः। गच्छतीति सामान्यम्। तस्य विशेषनिर्देशः रथेन अश्वेन पादाभ्यामित्यादिः। पुरुष इति सामान्यम्। तस्य विशेषनिर्देशः बुद्धिमान् दक्षः शूर इत्यादि। वर्तते इति सामान्यम्। तस्य विशेषा अध्यापनादयः। सर्वेण प्रकारेण सर्वथा। यथा। तथा। अद्व्यादेरिति किम्? द्वाभ्यां प्रकाराभ्यां गच्छति। अयं प्रकारमात्रे भवति। जातीयः पुनः प्रकारवति। यज्जातीयः। तज्जातीयः।

किमिदंभ्या थम् ॥४।१।९०॥ किम् इदम् इत्येताभ्यां प्रकारे वर्तमानाभ्यां थमित्ययं त्यो भवति। था इत्यस्याऽपवादः। केन प्रकारेण कथम्। अनेन प्रकारेण इत्थम्।

ते विभक्त्यः ॥४।१।९१॥ ते तसादयस्त्या विभक्तीसंज्ञा वेदितव्याः। विभक्तीकार्यं कृत्वोदाहरणानि दृश्यानि। "तसादिषूभशब्दस्य उभयादेशो वक्तव्यः" [वा०]। उभाभ्यामुभयतः उभयोरुभयत्र। उभाभ्यां प्रकाराभ्यामुभयथा। नेदं वक्तव्यम्। उभशब्दस्य तसादिविषयेऽभिधानं नास्ति। यथा उभयपुत्र इत्येवमादौ।

दिक्छब्देभ्यो वाकेभ्योऽस्ताद्दिग्देशयोः ॥४।१।९२॥ दिशां शब्देभ्यः वा का ईप् इत्येवमन्तेभ्यो दिग्देशयोर्वर्तमानेभ्योऽस्तादित्ययं त्यो भवति स्वार्थे। पूर्वा दिग् रमणीया। पूर्वा दिशो रमणीयाः। पुरस्ताद् रमणीयम्। "अस्ताति" [४।१।१०४] इति पूर्वावराधराणां पुरवध आदेशाः। अस्ताद्यन्ताः शब्दा अलिङ्ग-सङ्ख्या अनुप्रयोगाणां नपुंसकलिङ्गहेतुर्भवति। पूर्वस्या दिश आगत; पूर्वस्माद्देशादागतः, पुरस्तादागतः। पूर्वस्यां दिशि वसति, पूर्वस्मिन्देशे वसति, पुरस्ताद् वसति। एवमवस्ताद्रमणीयम्। अवस्तादागतः। अवस्ताद् वसति। दिक्छब्देभ्य इति किम्? ऐन्द्री दिग् रमणीया। ऐन्द्रीशब्द इन्द्रसम्बन्धिनः स्त्रीलिङ्गस्य वस्तुनो वाचको न तु दिक्छब्दः। वाकेभ्य इति किम्? पूर्वां दिशं गतः। दिग्देश इति किम्? पूर्वस्मिन् गुरौ वसति। अत्र दिगाद्युपलक्षिते गुरौ पूर्वशब्दः प्रयुक्तः।

काले ॥ ४।१।९३ ॥ काले वर्तमानेभ्यो दिग्शब्देभ्यो वाकेवन्तेभ्योऽस्ताद् भवति। विभक्तीनां दिगादिभिर्यथासङ्ख्यं मा भूदित्येवमर्थं पृथक् सूत्रकरणम्। पूर्वकाले रमणीयः। पुरस्ताद् रमणीयः। पुरस्तादागतः। पुरस्ताद् वसति।

दक्षिणोत्तराभ्यामतस् ॥४।१।९४॥ दक्षिणोत्तरशब्दाभ्यां दिग्देशकालेषु वर्तमानाभ्यां वाकेवन्ताभ्यामतस् भवति। अस्तातोऽपवादः। दक्षिणशब्दस्य काले वृत्तिर्न सम्भवति। दक्षिणतो रमणीयम्। दक्षिणत आगतः। दक्षिणतो वसति। उत्तरतो रमणीयम्। उत्तरत आगतः। उत्तरतो वसति। किमर्थमतस्कारः क्रियते? स्त्रीलिङ्गेऽपि नास्ति विशेषः। "सर्वनाम्नो वृत्तिमात्रे पुंवद्भावः" इति पुंवद्भावो भविष्यति। एवं तर्हि "ताऽतसर्थे त्येन" [१।४।३१] इति विशेषणार्थः।

वा परावराभ्याम् ॥४।१।९५॥ पर-अवरशब्दाभ्यामतस् वा भवति अस्तादर्थे। परतो रमणीयम्। परस्ताद्रमणीयम्। परत आगतः। परस्तादागतः। परतो वसति। परस्ताद्वसति। अवरतो रमणीयम्। अवरस्ताद्रमणीयम्। अवरत आगतः। अवरस्तादागतः। अवरतो वसति। अवरस्ताद्वसति। अवरशब्दो वावचनं न प्रयोजयति। "पूर्वापराधराणां पुरवधोऽसि" [४।१।१०३] "अस्ताति" [४।१।१०४] इति च वचनादसस्तावपि भवतः।

अञ्चेरुप् ॥४।१।९६॥ अञ्च्यन्तेभ्यो दिक्छब्देभ्यः परस्यास्तात उब्भवति। प्राची दिग् रमणीया। प्राग्रमणीयम्। प्रागागतः। प्राग्वसति। अस्तात उपि "हृदुप्युप्" [१।१।६] इति स्त्रीत्यस्योप्। एवं प्रत्यग्रमणीयम्। प्रत्यगागतः। प्रत्यग्वसति। देशकालयोरप्युदाहरणानि नेयानि।

उपर्युपरिष्टात्पश्चात् ॥४।१।९७॥ उपरि उपरिष्टात् पश्चात् इत्येते शब्दा निपात्यन्ते अस्तादर्थे। ऊर्ध्वशब्दस्य उपभावो रिरस्तातौ च त्यौ निपात्येते। ऊर्ध्वा दिग् रमणीया। उपरि रमणीयम्। उपरिष्टाद्रमणीयम्। उपर्यागतः। उपरिष्टादागतः। उपरि वसति। उपरिष्टाद् वसति। अपरशब्दस्य पश्चभाव आश्च त्यः। अपरो देशो रमणीयः। पश्चाद्रमणीयम्। पश्चादागतः। पश्चाद्वसति। केचित्परशब्दस्येदं निपातनमिच्छन्ति। "दिक्पूर्वपदस्य चापरस्य पश्चभावो वक्तव्यः" [वा०]। आच्च त्यः। दक्षिणा परा दिग्रमणीया। दक्षिणपश्चाद्रमणीयम्। उत्तरपश्चाद्रमणीयम्। "अर्धोत्तरपदस्य च दिक्छब्दस्य पश्चभावो वक्तव्यः" [वा०]। दक्षिणापरमर्द्धम्। दक्षिणपश्चार्द्धम्। उत्तरापरमर्द्धम्, उत्तरपश्चार्द्धम्। "अर्धे चोत्तरपदे केवलस्यार्धस्य पश्चभावो वक्तव्यः" [वा०]। अपरमर्द्धं पश्चार्धम्।

दक्षिणोत्तराऽव(ध)रादात् ॥४।१।९८॥ दक्षिण, उत्तर, अवर (अधर) इत्येतेभ्य आदित्ययं त्यो भवति अस्तादर्थे। दक्षिणाद्रमणीयम्। दक्षिणादागतः। दक्षिणाद् वसति। उत्तराद्रमणीयम्। उत्तरादागतः। उत्तराद्वसति। अव(ध)राद्रमणीयम्। अव(ध)रादागतः। अव(ध)राद् वसति। दक्षिणोत्तराभ्यामतसपि वचनाद् भवति। अस्तातः पुनरपवादोऽयम्। अवर (अधर) शब्दाद् वक्ष्यमाणावसस्तातावपि भवतः।

वैनोऽदूरेऽकायाः ॥४।१।९९॥ दक्षिण, उत्तर, अवर (अधर) शब्देभ्यो वा एनो भवति अस्तादर्थेऽदूरे गम्येऽकायाः। कायाः पर्युदासेन वेपौ गृह्येते। दक्षिणेन रमणीयम्। दक्षिणेन वसति ग्रामम्। उत्तरेण रमणीयम्। उत्तरेण वसति। अवरेण (अधरेण) रमणीयम्। अवरेण (अधरेण) वसति। वावचनाद्यो यतो विहितः स च भवति। अदूर इति किम्? हिमवतो दक्षिणाद् वसति। अत्रावरे रवविमादूरे (अत्रावधिरवधिमान् दूरे) विवक्षितः। अकाया इति किम्? दक्षिणादागतः। "दिक्छब्दमात्रादयमेनो वक्तव्यः" [वा०] दक्षिणोत्तरावर (धर) ग्रहणं नानुवर्तनीयमिति केचित्। अञ्चन्ता दिक्छब्दादनभिधानान्न भवति।

दक्षिणादा ॥४।१।१००॥ अकाया इति वर्तते। दक्षिणशब्दादा इत्ययं त्यो भवति अस्तादर्थे। दक्षिणा रमणीयम्। दक्षिणा वसति। सामान्येन दूरादूरयोरिहोदाहरणम्। उत्तरत्र दूरग्रहणात्। अकाया इत्येव। दक्षिणत आगतः।

आहि च दूरे ॥४।१।१०१॥ अकाया इति वर्तते। दक्षिणशब्दादाहित्यो भवति आआ (चादा) अस्तादर्थे दूरे गम्यमाने। दक्षिणाहि रमणीयम्। दक्षिणाहि वसति। दक्षिणा वसति काञ्चीपुरात्। अकाया इत्येव। दक्षिणत आगतः।

उत्तराच्च ॥४।१।१०२॥ अकाया इति वर्तते दूर इति च। उत्तरशब्दादाहि आ इत्येतौ त्यौ भवतो अस्तादर्थे। आ इत्यनुकर्षणार्थश्चकारः। उत्तराहि रमणीयम्। उत्तरा रमणीयम्। उत्तराहि वसति। उत्तरा वसति। अकाया इत्येव। उत्तरत आगतः। दूर इत्येव। मार्गमुत्तरेण प्रया (पा)।

पूर्वावराधराणां पुरवधोऽसि ॥४।१।१०३॥ अकाया इति निवृत्तम् दूर इति च। पूर्व, अवर, अधर, इत्येतेषां यथासङ्ख्यं पुर अव् अध् इत्येते आदेशा भवन्ति अस्तादर्थे असि परतः। अनेनैवासो विधानम्। पुरो रमणीयम्। पुर आगतः। पुरो वसति। अवो रमणीयम्। अव आगतः। अवो वसति। अधो रमणीयम्। अध आगतः। अधो वसति।

अस्ताति ॥४।१।१०४॥ अस्ताति च परतः पूर्वादीनां पुरादयः आदेशा भवन्ति। इदमेव ज्ञापकम्। अस्तादपि भवतीति। अन्यथा विशेषविहितेनासा बाधा स्यात्। पुरस्ताद्रमणीयम्। पुरस्तादागतः। पुरस्ताद् वसति। अधस्ताद् रमणीयम्। अधस्तादागतः। अधस्ताद्वसति।

वाऽवरस्य ॥४।१।१०५॥ अस्ताति परतोऽवरस्यावादेशः। अवस्ताद्रमणीयम्। अवस्तादागतः। अवस्ताद् वसति।

सङ्ख्याया विधाऽर्थे धा ॥४।१।१०६॥ यथासम्भवं विभक्तीयोगः। सङ्ख्याशब्देभ्यो विधाऽर्थे वर्तमानेभ्यो धा इत्ययं त्यो भवति स्वार्थे। अर्थग्रहणसामर्थ्याद् विधाशब्द इह प्रकारवाची गृह्यते। स च प्रकारः द्रव्यगुणक्रियाविषयः। षड्भिः प्रकारैः षोढा द्रव्यम्। बहुधा गुणाः। पञ्चधा करोति रुक्मम्। द्वाभ्यां प्रकाराभ्यां द्विधा करोति। त्रिधा। चतुर्धा। "अधिकरणविचाले चेति वक्तव्यम्" [वा०]। अधिकरणं द्रव्यम्। तस्य विचालः सङ्ख्यान्तरापादनम्। एकस्य नानात्वापादनम्। अनेकस्य वा एकत्वापादनमित्यर्थः। तस्मिन् गम्यमाने सङ्ख्याया धात्यो वक्तव्यः। एकं राशिं पञ्चधा कुरु। सप्तधा। नवधा। अनेकमेकधा कुरु। न वक्तव्यः। द्रव्यगुणक्रियाभेदेन त्रिविधो विधार्थ इत्युक्तम्। तत्र वान्तर्भावात्। "प्रकारोक्तौ जातीयः" [४।१।१२८] इत्यस्यापवादः।

वैकाद्ध्यमुञ् ॥४।१।१०७॥ एकशब्दाद्ध्यमुञ् भवति। पक्षे धा भवति। एकं राशिं कुरु, ऐकध्यं कुरु। ऐकध्यं भुङ्क्ते। एकधा भुङ्क्ते।

द्वित्रेर्धमुञ् ॥४।१।१०८॥ वेति वर्तते। द्वित्रिभ्यां वा धमुञ् भवति विधार्थे। द्वैधं द्विधा। त्रैधं त्रिधा। "**धमुञन्तात् स्वार्थे डो वक्तव्यः**" [वा०]। मतिद्वैधानि। पथिद्वैधानि।

एधा ॥४।१।१०९॥ द्वित्रिभ्यामेधा भवति विधार्थे। द्वेधा। त्रेधा। यथासंख्यनिवृत्त्यर्थो योगविभागः।

याप्ये पाशः ॥४।१।११०॥ याप्य इह कुत्सितोऽभिप्रेतः। याप्यन्ते अपनीयन्तेऽस्माद् गुणा इति याप्यः। बहुलवचनादपादाने व्यसंज्ञः। याप्येऽर्थे वर्तमानान्मृदः पाश इत्ययं त्यो भवति स्वार्थे। वैयाकरणो याप्यः, वैयाकरणपाशः। यस्य गुणस्य हि भावाद् द्रव्ये शब्दनिविशः, तत्कुत्सने भवति। इह मा भूत्। चौ ये (रो) वैयाकरणः। इह याप्या कुमारी, कुमारपाशा। "**त्वसादौ**" [४।३।१४७] इति पुंवद्भावः। "**वयस्यनन्त्ये**"॰[३।१।२४] इत्यस्य ङाविधेः कृतत्वात्पाशान्ताट्टाप् भवति। उक्तं च—

> "**स्वार्थमभिधाय शब्दो निरपेक्षो द्रव्यमाह समवेतम्।**
> **समवेतस्य तु वचने लिङ्गं संख्यां विभक्तीश्च॥**
> अभिधाय तान्विशेषानपेक्षमाणस्तु कृत्स्नमात्मानम्।
> प्रियकुत्सनादिषु पुनः प्रवर्ततेऽसौ विभक्त्यन्तः" ॥ [४।३।७४ पातं० भा०]

षष्ठाऽष्टमाद् भागे ञः ॥४।१।१११॥ षष्ठ-अष्टमशब्दाभ्यां भागे वर्तमानाभ्यां ञ इत्ययं त्यो भवति स्वार्थे। षष्ठो भागः, षाष्ठः। आष्टमः। विकल्पाधिकारादनुत्पत्तिरपि भवति। षष्ठः। अष्टमः। भाग इति किम्? षष्ठः पुरुषः।

मानपश्वङ्गयोः कोपौ च ॥४।१।११२॥ भाग इति वर्तते। षष्ठाष्टमशब्दाभ्यां मानपश्वङ्गयो-र्भागविशेषयोरभिधेययोः क उप इत्येतौ भवतः। पूर्वेण विहितस्य ञस्य उप् द्रष्टव्यः। षष्ठशब्दान्माने भागविशेषे को भवति। अष्टमशब्दात्पश्वङ्गभागविशेषे ञस्य उब्भवति। षष्ठको भागो मानं चेत्तद् भवति। अष्टमो भागः पश्वङ्गं चेत्तद् भवति। विहितस्य ञस्योब्विधानसामर्थ्याद् वा ञोऽपि भवति। षाष्ठः। षष्ठः। आष्टमः। अष्टमः।

एकादाकिञ्चासहाये ॥४।१।११३॥ एकशब्दादसहायवाचिन आकिनित्ययं त्यो भवति कोपौ च स्वार्थे। कस्योप्? काकिनोः। एकाकी। एककः। एकः। असहाय इति किम्? यदैकशब्दः सङ्ख्याया-मन्यार्थे वा वर्तते तदा मा भूत्। अत एव द्विबहू अपि भवतः। एकाकिनौ। एकाकिनः। सङ्ख्यावाचित्वे (त्वे) एकवचनमेव स्यात्। अन्यार्थत्वे बहुवचनमेव स्यात्।

तमेष्ठावतिशायने ॥४।१।११४॥ अतिशायनं प्रकर्षः। "**अन्यस्यापि**" [४।३।२३२] इति दीत्वम्। इदं च त्यर्थविशेषणं सर्वेषां स्वार्थिकानां द्योत्यम्। अतिशायनविशिष्टेऽर्थे वर्तमानान्मृदः स्वार्थे तम इष्ठ इत्येतौ त्यौ भवतः अतिशायने द्योत्ये। वान्तात्त्योत्पत्तिः। सर्वे इमे आढ्याः, अयमेषामाढ्य-तमः। सुकुमारतमः। सर्वे इमे पटवः, अयमेषां पटुतमः। कथं गोतमः। कारकतमः इति? अत्रापि क्रियागुणद्वारेण प्रकर्षापकर्षयोगोऽस्ति। "**शेषौ गुणवचनादेव**" [४।१।११८] इति नियमो वक्ष्यते। सर्वे इमे पटवः, अयमेषां पटिष्ठः। यदा प्रकर्षवतां पुनः प्रकर्षविवक्षा, तदा आतिशायिकान्तादपरः आतिशायिकः। श्रेष्ठतमः। अदूरविप्रकर्षिणां समानकक्षाणां स्पर्द्धा। तेनेह न भवति। सर्षपाणां महत्तामतिशायने महान् हिमवान् इति।

मिङः ॥४।१।११५॥ यद्यपि मिङन्ते साधनप्रधाने अभिधानरूपेण गुणीभूता क्रिया, तथापि तस्याः साध्यमानत्वात्प्राधान्यम्। तदपेक्षायां साधनप्रकर्षेऽयं विधिर्वेदितव्यः। मिङन्तादतिशायने तम इत्ययं त्यो भवति। ङ्याम्मृदधिकारात् पूर्वेण प्राप्तिर्नास्ति। सर्व इमे पचन्ति, अयमेषां पचतितमाम्। पठतितमाम्। "**किमेत्मिङ्क्फिफादामद्रव्ये**" [४।२।२०] इत्याम्। इष्टो "**गुणवचनादेव**" [४।१।११८] इति नियमादिह न सम्भवति।

द्विविभज्येतरेयसू ॥४।१।११६॥ द्वौ च विभज्यं च, द्विविभज्यम्। द्विग्रहणमर्थनिर्देशपरम्। विभक्तव्यं विभज्यं पृथक्कर्तव्यमित्यर्थः। इदमेव निपातनं यविधेः। द्व्यर्थे विभज्ये च प्रयुक्ते सति ङ्याम्मृदो मिङश्च अतिशायने द्योत्ये तर इयसु इत्येतौ त्यौ भवतः। तमेष्ठयोरपवादः। यथासङ्ख्यमस्वरितत्वादिह नेष्यते। उभाविमावाढ्यौ, अयमनयोराढ्यतरः। कारकतरः। द्वाविमौ पचतः। अयमनयोः पचतितराम्। ईयसुर्गुणवचनादेव। द्वाविमौ पटू, अयमनयोः पटीयान्। सूत्रे द्विशब्देन यद्यर्थग्रहणं द्वयोरर्थयोरेकतरस्यातिशायने इति तदा सिद्धमिदम्। अस्माकं देवदत्तस्य च देवदत्तोऽभिरूपतर इति द्व्यर्थत्वादस्य। इदं तु न सिद्ध्यति। दन्तौष्ठस्य दन्ताः स्निग्धतराः। पाणिपादस्य पाणी सुकुमारतराविति। अत्रापि जात्यपेक्षयाऽर्थद्वित्वोपपत्तेः। विभज्ये। सांकाश्यका माथुरेभ्य आढ्यतराः। पटीयांसः। अत्र जात्यभावाद्द्व्यर्थता नास्ति। तथापि नाशो शब्दोपात्ता। अत एव बह्वन्तमुदाहरणम्।

तादी भः ॥४।१।११७॥ अतिशायने चत्वारस्त्या विहितास्तेषु तकारादी भसंज्ञौ भवतः। कुमारितरा। कुमारितमा। "**भरूपकल्पचेलड्ब्रुवगोत्रमतहते प्रोऽनेकाचः**" [४।३।१५५] इति पूर्वस्य प्रादेशः। भान्तादतष्टाप्।

शेषौ गुणवचनादेव ॥४।१।११८॥ तादी मुक्त्वा इष्ठेयसू शेषौ। शेषौ गुणवचनादेव भवतो नान्यस्मादिति नियमोऽयम्। सर्व इमे पटवः अयमेषां पटिष्ठः। द्वाविमौ पटू, अयमनयोः पटीयान्। अयमस्मात्पटीयान्। शेषग्रहणं प्रकृततादिनिवृत्त्यर्थम्। गुणवचनादिति किम्? गोतमः। एवकार इष्टतोऽवधारणार्थः। मैवं विज्ञायि, शेषावेव गुणवचनादिति। एवं द्विपटुतम इति न स्यात्।

प्रशस्यस्य श्रः ॥४।१।११९॥ शेषग्रहणं प्रकृतम्। तदर्थवशादीपा विपरिणम्यते। प्रशस्यशब्दस्य श्र इत्ययमादेशो भवति शेषयोः परतः। प्रशंसनीयः, प्रशस्यः। "**शंसिदुहिगुहिभ्यो वेति वक्तव्यम्**" [२।१।११ वा०] इत्युपसङ्ख्यानात्क्यप्। इदमेव ज्ञापकम्। इह शेषौ गुणवचनादेवेति नियमो न प्रवर्तते। सर्वे इमे प्रशस्याः। अयमेषां श्रेष्ठः। द्वाविमौ प्रशस्यौ अयमनयोः श्रेयान्। "नैकाचः" [४।४।१५४] इति शेषे टिखं न। तरतमौ भवत एव। प्रशस्यतमः। प्रशस्यतरः।

ज्यः ॥४।१।१२०॥ प्रशस्यशब्दस्य ज्य इत्ययमादेशो भवति शेषयोः परतः। सर्व इमे प्रशस्याः, अयमेषां ज्येष्ठः। द्वाविमौ प्रशस्यौ, अयमनयोर्ज्यायान्। अयमस्मात् ज्यायान्। "**ज्यादेयसः**" [४।४।१२२] इति परस्यादेराकारः यथासङ्ख्यनिवृत्त्यर्थं योगान्तरम्।

वृद्धस्य ॥४।१।१२१॥ वृद्धशब्दस्य च ज्य इत्ययमादेशो भवति शेषयोः परतः। सर्व इमे वृद्धाः, अयमेषां ज्येष्ठः। द्वाविमौ वृद्धौ अयमनयोर्ज्यायान्। अयमस्मात् ज्यायान्। आदेशार्थं वचनम्। तरतमौ सिद्धावेव। वृद्धतरः। वृद्धतमः। "**बहुलगुरूरुवृद्धादि**" [४।४।१४६] सूत्रेण वृद्धशब्दस्य वर्षादेशोऽपि भवति। वर्षिष्ठः। वर्षीयान्।

वाढान्तिकयोः साधनेदौ ॥४।१।१२२॥ वाढान्तिकशब्दयोः यथासङ्ख्यं साध नेद इत्येतावादेशौ भवतः शेषयोः परतः। निमित्ततो यथासङ्ख्यं नेष्यते, भिन्नयोगनिर्दिष्टत्वात्। सर्व इमे वाढं जल्पन्ति, अयमेषां

साधिष्ठं जल्पति । अयमनयोः साधीयो जल्पति । यदि वाढशब्दो द्रव्यवचनः साधीयानिति । सर्वाणीमानि अन्तिकानि, इदमेषां नेदिष्ठम् । इदमनयोर्नेदीयः । इदमस्मान्नेदीयः । तरतमौ भवत एव । वाढतरम् । वाढतमम् ।

युवाऽल्पयोः कन्वा ॥४।१।१२३॥ युव अल्प इत्येतयोः कन्नित्ययमादेशो भवति वा शेषयोः परतः । शेषयोर्विधानं पूर्ववद्व्याख्येयम् । सर्वं इमे युवानः, अयमेषां कनिष्ठः । कनीयान् । यदा युवशब्दस्य कन्नादेशो न भवति तदा "स्थूलदूरेत्यादिना" [४।४।१४७] यणः खमिक एप् । यविष्ठः । यवीयान् । सर्वं इमेऽल्पा अयमेषां कनिष्ठः । कनीयान् । अल्पिष्ठः । अल्पीयान् । तरतमौ भवत एव ।

विन्मतोरुप् ॥४।१।१२४॥ विन् मतु इत्येतयोरुब्भवति शेषयोः परतः । इदमेव ज्ञापकम् । शेषयोर्विधानस्य यथासङ्ख्यमत्र नेष्यते । सर्वं इमे स्रग्विणः, अयमेषां स्रजिष्ठः । स्रजीयान् । सर्वं इमे त्वग्वन्तः, अयमेषां त्वचिष्ठः, त्वचीयान् ।

प्रशंसायां रूपः ॥४।१।१२५॥ ङ्याम्मृद इति वर्तते मिङ इति च । प्रशंसायां वर्तमानान्ङ्याम्मृदो मिङश्च रूप इत्ययं त्यो भवति प्रशंसायां द्योत्यायाम् । स्वार्थिकानां प्रकृत्यर्थविशेषणं द्योत्यं भवति । वाच्यं पुनस्तत्प्रकृतेरेव । वैयाकरणः प्रशस्तः, वैयाकरणरूपः । पटुरूपः । प्रशस्ता कुमारी कुमारिरूपा । "तसादौ" [४।३।१४७] इति पुंवद्भावे प्राप्ते "करूपेत्यादिना" [४।३।१५५] प्रादेशः । वयोलक्षणङीविधेः कृतत्वाद्रूपान्ताट्टाप् । कथं निन्दायां प्रयोगः ? वृषलरूपोऽयं यो मांसेन सुरां पिबेत् । चौररूपोऽयं योऽक्षिस्थमञ्जनमपि हरेत् । अत्रापि प्रकृत्यर्थस्य वैस्पष्ट्यम् । प्रशंसायां मिङः खल्वपि । पचति रूपम् । पचतो रूपम् । पचन्ति रूपम् । लोकाश्रयमिह नपुंसकलिङ्गम् । क्रियाप्रधानमाख्यातम् । एका च क्रियेति रूपान्तादेकवचनमेव भवति ।

आसिद्धौ देश्यदेशीयकल्पाः ॥४।१।१२६॥ सिद्धिः परिपूर्णता, न सिद्धिरसिद्धिः । ईषदसिद्धिरासिद्धिः । तद्विशिष्टेऽर्थे वर्तमानान्ङ्याम्मृदो मिङन्ताच्च देश्य देशीय कल्प इत्येते त्या भवन्ति स्वार्थे । ईषदसिद्धः पटुः, पटुदेश्यः । पटुदेशीयः । पटुकल्पः । स्त्रियां पट्विदेश्या तसादिष्वपरिगणनात् पुंवद्भावो नास्ति । पटुदेशीया । "पुंवद्यजातीय" [४।३।१२४] इति पुंवद्भावः । पट्विकल्पा कल्पस्य तस्यातसादित्वात् "तसादौ" [४।३।१४७] इति पुंवद्भावे प्राप्ते "करूप" [४।३।१५५] इत्यादिनेकारान्तस्य प्रः । "जात् स्त्रियाम्" [४।२।२२] इत्यत्र वक्ष्यते । अतिवर्तंते च स्वार्थिकाः प्रकृतिं लिङ्गसङ्ख्ये इति । तेन गुडकल्पा द्राक्षा । तैलकल्पा प्रसन्ना । पयस्कल्पा यवागूः । मिङः । ईषदसिद्धं पचति, पचतिदेशीयम् । पचतिकल्पम् । पचतःकल्पम् । पचन्तिकल्पम् ।

वा सुपो बहुःप्राक्तु ॥४।१।१२७॥ आसिद्धाविति वर्तते । ईषदसिद्धिविशिष्टेऽर्थे वर्तमानान्मृदः सुबन्ताद् बहुत्यो वा भवति । स तु प्राग्भवति । विभाषया त्योत्पत्तिर्यथा स्यात् प्राग्भावस्तु नित्यः । इत्यस्य व्यतिरेकस्य दर्शनार्थस्तुशब्दः । ईषदसिद्धं कृतं बहुकृतम् । त्ये कृते मृत्संज्ञायां पुनः सुप् । "कृद्धत्साः" [१।१।६] इत्ययं नियमस्तुल्यजातीयस्य सुबन्तसमुदायस्यान्यत्यान्तस्य च मृत्संज्ञां निवर्तयति । तेन बहुकृतशब्दात्सुबुत्पत्तिः । एवं बहुपटुः । बहुगुडः । यदा द्राक्षाविशेषणं भवति तदा टाप् । बहुगुडा द्राक्षा । वाग्रहणं देश्यादिसमावेशार्थम् । अन्यथा मिङन्ते सावकाशान् देश्यादीनयं बाधेत । सुप इति किमर्थं यावता "प्रियकुत्सनादिषु पुनः प्रवर्ततेऽसौ विभक्त्यन्त" इत्युक्तं पुनः सुब्ग्रहणं मिङ्निवृत्त्यर्थम् । परत्वाद्देश्यादिषु कृतेषु तमादयः । पटुदेश्यतम । बहुपटुतमः । ईषदसिद्धेः प्रकर्षो नास्तीति प्रकृत्यर्थप्रकर्षे तमादयः ।

प्रकारोक्तौ जातीयः ॥४।१।१२८॥ प्रकारोक्तौ सुबन्ताज्जातीय इत्ययं त्यो भवति स्वार्थे। पटुप्रकारः पटुजातीयः। पण्डितजातीयः। यज्जातीयः। तज्जातीयः। प्रकारवति चायं वेदितव्यः। प्रकारमात्रे थाथमौ। तेन तदन्तादपि। यथाजातीयः। कथंजातीयः। एवमर्थं वेहोक्तिग्रहणम्।

एवात्कः ॥४।१।१२९॥ "इवे प्रतिकृतौ कः" [४।१।१५०] इति वक्ष्यति। आ एतस्मादिव संशब्दनात् यदित ऊर्ध्वमनुक्रमिष्यामः, तत्र क इत्ययमधिकृतो वेदितव्यः। आङिह मर्यादावचनः। वक्ष्यति "कुत्साऽज्ञातयोः" [४।१।१३१]। कुत्सितोऽश्वोऽश्वकः। गर्दभकः। इह सुप इत्यनुवर्तनान्मिङन्तात्को नेष्यते।

भिसर्वनाम्नोऽक्प्राक्टेः को दः ॥४।१।१३०॥ मिङ इति च वर्तते। भेः सर्वनाम्नश्च अगित्ययं त्यः टेः प्राग्भवति ककारस्य च दकारः एवादर्थेषु। कस्यापवादः। मृदः सुप इति च वर्तते। तत्राभिधानवशाद् व्यवस्था। भिसंज्ञाके नास्ति विशेषः। उच्चकैः। नीचकैः। यदि ककारोऽस्ति तस्य दकारः। हिरुक्, हिरकुत्। पृथक् पृथकत्। सर्वनाम्नो मृदवस्थायामक्। सर्वके। विश्वके। उभकौ। उभयके। युष्मकाभिः। अस्मकाभिः। युष्मकासु। अस्मकासु। युवकयोः। आवकयोः। इह सुबन्तादेव। त्वयका। त्वयकि। मयकि। सुप इत्यादिसम्बन्धादेव "सुपो धुमृदोः" [१।४।१४२] इत्युम्नेष्यते। मिङः खल्वपि। पचकति। पठतकि। "तन्मध्यपतितास्तद्ग्रहणेन गृह्यन्ते" इति मिङन्तमेवैतत्। "अक्प्रकरणे तूष्णीमः काम् वक्तव्यः" [वा०] मकारः "परोऽचो मिद्" [१।१।५५] विशेषणार्थः। तूष्णीकामास्ते। "शीले को मखं च" [वा०] तूष्णीं शीलस्तूष्णीकः।

कुत्साऽज्ञातयोः ॥४।१।१३१॥ कुत्साऽज्ञातत्वोपाधिकेऽर्थे वर्तमानान्मृदः स्वार्थे यथाविहितं त्यो भवति। कुत्सितोऽश्वः कस्यायमश्व इति वाऽश्वकः। उष्ट्रकः। उच्चकैः। सर्वके। पचतकि। इह कुत्सितक इत्यज्ञातार्थे। अज्ञातक इति कुत्सितेऽर्थे कः। अतः कविधेस्तमादयो भवन्ति। पूर्वनिर्णयेन, पश्चात्कादिविधिः। पटुतरकः। मृदुतरकः। पचतितरकाम्। छिन्नकादिषु के कृते तमादयः। छिन्नकतरः। भिन्नकतरः।

अनुकम्पायाम् ॥४।१।१३२॥ सौहृदेन कारुण्येन वा परस्यानुग्रहोऽनुकम्पा तत्र वर्तमानान्मृदः सुबन्तान्मिङश्च यथाविहितं त्यो भवति। अनुकम्पितो माणवो माणवकः। बुभुक्षितक। नीचकैः। याचतके।

नीतौ च तद्युक्तात् ॥४।१।१३३॥ अनुकम्पाविषयायां नीतौ गम्यमानायां तद्युक्तादनुकम्पायुक्ता-द्यथाविहितं त्यो भवति। चकारोऽनुकम्पाऽनुकर्षणार्थः। तेन सामोपप्रदानलक्षणा नीतिरिह गृह्यते, न भेदः दण्डलक्षणा। पूर्वसूत्रेणानुकम्प्यमानवाचिनस्त्यो विहितोऽनेन पुनस्तद्युक्ताद्विधीयते। पुत्रक उत्संगक। उपविश कर्दमकेनासि दिग्धकः। हन्त ते तिलकाः। हन्त ते गुडकाः। एहकि। अद्धकि। उपविश, असि, ते, हन्त इत्येवमादिषु अनभिधानान्न भवति।

बह्वचो नृखोर्वा ठः ॥४।१।१३४॥ अनुकम्पायां नीतौ च तद्युक्तादिति सर्वमनुवर्तते। बह्वचो मृदो नृनामधेयाद् वा ठ इत्ययं त्यो भवति। अनुकम्पायां "नीतौ च तद्युक्तात्" [४।१।१३३] इति नित्ये के प्राप्ते वा ठः। अनुकम्पितो देवदत्तो देविकः। देवदत्तकः। जिनिक। जिनदत्तकः। "ठाऽचि द्वितीयादचरोऽचः" [४।१।१३६] इति दत्तशब्दस्य खं ठस्येकादेशश्च। बह्वच इति किम्? रामकः। दत्तकः। नृग्रहणं किम्? देवदत्तको हस्ती। खुग्रहणं किम्? माणवकः।

घेलौ ॥४।१।१३५॥ अनुकम्पायां नीतौ च तद्युक्तादिति वर्तते। बह्वचो नृखोर्घ इल इत्येतौ त्यौ भवतः। अनुकम्पितो देवदत्तो देवियः, देविलः। पूर्वेण वा ठोऽपि भवति देविकः, देवदत्तकः।

अडबू वोपादेः ॥४।१।१३६॥ अनुकम्पायां नीतौ च तद्युक्तादिति वर्तते। उपशब्दादेर्मृदो बह्वृचो नृखोः अड वु इत्येतौ त्यौ भवतो घेलौ च वा। अनुकम्पितो उपेन्द्रदत्तः उपडः, उपकः, उपियः, उपिलः, उपिकः, उपेन्द्रदत्तकः। यादिर्वुंशब्दो यकारस्य खं कृत्वा निर्दिष्ट। तेन वोरकादेशः सिद्धः।

जातिनाम्नः कः ॥४।१।१३७॥ जातेर्नाम जातिनाम जातिशब्द इत्यर्थः। बह्वृचोऽबह्वृचश्च सामान्येनायं विधिः। जातिशब्दान्नृखोः अनुकम्पायां नीतौ च गम्यमानायां क इत्ययं त्यो भवति। अनुकम्पितो महिषो महिषकः। वराहकः। शरभकः। व्याघ्रकः। सिंहकः। इह केचिद्घाग्रहणमनुवर्त्य व्याघ्रिलः, सिंहिलः इत्युदाहरन्ति तत्तु नातिश्लिष्टम्, अस्य सूत्रस्य वैयर्थ्यप्रसङ्गात्। तस्माद् घादीनां बाधैव युक्ता।

घोः खं चाऽजिनस्य ॥४।१।१३८॥ नृखोरिति वर्तते। अजिनशब्दान्तान्मृदो नृखोः अनुकम्पायां नीतौ च गम्यमानायां क इत्ययं त्यो भवति तस्य च घोः खं भवति। अनुकम्पितस्तुलाजिनस्तुलकः। व्याघ्रकः। मृगकः। घुग्रहणं किमर्थम्? अजिनशब्दान्तस्य घोः खं यथा स्यात्। अनुकम्पितो व्याघ्रमष्टाजिनो व्याघ्रकः।

ठाऽचि द्वितीयात्परोऽचः ॥४।१।१३९॥ खमिति वर्तते। प्रकृते ठेऽजादौ च परतः। प्रकृतेर्द्वितीयादचः परशब्दो नाश्यते। परग्रहणं सर्वनाशार्थम्। अनुकम्पितो देवदत्तो देविकः, देवियः, देविलः। अनुकम्पित उपेन्द्रदत्त उपडः, उपकः। अथाजातिलादेव सिद्धे पृथक् ठग्रहणं किमर्थम्? खे कृते इकादेशो यथा स्यादित्येवमर्थः। अन्यथा अनुकम्पितो भानुदत्तः भानुकः। पित्तृकः इत्येवमादि न सिद्ध्येत्। इकस्य स्थानिवद्भावाद्ठग्रहणेन ग्रहणत्कादेशो भविष्यतीति चेन्न; "सन्निपातलक्षणो विधिरनिमित्तं तद्विघातस्य" अजादिसन्निपातकृतमुगन्तत्वम्। "चतुर्थादचः परस्य खं वक्तव्यम्" [वा०] बृहस्पतिदत्तः। बृहस्पतियः। बृहस्पतिलः। बृहस्पतिकः। "अनजादौ द्वितीयादचः परस्य वा खं वक्तव्यम्" [वा०] देवदत्तकः। देवकः। जिनदत्तकः। जिनकः। "पूर्वपदस्य च ठाजादौ अनजादौ च खं वक्तव्यम्" [वा०] दत्तिकः। दत्तियः। दत्तिलः। दत्तकः। "विनापि निमित्तं पूर्वोत्तरपदयोर्वा खं वक्तव्यम्" [वा०]। सत्यभामा। भामा। सत्या वा। विष्णुगुप्तः। गुप्तः। विष्णुर्वा। "उवर्णादिलस्य च खं वक्तव्यम्" [वा०]। परस्यादेरितीकारस्य। भानुदत्तः, भानुलः। वसुलः। उक्तञ्च–

"चतुर्थादनजादौ च नाशः पूर्वपदस्य च। अनिमित्ते तथैवेष्टः उवर्णान्तादिलस्य च॥"

"उगन्तादियेलयोः खं वक्तव्यम्" [वा०]। प्रकृते ठाचि द्वितीयात्परस्य खे कृते इयेलयोश्च परस्यादेः खे कृते भत्वादोकारो ये दीर्घत्वं राङ्भावः इत्येते विषयो न भवन्ति। भानुयः। मातृयः। भानुलः। "एचो द्वितीयत्वे तदादेः खं वक्तव्यम्" [वा०]। लहोडः। लहिकः। कहोडः। कहिकः। कपोतरोम। कपिकः। कपिलः। अमोघजिह्वः। अमिक। अमिलः। "एकाक्षरपूर्वपदानां घोः खं वक्तव्यमषषः" [वा०] अनुकम्पितो वागाशी(दत्तः)वाचिकः। त्वचिकः। शुचिकः। पूर्वस्य पदकार्यनिवृत्त्यर्थमेतत्। अषष इति किम्। षडङ्गुलिः षडिकः।

शेवलसुपरिविशालवरुणार्यमादेस्तृतीयात् ॥४।१।१४०॥ शेवल सुपरि विशाल वरुण अर्यमन् इत्येवमादेर्नृखोर्मृदस्तृतीयादचः परो नाश्यते ठाचि परतः। द्वितीयादचः परस्य खे प्राप्ते वचनम्। अनुकम्पितः शेवलदत्तः शेवलिकः। शेवलियः। शेवलिलः। सुपरिक। सुपरियः। सुपरिलः। विशालिकः। विशालियः। विशालिलः। वरुणिकः। वरुणियः। वरुणिलः। अर्यमिक। अर्यमियः। अर्यमिलः। "अकृतसन्धीनां शेवलादीनामिति वक्तव्यम्" [वा०]। शेवलेन्द्रदत्तः शेवलिकः। सुपर्याशीर्दत्तः सुपरिकः। शेवलयिकः सुपर्यिक इति च माभूत्। नेदं वक्तव्यम्। अकृतवद्व्यूहेन सिद्धम्। अकृतवद्व्यूहो नाम अन्तरङ्गपरिभाषाया अव्यापारः।

अल्पे ॥४।१।१४१॥ समन्ततो हीनं महत्प्रतिपक्षभूतमल्पम् । अल्पत्वविशिष्टेऽर्थे वर्तमानाद् यथाविहितं त्यो भवति । सुप इति वर्तते । ङ्याम्मृदो भि । सर्वनाम्नो मिङ इति च । अल्पमन्नमन्नकम् । घृतकम् । उच्चकैः । सर्वके । पचतकि । द्रव्यद्वारेण क्रियाया अल्पत्वमहत्त्वे ।

ह्रस्वे ॥४।१।१४२॥ आयामतो हीनं दीर्घप्रतिपक्षभूतम् (ह्रस्वम्) । ह्रस्वत्वविशिष्टेऽर्थे वर्तमानाद् यथाविहितं त्यो भवति । ह्रस्व पटः पटकः । वृक्षकः । उच्चकैः । सर्वके । पचतकि ।

कुटीशमीशुण्डाभ्यो रः ॥४।१।१४३॥ ह्रस्व इति वर्तते । कुटी शमी शुण्डा इत्येतेभ्यो र इत्ययं त्यो भवति । कस्यापवादः । ह्रस्वा कुटी कुटीरः । शमीरः । शुण्डारः । लोकाश्रयत्वाल्लिङ्गस्येति पुंल्लिङ्गता ।

कुत्वा डुपः ॥४।१।१४४॥ कुतूः आवपनम् । कुतूशब्दाड्डुप इत्ययं त्यो भवति । कस्यापवादः । ह्रस्वा कुतूः कुतुपः स्नेहभाजनविशेषश्चर्ममयः ।

कासूगोणीभ्यां तरट् ॥४।१।१४५॥ कासूः शक्तिः आयुधविशेष इत्यर्थः । गोणीत्यावपनमुच्यते । कासूगोणीशब्दाभ्यां तरट् भवति । कस्यापवादः । ह्रस्वा कासूः कासूतरी । ह्रस्वा गोणी गोणीतरी ।

वत्सोक्षाऽश्वर्षभेभ्यस्तनुत्वे ॥४।१।१४६॥ ह्रस्व इति निवृत्तं विशेषणान्तरोपादानात् । वत्स, उक्षन्, अश्व, ऋषभ इत्येतेभ्यस्तनुत्वोपाधिकेऽर्थे वर्तमानेभ्यस्तरड् भवति स्वार्थे । यस्य गुणस्य भावाद् द्रव्ये शब्दविनिवेशस्तस्य तनुत्वे तरट् । तनुर्वत्सो वत्सतरः । उक्षतरः । अश्वतरः । ऋषभतरः । वत्सस्य तनुत्वं यौवनप्राप्तिः । यौवन उपचीयमाने वत्सत्वं तनुर्भवति । उक्षा तरुण उच्यते तस्य तनुत्वं तस्मात्परस्य वयसः प्राप्तिः । अश्वेनाश्वायामुत्पन्नोऽश्वः । तस्य तनुत्वं विजातीयादुत्पत्तिः । ऋषभो भारवहस्तस्य तनुत्वमसमर्थता ।

किंयत्तदो निर्धारणे द्वयोरेकस्य डतरः ॥४।१।१४७॥ किं यत् तद् इत्येतेभ्यो द्वयोरेकस्य निर्धारणे गम्यमाने डतर इत्ययं त्यो भवति । सामर्थ्यान्निर्धार्यमाणवाचिभ्यः किमादिभ्यस्त्यः । समुदायाज्जातिगुणक्रियासंज्ञाभिरेकदेशस्य पृथक्करणं निर्धारणम् । को भवतोः कठः । कतरो भवतोः पटुः । कतरो भवतोः कारकः । कतरो भवतोर्देवदत्तः । एवं यतरः । ततरः । महाविकल्पाधिकाराद्वाक्यमपि साधु । निर्धारणे इति किम् ? द्वयोर्ग्रामयोः कः स्वामी । द्वयोरेकस्य स्वामित्वे मा भूत् । द्वयोरिति किम् ? यस्मिन् कुले यः प्रधानं च (स) आगच्छत् । एकस्येति किम् ? एकग्रहणेऽक्रियमाणे बहुषु एकत्र वा द्वयोर्निर्धारणं सम्भाव्येत । तेनेहापि प्रसज्येत । कौ भवतां काञ्चीपुरकौ । कौ एतस्मिन् ग्रामे देवदत्तगुरुदत्ताविति ।

वा बहूनां जातिप्रश्ने डतमः ॥४।१।१४८॥ एकस्य निर्धारण इति वर्तते । जातिश्च प्रश्नश्च जातिप्रश्नम् । बहूनामेकस्य निर्धारणे गम्यमाने किमादिभ्यो वा डतम इत्ययं त्यो भवति जातिप्रश्नविषये । किमो जातिविषये प्रश्नविषये च त्यः । इतरेभ्यो जातिविषये । वावचनमुत्सर्गस्याकः प्रापणार्थम् । को भवतां कठः । कतमो भवतां कठः । अकि साकः किमः कादेशे को भवतां कठः । यतमो भवतां कठः । यको भवतां कठः । कतमो भवतां कठः । अत्र वृत्त्यन्तरे पाठः । वा बहूनां परिप्रश्न इति । तेन को भवतां वैयाकरणस्तार्किको नैयायिको वा । कतम इति भवति । बहूनामिति किम् ? द्वयोरेकस्य निर्धारणे जातिप्रश्ने पूर्वेण डतर एव भवति । कतरो भवतोः कठ इति । जातिप्रश्न इति किम् ? को भवतां देवदत्तः । किमोऽस्मिन् विषये डतरमपीच्छन्ति केचित् । कतरो भवतां कठः । कतमो भवतां कलाप इति ।

एकाच्च ॥४।१।१४९॥ एकशब्दाड्डतरडतमौ यथायोगमभिनिर्दिष्टौ भवतः । [illegible] डतरानुकर्षणार्थः ।

जातिप्रश्न इति नानुवर्तते। सामान्येन विधानम्। एकतरो भवतोर्देवदत्तः। एकतमो भवतां देवदत्तः। किमादिष्वेकग्रहणं कर्तव्यमिति केचित्। न जातिप्रश्न एव डतमः स्यात्। उत्सर्गस्याको निवृत्त्यर्थं च योगविभागः। महाविकल्पोऽनुवर्तत एव।

इवे प्रतिकृतौ कः ॥४।१।१५०॥ इवार्थः सादृश्यम्। प्रतिकृतिः प्रतिबिम्बम्। विषयद्वारेण इवार्थविशेषणमेतत्। प्रतिकृतिविषये य इवार्थस्तस्मिन् वर्तमानान्मृदः को भवति स्वार्थे। अश्व इवायम् अश्वकः। अश्वप्रतिकृतिरित्यर्थः। एवम् उष्ट्रकः। गर्दभकः। प्रतिकृताविति किम्? गौरिव गवयः। अश्व इवायं शीघ्रो गौः।

खौ ॥४।१।१५१॥ इवार्थमात्रे गम्यमाने मृदः को भवति खुविषये। अप्रतिकृत्यर्थोऽयमारम्भः। अश्व इवायमश्वकः। उष्ट्रकः। गर्दभकः। संज्ञाशब्दा एते। संज्ञाशब्देषु च इवार्थो न गम्यते। केवलं वस्तुधर्मेण सादृश्येनान्वाख्यानं क्रियते, तेनेदमपि सिद्धम्। वंशकः। वेणुकः। नडकः। ह्रस्वत्वोपाधिका एताः संज्ञाः। कथं शूद्रकः। रावकः। पूर्वकः[1]। एता अपि कुत्सितत्वोपाधिकाः संज्ञाः।

उस्मनुष्ये उपमेये ॥४।१।१५२॥ मनुष्य उपमेयत्वेनाभिधेये खौ वाऽखौ च विहितस्य कस्योस् भवति। कुक्कुट इव कुक्कुटो मनुष्यः। चञ्चेव चञ्चा। वर्द्धिका। खरकुटी। दासी। "युक्तवदुसि लिङ्गसंख्ये" [१।१।६८] इति युक्तवद्भावः। मनुष्य इति किम्? अश्वकः पाषाणः। देवपथादेराकृतिगणस्यायं प्रपञ्चः।

जीविकार्थेऽपण्ये ॥४।१।१५३॥ विक्रीयते यत्तत्पण्यम्। न पण्यमपण्यम्। जीविकार्थं यदपण्यं तस्मिन्नुपमेयत्वेनाभिधेये कस्योस्भवति। वासुदेव इवाय देवलकानां वासुदेवः। "इवे प्रतिकृतौ" [४।१।१५०] इत्यनेनागतस्य कस्योस्। शिवः। स्कन्दः। विशाखः। जीविकार्थादेव प्रतिकृतय एवमुच्यन्ते। जीविकार्थे इति किम्? क्रीडार्थे हस्तीव हस्तिकः। अपण्य इति किम्? यत्तकं विक्रीणीते। हस्तिकं विक्रीणीते। एषोऽपि देवपथादेः प्रपञ्चः।

देवपथादिभ्यः ॥४।१।१५४॥ "इवे प्रतिकृतौ" [४।१।१५०] "खौ" [४।१।१५१] इति चागतस्य कस्योस् भवति देवपथादिभ्यः परस्य। देवपथ इव देवपथः। हंसपथः। वारिपथः। अजापथः। राजपथः। शतपथः। सिद्धगतिः। उष्ट्रग्रीवः। वाम। रज्जु। हस्त। इन्द्र। दण्ड। पुष्प। मत्स्य। आकृतिगणोऽयम्। "अर्चासु पूजनार्थासु चित्रकर्मध्वजेषु च। इवे प्रतिकृतौ लाऽः कृतो देवपथादिषु॥" अर्चासु—अर्हन्। शिवः। स्कन्दः। विष्णुः। चित्रकर्मणि—दुर्योधनः। भीमसेनः। अर्जुनः। ध्वजेषु च—ताल इवायं ध्वजतालः। कपिः। गरुडः। आकृतिगणत्वादेवेदमपि सिद्धम्।

"मत्स्याश्वपुष्पाणि च तारकाश्च चण्डार्धचन्द्राश्च पतत्रिणश्च।

तस्मिन्नर्थो रुक्ममयाश्चरेज्ञः(स्त्रिवार्थे डसमाचरेज्ज्ञः) प्रसार(प्रासाद)गुल्माकंमया मृगाश्च॥

इह दुर्योधन इवायं नटो दुर्योधनः। "उस्मनुष्ये" [४।१।१५२] "जीविकार्थेऽपण्ये" [४।१।१५३] इति वा उस्।

बस्तेर्ढञ् ॥४।१।१५५॥ इव इत्यनुवर्तते। बस्तिशब्दादिवार्थे ढञ् भवति। यस्मिन् प्रदेशे मलमुपसम्प्राप्ते बहिर्निष्क्रमति स प्रदेशो बस्तिः। बस्तिरिवायं बास्तेयः बास्तेयी प्रणालिका। इत ऊर्ध्वं सामान्येन विधानमिवार्थमात्रे। देवप्रतिकृतौ खौ च के प्राप्तेऽन्यत्राप्राप्ते ढञ्।

शिलाया ढः ॥४।१।१५६॥ शिलाशब्दादिवार्थे ढो भवति। शिलेव शिलेयं दधि। शिलाया इति योगविभागाड्ढञमपि केचिदिच्छन्ति। शैलेयम्।

शाखादेर्यः ॥४।१।१५७॥ शाखा इत्येवमादिभ्य इवार्थे यो भवति। शाखेव शाख्यः। मुखमिव मुख्यः। शाखा। मुख। जघन। स्कन्ध। मेघ। चरण। शृंग। उरस्। अग्र। शरण।

द्रव्यं भव्ये ॥४।१।१५८॥ द्रव्यमिति निपात्यते भव्येऽर्थे। भव्यविशेषे इवार्थे वर्तमानाद् द्रुशब्दाद् य इत्ययं त्यो निपात्यते। द्रुरिव द्रव्यम् कार्षापणम्। इष्टार्थक्रियाहेतुरित्यर्थः। द्रव्यमयं राजा आत्मवानित्यर्थः। भव्य इति किम्? द्रुरिवायं न चेतयते पुरुषः।

कुशाग्राच्छः ॥४।१।१५९॥ कुशाग्रशब्दादिवार्थे छो भवति। सूक्ष्मत्वेन कुशाग्रमिव कुशाग्रीया बुद्धिः। कुशाग्रीयं शास्त्रम्।

सात्तद्विषयात् ॥४।१।१६०॥ इवशब्दः सादृश्यार्थस्तच्छब्देन परामृश्यते। इवार्थविषयात् सात् छो भवति। इवार्थविषयस्य च सस्येदमेव ज्ञापकम्। यदृच्छया अतर्कितोपनते चित्रीकरणे इवार्थविषये सो भवति। सुप्सुपेति सविधानमेवंविषयमेव द्रष्टव्यम्। काकतालीयम्। तालशाखाग्रे काकः प्राप्तः, तालं च पतितं तेन च पतता तालेन स काको हतः। इदं चित्रीकरणम्। तथा देवदत्तश्च वृक्षं श्रितः। तत्राशनिश्च पतितः। तत्र देवदत्तस्याशनेश्च समागमः काकतालसमागमसदृशः। काकवधसदृशश्च देवदत्तवधः इति समागमसादृश्ये सविधानम्। वध सादृश्ये त्यविधिः। एवमन्धकवर्तकीयम्। अजाकृपाणीयम्। इह शस्त्रीश्यामा। पुरुषव्याघ्र इति समुदाय इवार्थविषयो न भवति। किन्तु पूर्वपदमुत्तरपदं वा। तेन छो न भवति।

शर्करादिभ्योऽण् ॥४।१।१६१॥ शर्करा इत्येवमादिभ्यो इवार्थेऽण् भवति। शर्करेव शार्करम्। कपालिकेव कापालिकम्। "भस्य ढ्त्यढे" [४।३।१४७ वा०] इति पुंवद्भावे प्राप्ते "न वुढ्त्कोडः" [४।३।१४१] इति प्रतिषेधः। शर्करा। कपालिका। कपिष्ठिका। गोमत्। गोपुच्छ। पुण्डरीक। शतपत्र। नराची। नकुल। सिकता।

अङ्गुल्यादेष्ठण् ॥४।१।१६२॥ अङ्गुली इत्येवमादिभ्य इवार्थे ठण् भवति। अङ्गुलीव आङ्गुलिकम्। अङ्गुलि। भरुज। बभ्रु। वल्गु। रुष्। खल। उदश्वित्। गोणी। उरस्। मण्डर। मण्डल। शष्कुल। कुलिश। हरि। कपि। मुनि।

वैकशालायाष्ठः ॥४।१।१६३॥ एकशालाशब्दादिवार्थे वा ठो भवति। वावचनेनानन्तरस्य ठणः समुच्चयः। एकशालेव एकशालिकः। ऐकशालिकः।

कर्कलोहिताट्टीकण् ॥४।१।१६४॥ कर्कलोहितशब्दाभ्यामिवार्थे टीकण् भवति। कर्कः शुक्लाश्वः। कर्क इव कार्कीकः। लौहितीकः। टकारः स्त्रियां ङ्यर्थः।

इत्यभयनन्दिविरचितायां[1] महावृत्तौ चतुर्थस्याध्यायस्य प्रथमः पादः समाप्तः।

पूगाञ्ञ्योऽग्रामणीपूर्वात् ॥४।२।१॥ इव इति निवृत्तम्। पूगवाचिनो मृदोऽग्रामणीपूर्वात् स्वार्थे ञ्यो भवति। नानाजातीया अनियतवृत्तयोऽधर्म(ऽर्थ)कामपराः संघाः पूगाः। पूगशब्दः समुदायवचनस्तस्यैकत्वेन निर्देशः। यथा यूथं वनमिति। ये त्वस्य विशेषवाचिनः शब्दास्तेषां भेदवाचित्वात् एकद्विबहवो भवन्ति। लोहध्वजा इति पूगः। लौहध्वज्यः। लौहध्वज्यौ। लोहध्वजाः। शैव्यः। शैव्यौ। शिवयः। वातक्यः। वातक्यौ। वातकाः। "ञ्ञ्येर्बहुषु तेनैवास्त्रियाम्" [१।४।१३५] इति बहुषूप्। ग्रामणीरित्यर्थनिर्देशः। पूर्वशब्दोऽवयववाची। ग्रामण्यर्थः पूर्वोऽवयवो यस्य स ग्रामणीपूर्वः। अथवा ग्रामण्यर्थविषयो यस्त्यः स साहचर्याद् ग्रामणीरित्युच्यते। स पूर्वमुत्पन्नो यस्य पूगस्य स ग्रामणीपूर्वः। न ग्रामणीपूर्वोऽग्रामणीपूर्वः। ग्रामणीपूर्वात्पूगाञ्ञ्यो न भवति। देवदत्तो ग्रामणीरेषां देवदत्तकाः। 'स एषां ग्रामणीः'' [४।१।१२] इति कः।

---

१. जैनेन्द्रमहावृत्तौ ब०।

व्रातञ्फादस्त्रियाम् ॥४।२।२॥ नानाजातीया अनियतवृत्तय उत्सेधजीविनः संघाः व्राताः । ञ्फ इति "वृद्धे कुञ्जादिभ्यो ञ्फः" [३।१।८७] इत्यापत्यस्त्यो गृह्यते । व्रातविशेषवाचिभ्यो ञ्फान्तेभ्यश्च स्वार्थे यो भवत्यस्त्रियाम् । कापोतपाक्यः । कापोतपाक्यौ । कपोतपाकाः । व्रैहिमत्यः । व्रैहिमत्यौ । व्रीहिमताः । ञ्फान्तात् कुञ्जस्यापत्यं कौञ्जायन्य । कौञ्जायन्यौ । कुञ्जायनाः । ब्राध्नायन्यः । ब्राध्नायन्यौ । ब्राध्नायनाः । अस्त्रियामिति किम् ? कपोतपाका । व्रीहिमता । कौञ्जायनी । "वृद्धं च चरणैः सह" इति ञ्फान्तस्य जातिवाचित्वान्ङीविधिः ।

शस्त्रजीविसङ्घाञ्ञ्यड् वाहीकेष्वविप्रराजन्यात् ॥४।२।३॥ वाहीकेषु यः शस्त्रजीविसङ्घस्तद्वाचिनो मृदो विप्रराजन्यवर्जितात् स्वार्थे ञ्यड् भवति । टित्करणं स्त्रियां ङ्यर्थम् । कौण्डीवृस्यः । कौण्डीवृस्यौ । कुण्डीवृसाः । क्षौद्रक्यः । क्षौद्रक्यौ । क्षुद्रकाः । मालव्यः । मालव्यौ । मालवाः । कौण्डीवृसी । क्षौद्रकी । मालवी स्त्री । "हलो हतो ङ्याम्" [४।४।१३८] इति यकारस्य खम् । शस्त्रजीविग्रहणं किम् ? मल्लाः । सङ्घग्रहणं किम् ? वागुरः । सम्राट् । वाहीकेष्विति किम् ? शबराः । पुलिन्दाः । अविप्रराजन्यादिति किम् ? गौपालयः (ब्राह्मणाः) । शालङ्कायनाः राजन्या । विप्रप्रतिषेधे विप्रविशेषप्रतिषेधः । नहि विप्रशब्दवाच्यो वाहीकेषु शस्त्रजीविनां सङ्घोऽस्ति । राजन्यप्रतिषेधे तु स्वरूप इति प्रतिषेधः । राजन्यविशेषस्यापि प्रतिषेधं केचिदिच्छन्ति । कांवच्य । कांवच्यौ । कांवच्याः । ञ्यटि सति स्त्रियां ङी प्रसज्येत । शस्त्रजीविसङ्घादिति योगविभागादन्यत्रापि केचिदिच्छन्ति । शाबर्यः । शाबर्यौ । शबराः । पौलिन्द्यः । पौलिन्द्यौ । पुलिन्दाः । योगविभागकृतमनित्यम् ? तेन शबरः पुलिन्द इत्यपि भवति ।

वृकाट्टेण्यण् ॥४।२।४॥ शस्त्रजीविसङ्घवाचिनो वृकशब्दात् स्वार्थे टेण्यण भवति । वार्केण्यः । वार्केण्यौ । वृकाः । स्त्रियां वार्केणी । "हलो हतो ङ्याम्" [४।४।१४०] इति यखम् । हल् उत्तरस्य यकारस्य खं भवति स चेद्यकारो गोरवयवभूत इति । वाहीकेषु ञ्यटि प्राप्ते, अन्यत्राप्राप्ते विधानम् । शस्त्रजीविसङ्घविशेषणं किम् ? मति (जाति) शब्दान्माभूत् ।

"कामक्रोधौ मनुष्याणां खादितारौ वृकाविव । तस्मात्क्रोधं च कामं च परित्यक्तुं बुधोऽर्हति ॥"

दामन्यादेश्छः ॥४।२।५॥ शस्त्रजीविसङ्घादिति वर्तते । दामनि इत्येवमादिभ्यः शस्त्रजीविसङ्घवाचिभ्यश्छो भवति स्वार्थे । दामनीयः । दामनीयौ । दामनयः । दामनि । औलपि । वज्रवापि । औदकि । आच्युतन्ति । शाकुन्तकि । सार्वसेनि । विन्दु । तुलभ । मौञ्जायन । सावित्रीपुत्र । त्रिगर्तषष्ठाः दामन्यादौ पठ्यन्ते । शस्त्रजीविनां षड्वर्गाः । तत्र त्रिगर्तवर्गः षष्ठा यषां ते त्रिगर्तषष्ठाः । कौण्डापरथीयः । कौण्डापरथीयौ । कौण्डोपरथाः । दाण्डकिः । क्रौष्टुकिः । जालमालो । ब्रह्मगुप्तः । जानकिः । उक्तं च-

"ज्ञेयास्त्रिगर्तषष्ठाः षट् कौण्डोपरथदाण्डकी । क्रौष्टुकिर्जालमाली च ब्रह्मगुप्तोऽथ जानकिः ॥"

पर्श्वादेरण् ॥४।२।६॥ शस्त्रजीविसङ्घादिति वर्तते । पर्शु इत्येवमादिभ्यः शस्त्रजीविसङ्घवाचिभ्योऽण् भवति स्वार्थे । पार्शवः । पार्शवौ । पर्शवः । पर्शु । रक्षस् । असुर । वाह्लीक । वयस् । वसु । मरुत् । सत्वत् । दशार्ह । पिशाच । अशनि । कार्षापण । यौधेय । शौभ्रेय । धार्तेय । ज्यावाणेय । त्रिगर्त । भरत । उशीनर । भर्गादिषु यौधेयादिभ्यः प्रतिषेधवचनं ज्ञापकम् आपत्यस्वार्थिकाः आपत्यग्रहणेन गृह्यन्त इति । तेनास्याण उप् प्राप्तः प्रतिषेधार्थं वचनं तत्र सार्थम् । पर्श्वादिभ्यः पुनरुत्पन्नस्याणः स्वार्थिकस्य स्त्रीविवक्षायां "कुन्त्यवन्तिकुरुभ्यः स्त्रियाम्" [३।१।१५७] इत्यधिकृत्य "अतोऽप्राच्यभर्गादेः" [३।१।१५८] इत्युप् । "ऊङुतः" [३।१।५६] इत्यूकारः । पर्शूः । असुरः (री) । रक्षः ।

अभिजिद्विदभृतोऽणो यञ् ॥४।२।७॥ शस्त्रजीविसङ्घादिति निवृत्तम् । अभिजित् विदभृत् इत्येताभ्यामणन्ताभ्यां स्वार्थे यञ् भवति । **"वृद्धाद् वृद्धवदिति वक्तव्यम्"** [वा०] वृद्धापत्ये योऽण् विहितः तदन्तादयं यञ् वृद्धवच्च भवति । अभिजितोऽपत्यमण् । आभिजितः । तदन्ताद्यञ् आभिजित्यः । आभिजित्यौ । आभिजिताः । वैदभृत्यः । वैदभृत्यौ । वैदभृताः । वृद्धादिति किम् ? अभिजिद् देवताऽस्य आभिजितः । विदभृत इदं वैदभृतम् । वृद्धवदिति किम् ? आभिजित्यस्यापत्यं युवाऽऽभिजित्यायनः । **"यञिञोः"** [३।१।९०] इति फण् सिद्धः ।

शिखाशालाशम्यूर्णाश्रियां मतोः ॥४।२।८॥ शिखा, शाला, शमी, उर्णा, श्री, इत्येतेषां शब्दानां मतोर्योऽण् तदन्तात्स्वार्थे यञ् भवति । शिखावतोऽपत्यमित्यण् । तदन्तादयं यञ् । शैखावत्यः । शैखावत्यौ । शैखावताः । शालावत्यः । शालावत्यौ । शालावताः । शामीवत्यः । शामीवत्यौ । शामीवताः । और्णावत्यः । और्णावत्यौ । और्णावताः । श्रैमत्यः । श्रैमत्यौ । श्रैमताः । वृद्धादित्येव शिखावत इदं शैखावतम् । **"वृद्धवदिति वक्तव्यम्"** [वा०] शैखावत्यायनः । नेदं वक्तव्यम् । आपत्यस्वार्थिकाः आपत्यग्रहणेन गृह्यन्त इत्येव सिद्धम् ।

ते द्र्यः ॥४।२।९॥ ते ञ्यादयो द्रिसंज्ञका भवन्ति । तथैवोदाहृतम् । ते ग्रहणम् अनुक्रान्तसंज्ञिप्रतिपत्त्यर्थम् ।

संख्यायाः पादशतेभ्यो वीप्सादण्डत्यागे वुन् ॥४।२।१०॥ संख्यादेः पादशतान्तान्मृदः वीप्सात्यागेषु गम्यमानेषु वुन् भवति । तासन्निधानेऽन्त्यस्यालः खं च । **"यस्य ङ्यां च"** । [४।१।१२६] इति यदि खं क्रियते, तस्य परनिमित्तत्वात् **"परेऽचः पूर्वविधौ"** [१।१।२७] इति स्थानिवद्भावात् **"पादः पत्"** [४।४।११६] इति पद्भावो न स्यात् । इदं पुनः खमनिमित्तमिति न स्थानिवद्भावः । द्वौ द्वौ पादौ भुङ्क्ते द्विपदिकां भुङ्क्ते । त्रिपदिकां भुङ्क्ते । ह्वदर्थे रसः । वुनैव वीप्सार्थस्य द्योतितत्वात् वीप्सालक्षणं द्वित्वं निवर्तते । द्वे द्वे शते भुङ्क्ते द्विशतिकां भुङ्क्ते । त्रिशतिकां भुङ्क्ते । दण्डे—द्वौ पादौ दण्डितः द्विपदिकां दण्डितः । त्रिपदिकां दण्डितः । त्यागे—द्वौ पादौ व्यवसृजति द्विपदिकां व्यवसृजति । त्रिपदिकां व्यवसृजति । त्रिशतिकां व्यवसृजति । वुन्नन्तं स्वभावतः स्त्रियां वर्तते । संख्याया इति किम् ? पादं पादं ददाति । पादशतेभ्य इति किम् ? द्वौ द्वौ प्रस्थौ ददाति । बहुलनिर्देशादन्यत्रापि भवति । द्वौ द्वौ मोदकौ ददाति द्विमोदकिकां ददाति । द्विहलिकां ददाति । वीप्सादिग्रहणं किम् ? द्वौ पादौ भुङ्क्ते ।

स्थूलादिभ्यः प्रकारोक्तौ कः ॥४।२।११॥ स्थूल इत्येवमादिभ्यः प्रकारोक्तौ गम्यमानायां को भवति । जातीयस्यापवादः । अत्रापि प्रकारवति त्यः स्थूलाणुमाषेषु । स्थूलप्रकारः स्थूलकः । अणुकः । माषकः । इषुकः । अपरेषां व्याख्या । माषेष्वित्युपाधिः । स्थूलका माषाः । अणुका माषाः । स्थूलाणुमाषेषु । कृष्णतिलेषु । पाद्यकालावदाताः सुरायाम् । गोमूत्र आच्छादने । सुराया अहौ । जीर्णशालिषु । पत्रमूले समस्तव्यस्ते । यवव्रीहिषु । कुमारीपुत्र । कुमारी । श्वसुरः । मणि इक्षु तिल । चञ्चद्बृहतोरप्यत्र पाठः कर्तव्यः ।

क्तादनत्यन्ते ॥४।२।१२॥ अनत्यन्तमकार्त्स्न्यम् । अनत्यन्ते वर्तमानात् क्तान्तान्मृदः को भवति । अनत्यन्ते भिन्नं भिन्नकम् । छिन्नकम् । अनत्यन्त इति किम् ? भिन्नम् । अत्र भेदनक्रियायाः कार्त्स्न्येन संबन्धः ।

न सामेः ॥४।२।१३॥ सामिशब्दात्परं यत्क्तान्तं तस्मात् को न भवति । सामिकृतम् । सामिभुक्तम् । सामिपर्यायाणामपि ग्रहणमिति केचित् । अर्धकृतम् । नेमकृतम् । ननु चात्र पदान्तरेणानत्यन्तगतेरभिहि-

तत्वात्को न प्राप्नोतीति प्रतिषेधवचनमनर्थकम्। एवं तर्हीदमेव प्रतिषेधवचनं ज्ञापकं स्वार्थेऽप्ययं को भवति। तेन सिद्धम्। भिन्नतरकम्। बहुतरकम्। अर्धच्छिन्नकम्। अर्धभिन्नकम्।

बृहतिका ॥४।२।१४॥ बृहतिकेति निपात्यते। बृहतीशब्दादाच्छादने वर्तमानात्स्वार्थे नित्यं को निपात्यते। बृहतिका साटी। आच्छादनादन्यत्र को न भवति। बृहती ओषधिः।

खोऽलङ्कर्मपुरुषात् ॥४।२।१५॥ अलङ्कर्मन् अलम्पुरुष इत्येताभ्यां स्वार्थे खो भवति। अलङ्कर्मणेऽलङ्कर्मीणः। अलम्पुरुषायालम्पुरुषीणः। "नमस्स्वस्ति" [१।४।२६] इत्यादिनाऽप्। 'तिकुप्रादयः' [१।३।८१] इत्यत्र "पर्यादयो ग्लानाद्यर्थे अपा" [वा०] इति षसः।

अषडक्षाशितङ्ग्वधिषोः ॥४।२।१६॥ अषडक्ष, आशितङ्गु, अधिगु इत्येतेभ्यः स्वार्थे खो भवति। अविद्यमानानि षडक्षीण्यस्मिन्निति अषडक्षीणो देवदत्तः। पितृपितामहपुत्राणामक्षीणि न पश्यतीत्यर्थः। मन्त्रोऽपि द्वाभ्यां यः क्रियते, येन वा कन्दुकेन द्वौ क्रीडतः सोऽप्येवमुक्तः। अथवाऽक्षशब्द इन्द्रियपर्यायोऽस्ति। अविद्यमानानि षडक्षाण्यस्य अषडक्षीणो मत्स्यः। गुणदोषविचारक्षमं षष्ठमक्षमस्य नास्तीत्यर्थः। आशिता गावोऽस्मिन्नित्याशितङ्गवीनमरण्यम्। अतएव निपातनात्कर्तरि क्तः। पूर्वपदस्य च मुगागमः। राज्ञि अधि राजाधीनम्। पुण्येऽधि पुण्याधीनम्। "ईश्वरेऽधिना" [१।४।१८] इति अधिना योगे ईप् गिति संज्ञाप्रतिषेधश्च। अधिशब्दः शौण्डादिषु पठ्यते, तेन षसः। नित्यश्चेह ख इष्यते, उत्तरसूत्रे वाग्रहणात्।

वाऽञ्चेरदिक्स्त्रियाम् ॥४।२।१७॥ अञ्च्यन्तान्मृदोऽदिक्स्त्रियां वर्तमानात् खो भवति स्वार्थे वा। अदिक्स्त्रियामिति प्रसज्यप्रतिषेधादिह तदन्तविधिर्लभ्यते। प्राञ्चतीति प्राङ् (प्राक्) प्राचीनम्। उदक् उदीचीनम्। अवाङ् (क्) अवाचीनम्। अदिक्स्त्रियामिति किम्? प्राची दिक्। प्रतीची। दिग्ग्रहणं किम्? प्राचीना शाला। तिरश्चीना स्थूणा। स्त्रीग्रहणं किम्? प्राचीनं दिग्रमणीयम्। प्राची दिग्रमणीयेति विगृह्य "दिक्छब्द" [४।३।१२] इत्यादिना अस्तात्। "अञ्चेरुप्" [४।१।६६] इति तस्योप्। स्वभावत उप्यस्तातेर्नपुंसकलिङ्गम्। वावचनात् स्वार्थिकेषु निवृत्तो महाविकल्पाधिकार इति गम्यते। तेन पाशतमादयः प्राक् [छदेला देशात्] कल्पदेशीयात्। ज्यादयः प्राग्वुनः। आमादयः प्राङ्मयटः नित्या वेदितव्याः। याप्यो वैयाकरणः। अयमेषामतिशयेन पटुरित्येवमादौ वाक्ये न प्रकृतिर्याप्येऽतिशायने वा वर्तते किन्तु पदान्तरमतस्त्यो न भवति।

जातेश्छो बन्धुनि ॥४।२।१८। बध्यतेऽस्मिन् जातिरिति बन्धुद्रव्यमिह जात्यधिकरणभूतं गृह्यते नपा निर्देशात्। जातिशब्दाद्बन्धुनि वर्तमानात् छो भवति। केवलजातिशब्दस्य बन्धुनि वृत्त्यसम्भवात्तदन्तविधिः। क्षत्रियो जातिरस्य क्षत्रियजातीयः। क्षत्रिय एवोच्यते। शोभना जातिरस्य शोभनजातीयः। दुष्टा जातिरस्य दुर्जातीयः। का जातिर्भवतः, किंजातीयो भवान्। द्वयोर्विकल्पयोर्मध्ये नित्योऽयं विधिः। "प्रकारोक्तौ जातीयः" [४।१।१२८] इत्येव सिद्धे किमर्थमिदं जात्यन्तस्य बसस्य केवलस्य च प्रयोगो माभूत् इत्येवमर्थम्। कथं दुर्जातेः सूतपुत्रस्येति प्रयोगः। चिन्त्यमेतत्। बन्धुनीति किम्? ब्राह्मणजातिरदश्यपापा[1]।

वेवे स्थानान्तात् ॥४।२।१६॥ स्थानान्तान्मृद इवार्थे वा छो भवति। पितुः स्थानमिव स्थानमस्य पितृस्थानः। "इवोपमानपूर्वस्य चुखं वा" [वा०] इति। उपमानपूर्वस्य बसो भवति योश्च खम्। यथा उष्ट्रमुख इति। अयं स्थानान्तो बस इवार्थे वर्तते। अस्माद्वा छो भवति। पितृस्थानीयः। पितृस्थानः। गुरुस्थानीयः। गुरुस्थानः। पुनर्वाग्रहणमनन्तरस्य नित्यतां ख्यापयति। इव इति किम्? गवां स्थानम् गोस्थानम्। "मृद्ग्रहणे तदन्तविधिर्नास्ति" इति अन्तग्रहणं कृतम्। इह कस्मान्न भवति? गोः स्थानमिति। नैष दोषः। इवग्रहणं

1. रघपा—ब०।

स्थानविशेषणम्। इवार्थे यः स्थानशब्दो वर्तते, तदन्तादिति। बसे च स्थानशब्द इवार्थे वर्तते। बसे तु पद-सङ्घात इवार्थे वर्तते इति न भवति।

किमेमिङ्भिभ्मादामद्रव्ये ॥४।२।२०॥ किम एकारान्तस्य मिङः भिसंज्ञकस्य च अनन्तरो यो भस्तदन्तान्मृद आमित्ययं त्यो भवत्यद्रव्ये। लिङ्गसंख्यायुक्तप्रत्ययकारणं द्रव्यम्। द्वाविमौ किम्पचतः, अयमनयोः किंतरां पचति। किंतमाम् पचति। एतौ द्वाविमौ पूर्वाह्णे भुञ्जाते। अयमनयोः पूर्वाह्णेतरां भुङ्क्ते। एतद्ग्रहणसामर्थ्याद् द्रव्येऽपि काले विधिरयम्। इह कस्मान्न भवति। जयतेर्विचि तरे च कृते जेतर इति। अनभिधानादत्र विजेव नास्ति। मिङ्— पचतितराम्। पचतितमाम्। द्वाविमौ उच्चैर्हसतः। अयमनयो-रुच्चैस्तरां हसति। अद्रव्य इति किम्? उच्चैस्तरो वृक्षः। उच्चैस्तमो वृक्षः।

जिनोऽण् ॥४।२।२१॥ "जिन्नभिविधौ" [२।३।८६] इति भावे जिन् विहितः। जिन्नन्तादण् भवति स्वार्थे। "कृद्ग्रहणे तिकारकपूर्वस्यापि ग्रहणम्" [प] सांकोटिनम्। सांराविणम्। सांमार्जिनम्। "प्रायोऽनपत्येणीन:" [४।४।१५५] इति टिखप्रतिषेधः।

व्यात्स्त्रियाम् ॥४।२।२२॥ स्त्रियामित्यधिकृत्य 'कर्मव्यतिहारे ञः" [२।३।७६] इति ञो विहित-स्तदन्तात्स्वार्थेऽण् भवति स्त्रियाम्। व्यावक्रोशी। व्यात्युक्षी। व्यावचर्ची वर्तते। "पदे य्वोरैयौव" [५।२।८] इति तस्य विधेः "न ञे" [५।२।११] इति प्रतिषेधे कृते। आदैप्। स्त्रीग्रहणं किम्? स्त्रियामेव हि ञो विहितस्तस्मादयं स्वार्थिकः। स्वार्थिकाश्च प्रकृतिलिङ्गसंख्ये अनुवर्तन्त इति। एवं तर्हि इदमेव ज्ञापकम्। क्वचित्स्वार्थिकाः प्रकृतिलिङ्गसंख्ये अतिवर्तन्तेऽपि। कुटीरः। देवता। गुडकल्पा द्राक्षा इत्येव-मादि सिद्धम्।

विसारिणो मत्स्ये ॥४।२।२३॥ विसारिन्शब्दात्स्वार्थेऽण् भवति मत्स्येऽभिधेये। विसारीति वैसारिणो मत्स्यः। ग्रहादिपाठाण्णिन्। मत्स्य इति किम्? विसारी तैलबिन्दुरिवाम्भसि।

संख्याया ध्वभ्यावृत्तौ कृत्वस् ॥४।२।२४॥ ध्वर्थः क्रियारूपः साहचर्याद्ध्वुशब्देनोक्तः। ध्वभ्यावृत्तिः अभिन्नकर्तृकायाः क्रियायाः पौनःपुन्यम्। ध्वभ्यावृत्तौ वर्तमानेभ्यः संख्याशब्देभ्यः स्वार्थे कृत्वसित्ययं त्यो भवति। अस्वपदेनात्र विग्रहः। पञ्चवारान् भुङ्क्ते पञ्चकृत्वोऽह्नो भुङ्क्ते। शतं वारान् भुङ्क्ते शतं वा वाराणां भुङ्क्ते शतकृत्वः। बहुकृत्वः। तावत्कृत्वः। कतिकृत्वः। संख्याया इति किम्? मुहुर्मुहुर्भुङ्क्ते। प्रभूतान् वारान् भुङ्क्ते। धुग्रहणं किम्? द्रव्यस्य गुणस्य वा अभ्यावृत्तौ माभूत्। पञ्चसु कालेषु दण्डी। षट्सु कालेषु शुक्लः। अभ्यावृत्तिग्रहणं किम्? पञ्च पाकाः। नात्राभिन्नस्य पाकस्य पौनः-पुन्यं किन्त्वोदनमुद्गादीनां पाकाः।

द्वित्रिचतुर्भ्यः सुच् ॥४।२।२५॥ द्वि त्रि चतुर् इत्येतेभ्यो ध्वभ्यावृत्तौ सुच् भवति। कृत्वसोऽ-पवादः। चकारः "कालेऽधिकरणे सुजर्थे" [१।४।६७] इत्यत्र विशेषणार्थः। उकार उच्चारणार्थः। द्वि-र्भुङ्क्ते। त्रिर्भुङ्क्ते। भुजिक्रिया सामान्येनैका। सा कालभेदाद्भिद्यते।

एकस्य सकृत् ॥४।२।२६॥ एकशब्दस्य सकृदित्ययमादेशो भवति सुच्त्यः। ध्वभ्यावृत्तिरत्र व्यपदे शिवद्भावेनाभिसंबध्यते। एकवारं भुङ्क्ते सकृद् भुङ्क्ते। एकः पाक इत्यत्राभिधानान्नास्ति।

बहोर्धा वाऽऽसत्तौ ॥४।२।२७॥ आसत्तिरविप्रकृष्टकालता। विषयद्वारेण ध्वभ्यावृत्तिविशेषणमेतत्। आसत्तौ या क्रियाया अभ्यावृत्तिस्तस्यां वर्तमानाद्बहुशब्दाद्धा इत्ययं त्यो भवति वा। बहुधा भुङ्क्ते। बहुकृत्वो भुङ्क्ते। आसत्ताविति किम्? बहुकृत्वो भुङ्क्ते मासस्य।

तत्प्रकृतोक्तौ मयट् ॥४।२।२८॥ प्रकर्षेण कृतं प्रकृतं प्रचुरमित्यर्थः। तदिति वासमर्थात् प्रकृतोक्तौ वर्तमानात् स्वार्थे मयड् भवति। अन्नं प्रकृतम् अन्नमयं पूजायाम्। दधिमयं पूजायाम्। यवागूः प्रकृता यवागूमयी। पेयामयी। स्वार्थिकाः प्रकृतिलिङ्गसंख्ये अनुवर्तन्तेऽपि। अथवा नायं स्वार्थिकः। अधिकरणार्थेऽयं विधीयते। कथं ज्ञायते। उक्तिर्वचनम्। प्रकृतस्योक्तिः प्रकृतोक्तिः। तदिति वासमर्थात् प्रकृतोक्तावर्थे मयड् भवति। घृतं प्रकृतमुच्यतेऽस्मिन् घृतमय उत्सवः। घृतमयी पूजा। पुष्पमय उत्सवः। पुष्पमयी पूजा। उक्तिग्रहणसामर्थ्यात् उभयोऽपि सूत्रार्थः प्रमाणम्।

समूहवच्च बहुषु ॥४।२।२९॥ तत्प्रकृतोक्ताविति वर्तते। समूहवत् त्यविधिर्भवति मयट् च बहुषु प्रकृतेषु। यथेह भवति। अपूपानां समूहः आपूपिकम्। 'अचित्तहस्तिधेनोष्ठण्' [३।२।३९] इति ठण्। एवम् अपूपाः प्रकृता आपूपिकम्। पक्षे अपूपमयम्। एवं मौदकिकम्। मोदकमयम्। शाष्कुलिकम्। शष्कुलीमयम्। प्रकृतिलिङ्गसंख्यातिवर्तनम्। द्वितीयसूत्रार्थे अपूपाः प्रकृता अस्मिन्नुच्यन्ते आपूपिक उत्सवः। अपूपमयः। आपूपिकी अपूपमयी पूजा। शाष्कुलिकः शष्कुलीमय उत्सवः। शाष्कुलिकी शष्कुलीमयी पूजा।

भेषजानन्तावसथेतिहाञ्ञ्यः ॥४।२।३०॥ भेषजादिभ्यः स्वार्थे ञ्यो भवति। कण्ड्वादिषु भिषजिति पठ्यते औषधस्य करणम्। तस्य कर्तृत्वविवक्षायां भिषज्यतीति भेषजम्। पचादित्वादच्। "हलो यः" [४।४।२१] इति यखम्। अत एव निपातनादेप्। भेषजमेव भैषज्यम्। अनन्तमेवानन्त्यम्। आवसथ एवावसथ्यम्। इतिहैत्यैतिह्यम्। विभाषेह सम्बद्धयते।

देवतान्तात्तादर्थ्ये यः ॥४।२।३१॥ तस्मै इति तदर्थम्। तदेव तादर्थ्यम्। देवताशब्दान्तात्तादर्थ्ये वाच्ये यो भवति। गुरुदेवतायै इदम् गुरुदेवत्यम्। पितृदेवत्यम्।

पाद्यार्घ्ये ॥४।२।३२॥ पाद्यार्घ्यशब्दौ निपात्येते। पादशब्दात्तादर्थ्ये यः पाच्छब्दस्य पदादेशाभावश्च निपात्यते। पादार्थमुदकम् पाद्यम्। अर्घशब्दात्तादर्थ्ये यः। अर्घार्थमर्घ्यम्।

ण्योऽतिथेः ॥४।२।३३॥ तादर्थ्ये इति वर्तते। अतिथिशब्दात्तादर्थ्येऽभिधेये ण्यो भवति। अतिथ्यर्थमिदमातिथ्यम्।

देवात्तल् ॥४।२।३४॥ तादर्थ्ये इति निवृत्तम्। देवशब्दात् स्वार्थे तल् भवति। देव एव देवता।

कोऽवियावादेः ॥४।२।३५॥ अविशब्दाद् याव इत्येवमादिभ्यश्च मृद्भ्यः स्वार्थे को भवति। अविरेव अविकः। यावादिष्वेव अविशब्दः पठितव्यः। पृथग्ग्रहणं किमर्थम् ? अवेर्विकार आविकमित्येवमादौ के कृतेऽण्यथा स्यात्। यवानां विकारो यावः। याव एव यावकः। यान। मणि। अस्थि। तान्द्र। मड्डु। पीत। स्तम्ब। ऋतावुष्णशीते। पशौ लूनवियाते। अणु निपुणे। पुत्रात् कृत्रिमे। पुण्य। ज्ञात। अज्ञात। स्नात वेदसमाप्तौ। शून्य रिक्ते। तनु सूत्रे। ईयसश्च। भूयस्कम्। श्रेयस्कम्। कुमार क्रीडकानि च। उत्कण्ठकः। कन्दुकः। वेत्यनुवर्तते।

लोहितान्मणौ ॥४।२।३६॥ लोहितशब्दान्मणौ वर्तमानात् स्वार्थे को भवति। लोहित एव लोहितको मणिः। "लोहितशब्दात् स्त्रीत्यस्य परत्वात् अनेन केन बाधनं वक्तव्यम्" [वा०]। परत्वात् के कृते सकृद्गते परनिर्णये बाधितो बाधित एवेति नत्वङीविधावसति, अतष्टापि कृते लोहितका मणिरिति। यदात्वबाधनं तदा नत्वङीविधौ कृते पश्चात्कः। "केऽणः" [२।२।१२५] इति प्रादेशः। लोहिनिका मणिः। मणाविति किम् ? लोहितः खदिरः।

वर्णेऽनित्ये ॥४।२।३७॥ अनित्ये वर्णे वर्तमानाल्लोहितशब्दात्को भवति । कोपेन लोहितकं चक्षुः । स्त्रियां पूर्ववदुभयं भवति । लोहितिका कन्या कोपेन लोहिनिका वा । अनित्य इति किम् ? लोहित इन्द्रगोपकः । लोहितं रुधिरम् ।

रक्ते ॥४।२।३८॥ लाक्षाकृमिरागादिना रक्ते वस्त्रादिके वर्तमानात् लोहितशब्दात्को भवति । लोहितकः पट्टसाटकः । लोहितकः कम्बलः । अत्र योगवशात् यावद् द्रव्यभावि लोहितत्वमिति पूर्वेण प्राप्तिः । स्त्रियां पूर्ववदुभयम् । लोहितिका पट्टसाटिका लोहिनिका वा ।

कालाच्च ॥४।२।३९॥ वर्णे नित्ये रक्ते इति द्वयस्यानुकर्षणार्थश्चकारः । अनित्ये वर्णे रक्ते च वर्तमानात् कालशब्दात् को भवति । कोपेन कालकं वस्त्रम् । कालिका साटी । अनुक्रान्तेषु चतुर्ष्वपि चेति वर्तते ।

विनयादेष्ठण् ॥४।२।४०॥ विनय इत्येवमादिभ्यः स्वार्थे ठण् भवति । विनय एव वैनयिकम् । विनयः । समय । उपायात्प्रश्च । सङ्गति । कथञ्चित् । अकस्मात् । उपचार । समाचार । व्यवहार । सम्प्रदान । समुत्कर्ष । समूह । विशेष । अत्यय । वेत्यनुवर्तत एव । अनुगादिशब्दोऽपीह पठनीयः ।

वाचस्तदर्थायाः ॥४।२।४१॥ सा वाक् अर्थोऽभिधेयोऽस्या इति तदर्था । तदर्थाया वाचः स्वार्थे ठण् भवति । देवदत्तेन सन्दिष्टा वाग् जिनदत्ते । सा यया वाचा जिनदत्तेन परस्य प्रकाश्यते सा वाक्तदर्था वागर्थेत्यर्थः । वागेव वाचिकम् । तदर्थाया इति किम् ? स्निग्धवाक् सुजनस्य च व्यवह्रियते ।

तद्युक्तात्कर्मणोऽण् ॥४।२।४२॥ तया वाचा युक्तं यत्कर्म तदभिधायिनः स्वार्थेऽण् भवति । यदेव वाचा व्यवह्रियते इदं कर्म कुर्विति, तदेव क्रियमाणं कर्म वाग्युक्तमुच्यते । कर्मैव कार्मणम् । तद्युक्तादिति किम् ? स्वयमेव देवदत्तेन कर्मकृतम् ।

ओषधेरजातौ ॥४।२।४३॥ ओषधिशब्दादजातौ वर्तमानादण् भवति । ओषधिरेव औषधं पीयते । अजाताविति किम् ? स्थिरोऽयमस्त्वोषधिः क्षेत्रे ।

प्रज्ञादेः ॥४।२।४४॥ प्रज्ञ इत्येवमादिभ्यः स्वार्थेऽण् भवति । प्रजानातीति प्रज्ञः । प्रज्ञ एव प्राज्ञः । "प्रज्ञाश्रद्धाऽर्चावृत्तिभ्यो णः" [४।१।२८] इति मत्वर्थीयेन सिद्धेऽपि स्त्रियां विशेषः । अणि प्राज्ञी । णे प्राज्ञा । प्रज्ञ । वणिज् । उशिक् । उष्णिज् । प्रत्यक्ष । विद्वस् । विदन् । वशिक् । द्विदश । षोडन् । विद्या । मनस् । श्रोत्र शरीरे । जुह्वत् । कृष्ण मृगे । चिकीर्षत् । वसु । मरुत् । सत्वन्तु । दशार्ह । वयस् । क्रुट् । रक्षस् । असुर । शत्रु । चोर । योध । चक्षुष् । पिशाच । अशनि । कार्षापण । देवता । बन्धु । आकृतिगणोऽयम् । विकृतिरेव वैकृतम् ।

मृदस्तिकः ॥४।२।४५॥ मृत्-शब्दात्स्वार्थे तिको भवति । मृदेव मृत्तिका । स्त्रीविषयत्वाट्टापि कृते "त्यस्थे क्यापीद" [२।२।५०] इत्यादिना इत्वेन सिद्धे इकारोच्चारणं किम् ? द्वाभ्यां मृत्तिकाभ्यां क्रीतं द्विमार्त्तिकम् । "ह्रद्युप्युप्" [१।१।१] इति स्त्रीत्यस्योपि श्रवणार्थम् ।

सस्नौ प्रशंसे ॥४।२।४६॥ प्रशंसे वर्तमानान्मृच्छब्दान्नित्यं स स्न इत्येतौ त्यौ भवतः । रूपापवादः । प्रशंस इति प्रकृत्यर्थविशेषणमेतत् । मृत्सा । मृत्स्ना । उत्तरत्र वाग्रहणादिह नित्यो विधिः । यदा मृच्छब्देन प्रशंसो नाभिधीयते किन्तु शब्दान्तरेण गृह्यते तदा वाक्यतिकौ भवतः । मृत्प्रशस्ता । मृत्तिका प्रशस्ता ।

बह्वल्पार्थाच्छस्कारकाद्वा ॥४।२।४७॥ बह्वर्थादल्पार्थाच्च कारकविशेषणात् शस् भवति वा । इह बहुशब्दो नानाधिकरणवाची न वैपुल्यवाची । अल्पशब्दोऽपि नानाधिकरणवाची नत्वीषदर्थवाची गृह्यते ।

बहुभ्य आगतः। बहुश आगतः। भूरिश आगतः। बहुभ्यो देहि। भूरिशो देहि। बहुभिर्लुनाति। बहुशो लुनाति। भूरिशो लुनाति। बहुषु वसति। बहुशो वसति। भूरिशो वसति। बहून् देहि। बहुशो देहि। भूरिशो देहि। बहुभिर्भुक्तम्। बहुशो भुक्तम्। भूरिशो भुङ्क्ते। अल्पेभ्य आगतः। अल्पश आगतः। स्तोकश आगतः। इत्येवमादि ज्ञेयम्। बह्वल्पार्थादिति किम्? ग्रामादागच्छति। कारकादिति किम्? बहुभिः सह भुङ्क्ते। वाग्रहणेऽनुवर्तमाने पुनर्वाग्रहणं पूर्वस्य विधेर्नित्यार्थम्। प्रशंस इति वर्तते तदिह बह्वल्पार्थान्मङ्गले गम्यमाने शस् भवतीत्यर्थः। बहुशो ददाति आभ्युदयिकेषु कर्मसु। अल्पशो ददाति अनिष्टेषु कर्मसु।

संख्यैकाद्वीप्सायाम्॥४।२।४८॥ कारकादिति वर्तते। संख्यावाचिनः एकान्ताच्च कारकाद्वीप्सायां वर्तमानाद्वा शस् भवति। वीप्साद्वित्वस्यापवादः। अथवा शसैवोक्तत्वाद् द्वित्वं निवर्तते। एकशो देहि। वाक्यपदे वीप्सायां द्वित्वम्। "एको बवत्" [५।३।७] इति बवद्भावात् "सुपो धुमृदोः" [१।४।१४२] इति सुप उपि कृते समुदायादम्। एकैकं देहि। द्वौ द्वौ देहि द्विशो देहि। त्रिशो देहि। एकान्तात्। माषं माषं देहि माषशो देहि। कार्षापणशो देहि। प्रस्थशो देहि। संख्यैकादिति किम्? माषौ माषौ देहि। वीप्सायामिति किम्? द्वौ ददाति। माषं ददाति। कारकादित्येव। द्वाभ्यां द्वाभ्यां सह भुङ्क्ते। प्रस्थस्य प्रस्थस्य स्वामी। कथमेकैकशो मन्त्रिणः पृच्छेदिति? चिन्त्यमेतत्। यथा वा स्त्रीत्यान्तात् स्वार्थिके उत्पन्ने पुनः स्त्रीत्यः कुमारीतरेति। एवं द्वित्वे कृते पुनः शस्।

प्रतियोगे कायास्तसिः॥४।२।४९॥ वेति वर्तत। "यतः प्रतिदाप्रतिनिधी प्रतिना" [१।४।२२] इति प्रतिना योगे का विहिता। तदन्तात्तसिर्भवति वा। इकारः "कायास्तस्" [४।१।७२] "तसेः" [४।१।७४] इति विशेषणार्थः। अभयकुमारः श्रेणिकतः प्रति। श्रेणिकात् प्रति। प्रद्योतनो वृत्तिषेणतः प्रति। वृत्तिषेणात् प्रति। "तसिप्रकरणे आद्यादिभ्यः उपसंख्यानम्" [वा०]। आदौ। आदितः। मध्यतः। अन्ततः। पृष्ठतः। आकृतिगणोऽयम्।

अपादानेऽहीयरुहोः॥४।२।५०॥ "काऽपादाने" [१।४।३७] इति अपादाने का विहिता। तदन्तात्तसिर्वा भवति हीयरुहसंबन्धि न चेदपादानम्। क्षुध्नादागतः। क्षुध्न आगतः। चौरेभ्यो बिभेति चौरतो बिभेति। अपादान इति किम्? अन्यो देवदत्तात्। अहीयरुहोरिति किम्? सार्थाद्धीनः। कर्मण्ययं क्तः। पर्वतादवरोहति। हीय इति जहातेः कर्मणि यक् तस्यानुकरणम्। किमर्थम्? जिहीतेः प्रतिषेधो माभूत्। उदधेरुज्जिहीते। उदधित उज्जिहीते। "मन्त्रो वर्णतो हीनः" इत्यत्र आद्यादित्वात् भान्तात्तसिः।

क्षेपाव्यथाऽतिग्रहेष्वकर्तृभायाः॥४।२।५१॥ क्षेप, अव्यथा, अतिग्रह, इत्येतेषु विषयभूतेषु या कर्तुरन्यत्र विहिता भा तदन्ताद्वा तसिर्भवति। क्षेपे–वृत्तेन क्षिप्तः वृत्ततः क्षिप्तो निन्दित इत्यर्थः। अव्यथायाम्–वृत्तेन न व्यथते वृत्ततो न व्यथते न चलतीत्यर्थः। अतिग्रहे—वृत्तेनातिगृह्यते वृत्ततोऽतिगृह्यते। अतिमात्रं गृह्यत इत्यर्थः। सर्वत्र करणे हेतौ वा भा। क्षेपादिष्विति किम्? दात्रेण लुनाति। अकर्तृग्रहणं किम्? देवदत्तेन क्षिप्तः। भाया इति किम्? वृत्तमस्य क्षिप्यते।

हीयमानपापयोगात्॥४।२।५२॥ अकर्तृभाया इति वर्तते। हीयमानपापाभ्यां योगो यस्य तस्मादकर्तरि भान्ताद्वा तसिर्भवति। हीयमानयोगात् वृत्तेन हीयते। वृत्ततो हीयते। चारित्रेण हीयते। पापयोगात् वृत्तेन पापः। अत्रापि करणे हेतौ वा भा द्रष्टव्या। नन्वत्रापि क्षेपोऽस्तीति पूर्वेणैव तसिः सिद्धः। नैष दोषः। पूजाप्यत्र गम्यते। नीचवृत्ततो हीयते। पापवृत्ततो हीयते। यदि वा तत्त्वाख्यानमत्र सूत्रे विवक्षितम् न निन्दा। अकर्तरीत्येव। देवदत्तेन हीयते।

ताया व्याश्रये॥४।२।५३॥ नानापक्षाश्रयो व्याश्रयः। तान्ताद्वा तसिर्भवति व्याश्रये गम्यमाने।

नमिरर्ककीर्तितोऽभवत्। अर्ककीर्तेरभवत्। मेघप्रभो मेघेश्वरतोऽभवत्। गम्यमानपञ्चापेक्षा ता। व्याश्रय इति किम्? देवदत्तस्य हस्तः।

रोगादपनये ॥४।२।५४॥ अपनयः चिकित्सेत्यर्थः। ताया इति वर्तते। रोगवाचिनस्तान्तात् वा तसिर्भवति अपनये गम्यमाने। प्रवाहिकायाः कुरु। प्रवाहिकातः अपनयमस्याः कुर्वित्यर्थः। अपनय इति किम्? प्रवाहिकायाः करोति प्रकोपमित्यर्थः।

कृभ्वस्तियोगेऽतत्तत्त्वसम्पत्तरि च्विः ॥४।२।५५॥ वेतीहानुवर्तते। न सः असः कारणमित्यर्थः। अतस्य तत्त्वम् विकाररूपापत्तिः अतत्तत्त्वम्। सम्पद्यते इति सम्पत्ता सम्पद्यतेः कर्तेत्यर्थः। अतत्तत्त्वे गम्यमाने सम्पद्यतेः कर्तरि वर्तमानात् सुबन्तात् उत्तरावस्थाभिधायिनश्च्विर्भवति कृभ्वस्तिभिर्योगे। अल्पान्तरार्थेन शब्देन विग्रहः क्रियते। अशुक्लं शुक्लं करोति शुक्लीकरोति प्रासादम्। अत्र करोतेः कर्मभावमापन्नोऽपि प्रासादः सम्पद्यतेः कर्ता भवति अत एवं विग्रहः। अशुक्लः शुक्लः सम्पद्यते तं करोति शुक्लीकरोति। शुक्लीभवति। शुक्लीस्यात्। शुक्लशब्दाच्च्विः। इकारः "च्वौ" [५।२।१३५] इति विशेषणार्थः। चकारोऽपि तत्रैव विशेषणार्थः। तत्र विरित्युच्यमाने दर्विः,जागृविरित्यत्र "रीङृतः" [५।२।१३६] इति रीङ्भावः प्राप्नोति। वकारः "च्विडाजूर्यादिः" [१।२।१३२] इति विशेषणार्थः। तत्र हि विग्रहणेऽक्रियमाणे चिनोतेस्तद्विकाराणां वा ग्रहणं प्रसज्येत। पूर्वस्य सुपः "सुपो धुमृदोः" [१।४।१४२] इत्युप्। "अस्य च्वौ" [५।२।१४१] इतीत्वम्। परस्य सुपः "सुपो भ्रेः" [१।४।१२०] इत्युप्। कर्मभावाभिधायिन्यपि कृञादौ च्विर्भवति। शुक्लीक्रियते। अशुक्लस्य शुक्लस्य क्रिया शुक्लीभवनमिति द्रव्यस्य गुणक्रियाद्रव्यसमूहविकारयोगेऽतत्तत्त्वमुदाहार्यं क्रियायोगे—कारकीभवति। कारकीकरोति। कारकीस्यात्। द्रव्ययोगे—दण्डीकरोति। दण्डीभवति। दण्डीस्यात्। "दीरकृद्गे" [५।२।१३४] "च्वौ" [५।२।१३५] इति दीत्वम्। समूहे-गा असङ्घं सङ्घं करोति सङ्घीकरोति। सङ्घीभवन्ति गावः। सङ्घीस्युः। विकारे—पटीकरोति तन्तून्। पटीभवन्ति। पटीस्युः। घटीकरोति मृदः। घटीस्यात्। अत्रायमर्थः। यत्र कारणाद्विकारस्याभेदो विवक्ष्यते तत्रायं च्विः। न तु यत्र कारणात्कार्यस्य भेदः। यथा वीरणेभ्यः कटं करोति। मृदो घटं करोति। कृभ्वस्तियोगे इति किम्? अशुक्लः शुक्लो जायते। अतत्तत्त्वे इति किम्? शुक्लं करोति। घटं करोति। अत्र विकारस्यैव विवक्षा कारणस्याविवक्षितत्वात्। सम्पत्तृग्रहणं किम्? कर्तुरन्यस्मिन् कारके मा भूत्। अशुक्ले सत् शुक्ले सम्पद्यते। अदेवगृहे सत् देवगृहे सम्पद्यते। कथं समीपीभवति। दूरीभवति। अत्राप्युपचारात्। तत्स्थे द्रव्ये वर्तमानस्य कर्तृत्वम्।

मनोऽरुश्चक्षुश्चेतोरहोरजसः खम् ॥४।२।५६॥ मनःप्रभृतीनां शब्दानामलोऽन्त्यस्य खं भवति च्वौ परतः। अविशेषेण पूर्वेणैव च्विः सिद्धः। खमनेन विधीयते। न च खविधौ तदन्तविधिप्रतिषेधः। सत्यविधौ तदन्तविधिप्रतिषेधात्। तदन्तानां केवलानां चेह ग्रहणम्। अनुन्मनसम् उन्मनसं करोति उन्मनीकरोति। उन्मनीभवति। उन्मनीस्यात्। अरूकरोति। अरूभवति। अरूस्यात्। "दीरकृद्गे" [५।२।१३४] "च्वौ" [५।२।१३५] इति दीत्वम्। उच्चक्षूकरोति। उच्चक्षूभवति। उच्चक्षूस्यात्। विचेतीकरोति। विचेतीभवति। विचेतीस्यात्। विरहीकरोति। विरहीभवति। विरहीस्यात्। विरजीकरोति। विरजीभवति। विरजीस्यात्।

साद्वा कार्त्स्न्ये ॥४।२।५७॥ कृभ्वस्तियोगेऽतत्तत्त्वे सम्पत्तरीति वर्तते। अतत्तत्त्वविषये कार्त्स्न्ये गम्यमाने सादित्ययं त्यो भवति वा। अनग्निम् कृत्स्नमस्त्रम् अग्निंकरोति अग्निसात्करोति। अग्निसाद्भवति। अग्निसात्स्यात्। उदकसात्करोति। उदकसाद्भवति। उदकसात्स्यात्। वावचनाच्च्विरपि समुच्चीयते। अग्नीकरोति। उदकीकरोति। कार्त्स्न्यादन्यत्र च्विरेव भवति।

सम्पदा चाभिविधौ ॥४।२।५८॥ नानाद्रव्याणां सर्वात्मना एकदेशेन वा विकाररूपापत्तिरभिविधिः। एकद्रव्यस्य सर्वात्मना विकाररूपापत्तिः कार्त्स्न्यमिति भेदः। अभिविधौ गम्यमाने च्विविषये साद्भवति सम्पदा

कृम्वस्तिभिश्च योगे । वर्षासु सर्वं लवणमनुदकमुदकं सम्पद्यते उदकसात्सम्पद्यते । उदकसात्करोति । उदकसाद्भवति । उदकसात्स्यात् । अस्मिन् कटके उत्पातेन सर्वं शस्त्रमग्निः सम्पद्यते अग्निसात्सम्पद्यते । अग्निसात्करोति । अग्निसाद्भवति । अग्निसात्स्यात् । वेत्यनुवृत्तेः कृम्वस्तिभिर्योगे च्विरपि भवति । उदकीकरोति । उदकीभवति । उदकीस्यात् ।

तदधीनोक्तौ ॥४।२।५९॥ अतत्त्वे इति निवृत्तम् अर्थान्तरोपादानात् । तदधीनेऽभिधेये साद्भवति । कृम्वस्तिभिः सम्पदा च योगे । उक्तिग्रहणसामर्थ्यात् यत्र तदायत्तं प्रतीयते, तस्मात्स्वामिविशेषवाचिनस्त्यः । राज्ञ आयत्तं राजाधीनं करोति । राजसात्करोति । राजसात्स्यात् । राजसात्सम्पद्यते । आचार्यसात्करोति । आचार्यसाद्भवति । आचार्यसात्स्यात् । आचार्यसात्सम्पद्यते । वेत्यनुवृत्तेर्वाक्यमपि साधु ।

देये त्रा च ॥४।२।६०॥ तदधीनोक्ताविति वर्तते । देयं दातव्यमित्यर्थः । तदधीने देयेऽभिधेये त्रा इत्ययं त्यो भवति साच कृम्वस्तिभिः सम्पदा च योगे । आचार्याधीनं देयं करोति आचार्यत्रा करोति । आचार्यसात्करोति । आचार्यसात्स्यात् । आचार्यत्रा सम्पद्यते । आचार्यसात्सम्पद्यते । वेत्यनुवृत्तेर्वाक्यमपि । देय इति किम् ? राजसाद्भवति राष्ट्रम् ।

अव्यक्तानुकरणादनेकाचोऽनितौ डाच् ॥४।२।६१॥ शब्द इति सामान्येन व्यक्तोऽव्यक्तोऽकारादिवर्णविशेषेणाव्यक्तः । तस्यानुकरणं यत्तस्मादव्यक्तानुकरणादनेकाचोऽनितौ डाजित्ययं त्यो भवति कृम्वस्तिभिर्योगे । पटत्करोति । पटपटाकरोति । पटद्भवति । पटपटाभवति । पटत्स्यात् । पटपटास्यात् । पटदिति क्रियाविशेषणम् । एतत् प्रादिवत् करोत्यर्थं विशिनष्टि न पुनः कारकत्वेनाभिसम्बध्यते । डकारः टिखार्थः । चकारो "डाचि" इति विशेषणार्थः । डाचीति विशेष्यनिर्देशात् प्रागेव टिखाद् द्वित्वम् "श्रौ डाचि" [४।३।८७] इति पूर्वस्य तकारस्य पररूपम् । डाजन्तस्य "च्विडाजूर्यादिः" [१।२।१३२] इति तिसंज्ञा । एवं दमदमाकरोति । दमदमाभवति । दमदमास्यात् । अव्यक्तानुकरणादिति किम् ? दृषत् करोति । अनेकाच इति किम् ? खात् करोति । अनिताविति किम् ? पटिति करोति । "डाजहंस्येतावतः" [४।३।८९] इत्यच्छब्दस्य पररूपम् । अनिताविति प्रतिषेधार्थकः । कथमिति चेत् ? डाजन्तस्य तिसंज्ञा । तस्य "प्राग्धोस्ते" [१।२।१४९] इति कृम्वस्तिभ्यः प्राक्प्रयोगेऽनिति परतैव भवति । एवं तर्हि इतौ प्रतिषेधवचनम् अनिष्टशब्दनिवृत्त्यर्थम् । पटच्छब्दादिति शब्दप्रयोगे डाचि कृते इति पटपटाकरोतीत्यनिष्टः शब्दो मा भूत् ।

कृञो द्वितीयतृतीयशंवबीजात्कृषौ ॥४।२।६२॥ कृञो ग्रहणं भ्वस्त्योर्निवृत्त्यर्थम् । कृञो योगे द्वितीय तृतीय शंव बीज इत्येतेभ्यः शब्देभ्यो डाज्भवति कृषिविषये । द्वितीयं विलेपनं करोति क्षेत्रस्य द्वितीयाकरोति क्षेत्रम् । डाचि द्वित्वमनित्यमिति वक्ष्यते । योऽसौ करोतेः कर्मणश्च विग्रहे संबन्धः, स उत्पन्ने डाचि निवर्तते । द्वितीयादयस्तु शब्दाः प्रादिवत् क्रियाविशेषणभूताः । क्षेत्रं कर्म भावमुपयाति । एवं तृतीयाकरोति क्षेत्रम् । शंवं करोति कुलिजस्य शंवाकरोति कुलिजम् । अन्ये तु शंवाकरोतीत्येव सार्थं दर्शयन्ति । अनुलोमविलोमाभ्यां कर्षतीत्यर्थः । बीजं करोति क्षेत्रस्य बीजाकरोति क्षेत्रम् । वपतीत्यर्थः । सह बीजेन विलेखनं करोतीत्यर्थः । कृषाविति किम् ? द्वितीयं विवरणं करोति सूत्राणाम् ।

गुणात्संख्यादेः ॥४।२।६३॥ कृञ इति वर्तते । कृषाविति च । गुणशब्दान्तात्संख्यादेर्मृदो डाज्भवति कृञो योगे । द्विगुणं विलेखनं करोति क्षेत्रस्य द्विगुणाकरोति क्षेत्रम् । अथवा द्वौ गुणौ विगृह्य हृदर्थे रसः । तस्मात्त्यः । गुणादिति किम् ? द्वे परिवर्तने करोति क्षेत्रस्य । संख्यादेरिति किम् ? समगुणं करोति क्षेत्रम् । कृषावित्येव । द्विगुणं करोति वज्रम् ।

समयासपत्रानिष्पत्रानिष्कुलासुखाप्रियादुःखाशूलासत्याभद्रामद्राः ॥४।२।६४॥ समया-

दयः शब्दा डाजन्ता निपात्यन्ते। सर्वत्र कृञ्योगे निपातनम्। समयशब्दाद्यापनायां गम्यमानायां डाज्निपात्यते। कालकृता पुरुषकृता वा संस्था समयः। तस्यातिक्रमः कालक्षेपो यापना। समयं करोति पटस्य। श्वो दातास्मीति तस्यातिक्रमे समयाकरोति पटं कुविन्दः। यापनाया अन्यत्र डाज् न भवति। समयं करोति विवाहस्य। सपत्रनिष्पत्रशब्दाभ्याम् अतिव्यथने गम्यमाने डाच्। सपत्रशब्द इह विपरीतलक्षणतया निष्पन्नशब्दार्थे वर्तते। सपत्राकरोति मृगं व्याधः। अतिपीडयतीत्यर्थः। एवं निष्पत्राकरोति। अतिव्यथनादन्यत्र सपत्रं वृक्षं करोति जलसेचकः। निष्पत्रं वृक्षतत्त्वं करोति वाटिकापालः। निष्कुलशब्दान्निष्कोषणेऽर्थे डाच्। प्रच्छन्नावयवानां बहिर्निष्कासनं निष्कोषणम्। निष्कुलाकरोति पशुं चाण्डालः। निष्कोषणादन्यत्र निष्कुलं करोति पुरुषम्। उच्छिनत्तीत्यर्थः। सुखप्रियशब्दाभ्यामानुलोम्येऽर्थे डाच्। सुखाकरोति। प्रियाकरोति। स्वाम्यादेरानुकूल्येन वर्तत इत्यर्थः। आनुकूल्यादन्यत्र सुखं करोति धर्मः। दुःखशब्दात् प्रातिलोम्येऽर्थे डाच्। दुःखाकरोति। प्रातिकूल्येन वर्तत इत्यर्थः। प्रातिकूल्यादन्यत्र दुःखं करोति दुष्कृतम्। शूलशब्दात् पाकार्थप्राये डाच्। शूलाकरोति मांसम्। शूले मांसं पचतीत्यर्थः। पाकादन्यत्र शूलं करोति सिविबम् (कदन्नम्)। सत्यशब्दादशपथेऽर्थे डाच्। सत्याकरोति वणिग् भाण्डम्। अहमेतद्भाण्डं क्रेष्यामीति। अन्तराले द्रव्यं सत्यकारं व्यवस्थाप्य तथ्यं करोति। (अशपथे किम्? सत्यं करोति ब्राह्मणः)। शपथं करोतीत्यर्थः। भद्रमद्रशब्दाभ्यां परिवापणेऽर्थे डाच्। भद्राकरोति नापितः शिशून्। मद्राकरोति नापितः शिशून्। परिवापणादन्यत्र भद्रं करोति साधुः।

सान्ताः ॥४।२।६५॥ सान्तमि(न्ता इ) त्ययमधिकारो वेदितव्यः। आपादपरिसमाप्तेर्ये विधयो वक्ष्यन्ते सस्यान्ता अवयवास्ते भवन्तीत्यर्थः। ननु वक्ष्यमाणेषु सूत्रेषु क्वचित्सविशेषाधिकारोऽस्ति क्वचित्पूर्वपदोत्तरपदनिर्देशः। ततः सामर्थ्यादेव सान्ता विधयो भविष्यन्तीति नार्थोऽनेन, यत्रार्थविभागोऽस्ति तदर्थोऽधिकारः। यथा "ऋक्पूरब्धूःपथोऽनक्षे" [४।२।७०] इति। अर्धर्चम्। सग्रहणं किम्? ऋक्। अन्तग्रहणं किमर्थम्? तद्ग्रहणेन ग्रहणं यथा स्यात्। इ-र-द्वन्द्वसज्ञाः प्रयोजयन्ति। उपराजम्। "हे शरदादेः" [४।२।१०१] "अनः" [४।२।११०] इति सान्ते कृते हसंज्ञाश्रयोऽम्भावादिः सिद्धः। द्वे धुरौ समाहृते द्विधुरी। त्रिधुरी। "रात्" [३।१।२५] इत्यकारान्तलक्षणो ङीविधिः सिद्धः। नूपुरोपानहिनी। "द्वन्द्वाच्चुदहषो राथे" [४।२।१०८] इति सान्ते कृते "द्वन्द्वोपतापगर्ह्यांप्राणिनीन्" [४।१।५१] इतीन्विधिः सिद्धः। खादेशौ च प्रयोजयतः। व्याघ्रपात्। "खं पादस्याहस्त्यादेः" [४।२।१३६] इति परस्यादेर्माभूत्। "गन्धस्येदुत्पूतिसुसुरभिभ्यः" [४।२।१३६] इति परस्यादेरिल्मा भूत्।

न स्वतिकिमः ॥४।२।६६॥ सु अति किम् इत्येतेभ्यः परस्य सान्तो न भवति। वक्ष्यमाणेन लक्षणेन विहितः सर्वः सान्तः प्रतिषिध्यते। शोभनो राजा सुराजा। सुसखा। सुगौः। अतिराजा। अतिसखा। अतिगौः। को राजा किंराजा यो न रक्षति। किंसखा यो न स्निह्यति। किंगौर्यो न वहति। इह कस्मात्प्रतिषेधो न भवति शोभने अक्षिणी यस्य स्वक्षः। "स्वाङ्गाद्वेऽक्षिसक्थ्नः" [४।२।११३] इत्यसान्तः। अत्रोच्यते-"स्वती पूजायाम्" इति विशिष्योक्तत्वात्प्रतिपदोक्तस्य षसस्यैव ग्रहणम् न वसस्य। पूजायामनयोस्साहचर्यात्। पूजार्थस्यातेर्ग्रहणम्, तेन "अत्यादयः क्रान्ताद्यर्थे इपा" इति प्रतिपदविधाने तिप्रतिषेधो न भवति। अतिक्रान्तो राजानम् अतिराजः इति। क्षेपे किमिति प्रतिपदोक्तस्य ग्रहणात् इहापि प्रतिषेधो न भवति। को राजा किंराजः। किंसखः। किंगवः।

नञः॥४।२।६७॥ नञः परस्याः प्रकृतेः सान्तो न भवति। अराजा। असखा। अगौः। इहापि नञिति प्रतिपदोक्तस्य षसस्य ग्रहणादन्यत्राप्रतिषेधः। अराजको देशः। अनृचो माणवकः।

पथो वा ॥४।२।६८॥ नञः परो यः पथिशब्दस्तदन्ताद्वा सान्तो न भवति। पूर्वेण नित्ये प्रतिषेधे प्राप्ते विकल्पोऽयम्। अपथम्। अपन्थाः। इह नञः सस्यानुवृत्तेरन्यत्र नित्यो विधिः। अपथं वनम्।

संख्याबाड्डोऽबहुगणात् ॥४।२।६९॥ "संख्येये संख्यया ऽव्यासन्ना" [१।३।८७] इत्यादिना प्रतिपदोक्तो यः संख्याया बसस्तस्मादबहुगणान्ताड्डः सान्तो भवति। समीपे दशानामिमे उपदशाः। आसन्ना विंशतेरिमे आसन्नविंशाः। अदूरे त्रिंशतोऽदूरत्रिंशाः। द्वौ वा त्रयो वा द्वित्राः। पञ्चषाः। संख्याग्रहणं किम्? चित्रगुः। संख्याबसस्य प्रतिपदोक्तस्य ग्रहणादिह न भवति। द्विगुः। दशगुः। अबहुगणादिति किम्? उपबहवः। इदमेव ज्ञापकं बहुगणयोः संख्या संज्ञा भवति। गणशब्दस्य डे सत्यसति च नास्ति विशेषस्तस्य प्रतिषेधोऽन्यसंख्याकार्यलाभार्थः। गणकल्पः। गणधा। "डप्रकरणे संख्यायाषस्योपसंख्यानं निस्त्रिंशाद्यर्थम्"। निर्गतानि त्रिंशतो निस्त्रिंशानि। निश्चत्वारिंशानि। निरशीतानि वर्षाणि वर्तन्ते। निर्गतस्त्रिंशतोऽङ्गुलिभ्यो निस्त्रिंशः खड्गः। आदिशब्दः प्रकारवाची तेन त्र्यादेर्न भवति।

ऋक्पूरब्धूःपथोऽनक्षे ॥४।२।७०॥ ऋच, पुर्, अप्, धूः, पथिन् इत्येवमन्तेभ्यः अ इत्ययं सान्तो भवति अक्षसंबन्धी चेद्धूःशब्दो न भवति। बादिति निवृत्तं सामान्येन विधानम्। सान्ताधिकारसामर्थ्यात्तदन्तग्रहणम्। अकारस्यानक्षशब्दे परतः स्वेऽको दीत्वं कस्मान्न कृतम्? शकन्ध्वादित्वात्पररूपं द्रष्टव्यम्। सौत्रो वा निर्देशः। अर्धर्चम्। अनृचो माणवकः। अबह्वृचर्म्। ललाटस्य पूर्ललाटपुरम्। द्विर्गता आपोऽस्मिन् द्वीपः। समीपः। राज्यस्य धू राज्यधुरा। महाधुरा। मोक्षपथः। राजपथः। अनक्ष इति किम्? अक्षस्य धूः अक्षधूः। दृढधूरक्षः। अत्र केषाञ्चिदस्ति। "अनृचो माणवो ज्ञेयो बह्वृचश्चरणो स्मृतः।" तेनेह न भवति। अनृक्कं साम। बह्वृक्कं सूक्तम्।

प्रत्यन्ववात्सामलोम्नः ॥४।२।७१॥ प्रति अनु अव इत्येवम्पूर्वात्सामान्ताल्लोमान्ताच्च अः सान्तो भवति। प्रतिगतं साम प्रतिसामम्। अनुसामम्। अवसामम्। प्रतिलोमम्। अनुलोमम्। अवलोमम्। "तिकुप्रादयः" [१।३।८१] इति षसः। अन्यपदार्थे बसो वा कर्तव्यः। यदा तु हसः, तदा "अनः" [४।२।११०] "नपो वा" [४।२।१११] इति परत्वाद्विकल्पः। प्रतिसामम्। प्रतिसाम। प्रतिलोमम्। प्रतिलोम।

"कृष्णोदक्पाण्डुपूर्वाया भूमेरत्योऽयमिष्यते। गोदावर्याश्च नद्याश्च संख्याया उत्तरे यदि॥" [वा०]

कृष्णभूमः। पाण्डुभूमः। बसो यसो वा। द्वे गोदावर्यौ समाहृते द्विगोदावरम्। पञ्चनदम्। "नदीभिश्च" [१।३।१७] इति हसः। चकाराद्भूमिरपि भवति। द्विभूमः। सप्तभूमः प्रासादः। क्वचिदन्यत्रापीष्यते। पद्मनाभः। ऊर्णनाभः। वर्षरात्रः।

अजीवेऽक्ष्णः ॥४।२।७२॥ अजीवे वर्तते योऽक्षिशब्दस्तदन्तात्सात् अ इत्ययं त्यो भवति। कमलस्याक्षि कमलाक्षम्। अथवा कमलमक्षीव कमलाक्षम्। एवं लक्षणाक्षम्[1]। पुष्कराक्षम्। कबरस्याक्षि कबराक्षम्। अश्वानां मुखाच्छादनं बहुच्छिद्रकमित्यर्थः। अजीव इति किम्? अजाक्षि। कथं प्रासादस्य गवाक्षम्। कटाक्ष इति। एवमादयोऽपि रूढिशब्दा इति न जीवेऽक्षिशब्दस्य वृत्तिः।

स्त्रीधेनुवाग्दारात्पुंसनडुन्मनोगोभ्यः[2] ॥४।२।७३॥ स्त्री, धेनु, वाक्, दार इत्येवम्पूर्वेभ्यो यथासंख्यं पुंस्, अनडुह्, मनस्, गो इत्येभ्यः अः सान्तो भवति। स्त्री च पुमांश्च स्त्रीपुंसौ। क्वचिद्यसेऽपि भवति। पूर्वं स्त्री पश्चात्पुमान् स्त्रीपुंसं विद्धि राक्षसम्। स्त्रीपुंसः शिखण्डी। द्वन्द्वयसाभ्यामन्यत्र न भवति। स्त्रियाः पुमान्। परिशिष्टेभ्यो द्वन्द्व एव त्यो भवति। धेनुश्च अनड्वाँश्च धेन्वनडुहौ। वाक्च मनश्च वाङ्मनसम्? दाराश्च गावश्च दारगवम्।

---

१. लवणाक्षम् पू०। २. 'गोभ्यः' इति बहुवचनान्तः पाठश्चिन्त्यः, ग्रन्थे सर्वत्रैकवचनस्यैव प्रयोगदर्शनात्।

ऋचः सामयजुर्भ्याम् ॥४।२।७४॥ ऋचः पराभ्यां सामयजुर्भ्याम् अः सान्तो भवति द्वन्द्व-एवाभिधानम्। ऋक्च साम च ऋक्सामे। ऋक्च यजुश्च ऋग्यजुषम्।

नञ्विसूपत्रिभ्यश्चतुरः ॥४।२।७५॥ नञ्, वि, सु, उप, त्रि इत्येतेभ्यः परश्चतुर्शब्दोऽत्यान्तो निपात्यते। अदृश्यानि चत्वारि अनेन अचतुरः। विगतानि चत्वार्यस्य विचतुरः। शोभनानि चत्वार्यस्य सुचतुरः। समीपे चतुर्णामयमुपचतुरः। त्रयो वा चत्वारो वा त्रिचतुराः। बस एवेदं निपातनम्, नान्यत्र। न चत्वारोऽचत्वार इति।

नक्तंरात्रिमहोभ्यो दिवम् ॥४।२।७६॥ नक्तम्, रात्रिम्, अहन् इत्येतेभ्यः परो दिवशब्दो निपात्यते द्वन्द्वे। नक्तञ्च दिवा च नक्तन्दिवम्। अः सान्तो निपात्यते। रात्रौ च दिवा च रात्रिन्दिवम्। सूत्रे निपातनादेव रात्रिशब्दस्य मुम्। अहश्च दिवा च अहर्दिवम्। अहःशब्दसन्निधाने दिवाशब्दो रात्रिपर्यायः शक्तिस्वाभाव्यात्।

द्वित्रिपुरुषादायुषः ॥४।२।७७॥ द्वि, त्रि, पुरुषशब्देभ्यः पर आयुषशब्दो निपात्यते। द्वे आयुषी समाहृते द्व्यायुषम्। त्र्यायुषम्। अस्सान्तो निपात्यते। रसादन्यत्र न भवति। द्वयोरायुर्द्व्यायुः। त्र्यायुः। पुरुषस्यायुर्वर्षाणि पुरुषायुषम्। तास एवेदं निपातनम्, द्वन्द्वे न भवति। पुरुषश्च आयुश्च पुरुषायुषी।

जातमहद्वृद्धादुक्ष्णः ॥४।२।७८॥ जात, महत्, वृद्ध इत्येतेभ्यो पर उक्ष इति निपात्यते। सर्वत्र यसेऽकारः सान्तो निपात्यते। जातश्च स उक्षा च जातोक्षः। महोक्षः। वृद्धोक्षः। यसादन्यत्र न भवति। जातस्य उक्षा जातोक्षा। महुक्षा। वृद्धोक्षा।

सरजसोवंष्ठोवपदष्ठोवाक्षिभ्रुवो(व दारगवो[1]) पश्चनगोष्ठश्वाः ॥४।२।७९॥ सरजसादयः शब्दा अत्यान्ता निपात्यन्ते। सह रजसा सरजसमभ्यवहरति। साकल्ये हसः। हसादन्यत्र न भवति। सरजः सलिलम्। उरू च अष्ठीवन्तौ च उर्वष्ठीवम्। अकारस्त्यष्टिखं च निपात्यते। अष्ठीवन्तौ गुल्फावुच्येते। प्राण्यङ्गत्वादेकवद्भावः। पादौ च अष्ठीवन्तौ च पदष्ठीवम्। द्वन्द्वेऽकारः सान्तष्टिखं पूर्वपदस्य पद्भावो निपात्यते। अक्षिणी च भ्रुवौ च अक्षिभ्रुवम्। द्वन्द्वे धुवल्लिङ्गम्। दारगवमित्यवादेशश्च निपात्यते। शुनः समीपम् उपशुनम्। हसे अः सान्तष्टिखाभावो जिश्च निपात्यते। गोष्ठे श्वा गोष्ठश्वः। अः सान्तः।

पल्यराजहस्तिभ्यो वर्चसः ॥४।२।८०॥ पल्य, राजन्, हस्तिन् इत्येतेभ्यः परो यो वर्चःशब्दस्तन्तादः सान्तो भवति। अत्र तासः सम्भवति। पल्यस्य वर्चः पल्यवर्चसम्। राजवर्चसम्। हस्तिवर्चसम्। "ब्रह्मवर्चसादिभ्योऽपि वक्तव्यम्" [वा०]। तेनात् (नाल्ये) ब्रह्मवर्चसमिति भवति।

तमसोऽवसमन्धात् ॥४।२।८१॥ अव, सम्, अन्ध इत्येतेभ्यः परात्तमःशब्दादः सान्तो भवति। अवहीनं तमः, अवहीनं तमोऽस्मिन्वाऽवतमसम्। सन्तमसम्। अन्धतमसम्। षसो बसो वा।

निसः श्रेयसः ॥४।२।८२॥ निःशब्दात् परो यः श्रेयःशब्दस्तदन्तदस्त्यो भवति। निश्चितं श्रेयः निःश्रेयसम्। अत्र (यस एव) विधानं न बस इति केचित्। निश्चितं श्रेयोऽनेन निःश्रेयस्कः।

श्वसो वसीयसश्च ॥४।२।८३॥ श्वसः परात् वसीयसः श्रेयसश्च अः सान्तो भवति। वसुमच्छब्दात् "विन्मतोरुप्" [४।१।१२४] इति ईयसो मतोश्लोपि कृते वसीय इति भवति। श्वोवसीयसं कुलम्। श्वः श्रेयसमस्तु ते। उभयत्र मयूरव्यंसकादित्वात्सः।

1. वृत्त्यनुरोधाद्दारगवशब्द सूत्रे सन्निवेश्य एव।

तसान्ववाद्रहसः ॥४।२।८४॥ प्रच्छन्न उपांशुप्रयोगो वा रहः। तस अनु अव इत्येतेभ्यः परो यो रहःशब्दस्तदन्तादस्त्यो भवति। सम्भवतः सस्य ग्रहणम्। ततं रहः ततरहसम्। अनुगतं रहः अनुरहसम्। अनुगतं रहोऽस्मिन्वाऽनुरहसम्। अवरहसम्।

प्रतेरुरस ईपः ॥४।२।८५॥ प्रतेः परात् उरःशब्दादीबर्थे वृत्ते अस्सान्तो भवति। उरसि वर्तते प्रत्युरसम्। विभक्त्यर्थे हसः। अथवा विग्रहवाक्ये ईबन्तादुरःशब्दादस्त्यो भवति। प्रतिष्ठितमुरसि प्रत्युरसम्। "तिङ्प्राद्यः" [१।३।८१] इति षसः। ईप इति किम्? प्रतिगतमुरः प्रत्युरः।

द्विस्तावात्रिस्तावाऽनुगवम्॥४।२।८६॥ द्विस्तावा त्रिस्तावा, अनुगव इत्येते शब्दा निपात्यन्ते। द्विस्तावतीति विगृह्य द्विस्तावा वेदिः। काचिदभिधीयते। मयूरव्यंसकादित्वात्सः। अः सान्तः पुंवद्भावष्टित्वं च निपात्यते। एवं त्रिस्तावती त्रिस्तावा वेदिः। वेद्यभिधानादन्यत्र न भवति द्विस्तावती त्रिस्तावती परिखा। अत्रापि अध्याहृतक्रियापेक्षया क्रियाभ्यावृत्तिरस्ति। द्विस्तावती मीयते परिच्छिद्यते वा। तेन सुप् सिद्धः। अनुग [वेऽभिधेये] वमिति [अस्सान्तो] अत्यान्तो निपात्यते आयामिन्यभिधेये। गामन्वायतम् अनुगवं यानम्। "आयामिना" [१।३।१३] इति हसः। यथा गौरायतस्तथा यानमप्यायतमित्यर्थः। आयाम्यभिधानादन्यत्र न भवति। गवां पश्चादनुगु।

गेरध्वनः ॥४।२।८७॥ गिसंज्ञोपलक्षितेभ्यः पराद्ध्वशब्दादस्त्यो भवति। सम्भवतः सस्य (षसस्य) ग्रहणम्। प्रगतोऽध्वानं प्राध्वो रथः। प्राध्वं शकटम्।

षेऽङ्गुलेर्भिसंख्यादेः ॥४।२।८८॥ भिसंख्यादेरङ्गुलिशब्दादस्सान्तो भवति। अतिक्रान्तमङ्गुली-रत्यङ्गुलम्। निर्गतमङ्गुलिभ्यो निरङ्गुलम्। संख्यादेः—द्वयोरङ्गुल्योः समाहारो द्व्यङ्गुलम्। त्र्यङ्गुलम्। चतु-रङ्गुलम्। तथा द्वे अङ्गुली प्रमाणमस्य द्व्यङ्गुलम्। "हृदर्थे" [१।३।४६] इति रसः। प्रमाणेऽर्थे आगतस्य मात्रटः "राद्वखौ" [३।४।२६] इत्युप्। षस इति किम्? पञ्चाङ्गुलीर्हस्तः।

अहस्सर्वैकदेशसंख्यातपुण्याच्च रात्रेः ॥४।२।८९॥ षे इति वर्तते। अहन्, सर्व, एकदेश, संख्यात, पुण्य इत्येतेभ्यः पराद्रात्रिशब्दाद् भिसंख्यादेश्च अस्त्यो भवति षसे। अहश्च रात्रिश्च अहोरात्रः। षस्यासम्भवात् अत्र द्वन्द्वो वेदितव्यः। "अहो रिविधौ रात्रिरूपरथन्तरेषु" [वा०] इति रित्वम्। सर्वा रात्रिः सर्वरात्रः। "पूर्वकालैक" [१।३।४४] इत्यादिना षसः। एकदेशात्—पूर्वा रात्रिः पूर्वरात्रः। अपरा रात्रिः अपररात्रः। उत्तरा रात्रिः उत्तररात्रः। रात्र्येकदेशे रात्रिशब्दो वर्तते। ततः सामानाधिकरण्यम्। "विशेषणं विशेष्येणेति" [१।३।५२] इति षसः। संख्यातरात्रः। पुण्यरात्रः। भ्यादेः—अतिक्रान्तो रात्रिमतिरात्रः। नीरात्रः। संख्यादेः—द्वयो रात्र्योः समाहारो द्विरात्रम्। त्रिरात्रम्।

एभ्योऽह्नोऽह्नः ॥४।२।९०॥ राजाऽहःसखिभ्यष्टो विधास्यते, तस्मिन् सति अहनित्येतस्य अह्नादेशो भवति एभ्यः सर्वादिभ्यः परस्य। एभ्य इति निर्देशो भिसंख्यादेरपि ग्रहणार्थः। तत्संभवादहःशब्दपूर्वत्वं नाश्रीयते। सर्वमहः सर्वाह्णः। "टखोरेवाह्नः" [४।४।१२३] इति टिखे प्राप्तेऽनेनाह्नादेशः। "अतोऽह्नः" [५।४।४१] इति णत्वम्। पूर्वाह्णः। अपराह्णः। संख्याताह्नः। पुण्यशब्दात्प्रतिषेधं वक्ष्यति। भिसंख्यादेः—निष्क्रान्ताऽह्नो निरह्नी कथा। द्वयोरह्नोर्भवा द्व्यह्नी पूजा। त्र्यह्नी पूजा। हृदर्थे रसे कृते भवार्थे आगतस्याणः "रस्योबनपत्ये" [३।१।७४] इत्युप्। द्यौ रसे संख्यादिः प्रयोजयति। द्वेऽह्नी जातस्य द्व्यह्नजातः। त्र्यह्न-जातः। "काका मेयैः" [१।३।६७] इति त्रिपदः षसः। एकशब्दात्प्रतिषेध वक्ष्यति।

न समाहारे ॥४।२।९१॥ समाहारलक्षणे षसे अहन्नित्येतस्याह्नादेशो न भवति। पूर्वसूत्रेण संख्यादे-रिति प्राप्तः प्रतिषिध्यते। द्वयोरह्नोः समाहारो द्व्यहः। त्र्यहः। "टखोरेवाह्नः" [४।४।१२३] इति टिखम्।

अत्र संख्यादेरिति वक्तव्यम्। इह मा भूत्। सञ्जातानि समाहृतान्यहानि समह्ना इति नैष दोषः। प्रतिपदं "द्वद्यर्थश्च समाहारे" [१।३।४६] इति समाहारे विहितस्य षसस्येह ग्रहणं न प्रादिलक्षणस्य। समाहार इति किम्? द्वयोरह्नोर्भवो द्व्यह्नः उत्सवः। हृदर्थे रसे कृतेऽण आगतस्य "ह्रस्योबनपत्ये" [३।१।७४] इत्युप्।

पुण्यैकाभ्याम् ॥४।२।९२॥ पुण्यैकशब्दाभ्यां परस्य अहन्नित्येतस्य अह्नादेशो न भवति। पुण्यमहः पुण्याहः। एकमहः एकाहः। "पूर्वकालैक" [१।३।४४] इत्यादिना षसः।

राजाऽहःसखिभ्यष्टः ॥४।२।९३ राजन्, अहन्, सखि, इत्येतदन्ताट्टो भवति। देवराजः। द्वयोरह्नोः समाहारो द्व्यहः। परमाहः। राजसखः। स्त्रियाः पूर्वपदार्थप्राधान्येऽतिक्रान्ता राजानम् अतिराजी। नकारान्तलक्षणङीविधेः परत्वादनेन टः। "मृद्ग्रहणे लिङ्गविशिष्टस्यापि ग्रहणम्" [प०] इतीह कस्मान्न भवति? मद्राणां राज्ञी मद्रराज्ञी। मद्रसखी। अनित्यैषा परिभाषेति न भवति।

गोरहृदुपि ॥ ४।२।९४ ॥ गोशब्दाट्टो भवति अहृदुब्विषये। पञ्चानां गवां समाहारः पञ्चगवम्। महागवः। राजगवी। अतिगवी। पञ्चगवधनः। अहृदुपीति किम्? पञ्चभिः क्रीतः पञ्चगुः। दशगुः। हृदर्थे "संख्यादी रश्च" [१।३।४७] इति रसे कृते क्रीतार्थे आगतस्य आर्हीयस्य ठणो "रादुबखौ" [३।४।२६] इत्युप्। अत्रान्तरङ्गत्वात्प्रागेव सान्तो भविष्यतीति प्रतिषेधोऽनर्थकः। नैवं शङ्क्यम् अनुपीति विषयनिर्देशादुब्विषये प्रतिषेधः। हृद्ग्रहणं किम्? सुबुब्विषये प्रतिषेधो मा भूत्। पञ्चगवमिच्छति पञ्चगवीयति। उब्ग्रहणं किम्? हृतः श्रवणविषये प्रतिषेधो मा भूत्। पञ्चभ्यो गोभ्य आगतं पञ्चगवरूप्यम्। पञ्चगवमयम्। हृदर्थे रसे कृते टः सान्तः। "हेतुमनुष्याद्वा रूप्यः"। [३।३।५५] "मयट्" [३।३।५६] इति रूप्यमयटौ।

उरसोऽग्रे ॥४।२।९५॥ अग्रं प्रधानम्। अग्रे वर्तते य उरःशब्दस्तदन्तात्षाट्टो भवति। हस्तिनामुरः हस्त्युरसम्। अश्वोरसम्। रथोरसम्। समानाधिकरणे वा षसः। हस्तिन इवोरसः हस्त्युरसम्। यथा देहावयवानाम् उरोऽग्रम् प्रधानम् एवमिहाप्युरःशब्देन प्रधानभूतं विवक्षितम्। अग्रे इति किम्? पुरुषस्योरः पुरुषोरः।

सरोऽनोऽश्मायसः खुजात्योः ॥४।२।९६॥ सरस्, अनस्, अश्मन्, अयस्, इत्येवमन्तात्षाट्टो भवति खुविषये जातौ च। जलसरसमिति संज्ञा। मण्डूकसरसमिति जातिः संज्ञा वा। महानसमिति संज्ञा। उपानसमिति जातिः संज्ञा वा। स्थूलाश्मः। अमृताश्म इति जातिः। पिण्डाश्म इति संज्ञा जातिर्वा। कनकाश्म इति जातिः। लोहितायस इति संज्ञा जातिर्वा। कालायसमिति जातिः। खुजात्योरिति किम्? परमसरः।

ग्रामकौटाभ्यां तक्ष्णः ॥४।२।९७॥ ग्राम कौट इत्येताभ्यां यस्तक्षशब्दस्तदन्तात्षाट्टो भवति। ग्रामस्य तक्षा ग्रामतक्षः। कुट्यां भवः कौटः, कौटश्चासौ तक्षा कौटतक्षः। स्वायत्तकर्मजीवीत्यर्थः। ग्रामकौटाभ्यामिति किम्? राज्ञस्तक्षा राजतक्षा।

शुनोऽतेः ॥४।२।९८॥ अतिशब्दात्परो यः श्वन्शब्दस्तदन्तात्षाट्टो भवति। अतिक्रान्तः श्वानमतिश्वो वराहः। अतिश्वो नीचजनः।

उपमानात् ॥ ४।२।९९॥ उपमीयतेऽनेनेत्युपमानम्। उपमानात्परो यः श्वन्शब्दस्तदन्तात्षाट्टो भवति। व्याघ्र इव श्वा व्याघ्रश्वः। सिंहश्वः। मयूरव्यंसकादित्वात्षसः।

अजीवे ॥४।२।१००॥ पूर्वसूत्रे उपमानग्रहणं पूर्वपदविशेषणम्। इह शुनो विशेषणम्। अजीवे वर्तते यः श्वशब्द उपमानवाची तदन्तात्षाट्टो भवति। आकर्षः श्वा इव आकर्षश्वः। फलकश्वः। "व्याघ्रैरुपमेयोऽव्ययोगे" [१।३।५१], इति षः। अजीव इति किम्? वानरोऽयं श्वा इव वानरश्वा।

मृगोत्तरपूर्वात्सक्थ्नः ॥४।२।१०१॥ मृग, उत्तर, पूर्व इत्येतेभ्यः परो यः सक्थिशब्दस्तदन्तात्षाट्टो भवति। मृगस्य सक्थि मृगसक्थम्। उत्तरसक्थम्। पूर्वसक्थम्। उपमानादिति वर्तते। फलकमिव सक्थि फलकसक्थम्। "विशेषणम्" [१।३।५२] इत्यादिना षसः।

नावो रात् ॥४।२।१०२॥ नौशब्दान्ताद्राट्टो भवति। द्वयोर्नावोः समाहारो द्विनावम्। पञ्चनावम्। पञ्चनावप्रियः। द्वाभ्यां नौभ्यामागतं द्विनावरूप्यम्। द्विनावमयम्। अहृदुपीत्यनुवर्तते। पञ्चभिर्नौभिः क्रीतः पञ्चनौः। आर्हीयस्य ठणः "रादुबखौ" [३।४।१२६] इत्युप्। रादिति किम्? परमनौः।

अर्द्धाच्च ॥४।२।१०३॥ अर्द्धाच परो यो नौशब्दस्तदन्तात्षाट्टो भवति। अर्द्धं च सा नौश्च अर्द्धनावी। "विशेषणम्" [१।३।५२] इत्यादिना सः। लोकाश्रयं नपुंसकलिङ्गमपि दृश्यते। अर्द्धनावमिति।

खार्या वा ॥ ४।२।१०४॥ खारीशब्दान्ताद्राट्टो भवति। द्वे खार्यौ समाहृते द्विखारम्। यदा टो न भवति तदा "प्रो नपि" [१।१।७] इति प्रादेशः। द्विखारि। केचित्पुंलिङ्गं पठन्ति। तेषां "स्त्रीगोर्नीचः" [१।१।८] इति प्रादेशे द्विखारिरिति। पञ्चखारप्रियः। पञ्चखाररूप्यम्। पञ्चखारीरूप्यम्। पञ्चखारमयम्। पञ्चखारीमयम्। पञ्चसु खारीषु भवः पञ्चखारी। टपक्षे ङी सिद्ध एव। इहार्द्धादिति वर्तते। अर्द्धशब्दात्परो यः खारीशब्दस्तदन्तात्षाट्टो भवति। अर्द्धखारम्। अर्द्धखारी।

द्वित्रिभ्यामञ्जलेः ॥४।२।१०५॥ द्वित्रिभ्यां परो योऽञ्जलिशब्दस्तदन्ताट्टो भवति। द्वयोरञ्जल्योः समाहारो द्व्यञ्जलम्। त्र्यञ्जलम्। द्व्यञ्जलं वनम्। त्र्यञ्जलरूप्यम्। द्व्यञ्जलमयम्। केचिद् वेत्यनुवर्तयन्ति। तेन द्व्यञ्जलिः। त्र्यञ्जलप्रियः। इहाहृदुपीति वर्तते। हृदुपि न भवति। द्वाभ्यामञ्जलिभ्यां क्रीतो द्व्यञ्जलिः। रादित्येव। द्वयोरञ्जलिः द्व्यञ्जलिः।

ब्रह्मणो राष्ट्रेभ्यः ॥४।२।१०६॥ राष्ट्रेभ्यः परो यो ब्रह्मन्शब्दस्तदन्तात्षाट्टो भवति। रादिति निवृत्तम्। अवन्तिषु ब्रह्मा अवन्तिब्रह्मः। सुराष्ट्रे ब्रह्मा सुराष्ट्रब्रह्मः। ईविति योगविभागात्सः। राष्ट्रेभ्यः किम्? देवब्रह्मा नारदः।

कुमहद्भ्यां वा ॥४।२।१०७॥ कुमहद्भ्यां परो यो ब्रह्मस्तदन्तात्षाद्वा टो भवति। कुब्रह्मः। कुब्रह्मा। महाब्रह्मः। महाब्रह्मा।

द्वन्द्वाच्चुदहषो राथे ॥४।२।१०८॥ राथः समाहारः। द्वन्द्वाद्राथे वर्तमानाच्चवर्गदकारहकारषकारान्ताट्टो भवति। वाक्च त्वक्च वाक्त्वचम्। श्रीस्रजम्। वाग्दृषदम्। छत्रोपानहम्। वाग्विप्रुषम्। द्वन्द्वादिति किम्? पञ्चानां त्वचां समाहारः पञ्चत्वक्। चुदहष इति किम्? वाक्सरित्। राथ इति किम्? छत्रोपानहौ।

हे शरदादेः ॥४।२।१०९॥ शरदाद्यन्ताट्टो भवति हसे। शरदादिषु ये भयन्तास्तेषां "गिरिनदीपौर्णमास्याग्रहायणीभ्यः" [४।२।११२] इति वा टः प्राप्तो नित्यार्थमिदं ग्रहणम्। हाधिकारः प्राग्व्रसाधिकारात्। शरदः समीपमुपशरदम्। प्रतिशरदम्। "लक्षणेनाभिमुख्येऽभिप्रती" [१।३।११] इति हसः। शरद्। विपाश्। अनस्। मनस्। उपानह्। उपासद्। दिश्। दिव्। हिरुक्। कियत्। चतुर। हिमवत्। अनडुह्। तद्। यद्। जराया जरस् च। दृश् च। प्रतिपरसमनुभ्योऽक्ष्णः। पथिन्।

अनः ॥४।२।११०॥ अन्नन्ताद्धाट्टो भवति। अध्यात्मम्। प्रत्यात्मम्। उपराजम्। परिराजम्।

नपो वा ॥४।२।१११॥ अन इति वर्तते। अन्नन्तं यन्नप् तदन्ताद्धाट्टो भवति। पूर्वेण नित्ये प्राप्ते विकल्पोऽयम्। उपचर्मम्। उपचर्म। उपकर्मम्। उपकर्म।

गिरिनदीपौर्णमास्याग्रहायणीभयः ॥४।२।११२॥ वेति वर्तते। गिरि नदी पौर्णमासी आग्रहायणी झय इत्येवमन्ताद्वा टो भवति। गिरेरन्तरन्तगिरम्। अन्तर्गिरि। तिष्ठद्ग्वादित्वात्सविधिः। अथवा विभक्त्यर्थे हसः। बहिर्गिरम्। बहिर्गिरि। "**पर्यपाङ् बहिरञ्चवः**" [१।३।१०]। उपनदम्। उपनदि। नपि प्रः। उपपौर्णमासम्। उपपौर्णमासि। उपाग्रहायणम्। उपाग्रहायणि। झयः—उपसमिधम्। उपसमित्। उपदृषदम्। उपदृषत्।

स्वाङ्गाद्धेऽक्षिसक्थ्नः ॥४।२।११३॥ स्वाङ्गशब्दाद् यौ अक्षिसक्थिशब्दौ तदन्तात् वाट्टो भवति। ह इति वेति च निवृत्तम्। कल्याणेऽक्षिणी अस्य कल्याणाक्षः। विशालाक्षी। गौरे सक्थिनी अस्य गौरसक्थः। स्वक्षः इत्यत्र "**न स्वतिकिमः**" [४।२।६६] इति प्रतिषेधः कस्मान्न भवति? षसस्य ग्रहणं तत्र व्याख्यातमित्यदोषः। स्वाङ्गादिति किम्? स्थूलाक्षिरिक्षुः। दीर्घसक्थि शकटम्। अप्राणिस्थस्य स्वाङ्गस्य न भवति। व इति किम्? उत्तमाक्षि। आपादपरिसमाप्तेर्वसाधिकारः प्रत्येतव्यः।

द्रुण्यङ्गुलेः ॥४।२।११४॥ द्रु दारु। अङ्गुलिशब्दान्ताद्वाट्टो भवति दारुण्यमिधेये। द्वे अङ्गुली अस्य द्व्यङ्गुलं दारु। त्र्यङ्गुलम्। चतुरङ्गुलम्। धान्यानां विक्षेपणम् अग्रेऽङ्गुलीसदृशावयवं काष्ठं दारु तदिह गृह्यते। यत्तु द्वे अङ्गुली प्रमाणमस्य द्व्यङ्गुलं दारु। तत्र द्वदर्थे बसे कृते "**अङ्गुलेर्भिसंख्यादेः**" [४।२।६६] इत्यः सान्तः। मात्रटश्चोप्। द्रुणीति किम्? पञ्चाङ्गुलिर्हस्तः।

द्वित्रिभ्यां मूर्ध्नः ॥४।२।११५॥ द्वित्रिभ्यां परो यो मूर्धन्शब्दस्तदन्ताद्वाट्टो भवति। द्विमूर्धः। त्रिमूर्धः। सान्तो विधिरनित्य इति तेन द्विमूर्धा। त्रिमूर्धा।

डत्स्त्रीप्रमाण्योरः ॥४।२।११६॥ ट इति निवृत्तम्, त्यान्तरोपादानात्। डडन्ता ये स्त्रीशब्दाः प्रमाणीशब्दश्च तदन्ताद्वा अस्त्यो भवति। कल्याणी पञ्चमी यासां रात्रीणां कल्याणीपञ्चमा रात्रयः। कल्याणीदशमा भार्या। स्त्री प्रमाणी येषां स्त्रीप्रमाणाः। कल्याणी प्रमाणी आसां कल्याणप्रमाणा भार्याः। डत्स्त्रीग्रहणस्यावकाशः कल्याणीद्वितीया। कल्याणीतृतीया। कल्याणीपञ्चमा रात्रय इति। डत्स्त्रियां प्रधानस्त्रीग्रहणं कर्तव्यम्। अन्यपदार्थवाच्यानां डडन्ता स्त्री प्रधानं यदि भवति तदायं सान्तो भवतीत्यर्थः। अडट् प्रियादाविति पुंवद्भावप्रतिषेधोऽप्यस्मिन्नेव विषये वक्ष्यते। तेनेह सान्तः पुंवद्भावप्रतिषेधश्च न भवति। कल्याणी पञ्चमी अस्मिन् पक्षे कल्याणपञ्चमीकः पक्ष इति। "**नेतुर्नक्षत्रे उपसंख्यानम्**" [वा०]। मृगो नेता आसां रात्रीणां मृगनेत्राः। पुष्यनेत्राः। नक्षत्रादन्यत्र न भवति। देवदत्तनेतृकं सैन्यम्।

लोम्नोऽन्तर्बहिर्भ्याम् ॥४।२।११७॥ अन्तर् बहिष् इत्येताभ्यां परो यो लोमशब्दस्तदन्ताद्वादस्त्यो भवति। अन्तर्गतानि लोमान्यस्य अन्तर्लोमः। बहिर्लोमः। "**मासाद्भृतित्यान्तपूर्वपदात् ठो वक्तव्यः**" [वा०] पञ्च कार्षापणा भृतिरस्य मासस्य "**तदस्यांशवस्नभृतयः**" [३।४।५५] इत्यत्र "**संख्यायाः कोऽतिशतः**" [३।४।१६] इति कः। पञ्चको मासोऽस्येति बसे कृते ठः। पञ्चकमासिकः। दशकमासिकः।

नासिकाया नश्चास्थूलात् खौ ॥४।२।११८॥ नासिकाशब्दान्ताद्वादस्त्यो भवति नश्चादेशो नासिकायाः खुविषये न चेत्स्थूलशब्दात्परो नासिकाशब्दः। द्रुरिव नासिकाऽस्य द्रुणसः। गौरिव नासिका अस्य गोनसः। वर्ध्रे भवा वार्ध्री नासिका अस्य वार्ध्रीणसः। "**ञ्णिद्‌धदरक्तविकारे**" [४।३।१५१] इति पुंवद्भावप्रतिषेधः। सर्वत्र "**पूर्वपदात्खावगः**" [५।४।८७] इति णत्वम्। स्थूलादिति किम्? स्थूलनासिकः। खाविति किम्? तुङ्गनासिकः। "**खुरखराभ्यां वा नस् वक्तव्यः** [वा०] खरस्येव नासिकाऽस्या अर्चनायाः खरणाः। खुरणाः। पक्षे अस्त्यो भवति खरणसः। कथं शिति नासिकाऽस्य शितिनाः। अहिरिव नासिकाऽस्य अहिनाः। अर्चाया इव नासिकाऽस्य अर्चनाः। "**त्वे ङ्यायोः क्वचित् खौ च**" [४।३।१७३] इति प्रः। पद्यछान्दसा एते शब्दास्तदत्रापि नस् वक्तव्यः।

गेः ॥४।२।११९॥ गेः परो यो नासिकाशब्दस्तदन्ताद्वादस्त्यो भवति । नश्चादेशः अयमखुविषये विधिः । उन्नता नासिकाऽस्य उन्नसः । प्रवृद्धा नासिकाऽस्य प्रणसः । **"णत्वविधौ गेर्नस उपसंख्यानम्"** [वा०] इति णत्वम् अत्ये । "वेः ख्वादेशो वक्तव्यः" [वा०] विगता नासिकाऽस्य विखुः ।

सोः प्रातर्दिवाश्वसः ॥४।२।१२०॥ सोः परे ये प्रातर्, दिवा, श्वस् शब्दास्तदन्ताद्वादस्त्यो भवति । शोभनं प्रातरस्य सुप्रातः । **"भेर्भमात्रे टिखम्"** [वा०] इति टिखम् । विग्रहवाक्ये शोभनमिति नपुसकत्वं गम्यमानकर्मापेक्षम् । शोभनं प्रातःकाले कर्मास्येत्यर्थः । एवं शोभनं दिवा अस्येति सुदिवः । शोभनं श्वोऽस्य सुश्वः ।

प्रोष्ठैण्यजात्पदः ॥४।२।१२१॥ प्रोष्ठ, एणी, अज इत्येतेभ्यः परः पदशब्दो बसे निपात्यते । प्रवृद्धोष्ठः प्रोष्ठो गौरित्यर्थः । प्रोष्ठस्येव पादावस्य प्रोष्ठपदः । अस्सान्तः पादशब्दस्य च पद्भावो निपात्यते । एण्या इव पादावस्य एणीपदः । अजपदः ।

चतुश्शारेरस्त्रिकुक्षेः ॥४।२।१२२॥ चतुश्शारिशब्दाभ्यां परौ यौ अस्त्रिकुक्षिशब्दौ तदन्ताद्वादस्त्यो भवति । चतस्रोऽस्रयोऽस्य चतुरस्रः । शारेरिव कुक्षिरस्य शारिकुक्षः ।

नञ्दुस्सोः सक्थिहलेर्वा ॥४।२।१२३॥ नञ्, दुस्, सु इत्येतेभ्यः परौ यौ सक्थिहलिशब्दौ तदन्तादस्त्यो वा भवति । अविद्यमानं सक्थि अस्य असक्थः । असक्थिः । दुस्सक्थः । दुस्सक्थिः । सुसक्थः । सुसक्थिः । महद्धलं हलिः । अविद्यमानो हलिरस्य अहलः । अहलिः । दुर्हलः । दुर्हलिः । सुहलः । सुहलिः । सक्थिशब्दस्थाने सक्तिशब्दं केचित्पठन्ति । सञ्जनं सक्तिः ।

प्रजामेधादस् ॥४।२।१२४॥ वेति नाधिकृतम् । नञ्, दुस् सु इत्येतेभ्यः परौ यौ प्रजामेधाशब्दौ तदन्ताद्वादसित्ययं त्यो भवति । न विद्यते प्रजा अस्य अप्रजाः । दुष्प्रजाः । सुप्रजाः । न विद्यते मेधा अस्य अमेधाः । दुर्मेधाः । **"अल्पाच्च मेधाया इति वक्तव्यम्"** [वा०] अल्पमेधाः । अल्पमेधसौ । अल्पमेधसः ।

धर्मात्केवलादन् ॥४।२।१२५॥ केवलो धर्मशब्द एव यत्रोत्तरपदम् अन्यस्मा (म)ध्यपदं नास्ति तदन्ताद्वादन्नित्ययं त्यो भवति । साधूनामिव धर्मोऽस्य साधुधर्मा । प्रियधर्मा । केवलादिति किम् ? परमः स्वो धर्मोऽस्य परमस्वधर्मः । सन्दिग्धसाध्यधर्मः ।

सुहरिततृणसोमाज्जम्भात् ॥४।२।१२६॥ जम्भशब्दो दन्तविशेषवाची अभ्यवहार्यवाची च । सु, हरित, तृण, सोम इत्येतेभ्यः परो यो जम्भशब्दस्तदन्तादनित्ययं त्यो भवति । शोभनो जम्भोऽस्य सुजम्भा शोभनदंष्ट्रः शोभनाहारो वा । हरितमिव जम्भोऽस्य हरितानि वा जम्भान्यस्य वा हरितजम्भा । तृणमिव जम्भोऽस्य तृणानि जम्भोऽस्य वा तृणजम्भा । एवं सोमजम्भा । स्वादिभ्य इति किम् ? स्थूलजम्भः ।

दक्षिणेर्मा लुब्धयोगे ॥४।२।१२७॥ ईर्मिति बहुनामधेयं व्रणनामधेयं वा । दक्षिणेर्मेति बसोऽन्नन्तो निपात्यते लुब्धयोगे । दक्षिणमीर्ममस्य दक्षिणेर्मा मृगः । व्याधस्य हन्तुकामस्य दक्षिणमङ्गं बहुकृत्वा स्थितः । अथवा दक्षिणमङ्गं व्रणितमस्य व्याधेनेत्यर्थः । लुब्धयोग इति किम् ? दक्षिणेर्मः पशुः ।

ज इच् ॥४।२।१२८॥ जशब्देन जार्थः कर्मव्यतिहारो ग्रहणप्रतिग्रहणादिलक्षणो गृह्यते । जार्थे यो बसस्तस्मादिजित्ययं त्यो भवति । चकारः तिष्ठद्ग्वादिषु इजिति पठ्यते तत्र विशेषणार्थः । **"तत्रेदमिति सरूपे"** [१।३।८९] **"तेनेदम्"** [१।३।९०] इति च अयं बसः कर्मव्यतिहारे वर्तते । केशेषु च केशेषु च गृहीत्वा इदं युद्धं प्रवृत्तं केशाकेशि । कचाकचि । इच्स्तिष्ठद्ग्वादिषु पाठात् हसंज्ञा । **"अन्यस्यापि"** [४।३।२३२] इति पूर्वपदस्य दीत्वम् । दण्डैश्च दण्डैश्च इदं युद्धं दण्डादण्डि । मुसलामुसलि युद्धं वर्तते ।

द्विदण्ड्यादिः ॥४।२।१२९॥ द्विदण्ड्यादयः शब्दा इजन्ता निपात्यन्ते। यथा गणे पठितास्तथैव साधवो बसेऽन्यत्र च भवन्तीत्यर्थः। द्वौ दण्डौ अस्मिन् प्रहरणे द्विदण्डि प्रहरति। द्विमुसलि प्रहरति। क्रियाविशेषणादन्यत्र न भवति। द्विदण्डा शालेति। षसेऽपि भवति। निकुच्य कर्णौ निकुच्यकर्णि धावति। आकुच्यपादौ आकुच्यपदि शेते। मयूरव्यंसकादित्वात्षसः। पादस्य च पद्भावो निपातनात्। प्रोह्य पादौ प्रोह्यपदि हस्तिनं वाहयति। द्विदण्डि। द्विमुसलि। उभाञ्जलि। उभयाञ्जलि। उभाकर्णि। उभयाकर्णि। उभाहस्ति। उभयाहस्ति। उभापाणि। उभयापाणि। उभाबाहु। उभयाबाहु। निपातनादिचः खम्। एकपदि। प्रोह्यपदि। आकुच्यपदि। निकुच्यकर्णि। संहतपुच्छि।

सम्प्राज्जानुनो ज्ञः ॥४।२।१३०॥ सम् प्र इत्येताभ्यां परस्य जानुशब्दस्य ज्ञ इत्ययमादेशो भवति बसे। सङ्गते जानुनी अस्य संज्ञः। प्रकृते जानुनी अस्य प्रज्ञः। ज्ञ इत्युकारान्तः केषांचिदादेशः। मतद्वयमपि प्रमाणम्।

वोऽर्ध्वात् ॥४।२।१३१॥ ऊर्ध्वशब्दात्परस्य जानुशब्दस्य वा ज्ञ इत्ययादेशो भवति बसे। ऊर्ध्वे जानुनी अस्य ऊर्ध्वज्ञः, ऊर्ध्वजानुः, ऊर्ध्वजानुको वा।

ऊधसोऽनङ् ॥४।२।१३२॥ ऊधःशब्दान्तस्य बसस्य अनङादेशो भवति सान्तः। कुण्डमिव ऊधोऽस्याः कुण्डोध्नी। परत्वात्सकारस्य अनङादेशे कृते पश्चात् "ऊधसः" [३।१।१३] इति ङीविधिः। एवं घट इव ऊधोऽस्या घटोध्नी। इह मा भूत्। महोधाः पर्जन्यः। अनङ्ककार उत्तरत्र सार्थकः। इह नङादेशेऽपि न दोषः।

धनुषः ॥४।२।१३३॥ धनुःशब्दान्तस्य बसस्य अनङादेशो भवति। गाण्डीवं धनुरस्य गाण्डीवधन्वा। अजगवधन्वा। शार्ङ्गधन्वा।

वा खौ ॥४।२।१३४॥ धनुःशब्दान्तस्य बसस्य वा अनङादेशो भवति सान्तः खुविषये। पूर्वेण नित्ये प्राप्ते विभाषेयम्। दृढं धनुरस्य दृढधन्वा। दृढधनुः। पुष्पधन्वा। पुष्पधनुः।

जायाया निङ् ॥४।२।१३५॥ जायाशब्दान्तस्य बसस्य निङादेशो भवति। युवतिर्जाया यस्य युवजानिः। वधूजानिः। आकारस्य निङादेशः। "वलि व्योः खम्" [४।३।५५] इति यकारस्य खम्।

गन्धस्येरुत्पूतिसुसुरभिभ्यः ॥४।२।१३६॥ उत्, पूति, सु, सुरभि इत्येतेभ्यः परस्य गन्धशब्दस्य इकार आदेशो भवति सान्तो बसे। उद्गतो गन्धोऽस्य उद्गन्धिः। पूतिर्गन्धोऽस्य पूतिगन्धिः। सुगन्धिः। सुरभिगन्धिः। अयं गन्धशब्दोऽस्त्येव गुणवचनः। तद्यथा उत्पलगन्धः। चन्दनगन्ध इति। अस्ति द्रव्यवचनः। तद्यथा गन्धान् पिनष्टीति। तद्यो मुख्यो गुणवचनस्तस्य ग्रहणम्। तेनेह न भवति। शोभनो गन्धोऽस्य सुगन्ध आपणिकः।

अल्पाख्यायाम् ॥४।२।१३७॥ अल्पपर्यायो यो गन्धशब्दस्तदन्तस्य बसस्य वा इकारादेशो भवति सान्तः। अभिधानवशाद् व्यधिकरणोऽत्र बसः। अन्नस्य गन्धोऽस्मिन् अन्नगन्धिः। अन्नगन्धम्। घृतगन्धि। घृतगन्धम् भोजनम्। अथवा अन्नं गन्धोऽल्पमस्मिन्निति समानाधिकरणो बसः।

उपमानात् ॥४।२।१३८॥ उपमानात्परो यो गन्धशब्दस्तदन्तस्य बसस्येकारादेशो भवति। पद्मस्य गन्ध इव गन्धोऽस्य पद्मगन्धिः। पद्मगन्धः। उत्पलगन्धः। उत्पलगन्धिः।

खं पादस्याहस्त्यादेः ॥४।२।१३९॥ वेति निवृत्तम्। उपमानादिति वर्तते। हस्त्यादिवर्जितादुपमानात्परस्य पादशब्दस्य खं भवति। बसे सान्त इत्यनुवर्तनात् इह "परस्यादेः" [१।१।५१] इति एषा परिभाषा नोपतिष्ठते। व्याघ्रस्येव पादावस्य व्याघ्रपाद्। सिंहपाद्। अहस्त्यादेरिति किम्? हस्तिन इव पादावस्य हस्तिपादः। कपोत(लक) पादः। हस्तिन्। कपोलक। गण्डोलक। गण्डयर्क[1]। महिला[2]। दासी। गणिका। कुसूल।

---

१. गण्डूक पू०। २. महेला ब०, पू०।

सुसंख्यादेः ॥४।२।१४०॥ सुश्च संख्या च सुसंख्ये ते आदी यस्य तस्य स्वादेः संख्यादेश्च पादशब्दस्य खं भवति बसे । शोभनौ पादावस्य सुपाद् । द्वौ पादावस्य द्विपाद् । त्रिपाद् । चतुष्पाद् ।

कुम्भपद्यादिः ॥४।२।१४१॥ कुम्भपदीप्रभृतयः शब्दा निपात्यन्ते । क्वचिद्वेऽपि खे कृते **"पादो वा"** **[३।१।१५]** इति ङीविकल्पे प्राप्ते नित्यो ङीविधिर्निपात्यते । कुम्भ इव पादावस्या कुम्भपदी । एकः पादोऽस्या एकपदी । शितिपदी । सूत्रपदी । सूत्रसितपदी । सितसूत्रपदी । गोधापदी । जालपदी । जलपदी । कलशपदी । विपदी । सुपदी । निष्पदी । आर्द्रपदी । द्रोणपदी । कुटीपदी । कृष्णपदी । सूकरपदी । मुनिपदी । शकृत्पदी । अष्टापदी ।

वयसि दन्तस्य दतृ ॥४।२।१४२॥ सुसंख्यादेरिति वर्तते । स्वादेः संख्यादेश्च दन्तशब्दस्य दतृ इत्ययमादेशो भवति बसे वयसि गम्यमाने । शोभना दन्ता अस्य सुजाता वा सुदन् कुमारकः । द्वौ दन्तावस्य बालकस्य द्विदन् । त्रिदन् । चतुर्दन् । वयसीति किम् ? सुदन्तो दाक्षिणात्यः । चतुर्दन्त ऐरावतः ।

स्त्रियां खौ ॥४।२।१४३॥ स्त्रीलिङ्गेऽन्यपदार्थे दन्तशब्दस्य दतृ इत्ययमादेशो भवति सान्तः खुविषये । अय इव दन्ता अस्या अयोदती । फालदती । स्त्रियामिति किम् ? नागस्येव दन्ता अस्य नागदन्तको नाम कश्चित् । खाविति किम् ? समदन्ती । **"नासिकोदरोष्ठ"** **[३।१।४०]** इत्यादिना ङीविधिः ।

वा श्यावारोकात् ॥४।२।१४४॥ स्त्रियामिति निवृत्तम् । खाविति वर्तते । श्याव अरोक इत्येताभ्यां परस्य दन्तशब्दस्य वा दतृ इत्ययमादेशो भवति सान्तो बसे । श्यावा दन्ता अस्य श्यावदन् । श्यावदन्तः । अरोका निश्छिद्राः निर्दीप्तयो वा दन्ता अस्य अरोकदन् अरोकदन्तः ।

शुद्धाग्रान्तशुभ्रवृषवराहात् ॥४।२।१४५॥ खाविति निवृत्तम् । वेति वर्तते । शुद्ध, अग्रान्त, शुभ्र, वृष, वराह इत्येतेभ्यः परस्य दन्तशब्दस्य दतृ इत्ययमादेशो भवति बसे सान्तः । शुद्धा दन्ता अस्य शुद्धदन्, शुद्धदन्तः । कुड्मलाग्रमिव दन्ता अस्य कुड्मलाग्रदन् । कुड्मलाग्रदन्तः । शिखराग्रदन् । शिखराग्रदन्तः । शुभ्रदन् । शुभ्रदन्तः । वृषदन् । वृषदन्तः । वराहदन् । वराहदन्तः । **"अन्येभ्योऽपि भवतीति वक्तव्यम्"** **[वा०]** अहिदन् । अहिदन्तः । मूषिकादन् । मूषिकादन्तः ।

ककुदस्यावस्थायां खम् ॥४।२।१४६॥ कालादिकृतो बालादिभावोऽवस्था । ककुदशब्दान्तस्य खं भवति सान्तः अवस्थायां गम्यमानायाम् । असञ्जातं ककुदमस्य असञ्जातककुत् । पूर्णककुद् । वृद्ध इत्यर्थः । यष्टिककुद् । मध्यशरीर इत्यर्थः । अवस्थायामिति किम् ? श्वेतककुदः । कथं ककुद्मानिति ? यावादिषु हलन्तान्निपातनात्सिद्धम् ।

अद्रौ त्रिककुद् ॥४।२।१४७॥ अद्रावन्यपदार्थे खं निपात्यते । त्रीणि ककुदान्यस्य त्रिककुद् । अद्रेरियं संज्ञा । अन्यत्र त्रिककुद इति भवति ।

व्युदः काकुदान्तात् ॥४।२।१४८॥ वि उद् इत्येताभ्यां परस्य काकुदशब्दस्य खं भवति सान्तं बसे । विशिष्टं काकुदमस्य विकाकुद् । उत्कृष्टं काकुदमस्य उत्काकुत् ।

पूर्णाद्वा ॥४।२।१४९॥ पूर्णशब्दात्परस्य काकुदस्य वा खं भवति सान्तं बसे । पूर्णकाकुत् । पूर्णकाकुदः ।

सुहृद्दुर्हृदौ मित्रामित्रयोः ॥४।२।१५०॥ सुहृद् दुर्हृद् इत्येतौ शब्दौ निपात्येते यथासंख्यं मित्रामित्रयोरभिधेययोः । सुदुस्शब्दाभ्यां परस्य हृदयशब्दस्य बसे हृदादेशो निपात्यते । शोभनं हृदयमस्य सुहृद् मित्रम् । दुष्टं हृदयमस्य दुर्हृदमित्रम् । मित्रामित्रयोरिति किम् ? सुहृदयः साधुः । दुर्हृदयः खलः ।

उरःप्रभृतिभ्यः कप् ॥४।२।१५१॥ उरःप्रभृत्यन्ताद् बात्कबित्ययं त्यो भवति सान्तः । व्यूढमुरोऽस्य व्यूढोरस्कः । **"कुप्वोस्त्ये"** **[५।४।२६]** इति रेफस्य सत्वम् । प्रभूतसर्पिष्कः । **"इणः षः"** **[५।४।२७]** इति षत्वम् ।

चित्रोपानत्कः। उरस्। सर्पिष्। उपानह्। पुमान्। अनड्वान्। पुमानित्येवमादयः पञ्चशब्दा विभक्त्यन्ताः पठ्यन्ते। एकवचनान्तानामेव यथा स्यात्। द्विवचनबहुवचनान्तानां मा भूत्। तत्र "**शेषाद्वा**" [४।२।१५४] इति विकल्प एव भवति। द्विपुंस्कः। द्विपुमान्। बहुपुंस्कः। बहुपुमान्। दरी। "**ऋन्मोः**" [४।२।१५३] इत्येव सिद्धः किमर्थं दरीशब्दः पठ्यते? "**सहेति तुल्ययोगे**" [१।३।६१] इतीदं सूत्रं कबभावार्थमित्यस्मिन् पक्षे कग्रहणार्थमिदं वचनम्। दधि। मधु। शालि। अर्थान्नञः। कथमयं प्रयोगः। "**अन्यथैवंकथमित्थं-स्वनर्थात्**" [२।४।१३] इति सौत्रोऽयम्।

इनः स्त्रियाम् ॥४।२।१५२॥ इनन्ताद् वात् कबित्ययं त्यो भवति स्त्रियामन्यपदार्थे। बहवो दण्डि-नोऽस्यां बहुदण्डिका। एवं बहुस्वामिका। बहुवाग्मिका। स्त्रियामिति किम्? बहुदण्डी ग्रामः। बहुदण्डिको वा।

ऋन्मोः ॥४।२।१५३॥ ऋकारान्तान्मुसंज्ञान्ताच्च बात्कब् भवति सान्तः। बहुकर्तृकः। तकार उच्चा-रणार्थः। बहुकुमारिकः। बहुब्रह्मबन्धूकः।

शेषाद् वा ॥४।२।१५४॥ यस्माद्बात्सान्तो न विहितः स शेषः। शेषाद्बात् वा कब् भवति सान्तः। बह्व्यः खट्वा यस्य सः बहुखट्वाकः। बहुखट्वः। "**ऋक्पूरब्धूः**" [४।२।७०] इत्यादिना सूत्रेण विशेषो व्याख्यातः। "**अनृचो माणवो ज्ञेयो बह्वृचश्चरणे स्मृतः**" ततोऽन्यत्रायं विकल्पः। अनृक्कम् साम। अनृक् साम। बह्वृक्कं सूक्तम्। बह्वृक्सूक्तम्। शेषादिति किम्? प्रियपुरः। प्रियपथः।

न खौ ॥४।२।१५५॥ खुविषये बात् कप् न भवति। येन केनचित्प्राप्तस्य कपोऽयं निषेधः नामग्र(ग्रा)-मः? ... । विश्वदेवः। विश्वयशाः। श्वेता अश्वतयो यस्य श्वेताश्वतिः।

ईयसश्च ॥४।२।१५६॥ ईयसन्ताद्बात्कब् न भवति। येन केनचित्प्राप्तस्य प्रतिषेधः। बहवः श्रेयांसोऽ-स्मिन् बहुश्रेयान्। विद्यमानश्रेयान्। "**शेषाद्वा**" [४।२।५४] इति प्राप्तस्य प्रतिषेधः। "**मृद्ग्रहणे लिङ्गविशिष्ट-स्यापि ग्रहणम्**" [वा०] बह्व्यः श्रेयस्योऽस्य बहुश्रेयसी पुरुषः। "**ऋन्मोः**" [४।२।५३] इति प्राप्तस्य प्रतिषेधः। अत्र "**ख्योगोर्नीचः**" [१।१।८] इति प्रादेशोऽपि न भवति। उक्तं हि तत्र—"**ईयसो बसे पुंवद्भाववचनम्**" [वा०]। नात्र पुंवद्वचनेन स्त्रीत्यस्य निवृत्तिरिष्टा किं तर्हि यथा पुंसि ईकारस्य प्रादेशो न भवति। ग्रामणी देवदत्त इति। एवमीयसः परस्यापि स्त्रीत्यस्य। अथवा प्रश्लेषनिर्देशात् ईकारः सिद्धः। ई ईयसः ईयस इति। चकारः स्त्रियामित्यस्यानुकर्षणार्थः। तेन स्त्रियामीकारो भवति। न प्रादेश इति।

स्तुते भ्रातुः ॥४।२।१५७॥ स्तुतं पूजितमित्यर्थः। स्तुतेऽर्थे यो भ्रातृशब्दस्तदन्ताद्बात्कब्न भवति। शोभनो भ्राता यस्य सुभ्राता। दर्शनीयभ्राता। स्तुत इति किम्? दुर्भ्रातृकः। मूर्खभ्रातृकः।

नाडीतन्त्र्योः स्वाङ्गे ॥४।२।१५८॥ स्वाङ्गमिह पारिभाषिकम्। स्वाङ्गे यौ नाडीतन्त्रीशब्दौ वर्तेते तद-न्ताद्बात्कब्न भवति। बह्व्यः नाड्योऽस्मिन् बहुनाडिर्देहः। बहुनाडिर्जङ्घा। बह्व्यः तन्त्र्यो धमन्योऽस्या बहुतन्त्री-ग्रीवा। स्त्रीत्यो न भवतीति प्रादेशो नास्ति। स्वाङ्ग इति किम्? बहुनाडीकः स्तम्भः। बहुतन्त्रीका वीणा।

निष्प्रवाणिः ॥४।२।१५६॥ प्रकर्षेण ऊयतेऽस्यामिति प्रवाणीति निपात्यते। निर्गता प्रवाणी अस्य निष्प्र-वाणिः कम्बलः। प्रत्यग्र इत्यर्थः। "**ऋन्मोः**" [३।२।५३] इत्यस्य प्रतिषेधः। ये तु प्रवाणीशब्दमिकारान्तं पठन्ति तेषां "**शेषाद्वा**" [४।२।५४] इत्यस्य प्रतिषेधः। "**त्यः**" [२।१।१] "**परः**" [२।१।२] "**ङ्याम्मृदः**" [३।१।१] इत्येषामधिकाराणामिदमवसानम्।

इत्यभयनन्दिविरचितायां महावृत्तौ चतुर्थस्याध्यायस्य द्वितीयः पादः समाप्तः।

आदेरेकाचो द्वे ॥४।३।१॥ आदेरेकाचो द्वे भवत इत्येतदधिकृतं वेदितव्यम्। यदित ऊर्ध्वं वक्ष्याम आदेरेकाचो द्वे भवत इत्येवं तद्वेदितव्यम्। वक्ष्यति **"लिड्युच्कचिधौः"** [४।३।७] धोगदेरवयवस्यैकाचो द्वे भवतः। पपाच। जुहोति। अपीपठत्। एकोऽच् अवयवोऽस्य सोऽयमेकाच्। अवयवेन विग्रहः, समुदायो वृत्त्यर्थः। तद्गुणसंविज्ञाने वसे समुदायान्तर्भूतोऽच्यत्र इति साच्कस्य द्वित्वम्। परत्वादैपि कृते पाच्छब्दस्य शब्दतोऽर्थतश्चान्तरतमौ द्वौ पाच्छब्दौ। द्विःप्रयोगश्च द्वित्वम्। स्थाने हि द्वित्वे जिघांसतीत्यत्र शब्दान्तरत्वाद्धन्तेः कुत्वं न स्यात्। आदेरिति किम्? जजागार। इत्यनाद्यस्य माभूत्। एकाच इति किम्? हल्मात्रस्य माभूत्। पपाचेत्यत्रादित्वं व्यपदेशिवद्भावेन यथा प्रथमगर्भेण हता नारी। इयाय आरेत्यत्र एकाच्त्वमपि उपचारात्। यथा स्थूलशिरा राहुरिति।

अचः ॥४।३।२॥ इहादेरित्यचो विशेषणम्। आदेः परस्यैकाचो द्वे भवत इत्यधिक्रियते। अटिटिषति। अटाट्यते। आटिटत्। सत्यपि सम्भवे आदेर्द्वित्वस्य बाधकमिदम्। दधिदानस्येव तक्रदानम्। शास्त्रेऽपि द्वीप इत्यत्र **"द्व्यनर्गेरीदपः"** [४।३।२०२] इत्ययमादिविकारोऽन्त्यविकारस्य बाधकः। यथाऽचस्याचो द्वित्वं न भवति तथा व्यञ्जनस्यापीति न दोषः।

न स्फादौ न्द्रोऽयि ॥४।३।३॥ इहादेरच इति वर्तते। आदेरचः परे स्फादौ वर्तमाना नकारदकाररेफा न द्विरुच्यन्ते अयकारे। इन्दिदिषति। उन्दिदिषति। अड्डिडिषति। अर्चिचिषति। उब्जिजिषति। इत्यत्र दकारोऽन्त्ये चुना योगे च "उद्जेः" इति बत्वमुक्तम्। तस्यासिद्धत्वात्प्रतिषेधः। अभ्युद्ग इत्यत्र कुत्वस्य सिद्धत्वाद्वत्वं न भवति। **"ईर्ष्यतेस्तृतीयस्य द्वे भवत इति वक्तव्यम्"** [वा०] केचिदाहुस्तृतीयस्यैकाच इति। तेन सनो द्वित्वे ईर्ष्यिषिषति। अपर आहुस्तृतीयस्य हल इति। ईर्ष्यियिषति। **"कण्ड्वादीनां तृतीयस्यैकाचो द्वित्वं भवतिः"** [वा०] कण्डूयियिषति। **"सुब्धूनांच तृतीयस्यैकाचो द्वित्वं भवति"**। [वा०] अश्वियियिषति। अपर आहुः। **"यथेष्टं सुब्धुषु वक्तव्यम्"** [वा०] पुपुत्रीयिषति। पुतित्रीयिषति। पुत्रीयियिषति।

थः ॥४।३।४॥ द्वे इति वर्तते। तस्य संज्ञित्वम्। ते द्विरुक्ते समुदिते थसंज्ञे भवतः। ददति। ददतु। अददुः। दधति। दधतु। अदधुः। थसंज्ञायां सत्याम् झस्य **"अथात्"** [५।१।१४] इत्यदादेशः। **"थस्नोरातः"** [४।४।१००] इत्याकारस्य खम्। लङो झेः **"थविल्सेः"** [२।४।८८] इति झस्योस्। समुदायस्य थसंज्ञा किं प्रयोजनम्? चस्य खे मा भूत्। ईप्सन्ति। ऐप्सन्। प्रत्येकं पर्यायेण च माभूत्। थप्रदेशाः। **"थविल्सेः"** [२।४।८८] इत्येवमादयः।

जक्षित्यादयः ॥४।३।५॥ जक्षित्यादयश्च पञ्च थसंज्ञका भवन्ति। जक्षति। जक्षतु। अजक्षुः। जाग्रति। दरिद्रति। चकासति। शासति। जक्षितेस्तिपीटं कृत्वा गुरुनिर्देशः किम्? **"रुदादेर्गे"** [५।१।१३५] इत्यत्र पञ्चग्रहणमनुवर्तते इति ज्ञापनार्थः।

पूर्वश्चः ॥४।३।६॥ द्विरुक्तयोः पूर्वोऽवयवश्चसंज्ञो भवति। पपाच। पिपक्षति। पापच्यते। अपीपचत्। चसंज्ञायां सत्यां प्रादेशः। **"सन्यतः"** [५।२।१७६] इत्वम्। **"हलोऽनादेः"** [५।२।१६१] खम्। **"दीरकितः"** [५।२।१८०] इति **"घेर्दीः"** [५।२।१६०] प्रकृतिचरां प्रकृतिचर इत्यादि कार्यम्। चप्रदेशाः **"चस्यात्र खम्"** [५।२।१६०] इत्येवमादयः।

लिड्युच्कचि धोः ॥४।३।७॥ लिटि, उचि, कचि च परतः धोरादेरवयवस्यैकाचोऽचः परस्य च द्वे भवतः। पपाच। प्रोर्णुनाव। उचि—जुहोति। बिभेति। उचि बुद्धिकृतं पौर्वापर्यम्। उक्तं च—

"सर्वाश्चेष्टा बुद्धौ कृत्वा वक्ता धीरस्तन्वन्नीतिः।
शब्देनार्थान्वाच्यान् दृष्ट्वा बुद्धौ कुर्यात्पौर्वापर्यम्॥"

कचि—अपीपचत्। पचेर्णिचि लुङि कचि च कृते णिखमुङ्ग प्रादेशो द्वित्वम्। एवं हि योऽनादिष्टादचः पूर्वस्तं

प्रति स्थानिवद्भाव इति धौ कच्यनक्खे सन्वदिति धौ परतः सन्वद्भावो विधीयमानः प्रस्य स्थानिव [द्भावान्न] प्रतिषिध्यते ।

सन्यङोः ॥४।३।८॥ षे ष्यस्य पुत्रपत्योर्जिः ॥४।३।६॥ बन्धौ बे ॥४।३।१०॥ वचिस्वपियजादीनां किति ॥४।३।११॥ ग्रहिज्यावयिव्यधिवशिव्यचिव्रश्चिप्रच्छिभ्रज्जां ङिति च ॥४।३।१२॥][1]

नर्थकः । यङुबन्तस्य प्रकृतिवद्भावो यङोऽन्यस्मिन्नेति तिपा निवर्त्यो यथास्तिभवत्योर्मिङीति यङु बन्तस्य मिङ्येप्रतिषेधो मा भूत् । बोभवीति । इह तु यङुपि त्यखे त्याश्रयमिति प्राग् द्वित्वाज्जिर्भवत्येव । वेवेक्ति । बर्भर्ष्टि । बर्भृज्जीति ।

चस्यैषां लिटि ॥४।३।१३॥ एषां वच्यादीनां लिटि परतश्चस्य जिर्भवति । उवाच । उवचिथ । इयाज । इयजिथ । उवाप । उवपिथ । सुष्वाप । सुष्वपिथ । जिज्यौ । जिज्याथ । वेञः स्थानिवद्भावेन उवाय । उवयिथ । उवास । उवसिथ । विव्याध । विव्यधिथ । विव्याच । विव्यचिथ । ग्रहिभ्रस्जप्रच्छामविशेषः । व्रश्चेस्तु वव्रश्च वव्रश्चिथ "न जौ जिः [४।३।३१] इति वकारस्य न भवति । पिदर्थमिदम् । किन्तु परतः परत्वाज्जौ कृते द्वित्वम् । ऊचतुः । ऊचुः । अनन्तरपरिभाषा ह्यनित्या । अधिकाराद्वच्यादीनामेव ग्रहणे सिद्धे एषां ग्रहणं चखनिवृत्त्यर्थम् ।

कचि स्वापेः ॥४।३।१४॥ कचि परतः स्वापेर्जिर्भवति । असूषुपत् । असूषुपताम् । असूषुपन् । स्वपेर्णिचि लुङि कचि च कृते द्वित्वात्परत्वादनेन जिः । "ध्युङः" [५।२।८३] एप् । "णौ कच्युङः" [५।२।११५] इति प्रादेशो द्वित्वम् । घेर्दीत्वम् । कचीति किम् ? स्वापितः । स्वाप्यते । स्वापेरिति किम् ? स्वपेरित्युच्यमाने वचनात्केवलादपि कच् स्यात् । स्वापं करोतीत्यत्रापि केचिदिच्छन्ति । केवलमकितः (क्खतः) सन्वद्भावाभावात् घेर्दीत्वं न भवति । असुषुपत् ।

स्वपिस्यमिवेञां यङि ॥४।३।१५॥ स्वपि स्यमि व्येञ् इत्येतेषां यङि जिर्भवति । सोषुप्यते । सेसिम्यते । वेवीयते । स्वपिव्येञोः किति जिर्विहितः । यङि सर्वेषामप्राप्ते विधिः । "वशेर्यङि प्रतिषेधो वक्तव्यः" [वा०] वावश्यते । "ग्रहिज्यावशि" [४।३।१२] इति पाठे प्राप्तिः । यङीति किम् ? स्वप्नः ।

चायः कीः ॥४।३।१६॥ चायः की इत्ययमादेशो भवति यङि परतः । चेकीयते । चेकीयेते । चेकीयन्ते । दीत्वोच्चारणं किम् ? "दीरकृद्गे" [५।२।१३४] इति यत्र दीत्वं नास्ति तत्र यङुपि श्रवणार्थम् । चेकीतः । चेकीथः ।

स्फायः स्फीस्ते ॥४।३।१७॥ स्फायः स्फी इत्ययमादेशो भवति तसंज्ञे परतः । स्फीतः । स्फीतवान् । त इति किम् ? स्फाय्यते । स्फातिः । स्फीतीभवतीति च्व्यन्तस्य रूपम् ।

प्रपूर्वस्य स्त्यः ॥४।३।१८॥ ते इति वर्तते । प्रपूर्वस्य स्त्यायतेर्जिर्भवति ते परतः । प्रस्तीतः । प्रस्तीतवान् । "स्फादेः" [५।३।६०] इत्यादिना नत्वस्यासिद्धत्वात्प्रागेव जिः, पुनर्विहतनिमित्तत्वान्न भवति । "प्रस्त्यो वा" [५।३।६१] इति मत्वपक्षे प्रस्तीमः प्रस्तीमवान् । प्रपूर्वस्येति किम् ? संस्त्यानः । प्रहत्य इति सिद्धे पूर्वग्रहणं नियमार्थम् । अन्यपूर्वस्यापि मा भूत् । संप्रस्त्यानः । अथवा प्रपूर्वो यस्मादिग्समुदायात्स प्रपूर्वः, तदवयवस्यापि स्त्यायतेर्यथा स्यादित्येवमर्थम् । प्रसंस्तीतः । प्रसंस्तीतवान् । इहान्ये ष्ट्यै स्त्यै इत्यनयोः सामान्येन निर्देशः ।

द्रवघनस्पर्शयोः श्यः॥४।३।१६॥द्रवघने स्पर्शे च वर्तमानस्य श्यायतेर्जिर्भवति ते परतः । शीनं घृतम् । शीनं मेदः । "श्याद्व्यधिवः" [५।३।६५] इत्यादिना नत्वम् । द्रवावस्थायाम् घनभावमापन्नमित्यर्थः । स्पर्शे शीतं वर्तते । गुणवत्यपि स्पर्शोऽस्ति शीतमुदकम् । शीतो वायुः । द्रवघनस्पर्शयोः किम् ? संश्यानो वृश्चिकः । 'स्फादेरातः' [५।३।६०] इत्यादिना नत्वम् ।

---

१. प्रतिष्टु [ ] कोष्ठकान्तर्गतानां सूत्राणां वृत्तिस्त्रुटिता । सूत्राणि तु जैनेन्द्रपञ्चाध्यायीमनुसृत्यात्र निर्दिष्टानि ।

प्रतेः ॥४।३।२०॥ प्रतिपूर्वस्य श्यायतेर्जिर्भवति ते परतः। प्रतिशीनः । प्रतिशीनवान् । अद्रवघनस्पर्शार्थोऽयमारम्भः ।

वाऽभ्यवात् ॥४।३।२१॥ अभि अव इत्येवंपूर्वस्य श्यायतेर्वा जिर्भवति ते परतः । अभिशीनः । अभिश्यानः । अवशीनः । अवश्यानः । अभ्यवशीनः । अभ्यवश्यानः । विपर्यासे प्रयोगो नास्ति । द्रवघनस्पर्शविवक्षायां प्राप्तेऽन्यत्राप्राप्त इत्युभयत्र विकल्पः । अन्यगियोगे केचिन्नेच्छन्ति । समभिश्यानम् । समवश्यानम् । अन्ये तु पूर्वमात्रेऽन्यगियोगेऽपिति विकल्पमिच्छन्ति । अभिसंशीनम् । अभिसंश्यानम् । अवसंशीनम् । अवसंश्यानम् ।

क्षीरहविषोः शृतम् ॥४।३।२२॥ शृतमिति निपात्यते क्षीरहविषोः पाके । शृतं क्षीरम् । शृतं हविः स्वयमेव देवदत्तेन वा । श्रै पाके इति कृतात्वस्य भौवादिकस्य श्रा पाके इत्यादादिकस्य च ग्रहणम् । तथा श्रा पाके इति चौरादिकस्य णिचि पुकि च कृते श्रा पाक इति मित्सु पाठात्प्रादेशोऽपिः । अनयोः श्राश्रप्योः क्ते परतः शृभावो निपात्यते । क्षीरहविषोरिति किम् ? श्राश्राणा यवागूः । वेति व्यवस्थितविभाषानुवृत्तेर्हेतुमति णिचि नेष्यते । श्रपितं हविर्देवदत्तेन जिनदत्तेन ।

प्यायः पी ॥४।३।२३॥ प्यायः पी इत्ययमादेशो भवति ते परतः। पीनौ स्तनौ। पीनावंसौ। **"ओदितः"** [५।३।६३] इति नत्वम् । प्रकृतौ जिरुत्तरस्य यस्य प्रसज्येत । लिङ्यङोरवलादौ च यत्वं नास्ति । तदर्थश्चादेशः ।

आङः ॥४।३।२४॥ आङः परस्य प्यायः पी इत्ययमादेशो भवति ते परतः । आपीनः । आपीनवान् । आङ एव प्यायः पी भवति नान्यस्माद् । प्रप्यानश्चन्द्रमाः ।

अन्धूधसोः ॥४।३।२५॥ अन्धूधसोरर्थयोः आङः परस्य प्यायः पी भवति ते परतः । आपीनोऽन्धुः । आपीनमूधः । अन्धुर्व्रणम् । ऊधः स्तनपर्यायः । अयमपि नियमः । आङ्पूर्वस्यान्धूधसोरेव । नान्यस्मिन्नर्थे । आप्यानश्चन्द्रमाः ।

लिङ्यङोः ॥४।३।२६॥ त इति निवृत्तम् निमित्तान्तरोपादानात् । लिटि यङि च परतः प्यायः पी इत्ययमादेशो भवति । आपिप्ये । आपिप्याते । आपिप्यिरे । परत्वात्पीभावे कृते पुनः प्रसङ्गाद् द्वित्वम् । **"एर्गिवाक्चादुङोऽसुधियः"** [४।४।७८] इति यणादेशः । यङि–आपेपीयते । आपेपीयेते । आपेपीयन्ते । यङुपि **"त्यखे त्याश्रयम"** [१।१।६२] इति आपेपेति । आपेपीतः । आपेप्यति ।

न वा श्वेः ॥४।३।२७॥ जिरिति वर्तते । श्वयतेर्न वा जिर्भवति लिङ्यङोः परतः । शुशाव । शिश्वाय । शुशुवतुः । शिश्वियतुः । शोशूयते । शेश्वीयते । लिटि किति यजादिप्राप्तिर्नेति प्रतिषिध्यते । ततः समीकृते विषये विकल्पः । पिति किति च लिटि यङि च प्रवर्तते । ननु शिश्वायेत्यत्र जिना मुक्ते पक्षे **"चस्यैषां लिटि"** [४।३।१३] इति चस्य प्राप्नोति नायं दोषो नेत्यनेन श्वयतेर्यावती प्राप्तिः सा सर्वा प्रतिषिध्यते । ततो विकल्पः । यदि चस्य क्रियेत प्रतिषेधोऽनर्थकः स्यात् ।

सन्कचोर्णौ ॥४।३।२८॥ सन्परे कच्परे च णौ परतः श्वयतेर्न वा जिर्भवति । शुशावयिषति । अन्तरङ्गपरिभाषा ह्यनित्या । पूर्वविप्रतिषिद्धेन जौ कृते ऐपि **"ओ पुयणज्ये"** [५।२।१७८] इति ज्ञापकात् स्थानिवद्भावेन द्वित्वम् । पक्षे शिश्वाययिषति । कचि अशूशवत् । अशिश्वियत् ।

ह्वो जिः ॥४।३।२९॥ ह्वयतेर्जिर्भवति सन्परे कच्परे च णौ परतः । जुहावयिषति । जुहावयिषतः । जुहावयिषन्ति । कचि–अजूहवत् । अजूहवताम् । अजूहवन् । अनवकाशत्वाज्जिना सावकाशः **"श्वाच्छासाह्वादि"** [५।२।४२] सूत्रेण यक् बाध्यते । पुनर्जिग्रहणं नित्यार्थम् । ननु थस्येति वक्ष्यते तेनैवायं जिः सिद्धः । ह्वयतेरेवायं थ

आदेरेकाच इत्यनुवर्तनात्। एवं तर्हीदमेव ज्ञापकम्। थस्य निमित्तेऽन्येन व्यवहिते जिर्न भवति। तेन सिद्धम्। जिह्वायकीयिषति। ह्वायकमिच्छति। ह्वायकीयतेः सन्।

थस्य ॥४।३।३०॥ ह्वयतेस्थस्य जिर्भवति। जुहूषति। जोहूयते। जुहाव। सामर्थ्यात्थनिमित्ते परतो जिर्वेदितव्यः। अत्रोपचारात्थार्थो ह्वयतिस्थः तस्य जौ कृते द्वित्वम्।

न जौ जिः ॥४।३।३१॥ जौ परतः पूर्वस्य जिर्न भवति। विद्धः। विचितः। संवीतः। वचेर्जिवचनं ज्ञापकम्। "**अन्तेऽलः**" [१।१।४९] इति नाश्रीयते। "**अनन्यविकारेऽन्त्यसदेशस्य**" [प०] इत्यनित्या। तत एकेनापि योगेन-यावन्तो यणस्तेषां सर्वेषां जौ प्राप्ते प्रतिषेधोऽयम्। ननु तथाप्येकयोगेन युगपज्जेः पूर्वस्य परस्य च निर्वृत्तत्वात्सिद्धस्य कथं प्रतिषेधः ? अत्रोच्यते—न जौ जिरिति स्वाश्रयकार्यस्य जेः परपूर्वत्वस्य प्रतिषेधः। ततो यणादेशे सति सिध्यति रूपम्। पुनर्जिग्रहणं प्रकरणान्तरविहितस्यापि जेः प्रतिषेधार्थम्। यूना। यूने। "**श्वयुवमघोनोऽह्वति**" [४।४।१२१] इति जिः। अत्र स्वेऽको दीत्वस्य स्थानिवद्भावादुकारेण व्यवधानं न चिन्तनीयम्। "**प्रपूर्वस्य स्त्यः**" [४।३।१८] इत्यत्र पूर्वस्येति वर्तते। तेन पूर्वमात्रस्य प्रतिषेधः। उपोषुषा। उपोषुषे इत्यत्र भिन्ननिमित्तत्वान्न प्रतिषेधः। जावित्यत्रेकारोऽपि प्रश्लिष्यते ततः श्वयतेः कचि न जिः। अशिश्वियत्।

लिटि वेञो यः ॥४।३।३२॥ न जिरिति वर्तते। लिटि परतो वेञो यकारस्य जिर्न भवति। वेञो यकारस्याभावात् वयेर्यकारस्य प्रतिषेधः। वेञ्ग्रहणस्योत्तरत्र प्रयोजनम्। ऊयतुः। ऊयुः। स्थानिवद्भावेन यजादित्वात् किति जिः प्राप्तः। लिङ्ग्रहणमुत्तरार्थम्।

वो वा किति ॥४।३।३३॥ लिटि किति परतो वेञो वकारस्य जिर्न भवति। ऊवतुः। ऊवुः। यजादित्वाज्जिः प्राप्तः "**प्ये च**" [४।३।३४] इति वक्ष्यमाणेन प्रतिषिद्धोऽनेन विकल्प्यते। परत्वाज्जौ कृते द्वित्वम्। "**वार्णाद् गावं बलीयः**" [परि०] इत्युवादेशे कृते स्वेऽको दीत्वम्। पक्षे—ववतुः। ववुः। वेञ्ग्रहणानुवृत्तेः स्थानिवद्भावेन वयि वकारस्य न प्रतिषेधः। कितीति किम् ? ववित्थ।

प्ये च ॥४।३।३४॥ प्ये लिटि च वेञो जिर्न भवति। प्रवाय। उपवाय। ववौ। ववतुः। ववुः। ववित्थ। किद्ग्रहणं वाग्रहणं चानधिकृतम्। "**चस्यैषां लिटि**" [४।२।१३] इति यजादित्वाच्च जौ प्राप्ते प्रतिषेधोऽयम्। अस्मिन्नेव नित्ये प्राप्ते किन्तु 'वो वा किति' [४।३।३३] इति विकल्पः। वेञ्ग्रहणानुवृत्तेरिह स्थानिवद्भावाभावाद् वयेरप्रतिषेधः। उवाय। ऊयतुः। ऊयुः। स्थानिवद्भावे हि "**लिटि वेञो यः**" [४।३।३२] इत्यनर्थकं स्यात्। अनेनैव यकारस्यापि प्रतिषेधः स्यात्।

ज्यः ॥४।३।३५॥ ज्या इत्येतस्य प्ये जिर्न भवति। प्रज्याय। उपज्याय। चानुकृष्टत्वाल्लिटीति निवृत्तः।

व्यः ॥४।३।३६॥ व्या इत्येतस्य च प्ये जिर्न भवति। प्रव्याय। उपव्याय। सूत्रान्तरमुत्तरार्थम्।

परेर्वा ॥४।३।३७॥ परेरुत्तरस्य व्या इत्येतस्य प्ये वा जिर्भवति। परिवीय। परिव्याय। परत्वाद्दीत्वे कृते तुगभावः।

एचोऽशित्याः ॥४।३।३८॥ धोरिति वर्तते। एजन्तस्य धोराशित्यात्वं भवति। ग्लै। ग्लाता। ग्लातुम्। शो—निशाता। निशातुम्। "**अन्तेऽलः**" [१।१।४९] इत्येच आकारः। एच इति किम् ? कर्ता। कर्तुम्। अशितीति किम् ? ग्लायति। म्लायति। अशितीति प्रसज्यप्रतिषेधः शिति नेति। अनैमित्तिकमात्वम्। ग्लानीयम्। तेन आयाद्यभावः। सुत्रः। सुम्लः। "**आतो गौ**" [२।१।१०९] इति कः। सुग्लानम्। "**युजातः**" [२।३।१०६] इति युच सिद्धः। "**मिन्मीन्दीङां प्ये च**" [४।३।४३] इति चकारादेज्विषये चात्ववचनं ज्ञापकम्। परनिमित्तस्यैच आत्वं न भवति। चेता। स्तोता। प्रतिपदोक्तपरिभाषा त्वनित्या तेन क्षापयतीत्यादौ पुक् सिद्धः। शकार इद्यस्य सोऽयं शित् तदादौ न भवति। न तु तदन्ते। जग्ले मम्ले इति। धोरित्येव। गोभिः। नौभिः।

न व्यो लिटि ॥४।३।३९॥ व्ययतेर्लिट्यात्वं न भवति। संविव्याय। संविव्ययिथ। णलि "**वस्यैषां लिटि**" [४।३।१३] इति जिः। "**ञिणल्यचः**" [५।२।३] इत्यैप्। आयादेशः। थे "**वोपदेशे**" [५।१।१०८] इति सूत्रे "अव्याद्" इति प्रतिषेधात्क्रादिनियमादिट्।

स्फुरिस्फुल्योर्घञि ॥४।३।४०॥ स्फुरि स्फुलि इत्येतयोरेच आत्वं भवति घञि परतः। विस्फारः। विस्फालः। "भावे" [२।३।१७] "अकर्तरि" [२।३।१८] "हलः" [२।३।१०२] इति "**करणाधिकरणयोः**" [२।३।६६] वा घञ्। "**स्फुरिस्फुल्योर्निर्निर्विः**" [५।४।५८] इति वा षत्वम्।

क्रीङ्जेर्णौ ॥४।३।४१॥ क्री इङ् जि इत्येतेषामेच आत्वं भवति णौ परतः। क्रापयति। अध्यापयति। जापयति। परनिमित्तस्याप्येच आत्वमनेन विधीयते।

सिध्यतेरज्ञाने ॥४।३।४२॥ णाविति वर्तते। सिध्यतेरेच आत्वं भवति ज्ञानादन्यत्र णौ परतः। अन्नं साधयति। अर्थं साधयति। अज्ञान इति किम्? आचारः कुलं सेधयति। क्षमा धर्मं सेधयति। ज्ञापयतीत्यर्थः। श्यविकरणनिर्देशात्षिध गतावित्यस्य भौवादिकस्याग्रहणम्।

मिञ्मीञ्दीङां ल्ये च ॥४।३।४३॥ मिञ् मीञ् दीङ् इत्येतेषां ल्ये च एचश्चात्वं भवति। ल्ये प्रमाय। एज्विषये प्रमाता। प्रमातुम्। प्रमापयति। मिञो निमाय। निमाता। निमातुम्। निमापयति। दीङः-अवदाय। अवदाता। अवदातुम्। अवदापयति। चकारो ज्ञापकः। परनिमित्तस्यैच आत्वं न भवति। तेन चेतादिष्वात्वाभावः। एच इत्यर्थवशाद्विशेषणलक्षणा ता। एचो या प्रकृतिस्तस्याः प्राक्प्रत्ययोत्पत्तेरात्वं भवति। एवं चाकाराण्णधञ्युचः सिद्धाः। अवदायः "**श्याद्व्यध**" [२।१।११४] आदीति णः। अवदायो वर्तते। सुदानम्। "**निमिमीलियां खचोरात्वप्रतिषेधो वक्तव्यः**" [वा०] सुनिमयः। निमीनाति निमानं वा निमयः। "अकर्तरि वाऽचि प्रतिषेधः"। एवं मिनोतेरपि। लियो "विभाषा लियोः" [४।३।४४] इति व्यवस्थितविभाषा ज्ञापनादेव खचोः प्रतिषेधः सिद्धः।

विभाषा लियोः ॥४।३।४४॥ लिनातेर्लीयतेश्च विभाषयाऽऽत्वं भवति ल्ये एज्विषये च। विलाय विलीय। एज्विषये विलाता। विलेता। विभाषेति व्यवस्थितविभाषा। तेन धाष्टर्यसम्माननयोरात्वम्। श्येनो वर्तिकामपलापयते।

णम्यपगुरो वा ॥४।३।४५॥ एच इति वर्तते। णमि परतः अपगुर एच आत्वं भवति वा। अपगारम्। अपगोरम्। अस्यपगारं युध्यन्ते। अस्यपगोरं युध्यन्ते। "**प्रमाणासत्योः**" [२।४।३६] इति णम्। "**वा भादि**" [१।३।८४] इति षसः। पुनर्वाग्रहणं पूर्वस्य व्यवस्थितविभाषाज्ञापनार्थम्।

चिस्फुरोर्णौ ॥४।३।४६॥ चिञ् स्फुर इत्येतयोर्णौ परत एचो वाऽऽत्वं भवति। धर्मं चापयति। धर्मं चपयति। नयनं स्फारयति। नयनं स्फोरयति।

प्रजने वातेः ॥४।३।४७॥ प्रजनेऽर्थे वातेर्णौ परतो वाऽऽत्वं भवति। पुरो वातो गाः प्रवापयति। पुरो वातो गाः प्रवपयति। लवणं गाः प्रवपयति। लवणं गाः प्रवापयति। प्रजनो गर्भाधानम्। वातेः प्रजनेऽर्थे वृत्तिर्नास्ति तेनारम्भः।

बिभेतेर्हेतुभये ॥४।३।४८॥ बिभेतेर्हेतुभयेऽर्थे णौ परतो वाऽऽत्वं भवति। मुण्डो भापयते। जटिलो भापयते। मुण्डो भीषयते। जटिलो भीषयते। हेतुः स्वतन्त्रस्य कर्तुः प्रयोजकः। ततः साक्षाद्भयमत्र प्रतीयते। भयशब्दो भावसाधनोऽपादानसाधनो वा। नपुंसकलिङ्गे भावे "**अज्विधौ भयादीनामुपसंख्यानम्**" [वा०] कादिनिवृत्त्यर्थम्। भावे-हेतोर्भयं हेतुभयम्। अपादाने-हेतुरेव भयं हेतुभयमिति ज्ञेयम्। "**णेर्भीस्मेर्हेतुभये**" [१।२।६४] इति दविधिः। आत्वाभावपक्षे "**ईतः षुङ्नित्यम्**" [४।३।४९] इति षुक्। हेतुभय इति किम्? कुञ्चिकयैनं भीषयति। नात्र प्रयोजकाद्धेतोर्भयं किन्तर्हि कुञ्चिकारूपात्कारणात्। तिपा निर्देशो यङ्लुगन्तनिवृत्त्यर्थः बिभेति तमन्यः प्रयुङ्क्ते (भाययति पुनः पुनरतिशयेन भाययति,) बिभाययीति।

ईतः षुङ् नित्यम् ॥४।३।४६॥ बिभेतेरीकारान्तस्य हेतुभयेऽर्थे नित्यं षुगागमो भवति णौ परतः। मुण्डो भीषयते। जटिलो भीषयते। ईत इति निर्देशादैपः प्रागेव षुक्। हेतुभय इत्येव। कुञ्चिकयैनं भाययति। नात्र साक्षात्प्रयोजको भयकारणम्; किन्तर्हि ? करणात्। दविधिश्च न भवति।

स्मिङः ॥४।३।५०॥ हेतुभय इति वर्तते णाविति च। स्मिङ् इत्येतस्य णौ परत आत्वं भवति हेतुभयेऽर्थे। मुण्डो विस्मापयते। जटिलो विस्मापयते "**भीस्मेर्हेतुभये**" [१।२।६४] इति दः। हेतुभय इति किम् ? कुञ्चिकयैनं विस्माययति। स्मयत्यर्थ एव भयमित्युपचर्यते। नहि मुख्यवृत्त्या भये स्मयतेर्वृत्तिः।

झल्यकिति सृजदृशोऽम् ॥४।३।५१॥ झलादावकिति परतः सृजदृशोरमागमो भवति। स्रष्टा।स्रष्टुम्। स्रष्टव्यम्। द्रष्टा। द्रष्टुम्। द्रष्टव्यम्। विशेषविहितत्वात्सामान्यविहितस्य "**घ्युङः**" [५।२।८३] एपो बाधकोऽयम्। अस्राक्षीत् इत्यत्र पूर्वममि कृते "**व्रजवद**" [५।१।७१] इत्यादिनैप्। झलीति किम् ? सर्जनम्। दर्शनम्। अकितीति प्रसज्यप्रतिषेधादिह न भवति रज्जुसृड्भ्याम्। देवदृग्भ्याम्। धोः स्वरूपग्रहणे तत्यविज्ञानाद्वा।

वाऽनुदात्तस्यर्दुङः ॥४।३।५२॥ अनुदात्तस्य धोः ऋदुङः वा अमागमो भवति झलादावकिति परतः। त्रप्ता। तर्प्ता। द्रप्ता। दर्प्ता। तृपिदृपीरधादौ विकल्पितेटौ तत्रानुदात्तपाठोऽमागमार्थः। अनुदात्तस्येति किम् ? बर्ढा तर्ढा। वृढः। तृढः। उदित्वात्पक्षेऽनिटौ। ऋदुङः इति किम् ? भेत्ता। भेत्तुम्। झलीत्येव। तर्पणम्। दर्पणम्। अकितीत्येव। दृप्तः।

ध्वादेः षस्सः ॥४।३।५३॥ धोरादेः षकारस्य सकारादेशो भवति। अज्दन्त्यपरा सादयः षोपदेशाः। सृपिसृजिस्तृस्त्यास्तृसेकस्वृवर्जम्। स्वदिस्मिङ्स्विदिस्वञ्जिस्वपयस्तु मूर्धन्यादिपाठाः। उदाहरणम्। षह सहते। षिच सिञ्चति। ञिष्वप् सुप्तः। "**ण्यादेशयोः**" [५।४।३६] इति षत्वार्थ आदेशः। धोरिति किम् ? षोडन्। षडिकः। आदेरिति किम् ? लषति। धोरिति वर्तमाने पुनर्धुग्रहणं धुखे यो धुः तदादेः षकारस्य सत्वार्थम्। सुब्धोर्मा भूदिति। षोडीयति। षण्डीयति। "**ष्ठीवतिष्वष्कतिष्व्यायतीनां प्रतिषेधो वक्तव्यः**" [वा०]। ष्ठिव् थकारपरः ठकारपरश्चेष्यते। तेन चविकारे तेष्ठीव्यते। टेष्ठीव्यते।

णो नः ॥४।३।५४॥ धोरादेर्णकारस्य नकार आदेशो भवति। सर्वे नादयो णोपदेशाः। नृतिनन्दिनक्कनर्दिनटिनाथृनाथृवर्जम्। णम्-नमति। णी-नयति। णह-नह्यति। "**गेरसेऽपि विकृतेः**" [५।४।६८] इति णत्वार्थमादेशः। पुनर्धुग्रहणात्सुब्धोर्णकारस्य नत्वं न भवति। णकारीयति। ध्वादेरित्येव। चणति। योगविभागः सत्वस्य ष्ठीवत्यादावनित्यत्वज्ञापनार्थः।

वलि व्योः खम् ॥४।३।५५॥ वलि परतो वकारयकारयोः खं भवति। धोरधोर्वा। देदिवः, सेसिवः। यङ्लुबन्ताद्वसि वकारस्य खम्। जीवेरदानुक्। जीरदानुः। यकारस्य, ऊयी-ऊतम्। क्नूयी-क्नूतम्। "**असिद्धं बाहिरङ्गमन्तरङ्गे**" [प०] इत्यनित्या तेन बहिरङ्गे इयादेशे एयादेशे च सत्यन्तरङ्गं यखम्। पचेत्। दासेरः। क्विपि कण्डूयतेः बोभूयतेश्च कण्डूः। बोभूः। अतः खे कृते "**वलि व्योः खम्**"नित्यत्वात्क्विपः खेऽपि क्वचिद्वर्णाश्रयेऽत्याश्रयमिति त्यखे त्याश्रयाद्वलादित्वम्। वलीति किम् ? दीव्यते। ताय्यते।

हल्ङ्यापो द्यः सुसिप्त्यनच् ॥४।३।५६॥ हलन्तात् ङी च आप् च या दीः तदन्ताच्च परेषां सुसितीनां खम्। व्यर्थं स्फान्तखेन सिद्धमिति चेत्, न सिध्यति। उखास्रदित्यत्र स्फान्तखस्यासिद्धत्वे पदान्तत्वाभावाद्दत्वं न स्यात्। स्फादिसिखे वा विभक्तिसकारस्य रित्वविसर्जनीयौ स्याताम्। अभिनोऽत्रेति स्फान्तखस्यासिद्धत्वाद्रुत्वं न स्यात्। अबिभर्भवानित्यत्र "**रात्सः**" [५।३।४२] इति नियमात्तिपः खं न स्यात्।

केरेङः ॥४।३।५७॥ केः खं भवति एङन्तादुत्तरस्य। हे अग्ने। हे वायो। प्रादिति खात्परत्वेन "**प्रस्यैप्**" [५।२।१०३] इति एप्।

प्रात् ॥४।३।५८॥ प्रान्तात्परस्य केः खं भवति। हे देवदत्त। हे जिनदत्त। षसपदेऽनजिति वर्तते तच्च प्रादिति कानिर्देशात् तान्तं सम्पद्यते। ततः केरवयवस्यानचः खं भवति। एवं हे कुण्डेत्यत्र हलो मकारस्य खं भवति। हे कतरदित्यत्र स्वमोः परतः किकृते **"नपः स्वमोः"** [५।१।२०] इत्युप्।

पिति कृति तुक् ॥४।३।५९॥ प्रादित्यस्य ताप्रक्लृप्तिः। पिति कृति तुगागमो भवति प्रान्तस्य। प्रकृत्य। प्रस्तुत्य। अग्निचित्। सोमसुत्। कृतीति वचनाद्धोरयं तुक्। पितीति किम्? चितम्। स्तुतम्। कृतीति किम्? बहुकर्तृकः। प्रस्येति किम्? प्रलूय। ग्रामणीः। ग्रामणीकुलमित्यत्र बह्वाश्रयस्य प्रादेशस्यासिद्धत्वान्नान्तरङ्गस्तुक्।

सन्धौ ॥४।३।६०॥ सन्धावित्यधिकारो वेदितव्यः। यदित ऊर्ध्वमनुक्रमिष्यामः सन्धिविषये तद्वेदितव्यम्। लोकत एव संश्लेषः सन्निकर्षो वा सन्धिरिति ज्ञातव्यम्। यथा **"एप्यतोऽपदे"** [४।३।८४] अत्रेकारादिः। वक्ष्यति **'अचीको यण्'** [४।३।६५]। दध्यशान। सन्धाविति किम्? दधि अशान।

छे ॥४।३।६१॥ छकारे परतः सन्धौ प्रस्य तुग्भवति। गच्छति। इच्छति। पृच्छति। प्रस्यात्र तुङ्न तदन्तस्य। यदि प्रान्तस्य स्याच्चिच्छिदुरित्यत्र **"हलोऽनादेः"** [५।२।१६१] खं प्रसज्येत। नन्ववयवावयवोऽपि समुदायावयव इति खं प्राप्नोति। एवं तर्हि पूर्वान्तकरणाधिकारात्खं न भवति।

आङ्माङोः ॥४।३।६२॥ आङ् माङ् इत्येतयोश्छे परतस्तुग् भवति।

"ईषदर्थे क्रियायोगे मर्यादाऽभिविधौ च यः। एतमातं ङितं विद्याद्वाक्यस्मरणयोरङित्॥"

ईषच्छाया आच्छाया। क्रियायोगे—आच्छिनत्ति। मर्यादाऽभिविध्योः। आच्छायायाः। माङः। माच्छिदत्। माच्छासीत्। **"वा पदस्य"** [४।३।६४] इति विकल्पः प्रातः। अनूत्व (नुबन्ध) करणं किम्? आच्छात्रमानय। आछात्रमानय। स्मरणे ङित्त्वं नास्ति। उपमा छत्रमानयति। **"गामादाग्रहणेष्वविशेषः"** [प०] इति प्राप्तिः। अथवा नेदं प्रत्युदाहरणम्। आङा सहचरितस्य माङो निरंशकस्य ग्रहणाद्धोरप्राप्तिः।

द्यः ॥४।३।६३॥ दीसंज्ञस्य छे तुग्भवति। ह्रीच्छति। म्लेच्छति। अपचाच्छाद्यते।

वा पदस्य ॥४।३।६४॥ द्यन्तस्य पदस्य छे वा तुग्भवति। कुवलीच्छाया। कुवलीछाया। शामीच्छाया। शमीछाया। दीसंज्ञकस्य तुग्भवति स चेत्पदस्येति। तेनासामर्थ्येऽपि तुग्विकल्पः सिद्धः। तिष्ठतु कुमारी छत्रं हर देवदत्त।

अचीको यण् ॥४।३।६५॥ अचि परत इको यणादेशो भवति। दद्ध्यशान। मद्ध्वपनय। **"अनचि"** [५।४।१२७]इति द्वित्वम्। भर्त्रर्थः। लाकृतिः। **"असिद्धं बहिरङ्गमन्तरङ्गे"** [प०] इति यादीनां न स्फान्तखम्। अचीति किम्? दधि करोति। मधु कृतम्। इक इति किम्? भवानन्त। हलो मा भूत्। स्वेऽचि दीर्घं वक्ष्यति। पारिशेष्यादन्यत्र यण्।

एचोऽयवायावः ॥४।३।६६॥ एचः स्थाने अय् अव् आय् आव् इत्येते आदेशा भवन्ति अचि परतः। चयनम्। लवनम्। चायकः। लावकः। कयेते। पटविह।

यि त्ये ॥४।३।६७॥ यकारादौ त्ये अयादय आदेशा भवन्ति। बाभ्रव्यः। माण्डव्यः। गव्यः। नाव्यो ह्रदः। यीति किम्? गोभ्याम्। नौभ्याम्। त्य इति किम्? गोयानम्। नौयानम्। यीति योगविभागः। तेन गोर्यूताध्वपरिमाणे अनादेशो भवति। गव्यूतिः। अयायादेशयोः केचित्प्रतिषेधमिच्छन्ति। तेन रायमिच्छति रैयति।

क्षिज्योः ॥४।३।६८॥ क्षि जि इत्येतयोरेचो यि त्येऽयादेशो भवति। क्षेतुं शक्यं क्षय्यम् पापम्। जेतुं शक्यो जय्यः शत्रुः। **"शकि लिङ् च"** [२।३।१४८] इति व्या भवन्ति। नियमार्थोऽयमारम्भः। धुषु क्षिज्योरेव नान्यस्य धोः। चेयम्। नेयम्। तत्रापि तुल्यजातीययोरेकारैकारयोर्निवृत्तिः। धोरोकारौकारयोः पूर्वेणावावादेशौ भवतः। लव्यम्। पव्यम्। अवश्यलाव्यम्। अवश्यपाव्यम्। मयूरव्यंसकादित्वात्सः। व्यान्ते ह्यवश्यमोनाश इति।

शक्तौ ॥४।३।६९॥ अयमपि नियमः । शक्तावेव क्षिज्योरयादेशो नान्यस्मिन्नर्थे । क्षेयम् ।

धोस्तस्मिन्नेव ॥४।३।७०॥ धोस्तस्मिन्नेव यि त्ये य एच् तस्यायादयो भवन्ति । लव्यम् । अवश्यलाव्यम् । धोरिति किम् ? मृदो नियमो मा भूत् । माण्डव्यः । गव्यम् । तन्निमित्तस्यातन्निमित्तस्य च "यि त्ये" [४।३।६७] इत्यादेशः । तन्निमित्तस्येति किम् ? उपोयते । औयत । लौयमानिश्चैत्रः । कर्मणि लट् । यक् जित्वम् । गिधोर्य-त्कार्यं तदन्तरङ्गमिति "आदेप्" [४।३।७५] । लटि लावस्थायामडागमोऽन्तरङ्ग इति "अटश्च" [४।३।७८] इत्यैप् । अन्तरङ्गपरिभाषा ह्यनित्या तेन बहिरङ्गत्वेऽप्यैप् । लौयमानिरिति प्रत्युदाहरणम् । एवकार इष्टतोऽव-धारणार्थः । धोरेव तस्मिन्निति नियमो मा भूत् । एवं हि बाभ्रव्य इत्यत्र न स्यात् ।

क्रय्यः स्वार्थे ॥४।३।७१॥ क्रय्य इति निपात्यते स्वार्थे गम्ये । स्वार्थो द्रव्यविनिमयः । क्रय्यः कम्बलः । क्रय्या गौः । क्रयार्थं प्रसारितः । अन्यवस्तुसंग्रहार्थमिति यावत् । क्षिज्योरिति नियमादप्राप्तोऽयादेशो निपात्यते । स्वार्थं इति किम् ? क्रेयं धान्यं न चास्ति क्रय्यं स्वीकर्तव्यं धान्यं किं तर्हि परकीयम् । क्रयार्थं प्रसारितं नास्तीत्यर्थः ।

द्वयोरेकः ॥४।३।७२॥ "व्यस्यादतः" [४।३।६६] इति वक्ष्यति । प्रागेतस्माद् द्वयोः पूर्वपरयोरेको भवतीत्येषोऽधिकारो वेदितव्यः । वक्ष्यति आदेप् । देवेन्द्रः । द्वयोर्ग्रहणं किम् ? पूर्वपरयोर्युगपदादेशप्रतिपत्त्यर्थम् । इतरथा हि यत्र कानिर्देशः सावकाशस्तत्र पूर्वस्य निर्देशः । यत्रेम्निर्देशः सावकाशस्तत्र परस्य । ततश्च पर्यायेण कार्यं स्याद् यथा "सचस्योभौ" [५।४।१०५] इत्यत्र णकारद्वयम् । एवमिहापि कार्यद्वयं माभूदित्येक-ग्रहणं क्रियते ।

तद्वत् ॥४।३।७३॥ द्वयोरेक इति वर्तते । तयोरिव तद्वत् । तयोर्विद्यमानयोर्यत्कार्यं तत्कृतेऽप्येकादेशे यथा स्यात् । यत्पूर्वमवयवमाश्रित्य कार्यं क्रियते, यच्च परं तत् कृतेऽप्येकादेशे भवति । असति सूत्रेऽवयवग्रहणेन न गृह्येत । क्षीरोदकवत् । पूर्वावयवे प्रयोजनम् । वामोरूरिति मृद ऊरित्यमृदो मृदमृदोरेकादेशो मृद्वद्भवति । यथा शक्येत कर्तुं मृद इति स्वादिविधिः । अन्यथा वृक्षः प्लक्ष इत्यादावेव स्यात् । परावयवे प्रयोजनम्-देवावित्यत्रौकारः सुप् । असुबकारः । सुबसुपोरेकादेशः सुब्वद् भवति । यथा शक्येत कर्तुम् "**सुम्मिङन्तं पदम्**" [१।२।१०३] इति । अन्यथा साधुः पूज्य इत्यादावेव स्यात् । अधीत्येत्यत्र द्वयोरेकादेशेऽपि प्राश्रयस्तुक् सिद्धः । "**उभयत आश्रयणे न तद्वद्भावः**" [वा०] । तेन उपोह्यते । प्रोह्यते इत्यत्र "**गेरूहः प्रः**" [५।२।१३२] इति उभयाश्रयः प्रादेशो न भवति । इह कार्यातिदेशोऽभिप्रेतो न रूपातिदेशः । तेन वर्णाश्रये विधौ तद्वद्भावो न भवति । मालाभिरित्यत्र पूर्धान्तत्वमाश्रित्य "**भिसोऽत ऐस्**" [५।१।८८] इति न भवति । जुहावेत्यत्र "**थस्य**" [४।३।२०] इति ह्वयतेजौ कृते "**जेः**" [४।३।६५] परपूर्वत्वे च तस्य परवद्भावात् "**जातो णलः औ**" [५।२।३७] इति न भवति । अस्यै अङ्कः परवद्भावाभावात् । "**एङोऽति पदान्तात्**" [४।३।६६] इति न भवति । अस्या अङ्क इति सिद्धम् । वत्करणात् स्वाश्रयमपि । तेन ङीटोस्तुकं प्रति परादित्वाभावे "**वा पदस्य**" [४।३।६४] इति विकल्पः सिद्धः । वृक्षेच्छत्रम् । वृक्षेछत्रम् । अपचेच्छत्रम् । अपचेछत्रम् । संवेत्रः क्वौ जिः । जेः पूर्वत्वम् । तस्य परादित्वाभावे प्राश्रयस्तुक् सिद्धः । समुत् ।

षत्वेऽसद्वत् ॥४।३।७४॥ षत्वे कर्तव्ये एकादेशोऽसद्वद्भवति । त्यादेशलक्षणे प्राप्ते प्रतिषेधार्थमिदम् । कोऽस्य । योऽस्य । कोऽस्मै । कोऽसिचत् । योऽसिचत् । "**ह्वालिप्सिचः**" [२।१।४६] इत्यट् । "**एङोऽति पदान्तात्**" [४।३।६६] इत्येकादेशस्यासिद्धत्वादिण उत्तरस्य त्यादेशसकारस्य षत्वं प्रसक्तं न भवति । "**नाद्यन्ते**" [५।४।७६] इति षत्वप्रतिषेधो न सिध्यति तद्वद्भावेन परादित्वादेकादेशस्य । ननु चैकपदाश्रये षत्वेऽन्तरङ्गे एकादेशस्यासिद्धत्वम् । अनित्यैषा परिभाषा । ततोऽन्त्वग्रूरित्यत्र बहिरङ्ग ऊठ् यणादेशो नासिद्धः । षेऽसद्वदिति सिद्धे षत्वे इति गुरुनिर्देशः किमर्थः ? पादान्तपदाद्योरेकादेशः षत्वेऽसद्वद्भवति । नान्यत्रेति

ज्ञापनार्थः। तेन उपसेदुषः पश्य। अनुषुषः पश्य। "वसोर्जिः" [४।४।१२०] "जेः [४।३।६५] पूर्वत्वम्। उकाराकारयोरेकादेशः षत्वेऽसद्वन्न भवति।

आदेप् ॥४।३।७५॥ अवर्णान्तादचि परत एब् भवति। देवेन्द्रः। गन्धोदकम्। महर्षिः। द्वयोः स्थाने एको भवति। "**एङि पररूपम्**" [४।३।८१] इत्यत्र परग्रहणं पूर्वापेक्षं तेन परस्यान्तरतमो एब् अवर्णे परतः प्रसज्यमान एव परस्यान्तरतमोऽकारः "रन्तोऽणुः" [१।१।४८] इति रन्तो भवति।

एच्यैप् ॥४।३।७६॥ अवर्णान्तादेचि परतो द्वयोरेक ऐब् भवति।

"**प्रसिद्धैकसुरैश्यस्य सर्वज्ञस्य महौजसः। व्यतीतौपम्यधर्मार्थं वचः पायान्महौषधम्॥**"

"**अक्षादूहिन्यामैब्वक्तव्यः**" [वा०] अक्षौहिणी। "**प्रादूहोढोढ्यैषैष्येषु**" [वा०] प्रौढः। प्रौढिः। प्रैषः। प्रैष्यः। "**स्वादीरेरिणोः**" [वा०] स्वैरं। स्वैरी। लिङ्गविशिष्टस्य स्वैरिणी। "**ऋते भासे**" [वा०] दुःखार्तः। ऋत इति किम्? सुखेतः। भास इति किम्? परमर्तः। स इति किम्? सुखेनर्तः। "**ऋण-दशप्रवत्सतरकम्बलवसनानामृणे**" [वा०] ऋणार्णम्। दशार्णम्। प्रार्णम्। वत्सतरार्णम्। कम्बलार्णम्। वसनार्णम्।

इत्येधत्यूठ् सु ॥४।३।७७॥ एति एधति ऊठ् इत्येतेषु परतोऽवर्णान्तादैब् भवति। एचीति वर्तमानमेते-र्विशेषणम्। एधतेर्व्यभिचाराभावात्। ऊठ्स्वरूपेण गृह्यते। उपैमि। उपैषि। उपैति। उपैधते। प्रैधते। एङि-पररूपापवादः। पुरस्तादपवादोऽनन्तरस्य एङि पररूपस्य बाधकः नोत्तरस्य "**ओमाङोः**"[४।३।८२] इति आङि पर-रूपस्य। तेन आ इतः। एतः। उपेतः। ऊठ्–धौतः। धौतवान्। एचीत्येव। उपेतः। प्रेतः।

अटश्च ॥४।३।७८॥ एचीति निवृत्तमचीति वर्तते। अटश्च अचि द्वयोरेक ऐब् भवति। ऐक्षिष्ट। ऐहिष्ट। औब्जीत्। औम्भीत्। ऐक्षत। ऐहत। आर्ध्नोत्। ऐक्षिष्यत्। औम्भिष्यत्। चशब्दोऽवधारणार्थः। अट एवैचि यथा स्यात्। यदन्यत्प्राप्नोति तन्मा भूत्। ओङ्कारमैच्छत्। औङ्कारीयत्। "**एप्यतोऽपदे**" [४।३।४४ "**ओमाङोः**" [४।३।८२] इति पररूपं प्राप्तम्। आ उढ ओढः ओढमैच्छत् औढीयत्। "**ओमाङोः**" [४।३।८२] इति पररूपं प्राप्तम्। उस्रामैच्छत् औस्रीयत्। प्रतिपदोक्तपरिभाषानाश्रयणे "**उसि**" [४।३।८३] इति पररूपं प्राप्तम्।

धावृति गेः ॥४।३।७९॥ आदिति वर्तते। अवर्णान्ताद्गेः ऋकारादा धौ द्वयोरेक ऐब् भवति। उपार्च्छति। प्रार्च्छति। उपार्ध्नोति। प्रार्ध्नोति। प्रसज्यमान एवैप् "**रन्तोऽणुः**" [१।१।४८] इति रन्तो भवति। गेरिति किम्? इहर्च्छति। प्रगता ऋच्छका अस्मिन् देशे प्रर्च्छको देशः। ऋतीति किम्? प्रेक्षते। तपरकरणं किम्? उप ऋकारीयति उपकरीयति। "**वा सुपि**" [४।३।८०] इति विकल्पः प्रसज्येत। गेरिति निर्देशाद् धुग्रहणे लब्धे धाविति किम्? धावेव यथा स्यात् "**ऋत्यकः**" [४।३।१०५] इति प्रकृतिभावो धोर्मा भूत्।

वा सुपि ॥४।३।८०॥ ऋकारादौ सुब्धौ गेरिवर्णान्तस्य वा ऐब् भवति। उपार्षभीयति। उपर्षभीयति। प्रार्षभीयति। प्रर्षभीयति। "**गेरध्वनः**" [४।२।८७] इत्यत्र यथा गिसंज्ञोपलक्षितानां ग्रहणं तथेह मा भूदिति धुग्रहण-मनुवर्तते। प्रर्षभं वनम् इत्यत्र न भवति।

एङि पररूपम् ॥४।३।८१॥ आदिति वर्तते। गेर्धाविति च। अवर्णान्ताद्गेः एङादौ धौ पररूपमेकादेशो भवति। उपेलयति। प्रेलयति। उपोषति। ऐपि प्राप्ते "**वा सुपि**" [४।३।८०] इत्यपि वर्तते। उपेलकीयते। उपैलकीयते। उपोदनीयति। उपौदनीयति। एङि परमिति सिद्धे रूपग्रहणादिष्टं लभ्यते। "**एवे चानियोगे पररूपम्**" [वा०] इहेव। अद्येव। अनियोग इति किम्? इहैव भव माऽन्य गाः। "**शकन्ध्वादिषु पररूपम्**" [वा०] शक-अन्धुः शकन्धुः। कर्क अन्धुः कर्कन्धुः। कुलटा। सीमन्तः केशेषु। सीमान्तोऽन्यत्र। "**ओत्वोष्ठयोः से वा पररूपम्**' [वा०] स्थूलोतुः। स्थूलौतुः। बिम्बोष्ठी। बिम्बौष्ठी। "**नासिकोदरौष्ठ**" [३।१।४८] इत्यादिना ङी। स इति किम्? वाक्ये मा भूत्। पश्योष्ठं देवदत्त।

ओमाङोः ॥४।३।८२॥ गेरिति निवृत्तम्। आदिति वर्तते। ओम् आङ् इत्येतयोः परतोऽवर्णान्तात्पर-रूपं भवति। का ओमित्यवोचत् कोमित्यवोचत्। योमित्यवोचत्। सोमित्यवोचत् स्त्री। आङि आ ऊढा ओढा। अद्योढा। कदोढा। सोढा स्त्री। आ उप्ता ओप्ता। कदोप्ता। आङ्नाङोरेकादेशः तद्वदित्याङ्ग्रहणेन गृह्यते। गिध्वोर्यत्कार्यं तदन्तरङ्गमिति पूर्वमाङः परेण योगः। मर्यादाभिविध्योश्च परेण योगे सति पूर्वेण सह एच्यैप् प्रसज्येत। आ ऋणात् आर्णात्। अद्यर्णात्। आङीति पररूपम्। ननु मध्येऽपवादोऽयमेच्यैपो बाधकः कथमुत्तरस्य स्वेऽको दीत्वस्य स्वेऽको दीत्वेऽपीदमनुवर्तत इति तस्यापि बाधा।

उसि ॥४।३।८३॥ उसि परतोऽवर्णान्तात्पररूपं भवति। भिन्द्युः। छिन्द्युः। अपुः। अवुः। **"आतः"** [२।४।६०] **"लङो वा"** [२।४।६१] इति जुस्। लिङादेशे उसि प्रयोजनं नास्तीति जुसो ग्रहणम्। कोष्टा। कोषिता इत्यत्र अनर्थकत्वाल्लाक्षणिकत्वाच्चाग्रहणम्। आदित्येव। अबिभयुः।

एप्यतोऽपदे ॥४।३।८४॥ अकारस्य पररूपं भवति एप्यपदे परतः। पचन्ति। पचे। एपीति किम्? अपचे। आदिति वर्तमाने अत इति तपरकरणं किम्? यान्ति। वान्ति। अपद इति किम्? दण्डाग्रम्। पदादिरयमेप्।

डाजर्हस्येताघतः ॥४।३।८५॥ डाजर्हस्य योऽच्छब्दस्तस्येतौ पररूपं भवति। पटत् इति पटिति। छपत् इति छपिति **"नानर्थकेऽन्तेऽलोऽन्त्यविधिः"** [प०]। इति सर्वस्यातः परत्वम्। डाजर्हस्येति किम्? अदित्याह अदिति। अव्यक्तानुकरणैकाचौ डाजमुत्पादयतः। इताविति किम्? पटदत्र। अत इति किम्? छपिदिति

न म्रेस्तो वा ॥४।३।८६॥ म्रिसंज्ञकस्य योऽच्छब्दस्तस्येतौ पररूपं न भवति तकारस्य तु वा भवति। पटत् इति पटत्पटेति। पटत्-पटदिति। छपच्छपेति। छपच्छपदिति। **"वीप्सा"** [५।३।३] आदि सूत्रेण द्वित्वम्। समुदायानुकरणे भवत्येवातः पररूपम्। पटत्पटिति।

म्रौ डाचि नित्यम् ॥४।३।८७॥ डाजन्ते म्रौ परतो डाजर्हस्यातस्तकारस्य नित्यं पररूपं भवति। पट-पटाकरोति। इदमेव ज्ञापकम्। टिखात्पूर्वं **"डाचि"** इति द्वित्वम्।

स्वेऽको दीः ॥४।३।८८॥ अकः स्वेऽचि परतो दीर्भवति। द्वयोरेक इति वर्तते। लोकाग्रम्। विद्यान्तः। कवीन्द्रः। मधूदकम्। पितृषभः। स्वे इति किम्? दध्यत्र। अक इति किम्? एप्यतोऽपदे इत्यनुवृत्तौ अग्नये। नावावित्यत्रैकारौकारयोर्दीत्वे द्वयोरैक्यं प्रसज्येत। यथा सागता। अचीत्येव। दधि शीतम्। दीत्ववचनं त्रिमात्राद्यादेशप्रतिषेधार्थम्।

सुटि पूर्वस्वम् ॥४।३।८९॥ अको दीरचीति वर्तते। अचि सुटि परतः पूर्वस्वं दीर्द्वयोरेको भवति। अग्नी। वायू। **"एप्यतोऽपदे"** [४।३।८४] इत्यनेन अकारे परतः पररूपविधिः स्वेऽको दीत्वमनन्तरं बाधते नोत्तरं सुटि पूर्वस्वदीत्वम्। पूर्वग्रहणम् अग्नीत्यादिषु परस्वदीत्वनिवृत्त्यर्थम्। अक इत्येव। रायौ। रायः। द्वयोरेकत्वं स्यात्। अचीत्येव। देवः।

शसि ॥४।३।९०॥ शसि परतः पूर्वस्वं दीर्भवति। मालाः। बुद्धीः। कुमारीः। धेनूः पश्य।

नश्च पुंसि ॥४।३।९१॥ शसि परतः पूर्वस्वं दीर्भवति नकारश्चान्तादेशः पुंसि गम्यमाने। देवान्। कवीन्। पटून्। कर्तॄन्। पुंसीति लिङ्गनिर्देशः। लिङ्गं च प्रत्ययधर्मः। वस्तुधर्मे सत्यसति वा यत्र शब्दः पुंलिङ्गाकारं प्रत्ययं जनयति तस्मिन् प्रत्ययधर्मे पुंसि गम्ये नकारो भवति। वस्तुनि नपुंसकेऽपि षण्ढान् पश्य। स्त्रीरूपेऽपि वस्तुनि दारान् पश्य। स्थूरान् पश्य। अररकान् पश्य। स्थूराया अररकाया अपत्यानि गर्गादित्वाद्यञ्, तस्य बहुत्वे **"यञञोः"** [१।४।१३५] इत्युप्। **"ह्रदुप्युप्"** [१।१।६] इति स्त्रीत्यस्य टापो-निवृत्तौ शस्न (शसो नः)। इह च पुंलिङ्गाकारप्रत्ययाभावात् सत्यपि प्राणिधर्मे पुंस्त्वे न भवति। चञ्चाः पश्य। वर्धिकाः पश्य। चञ्चा इव चञ्चाः चञ्चासदृशान् पुरुषान् पश्येत्यर्थः। स्त्रीवस्तुन्यपि भवति अकुंसान् पश्य। असत्यपि वस्तुधर्मे नत्वं वृक्षान् पश्य।

नेच्यात् ॥४।३।६२॥ इचि सुटि परतोऽवर्णान्तात्पूर्वस्वं दीर्नं भवति । इन्द्रौ । चन्द्रौ । विद्ये । श्रद्धे । इत्यत्र परत्वादुत्तरसूत्रेण प्रतिषेधो न्याय्यः । इचीति किम् ? देवाः । आदिति किम् ? अग्नी ।

द्यो जसि च ॥४।३।६३॥ आदिति नाधिकृतम् । द्यन्ताज्जसिचि च परतः पूर्वस्वं दीर्नं भवति । कुमार्यौ । कुमार्यः । वामोर्वौ । वामोर्वः । विद्ये । शुद्धे । माला इत्यत्र **"स्वेको दीः"** [४।३।८८] इति दीत्वं द्रष्टव्यम् । द्य इति स्पष्टार्थं वचनम् । इचि प्रसंज्ञयाऽपि अवर्णस्य यद्यनेन प्रतिषेधः स्यान्नेच्यादिति सूत्रमनर्थकं स्यात् । कवयः । पटव इत्यत्र जसि परत्वादेया भवितव्यम् । देवाः । अग्नी । वायू इत्यत्र **"सुटि पूर्वस्वम्"** [४।३।८६] इति सुड्ग्रहणसामर्थ्याद्दीत्वम् ।

पूर्वोऽमि ॥४।३।६४॥ अकोऽमि परतो द्वयोरेकः पूर्वो भवति । देवम् । कविम् । मालाम् । भानुम् । पूर्वग्रहणं पूर्वस्य दीत्वप्रतिषेधार्थम् । पूर्वरूपं यथा स्यात् । यदि पूर्वः प्रो द्वयोरेकादेशः प्रो भवति अथ दीसंज्ञो दीर्भवति । अचीत्यनुवर्तनान्मकारस्य पूर्वस्वं न भवति । अक इत्येव । रायम् । नावम् । सुटीत्येव । अचिनवम् । असुनवम् ।

जेः ॥४।३।६५॥ जेरचि परतः परः पूर्वो भवति । इष्टः । उप्तः । गृहीतः । जिविधानसामर्थ्याद्यणादेशो न स्यात् । पूर्वत्वं पुनर्लभ्येत । इदं शकहे शकहर्थमिति वोरधः (ओरचः) प्रत्यासन्नस्य पूर्वत्वे कृते पुनः पूर्वत्वं न भवति ।

एङोऽति पदान्तात् ॥४।३।६६॥ एङः पदान्तादति परतो द्वयोरेकः पूर्वो भवति । मुनेऽनघ । साधोऽनघ । एङ इति किम् ? दध्यत्र । अतीति किम् ? पटविह । तपरकरणं किम् ? पटवायाहि । पदान्तादिति किम् ? नयनम् । मुनयः ।

ङसिङसोः ॥४।३।६७॥ एङोऽति वर्तते । एङो ङसिङसोरति परतो द्वयोरेकः पूर्वो भवति । अपदान्तोऽयमारम्भः । कवेरागच्छति । कवेः स्वम् । पटोरागच्छति । पटोः स्वम् । ङसिङसोरेङश्च यथासंख्यं न भवति । **"ओरावश्यके"** [२।१।१०२] **"ओः पुयण्ज्ये"** [५।२।१७८] इति ङसिना ङसा च निर्देशात् ।

ऋत उत् ॥४।३।६८॥ ङसिङसोरति परत ऋत उद्भवति द्वयोरेक इत्येव । कर्तुरागच्छति । कर्तुः स्वम् । द्वयोः स्थान आदेशोऽन्यतरेण व्यपदेशं लभते इति **"रन्तोऽणुः"** [१।१।४८] इति रन्तत्वम् । **"रात्सः"** [५।३।४२] इति सखम् । ङसिङसोः सकारस्य वा रित्वविसर्जनीयौ रन्तत्वं दुरुपपादं चेत् । ऋत इति तपरकरणं किमर्थम् ? **"ओऽवात्"** [१।२।४७] इत्यादावनुकरणस्य द्विमात्रस्य नाभूत् । उदिति तपरकरणं स्वग्रहणनिवृत्त्यर्थम् ।

ख्यत्यादतः ॥४।३।६६॥ ख्यत्यात्परयोर्ङसिङसोरत उद्भवति । ख्यत्यादिति खीखिशब्दयोस्तीतिशब्दयोश्च यणादेशे कृते आगन्तुनाऽऽकारेणानुकरणनिर्देशः । सख्युरागच्छति । सख्युः स्वम् । पत्युरागच्छति । पत्युः स्वम् । अतीत्यनुवर्तमानेऽत इति स्थानिनिर्देशो द्वयोरेकस्य निवृत्त्यर्थः । ख्यत्यादिति विकृतनिर्देशः किम् ? यणादेशाभावे मा भूत् । अतिसखेरागच्छति । अतिसखेः स्वम् । अतिपतेरागच्छति । अतिपतेः स्वम् । **"स्वसखि"** [१।२।६७] इत्यत्र पर्युदास आश्रितः सखिशब्दादन्यः समुदायः सुसंज्ञो भवति । इदं च विकृतनिर्देशस्य प्रयोजनम् । सह खेन वर्तते इति सखः सखमिच्छतीति सखीयति सखीयतेः क्विप् । अतः खम् । **"वलि व्योः खम्"** [४।३।५५] इति यकारस्य खम् । यखविधिं प्रत्ययखस्य स्थानिवद्भावप्रतिषेधः । ननु **"वर्णाश्रये नास्ति त्याश्रयम्"** [प०] इति त्यखे त्याश्रयन्यायेनापि क्विपो नष्टस्य बलादित्वं नास्ति क्वावुपसंख्यानमित्यदोषः । ङसिङसोः परतो यणादेशे सख्युरिति भवति । तथा लून्युः । पून्युः । लूनमिच्छति पूनमिच्छति । लूनीयतेः क्विबन्तस्य ङसिङसोर्यणादेशः । नत्वस्यासिद्धत्वादुत्वं भवति ।

रेरद्धसोः ॥४।३।१००॥ अत इत्यस्यार्थात्कान्तता। अतः परस्य रेरुत्वं भवति अकारे हसि च परतः। इन्द्रोऽत्र। यशोऽत्र। इन्द्रो भवति। यशो भाति। रेराश्रयात्सिद्धत्वम्। "**ससजुषो रिः**" [५।३।७६] इति रेरनुबन्धकरणादिह सक्तस्य (सकारस्य) रेरुत्वं न भवति। अरिनाशः। सानुबन्धकनिर्देशः किमर्थः? स्वरत्र। प्रातर्भवति। अद्धसोरिति किम्? इन्द्र इह। यशः शोभते। अदिति तपरकरणं किम्? दीपयोः परतो मा भूत्। इन्द्र आयाति। तिष्ठतु पय-आ३ स्वदत। "**अनृतोऽनन्तस्य**" [५।३।६४] इत्यादिना पः। "**प्रकृत्याऽचि दिपाः**" [४।३।१०३] इति प्रकृतिवचनं ज्ञापकं सन्धिकार्ये पः सिद्ध इति प्रग्रहणेनाग्रहणम्। अत इत्येव। मुनिरसौ। अनुवर्तमानस्यातः तपरकरणं किम्? स्वग्रहणं माभूत्। देवा अत्र। आगच्छ स्थूलशिरा अत्र।

गोरिन्द्रेऽवङ् ॥४।३।१०१॥ अचीति वर्तते। गोः इन्द्रस्थेऽचि परतोऽवङादेशो भवति। गवामिन्द्रः गवेन्द्रः। ङित्करणमन्त्यादेशार्थम्। अचीत्वप्राधान्यात्तदादावपि भवति। गवेन्द्रकुलम्।

विभाषाऽन्यत्र ॥४।३।१०२॥ इन्द्रशब्दादन्यत्र शब्दे योऽच् तस्मिन् विभाषया गोरवङादेशो भवति। गवाग्रम्। गोऽग्रम्। गवाजिनम्। गोऽजिनम्। विभाषाग्रहणादिह नित्यं भवति। गवाक्षः।

प्रकृत्याऽचि दिपाः ॥४।३।१०३॥ दिसंज्ञाः पसंज्ञाश्च अचि परतः प्रकृत्या भवन्ति। मुनी इमौ। पटू इह। अधीयेते आगमम्। अमी अत्र। "**ईदूदेद्दिद्विः**" [१।१।२०] "**ग्रः**" [१।१।२१] इति च दिसंज्ञाः। पः खल्वपि देवदत्त ३ अत्र त्वमसि। जिनदत्त ३ इदमानय। पविधिराश्रयात्सिद्धः। नेति कर्तव्ये प्रकृतिग्रहणं कृत्स्नस्य स्वरसन्धेः प्रतिषेधार्थम्। अचीत्यनुवर्तमाने पुनरज्ग्रहणं किम्? परमचमाश्रित्य यत्कार्यं क्रियते तत्र प्रकृतिभावो यथा स्यात्। पूर्वमचमाश्रित्य यत्क्रियते तत्र माभूदित्येवमर्थम्। जानु उ अस्य रुजति। जानू अस्य रुजति। जान्वस्य रुजति। "**निरेकाजनाङ्**" [१।१।२२] इत्युकारस्य दिसंज्ञा। पूर्वेण सह स्वेऽको दीत्वे कृते। एकादेशो दिग्रहणेन गृह्यते। इति यणादेशस्य प्रकृतिभावः प्राप्तः। "**मयो वो**" [५।४।१५] इति वकारादेशः।

विभाषेकोऽस्वे प्रश्च ॥४।३।१०४॥ इकोऽस्वेऽचि परतो विभाषया प्रकृत्या भवन्ति प्रादेशश्च प्रकृतिभावे। दधि अत्र। दध्यत्र। कुमारि अत्र। कुमार्यत्र। विभाषाग्रहणं व्यवस्थितविभाषार्थम्। तेन दिपानामस्वेऽचि अनेन प्रकृतिभावविकल्पः प्रादेशश्च न भवति। पटू अत्र। देवदत्ता ३ इहान्वभि। सविधौ च न भवति। व्याकरणम्। न्याय्यः। न्यासः। कुमार्यर्थः। अस्व इति किम्? दधीदम्। कुमारीयम्।

ऋत्यकः ॥४।३।१०५॥ ऋकारे परतोऽको विभाषया प्रकृत्या भवन्ति पश्च भवति यदा प्रकृतिभावः। खट्व ऋश्यः। खट्वर्श्यः। माल ऋश्यः। मालर्श्यः। स्वेऽपि भवति। पितृ ऋश्यः। अन्यत्र पूर्वेणैव सिद्धम्। व्यवस्थितविभाषानुवर्तनादिह न भवति उपार्ध्नोति। प्रार्ध्नोति। ऋतीति किम्? दण्डाग्रम्। मालाग्रम्। तपरकरणं किम्? देवदत्ताया ऌकारः देवदत्तल्कारः। दीपयोः परतो मा भूत्।

वाऽपवदितौ ॥४।३।१०६॥ अपवत्कार्यं पसंज्ञकस्य वा भवति इतौ परतः। देवदत्त ३ इति देवदत्तेति। सुमंगल ३ इति सुमङ्गलेति। "**दूराद्धूते**" [५।३।६२] इति पः। "**प्रकृत्याऽचि दिपाः**" [४।३।१०३] इति नित्यं प्रकृतिभावः प्राप्तो व्यवस्थितविभाषानुवर्तनाद्वाक्यादवच्छिद्य पदं येन शब्दपदार्थतया स्वरूपे व्यवस्थाप्यते तस्मिन्नितौ विकल्पोऽयम्। क्वचिदनितावपि। वशा३इयम् वशेयम्। वत्करणं पकार्यप्रतिषेधार्थम्। अप इत्युच्यमाने पस्यैव प्रतिषेधः स्यात्। ततश्च अग्नी३इति। वायू ३ इति। अत्र दिसंज्ञाश्रये प्रकृतिभावे सति त्रिमात्रतायाः श्रवणं न स्यात्। पसंज्ञाश्रयकार्यप्रतिषेधे हि दिसंज्ञाऽश्रयकार्यप्रतिषेधे हि प्रकृतिभावे सति "**अनृतोऽनन्त्यस्य**" [५।३।६४] इत्यादिकृतायास्त्रिमात्रतायाः श्रवणं सिद्धम्।

ई इत् ॥४।३।१०७॥ ईदन्तस्य इद् वा भवति। अनितिपरार्थोऽयमारम्भः। लुनीहि३इदम्। लुनीहीदम्। पुनीहि ३इदम्। पुनीहीदम्। "**क्रियाशीःप्रैषेषु मिङाकांक्षम्**" [५।३।१०२] इति पः।

दिव उत् ॥४।३।१०८॥ "**एङोऽति पदान्तात्**" [४।३।६६] इत्यतः पदग्रहणमनुवर्तते। दिवित्येतस्य पदस्योकारादेशो भवति। द्युभ्याम्। द्युभिः। पदस्येति किम्? दिवा। दिवे। "**निरनुबन्धकग्रहणे न सानुबन्धकस्य**" [प०] इति मृद एव दिवेर्डिवित्यनन सिद्धस्य ग्रहणं न धोरुकारानुबन्धकस्य। अक्षद्युभ्याम्। अक्षद्युभिः। दिव्यतेः क्विप्। "**च्छ्वोः शूट् च**" [४।४।१७६] इति ऊठ्। उदिति तपरकरणं किम्? यावताऽर्धमात्रस्य हलः स्थाने आनन्तर्यान्मात्रिक एव भविष्यति। "**च्छ्वोः शूट् च**" इत्यत्र क्ङितीत्यनुवर्तनादूठोऽपि निवृत्त्यर्थं नोपपद्यते। इहाद्यौर्द्यौ र्भवतीति च्वावागते निवृत्ते भ (भि)संज्ञकस्य दिव उत्वे कृते द्यु भवतीति "**च्वौ**" [५।२।१३५] इति दीत्व निवृत्त्यर्थम्।

हल्येतत्तदोऽरनञ्सेऽकोः सुखम् ॥४।३।१०६॥ सन्धाविति वर्तते। एतत्तदोरककारयोर्हलि परतः सुखं भवत्यनञ्से। एष ददाति। स ददाति। हलीति किम्? एषोऽत्र। सोऽत्र। एतत्तदोरिति किम्? को दाता। यो धन्यः। अनञ्स इति किम्? अनेषो ददाति। असो ददाति। अनञ्स इति प्रसज्यप्रतिषेधः। पर्युदासे हि उत्तर-पदार्थप्रधानवृत्त्यन्तर एव सुखं स्यात्। परमैष ददाति। परमस ददाति। केवलयोरनञ्स इति किम्? वाक्ये भवत्येव। नैष ददाति। नस ददाति। अकोरिति किम्? एषको ददाति। सको ददाति। "**तन्मध्यपतित-स्तद्ग्रहणेन गृह्यते**" [प०] इति प्राप्तिः। सग्रहणं किम्? एतौ तौ चरतः। एतत्तदोरिति द्वित्वनिर्देशाद् वाग्रा एकः सुर्ग्रह्यते। ईपो बहुत्वे हि एतत्तेषामिति ब्रूयात्। सुखमिति गमकत्वात्सः।

सम्पर्युपात्कृञः सुड्भूषे ॥४।३।११०॥ सम्, परि, उप इत्येतेभ्यः परस्य कृञः सुडागमो भवति भूषेऽर्थे। संस्करोति। समस्करोत्। संस्कारः। अन्तरङ्गत्वेन द्वित्वाडागमाभ्यां प्राक्सुट्। परिष्करोति। "**सिवु-सहसुट्स्तुस्वञ्जाम्**" [५।४।५२] इति षत्वम्। पर्यस्करोत्। परिचस्कार। उपस्करोति। उपास्करोत्। उपचस्कार। भूष इति किम्? उपस्करोति।

समवाये ॥४।३।१११॥ संसर्गः समुदायो वा समवायः। तस्मिन् समादिभ्यः कृञः सुड् भवति। तत्र न संस्कृतमनित्यम् अत्रापि कारणसमवायो गम्यते।

उपात्प्रतियत्नवैकृतवाक्याध्याहारे ॥४।३।११२॥ उपात्परस्य कृञः प्रतियत्न वैकृत वाक्याध्याहार इत्येतेष्वर्थेषु सुड् भवति। विद्यमानस्य गुणाधानमपूर्वार्जनं वा प्रतियत्नः। तत्र एधोदकस्योपस्कुरुते। काण्डं शरस्योपस्कुरुते। "**प्रतियत्ने कृञः**" [१।४।६०] इति कर्मणि ता। विकृतत्वं वैकृतम्। तत्र उपस्कृतं भुङ्क्ते। उपस्कृतं गच्छति। वाक्यैकदेशो वाक्यगम्यमानार्थस्य वाक्यस्य वाक्यावयवस्य स्वरूपेणोपादानं वाक्याध्याहारः। तस्मिन् उपस्कृतं जल्पति। उपस्कृतमधीते। सोपस्कारं व्याचष्टे। पदान्तराण्यध्याहृतानि कथयतीत्यर्थः। एतेष्विति किम्? उपकरोति।

किरतेर्लवे ॥४।३।११३॥ उपादिति वर्तते। उपात्परस्य किरतेर्लवविषये सुड् भवति। उपस्कीर्य मद्रका लुनन्ति। उपस्कारं मद्रा लुनन्ति। "**णम्चाभीक्ष्ण्ये**" [२।४।८] इति णम्। "**वा चेष्टिवेष्ट्योः**" [५।२।१६३] इत्यतो बिकल्पानुवृत्तेराभीक्ष्ण्येऽपि द्वित्वाभावः "**युड्भ्या बहुलम्**" [२।३।६४] इति बहुलवचनादनाभीक्ष्ण्ये वा णम्। लव इति किम्? उपकिरति देवदत्तः।

वधे प्रतेश्च ॥४।३।११४॥ प्रतेरुपाच्च परस्य किरतेः सुड् भवति वधेऽर्थे। प्रतिस्कीर्णं हि ते वृषल ब्रूयात्। उपस्कीर्णं हि ते वृषल भूयात्। अत्र वधः किरतेरभिधेयत्वेन विवक्षितो न विषयतया। तदुक्तम्–

> **सटाच्छटाभिन्नघनेन बिभ्रता नृसिंह सैंहीमतनुं तनुं त्वया।**
> **स मुग्धकान्तास्तनसङ्गभङ्गुरैरुरोविदारं प्रतिचस्करे नखैः॥ [शिशु० १।४७]**

हतः इत्यर्थः। वध इति किम्? प्रतिकीर्णं बीजम्। "**हनश्च वधः**" [२।३।६३] इति हन्तेरचि वध इति भवति।

चतुष्पाच्छकुनिष्वपाद्धर्षादौ ॥४।३।११५॥ अपात्परस्य किरतेश्चतुष्पात्सु शकुनिषु च यो हर्षादिस्तस्मिन् विषये सुड् भवति। दविधिप्रकरणे **"किरतेर्हर्षजीविकाकुलायकरणे"** [१।२।३३] इत्यत्र स्थितो हर्षादिर्गणो गृह्यते। हर्षे—अपस्किरते वृषभो हृष्टः। जीविकायाम्—अपस्किरते कुक्कुरो भक्षार्थी। कुलायकरणे—अपस्किरते श्वा आश्रयार्थी। चतुष्पाच्छकुनिष्विति किम्? अपकिरति देवदत्तो हृष्टः। हर्षादाविति किम्? अपकिरति धान्यं काकश्चापलेन।

कुस्तुम्बुरुगोष्पदास्पदाश्चर्यावस्करापस्करापरस्परविष्किरमस्करमस्करिप्रतिष्कशप्रस्कण्वहरिश्चन्द्रपारस्करप्रभृतीनि च ॥४।३।११६॥ कुस्तुम्बुरुप्रभृतीनि पारस्करप्रभृतीनि च शब्दरूपाणि निपात्यन्ते। **कुस्तुम्बुरुशब्दो जातौ निपात्यते**। कुस्तुम्बुरुर्धान्यकं तृणजातिः। तत्फलान्यपि कुस्तुम्बुरूणि। जातेरन्यत्र कुत्सितानि तुम्बुरूणि। कुत्सितानि तिन्दुकीफलानीत्यर्थः। **गोष्पदशब्दे सुडागमः षत्वं च निपात्यते सेविते**। गवां पदमस्मिन् देशे। गावः पद्यन्ते वाऽस्मिन्निति गोष्पदो देशः। गोष्पदमरण्यम्। असेविते नञ्पूर्वस्य निपात्यते। न विद्यते गवां पदमस्याम् अगोष्पदा अरण्यानी। सेवितत्वप्रतिषेधे हि यत्र सेवितत्वसम्भवस्तत्रैव स्यादन्यत्रासम्भवे न स्यादिति पृथगसेवितग्रहणम्। न विद्यतेऽस्मिन्निति विग्रहात्। प्रमाणे गोष्पदमात्रं क्षेत्रम्। गोष्पदपूरं वृष्टो देवः। एतेष्विति किम्? गोपदम्। **आस्पदमिति प्रतिष्ठायाम्**। आस्पदमनेन लब्धम्। अन्यत्र आपदापदम्। **आश्चर्यमित्यद्भुतेऽर्थे**। आश्चर्यं यदि स भुञ्जीत। अश्चर्यमाकाशेऽनिबन्धनानि नक्षत्राणि न पतन्ति। आचर्यं व्रतमन्यत्र। **"चरेराङि चागुरौ"** [वा०२।१।८७] इति यः। **अवस्कर इति वर्चस्के**। अवपूर्वात्किरतेः कर्मणि **"ऋदृग्रहवृदृगमोऽच्"** [२।३।५२] इति अच्। कुत्सितं वर्चो वर्चस्कम् अन्नमलम्। तत्सम्बन्धाद्देशोऽपि तथोक्तः। अवकरोऽन्यत्र। **अपस्कर इति रथाङ्गे**। अपकीर्यतेऽसावित्यपस्करो रथावयवः। अपकर इत्यन्यत्र। **अपरस्पर इति क्रियासातत्ये**। अपरस्पराः सार्था गच्छन्ति। सततं गच्छन्तीत्यर्थः। अपरे परे चेति द्वन्द्वः।

व्यान्तेऽप्यवश्यमोनाशस्तुमः कामे मनस्यपि। हिते तते समो वा खं मांसस्य पचि युड्घञोः॥

इति समो मकारस्य खे। सतत शब्दात्स्त्र्यणि सातत्यम्। अपरपराः सार्थाः गच्छन्तीत्यन्यत्र। **"विष्किर इति शकुनौ सुडागमो वा निपात्यते"**। विकिरतीति विष्किरः विकिरो वा शकुनिः। "ज्ञाकृप्री" [४।१।१०८] इत्यादिना कः। सुट्पक्षे **"सिवुसहसुट्स्तुस्वञ्जाम्"** [५।४।५२] इति षत्वम्। मस्करमस्करिणौ वेणुपरिव्राजकयोः। मस्करो वेणुः दण्डो वा हस्तिदमनः। मस्करी भिक्षुः। मकरो ग्राहः मकरी समुद्रः इत्यत्र। अथवा **"शमस्य करे शखमाङः करिशब्दे प्रादेशश्च निपात्यते वेणुपरिव्राजकयोः। प्रतिष्कश इति निपात्यते सहायश्चेत्।"** कश गतिशासनयोरित्यस्य प्रतिपूर्वस्य पचाद्यचि सुडागमः षत्वं च निपात्यते। देशान्तरमहं व्रजामि भवने त्वं प्रतिष्कशः। प्रतिकशोऽन्यः। प्रस्कण्वहरिश्चन्द्रौ भवत ऋषी चेत्। प्रकण्वो देशः। हरिचन्द्रो माणवक इत्यन्यत्र। पारस्करप्रभृतीनां च खौ सुडागमो निपात्यते। पारस्करो देशः। कारस्करो वृक्षः। वनस्पतिश्चैत्ररथं पातीति। रथस्या नदी। किष्कुः प्रमाणम्। किष्किन्धा गुहा। **तद्बृहतोः करपत्योश्चोरदेवतयोः सुट् तखं च**। तस्करः। बृहस्पतिः। तत्करो बृहत्पतिरित्यन्यत्र। अजस्तुदम्। कास्तीरं च नगरम्। अजतुदम् कातीरमित्यन्यत्र। **प्रात्तुम्पतौ गवि कर्तरि**। प्रस्तुम्पति गौः। अन्यत्र प्रतुम्पति स्त्री। पारस्करप्रभृतिराकृतिगणः।

प्रायाच्चित्तिचित्तयोः ॥४।३।११७॥ प्रायात्परयोः चित्तिचित्तयोः सुड् भवति। प्रायस्य चित्तम् प्रायश्चित्तम्। प्रायश्चित्तिः। **"स्तोः श्चुना श्चुः"** [५।४।११६] इति सुटः श्चुत्वम्।

भादाविदमोऽन्वादेशेऽश् ॥४।३।११८॥ भादौ परत इदमोऽशादेशो भवत्यन्वादेशे। यस्य पूर्वं क्रियागुणद्रव्यैः संबन्धः कृतस्तस्यैव पश्चात्क्रियागुणद्रव्यान्तरेण संबन्धे क्रियमाणेऽन्वादेशोऽनुकथनं भवति। क्रियासंबन्धे इमकाभ्यां छात्राभ्यां रात्रिरुषिता। अथो आभ्यां हिंसा च कृता। कुलाऽज्ञातयोः **"भिसर्वनाम्नोऽकप्राक्टेः**

को दः" [४।१।१३०] इत्यकि कृते साकइदमो हलि खं न भवति। "अनाप्यकः" [५।१।१७०] इत्यत्र अककारस्येत्यनुवर्तनात् तेनादेशः। गुणसंबन्धे इमकस्य छात्रस्य कुलमशोभनम् अथो अस्य शीलमपि। द्रव्यसंबन्धे इमकस्य राज्ञो जनपदो दुर्विहितः अथो अस्य भृत्याश्चावश्याः।

टौसिप्स्येनदेतदश्च ॥४।३।११९॥ टा ओस् इप् इत्येतेषु परत एतद इदमश्च एनदित्ययमादेशो भवति अन्वादेशे। एतेन छात्रेण रात्रिरधीता अथो एनेन निपुणमधीता। एनदादेशे कृते त्यदाद्यत्वम्। दकारान्तत्वं नपुंसके प्रयोजयति। एतयोश्छात्रयोशशोभनं शीलम् अथो एनयो रूपमपि। एतं छात्रं काव्यमध्यापय अथो एनं गणितमपि। एतं जैनेन्द्रमध्यापय अथो एनं तर्कमपि। एतमर्थिनः संबध्नते अथो एनं मित्राणि च। इदमः खल्वपि अनेन छात्रेण रात्रिरधीता अथ एनेन. निपुणमधीता। अनयोश्छात्रयोः शोभनं शीलम् अथो एनयो रूपमपि। इमं छात्रं काव्यमध्यापय अथो एनं गणितमपि। इदं सरो भ्रमराः सेवन्ते अथ एनद्विहङ्गाश्च। इदमस्टौसोः परतः पूर्वेणाशादेशः प्राप्तोऽन्यत्राप्राप्त एनदादेशः।

द्यावनुप् ॥४।३।१२०॥ द्याविति अनुबिति च एतद् द्वितयमधिकृतं वेदितव्यम्। "ज्योतिरुद्गतौ" [१।२।३६] इति निर्देशान्न सामान्येन द्यावनुप्। प्राग्गोरधिकाराद् द्यावित्यधिकारः। अनुबधिकारः प्रागानङः। वक्ष्यति "कायाः स्तोकादेः" [४।३।१२१] स्तोकान्मुक्तः। अल्पान्मुक्तः। "स्तोकान्तिकदूरार्थकृच्छ्रं क्ते" [१।३।३४] इति षसः। द्वित्वबहुत्वयोरनभिधानान्न सः। अभिधानेन भवति। गोषुचरः। वर्षासुजः इति। द्याविति किम्? निष्कान्तः स्तोकान्निःस्तोकः। "आनङ् द्वन्द्वे" [४।३।१३८] इति द्यावानङादेशः। होतापोतारौ। नेष्टोद्गातारौ। द्यावित्येव। होतारौ। होतृभ्याम्। सुपि माभूत्। "इकः प्रो ङ्याः" [४।३।१७२] इति प्रादेशो द्यौ। ग्रामणिपुत्रः। सेनानिपुत्रः। सुपि माभूत्। ग्रामणीभ्याम्।

कायाः स्तोकादेः ॥४।३।१२१॥ स्तोकादिभ्यः परस्याः काया अनुब् भवति द्यौ। "स्तोकान्तिकदूरार्थकृच्छ्रं क्तेन" [१।३।३४] इत्यत्र स्थितः स्तोकादिर्गृह्यते। "स्तोकान्तिकदूरार्थकृच्छ्रं क्तेन" इति सः। अपादानलक्षणेयं का। काया इति किम्? स्तोकेन मुक्तः स्तोकमुक्तः। स्तोकादेरिति किम्? वृकाद्भयं वृकभयम्। कथं ब्राह्मणाच्छंसी ऋत्विग्विशेषः। उच्यते रूढशब्दोऽयं गोशब्दवदस्य व्युत्पत्तिः। ब्राह्मणादध्याहृत्यावयवमर्थं वा शंसतीत्येवंशीलः ब्राह्मणाच्छंसी। अपादाने का। "साधनं कृता" [१।३।२९] इति षसः। "बे कृति बहुलम्" [४।३।१३२] इत्यनुप्।

भाया ओजस्सहोऽम्भस्तपोऽञ्जसः ॥४।३।१२२॥ ओजस्, सहस्, अम्भस्, तपस्, अञ्जस् इत्येतेभ्यः परस्या भाया अनुब् भवति। अञ्जसा कृतम्। सहसा कृतम्। अम्भसा कृतम्। तपसा कृतम्। "साधनं कृता बहुलम्" [१।३।२९] इति षसः।

खौ मनसः ॥४।३।१२३॥ खुविषये मनसः परस्या भाया अनुब् भवति। मनसा गुप्ता। मनसा गता। करणे भा। खाविति किम्? मनोदत्ता।

आज्ञायिनि ॥४।३।१२४॥ आज्ञायिनि द्यौ मनसः परस्या भाया अनुब् भवति। मनसा आजानातीत्येवंशीलो मनसाऽज्ञायी। अखावपि यत्नोऽयम्। "पुंसाऽनुजो जनुषान्ध इत्यनुब्वक्तव्यः" [वा०]। अनुजातोऽनुजः। पुंसा हेतुना करणेन वा अनुजः पुंसाऽनुजः। "साधनं कृता" [१।३।२९] इति षसः। यदा पुमांसमनुजातस्तदा पुमनुज इति। जनुषा जन्मनाऽन्धो जनुषान्धः। "प्रकृत्यादिभ्य उपसंख्यानम्" [वा०] इति भा। "भा गुणोक्त्याऽर्थेनोनैः" [१।३।२७] इति सः।

डड्यात्मनः ॥४।३।१२५॥ डडन्ते द्यौ आत्मनः परस्या भाया अनुब् भवति। आत्मना पञ्चमः आत्मना षष्ठः। **"प्रकृत्यादिभ्य उपसंख्यानम्"** [वा०] इति भा। डडन्तेन भान्तस्य सविधेरिदमेव ज्ञापकम्। गम्यमानक्रियापेक्षया करणे वा भा। आत्मना कृतः पञ्चमः आत्मना पञ्चमः कथमयं प्रयोगः। जनार्दनस्त्वात्मचतुर्थ एव। बसोऽयम्। आत्मा चतुर्थः। व्यपदेशिवद्भावादन्यपदार्थत्वम्। यथा चारुशरीरः शिलापुत्रक इति।

ङेः खौ पराच्च ॥४।३।१२६॥ खुविषये पराचात्मनश्च परस्य ङेरनुब् भवति। प्रतिपदोक्तस्य ङेर्ग्रहणम्। परस्मैभाषः। परस्मैपदम्। आत्मनेभाषः। आत्मनेपदम्। तादर्थ्येऽबुक्ता। आत्मार्थं पदमात्मनेपदम्। सविधेरिदमेव ज्ञापकम्। **असदर्थार्थं** इति विकृतेः प्रकृत्या षस उक्तः।

ईपोऽद्धलः ॥४।३।१२७॥ अदन्ताद्धलन्ताच्च सामर्थ्यान्मृदः परस्या ईपोऽनुब् भवति खुविषये। अरण्येतिलकाः। अरण्येमाषकाः। वनेकिंशुकाः। वनेवल्वजकाः। वनेहरिद्रकाः। पूर्वाह्णेस्फोटकाः। कूपेपिशाचकाः। **"खौ"** [१।३।३८] इति षसः। हलन्तात्। त्वचिसारः। दृषदिमाषकः। युधिष्ठिरः। निपातनाद्गविष्ठिरः। नन्ववादेशेऽन्तरङ्गे कृते हलन्तता न। **"अन्तरङ्गानपि विधीन् बहिरङ्ग उब्बाधते"** [प०]। अन्यथा नदीकुक्कुटिकादिषु यणादेशो सत्यनुप् प्रसज्येत। अद्धल इति किम्? नद्यां कुक्कुटिका। भूमिशर्करा। भूमपाशः। **"अखौ हृद्द्युभ्यामिबर्थे ईप् तस्याश्चानुब् वक्तव्यः"** [प०]। हृदिस्पृक्। दिविस्पृक्। न वक्तव्यः। यो हि हृदयं स्पृशति। **"षे कृति बहुलम्"** [४।३।१३२] इत्यनुप्। स चानुप् हृदिति प्रकृत्यन्तरं यत्तस्माद्भवति। **"अप्सुमति चाखौ वक्तव्यम्"** [वा०]। अप्सुमान्। **"अप्सव्य इत्यादावपि वक्तव्यः"** [वा०]। अप्सु भवोऽप्सव्यः। अप्सुयोनिः।

कारे प्रायः ॥४।३।१२८॥ यूथे गृहे क्षेत्रे धान्याद्यं वस्तु रक्षानिर्देशार्थं यदवश्यं राज्ञे देयं स कारः। तद्वाचिनि द्यौ ईपोऽनुब् भवति खौ प्रायः। खाविति वर्तते। अद्धल इति च। अदन्तात्। स्तूपे शाणः। मुकुटे कार्षापणः। हले द्विपदिका। हले त्रिपदिका। द्वौ द्वौ पादौ देयौ। **"वीप्सादण्डत्यागे वुन्"** [४।२।१०] इति वुन्। **"खौ"** [१।३।३८] इति षसः। हलन्ताद्–दृषदि माषकः। समिधि माषकः। खुविषये पूर्वेणैव सिद्धे प्रायोग्रहणार्थमेतत्। तेन कारे क्वचिदनुम्न भवति। यूथे पशुः। यूथपशुः। यूथे वृषः। यूथवृषः। **"खौ"** [१।३।३८] इति षसः। कार इति किम्? अभ्याहिते पशुः। कारादन्यस्य देयस्य नामैतत्। उपर्युपरि पशुर्देय इत्यर्थः। **"ईपोऽद्धलः"** [४।३।१२७] इत्यनेनापि कारग्रहणादिहानुम्न भवति। अद्धल इत्येव जङ्घाकार्षापणः। मत्रीकार्षापणः। नदीदोहः। कारसंज्ञा एताः।

हलि ॥४।३।१२९॥ हलादौ कारे द्यौ ईपोऽनुब् भवति। स्तूपेशाणम्। नियमार्थमिदम्। हलादावेव नाजादौ। अविकटोरणः।

मध्यान्ताद्गुरौ ॥४।३।१३०॥ मध्य अन्त इत्येताभ्याम् ईपोऽनुब् भवति गुरौ द्यौ। मध्येगुरुः। अन्तेगुरुः। सविधेरिदमेव ज्ञापकम्। असंज्ञाऽर्थोऽयं यत्नः।

अकामेऽमूर्धमस्तकात्स्वाङ्गात् ॥४।३।१३१॥ मूर्धमस्तकवर्जितात्स्वाङ्गात्परस्या ईपोऽनुब् भवति-अकामे द्यौ। कण्ठेकालः। उरसिलोमा। वहे गड्डुः। उदरे मणिः। व्यधिकरणनामपि क्वचिद्बसः। उरसिलोमश इत्यत्र मत्वर्थीये कृते उरसीत्यनेन योगः। अकाम इति किम्? मुखे कामोऽस्याः मुखकामा स्त्री। अमूर्धमस्तकादिति किम्? मूर्धशिखः। मस्तकशिखः।। उभयप्रतिषेधात्स्वरूपग्रहणम्। तेन पर्यायादनुप्। शिरसिशिखः। स्वाङ्गादिति किम्? पानशौण्डः। स्वाङ्गादिति कर्तुमशक्यम्। मूर्धमस्तकपर्युदासेन स्वाङ्ग एव सात्ययात्। तत्क्रियते **"अद्रवं मूर्तिमद्"** इत्यादिपरिभाषिकस्वाङ्गसम्प्रत्ययार्थम्। तेनाप्राणिस्थादनुम्न भवति। मुखे पुरुषा अस्याः मुखपुरुषा शाला। अद्धल इत्येव। अङ्गुलिव्रणः। जङ्घावलिः। बसाविमौ। असंज्ञार्थमारम्भः।

षे कृति बहुलम् ॥४।३।१३२॥ षे कृदन्ते द्यौ बहुलमीपोऽनुब् भवति। बहुलग्रहणं सर्वविकल्पसंग्रहार्थम्। स्तम्बेरमः। कर्णेजपः। **"प्रावृड् वर्षाशरत्कालदिवां जेऽनुप्"** [वा०] प्रावृषिजः। वर्षासुजः। शरदिजः। कालेजः। दिविजः। न भवति कुरुचरः। मद्रचरः। **"इन्सिद्धबध्नातिस्थेषु च न भवति"** [वा०] स्थण्डिलशायी। स्थण्डिलवर्ती। **"व्रते"** [२।२।६८] इति णिन्। साङ्काश्यसिद्धः। काम्पिल्यसिद्धः। चक्रेबन्धनम्। चक्रबन्धनम्। समस्थः। विषमस्थः। कूटस्थः। पर्वतस्थः। समानाधिकरणे च नेष्यते। परमे कारके। **"वर्षक्षरशरबराज्जे द्विधा।"** [वा०] वर्षजः। वर्षेजः। क्षरजः। क्षरेजः। शरजः। शरेजः। वरजः। वरेजः। **"शयवासवासिष्वकालवाचिनो द्विधा"** [वा०] खशयः। खेशयः। बिलशयः। बिलेशयः। वनवासः। वनेवासः। ग्रामवासः। ग्रामेवासः। नववासी। नवेवासी। ग्रामवासी। ग्रामेवासी। अकालवाचिन इति किम्? पूर्वाह्णेशयः। अपराह्णेशयः। **"बन्धे द्विधा"** [वा०] हस्तेबन्धः। हस्तबन्धः। स्वाङ्गादिति नित्यं प्राप्तिः। चक्रबन्धः। चक्रेबन्धः। बध्नातौ अनुप् प्रतिषेधः प्राप्तः। अहल इत्येव। भूमिशयः। गुप्तिबन्धः। **"कृद्ग्रहणे तिकारकपूर्वस्यापि"** [प०] अवतप्तेनकुलस्थितम्। उदके विशीर्णम्। **"क्षेपे"** [१।३।४१] इति षसः। **"क्वचिदन्यत्रापि"**। ब्राह्मणाच्छंसी। पूर्वस्यैवायं प्रपञ्चः।

झकालतनेकालेभ्यो वा ॥४।३।१३३॥ झसंज्ञके कालशब्दे तनशब्दे च परतः कालिवाचिभ्यः परस्या ईपो वाऽनुब् भवति। झ इति तरतमौ। **"तादी झः"** [४।१।११७] इति वचनात्। पूर्वाह्णेतराम्। पूर्वाह्णेतरे। अस्मिंश्च पूर्वाह्णे अस्मिन्नतिशयेन पूर्वाह्णे इति विगृह्यते। **"द्विविभज्ये तरेयसू"** [४।१।११६] इति। अहराश्रयस्य पूर्वस्य प्रकर्षेतरः। अनुप्पक्षे **"किमेन्मिङ्झ्झादामद्रव्ये"** [४।२।२०] इति एतदन्तात्परो झ इत्याम् भवति। सर्वेषु पूर्वाह्णेषु अतिशयेन पूर्वाह्णे इति विगृह्यते। **"तमेष्ठावतिशायने"** [४।१।११४] इति तमः। पूर्वाह्णेतमाम्। पूर्वाह्णेतमे भुङ्क्ते। पूर्वाह्णेकाले **"विशेषणं विशेष्येणेति"** [१।३।५२] षसे कृते। पूर्वाह्णेकाले पूर्वाह्णकाले गतः। पूर्वाह्णे जातो भवो वा पूर्वाह्णेतनः। पूर्वाह्णतनः। **"वा पूर्वापरादह्नात्"** [३।२।१४१] इति तनट्। इदमेव ज्ञापकं सुबन्ताद् ह्वदुत्पत्तेः। कालेभ्य इति किम्? शुक्लतरे। शुक्लतमे। अह्ल इत्येव। रात्रितरायां गतः। अस्यां च रात्रौ अस्यामतिशयेन रात्राविति। **"त्यग्रहणे चाकायः"** [प०] इति कान्तात्परौ झतनौ स्वरूपेण गृह्येते न तदन्तविधिना। अपि च **"हृदयस्य हृल्लेखयाण्लासेषु"** [४।३।१६१] इत्यत्राण्ग्रहणेन सिद्धे लेखग्रहणं ज्ञापकं **"ध्याविल्यधिकारे त्यग्रहणं स्वरूपग्रहणमेव"** [प०]।

ताया आक्रोशे ॥४।३।१३४॥ ताया अनुब् भवति द्यौ आक्रोशे गम्यमाने। चौरस्य कुलम्। दासस्य कुलम्। वृषलस्य भार्या। **"ता"** [१।३।७०] इति षसः। आक्रोश इति किम्? मोक्षमार्गः। असूयाविरहे दासकुलमिति भवति। ताया इति योगविभागः। **"तेन वाग्दिक्पश्यद्भ्यो युक्तिदण्डहरेष्वनुप्"** [वा०] वाचो युक्तिः। दिशोदण्डः। पश्यतोहरः। **"ता चानादरे"** [१।४।४६] इति ता। **"देवानां प्रियादिष्वनुप्"** [वा०] देवानां प्रियः। दिवोदासः। आमुष्यायणः। नडादित्वात्फण्। आमुष्यपुत्रिका। आमुष्यकुलिका। मनोज्ञादिपाठाद्वुञ्। **"शुनः खौ शेफपुच्छलाङ्गूलेषु"** [वा०] शुनःशेफः। शुनःपुच्छः। शुनोलाङ्गूलः।

पुत्रे वा ॥४।३।१३५॥ पुत्रे द्यौ ताया वाऽनुब् भवति आक्रोशे। दास्याः पुत्रः। दासीपुत्रः। चौर्याः पुत्रः। चौरीपुत्रः। पूर्वेण नित्यं प्राप्तः।

ऋतो विद्यायोनिसंबन्धात् ॥४।३।१३६॥ ऋकारान्तेभ्यो विद्यासंबन्धेभ्यो योनिसम्बन्धेभ्यश्च परस्यास्ताया अनुब् भवति। सामर्थ्याद्विद्यायोनिसंबन्धि द्यौ। होतुः पुत्रः। होतुरन्तेवासी। पोतुः पुत्रः। पोतुरन्तेवासी। योनिसम्बन्धात्। मातुः पुत्रः। मातुरन्तेवासी। पितुः पुत्रः। पितुरन्तेवासी। ऋत इति किम्? उपाध्यायपुत्रः। मातुलपुत्रः। उपाध्यायशिष्यः। पुत्रशिष्यः। विद्यायोनिसम्बन्धादिति किम्? कर्तृपुत्रः। कर्तृशिष्यः। विद्यायोनिसम्बन्धिद्याविति किम्? होतृगृहम्। पितृधनम्।

वा स्वसृपत्योः ॥४।३।१३७॥ ऋकारान्तेभ्यो विद्यायोनिसंबन्धेभ्यः परस्यास्ताया वाऽनुब् भवति स्वसृपत्योः परतः। मातृष्वसा। मातुः स्वसा। मातुः ष्वसा। पितृष्वसा। पितुः स्वसा। पितुः ष्वसा। उपि "मातृपितृभ्यां स्वसुः" [५।४।६६] इति षत्वम्। अन्यत्र "वाऽनुपि [५।४।६७] इति वा षत्वम्। दुहितुः पतिः। दुहितृपतिः। स्वसुः पतिः। स्वसृपतिः। पूर्वेण नित्ये प्राप्ते विकल्पः।

आनङ् द्वन्द्वे ॥४।३।१३८॥ ऋतो विद्यायोनिसम्बन्धादिति वर्तमानम् अर्थात्तान्तं सम्पद्यते। ऋकारान्तानां विद्यायोनिसम्बन्धानां यो द्वन्द्वस्तत्र द्यौ पूर्वस्यानङादेशो भवति। होतापोतारौ। नेष्टोद्गातारौ। प्रशास्ताप्रतिहर्तारौ। एककर्तृकर्मणि विद्याकृतः संबन्धोऽस्ति। योनिसम्बन्धे मातापितरौ। माताननान्दारौ। नकारोच्चारणं किम्? आ इत्युच्यमाने "रन्तोऽणुः" [१।१।४८] इति रन्तः स्यात्। ऋत इति किम्? पितृपितामहौ। विद्यायोनिसबंधादिति किम्? कर्तृकारयितारौ। सम्बन्धग्रहणं किम्? पितृभ्रातरौ। नात्र विद्यातो योनितो वा परस्परसंबन्धोऽस्ति। मण्डूकप्लुत्या पुत्रग्रहणमनुवर्तते। तेन पुत्रेऽपि द्यौ ऋकारान्तस्य आनङ् भवति। पितापुत्रौ। मातापुत्रौ।

देवताद्वन्द्वे॥४।३।१३९॥ देवतावाचिनां च द्वन्द्वे द्यावानङादेशो भवति। इन्द्रावरुणौ। इन्द्रासोमौ। इन्द्राबृहस्पती। सूर्याचन्द्रमसौ। द्वन्द्व इति वर्तमाने पुनर्द्वन्द्वग्रहणं सहवापनिर्देशार्थम्। तेन ब्रह्मप्रजापती, शिववैश्रवणौ, स्कन्दविशाखौ इत्येवमादिषु शास्त्रे सहदाननिर्देशाभावान्न भवति। इष्टद्वन्द्वपरिग्रहार्थं वा पुनर्वचनम्। अत्यन्तसहचरिते लोकविज्ञाते द्वन्द्वशब्दो निपातितः। ततो लोकप्रसिद्धसाहचर्याणामानङ् भवति। "वायोरुभयत्र प्रतिषेधः इष्यते" [वा०] अग्निवायू। वाय्वग्नी।

सोमवरुणेऽग्नेरीः ॥४।३।१४०॥ सोमवरुण इत्येतयोः परतोऽग्नेरीकारादेशो भवति देवताद्वन्द्वे। अग्नीषोमौ। अग्नीवरुणौ। अन्तस्यालः स्थाने आनङोऽपवाद ईकारः। "स्तुत्सोमौ चाग्नेः" [५।४।६५] इति षत्वम्। द्वन्द्वे इत्येव। उपचारादग्निसोमौ माणवकौ।

ऐपीत् ॥४।३।१४१॥ साहचर्यादैब् भाजि द्यौ अग्नेरिकारादेशो भवति देवताद्वन्द्वे। अग्निश्च वरुणश्च देवते अस्या आग्निवारुणी। आग्निमारुतम्। देवतार्थेऽणि उभयोः पदयोरैपि कृते ईत्वानङोरपवाद इकारः। "विष्णोः प्रतिषेधो वक्तव्यः" [वा] अग्निश्च विष्णुश्च देवतेऽस्य आग्नीवैष्णवम्। आनङेव भवति। ऐपीति किम्? आग्नेन्द्रः। "नेन्द्रस्य" [५।२।०७] इतिद्यो रैप्रतिषेधः।

दिवो द्यावा ॥४।३।१४२॥ दिवो द्यावा इत्ययमादेशो भवति द्यौ देवताद्वन्द्वे। द्यौश्च भूमिश्च द्यावाभूमी। द्यावानक्ते। द्यावाक्षमे। अनेकाल्त्वात्सर्वादेशः।

दिवसश्च पृथिव्याम् ॥४।३।१४३॥ दिवो दिवस इत्ययमादेशो भवति द्यावा च पृथिव्यां द्यौ देवताद्वन्द्वे। दिवस्पृथिव्यौ। द्यावापृथिव्यौ। उच्चारणार्थेनाकारेण निर्देशो रित्वबाधनार्थः।

उषासोषसः ॥४।३।१४४॥ उषस उषासा इत्ययमादेशो भवति द्यौ देवताद्वन्द्वे। उषश्च नक्तम् च उषासानक्तम्।उषासानक्ते। नक्तं शब्दो मकारान्तो भिसंज्ञकोऽकारान्तश्च नपुंसकलिङ्गोऽस्ति।

मातरपितरौ वा ॥४।३।१४५॥ मातरपितराविति वा निपात्यौ। मातरपितरौ। द्यौ ऋकारस्याऽभावो निपात्यते। पक्षे "आनङ् द्वन्द्वे" [४।३।१३८] इत्यानङि कृते मातापितरौ।

स्त्र्युक्तपुंस्कादनूङेकार्थेऽडट्प्रियादौ स्त्रियां पुंवत्॥४।३।१४६॥ उक्तपुंस्कात्परो यः स्त्रीत्यः तदन्त एकार्थे द्यौ स्त्रियां वर्तमाने डडन्तप्रियादिवर्जिते पुंवद्भवति। स्थानेऽन्तरतम इत्यन्तरतमतः पुंशब्देन तुल्यो भवतीत्यर्थः। दर्शनीया भार्या अस्य दर्शनीयभार्यः। शोभनभार्यः। चारुजङ्घः। स्त्री इति किम्? ग्रामणि कुलं दृष्टिरस्य ग्रामणिदृष्टिः। उक्तपुंस्कादिति किम्? माला वृन्दारिकः। तथा द्रणीभार्यः कच्छपः। वरटाभार्यो

हंसः । बडवाभार्योऽश्वः । तथा अङ्गारकाः शकुनयः । कालिकाश्चैषां स्त्रियः । कालिकाभार्या अङ्गारकाः । नहि द्रुण्यादयः शब्दाः समानायामाकृतौ पुंसि वृत्ताः । पुंवद्भावेऽर्थतः आन्तरतम्ये कच्छपादिप्रयोगः प्रसज्येत । अनूरिति किम् ? वामोरूभार्यः । अनूरिति स्त्रीत्यपर्युदासाद् अन्योऽपि स्त्रीत्य एव गृह्यते इति स्त्रीग्रहणमनर्थकं तत्कृतमस्त्रीत्यान्तापि स्त्री पुंवद्भवतीति ज्ञापनार्थम् । ऐडिविडभार्यः । पार्थभार्यः । दारदभार्यः । औसिजभार्य इति सिद्धम् । इडिविड पृथु अनयो राष्ट्रसमानशब्दत्वादपत्यार्थेऽञ् । दरद, उसिजा आभ्यां द्व्यच्मगधेत्यादिनाऽण् । स्त्रियाम् "अतोऽप्राच्यभर्गादेः" [३।१।१५८] इत्यणोऽप् । इडिविडभार्या अस्येति पुंवद्भावे ऐडिविडभार्य इत्यादि । एकार्थ इति किम् ? कल्याण्या माता कल्याणीमाता । अडट्प्रियादाविति किम् ? कल्याणी पञ्चमा रात्रयः । कल्याणीपञ्चमः । कल्याणीदशमः । "डट्स्त्रीप्रमाण्योरः" [४।२।११६] इत्यः सान्तः । यदि डडन्ता स्त्री तद्गुणसंविज्ञानादिना प्रधानं तदा पुंवद्भावप्रतिषेधः सान्तश्चाकारो वेदितव्यः । इह माभूत् कल्याणपञ्चमीकः पक्षः । कल्याणीमनोज्ञः । प्रिया । मनोज्ञा । कल्याणी । सुभगा । दुर्भगा । भक्तिः । सचिवा । स्वा । कान्ता । समा । चपला । दुहिता । वामा इति प्रियादिः । दृढं भक्तिरस्य दृढभक्तिः । शोभनभक्तिरित्यादौ न पूर्वपदं स्त्रीलिङ्गमिति । तेन प्रियादौ यो पूर्वस्य टाबाशंका न कर्तव्या । स्त्रियामिति किम् ? कल्याणी प्रधानमेषां कल्याणीप्रधानाः । उक्तः पुमान् समानायामाकृतौ अभिन्ने प्रवृत्तिनिमित्ते जात्यादिके येन शब्देन स तथोक्तः । अथवा उक्तः पुमान् यस्मिन्नर्थे त्यादिके स तथोक्तः । तद्वाच्यपि शब्द उक्तपुंस्क इति व्युत्पादनं किमर्थम् । द्रोणीभार्यः । कुटीभार्यः । अत्र द्रोणकुटशब्दौ आकृत्यन्तरे पुंलिङ्गौ । कथं गर्गभार्यः, प्रसूतभार्यः । प्रजातभार्यः इति । अत्राप्येकजात्यपेक्षया कथञ्चित्समानाकृतित्वमूह्यम् ।

तसादौ ॥४।३।१४७॥ तसादिषु परतः उक्तपुंस्कादनूः स्त्रीपुंवद्भवति । आदिशब्दः प्रकारवाची । तस् । त्र । तर । तम । चरट् । जातीय । देश्य । देशीय । कल्प । पाश । रूप । था । थम् । दा । र्हि । थ्य । केषु परतः । तस्यास्ततः । तस्यां तत्र । आढ्यतरा । आढ्यतमा । पट्वी भूतपूर्वा पटुचरी । पट्वीप्रकारा । पटुजातीया । ईषदसिद्धा पट्वी पटुदेश्या । पटुदेशीया । वृद्धकल्पा । याप्या वृद्धा वृद्धपाशा । प्रशस्ता वृद्धा वृद्धरूपा । तया प्रकृत्या तथा । कया प्रकृत्या कथम् । तस्यां वेलायां तदा । अस्यां वेलायाम् एतर्हि । अजार्थे हितम् अजथ्यम् । "अजाविभ्यां थ्यः" [३।४।६] इति थ्यः । दरच्छब्दातके पुंवद्भावे च कृते दारदिका । के पुंवद्भावात्परत्वेन प्रादेशः । पट्विका । मृद्विका । बह्वल्पार्थाच्छसि बह्वीभ्यो देहि बहुशो देहि । अल्पाभ्यो देहि अल्पशो देहि । "गुणवचनात्त्वतलोः" [वा०] पट्व्या भावः पटुत्वम् । पटुता । गुणवचनादिति किम् ? क्षत्रियात्वम् । क्षत्रियाता । कठीत्वम् । कठीता । "भस्य ह्रत्यढे पुंवद्भावो वक्तव्यः" [वा०] हस्तिनीनां समूहो हास्तिकम् । ईखस्य स्थानिवद्भावाट्टिखं न स्यात् । अढ इति किम् ? श्यैन्याः अपत्यं श्यैनेयः । रौहिणेयः । कथम् अग्नायी देवता अस्य आग्नेयः ? "अग्निकलिभ्यां ढण्" [३।२।२८] इति । "ढेऽपि क्वचित्पुंवद्भावो वक्तव्यः" [वा०] "ठण्छसोश्च" [वा०] । भवत्या इदं भावत्कम् । भवदीयम् । अवस्थायां पुंवद्भावे "इसुसुक्तः कः" [५।२।५२] इति कादेशः ।

क्यङ्मानिनोः ॥ ४।३।१४८ ॥ क्यङि मानिनि च परत उक्तपुंस्कादनूः स्त्री पुंवद्भवति । एनीवाचरति एतायते । हरिणीवाचरति हरितायते । मानिनि यो । इमां दर्शनीयां मन्यते दर्शनीयमानी देवदत्तः । "मृद्ग्रहणे लिङ्गविशिष्टस्यापि" [प०] । दर्शनीयां मन्यते देवदत्तां जिनदत्ता दर्शनीयमानिनी । एकार्थे स्त्रीलिङ्गे यो पूर्वेणैव सिद्धः पुंवद्भावः । दर्शनीयामात्मानं मन्यते दर्शनीयमानिनी स्त्री ।

न वुह्रत्कोङः ॥४।३।१४९॥ वोर्ह्रतश्च यः ककारस्तदुङः स्त्रिया न पुंवद्भावः । वु—पात्रिकाभार्यः । कारिकाभार्यः । लाक्षिकीतः । लाक्षिकीपाशा । लाक्षिकीयते । लाक्षिकीमानिनी स्त्री । विलेपिकाया धर्म्य 'वैलेपिकम् । "ऋन्महिष्यादेः" [३।३।१६९] इत्यणि कृते "भस्य ह्रत्यढे" [वा०] इति पुंवद्भावः प्राप्तः । पुंवद्भावे ह्रीत्वनिवृत्तिः स्यात् । सामान्येनायं प्रतिषेधः । वुह्रद्ग्रहणं किम् ? मूकभार्यः । जागरूकभार्यः । वराकभार्यः ।

डट्ख्वोः ॥४।३।१५०॥ डडिति प्रत्याहारेण डडन्ता खुश्च स्त्री न पुंवद्भवति । पञ्चमीभार्यः । दशमीभार्यः । पञ्चमीतमः । पञ्चमीपाशः । पञ्चमीयते । पञ्चमीमानिनी । खौ—दत्ताभार्यः । दानक्रिया व्युत्पत्तिद्वारेण संज्ञाशब्देऽप्युक्तपुंस्कत्वमस्ति । दत्तो माणवकः इति पुंवद्भावः प्राप्तः । एवं गुप्ताभार्यः । दत्तातः । गुप्तातः । दत्तिकामानिनी । दत्तिकायते ।

ञ्णिद्धृदरक्तविकारे ४।३।१५१॥ रक्तविकारवर्जितेऽर्थे यो हृत् ञ्णित् तदन्तस्त्री न पुंवद्भवति । ञित्-औत्सीभार्यः । णित्–स्रौघ्नीभार्यः । माथुरीभार्यः । अर्धखार्यां भवा अर्धखारी । **"परिमाणस्थानतोऽर्धाद्वा पूर्वस्य"** [५।२।३२] नैप् । अर्धखारी भार्या अस्य अर्धखारीभार्यः । वैयाकरणी भार्या अस्य वैयाकरणीभार्यः । स्रौघ्नीतः । स्रौघ्नीपाशा । स्रौघ्नीयते । स्रौघ्नीमानिनी । ञ्णिदिति किम् ? तावतीभार्या अस्य तावद्भार्यः । मध्ये भवा मध्यमा भार्या अस्य मध्यमभार्यः । त्रिपृष्ठायनिभार्यः । त्रिपृष्ठस्यापत्यं स्त्री **"फिरदोः"** [३।१।१४७] इति फिः । **"इतो मनुष्यजातेः"** [३।१।५५] इति ङी पुंवद्भावः । हृदिति किम् ? पुष्पलावी भार्या अस्य पुष्पलावभार्यः । अरक्तविकार इति किम् ? कषायेण रक्ता काषायी बृहतिकाऽस्य काषायबृहतिकः । लोहस्य विकारो लौही ईषा अस्य लौहेषो रथः ।

अमानिनीत्स्वाङ्गात् ॥४।३।१५२॥ स्वाङ्गात्परो य ईत् तदन्ता स्त्री न पुंवद्भवति अमानिनि द्यौ । दीर्घकेशीभार्यः । श्लक्ष्णमुखीभार्यः । दीर्घकेशीतः । दीर्घकेशीपाशा । दीर्घकेशीयते । अमानिनीति किम् ? श्लक्ष्णमुखमानिनी । ईदिति किम् ? पृथुजघनभार्यः । अकेशभार्यः । **"न क्रोडादिबह्वचः"** [३।१।४६] **"सहनञ्विद्यमानात्"** [३।१।५०] इति च ङीप्रतिषेधः । स्वाङ्गादिति किम् ? पटुभार्यः ।

जातिश्च ॥४।३।१५३॥ जातिश्च स्त्री न पुंवद्भवति अमानिनि द्यौ । कठीभार्यः । बह्वृचीभार्यः । कठीतः । कठीपाशा । कठीयते । **"वृद्धं च चरणैः सह"** इति वचनाज्जातिः । अमानिनीत्येव । कठमानी । कठमानिनी । चशब्दः किमर्थः ? **"भस्य ढल्यढे"** [वा०] इति प्राप्तस्य पुंवद्भावस्य प्रतिषेधो न भवतीत्यनुक्तसमुच्चयार्थः । तेन हस्तिनीनां समूहो हास्तिकम् ।

पुंवद्यजातीयदेशीये ॥४।३।१५४॥ उक्तपुंस्कादनूः स्त्री पुंवद्भवति यसंज्ञके से स्त्रीलिङ्गे द्यौ जातीय देशीय इत्येतयोश्च परतः । यसे आद्यसूत्रेण पुंवद्भावः सिद्धः । जातीयदेशीययोश्च तसादौ पाठात् । तस्मात्प्रतिषेधनिवृत्त्यर्थं आरम्भः । **"न कुहल्कोडः"** [४।३।१४९] इत्युक्तं तत्रापि पुंवद्भवति । पाचकवृन्दारिका । पाचकजातीया । पाचकदेशीया । **"डट्ख्वोः"** [४।३।१५०] इत्युक्तं तत्रापि भवति । पञ्चमवृन्दारिका । पञ्चमजातीया । पञ्चमदेशीया । दत्तवृन्दारिका । दत्तदेशीया । **"ञ्णिद्धृदरक्तविकारे"** [४।३।१५१] इत्युक्तं तत्रापि भवति औत्सवृन्दारिका । औत्सजातीया । औत्सदेशीया । स्रौघ्नवृन्दारिका । स्रौघ्नजातीया । **"अमानिनीत्स्वाङ्गात्"** [४।३।१५२] इत्युक्तं तत्रापि भवति । दीर्घकेशवृन्दारिका । दीर्घकेशजातीया । दीर्घकेशदेशीया । **"जातिश्च"** [४।३।१५३] इत्युक्तं तत्रापि भवति । कठवृन्दारिका । कठजातीया । कठदेशीया । पुंवद्भाववचनात्सर्वस्य प्रतिषेधस्य निवृत्तिः । उक्तपुंस्कादनूरित्यनुवर्तते । उक्तपुंस्कादिति किम् ? मालावृन्दारिका । मालाजातीया । मालादेशीया । कालिकाश्च ता वृन्दारिकाश्च कालिकावृन्दारिका । कालिकाजातीया । कालिकादेशीया । अनूरिति किम् ? वामोरूवृन्दारिका । वामोरूजातीया । वामोरूदेशीया । **"अडट्प्रियादौ"** [४।३।१४६] इत्युक्तम् । तत्राप्यनेन पुंवद्भवति । कल्याणी चासौ पञ्चमी कल्याणपञ्चमी । कल्याणी चासौ प्रिया कल्याणप्रिया । कल्याणमनोज्ञा । अथात्र कथं पुंवद्भावः, मृग्याः क्षीरम् मृगक्षीरम् ; कुक्कुट्या अण्डम् कुक्कुटाण्डम् । काक्याः शावः काकशावः ? अस्त्रीलिङ्गस्य पूर्वपदस्य सामान्येन विवक्षितत्वाददोषः । अस्त्रीत्यन्तापि स्त्री पुंवद्भवतीत्युक्तम् । इडिविट् चासौ वृन्दारिका च ऐडिविडवृन्दारिका इत्यादौ पुंवद्भाव आद्यसूत्रेणैव सिद्धः ।

झरूपकल्पचेलड्ब्रुवगोत्रमतहते प्रोऽनेकाचः ॥४।३।१५५॥ ईदिति वर्तते। भ, रूप, कल्प, चेलट्, ब्रुव, गोत्र, मत, हत इत्येतेषु परतः उक्तपुंस्कात्परो य ईकारः स्त्रीत्यस्तदन्तस्यानेकाचः प्रो भवति। कुमारितरा। कुमारितमा। कुमारिरूपा। कुमारिकल्पा। "तसादौ" इति पुंवद्भाव ईकारादन्यत्र सावकाशोऽनेन प्रादेशेन बाध्यते कुमारिचेली। कुमारिब्रुवा। कुमारिगोत्रा। कुमारिमता। कुमारिहता। चेलट्शब्दः पचादौ पठ्यते। ब्रूञः शे ब्रुव इहैव निपात्यते। चेलड्ब्रुवगोत्रशब्दाः कुत्सनशब्दाः। **"कुत्स्यं कुत्सनैः"** [१।३।४८] इति सः। मतहताभ्यां विशेषणलक्षणो यसः। अनेकाच इति किम्? स्त्रीतरा। स्त्रितरा। "वा मोः"[४।३।१५६] इति विकल्पः। उक्तपुंस्कादिति किम्? आमलकीतरा। बदरीतरा। अनुक्तपुंस्कादपि कचित्प्र इष्यते। लक्ष्मितरा। तन्त्रितरा। ईदिति किम्? दत्तातरा। गुप्तातरा। स्त्रील्य इति किम्? ग्रामणीतरा। सेनानीतरा। वा मोरिति विकल्पे प्राप्ते पुरस्तादपवादोऽयम्।

वा मोः ॥४।३।१५६॥ मुसंज्ञकस्य वा प्रो भवति भादिषु परतः। अनेन विशेषेण विकल्पे प्राप्ते पुरस्तादनेकाच ईकारस्य नित्यः प्रादेश उक्तः। ततोऽन्यदुदाहरणम्। एकाच् ईकारः ऊकारः सर्वः। स्त्रितरा। स्त्रीतरा। स्त्रितमा। स्त्रीतमा। वामोरुतरा। वामोरूतरा। एवं रूपादिष्वपि नेयम्। उक्तपुंस्कादनूरिति निवृत्तम्। एकार्थ इत्येतदनुवर्तते। तेन स्त्रिया हतः स्त्रीहत इत्यत्र न प्रादेशः। क्तसंज्ञकस्य मोर्न भवतीत्येके। लक्ष्मीतरा। लक्ष्मीतमा।

उगितश्च ॥४।३।१५७॥ उगितश्च परस्य मोर्वा प्रादेशो भवति भादिषु परतः। श्रेयसितरा। श्रेयसीतरा। विदुषितरा। विदुषीतरा। चशब्दः पक्षे पुंवद्भावसमुच्चयार्थः। श्रेयस्तरा। विद्वत्तरा। **"भरूप"** [४।३।१५५] आदिना नित्यः प्रादेशः प्राप्तः पूर्वसूत्राद्वेति व्यवस्थितविभाषाऽपेक्ष्यते। तेनाञ्चतेर्नित्यः प्रादेशः। प्राचितरा।

आन्महतो जातीये च ॥४।३।१५८॥ आकारादेशो भवति महतो जातीये एकार्थे चौ च परतः। महाजातीयः। महापुरुषः। महतः सन्महत्परमेत्यादिना प्रतिपदोक्ते चौ आत्वं सिद्धम्। एकार्थावर्तनं बसेऽपि प्रापणार्थम्। महाप्राणः। महाबाहुः। जातीये चेति किम्? महतः पुत्रो महत्पुत्रः। आदिति द्विमात्रोच्चारणमुत्तरार्थम्। पुंवद्यजातीयादिसूत्रे पुंवदिति योगविभागात्पुंवद्भावः। इहादिति योगविभागादात्वम्। तेन **"महत्या घासकारविशिष्टेषु व्यधिकरणत्येऽपि पुंवद्भावात्वे भवतः"** [वा०] महत्या घासो महाघासः। महत्याः कारो महाकारः। महत्या विशिष्टो महाविशिष्टः। अमहान् महान् सम्पन्नो महद्भूतश्चन्द्रमा इत्यत्र च्वौ निवृत्ते **"च्विडाजूर्यादिः"** [१।२।१३२] इति तिसंज्ञा। भूतशब्देन **"तिकुप्रादयः"** [१।३।८१] इति षसे कृते गौणत्वान्महदर्थस्यात्वाभावः। पूर्वोक्तयोगविभागात्त्विह महतीशब्दस्य पुंवद्भावः अमहती महती सम्पन्ना महद्भूता कन्या।

द्व्यष्टनः संख्यायामबाशीत्योः प्राक्छतात्त्रेस्त्रयः ४।३।१५९॥ द्वि अष्टन् इत्येतयोराकारादेशो भवति संख्यायां चौ प्राक् शतात् बसमशीतिं च वर्जयित्वा, त्रेश्च त्रयसित्ययमादेशो भवति। द्वादश। द्वौ च विंशतिश्च द्वाविंशतिः। **"लिङ्गमशिष्यं लोकाश्रयत्वात्"**। अथवा द्व्यधिका विंशतिः द्वाविंशतिः। समानाधिकरणाधिकयुक्तं शाकपार्थिवादिवद्द्रष्टव्यम्। अष्टादश। अष्टाविंशतिः। अष्टात्रिंशत्। त्रयोदश। त्रयोविंशतिः। त्रयस्त्रिंशत्। द्व्यष्टनस्त्रेरिति किम्? चतुर्दश। संख्यायामिति किम्? द्विमूली। अष्टमूली। त्रिमूली। समाहारे षसः। **"संख्यादी रश्च"** [१।३।४७] इति रसंज्ञः। **"रात्"** [३।१।२५] इति ङीविधिः। अबाशीत्योरिति किम्? द्वौ वा त्रयो वा द्वित्राः। अष्टदशाः। त्रिदशाः। **"संख्याबाङ्गोऽबहुगणात्"** [४।२।६९] इति डः सान्तः। द्व्यशीतिः। त्र्यशीतिः। बसेऽशीतौ च न भवति। प्राक्शतादिति किम्? द्व्यधिकं शतं द्विशतम्। त्रिशतम्। त्रिसहस्रम्।

वा चत्वारिंशदादौ ॥४।३।१६०॥ चत्वारिंशदादौ संख्यायां द्यौ अवाशीत्योद्व्यर्थादीनां यदुक्तं तद्वा भवति। द्वाचत्वारिंशत्। द्विचत्वारिंशत्। द्वापञ्चाशत्। द्विपञ्चाशत्। अष्टाचत्वारिंशत्। अष्टचत्वारिंशत्। अष्टाष्टिः। अष्टषष्टिः। त्रयश्चत्वारिंशत्। त्रिचत्वारिंशत्। अवाशीत्योरित्येव। द्विचत्वारिंशाः। द्व्यशीतिः। अष्टचत्वारिंशाः। अष्टाशीतिः। त्रिचत्वारिंशाः। त्र्यशीतिः। प्राक्शतादित्येव। द्विशतम्। **"अष्टनः कपाले हविष्यात्वं वक्तव्यम्"** [वा०] अष्टाकपालं हविः। अष्टसु कपालेषु संस्कृतं हृदर्थे षसः। **"संख्यादी रश्च"** [१।३।४७] इति रसंज्ञः। **"संस्कृतं भक्ष्याः"** [३।२।११] इत्यण्। तस्य **"रस्योबनपत्ये"** [३।१।७४] इत्युप्। हविषीति किम्? अष्टानां कपालानां समाहारः अष्टकपालं भिद्योः। पात्रादित्वान्नपुंसकलिङ्गता। **"गवे च युक्ते अष्टनः आत्वं वक्तव्यम्"** [वा०] अष्टागवेन शकटेन वहति। अष्टौ गावो युक्ता अस्मिन्निति। अस्मादेव निपातनात् बसेऽपि टः सान्तः। युक्त इति किम्? अष्टानां गवां समाहारः अष्टगवम्। नेदं वक्तव्यम्। आन्महत इति आदिति योगविभागादन्यस्यापीति दीत्वेन वा सिद्धेः।

हृदयस्य हृल्लेखयाणलासेषु ॥ ४।३।१६१ ॥ हृदयस्य हृदित्ययमादेशो भवति लेख य अण् लास इत्येतेषु परतः। हृदयं लिखतीति हृल्लेखः। हृदयाय हितं हृद्यम्। **"प्राग्यङ्गरथ"** [३।४।५] इत्यादिना यः। हृदयस्येदं हार्दम्। हृदयस्य भावो वा युवादिषु **"हृदयादसे"** [३।४।१२० ग० सू०] इति पाठादण्। अणि घञि वा हृल्लासः। लेख इत्यण्णन्तस्य ग्रहणम्। घञि तु हृदादेशो नेष्यते। हृदयस्य लेखः हृदयलेखः। एवं च लेखग्रहणं ज्ञापकम् **"दुय्वधिकारे त्यग्रहणे स्वरूपग्रहणं न तदन्तविधिः"** [प०] **"खित्यभ्केः"** [४।३।१७६] इत्यत्र खित्यनन्तरः प्रादेशभाग्नास्तीति तदन्तविधिरिष्टः।

वा टय्णरोगशोके ॥४।३।१६२॥ टय्ण् रोग शोक इत्येतेषु परतो हृदयस्य वा हृदित्ययमादेशो भवति। सौहार्द्यम्। ब्राह्मणादेराकृतिगणत्वाट्टय्ण्। **"हृत्सिन्धुभगे द्वयोः"** [५।२।२४] पदयोरैप्। पक्षे सौहृदय्यम्। हृद्रोगः। हृदयरोगः। हृच्छोकः। हृदयशोकः। ननु हृदयशब्देन समानार्थो हृच्छब्दोऽस्ति तेनोभयं सिद्धम्। न सिद्ध्यति। अन्येष्वप्युत्तरपदेषु हृच्छब्दस्य प्रयोगः प्रसज्येत।

पादस्य पदाज्यातिगोपहतेषु ॥४।३।१६३॥ पादस्य पद इत्ययमादेशो भवत्याजि आति ग उपहत इत्येतेषु परतः। पादाभ्यामजति पादाभ्यामतति। अजातिभ्यां पाद इण्। वाक्सः। केवलेन आजिशब्देन **"साधनं कृता"** [१।३।२८] इति षसः। अतएव निपातनादजेर्विभावाभावः। पदाजिः। पदातिः। पादाभ्यां गच्छति पदगः। गमेर्डः। पादाभ्यामुपहतः पदोपहतः। पदशब्दः प्रकृत्यन्तरमस्ति तेन सिद्धेऽपि पादशब्दस्यास्मिन् विषये प्रयोगो मा भूदित्येवमर्थम्।

पद्ये ॥४।३।१६४॥ पादं विध्यन्ति पद्याः शर्कराः। **"विध्यत्यकरणेन"** [३।३।१६४] इति यः। तादर्थ्ये तु **"पाद्यार्घ्ये"** [४।२।३२] इति निपातनमुक्तम्। पादार्थमुदकं पाद्यम्। कथं पादाभ्यां चरति पदिक इति? **"पर्पादौ"** [३।३।१३३] पादः पदिति पाठाट्टा सिद्धम्। पूर्वसूत्रे पादस्येति संबन्धलक्षणा ता। तेन पादशब्दस्य यो यस्तस्मिन् पदित्ययमादेशो भवति। सामर्थ्यात्पादान्तस्य न भवति। द्वाभ्यां पादाभ्यां क्रीतं द्विपाद्यम्। त्रिपाद्यम्। **"पणपादमाषाद्यः"** [३।४।३१] इति यः।

हिमकाषिहतौ ॥४।३।१६५॥ हिम काषिन् हति इत्येतेषु परतः पादस्य पदित्ययमादेशो भवति। पादस्य हिमं पद्धिमम्। पत्काषी। वाक्सः। पादाभ्यां हतिः पद्धतिः। **"साधनं कृता"** [१।३।२८] इति सः। णिनि तदन्तविधिरपि। परमपत्काषी।

ऋचः शे ॥४।३।१६६॥ ऋचः पादस्य शे परतः पद्भवति। पादं पादं गायत्र्याः शंसति पच्छो गायत्रीं शंसति। **"संख्यैकाद्वीप्सायाम्"** [४।२।४८] इति शस्। ऋच इति किम्? पादं पादं कार्षापणमस्य ददाति पादशः कार्षापणं ददाति। **"त्याल्यसभवे त्यस्य ग्रहणम्"** [प०] इति शस एव ग्रहणादिह न भवति। पादशंसी गायत्र्याः।

वा निष्कघोषमिश्रशब्दे ॥४।३।१६७॥ निष्क घोष मिश्र शब्द इत्येतेषु परतः पादस्य वा पद्भवति। पादस्य निष्कः पन्निष्कः। पादनिष्कः। पद्घोषः। पादघोषः। पन्मिश्रः। पादमिश्रः। **"पूर्वावरसदृश"** [१।३।२८] इत्यादिना भासः। पच्छब्दः। पादशब्दः।

उदकस्योद घोध्य खौ ॥४।३।१६८॥ उदकस्य उद इत्ययमादेशो भवति घोश्च तस्योदकस्य खुविषये। उदकस्य मेघ उदमेघो नाम यस्यौदमेघिः [पुत्रः]। उदकं वहतीत्युदवाहो नाम यस्यौदवाहिः पुत्रः। अपत्येन पिता लक्ष्यते। उदकस्य घोष उदघोषः। लोहितोदा क्षीरोदा नदी। खाविति किम्? उदकपर्वतः।

पेषमि ॥४।३।१६९॥ पेषमि द्यौ उदकस्य उद इत्ययमादेशो भवति। उदकेन पिनष्टि उदपेषं पिनष्टि तगरम्। **"स्नेहने पिषः"** [२।४।२७] इति णम्। कथम् उदवास उदवाहनः उदधिरिति? संज्ञाशब्दा अमी पूर्वेण सिद्धाः। कथमुदधिर्घटः? उपमानाद्भविष्यति।

वैकहलि पूर्ये ॥४।३।१७०॥ एकोऽसहायस्तुल्यजातीयेन यो हल् तदादौ द्यौ पूर्ये उदकस्य वा उद इत्ययमादेशो भवति। उदकस्य कुम्भः उदकुम्भः। उदककुम्भः। उदघटः। उदकघटः। उदपात्रम्। उदकपात्रम्। एकहलीति किम्? उदकस्थालम्। पूर्य इति किम्? उदकगिरिः। अखावप्राप्ते विभाषेयम्।

मन्थौदनसक्तुबिन्दुवज्रभारहारवीवधगाहे ॥४।३।१७१॥ मन्थ ओदन सक्तु बिन्दु वज्र भार हार वीवध गाह इत्येतेषु परत उदकस्य वा उद इत्ययमादेशो भवति। अपूर्यार्थोऽयं यत्नः। उदमन्थः। उदकमन्थः। उदकेनौदनः उदौदनः। उदकौदनः। उदकेन सक्तुः उदसक्तुः। उदकसक्तुः। **"भक्ष्याच्चाभ्यां मिश्रणव्यञ्जने"** [१।३।३०] इति भासः। उदबिन्दुः। उदकबिन्दुः। उदवज्रः। उदकवज्रः। उदभारः। उदकभारः। उदहारः। उदकहारः। उदवीवधः। उदकवीवधः। उदगाहः। उदकगाहः। मन्थभारहारा अण्णन्ता घजन्ता वा।

इकः प्रोऽङ्याः ॥४।३।१७२॥ इगन्तस्य द्यौ वा प्रो भवत्यङ्याः। ग्रामणिपुत्रः। ग्रामणीपुत्रः। यवलुपुत्रः। यवलूपुत्रः। अलाबु कर्कन्धु दम्भु फलम्। अत्र पूर्वंपूर्वस्य प्रादेशे सति उत्तरेण सविधिः। इक इति किम्? खट्वापादः। मालापादः। अङ्या इति किम्? गार्गीपुत्रः। दासीपुत्रः। वेति व्यवस्थितविभाषाश्रयणादिह न भवति। कारीषगन्धीपुत्रः। कारीषगन्धीपतिः। भ्रिमंज्ञेयुवां च न प्रादेशः। काण्डीभूतम्। कुड्यीभूतम्। श्रीकुलम्। भ्रूकुलम्। भ्रूकुंसादीनां तु प्रादेशो भवत्येव। भ्रुकुंसः। क्वचिदन्यदेव। भ्रुकुंसादीनामकाराश्चान्तादेश इष्यते। भ्रकुंसः। भ्रकुटिः।

त्वे ङ्यापो क्वचित्खौ च ॥४।३।१७३॥ त्वे परतो ङ्यन्तस्य आबन्तस्य क्वचित्प्रो भवति खौ च द्यौ। अजत्वम्। अजात्वम्। रोहिणित्वम्। रोहिणीत्वम्। त्वे छान्दसः प्रयोग इति केचित्। खौ—रेवतिमित्रः। रोहिणिमित्रः। भरणिमित्रः। क्वचिन्न भवति। नान्दीकरः। नान्दीघोषः। आबन्तस्य शिलाया वहः शिलवहः। शिलप्रस्थः। शिंशपस्थलम्। न च भवति लोपिकाग्रहम्। लोपिकाषण्डम्। क्वचिद् ग्रहणं बहुलार्थम्।

द्वति चैका ॥४।३।१७४॥ द्वति परतो द्यौ च एका इत्येतस्य प्रो भवति। एकस्या आगतम् एकरूप्यम्। एकमयम्। **"हेतुमनुष्याद्वा रूप्यः"** [३।३।५५] **"मयट्"** [३।३।५६] इति च रूप्यमयटौ। एकस्या भाव एकत्वम्। एकता। गुणवचनत्वे **"तसादौ"** [४।३।१४७] **स्वनलोर्गुणवचनस्य** इति पुंवद्भावेन सिद्धत्वादन्यत्रेदं द्रष्टव्यम्। द्यौ एकस्या क्षीरम् एकक्षीरम्। एकदुग्धम्। एका प्रिया अस्य एकप्रियः। एकमनोज्ञः।

मालेषीकेष्टकानां भारितूलचिते ॥४।३।१७५॥ माला, इषीका, इष्टका इत्येतेषां प्रो भवति भारिन् तूल चित इत्येतेषु परतः। मालभारी। मालभारिणी। इषीकतूलम्। इष्टकचितम्। क्वचिदित्यनुवृत्तेर्मालादिभिस्तदन्तविधिरपि। उत्पलमालभारिणी। मुञ्जेषीकतूलम्। पक्वेष्टकचितम्।

खित्यभेः ॥४।३।१७६॥ खिदन्ते द्यौ अजन्तस्य प्रो भवत्यभेः । कालीमात्मानं मन्यते कालिम्मन्या । रोहिणिम्मन्या । **"खश्चात्मनः"** [२।२।७१] इति खश् । खित्यनन्तरः प्रादेशभाग्नास्तीत्युक्तम् । अभेरिति प्रतिषेधाच्च खिदन्ते द्यौ पूर्वस्य प्रपरोऽपि **"मुमचः"** [४।३।१७७] इति प्रादेशेन बाध्यते । अभेरिति किम् ? दोषामन्यमहः । दिवामन्या रात्रिः ।

मुमचः ॥४।३।१७७॥ पूर्वस्य पदस्याजन्तस्य खिदन्ते द्यौ मुम् भवत्यभेः । प्रियंवदः । वशंवदः । कालिम्मन्या । हरिणिम्मन्या । **"विध्वरुषोस्तुदः सखम्"** [२।२।३७] इति सखे कृते मुम् । विधुन्तुदः । अरुन्तुदः । **"द्विषन्तपेरम्मद"** [२।२।३८] इति निपातनाद् द्विषन्तपः । अच इति किम् ? विद्वन्मन्यः ।

अमेकाचोऽम्वत् ॥४।३।१७८॥ अच इति वर्तते । अजन्तस्य पूर्वपदस्यैकाचोऽम् भवति खिदन्ते द्यौ अमीवास्मिन् कार्यं भवति । आत्वपूर्वस्यैबि युवादिप्रयोजनम् । अवर्णान्तस्यामि नास्ति विशेषः । अनवर्णान्त-मुदाहरणम् । गाम्मन्यः । स्त्रीम्मन्यः । स्त्रियम्मन्यः । नृशब्दस्य नरम्मन्यः । श्रियम्मन्यः । भ्रुवम्मन्यः । नावमात्मानं मन्यते नावम्मन्यः । प्रादेशमुमोरयमपवादः । एकाच इति किम् ? लेखाभ्रं मन्यः । अच इत्येव द्विण्मन्यः । निपातनाद् वाचंयमपुरन्दरौ । अमित्यागमलिङ्गादपरोऽपि मकारः प्रयोगश्रवणार्थः स्फान्तखेन निर्दिष्टः । अथेह कथम्भवितव्यम्, श्रियमात्मानं कुलं मन्यते इति ? उच्यते–श्रीशब्द आविष्टलिङ्गः स्त्रियामेव वर्तत इति श्रियम्मन्यमिति भवितव्यम् । अन्ये मन्यन्ते स्वलिङ्गान्तरेऽपि वृत्तिर्दृष्टा । यथा प्रष्ठादिशब्दानां पुंयोगात् स्त्रियां वृत्तिः । प्रष्ठी । प्रचरी । गणकी । एवं श्रीशब्दस्य कुले वर्तमानस्य नपुंसकलिङ्गत्वं **"प्रो नपि"** [१।१।७] इति प्रादेशः । अम्वदतिदेशात् **"नपः स्वमोः"** [५।१।२०] इत्युप् । **"मध्येऽपवादाः पूर्वान् विधीन् बाधन्ते नोत्तरान्"** [प०] इति **"सुपो धुमृदोः"** [१।४।१४२] इत्यस्यैवोपोऽमागमो बाधको नोत्तरस्य तेन श्रिमन्यमिति भवितव्यम् । एतच्च नातिश्लिष्टम् । वेदः प्रमाणमित्यादौ लिङ्गान्तरं प्रसज्येत ।

सत्यागदास्तोः कारे ॥४।३।१७९॥ सत्य, अगद, अस्तु इत्येतेषां कारे द्यौ मुमागमो भवति । सत्यङ्कारः । अगदङ्कारः । अणि घञि वा काररूपम् । अस्तुशब्दो निसंज्ञकोऽभ्युपगमे वर्तते । अस्त्वित्यस्य करणम् अस्तुङ्कारः ।

रात्रेः कृति प्रभाचन्द्रस्य ॥४।३।१८०॥ रात्रिशब्दस्य कृति द्यौ मुमागमो भवति प्रभाचन्द्रस्याचार्यस्य मतेन । रात्रिञ्चरः । रात्रिचरः । रात्रिमाटः । रात्र्याटः । कृद्ग्रहणसामर्थ्यादयमप्राप्ते विकल्पः । खिति पूर्वनिर्णयेन नित्यं मुमागमः । रात्रिंमन्यमहः । रात्रेरनन्तरः कृन्नास्तीति कृदन्तग्रहणम् । ननु रात्रिरिवाचरतीति **"आचारे सर्वमृद्भ्यः क्विप्"** [२।१।६ वा०] इति तदन्तात्कृत्क्विबस्ति । यदि तदर्थं कृद्ग्रहणं स्यात् । रात्रेः क्विपीति निर्देशं कुर्यात् । क्विबन्तस्य तु रात्रिशब्दस्य अन्यस्मिन् कृदन्ते मुम्न स्यात् गौणत्वात् ।

नञोऽन् ॥४।३।१८१॥ नञोऽनित्ययमादेशो भवति द्यौ । न हिंसा अहिंसा **"नञ्"** [१।३।६८] सुपा इति षसः । अनेकाल्त्वात्सर्वादेशोऽन् । स्थानिवद्भावेन पदादेशः पदवद्भवति इति नखम् । एवम् अक्रोधः । अस्तेयम् । सानुबन्धकनिर्देशः किमर्थः ? वामनपुत्रः पामनपुत्र इत्यत्र माभूत् । द्यावित्येव । न भुङ्क्ते । **"नञोऽनुभावे क्षेपे मिङ्युपसंख्यानम्"** [वा०] । अकरोषि त्वं जाल्म । अपचसि त्वं जाल्म ।

अचि ॥४।३।१८२॥ अजादौ च द्यौ नञोऽन् भवति । अनन्तः । अनादिः । अनुपमो जिनः । पुनर्वचनं नखनिर्वृत्त्यर्थम् । **"अदोऽनन्ने"** [२।२।६०] इति ज्ञापकान्नञो नो ङमुण् न भवति ।

नभ्राण्नपान्नवेदानासत्यानमुचिनकुलनखनपुंसकनक्षत्रनक्रनाकनागाः ॥४।३।१८३॥ नभ्राट् नपात् नवेदा नासत्या नमुचि नकुल नख नपुंसक नक्षत्र नक्र नाक नाग इत्येते शब्दा निपात्यन्ते । न भ्राजते न वा न भ्राजते किन्तु भ्राजत एवेति नभ्राट् । भ्राजतौ क्यन्ते द्यौ नञः प्रकृतिभावः । द्वयोर्वा नञोः एको

नशब्दो निपात्यते । न पाति न वा न पाति नपात् । नपुंसकलिङ्गे शत्रन्ते पातौ पूर्ववन्निपातनम् । न वेत्ति न वा न वेत्ति नवेदाः । **"अस् सर्वधुभ्यः"** [उ० सू०] इति विदेरस् । **"अत्वसोऽधोः"** [४।४।१२] इति दीत्वम् । सत्सु सार्वा सत्या न सत्या असत्या । पुनर्नञ्से नासत्या । नञः प्रकृतिभावः । पुंस्यपीदं निपातनम् । नासत्या नाम केचित् । न मुञ्चति न वा न मुञ्चति मुचेरौणादिके इकि नमुचिः । नास्य कुलमस्ति न वानकुलमस्ति नकुलम् । नास्य खमस्ति न वा न खमस्ति नखः । न स्त्री न पुमान् नपुंसकः । स्त्रीपुंसयोर्नपुंसकभावो नञश्च प्रकृतिभावः । न क्षरति न क्षीयते इति वा नक्षत्रम् । क्षरतेः क्षीयतेर्वा त्रद्भावो नञश्च प्रकृतिभावः । न क्रीणाति न क्रामतीति वा नक्रः । क्रीञः क्रमेर्वा डत्यो नञश्च प्रकृतिभावः । अक अग कुटिलायां गताविल्यनयोः पचाद्यचि अकागौ भवतः । नाकः । नागः । नञः प्रकृतिभावः अथवा नास्मिन् कं दुःखमस्ति नाकः । न गच्छतीत्यगः । एतेषां रूढिशब्दाना यथा कथञ्चिद् व्युत्पत्तिः ।

एकान्नः ॥४।३।१८४॥ एकान्न इति निपात्यते द्यौ । एकेन न विंशतिः एकान्नविंशतिः । एकेन न त्रिंशत् । नञो विंशतिशब्देन **"नञ्"** [१।३।६८] इति षसः । एकशब्दस्य भान्तस्य न विंशतिशब्देन **"साधनं कृता बहुलम्"** [१।३।२६] इति बहुलवचनाद् भेति योगविभागात्षसे कृते एकशब्दस्यादुक् नञश्च प्रकृतिभावो निपात्यते । अदुकः पूर्वान्तकरणं **"यरो ङो विभाषा ङे"** [५।४।१२५] इति विकल्पेन ङार्थम् । एकाद्नविंशतिः । एकाद्नत्रिंशत् ।

नगो वाऽजीवे ॥४।३।१८५॥ नग इति वा निपात्यते अजीवेऽर्थे । । नगा वृक्षाः । नगाः शालयः । नगाः पर्वताः । अगा वृक्षाः । अगाः शालयः । अगाः पर्वताः । न गच्छन्तीति सुपि वाचि **"गमेर्डः"** [२।२।४६] वाक्सः । अजीव इति किम् ? अगो देवदत्तः शीतेन ।

सहस्य सः खौ ॥४।३।१८६॥ सहस्य स इत्ययमादेशो भवति खुविषये । द्याविति वर्तते । सहाश्वत्थेन वर्तते साश्वत्थम् । सपलाशम् । सशिंशपम् । सनामधेयम् । सरसा दूर्वा । **"तेन"** [१।३।६०] **"सहेति तुल्ययोगे"** [१।३।६१] इति बसः । **"वा नीचः"** [४।३।१६०] इति विकल्पे प्राप्ते अयं विधिः । खाविति किम् ? सहयुध्वा । सहकृत्वा । सहयुद्धवान् । **"राज्ञि युधि कृञः"** [२।२।८२] **"सहे"** [२।२।८३] इति क्वनिप् ।

ग्रन्थान्तेऽधिके ॥४।३।१८७॥ ग्रन्थान्ते अधिके च वर्तमानस्य सहस्य स इत्ययमादेशो भवति । ग्रन्थान्ते हसः । सकलं ज्योतिषमधीते । समुहूर्तमधीते । कला कलावशेषः मुहूर्तश्च तत्सहचरितो ग्रन्थोऽपि तथोक्तः । कलामन्तं कृत्वा मुहूर्तमन्तं कृत्वा । साकल्यान्तोक्तौ हसः । **"हेऽकाले"** [४।३।१८६] इति काले प्रतिषेधादनेन सादेशः । अधिके बसः । सह द्रोणेन वर्तते सद्रोणा खारी । समाषः कार्षापणः । सकाकणीको माषः । **"वा नीचः"** [४।३।१६०] इति विकल्पः प्राप्तः ।

द्वितीयेऽनुपाख्ये ॥४।३।१८८॥ द्वितीयेऽनुपाख्यायमाने सहस्य स इत्ययमादेशो भवति । द्वयोः सहयुक्तयोर्न्यग्भूतो द्वितीयः । स एवाप्रत्यक्षोऽनुपाख्य उक्तः । साग्निः कपोतः । समूसलः व्रीहिकंसः । सपिशाचा वात्या । सराक्षसीका शाला । अग्न्यादयोऽप्रत्यक्षेणानुपलभ्यमानाः कपोतादिभिरनुमीयमानत्वादनुपाख्याः । अनुपाख्य इति किम् ? सच्छात्रः सहच्छात्र उपाध्यायः । उपाख्यायत इत्युपाख्यः । **"युड्व्या बहुलम्"** [२।३।६४] इति बहुलवचनात् **"आतो गौ"** [२।१।१०६] इति कर्मणि कः ।

हेऽकाले ॥४।३।१८६॥ हसंज्ञके सहस्य स इत्ययमादेशो भवत्यकालवाचिनि द्यौ । सचक्रं धेहि । सधुरं प्राज । युगपच्चक्रे । युगपद्धुरौ । **"यौगपद्य"** [१।३।५] इति हसः । **"ऋक्पूरब्धूःपथोऽनक्षे"** [४।२।७०] इति धुरोऽकारः सान्तः । अकाल इति किम् ? सहपूर्वाह्णम् । सहापराह्णम् । यौगपद्ये साकल्योक्तौ वा हसः ।

वा नीचः ॥४।३।१६०॥ नीचोऽवयवस्य सहशब्दस्य वा स इत्ययमादेशो भवति द्यौ । सशिष्यः सहशिष्य आचार्यः । सपुत्रः सहपुत्रः पिता । नीच इति किम् ? सहयुध्वा । सहकृत्वा । नात्र समुदायस्य नीचोऽवयवः सहशब्दः । नीच इति समुदायस्य विशेषणं सहशब्दस्य सर्वत्र विधौ न्यक्त्वात् । इह सहयुद्धप्रियः । प्रियसहयुध्वेति च सहस्य सः कस्मान्न भवति । यदत्र द्यु तदपेक्षया न सहशब्दो नीचोऽवयव इति न भवति ।

नाशिष्यगोवत्सहले ॥४।३।१६१॥ आशिषि सहस्य सादेशो न भवति गोवत्सहलवर्जिते द्यौ । स्वस्ति सहशिष्याय गुरवे । स्वस्ति राज्ञे सहपुत्राय । अगोवत्सहल इति किम् ? स्वस्त्यस्तु सगवे सहगवे । सवत्साय सहवत्साय । सहलाय सहहलाय ।

समानस्य स ज्योतिर्जनपदरात्रिनाभिनामगोत्ररूपस्थानवर्णवयोवचनबन्धुषु ॥४।३।१६२॥ समानस्य स इत्ययमादेशो भवति ज्योतिष्, जनपद, रात्रि, नाभि, नाम, गोत्र, रूप, स्थान, वर्ण, वयस् वचन, बन्धु इत्येतेषु परतः । समानं ज्योतिरस्य सज्योतिः । यदि वा समानं च तज्ज्योतिश्च सज्योतिः । **"पूर्वापरप्रथम"** [१।३।५३] इत्यादिना यसः । सजनपदः । सरात्रिः । सनाभिः । सनामः । सगोत्रः । सरूपः । सस्थानः । [सवर्णः । सवयाः ।] सवचनः । सबन्धुः । बसेऽभिधेयवल्लिङ्गम् । यसे च परवल्लिङ्गम् । समानस्येति योगविभागादन्येष्वपि सादेशः । तेन सधर्मा । सपक्षः । सगन्धः । सदेशः । समानजातीयः । **"जातेश्छो बन्धुनि"** [४।२।१८] इति स्वार्थे छः । समाने तीर्थे भवः सतीर्थ्यः । दिगादित्वाद्य इत्येवमादि सिद्धम् ।

सब्रह्मचारी ॥४।३।१६३॥ सब्रह्मचारीति निपात्यते चरणे गम्यमाने । समानो ब्रह्मचारी समाने ब्रह्मणि व्रतं चरति वा सब्रह्मचारी । समाने आगमे व्रतचारीत्यर्थः ।

वोदर्ये ॥४।३।१६४॥ उदर्यशब्दे द्यौ समानस्य वा स इत्ययमादेशो भवति । समानोदरे शयितः सोदर्यः । समानोदर्यः । **"समानोदरे शयितः"** [३।३।२०८] इति यः । कथं युधिष्ठिरसोदरो वृकोदर इति । समानस्येति योगविभागात् ।

दृशदृग्दृक्षवतौ ॥४।३।१६५॥ दृश दृक् दृक्ष वतु इत्येतेषु परतः समानस्य स इत्ययमादेशो भवति । समानो दृश्यते सदृशः । बहुलवचनात्कर्मणि टगादिः । अन्यथा वा व्युत्पत्तिमात्रं कार्यम् । समानमात्मानं पश्यति सदृशः । सदृक् । सदृक्षः । **"त्यदादौ दृशोऽनालोके टक् च"** [२।२।५८] इत्यत्र **"समानान्ययोश्च"** [वा०] इति वचनाट्टक्किश्च भवति । क्सोऽप्यस्मादेव निर्देशात् तत्र स्मर्तव्यः । वतुः समानशब्दात्परो न सम्भवतीति वतुग्रहणमुत्तरार्थम् ।

किमिदमोः कीश् ॥४।३।१६६॥ किम् इदम् इत्येतयोः की ईश इत्येतावादेशौ भवतः दृशादिषु परतः । क इव दृश्यते कमिव पश्यति वा कीदृशः । कीदृक् । कीदृक्षः । किम्परिमाणमस्य कियान् । **"किमः"** [३।४।१६२] इति वतुर्वकारस्य च घः । अयमिव दृश्यते इममिव पश्यति वा ईदृशः । ईदृक् । ईदृक्षः । इदम्परिमाणमस्य इयान् । **"इदमो वो घः"** [३।४।१६१] इति वतुर्वकारस्य च घः । **"आ सर्वनाम्नः"** [४।३।१६७] इत्यात्वस्यापवादोऽयम् ।

आ सर्वनाम्नः ॥४।३।१६७॥ सर्वनाम्न आकारादेशो भवति दृशदृग्दृक्षवतुषु परतः । स इव दृश्यते तमिव पश्यति वा तादृशः । तादृक् । तादृक्षः । तत्परिमाणमस्य तावान् । **"यत्तदेतेभ्यः परिमाणे वतुः"** [३।४।१६०] इति वतुः । यादृक्षः । यादृशः । यावान् । अन्यादृशः । अन्यादृक् । अन्यादृक्षः । आ इति द्विमात्रोच्चारणम् **"एप्यतोऽपदे"** [४।३।८४] इति पररूपनिवृत्त्यर्थम् । अकारोच्चारणे तु हलिनिवृत्त्यर्थं स्यात् । अन्यशब्दे च दोषः प्रसज्येत । त्यदादेरिति सिद्धे सर्वनाम्न इति ग्रहणम् अन्यशब्दसंग्रहार्थमुत्तरार्थं च ।

विष्वग्देवयोश्च टेरद्र्यञ्चौ क्वौ ॥४।३।१६८॥ विष्वग् देव इत्येतयोः सर्वनाम्नश्च टेरद्रिरादेशो भवत्यञ्चतौ क्व्यन्ते परतः। विषुवतीति विषुः। विषुमञ्चतीति ऋत्विगादिसूत्रेण क्वौ कृते विष्वक्। विष्वञ्चमञ्चतीति क्वावागतनिवृत्ते नखम्। वाकत्वे सुः। **"उगिदचाम्"** [५।४।४६] इति नुम्। हल्ङ्यादिखे। स्फान्तखे। **"क्विन्प्रत्ययस्य कुः"**[५।३।७५] इति नकारस्य ङकारः। विष्वद्र्यङ्। यद्र्यङ्। तद्र्यङ्। कद्र्यङ्। विष्वग्देवयोश्चेति किम्? वृक्षमञ्चतीति वृक्षाङ्। अञ्चाविति किम्? विष्वग्युक्। देवयुक्। क्वाविति किम्? विष्वगञ्चनम्। देवाञ्चनम्। ननु क्वावेवाञ्चतिः केवलो धुर्भवति तत्किं क्विग्रहणेन। इदं क्विग्रहणं ज्ञापकम्—**"अन्यत्र धुग्रहणे ध्वादेः समुदायस्य ग्रहणम्"** [प०] इति। तेन कृकम्यादिसूत्रे अयस्कृतमयस्कार इत्यादौ सत्वं सिद्धम्। अन्यथेहैव स्यात्। अयस्कृदिति।

समः समि ॥४।३।१६६॥ समः समीत्ययमादेशो भवत्यञ्चतौ क्व्यन्ते परतः। सम्यङ्। सम्यञ्चौ सम्यञ्चः। इका सिद्धे समिरिति वचनम् **"अनित्यमागमशासनम्"** [प०] इति ज्ञापयति। तेनं वान्त इत्यादि सिद्धम्।

तिरसस्तिर्यखे ॥४।३।२००॥ तिरसस्तिरिरित्ययमादेशो भवत्यञ्चतौक्व्यन्ते परतो यत्राञ्चतेरकारस्य खं न भवति। तिर्यङ्। तिर्यञ्चौ। तिर्यञ्चः। तिर्यग्भ्याम्। तिर्यग्भिः। अख इति किम्? तिरश्चः। तिरश्चा। अच इत्यकारस्य खम्। न विद्यते अञ्चतेर्विशेषविहितमकारस्य खं यस्मिन्। हलुङो नखं तु सर्वसाधारणं न तस्येह पर्युदासः। न त्वस्य खमिति तस्मिन् तिरिभावः **"तिरश्च्यपवर्गे"** [२।४।४५] इति निर्देशात्। ननु च **"तिवाकारकाणां कृद्भिः सविधिः"** [प०] इति कृदन्ते नैवाञ्चतिना वृत्तौ कृतायां सुबन्तत्वाभावात्कथमञ्चतेर्धुसंज्ञा। नैष दोषः। अभ्रविलितीत्येवमादौ विषये तिवाकारकाणामित्यस्य व्यापारो न सर्वत्र।

सहस्य सध्रिः ॥४।३।२०१॥ सहस्य सध्रिरादेशो भवत्यञ्चतौ क्व्यन्ते परतः। सध्र्यङ्। सध्र्यञ्चौ। सध्र्यञ्चः। सध्रीचः। सध्रीचा। **"अचः"** [४।४।१२५] इत्यखम्। **"चौ"** इति दीत्वम्।

द्व्यन्तर्नगेरीदपः ॥४।३।२०२॥ द्विशब्दादनवर्णान्ताच्च गेः परस्य अपशब्दस्य ईकारादेशो भवति। द्विगता आपो यस्मिन्निति द्वीपः। प्राक् **"परस्यादेः"** ईकारः पश्चात् **"ऋक्पूरब्धूः"** इत्यः सान्तः। **"अन्तःशब्दस्य अ(सा)ङ्किविधिणत्वेषु गिसंज्ञोक्ता"** [वा०] अन्तर्गता आपोऽस्मिन्नन्तरीपः। समीपम्। वीपम्। इह क्रियायोगाभावाद्गिसंज्ञोपलक्षितानां प्रादीनां ग्रहणम्। अनगेरिति किम्? प्रापम्। परापम्। समापम्।

देशेऽनोरुः ॥४।३।२०३॥ देशाभिधानेऽनोः परस्यापः उकारादेशो भवति। अनुगता आपोऽस्मिन्नित्यनूपो देशः। देश इति किम्? अन्वीपं वनम्। कथं कूपः सूपः अनूप इति? पृषोदरादिपाठात्।

छकारकेऽन्यस्य दुक् ॥४।३।२०४॥ छे कारके च परतोऽन्यस्य दुगागमो भवति। अन्यस्येदम् अन्यस्मिन् भवं वा अन्यदीयम्। गहादिपाठाच्छः। अन्यस्य कारकम् अन्यत्कारकम्। अन्यः कारकः अन्यत्कारकः।

अताभास्थस्याशीराशास्थास्थितोत्सुकोतिरागे ॥४।३।२०५॥ अतास्थस्याभास्थस्य चान्यस्य दुगागमो भवति आशिष् आशा आस्था आस्थित उत्सुक ऊति राग इत्येतेषु परतः। अन्या आशीः अन्यदाशीः अन्या आशा अन्यदाशा। अन्या आस्था अन्यदास्था। अन्य आस्थितः अन्यदास्थितः। अन्य उत्सुकः अन्यदुत्सुकः। अन्या ऊतिः अन्यदूतिः। अन्यो रागः अन्यद्रागः। **"विशेषणं विशेष्येणेति"** [१।३।५२] यसः। अताभास्थस्येति किम्? अन्यस्याशा अन्याशा। अन्येनास्थितः अन्यास्थितः।

वाऽर्थे यौ ॥४।३।२०६॥ अन्यस्य वा दुग् भवति। अन्योऽर्थः, अन्यस्मै अर्थः अन्यदर्थः। अताभास्थस्येत्येव। अन्यस्यार्थोऽन्यार्थः। अन्येनार्थोऽन्यार्थः।

कत्कोः षेऽचि ॥४।३।२०७॥ कोः कद्भवति षसञ्ज्ञके सेऽजादौ यौ। कुत्सितोऽजः। **"तिकुप्रादयः"** [१।३।८१] इति षसः। कदजः। कदश्वः। कदन्नम्। ष इति किम्? कि-भो राजा। अचीति किम्? कुब्राह्मणः। कुवृषलः। कत्कोरिति योगविभागात्त्रिशब्देऽपि भविष्यति। कुत्सितास्त्रयः कत्त्रयः। **"किमो वा त्रौ कद्वक्तव्यः"** [वा०] के त्रयः कत्त्रयः।

रथवदयोः ॥४।३।२०८॥ रथ वद इत्येतयोः परतः कोः कद् भवति पसे। कुत्सितो रथः कद्रथः। कुत्सितो वदः कद्वदः।

तृणे जातौ ॥४।३।२०९॥ तृणे द्यौ कोः कद्भवति समुदायेन जातावभिधेयायाम्। कत्तृणा नाम जातिः। तस्या अवयवः कत्तृणम्। जाताविति किम्? कुत्सितानि तृणानि कुतृणानि।

का पथ्यक्षयोः ॥४।३।२१०॥ कोः का इत्ययमादेशो भवति पथिन् अक्ष इत्येतयोः परतः। कुत्सितः पन्थाः कापथः। कुत्सितमक्षं काक्षम्। अक्षशब्दस्य अकारान्तस्य कृतषान्तस्य चाविशेषेण ग्रहणम्। पस इति निवृत्तम्। कुत्सितेऽक्षिणी अस्य काक्षः। "स्वाङ्गाद्धेऽक्षिसक्थ्नः" [४।२।११३] इति टः सान्तः। पथ-शब्दोऽकारान्तोऽप्यस्ति। तस्य कुपथमिति पे भवति।

ईषदर्थे ॥४।३।२११॥ ईषदर्थे कोः का भवति। ईषत्कटुकं काकटुकम्। कामधुरम्। कालवणम्। "तिकुप्रादयः" [१।३।८१] इति सः। "कत्कोः षेऽचि" [४।३।२०७] इति तत्रोपलक्षणमात्रम्। अजादावपि परत्वात्कादेश एव। काम्लम्।

पुरुषे वा ॥४।३।२१२॥ पुरुषशब्दे द्यौ कोः का इत्ययमादेशो भवति वा। कुत्सितः पुरुषः कापुरुषः। कुपुरुषः। अप्राप्ते विकल्पोऽयम्। ईषदर्थे पूर्वनिर्णयेन नित्यं कादेशः।

कवमुष्णे ॥४।३।२१३॥ कोः स्थाने कवरूपं भवति उष्णे परतः का च वा। कवशब्दो नपुंसक-लिङ्गो निर्दिष्टः। कवोष्णम्। कोष्णम्। आभ्यां मुक्ते "कत्कोः षेऽचि" [४।३।२०७] इति कद्भावे कदुष्णम्। अनीषदर्थे कदुष्णमेव।

पृषोदरादीनि यथोपदिष्टम् ॥४।३।२१४॥ पृषोदरप्रकाराणि शब्दरूपाणि यथोपदिष्टं साधूनि भवन्ति। यथा तेषु वर्णनाशागमवर्णविकाराः विशिष्टैः प्रयुक्ता दृश्यन्ते तथैव तेषां साधुत्वमित्यर्थः। उप-दिष्टानतिक्रमेण यथोपदिष्टम्। ये ये उपदिष्टाः इति वीप्सायां वा हसः। पृषदुदरमस्य पृषोदरः। पृषोदरा कन्या। पृषत उद्वानं पृषोद्वानम्। तकारस्य खं निपात्यम्। अश्वत्थः। कपित्थः। महित्थः। दधित्थः। अश्व इव तिष्ठति कपिरिव तिष्ठति मह्यां तिष्ठति दधनि तिष्ठति। "सुपि" [२।२।७] इति स्थः कः। सकारस्य तत्वं निपात्यम्। महीशब्दस्य "त्वे ङ्यापोः क्वचित्खौ च" [४।३।१७३] इति प्रादेशः। वारिवाहको बलाहकः। वारि-शब्दस्य बशब्दः परस्य चादेर्लत्वं निपात्यम्। जीवनस्य मूतं जीमूतम्। वनशब्दस्य खम्। मह्यां रौतीति मयूरः। रौतेरचि टिखं महीशब्दस्य च मयूभावः। शवस्य शयनं श्मशानम्। शवशब्दस्य श्मादेशः शयनस्य च शानम्। ब्रुवन्तोऽस्यां सीदन्तीति बृसी। ब्रुवच्छब्दस्य बृभावः सदेर्लडन्तस्य च सीभावः। "षष उत्वं दतृदशधासूत्तरपदादेः ष्टुत्वं च" "धाशब्दे तु वा षष उत्वम्"। षड् दन्ता अस्य षोडन्। "वयसि दन्तस्य दतृ" इति दत्रादेशः। षट् च दश चेति षोडश। षड्भिः प्रकारैः षोढा। षड्धा वा। इह षड् दधातीति स्त्री। आतः के कृते टापि च षड्धा। लाक्षणिकत्वाडुत्वाभावः "दिक्छब्देभ्यस्तीरस्य तारभावः"। दक्षिणस्य तीरम्, दक्षिणतारम्। उत्तरतारम्। "वाचो वादे डत्वं वलभावश्चोत्तरपदस्येति निपात्यते"। वाग्वादस्यापत्यं वाड्वलिः। एवमन्येऽप्यूह्याः शब्दाः। पिशिताशः। पिशाचः। मुहुः स्वनं लातीति मुसलः। ऊर्ध्वकर्णं उलूकः। मेहनस्य खस्य माला मेखला। कौ जीर्यति कुञ्जरः। ऊर्ध्वं खमस्य उलूखलः।

"वर्णागमो वर्णविपर्ययश्च द्वौ चापरौ वर्णविकारनाशौ।
धूनां तदर्थोऽतिशयेन योगास्तदुच्यते वर्णविधौ निरुक्तम्॥"

संख्याविसायादेरहनस्याहन्वा ङौ ॥४।३।२१५॥ संख्या वि साय इत्येवमादेरह्नशब्दस्य अह्नित्ययमादेशो वा भवति ङौ परतः। द्वयोरह्नोर्भवो द्व्यह्नः। "हृदर्थे" [१।३।४६] इति पसः। "संख्यादी रश्च" [१।३।४७] इति रसंज्ञा। सान्तष्टः। "एभ्योऽह्नोऽह्नः" [४।२।९०] इत्यत्र भिसंख्यादेरित्यनुवर्तनादह्लादेशः।

भवार्थे आगतस्य कालाट् ठञः "रस्योबनपत्ये" [३।१।७४] इत्युपि ङौ कृते "वा ङिश्योः [४।४।१२४] इति वाऽनोऽखम्। द्व्यह्नि। द्व्यहनि। द्व्यह्ने। यावत्सु अहस्सु भवो यावदहः। "वतोवेंट्" [३।४।२०] इत्यत्र वत्वन्तस्य संख्यासंज्ञोक्ता। ङौ यावदह्नि। यावदहनि। यावदह्ने। विगतमहर्व्यहः। "तिकुप्रादयः" [१।३।८१] इति षसः। ङौ व्यह्नि। व्यहनि। व्यह्ने। सायमहः। सायाह्नः। विशेषणसविधिः। सायंशब्दस्य भिसंज्ञकस्यात एव निपातनान्मकारस्य खम्। अकारान्तस्य सम्भवेऽह्नादेशो बिपात्यः। सायाह्नि। सायाहनि। सायाह्ने। संख्याविसायादेरिति किम्? पूर्वाह्ने गतः। पूर्वमहः पूर्वाह्णः। विशेषणसविधिः। "अतोऽह्नः" [५।४।६१] इति णत्वम्।

ढ्रखे पूर्वस्याणो दीः ॥४।३।२१६॥ ढकाररेफयोः खं यस्मिन् वर्णे स ढ्रखस्तस्मिन् पूर्वस्याणो दीर्भवति। षसेऽप्यदोषः। खस्याभावरूपत्वेऽपि पौर्वापर्यं बुद्धिकृतम्। यथा वर्णयोरयौगपद्येऽपि अचीको यणित्येवमादौ। लीढमुपगूढं मूढेन। अग्नी रथम्। वायू रथम्। पुना रक्तं वासः। ढ्रख इतीब्निर्देशात् पूर्वस्येति लब्धे पूर्वग्रहणं किम्? पूर्वमात्रस्य यथा द्यावेव स्यात्। अन्यथा द्यावेव स्यात्। नीरक्तम्। दूरक्तम्। इह न स्याद् अजर्घाः इति। जर्गृधः लङः सिप् एप्। भष्भावः। धकारस्य जश्त्वम्। "सिपि रिर्वा" [५।३।८१] "दः" [५।३।८२] इति रिः। अण इति किम्? तृढू तृढः। वृढू वृढः।

सहिवहोऽस्यौः ॥४।३।२१७॥ सहिवहोरवर्णस्य ओकारादेशो भवति ढ्रखे। सोढा। सोढुम्। सोढव्यम्। वोढा। वोढुम्। वोढव्यम्। अस्येत्यणग्रहणादैपि कृतेऽपि भवति। उदवोढाम्। उदवोढम्। उदवोढ। उत्पूर्वाद्वहेर्लुङ्। तसस्ताम्। थसस्तम्। थस्य तः। "झलो झलि" [५।३।४४] इति सेः खम्। ढत्वादेरसिद्धत्वाद् "व्रजवद" [५।१।७६] इत्यादिना प्रागैप्। अस्येति किम्? ऊढवान्।

कर्णे लक्षणस्याविष्टाष्टपञ्चभिन्नछिन्नछिद्रस्रुवस्वस्तिकस्य ॥४।३।२१८॥ कर्णे द्यौ लक्षणवाचिनो दीर्भवति विष्टादीन् वर्जयित्वा। दात्रमिव दात्राकर्णः। शंकुकर्णः। द्विगुणाकर्णः। द्व्यङ्गुलाकर्णः। द्वयोरङ्गुल्योः समाहारो द्व्यङ्गुलम्। "षेऽङ्गुलेर्भिसंख्यादेः" [४।२।८८] इति सान्तः। लक्षणस्येति किम्? शोभनकर्णः। शोभनत्वं तत्त्वाख्यानं न तु लक्षणम्। अतएव तत्त्वाख्यानादिहापि न भवति। लम्बकर्णः। अविद्धकर्णः। अथवा लक्षणशब्देन चिह्नविशेषोऽभिप्रेतः स्वामिविशेषसंबन्धज्ञापनार्थम्। पशूनां दात्राकारादि चिह्नं लक्षणम्। तदभावाल्लम्बकर्णादिषु न भवति। अविष्टादेरिति किम्? विष्टकर्णः। अष्टकर्णः। पञ्चकर्णः। भिन्नकर्णः। छिन्नकर्णः। छिद्रकर्णः। स्रुवकर्णः। स्वस्तिककर्णः।

नहिवृतिवृषिव्यधिरुचिसहितनिषु कौ ॥४।३।२१९॥ नहि वृति वृषि व्यधि रुचि सहि तनि इत्येतेषु क्विबन्तेषु परतः पूर्वपदस्य दीर्भवति। नहि—उपानत्। परीणत्। वृत्—नीवृत्। उपावृत्। वृषि—प्रावृट्। व्यधि—मर्मावित्। हृदयावित्। श्वावित्। रुचि—अतीरुक्। अभीरुक्। कथं मलरुक्। श्वेतरुक्? सम्पदादिक्विपि न भवतीत्यदोषः। अथवा तिकारकदीत्वमिष्यते। सहि—जलासट्। तुरासट्। तनि—परीतत्। "गमः क्वौ" [४।४।४१] इत्यत्र "गमादीनां ङखमिष्यते" [वा०]। क्वाविति किम्? उपनहनम्।

गिरिवने किंशुलुककोटराद्योः खौ ॥४।३।२२०॥ गिरि वन इत्येतयोः परतो यथासंख्यं किंशुलुकादीनां कोटरादीनां च दीर्भवति खौ। गिरौ—किंशुलुकागिरिः। अञ्जनागिरिः। नलागिरिः। वने—कोटरावणम्। मिश्रकावणम्। सिध्रकावणम्। किंशुलुककोटराद्योरिति किम्? कृष्णगिरिः। भद्रसालवनम्। नन्दनवनम्।

वले ॥४।३।२२१॥ वले त्ये परतः पूर्वस्य दीर्भवति। आसुतीवलम्। दन्तावलः। मत्वर्थे "रजःकृष्यासुतिपरिषदो वलः" [४।१।३८] "दन्तशिखात् खौ" [४।१।३९] इति च वलः।

मतौ बह्वच्छरादेरनजिरादेः ॥४।३।२२२॥ मतौ परतः बह्वचः शरादीनां च दीर्भवति अजिरादीन् वर्जयित्वा खौ। उदुम्बरावती। मशकावती। वीरणावती। पुष्करावती। उदुम्बरा अस्मिन् देशे सन्ति **"तदस्मिन्नस्तीति देशः खौ"** [३।२।५७] इत्यणि प्राप्ते **"नद्यां मतुः"** [३।२।६५] इति मतुः। शरादीनां शरावती। वंशावती। [शर।] वंश। धूम। अहि। कपि। मणि। मुनि। शुचि। इति शरादिः। बह्वच्छरादेरिति किम्? इक्षुवती। मधुवती। **"खौ"** [५।३।३२] इति मतोर्वत्वम्। अनजिरादेरिति किम्? अजिरवती। खदिरवती। अलिनधती। चक्रवाकवती। कारण्डवती। खाविति किम्? वलयवती।

इको वहेऽपीलोः ॥४।३।२२३॥ इगन्तस्य पीलुवर्जितस्य वहे द्यौ दीर्भवति। खाविति वर्तते। ऋषीवहम्। मुनीवहम्। पचाद्यजन्तेन वहशब्देन षसः। इक इति किम्? पिण्डवहम्। अपीलोरिति किम्? पीलुवहम्। **"अपील्वादेरिति वक्तव्यम्"** [वा०]। दारुवहम्।

गेः कासे ॥४।३।२२४॥ इक इति वर्तते। इगन्तस्य गेः कासे द्यौ दीर्भवति। नीकासम्। वीकासम्। अनूकासम्। पचाद्यजन्तस्य कासस्येदं ग्रहणम्। इक इत्येव। प्रकाशते इति प्रकाशः।

दस्ति ॥४।३।२२५॥ दा इत्येतस्य यस्तकार आदेशस्तदादौ परत इगन्तस्य गेर्दीर्भवति। नीत्तम्। वीत्तम्। परीत्तम्। **"गेस्तोऽचः"** [५।२।११९] इत्याकारस्य तकारः। दकारचर्त्वस्यात एव दीत्ववचनात्सिद्धत्वम्। **"गेस्तोऽचः"** इत्यत्र द्वितकारको वा निर्देशः इति सर्वादेशः। द इति किम्? वितीर्णम्। तीति किम्? निदत्तमिति वेष्यते। इक इत्येव। प्रत्तम्। आत्तम्।

घञ्यमनुष्ये प्रायः ॥४।३।२२६॥ इक इति निवृत्तम्। घञन्ते द्यौ गेः प्रायो दीर्भवति अमनुष्येऽभिधेये। अपामार्गः। नीमार्गः। नीक्लेदः। प्रावारः। **"आच्छादने वृञः"** [२।३।५०] इति घञ्। नीवारः। **"नौ वुर्धान्ये"**[२।३।४४] इति घञ्। प्राकारः कर्मणि। अधिकरणे प्रासादः। अमनुष्य इति किम्? निषीदन्त्यस्मिन्निति निषादः। **"हलः"** [२।३।१०२] इत्यधिकरणे घञ्। **"सदोऽप्रतेः"** [५।४।४७] इति षत्वम्। प्राय इति किम्? प्रसदनं प्रसादः। निवेशः। प्रकासः। प्रकरणं प्रकारः। वेशादिषूभयम्। प्रतिवेशः। प्रतीवेशः। प्रतिबोधः। प्रतीबोधः। गेरित्येव। चन्दनसारः।

खावष्टनः ॥४।३।२२७॥ खुविषयेऽष्टन्नित्येतस्य दीर्भवति द्यौ। अष्टापदः। अष्टावक्रः। अष्टाबन्धनः। अष्टाविटपः। खाविति किम्? अष्टमहाप्रातिहार्यो जिनः। अष्टगुणः सिद्धः। **"अष्टनः कपाले हविषि वक्तव्यम्"** [वा०]। अष्टसु कपालेषु संस्कृतमष्टाकपालं हविः। संस्कृतार्थे आगतस्याणः **"रस्योबनपत्ये"** [३।१।७४] इत्युप्। **"गवे च युक्ते"** [वा०]। अष्टाभिर्गोभिर्युक्तम् अष्टागवं शकटम्। युक्तशब्दस्याप्रयोगः। यथा भीमसेनशब्दे सेनशब्दस्य।

चितेः कपि ॥४।३।२२८॥ चितेर्दीर्भवति कपि परतः। एका चितिरस्य एकचितीकः। द्विचितीकः। त्रिचितीकः।

विश्वस्य वसुराटोः ॥४।३।२२९॥ विश्वस्य दीर्भवति वसु राडित्येतयोः परतः। विश्वतो वस्वस्य विश्वावसुः। विश्वस्मिन् राजत इति विश्वाराट्। **"सत्सूद्विष"** [२।२।५९] आदिसूत्रेण क्विप्। राडिति विकृतनिर्देशो यत्रास्यैतद्रूपं तत्र यथा स्यादिह मा भूत्। विश्वराजौ। विश्वराजः।

नरे खौ ॥४।३।२३०॥ नरे द्यौ विश्वस्य दीर्भवति खुविषये विश्वा नरो यस्य विश्वानरः। वसेन यसेन वा व्युत्पत्तिः। खाविति किम्? विश्वे नरा अस्य विश्वनरो राजा।

ऋषौ मित्रे ॥४।३।२३१॥ ऋषावभिधेये मित्रे द्यौ विश्वस्य दीर्भवति। विश्वामित्रो नाम ऋषिः। ऋषाविति किम्? विश्वमित्रः सुजनः।

अन्यस्यापि ॥४।३।२३२॥ अन्यस्यापिशब्दस्य ग्यावप्यग्यावपि दीर्भवति। कस्यान्यस्य? यस्य शिष्टैर्दीत्वं प्रयुक्तम्। **"शुनो दन्तदंष्ट्राकर्णकुन्दवराहपुच्छपदेषु दीर्भवति"**। श्वादन्तः। श्वादंष्ट्रः। श्वाकर्णः। श्वाकुन्दः। श्वावराहः। श्वापुच्छः। श्वापदम्। श्वावराहमिति द्वन्द्वोऽन्यत्र षसो बसो वा। एकश्च दश चैकादश। केशाकेशि। केशेषु केशेषु च गृहीत्वेदं युद्धं वृत्तम्। **"तत्रेदमिति सरूपे"** [१।३।८६] इति बसः। **"ञ इच्"** [४।२।१२८] इति इच्सान्तः। तिष्ठद्ग्वादिषु इजन्तस्य हसंज्ञा। अग्यावपि पूरुषः। सादनम्। नारकः। न भवत्यपि पुरुषः। सदनम्। नरक इति।

चि ॥४।३।२३३॥ अण इति इक इति च निवृत्तम्। च् इति अञ्चतिर्नष्टनकाराकारो गृह्यते। तस्मिन् परतः पूर्वपदस्य दीर्भवति। प्राचः पश्य। प्राचा। प्राचे। दधीचः पश्य। दधीचा। दधीचे। मधूचः पश्य। मधूचा। मधूचे। कर्तृचा। कर्तृचे। **"अचश्च"** [१।१।१२] इत्यचः स्थाने दीत्वम्। दधीच इत्यत्र यणादेशमन्तरङ्गमपि बाधित्वा **"अचः"** [४।४।१२५] इत्यकारस्य खं भवत्यस्मादेव वचनात्।

जेः ॥४।३।२३४॥ जेर्दीर्भवति ग्यौ। कारीषगन्धीपुत्रः। कारीषगन्धीपतिः। कौमुदगन्धीपुत्रः। कौमुदगन्धीपतिः। करीषस्येव गन्धो यस्य करीषगन्धिः। तस्यापत्यं स्त्री। आगतस्याणः **"ष्योऽश्रु रूपान्त्ययोः"** [३।१।६३] इति ष्यादेशः। टाप्। **"षे ष्यस्य पुत्रपत्योर्जिः"** [४।३।६] इति जिः। जौ कृते अत्राकृते एव जेर्दीत्वे ग्रामणिकुलमित्यत्र सावकाशः **"इकः प्रोऽड्याः"** [४।३।१७२] इत्ययं प्रादेशः प्राप्तः। प्रादेशाभावपक्षे सावकाशमिदं च दीत्वं प्राप्तम्। परत्वाद्दीत्वं भवति। सकृद्गतन्यायेन पुनः प्रसङ्गाभावात् न प्रादेशः।

इत्यभयनन्दिविरचितायां महावृत्तौ चतुर्थस्याध्यायस्य तृतीयः पादः समाप्तः।

[गोः[1] ॥४।४।१॥ हलः ॥४।४।२॥ नाम्यतिसृचतसृ ॥४।४।३॥ नुवा ॥४।४।४॥ नोङः ॥४।४।५॥ धेऽकौ ॥४।४।६॥ सन्तस्फमहतोः ॥४।४।७॥ स्वसृनप्तृनेष्टृत्वष्टृक्षत्तृहोतृपोतृप्रशास्तृत्रषाम् ॥४।४।८॥ इन्हन्पूषार्यम्णाम् ॥४।४।९॥]

शौ ॥४।४।१०॥ शौ परत इन् हन् पूषन् अर्यमन् इत्येवमन्तानां दीर्भवति। बहुदण्डीनि। बहुस्रग्वीणि। बहुपूषाणि। बह्वर्यमाणि। द्वितीयोऽयं नियमः। शावेवेन्नादीनां दीर्भवति नान्यत्र। दण्डिनौ। दण्डिनः। वृत्रहणौ। पूषणौ। अर्यमणौ। तदन्तस्यापि न भवति। परमदण्डिनौ। बहुदण्डिनौ। बहुदण्डिनः।

सौ ॥४।४।११॥ सौ परत इन्नादीनामुङो दीर्भवति। दम्भी। वाग्मी। तपस्वी। वृत्रहा। पूषा। अर्यमा। पूर्वेण नियमेनाप्राप्तविध्यर्थमिदम्। अकावित्येव। हे दण्डिन्। हे पूषन्। हे अर्यमन्।

अत्वसोऽधोः ॥४।४।१२॥ साविति वर्तते। अत्वन्तस्य असन्तस्य च किवर्जिते सौ परतः उङः दीर्भवत्यधोः। गोमान्। धनवान्। भुक्तवान्। तत्परिमाणमस्य तावान्। अतोरर्थवतोऽनर्थकस्य च ग्रहणम्। अन्यथा भवद्ग्रहणं कुर्यात्। असा साहचर्याद्वा। अतो रुङो दीत्ववचनसामर्थ्याद्दीत्वे कृते नुम्। अस्-सुपयाः। सुस्रोताः। पिबतेरि चेति सुवस्तुडिति स्रोस्तुट्। अधोरिति किम्? इषुमस्यति इष्वः। दृषदमस्यति दृषदः। यद्येवमधोरिति किमर्थम्? अतस् इत्येवं वक्तव्यम्? न। अन्येषां प्रतिषेधार्थम्। पिण्डग्रः। चर्मणः। ज्ञापनार्थं

1. प्रतिषु [ ] कोष्ठकान्तर्गतानां सूत्राणां वृत्तिस्त्रुटिता। सूत्राणि तु जैनेन्द्रपञ्चाध्यायीमनुसृत्यात्र निर्दिष्टानि।

चास्तीदम्। **"अनिनस्मिन्ग्रहणान्यर्थवता चानर्थकेन च" [प०]** इति। अधोरित्यानन्तर्यादसन्तस्यैव प्रतिषेधः। तेनात्र दीत्वम्। गोमन्तमिच्छति गोमत्यतेः क्विप्। गोमान्। अकावित्येव। हे गुणवन्। हे सुपयः।

ङस्य क्विझलोः क्ङिति ॥४।४।१३॥ ङान्तस्य गोरुङो दीर्भवति क्वौ झलादौ च क्ङिति परतः। प्रशान्। प्रतान्। प्रशान्भ्याम्। झलि किम्? शान्तः। तान्तः। क्ङितीति किम्? शंशान्तः। तंतान्तः। यङ्पीदम्। ङस्येति किम्? ओदनपक्। पक्तिः। क्विझलोरिति किम्? गम्यते। क्ङितीति किम्? यन्ता। यन्तुः।

हनिङ्गम्यचां सनि ॥४।४।१४॥ हन्तेरिङ्गमेरजन्तानां च दीर्भवति सनि झलादौ परतः। जिघांसति। इङ्गमि–अधिजिगांसते। इङ् इति विशेषणं किम्? संजिगंसते वत्सो मात्रा। अजन्तानां चिचीषति। सुस्तूषति। चिकीर्षति। उङ इति निवृत्तम्। अचश्चेति हनिङ्गम्योर्योऽच् तस्य स्थाने दीत्वे कृते द्वित्वम्। गोरित्येव। दधि सनोति।

तनोतेर्वा ॥४।४।१५॥ तनोतेः सनि झलादौ वा दीर्भवति। तितांसति। तितंसति। झलीत्येव। तितनिषति। **"सनीवन्तर्ध" [५।१।१७]** आदिसूत्रे तनिपतिदरिद्राम् इड्विकल्पः।

क्रमः क्त्वि ॥४।४।१६॥ वेति वर्तते। क्रमो वा दीर्भवति झलादौ क्त्वाख्ये परतः। क्रान्त्वा। क्रन्त्वा। अचश्चेत्यस्य गृह्यमाणेन विशेषणादचः स्थाने दीत्वम्। **"ङस्य" [४।४।१३]** इत्यादिना नित्यं प्राप्ते विकल्पः। झलीत्येव। क्रमित्वाऽक्रम्येत्यत्र **"प्यादेशोऽन्तरङ्गस्यापि विधेर्बाधकः" [वा०]** इति पूर्वं दीत्वस्याप्रवृत्तिः। अनल्विधाविति स्थानिवद्भावप्रतिषेधात्पश्चादपि झलादित्वं नास्ति।

छ्वोः शूड्ङे च ॥४।४।१७॥ वेति निवृत्तम्। छकारवकारयोः स्थाने श् ऊठ् इत्येतावादेशौ भवतो ङसंज्ञके परतः क्वौ हलादौ च क्ङिति। प्रश्नः। विश्नः। **"वार्णाद् गावं बलीयः" [प०]** इति छे तुकः परत्वान्नित्यत्वाद्वा शादेशः। अपि च विच्छेरेप्रतिषेधार्थं नङो ङित्करणं ज्ञापकं प्रागेव तुकश्छस्य षशावादेशाविति। **"प्रश्ने चान्तर्युगे" [२।२।१७]** इति निपातनाज्जिर्न भवति वकारस्य। स्यो नः। सिवेरौणादिको नः। घेरुङ एपः पूर्वमूडादेशः। **"असिद्धं बहिरङ्गमन्तरङ्गे" [प०]** इत्यनित्यमेतत्। तेन यणादेशः। ऊठ् एप्। सिवेरौणादिके मकि स्यूमः। छस्य क्वौ वर्मप्राट्। गोविट्। वकारस्य क्वौ हिरण्यद्यूः। अक्षद्यूः। अक्षद्युवौ। अक्षद्युवः। छस्य झलादौ पृष्टः। पृष्टवान्। पृष्ट्वा। पृष्टिः। वकारस्य द्यूतः। द्यूतवान्। क्ङितीत्येव द्युभ्याम्। द्युभिः। अत्र दिविव्यत्युत्पन्नं गृह्यते। ननु क्ङितिग्रहणं नानुवर्त्यं **"दिव उत्" [४।३।१०८]** इति ऊठ उदादेशे कृते सिद्धम्। एवं च **"व्रश्च" [५।३।५३]** आदिसूत्रे छकारग्रहणं न कर्तव्यं स्यात्। न चावश्यमुत्तरार्थं क्ङिद्ग्रहणमनुवर्त्यम्। प्रपञ्चार्थस्तर्हि व्रश्चादौ छकारः। व्रश्चादिसूत्रेण यत्र षत्वं नास्ति तत्र श्रवणार्थः शकारः। प्रश्नः। वांछेः क्विपि वान्। वांशौ। वांशः। गोविशौ। गोविशः। गोविशा। शकारसाहचर्याद् रुप्यादेशः ठिद्वा।

ज्वरत्वरस्रिव्यविमवां वोङोः ॥४।४।१८॥ ज्वर त्वर स्रिवि अवि मव इत्येतेषां धूनां वकारोङोः स्थाने ऊडित्ययमादेशो भवति ङे क्वौ झलादौ च परतः। जूः। जुरौ। जुरः। जूर्तिः। त्वरः–तूः। तुरौ। तुरः। तूर्तिः। तेन **"न वा रुष्यमत्वर" [५।१।१२८]** इत्यादिना अनिट्पक्षे तूर्णः। तूर्णवान्। अण्डं सीव्यतीति अण्डस्रूः। अण्डस्रुवौ। अण्डस्रुवः। स्रूत्वा। स्रूतः। स्रूतवान्। अवि–ऊः। उवौ। उवः। ऊतिः। मनि वर्तमाने अवेष्टिखं चेति मनष्टिखे ङे परत ऊठ् च। ओम्। मव–मूः। मुवौ। मुवः। मूतिः। क्ङितीति निवृत्तम्। तेन ओतुः। **"सितनिगमिमव्यविधाञ्कुसिभ्यस्तुः" [उ० सू०]** इति तुः। ज्वरादीनामुङः वकारस्यानन्त्यस्य च ग्रहणम्।

रः खम् ॥४।४।१९॥ रेफात्परयोः छ्वोः खं भवति क्वौ झलादौ च परतः। हूर्छा–हूः। हुरौ। हुरः। हूर्तिः। हूर्णवान्। मूर्छा–मूः। मुरौ। मुरः। मूर्तिः। **"अप्टमूर्छिमदाम्" [५।३।५९]** इति नत्वप्रतिषेधात् मूर्तः। मूर्तवान्। तुर्वी। तूः। तुरौ। तुरः। तूर्णः। तूर्णवान्। तूर्तिः। धुर्व। धूः। धुरौ। धुरः। धूर्णः। धूर्तिः।

शुठोरयमपवादः। क्ङितीति निवृत्तम्। यङ्ुपि जोहोर्ति। मोमोर्ति। "न धुखेऽगे" [१।१।१८] इति गविषय एप्प्र-तिषेधो न भवति।

इटीटः ॥४।४।२०॥ इटि परत इट उत्तरस्य खं भवति। इडीटोर्मध्ये सामर्थ्यात्सेः खम्।। अदेवीत्। अकोषीत्। अग्रहीदित्यत्र "**ग्रहोऽलिटि दीः**" [५।१।८५] इति दीत्वे कृते इटः स्थानिवद्भावात्सेः खम्।

असिद्धवदत्राभात् ॥४।४।२१॥ असिद्धवच्छास्त्रं भवति आ भसंशब्दनात्। अत्र शास्त्रे कर्तव्य इत्यधिकारो वेदितव्यः। आङभिविधौ द्रष्टव्यः। एधि इत्यत्र नित्यत्वादस एत्वखभावयोः कृतयोर्झल्लक्षणं धित्वमप्राप्तमसिद्धत्वाद्भवति। जहीत्यत्र जादेशे कृते "**अतो हेः**" [४।४।६६] इत्युप् प्राप्नोति असिद्धत्वान्न भवति। गतमित्यत्र क्ङिति झलि ङखे कृते अतः खं प्राप्तमसिद्धत्वान्न भवति। एवं यथायोगमुत्सर्गलक्षणसमावेशः। आदेशलक्षणप्रतिषेधश्च वेदितव्यः। वत्करणं किम्? स्वाश्रयमपि यथा स्यात्। देभतुः। देभुः। दम्भेरुपसं-ख्यानेन लिटः कित्त्वे कृतेऽनु नखस्य सिद्धत्वात् "**हल्मध्ये लिट्यतः**" [४।४।१०८] इत्येत्वं भवति। तथा वुगागमे उवादेशो सिद्धः। बभूव। बभूवतुः। बभूवुः। युडागमः "**एर्गिवास्वादुङ्गोऽसुधियः**" [४।४।७८] इति यणादेशे कर्तव्ये सिद्धः। उपदिदीये। उपदिदीयेते। उपदिदीयिरे। अद्ग्रहणं किम्? अभाजि रागः। "**उङोऽतः**" [५।२।४] इत्यैपि कर्तव्ये नकारस्य खं नासिद्धम्। आभादिति किम्? ररन्धिव। ररन्धिम। **हल्मध्ये लिट्यत** इति एत्वे कर्तव्ये नुम्शास्त्रं नासिद्धम्।

श्नान्नखम् ॥४।४।२२॥ श्नात्परस्य नकारस्य खं भवति। व्यनक्ति। हिनस्ति। सशकारस्य ग्रहणं किम्? नन्दिता। नन्दकः। नैतदस्तिमण्डूकप्लुत्या क्ङिद्ग्रहणानुवृत्तेः। क्ङितो नात्परस्य खमिष्टम्। इह तर्हि मा भूत्। यज्ञानाम्। यत्नानाम् "**नामि**" [४।४।३] इति दीत्वात्परत्वेन नखमिदं स्यात्। "**सुपि**" [५।२।६७] इति तु दीत्वं सन्निपातपरिभाषया वार्यते। स्थानिवद्भावाद्वा नखं प्राप्नोति। प्रश्नानाम्, विश्नानाम् इत्यत्र लाक्षणिकत्वान्न भवति। श्नादिति श्नमो नष्टनकारस्य ग्रहणम्। न इति ङसो नाशे अकारेणोच्चारणार्थेन निर्देशः।

हलुङः क्ङित्यनिदितः ॥४।४।२३॥ हल उङो नकारस्य खं भवत्यनिदितो गोः क्ङिति परतः। स्रस्तः। स्रस्यते। ध्वस्तः। ध्वस्यते। स्रस्नाति। सनीस्रस्यते। भ्रश्नाति। बनीभ्रश्यते। हल इति जातिग्रहणमपि। मग्नः। मग्नवान्। हल इति किम्? नीतम्। नेनीयते। उङ इति किम्? नद्धम्। नानह्यते। क्ङितीति किम्? स्रंसित्वा। मृडादिनियमादकित्त्वम्। अनिदित इति किम्? शङ्क्यते। मङ्क्यते। तपरकरणं किम्? समिद्धम्। हलुङ इति योगविभागः। तेन "**लङ्गिकम्प्योः उपतापशरीरविकारयोर्नखम्**"। विलगितः। विकपितः। विलङ्गितः। विकम्पितः इत्यन्यत्र।

दंशसंजस्वञ्जां शपि ॥४।४।२४॥ दंश सञ्ज स्वञ्ज इत्येतेषां शपि परत उङो नकारस्य खं भवति। दशति। सजति। परिष्वजते।

रञ्जेः ॥४।४।२५॥ रञ्जेश्च शपि परत उङो नकारस्य खं भवति। रजति। रजतः। रजन्ति। योग-विभाग उत्तरार्थः।

णौ मृगरमणे ॥४।४।२६॥ रञ्जेर्णौ परतो मृगरमणेऽर्थे नकारस्य खं भवति। रजयति मृगान् व्याधः। मृगान् रममाणान् दर्शयतीत्यर्थः। "**जनीजॄक्नसुरञ्जोऽमन्ताश्च**" इति मित्वादुङः प्रादेशः। मृगरमण इति किम्? रञ्जयति वस्त्रम्।

घञि भावकरणे ॥४।४।२७॥ भावकरणाभिधायिनि घञि परतो रञ्जेर्नकारस्य खं भवति। आश्चर्यो रागः। विचित्रो रागः। करणे रजति तेन रागः। भावकरण इति किम्? रजत्यस्मिन्निति रङ्गः। करणेऽधिकरणे च "**हलः**" [२।३।१०२] इति घञ्। घिनुणि कथं नखम्। रागी। "**दुहानुरुध**" [२।२।११८]

आदि सूत्रे त्यजरजादि निपातनात्सिद्धम्। **"दशनहः करणे अट्"** इति सूत्रे दशेति विकरणनिर्देशेन निपातनम्। अजादिषु पाठाद् दंष्ट्रेति **"रजकरजनरजत्सु नखे यत्नः कर्तव्यः"** [वा०] **"शिल्पिनि ट्वुः"**। युः। औणादिकश्च **"अस् सर्वधुभ्यः"** इत्यस्।

स्यदावोदैधौद्मप्रश्रथहिमश्रथाः ॥४।४।२८॥ स्यद, अवोद, एध, ओद्मन्, प्रश्रथ, हिमश्रथ इत्येते शब्दा निपात्यन्ते। स्यद इति स्यन्देर्घञि नखमैबभावश्च निपात्यते जवेऽभिधेये। गोस्यदः। अश्वस्यदः। कृद्योगे तासः। जवादन्यत्र तैलस्यन्दो घृतस्यन्दः। अवोद इति उन्देरवपूर्वस्य घञि नखं निपात्यते। एध इन्धेर्घञि नखमेप् च निपात्यते। **"न धुखेऽगे"** [१।१।१८] इति प्रतिषेधो मा भूत्। ओद्म इति उन्देरौणादिके मनि नखम्। प्रश्रथः हिमश्रथ इति श्रन्थेः प्रपूर्वस्य हिमपूर्वस्य च घञि नखमैबभावश्च निपात्यते। **"न धुखेऽगे"** [१।१।१८] इत्यत्र इकोऽनुवर्तनादेपः प्रतिषेधो न स्यात्।

नाञ्चेः पूजे ॥४।४।२९॥ अञ्चतेः पूजेऽर्थे नकारस्य खं न भवति। अञ्चितोऽस्य गुरुः। समञ्च्य जिनं गतः। **"अञ्चेः पूजायाम्"** [५।१।१०१] इति तक्त्वोरिट्। हलुङ इति नखप्राप्तिः। पूज इति किम्? उदक्तमुदकं कूपात्। अक्त्वा रज्जुम्। **"वोदितः"** [५।१।१०४] इत्यनेनेट्पक्षे मृडादिनियमादकित्वम्। अञ्चित्वा। ते **"यस्य"** [५।१।१२१] इति प्रतिषेधः। नाञ्चेरित्यनेनैव प्रतिषेधेन नकारः कृतचुत्वो निर्दिष्टः।

क्त्वि स्कन्दस्यन्दोः ॥४।४।३०॥ क्त्वाख्ये परतः स्कन्द स्यन्द इत्येतयोर्नकारस्य खं न भवति। स्कन्त्वा। स्यन्त्वा। स्यन्देः **"स्वरति"** [५।१।६२] इत्यादिनाऽनिट्पक्षे कित्वान्नखं प्राप्तम्। इट्पक्षे तु मृडादिनियमादेवाकित्वे सति नखाभावः सिद्धः। क्त्वीति द्वितकारकनिर्देशः। तकारादौ क्त्वाख्ये इति। तेन प्रस्कद्य प्रस्यद्येत्यत्र **"अनल्विधौ"** [१।१।५६] इति स्थानिवद्भावप्रतिषेधान्नकारादित्वं नास्तीति खं भवत्येव।

जनशोर्वा ॥४।४।३१॥ ज इति वर्णग्रहणम्। जान्तस्य गोर्नशेश्च वा नखं भवति क्त्वाख्ये परतः। रक्त्वा। रंक्त्वा। भक्त्वा। भंक्त्वा। नष्ट्वा। नंष्ट्वा। नशे **"रधादेः"** [५।१।६३] इति विभाषितेटोऽनिट्पक्षे **"मस्जिनशोर्झलि"** [५।१।२६] इति नुम्। **"हलुङः"** [४।४।२३] इति नित्ये नखे प्राप्ते विकल्पः। हल इति जातिग्रहणपक्षे मस्जेरपि नित्यं नखे प्राप्ते मंक्त्वा। अनखपक्षे द्वयोः स्फसंज्ञामाश्रित्य स्फादिसखम्।

भञ्जेर्जौ ॥४।४।३२॥ भञ्जेः औ परतो वा नखं भवति। अभाजि। अभञ्जि पापं मुनिना। नखमप्राप्तमनेन पक्षे विधीयते।

शास इत् ॥४।४।३३॥ गोरुङः क्ङितीति वर्तते। शासेरुङ इदादेशो भवति क्ङिति परतः। किति—शिष्ट्वा। शिष्टिः। शिष्टः। शिष्टवान्। शिष्यः। **"स्तुशासिवृदृजुषः क्यप्"** [२।१।६१] इति क्यप्। ङिति—शिष्टः। शिष्यः। **"शास्वसघसाम्"** [५।४।४०] इति षत्वम्। अजादावङ्ये वेति नियमो भविष्यति। सामर्थ्यादयं हलादौ क्ङिति विधिः। हलीति यदि क्रियेत **"वर्णाश्रये नास्ति त्याश्रयम्"** [प०] इति क्वौ न स्यात्। मित्रं शास्तीति मित्रशीः। आर्यं शास्तीति आर्यशीरिति। शासु अनुशिष्टावित्यस्येह ग्रहणम्। अन्यस्य दीत्वस्य विधेरसम्भवात्तेन आङः शासु इच्छायामित्यस्येत्वं न भवति। आशास्यते। आशास्ते। **"लिङाशिषि"** [२।४।६५] इति निर्देशादन्यस्यापि क्वावित्वम्।

अङि॥ ४।४।३४॥ अङि परतः शास उङ इद्भवति। अन्वशिषत्। अन्वशिषताम्। अन्वशिषन्। नियमार्थोऽयमारम्भः। अजादावङ्येव क्ङिति नान्यस्मिन्। शशासुः। शासति। जक्षादित्वात्थसंज्ञा। **"अत्थात्"** [५।१।४] इत्यदादेशः।

शा हौ ॥४।४।३५॥ शासः शा इत्ययमादेशो भवति हौ परतः। उङमपेक्ष्य पूर्वं शास इदित्यवयवयोगलक्षणा ता। सामर्थ्यात् स्थानलक्षणा संपद्यते। अनुशाधि। प्रशाधि। आहाविति यदि सूत्रं क्रियेत

अनेनान्त्यस्य सम्भवादाकारे कृते पूर्वेण उङ इत्वे चानिष्टं रूपं स्यात्। ननूङ आत्वे कृते "धि" [५।३।४३] इति सखे च सिद्धं शाधीति उङ इति तर्हि निवृत्तम्। अपि च प्रकृतिग्रहणे यङ्बन्तस्यापि ग्रचस्य यथा स्यादित्येवमर्थः शादेशः।

हन्तेर्जः ॥४।४।३६॥ हन्तेर्ज इत्ययमादेशो भवति हौ परतः। जहि मन्युम्। जहि पापम्। तिपा निर्देशाद् यङ्बन्तनिवृत्तिः। जंघहीति।

अनुदात्तोपदेशवनतितनोत्यादीनां ङखं झलि क्ङिति ॥४।४।३७॥ अनुदात्तोपदेशानां गॄनां वनतेस्तनोत्यादीनां च ङस्य खं भवति झलादौ क्ङिति परतः। क्ङितीति निर्देशात्पूर्वस्याव्यवहितस्य खम्। यत्वा। यतिः। यतः। यतवान्। ङखे विहतनिमित्तत्वात् "ङस्य" [४।४।१३] इति दीर्घं न भवति। अनुदात्तोपदेशाः यमिरमिनमिगमिहनिमन्यतयः षट्। वतिः। वनतेः स्त्रियां क्तौ। तनोत्यादीनां तत्वा। ततिः। ततः। ततवान्। सनोतेरात्वं वक्ष्यति। क्षतः। क्षतवान्। ङिति। हतः। हथः। अतत। अतथाः। "तनादिभ्यस्तथासोः" [१।४।१४८] इति सेरुप्। एतेषां ग्रहणं किम्? शान्तः। तान्तः। ङस्येति किम्? पक्ववान्। झलीत्येव। गम्यते। क्ङितीति किम्? यन्ता। यन्तुम्। उपदेशग्रहणमुत्तरार्थम्। वनतेस्तिपा निर्देशाद्यङ्बन्तस्य निवृत्तिः। वंवांतः।

शपा तिपाऽनुबन्धेन निर्दिष्टं यद्गणेन च।
यच्चैकाज्ग्रहणं किञ्चित्पञ्चैतानि न यङ्लुपि॥

तनोतेर्गणनिर्देशादेव यङ्लुबन्तस्य न भवतीति सिद्धे तिपा निर्देशः "द्विर्बद्धं सुबद्धं भवति" [प०] इति निर्दर्शनार्थस्तेन सकृदुक्त ऐप् क्वचिन्न भवति। ज्योतींष्यधिकृत्य कृतो ग्रन्थो ज्यौतिषः। पुनः क्ङितीति ग्रहणं विस्पष्टार्थम्।

प्ये ॥४।४।३८॥ प्ये च परतोऽनुदात्तोपदेशादीनां ङखं भवति। प्रहत्य। प्रमत्य। प्रवत्य। प्रतत्य। प्रसत्य। प्रक्षत्य। अझलादावपि विध्यर्थमिदम्।

वा मः ॥४।४।३९॥ अनुदात्तोपदेशादिषु मकारान्तानां वा ङखं भवति प्ये परतः। प्रयत्य। प्रयम्य। प्ररत्य। प्ररम्य। प्रणत्य। प्रणम्य। प्रगत्य। प्रगम्य। पूर्वेण नित्ये खे प्राप्ते विकल्पः।

न क्तिचि दीश्च ॥४।४।४०॥ क्तिचि परतः अनुदात्तोपदेशादीनां ङखं दीश्च न भवति। यन्तिः। रन्तिः। नन्तिः। वन्तिः। तन्तिः। क्षन्तिः। अनुदात्तोपदेशादीनामित्येव। शान्तिः। दीत्वं भवत्येव।

गमः क्वौ ॥ ४।४।४१॥ गमः क्वौ परतो ङस्य खं भवति। जनगत्। कलिगत्। मोक्षगतो मुनयः। "वर्णाश्रये नास्ति त्याश्रयम्" [प०] इति झलाद्यभावादप्राप्तं ङखमनेन विधीयते। पूर्वसूत्राच्चकारोऽनुवर्तते, सोऽत्रानुक्तसमुच्चयार्थः। तेन गमादीनां क्वौ ङखं द्रष्टव्यम्। संयत्। परीतत्। "वागमिङ्" [१।३।८२] इति पसे कृते "नहिवृति" [४।३।२१९] इत्यादिना परेर्दीत्वम्।

वन्याः ॥४।४।४२॥ अनुदात्तोपदेशादि निवृत्तम्। ङस्येति वर्तते। ङान्तस्य गोर्वनि परत आत्वं भवति। विजायत इति विजावा। "मन्वन्क्वनिब्विचः क्वचित्" [२।२।६२] इति वन्। "वशि" [५।१।११४] इतीट्प्रतिषेधः। अन्तेऽलः स्थाने आत्वम्। एवम् अग्रेगावा। दधिक्रावा। दीत्वोच्चारणं किमर्थम्? ओणृ अपनयन इत्यस्माद्वनि अवावा। घुणं घूर्णं भ्रमणे। घ्वावा। इवि व्याप्तौ—यावा। "इदिद्वोर्नुम्" [५।१।३७] "वलि व्योः खम्" [४।३।५५] इति वनि परतो नकारस्य खम्। एतच्च वर्णनिमित्तं नागनिमित्तमिति न धखेऽवात् "घ्युङः" [५।२।८३] इत्येप् प्राप्तस्तमन्तरङ्गत्वाद्यणादेशो बाधते।

जनसनखनाम् ॥४।४।४३॥ जन सन खन इत्येतेषां ङस्य झलादौ क्ङिति परत आकारादेशो भवति। जातः। जातवान्। जातिः। सातः। सातवान्। सातिः। खातः। खातवान्। खातिः। सनोतेस्तनादौ पाठस्य "**तनादिभ्यस्तथासोः**" [१।४।१४८] इत्यादिकार्यमवकाशः। इह पाठस्य च सनि परत आत्वमवकाशः। झलादौ क्ङिति ङखादित्वं परत्वात्। ननूभयोः सिद्धत्वे स्पर्धः इह च "**असिद्धवदत्राभात्**" [४।४।२१] इत्युभयमप्यसिद्धं तत्कथं परत्वम्। अत्रोच्यते "**घुमास्थागा**" [४।४।६५] आदिसूत्रे हलीति हल्ग्रहणं ज्ञापकं भवत्यत्र स्पर्धः। तथाहि तस्यैतत्प्रयोजनं हलादावीत्वं यथा स्यात्। अजादौ मा भूत्।। गोदः कम्बलदः इति। अस्त्वत्रापीत्वं तस्यासिद्धत्वात् "**इटि चात्**" [४।४।६३] खेन सेत्स्यति नार्थो हल्ग्रहणेन। तदेतत्स्पर्धे सति सार्थकम्। क्रियमाणे हल्ग्रहणे गोद इत्यत्र परत्वादीत्वे "**सकृद्गते परनिर्णये विधिर्बाधितो बाधित एव**" [प०] इत्यात्वं न स्यादिति मन्यमानो हलीत्याह।

सनि ॥४।४।४४॥ सनि च झलादौ परतो जनादीनां ङस्य आकारादेशो भवति। सिसासति। झलित्येव। जिजनिषते। सिसनिषति। चिखनिषति। "**सनीवन्तर्ध**" [५।१।६७] इत्यादिनाऽनिट्पक्षे सनोतेरेव सन् झलादिः सम्भवति। क्ङिद्ग्रहणमसम्भवादिह न संबध्यते।

ये च ॥४।४।४५॥ क्ङितीति वर्तते। क्ङिति यकारे त्ये परतो वा जनादीनामाकारादेशो भवति। जायते। जन्यते। जाजायते। जञ्जन्यते। श्ये परत्वाद् "**ज्ञाजनोर्जा**" [५।२।७७] इति नित्यो जादेशः। सायते। सन्यते। सासायते। संसन्यते। खायते। खन्यते। चाखायते। चंखन्यते। अझलादावपि यथा स्यादित्यारम्भः। क्ङितीत्येव। जन्यम्। "**शकिसहश्च**" [२।१।८६] इति चशब्देनान्येभ्योऽपि यः। एये च सान्यम्। खान्यम्। य इति त्यनिर्देशो न वर्णनिर्देशः। तेनेह न भवति सन्यात्। खन्यात्। "**किदाशिषि**" [२।४।८५] इति कित्त्वम्।

तनोतेर्यकि ॥४।४।४६॥ तनोतेर्यकि परतो वा आकारादेशो भवति। तायते। तन्यते। यकीति किम्? तन्तन्यते। अप्राप्ते विकल्पः।

सनः क्तिचि खं च ॥४।४।४७॥ सनः क्तिचि परतः खं भवत्याकारश्च वा। सतिः। सातिः। सन्तिः। "**न क्तिचि दीश्च**" [४।४।४०] इति ङखदीत्वयोः प्रतिषेधे प्राप्ते वचनम्।

अगे ॥४।४।४८॥ वेति निवृत्तम्। अग इत्ययमधिकारो वेदितव्यः। "**लुङ्लङ्लृङ्क्ष्वट्**" [४।४।७०] इत्यतः प्राक् यदनुक्रमिष्यामः अग इत्येवं तद्वेदितव्यम्। वक्ष्यति "**अतः खम्**" [४।४।५०] चिकीर्षिता। अग इति किम्? चिकीर्षति। ननु भवतु गेप्यतः खम्। शपोऽकारस्य श्रवणं भविष्यति। एवं तर्हि शपोऽकारस्यैव गे खं माभूत्। ननु "**शपोऽदादिभ्यः**" [१।४।१४३] इत्युज्वचनं ज्ञापकम्। शपो गे खं न भवति। नैतदस्ति "**नोमता गोः**" [१।१।६४] इति त्याश्रयकार्यप्रतिषेधार्थं ता स्यात्। मृष्ट इति। "**हल्यैबुप्युतः**" [५।२।८७] इत्यैपो विधानार्थं च। यौति। रौति। तत्वलोश्च खं मा भूत्। वृत्ततेति। "**हलो यः**" [४।४।५१] बेभिदिता। बेभिदितुम्। गे माभूत्। बेभिद्यते। "**णेः**" [४।४।५३] कारणा। हारणा। अग इति किम्? कारयति। हारयति। "**सिस्यसीयुट्तासौ ञौ ग्रहाञ्झनदृशां ञिवदिट् च**" [४।४।६१] इति अगे सीयुट्। कारिषीष्ट। गे मा भूत्। प्रस्तुवीत। "**स्नोश्च जिश्च**" [२।१।५१] इति यक् प्रतिषिध्यते। इह च क्रियेत ह्रियेत। "**ञ्णित्यचः**" [५।२।३] इति यक ऐपि युक् प्रसज्येत। "**इटि चात्वम्**" [४।४।६३] पपतुः। पपुः। ययतुः। ययुः। गे मा भूत्। पान्ति। वान्ति। "**घुमास्थागापा**" [४।४।६५] इत्यादिनेत्वम्। दीयते धीयते। गे मा भूत्। अदाताम्। अधाताम्। "**लिङ्येत्**" [४।४।६६] देयात्। गे मा भूत्। दद्यात्। दध्यात्। "**वाऽस्थः स्फादेः**" [४।४।६७] ग्लेयात्। ग्लायात्। अग इत्येव। विध्यादिलिङि—स्नायात्।

भ्रस्जोरसोरम्वा ॥४।४।४९॥ भ्रस्जो रेफसकारयोर्वा रमादेशो भवति। भर्ष्टा। भ्रष्टा। भर्ष्टुम्। भ्रष्टुम्। भर्ष्टव्यम्। भ्रष्टव्यम्। रसोरिति पुनस्ताया उपादानादादेशोऽयं रसोः स्थाने भवति मित्त्वोच्चारणसामर्थ्यादचोऽन्त्यात्परो भवति। रमभावपक्षे स्फादेः सखम्। ननु रेफस्यैव रमादेशो वक्तव्यः। द्वयोः स्फसंज्ञामाश्रित्य सखेन सिद्धमिति चेदजादौ न सिध्यति। भर्जनम्। भ्रज्जनम्। भर्गः। भ्रद्गः। पक्षे **"झलां जश् झशि"** [५।४।१२८] इति सकारस्य दत्वम्। रमादेशस्यावकाशोऽङ्क्तिति भ्रष्टा। भर्ष्टा। जेरवकाशो भृज्जति। इहोभयं प्राप्नोति भृष्टा। भृष्टवानिति। कृताकृतप्रसङ्गित्वेन नित्यो जिर्भवति। जौ कृते रमादेशो न भवति। उपदेश इत्यनुवर्तनात्। तेनेहापि न भवति बरीभृज्यते।

अतः खम् ॥४।४।५०॥ अगेऽकारान्तस्य खं भवति। चिकीर्षिता। धिनोति। धिनुतः। कृणोति। कृणुतः। इवि दिवि धिवि प्रीणने। कृवि हिंसाकरणयोश्च। **"इदिद्वोर्नुम्"** [५।१।३७]। **"धिन्विकृण्व्योर च"** [२।१।७५] इति उविकरणः। अकारश्चान्तादेशः। तस्य खे। तपरकरणं किम्? याता। ऐपोऽवकाशः प्रियमाचष्टे प्रापयति। कारयति। अत्खस्यावकाशः चिकीर्षिता। इहोभयं प्राप्नोति चिकीर्षक इति। दीत्वस्यावकाशः पण्डितायते। स्तूयते। अत्खस्यावकाशः चिकीर्षिता। इहोभयं प्राप्नोति चिकीर्ष्यते इति। किमत्र तत्त्वम्? **"ऐब्दीत्वाभ्यासमतः खं पूर्वनिर्णयेन"** [वा०] **"लिप्स्यसिद्धौ"** [२।३।५] इत्यत्र लिप्स्य इति विग्रहनिर्देशात्।

हलो यः ॥४।४।५१॥ हलन्ताद्गोरुत्तमस्य यकारस्य खं भवत्यगे। बेभिदिता। बेभिदितुम्। बेभिदितव्यम्। पूर्वेणातः खे कृते यखविधिं प्रति स्थानिवद्भावप्रतिषेधादनेन यखम्। तृचमपेक्ष्य **"ध्युङः"** [५।२।८३] एप्प्राप्तोऽतः खस्य स्थानिवद्भावान्न भवति। **"न धुखेऽगे"** [१।१।१८] इत्ययं तु प्रतिषेधो हलचोः खे अल्मात्रस्य खे न प्रवर्तते। लोलुवः। देध्यः इति। अत्र **"यङोऽचि"** [१।४।१४४] इत्युब्शास्त्रं कृतप्रसङ्गेन नित्यम्। उपि तु कृतेऽतः खं शास्त्रं न प्रवर्तते इत्यनित्यम्। तेन हलचोरुपि कृते स्थानिवद्भावाभावात् **"न धुखेऽगे"** [१।१।१८] इत्यनेन प्रतिषेधः। हल इति किम्? लोलूयिता। पोपूयिता। गोर्निमित्तत्वेन विशेषणादिह न भवति। ईर्ष्यिता। समिध्यिता। अतः खे कृतेऽपि यकारमात्रस्य त्यस्य गुसंज्ञानिमित्तत्वमस्ति यथा अकरोदित्यत्र तिप इकाराभावेऽपि।

वा क्यस्य ॥४।४।५२॥ क्यस्य हल उत्तरस्य वा खं भवत्यगे। समिधिता। समिध्यिता। दृषदिता। दृषद्यिता। समिधमिच्छति आत्मनः **"स्वेपः क्यच्"** [२।१।६] समिधमिवाचरति **"गौणादाचारे"** [२।१।८] इति वा क्यच्। समिदिवाचरतीति **"कर्तुः क्यङ् स खं विभाषा"** [२।१।६] इति क्यङ्। तान्येवोदाहरणानि। हलन्तात् क्यखोऽसम्भवः। **"नः क्ये"** [१।२।१०४] इति पूर्वपदत्वाभावः।

णेः ॥४।४।५३॥ अगे णेः खं भवति। अततक्षत्। इयादेशः प्राप्तः। आटिटत्। इयादेशापवादः **"एर्गिवाक् चादुङोऽसुधियः"** [४।४।७८] इति यत्वं प्राप्तम्। कारणा। हारणा। ऐप् प्राप्तः। ज्ञीप्स्यति सनि दीत्वं प्राप्तम्। कार्यते। हार्यते **"दीरकृद्गे"** [५।२।१३४] इति दीत्वं प्राप्तम्। कारको हारकः। ऐप् प्राप्तः। णिङ् कामनम्। कामकः। काम्यते। इयादिभिः सर्वस्य विषयस्यावष्टब्धत्वात्सामान्यरूपेण तेषामयमपवादः।

ते सेटि ॥४।४।५४॥ तसंज्ञके सेटि परतो णेः खं भवति। कारितम्। गणितम्। लक्षितम्। संज्ञपितः। ज्ञपेः सनि विकल्पितेटोऽपि **"यस्य वा"** [५।१।१२१] इत्यनेन प्रतिषेधः। एकाच इत्यपेक्षणात्। कथं तर्हि विज्ञप्तः प्रभुरिति विकल्पेन **"छन्नज्ञप्ताः"** [५।१।१२४] इति निपातनात्। नियमार्थोऽयमारम्भः। त एव सेटि नान्यस्मिन्। कारयिता। हारयिता। ते सेव्ये वेत्यवधारणं न भवति णेः परस्यानिटस्तस्या व्यावर्त्यस्याभावात्। सेटीति वचनात्पूर्वमिडागमः पश्चाण्णिखम्। अन्यथा कृताकृतप्रसङ्गेन नित्ये णिखे कृते **"एकदेशविकृतस्यानन्यत्वात्"** [प०] कारितमित्यत्र **"एकाचोऽनुदात्तात्"** [५।१।११५] इतीट्प्रतिषेधः प्रसज्येत।

अयामन्ताल्वाय्येत्नुषु ॥४।४।५५॥ णेरयादेशो भवति आम् अन्त आलु आय्य इत्नु इत्येतेषु परतः। आम्। कारयांचकार। अन्त। गदयन्तः। मण्डयन्तः। "**दृविशिभ्यां भः**" [उ० सू०]। "**नन्दिमदिमण्डिजिनदिभ्यश्च**" [उ० सू०] इति भः। आलुः। स्पृहयालुः। आय्यः। स्पृहयाय्यः। "**महिसूदचिस्पृहिभ्य आय्यः**" [उ० सू०] इत्याय्यः। इत्नुः। स्तनयित्नुः। गदयित्नुः। "**स्तनिहृदियुषिगदिमदिभ्यो णेरित्नुः**" [उ० सू०]। णिखस्यायमपवादः। नेति सिद्धेऽयादेश उत्तरार्थः।

ल्ये घिपूर्वात् ॥४।४।५६॥ ल्ये परतो घिपूर्वाद्वर्णात्परस्य णेरयादेशो भवति। प्रशमय्य। प्रतमय्य। लवणं कृतवान् प्रलवणय्य। प्रस्तनय्य। यङन्तारिणचि प्रवेविदय्य गतः। ननु प्रादेशटिखात्खयखानामाभाच्छास्त्रत्वादसिद्धत्वे कथं घिपूर्वाद्वर्णात्परो णिः। व्याश्रयत्वात्सिद्धत्वम्। प्रादेशादयो णौ ल्ये परतो णेरयादेश इति वचनाद्वा सिद्धत्वम्। घिपूर्वादिति किम्? प्रहास्य प्रचिकीर्ष्य गतः।

वाऽऽपः ॥४।४।५७॥ आपः परस्य णेः ल्ये परतो वाऽयादेशो भवति। प्रापय्य प्राप्य गतः। स्वादिकस्य चौरादिकस्य चापेर्ग्रहणम्। सूत्रमध्याप्य गतः इत्यत्र लाक्षणिकत्वान्न भवति। अपजवस्ते प्रापय्य गतः इत्यत्रैकादेशस्यासिद्धत्वादयेव भवति।

क्षियो दीः ॥४।४।५८॥ वेति नाधिकृतम्। क्षियो दीर्भवति ल्ये परतः। आक्षीय। तुकि प्राप्ते दीत्वम्।

तेऽण्ये ॥४।४।५९॥ अण्यार्थे विहिते ते परतः क्षियो दीर्भवति। कः पुनरण्यार्थो यः पर्युदस्यते। भावकर्मणी "**तयोर्व्यक्तखार्थः**" [२।४।५५] इति वचनात् आक्षीणः। परिक्षीणः। "**धिगत्यर्थाच्च**" [२।४।५८] इति कर्तरि क्तः। दीत्वे कृते क्षीत इति तस्य नत्वम्। इदम् क्षीणं सार्थस्य। क्षीयतेऽस्मिन्निति "**अधिकरणे चाद्यर्थाच्च**" [२।४।५६] इत्यधिकरणे क्तः। "**क्तस्याधिकरणे**" [१।४।७०] इति कर्तरि ता। अण्य इति किम्? आक्षितमस्य। भावे दीत्वाभावान्नत्वं नास्ति। सगेः क्षियः सकर्मकत्वे कर्मण्यपि।

वा दैन्याक्रोशे ॥४।४।६०॥ अण्यार्थे ते परतो दैन्ये आक्रोशे च गम्ये क्षियो वा दीर्भवति। दैन्ये क्षितोऽयं क्षीणोऽयं वराकः। आक्रोशे क्षितोऽसि क्षीणोऽसि जाल्म। क्षितायुः। क्षीणायुः। कर्तरि क्तः। अण्य इत्येव। क्षितं वराकस्य। क्षितं जाल्मस्य।

सिस्यसीयुट्तासौ ङौ ग्रहाज्झन्दृशां ञिवदिट् च ॥४।४।६१॥ सि स्य सीयुट् तासि इत्येतेषु परतो ङावर्थे ग्रहेरजन्तानां हनि दृशि इत्येतयोश्च वा ञिवत्कार्यं भवति। यदा ञिवद्भावस्तदा इडागमश्च भवति स्यसिच्सीयुट्तासीनाम्। अग्राहिषाताम्। अग्रहीषाताम्। "**ग्रहोऽलिटि दीः**" [५।१।८५] इत्यत्र प्रकृतस्येटो दीत्वम्। ग्राहिष्यते। ग्रहीष्यते। ग्राहिषीष्ट। ग्रहीषीष्ट। ग्राहिता। ग्रहीता। इटो दीत्वाभाव ऐप् च प्रयोजनम्। अजन्तानाम्—अचायिषाताम्। अचेषाताम्। अग्लायिषाताम्। अग्लासाताम्। अकारिषाताम्। अकृषाताम्। "**उः**" [१।१।८६] इति सेः किखम्। चायिष्यते। चेष्यते। ग्लायिष्यते। ग्लास्यते। कारिष्यते। करिष्यते। चायिषीष्ट। चेषीष्ट। ग्लायिषीष्ट। ग्लासीष्ट। कारिषीष्ट। कृषीष्ट। "**उः**" [१।१।८६] इति लिङः किखं च। चायिता। चेता। ग्लायिता। ग्लाता। कारिता। कर्ता। अनुदात्तादिडागमः। आतो युक्च प्रयोजनम्। अघानिषाताम्। अहसाताम्। अञिवद्भावे "**वेङि**" [१।४।११६] इति वधादेश उदात्तः। अवधिषाताम्। घानिष्यते। हनिष्यते। घानिषीष्ट। वधिषीष्ट। परत्वात् ञिवद्भावे कृते "**सकृद्गते परनिर्णये बाधितो बाधित एव**" [प०] इति वधादेशो न भवति। घत्वं च प्रयोजनम्। अदर्शिषाताम्। अदृक्षाताम्। "**सि लिङ्दे**" [१।१।८५] इति किखम्। दर्शिष्यते। द्रक्ष्यते। "**झल्यकिति सृजदृशोऽम्**" [४।३।५१] इत्यमागमः। दर्शिषीष्ट। दृक्षीष्ट। दर्शिता। द्रष्टा। सिस्यसीयुट्तासाविति किम्? दातव्यम्। दानम्। ङाविति किम्? लविष्यति। दास्यति। ग्रहाज्झन्दृशामिति किम्? पक्ष्यत ओदनम्। उपदेश इत्यनुवर्तनात् कारिष्यत इत्यत्र परत्वादेपि कृतेऽपि ञिवद्भावः। शमयतेरजन्तस्य ञिवद्भावपक्षे

"णिमोर्दीमिताम्" [४।४।८६] इति वा दीर्घे कृते द्वे रूपे शामिष्यते। शमिष्यते। नित्यत्वाद्वलाद्यरुयेटं बाधित्वा णिवदिट्। तस्यासिद्धत्वाण्णिखम्। अन्यत्र शमयिष्यते। णौ दृष्टं कार्यं सामान्येनातिदिश्यते। तेन घानिष्यते। आयिष्यते। अध्यापिष्यते इत्यत्र हनिणिङां णिवद्भावे वधादय आदेशाः लुङि विहिता न भवन्ति।

दीङोऽचि क्ङिति युट् ॥४।४।६२॥ दीङोऽजादौ क्ङिति परतो युडागमो भवति। उपदिदीये। उपदिदीयाते। उपदिदीयिरे। दीङ इति कानिर्देशोऽचीत्यस्योत्तरत्र सावकाशस्य तां कल्पयति। वचनाद्युटः सिद्धत्वात् "एगिवाक्वादुङोऽसुधियः" [४।४।७८] इति यणादेशो न भवति। अचीति किम्? उपदीयते। क्ङितीति किम्? उपादानम्। "गागयोः" [५।२।८१] इत्येप्। "मिञ्मीञ्दीङां प्ये च" [४।३।४३] इत्यात्वम्। यङुन्ता-दामा भवितव्यमित्यनुबन्धनिर्देशो विस्पष्टार्थः। पूर्वान्तकरणे उपदिदीयिढ्वे इत्यत्र इणन्ताद्गोरुत्तरस्य ढत्वं प्रसज्येत।

इटि चात्खम् ॥४।४।६३॥ इटि अजादौ च क्ङिति परत आकारान्तस्य गोः खं भवति। पपिथ। जग्लिथ। "वोपदेश" [५।१।१०८] इत्यादिनेट्। पपतुः। पपुः। तस्थतुः। तस्थुः। गोदः। कम्बलदः। ङिति—प्रपा। संस्था। अचीत्येव। दासीय। ग्लायते। "रञ्जभेटः" [२।४।८६] इतीटोऽकारादेशः। अग इत्येव। यान्ति। व्यत्यस्ते। इटीति यद्यविशेषणग्रहणं तदा गेऽप्यातः खेन भवितव्यम्। व्यत्यस्तोति। एतच्च अगाधिकारेण विरुद्धमिव लक्ष्यते।

ईद्ये ॥४।४।६४॥ आकारान्तस्य गोरीकारादेशो भवति ये परतः। देयम्। धेयम्। ग्लेयम्। "गुकार्ये निवृत्ते पुनर्न तन्निमित्तम्" [प०] इति अनित्यमेतत्। "देयमृणे" [३।३।२२] इत्येपो निर्देशात्। यद्येप् क्रियते दीर्घोच्चारणं किमर्थम्? पीतम्। हीनम्। य इति "निरनुबन्धकग्रहणे न सानुबन्धकस्य" [प०]। ग्लायते। म्लायते।

भुमास्थागापाहाक्सां हलि ॥४।४।६५॥ क्ङितीति वर्तते। भु मा स्था गा पा हाक् सा इत्येतेषा-मीकारादेशो भवति हलादौ क्ङिति परतः। भुसंज्ञानाम्। दीयते। देदीयते। धीयते। देधीयते। पीतं बत्सेन। मा इत्यविशेषेण ग्रहणम्। "गामादाग्रहणेष्वविशेषः" [प०] इति। मीयते। स्था—स्थीयते। तेष्ठीयते। गा इत्यविशेषेण ग्रहणम्। गीयते। जेगीयते। अध्यगीष्ट। "लुङ् लङोर्वा" [१।४।१२२] इति ईङो गादेशः। पा इत्यनुब्विकरणपिबतेर्ग्रहणम्। पीयते। पेपीयते। पातेस्तु पायते। पानम्। हाक्—अवहीयते। अवजेहीयते। जिहीतेस्तु हायते। हातम्। सा—अवसीयते। अवसेषीयते। हलीति किम्? ददतुः। ददुः। क्ङितीत्येव। दाता।

लिङ्येत् ॥४।४।६६॥ लिङि परतो भुमादीनामेकारादेशो भवति। देयात्। धेयात्। मेयात्। स्थेयात्। गेयात्। पेयात्। अवहेयात्। अवसेयात्। क्ङितीत्येव। दासीष्ट।

वाऽस्थः स्फादेः ॥४।४।६७॥ आकारान्तस्य स्फादेः स्थावर्जितस्य गोरेकारादेशो भवति वा लिङि परतः। ग्लेयात्। ग्लायात्। म्लेयात्। म्लायात्। अस्थ इति किम्? स्थेयात्। अन्यथोभयप्राप्तौ परत्वादेतेन विकल्पः स्यात्। स्फादेरिति किम्? यायात्। क्ङितीत्येव। ग्लासीष्ट। गोरित्येव। निर्यायात्।

न प्ये ॥४।४।६८॥ वेति नाधिकृतमुत्तरत्र वाग्रहणात्। प्ये परतो भुमादीनां यदुक्तं तन्न भवति। प्रदाय। प्रधाय। प्रमाय। प्रगाय। प्रस्थाय। प्रपाय। अवहाय। अवसाय। ईत्वप्रतिषेधोऽयम्। वचनात् "अन्तरङ्गानपि विधीन् बहिरङ्गः प्यादेशो बाधते" [प०] इति ज्ञापितम्। तेन "दो दद्घोः" [५।२।१४८] इति दद्भावः। दधातेर्हि-आदेशः। "हाकः क्त्वि" [५।२।१४७]। मास्थास्यतीनामित्त्वं च न भवति। प्यादेशो कृतेऽनल्विधाविति स्थानिवद्भावाप्रतिषेधात्प्राप्तिः।

वेर्मेङः ॥४।४।६९॥ मेङः ल्ये परतो वा इकारादेशो भवति। अपमित्य। अपमाय। **"माङो व्यतीहारे"** [२।४।५] इति क्त्वा।

लुङ्लङ्लृङ्क्ष्वट् ॥४।४।७०॥ लुङि लङि लृङि च परतो गोरडागमो भवति। अकार्षीत्। अकरोत्। अकरिष्यत्। ऐक्षिष्ट। औम्भीत्। ऐक्षत। औम्भत्। ऐक्षिष्यत। औम्भिष्यत् **"अटश्च** [८।३।७८] इत्यैप्। आसन् आयन् इत्यत्र लावस्थायामडागमेऽन्तरङ्गत्वादैप्यायादेशे च कृतेऽत इत्यनुवृत्तेः **"श्नसः खम्"** [४।४।१०१] यणादेशश्च न भवतः।

न माङ्योगे ॥४।४।७१॥ माङ्योगेऽडागमो न भवति। मा कार्षीत्। मास्म करोत्। मानिरसीत्। मास्म निरस्ताम्। योगग्रहणं किम्? मा भवान् कार्षीत्। इदमेव ज्ञापकं **"माङि लुङ्"** [२।३।१५१] इत्यत्र माङ्योगे लुङ् द्रष्टव्यः।

श्नुधुभ्रुवां य्वोरच्चीयुवौ ॥४।४।७२॥ श्नु धु भ्रू इत्येतेषां गूनामिवर्णोवर्णयोरजादौ परत इय् उव् इत्यादेशौ भवतः। श्नु। प्राप्नुवन्ति। राध्नुवन्ति। धु–चिक्षियतुः। चिक्षियुः। लुलुवतुः। लुलुवुः। नियौ। नियः। लुवौ। लुवः। भ्रू। भ्रुवौ। भ्रुवः। निर्दिश्यमानयोरिवर्णोवर्णयोरादेशः। यथा **"पादः पद्"** [४।४।११६] इति पाच्छब्दस्य पदादेशो न पादन्तस्य। नयति। भवति। नायकः। भावकः इत्यत्र परत्वादेबैपौ। अचीतीम्निर्देशाद् व्यवधाने न भवति। विविदतुः। विविदुः। गोरित्येव। स्त्र्यर्थम्। भ्र्वर्थम्।

चस्याऽस्वे ॥४।४।७३॥ चस्येवर्णोवर्णयोरस्वेऽचि परत इयुवौ भवतः। इयेष। इयर्ति। पूर्वेण गुनिमित्तेऽचि आदेश उक्त इति न प्राप्नोति। अस्व इति किम्? ईषतुः। ईषुः। ऊषतुः। ऊषुः। अचीत्येव। इयाज। उवाय।

स्त्रियाः ॥४।४।७४॥ स्त्रियाश्च इयादेशो भवति अचि परतः। स्त्रिया। स्त्रियः। परमस्त्रियौ। परमस्त्रियः। अलैवानर्थकेन तदन्तविधिः नाऽसंघातेन। तेन शस्त्रीशब्दस्य न भवति। स्त्रीणामित्यत्र परत्वान्नुट्। पृथक्करणमुत्तरार्थम्।

वाम्शसोः ॥४।४।७५॥ अम्शसोः परतः स्त्रिया वा इयादेशो भवति। स्त्रियं पश्य। स्त्रीं पश्य। स्त्रियः पश्य। स्त्रीः पश्य।

औतः ॥४।४।७६॥ आकारादेशो भवति औतोऽम्शसोः परतः। वेति न स्वरितं गां गाः पश्य। द्यां द्याः पश्य च गोशब्दस्य अमि ऐपः पूर्वनिर्णयेनात्वम्। चित्रगुं पश्येत्यत्रान्तरङ्गत्वात्प्रादेशे सत्यात्वाभावः। शसा सहचरितस्यामो ग्रहणादिह न भवति। अचिनवम्। असुनवम्।

यणेत्योः ॥४।४।७७॥ यणादेशो भवति एत्योरचि परतः। यन्ति। यन्तु। अधियन्ति। अधियन्तु। **"मध्येऽपवादाः पूर्वान् विधीन् बाधन्ते नोत्तरान्"** [प०] इतीयादेशस्य बाधा नत्वेबैपोः। अयनम्। आयुकः।

एर्गिवाक्चादुङोऽसुधियः ॥४।४।७८॥ गिवाक्चात्परो य उङ् तस्मादुत्तरस्य इवर्णस्य यणादेशो भवत्यचि परतः सुधीशब्दं वर्जयित्वा। गिः–उन्न्यौ। उन्न्यः। परिण्यौ। परिण्यः। वाचः–ग्रामण्यौ। ग्रामण्यः। सेनान्यौ। सेनान्यः। चात्–चिच्यतुः। चिच्युः। निन्यतुः। निन्युः। गिवाक्चादिति किम्? नियौ। नियः। परमनियौ। परमनियः। उङ इति किम्? यवक्रियौ। यवक्रियः। उङत्र गिवाक्चात्परो न भवति। ककारेण व्यवधानात्। असुधिय इति किम्? सुधियौ। सुधियः। **"ध्याप्योर्जिश्च"** [उ०सू०] इति क्विप् जित्वं च।

सुप्योः ॥४।४।७९॥ अजादौ सुपि परतो गिवाक्चपूर्वादुङः परस्य उवर्णस्य यणादेशो भवति। सुल्वौ। सुल्वः। सकृल्ल्वौ। सकृल्ल्वः। खलप्वौ। खलप्वः। शतस्वौ। शतस्वः। सुपीति किम्? लुलुवतुः। एतदर्थं च योगान्तरम्। गिवाक्चादित्येव। भुवौ। भुवः। लुवौ। लुवः। परमलुवः। उङ इत्येव कटप्रुवौ। कटप्रुवः।

दृन्कारापुनर्वर्षाभ्यो भुवः ॥४।४।८०॥ दृन् कारा पुनर् वर्षा इत्येतेभ्य उत्तरस्य भुवो यणादेशो भवत्यचि सुपि परतः। दृन्भ्वौ। दृन्भ्वः। काराभ्वौ। काराभ्वः। पुनर्भ्वौ। पुनर्भ्वः। वर्षाभ्वौ। वर्षाभ्वः। नियमार्थोऽयमारम्भः। एतेभ्यः एव भुवो यण् नान्यस्मात्। प्रतिभुवौ। प्रतिभुवः। स्वयम्भुवौ। स्वयम्भुवः। मित्रभुवौ। मित्रभुवः। "**भुवः स्वन्तरे**" [२।२।१५२] इति क्विप्।

लुङ्लिटोर्वुक् ॥४।४।८१॥ भुवो वुगागमो भवति लुङ्लिटोरचि परतः। अभूवन्। अभूवम्। "**स्थेरिणप्ब**" [१।४।१४६] इत्यादिना सेरुप्। मिपोऽमादेशे "**सूभवत्योर्मिङि**" [५।२।८६] इत्येपि प्रतिषिद्धे वुक्। लिटि—बभूव। बभूविथ। बभूवतुः। बभूवुः। णलि थे च पूर्वविप्रतिषेधेनैबैपोर्वुका बाधा। लुङ्लिटोरिति किम्? व्यतिभविषीष्ट। ओरित्यनुवर्तते तेन यङुबन्तस्य परत्वादेपि कृते न भवति। अबोभवम्।

हुश्नुवोर्गे वः ॥४।४।८२॥ हु श्नु इत्येतयोरुकारस्य वकारादेशो भवत्यजादौ गे परतः। जुह्वति। जुह्वतु। चिन्वन्ति। "**ग्रहाज्झन्दशाम्**" [४।४।६१] इत्यतो मण्डूकगत्याऽज्ग्रहणमनुवर्तते। तेनाच उत्तरस्य श्नोर्वकारादेशः। इह मा भूत्—प्राप्नुवन्ति। राध्नुवन्ति। हुश्नुवोरिति किम्? योयुवति। रोरुवति। चादित्यनुवर्तनात्प्रसज्येत। ग इति किम्? जुहुवतुः। जुहुवुः। जुहवानि चिनवानीत्यत्र परत्वादेप्।

गोहेरूङः ॥४।४।८३॥ गोह उङ ऊकारादेशो भवत्यचि परतः। निगूहयति। निगूहकः। साधु निगूही। निगूहन्ति। निगूहम्। निगूहो वर्तते। गोहेरित्येपं कृत्वा विकृतनिर्देशः किम्? यत्रास्यैतद्रूपं तत्र यथा स्यादिह माभूत्। निजुगुहतुः। निजुगुहुः। उङ इति किम्? अन्त्यस्य मा भूत्। प्रकृतिग्रहणे यङुबन्तस्य घञि जोगूह इत्यत्र चस्य च मा भूत्। ओरित्यनुवृत्तेः तद्विकारस्य चस्यापि प्रसज्येत। अचीत्येव। निगोढा। निगोढुम्। ऊ इत्यविभक्तिको निर्देशः। द्विमात्रश्चायमादेशः। अन्यथा एप्प्रतिषेधः क्रियेत।

दोषो णौ ॥४।४।८४॥ दोष उङः ऊकारादेशो भवति णौ परतः। दूषयति। दूषयते। दोष इति विकृतग्रहणं किम्? एपि कृते ऊकारो यथा स्यात्। अन्यथा प्रदूष्य गत इत्यत्र ऊकारस्यासिद्धत्वाण्णेरयादेशः प्रसज्येत। एपि कृते षिपूर्वत्वं नास्तीत्यप्राप्तिः। णाविति किम्? दोषणं दोषः।

वा चित्तविकारे ॥४।४।८५॥ चित्तविकारेऽर्थे दोषो णौ परत उङो वा ऊकारादेशो भवति। चित्तं दूषयति। चित्तं दोषयति। प्रज्ञां दूषयति। प्रज्ञां दोषयति। दोषमाचष्टे दोषयतीत्यत्र टिखस्यासिद्धत्वादुङः ओः स्थाने विकारो न भवतीत्यप्राप्तिः। चित्तविकार इति किम्? एकान्तवादप्रयोगं दूषयति। णावित्येव। चित्तस्य दोषः।

ञिणमोर्दीर्मितम् ॥४।४।८६॥ ञिणम्परे णौ परतो मितां गूनामुङो वा दीर्भवति। अघटि। अघाटि। घटं घटम्। घाटं घाटम्। अशमि। अशामि। शमं शमम्। शामं शामम्। घटते कश्चित्। शाम्यति कश्चित्। तमन्यः प्रयुङ्क्ते इति णिच्। उङ ऐप्। वक्ष्यमाणेन "**प्रः**" [४।४।८७] इत्यनेन प्रादेशः। ञौ णमि चानेनोङो वा दीत्वम्। ननु प्रादेश एव विकल्प्यः। दीरिति किमर्थम्? न शक्यमेवम्। शामयतेर्णिचि कृते णौ णिखस्य स्थानिवद्भावात् उङः प्रादेशविकल्पो न स्यात्। दीत्वविधौ तु न स्थानिवद्भाव इति ञिपरो णिर्मितोऽनन्तर इति दीत्वविकल्पः सिद्धः। अशमि। अशामि। तथा अत्यर्थं शाम्यतीति यङ्। शंशाम्यतेर्णिच्। "**अतः खम्**" [४।४।५०]। "**हलो यः**" [४।४।५१] इति यखम्। अत्रापि यङोऽकारस्य दीत्वविधिं प्रति न स्थानिवद्भाव इति अशंशामि। नवाऽत्रासिद्धत्वं शंक्यम् व्याश्रयत्वात्। णौ हि णियङोः खं ञिणम्परे णौ गोर्दीत्वमिति।

प्रः ॥४।४।८७॥ णाविति वर्तते। मितां गूनामुङः प्रो भवति णौ परतः। घटयति। व्यथयति। जनयति। "जनिवध्योः" इति ञिकृतोः परत ऐप्प्रतिषेधः उक्तस्ततो ञेरन्यदुदाहरणम्। मितामिति किम्? कामयति। आमयति। चाममति। "**न कम्यमिचमाम्**" इति मित्संज्ञाप्रतिषेधः। प्रशमय्य गत इत्यत्र णावुङः प्रादेशः

ण्ये परतो णेरयादेश इति व्याश्रयत्वात्प्रादेशस्यासिद्धत्वं न भवति। कथं संक्रामयति। केचिद् वेत्यनुवर्तयन्ति। सा च व्यवस्थितविभाषा ततो न दोषः।

खचि ॥४।४।८८॥ खच्परे णौ परतो ओरुङः प्रो भवति। युगन्धरः। वसुन्धरः। **"भृतॄवृजिधारिसहितपिदमः खौ"** [२।२।४४] इति खच्। **"खित्यकेः"** [४।३।१७६] **"मुमचः"** [४।३।१७७] इति मुमागमः।

ह्लादस्ते ॥४।४।८९॥ ह्लादस्ते परत उङः प्रो भवति। प्रह्लन्नः। प्रह्लन्नवान्। त इति किम्? प्रह्लादयति। ह्लाद इति योगविभागान्प्रह्लत्तिः।

छादेर्घे ॥४।४।९०॥ छादेर्घे परत उङः प्रो भवति। प्रच्छदः। उपच्छदः। **"तिकुप्रादयः"** [१।३।८१] इति षसः। उरश्छदः। तनुच्छदः। कृद्योगे तासः। छद अपवारणे इति चौरादिकः। अस्मात् **"पुंखौ घः प्रायेण"** [२।३।१००] इति घे कृते णिखस्यासिद्धत्वम् **"परेऽचः पूर्वविधौ"** [१।१।५७] इति स्थानिवद्भावो वा वचनसामर्थ्यान्न भवति। ततः उङः प्रादेशः। घ इति किम्? प्रच्छादनम्। तनुच्छादनम्।

नानेकगेः ॥४।४।९१॥ अनेको गिर्यस्य तस्य छादेरुङः प्रो न भवति। समुपच्छादः। एकगिरगिश्च छादिः पूर्वेण प्रादेशं प्रयोजयति।

मन्त्रेस्क्विषु ॥४।४।९२॥ मन् त्र इस् क्वि इत्येतेषु परतश्छादेरुङः प्रो भवति। छद्म। छत्रम्। छदिः समुच्छद्। उपच्छत्। **"सर्वधुभ्यो मन्त्रटौ"** [उ० सू०] उणादिषु विहितौ। **"अर्चिर्शुचिहुसृपिछादिछृदिभ्य इस्"** [उ० सू०] इति इस्। **"छादेर्घे"** [४।४।९०] इत्यतः पृथक्करणमनेकगेरपि प्रादेशार्थम्। समुपच्छत्। समुपाचिच्छत्। सिवसिधसामि षत्वम्।

गमहनजनखनघसां क्ङित्यनङि ॥४।४।९३॥ गम हन जन खन घस इत्येतेषां कुङः खं भवति अनङि किति ङिति परतः। अनङीति किम्? अगमत्। अघसत्। क्ङीति किम्? गमनम्। गमनीयम्। अचीत्येव। गम्यते। हन्यते।

हुझल्भ्यो हेर्धिः ॥४।४।९४॥ हु इत्येतस्मात् झलन्तेभ्यश्चोत्तरस्य हेर्धिरित्ययमादेशो भवति। जुहुधि। झलन्तेभ्यः—छिन्धि। भिन्धि। **"श्नसः खम्"** [४।४।१०१] इत्यखस्य अनुस्वारविधिं प्रति न स्थानिवत्त्वम् इति अनुस्वारपरस्वत्वे। झल्भ्य इति किम्? लुनीहि। हेरिति किम्? युवां जुहुतम्। **"भुमास्थागापाहासां हलि"** [४।४।६५] इत्यतो मण्डूकगत्या हल्ग्रहणमनुवर्तते। तेनाहलादेर्न भवति। रुदिहि। स्वपिहि। अथवा अत्र परत्वादिटि कृते **"सकृद्गते परनिर्णये बाधितो बाधित एव"** [प०]। जुहुतात्त्वं भिन्तात्त्वमित्यत्रापि परत्वात्तातङादेशः।

जेरुप् ॥४।४।९५॥ जेरुत्तरस्य उब् भवति। अकारि। अलावि। लावस्थायामडागमः। पश्चादुप्। खमिति वर्तते। उब्ग्रहणे सर्वापहारार्थं परस्यादेर्मा भूत्। गोरित्यधिकारात् गोर्निमित्तस्य त्यस्यौब्विधानादिह भवति अपाठि ग्रन्थः। अकारितरामित्यत्र तखस्यासिद्धत्वान्न भवति। व्यक्तौ हि पदार्थे प्रतिव्यक्ति लक्षणं भिद्यते इति तदेव शास्त्रं तस्मिन् कथमसिद्धमिति नाशंकनीयम्।

अतो हेः ॥४।४।९६॥ अकारान्ताद्गोरुत्तरस्य हेरुब्भवति। पच। कृष। गच्छ। अत इति किम्? युहि। रुहि। तपरकरणं किम्? याहि। लुनीहि। ईत्वस्यासिद्धत्वादाकारः। हेरिति वर्तमाने पुनर्हेरिति किम्? हिरेव यो हिस्तस्योब् यथा स्यात् इह माभूत्। जीवतात्त्वम्।

उतस्त्यादस्फात् ॥४।४।९७॥ अस्फात्परो य उकारस्तदन्तात्त्यादुत्तरस्य हेरुब् भवति। चिनु। सुनु। तनु। कुरु। तन्वादिषु व्यपदेशिवद्भावादुकारान्तत्वम्। उत इति किम्? लुनीहि। जानीहि। त्यादिति किम्? युहि। रुहि। अस्फादिति किम्? आप्नुहि। तक्ष्णुहि।

वा म्वोः खम् ॥४।४।९८॥ अस्फात्परो य उकारस्तदन्तस्य वा खं भवति मकारवकारादौ परतः। सुन्वः। सुनुवः। सुन्मः। सुनुमः। सुन्वहे। सुनुवहे। सुन्महे। सुनुमहे। तन्वः। तनुवः। तन्मः। तनुमः। उञिति वर्तमाने खग्रहणमन्तेऽलो नाशार्थम्। उत इत्येव। क्रीणीवः। क्रीणीमः। त्यस्येत्येव। युवः। रुवः। अस्फादित्येव। आप्नुवः। तद्गुवः। सुनोम्यादिषु परत्वादेप्।

कृञो ये च ॥४।४।९९॥ कृञ उत्तरस्य उतः खं भवति यकारादौ म्वोश्च परतः। कुर्यात्। कुर्याताम्। कुर्युः। कुर्वः। कुर्मः। कुर्वहे। कुर्महे। नित्यत्वात्खे कृते "त्यखे त्याश्रयम्" [१।१।६३] इत्येप्। म्वोरनुकर्षणार्थाच्चकारात् ज्ञायते वेति निवृत्तम्।

गेऽत उत् ॥४।४।१००॥ उत्यान्तस्य करोतेरकारस्य उकारादेशो भवति क्ङिति परतः। कुरुतः। कुर्वन्ति। कुरुथः। कुरुथ। कुर्वः। कुर्मः। उदिति तपरकरणाद्विकरणमपेक्ष्य ध्युङ्म्न भवति। ग इति किम्? भूतपूर्वेऽपि गे यथा स्यात्। अत इति तपरकरणमुत्तरार्थम्? क्ङितीत्येव। करोमि। करोषि। करोति। एपि कृते उकारान्तत्वाभावाद्वा न भवति। "अनन्त्यविकारेऽन्त्यसदेशस्य' [प०] इति अकुरुतामित्यत्राटो न भवति।

श्नसः खम् ॥४।४।१०१॥ श्नमः अस्तेश्च अतः खं भवति गे क्ङिति परतः। भिन्नः। भिन्दन्ति। छिन्नः। छिन्दन्ति। अत्खस्यासिद्धत्वाद्व लुङो नकारस्य खं न भवति। अस्तेः स्तः। सन्ति। क्ङितीत्येव। भिनत्ति। अस्ति। श्नस इति श्नमो नष्टमकारस्य पररूपत्वं ज्ञापकं शकन्ध्वादिषु पररूपं भवति। अत इति तपरकरणस्यानुवृत्तिः किमर्था। आस्ताम् आसन्नित्यत्र लावस्थायामडागमे ऐपि च कृते माभूत्। नन्वटोऽसिद्धत्वादाकारखं न प्राप्तम् इदमेव तपरकरणं ज्ञापकम् अभाच्छास्त्रस्य क्वचित्सिद्धता। तेन देभतुः। देभुरित्यत्र नखस्य सिद्धत्वादेत्वचखे भवतः।

थश्नोरातः ॥४।४।१०२॥ थसंज्ञकस्य श्ना इत्येतस्य च य आकारस्तस्य खं भवति गे क्ङिति परतः। मिमते। मिमताम्। अमिमत। सञ्जिहते। संजिहताम्। समजिहत। "देऽनतः [५।१।५] इति झस्यादादेशः। लुनते। लुनताम्। अलुनत। पुनते। पुनताम्। अपुनत। हलीत्वं वक्ष्यते। तस्मादचि खम्। भुसंज्ञकानां हल्यपि दत्तः। दत्से। थश्नोरिति किम्? यान्ति। वान्ति। आत इति किम्? बिभ्रति। इयूति। क्ङितीत्येव। जहाति। लुनाति।

हल्यभोरीः ॥४।४।१०३॥ हलादौ क्ङिति परतः थश्नोरात ईकारादेशो भवत्यभोः। सञ्जिहीते। सञ्जिहीषे। सञ्जिहीध्वे। सञ्जिहीवहे। सञ्जिहीमहे। मिमीते। मिमीषे। मिमीध्वे। मिमीवहे। मिमीमहे। लुनीतः। लुनीथः। लुनीषे। लुनीध्वे। लुनीवहे। लुनीमहे। अभोरिति किम्? दत्तः। क्ङितीत्येव। जहाति। लुनाति।

इद्दरिद्रः ॥४।४।१०४॥ इकारादेशो भवति दरिद्रातेर्हलादौ गे क्ङिति परतः। दरिद्रितः। द्ररिद्रिथः। दरिद्रिवः। दरिद्रिमः। "जक्षित्यादयः" [४।३।५] इति थसंज्ञायाम् पूर्वेण हलादावीत्वं प्राप्तम्। हलीत्येव। दरिद्रति। क्ङितीत्येव। दरिद्राति। "भियो वा" [४।४।१०५] इत्यतः सिंहावलोकनेन वेति व्यवस्थितविभाषा संबध्यते ततो दरिद्रातेरगविषये बहुलं खं भवति। दरिद्रातीति दरिद्रः। अदरिद्रीत्। खे सत्याकारान्तलक्षणौ "यमरमनमातः सक्च" [५।१।१२२] इति सगिटौ न।

भियो वा ॥४।४।१०५॥ भी इत्येतस्य वा इकारादेशो भवति हलादौ गे क्ङिति परतः। बिभितः। बिभीतः। बिभिथः। बिभीथः। बिभिवः। बिभीवः। बिभिमः। बिभीमः। हलीत्येव। बिभ्यति। ग इत्येव भीतः। भीयते। क्ङित्येव। बिभेति।

हाकः ॥४।४।१०६॥ हाकश्च वा इकारादेशो भवति हलादौ गे क्ङिति परतः। जहितः। जहीतः। जहिथः। जहीथः। जहिवः। जहीवः। जहिमः। जहीमः। पक्षे "हल्यभोरीः" [४।४।१०३] इतीत्वम्। थस्ये-

त्यनुवर्तनात् हित्वे कृते इत्वादिविधिः। अथवा अल्पाश्रयत्वेनान्तरङ्गत्वात्प्रागेव द्वित्वम्। हलीत्येव। जहति। ग इत्येव। हीनः। हीयते। जेहीयते। योगविभाग उत्तरार्थः।

आ च हौ ॥४।४।१०७॥ हाक आकारादेशो भवति इच्च वा हौ परतः। जहाहि। जहिहि। जहीहि।

यि खम् ॥४।४।१०८॥ यकारादौ गे ङ्किति परतो हाकः खं भवति। जह्यात्। जह्याताम्। जह्युः। ग इत्येव। हीयते। जेहीयते।

भ्वसोरेच्च खं हौ ॥४।४।१०९॥ भुसंज्ञकानाम् अस्तेश्च हौ परत एकारादेशो भवति चस्य च खम्। देहि। धेहि। एधि। खमिति वर्तमाने पुनः खग्रहणं सर्वस्य चस्य नाशार्थम्। अस्तेश्च खं न सम्भवति। "श्नसः खम्" [४।४।१०१] इत्यखम्। अनेन सकारस्यैत्वम्। हाविति वर्तमाने पुनर्हाविति किम्? रूपान्तरापत्तौ माभूत्। दत्तात्। धत्तात्। स्तात्।

अतो हल्मध्येऽनादेशादेर्लिटि ॥४।४।११०॥ हलोर्मध्ये वर्तमानस्यात एकारादेशो भवति चस्य च खं लिटि ङ्किति परतः। पेचतुः। पेचुः। शेकतुः। शेकुः। रेणतुः। रेणुः। हल्मध्य इति किम्? आटतुः। आटुः। त्रपिग्रहणं नियमार्थं वक्ष्यति। अनेक हल्मध्यगतस्य त्रपेरेव नान्यस्य। ततत्सतुः। पप्रथे। पप्रथाते। पप्रथिरे। लिटीति किम्? पापच्यते। पापठ्यते। अत इति किम्? दिदिवतुः। दिदिवुः। तपरकरणं किम्? शशासतुः। शशासुः। ङ्कितीत्येव। अहं पपच। "फलिभजोः" [४।४।३३२] इति नियमो वक्ष्यते। एतयोरेव लिट्यादेशाद्योरेच्चखे भवतो नान्यस्य। बभणतुः। बभणुः। चकणतुः। चकणुः। नमिसह्योस्तु लिङुत्पत्तेः प्रागेव नत्वसत्वे भवत इति नियमान्न निवृत्तिः। नेमतुः। नेमुः। सेहे। सेहाते। सेहिरे।

सेटि ॥४।४।१११॥ सेटि च लिटि परतो हल्मध्येऽत एत्वं भवति चस्य च खम्। अङ्कित्यपि यथा स्यादित्यारम्भः। पेचिथ। शेकिथ। नेमिथ। "वोपदेशे" [५।१।१०८] इत्यादिना वेट्। सेटीति किम्? पपक्थ। लिटीत्येव। पठितः। पठितवान्। अत इत्येव। दिदेविथ।

फलिभजोः ॥४।४।११२॥ फलि भजि इत्येतयोरत एत्वं भवति चस्य च खं लिटि ङ्किति सेटि च परतः। फेलतुः। फेलुः। फेलिथ। भेजतुः। भेजुः। भेजिथ। भेजे। भेजाते। भेजिरे। नियमार्थोऽयमारम्भः। फलिभजोरेव लिट्यादेशाद्योर्नान्यस्य। चकणतुः। चकणुः। चकणिथ। बभणतुः। बभणुः। बभणिथ। फलिभजोर्विकारलक्षण आदेशः अन्यस्यापि विकारादेशादेर्निवृत्तिः शशिदद्योः प्रतिषेधाच्च। तेन प्रकृतिचरां प्रकृतिचरः प्रकृतिजशां प्रकृतिजशो भवन्तीति। नात्र नियमान्निवृत्तिः। तेनतुः। तेनुः। देभतुः। देभुः।

तॄत्रपोः ॥४।४।११३॥ तॄ त्रपित्येतयोरत एत्वं भवति चस्य च खं लिटि ङ्किति सेटि थलि च परतः। तेरतुः। तेरुः। तेरिथ। "ऋच्छत्वॄताम्" [५।२।१२३] इत्येप्। त्रेपाते। त्रेपिरे। "श्रन्थेश्चेति वक्तव्यम्" [वा०] श्रेथतुः। श्रेथुः। उपसंख्यानेन लिटः ङ्कित्वम्। इदमपि नियमार्थं सूत्रम्। एष्विन्वॄतस्यातस्तरतेरेव नान्यस्य। विशशरतुः। विशशरुः। विशशरिथ। लुलविथ। अनेककहल्मध्यगतस्य त्रपेरेव नान्यस्य। ततक्षतुः। ततक्षिथ। ममन्थतुः। ममन्थुः। ममन्थिथ।

वधे राधेः ॥४।४।११४॥ राधेर्वधेऽर्थे हल्मध्येऽवर्णस्यैत्वं भवति चस्य च खं लिटि ङ्किति सेटि थलि च परतः। परिरेधे। परिरेधाते। परिरेधिरे। कर्मणि दविधिः। परिरेधतुः। परिरेधुः। परिरेधिथ। वध इति किम्? आरराधतुः। आरराधुः। आरराधिथ।

वा जॄभ्रमुत्रसाम् ॥४।४।११५॥ जॄ भ्रम् त्रस् इत्येतेषामतो वा एत्वं भवति चस्य च खं लिटि ङ्किति सेटि च परतः। जेरतुः। जेरुः। जेरिथ। भ्रेमतुः। भ्रेमुः। भ्रेमिथ। त्रेसतुः। त्रेसुः। त्रेसिथ। पक्षे जजरतुः। जजरुः। जजरिथ। बभ्रमतुः। बभ्रमुः। बभ्रमिथ। तत्रसतुः। तत्रसुः। तत्रसिथ। तॄग्रहणादन्यस्यैष्विन्वॄतस्य न भवतीति जॄषोऽप्राप्ते। भ्रमेरादेशादित्वात् त्रसेरनेकहल्मध्यगतत्वादप्राप्ते विकल्पः।

फणां सप्तानाम् ॥४।४।११६॥ फणादीनां सप्तानां वा एत्वं भवति चस्य च खं लिटि ङ्किति सेटि च परतः। फेणतुः। फेणुः। फेणिथ। पफणतुः। पफणुः। पफणिथ। रेजतुः। रेजुः। रेजिथ। रराजतुः। रराजुः। रराजिथ। भ्रेजे। भ्रेजाते। भ्रेजिरे। बभ्राजे। बभ्राजाते। बभ्राजिरे। भ्रेसे। बभ्रासे। भ्लेसे। बभ्लासे। स्येमतुः। स्येमुः। स्येमिथ। सस्यमुः। सस्यमिथ। स्वेनतुः। स्वेनुः। स्वेनिथ। सस्वनतुः। सस्वनुः। सस्वनिथ। सप्तानामिति किम्? दध्वनतुः। दध्वनुः। जज्वलतुः। जज्वलुः। जज्वलिथ।

न शसददवादीनाम् ॥४।४।११७॥ शस दद इत्येतयोर्वादीनां च लिटि ङ्किति सेटि च परत एत्व-चखे न भवतः। विशशसतुः। विशशसिथ। दददे। ददवाते। ददविरे। वादीनाम्-ववणतुः। ववणुः। ववणिथ। ववले। ववलाते। ववलिरे।

भस्य ॥४।४।११८॥ भस्येत्ययमधिकारो वेदितव्य आ पादपरिसमाप्तेः। वक्ष्यति **"पादः पत्"** [४।४।११९] इति। द्विपदा। द्विपदे। भस्येति किम्? द्विपादौ। द्विपादः। घे भसंज्ञा न भवति।

पादः पद् ॥४।४।११९॥ पादन्तस्य गोर्भस्य पदित्ययमादेशो भवति। द्विपदः पश्य। द्विपदा। द्विपदे। द्वौ पादावस्येति बसे **"सुसंख्यादेः"** [४।२।१४०] इति पादस्यातः खम्। **"निर्दिश्यमानस्यादेशा भवन्ति"** [प०] इति पाच्छब्दस्य पदादेशः। द्वौ द्वौ पादौ ददाति द्विपदिकां ददाति। **"संख्यायाः पादशतेभ्यो वीप्सा-दण्डत्यागे वुन्"** [४।२।१०] खं च। वैयाघ्रपद्यः। व्याघ्रस्येव पादौ यस्य **"खं पादस्याहस्त्यादेः"** [४।२।१३९] इति खम्। गर्गादित्वाद्यञ्। भस्येति किम्? द्विपाद्भ्याम्। द्विपाद्भिः। पादवतेः क्विबन्तस्य प्रयोगो नास्ति।

वसोर्जिः ॥४।४।१२०॥ वस्वन्तस्य गोर्भस्य जिर्भवति। उपसेदुषः पश्य। उपसेदुषा। उपसेदुषे। **"वस्सदिणो वसुर्लिण्मम्"** [१।२।८८] इति वसुः। द्वित्वम्। हल्मध्ये लिट्यत इति एत्वचखे। क्रादिनिय-मादिट्। जौ कृते निमित्ताभावादिण्निवृत्तिः। भस्येत्येव। विद्वस्यति। विद्वस्यते। क्यच्क्यङोः स्वादित्वा-भावाद्भसंज्ञा नास्ति। **"नः क्ये"** [१।२।१०४] इति नियमात्पदसंज्ञाविरहेण रित्वाद्यभावः।

श्वयुवमघोनोऽह्नति ॥४।४।१२१॥ श्वन् युवन् मघवन् इत्येतेषां जिर्भवति अह्नति परतः। शुनः पश्य। शुना। शुने। यूनः पश्य। यूना। यूने। **"अनन्त्यविकारेऽन्त्यसदेशस्य"** [प०] इति यकारस्य न भवति। मघोनः पश्य। मघोना। मघोने। अह्नतीति किम्? शौवनं मांसम्। यौवनं वर्तते। माघवनम्। शुनो विकारः **"प्राणितालादेः"** [३।३।१०५] इत्यण्। **"द्वारादेः"** [५।२।६] इत्यौव्। यूनो भावः **'हायनान्त-युवादिभ्योऽण्"**। मघोन इदम्। उत्तरत्र अन इति योगविभागः। अन्नन्तानां श्वादीनां जिर्भवति। तेन युवतीः पश्येत्यत्र **"मृद्ग्रहणे लिङ्गविशिष्टस्य"** [प०] इति न भवति।

अनोऽखमम्वस्फात् ॥४।४।१२२॥ अन्नन्तस्याखं भवति स चेदन् मकारवकारान्तस्फात्परो न भवति। राज्ञः पश्य। राज्ञे। **"पूर्वत्रासिद्धे न स्थानिवत्"** इति चुत्वम्। तक्ष्णः पश्य। तक्ष्णा। तक्ष्णे। अन्नन्त-स्येति वचनात् राजकीय इत्यत्र न भवति। अम्वस्फादिति किम्? धर्मणः। धर्मणे। तत्त्वदृश्वनः पश्य। तत्त्वदृश्वना। तत्त्वदृश्वने।

षादिहनधृतराज्ञोऽणि ॥४।४।१२३॥ षकारादेरनः हन् धृतराजन् इत्येतयोश्चाणि परतोऽकारस्य खं भवति। औक्ष्णः। ताक्ष्णः। हन्-भ्रौणघ्नः। वार्त्रघ्नः। धृतराजन्-धार्तराज्ञः। अपत्यार्थेऽण **"अनः"** [४।४।१५८] इति अखटिखयोः प्रतिषेधे प्राप्ते सूत्रम्। एतेषामिति किम्? सामनो धौमनः। ताक्षण्यः। **"सेनान्त-लक्षण"** [३।१।१४०] इत्यादिना ण्यः।

वा ङिश्योः ॥४।४।१२४॥ अनोऽकारस्य वा खं भवति ङौ शीशब्दे च परतः। राज्ञि। राजनि। लोम्नि। लोमनि। साम्नी। सामनी। दाम्नी। दामनी। भस्येत्यधिकारात् **"नपः"** [५।१।१६] इत्यनेना-दिष्टः शीशब्दो गृह्यते।

अचः ॥४।४।१२५॥ अच इत्यञ्चेर्नष्टनकारो गृह्यते। तदन्तस्य गोरकारस्य खं भवति। प्रतीचः पश्य। प्रतीचा। प्रतीचे। मधूचः पश्य। मधूचा। मधूचे। भस्येत्येव। प्रत्यञ्चमिच्छति प्रत्यच्यति। क्यच्। स्वादिष्वभावात्पूर्वस्य भसंज्ञा नास्ति। अच इति नष्टनकारग्रहणं किम्? प्रत्यञ्चः पश्य। प्रत्यञ्चा। प्रत्यञ्चे। "**नाञ्चेः पूजे**" [४।४।२६] इति नखाभावः।

ईदुदः ॥४।४।१२६॥ उदः परस्याच ईकारादेशो भवति भस्य। उदीचः पश्य। उदीचा। उदीचे। उदीच्यः। "**द्युप्रागपागुदक्प्रतीचो यः**" [३।२।८०] इति यः। अखापवादोऽयम्।

आतो धोः ॥४।४।१२७॥ आकारान्तस्य धोर्भस्य खं भवति। कीलालपः पश्य। कीलालपा। कीलालपे। शुभंयः पश्य। शुभंया। शुभंये। आत इति किम्? ग्रामण्या। ग्रामण्ये। धोरिति किम्? मालाः पश्य। "**जृव्रश्चः क्त्वः**" [५।१।१०३] "**थश्नोरातः**" [४।४।१०२] इत्यादयः सौत्रा निर्देशाः। भस्येत्येव। क्षीरपामिच्छति क्षीरपीयति।

तेर्विंशतेर्डिति ॥४।४।१२८॥ भस्य विंशतेर्डिति परतस्तिशब्दस्य खं भवति। विंशत्या क्रीतो विंशकः। "**विंशतित्रिंशद्भ्यां ड्वुरखौ**" [३।४।२१] इति ड्वुः। तिखे कृते "**एप्यतोऽपदे**" [४।३।८४] इति पररूपत्वम्। विंशतेः पूरणं विंशं शतम्। विंशतिरधिका अस्मिन्निति "**तदस्मिन्नधिकमिति शदशान्ताड्डः**" [३।४।१६७] "**विंशतेश्च**" [३।४।१६८] इति डः। आसन्ना विंशतेरिमे आसन्नविंशाः। "**संख्येये**" [१।३।८७] इत्यादिना बसः। "**संख्यावाड्डोऽबहुगणात्**" [४।२।६९] इति डः सान्तः। डितीति किम्? विंशत्या।

टेः ॥४।४।१२९॥ टिसंज्ञकस्य डिति परतः खं भवति। त्रिंशता क्रीतः त्रिंशकः। त्रिंशं शतम्। आसन्नाश्चतुर्णामिमे आसन्नचताः। कुमुद्वान्। नड्वान्। वेतस्वान्। कुमुदान्यस्मिन् देशे सन्ति "**कुमुदनडवेतसाड्डित्**" [३।२।६७] इति मतुः। नड्वलम्। नडा अस्मिन् देशे सन्ति "**नडशादाड्डित्**" [३।२।६६] इति वलः। डित्करणसामर्थ्यादभस्यापि टेः खम्। अतएव उपसरे जात उपसरजः। मन्दुरायां जातः मन्दुरजः। "**त्वे ङ्यापोः क्वचित्खौ च**" [४।३।१७३] इति प्रः।

नोऽपुंसो ह्विति ॥४।४।१३०॥ नकारान्तस्य भस्य ह्विति परतष्टिखं भवत्यपुंसः। आग्निशर्मिः। दैवशर्मिः। औडुलोमिः। बाह्वादित्वादिञ्। न इति किम्? वैद्युतोऽग्निः। अपुंस इति किम्? पुंस इदं पौंस्नम्। "**स्त्रीपुंसान्नुक्स्वात्**" [३।१।७२] इति अञ्नुकौ। ह्वितीति किम्? शर्मणा। शर्मणे। भस्येव। शर्मण आगतं शर्मरूप्यम्। शर्ममयम्। "**हेतुमनुष्याद्वा रूप्यः**" [३।३।५५] इति रूप्यमयटौ।

सब्रह्मचार्यादेः ॥४।४।१३१॥ सब्रह्मचारिन्नित्येवमादीनां ह्विति टेः खं भवति। सब्रह्मचारिणः शिष्यः साब्रह्मचारः। पीठसर्पिणोऽयं पैठसर्पः। कलापिनोऽयं कालापः। अथवा कलापिना प्रोक्तमधीते शौनकादिषु वैशम्पायनान्तेवासित्वाण्णिनि प्राप्ते "**कलापिनोऽण्**" [३।३।७६] इत्यण्। "**तद्वेत्त्यधीते**" [३।२।५१] इत्यण्। "**उप्प्रोक्तात्**" [३।२।५४] इत्युप्। "**छन्दोब्राह्मणानि चात्रैव**" [३।२।५६] इति अध्येतृविषयता। कुथुमिनः शिष्यः कौथुमः। तितिलिनः तैतिलः। जजलिनः जाजलः। अन्येषां तैतिलिजाजलिशब्दावाचार्यवचनावुपचाराद्ग्रन्थोऽपि तयोरुक्तः। तमधीते तैतिलः। जाजलः। लाङ्गलिनः शिष्यः लाङ्गलिनमधीते वा लाङ्गलः। शिलालिनोऽयं शैलालः। शिखण्डिनोऽयं शैखण्डः। सूकरसद्मनोऽयं सौकरसद्मः। सुपर्वणः सौपर्वः। इनन्तानां "**प्रायोऽनपत्येऽणीनः**" [४।३।१५५] इति टिखप्रतिषेधः प्राप्तः।

श्वाश्मचर्मणां सङ्कोचविकारकोशेषु ॥४।४।१३२॥ श्वन् अश्मन् चर्मन् इत्येतेषां संकोच विकार कोश इत्येष्वर्थेषु ह्विति टेः खं भवति। शौवः संकोचः। शौवनोऽन्यत्र। कथं शौनं मांसम्। "**अनः**" [४।४।१५८] इत्यत्र प्रायोग्रहणानुवृत्तेर्विकारे टिखप्रतिषेधो नेष्यते। अश्मनो विकार आश्मः। आश्मनोऽन्यत्र। चार्मः कोशः। चार्मणोऽन्यः।

टखोरेवाह्नः ॥४।४।१३३॥ अहनित्येतस्य टखोः परतः टेः खं भवति। द्व्यहः। त्र्यहः। द्वे अहनी समाहृते, त्रयाणामह्नां समाहारः रसे कृते **"राजाहःसखिभ्यष्टः"** [४।२।९२] इति टः सान्तः। **"न समाहारे"** [४।२।९१] इति अह्लादेशप्रतिषेधः। द्वे अहनी भूतो भावी वा द्व्यहीनः। त्र्यहीणः। द्व्दर्थे रसः। **"समायाः खः"** [३।४।८२] इत्यधिकारे **"रात्र्यहःसंवत्सरात्"** [३।४।८४] इति खः। अह्नां समूहः अहीनः। द्वत इति बहुवचननिर्देशात्खः। टखोरेवेति किम् ? अह्ना निर्वृत्तमाह्निकम्। **"तेन निर्वृत्तः"** [३।४।७५] इति प्राग्वतष्ठञ्। एवकार इष्टतोऽवधारणार्थः। अह्न एव टखोरिति मा भूत्। एवं हि मद्रराज इति न स्यात्। **"खेऽध्वनः"** [४।४।१६०] इति प्रतिषेधारम्भात् इष्टतोऽवधारणे प्रतिपत्तिगौरवं स्यात्।

कद्रघोरोऽस्वयम्भुवः ॥४।४।१३४॥ कद्रूशब्दस्य उवर्णान्तस्य च भस्य द्वति परत ओकारादेशो भवति स्वयम्भूशब्दं वर्जयित्वा। कद्र्वा अपत्यं काद्रवेयः। **"स्त्रीभ्यो ढण्"** [३।१।१०९] इति ढण्। **"ढे खम्"** [४।४।१३५] इत्यस्यापवादार्थं कद्रूग्रहणम्। उवर्णान्तस्य माण्डव्यः। बाभ्रव्यः। औपगवः। कापटवः। अस्वयम्भुव इति किम् ? स्वायम्भुवं धाम स्वायम्भुवी प्रक्रिया। **"तस्येदम्"** [३।३।८८] इत्यण्। ओत्वे प्रतिषिद्धे उवादेशः।

ढे खम् ॥४।४।१३५॥ ढे परत उवर्णान्तस्य खं भवति। कामण्डलेयः। शैतिवाहेयः। जाम्बेयः। **"बाह्वन्तकद्रुकमण्डलुभ्यः खौ"** [३।१।६०] इति ऊत्ये कृते। अपत्यार्थे **"चतुष्पाद्भ्यो ढञ्"** [३।१।१२३] इति ढञ्। जान्वाः जानेय। **"द्व्यचः"** [३।१।११०] इति ढण्। इयुवौ परत्वात् खं बाधते। वात्सप्रेयः। लैखाभ्रेयः। वत्सप्रीः चतुष्पाद्। लेखाभ्रूः शुभ्रादिः। ढ इति किम् ? कमण्डलवे हिता कमण्डलव्या मृत्।

यस्य ङ्यां च ॥४।४।१३६॥ इवर्णान्तस्यावर्णान्तस्य च खं भवति ङीत्ये द्वति च परतः। दाक्षी। प्लाक्षी। **"इतो मनुष्यजातेः"** [३।१।५५] इति ङीः। स्वेको दीत्वे क्रियमाणे अतिसखेरागच्छतीत्यत्र दोषः स्यात्। सखीमतिक्रान्तः अतिसखिः। **"स्त्रीगोर्नीचः"** [१।१।८] इति प्रादेशे कृते सख्यसख्योरेकादेशः सखिशब्दवद्भवतीति **"स्वसखि"** [१।२।६७] इति सुसंज्ञाविरहादेम्न स्यात्। खे तु न दोषः। अवर्णान्तस्य-गौरी। कुमारी। द्वति–नाभेयः। नैधेयः। **"इतोऽनिञः"** [३।१।१११] **"द्व्यचः"** [३।१।११०] इति ढण्। श्रैमतः। अवर्णान्तस्य–दैवदत्तिः। वायुवेनेयः।

मत्स्योङ्यो ङ्याम् ॥४।४।१३७॥ मत्स्यशब्दस्य उङो यकारस्य खं भवति ङीत्ये परतः। मत्सी। **"गौरादेः"** [३।१।२३] इति ङीः। मत्स्यस्यापत्यं स्त्री मात्सी। **"द्व्यञ्मगध"** [३।१।१५२] आदिसूत्रेणाण्। तदन्तान्ङीः। ङ्यामवर्णखस्यासिद्धत्वादुङो यकारस्य खम्। अणि परतोऽखस्य व्याश्रयत्वात्सिद्धत्वम्। उङ इति किम् ? मत्स्यचरी। यग्रहणमुत्तरार्थम्। ङ्यामिति किम् ? मत्स्यस्येदं मात्स्यम्।

सूर्यागस्त्ययोश्छे च ॥४।४।१३८॥ सूर्य अगस्त्य इत्येतयोश्छे ङ्यां च परत उङो यकारस्य खं भवति। सौरीयः। सौरी। आगस्तीयः। आगस्ती। सूर्यागस्त्यशब्दौ केवलौ ङीं न प्रयोजयत इत्यणन्तौ गृह्येते। सूर्यो देवता अस्य सौर्यः तस्यायं सौरीयः। सूर्यस्येयं सौरी। अगस्त्यस्यापत्यम् ऋषित्वादण्। आगस्त्यः। तस्यायमागस्तीयः। छे ङ्यां चाऽतः खस्यासिद्धत्वादुङ् यकारः। अणखस्य व्याश्रयत्वादसिद्धत्वं नास्ति। सूर्याय हितः अगस्त्याय हित इति प्राक्ठणश्छो नास्त्यनभिधानात्। छे चेति किम् ? सौर्यं तेजः। आगस्त्यं स्थानम्। उङ इत्येव। सूर्यमयी।

तिष्यपुष्ययोर्भाणि ॥४।४।१३९॥ तिष्य पुष्य इत्येतयोर्भाणि परत उङो यखं भवति। तिष्येण युक्तः कालः तैषः। पौषः। तिष्यपुष्ययोरिति किम् ? सिध्येन युक्तं सैध्यमहः। भाणीति किम् ? पुष्यो देवताऽस्येति पौष्यः।

हलो हतो ङ्याम् ॥४।४।१४०॥ हल उत्तरस्य द्व्यकारस्य उङः खं भवति ङ्यां परतः। गार्गी। वात्सी। वाजी। **"यञः"** [३।१।१९] इति ङीः। यखविधिं प्रति न स्थानिवदिति हलः परत्वं यकारस्य। हल इत्य-

विशेषेण ग्रहणम्। ह्रतोऽन्यस्य वा हलः परस्य ह्यकारस्य खं भवति। तेन "वृकाट्टेण्यण्" [४।२।४] वार्केणी। हल इति किम्? वायुवेगेयी। ह्रत इति किम्? भ्र्याम्। गौरादित्वान्ङीः। वैश्यस्य भार्या वैश्या। ङ्यामिति किम्? आवट्या। अवटस्यापत्यं स्त्री।

क्यच्व्यनाद्धृत्यापत्यस्य ॥४।४।१४१॥ क्य च्वि इत्येतयोरनाकारादौ च हृति परत आपत्यस्य यकारस्य हलः परस्य खं भवति। गार्गीयति। वात्सीयति। गार्गायते। वात्सायते। च्वि। गार्गीभूतः। वात्सीभूतः। अनाति हृति–गर्गाणां समूहो गार्गकम्। वात्सकम्। "वृद्धोक्षोष्ट्रोरभ्र" [३।२।३४] आदिना वुञ्। गर्गाणां सङ्घोऽङ्को वा गार्गः। वात्सः। अनातीति किम्? गार्ग्यायणः। हृतीति किम्? सामान्येनापत्यस्य खं यथा स्यात्। आपत्यस्येति किम्? साङ्काश्यकः। काम्पिल्यः। सङ्काशेन निर्वृत्तः। कम्पिलेन निर्वृत्तः। "वुञ्छण्" [३।२।६०] आदिना ण्यः। ततो भवार्थे "बन्धयोङः" [३।२।६६] इति वुञ्। हल इत्येव। वायुवेगेयः।

तस्यन्तिकस्य कादेः ॥४।४।१४२॥ तसि परतोऽन्तिकस्य ककारादेः खं भवति। अन्तिकात् अन्तितः आगतः। "तमे परतः तादेः कादेश्चान्तिकस्य खं वक्तव्यम्" [वा०]। अतिशयेन अन्तिकः "तमेष्ठावतिशायने" [४।१।११४] इति तमे कृते। अन्तमः। अन्तितमः। "भिसंज्ञकस्य भमात्रे टिखं च वक्तव्यं सायम्प्रातिकाद्यर्थम्" [वा०]। सायम्प्रातर्भवः सायम्प्रातिकः। पौनःपुनिकः। आकस्मिकः। शाश्वतिक इत्यत्र "येषां च द्वेषः शाश्वतिकः" [१।४।८५] इति निपातनान्न भवति। शश्वच्छब्दो लक्षणम्। आरातीयः। शाश्वत इत्यादिषु च न भवति। "कालाट्ठञ्" [३।२।१२१] इत्यतः कालादिति योगविभागः। तेन शश्वच्छब्दादण्।

विल्वकादेश्छस्य ।४।४।१४३॥ विल्वकादीनां छस्य खं भवति हृति परतः। नडादिषु विल्वादयः पठ्यन्ते कृतकुगागमाः इह निर्दिष्टाः। विल्वा अस्मिन् देशे सन्ति "उत्करादेश्छः" [३।२।७०] "नडादेः कुक्" [३।२।७१] चागमः। विल्वकीयः। तत्र भवो वैल्वकः। सर्वस्य छस्य खम्। अन्यथा अनर्थकं स्यात्। वेणुकीयः वैत्रकीयः। वै…कः। वेतसकीयः। वैतसकः। तृणकीयः। तार्णकः। इक्षुकीयः। ऐक्षुकः। कपिष्ठलकीयः। कापिष्ठलकः। कपोतकीयः। कापोतकः। "कुञ्चायाः ह्रस्वश्च"। कुञ्चकीयः। क्रौञ्चकः। कुक् छ एव सम्भवति। छस्येति किमर्थम्? कुको निवृत्तिर्मा भूत्। अन्यथा "सन्नियोगशिष्टानामन्यतरापाये उभयोरप्यपायः" [प०] इति यथा पञ्च इन्द्राण्यो देवता अस्य "हृदर्थे" [१।३।४६] इति रसे कृते आगतस्याणो "रस्योबनपत्ये" [३।१।७४] इत्युप्। "हृदुप्युप्" [१।१।६] इति स्त्रीत्यस्य निवृत्तौ आनुकोऽपि निवृत्तिः। पञ्चेन्द्रः।

तुरिष्ठेमेयस्सु ॥४।४।१४४॥ तृशब्दस्य खं भवति इष्ठेमेयस्सु परतः। करिष्ठः। करीयान्। हरिष्ठः। हरीयान्। सर्वे कर्तृमन्तोऽयमेषामतिशयेन कर्तृमान् "विन्मतोरुप्" [४।१।१२४] इत्यनेनोप्। "इष्ठेयसौ च सर्वस्य तुः खम्"। अन्त्यस्य "टेः" [४।४।१४५] इति सिद्धम्। इमन्ग्रहणमुत्तरार्थम्।

टेः ॥४।४।१४५॥ टेश्च खं भवति इष्ठेमेयस्सु परतः। पटिष्ठः। पटिमा। पटीयान्। लघिष्ठः। लघिमा। लघीयान्।

णाविष्ठवन्मृदः ॥४।४।१४६॥ णौ परत इष्ठे इव कार्यं भवति मृदः। पटयति। लघयति। कर्तृमन्तमाचष्टे करयति। प्रशस्यमाचष्टे "आदेप्" [४।३।७५] श्रयति। ज्ययति। वाढस्य साधयति। युवानं करोति कनयति। स्रग्विणः स्रजयति। सर्वत्र "नैकाचः" [४।४।१५४] इति प्रतिषेधः। गुकार्ये निर्वृत्ते नैप्। एनीमाचष्टे एतयति। "तसादौ" [४।३।१४७] इति पुंवद्भावः। उत्तरत्रापि प्रियमाचष्टे प्रापयति। स्थापयति। गुकार्यपरिभाषाया अनित्यत्वादेपुगागमौ। पृथु प्रथयति। स्थूलस्य स्थवयति।

स्थूलदूरयुवह्रस्वक्षिप्रक्षुद्राणां यण इक एप्च ॥४।४।१४७॥ स्थूल दूर युवन् ह्रस्व क्षिप्र क्षुद्र इत्येतेषां यणः खं भवति इक एप् च इष्ठेमेयस्सु परतः। स्थविष्ठः। स्थवीयान्। दविष्ठः। दवीयान्। "युवाल्पयोः कन्वा" [४।१।१२३] इत्यनादेशपक्षे-यविष्ठः। यवीयान्। "अनन्त्यविकारेऽन्त्यसदेशस्य" [प०] इति यकारस्य न भवति। ह्रसिष्ठः। ह्रसीयान्। ह्रसिमा। क्षेपिष्ठः। क्षेपीयान्। क्षेपिमा। क्षोदिष्ठः।

क्षोदीयान् । क्षोदिमा । ह्रस्वादयः पृथ्वादौ पठ्यन्ते । यणः परस्य तु "टेः" [४।४।१४५] इति खम् । इक इति किमर्थम् ? क्षेपिष्ठ इत्यत्र अनन्त्यस्याप्येब् यथा स्यात् । णौ ह्रस्वमाचष्टे ह्रसयति । गुकार्यस्य निर्वृत्तत्वात् उङ एम्न भवति ।

प्रियस्थिरस्फिरस्यादेरः ॥४।४।१४८॥ प्रिय स्थिर स्फिर इत्येतेषाम् इकारादेर्वर्णसंघातस्य अकारादेशो भवति इष्ठेमेयस्सु परतः । प्रेष्ठः । प्रेयान् । प्रेमा । स्थेष्ठः । स्थेयान् । स्थेमा । स्फेष्ठः । स्फेयान् । स्फेमा । प्रियमाचष्टे प्रापयति । स्थापयति । "**देयमृणे**" [३।३।२२] इति निर्देशात् गुकार्यपरिभाषाया अनित्यत्वम् । तेन णिचि "**ण्यित्यचः**" [५।२।३] इत्यैप् । ।

बहुलगुरुवृद्धतृप्रदीर्घवृन्दारकाणां वंहिगर्वर्षित्रप्द्राघवृन्दाः ॥४।४।१४९ ॥ बहुल गुरु वृद्ध तृप्र दीर्घ वृन्दारक इत्येतेषां वंहि गर् वर् वर्षि त्रप् द्राघ वृन्द इत्येत आदेशा भवन्ति इष्ठेमेयस्सु परतः । वंहिष्ठः । वंहीयान् । वंहिमा । गरिष्ठः । गरीयान् । गरिमा । उरु-वरिष्ठः । वरीयान् । वरिमा । वृद्धस्य ज्यादेश उक्तः । वचनादयमपि भवति । वर्षिष्ठः । वर्षीयान् । त्रपिष्ठः । त्रपीयान् । द्राघिष्ठः । द्राघीयान् । द्राघिमा । वृन्दिष्ठः । वृन्दीयान् । णावपि वंहयति । गरयतीत्यादि योज्यम् । स्फिरवृद्धतृप्रवृन्दारकवर्जिताः पृथ्वादौ द्रष्टव्याः । अगुणवचनेभ्योऽपि अत एव वचनात् इष्ठेयसू ।

बहोर्भूर्वस्मात्खम् ॥४।४।१५०॥ बहोर्भू इत्ययमादेशो भवति अस्माच्च परेषाम् इष्ठेमेयसां खं भवति । भूयान् । भूमा । "**परस्यादेः**" [१।१।५१] खम् । भूभावस्यासिद्धत्वात् उकारस्यौत्वं न भवति । बहोः पृथ्वादित्वादिमन् ।

यिट् चेष्ठस्य ॥४।४।१५१॥ इष्ठस्य यिडागमो भवति बहोश्च भूरादेशः । भूयिष्ठः । खापवादो यिडागमः । इकार उच्चारणार्थः । भूभावस्यासिद्धत्वादौत्वाभावः ।

ज्यादेयसः ॥४।४।१५२॥ ज्यादेशात्परस्य ईय आकारादेशो भवति । ज्यायान् । ज्यायांसौ । ज्यायांसः । "**प्रशस्यस्य श्रः**" [४।१।११६] "**ज्यः**" [४।१।१२०] इति ज्यादेशः । प्रकृते खे परस्यादौ कृते "**दीरकृद्गे**" [५।२।१३४] इति पूर्वस्य च दीत्वे सिद्धमिति चेत् "**गुकार्ये निर्वृत्ते पुनर्न तन्निमित्तम्**" [प०] इति दीत्वं न स्यादित्याकारवचनम् ।

ऊरोऽनादेर्घे ॥४।४।१५३॥ ऋकारस्य रेफादेशो भवत्यनादेर्घिसंज्ञकस्य इष्ठेमेयस्सु परतः । प्रथिष्ठः । प्रथीयान् । प्रथिमा । म्रदिष्ठः । म्रदीयान् । म्रदिमा । अकारान्तो रेफादेशः । उरिति किम् ? पटिष्ठः । अनादेरिति किम् ? अतिशयेन ऋतवान् ऋतीयान् "**विन्मतोरुप्**" [४।१।१२४] इति मतोरुप् । ईयस् । घेरिति किम् ? कृष्णिष्ठः । कृष्णीयान् । कृष्णिमा ।

पृथुमृद्वोः कृशभृशयोर्दृढपरिवृढयोश्चरो भवत्येव ।
सिंहावलोकतोऽग्रे प्रायोग्रहणादयं नियमः ॥

तेनेह न भवति । मातरमाचष्टे मातयति । परत्वाट्टिखस्यायमपवादः स्यात् । तथा कृतमाचष्टे कृतयति ।

नैकाचः ४।४।१५४॥ एकाचो भस्य यदुक्तं तन्न भवति । त्वचिष्ठः । त्वचीयान् । स्रुचिष्ठः । स्रुचीयान् । "**विन्मतोरुप्**" [४।१।१२४] इति मतोरुपि कृते "**टेः**" [४।४।१४५] इति खं प्राप्तम् । णावपि त्वग्वन्तमाचष्टे त्वचयति । स्रुचयति । एकाच इति किम् ? अतिशयेन वसुमान् वसिष्ठः । वसीयान् । वसयति । नेति योगविभागः । तेन "**राजन्यमनुष्ययूनामके यदुक्तं तन्न भवति**" राजन्यानां समूहो राजन्यकम् । मनुष्याणां समूहो मानुष्यकम् । "**क्यच्व्यनाद्यत्यापत्यस्य**" [४।४।१४१] इति यखं प्राप्तम् । यूनो भावो यौवनिका । मनोज्ञादिपाठाद्वुञ् "**नोऽपुंसो ह्रति**" [४।४।१३०] इति टिखं प्राप्तम् ।

प्रायोऽनपत्येऽणीनः ४।४।१५५॥ अनपत्यार्थेऽणि परत इन्नन्तस्य यदुक्तं तन्न भवति प्रायः । स्रग्विण इदं स्राग्विणम् । तथा सांकोटिनम् । मांगविणम् । सांमार्जिनम् । "**ञ्निभिविधौ**" [२।३।८६] इति

जिन् । तदन्तात् स्वार्थे "जिनोऽण्" [४।२।२१] इत्यण । अनपत्य इति किम् ? बाहुबलिनोऽपत्यं बाहुबलः । अणीति किम् ? मेधाविने हितं मेधावीयम् । प्रायोग्रहणात्क्वचित्प्रतिषेधो न भवति । दण्डिनां समूहो दाण्डम् । छात्रम् ।

औक्षम् ४।४।१५६॥ औक्षमिति निपात्यतेऽनपत्ये । उक्ष्ण इदम् औक्षम् । अपत्ये औक्षण इत्येव । "षादिहन्धृतराज्ञोऽणि" [४।४।१२३] इत्यखम् । "अनः" [४।४।१५८] इत्यस्यापवादोऽयं योगः ।

गाथिविदथिकेशिपणिगणिस्फादेः ॥४।४।१५७॥ गाथिन् विदथिन् केशिन् पणिन् गणिन् इ्त्येतेषां स्फादेश्च इनो यदुक्तं तन्न भवति । गाथिनोऽपत्यं गाथिनः । वैदथिनः । कैशिनः । पाणिनः । गाणिनः । स्फादेः शाङ्खिनः । चाक्रिणः । भाद्रिणः । अपत्यार्थेऽप्यणि प्रतिषेधार्थमिदम् ।

अनः ॥४।४।१५८॥ अनपत्य इति निवृत्तम् । सामान्येनाणि परतोऽनो यदुक्तमखं टिखं च तन्न भवति । कर्मणा इदं कार्मणम् । साम देवता अस्य सामनः । हेम्नो विकारो हैमनः । यज्वनोऽपत्यं याज्वनः । प्राय इत्यनुवृत्तेरिकेऽपि टिखाभावः । उपचारादथर्वा ग्रन्थोऽपि तमधीते आथर्वणिकः ।

येऽङौ ॥४।४।१५९॥ अङावर्थे यकारादौ ह्रुति परतोऽनो यदुक्तं तन्न भवति । सामनि साधुः सामन्यः । वेमन्यः । कर्मण्यः । राज्ञोऽपत्यं राजन्यः । तक्ष्णोऽपत्यं ताक्षण्यः । "सेनान्तलक्षण" [३।१।१४०] आदिना तक्ष्णो ण्यः । अङाविति किम् ? राज्यम् । "गुणोक्तिब्राह्मणादिभ्यः कर्मणि च" [३।४।११४] इति ट्यण् ।

खेऽध्वनः ॥४।४।१६०॥ अध्वनः खे परतो यदुक्तं तन्न भवति । अध्वानमलंगामी अध्वनीनः । "यखावध्वनः" [३।४।१२६] इति खः । खे इति किम् ? प्राध्वं कृत्वा गतः "गेरध्वनः" [४।२।८७] इत्यकारः सान्तः ।

न मादेरपत्येऽवर्मणः ॥४।४।१६१॥ मकारादेरनो वर्मवर्जितस्यापत्यार्थेऽणि परतो यदुक्तं तन्न भवति । सुषाम्नोऽपत्यं सौषामः । भाद्रसामः । "नोऽपुंसो ह्रुति" [४।४।१३०] इति टिखं भवत्येव । मादेरिति किम् ? सौत्वनः । अपत्य इति किम् ? चर्मणा परिवृतश्चार्मणो रथः । "परिवृतो रथः" [३।२।८] इत्यण् । अवर्मण इति किम् ? हैरण्यवर्मणः । प्रायोग्रहणानुवृत्तेर्हितनाम्नो विकल्पः । हितनाम्नोऽपत्यं हैतनामः । हैतनामनः ।

ब्राह्मोऽजातौ ॥४।४।१६२॥ अपत्य इति वर्तमानं जातेर्विशेषणम् । ब्राह्म इति निपात्यतेऽपत्य-जातेरन्यत्र । ब्राह्मणो (ब्राह्मो) गर्भः । ब्राह्ममस्त्रम् । "तस्येदम्" [३।३।८८] इत्यण् । अजाताविति किम् ? ब्रह्मणोऽपत्यं ब्राह्मणः । अपत्यजातिरियम् । अजाताविति प्रसज्यप्रतिषेधोऽयम् । तेन अपत्यजातेरन्यत्र जाता-वपि निपातनमिष्यते । ब्रह्मण इयं ब्राह्मी औषधिः ।

कार्मः शीले ॥४।४।१६३॥ कार्म इति निपात्यते शीलेऽर्थे । कर्मशीलः कार्मः । "छत्रादेर्णः" [३।३।१८०] इति णः । स तु "नोऽपुंसो ह्रुति" [४।४।१३०] इत्येव णे टिखे सिद्धः । "अनः" [४।४।१५८] इति त्यणि प्रतिषेधः । इदमेव ज्ञापकं "णेऽप्यण् कृतं भवति [प०] इति । तेन चुरा-शीला चौरी । णान्तान्-ङी विधिः । शील इति किम् ? वाग्युक्तं कर्म कार्मणम् । "तद्युक्तात्कर्मणोऽण्" [४।२।४२] इत्यण् ।

दण्डिहस्तिनोः फे ॥४।४।१६४॥ दण्डिन् हस्तिन् इत्येतयोः फकारादौ ह्रुति यदुक्तं तन्न भवति । दण्डिनोऽपत्यं दाण्डिनायनः । हास्तिनायनः । नडादित्वात्फण् ।

वाशिजिह्माशिनोः फे ढे ॥४।४।१६५॥ वाशिन् जिह्माशिन् इत्येतयोः फे ढे च यदुक्तं तन्न भवति । वाशिनोऽपत्यं वाशिनायनिः । तिकादित्वात्फिञ् । जिह्माशिनोऽपत्यं जैह्माशिनेयः । "शुभ्रादेः" [३।१।११२] इति ढण् । "नोऽपुंसो ह्रुति" [४।४।१३०] इति टिखं प्राप्तम् ।

भ्रौणहत्यधैवत्यसारवैक्ष्वाकमैत्रेयहिरण्मयानि ॥४।४।१६६॥ भ्रौणहत्य धैवत्य सारव ऐक्ष्वाक मैत्रय हिरण्मय इत्येतानि निपात्यन्ते । भ्रूणहन् धीवन् इत्येतयोष्ट्यणि तत्वं निपात्यते । भ्रूणघ्नो भावो

भ्रौणहत्यम्। इदमेव ज्ञापकं "हनस्तोऽजिणलोः"[५।२।३६] इति धोरेव एव नान्यत्र हन्तेस्तत्वम्। तेनेह न भवति। वार्त्रघ्न इति। धीव्नो भावो धैवत्यम्। सरयूशब्दस्य अणि परतो यत्वं निपात्यते। सारवं जलम्। इक्ष्वाकोरपत्यम् ऐक्ष्वाकः। "राष्ट्रशब्दाद्राज्ञोऽञ्" [३।१।१५०]इति अञि उकारस्य खं निपात्यते। "तस्येदम्"[३।३।८८] इति वा भवार्थे "कोङः" [३।२।११०] इति वाऽणि। मित्रयोरपत्यं मैत्रेयः "गृष्ट्यादेः" [३।१।१२४] इति ढणि कृते "यादेरिय्" [५।२।७] यादो युशब्दस्य खं निपात्यते। यादेरियादेशस्तु विदादित्वादञि कृते द्रष्टव्यः। अजन्तस्य सङ्घादिविवक्षायां "सङ्घाङ्कलक्षणघोषेऽव्यञिञामण्" [३।३।९५] इति अणि कृते मैत्रेयः सङ्घः। ढणन्तस्य सङ्घादौ "वृद्धचरणाञ्जित्" [३।३।९४] इति वुनि मैत्रेयकः सङ्घ इति भवति। हिरण्यस्य विकारः। "मयड्वैतयोरभक्ष्याच्छादनयोः" [३।३।१०८] इति मयटि कृते यशब्दस्य खम्। हिरण्मयं जिनगृहम्।

इत्यभयनन्दिविरचितायां महावृत्तौ चतुर्थस्याध्यायस्य चतुर्थः पादः समाप्तः।

पञ्चमोऽध्यायः

युवोरनाकौ ॥५।१।१॥ युवु इत्येतयोर्गोनिमित्तभूतयोः अन अक इत्येतावादेशौ भवतः। युवोरित्युत्सृष्टविशेषणयोः सामान्यग्रहणम्। योरनः। वोरकः। नन्द्यादेर्ल्युः नन्दनो रमणः। "**एवुतृचौ**" [२।१।१०६] कारको हारकः। एवमाङ्गको वाङ्गकः। अङ्गेषु जातो भवो वेति विगृह्य "**बहुत्वेऽदोरपि**" [३।२।१०३] इति वुञ्। योः कृत एव ग्रहणं व्याख्यानात्। तेनेह न भवति। उर्णायुः। शुभंयुः। उणादीनां बहुलं त्यसंज्ञा तेनेह न भवति भुजुः। "**भुजिमृद्भ्यां युक्त्युकौ**" [उ० सू० ३।२१] इति युक्।

आयनेयीनीयियः फढखछघां त्यादीनाम् ॥५।१।२॥ फ ढ ख छ घ इत्येतेषां त्यादौ वर्तमानानां निरचाम् आयन् एय् ईन् ईय् इय् इत्येते आदेशा यथासंख्यं भवन्ति। "**नडादेः फण्**" [३।१।८८] नाडायनः। चारायणः। "**स्त्रीभ्यो ढण्**" [३।१।१०६] वायुवेगेयः। वासवदत्तेयः। "**प्रतिजनादेः खञ्**" [३।३।२०३]। प्रतिजने साधुः प्रतिजनीनः। ऐदंयुगीनः। "**दोश्छः**" [३।२।६०] वासवीयो ध्वजः। वैश्रवणीया शिबिका। क्षत्रस्यापत्यं क्षत्रियः। त्यग्रहणं किम्? फक्कति। ढौकते। आदिग्रहणं किम्? जानुदघ्नम्। पण्ढः। शङ्खः इत्यादौ "**उणादयो बहुलम्**" [२।२।१६७] इत्यादेशा न भवन्ति।

झोऽन्तः ॥५।१।३॥ त्य इत्यनुवर्तते। आदिग्रहणं निवृत्तम्। स्वरितलिङ्गाभावात्। झ इति झकारस्य त्यावयवस्य अन्त इत्ययमादेशो भवति। जानन्ति। पश्यन्ति। "**जॄविशिभ्यां झः**" [उ० सू०] जरन्तः। वेशन्तः। त्यस्येति किम्? उज्झितः।

अत्थात् ॥५।१।४॥ थसंज्ञकात्परस्य झस्य अत् इत्ययमादेशो भवति। ददति। ददतु। मिमते। मिमताम्। अन्तादेशापवादोऽयम्। न तु झेर्जुसः। अददुः। अजक्षुः।

देऽनतः ॥५।१।५॥ दविषये यो झकारस्तस्यानकारान्ताद्गोरुत्तरस्य अदित्ययमादेशो भवति। लुनते। लुनताम्। अलुनत। पुनते। पुनताम्। अपुनत। द इति किम्? लुनन्ति। पुनन्ति। अनत इति किम्? च्यवन्ते। प्लवन्ते। नित्यत्वात् प्रागेव शप्।

शीङो रुट् ॥५।१।६॥ शीङो गोर्निमित्तभूतस्य झस्य रुडागमो भवति। शेरते। शेरताम्। अशेरत। रुडयं परादिः क्रियते झग्रहणेन ग्रहणं यथा स्यात्तेन "**शीङो गे**" [५।३।१२०] इत्येप्। परत्वेन रुटि कृते आदिग्रहणनिवृत्तेर्मध्येऽपि त्यावयवस्य झस्यादादेशः। सानुबन्धग्रहणं किम्? यङ्लुगन्तस्य मा भूत्। व्यतिशेशयते।

वेत्तेः सिद्धसेनस्य ॥५।१।७॥ वेत्तेर्गोर्निमित्तभूतस्य झस्य रुडागमो भवति सिद्धसेनस्याचार्यस्य मतेन। संविद्रते। संविदते। संविद्रताम्। संविदताम्। समविद्रत। समविदत। **"समो गम्प्रच्छि"** [१।२।२४] इत्यादिना विदेर्दः। तिपा निर्देश उब्विकरणार्थः। तेन **"विद विचारणे"** [धा.] इत्यस्य रौधादिकस्य ग्रहणं न भवति। विन्दते।

भिसोऽत ऐस् ॥५।१।८॥ अर्थवशाद्विभक्तिविपरिणामः। अत इत्यकारान्ताद् गोरुत्तरस्य भिस ऐस् भवति। सुरैः। असुरैः। अत्र **"बहौ झल्येत्"** [५।२।६८] इति परत्वादेत्वं कस्मान्न भवति। कृतेऽप्येत्वे भूतपूर्वगत्या पुनः प्राप्नोतीति नित्यत्वादैस्। एसिति सिद्ध ऐस्ग्रहणं किम्? अतिजरसैः। **"तिकुप्रादयः"** [१।३।८१] इति से **"स्त्रीगोर्नीचः"** [१।१।८] इति प्रादेशे च कृते। **"एकदेशविकृतमनन्यवत्"** [प०] इति जरशब्दस्यासङादेशः। **"सन्निपातलक्षणो विधिरनिमित्तं तद्विघातस्य"** [प०] इति परिभाषेयमनित्या **"कष्टाय"** [२।१।१२] इति ज्ञापकात्। अत इति किम्? साधुभिः। तपरकरणं किम्? विद्याभिः।

इदमदसोः सकोः ॥५।१।६॥ इदम् अदस् इत्येतयोः सककारयोरेव भिस ऐस् भवति। इमकैः। **"भिसर्वनाम्नोऽक् प्राक्टेः को दः"** [४।१।१२०] इत्यक् **"दः"** [५।३।८२] इति तस्य मत्वम्। अदसः **"दादुर्दोमोऽदसोऽसेः"** [५।३।८८] इति दात्परस्य वर्णमात्रस्योत्वं दस्य च मत्वम्। सकोरिति किम्? एभिः। **"बहौ झल्येत्"** [५।२।६८] इत्येत्वम्। **"हलि खम्"** [५।१।१७१] इतीदम इदः खम्। अदसस्तु **"बहावीरेतः"** [५।३।८६] इतीत्वम्। इदमदसोरेव सकोरित्येवमवधारणं मा विज्ञायीति ज्ञापनार्थः।

स्येनान्ङस्टाङसेः ॥५।१।१०॥ अकारान्ताद्गोः परेषां ङस् टा ङसि इत्येतेषां स्य इन आत् इत्येत आदेशा भवन्ति। इन्द्रस्य। चन्द्रस्य। इन्द्रेण। चन्द्रेण। इन्द्रात्। चन्द्रात्। अत इत्येव। कर्त्रा। कर्तुः।

ङेर्यः ॥५।१।११॥ अकान्ताद्गोरुत्तरस्य ङे इत्येतस्य य इत्ययमादेशो भवति। इन्द्राय। चन्द्राय। अत इति किम्? गवे। नावे।

सर्वनाम्नः स्मै ॥५।१।१२॥ अकारान्तात्सर्वनाम्नो गोरुत्तरस्य ङे इत्येतस्य स्मै इत्ययमादेशो भवति। सर्वस्मै। तस्मै। अमुष्मै। अत इति किम्? भवते।

ङसिङ्योः स्मात्स्मिनौ ॥५।१।१३॥ अकारान्तात्सर्वनाम्नो गोरुत्तरयोर्ङसि ङि इत्येतयोः स्मात् स्मिन् इत्येतावादेशौ भवतः। सर्वस्मात्। सर्वस्मिन्। यस्मात्। यस्मिन्। अत इत्येव। भवतः। भवति।

जसः शी ॥५।१।१४॥ अकारान्तात्सर्वनाम्नो गोः परस्य जसः शी इत्ययमादेशो भवति। सर्वे। एते। के। दीत्वग्रहणमुत्तरार्थम्। पयसी। दधिनी।

औङ आपः ॥५।१।१५॥ आबन्ताद्गोः औङः शीत्ययमादेशो भवति। आबिति टाप्डापोः सामान्येन ग्रहणम्। औङिति वेपोरौकारस्य पूर्वाचार्याणां संज्ञा। माले लम्बेते। माले पश्य। बहुराजे तिष्ठतः। बहुराजे पश्य। **"अनश्च बात्"** [३।१।१०] इति डाप्। **"अधिपरी अनर्थकौ"** [१।४।१०] इति निर्देशात् **"सोङिति"** [५।१।१०६] इत्यादिषु स्वशास्त्रसंज्ञया ङिदाश्रीयते।

नपः ॥५।१।१६॥ नपो गोरुत्तरस्य औङः शीत्ययमादेशो भवति। दधिनी तिष्ठतः। दधिनी पश्य। एवं वने। जले। **"नेच्यात्"** [४।३।६२] इति **"सुटि पूर्वस्वम्"** [४।३।८६] दीर्न भवति।

जश्शसोः शिः ॥५।१।१७॥ नपः परयोर्जस् शस् इत्येतयोः शिरित्ययमादेशो भवति। दधीनि तिष्ठन्ति। दधीनि पश्य। एवं मधूनि। वनानि। धनानि। जसा सहचरितस्य शसो ग्रहणादिह नेष्यते। पात्रशो ददाति।

अष्टाभ्य औश् ॥५।१।१८॥ अष्टन्शब्दात्परयोर्जस्शसोरौश् भवति। अष्टौ तिष्ठन्ति। अष्टौ पश्य। अष्टन इति सिद्धे अष्टाभ्य इति कृतात्वस्योच्चारणं किम्? यत्रैवात्वं तत्रैवौश्भावो यथा स्यात्। ननु नित्यमात्वम्। इदमेवं ज्ञापकमात्वविकल्पस्य। अष्ट तिष्ठन्ति। अष्ट पश्य।

"अनुरक्तः शुचिर्दक्षः श्रुतवान् देशकालविद् ।
वपुष्मान् कान्तिमान् वाग्मी दूतः स्यादष्टभिर्गुणैः ॥"

"गोरधिकारे तदन्तस्य च" [प०] इति तदन्तादपि भवति । परमाष्टौ । प्रधाने कार्यसम्प्रत्ययाद्दसे न भवति । प्रियाष्टान इति । "उबिलः" [५।१।१९] इति उपि प्राप्ते औशारभ्यते न "सुपो धुम्रदोः" [१।४।१४२] इति । तेन अष्टौ गुणा यस्य सोऽष्टगुणः । ओशिति सिद्धे औशग्रहणं किम् ? अष्टावाचक्षते अष्टयन्तीति । क्विप्यागतनिवृत्ते अष्टाविति यथा स्यात् ।

उबिलः ॥५।१।१९॥ इल्संज्ञकादुत्तरयोर्जश्शसोरुब्भवति । षट् तिष्ठन्ति । षट् पश्य । एवं पञ्च । नव । परमपञ्च । प्रधाने कार्यसम्प्रत्ययादिह न भवति । प्रियषषः । प्रियपञ्चानः ।

नपः स्वमोः ॥५।१।२० नबिति नपुंसकलिङ्गं पूर्वाचार्यस्य संज्ञेयम् । तस्मादुत्तरयोः स्वमोरुब्भवति । दधि पश्य । मधु तिष्ठति । मधु पश्य । तत्कुलमित्यत्र त्यदाद्यत्वं बाधित्वा कृताकृतप्रसङ्गित्वेन नित्यत्वादुप् । नन्वत्वे कृते लक्षणान्तरेणाभावे सत्यनित्य उप् ? नैवम् । **"यस्य च लक्षणान्तरेण निमित्तं विहन्यते न तदनित्यम्"** [प०] इति ।

अतोऽम् ॥५।१।२१॥ अकारान्तान्नपः परयोः स्वमोरम्भवति । धनम् । वनम् । तपरकरणं मुखसुखार्थम् । मादेशे क्रियमाणे सुपीति दीत्वं स्यात् । अतिजरसं कुलं पश्येति च न स्यात् । **"सन्निपातलक्षणो विधिरनिमित्तं तद्विघातस्य"** [प०] इत्यम उम्न भवति ।

डतरादेः पञ्चकस्य दुक् ॥५।१।२२॥ डतरादेः पञ्चकस्य दुगागमो भवति स्वमोः परतः । कतरत्तिष्ठति । कतरत्पश्य । एवं कतमत् । इतरत् । अन्यत् । अन्यतरत् । पञ्चकस्येति किम् ? समम् । सिमम् । डतरेण सिद्धे अन्यतरग्रहणं किमर्थम् ? अन्यतमं वनम् । अनित्यमागमानुशासनमित्येकतरस्य न भवति । एकतरं वनम् ।

युष्मदस्मदो ङसोऽश् ॥५।१।२३॥ युष्मदस्मदित्येताभ्यामुत्तरस्य ङसोऽश् भवति । तव स्वम् । मम स्वम् । शित्करणं सर्वादेशार्थम् ।

ङेसुटोरम् ॥५।१।२४॥ युष्मदस्मद्भ्यां परस्य ङे इत्येतस्य सुटश्च अमित्ययमादेशो भवति । तुभ्यम् । मह्यम् । त्वम् । अहम् । युवाम् । आवाम् । यूयम् । वयम् । त्वाम् । माम् । युवाम् । आवाम् । "युवावौ द्वौ" [५।१।५१] । "आवि" [५।१।४७] इति दस्यात्वम् । इपि पुनः "इपि" [५।१।४६] इत्यात्वम् ।

शसो नः ॥५।१।२५॥ युष्मदस्मदित्येताभ्यां परस्य शसो नकारादेशो भवति । युष्मान् । अस्मान् पातु जिनः । "परस्यादेः" [१।१।५१] इत्यकारस्य नकारः । **"स्फान्तस्य खम्"** [५।३।४१] इति सकारस्य खम् । **"इपि"** [५।१।४६] इत्यात्वम् । **"नश्च पुंसि"** [४।३।६१] इति नत्वं न सिध्यत्यलिङ्गत्वाद्युष्मदस्मदोः ।

भ्यसोऽभ्यम् ॥५।१।२६॥ युष्मदस्मद्भ्यां परस्य भ्यसोऽभ्यमित्ययमादेशो भवति । युष्मभ्यं देयम् । अस्मभ्यं देयम् । **"खमादेशे"** [५।१।४६] इति दखम् । **"एप्यतोऽपदे"** [४।३।८४] इति पररूपत्वम् ।

अत्कायाः ॥५।१।२७॥ युष्मदस्मद्भ्यां परस्य काया भ्यसोऽदित्ययमादेशो भवति । युष्मदधीते । अस्मदधीते ।

ङसेः ॥५।१।२८॥ युष्मदस्मद्भ्याम् परस्य ङसेरदादेशो भवति । **"त्वमावेके"** [५।१।५६] । त्वत् । मत् ।

साम आकम् ॥५।१।२९॥ युष्मदस्मद्भ्याम् परस्य साम आकमादेशो भवति । युष्माकम् । अस्माकम् । भाविनं सुटं भूतवदुपादाय साम इति निर्देशः कृतः । आकमि कृते सुणनिवृत्त्यर्थः । कमि क्रियमाणे

एवं स्यात्। अकम्यकारोच्चारणसामर्थ्यात्पररूपाभावे स्वेऽको दीत्वेन सिद्धमाकारवचनं किम्? हलन्तादपि यथा स्यात्। युष्मानाचक्षते युष्मयन्ति। तेषां युष्माकम्।

तुह्योस्तातङ् ङाशिषि ॥५।१।३०॥ तु हि इत्येतयोराशिष्यर्थे तातङ्ङादेशो भवति वा। जीवताद्भवान्। जीवतु भवान्। जीवतात्त्वम्। जीव त्वम्। तातङि ङित्करणमैपोर्गुं व ईटश्च प्रतिषेधार्थं नत्वन्तादेशार्थं व्याख्यानात्। तेन कुरुतात्। मृष्टात् ब्रूताद्भवानिति सिद्धम्। आशिषीति किम्? किं करोतु भवान्। कुरु त्वम्। जीवतात्त्वमित्यत्र **"अतो हेः"** [४।४।१६] इति स्थानिवद्भावादुप् प्राप्नोति। नैवं **"हुझल्भ्यो हेर्धिः"** [४।४।१४] इत्यत्राधिकारे अतो हेरिति पुनर्हिग्रहणाद् हिरूपस्यैव हेरुब्भवति। उक्तं च—

"तातङि ङित्वं संक्रमकृत्स्यादन्त्यविधिश्चेत्तच्च तथा न।
हेरधिकारे हेरधिकारो नाशविधौ तु ज्ञापकमाह॥"

प्यस्तिवाक्से त्क्वः ॥५।१।३१॥ त्क्वा इत्येतस्य प्य इत्ययमादेशो भवति तिसे वाक्से च। तिसे—प्रकृत्य। वाक्से—उच्चैःकृत्य। नीचैःकृत्याचष्टे। तिवाक्स इति किम्? अकृत्वा। परमकृत्वा।

यभेऽश्ववृषयोः क्यचि सुक् ॥५।१।३२॥ यभविषये अश्व वृष इत्येतयोः क्यचि परतः सुग्भवति। अश्वस्यति बड़वा। वृषस्यति गौः। यभ इति किम्? अश्वीयति। वृषीयति देवदत्तः।

क्षीरलवणयोर्लौल्ये ॥५।१।३३॥ क्षीरलवणयोर्लौल्ये क्यचि परतः सुग् भवति। क्षीरस्यति माणवकः। लवणस्यति उष्ट्रः। लौल्य इति किम्? क्षीरीयति। लवणीयति वातकी। यभेऽश्ववृषात्क्यचि स इति सिद्धे गुरुनिर्देशात् **"क्वचिदन्यत्रापि सुगसुक्च सर्वमृद्धयो लौल्ये भवति"**। दधिस्यति। मधुस्यति। दध्यस्यति। मध्वस्यति इत्यादि सिद्धम्।

आस्यात्सर्वनाम्नः सुट् ॥५।१।३४॥ आवर्णान्तात्सर्वनाम्न आमि परतः सुड् भवति। सर्वेषाम्। येषाम्। तेषाम्। केषाम्। सर्वासाम्। यासाम्। तासाम्। कासाम्। आदिति कानिर्देशः आमीत्यस्योत्तरत्र सावकाशस्य तानिर्देशं प्रकल्पयति। आदिति किम्? भवताम्। सर्वनाम्न इत्येव। नराणाम्।

त्रेस्त्रयः ॥५।१।३५॥ त्रि इत्येतस्य त्रय इत्ययमादेशो भवत्यामि परतः। त्रयाणाम्। परमत्रयाणाम्।

प्रेल्म्वाप्चतुरो नुट् ॥५।१।३६॥ प्र इल् मु इत्येवंसंज्ञकेभ्य आबन्ताच्चतुःशब्दाच्च आमि परतो नुड् भवति। प्र—देवानाम्। कवीनाम्। साधूनाम्। इल्—षण्णाम्। पञ्चानाम्। मु—नदीनाम्। वधूनाम्। आप्—विद्यानाम्। बहुराजानाम्। चतुर्—चतुर्णाम्। **"गोरधिकारे तस्य तदन्तस्य च"** [प०] इति। परमषण्णाम्। परमपञ्चानाम्। मुख्ये कार्यसंप्रत्ययादिह न भवति। प्रियषषाम्। प्रियपञ्चाम्।

इदिद्धोर्नुम् ॥५।१।३७॥ इकारेतो धोर्नुमागमो भवति। नन्दिता। नन्दितुम्। कुण्डिता। कुण्डितुम्। इदिति किम्? पचति। धोरिति किम्? अभैत्सीत्। सिरयं त्यः। **"थिन्विकृण्व्योर च"** [२।१।७५] इति सनुम्कनिर्देशात्त्योत्पत्तेः प्रागेव नुम्। तेन कुण्डा। हुण्डा। **"सरोर्हलः"** [२।३।८५] इत्यः सिद्धः। **"उबुन्दिर"** [धा०] इति ज्ञापकादिरितो नुम्न भवति। भेदनम्।

शे मुचाम् ॥५।१।३८॥ शे परतो मुचादीनां नुम् भवति आगणपरिसमाप्तेः। मुञ्चति। लुम्पति। विन्दति। श इति किम्? मोक्ता। मोक्तुम्। एकस्य बहुत्वानुपपत्तेर्मुचादीनामिति विज्ञेयम्। शे इति योगविभागात् **"तृम्फादीनां नकारोऽङ्गं नुम भवति"**। तृम्फति। दृम्फति। गुम्फति। उम्भति। शुम्भति। **"हलुङः क्ङित्यनिदितः"** [४।४।२३] इति नखम्। पश्चान्नुम्।

मस्जिनशोर्झलि ॥५।१।३९॥ मस्जि नश् इत्येतयोर्नुम्भवति झलादौ परतः। मङ्क्ता। मङ्क्तम्। नंष्टा। नंष्टुम्। मस्जेर्नुमि कृते **"हलोऽनन्तराः स्फः"** [१।१।३] इति द्वयोस्त्रयाणां वा स्फसंज्ञा। द्वयोः स्फसंज्ञामा-

श्रित्य स्फादेः सस्य खम्। नुमोऽनुस्वारपरस्वत्वे। झलीति किम्? मज्जनम्। नशिता। मस्जेः "झलां जश् झशि" [५।४।१२८] इति सकारस्य दत्वम्। दस्य च चुत्वं जकारः। "रधादेः" [५।१।६३] वेट्।

रधिजभोरचि ॥५।१।४०॥ रधि जभ इत्येतयोः अजादौ परतो नुम् भवति। रन्धयति। रन्धकः। साधुरन्धी। रन्धं रन्धम्। रन्धो वर्तते। जम्भयति। जम्भकः। साधुजम्भी। जम्भो वर्तते। कृताकृतप्रसङ्गित्वेनैषः प्रागेव नुम्। अचीति किम्? रद्धा। जभ्यम्।

लिटीटि रधेः ॥५।१।४१॥ रधेर्नुम् भवति इडादौ लिटि परतः। ररन्धिव। ररन्धिम। नुम्विधानसामर्थ्यात् "हलुङः क्ङित्यनिदितः" [४।४।२२] इति नखं न भवति। नित्यार्थोऽयं योगः। लिट्येव इडादौ नान्यस्मिन्। रधिता। रधितुम्। विपरीतो नियमः कस्मान्न भवति? इडादावेव लिटीति। इह न स्यात्। ररन्धतुः। ररन्धुः। नैवं योगविभागादिष्टप्रसिद्धेः। लिटीटीति योगः कर्तव्यः। तदनु रधेरिति। रधेर्लिटीटि नुम् भवति। रधेरिति पृथक्करणं किमर्थम्? लिटीटीत्यत्रेष्टनियमसिद्धिर्यथा स्यात्। लिट्येवेडादौ रधेर्नुमिति।

रभोऽशब्लिटोः ॥५।१।४२॥ रभो गोर्नुम् भवति अजादौ न तु शब्लिटोः। आरम्भयामि। आरम्भकः। साध्वारम्भी। आरम्भमारम्भम्। आरम्भो वर्तते। अशब्लिटोरिति किम्? आरभते। आरेभे। अचीत्येव। आरभ्यम्। अशब्लिटोरित्यत्र प्रसज्यप्रतिषेधः। नञः सापेक्षस्यापि गमकत्वादनुष्णभोज्यादिवत्समासविधिः।

लभेः ॥५।१।४३॥ लभेः शब्लिड्वर्जितेऽजादौ नुम्भवति। आलम्भयति। आलम्भकः। साध्वालम्भी। आलम्भमालम्भम्। आलम्भो वर्तते। अशब्लिटोरित्येव। आलभते। आलेभे। अचीत्येव। लभ्यम्। पृथग्योगकरणमुत्तरार्थम्।

आङो यि ॥५।१।४४॥ आङ्पूर्वस्य लभेर्यकारादौ त्ये परतो नुम् भवति। आलम्भ्या गौर्ब्राह्मणेन। आङ इति किम्? लभ्यम्। यीति किम्? आलब्धा। आलभ्य गत इत्यत्र कृतेऽपि नुमि "हलुङः क्ङित्यनिदितः" [४।४।२२] इति नखम्। मुम्वचनं त्वन्यत्र सावकाशम्।

उपात्प्रशंसायाम् ॥५।१।४५॥ उपात्परस्य लभेः प्रशंसायामर्थे नुम् भवति यकारादौ। उपलम्भ्या भवता विद्या। उपलम्भ्यानि धनानि। प्रशंसायामिति किम्? उपलभ्यमस्माद् वृषलात् किञ्चित्।

गेः खघञोः ॥५।१।४६॥ गेरुत्तरस्य लभेर्नुम् भवति खघञोः परतः। सुप्रलम्भः। दुष्प्रलम्भः। घञि-प्रलम्भः। उपलम्भः। गेरिति किम्? ईषल्लभो लाभः। नियमार्थोऽयं योगः। गेरेव खघञोः। अथ गेः खघञोरेव कस्मान्न भवति 'शप उपलम्भने' [धा०] इत्यादिनिर्देशात्।

न सुदुर्भ्यां केवलाभ्याम् ॥५।१।४७॥ सु दुस् इत्येताभ्यां केवलाभ्यां परस्य लभेर्नुम्न भवति। सुलभो दुर्लभः। कृच्छ्राकृच्छ्रार्थदन्यत्र घञ्। सुलाभो दुर्लाभः। केवलाभ्यामिति किम्? सुप्रलम्भः। दुष्प्रलम्भः। अतिसुलम्भः। जिग्रहणानुवृत्तेः सुदुसोर्ग्योर्ग्रहणम्। अतिसुलभमिति कथम्? "अतिक्रमे चातिः" [१।४।८] इति अतेर्गिसंज्ञाऽभावात् सुः केवल एव गिः। केवलग्रहणं हि तुल्यजातीयस्य गेर्निवर्तकम्। अक्रियमाणेऽपि केवलग्रहणे सुदुसोः सन्निधाने उच्यमानं कार्यं कथमन्याधिकयोरपि। इदमेव ज्ञापकं क्वचित्केवलस्य सन्निधाने उच्यमानमन्याधिकस्यापि भवति। तेन "निविश" [१।२।११] इत्यत्र निविशते अभिनिविशत इति सिद्धम्।

ञिणमोर्वाऽगेः ॥५।१।४८॥ अगिपूर्वस्य लभेर्वा नुम् भवति ञिणमोः परतः। अलम्भि। अलाभि। लम्भं लम्भम्। लाभं लाभम्। अगेरिति किम्? प्रालम्भि। प्रलम्भं प्रलम्भम्।

उगिदच्चां धेऽधोः ॥५।१।४९॥ उगितां गूनाम् अञ्चतेश्च धे परतो नुम् भवत्यधोः। गोमान्। धनवान्। विद्वान्। श्रेयान्। भवान्। पचन्। पचन्तौ। पचन्तः। अञ्चतेः प्राङ्। प्राञ्चौ। प्राञ्चः। उगिदचामिति किम्? वाक्। वाचौ। वाचः। धे इति किम्? पचतः पश्य। गोमतः पश्य। अञ्चतिग्रहणं निय-

मार्थम्। उगितकार्यं धुष्वस्यैव। तैनेह न भवति। उखास्रत्। पर्णध्वत्। अधोरिति ग्रहणं पर्युदासार्थम्। धोरन्यस्य अधुभूतपूर्वस्य यथा स्यात्। गोमत्यत इति गोमान्। गोमानिवाचरति "**कर्तुः क्यङ् सखं विभाषा**" [२।१।६] इति क्यङि कृते क्विप्यागतनिवृत्ते अतः के यखे च कृते सौ नुम् "**अत्वसोऽधोः**" [४।४।१२] इति दीत्वम्।

युजेरसे ॥५।१।५०॥ युजि इत्येतस्यासे नुम्भवति घे परतः। युङ्। युञ्जौ। युञ्जः। "**ऋत्विग्दधृक्**" [२।२।५७] इत्यादिना क्विः। "**क्विन्प्रत्ययस्य कुः**" [५।३।७५]। अस इति किम्? अश्वयुक्। अश्वयुजौ। '**सत्सूद्विष**'' [२।२।५६] इत्यादिना क्विप्। "**वागमिङ्**" [१।३।८२] इति षसः। अस इत्यनर्थकम्। युजेरुच्यमानः कथं तदन्तस्य नुम्। इदमेव ज्ञापकम् "**धोरधिकारे तदन्तविधिरप्यस्ति**" [प०] इति। युजेरितीकारनिर्देशः किम्? "**युज् समाधौ**" [धा०] इत्यस्य ग्रहणं मा भूत्। युजमिच्छति मोक्षाय।

नपोऽज्झलः ॥५।१।५१॥ नपुंसकलिङ्गस्याजन्तस्य झलन्तस्य च नुम् भवति घे परतः। वनानि। धनानि। दधीनि। मधूनि। उदश्विन्ति। सर्पींषि। अज्झल इति किम्? विमलदिवि। चत्वारि। बहुगिरि। अहानि। "**उगिदचां घेऽधोः**" [५।१।४६] इति नुमं बाधित्वा परत्वादनेन नुम्। ददन्ति। जाग्रन्ति। जगन्ति।

सुपीकोऽचि ॥५।१।५२॥ अजादौ सुपि परत इगन्तस्य नपो नुम् भवति। तुम्बुरुणे। त्रपुणे। सुपीति किम्? तुम्बुरुणो विकारः तौम्बुरवं चूर्णम्। "**कद्र्वोरोऽस्वयम्भुवः**" [४।४।१३४] इत्युकारस्यौत्वम्। इक इति किम्? वने। जले। अचीति किम्? जतुभ्याम्। अज्ग्रहणमनर्थकम्। हल्यपि नुमि नखे कृते सिध्यति जतुभ्यामिति। तथा अतिराभ्याम् प्रियतिसृभ्यां कुलाभ्यामित्यपि। रायमतिक्रान्ताभ्यां कुलाभ्याम्। "**तिकुप्रादयः**" [१।३।८३] इति षसे कृते। "**प्रो नपि**" [१।१।७] इति प्रादेशः। प्रियास्तिस्रो ययोः कुलयोरिति विग्रहे बसः। अत्र परत्वान्नुमं बाधित्वा "**रायो हलि**" [५।१।१४४] इत्यात्वं तिसृभावः। "**सकृद्गते परनिर्णये बाधित एव**" [प०] इति तिसृशब्दस्य पुनर्नुम्न भवति। शुचिशब्दस्यापि नपुंसकलिङ्गविवक्षायामामि परतः पूर्वविप्रतिषेधेन नुटि कृते नुम्। मृदन्तस्य नुमः खम्। "**लक्षणप्रतिपदोक्तयोः प्रतिपदोक्तस्यैव ग्रहणम्**' [प०] इति "**इन्हन्पूषार्यम्णाम्**" [४।४।६] "**शौ**" [४।४।१०] इत्यस्य नियमस्याभावात् "**नोङः**" [४।४।५] इति दीत्वे कृते सिद्धं शुचीनामिति। यत्र नखं नास्ति तत्र श्रवणं स्यात्। हे जानो। "**नोमता गोः**" [१।१।६४] इति प्रतिषेधात्कथन्नुम्? इदमेवाज्ग्रहणं ज्ञापकम्। अनित्यः सप्रतिषेधः। तेन कौ प्रस्यैपि कृते सिद्धं हे त्रपो इति। उत्तरार्थं च।

भादौ वोक्तपुंस्कं पुंवत् ॥५।१।५३॥ अर्थवशाद्विभक्तिविपरिणामः। इगन्तं नप् उक्तपुंस्कं भादावजादौ परतो वा पुंवद्भवति। शुचिः साधुः। शुचि साधुवृत्तम्। शुचये। शुचिने वस्त्राय। अग्रणीर्दण्डश्चक्रिणः। अग्रणि दण्डरत्नम्। पुंवद्भावपक्षे "**प्रो नपि**" [१।१।७] इति प्रादेशाभावः। "**एर्गिवाक्वा-दुङ्गोऽसुधियः**" [४।४।७८] इति यण् च। अग्रण्या। अग्रणिना। अग्रण्ये। अग्रणिने। अग्रण्यः। अग्रणिनः। अग्रण्योः। अग्रणिनोः। अग्रण्याम्। अग्रणीनाम्। पूर्वविप्रतिषेधेन नुट्। अग्रण्याम्। अग्रणिनि इत्यत्र कृताकृतप्रसङ्गित्वेन नित्यत्वात् "**ङेराम् न्याम्नीभ्यः**" [५।२।११०] इत्याम्। मृदवे मृदुने वस्त्राय। कर्ता नरः। कर्तृ कुलम्। कर्त्रा कर्तृणा। कर्त्रे। कर्तृणे। इक इत्येव। जलपाः पुरुषः। जलपं कुलम्। जलपेन। विचीदं रूपम्। अचीत्येव ग्रामणिभ्याम्। प्रादेशो भवत्येव। भादाविति किम्? अग्रणिनी दण्डचक्ररत्ने। उक्तपुंस्कमिति किम्? त्रपुणे। भादावुक्तपुंस्काद्वेति सिद्धे नपो विकल्पे पुंवद्ग्रहणसामर्थ्याद्-प्रकृतस्यापि प्रादेशस्य विकल्पः। उक्तः पुमान् येन तुल्ये प्रवृत्तिनिमित्तेऽर्थे तदुक्तपुंस्कं शब्दरूपं गृह्यते। तेन भिन्नप्रवृत्तिनिमित्तस्य पुंसि नपुंसकशब्दस्य विकल्पो न भवति। पीलुने फलाय। पीलुशब्दस्य वृक्षे समुदायः प्रवृत्तिनिमित्तं फले तु तदवयवः।

सक्थ्यस्थिदध्यक्ष्णामनङ् ॥५।१।५४॥ सक्थि अस्थि दधि अक्षि इत्येतेषां नपामनङादेशो भवति। सक्थ्ना। सक्थ्ने। अस्थ्ना। अस्थ्ने। दध्ना। दध्ने। अक्ष्णा। अक्ष्णे। भादावित्येव। अस्थिनी। अचीत्येव। अस्थिभ्याम्। प्रियसक्थ्ना व्याधेन। गोः प्राधान्यात्तदन्तविधिरपि सक्थ्यादीनां नपुंसकानाम्। तदन्तस्य नपुंसकस्यानपुंसकस्य च गोरनङादेशो भवति। केवलानां सक्थ्यादीनां व्यपदेशिवद्भावाद्गुत्वम्। **"व्यपदेशिवद्भावो न मृदा"** [प०] इतीयं परिभाषा त्वविषया नेहावतिष्ठते। नप इति किम्? दधिर्नाम कश्चित् तेन दधिना। लोकप्रसिद्धशब्दानुशासनं हीदमिति लोकसिद्धेनानङा सूत्रनिर्देशः। सुपीकोऽचीत्येव। नप इति प्रकृतिविशेषणमिह गृह्यमाणविशेषणमिति पुंलिङ्गः समुदायोऽनङोऽवकाशः प्रियसक्थ्ना पुरुषेण। नुमस्तु दधिनी सक्थिनी। दध्नेत्यादौ परत्वादनङ्।

विदेः शतुर्वसुः ॥५।१।५५॥ भादावजादौ सुपीति निवृत्तम्। विदेः परस्य शतुर्वसुरादेशो भवति। विद्वान्। विद्वांसौ। विद्वांसः। विद्वांसम्। विद्वांसौ। विदेरिति कानिर्देशाद्विन्दतेर्निवृत्तिः। वेत्यनुवर्तत इत्येके। विदन्। विदन्तौ।

न थात् ॥५।१।५६॥ नुमनुवर्तते प्रकृतत्वात्। थादुत्तरस्य शतुर्नुम्न भवति। ददत्। ददतौ। ददतः। ददतम्। ददतौ। जाग्रत्। जाग्रतौ। जाग्रतः। जाग्रतम्। जाग्रतौ। **"उगिदचां धेऽधोः"** [५।१।४६] इत्यस्य प्रतिषेधः।

वा नपः ॥५।१।५७॥ थादुत्तरस्य नपुंसकस्य शतुर्वा नुम् भवति। ददन्ति कुलानि। ददति कुलानि। जाग्रन्ति कुलानि। जाग्रति कुलानि। **"नपोऽज्झलः"** [५।१।५१] इति नुम्विकल्पितः। उगिल्लक्षणस्तु **"सकृद्गते परनिर्णये बाधितो बाधित एव"** [प०] इति।

शीम्योरात् ॥५।१।५८॥ अवर्णान्ताद् गोः परस्य शतुर्वा नुम् भवति शी मु इत्येतयोः परतः। तुदती कुले। तुदन्ती कुले। तुदती स्त्री। तुदन्ती स्त्री। याती कुले। यान्ती कुले। याती वडवा। यान्ती वडवा। करिष्यती कुले। करिष्यन्ती कुले। करिष्यती स्त्री। करिष्यन्ती स्त्री। आदिति किम्? अदती स्त्री। घ्नती स्त्री। अवर्णमात्राश्रयत्वेनान्तरङ्गत्वात्प्राङ्नुमः पररूपम् **"वार्णाद् गावं बलीयः"** [प०] इत्यपि नास्ति भिन्नकालत्वात्। समकालं हि बलाबलं चिन्त्यते। भिन्नकालता च पूर्वमेकादेशः पश्चान्नुम्। एकादेशे कृते व्यपवर्गाभावादवर्णान्ताद्गोरुत्तरस्य शतुरिति न घटते। **"आद्यन्तवदेकस्मिन्"** [**तद्वत्** ४।३।७३] इति तद्वद्भावोऽपि न सम्भवति। **"उभयत आश्रयणे न तद्वद्भावः"** [प०] इति वचनात्। उभयं ह्यत्राश्रीयतेऽवर्णान्तो गुः शता च। यद्येकादेशः पूर्वं प्रत्यन्तवद्भवति तदा शता न विद्यते। अथ परं प्रत्यादिवत्तदाऽवर्णान्तो गुर्नास्ति। भूतपूर्वगत्याऽवर्णान्तस्य गोराश्रयणे अदतीत्यादिष्वपि स्यात्। अत्रापि भूतपूर्वगत्या शप्। एवं तर्हि सूत्रसामर्थ्याद्भूतपूर्वगतिराश्रयणीया। अदतीत्यादिषु तु नुम्न भवति आदिति निर्देशात्। अन्यथा शीम्वोरित्येव वाच्येत अवर्णस्यासम्भवात्।

श्यशपः ॥५।१।५९॥ श्य शप् इत्येताभ्यां परस्य शतुर्नुम् भवति शीम्वोः परतः। दीव्यन्ती कुले। दीव्यन्ती स्त्री। पचन्ती कुले। पचन्ती स्त्री। पुनरारम्भो नित्यार्थः।

सावनडुहः ॥५।१।६०॥ वेति निवृत्तम्। अनडुह इत्येतस्य नुम् भवति सौ परतः। अनड्वान्। हे अनड्वन्।

दिव औत् ॥५।१।६१॥ दिव् इत्येतस्य सौ परत औकारादेशो भवति। द्यौरारुह्यते पुण्येन। हे द्यौः। सुखे प्राप्ते परत्वादौकारादेशः। **"अनल्विधौ"** [१।१।५६] इति स्थानिवद्भावप्रतिषेधात्पुनर्न सुखम्। अथेह कस्मान्न भवति अक्षद्यूरिति। अत्रान्तरङ्गत्वादूठ्। अन्तरङ्गता च क्वौ वकारस्योठ् क्यन्तस्य सावौकारः। व्युत्पत्तिः **"दिवेर्डिव्"** [उ० सू०] इति दिव्।

पथिमथ्यृभुक्षामात् ॥५।१।६२॥ पथिन् मथिन् ऋभुक्षिन् इत्येतेषामाकारादेशो भवति सौ परतः। पन्थाः। मन्थाः। ऋभुक्षाः। "**अन्तेऽलः**" [१।१।४६] इति नकारस्यात्वम्। "**एर्धे**" [५।१।६३] इतीकारस्यापि। "**स्वेऽको दीः**" [४।३।८८]।

एर्धे ॥५।१।६३॥ पथ्यादीनामवयवस्येकारस्याकारादेशो भवति धे परतः। पन्थाः। पन्थानौ। पन्थानः। पन्थानम्। पन्थानौ। एवं मन्थाः। मन्थानौ। ऋभुक्षाः। ऋभुक्षाणौ। एरित्यत्र तपरत्वाभावादिह कस्मान्न भवत्यात्वं पथीरिति ? पन्थानमिच्छति। "**स्वेपः क्यच्**" [२।१।६]। "**नः क्ये**" [१।२।१०४] इति पदत्वम्। मृदन्तनखम् "**दीरकृद्गे**" [५।२।१३४] इति दीत्वम्। पथीयतेः क्विप्। "**अतः खम्**" [४।४।५०]। "**वलि व्योः खम्**" [४।३।५५] इति यखम्। इदानीं धे परत आत्वं प्राप्नोति। "**परेऽचः पूर्वविधौ**" [१।१।५७] इति स्थानिवद्भावादकारेण व्यवधानान्न भवति। "**न पदान्तद्वित्व**" [१।१।५८] इत्यादिना तु यखविधिमेव प्रति स्थानिवद्भावप्रतिषेधः। आत्वविधिश्चायम्। ईविधिं प्रति कस्मान्न स्थानिवद्भावप्रतिषेधः। ईकारे विधिरीविधिरिति तत्र विग्रहः। धे चायं विधिर्नेकारे। "**क्वौ नष्टं न स्थानिवत्**" [प०] इति कस्मान्न प्रतिषेधः। तत्रापि "**क्वौ विधिं प्रति नष्टं न स्थानिवत्**" [प०]। धे चायं विधिर्न क्वौ। अवश्यमेवं विज्ञेयम्। अन्यथा क्वौ निमित्तभूते नष्टं न स्थानिवद्भवतीत्युच्यमाने लौरिति न सिध्यति। लवमाचष्टे णिच्। "**अतः खम्**" [४।४।५०] लवतेः क्विप्। णेः खम्। अत्रापि णिखमेव क्विनिमित्तम् नातः खम्। ततः "**परेऽचः पूर्वविधौ**" [१।१।५७] इति स्थानिवद्भावादकारेण व्यवधानादूण्न स्यात्। "**क्वौ विधिं प्रति नष्टं न स्थानिवत्**" [प०] इत्युच्यमाने सर्वस्य स्थानिवद्भावप्रतिषेधाल्लौरिति सिद्धम्।

थो न्थः ॥५।१।६४॥ पथ्यादीनां थकारस्य न्थादेशो भवति धे परतः। उक्तान्येवोदाहरणानि। त्रयाणामप्यनुवृत्तौ सम्भवात्पथिमथोस्थस्य न्थादेशः।

भस्य टेः खम् ॥५।१।६५॥ पथ्यादीनां भसंज्ञकानां टेः खं भवति। पथः पश्य। पथा। पथे। मथः मथा। मथे। ऋभुक्षः पश्य। ऋभुक्षा। ऋभुक्षे। भस्येति किम् ? पथिभ्याम्। ध इत्यनुवर्तमानमपीह न सम्बध्यते।

पुंसोऽसुङ् ॥५।१।६६॥ पुंसोऽसुङादेशो भवति धे परतः। पुमान्। पुमांसौ। पुमांसः। पुमांसम्। पुमांसौ। ध इत्येव पुंसः पश्य। "**पुनातेर्मुंकसुकौ प्रश्च**" [उ. सू.] इति पुंस्।

गोर्णित् ॥५।१।६७॥ धस्य विभक्तिविपरिणामः। गोशब्दात्परं धं णिद्वद्भवति। णित्कार्यं भवतीत्यर्थः। गौः। गच्छतीति "**गमेर्डोस्**" [उ. सू.]। गावः। सुगौः। इह कस्मान्न भवति ? हे चित्रगो। हे चित्रगवः। विहितविशेषणाददोषः। गोरेकत्वादिष्वर्थेषु विहितं धं णिद्वद्भवति। चित्रगुशब्दात्त्वन्यपदार्थादेकत्वादिषु धम्। अतिदेशोऽयं विनापि वतं लभ्यते। यथा गौर्वाहीकः। गौरित्युक्ते गोवदिति गम्यते। एवमिहाप्यणितं त्यं णितमाह। णिद्वदिति गम्यते। गोणाविति सिद्धे णिदिति प्रतिपत्तिगौरवं किम् ? क्वचिदन्यत्राप्यतिदेशो यथा स्यात्। तेन द्योशब्दस्य द्यौः। द्यावौ। द्यावः।

वास्मदणल् ॥५।१।६८॥ अस्मदो वा णल् णिद्भवति। अहं पपच। अहं पपाच। अहं चकर। अहं चकार। अस्मदिति त्रिकस्य संज्ञा। "**मिङ्त्रिशोऽस्मद्युष्मदन्याः**" [१।२।१५२] इति। अस्मदिति किम् ? स पपाच।

सख्युरकौ ॥५।१।६९॥ वेति नानुवर्तते। अकौ यः सखिशब्दस्तस्मात्परं धं णिद्वद्भवति। सखायौ। सखायः। सखायम्। सखायौ। अकाविति किम् ? हे सखे।

अनङ् सौ ॥५।१।७०॥ सख्युरनङादेशो भवति अकौ सौ परतः। सखा। अकावित्येव। हे सखे।

ऋदुशनस्पुरुदंशोऽनेहसाम् ॥५।१।७१॥ ऋकारान्तानाम् उशनस् , पुरुदंशस् , अनेहस् इत्येतेषां चानङादेशो भवति सावकौ परतः । कर्ता । पिता । माता । उशना । पुरुदंशा । अनेहा । अकाविति किम् ? हे कर्तः । हे मातः । हे पितः । हे उशनः । हे पुरुदंशः । हे अनेहः । **"उशनसः कौ त्रैरूप्यमेके वाञ्छन्ति"** । नान्तमदन्तं सान्तमिति । कथं नान्तता । अकावित्यनुवर्तते । स च नञ्पदर्थे द्रष्टव्यः । तेन क्वचित्का-वप्यनङ् । हे उशनन् । तथा **"नखं मृदन्तस्याकौ"** [५।३।२०] इत्यत्रापि नञ्पदर्थ एव । तेन कावपि नखम् । हे उशन । यदा अनङ् न भवति तदा हे उशनः । ऋदिति तपरकरणमसन्देहार्थम् । **"गॄ निगरणे"** [धा०] इत्याद्यनुकरणनिवृत्त्यर्थं च गॄरिति मया श्रुतः ।

चतुरनडुहोर्वा ॥५।१।७२॥ चतुर् अनडुह् इत्येतयोरुकारस्य वा इत्ययमादेशो भवति धे परतः । अनडुह इत्यत्र **"द्वन्द्वाच्चुदहषो राथे"** [४।२।१०८] इत्यः सान्तोऽन्यथाऽन्तर्वर्तिविभक्तिकृतपदाश्रयो हकारस्य दः स्यात् । चत्वारि । चत्वारः । अनड्वान् । अनड्वाहौ । अनड्वाहः । गोः प्राधान्यात्तदन्तविधिरपि । चतुरड्डहन्तस्य गोर्वाऽऽदेशो भवत्यभिसंबन्धात् । केवलयोस्तु व्यपदेशिवद्भावः । प्रियचत्वारि । प्रियचत्वारः । प्रियानड्वान् । प्रियानड्वाहौ । प्रियानड्वाहः । अनडुह् अनड्वाह् इति गौरादावुभयग्रहणात् अनडुही । अनड्वाही । इह क्रोष्टृ क्रोष्टुशब्दा एकार्थौ ऋदुदन्तौ स्तस्तत्र धे स्त्रियां च क्रोष्टृशब्दस्यैव प्रयोगः—क्रोष्टा । क्रोष्टारौ । क्रोष्टारः । क्रोष्टारम् । क्रोष्टारौ । क्रोष्ट्री । भादिष्वजादिषूभयोः । क्रोष्ट्रा । क्रोष्टुना । क्रोष्ट्रे । क्रोष्टवे । क्रोष्टुः । क्रोष्टोः । क्रोष्ट्रोः । क्रोष्ट्वोः । क्रोष्टरि । क्रोष्टौ । कौ शस्यामि हलादौ च क्रोष्टुशब्दस्यैव । हे क्रोष्टो । क्रोष्टून् । क्रोष्टुभ्याम् । क्रोष्टुभिः । क्रोष्टुभ्यः । क्रोष्टूनाम् । क्रोष्टुषु । अभिधानलक्षणाः कृद्धृत्साः । **"सितनिगमिमसिशच्यविधाञ्क्रुशिभ्यस्तुः"** [उ० सू०] ।

वः कौ ॥५।१।७३॥ चतुरनडुहोरुकारस्य व इत्ययमादेशो भवति कौ परतः । हे अतिचत्वः । हे अन-ड्वन् । वाऽऽदेशापवादोऽयम् ।

ऋत इद्धोः ॥५।१।७४॥ ऋकारान्तस्य धोर्गोरिकारादेशो भवति । किरति । गिरति । आस्तीर्णः । विस्तीर्णः । विकीर्यते । स्तृञः क्ते वृतः **"सनीड् वा"** [५।१।८६] इति विभाषित इट् । **"यस्य वा"** [५।१।१२१] इति प्रतिषेधः । धोरिति किम् ? मातॄणाम् । पितॄणाम् । ननु लाक्षणिकं तदत्र कथं प्राप्तिर्लाक्षणिकस्याप्यत्र ग्रहणमिष्यते । चिकीर्षिता ।

[उङः ॥५।१।७५॥ **पुवादुप्** ॥५।१।७६॥ **सावेम्मे** ॥५।१।७७॥ **हलामचः** ॥५।१।७८॥ **बजवदलत्रोऽतः** ॥५।१।७९॥ **नेटि** ॥५।१।८०॥ **हम्यन्तक्षणश्वसजागृणिश्व्येदिताम्** ॥५।१।८१॥ **]**

वोर्णुञः ॥५।१।८२॥ उर्णुञ इडादौ सौ मपरे वा ऐब्भवति । प्राप्ते विकल्पोऽयम् । प्रौर्णावीत् । प्रोर्णवीत् । यदा तु **"इड्विजः"** [१।१।७६] इत्यनुवर्तमाने **"वोर्णोः"** [१।१।७७] इति ङित्वम् , तदा एवैचौः प्रतिषेधः । प्रौर्णुवीत् ।

अतोऽनादेर्घेः ॥५।१।८३॥ अनादेरतो घेर्वा ऐब्भवति इडादौ सौ मपरे । अकणीत् । अकाणीत् । अरणीत् । अराणीत् । अत इति किम् ? अदेवीत् । असेवीत् । तथा न्यकुटीत् । न्यपुटीत् । ननु चात्र कुटादित्वाण्ङित्वे सत्यैप्रतिषेधो भविष्यति । इग्लक्षणस्य स प्रतिषेधः धिलक्षणश्चायम् । अनादेरिति किम् ? मा निरशीत् । मा निरटीत् । घेरिति किम् ? अतक्षीत् । अरक्षीत् । इडादावित्येव । अधाक्षीत् । इह कस्मान्न भवति । अचकासीदिति चकारेऽकारस्य । यस्य न व्यवधानं तस्याकारस्य विकल्पः । अत्र तु कासृशब्देन

१. प्रतिषु [ ] कोष्ठकान्तर्गतानां सूत्राणां वृत्तिस्त्रुटिता । सूत्राणि तु जैनेन्द्रपञ्चाध्यायी-मनुसृत्यात्र निर्दिष्टानि ।

व्यवधानम्। नन्वराणीदित्यत्रापि णकारेण व्यवधानमस्ति, नैवं **"येन नाव्यवधानं तेन व्यवहितेऽपि" [प०]** इति वचनप्रामाण्यात्। हलन्तानुवृत्तेरेकेण हला व्यवधानेऽव्यल्सङ्घातेन व्यवधाने न भवति। यद्येवं घेरिति व्यर्थम्। अतक्षीदित्यत्र समुदायेन व्यवधानात् वर्णसङ्घातेन व्यवधानं भवति। न च न भवतीति परिभाषाऽऽश्रयणाददोषः।

वलाद्यगस्येट् ॥५।१।८४॥ वलादेरगस्य इडागमो भवति। लविता। लवितम्। लवितव्यम्। वलादेरिति किम्? लव्यम्। लवनीयम्। अगस्येति किम्? आस्ते। शेते। ननु **"ऋत इद्धोः" (५।१।७४)** इत्यनुवर्तमाने धोः संशब्दनेन विहितस्य वलादेरिड्भवतीत्युच्यमाने **"रुदादेर्गे" [५।१।१३५]** इत्यत्र रुदादेरेव गे नान्यस्येति रुदादीनामुदात्त-पाठसामर्थ्यान्नेष्टावधारणात् स्वयमेवागस्येड्विष्यतीति व्यर्थमगग्रहणम्। नैवं प्रतिपत्तिगौरवं स्यात्। जुगुप्सत इत्यादौ धोः संशब्दनेन सन्विहित इतीण् न भवति।

ग्रहोऽलिटि दीः ॥५।१।८५॥ ग्रह उत्तरस्य इटोऽलिटि दीर्भवति। वान्त इडनुवर्तमानोऽर्थवशात्तया विपरिणमते। ग्रहीता। ग्रहीतुम्। ग्रहीतव्यम्। अलिटीति किम्? जगृहिम। **"लिडस्फाक्कित्" [१।१।७८]** **"ग्रहिज्या" [४।२।१२]** आदिना जिः। यङन्तस्य कस्माद्दीर्न भवति। जरीगृहिता। जरीगृहितुम्। तन्न ग्रहेर्यो विहित इट् तस्य दीर्भवतीति विहितविशेषणात्। **"प्रकृतिग्रहणे यङ्लुबन्तस्य ग्रहणम्" [प०]** कस्मान्न भवति? **"एकाचोऽनुदात्तात्" [५।१।११५]** इति सिंहावलोकनेनैकाज्ग्रहणं सम्बध्यते। तेन ग्रहेरेकाचः कार्यं यङ्लुबन्तस्य न भवति। ईटि कृते अग्रहीदित्यादौ **"ईटीटः" [४।४।२०]** इत्यादिकं दीत्वे कथमिट् कार्यम्? स्थानिवद्भावात्। **"अनल्विधौ" [१।१।५६]** इति कथं न प्रतिषेधः? नायमल्विधिरागमविधिरयम्। अप्रकृतस्येटो ग्रहणाभावात् ग्राहिता ग्राहिष्यते इत्यादौ ञिवदिटो दीर्न।

[[1]**वृतो वा ॥५।१।८६॥ न लिङि ॥५।१।८७॥**]

सौ मे ॥५।१।८८॥ मपरे सौ परतः वृत इटो दीर्न भवति। प्रावारिष्टाम्। प्रावारिषुः। आस्तारिष्टाम्। आस्तारिषुः। **"मिप्थस्थ" [२।४।८२]** इत्यादिना तसस्ताम्। **"वलाद्यगस्येट्" [५।१।८४]** मे इति किम्? प्रावरिष्ट। प्रावरीष्ट। **"लिङ्स्योर्दे" [५।१।९०]** इतीट्।

सनीड् वा ॥५।१।८९॥ सनि परत वृत इड् वा भवति। वुवूर्षते। विवरिषते। विवरीषते। प्रावुवूर्षते। प्राविवरिषते। प्राविवरीषते। प्रावुवूर्षति। प्राविवरिषति। प्राविवरीषति। आतिस्तीर्षति। आतिस्तरिषति। आतिस्तरीषति। **"सनि ग्रहगुहश्च" [५।१।११८]** इतीट् प्रतिषेधे प्राप्ते पक्षे इट्। चिकीर्षतीत्यादौ दीत्वे ऋतो लाक्षणिकत्वादिडभावः।

लिङ्स्योर्दे ॥५।१।९०॥ वृतः परयोः लिङ् सि इत्येतयोर्दे वा इड्भवति। द इति सेरेव विशेषणम्। लिङो मविषये यासुटि सति अवलादित्वादिडभावः। वृषीष्ट। वरिषीष्ट। प्रावृषीष्ट। प्रावरिषीष्ट। आस्तीर्षीष्ट। आस्तरिषीष्ट। **"न लिङि" [५।१।८७]** इति दीत्वाभावः। अनिट् पक्षे **"उः" [१।१।८६]** इति कित्त्वम्। सौ। अवृत। अवरिष्ट। अवरीष्ट। प्रावृत। प्रावरिष्ट। प्रावरीष्ट। आस्तीर्षाताम्। आस्तरिषाताम्। आस्तरीषाताम्। इटो **"वृतो वा" [५।१।८६]** इति दीत्वम्। अवृतेत्यादौ **"प्राद्गोः [५।३।४५]** इति सेः खम्। द इति किम्? आस्तारिष्टाम्। आस्तारिषुः। **"सौ मे" [५।१।८८]** इति दीत्वाभावः। वलाद्यगस्येटो विकल्पोऽयम्।

स्फाद्दतोऽसुटः ॥५।१।९१॥ स्फादसुटः परो य ऋकारस्तदन्तात् परयोर्लिङ्स्योर्दे वा इड् भवति। स्मृषीष्ट। स्मरिषीष्ट। ध्वृषीष्ट। ध्वरिषीष्ट। अस्मृषाताम्। अस्मरिषाताम्। **"ङौ" [१।२।७]** दः। स्फादिति किम्? कृषीष्ट। अकृषत। ऋत इत इति किम्? च्योषीष्ट। अच्योष्ट। असुट इति किम्? संस्कृषीष्ट।

---

१. प्रतिषु [ ] कोष्ठकान्तर्गतयोः सूत्रयोर्वृत्तिर्नोपलब्धाऽतः जैनेन्द्रपञ्चाध्यायीमनुसृत्य सूत्र द्वयमत्र निर्दिष्टम्।

समस्कृत। सम्पूर्वस्य कृञः "सम्पर्युपात्कृञः" [४।३।११०] इति सुट्। पूर्वं धुर्गिना युज्यते पश्चात्साधनवाचिना त्येनेत्यन्तरङ्गः सुट्। बहिरङ्गत्वे समक्तेत्यत्र कात्पूर्वमट् स्यात्।

स्वरतिषूङ्धूञ्सूत्यूदितः ॥५।१।६२॥ स्वरति षूङ् धूञ् सूति इत्येतेभ्यः ऊदिद्भ्यश्च वलाद्यगस्य वा इड् भवति। "लिङ्स्योर्दे" [५।१।६०] इत्येतन्निवृत्तम्। वेत्यनुवर्तते। इष्टतोऽधिकाराणां प्रवृत्तिनिवृत्ती इति स्वरतेरप्राप्ते विकल्पोऽन्येषां प्राप्ते। स्वर्ता। स्वरिता। स्वर्तुम्। स्वरितुम्। विसोता। विसविता। विधोता। विधविता। सोता। सविता। ऊदितः। विगाढा। विगाहिता। निगोढा। निगूहिता। स्वरतेस्तिपा निर्देशो यङ्लुबन्तनिवृत्त्यर्थः। सरीस्वरिता। सूङ्धूञोरनुबन्धनिर्देशः सुवतिधुवत्योर्विकल्पनिवृत्त्यर्थः। सविष्यति। धुविष्यति। स्वरतेः स्यविषये "हन्तृतः स्ये" [५।१।१२६] इति परत्वादिट्। स्वरिष्यति। किद्विषयेऽपि परत्वात् "श्र्युकः किति" [५।१।११७] इति प्रतिषेधः। स्वृत्वा। धूत्वा। स्वरत्यादीनां प्रतिपदग्रहणं किम्? ऊदित एव ते पठितव्याः? पृथग्ग्रहणस्यैतत्प्रयोजनम्। अनुबन्धकृतमनित्यं भवति। तेन उपलब्धिः। दंष्ट्रा इत्यत्र षित्वादङ् टित्वान्ङीर्न भवति। अनुबन्धनिर्दिष्टं यङ्लुबन्तस्य न भवति। जोगूहिता।

रधादेः ॥५।१।६३॥ रध इत्येवमादिभ्यश्च वा इड् भवति। रद्धा। रधिता। नंष्टा। नशिता। रधादयोऽष्टौ वृत्पर्यन्ताः। प्रकृतस्येटः स्याद्विकल्पः, क्रादिनियमाल्लिटि कथम्? रधादिषूदात्तानुदात्तपाठाभावात् "येन नाप्राप्ते तस्य तद्बाधनम्" इत्यस्य न्यायस्यासम्भवात्, अविशेषेण विकल्पः। ररध्व। ररध्म। ररन्धिव। ररन्धिम।

निष्कुषः ॥५।१।६४॥ निस्पूर्वात्कुषः वलाद्यगस्य वा इड् भवति। निष्कोष्टा। निष्कोषिता। "इदुदुङोऽत्यपुम्मुहुसः" [५।४।२८] इति रेफस्य सत्वम्। इणः षत्वम्। निस् इति किम्? कोषिता। प्रकोषिता।

इट् ते ॥५।१।६५॥ निस्पूर्वात् कुषः ते परतः इड् भवति। निस्कुषितः। निस्कुषितवान्। पुनरिड्ग्रहणं नित्यार्थमन्यथा विकल्पः स्यात्। आरम्भो हि "यस्य वा" [५।१।१२१] इत्यस्य बाधनार्थो न नित्यार्थः। वेत्युत्तरत्रानुवर्तत एव।

तीषसहलुभरुषरिषः ॥५।१।६६॥ तकारादावगे परतः इष सह लुभ रुष रिष इत्येतेभ्यो वा इड् भवति। एष्टा। एषिता। सोढा। सहिता। लोब्धा। लोभिता। रोष्टा। रोषिता। रेष्टा। रेषिता। तकारादाविति किम्? एषिष्यति। इषेर्भौवादिकस्य ग्रहणं सहिसाहचर्यात्। तेनेतरयोर्विकल्पो न भवति। को विशेषः ते "यस्य वा" [५।१।१२१] इति प्रतिषेधो न भवति। इषितः। इषितवान्। लुभ इत्यविशेषणग्रहणम्।

सनीवन्तर्द्धभ्रस्जदम्भुस्वृश्रियूर्णुभरज्ञपिसनाम् ॥५।१।६७॥ इवन्तानां धूनाम् ऋध् भ्रस्ज दम्भु स्वृ श्रि यु ऊर्णु भर ज्ञपि सन इत्येषां च सनि परतः वा इड् भवति। दुद्यूषति। दिदेविषति। सुस्यूषति। सिसेविषति। अनिट्पक्षे "हलन्तात्" [१।१।८४] इति सनः कित्त्वम्। "छ्वोः शूडके च" [४।४।१७] इत्यूट्। यणादेशो द्वित्वं च "षणि चाविणस्तोरेव" [५।४।४१] इति नियमात् सिवेश्चात् परस्य षत्वं न भवति। ईर्त्सति अर्दिधिषति। ऋधेः सन्। अच इति द्वितीयस्यैकाचो द्वित्वम्। "आप्ज्ञप्धामीत्" [५।२।१५७] इति ऋकारस्य ईत्वम्। रन्तत्वम्। "चस्यात्र खम्" [५।२।१६०]। इटि अर्दिधिस इति। "न स्फादौ न्द्रोऽयि" [४।३।३] इति धिशब्दस्य द्वित्वम्। "चे चर्त्वम्" [५।४।१२६] इति दः। बिभर्क्षति। बिभ्रक्षति। बिभर्जिषति बिभ्रज्जिषति। "भ्रस्जो रसोरम्वा" [४।४।४६] इदि रेफसकारयोः वा परो रम् भवति। धिप्सति। धीप्सति। दिदम्भिषति। "दम्भ इच्च" [५।२।१५८] इति अस्य इत्वमी ईत्वम्। "चस्यात्र खम्"। "हलन्तात्" [१।१।८४] इति कित्वान्नैप्। "एकाचो वशः" [५।३।५४] इति धत्वम्। "खरि" [५।४।१३०] इति चर्त्वम्। सुस्वूर्षति।

सिस्वरिषति । शिश्रीषति । शिश्रयिषति । संयुयूषति । संयियविषति । इटि कृते **"द्विर्वेऽचि"** [१।१।५६] इत्येवबादेशयोः स्थानिवद्भावाद्यु इति द्वित्वम् । प्रोर्णुनूषति । प्रोर्णुनविषति । प्रोर्णुनुविषति । इट्पक्षे **"वोर्णोः"** [१।१।७७] इति वा ङित्त्वम् । बुभूर्षति । यङ्लुबन्तनिवृत्त्यर्थः शपा निर्देशः । ज्ञीप्सति । जिज्ञपयिषति । **"आप्ज्ञप्यधामीत्"** [५।२।१५७] इतीत्त्वे । सिसासति । सिसनिषति । **"जनसनखनाम्"** [४।४।४३] **"सनि"** [४।४।४४] इत्यात्वम् । सनीति योगविभागात् **"तनिपतिदरिद्रो ग्रहणम्"** । तितांसति । तितंसति । तितनिषति । पित्सति । पिपतिषति । दिदरिद्रासति । दिदरिद्रिषति । सनीति किम् ? देविता ।

क्लिशस्तक्त्वोः ॥५।१।९८॥ क्लिशः त क्त्वा इत्येतयोर्वा इड् भवति । क्लिष्टः । क्लिशितः । क्लिष्टवान् । क्लिशितवान् । क्लिष्ट्वा । क्लिशित्वा । इट्पक्षे क्त्वात्यस्य **"क्लिशः"** [१।१।८१] इति कित्त्वम् । क्लिश् इत्येतस्य क्त्वात्ये स्वरत्यादिना सिद्धो विकल्पः । ते **"यस्य वा"** [५।१।१२१] इति प्रतिषेधः प्राप्नोति । क्लिश उपताप इत्यस्य तु तक्त्वोर्नित्यमिटि प्राप्ते विकल्पार्थं वचनम् ।

पूङः ॥५।१।९९॥ पूङश्च त क्त्वा इत्येतयोः परतः वेड् भवति । **"श्र्युकः किति"** [५।१।११७] इति प्रतिषेधे प्राप्ते विकल्पः । पूतः । पवितः । पूतवान् । पवितवान् । पूत्वा । पवित्वा । इट्पक्षे ते **"तः सेट् पूङ्"** [१।१।८२] इत्यादिना क्त्वा त्ये तु **"मृड"** [१।१।८०] आदिनियमेन कित्त्वाभावः । सानुबन्धनिर्देशः पूञो निवृत्त्यर्थः । इटि सति पुवित इत्यनिष्टं स्यात् ।

क्षुद्वसतेरिट् ॥५।१।१००॥ क्षुध वसति इत्येताभ्यां त क्त्वा इत्येतयोरिड् भवति । क्षुधितः । क्षुधितवान् । क्षुधित्वा । क्षोधित्वा । उषितः । उषितवान् । उषित्वा । क्षुधेः क्त्वास्य **"व्युङोऽवो हलः संश्च"** [१।१।८७] इति वा कित्त्वम् । तिपा निर्देशो यङ्लुबन्तनिवृत्त्यर्थः । वावस्तः । वावस्तवान् । पुनरिड्ग्रहणं नित्यार्थम् ।

अञ्चेः पूजायाम् ॥५।१।१०१॥ अञ्चतेः पूजायामर्थे त क्त्वा इत्येतयोरिड् भवति । वेति निवृत्तम् । अञ्चितः । अञ्चितवान् । अञ्चित्वा गुरून् गतः । **"नाञ्चेः पूजे"** [४।४।२९] इति नखाभावः । क्त्वात्ये **"वोदितः"** [५।१।१०४] इति विकल्पे ते **"यस्य वा"** [५।१।१२१] इति प्रतिषेधे प्राप्ते वचनम् । पूजायामिति किम् ? उदक्तमुदकं कूपात् ।

स्वार्थे लुभात् ॥५।१।१०२॥ स्वार्थे विमोहने वर्तमानात् लुभात् त क्त्वा इत्येतयोरिड् भवति । विलुभिताः केशाः । विलुभिता सीमन्ताः । विलुभितानि पदानि । लुभित्वा । लोभित्वा । क्त्वा त्ये **"तीषसह"** [५।१।९६] इति विकल्पे ते **"यस्य वा"** [५।१।१२१] इति प्रतिषेधे वचनम् । स्वार्थ इति किम् ? लुब्धो न लभते पुण्यम् । विविधं मोहनं विमोहनमाकुलीभवनमित्यर्थः । लुभादिति शविकरणनिर्देशात् **"लुभ गार्ध्ये"** [धा०] इत्यस्य निवृत्तिः ।

जॄव्रश्चः क्त्वः ॥५।१।१०३॥ जॄ व्रश्च इत्येताभ्यां क्त्वा इत्येतस्येड् भवति । तन्निवृत्त्यर्थं क्त्वःग्रहणम् । जरित्वा । जरीत्वा । व्रश्चित्वा । **"मृड"** [१।१।८०] आदिनियमादकित्त्वम् ? जॄ इत्येतस्य श्र्युकः प्रतिषेधे व्रश्चेरूदित्त्वात् विकल्पे प्राप्ते सूत्रम् । जॄ इति क्र्यादिकस्य ग्रहणं जॄषः सानुबन्धकत्वात् । जीर्त्वा ।

वोदितः ॥५।१।१०४॥ उकारेतो धोः क्त्वात्यस्य वा इड् भवति । शान्त्वा । शमित्वा । तान्त्वा । तमित्वा । अनिट्पक्षे **"ङस्य क्झिझलोः क्ङिति"** [४।४।१३] इति दीत्वम् ।

त्यसौ कृतचृतच्छृदतृदनृतः ॥५।१।१०५॥ अगे सकारादावसौ परतः कृत चृत छृद तृद नृत इत्येतेभ्यो वा इड् भवति । कर्त्स्यति । अकर्त्स्यत् । चिकृत्सति । कर्तिष्यति । अकर्तिष्यत् । चिकर्तिषति । चर्त्स्यति । अचर्त्स्यत् । चिचृत्सति । चर्तिष्यति । अचर्तिष्यत् । चिचर्तिषति । छर्त्स्यति । अच्छर्त्स्यत् । चिछृत्सति । छर्दिष्यति । अच्छर्दिष्यत् । चिच्छर्दिषति । तर्त्स्यति । अतर्त्स्यत् । तितृत्सति । तर्दिष्यति । अतर्दिष्यत् । तितर्दिषति ।

नर्त्स्यति । अनर्त्स्यत् । निनृत्सति नर्त्तिष्यति । अनर्त्तिष्यत् । निनर्तिषति । सीति किम् ? कर्तिता । असाविति किम् ? अकर्त्तीत् । अप्राप्ते विकल्पोऽयम् ।

गमेरिण्मे ॥५।१।१०६॥ गमेरिड् भवति सकादौ मे । इड्ग्रहणं नित्यार्थम् । गमेरिति मम् । **"गम्लृ सृप्लृ गतौ"** [धा०] । **"सनि"** [१।४।११६] इति इणो गमादेशस्य **"इणवदिकः"** [वा०] इति वक्तव्येन **"इक् स्मरणे** [धा०] इत्यस्य **"इङः"** [१।४।१२०] इति **"इङ् अध्ययने"** [धा०] इत्यस्य चाविशेषेण ग्रहणम् । गमिष्यति । अगमिष्यत् । अनादेशस्येदम् । जिगमिष्यति । इणादेशस्यापीदम् । अधिजिगमिषति । **"इणवदिकः"** [वा०] । गमेरिति किम् ? एष्यति । म इति किम् ? संगंसीष्ट । संगंस्यते । संजिगंसते वत्सो मात्रा । अधिजिगांसते । **"हनिङ्गम्यचां सनि"** [४।४।१४] इति दीर्घत्वम् । म इति विषयनिर्देशोऽयम् । मे यो गमिरुपलब्धस्तस्य सकारादाविड् भवतीति । तेन हेरुपि कृति चेट् सिद्धः । जिगमिष त्वम् । जिगमिषिता । गमेरिति योगविभागो द्रष्टव्यः । तत्र वेति सम्बध्यते । क्वचिदन्यत्रापि वा सकाराविड् भवति । संजिगमिषिता । संजिगसिता । अधिजिगांसिता व्याकरणस्य ।

न वृतादेः ॥५।१।१०७॥ वृतादेर्मे इण् न भवति । सकारादाविति निवृत्तम् । वर्त्स्यति । अवर्त्स्यत् । वृध् । वर्त्स्यति । अवर्त्स्यत् । विवृत्सति । शर्त्स्यति । अशर्त्स्यत् । शिशृत्सति । स्यन्त्स्यति । अस्यन्त्स्यत् । सिस्यन्त्सति । कल्प्स्यति । अकल्प्स्यत् । चिक्लृप्सति । कल्प्ता । कल्प्तारौ । कल्प्तारः । म इत्येव । वर्तिष्यते **"स्यसनोर्वृद्भ्यः"** [१।२।८८] **"लुटि च क्लृपः"** [१।२।८९] इति वा मविधिः । वृतादयः पञ्च वृत्पर्यन्ताः । वृत्करणमिहार्थं द्युताद्यर्थं च । द्विगता अपि हेतवो भवन्तीति । इह कथं विवृत्सत्वम् । अत्रापि मे इति विषयनिर्देशान्मेनोपलक्षितानां वृतादीनां नेड् भवति । तेन हेरुपि कृति च इडभावः सिद्धः । विवृत्सिता । दविषये तु विवर्तिषस्व । विवर्तिषितुम् ।

वोपदेशेऽत्वदच्सृजिदृशस्तासौ नित्यानिटस्थेऽव्यादः ॥५।१।१०८॥ उपदेशे अकारवद्भ्यः अजन्तेभ्यः सृजि दृशि इत्येताभ्यां च तासौ नित्यानिड्भ्यः थे वा इड् भवति व्या अद इत्येतौ वर्जयित्वा । क्रादिनियमादिटि प्राप्ते विकल्पः अत्वान्—पक्ता । पपक्थ । पेचिथ । शक्ता । शशक्थ । शेकिथ । अच्—याता । ययाथ । ययिथ । चेता । चिचेथ । चिचयिथ । होता । जुहोथ । जुहविथ । स्रष्टा । सस्रष्ठ । ससर्जिथ । दृश्—द्रष्टा । दद्रष्ठ । ददर्शिथ । उपदेश इति किम् ? कर्ष्टा । चकर्षिथ । एतेषामिति किम् ? भेत्ता । बिभेदिथ । तासाविति किम् ? गन्ता । जगन्थ । जगमिथ । नित्यानिट एवोच्यमाने अयं गमिर्नित्यानिण्न भवति । सकारादाविट्त्वात् **"गमेरिण्मे"** [५।१।१०६] इति । अतोऽस्य विकल्पो न स्यात् । तथा—जिघृक्षति । जग्रहिथ । लूत्वा । लुलविथ । **"सनि ग्रहगुहश्च"** [५।१।११८] **"श्र्युकः किति"** [५।१।११७] इति सनि किति च नित्यानिटाविमौ न तु तासौ । नित्यग्रहणं किम् ? अङ्क्ता । अञ्जिता । आनञ्जिथ । विधोता । विधविता । विदुधविथ । तासौ विभाषितेटोऽनिट्कार्यं मा भूत् । असति तु नित्यग्रहणे पाक्षिकेणापि हीडभावे वाऽनिड्भवत्येव । यथा गुहो विभाषितेटोऽपि अनिट्कार्यं **"शलोऽनिटोऽदृशः क्सः"** [२।१।४०] इति क्सः । अघुक्षत् । थ इति किम् ? पेचिम । ययिव । ययिम । अव्याद इति किम् ? व्याता । विव्ययिथ । अत्ता । आदिथ । **"तदादेशास्तद्ग्रहणेन गृह्यन्ते"** [प०] जघसिथ । अत्वदिति तपरकरणं किम् ? राद्धा । रराधिथ ।

ऋतः ॥५।१।१०६॥ उपदेशे ऋकारान्तात्तासौ नित्यानिटः थे नेड् भवति । कर्ता । चकर्थ । हर्ता । जहर्थ । स्मर्ता । सस्मर्थ । धर्ता । दधर्थ । तपरकरणमसन्देहार्थम् । यदि विकल्पः स्यादजन्तत्वात् पूर्वेणैव सिद्धः । यदि विधिरिष्टः स्यादव्याद इत्यत्रैव ऋकारस्य पर्युदासः क्रियेत पृथग्योगकरणमनर्थकम् । तस्मात्पारिशेष्यात् **"न वृतादेः"** [५।१।१०७] इत्यतः प्रकृतः प्रतिषेध एवाभिसम्बध्यते । असुटः इत्यनुवर्तते । सञ्चस्करिथ ।

अर्तेः ॥५।१।११०॥ अर्तेः "**ऋतः**" इत्यनेन यदुक्तं तन्न भवति। अर्ता। आरिथ। प्रतिषेधस्तावन्नाभिसम्बध्यते। ऋत इत्येव सिद्धत्वात्। विकल्पोऽपि यदीष्टः स्यात् "**अत्वदचसृजिदृशः**" इत्यत्रैवार्त्तेर्ग्रहणं क्रियेत। ततः सूत्रारम्भसामर्थ्याद् विधिरभिसम्बध्यते।

स्नोर्दार्थात् ॥५।१।१११॥ नेत्यनुवर्तते। स्नु इत्येतस्माद् दार्थाद्दनिमित्तादगे इएन भवति। प्रस्नोष्यते। प्रस्नोष्टीष्ट। प्रास्नोष्ट। "**ङौ**" [१।२।७] इति दः। "**स्नोश्च जिश्च**" [२।१।५६] इति लुङि न जिः। सुस्नुषिष्यते इत्यत्र "**स्नि ग्रहगुहश्च**" [५।१।११८] इत्यनेनैव प्रतिषेधः। इह कथं प्रस्नवितेवाचरति प्रस्नवित्रीयते। नात्र स्नोतिर्दार्थः। किं तर्हि ? क्यङन्तो धुः। "**रीङ् ऋतः** [५।२।१२६] इति रीङ्। दोऽर्थो यस्य सोऽयं दार्थः। दप्रयोजन इत्यर्थः। कदा च स्नुर्दार्थः। यदा भावकर्मकर्मव्यतिहारा विवक्षिताः। सति च दे दार्थत्वं तेन कृति न भवति। प्रस्नवितुम्। यदि सति दे दार्थत्वं दे इति वक्तव्यम्। न दे परतः इत्यानन्तर्यं विज्ञायेत। स्यादिव्यवधाने न स्यात् प्रतिषेधः। दार्थादिति किम् ? प्रस्नविता। प्रस्नवितुम्।

क्रमः ॥५।१।११२॥ दार्थादिति वर्तते। क्रमश्च दार्थादिण् न भवति। प्रक्रंस्यते। प्रक्रंसीष्ट। प्रचिक्रंसते। प्रचिक्रंसिष्यते। सन्नन्तप्रयोगेऽपि क्रमिरेव दार्थः। "**सनः पूर्ववत्**" [१।२।५८] इति क्रमिसम्बन्धिनो दस्यातिदेशात्। अत्रापि दार्थत्वं भावकर्मकर्मव्यतिहारा वृत्त्यादयोऽर्थाः "**वाऽगेः**" [१।२।३६] इति योगश्च। दार्थादित्येव। प्रक्रमितव्यम्। प्रक्रमितुम्। सति दे दार्थत्वमिति। "**प्रादारम्भे**" [१।२।३८] इति दः।

कर्तरि कृति ॥५।१।११३॥ क्रमेर्दार्थाद्दविषयात् कर्तरि कृति नेड् भवति। इह कृतीति वचनसामर्थ्याद्दस्यासम्भवाद्दार्थादिति दविषयादित्यवगन्तव्यम्। अप्रयोगेऽपि दस्य दविषयत्वं पूर्वं तु सत्येव दे दार्थत्वं व्याख्यातम्। प्रक्रन्ता। उपक्रन्ता। प्रचिक्रंसिता। कर्तरि कृति। प्रक्रमितव्यम्। उपक्रमितव्यम्। प्रचिक्रमिषा। दार्थादिति किम् ? निष्क्रमिता। "**इदुदुङोऽस्यपुम्मुहुसः**" [५।४।२८] इति सत्वम्। "**इणः षः**" [५।४।२७] षत्वम्।

वशि ॥५।१।११४॥ कृतीत्येकदेशोऽनुवर्तते। वशादौ कृति नेड् भवति। प्राप्ते प्रतिषेधः। ईश्वरः। दीप्रः। भस्म। यत्नः। वर-र-म-ना एव प्रयोजयन्तीति केचित्। तदयुक्तम्। अन्यत्रापि दर्शनात्। "**अमन्ताड्डः**" [उ० सू०]। दण्डः। "**मुदिग्रोर्गः**" [उ० सू०]। मुद्गः। गर्गः। "**दरिदलिभ्यां भः**" [उ० सू०]। दर्भः। दल्भः। कृतीति किम् ? रुरुदिव। रुरुदिम।

एकाचोऽनुदात्तात् ॥५।१।११५॥ उपदेशे एकाचो धोः अनुदात्तादिण् न भवति। याता। कर्त्ता। पक्ता। एकाचोऽजन्ताः। अदन्तमूदन्तमृदन्तं स्विश्रीडीङ्शीङो डुक्ष्णौ। युरुणूणु स्नुन्नु दणुवश्च वर्जयित्वा। ऊर्णोतेणुं वद्भावादेकाच्त्वम्। आवधिषीष्ट। "**आङो यमहनः**" [१।२।२३] इति दः। "**हनो वध लिङि**" [१।४।११४] इति वधादेशः। स चावधीदित्यत्र ऐप् मा भूदित्यन्त उदात्तश्चोपदिश्यते। स्थानिवद्भावेनानुदात्तो मा भूदित्येवमर्थम्। लविता। तरिता। श्वयिता। इत्यादि योज्यम्। हलन्ता अनुदात्ता प्रदर्श्यन्ते। शकिघसिवसतयः। घसिः प्रकृत्यन्तरमप्यस्ति। घस्ता। वसतेस्तिपा निर्देशः आच्छादनार्थे निवृत्त्यर्थः। वसिता पटस्य। यभिरभिलभयः। यमिरमिनमिगमयः हनिमन्यती। श्यनिर्देशो मनुतेर्निवृत्त्यर्थः। मनिता। दहिदिहिद्रुहिरुहिनहिवहिलिहिपिहयोऽष्टौ।८। सहेस्तु "**तीषसह**" [५।१।६६] इति विकल्पो मुहेरपि। स्वादौ दिशिदशिमृशिस्पृशिरिशिरुशिविशिक्रुशिलिशिदंशयो दश ।१०। राधिरुधिक्रुधिसाधियुधिव्याधिबन्धिसुधिक्षुधिबुध्यतिसिध्यतयश्चैकादश ।११। बुध्यतिसिध्यतोः स्यनिर्देशो भौवादिकयोर्निवृत्त्यर्थः। बोधिता। सेधिता। अकारेतावेतौ। बुधितम्। सिधितम्। शिषिशुषिपुषितुषिदुषिश्लिषिपिषिविषिक्लिषित्विषिद्विषिशिल्पय एकादश ॥११॥ आपितपिस्वपिलिपिलुपिच्छिपिशपिवपितिपिछुपिसृपितृपिदृपयः त्रयोदश ॥१३॥ तृपिदृपी रधादिपाठाद्विकल्पितैटौ इहानुदात्तपाठ

झल्यकित्यमागमार्थः। त्रता। तर्ता। द्रप्ता। दर्ता। अदि (हदि)नुदितुदिस्कन्दिछिदिभिदिशदिक्षुदिपदिखि-दिस्विद्यति(विद्यति)विन्तयः पञ्चदश ।१५। स्विद्यतीति स्यनिर्देशो ञिस्विदा स्नेहने इत्यस्य निवृत्त्यर्थः। विद्यतिविन्त्योर्विकरणनिर्देशोऽन्यविकरणनिवृत्त्यर्थः। वेदिता शास्त्रस्य। वेदिता वनस्य। केचित्तु विन्दतिमनिट-मिच्छन्ति। वेत्ता वनस्य। पचिवचिविचिरिचिसिचिशुचयः षट् ।६। प्रच्छि ।१। युजिरुजिरञ्जिभुञ्जि-भञ्जिसृजिसञ्जित्यजियजिमस्जिनिजिभ्रस्जिस्वञ्जयश्चतुर्दश ।१४। एकाच इति किम्? बेभिदिता। अस्त्ययमखे यखे च कृते उदात्तः। न त्वेकाच्। नन्वयमप्युपदेशे एकाच्। नैवं बेभिद्यरूपेणोपदेशात्। यद्येवं बिभित्सतीत्यत्रापि स्यात्। सन्नतन्स्येड्भवत्येव। बिभित्सता। सनि तु परे न भवति। द्वित्वमिति स एवायं भिदिरेकाजदनुदात्तश्च। यदि वा उपदेशे अयमेकाच्? अनुदात्तादिति किम्? लविता। लवितुम्। उपदेश इति किम्? पेचिव। पेचिम। कथमिदमुदाहरणं युक्तम्। असत्युपदेशाधिकारे एकाचोऽनुदात्तस्य यदि लिटि प्रतिषेधः सिद्धः स्यात्तदा नियमः स्याच्चक्रवादौ। न च लिटि प्रतिषेधः प्राप्नोति, द्वित्वे कृतेऽनेकाच्त्वात्। सति तूपदेशा-धिकारे उपदेशावस्थायामेकाजिति कृत्वा प्रतिषेधः सिद्धस्ततो नियमः।

तितुत्रतथसिसुसरकसेऽग्रहादेः ॥५।१।११६॥ अत्रस्यापि प्रतिषेधोऽयम्। ति तु त्र त थ सि सु सर क स इत्येतेषु परतो नेड् भवति ग्रहादीन् वर्जयित्वा। तंतिः। क्तिन्। **"न क्तिचि दीर्घश्च"** [४।४।४०] इति नखदीत्वयोरभावः। सक्तुः। **"सितनिगमिमसिसच्यविधाञ्क्रुशिभ्यस्तुः"** [उ० सू०]। पत्रम्। **"दाम्नीशसयुयुज"** [२।२।१६०] इत्यादिना त्रट्। हस्तः। **"हसिमृग्रिण्वामिदमिलूपूधूर्विभ्यस्तुः"** [उ० सू०] औणादिकस्यैव तस्य ग्रहणं व्याख्यानात्। क्ते तु हसितमित्येव भवति। काष्ठम्। **"हनिकुषिभीरमिकाशिभ्यस्थः"** [उ० सू.]। कुक्षिः। **"प्लुषिप्लुषिसुषिकुष्यशिभ्यः क्सिः"** [उ० सू०]। इक्षुः। **"इष्यशिभ्यां क्सुः"** [उ० सू०] **"कृधूभ्यां क्सरः"**। धूसरः। शल्कः। **"इणभीकापाशल्यतिमर्चिभ्यः कः"** [उ०सू०]। वत्सः। **"वृतृवदिहनिकमिकषिमुचिभ्यः सः"** [उ० सू०]। अग्रहादेरिति किम्? निगृहीतिः। अपस्निहितिः। निकुचितिः।

श्र्युकः किति ॥५।१।११७॥ श्रि इत्येतस्मादुगन्तेभ्यश्च कितीण न भवति। निपठितिः। **"स्त्रियां क्तिः"** [२।३।७५] श्रित्वा। श्रितः। श्रितवान्। युत्वा। युतः। युतवान्। वृत्वा। वृतः। वृतवान्। उपदेश इत्येव। तीर्त्वा। तीर्णः। तीर्णवान्। श्र्युक इति किम्? श्वयित्वा। श्वेः क्त्वा। अत्र जिरिट् च युगपत्प्राप्नुतः। परत्वादिट्। **"मृडादि"** [१।१।८०] नियमादकित्वम्। कितीति किम्? श्रयिता। यविता। भूष्णुरित्यत्र गिति स्नौ कथं प्रतिषेधः क्ङितीत्यत्र गकारोऽपि कृतचर्त्वो निर्दिष्टः। तस्य पूर्वत्रासिद्धत्वमाश्रित्य पूर्वं विसर्जनीयः कृतो यथा रेरुत्वं स्यात्। एप्रभावोऽपि **"क्ङिति"** [१।१।१९] इति गकारप्रश्लेषादेव। ऊर्णुञो गुणवद्भावः। प्रोर्णुत। प्रोर्णुतवान्। एकाच इत्येव। जागरितः। जागरितवान्।

सनि ग्रहगुहश्च ॥५।१।११८॥ ग्रह गुह इत्येताभ्याम् उगन्तेभ्यश्च सनि नेड् भवति। जिघृक्षति। जुघुक्षति। रुरूषति। **"मुषग्रहिरुदविदः संश्च"** [१।१।८२] इति कित्वाज्जिः। गुहेरुदित्वाद्विकल्पः प्राप्तः। लूञस्सनि **"झलिकः"** [१।१।८३] इति कित्वं बाधित्वा परत्वादिट् प्राप्तस्तस्यानेन प्रतिषेधे झलादित्वात् कित्वम्। श्रीग्रहणं न प्रयोजयति **"श्रियूर्णुभर"** [५।१।८७] विकल्पितेट्त्वात् ततोऽपि **"सनीड् वा"** [५।१।८९] इति विकल्पः।

कुसृभृवृस्तुद्रुस्रुश्रुवो लिटि ॥५।१।११९॥ कृ सृ भृ वृ स्तु द्रु स्रु श्रु इत्येतेभ्यो लिटीण् न भवति। चकृव। चकृम। सस्रुव। सस्रुम। बभृव। बभृम। वव्रुव। वव्रुम। वव्रुवहे। वव्रुमहे। तुष्टोथ। तुष्टुव। तुष्टुम। दुद्रोथ। दुद्रुव। दुद्रुम। सुस्रोथ। सुस्रुव। सुस्रुम। शुश्रोथ। शुश्रुव। शुश्रुम। सिद्धे सत्यारम्भो नियमार्थः। क्रादय एव लिट्यनिटस्ततोऽन्ये सेटः इति। न तु क्रादयो लिट्येवानिट इति विपरीतो नियमः। **"स्वतन्त्रः कर्ता"** [१।२।१२५] इत्यादिनिर्देशात्। कृ सृ भृ इति प्रकृतिनियमोऽनुदात्ता एत एवानिटो नान्ये।

बिभिदिव । बिभिदिम । ददिव । ददिम । "**श्र्युकः किति**" [५।१।११७] इति प्रतिषेधे सिद्धे वृग्रहणं स्यनियमार्थम् । वृञ्वृङोरेवोदात्तेषु लिटि नेट् । तेन लुलुविव । लुलुविम । अथ (प्रति) षेधार्थं वृग्रहणं कस्मान्न भवति ? यदि प्रतिषेधः इष्टः स्यात् थाधिकारे वृग्रहणं क्रियेत न किदधिकारे । इह करणं ज्ञापकं थे प्रतिषेधाभावस्य । ववरिथ । स्नुप्रभृतिग्रहणं तु प्रतिषेधार्थम् । (थे) "**वोपदेशे**" [५।१।१०६] इति प्राप्तः । वमयोस्तु कृसृभृ नियमादि (ट्) प्राप्तः प्रतिषिध्यते । असुट इत्यनुवर्तते । संचस्करिव । संचस्करिम ।

श्वीदितस्ते ॥५।१।१२०॥ श्वयतेरीदिद्भ्यश्च ते परतः इएन भवति । शूनः । शूनवान् । लग्नः । लग्नवान् । आपीनः । आपीनवान् । श्वि ई ईदिति ईकारोऽप्यत्र प्रश्लिष्यते । शीङः "**तः सेट् पूङ् शीङः**" [१।१।९२] इति ज्ञापकादिट् । पारिशेष्यादीकारान्तस्य डीङो ग्रहणम् । उड्डीनः । उड्डीनवान् । "**ओदितः**" [५।३।६२] इति वत्वम् । स्वादय ओदितः ।

यस्य वा ५।१।१२१॥ यस्य वाऽन्यस्मिन्निडुक्तस्तस्य ते परत इएन भवति । रुद्धः । रुद्धवान् । इष्टः । इष्टवान् । द्यूतः । द्यूतवान् । "**तनिपतिदरिद्राणाम्**" [वा०] इति वेट्यपि पतित इत्यत्र "**इसच्छ्रितातीतपतित**" [१।३।२१] इति ज्ञापकादिट् ।

आदितः ॥५।१।१२२॥ आकारेतश्च धोस्ते परत इण्न भवति । मिन्नः । मिन्नवान् । स्विन्नः । स्विन्नवान् । क्ष्विण्णः । क्ष्विण्णवान् । धृष्णः । धृष्णवान् । "**समः समि**" [४।३।१६६] इत्यत्र क्व्यन्ते इगागमवचनात्सिद्धे आदेशवचनं ज्ञापकमनित्यमागमशासनमिति । तेन वान्तः । विश्वस्तः ।

वा भावारम्भयोः ॥५।१।१२३॥ भावे आरम्भे च आदितो धोस्ते परतो वा इड् भवति । मिन्नमस्य । मेदितमस्य । प्रमिन्नः । प्रमेदितः । क्ष्विण्णमस्य । क्ष्वेदितमस्य । प्रक्ष्विण्णः । वेति योगविभागात् कर्मणि वा शकेरिट् । आदित इति तु न सन्निधीयते । शकितो घटः कर्तुम् । शक्तो घटः कर्तुम् । भावो ध्वर्थः । आद्यः क्रियाऽवयवः प्रेत्यादिना द्योत्यः आरम्भः । भावग्रहणं तस्य विशेषणम् आरम्भो धोः "**नब्भावे क्तः**" [२।३।६५] इति भावे क्तः । "**कर्तरि चारम्भे**" [५।४।५६] इति कर्तरि क्तः ।

दान्तशान्तपूर्णदस्तस्पष्टच्छन्नज्ञप्ताः ॥५।१।१२४॥ दान्तादयः शब्दा ण्यन्ताद् वा निपात्यन्ते । दान्तः । दमितः । शान्तः । शमितः । पूर्णः । पूरितः । दस्तः । दासितः । स्पष्टः । स्पाशितः । छन्नः । छादितः । ज्ञप्तः । ज्ञापितः । ते वाऽनिट्त्वं निपात्यते । दस्तादेरुङः प्रादेशश्च । शमिदम्योर्णिखे दीत्वं प्रति न स्थानिवत् इति "**ङस्य क्विझलोः क्ङिति**" [४।४।१३] इति दीत्वम् । अन्यत्र मितां प्रः । ज्ञपेस्तु "**भरज्ञपिसनाम्**" [५।१।६७] इति विकल्पितेटो "**यस्य वा**" [५।१।१२१] इति प्रतिषेधे प्राप्ते ग्रहणम् ।

हृष्टापचितौ ॥५।१।१२५॥ हृष्टापचित इत्येतौ वा ते परतो निपात्येते । हृषेर्लोमविस्मितप्रतिघातेषु वाऽनिट्त्वम् । हृष्टानि लोमानि । हृषितानि लोमानि । हृष्टं लोमभिः । हृष्टो देवदत्तः । हृषितो देवदत्तः । हृष्टा दन्ताः । हृषिता दन्ताः । हृषेः "**वोदितः**" [५।१।१०४] इति विकल्पितेटो "**यस्य वा**" [५।१।१२२] इति प्रतिषेधे प्राप्ते वचनम् । अपचितोऽनेन गुरुः । अपचायितोऽनेन गुरुः । चायतेस्ते विभावोऽनिट्त्वं च वा निपात्यते । चकारोऽनुक्तसमुच्चयार्थः । तेन क्तौ नित्यमपचितिः ।

क्षुब्धस्वान्तध्वान्तलग्नम्लिष्टविरिब्धफाण्टबाढविशस्तधृष्टकष्टघुष्टदृढपरिवृढाभ्यर्णवृत्ताः ॥५।१।१२६॥ क्षुब्धादयः शब्दाः क्तान्ता अर्थविशेषे निपात्यन्ते । क्षुब्धो भवति मन्थश्चेत् । दध्यादिकं येन मथ्यते स मन्थः । ननु द्रवद्रव्यसंप्रयुक्ताः सक्तवो मन्थ इह गृह्यते । तदुक्तं "**शोभैव मन्दरक्षुब्धक्षुभिताम्भोधिवर्णना**" इति । क्रियाभिधानेऽन्याभिधाने च न भवति । क्षुभितं मन्थेन । क्षुभिता सेना । स्वान्तमिति भवति मनश्चेत् । स्वनितमन्यत् । ध्वान्तमिति निपात्यते तमोऽभिधानं चेत् । ध्वनितमन्यत् । लग्नमिति भवति सक्तश्चेत् लगितमन्यत् । म्लिष्टमिति भवति अविस्पष्टश्चेत् । म्लेच्छितमन्यत् । इत्वमेकारस्य निपातनादेव । विरिब्ध

इति निपात्यते स्वरश्चेत्। विरेभितमन्यत्। इत्वमेतो निपातनात्। फाण्टमिति निपात्यते अनायासे। फणितमन्यत्र। अग्निना तप्तं यत्कषोष्णं तत्फाण्टम्। अथवा यदपक्वमचूर्णितमनिष्यन्दितमुदकादिसंयोगादिभक्तरसम्। वाढमिति भवति नष्टं (भृशं) चेत् वाहितमन्यत्। वाहृ प्रयत्ने इत्यस्यानिट्त्वम्। विशस्तधृष्टाविति भवतः वियातौ चेत्। विशस्तो वादी धृष्टो वादी प्रगल्भोऽविनीतो वा शसुधृषोः "यस्य वा" [५।१।१२१] "आदितः" [५।१।१२२] इति च प्रतिषेधे सिद्धे नियमार्थं वैयात्य एवेति। भावारम्भयोर्धृषेवैयात्येऽनभिधानम्। नियमादन्यत्रेट्। विशसितः पशुः। धर्षितः शत्रुणा। कष्टमिति भवति कृच्छ्रे गहने च। कृच्छ्रं दुःखं दुःखहेतुश्चोपचारात्। गहनं वनम्। घुषेरविशब्दनेऽनिट्त्वं निपात्यते। घुष्टा रज्जुः। घुष्टौ पादौ। अविशब्दने इति किम्? अवघुषितं वाक्यमाह। शब्देनाभिप्रायनिवेदनं विशब्दनं तदपि घुषेरर्थः। अनेकार्थत्वाद्धूनाम्। दृढ इति स्थूले बलवति च। दृंहिः क्तेऽनिट्त्वं न हत्वं परस्य च ढत्वं निपात्यते। दृहेर्वा नखवर्जम्। ननु दृहेर्हत्वं ढत्वं च न निपात्यं ढत्वे ढुत्वे च कृते सिध्यति। नैवम्। द्रढिमा। द्रढयति। परिद्रढय्य गतः इत्यत्र पूर्वत्रासिद्धत्वात् "ऊ रोऽनादेर्घे:" [४।४।१५३] इति रत्वम् "ष्ये घिपूर्वात्" [४।४।५६] इति णेरयादेशश्च न स्यात्। इह च परिद्रढस्यापत्यं पारिद्रढी कन्येति "ष्योऽह्रु रूपान्त्ययोः" [३।१।६३] इति ष्यः प्रसज्येत। स्थूलबलवतोरिति किम्? दृंहितम्। दृहितं वा। परिवृढ इति निपात्यते! प्रभुश्चेत्। परिपूर्वस्य वृहेर्वृहेर्वा न हत्वम्। ढत्वे प्रयोजनं पूर्वोक्तम्। परिद्रढय्य गतः इत्यत्र संग्राम युद्धे इति सगेः पाठात् गिरहितस्य णिनुत्पद्यते। तेन "तिकुप्रादयः" [१।३।८१] इति षसे क्त्वात्यस्य प्यादेशः। प्रभाविति किम्? परिवृंहितम्। परिवृहितम्। अभ्यर्ण इति निपात्ये आविदूर्ये। अभ्यर्णे शेते। अभ्यर्णा शरत्। विदूरं विप्रकृष्टं ततोऽन्यत्सर्वमविदूरं तस्य भाव आविदूर्यम्। "नञ्से चतुर" [३।४।११५] इत्यत्र नञ् स इति योगविभागात्सापेक्षत्वेऽपि टयण्। आविदूर्ये इति किम्? अभ्यर्दितश्चौरः शीतेन। वृत्तमित्यध्ययनेऽर्थे निपात्यते। वृतेर्ण्यन्तादिडभावो णेरुप् च क्ते निपात्यते। वृत्तं जैनेन्द्रम्। वृत्तस्तर्को देवदत्तेन। अध्ययन इति किम्? वर्तितो घटः कुम्भकारेण। यदा वृत्तिरकर्मकस्तदाऽस्य ण्यन्तस्य वृत्तस्तर्क इति न भवति। यदा तु "तेन निर्वृत्तः" [३।२।५८] इति ज्ञापकादन्तर्भावितार्थः सकर्मकस्तदा कर्मणि क्तः "यस्य वा" [५।१।१२१] इति प्रतिषेधाद्वृत्तस्तर्कः। ण्यन्तस्य अध्ययने वर्तित इति भवति।

सन्निविभ्योर्दे ॥५।१।१२७॥ सम् नि वि इत्येवंपूर्वादर्देरिण्न भवति ते परतः। समर्णः। न्यर्णः। व्यर्णः। सन्निविभ्य इति किम्? अर्दितः। प्रार्दितः।

न वा रुष्यमत्वरसंघुषास्वनः ॥५।१।१२८॥ रुषि अम् त्वर संघुष आस्वन् इत्येतेभ्यः ते न वा इड् भवति। रुष्टः। रुषितः। अभ्यन्तः। अभ्यमितः। तूर्णः। त्वरितः। संघुष्टः पादः। संघुषितः पादः। संघुष्टं वाक्यम्। संघुषितं वाक्यम्। आस्वान्तो देवदत्तः। आस्वनितो देवदत्तः। आस्वान्तं मनः। आस्वनितं मनः। रुषेः "तीषसहलुभरुषरिषः" [५।१।८६] इति विकल्पेटो "यस्य वा" [५।१।१२१] इति निषिद्धे अभ्यमः प्राप्ते त्वर "आदितः" [५।१।१२२] इति प्रतिषिद्धे सघुषास्वनोरविशब्दनमनसोरप्राप्ते सतोटि प्राप्तौ नेति प्रतिषिद्धायां सर्वत्र वेति विकल्पः।

हन्नृतः स्ये ॥५।१।१२९॥ हन्तेः ऋकारान्तेभ्यश्च स्ये परत इड् भवति। हनिष्यति। अहनिष्यत्। करिष्यति। अकरिष्यत्। स्वरत्यादि विकल्पं बाधित्वाऽनेन परत्वादिट्। स्वरिष्यति। न वेति नानुवर्तते।

सावञ्जेः ॥५।१।१३०॥ अञ्जेः सौ परतः इड् भवति। आञ्जीत्। आञ्जिष्टाम्। आञ्जिषुः। नित्यार्थ आरम्भः। साविति किम्? अञ्जिता।

स्तुसुधूञो मे ॥५।१।१३१॥ स्तु सु धूञ् इत्येतेभ्यः मपरे सौ परतः इड् भवति। अस्तावीत्। असावीत्। अधावीत्। म इति किम्? अस्तोष्ट। असोष्ट। अधोष्ट। अधविष्ट। धूञो विकल्पः प्राप्तः। ञकारो धुवतिनिवृत्त्यर्थः।

यमरमनमातः सक् च ॥५।१।१३२॥ यम रम नम इत्येतेषाम् आकारान्तानां च मपरे सौ परतः सगागमो भवति इट् च । अयंसीत् । अयंसिष्टाम् । अयंसिषुः । व्यरंसीत् । व्यरंसिष्टाम् । व्यरंसिषुः । अनंसीत् । अनंसिष्टाम् । अनंसिषुः । असतीटि हलन्तलक्षण ऐप् स्यात् । सति तु "नेटि" [५।१।८०] इति प्रतिषिध्यते । आतः—अयासीत् । अयासिष्टाम् । आयासिषुः । म इत्येव । उपायंस्त । उपायंसाताम् । उपायंसत । अरंस्त । अरंसाताम् । अरंसत ।

स्मिपूङरञ्ज्वशः सनि ॥५।१।१३३॥ स्मिङ् पूङ् ऋ अञ्ज् अशूङ् इत्येतेभ्यः सनीड् भवति । सिस्मयिषते । पिपविषते । अरिरिषति । अजिजिषति । अशिशिषते । पूङः सन् । "सनि ग्रहगुहश्च" [५।१।११८] इति प्रतिषिद्धेऽनेनेट् । द्वित्वात्पर एप् "द्वित्वेऽचि" [१।१।५६] इति स्थानिवद्भावेन द्वित्वम् । "ओः पुयण्ज्ये" [५।२।१७८] इति इत्वम् । अञ्ज्वशोरूदित्वाद्विकल्पः प्राप्तः अश्नातेरुदात्तस्य नेह ग्रहणम् ।

किरश्च पञ्चभ्यः ॥५।१।१३४॥ किरादिभ्यः पञ्चभ्यः सनीड् भवति । उचिकरिषति । निजिगरिषति । दिदरिषते । दिधरिषते । पिपृच्छिषति । "प्रच्छेः" [४।३।१२] इति जिः । पञ्चभ्य इति किम् ? सिसृक्षति । किरतिगिरत्योः "सनीड् वा" [५।१।८६] इति विकल्पः प्राप्तः । "वृतो वा" [५।१।८६] इति व्यवस्थितविभाषाश्रयणादस्येटो दीर्न भवति । किर इति आदिशब्दस्य खे "सूत्रेऽस्मिन् सुब्विधिरिष्टः" [५।२।११४] इति भ्यसः स्थाने ङसिः । चकारः सनोऽनुकर्षणार्थः, अन्यथा निमित्ते सन्देहः स्यात् सेरपि पूर्वं श्रुतत्वात् अनुक्तसमुच्चयार्थं इति केचित् । तेन क्वचिदन्यत्रापीट् । "जुगूहिषन् मत्तगजोऽभ्यधावत्" ।

रुदादेर्गे ॥५।१।१३५॥ रुदादिभ्यः पञ्चभ्यः वलादौ गे इड् भवति । रोदिति । रुदितः । स्वपिति । निःश्वसिति । प्राणिति । जक्षिति । "णोऽनितेः" [५।४।१०४] इति णत्वम् । पञ्चभ्य इत्येव शास्ति । ग इति किम् ? स्वप्ता । स्वप्तुम् । अन्ये तूदात्ताः । वलादावित्येव । रुदन्ति । स्वपन्ति । रुदादेरित्येव कानिर्देशो ग इत्यस्येभिन्नदेशयोत्तरत्र सावकाशस्य तां प्रकल्पयति ।

ईडः स्ध्वे ॥५।१।१३६॥ ईडः सकारादौ ध्वे च गे परतः इड् भवति । ईडिष्व । ईडिध्वे । ईध्वम् ।

ईशः ॥५।१।१३७॥ ईश इत्येतस्माच्च इड् भवति सकारादौ गे ध्वे च । ईशिषे । ईशिष्व । ईशिध्वे । ईशिध्वम् । योगविभागो यथासंख्यनिवृत्त्यर्थः ।

लिङोऽनन्त्यसखम् ॥५।१।१३८॥ लिङोऽनन्त्यस्य सस्य खं भवति गे । कुर्याताम् । कुर्युः । कुर्वीत । "सुट् तथोः" [२।४।८७] इति सुट् । सुट्यासुट्सीयुट्सखमनेन । तिपि स्फादौ सखेन सिद्धम् । "कृञो ये च" [४।४।६६] इत्युखम् । "उसि" [४।३।८३] इति पररूपम् । अनन्त्य इति किम् ? कुर्युः । कुर्याः । कुर्वीथाः । वस्मसोः "ङितः सखम्" [२।४।८०] तसस्तां थसस्तमिति भवितव्यम् । ग इत्येव । क्रियासुः । कृषीष्ट । "रिङ्यग्लिङ्शे" [५।२।१२७] इति यादौ रिङादेशः । "उः" [१।१।८६] इति लिङो दे किश्वम् ।

अतो येय् ॥५।१।१३६॥ अकारान्ताद् गोरुत्तरस्य या इत्येतस्य इयादेशो भवति गे । पचेत् । दीव्येत् । "वलि व्योः खम्" [४।३।५५] पचेयुः इत्यत्र "उसि" [४।३।८३] इति पररूपं न । "वार्णाद्गावं बलीयः" [प०] इति इयादेशो भवति । "यव्यतो दीः" [५।२।६६] इति दीत्वं सामान्येनोक्तमनवकाशोऽयं विधिर्बाधते । अत इति किम् ? चिनुयात् । तपरकरणं किम् ? यायात् । ग इत्येव । चिकीर्ष्यात् । अतः खे पूर्वगत्या स्यात् । या इत्येतत्तु "सूत्रेऽस्मिन्" [५।२।११४] इति ङसः खम् ।

ङिदातः ॥५।१।१४०॥ अकारादुत्तरस्य ङिदवयवस्यात इयित्ययमादेशो भवति । पचेते । पचेथे । सचेताम् । पचेथाम् । ङकार इयस्य सोऽयं ङित् तस्यावयव आत् । "गाङ्कुटादेः" [११।७५] इत्यत्र

ङिदिति। ङितीव ङिद्वदिति कार्यातिदेशः। तेन चुकुटिषति इत्यत्र सनोऽङित्वाद्गो न भवति। **"गोऽपित्"** **[१।१।७८]** इत्यत्र तु ङित इव ङिद्वदिति द्रष्टव्यम्। न कार्यातिदेशः। कार्यैल्यावयवासम्भवात्। ङिति किम्? पचावहै। आत इति किम्? पचन्ति।

आने मुक् ॥५।१।१४१॥ अत आने मुगागमो भवति। आन इति ईम्निर्देशो अत इति कानिर्देशस्य पूर्वसूत्रे कृतार्थस्य ताप्रक्लृप्तिं करोतीति अकारान्तस्य मुक्। पचमानः। वपमानः।

ईदासः ॥५।१।१४२॥ आस उत्तरस्य आनस्य ईकारादेशो भवति। आसीनोऽधीते। आस इति कानिर्देशोऽनवकाश आनस्य तां प्रकल्पयति। परस्यादेरीत्।

विभक्त्यामाष्टनः ॥५।१।१४३॥ अष्टन आकारादेशो भवति विभक्त्यां परतः। अष्टाभिः। अष्टाभ्यः। अष्टासु। अष्टानामित्यष्टन आम्यात्वे च कृते नान्तत्वाभावादिल्संञ्ज्ञा नास्ति। कथं नुड्। **"ष्णान्तेल्"** **[१।१।३४]** इत्यत्रान्तग्रहणमुपदेशार्थमुक्तमित्यदोषः। विभक्त्यामिति किम्? अष्टमहाप्रातिहार्यो जिनः। **"नोमता गोः"** **[१।१।६४]** इति प्रतिषेधात्स्याश्रयमात्वं न भवति। कथं "दूतः स्यादष्टभिर्गुणैः" इति? **"अष्टाभ्य औश्"** [५।१।१८] इति कृतात्वोच्चारणं ज्ञापकम्, यत्रैवात्वं तत्रैवौशूभाव इति तेनानित्यमात्वम्। आ इति विशेषनिर्देशो नकारस्य स्थाने ङसञ्ज्ञकाकारनिवृत्त्यर्थः। आत्वमिति जातिनिर्देशे प्रसज्येत।

रायो हलि ॥५।१।१४४॥ रै इत्येतस्य हलादौ विभक्त्यामाकारादेशो भवति। राः। राभ्याम्। राभिः। राभ्यः। रासु। हलीति किम्? रायौ। रायः। विभक्त्यामेव। रैत्वम्। रैता।

युष्मदस्मदोः ॥५।१।१४५॥ युष्मदस्मदित्येतयोर्हलादौ विभक्त्यां परतः आत्वं भवति। युवाभ्याम्। आवाभ्याम्। युष्माभिः। अस्माभिः। युष्मासु। अस्मासु। **"अन्तेऽल्लः"** [१।१।४६] इति दकारस्य भवति।

इपि ॥५।१।१४६॥ इपि च विभक्त्यां परतः युष्मदस्मदोरात्वं भवति। त्वाम्। माम्। युवाम्। आवाम्। युष्मान्। अस्मान्। **"खमादेशे"** [५।१।१४६] इति **खे** प्राप्ते पुरस्तादपवादोऽयम्। **"ङेसु-टोरम्"** [५।१।२४] इत्यम्। **"शसो नः"** [५।१।२५] इति नकारः।

आवि ॥५।१।१४७॥ औकारे परतः युष्मदस्मदोरात्वं भवति। युवां जैनेन्द्रमधीयाथे। आवाम् अधीवहे।

यः ॥५।१।१४८॥ यकारादेशो भवति युष्मदस्मदोर्विभक्त्यां परतः। त्वया। मया। त्वयि। मयि। युवयोः। आवयोः। उत्सर्गोऽयम्। आत्वं खं चापवादः। पारिशेष्यादच्यनादेशेऽवतिष्ठते।

खमादेशे ॥५।१।१४९॥ आदेशे विभक्त्यां युष्मदस्मदोः खं भवति। आदिश्यत इत्यादेशो विभक्ती। त्वम्। अहम्। यूयम्। वयम्। तुभ्यम्। मह्यम्। युष्मभ्यम्। अस्मभ्यम्। त्वत्। मत्। युष्मत्। अस्मत्। तव। मम। युष्माकम्। अस्माकम्। विभक्त्यामिति किम्? युष्मदीयः। **"त्यदादि"** **[१।१।६६]** इति दुसञ्ज्ञा। **"दोश्छः"** [३।२।६०] इति छः। इदं खवचनं ज्ञापकम्। अत्वविधिं प्रति द्विपर्यन्तास्त्यदादयः। तेन भवच्छब्दस्य भवानिति।

मावधेः ॥५।१।१५०॥ युष्मदस्मदोर्मकारावधेः सङ्घातस्यादेशो भवतीत्येषोऽधिकारो वेदितव्यः। अवधिग्रहणं किम्? मान्तस्येति वक्तव्यम्। नैवं शक्यम्। यत्र युष्मदस्मदौ मान्तौ णिचि क्विप्यागतनिवृत्ते तत्रैवादेशाः स्युः। ननु णेः **"परेऽचः पूर्वविधौ"** **[१।१।५७]** स्थानिवद्भावान्मान्तता नास्ति व्यवधानात्। वचनाच्छ्रुतिकृतमानन्तर्यं विभक्त्याः। अवधिग्रहणे सति दकारान्तयोरपि युष्मदस्मदोर्मावधेः समुदायावयवस्यादेशाः सिद्धा भवन्ति।

युवावौ द्वौ ॥५।१।१५१॥ द्वावित्यन्वर्थग्रहणम्। **"एकद्विबहवश्चैकशः"** **[१।२।१५५]** इत्यत्रान्वर्थसञ्ज्ञाकरणात्। द्वित्वे वर्तमानयोर्युष्मदस्मदोर्युव आव इत्येतावादेशौ भवतः। युवाम्। आवाम्। युवाभ्याम्।

आवाभ्याम्। युवयोः। आवयोः। मावधेरित्येव। युवकाम्। आवकाम्। अकसहितस्य न भवति। सेऽपि यदा युष्मदस्मदी द्वित्वे वर्तेते समुदायः एकत्वे बहुत्वे वा तदापि युवावौ भवतः। न चेत् परत्वाद् **"यूयवयौ जसि"** [५।१।१५२] **"त्वाहौ सौ"** [५।१।१५३] **"तुभ्यमह्यौ ङयि"** [५।१।१५४] **"तवममौ ङसि"** [५।१।१५५] इत्यादेशान्तरेण बाध्येते। अतिक्रान्तं युवाम् अतियुवाम्। अत्यावाम्। अतिक्रान्तान् युवाम् अतियुवान्। अतिक्रान्तेन युवाम् अतियुवया। अत्यावया। अतिक्रान्तैर्युवाम् अतियुवाभिः। अत्यावाभिः। अतिक्रान्तेभ्यो युवां देहि वा अतियुवभ्याम्। अत्यावभ्यम्। अतिक्रान्तात् युवां अतियुवत्। अत्यावत्। अतिक्रान्तेभ्यो युवाम् अतियुवत्। अत्यावत्। अतिक्रान्तानां युवाम् अतियुवाकम्। अत्यावाकम्। अतिक्रान्ते युवाम् अतियुवयि। अत्यावयि। अतिक्रान्तेषु युवाम् अतियुवासु। अत्यावासु। यदा समुदायोऽपि द्वित्वे वर्तेते तदा सुतरां भवतः। अतिक्रान्तौ युवाम् अतियुवाम्। अत्यावामित्यादि। अपवादविषये न भवतः। अतिक्रान्तो युवाम् अतित्वम्। अत्यहम्। अतिक्रान्ता युवाम् अतियूयम्। अतिवयम्। अतिक्रान्ताय युवाम् अतितुभ्यम्। अतिमह्यम्। अतिक्रान्तस्य युवाम् अतितव। अतिमम। यदा च युष्मदस्मदी एकत्वे बहुत्वे च वर्तेते समुदायो द्वित्वे तदापि न भवतः। अतिक्रान्तौ त्वाम् अतित्वाम्। अतिमाम्। अतिक्रान्तौ युष्मान् अतियुष्मान्। अत्यस्मान्। इत्यप्येवम्। अतिक्रान्ताभ्यां त्वाम् अतित्वाभ्याम्। अतिमाभ्याम्। अतिक्रान्ताभ्यां युष्मान् अतियुष्माभ्याम्। अत्यस्माभ्यां कृतम्। अतिक्रान्ताभ्यां युष्मान् अतियुष्माभ्यां देहि। एवम् अतित्वाभ्याम्। अतियुष्माभ्यां बिभेति। अतित्वयोः। अतियुष्मयोः स्वम्। अतित्वयोः। अतियुष्मयोर्निधेहि।

यूयवयौ जसि ॥५।१।१५२॥ युष्मदस्मदोर्जसि परतो यूय वय इत्येतावादेशौ भवतः। यूयम्। वयम्। गोः प्राधान्यात्तदन्तविधिरप्यत्र। अतिक्रान्तास्त्वां युवां युष्मान् वा अतियूयम्। अतिवयम्। परमयूयम्। परमवयम्।

त्वाहौ सौ ॥५।१।१५३॥ युष्मदस्मदोर्मावधेः त्व अह इत्येतावादेशौ भवतः सौ परतः। त्वम्। अहम्। परमत्वम्। परमाहम्। अतिक्रान्तस्त्वां युवां युष्मान् वा अतित्वम्। अत्यहम्।

तुभ्यमह्यौ ङयि ॥५।१।१५४॥ तुभ्य मह्य इत्येतावादेशौ भवतः युष्मदस्मदोर्ङयि परतः। तुभ्यम्। मह्यम्। तदन्तविधिना अतिक्रान्ताय त्वां युवां युष्मान् वा अतितुभ्यम्। अतिमह्यम्। परमतुभ्यम्। परममह्यम्।

तवममौ ङसि ॥५।१।१५५॥ युष्मदस्मदोर्ङसि परतः तव मम इत्येतावादेशौ भवतः। तव स्वम्। मम स्वम्। अतिक्रान्तस्य त्वां युवाम् युष्मान् वा अतितव। अतिमम। परमतव। परममम।

त्वमावेके ॥५।१।१५६॥ एक इत्ययमन्वर्थसञ्ज्ञानिर्देशस्तेन एकत्वे वर्तमानयोर्युष्मदस्मदोर्मावधेः त्व म इत्येतावादेशौ भवतः। त्वाम्। माम्। त्वत्। मत्। त्वयि। मयि। अत्रापि यदा युष्मदस्मदावेकत्वे वर्तेते समुदायो द्वित्वे बहुत्वे वा तदापि त्वमादेशौ भवतः, यदि **"यूयवयौ जसि"** [५।१।१५२] इत्यादिभिरादेशान्तरैर्न बाध्येते। कथं बाधा? अतीताश्चत्वारो योगा इहानुवर्तन्ते। ततो बाधा तद्विषयादन्यत्रायं विधिः। अतिक्रान्तौ त्वां तिष्ठतः पश्येति वा अतित्वाम्। अतिमाम्। अतिक्रान्तांस्त्वाम् अतित्वान्। एवम् अतित्वाभ्याम्। अतितुभ्यं देहि। अतित्वत्। अतित्वयोः। अतित्वाकम्। अतित्वयोः। अतित्वासु। यदा समुदायोऽप्येकत्वे तदा सुतराम्। अतिक्रान्तं त्वाम् अतित्वाम्।

त्यद्योश्च ॥५।१।१५७॥ त्वमावेक इत्यनुवर्तते। एकार्थविषययोर्युष्मदस्मदोः त्व म इत्येतावादेशौ भवतः त्ये द्यौ च परतः। त्वत्तरो मत्तरः। त्वदीयो मदीयः। त्वत्प्रधानाः। मत्प्रधानाः। त्वद्धितम्। मद्धितम्। त्वच्छिष्यो मच्छिष्यः। विभक्त्यां परतः पूर्वो योगस्तस्या उपि प्रापणार्थं वचनम्। ननु नानापदाश्रयत्वाद्बहिरङ्ग उप्, विभक्तीमात्राश्रयत्वादन्तरङ्गस्त्वामादेशः पूर्वं भविष्यतीत्यनर्थकमिदम्। नानर्थकम्। त्वाह तुभ्यमह्य

तव मम विषये प्रापणार्थम्। चकारो मविध्यनुकर्षणार्थः। ननु तवममाद्यादेशापवादादेव मावधित्वं लब्धम्। नैवं शक्यम्। विभक्त्या उपि कृते तवममाद्यादेशाभावात्कृत्स्नयोर्युष्मदस्मदोः स्थाने स्यात्। ननु बहिरंग उत्रि-त्युक्तम्। इदमेव च शब्दोपादानं ज्ञापकम् "अन्तरङ्गानपि विधीन् बहिरङ्ग उब् बाधते" [प०] तेन यूयं पुत्रा यस्य स युष्मत्पुत्रः यूयादेशाभावः। गोमान् प्रियो यस्येति गोमत्प्रियः इत्यादौ नुमादीनामभावः सिद्धः।

त्रिचतुरोः स्त्रियां तिसृचतसृ ॥५।१।१५८॥ गोर्विभक्त्यां परतः त्रि चतुर् इत्येतयोः स्त्रियां वर्तमानयोस्तिसृ चतसृ इत्येतावादेशौ भवतः। तिसृभिः। चतसृभिः। तिसृषु। चतसृषु। स्त्रियामित्येतत् त्रिचतुरोरेव श्रुतत्वाद्विशेषणं किमर्थम्? यदा त्रिचतुरो स्त्रियां वर्तेते समुदायः पुंसि नपुंसके वा तदापि तदन्तविधिना तिसृचतसृभावो यथा स्यात्। प्रियतिसा। प्रियतिस्रौ। प्रियतिस्रः। प्रियतिसृ कुलम्। प्रियतिसृणी। प्रियतिसृणि। यदा तु त्रिचतुरौ पुंसि नपुंसके वा वर्तेते समुदायः स्त्रियां तदा न भवति। प्रियाः त्रयः प्रियाणि त्रीणि वा यस्याः स प्रियत्रिः। एवं प्रियचत्वाः। स्त्रियामिति किम्? त्रयश्चत्वारः। त्रीणि। चत्वारि। चकारोऽनुक्तसमुच्चयार्थोऽनुवर्तते। तेन "क्वचित्केऽपि खौ"। तिसृका ग्रामः।

रोऽच्युः ॥५।१।१५९॥ तिसृ चतसृ इत्येतयोः ऋकारस्य रेफादेशो भवत्यचि परतः। तिस्रस्तिष्ठन्ति। तिस्रः पश्य। चतस्रस्तिष्ठन्ति। चतस्रः पश्य। प्रियतिस्रो भयम्। "ऋतो ङिधे" [५।२।१०५] इत्येप् शसि "सुटि पूर्वस्वम्" [४।३।८१] दीर्घत्वं ङसिङसोः "ऋत उत्" [४।३।९८] इति उः प्रसज्येत। ननु "मध्येऽपवादाः पूर्वान् विधीन् बाधन्ते नोत्तरान्" [प०] इति ऋतो ङिधे इत्येपः कथं बाधा "स्पर्द्धे परम्" [१।२।९०] इति परशब्दस्येष्टवाचित्वाद्रेफादेशः इष्टः। ङावेप्। प्रियतिसरि। अथ प्रियतिस्र इत्यादौ कप्सान्तः कस्मान्न भवति। समुदायविभक्त्यां तिसृभाव इति तयाऽन्तो व्याप्त इति न कप्। अचीति किम्? तिसृभिः। तिसृणी। नन्वामि परत्वाद्रेफः प्राप्नोति। नैवम्। "नाम्यतिसृचतसृ" [४।४।३] इति ज्ञापकान्नुटि नुम्रभावौ न स्तः। उरिति किम्? "अन्तेऽलः" [१।१।४९] इत्येव सिद्धम्। उरित्यक्रियमाणे "येन नाप्राप्त" न्यायेन तिसृचतसृभावस्यापवादो रेफः स्यात्।

जराया वाऽसङ् ॥५।१।१६०॥ जराया अचि परतो वा असङादेशो भवति। जरसौ। जरे। जरसः। जरसम्। जरसा। जरया। आमि परत्वान्नुडोऽसङ्। जरसाम्। जराणाम्। नुमः परत्वादसङ्। अतिजरांसि तपांसीति। प्रादेशे "एकदेशविकृतमनन्यवद्" [प०] इति। अतिजरसं कुलं पश्येत्यात्रामं विभक्तीमपेक्ष्यासङ्। अनकारान्तो जातः। स तस्योगो निमित्तं न भवति सन्निपातलक्षणत्वात्। अतिजरं तिष्ठति। अतिजरैरित्यत्र सन्निपातलक्षणावम्भावैस्भावौ। तेन नाऽसङ्। अनित्यैषा परिभाषेति केचित्तेन अतिजरसं तिष्ठति। अतिजरसैरिति।

त्यदादेरः ॥५।१।१६१॥ अचीति निवृत्तम्। त्यदादीनामकारादेशो भवति विभक्त्याम्। स्यः। त्यौ। त्ये। सः। तौ। ते। यः। यौ। एषः। एतौ। इमौ। इमे। अमू। अमी। द्वौ। द्वाभ्याम्। त्यदादिषु स्त्रीत्वविवक्षायां "भाविनि भूतवदुपचारात्" इति स्वादिमपेक्ष्यात्वे कृते टाप्। तेन स्या सेत्यादिसिद्धम्। अत्वविधिं प्रति द्विपर्यन्तास्त्यदादयः। "भवतष्ठक्छसौ" [३।२।६१] इति निर्देशात्। तेन भवान्। भवन्तौ। भवन्तः। गृह्यमाणेन त्यदादिना विभक्ती विशेष्यते। तेनाप्रधानानामत्वं न भवति। अतितदः। प्राधान्ये तु शोभनः सः सुसः। अतिसः। परमसः। सञ्ज्ञाशब्दानां तु त्यदादित्वाभावः सर्वनामान्तर्गणत्वात्त्यदादेः।

किमः कः ॥५।१।१६२॥ किमित्येतस्य क इत्ययमादेशो भवति विभक्त्यां परतः। कः। कौ। के। किमोऽकार एवानुवर्त्यः। पूर्वेण मकारस्यानेन "अनन्त्यविकारेऽन्त्यसदेशस्य" [प०] इतीकारस्यात्वे पररूपत्वे च कृते सिद्धमिति चेत्; न, पूर्वेण सत्यपि मकारस्यात्वसम्भवे इकारस्यात्वं बाधकमेव स्यात्। तक्रदानमिव दधिदानस्य। किञ्च कुत्साद्यर्थे साकेऽपि यथा स्यादिति कादेशः। विभक्त्यामित्येव। किं राजा यो न रक्षति।

कुकौ तयोः ॥५।१।१६३॥ किमः कु क इत्येतावादेशौ भवतस्तकारादावकारे च परतः। कुतः। क। **"कुतसोः"** इति सूत्रे सिल्करणसामर्थ्यात्पदसञ्ज्ञया भसञ्ज्ञाकार्ये उत्वे बाधिते यणादेशेन सिद्धे करूपे साको यथा स्यादित्येवमर्थः क्वादेशः।

तोः सः साधनन्त्ये ॥५।१।१६४॥ त्यदादीनां तवर्गस्यानन्त्ये सकारादेशो भवति सौ परतः। स्यः। सः एषः। अनन्त्य इति किम्? यः। सः। त्यदाद्यत्वस्येदमादयोऽवकाशाः। सत्वस्यानन्त्यस्तवर्गः। परत्वाद् दस्य सत्वं स्यात्। ननु सत्वेऽपि यखे सिध्यति। नैवम् **"अनिनस्मिन्ग्रहणेऽनर्थकस्यापि ग्रहणात्"** [प० ४।४।१२] इति दीत्वं स्यात्। इह च स पुरुष इति हलि सुखे दोषः स्यात्। सा इत्यत्र **"अतः"** [३।१।४] इति टाम्न स्यात्। तस्मादनन्त्य इत्युच्यते। अनेष इत्यत्र नकारस्य कस्मान्न भवति? **"नञोऽन्"** [४।३।१८१] इति नकारस्य त्यदादिग्रहणेनाग्रहणात्। भवानित्यत्र **"स्फान्तस्य खम्"** [५।३।४१] इति तखस्यासिद्धत्वात्तकारस्य प्राप्नोति। यद्येवं परस्वत्वस्याप्यसिद्धत्वान्नकारो नास्ति। ततोऽन्तरङ्गत्वादनुस्वार एव स्यात्।

असौ ॥५।१।१६५॥ असाविति निपात्यते। अदसः सकारस्यौत्वं सौ सुखम्। अत्वबाधनार्थम्। **"तोः"** [५।१।१६४] इति दस्य च सत्वम्। असौ। हे असौ। स्त्रीपुंसयोरिदम्। सावित्येव। अदः कुलम्। अदसः परस्य सोरौत्वमेव निपात्यमिति चेत्, न, कुत्साद्यर्थविवक्षायामकि त्यदाद्यत्वे टापि कृते **"त्यस्थे क्यापीदतः"** [५।२।५०] इति इत्वं स्यात्। तेन असकौ स्त्रीति न सिध्येत्। सकारस्य त्वौत्वे टाम्नास्तीति न दोषः।

इदमो मः ॥५।१।१६६॥ इदमित्येतस्य मकारादेशो भवति विभक्त्यां परतः। साविति निवृत्तम् उत्तरत्र साविति निर्देशात्। इमौ। इमे। इमे। इमाः। इमे। इमानि।

दः[1] **॥५।१।१६७॥**

यः सौ ॥५।१।१६८॥ इदमो दस्य यकारादेशो भवति सौ परतः। उत्तरत्र पुंसीति निर्देशात् स्त्रियामयं विधिः। इयं स्त्री। नपुंसके सुखे नास्ति।

पुंसीदोऽय् ॥५।१।१६९॥ इदम इद्रूपस्य अयादेशो भवति सौ परतः पुंस्यभिधेये। अयम्। परमायम्। **"पूर्वोत्तरपदयोस्तावत्कार्यं पश्चादेकादेशः"**। **"नेन्द्रस्य"** [५।२।२७] इति ज्ञापकात्।

अनाप्यकः ॥५।१।१७०॥ इदम इद्रूपस्याककारस्यान इत्ययमादेशो भवति आपि विभक्त्यां परतः। अनेन। परमानेन। अनयोः। अक इति किम्? इमकेन। इमकयोः। आबिति प्रत्याहारः टादिरासुपः पकारेण।

हलि खम् ॥५।१।१७१॥ हलादावापि परतः अककारस्येदम इद्रूपस्य खं भवति। आभ्याम्। एभिः। एभ्यः। एषु। अक इत्येव। इमकेभ्यः। **"अन्तेऽलः"** [१।१।४९] कस्मान्न भवति। **"नानर्थकेऽन्तेऽलो विधिः"** [प०]। अथवा अर्थवशाद्विभक्तीपरिणाम इति पूर्वेण सिद्धस्यानोऽन्तेऽल इति नखम्।

इत्यभयनन्दिविरचितायां जैनेन्द्रमहावृत्तौ पञ्चमाध्यायस्य प्रथमः पादः समाप्तः।

मृजैरेप् ॥५।२।१॥ गोरित्येतदेवानुवर्तते। मृजेरिक ऐब्भवति। मार्ष्टा। मृजेरितीग् निर्देशः **"धोः स्वरूपग्रहणात्तत्यविज्ञानम्"** [प०] औणहत्येति तत्त्वनिपातनाज्ज्ञायते। अन्यथा **"हनस्तो जिणलोः"** [५।२।३६] इत्येव तत्वं स्यात्। धोर्विहिते त्ये ऐब्भवति। न मृदस्त्ये तेन कंसपरिमृड्भिरिति। ननु **"क्ङिति"** [१।१।१९] इति प्रतिषेधः सिद्धो नैवम्। क्ङिन्निमित्तयोरेबैपोः स प्रतिषेधः।

क्ङित्यचि वा ॥५।२।२॥ मृजेरजादौ क्ङिति वा ऐब्भवति। परिमृजन्ति। परिमार्जन्ति। परिममृजतुः। परिममार्जतुः। क्ङितीति किम्? परिमार्जनम्। अचीति किम्? मृष्टः। क्ते तसि वा द्रष्टव्यम्।

---

१. प्रतिषु सूत्रस्यास्य वृत्तिस्त्रुटिता।

ञ्णित्यचः ॥५।२।३॥ ञिति णिति च परतोऽजन्तस्य गोरैब्भवति। प्राकारः। अध्यायः। "**अध्यायानुवाकयोर्वोप्**" [४।१।६४] इति निपातनाद्घञ्। कारको हारकः। नावकः। लावकः। सखायौ। सखायः। अनर्थकमिदम्। एपिरन्नत्वे अय्वोश्च कृतयोः "**उङोऽतः**" [५।२।४] इत्यैपा सिद्धम्। मैवं शक्यम्। "**गुकार्ये निवृत्ते पुनर्न तन्निमित्तम्**" [प०] इति असि च सख्युरेम्न विहितः गौजैत्रमित्यत्र चावयादेशाभावादैम्न सिद्ध्येत्। अज्ग्रहणमनिगर्थं गौरिति। णित्करणं तु गावौ गावः इत्यत्रावादेशे सति "**उङोऽतः**" [५।२।४] इत्यैपि चरितार्थं स्यात्।

उङोऽतः ॥५।२।४॥ गोरकारस्य उङः ऐब् भवति ञ्णिति परतः। पावः। पाठः। पाचकः। पावकः। पाचयति। उङ इति किम्? पिपठिषकः। पकाराकारस्य मा भूत्। अन्त्यस्य पूर्वेण प्राप्नोति। नैवम्। पूर्वविप्रतिषेधेनातः खं भवति। अतः इति किम्? भेदकः। तपरकरणं मुखसुखार्थम्।

हृत्यचामादेः ॥५।२।५॥ अच इत्यनुवर्तते। हृति ञ्णिति परतः अचामादेरच ऐब् भवति। आश्वग्रीविः। त्रैपृष्ठिः। सौलोचनः। सौतारः। "**नदीमानुषी**" [३।१।१०२] इत्यादिनाण्। अचामिति किम्? हलामविवक्षार्थमन्यथा अजादीनामेव स्यात्। अजन्तलक्षणस्योङ्लक्षणस्य चैपः परत्वादादेरैप्। त्वाष्ट्रः। जागतः। "**तस्येदम्**" [३।३।८८] इत्यण्। "**सकृद्गते परनिर्णये बाधितः एव**" [प०] पुनः प्रसङ्गविज्ञानपक्षेऽपि न दोषः। अनुशतिकादिषु पुष्करसच्छब्दपाठात् पौष्करसादिः। **बाह्वादेरिञ्** [३।१।८५]। अन्यथा तत्रोभयोः पदयोरैबर्थपाठोऽनर्थकः स्यात्।

देविकाशिंशपादीर्घसत्रश्रेयसामाः ॥५।२।६॥ देविकादिभिराद्यचो विशेषणात् केवलानां तदादीनां च ग्रहणम्। देविकायां भवं दाविकमुदकम्। आद्यज्विशेषणाद्देविकूले भवा दाविकूलाः शालयः। शिंशपाया विकारः शांशपं भस्म। शिंशपास्थले भवं शांशपास्थलम्। दीर्घसत्रे भवं दार्घसत्रम्। श्रेयोऽधिकृत्य कृतो ग्रन्थः श्रेयसि भवो वा श्रायसः स्याद्वादः। देविकादीनामादेरच इति किम्? सुदेविकायां भवा सौदेविकाः। पूर्वदेविकायां भवः पूर्वदाविकः। पूर्वशांशपः। प्राच्यां ग्रामौ। "**प्राचां ग्रामाणाम्**" [५।२।११] इति द्योरैप्प्रसङ्गे अनेनाकारः।

केकयमित्रयुप्रलयानां यादेरिय् ॥५।२।७॥ केकय मित्रयु प्रलय इत्येतेषां यकारादेरियादेशो भवति हृति ञ्णिति परतः। केकयस्यापत्यम्। "**राष्ट्रशब्दाद्राज्ञोऽञ्**" [३।१।१५०]। आदेरैप्। कैकेयः। मित्रयोर्भावः "**वृद्धचरणाच्छ्लाघात्याकारावेते**" [३।४।१२४] इति वुञ्। लौकिकं तत्र वृद्धं गृह्यते। मैत्रेयकमाश्लाघते। प्रलयादागतं प्रालेयम्।

पदे य्वोरैयौव् ॥५।२।८॥ पदे परतः अचामादेरचः स्थाने कृतौ यौ यकारवकारौ तयोरैयौव् इत्येतावादेशौ भवतः हृति ञ्णिति परतः। व्याकरणं वेत्त्यधीते वा वैयाकरणः। एवं नैयायिकः "**क्रतूक्थादिसूत्रान्ताट्ठण्**" [३।२।५२] इति ठण्। शोभना अश्वा अस्येति स्वश्वः। तस्यापत्यं सौवश्विः। आदेरैपः परत्वादैयौवौ भवतः। अर्हता प्रोक्तमार्हतं तत्त्वम्। पद इति किम्? इणः शतरि यत्। यतः छात्रा याताः। अस्त्यचामादेरचः स्थाने "**यणोल्योः** [४।४।७७] इति यकारो न तु पदे परतः। य्वोरिति किम्? आश्विवः। अचामादेरचः इति किम्? अभ्यञ्जनेन चरति आभ्यञ्जनिकः। दाध्यश्विः। इह कस्मान्न भवति द्वे अशीती भूतो भावी वा द्व्याशीतिकः? यत्रैवादेश्च ऐप्प्राप्तिस्तत्रायं विधिः। अत्र च "**संख्यायाः संख्यासंवत्सरस्य**" [५।२।२०] इति द्योः प्राप्तिर्न द्विशब्दस्य। य्वोरैपोऽप्ययमपवादः। पूर्वव्यलिन्दे जातः पूर्वत्रैयलिन्दः। "**प्राचां ग्रामाणाम्**" [५।२।११] इति प्राप्तिः।

द्वारादेः ॥५।२।९॥ द्वार इत्येवमादीनां च य्वोरैयौवित्येतावादेशा भवतः ञ्णिति हृति परतः। द्वारे नियुक्तः दौवारिकः। नायं पदेऽचः स्थाने वकारः इति पूर्वेणाप्राप्तिः। अत्र द्वारादिभिर्य्वोर्विशेषणात्तदादि-

ग्रहणम्। द्वारपाल्या अपत्यं दौवारपालिकः। "**रेवत्यादेष्ठण्**" [३।१।१३४] इति ठण्। स्वरमधिकृत्य कृतो ग्रन्थः सौवरः। तदादेरपि। स्वराध्याये भवः सौवराध्यायः। व्यल्कसे भवः वैयल्कसः। स्वस्तीत्याह सौवस्तिकः। तदाहेत्यस्मिन्नर्थे ठणुक्तः। स्वर्भवं सौवम्। "**क्षेमंमात्रे टिखम्**" [वा०] इति टिखम्। स्वर्गमनमाह सौवर्गमनिकः। स्वः अध्याय स्वाध्यायः। स्वाध्यायेन चरति सौवाध्यायिकः। अचामादेरित्यनुवर्तनादाद्यचः समीपस्य यण एयौवादेशौ स्वशब्दस्यैव। तदादिविधिना सिद्धमिति चेत्, न "**स्वशब्देन तदादिविधिरनित्यः**" इतीदमेव ज्ञापकम्। तेन स्वपतौ साधु स्वापतेयमिति। स्फयकृतस्यापत्यं स्फैयकृतः। "**कुर्वृष्ण्यन्धकवृष्णेः**" [३।१।१०२] इत्यण्। स्वादुष्यस्येदं सौवादुष्यम्। शुनो विकारः शौवः सङ्कोचः "**श्वाश्मचर्मणां संकोचविकार-कोशेषु**" [४।४।१३२] इति टिखम्। शुनो दंष्ट्रा श्वादंष्ट्रा। "**अन्यस्यापि**" [४।३।२३२] इति दीत्वम्। तत्र भवः शौवादंष्ट्रो मणिः। तथा शौवाहननम्। स्वस्येदं सौवम्। तदादेः स्वग्रामे भवः सौवग्रामिकः। अध्यात्मादित्वाट्ठण्।

न्यग्रोधस्य केवलस्य ॥५।२।१०॥ न्यग्रोधस्य केवलस्य यो यकारस्तस्य ऐयित्ययमादेशो भवति ह्रति ञ्णिति परतः। न्यग्रोधस्यायं नैयग्रोधो दण्डः। केवलस्येति किम्? न्यग्रोधा अस्मिन्देशे सन्ति "**बुञ्छण्ठ**" [३।२।६१] इत्यादि पाठात्कः। टाप् "**त्यस्थे क्यापी**" [५।२।५०] इत्यादिनेत्वम्। न्यग्रोधिकायां भवः न्याग्रोधिकः। अत्र "**भस्य ह्रत्यढे**" [वा०] इति पुंवद्भावः प्राप्तः। "**न वुह्रत्कोङः**" [४।३।१४६] इति प्रतिषेधः। तथा न्यग्रोधमूले भवं न्याग्रोधमूलं तृणम्। ऐचैव भवति। ननु न्यग्रोधस्योच्यमानं कथमन्याधिकस्य स्यात्? तदन्तविधिना। यद्येवं नार्थः केवलग्रहणेन न्यग्रोधस्य प्राधान्येनाश्रयणात्तदन्तविध्यभावः। एवं तर्हि तदादिनिवृत्त्यर्थं केवलग्रहणम्। अन्यत्रेह तदादिविधिरस्तीति ज्ञाप्यते। न्यग्रोधतीति व्युत्पत्तिपक्षे नियमार्थम्। केवलस्यैव। अव्युत्पत्तिपक्षे विध्यर्थं सूत्रम्।

न ञे ॥५।२।११॥ ञे आर्थे कर्मव्यतिहारे ञ्णिति ह्रति यदुक्तं तन्न भवति। व्यात्युक्षी। व्याक्रोशी। व्यापचोरी वर्तते। "**कर्मव्यतिहारे ञः**" [२।३।७६] इति ञः। "**ञात् स्त्रियाम्**" [४।२।२२] इत्यण्। तस्मिन् प्रतिषेधः।

स्वागतादेः ॥५।२।१२॥ स्वागतादेश्च यदुक्तं तन्न भवति। स्वागतेन चरति स्वागतिकः। स्वध्वरस्यापत्यं स्वाधरिः। स्वङ्गः स्वाङ्गिः। व्यङ्गः व्याङ्गिः। व्यडः व्याडिः। व्यवहारेण चरति व्यावहारिकः। व्यवहारशब्दो न कर्मव्यतिहार एव वर्तते किन्तर्हि लोकवृत्तेऽपि। ततः पाठः। स्वपतौ साधु स्वापतेयम्।

श्वादेरावतः ॥५।२।१३॥ श्वादेर्गोरिकादौ यदुक्तं तन्न भवति। अतश्च य उत्पद्यते तस्मिंश्च। चकारमन्तरेणापि समुच्चयो गम्यते। यथा पृथिव्यापस्तेजोवायुराकाशमिति। श्वाभस्त्रिः। श्वादंष्ट्रिः। श्वा-कर्णिः। श्वाशीर्षिः। श्वागणिकः। श्वेव भस्त्रास्य, शुन इव दंष्ट्राऽस्य, शुन इव कर्णावस्य, शुन इव शिरोऽस्य। स्वशिरसोऽपत्यं बाह्वादिपाठादिञ्। अजादौ ह्रति शिरसः शीर्षादेश उपसङ्ख्यानेन। इकारदीत्वं व्यपदेशिवद्भावेन। अतो य उत्पद्यते तत्रापि प्रतिषेधः। श्वाभस्त्रेरिदं श्वाभस्त्रम्। श्वाकर्णम्। "**इञः**" [३।२।८६] इत्यण्। श्वन्शब्दो द्वारादिषु पठ्यते। तस्य तदादिविधिः अस्तीति इदमेव प्रतिषेधवचनं ज्ञापकम्। श्वादेरिति किम्? श्वभिश्चरति शौविकः। केवलस्य न प्रतिषेधः "**नोऽपुंसो ह्रति**" [४।४।१३०] इति टिखम्। आवत इति किम्? श्वाभस्त्रस्येदं शौवाभस्त्रम्। शौवादंष्ट्रो मणिः।

वा पदान्तस्य ॥५।२।१४॥ श्वादेर्गोः पदशब्दान्तस्य यदुक्तं तन्न भवति वा। किमुक्तम्? द्वारादौ श्वशब्दस्य तदादिविधिना औवुक्तः। श्वापदानां समूहः श्वापदम्। शौवापदम्। शुन इव पदमस्य श्वापदः। "**अन्यस्यापि**" [४।३।२३२] इति दीत्वम्। इकारादौ पूर्वनिर्णयेन नित्यः प्रतिषेधः। श्वापदेन चरति श्वाप-दिकः। अन्तग्रहणं न कर्तव्यम्। "**येनालि विधिस्तदन्ताद्योः**" [१।१।६७] इति स्वयमेव पदान्तस्य श्वादेरित्यनु-

वर्तमानाच्च नान्यस्य कस्यचिद् भविष्यति। एवं तदन्तग्रहणं ज्ञापकमनित्यस्तदन्तविधिः। तेन **"स-स्य-विधौ न तदन्तविधिः"** [प०] इति न वक्तव्यम्।

द्योः ॥५।२।१५॥ द्योरित्ययमधिकारो वेदितव्यः। यदित ऊर्ध्वमनुक्रमिष्यामः द्योरित्येवं तद् वेदितव्यम्। **"हनस्तोऽचिणलोः** [५।२।३६] इत्यतः प्राग्वक्ष्यति। **"प्रोष्ठपदानां जाते"** [५।२।२३] प्रोष्ठपदासु जातः प्रोष्ठपादो माणवकः। द्योरैप्। पूर्वपदस्य तेन न भवति। **"येन नाप्राप्ते तस्य तद्बाधनम्"** [प०] इति न्यायात्। ननु **"ईप्केत्यव्यवाये पूर्वपरयोः"** [१।१।६०] इति न्यायेन **"अवयवादृतोः"** [५।२।१६] इत्यादौ कानिर्देशाद् द्योरेव भविष्यति नार्थोऽनेन ? **"प्रोष्ठपदानां जाते"** इत्यादौ कानिर्देशो नास्ति तदर्थं वचनम्। अन्यथा प्रोष्ठपदादौ नियमो न शक्येत।

अवयवादृतोः ॥५।२।१६॥ अवयववाचिनः शब्दादुत्तरस्य ऋतोर्द्योरचामादेरच ऐब्भवति। पूर्ववार्षिकः। अपरवार्षिकः। पूर्वासु वर्षासु जातः। हृदर्थविवक्षायां **"हृदर्थयुसमाहारे"** [१।३।४६] इति षसः। **"कालाट्ठञ्"** [३।२।१२१] इति ठञ्। ननु कालाट्ठञुक्तः। **"स-स्य-विधौ न तदन्तविधिः"** [प०]। कथं कालान्तात् ? नैव दोषः। **"ऋतोर्वृद्धिमद्विधाववयवात्"** इति तदन्तविधिरुपसङ्ख्यातः। एवं पूर्वहैमनः। अपरहैमनः। **"भसन्ध्या"** [३।२।१२७] इत्यादिनाण्। **"हेमन्तात्तखम्"** [३।१।१३८] इति तखम्। अवयवादिति किम् ? पूर्वास्वतीतासु वर्षासु जातः पौर्ववर्षः। आपरवर्षः। **"प्राग्द्वोरण्"** [३।१।६८]। पूर्वशब्दोऽत्र कालवाची नावयववाची। अत एवावयवलक्षणतदन्तविध्यभावात् **"कालाट्ठञ्"** [३।२।१२१] नेष्यते।

सुसर्वार्द्धाद्राष्ट्रस्य ॥५।२।१७॥ सु सर्व अर्द्ध इत्येवं पूर्वस्य राष्ट्रवाचिनः शब्दस्य द्योरचामादेरच ऐब् भवति। सुपाञ्चालकः। सर्वपाञ्चालकः। अर्द्धपाञ्चालकः। शोभनाः पाञ्चालाः। प्रादिलक्षणः षसः। सर्वे पाञ्चालाः। **"पूर्वकाल"** [१।३।४४] इत्यादिना यसः। अर्द्धपाञ्चाला इति। **"विशेषणं विशेष्येणेति"** [१।३।५२] पसः। सुपञ्चालेषु जातः **"राष्ट्रावध्योः"** [३।२।१०२] **"बहुत्वेऽदोरपि"** [३।२।१०३] इति वुञ्। कथं राष्ट्रादुच्यमानस्तदन्ताद्वुञ्। **"सुसर्वार्द्धदिक्शब्देभ्यो जनपदस्य"** इति तदन्तविधिरुपसङ्ख्यातः। एवं सुमागधकः। सर्वमागधकः। अर्द्धमागधकः।

दिशोऽमद्राणाम् ॥५।२।१८॥ राष्ट्रस्येत्यनुवर्तते। दिक्शब्दादुत्तरस्य राष्ट्रस्य मद्रवर्जितस्य धोरचामादेरच ऐब् भवति। पूर्वपाञ्चालकः। अपरपाञ्चालकः। दक्षिणमागधकः। उत्तरमागधकः। पूर्वेषु पाञ्चालेषु जातः। हृदर्थे षसः। पूर्वोक्तेन तदन्तविधिना वुञ्। अमद्राणामिति किम् ? पौर्वमद्रः। **"मद्रेभ्योऽण्"** [३।२।८५]। दिश इति किम् ? पूर्वेष्ववयवभूतेषु पाञ्चालेषु भवः। अणि। पौर्वपञ्चालः। दिशि यः पूर्वशब्दो वर्तते स दिक्शब्दोऽभिप्रेतो नावयवे वर्तमानः। अत एव तदन्तविध्यभावाद्वुञ् नास्ति। योगविभाग उत्तरार्थः।

प्राचां ग्रामाणाम् ॥५।२।१९॥ दिश इत्यनुवर्तते। दिक्छब्दादुत्तरे प्राचां देशे ग्रामाणामचामादेरच ऐब्भवति। राष्ट्रस्येत्यनुवर्तनात् प्राचामित्याचार्यग्रहणं नाशङ्क्यम्। यदि पूर्वोत्तरपदसमुदायो ग्रामनामधेयस्तदा ग्रामवाचिनो गोरवयवस्य दिक्छब्दात् परस्य ऐब्भवतीत्यभिसम्बन्धः। इतरत्र तु दिश उत्तरेषां ग्रामाणामिति। पूर्वा चासौ इषुकामशमी च **"दिक्सङ्ख्ये खौ"** [१।३।४५] इति पसः। पूर्वेषुकामशम्यां जातः। अणि। पूर्वैषुकामशमः। अपरैषुकामशमः। **"नेन्द्रस्य"** [५।२।२७] इति प्रतिषेधवचनं ज्ञापकम्। प्राक्पूर्वोत्तरपदयो-रैवादिकार्यं पश्चादेकादेश इति। एवं पूर्वा चासौ कृष्णमृत्तिका च पूर्वकार्ष्णमृत्तिकः। असञ्ज्ञापक्षे पूर्वस्यामिषुकामशम्यां जातः। **"हृदर्थे"** [१।३।४६] इति पसः। **"दिगादेरखौ"** [३।२।८४] इति णः। शेषं पूर्ववत्। **"अत्र ग्रामग्रहणे नगरस्यापि ग्रहणम्"** [वा०]। यथा लोके-अभक्ष्यो ग्रामकुक्कुट इति नागरोऽपि न भक्ष्यते। सञ्ज्ञापक्षे पूर्वं च तत्पाटलिपुत्रं च। अन्यत्र पूर्वस्मिन् पाटलिपुत्रे जात इति **"रोपधेतो प्राचाम्"** [३।२।१०१]

इति वुञ् । पूर्वपाटलिपुत्रकः । अपरपाटलिपुत्रकः । पूर्वकन्याकुब्जायां पूर्वस्यां कन्याकुब्जायां वा जातः अणि णे च कृते पूर्वकान्यकुब्जः । ननु चैकमेव पाटलिपुत्रम् । पाटलिपुत्रान्तरस्य व्यवच्छेद्यस्याभावाद् कथं पूर्वशब्देन विशेष्यते ? पाटलिपुत्रैकदेशे पाटलिपुत्रशब्दो वर्तते इत्यदोषः ।

सङ्ख्यायाः सङ्ख्यासंवत्सरस्य ॥५।२।२०॥ सङ्ख्यायाः परस्य सङ्ख्याशब्दस्य संवत्सरस्य च द्योरचामादेरच्च ऐब्भवति ञ्णिति ह्वति परतः । द्विनावतिकम् । त्रिनावतिकम् । द्वाभ्यां नवतिभ्यां क्रीतम् । ह्वदर्थे रसः । **"आर्हाट्ठण्"** [३।४।१७] । तस्य **"रादुबखौ"** [३।४।२६] इत्युप् । द्विनवतिना द्रव्येण क्रीतं पुनष्ठण् । अथवा द्वौ च नवतिश्च । **"वा चत्वारिंशदादौ"** [४।३।१६०] इत्यनात्वम् । **"लिङ्गमशिष्यं लोकाश्रयत्वाल्लिङ्गस्य"** [प०] इति नैकवद्भावेऽपि नपुंसकत्वम् । **"द्वन्द्वे धुवल्लिङ्गम्"** [१।४।१०२] द्विनवत्या क्रीतम् । एवं द्वे षष्ठी भूतो भावी वा द्विषाष्ठिकः । द्विषष्ठ्यादिशब्दो वर्षेषु सङ्ख्येयेषु वर्तमानः कालवाची । तेन कालाधिकारविहितष्ठञ् । द्वौ संवत्सरौ भूतो भावी वा द्विसांवत्सरिकः । त्रिसांवत्सरिकः । संवत्सरग्रहणं निरर्थकम् । **"परिमाणस्याखुशाणे"** [५।२।२२] इत्येव सिद्धम् । तत्र अशाण इति प्रतिषेधात् परिच्छेदमात्रं गृह्यते नारोहपरिणाहलक्षणम् । तेन द्विवैतस्तिकम्; त्रिवैतस्तिकमिति सिद्धम् । एवं तर्हि संवत्सरग्रहणं ज्ञापकम् । **"परिमाणग्रहणेन कालपरिमाणं गृह्यते"** । तेन द्वे समे अधीष्टो द्वैसमिकः । द्योरैप्न भवति तथा द्विवर्षमाणविका । **"परिमाणाद्‌धुदुपि"** [३।१।२६] **"रात्"** [३।१।२५] इति ङीन्न भवति । द्वे वर्षे भूता प्राग्वतष्ठञः **"वर्षादुप् च"** [३।४।८५] **"प्राणिन्युप्"** [३।४।८६] ।

वर्षस्याभाविनि ॥५।२।२१॥ सङ्ख्याया इति वर्तते । सङ्ख्यायाः परस्य वर्षशब्दस्य अचामादेरच्च ऐब्भवति ह्वति ञ्णिति परतः यद्यभाविन्यर्थे ह्वत्तदैव स्यात् । द्वे वर्षे भूतं द्विवार्षिकम् । अभाविनीति किम् ? त्रीणि वर्षाणि भावि त्रैवर्षिकं धान्यम् । ननु द्वे वर्षे अधीष्टो भृतो वा कर्म करिष्यति द्विवार्षिको मनुष्य इति भाविता गम्यते कथं न प्रतिषेधः ? नैवम्; करिष्यतीति प्रयोगे भाविता गम्यते न तु ह्वदर्थो भावी । ननु मनुष्याभिधाने **"प्राणिन्युप्"** [३।४।८६] इति ठण उप् कस्मान्न भवति । भूतविषये सोऽभ्युपगम्यते नाधीष्टादौ । ततो **"वर्षादुप्च"** [३।४।८५] इति विकल्प उब् भवति ।

परिमाणस्याखुशाणे ॥५।२।२२॥ सङ्ख्याया इति वर्तते । सङ्ख्यायाः परस्य परिमाणस्य समुदायेनाखौ गम्यमानायामशाणे च द्योरचादेरचो ऐब् भवति । अखुशाण इति विषयलक्षणेयमीप् । द्विसौवर्णिकम् । द्वाभ्यां सुवर्णाभ्यां क्रीतम् । आर्हाट्ठणः **"कार्षापणसहस्रसुवर्णशतमानाद्वा"** [३।४।२७] इति वानुप् । एवं द्विनैष्किकम् । त्रिनैष्किकम् । बहुनैष्किकम् । **"द्वित्रिबहोर्निष्कविस्तात्"** [३।४।२८] इति वोप् । द्विकौडविकम् । द्वाभ्यां कुडवाभ्यां क्रीतम् । **"रादुबखौ"** [३।४।२६] इत्युप् । द्विकुडवेन द्रव्येण क्रीतं पुनष्ठण् । अखुशाण इति किम् ? पञ्च लोहितानि परिमाणमस्य, पञ्च कलपाः परिमाणमस्य पाञ्चलौहितिकम्, लोहिनीशब्दस्य **"वा ठण् छसोः"** [ठक्छसोश्च] [वा०] इति पुंवद्भावे रूपम् । पाञ्चकालापिकम् । **"परिमाणात्सङ्ख्यायाः सङ्घसूत्राध्ययने"** [३।४।५६] इति ठणः **"रादुबखौ"** [३।४।२६] इति नोप् । द्वैशाणम् । त्रैशाणम् । **"द्वित्रिभ्यामण्"** [३।४।३४] इत्यण् । **"कुलिजस्यापि प्रतिषेधो वक्तव्यः"** [वा०] । द्विकुलिजे प्रयोजनमस्य द्वैकुलिजिकम् ।

प्रोष्ठपदानां जाते ॥५।२।२३॥ योरिति वर्तते । प्रोष्ठपदानां द्योरचामादेरच्च ऐब् भवति जातार्थे ह्वति ञ्णिति परतः । प्रोष्ठपदाभिर्युक्तः कालः । **"भाद्युक्तः कालः"** [३।२।४] इत्यण् । तस्य **"उसभेदे"** [३।२।५] इत्युस् । उसि युक्तवल्लिङ्गसङ्ख्यातिदेशः । प्रोष्ठपदासु जातः । अण् । तस्य **"भेभ्यो बहुलम्"** [३।३।१३] इति बहुलवचनादिहानुप् । प्रोष्ठपादो माणवकः । जात इति किम् ? प्रोष्ठपदासु भवः प्रौष्ठपदो मेघः ।

हृत्सिन्धुभगे द्वयोः ॥५।२।२४॥ हृत्सिन्धु भग इत्येषु धुषु द्वयोः पदयोरचामादेरच्च ऐब्भवति । सुहृदयस्येदं सौहार्दम् । **"हृदयस्य हृल्लेखयाणलासेषु"** [४।३।१६१] इति हृद्भावः । अथवा **"सुहृद्दुर्हृदौ मित्रा-**

मित्रयोः" [४।२।१५०] इत्यनयोर्ग्रहणम्। महासिन्धौ भवः माहासैन्धवः। **"कच्छादेः"** [३।२।१११] इत्यण्। सिन्धुशब्दस्य तत्र तदन्तविधिरपि; सौभाग्यम्। दौर्भाग्यम्। सुभगाया अपत्यं ढणि **"कल्याण्यादीनामिनङ्"** [३।१।११५] सौभागिनेयः।

अनुशतिकादेः ॥५।२।२५॥ अनुशतिक इत्येवमादीनां शब्दानां द्वयोः पदयोरचामादेरच्च ऐब् भवति। अनुशतिकस्येदम् आनुशातिकम्। आनुशातकिः। अनुहोड—आनुहौडिः। अनुसंवरण—आनुसांवरणिः। अगारवेणोरिदम् आगारवैणवम्। असिहत्यायां भवम् आसिहात्यम्। अस्यहत्य इति केषाञ्चित् पाठः। अस्य-हत्यशब्दोऽस्मिन्नस्ति आस्यहात्यम्। **"विमुक्तादिभ्योऽण्** [४।१।६५] अस्यहेतीति पाठान्तरम्। अस्यहेतिः प्रयोजनमस्य आस्यहैतिकम्। अध्ययः। आध्यायिः। वध्योगस्यापत्यं वाध्योगः। **"विदादिभ्योऽनृष्यानन्तर्येऽञ्"** [३।१।६३]। पुष्करसद्—पौष्करसादिः। अनुबाहुः—आनुबाहुः। सान्वबाहविः। **"बाह्वादेरिञ्"** [३।१।८५]। कुरुकत्—कौरुकात्यः। **"गर्गादेर्यञ्"** [३।१।६४]। कुरुपञ्चालेषु भवः कौरुपाञ्चालाः। **"प्राग्द्रोरण्"** [३।१।६८]। राष्ट्रसमुदायो राष्ट्रग्रहणेन न गृह्यते। तेन **"राष्ट्रावध्योः"** [३।२।१०२] इति वुञ् नास्ति। उदकशुद्ध—औदक-शौद्धिः। इहलोक—ऐहलौकिकः। पारलौकिकः। प्रयोजनार्थं वुञ्। सर्वलोकः—सर्वस्मिन् लोके विदितः सार्वलौकिकः। **"लोकात्"** [३।४।४४] **"सर्वात्"** [३।४।४५] इति ठण्। सर्वभूमेरीश्वरः सार्वभौमः। **"सर्वभूमिपृथिवी-भ्यामण्"** [३।४।४१]। सार्वपौरुषम्। तस्येदमर्थं प्रायोगिकम्। आधिदैविकम्। आधिभौतिकम्। भवार्थे अध्या-त्मादित्वाट्ठण्। परस्त्री—पारस्त्रैणेयः। ठणि **"कल्याण्यादीनामिनट्"** [३।१।११५]। सूत्रनट—सौत्रनाटिः। अभिगममर्हति आभिगामिकः। राजपुरुषात्ष्यञ्। राजपुरुषायणिः।

देवताद्वन्द्वे ॥५।२।२६॥ देवताद्वन्द्वे च द्वयोः पदयोरचामादेरच ऐब् भवति। आग्निवारुणम्। अग्निश्च वरुणश्च देवते अस्य। ऐब्विषये **"ऐपीत"** [४।३।१४१] इत्यग्नेरित्वम्। एवम् आग्निमारुतम्। अभिधानवशादानङ्विषयेऽयं विधिरन्यत्र न भवति। स्कान्दविशाखः। ब्राह्मप्रजापत्यः। तस्येदमर्थे अण्। **"दिति"** [३।१।७०] आदिना ण्यश्च।

नेन्द्रस्य ॥५।२।२७॥ द्योरिति वर्तते। इन्द्रस्य द्योरैब्न भवति। आग्नेन्द्रः। **"देवताद्वन्द्वे"** [५।२।२६] इति पूर्वपदस्यानङ्। इन्द्रस्य द्योरेकादेशे कृते **"यस्य ङ्यां च"** [४।४।१२६] इत्यखे च आदेरचो नाशात्कथमैपः प्राप्तिः। इदमेव ज्ञापकम् **"पूर्वोत्तरपदयोः कार्यमन्तरङ्गमप्येकादेशं बाधते"**। तेन पूर्वैषुकाम-शमादयः सिद्धाः भवन्ति। द्योरिति किम्? ऐन्द्राग्नः। **"अजाद्यत्"** [१।३।६६] इत्यैन्द्रस्य वा पूर्वनिपात इष्यते।

द्यो वरुणस्य ॥५।२।२८॥ द्यन्तात्परस्य वरुणशब्दस्यैब् न भवति। ऐन्द्रावरुणः। द्य इति किम्? आग्निवारुणः। मैत्रावरुणः। ऐब्विषये **"ऐपीत"** [४।३।१४१] इत्यग्नेरित्वम् पश्चाद्द्योरैप्।

प्राचां नगरे ॥५।२।२९॥ प्राप्त्यभावान्नेति न सम्बध्यते। द्वयोरिति वर्तते। अर्थवशाद्विभक्तिपरिणामः। प्राचां देशे नगरे द्योर्द्वयोः पदयोरैब् भवति। सुह्मनगरे भवः सौह्मनागरः। पौण्ड्रनागरः। वैराटनागरः। दोरिति तत्रानुवर्तनाद्रोऽन्तात् **"प्राचाम्"** [३।२।१०१] इति वुञ् भवति। प्राचामिति किम्? मलनगरे भवो मालनगरः।

जङ्गलधेनुवलजे ॥५।२।३०॥ जङ्गल धेनु वलज इत्येतेषु द्युषु पूर्वपदस्य अचामादेरच ऐब् भवति। पूर्वपदस्येति कथं लभ्यत इति चेत् **"वा द्योः"** [५।२।३१] इत्युत्तरत्र वक्ष्यमाणत्वात्। कुरुजङ्गले भवः कौरु-जाङ्गलः। वैश्वधेनवः। सौवर्णवालजः।

वा घोः ॥५।२।३१॥ जङ्गल धेनु वलज इत्येतस्य घोरचामादेरच ऐप्भवति वा। कौरुजाङ्गलः। कौरुजङ्गलः। वैश्वधैनवः। वैश्वधेनवः। सौवर्णवालजः। सौवर्णवलजः। पूर्वेण नित्ये प्राप्ते विकल्पः।

परिमाणस्याऽनतोऽर्धाद्वा पूर्वस्य ॥५।२।३२॥ परिमाणस्यार्द्धादुत्तरस्य अनतः स्थाने ऐप् भवति पूर्वपदस्य तु वा। अर्धद्रोणं पचति आर्द्धद्रौणिकः। अर्द्धद्रौणिकः। आर्धकौडविकः। अर्द्धकौडविकः। "**पूर्वपदस्य वा**" इति वचनाद् घुविशेषणं वाग्रहणं नेहाभिसम्बध्यते। अनत इति किम्? आर्द्धप्रस्थिकः। अर्द्धप्रस्थिकः। अर्धचमसेन क्रीतम् आर्धचमसिकम्। अर्धचमसिकम्।

प्रवाहणस्य ढे ढस्य ॥५।२।३३॥ प्रवाहणस्य ढे परतः घोरैप् भवति पूर्वपदस्य तु वा ढान्तस्य चान्यस्मिन् ढ्वति ञ्णिति परतः। प्रवाहणस्यापत्यं प्रावाहणेयः। "**शुभ्रादेः**" [३।१।११२] इति ढण्। ढान्तस्य प्रावाहणेयस्यापत्यं प्रावाहणेयिः। प्रवाहणेयिः। प्रवाहणेयस्येदम्। "**वृद्धचरणाञ्जित**" [३।३।६४] इति वुञ्। प्रावाहणेयकम्। घोरैपि सत्यसति च नास्ति विशेषः। पूर्वपदस्य विकल्पार्थः।

नञः शुचीश्वरक्षेत्रज्ञकुशलचपलनिपुणानाम् ॥५।२।३४॥ घोरैप्पूर्वस्य वेति वर्तते। नञः परेषां शुचि ईश्वर क्षेत्रज्ञ कुशल चपल निपुण इत्येतेषामचामादेरच ऐप्भवति पूर्वपदस्य तु वा। न शुचिरशुचिः अशुचेरिदम् अशौचमाशौचम्। अथवा नास्य शुचिरस्ति अशुचिः। अशुचेर्भावः "**घ्यादेरिकः**" [३।४।१२१] इत्यण्। "**नञ्सेऽचतुरसङ्गत**" [३।४।११५] इत्यत्र व्याख्यातम्। चतुरादिभ्यो नञ्स एव भावकर्मद्वविधिः। अन्येभ्यस्तु नञ्सात्पूर्वमिति। न पटोर्भावः अपाटवम्। तेन नञ्सेभावाभिधायी त्यो नोक्तः। अनैश्वर्यमानैश्वर्यम्। अक्षैत्रज्ञ्यम्। आक्षैत्रज्ञ्यम्। ब्राह्मणादिषु नञ्सावेतौ। अकुशलस्येदम् अकौशलमाकौशलम्। अचपलस्येदम् अचापलमाचापलम्। अनिपुणस्येदम् अनैपुणमानैपुणम्। यद्यपि कुशलचपलनिपुणशब्दा ब्राह्मणादिषु युवादिषु च पठ्यन्ते तथापि तत्र तदन्तविधेरभावान्नञ्से बसे वा कृते ष्यणणावप्राप्तावाकृतिगणत्वाद्द्रष्टव्यौ।

यथातथयथापुरयोः क्रमेण ॥५।२।३५॥ यथातथ यथापुर इत्येतयोः नञ उत्तरयोः क्रमेण द्वयोरैप्भवति। अयाथातथ्यमायथातथ्यम्। अयाथापुर्यमायथापुर्यम्। ब्राह्मणादिषु नञ्सावेतौ। यथातथा यथापुरा "**सुप्सुपा**" [१।३।३] इति सविधिः। अयथातथाभावः अयथापुरा भावः इति विग्रहः। सौत्रत्वान्निर्देशस्येति प्रान्तौ पठितौ। यदि वा "**यावद्यथावध्व्यसादृश्ये**" [१।३।६] इति हसे कृते पश्चान्नञ्सः। नन्वेकत्र नञ्सात्पूर्वं त्यविधिः अन्यत्र नञ्से। तेनोभयं सिद्धमतो व्यर्थमिदम्। न व्यर्थम्। नञ्सात्पूर्वं प्राप्नोतीत्युक्तम्।

हनस्तोऽञिणलोः ॥५।२।३६॥ ढ्वतीति निवृत्तम्। अञिणलोरिति प्रतिषेधात् सामान्येन ञ्णितीति वर्तते। हनस्तकारादेशो भवति ञ्णिति परतः अञिणलोः। घातयति। घातकः। "**अन्तेऽलः**" [१।१।४६] इति नकारस्य तत्त्वम्। देशघाती। सर्वघाती। "**सुपि शीलेऽजातौ णिन्**" [२।२।६६] घातंघातम्। "**णम् चाभीक्ष्ण्ये**" [२।४८] इति णम्। द्वित्वम्। घञि घातः। सर्वत्र "**हो हन्तेर्णिञ्नि**" [५।२।५६] इति कुत्वम्। अञिणलोरिति किम्? अघानि। जघान। इह कस्मान् न भवति वृत्रं हतवानिति वृत्रहा। तस्येदं वार्त्रघ्नम्। "**पादिहन्धृतराज्ञोऽणि**" [४।४।१२३] इत्यखम्। "**धोः स्वरूपग्रहणे तत्त्यविज्ञानम्**" [प०] इति धोरेव भवति।

आतो णल औः ॥५।२।३७॥ आकारान्ताद्गोरुत्तरस्य णल औकारादेशो भवति। पपौ। तस्थौ। पा इत्येतस्माण्णलि परतः युगपत्त्रीणि कार्याणि प्राप्नुवन्ति द्वित्वमेकादेश औत्वं च। तत्रैकादेशादनवकाशत्वेन परमौत्वम्। द्वित्वादपि परत्वादैप्। इदानीमैपि कृते निमित्तनिमित्तिनोर्विभागाभावात् लिटि परतो द्वित्वनुच्यमानं न स्यात्। "**द्वित्वेऽचि**" [१।१।५६] इति स्थानिवद्भविष्यति। ननु द्वित्वनिमित्ते अचि स्थानिवद्भाव उच्यते

चात्राचो निमित्तत्वं भेदाभावात् । एवं तर्हि "द्वित्वेऽचि" [१।१।५६] इति सूत्रे द्वित्व इति योगविभागादिह स्थानिवद्भावः ।

ञिक्तोर्युक् ॥५।२।३८॥ आकारान्तस्य गोः ञौ कृति ञ्णिति च परतः युगागमो भवति । अदायि । अधायि । दायः । धायः । दायकः । धायकः । ञिक्तोरिति किम् ? ययौ । बभौ । ववौ । ज्ञा देवता अस्य अणि ज्ञः ।

न सेटस्तासि मोऽवमिकमिचमः ॥५।२।३९॥ मान्तस्य गोः तासि सेटः ञौ कृति ञिति च यदुक्तं तन्न भवति । किन्नोक्तम् ? ञ्णितीत्यनुवर्तनाद् "उङोऽतः" [५।२।४] इत्यैप् । अशमि । अतमि । अदमि । शमकः । दमकः । तमकः । शमः । तमः । दमः । विश्रमः । कथं सूर्यविश्रामभूमिः ? प्रमादप्रयोग एषः । तासि सेट इति किम् ? यामकः । रामकः । म इति किम् ? चारकः । पाठकः । अवमिकमिचम इति किम् ? वामः । कामः । आचामः । ञिक्तोरिति किम् ? शशाम । तताम । कथमुद्यमः । उपरमः ? "यम उद्यमे" [धा०] "यम उपरमे" [धा०] इति निपातनात् ।

जनिवध्योः ॥५।२।४०॥ जनि वधि इत्येतयोश्च ञिक्तोर्यदुक्तं तन्न भवति । अजनि । अवधि । जनकः । वधकः । जनः । वधः । वधिरिति प्रकृत्यन्तरं हलन्तमस्ति । तस्येदं ग्रहणम् । न हनादेशस्यादन्तत्वात् । तेन सिद्धम् । "भक्षकश्चेन्न विद्येत वधकोऽपि न विद्यते" ।

अर्तिह्रीव्लीरीक्नूयीदमाय्यातां पुग् णावेप् ॥५।२।४१॥ गोरिति वर्तते । अर्ति ह्री व्ली री क्नूयी दमायी इत्येषामाकारान्तानां च गूनां णौ परतः पुग् भवति एप्च । अर्तिरिति तिपा निर्देशः ऋकारान्तनिवृत्त्यर्थः । इयर्ति ऋच्छति वा कश्चित् तं प्रयुङ्क्ते अर्पयति । ह्रेपयति । व्लिनातेर्व्लेपयति । रीयते रिणातेश्च रेपयति । निरनुबन्धपरिभाषा नाश्रीयते । क्नूयी क्नोपयति । "वलि व्योः खम्" [४।३।५५] इति यखम् । "न धुखेऽगे" [१।१।१८] इत्येप्प्रतिषेधः प्राप्नोति अगनिमित्ते खे स प्रतिषेधः । वर्णनिमित्तं चेदम् । दमायी दमापयति । आकारान्तानाम् । दापयति । धापयति । लक्षणप्रतिपदोक्तपरिभाषेह नाश्रीयते । ग्लापयति । अध्यापयति । "इकस्तौ" [१।१।१७] इत्याश्रयणात् आतः एब् न भवति । पुकः पूर्वान्तकरणं किम् ? दापयतेर्लुङि अदीदपदित्यत्र "णौ कच्युङः" [५।२।११५] प्रादेशार्थः ।

शाच्छासाह्वाव्यावेपां युक् ॥५।२।४२॥ शा च्छा सा ह्वा व्या वे पा इत्येतेषां णौ परतः युगागमो भवति । निशाययति । अपच्छाययति । अवसाययति । संह्वाययति । संवाययति । पाययति । शादीनां कृतात्वानां ग्रहणं लाक्षणिकस्यापि पूर्वेण पुकमाख्यातुम् । ज्ञापयति । जापयति । वेञ एकारान्तनिर्देश "औवै शोषणे" [धा०] इत्यस्य निवृत्त्यर्थः । वातेरुब्विकरणादग्रहणम्ः पाग्रहणे "पै ओवै शोषणे" [धा०] इत्यस्यापि ग्रहणम् । आकारान्तवर्गात् पृथक् पाठो लाक्षणिकत्यागार्थः इत्यन्ये । पातेर्लुकं वक्ष्यति । युकः पूर्वान्तत्वं निशाययतेर्लुङि न्यशीशयदिति प्रादेशार्थम् ।

वो विधूनने जुक् ॥५।२।४३॥ वा इत्येतस्य विधूननेऽर्थे जुग्भवति णौ परतः । पत्रकेणोपवाजयति । "वज व्रज गतौ" [धा०] इत्यस्य एयन्तस्य किन्न रूपम् । नैवं वातेर्युक् स्यात् । विधूनन इति किम् ? आवापयति केशान् । "ओवै शोषणे" [धा०] इत्यस्येदं रूपम् । "धून्प्रीञोर्णौ नुगिष्यते" इति विधूननवचनं ज्ञापकम् ।

पातेर्लुक् ॥५।२।४४॥ पातेर्लुगागमो भवति णौ परतः । पालयति शीलं गुरुः । तिपा निर्देशोऽनुविकरणनिवृत्त्यर्थः । यङ्लुबन्तनिवृत्त्यर्थश्च । ननु पाल रक्षणे इति चौरादिकस्य रूपं भविष्यति । नात्रापि युक्स्यात् ।

लो वा स्नेहद्रवे ॥५।२।४५॥ला इत्येतस्य णौ परतः वा लुगागमो भवति स्नेहद्रवेऽर्थे। घृतं विलालयति विलापयति। विलाययति। ला इति लिनातेः द्रवीकरणार्थस्य **"विभाषा लियोः"** [४।३।४४] इति कृतात्वस्य धूनामनेकार्थत्वाल्लातेश्च स्नेहद्रवे वृत्तिरित्युभयोर्ग्रहणम्। स्नेहद्रव इति किम्? अयो विलापयति। जटाभिरालापयते। लीयतेः कृतात्वात् **"लियोऽधाष्टर्यसन्मानने च"** [१।२।६६] इति दः।

लियो नुक् ॥५।२।४६॥ ली इत्येतस्य णौ परतः स्नेहद्रवेऽर्थे वा नुग्भवति। घृतं विलीनयति। घृतं विलापयति। लियोऽनात्वपक्षे स्नेहद्रवार्थस्य ग्रहणम्। स्नेहद्रव इत्येव। अयो विलाययति। णो ऐत्र्यादेशौ। अथ **"विभाषा लियोः"** [४।३।४४] इत्यात्वपक्षे एकदेशविकृतस्यानन्यत्वान्नुक् कस्मान्न भवति? लिय इत्यत्र ली ई इतीकारप्रश्लेषादीकारान्तस्य नुक्।

रुहः पः ॥५।२।४७॥ रुहः णौ परतः पकारादेशो भवति वा। आरोपयति। आरोहयति स्वर्गं जिनधर्मः। अथ **"युप रुप लुप विमोहने"** [धा०] इति रुप्यतेः रोपयति, रुहेः रोहयतीति भविष्यति। न शक्यमेवम्, आरोपयतीति भविष्यति न शक्यमेवम्। आरोपयतीत्यत्र रुहेरर्थः प्रतीयते न रुप्यतेः। अनेकार्था धव इति पादप्रसारिकैषा।

स्फायो वः ॥५।२।४८॥ वेति निवृत्तम्। स्फायी इत्येतस्य वकारादेशो भवति णौ परतः। स्फावयति। स्फावयतः। स्फावयन्ति। **"अन्तेऽलः"** [१।१।४६] इत्यन्तस्य।

शदोऽगतौ तः ॥५।२।४६॥ शदेर्णौ परतः अगतावर्थे तकारादेशो भवति। पुष्पाणि शातयति। फलानि शातयति। अगताविति किम्? गाः शादयति यष्ट्या। **"शद्लृ शातने"** [धा०] इति निपातनात् सिद्धमिति चेत्; निपातनमत्राधकमितरस्य शक्येत। यथा **"पूर्वकालैक"** [१।३।४४] इत्यत्र पुराणशब्दः पुरातनशब्दस्य।

त्यस्थे क्यापीदतोऽसुपोऽयत्तदौ ॥५।२।५०॥ त्यस्थे ककारे परतः पूर्वस्य अकारस्येकारादेशो भवति असुपो य आप् तस्मिन् यत्तदित्येतौ वर्जयित्वा। कुत्सिता जटा जटिका। मुण्डिका। त्य इति किम्? शक्नोतीति शका। तका। धोरयं कः। स्थग्रहणं किम्? कारिका। हारिका। असति स्थग्रहणे त्ये कीत्युच्यमाने **"येनाल्विधिः"** [१।१।६७] इति ककारादावेव स्यात्। स्थग्रहणे सर्वत्र सिद्धम्। कीति किम्? नन्दना। रमणा। कीतीप्निर्देशः किम्? **"ईप्केत्यव्यवाये पूर्वपरयोः"** [१।१।६०] इति परस्य मा भूत्। पटुका। मृदुका। आपीति किम्? कारको हारकः। अत इति किम्? गोका। नौका। तपरकरणं किम्? बहुखट्वाका। बहुमालाका। **"वाऽपः"** [५।२।१२७] इत्यप्रादेशपक्षे। प्रपक्षे असुबः कपः परोऽयमाप्। असुप इति किम्? बह्वः परिव्राजका अस्यां बहुपरिव्राजका मथुरा। **"त्यखे त्याश्रयम्"** [१।१।६३] इति सुबन्तात्परिव्राजकशब्दादयमाप्। ननु च बसे समुदायादसुबन्तादावितीत्वं प्राप्नोति, तदसत्, असुप इति प्रसज्यप्रतिषेधोऽयम्। न चाप्सुबन्तादवयवात्परो भवति। पर्युदासे हि दोषः। सुपोऽन्यः असुप् समुदायस्तस्मादाबितीत्वं स्यात्। बहूनि चर्माणि अस्यां बहुचर्मिकेत्यत्र असुबन्तात्कपः परोऽयमावितीत्वम्। अयत्तदाविति किम्? यका। सका। यकां यकां पश्यति तकां तकां वृणीते। इह कथं प्रतिषेधः, यातीति स्यतीति विच्चि या सा इति स्थिते के प्रादेशे च कृते यका सका। ञ्चिपकादावेतौ द्रष्टव्यौ। ननु कीति वर्णनिर्देशः तस्यापीति परत्वेन विशेषणं नोपपद्यते आकारेण व्यवधानात्। एकादेशे भविष्यति। एकादेशः पूर्वविधौ स्थानिवद्भवतीति व्यवधानमेव। एवं तर्हि वर्णेनैकेन व्यवधानेऽपि वचनप्रामाण्याद्भवति। सङ्घातेन पुनर्व्यवधानमिति। रथानां समूहो रथकट्या पुत्रकाम्यानं पुत्रकाम्या इत्यादौ न भवति।

वाऽतोऽधोर्यकात् ॥५।२।५१॥ अधोर्यो यकारः ककारश्च ताभ्यामुत्तरस्यातः स्थाने यो अकारः तस्याप्यसुपः वा इद्भवति। कुत्सिता इभ्या इभ्यका। इभमर्हतीति **"दण्डादेः"** [३।४।६४] यः। एवं

क्षत्रियका। क्षात्रियिका। अर्यका। अर्यिका। चटकका। चटकिका। मूषिकका। मूषिकिका। आत इति किम्? साङ्काश्ये भवा साङ्काश्यिका। अधोरिति किम्? सुनयिका। सुशयिका। सुशोचिका। सुपाकिका। शोभनो नयोऽस्या सुनया। "केऽणः" [५।२।१२५] इति ह्रादेशे कृते धोरन्तौ यकारककारावमू ताभ्यां परस्य न विकल्पः। यकादिति किम्? अश्वी। अश्विका। वेति योगविभागः। सा च व्यवस्थितविभाषा। तेन "तारका ज्योतिषि"। तारिकान्या। "आशिषि" जीवतादिति जीवका। नन्दका। जीविका नन्दिकाऽन्यत्र। अनुकम्पिता देवदत्ता। के कृते "अनजादौ वा सुखम" [वा०] उक्तम्—"देवका" देवदत्तिकान्यत्र। "वर्णका तन्तुविकारे"। वर्णिकान्या। "वर्तका शकुनौ प्राचाम्"। वर्तिकाऽन्यत्र। "अष्टका कर्मविशेषे"। अष्टिका तुलान्यत्र। अष्टौ परिमाणमस्या इति। सूतका। सूतिका। पुत्रका। पुत्रिका। वृन्दारका। वृन्दारिका। "क्षिपकादौ न भवत्येव" "क्षिप प्रेरणे" [धा०]। ध्रु स्थैर्ये। क्षिपतीति क्षिपा, के क्षिपका। ध्रुवा, ध्रुवका। यका। सका। इत्येवमादिः क्षिपकादिः दक्षिणात्यिका। इहत्यिका इत्यादावित्वमेव।

भस्त्रैषाजाज्ञाद्वास्वानां नञ्से ऽपि ॥५।२।५२॥ भस्त्रा एषा अजा ज्ञा द्वा स्वा इत्येतेषां नञ्से असेऽपि आतः स्थाने यो अकारः तस्य वा इद् भवति। भस्त्राशब्दस्य "अनुक्तपुंस्कादाच्च" [५।२।५३] इतीमं विधिं वक्ष्यति। इह नञ्सादन्यत्रापि प्रतिपादयिष्यते। अभस्त्रका। अभस्त्रिका। अविद्यमाना भस्त्रा अस्या इति अभस्त्रा। कुत्सार्थे कः। एषका। एषिका। एतदः सर्वनाम्नोऽकभाविनि सौ "त्यदादेः" [५।१।१६१] इत्यत्वम्। प्राक् सुपः टाप्। एषेति विकृतनिर्देशाद्यत्र षत्वं तत्र विकल्पः। एतिकास्तिष्ठन्ति इत्यत्र नित्यमित्वम्। अजका। अजिका। अनजका। अनजिका। नञ्से कृते कः। जानातीति ज्ञा। ज्ञका। ज्ञिका। अज्ञिका। द्वके। द्विके। स्वका। स्विका। अस्वका। अस्विका। एषा द्वे नञ्पूर्वे अनुदाहरणे। सुबन्तादापो विहितत्वात्। नञ्सात् पूर्वम्पश्चाद्वा अकि कृते "त्यदो त्याश्रयम्" [१।१।६३] इति अन्तर्वर्तिनीं विभक्तीमाश्रित्य सुबन्तादाविति न प्राप्तिरित्वस्य। अनेषका। अद्वके इति भवति। स्वशब्दस्य तु ज्ञातिधनाख्यायां सर्वनामसञ्ज्ञाविरहादग्नास्ति। अकि हि सति तस्य टेः प्राग्भावात्सुबन्तग्रहणेन ग्रहणम्। सुबन्तादाप्स्यात्। ज्ञातिविवक्षायां तु न स्वा अस्या कुत्सार्थे कः। अस्वका। अस्विका। अपिग्रहणं किम्? नञ्से अस इत्येवास्तु। अन्यस्मिन्नपि से क्वचिद्भावार्थम्। बह्वयो भस्त्रा अस्या इति के बहुभस्त्रका। बहुभस्त्रिका। निर्भस्त्रका। निर्भस्त्रिका।

अनुक्तपुंस्कादाच्च ॥५।२।५३॥ अनुक्तपुंस्काद्विहितस्यातः स्थाने योऽकारस्तस्य आच्च भवति इच्च वा। नञ्से असेऽपीति वर्तते। खट्वाका। खट्विका। खट्वका। मालाका। मालिका। मालका। भस्त्राका। भस्त्रिका। भस्त्रका। खट्वादिशब्दा नित्यं स्त्रियामेव वर्तन्ते इत्यनुक्तपुंस्काः। नञ्सेऽपि। अभस्त्राका। अभस्त्रिका। अभस्त्रका। अखट्वाका। अखट्विका। अखट्वका। परमखट्वाका। परमखट्विका। परमखट्वका। बसेऽपि यदा कपि परतः "वाऽपः" [५।२।१२७] इति ह्रादेशस्तदानुक्तपुंस्काद्विहितस्यातः स्थाने अकार इत्ययमेव विधिः। अविद्यमाना खट्वाऽस्या अखट्वाका। अखट्विका। यदा न कप् तदा "स्रीगोर्नीचः" [१।१।८] इति ह्रादेशादुक्तपुंस्कत्वम्। अखट्विका। अतिक्रान्ता खट्वाम् अतिखट्विका।

ठस्येकः ॥५।२।५४॥ गोर्निमित्तभूतस्य ठस्य इक इत्ययमादेशो भवति। ठस्येति त्यस्य ग्रहणम्। अक्षैर्दीव्यति आक्षिकः। शालाकिकः। "प्राग्घाट्ठण्" [३।३।१२६] दध्नि संस्कृतं दाधिकम्। अपूपानां समूहः आपूपिकम्। "कणेष्ठः" [उ० सू०] कण्ठ इत्यादिषु "उणादयो बहुलम्" [२।२।१६७] इति न भवति।

इसुसुक्तः कः ॥५।२।५५॥ इस् उस् उक् इत्येवमन्तात्तकारान्ताच्च गोः परस्य ठस्य क इत्ययमादेशो भवति । सर्पिः पण्यमस्य सार्पिष्कः । बार्हिष्कः "**कुप्वोस्ये**" [५।४।२६] इति रेफस्य सः । "**इणः षः**" [५।४।२७] इति षत्वम् । धनुः प्रहरणमस्य यजुः पण्यमस्य "**प्राग्याद्दृषः**" [३।३।१२६] धानुष्कः । याजुष्कः । उक्-निषादकर्ष्वां जातः नैषादकर्षुकः । शावरजम्बुकः । "**ओर्देशे ठञ्**" [३।२।६६] । "**केऽणः**" [५।२।१२५] इति ह्रस्वादेशः । मातुरागतं मातृकम् । "**ऋतष्ठञ्**" [३।२।५२] । तान्तात्—उदश्वित् पण्यमस्य औदश्वित्कः । भवतोऽयं भावत्कः । ननु मथितं पण्यमस्य माथितिक इत्यत्र "**यस्य ङ्यां च**" [४।४।१३६] इति खे कृते तान्तादिकस्य स्थानिवद्भावेन कादेशः प्राप्नोति । अजादिति निमित्तस्तकारो नाजादिं हन्ति । "**सन्निपातलक्षणो विधिरनिमित्तं तद्विघातस्य**" [प०] "**अर्चिशुचिहुसृपिच्छदिच्छर्दिभ्य इस्**" [उ० सू०] इत्येवमादिना प्रतिपदोक्तयोरिसुसोर्ग्रहणादिह न भवति । आशिषा तरति आशिषिकः । उषा चरति औषिकः । "**आङः शासु इच्छायाम्**" [धा०] "**वस निवासे**" [धा०] इत्येताभ्यां क्विपि "**लिङ्गाशिषि**" [२।४।६६] इति निपातनादित्वम् । "**वसोर्जिः**" [४।४।१२०] "**शासिवसिघसाम्**" [५।४।४०] इति षत्वं नञ्सेऽपीत्यतोऽपिशब्दवृत्तेः "**दोषोऽपीष्यते**" [वा०] । दोर्भ्यां तरति दौष्कः ।

चजोः कुघिण्ण्ययोस्तेऽनिटः ॥५।२।५६॥ चकारजकारयोः कुत्वं भवति घिति ण्ये च परतः । पाकः । त्यागः । रागः । पाक्यम् । योग्यम् । भोग्यम् । न त्वत्र चकारस्य घिति जकारस्य ण्ये साम्याद्यथासङ्ख्यं प्राप्नोति "**तेन रक्तं रागात्**" [३।२।१] इति ज्ञापकात् स्वरितलिङ्गाभावाद्वा न भवति । तेऽनिटः इति किम् ? कजः । खर्जः । गर्जः । समाजः । परिव्राज्यम् । याच्यम् । अर्च्यम् । नन्वजेस्तेऽनिट इति कुत्वं प्राप्नोति । नैष दोषः । तेऽनिट इति विद्यमानस्य विशेषणम् । अजेस्तु वीभावेनासत्त्वादविशेषणं तस्मात् समाज इति भवति ।

शुच्युब्ज्योर्घञि ॥५।२।५७॥ शुचि उब्जि इत्येतयोर्घञि परतः कुत्वं भवति । ते सेटाविमौ । शोकः । समुद्गः । उब्जेर्दकारोऽङ्पत्ने कुत्वे कृते "**उद्ग**" इति । चुना योगे बत्वमुक्तं चुत्वाभावे न भवति । अथ समुद्गतः । समुद्ग इति । गमेर्डेन सिद्धम् । एवं तर्हि घञि उद्गेः जकारान्ततानिवृत्त्यर्थम् ।

न्यङ्क्वादेः ॥५।२।५८॥ पूर्वेणाप्राप्ते विधिः । न्यङ्कु इत्येवमादीनां च कुत्वं भवति । "**नावञ्चेः**" [उ० सू०] इत्युः । मद्गुः । मस्जेः "**भृमृशीतृचरितनिमिमस्जिभ्य उः**" [उ० सू०] जश्त्वम् । सस्य दः । भृगुः । भ्रस्जेः "**प्रथिमृदिभ्रस्जां जिः सखं च**" [उ० सू०] इति कुः । तक्रम् । चक्रम् । "**स्फायितञ्चिवञ्चि**" [उ० सू०] आदिसूत्रेण रक् । मेहतीति मेघः । इगुङ्लक्षणः कः गणपाठादेप् । शुनः पचतीति श्वपाकः । पचादिषु श्वपचशब्दोऽस्ति सोऽपि साधुः । अर्घअवदाघनिदाघाः घञन्ताः सञ्ज्ञाशब्दाः । अविहितलक्षणं कुत्वमिह ज्ञेयम् ।

हो हन्तेर्ञ्णिन्नि ॥५।२।५६॥ हन्तेर्हकारस्य कुत्वं भवति ञ्णिति त्ये नकारे घञि भावकरणे खपरतः । घातयति । घातकः । सर्वघाती । देशघाती । घातंघातम् । घातो वर्तते । नकारे—घ्नन्ति । घ्नन्तु । अघ्नन् । ह इति किम् ? अलोऽन्त्यस्य मा भूत् । हन्तेरिति किम् ? विहारः । ञ्णितीति किम् ? हतः । कथं यङ्लुन्तस्य जङ्घनीति । अत्र "**चात्**" [५।२।६०] इति कुत्वमिष्यते । धुनिर्देशार्थस्तिप् । ञ्णिद्ग्रहणं हन्तेर्विशेषणं ञितपरस्य हन्तेर्यो हकारस्तस्य । नकारो हकारस्य विशेषणम् । नकारे परतोऽनन्तरस्य हकारस्य स चेद्धन्तेरिति श्रौतं चानन्तर्यं घ्नन्तीत्यादाविष्टं स्थानिवद्भावादेकेन व्यवधानं नाश्रितम् । वचनप्रामाण्यात् । सङ्घातेन पुनर्व्यवधानम्, हननमिच्छति हननीयति । तस्य ण्वौ हननीयकः ।

चात् ॥५।२।६०॥ चादुत्तरस्य हन्तेर्हकारस्य कुत्वं भवति । अहं जघन । अणित्यत्ने णलि । जङ्घन्यते । जिघांसति । हन्तेर्यश्चः तस्मादत्परस्य कुत्वं च निमित्तत्वे तेनेह न भवति । हननीयितुमिच्छति जिहननीयिषति ।

हेरकचि ॥५।२।६१॥ हिनोतेर्हकारस्य चात्परस्य अकचि कुत्वं भवति। प्रजिघाय। प्रजेघीयते। प्रजिघीषति। अकचीति किम्? प्राजीहयत्। हेर्ण्यन्ताल्लुङि **"णिश्रिद्रुस्रु"** [२।१।४२] इत्यादिना कच्। णित्वम् **"णौ कच्युङः"** [५।२।११५] इति प्रादेशः। णौ कृतं स्थानिवद्भवतीति कचि हिशब्दस्य द्वित्वम्। ननु हेः स्वनिमित्ते त्ये चादुत्तरस्य कुत्वमुक्तम्। ण्यन्तं च प्रकृत्यन्तरं कथं कचि प्राप्तिः। अयमेव प्रतिषेधो ज्ञापको ण्यधिकस्यापि भवति। प्रहाययितुमिच्छति प्रजिघाययिषति।

सन्लिटोर्जेः ॥५।२।६२॥ सनि लिटि च यश्चस्तस्मात्परस्य जेः कुत्वं भवति। जिगीषति। जिगाय। संल्लिटोरिति किम्? जेजीयते। जिनातेर्लिटि जित्वे कृते **"ह्वः"** [४।४।२] इति दीत्वे कृते एकदेशपरिभाषया जिग्रहणेन ग्रहणं नेष्यते लाक्षणिकत्वात्। **"एर्गिवाक्चादुङोऽसुधियः"** [४।४।७८] इति यत्वम्। जिग्यतुः। जिग्युः।

वा चेः ॥५।२।६३॥ चिनोतेः सँल्लिटोः परतः चात्परस्य वा कुत्वं भवति। धर्मं चिकीषति। धर्मं चिचीषति। चिकाय। चिचाय। संल्लिटोरित्येव। चेचीयते। अप्राप्ते विकल्पोऽयम्।

न वञ्चेर्गतौ ॥५।२।६४॥ वञ्चेर्गत्यर्थस्य कुत्वं न भवति। वञ्च्यं वञ्चति वाणिजाः। गतौ किम्? वङ्क्यं काष्ठम्। **"यस्य वा"** [५।१।१२१] इति **"तेऽनिटः"** [५।२।५६] कुत्वं प्राप्तम्। ननु गतावेव वञ्चिः पठ्यते। सत्यम्। अनेकार्था धव इत्यन्यत्र मा भूत्।

ण्य आवश्यके ॥५।२।६५॥ आवश्यकेऽर्थे ण्ये परतः कुत्वं न भवति। अवश्यपाच्यम्। अवश्य-सेच्यम्। **"आवश्यकाधमर्ण्ययोर्णिन्"** [२।३।१४६] इत्यधिकृत्य **"व्याः"** [२।३।१४७] इति ण्यः। मयूरव्यंसकादित्वात्सविधिः। "व्यान्ते ह्यवश्यमो नाशः" इति मखम्। आवश्यक इति किम्? पाक्यम्। सेक्यम्।

यजित्यजिप्रवचाम् ॥५।२।६६॥ यजि त्यजि प्रवच इत्येतेषां ण्ये परतः कुत्वं न भवति। याज्यम्। त्याज्यम्। प्रवाच्यम्। अनावश्यकार्थमिदम्। प्रवचिग्रहणं शब्दखावपि प्रतिषेधार्थम्। प्रवाच्यो नाम पाठविशेषः। अन्ये तु पुनराहुः—प्रपूर्वस्यैव वचेः अशब्दखौ कुत्वप्रतिषेधो यथा स्यात्। अत्यगिपूर्वस्य मा भूत्। अधिवाक्यम्।

वचोऽशब्दखौ ॥५।२।६७॥ वचोऽशब्दखौ ण्ये परतः कुत्वं न भवति। वाच्यमाह। अशब्द-खाविति किम्? अवधुषितं वाक्यमाह। शब्दस्यैव सञ्ज्ञावाक्यमिति। तदुक्तम्—आख्यातं सविशेषण-मित्यादि वाक्यम्।

भुजप्रयाजानुयाजौकप्रयोज्यनियोज्यभोज्यानि ॥५।२।६८॥ भुज प्रयाज अनुयाज ओक प्रयोज्य नियोज्य भोज्य इत्येतानि शब्दरूपाणि निपात्यन्ते। भुज इति पाणौ। भुज्यतेऽनेनेति भुजः। **"हलः"** [२।३।१०२] इति करणे घञ्। एप्कुत्वयोरभावो निपात्यते। भोगोऽन्यः। अथ **"भुजो कौटिल्ये"** [धा०] इत्यस्य इगुङ्लक्षणे के रूपम्। न तस्याभ्यवहारार्था प्रतीतिः। रूढिशब्देऽप्यनुगमोऽस्ति। यथा गच्छतीति गौः। प्रयाजानुयाजौ यज्ञाङ्गे। **"अकर्तरि"** [२।३।१८] इति घञ्। प्रयागः। अनुयागः। इत्येवा-न्यत्र। ओक इति भवति। उचः के उच्यतीत्योकः। इगुङ्लक्षणः कः। न्युच्यत्यस्मिन्निति न्योकः। **"घञर्थे कविधानम्"** [वा०] इति कः। एप् कुत्वं च निपात्यते। उचिस्ते सेट् तदर्थम्। के उच इत्यस्य रूपस्य निवृत्त्यर्थं वेदम्। दिवौकस इत्यादिषु **"उणादयो बहुलम्"** [२।२।१६७] इति कुत्वम्। प्रयोज्यनि-योज्यौ शक्यार्थे। प्रयोक्तुं शक्यः प्रयोज्यः। नियोक्तुं शक्यो नियोज्यः। **"शकि लिङ् च"** [२।३।१४८] इति ण्यः। कुत्वाभावोऽनेन। प्रयोग्यो नियोग्य इत्येवान्यत्र। भोज्यमिति भुज पालनाभ्यवहारयोरित्यस्य भक्ष्येऽभिधेये। भोज्य ओदनः। भोज्या अपूपाः। ननु भक्षिरयं खरविशदे वर्तते न तु द्रवद्रव्ये तत्कथं

भोज्या यवागूरिति ? भक्षिरभ्यवहार्येऽपि वर्तते न खरविशद एव। अब्भक्षः। वायुभक्षः इति। अभ्यवहरणादन्यत्र न भवति। भोग्या अङ्घ्रिपाः पालनीयाः इत्यर्थः। भोग्यः कम्बलः। इष्टार्थसङ्ग्रहो निपातनात्। न्युब्ज इति कथं सिध्यति ? न्युब्जिताः शेरतेऽस्मिन्निति न्युब्जो रोगः। **"घञर्थे कविधानम्"** [वा०] इति ण्यन्तस्य वाऽचि रूपम्।

क्सस्याचि खम् ॥५।२।६६॥ क्सस्याजादौ परतः खं भवति। **"अन्तेऽलः"** [१।१।४६] इत्यन्तस्य। अधुक्षि। अधुक्षाताम्। अधिक्षि। अधिक्षाताम्। दुहिदिही स्वरितेतौ। **"इगुङः शलोऽनिटोऽदृशः क्सः"** [२।१।४०]। अचि किम् ? अधुक्षत्। अधिक्षत्। अधुक्षन्तेत्यत्र क्सस्य खे कृते **"देऽनतः"** [५।१।५] इत्यन्तादेशस्य स्थानिवद्भावेन झस्यादादेशः प्राप्नोति। **"परेऽचः पूर्वविधौ"** [१।१।५७] इत्यकारस्य स्थानिवद्भावान्न भवति। पूर्वस्मादपि विधिः पूर्वविधिरित्युक्तम्। क्सस्य कितो ग्रहणं किम् ? इह मा भूत्। वत्सौ। वत्साः **"वृतवदिहनिकमिकषिमुचिमाभ्यः सः"** [उ० सू०]।

वोब्दुहदिहलिहगुहो दे दन्त्ये ॥५।२।७०॥ दुह दिह लिह गुह इत्येतेभ्यः क्सस्य वा उब् भवति दे दन्त्यादौ परतः। अदुग्ध। अदुग्धाः। अधुक्षत। अधुक्षथाः। अधुग्ध्वम्। अधुक्षध्वम्। अदुह्वहि। अधुक्षावहि। दिह। अदिग्ध। अधिक्षत। अलीढ। अलिक्षत। न्यगूढ। न्यघुक्षत। दुहादिभ्य इति किम् ? व्यत्यरुक्षत। द इति किम् ? अधुक्षत्। दन्त्य इति किम् ? अधुक्षामहि। खमिति वर्तमाने उब्ग्रहणं सर्वापहारार्थम्।

ओतः श्ये ॥५।२।७१॥ ओकारान्तस्य गोः श्ये परतः खं भवति। निश्यति। अपच्छ्यति। अवद्यति। अवस्यति। वोब्ग्रहणमस्वरितत्वान्नाधिकृतम्। श्य इति शित्करणं किम् ? गव्यम्।

शमित्यामदो दीः ॥५।२।७२॥ शमादीनामामदो दीर्भवति श्ये परतः। शाम्यति। ताम्यति। दाम्यति। श्राम्यति। भ्राम्यति। क्षाम्यति। क्लाम्यति। माद्यति। **"अचश्च"** [१।१।१२] इत्यचः स्थाने दीः। आम इति किम् ? अस्यति। श्य इत्येव। भ्रमति। **"वा भ्राशभ्लाश"** [२।१।६६] इत्यादिना वा शप्।

ष्ठिवुक्लम्वाचमां शिति ॥५।२।७३॥ ष्ठिवु क्लमु आचम इत्येतेषां दीर्भवति शिति परतः। ष्ठीवति। ष्ठीवेत्। क्लामति। क्लामेत्। आचामति। आचामेत्। क्लमः शितीति दीत्ववचनं शबर्थम्। चमेराङ्पूर्वस्यैव। केवलस्यान्यपूर्वस्य च मा भूत्। चमति। विचमति।

क्रमो मे ॥५।२।७४॥ क्रमो मपरे शिति दीर्भवति। क्रामति। क्रामेत्। म इति किम् ? आक्रमते आदित्यः। **"ज्योतिरुद्गतावाङः"** [१।२।३६] इति दः। शितीत्येव। क्रमिष्यति। ननु सर्वत्र गृह्यमाणेन शमादिना अविशेष्यते। तेनाटोऽपि दीत्वं स्यात्। अशाम्यत्। **"अन्त्याभावेऽन्त्यसदेशस्य कार्यम्"** [प०] इत्यदोषः। इह सङ्क्रामेति हेरुपि कृते **"नोमता गोः"** [१।१।६४] इति त्याश्रयकार्यप्रतिषेधाद् दीत्वं न प्राप्नोति। न दोषोऽयम्। उमता वचनेन नष्टे यो गुस्तस्य कार्यं स प्रतिषेधः। तत्रायं क्रमिः द्विवचने गुः। किं तर्हि शिति।

गमिषुयमां छः ॥५।२।७५॥ गम् इषु यम् इत्येतेषां छो भवति शिति परतः। गच्छति। इच्छति। यच्छति। म इति नाधिकृतम्। संगच्छते। इषेरुदितः शब्विकरणस्य ग्रहणम्। **"इष गतौ"** [धा०] इत्यस्य इष्यति। **"इष आभीक्ष्ण्ये"** [धा०] इष्णातीति।

पाघ्राध्मास्थाम्नादाण्दृश्यर्तिसर्तिशदसदां पिबजिघ्रधमतिष्ठमनयच्छपश्यर्च्छधौशीयसीदाः ॥५।२।७६॥ पा घ्रा ध्मा स्था म्ना दाण् दृशि अर्ति सर्ति शद सद इत्येतेषां पिब जिघ्र धम तिष्ठ मन यच्छ पश्य ऋच्छ धौ शीय सीद इत्येते आदेशा शिति यथासङ्ख्यं भवन्ति। पा–पिबति। पिबतः।

पिबन्ति । अत्र "घ्युङः" [५।२।८३] इति एप्प्राप्नोति । अकारान्तोऽयमादेशो अथवा गुकार्ये निवृत्ते पुनर्न तन्निमित्तमिति न भवति । घ्रा–जिघ्रति । ध्मा–धमति । स्था–तिष्ठति । म्ना–मनति । दाण् । प्रयच्छति । द्रष्टि इति दृशेस्तिपि "शपोऽदादिभ्यः" [१।४।१४३] इत्यत्र शप इति योगविभागाच्छप उपि कृते "झल्यकिति सृजिदृशोऽम्" [४।३।५१] इत्यमा निर्देशः । एवमर्तिसर्त्योरपि ज्ञेयम् । पश्यति । पश्यतः । पश्यन्ति । अर्ति–ऋच्छति । अनुब्विकरणस्य ग्रहणम् । सर्ति । धावति । सर्तेर्व्याख्यानात् शैघ्र्ये धावादेशो नान्यत्र । संसरति । प्रसरतीत्यादि । शद्–शीयते । शीयेते । "सदेर्गात्" [१।२।५५] इति दः । सद् । सीदति । द्रष्ट्यादीनां तिपा निर्देशो यङुबन्तनिवृत्त्यर्थः । शतरि शिति प्राप्तिः । दर्दर्शत् । अरियत् । सर्सत् । अर्तेश्च रिक् । इतरयो रुक् ।

ज्ञाजनोर्जा ॥५।२।७७॥ ज्ञा जन इत्येतयोः जा इत्ययमादेशो भवति शिति । जानाति । जायते । जा इति दीर्घोच्चारणं किम् ? "यभ्यतो दीः" [५।२।९६] इत्यत्र मिङीत्यनुवर्तनाद् दीर्घत्वं न स्यात् ।

प्वादेः प्रः ॥५।२।७८॥ पू इत्येवमादीनां प्रादेशो भवति शिति परतः । पुनाति । लुनाति । प्वादयो रीलीवृदिति यावत् । ल्वादीनां समाप्त्यर्थं वृत्करणमेतदिति केचित् । आगणान्ताः प्वादयः । तदयुक्तम् । उभयगणपरिसमाप्त्यर्थता वृत्करणस्य न विरुद्ध्यते । किञ्चागणान्तपक्षे त्रीणाति, श्रीणाति जानातीत्यत्र प्रः स्यात् ।

मिदेरेप् ॥५।२।७९॥ मिदेर्गोरेब्भवति शिति । मेद्यति । मेद्यतः । मेद्यन्ति । मिदेर्य इक् तस्यायमेप् । मिदेरिति किम् ? क्लिद्यति । शितीत्येव । मिद्यते ।

जुसि ॥५।२।८०॥ जुसि परतः इगन्तस्य गोरेप् भवति । कामचारेण विशेषणम् । इका सन्निहितेन गुर्विशेष्यते । तेन तदन्तविधिः । अजुहवुः । अबिभयुः । अबिभरुः । लङो भिः । शप उप् । "थविल्सेः" [२।४।८६] इति जुस् । भृजश्चस्येत्वम् । इगन्तस्येति विशेषणं किम् ? अनेनिजुः । जुसीति जकारग्रहणं किम् ? लुलुवुः । अथ चिनुयुः सुनुयुरित्यत्र उसीति पररूपे कृते "तदागमास्तद्ग्रहणेन गृह्यन्ते" [प०] इति श्नोः कस्मान्न भवति । अत्र द्वे ङित्वे गाश्रयं यासुडाश्रयं च । तत्र नाप्राप्ते गाश्रये ङित्वनिमित्ते प्रतिषेधे एब्विहितस्तमेव बाधते । यासुडाश्रये ङित्वनिमित्ते तु प्रतिषेधे प्राप्ते चाप्राप्ते च । अतस्तं न बाधते ।

गागयोः ॥५।२।८१॥ गे चागे च परतः इगन्तस्य गोरेब्भवति । तरति । नयति । करोति । अगे–कर्ता । भविता । चेता । स्तोता । गागयोरिति किम् ? अग्नित्वम् । अथ सङीति कर्तव्यम् । सनः सकारादारभ्य आ आङो ङकारात्प्रत्याहारः । यदि सङीत्युच्येत अग्निकाम्यतीत्यत्रापि स्यात् । अथ यङीत्युच्येत । शिशयिषत इत्यत्र न स्यात् ।

जागुरविञिणल्ङिति ॥५।२।८२॥ जागृ इत्येतस्य गोरेब् भवति अविञिणल्ङिति परतः । जागरयति । जागरकः । साधु जागरी । जागरं जागरम् । जागरो वर्तते । किति–जागरितः । जागरितवान् । ऐब्विषये प्रतिषेधविषये च प्रापणार्थो जागुरेब्विहितोऽन्यत्र पूर्वेणैव सिद्धः । नायमेप् सावैपमन्तरङ्गं बाधते । तेन "ह्म्यन्तक्षणश्वस्" [५।१।८१] इत्यादिना जागुरैप्प्रतिषेधः । जागरयतीत्यादौ "उङोऽतः" [५।२।४] इति पुनरैप् कस्मान्न भवति ? यदि स्याद्वचनमनर्थकं भवेत् । जागरित इत्यत्र सार्थकमिति चेत् ; एवं तर्हि ञिणलोः प्रतिषेधोऽनर्थकः स्यात् । कृते एपि "उङोऽतः" [५।२।४] ऐपा सिद्धत्वात् । अविञिणल्ङितीति किम् ? जागृविः । "जशस्तजागृभ्यो क्वित्" [उ० सू०] इति विः । अजागरि । जजागार । ङिति–जागृतः । जागृथः । अविञिणल्ङितीति पर्युदासोऽयम् । विञिणल्ङिद्भ्योऽन्यत्रायमेब् विधीयते तेन विञिणलङिति प्रतिषिध्यते । यदि लक्षणान्तरमस्ति भवत्येव । अजागरुः । अहं जजागार । प्रसज्यप्रतिषेधे हि दोषः । विञिणल्ङिति न भव-

तीति ततश्च अजागरुरित्यत्र "जुसि" [५।२।८०] इत्यस्य अहं जजागर। अणित्पक्षे "गागयोः" [५।२।८१] इत्यस्य च प्रतिषेधः स्यात्। अथवा जागुरित्यनेनानन्तराप्राप्तिः प्रतिषिध्यते न "जुसि" [५।२।८०] इत्यादि प्राप्तिः। अथ नञर्थः पर्युदासो नोपपद्यते अभावमात्रस्य वृत्त्यर्थत्वात्। न चोत्तरपदार्थाभावेन विधेर्निमित्तत्वमाश्रयितुं शक्यम्। तदयुक्तम्, यत्रभाव एव वृत्त्या गम्यते कथमब्राह्मणादिवाक्ये क्षत्रियादेरानयनम्। अथापि स्यात्। कथमुत्तरपदं सादृश्ये न विपरीते वर्तते। वृत्तौ वा वर्त्तिपदार्थव्यतिरेकेणान्यपदार्थसम्प्रत्ययादुपसर्जनीभूतस्वार्थत्वे सत्यवर्षाहेमन्त इत्यत्र "स्त्रीगोर्नीचः" [१।१।८] इति प्रादेशः प्राप्नोति। अनेकमित्यत्र च द्वित्वबहुत्वे स्याताभित्येदप्यसारम्। यथोत्तरपदं स्वार्थे वर्तते। स्वभावतः तथानञ्वृत्तौ परार्थे न वर्त्तिपदार्थकत्वे वर्तिष्यते। यथा च स्वार्थे वर्तमानं नोपसर्जनमेवं परार्थेऽपि सादृश्येन स्वार्थ एवेति कथमुपसर्जनत्वात् प्रादेशप्राप्तिः। अनेकमित्यत्र च एकशब्दः प्रधानभूत उपात्तस्वलिङ्गसंख्य एव परार्थे वर्तते इति द्वित्वबहुत्वयोरभावः। एवं तर्हि प्रसज्यप्रतिषेधो नञर्थो न युक्तो वृत्त्यभावप्रसङ्गात्। तथाहि क्रियामपेक्षमाणस्य नञः उत्तरपदेन सामर्थ्याभावाद्वृत्तिर्न प्राप्नोति। नैष दोषः, वचनाद् भविष्यति। देवदत्तस्य गौर्नास्तीत्यनभिधानान्न भवति। ततो द्वावपि नञर्थौ युक्तौ। यदोत्तरपदं स्वार्थविपरीते वस्तुनि वर्तते तदा निवृत्तपदार्थकत्वं द्योतयन्न वृत्तिं लभते। यदा तूत्तरपदं स्वार्थ एव वर्तते तदा नञ् क्रियाप्रतिषेधद्वारेण सामर्थ्यमनुभवन् वृत्तिमाप्नोति।

घ्युङः ॥५।२।८३॥ घिसञ्ज्ञस्योङः एब् भवति गागयोः। द्योतते। वर्षति। छेदनम्। भेदनम्। ननु च भेत्ता छेत्ता इत्यत्र त्यादेर्गोरवयवस्य च हलोरानन्तर्ये "स्फेरुः" [१।२।१००] इति रुसञ्ज्ञया घिसञ्ज्ञा बाधिता कथमेप्। उच्यते "त्रसिगृधिधृषिक्षिपः क्नुः" [२।२।११६] इति "हलन्तात् [१।१।८४] इति च क्नुसनोः किकरणं ज्ञापकम्। त्यादेर्गोरन्तस्य च हलोरानन्तर्ये "घ्युङ" एब् न व्यावर्तते। घि चासावुङ् च घ्युङिति यसः किम्? भिनत्तीत्यत्र मा भूत्। इको घ्युङ एब्भवतीति सम्बन्धात् प्रसज्येत।

नेटः ॥५।२।८४॥ इट एब् न भवति। अकणिषम्। अरणिषम्। कणिता। रणिता। अमं डादेशे टिखं चाश्रित्य पूर्वस्य गुसञ्ज्ञायां "घ्युङः" [५।२।८३] इति एप्प्राप्तः।

थस्य गे पित्यचि ॥५।२।८५॥ थसञ्ज्ञस्य गोर्यो घ्युङ् तस्याजादौ गे पित्येब् न भवति। नेनिजानि। अनेनिजम्। वेविचानि। अवेविचम्। वेविषाणि। अवेविषम्। लोटि लङि च चस्य "निजामुच्येप्" [५।२।१७४]। एवं बोबुधीति। बोभुजीति। बेभिदीति। थस्येति किम्? वेदानि। ग इति किम्? निनेज। अचीति किम्? नेनेक्ति। विद्ग्रहणमुत्तरार्थम्। अपिति गे ङित्तीति प्रतिषेधः सिद्धः। घ्युङ इत्येव। जुहवानि।

सूभवत्योर्मिङि ॥५।२।८६॥ सू भवति इत्येतयोर्मिङि पिति गे एब् न भवति। सुवै। सुवावहै। सुवामहै। अभूवम्। अभूत्। सूग्रहणेन सूतिर्गृह्यते। सूयतिसुवत्योर्विकरणेन व्यवधानम्। विकरणस्य ङित्त्वादेव प्रतिषेधः सिद्धः। मिङीति किम्? भवति। शबयम्। भवतेस्तिपा निर्देशो यङुबन्तनिवृत्त्यर्थः। बोभवीति। सूत्रोपलक्षणं चेदं तिपा निर्देशेनं सूतेरपि यङुबन्तस्य निवृत्तिः। सोपवीति।

हल्यैबुप्युतः ॥५।२।८७॥ हलादौ पिति गे परतः उपि सति उकारान्तस्य गोरैप् भवति। एपोऽपवादोऽयम्। यौमि। यौषि। यौति। रौमि। रौषि। रौति। इदमेव ज्ञापकम्—पूर्वं विकरणः पश्चाद् गुकार्यम्। अन्यथा पूर्वमेपि सति उकारान्तता न भवेत्। तरतः। तरन्तीत्यत्र ॠत इत्वं च स्यात्। अथवा नित्यः शप्। हलीति किम्? यवानि। उपीति किम्? जुहोमि। सुनोमि। उत इति किम्? एमि। एषि। एति। तपरकरणं किम्? लोलोति। पितीत्येव। युतः। रुतः। हलि पितीभ्निर्देशादव्यवहितग्रहणम्। इह मा भूत्। अपि स्तुयाद्राजानम्। थस्य नेत्येतदिहानुवर्त्यमिति केचित्। योयोति। रोरोतीत्यादिसिद्धये।

वोऽर्णोः ॥५।२।८८॥ उर्णोतेर्वा एब्भवति हलादौ पिति गे। प्रोर्णौमि। प्रोर्णोमि। प्रोर्णौषि। प्रोर्णोषि। प्रोर्णौति। प्रोर्णोति। हलीत्येव। प्रोर्णवानि। पितीत्येव। प्रोर्णुतः। पूर्वेण प्राप्ते विकल्पः।

हल्येप् ॥५।२।८९॥ उर्णोतेर्हलि पिति गे एब्भवति। प्रौर्णोः। प्रौर्णोत्। पुनर्हल्ग्रहणं केवलार्थम्। हलादौ मा भूत्। वेति नाधिकृतम्।

तृणह इम् ॥५।२।९०॥ तृणह इत्येतस्य गोरिमागमो भवति हलादौ पिति गे परतः तृहिरागतश्नम्को गृह्यते। श्नमि कृते इमागमो यथा स्यादिति। तृणेक्षि। तृणेढि। हलीत्येव। तृणहानि। पितीत्येव। तृण्ढः। अतृणेडित्यत्र तिस्योः "**हल्ङ्यापः**" [४।३।५६] इत्यादिना खे कृते हलाद्यभावादिम्न प्राप्नोति। "**त्यखे त्याश्रयम्**" [१।१।६३] अपि न सम्भवति। वर्णाश्रये नास्ति त्याश्रयमिति। यथा गवे हितम् गोहितमित्यत्र अचीति वर्णाश्रये नास्त्यवादेशस्त्याश्रयः। नेदं वर्णाश्रयं कार्यम्। किं तर्हि मिङाश्रयम्। मेङि हलादौ परतः। तस्य च त्यखे त्याश्रयमित्यवस्थानादिम्।

ब्रुव ईट् ॥५।२।९१॥ ब्रुव ईडागमो भवति हलि पिति गे। ब्रुव इति कानिर्देशात्परादिरीट्। ब्रवीति। ब्रवीतु। अब्रवीदित्यत्र व्यपदेशिवद्भावेन हलादित्वम्। हलीत्येव। ब्रवाणि। पितीत्येव। ब्रूतः। ग इत्येव। उवचिथ। इटं बाधित्वा परत्वादीट् स्यात्। आत्थ इत्यत्र स्थानिवद्भावात्प्राप्नोति "**ब्रुव आहश्च**" [२।४।७०] इति आहादेशः। सिपश्च थादेशः। "**आहस्थः**" [५।३।५२] इति हस्य थत्वम्। चर्त्वम्। नायं दोषः। अलि विधिरयम्। "**अनल्विधौ**" [१।१।५६] इति प्रतिषेधः।

यङो वा ॥५।२।९२॥ यङुबन्ताद्वा ईड् भवति हलि पिति गे। अत्रापि यङ इति कानिर्देशात् परस्य तया योगः। लालपीति। वावदीति। शाश्वसीति। चोक्रुशीति। "**थस्य गे पित्यचि**" [५।२।८५] इत्युङः एप्प्रतिषेधः। पक्षे लालप्ति। वावत्ति। शाश्वस्ति। चोक्रोष्टि। यङन्तात्परस्य हलादेः पितो गस्याभावाद्वचनाद्यङुबन्तस्य ग्रहणम्। इदमेव ज्ञापकं "**यङोऽचि**" [१।४।१४४] इत्यत्राविशेषेण यङ उब् भवति। "**चर्करीतम्**" इत्यादिषु पठितम्। तस्यादादिकार्यम्। "**मम्**" [१।२।७५] इति मविधिः। "**चर्करीतम्**" इति यङुबन्तस्य सञ्ज्ञा।

हल्यस्सेः ॥५।२।९३॥ हलि परतः अस्तेः स्यन्ताच्च ईड्भवति। अस्तिग्रहणं लङर्थम्। आसीत्। आसीः। स्यन्तात्। अकार्षीः। अलावीत्। अलावीः। पुनर्हल्ग्रहणं केवलार्थम्। इह मा भूत्। अस्ति। वेति नाधिकृतम्। नन्वभूदित्यत्र अस्तेः स्थानिवद्भावात्प्राप्नोति। अस्सेरिति त्रिसकारको निर्देशः। तेन अस्तेः सकारान्तादीट्।

रुद्भ्योऽड्वाऽजक्षेः ॥५।२।९४॥ रुदादिभ्यो जक्षिपर्यन्तेभ्यः अड्वागमो भवति ईट्च हलि पिति गे। आजक्षेरित्याङभिविधौ द्रष्टव्यः। केवलहल्ग्रहणमनुवर्तते। अरोदत्। अरोदीत्। अस्वपत्। अस्वपीत्। अश्वसत्। अश्वसीत्। प्राणत्। प्राणीत्। अजक्षत्। अजक्षीत्। सर्वत्र लङ्। "**णोऽनितेः**" [५।४।१०४] इति णत्वम्। आजक्षेरिति किम्? अजागर्भवान्। एपि रन्तत्वे च कृते "**हल्ङ्या**" [४।३।५६] आदिना खम्। "**रुदादेर्गे**" [५।१।१३५] इतीटि प्राप्ते तदपवादोऽयम्।

अदोऽट् ॥५।२।९५॥ अदः अड् भवति हलि पिति गे। आदः। आदत्। केवलहलीति किम्? अत्ति। पुनरड्ग्रहणमीएनिवृत्त्यर्थम्।

यञ्यतो दीः ॥५।२।९६॥ यञादौ मिङि अकारान्तस्य गोर्दीर्भवति। "**सूभवत्योमिङि**" [५।२।८६] इत्यनुवर्तते। पचामि। पचावः। पचामि। पचावः। पचामः। मिङीति किम्? धनवान्। केशवः। केशा अस्य सन्ति "**केशाद्वो वा**" [४।१।३५] इति वः। यञीति किम्? पचति। अत इति किम्? चिनुवः। चिनुमः। तपरकरणं किम्? क्रीणीवः इत्यत्र माभूत्। नन्वीत्वेनात्र भवितव्यम्। नैवम्। क्रीणीथः। क्रीणीतः इत्यत्र सावकाशमीत्वं दीत्वेन बाध्येत। यञीतीम्निर्देशादव्यवहितस्य गोरन्तस्य दीत्वम्।

सुपि ॥५।२।६७॥ अकारान्तस्य गोः यञादौ सुपि दीर्भवति । देवाय । देवाभ्याम् । यञीत्येव । देवस्य । सुपीति सु इत्यतः प्रभृति आ सुपः पकारेण ।

बहौ झल्येत् ॥५।२।६८॥ झलादौ बहौ सुपि परतः अकारान्तस्य गोरेकारादेशो भवति । देवेभ्यः । देवेषु । बहाविति किम् ? देवाभ्याम् । झलीति किम् ? देवानाम् । **"नामि"** [४।४।३] इति दीत्वम् अग्नीनाम्, वायूनामित्यत्र सावकाशम्, इहासति झल्ग्रहणे परत्वादेत्वं स्यात् । यञीत्यस्य निवृत्त्यर्थं च झल्ग्रहणम् । अन्यथा देवेष्विति न स्यात् । अत इत्येव । अग्निभ्यः । तपरकरणं किम् ? खट्वाभ्यः । सुपीत्येव । पचध्वम् ।

ओसि ॥५।२।६६॥ ओसि च परतः अकारान्तस्य गोरेकारादेशो भवति । देवयोः स्वम् । देवयोर्विधेहि ।

आङि चापः ॥५।२।१००॥ आङि ओसि च परतः आबन्तस्य गोरेकारादेशो भवति । आबिति टाप्डापोर्ग्रहणम् । विद्यया । विद्ययोः । बहुराजया । बहुराजयोः । **"अनश्च बात्"** [३।१।१०] । **"बोङ् खे"** [३।१।११] इति डाप् । आङिति टारूपस्य ग्रहणं पूर्वाचार्यसञ्ज्ञानिर्देशेन । आप इति पिद्ग्रहणं किम् ? कीलालपा नरेण । कीलालपोः । विच्यामतनिवृत्ते **"आतो धोः"** [४।४।१२७] इति खम् । अथातिखट्वेनेत्यत्र **"स्त्रीगोर्नीचः"** [१।१।८] इति प्रादेशे कृते स्थानिवद्भावादेत्वं कस्मान्न भवति ? उच्यते **"हल्ङ्याप"** [४।३।५६] इति सूत्रे हल्ङ्यापो य इति योगविभागस्तस्यार्थो ङ्यापोर्यत्कार्यं तद्दीत्वभाजोरेव । ननु दीत्वमपि स्थानिवद्भावाद्भविष्यति । **"ङ्यापोर्दीत्वं न स्थानिवत्"** [वा०] इति प्रतिषेधः ।

कौ ॥५।२।१०१॥ कौ च परतः आप एत्वं भवति । हे कन्ये । हे बहुराजे । **"केरेङः"** [४।३।५७] इति सोः खम् ।

प्रोऽम्बार्थस्वोः ॥५।२।१०२॥ अम्बार्थवाचकानां मुसञ्ज्ञस्य च प्रो भवति कौ परतः । अम्बार्थाः मातृशब्दपर्यायाः । हे अम्ब । हे अक्क । हे अल्ल । हे अत्त । मुसञ्ज्ञकस्य । हे गौरि । हे वामोरु । **"यङो वा"** [५।२।६२] इत्यतः मण्डूकप्लुत्या बहुलार्थो वाशब्दोऽत्र वर्तते । तेन बह्वचोऽम्बार्थस्य प्रो न भवति । हे अम्बाले । हे अम्बिके । हे अम्बाडे । **"तलन्तस्य ङिक्योरुभयम्"** [वा०] । देवते भक्तिः । देवतायां भक्तिः । हे देवत । हे देवते । छान्दसमेतदिति केचित् । **"बसे कौ मातुरदन्तत्वं पुत्रश्लाघायाम्"** [वा०] । गार्गी माता अस्येति श्लाघते । हे गार्गीमात । श्लाघाया अन्यत्र । हे गार्गीमातृक । **"जातिश्च"** [४।३।१५३] इति न पुंवद्भावः ।

प्रस्यैप् ॥५।२।१०३॥ प्रान्तस्य गोरैब् भवति कौ परतः । हे मुने । हे साधो । **"अन्तेऽलः"** [१।१।४६] इति न्यायादनन्त्यस्य न भवति । हे युव (बुध) । हे नदि । हे वधु । इत्यत्र प्रादेशवचनसामर्थ्या देब् न भवति ।

जसि ॥५।२।१०४॥ जसि परतः प्रान्तस्य सोरेब् भवति । मुनयः । साधवः । **"अन्तेऽलः"** [१।१।४६] इति परिभाषया अनन्तस्यैको न भवति बुधा इति ।

ऋतो ङिधे ॥५।२।१०५॥ ऋकारान्तस्य गोः ङौ धसञ्ज्ञके च परतः एब् भवति । मातरि । पितरि । कर्तरि । धे । मातरौ । मातरः । मातरम् । मातरौ । पितरः । तपरकरणमसन्देहार्थम् । कॄरिति ॠकारान्तः सम्भवति तन्निवृत्त्यर्थम् ।

सोर्ङिति ॥५।२।१०६॥ स्वन्तस्य गोर्ङिति एब् भवति । मुनये । साधवे । मुनेः । साधोः । सोरिति किम् ? सख्ये । पत्ये । असखीति पर्युदासात् **"पतिः से"** [१।२।६८] इति नियमाच्च सुसञ्ज्ञा नास्ति । ङितीति किम् ? मुनिभ्याम् । सुपीत्येव । पट्वी । कुरुतः । ङीतसोर्ङितोरपि मा भूत् । ङकारश्चासाविच्च ङित् तस्मिन् ङित्यव्यवहितस्य कार्यम् । तेन वृद्ध्यै धेन्वै । इत्येप् (न) व्यवधाने । आङि औङि च न भवति । मत्या । मती । इति ।

अण मोः ॥५।२।१०७॥ म्वन्ताद्ङोः परस्य ङितोऽडागमो भवति। मोरित्यकृतार्थः कानिर्देशो ङितीत्यस्य तां प्रकल्पयति। कुमार्यै। वामोर्वै। कुमार्याः। वामोर्वाः। परेण सह "**अटश्च**" [४।३।७८] इत्यैब् वचनात् "**एप्यतोऽपदे**" [४।३।८४] इति पररूपं न भवति।

याडापः ॥५।२।१०८॥ आबन्तादुत्तरस्य ङितो याडागमो भवति। विद्यायै। बहुराजायै। विद्यायाः। "**एच्यैप्**" [४।३।७६] "**स्वेको दीः**" [४।३।८८] इति दीत्वं वा। ङ्याब्ग्रहणेन दीत्वं न स्थानिवदिति। अतिखट्वाय। पुनर्दीत्वे लाक्षणिकत्वम्।

सर्वनाम्नः स्याट् प्रश्च ॥५।२।१०९॥ आबन्तात् सर्वनाम्नः परस्य ङितः स्याडागमो भवति प्रश्च भवत्यापः। सर्वस्यै। यस्यै। तस्यै। कस्यै। सर्वस्याः। यस्याः। तस्याः। एच्यैप् स्वेको दीत्वे। आप इत्येव। भवत्यै। भवत्याः।

ङेराम् म्वाम्नीभ्यः ॥५।२।११०॥ "**प्रे लिप्सायाम्**" [२।३।४२] इति निर्देशात् ङेरिति ङिवचनस्य ग्रहणम्। ङेरामादेशो भवति म्वन्तादाबन्तान्नी इत्येतस्माच्च परस्य। कुमार्याम्। वामोर्वाम्। विद्यायाम्। बहुराजायाम्। ग्रामण्याम्। सेनान्याम्। "**सत्सूद्विष**" [२।२।५६] इत्यादिना क्विप्। "**अग्रग्रामाभ्यां नियो णत्वम्**" [वा०]। "**एर्गिवाक्चादुङोऽसुधियः**" [४।४।७८] इति यत्वम्। अथ ङेरामः नुट्कस्मान्न भवति। परत्वादडादिभिरागमैर्भवितव्यम्। कृतेष्वपि "**सकृद्गते परनिर्णये बाधितो बाधित एव**" [प०]। **ङ्यापोर्दीत्वभाजोः कार्यमुक्तम्**" (ङ्याप) "**ग्रहणे दीत्वं न स्थानिवत्**" इति च। तेन निष्कौशाम्बौ। अतिखट्वे निधेहि।

इदुद्भ्याम् ॥५।२।१११॥ इकारोकाराभ्यां मुसञ्ज्ञकाभ्यां परस्य ङेराम् भवति। बुद्ध्याम्। धेन्वाम्। ननु पूर्वेणैवामसिद्धोऽपार्थकमिदम्। "**औदच्च सोः**" [५।२।११२] इत्यौत्वं स्यात् तच्चाविशेषेण वक्ष्यति। मुग्रहणमिहानुवर्तते तेनेदुतौ विशेष्येते।

औदच्च सोः ॥५।२।११२॥ अमुसञ्ज्ञकाभ्यामिदुद्भ्यां परस्य ङेरौकारादेशो भवति सोश्चाकारादेशः। सख्यौ। पत्यौ। सोः मुनौ। साधौ। प्रधानशिष्टमिदुद्भ्यामौत्वम्। अन्वाचयशिष्टं सोरत्वम्। यथा भिक्षां चर गां चानय। गोनयनम्। शास्त्रेऽपि "**कर्तुः क्यङ् सखं विभाषा**" [२।१।९] इति अन्वाचयशिष्टं सखम्। तपरकरणं मुखसुखार्थम्। अत्त्वे कृते स्त्रियां टापो निवृत्त्यर्थमित्यप्यन्ये। टापि को दोष इति चेत्, औकारस्य ङिग्रहणेन ग्रहणादामादेशयाडागमौ स्याताम्। तदसत्। प्रागेव सुबुत्पत्तेः स्त्रीत्वेन भाव्यम् अन्यथा मातेत्यत्र नान्तलक्षणो ङीब्विधिः स्यात्।

आङो नाऽस्त्रियाम् ॥५।२।११३॥ सोरिति वर्तमानमर्थात् काविभक्त्यन्तं सम्पद्यते। सोरुत्तरस्याङः ना इत्यादेशो भवत्यस्त्रियाम्। मुनिना। साधुना। सोरित्येव। सख्या। पत्या। अस्त्रियामिति किम्? बुद्ध्या। धेन्वा। आङो ना पुंसीति कर्तव्यम्। त्रपुणा। जानुनेत्यादि। "**सुपीकोऽचि**" [५।१।५२] इति नुमैव सिद्धम्। नपुंसके अमुना कुलेनेति न सिद्ध्येत्। मुभावस्यासिद्धत्वान्नुम्न स्यात्। अस्त्रियामित्युच्यमाने नपुंसकेऽपि नाभावो भवति। ततश्च "**न मु टाविधौ**" [५।३।२९] इति नाभावे मुभावस्य नासिद्धत्वम्।

सूत्रेऽस्मिन् सुब्विधिरिष्टः ॥५।२।११४॥ सूत्रेऽस्मिन् जैनेन्द्रेषु यो विधिः सुपि च विधिरिष्टो भवति। सूत्रावयवेषु सूत्रशब्दो द्रष्टव्यः। उदाहरणम्—"**स्त्रीगोर्नीचः**" [१।१।८] स्त्रीगूनामिति प्राप्तं सुविधिरयम्। "**मिङ्कैकार्थे वाः**" [१।४।५४]। हल्ङ्यादिना सुखं प्राप्तम्। सुपो विधिरयम्। अथ विति हलन्तात् कथं टाप्। अयमपि सुपो विधिरिष्टः। आ कपः पकारेण सुपो ग्रहणात्।

णौ कच्युङः प्रोऽशास्वक्ख्यृदितः ॥५।२।११५॥ णौ परतः कच्परे गोरुङः भवति शासु अक्खि ऋदित् इत्येतान् वर्जयित्वा। अचीकरत्। अजीहरत्। अत्र "**णिश्रिद्रुस्रु**" [२।१।४३] इत्यादिना कचि कृते द्विर्वचनोङ्प्रादेशयोः प्राप्तयोः परत्वादुङः प्रादेशः। तत्र कृते "**ओः पुयण्ज्ये**" [५।२।१७८] इति

ज्ञापकात् णौ कृतं स्थानिवद्भवति। अथ वा "**द्वित्वेऽचि**" [१।१।५६] इति स्थानिवद्भावः। कृद्दशब्दयोर्द्वित्वम्। "**णौ कच्यनङ्खे सन्वत्**" [५।२।११०] इति सन्वद्भावेनेत्वम्। "**घेर्दीः**" [५।२।१५१] इति दीत्वमेव–अलीलवत्। अपीपवत्। "**ओः पुयण्ज्ये**" [५।२।१७८] इति उकारस्येत्वम्। अथवा ओणृ अपनयने इत्यस्य प्रतिषेधार्थम्। ऋदित्करणं ज्ञापकं द्वित्वात्पूर्वं प्रादेश इति। अन्यथा मा ओणिणदित्यत्र द्वित्वे कृते परेण रूपेण व्यवधानात् प्रादेशस्याप्राप्तिः। अत एव मा भवानटिटत् अत्र प्रादेशे सति "**अचः**" [४।३।२] इति द्वित्वम्। णाविति किम्? कच्युङः प्र इत्युच्यमाने अलीलवदित्यत्र प्रादेशो वचनसामर्थ्यादन्तरङ्गमैपमावादेशं बाधित्वा नित्यत्वेन णेः खं च बाधित्वा वकारस्य स्यात्। इह चापीपचदपीपटदिति अनुङ्भूतत्वात् प्रो न स्यात्। किम्? कारयति। हारयति। ननु मितां णौ प्रादेशवचनं ज्ञापकमन्यत्र प्रादेशाभावस्य। यद्येवमचीकरदित्यादावपि न स्यात्। अथ प्रवचनाद् भवति। कारयतीत्यादावपि स्यात्तद्विशेषद्वेत्वभावात्। उङः इति किम्? अचकाङ्क्षत्। अनुङ आकारस्य मा भूत्। अशास्वक्लृदित इति किम्? अशशासत्। परस्य थेरभावान्न सन्वद्भावः। अकः खम् अक्खम् अक्खमस्यास्तीति अक्खी तस्य नेति। राजानमत्याख्यत् अत्यरराजत्। "**तत्करोति तदाचष्टे**" इति णिच्। यत्र केवलस्याचः खं तत्र "**परेऽचः पूर्वविधौ**" [१।१।५७] इति स्थानिवद्भावः। हलचोश्चायमादेशः। तदर्थमक्खिप्रतिषेधः। ननु च अनकोरिदं खं कथमनकः खम्। यदत्राकः खं तदाश्रयः प्रतिषेधः। स्थानिवद्भावस्तु नास्याश्रयः। ताधिकारस्तत्रानुवर्तते। तानिर्दिष्टस्याचः स्थानिवद्भावो न समुदायरूपेण टिखस्य। ऋदित्। अडुढौकत्। अतुत्रौकत्। इह कथं ण्यन्तारिणान्चि प्रादेशः। वादितवन्तं प्रयोजितवान् अवीवदद्वीणां परिवादकेन। णौ णिखस्य स्थानिवद्भावादनुङो न स्यात्। णावित्यत्र जातिग्रहणाददोषः।

भ्राजभासभाषदीपजीवमीलपीडो वा ॥५।२।११६॥ भ्राज भास भाष दीप जीव मील पीड इत्येतेषां कच्परे णौ उङः वा प्रो भवति। अबभ्राजत्। अबिभ्रजत्। अबभासत्। अबीभसत्। अबभाषत्। अबीभषत्। अदिदीपत्। अदीदिपत्। अजिजीवत्। अजीजिवत्। अमीमिलत्। अमिमीलत्। अपिपीडत्। अपीपिडत्। पूर्वसूत्रेण प्रादेशे प्राप्ते विकल्पः। यदा प्रः तदा पूर्ववत्सन्वद्भावेनेत्वं घेर्दीत्वम्। वेति योगविभागात् **कणादीनां विकल्पः।** अचकाणत्। अचीकणत्। अबभाणत्। अबीभणत् इत्यादि। भ्राजग्रहणं किम्? यावता फणादिषु भ्राज इत्यनृकारेदस्ति तस्य सिद्धः प्रः। एजृ भेजृ भ्राजृ दीप्तावस्य ऋदितो नेति सिद्धमुभयम्। एवं तर्हि ज्ञापकार्थम्। अन्यत्र "**यजराजभ्राजच्छसां षः**" [५।३।५३] इत्यादौ भ्राजग्रहणेन राजिसहचरितस्य अनृदितो ग्रहणम्। ऋदितो भ्रागिति भवति। भास ऋदित्करणमनर्थकम्

खं पिबश्चस्येत् ॥५।२।११७॥ पिबतेरुङः णौ कच्परे खं भवति चस्य च ईकारादेशः। अपीप्यत्। अपीप्यताम्। अपीप्यन्। उङः खे कृते "**द्वित्वेऽचि**" [१।१।५६] इति स्थानिवद्भावाद्द्वित्वम्। पिब इति शब्विकरणान्तो विकृतनिर्देशः। पिबतेरेकदेशो यङ्लुबन्तनिवृत्त्यर्थः। अपपायत्। घेरभावात्सन्वद्भावो न भवति। पातेरुब्विकरणत्वात् "पै ओवै शोषणे" इत्यस्य च लाक्षणिकत्वादेव निवृत्तिः।

स्थ इत् ॥५।२।११८॥ तिष्ठतेः कच्परे णावुङ इकारादेशो भवति। अतिष्ठिपत्। अतिष्ठिपताम्। अतिष्ठिपन्। "**लुङ्लिटोः प्रतिपदोक्तानि**" इत्यादि वचनाद्यङ्लुबन्तस्य न भवति। अतातास्थपत्। ता स्था इति स्थिते णिचि पुक् कचि द्वित्वं घेरभावात् सन्वद्भावो नास्ति।

घ्रो वा ॥५।२।११६॥ जिघ्रतेः कच्परे णावुङ इकारादेशो भवति वा। अजिघ्रिपत्। अजिघ्रिपताम्। अजिघ्रिपन्। अजिघ्रपत्। अजिघ्रपताम्। अजिघ्रपन्। चस्य सन्वद्भावेनेत्वम्। अत्रापि यङ्लुबन्तस्य न भवति। अजजाघ्रपत्। उभयोर्विकल्पयोर्मध्ये योगा नित्या इति पूर्वौ प्रापवादौ नित्यौ।

उर्ऋत् ॥५।२।१२०॥ कच्यरे णौ ऋवर्णस्य उङः स्थाने ऋकारादेशो भवति वा। अनवकाशत्वादन्तरङ्गाणाम् इररारामपवादः। अचीकृतत्। अवीवृतत्। अमीमृजत्। पक्षे इर्। अचकीर्तत्। अर् अववर्तत्। आर। अममार्जत्। "उङः" [५।१।७५] इति ऋकारस्येत्वम्। "ग्युङः" [५।२।८३] एप्। "मृजेरैप्" [५।२।१]। ऋकारादेशस्य "रन्तोऽणुः" [१।१।४८] इति रन्तत्वं भवति। "अणुदित्स्वस्या-" [१।१।७२] इतीमं ग्राहकाणं मुक्त्वा सर्वमणग्रहणं पूर्वेण णकारेणेति व्याख्यानात्।

देङो दिगि लिटि ॥५।२।१२१॥ देङो दिग्यादेशो भवति लिटि परतः। वेति निवृत्तम्। अवदिग्ये। अवदिग्याते। अवदिग्यिरे। चस्येत्यनुवर्तते। वचनाद्द्वित्वे कृते चस्य देङश्च यथासङ्ख्यं दिगी आदेशौ भवतः। "ऐर्गिवाक्चादुङोऽउधियः" [४।४।७८] इति यणादेशः सिद्धोऽन्यथा हीयादेशः स्यात्।

ऋतः स्फादेरेप् ॥५।२।१२२॥ ऋकारान्तस्य गोः स्फादेरेप् भवति लिटि परतः। सस्मरतुः। सस्मरुः। दधरतुः। दधरुः। वचनात्प्राग्द्वित्वात्स्फादेरिति विशेषणम्। अन्यथा स्फादित्वासम्भवः। प्रतिषेधविषये लिटीदमारभ्यते। सस्मारेत्यादौ ऐब् भवति पूर्वविप्रतिषेधेन। ऋत इति किम्? चिक्षिपतुः। चिक्षिपुः। तपरकरणमसन्देहार्थम्। ऋकारास्याप्युत्तरसूत्रेण विधानात्। स्फादेरिति किम्? चक्रतुः। चक्रुः। लिटीत्येव। स्मृतः। स्मृतवान्। ननु संचस्करतुः। संचस्करुरित्यत्र द्विपदाश्रयस्य सुटो वहिरङ्गलक्षणस्यासिद्धत्वात्कथमेप्। नैष दोषः। "पूर्वं धुर्गिना युज्यते पश्चात्साधनवाचिना त्येन" [प०] इत्यस्मिन् दर्शनेऽन्तरङ्गे सुटि कृते पश्चादेप्। अतएव "स्फादतोऽसुटः [५।१।६१]। "स्फाद्यर्त्योरस्कुरेप्" [५।२।१३८] इति प्रतिषेध उपपन्नो भवति।

ऋच्छत्यॄताम् ॥५।२।१२३॥ ऋच्छत ऋइत्येतस्य ॠकारान्तानां च लिटि एब् भवति। आनर्च्छ। आनर्च्छतुः। आनर्च्छुः। एप् द्वित्वम्। "आद्यतः" [५।२।१७०] इति दीत्वम्। "ततो नुट्" [५।२।१७१] इति नुट्। ऋ। आरतुः। आरुः। "अश्नोतेः' [५।२।१७२] इति नियमान्नुण् न भवति। ॠत्। विचकरतु विचकरुः। निजगरतुः। निजगरुः। वितस्तरतुः। वितस्तरुः। ऋच्छेरन्तरङ्गत्वात् "छे" [४।३।६१] इति तुकि कृते सर्वत्राप्राप्तः ॠतां तु लिटि क्ङिति प्रतिषिद्ध एब्विधीयते। निजगारेत्यादावैप् पूर्वनिर्णयेन।

शृद्प्रां प्रो वा ॥५।२।१२४॥ शृ दृ पृ इत्येषां लिटि वा प्रो भवति। विशश्रतुः। विशश्रुः। पक्षे पूर्वेणैप्। विशशरतुः। विशशरुः। विदद्रतुः। विदद्रुः। विददरतुः। विददरुः। निपप्रतुः। निपप्रुः। निपपरतुः। निपपरुः। प्रादेशवचनादित्वोत्वे न भवतः। ये तु श्रा पाके, द्रा कुत्सायां गतौ, द्रा पूरणे इत्येतेषामनेकार्थत्वात् पक्षे प्रयोगादनर्थकमिदमिति मन्यन्ते तेषां प्रतिपत्तिगौरवं स्यात्।

केऽणः ॥५।२।१२५॥ के परतोऽणः प्रो भवति। नदिका। कुमारिका। वामोरुका। कुत्साद्यर्थविवक्षायाम् "एवात्कः" [४।१।१२१] इति कः। "स्वार्थिकाः प्रकृतिलिङ्गसङ्ख्ये अनुवर्तन्ते" [प०] इति टाप्। क इति साक्कनिर्देशात्त्यग्रहणम्। वर्णग्रहणे तदादिविधिः स्यात्। ततश्च नदीकल्पः परीवाहः। कुमारी काम्यतीत्यत्रापि स्यात्। अण इति किम्? गोका। नौका। पूर्वेण णकारेणाण् व्याख्यातः। राका काक इत्यादिषु "उणादयो बहुलम्" [२।२।१६७] इति न भवति "कृदाधारार्चिकलिभ्यः कः" [उ० सू०] "इण्भीकापाशल्यतिमर्चिभ्यः कः" [उ० सू०] इति कायतेः कः। "न कपि" [५।२।११६] इति प्रतिषेधादिहानुबन्धकपरिभाषा नाश्रीयते। तेन निषाहकर्ष्वां जात "ओर्देशे ठञ्" [३।२।६५] तदादेशे के सानुबन्धकेऽपि प्रादेशः सिद्धो भवति। नैषाहकर्षुकः इति।

न कपि ॥५।२।१२६॥ कपि परतोऽणः प्रो न भवति। बहुकुमारीकः। बहुवामोरूकः। "ऋन्मोः" [४।२।१५३] इति कप् सान्तः। खार्या क्रीतं खारीकम्। काकणीकम्। "खारीकाकणीभ्यां कप्" [३।४।३०]।

वाऽऽपः ॥५।२।१२७॥ कपि परतः आबन्तस्य वा प्रो भवति। बहुखट्वकः। बहुखट्वाकः। बहुदामकः। बहुदामाकः। "शेषाद्वा" [४।२।१५४] इति कप्।

श्व्यस्पतिवचोऽथुक्पुमुमोऽङि ॥५।२।१२८॥ श्वि असि पति वचि इत्येषामङि परतः अकार थुक पुम् उम् इत्येते यथासङ्ख्ये भवन्ति। अकार आदेशः थुगादय आगमाः। अश्वत्। "**जॄश्वि**" [२।१।५०] इत्यादिनाङ्। "**अन्तेऽलः**" [१।१।४६] स्थाने अकारस्तस्य पररूपम्। आस्थत्। आस्थताम्। आस्थन्। "**वक्त्यसुख्यातेरङ्**" [२।१।४५]। "**अटश्च**" [४।३।७८] इत्यैप्। अपप्तत्। अपप्तताम्। अपप्तन्। "**द्युत्पुषा**" [२।१।४८] आदिनाऽङ्। अवोचत्। अवोचताम्। अवोचन्। "**आदेप्**" [४।३।७५]।

दृशुरेप् ॥५।२।१२९॥ दृशि इत्येतस्य गोः ॠवर्णान्तानां च अङि परतः एब् भवति। अदर्शत्। अदर्शताम्। अदर्शन्। "**वेरितः**" [२।१।४६] इत्यङ्। आरत्। असरत्। "**द्युत्पुषा**" [२।१।४८] आदिना अङ्। अजरत्। अजरताम्। अजरन्। "**जॄश्वि**" [२।१।५०] इत्यादिनाङ्। जॄषः पित्करणमङर्थम्। "**जराया वा**" [५।१।१६०] इति वचनं ज्ञापकमुरिति ॠवर्णनिर्देशस्य।

शीङो गे ॥५।२।१३०॥ शीङो गे परतः एब् भवति। शेते। शयाते। शेरते। ङिति गे विधानमिदम्। शयावहै। शयामहै इत्यत्र सिद्धत्वात्। ग इति किम्? शिश्ये। सानुबन्धकनिर्देशो यङ्लुब्निवृत्त्यर्थः। शेशीतः। शेश्यति।

यि क्ङित्ययङ् ॥५।२।१३१॥ यकारादौ क्ङिति त्ये परतः शीङः अयङ्ङादेशो भवति। शय्यते। शाशय्यते। यङि परत्वेन च द्वित्वात्प्रागयङादेशः। ङकारो "**ङित्**" [१।१।५०] इत्यन्तादेशार्थः। अकारः उच्चारणार्थः। शय्या। "**समजनिषद**" [२।३।८१] इत्यादिना क्यप्। प्रशय्य। क्त्वान्तम्। यीति किम्? शिश्ये। क्ङितीति किम्? शेयम्।

गेरूहः प्रः ॥५।२।१३२॥ गेः परस्य ऊहतेः प्रो भवति यकारादौ क्ङिति परतः। अभ्युह्यते। समुह्यते। "**अचश्च**" [१।१।१२] इत्युपस्थानादूहेरचः प्रादेशः। गेरिति किम्? ऊह्यते। ऊह इति किम्? समीह्यते। यीत्येव। समूहितम्। क्ङित्येव। अभ्यूह्यः श्लोकः। "**केऽणः**" [५।२।१२५] इत्यतोऽण्ग्रहणमनुवर्तते। तेन आ ऊह्यते ओह्यते। समोह्यते इत्यत्र न भवति। प्रोह्यत इत्येकादेशे कृते व्यपवर्गाभावान्न भवति। तद्वद्भावेन व्यपवर्ग इति चेत् "**उभयत आश्रये न तद्वद्भावः**" [प०] इति गेः परत्वं नास्ति।

लिङ्यङेतेः ॥५।२।१३३॥ एतेर्गेरुत्तरस्य लिङि यकारादौ क्ङिति प्रो भवति। उदियात्। समियात्। आशिषि लिङ्। यासुट्। "**स्फादेः स्कोऽन्ते च**" [५।३।४६] इति सखम्। "**दीरकृद्गे**" [५।२।१३४] इति दीत्वम्। तस्यानेन प्रः। कृति गे च दीत्वं न सम्भवति। न गे उदाहरणम्। अभियादित्यत्र स्वेको दीत्वे कृते प्रादेशः। गेरित्येव। ईयात्। अण इत्येव। आ ईयात् एयात्। समेयात्। तिपा निर्देशो असन्देहार्थः।

दीरकृद्गे ॥५।२।१३४॥ अकृद्यकारे अगयकारे च क्ङिति गोर्दीर्भवति। "**अचश्च**" [१।१।१२] इत्युपस्थानादचा विशेषणेन तदन्तविधिः। पण्डितायते। चीयते। चेचीयते। स्तूयते। तोस्तूयते। चीयात्। स्तूयात्। आशिषि लिङ्। अकृदिति किम्? प्रकृत्य। प्रस्तुत्य। परत्वाद्दीत्वे तुग्न स्यात्। अग इति किम्? चिनुयात्। स्तुयात्।

च्वौ ॥५।२।१३५॥ च्वौ च त्ये परतः गोर्दीर्भवति। शुचीभवति। पटूभवति। "**कृभ्वस्तियोगेऽतत्तत्त्वे सम्पत्तरि च्विः**" [४।२।५५] इति च्विः। अवयवनिवृत्तिः। "**त्यख्ये त्याश्रयम्**" [१।१।६३] इत्यजन्तस्य दीत्वम्।

रीङृतः ॥५।२।१३६॥ ॠकारान्तस्य गोः च्वौ अकृद्यकारे अगयकारे च परतः रीङादेशो भवति। मात्रीभवति। पित्रीभवति। मात्रीयति। पित्रीयति। "**स्वेपः क्यच**" [२।१।६]। मात्रीयते। पित्रीयते। "**कर्तुः क्यङ् सखं विभाषा**" [२।१।३] इति क्यङ्। चेक्रीयते। जेह्रीयते। क्ङितीत्येतदिह निवृत्तम्। तेन पित्र्यम्। पितुरागतम् "**पितुर्यश्च**" [३।३।५३] ये रीङादेशः सन्निपातलक्षणस्यानित्यत्वात् "**यस्य ङ्यां च**" [४।४।१२६]

इति खम्। उत्तरसूत्रे रिङिहैव कर्त्तव्यः। तस्य दीत्वेन सिद्धमिति चेत्; **"गुकार्ये निवृत्ते पुनर्न तन्निमित्तम्"** [प०] इति दीत्वं न स्यात्। ऋत इति तपरकरणं किम्? कीर्यते। अन्यथा कीर्णमित्यादौ सावकाशम् ऋत इत्वं रीङा बाध्येत। उत्तरार्थमकृद्गे यि इत्येतदनुवर्तत इति ज्ञापनार्थं तपरकरणम्। अन्यथा अनन्तरे च्वावेवायं विधिः स्यात्। न च मृदन्त ऋकारो निवर्त्योऽस्तीत्यनर्थकं भवेत्।

रिङ्यग्लिङ्शे ॥५।२।१३७॥ ऋकारान्तस्य गोर्यक् लिङ् श इत्येतेषु परतः रिङादेशो भवति। यीति अकृद्ग इति चानुवर्तमानं सम्भवाद्व्यभिचाराच्च लिङ एव विशेषणम्। यकारादावगे द्रष्टव्यम्। यक्—क्रियते। ह्रियते। लिट्—क्रियात्। ह्रियात्। यीत्येव। कृषीष्ट। हृषीष्ट। अग इत्येव। च्रिभ्रयात्। विध्यादिलिङ्यम्। शे—आद्रियते। **"श्नुधुभ्रुवाम्"** [३।४।७२] इति यादेशः। ऋत इति तपरकरणं किम्? किरति। गिरति। रीङिति वर्तमाने रिङ्ग्रहणं पुनर्दीत्वनिवृत्त्यर्थम्।

स्फायर्त्योरस्कुरेप् ॥५।२।१३८॥ स्फादेरर्तेश्च ऋतो यकि लिङि यकारादावगे च परतः एब्भवति स्कुशब्दं वर्जयित्वा। श इत्यसम्भवान्नोक्तम्। स्मर्यते। स्मर्यात्। ध्वर्यते। ध्वर्यात्। अर्यते। अर्यात्। यासुटः **"स्फादेः स्कोऽन्ते च"** [५।३।४६] इति सखम्। यीत्येव। स्मृषीष्ट। अग इत्येव। इयृयात्। विध्यादिलिङ्। शप उप्। द्वित्वम्। **"उरः"** [५।२।१६६] इत्यत्वम्। **"प्रोः"** [५।२।१७६] इति चस्येत्वम्। **"चस्यास्वे"** [४।४।७३] इतीय्। अस्कुरिति किम्? संस्क्रियते। **"पूर्वं धुर्गिना युज्यते पश्चात् साधनवाचिना स्येन"** [प०] इति पूर्वं सुटि सति प्राप्नोति। अर्तिरिति ऋच्छतीयर्त्योर्ग्रहणम्।

यङि ॥५।२।१३९॥ यङि च परतः स्फादेरर्तेश्च ऋत एब् भवति। सास्मर्यते। दाध्वर्यते। अरार्यते। अर्तेर्यङ् एप्। **"अचः"** [४।३।२] इति द्वितीयस्यैकाचो द्वित्वम्। **"हलोऽनादेः"** [५।२।१६१] इति यखम्। **"दीरकृद् गे"** [५।२।१३४] इति दीत्वम्। **"हन्तेर्हिंसायां घ्नीभावो वक्तव्यः"** [वा०]। जेघ्नीयते। हिंसायामिति किम्? गतौ जङ्घन्यते।

ई घ्राध्मोः ॥५।२।१४०॥ घ्रा ध्मा इत्येतयोर्यङि परतः ईकारादेशो भवति। जेघ्रीयते। देध्मीयते। नित्यत्वेन परत्वेन च प्राग् द्वित्वादीकारः। ईकारस्य दीत्वं किम? गुकार्यत्वात्पुनर्न स्यात्। उत्तरार्थञ्च।

अस्य च्वौ ॥५।२।१४१॥ अवर्णान्तस्य गोः च्वौ परत ईकारादेशो भवति। शुक्लीभवति। मालीभवति। **"च्वौ"** [५।२।१३५] इति दीत्वस्यायमपवादः।

क्यचि ॥५।२।१४२॥ क्यचि परतः अवर्णान्तस्य गोरीकारादेशो भवति। पटीयति। मालीयति। **"दीरकृद्गे"** [५।२।१३४] इति दीत्वं प्राप्तम्। पृथक् सूत्रमुत्तरार्थम्।

क्षुत्तृड्गर्धेऽशनायोदन्यधनायाः ॥५।२।१४३॥ क्षुत् तृड् गर्ध इत्येतेष्वर्थेषु अशनाय उदन्य धनाय इत्येते शब्दा निपात्यन्ते। अशनायतीत्यात्वं क्यचि निपात्यते क्षुच्चेद्गम्यते। अशनीयत्यन्यत्र। उदन्यतीत्यत्र उदकस्योदभावो निपात्यते तृट् चेत्। उदकीयतीत्यन्यत्र। धनायतीत्यात्वं निपात्यते गर्द्धश्चेत्। धनीयतीत्यन्यत्र।

द्यतिस्यतिमास्थां ति कितीत् ॥५।२।१४४॥ द्यति स्यति मा स्था इत्येतेषां तकारादौ किति परत इकारादेशो भवति। निर्दितः। निर्दितवान्। अवसितः। अवसितवान्। मितः। मितवान्। **"गामादाग्रहणेष्वविशेषः"** [प०] इति मामाङ्मेङां ग्रहणम्। स्थितः। स्थितवान्। आद्यस्य **"दो दद्घोः"** [५।२।१४८] इति दद्भावे **"घुमास्था"** [४।४।६५] आदिना सूत्रेणान्येषामीत्वे च प्राप्ते इत्ववचनम्। तीति किम्? दीयते। स्थीयते। कितीति किम्? अवदाता। अवसाता। द्यतिस्यत्योस्तिपा निर्देशो यङ्लुबन्तनिवृत्त्यर्थः। निर्दादत्तः। निर्दादत्तवान्। अवसासीतः। अवसासीतवान्। दद्भाव ईत्वं च भवति। तपरकरणं सुखार्थम्।

शाच्छोर्विभाषा ॥५।२।१४५॥ शा छा इत्येतयोर्विभाषया इकारादेशो भवति तकारादौ किति परतः। निशितः। निशितवान्। निशातः। निशातवान्। अपच्छितः। अपच्छितवान्। अवच्छातः। अपच्छातवान्।

व्यवस्थितविभाषेयम्। तेन श्यतेरित्वं व्रतविषये नित्यमिष्यते। संशितव्रतः साधुः। संशितं यत्नेन सम्यक्सम्पादितं व्रतं यस्य येन वा स एवमुक्तः। संशितः साधुरित्यपि भवति। यः प्रकरणादिना व्रते यत्नवान् गम्यते।

धाञो हि ॥५।२।१४६॥ धाञः हिरित्ययमादेशो भवति तकारादौ किति परतः। हितः। हितवान्। अनेकाल्त्वात् सर्वस्य स्थाने **"घुमास्था"** [४।४।६५] आदिनेत्वे प्राप्ते हिरादेशः। अनुबन्धनिर्देशो यङ्लुबन्त-निवृत्त्यर्थः। देधीतः। देधीतवान्। धेटो लाक्षणिकत्वान्निवृत्तिः।

हाकः क्त्वि ॥५।२।१४७॥ हाकः क्त्वात्ये परतः हिरादेशो भवति। हित्वा गतः। हित्वा गच्छति कर्माणि। मोक्षम्। पूर्ववदीत्वे प्राप्ते हिरादेशः। अनुबन्धनिर्देशस्तु हाङो निवृत्त्यर्थः। यङ्लुबन्तनि-वृत्त्यर्थश्च। ईत्वमपि यङ्लुबन्तस्य नेष्यते। क्त्वीति सौत्रो निर्देशः।

दो दद्घोः ॥५।२।१४८॥ दा इत्येतस्य घुसञ्ज्ञकस्य दद् इत्ययमादेशो भवति तकारादौ किति परतः। दत्तः। दत्तवान्। दत्त्वा। दत्तिः। द इति किम्? धीतः। धीतवान्। धेट इदं रूपम्। धाञो हिरादेश उक्तः। घोरिति किम्? दातम् बर्हिः। तेऽऽदेशो सुदत्तमित्यत्र **"दस्ति"** [४।३।२२५] इत्यनेन इगन्तस्य गेर्दीत्वं स्यात्। दान्तो **"द्रान्तस्य तो नः"** [५।३।५१] इति नत्वम्। धान्ते **"तथोर्धोऽधः"** [५।३।५६] इति झषः परस्य धत्वम्। थान्ते नास्ति दोषः। तान्तो वास्तु। **"दस्ति"** [४।३।२२५] इत्यत्र द्वौ पक्षौ। दा इत्येतस्मिन्तकारादौ तकारान्ते वा दीत्वम्। तत्र तकारादौ नास्ति दोषः। थान्तपक्षे **"खरि"** [५।४।१३०] इति चर्त्वम्।

गेस्तोऽचः ॥५।२।१४९॥ अजन्ताद्गेरुत्तरस्य दा इत्येतस्य घुसञ्ज्ञकस्य त इत्ययमादेशो भवति तकारादौ किति परतः। नीत्तम्। वीत्तम्। परीत्तम्। प्रत्तम्। अवत्तम्। **"अन्तेऽलः"** [१।१।४९] इत्याकारस्य तकारः। अकार उच्चारणः। दकारस्य चर्त्वम्। गेरिति कानिर्देशात् **"परस्यादेः"** [१।१।५१] इति चेददोषोऽयम्। **"अस्य च्वौ"** [५।२।१४१] इत्यतो मण्डूकप्लुत्या अवर्णस्येति वर्तते। तेनाकारस्य भविष्यति। द्वितकारको वा निर्देशोऽनेकाल्त्वात् सर्वस्य स्थाने भवति। गेरिति किम्? दधि दत्तम्। अच इति किम्? संदत्तम्। द इत्येव। निधीता गौर्वत्सेन। घोरित्येव। अवदात्तं मुखम्। द्यतेरित्वात्तो भवति परत्वात्। अवत्तः। अवत्तवान्। ननु च—

अवदत्तं विदत्तञ्च प्रदत्तं चादिकर्मणि।
सुदत्तमनुदत्तञ्च निदत्तमिति चेष्यते॥

तत्कथं सिद्ध्यति। अवादीनां गम्यमानक्रियान्तरविषयत्वेन ददातिं प्रत्यगित्वात् सिद्धम्। **"यत्क्रिया-युक्तस्तं प्रति गीतिसञ्ज्ञको भवति"** इति वचनात्। अवहीनमवगतं वा दत्तमवदत्तमिति क्रियान्तरविषयत्वं योज्यम्। अथ वा **"शाच्छोर्विभाषा"** [५।२।१४५] इत्यतो मण्डूकप्लुत्या व्यवस्थितविभाषानुवृत्तेः।

भ्यपः ॥५।२।१५०॥ भकारादौ परतः अप् इत्यस्य गोः तकारादेशो भवति। अद्भिः। अद्भ्यः। भीति किम्? अप्सु। द्वितकारकनिर्देशपक्षे तु पूर्वस्यापि तकारस्य जश्त्वम्। अनेकाल्त्वात् सर्वादेश इति चेन्न। अच इति वर्तते। अचः परस्य भवति। गोरिति विशेषणात्ये भादौ सम्प्रत्ययः। तेन पदे न भवति। अब्भारः। अब्भक्षः।

स्यगे सः ५।२।१५१॥ सकारादावगे परतः सकारान्तस्य गोस्त इत्ययमादेशो भवति। वत्स्यति। अवत्स्यत्। विवत्सति। **"अन्तेऽलः"** [१।१।४९] इति वा। **"निर्दिश्यमानस्यादेशा"** [प०] इति वा सकारस्य तत्वम्। द्वितकारकपक्षे अच इति काविभक्त्यन्तमनुवर्त्यम्? सीति किम्? प्रवासः। अगे इति

किम् ? आस्से। वस्से। स इति किम् ? पत्स्यति। अशिष्यत इत्यत्र इटः सकारं प्रति भक्त त्वेऽपि सीति वचनान्न भवति। द्विसकारको वास्सीति निर्देशः।

तासस्त्योः खम् ॥५।२।१५२॥ तासेः अस्तेश्च सकारस्य सकारादौ खं भवति। कर्तासि। कर्तासे। अस्तेः—असि। अग इति निवृत्तमसम्भवात्। तासिगे विहितः। अस्तेरप्यगे भूभावेन भवितव्यमिति। व्यतिषे इत्यत्र परत्वात्सखमेकदेशविकृतस्यानन्यात् **"श्नसः खम्"** [४।४।१०१] इत्यखम्। त्यमात्रमेव पदम्। षत्वं प्राप्तम् **"नाद्यन्ते"** [५।४।७६] इति प्रतिषिद्धम्। **"गिप्रादुर्भ्यां यच्यस्तेः"** [५।४।६८] इति। तत्र पदस्येति वर्तते। गिपूर्वस्यास्तेः पदस्य यकाराच्परस्य इति षत्वम्।

रि ॥५।२।१५३॥ रेफादौ त्ये परतः तासस्त्योः सखं भवति। कर्त्तारौ। कर्त्तारः। अस्ते रेफादिर्नास्ति।

एति हः ॥५।२।१५४॥ एकारे परतः तासस्त्योः सकारस्य हकारादेशो भवति। कर्त्ताहे। लविताहे। अस्तेः। व्यतिहे। तपरत्वमसन्देहार्थम् **"इटि ह"** इति सूत्रे व्यत्यासीति न स्यात्।

स्सनि मीमाभुरभलभशकपतपदोऽच इस् ॥५।२।१५५॥ सनि सकारादौ परतः मी मा भु रभ लभ शक पत पद इत्येतेषामचः स्थाने इस् भवति। मी इति मीनातिमिनोत्योर्ग्रहणम्। **"हनिङ्क्म्यचां सनि"** [४।४।१४] इति दीत्वे कृते विशेषाभावात्। मिनाति। प्रमित्सति। मा इति **"गामादाग्रहणेष्वविशेषः"** [प०] इति प्रतिपदोक्तपरिभाषा नापेक्षिता। मित्सति। मेङ्। अपमित्सते। माङ्—मित्सते। भु—दित्सति। धित्सति। आरिप्सते। आलिप्सते। शिक्षति। पित्सति। प्रपित्सते। अनेकाल्त्वात्सर्वादेशो मा भूदच इस् विधीयते। द्वित्वम्। **"चस्यात्र खम्"** [५।२।१६०] इति चखम्। **"स्यगे सः"** [५।२।१५१] इति सकारस्य तत्वम्। रभादिषु **"स्फादेः स्कोन्ते च"** [५।३।४६] इति इसः सखम्। सकारादाविति किम् ? पिपतिषति। **"तनिपतिदरिद्रां वेट्"** [वा०]। सनीति किम् ? दास्यति। सीत्येतद्व्यवहितम्। सनीति द्विसकारको निर्देशः।

राधेः वधे ॥५।२।१५६॥ राधेः वधेऽर्थे वर्तमानस्य अच इस् भवति सनि सकारादौ। प्रतिरित्सति श्वानम्। वध इति किम् ? आरिरात्सति।

आप्ज्ञप्यृधामीत् ॥५।२।१५७॥ आप् ज्ञपि ऋध इत्येतेषामच ईकारादेशो भवति सनि सकारादौ। ईप्सति। ज्ञीप्सति। ईर्त्सति। ज्ञपेः पूर्वनिर्णयेन णिखे आग्यच ईत्वम्। सकारादावित्येव। जिज्ञपयिषति। अर्दिधिषति। **"सनीवन्त"** [५।१।६७] इतीट्विकल्पः।

दम्भ इच्च ॥५।२।१५८॥ दम्भेरच्च इकारादेशो भवति ईच्च सनि सकारादौ। धिप्सति। धीप्सति। दम्भेरनिट्पक्षे इकारादेशे कृते **"हलन्तात्"** [१।१।८४] इत्यत्र हल्ग्रहणस्य जातिवचनत्वात् सनः किखे **"हलुङः क्ङित्यनिदितः"** [४।४।२३] इति नखं भभावः। सकारादावित्येव। दिदम्भिषति।

वा मुचो धेरेप् ॥५।२।१५९॥ मुचेर्धिसञ्ज्ञकस्य वा एप् भवति सनि सकारादौ। मोक्षते वत्सः स्वयमेव। मुमुक्षते वत्सः स्वयमेव। आत्मनो मोक्तुमिच्छतीति सन्। वत्सो हि मोक्तुमिष्यमाणो मुक्तिक्रियां प्रत्यानुकूल्यं यदा प्रतिपद्यते तदा सुमोचत्वात् कर्मैव कर्तृत्वेन विवक्षितमिति बाह्यकर्माभावात्मुचिरकर्मकः। इक एप् चस्य खम्। अच इत्येतन्निवृत्तम्। अन्यथा **"चस्यात्र खम्"** [५।२।१६०] इत्यत्र चस्याचः खं स्यात्। धेरिति किम् ? मुमुक्षति कर्माणि मुनिः।

चस्यात्र खम् ॥५।२।१६०॥ यदेतदनुक्रान्तं सनि सकारादौ मुचेरेप्पर्यन्तम् एतस्मिन् चस्य खं भवति। तथा चैवोदाहृतम्। यच्चेत ऊर्ध्वमनुक्रमिष्यामः आपादपरिसमाप्तेश्चस्येत्येतद्वेदितव्यम्। ननु सनि सकारादावित्यधिकारेणाभिसम्बन्धात् सिद्धम् अत्रग्रहणं किम् ? सर्वस्य चस्य खं यथा स्यादित्येवमर्थम्।

हलोऽनादेः ॥५।२।१६१॥ अनादेर्हलः खं भवति चस्य। डुढौके। तुत्रौके। पपाच। आटतुः। आट। अनादेर्हलः अच उत्तरस्य चखम्।

शरः खयि ॥५।२।१६२॥ शरः खं भवति खयि परतश्चस्य। चुश्च्योतिषति। तिष्ठासति। पिस्पंदिषते। शर इति किम्? पपाच। एकारो पकारेऽकारस्य मा भूत्। खयीति किम्? सस्नौ। उचिच्छिषति। उच्छेरन्तरङ्गत्वात्तुकि चुत्वे च कृते चुत्वस्यासिद्धत्वात् सतकारस्य छस्य द्वित्वे उचिच्छिषतीति प्राप्तम्। **"पूर्वत्रासिद्धीयमद्वित्वे"** इति वक्ष्यत्यतो द्वित्वे चुत्वं सिद्धम्।

प्रः ॥५।२।१६३॥ प्रो भवति चस्य। पिपासति। निनीषति। डुढौके। डुढौकिषते। **"अचश्च"** [१।१।१२] इत्यचः प्रादेशः।

कुहोश्चुः ॥५।२।१६४॥ चस्य कवर्गहकारयोः चवर्ग आदेशो भवति। चिकीर्षति। चखान। जगाम। जिघत्सति। जुहुवे। जहास। जहार। नादवतो महाप्राणस्य हस्य चुत्वे तादृश एव झकारः। जश्त्वं जकारः।

वा कोर्यङि ॥५।२।१६५॥ कोश्चस्य यङि वा चुर्भवति। कोरिति यस्य कस्यचिच्छब्दक्रियस्य ग्रहणे रूपद्वयं सिद्ध्यति। उष्ट्रश्चोकूयते। उष्ट्रः कोकूयते। यङीति किम्? चुकुवे।

उरः ॥५।२।१६६॥ ऋवर्णान्तस्य चस्य अकारादेशो भवति। ववृते। ववृधे। चक्रे। जह्रे। अथ नर्नर्त्यादौ परत्वाद्रुगादिषु कृतेषु ऋकारान्तत्वाभावाच्चस्यात्वं न प्राप्नोति। नैवं शङ्क्यम्, **"चविकारे ष्वपवादा अ उत्सर्गान्न बाधन्ते"** [प०] इति उरत्वे कृते रुगादयः।

द्युतिस्वाप्योर्जिः ॥५।२।१६७॥ द्युति स्वापीत्येतयोश्चस्य जिर्भवति। दिद्युते। अदिद्युतत्। देद्युत्यते। दिद्योतिषसे। सनि **"व्युङोऽवो हलः संश्च"** [१।१।१७] इति विकल्पेन कित्त्वम्। यदा नास्ति तदा **"ध्युङः"** [५।२।८३] इत्येप्। स्वापि—सुष्वापयिषति। सुष्वापयिषतः। सुष्वापयिषन्ति। स्वापेर्ण्यन्तस्य ग्रहणं किम्? हेतुमति ण्यन्तस्यैव यथा स्यादिह मा भूत्। स्वापं करोतीति णिच्। स्वापयितुमिच्छति। सिष्वापयिषति।

व्यथो लिटि ॥५।२।१६८॥ व्यथः लिटि परतश्चस्य जिर्भवति। विव्यथे। विव्यथाते। विव्यथिरे। ननु वकारस्यापि प्राप्नोति। अनादेरित्यनुवर्तनान्न भवति।

कितीणो दीः ॥५।२।१६९॥ लिटि किति परतः इणश्चस्य दीर्भवति। ईयतुः। ईयुः। परत्वात् **"यणोल्योः"** [४।४।७७] इति यणादेशः। तस्य **"द्वित्वेऽचि"** [१।१।५६] इति स्थानिवद्भावादिकारस्य द्वित्वम्। द्वित्वे एव स्थानिवद्भावो न तु स्वेऽको दीत्वे। कितीति किम्? इयाय। इययिथ। ऐयेयोः। कृतयोः स्थानिवद्भावाद्द्वित्वम्। **"चस्यास्वे"** [४।४।७३] इति यादेशः।

आद्यतः ॥५।२।१७०॥ आदेरतश्चस्य दीर्भवति लिटि परतः। लिटीति वर्तते। कितीति निवृत्तम्। आटतुः। आटुः। आटिथ। **"एप्यतोऽपदे"** [४।३।८४] इति पररूपत्वे प्राप्ते चस्य दीत्वम्। आदेरिति किम्? ददर्द। दददाते। चान्तस्य न भवति। अत इति किम्? इयेष। उवोष। तपरकरणं किम्? य उपदेश अकारस्तस्य प्रादेशे कृते अनेन दीत्वं मा भूत्। **"आछि आयामे"** [धा०] आच्छतुः। आञ्छुरिति। यद्यनेन दीत्वं स्यात् **"ततो नुट्"** [५।२।१७१] इति नुट् प्रसज्येत।

ततो नुट् ॥५।२।१७१॥ तस्मात् कृतदीत्वान्नुडागमो भवति। आनङ्ग। आनङ्गतुः। आनङ्गुः। आनञ्ज। आनञ्जतुः। आनञ्जुः। नुगिति पूर्वान्तः कर्तव्यः। चस्येति वर्तते। चस्य कृतदीत्वस्य भविष्यति। एवं लघुना निर्देशेन सिद्धे परादिवचनं ज्ञापकम् **"अस्मिन्प्रकरणे पूर्वान्तः आगमः स्वनिमित्तमन्तरेणापि क्रियते"** तेनाञ्झलादावप्यनुस्वारः। यंयम्यते। रंरम्यते।

अश्नोतेः ॥५।२।१७२॥ अश्नोतेश्च कृतदीर्घत्वान्नुड् भवति। व्यानशे। व्यानशाते। व्यानशिरे। नियमार्थोऽयमारम्भः। अश्नोतेरेवाकारोङो नुड् भवति नान्यस्य। आटतुः। आटुः। तुल्यजातीयस्य नियमादिह भवत्येव। आनृचतुः। आनृचुः। अश्नोतेरिति विकरणनिर्देशादश्नातेर्न भवति। आशतुः। आशुः।

भवतेरः ॥५।२।१७३॥ भवतेश्चस्य अकारादेशो भवति लिटि परतः। बभूव। बभूवतुः। बभूवुः। व्यतिबभूवे। "**लुङ्लिटोवुक्** [४।४।८१] इति वुगागमः। लिटीत्येव। बुभूषति। बोभूयते। तिपा निर्देशो यङ्लुगन्तनिवृत्त्यर्थः। बोभवाञ्चकार। नैतदस्ति "**कास्यनेकाच्त्याल्लिव्याम्**" [२।१।३१] इति आमाव्यवहिते लिटि कथं प्राप्तिः। "**इकस्तिपौ धुनिर्देशे**" इत्यस्य सूचनार्थस्तर्हि।

निजामुच्येप् ॥५।२।१७४॥ निजादीनामुचि चस्यैब् भवति। बहुत्वनिर्देशादाद्यर्थो गम्यते। नेनेक्ति। वेवेक्ति। वेवेष्टि। नेनिक्त इत्यत्र चस्य "**क्ङिति**" [१।१।१६] इत्येप्प्रतिषेधो न भवति। धुरूपेण व्यवहितत्वात्। उचीति किम्? निनेज। निजादयस्त्रयो वृत्पर्यन्ताः।

भृञां त्रयाणामिः ॥५।२।१७५॥ भृञादीनां त्रयाणामुचि चस्य इकारादेशो भवति। बिभर्ति। मिमीते। सञ्जिहीते। "**अन्तेऽलः**" [१।१।४६] इति अच इत्वम्। त्रयाणामिति किम्? जहाति। उचीत्येव। बभार।

प्रोः ॥५।२।१७६॥ पिपर्ति इयर्ति इत्येतयोः उचि चस्येत्वं भवति। पिपर्त्ति। पिपृयात्। अपिपः। इयर्ति। इयृयात्। ऐपः। अर्तेर्लङ् शप्। उच् एप् द्वित्वमित्वं "**चस्यास्वे**" [४।४।७२] इतीय्। "**हल्ङ्यापः**" [४।३।५६] इति तिपः खम्। अडागमः। "**अटश्च**" [४।३।७८] इत्यैप्। उचीत्यनुवर्तनम्। जुहोत्याद्योः प्रोरिदं ग्रहणम्। अर्तेर्भाषायामपि प्रयोगः।

सन्यतः ॥५।२।१७७॥ सनि परतश्चस्यात इत्वं भवति। पिपक्षति। पिपासति। सनीति किम्? पपाच। अत इति किम्? तुष्टूषति। सनि यश्चस्तस्येत्वम्। पापच्यतेः सन्। पिपापचिषते। तपरकरणं सुखार्थम्।

ओः पुयण्ज्ये ॥५।२।१७८॥ उवर्णान्तस्य पवर्गयण्जकारेषु अवर्णपरेषु सनि परतः इत्वं भवति। पिपावयिषति। बिभावयिषति। यण्। यियावयिषति। रिरावयिषति। लिलावयिषति। जु इति सौत्रो धुः। जिजावयिषति। प्वादिभ्यो ण्यन्तेभ्यः सन्। ओरिति वचनं ज्ञापकम् "**द्वित्वे कर्तव्ये णौ कृतं स्थानिवद्भवति**" ननु वचनस्येदं प्रयोजनम्। पिपविषते यियविषतीति। "**स्मिङ्पूङ्रञ्ज्वशः सनि**" [५।१।१३३]। "**सनीवन्त-र्धभ्रस्ज**" [५।१।१३७] इत्यादिना वेट्। एबवादेशौ। "**द्वित्वेऽचि**" [१।१।५७] इति स्थानिवद्भावाद्द्वित्वमनेनेत्वम्। यद्येतावत् प्रयोजनं स्यात्। पकारयकारग्रहणमेव क्रियेत। पवर्गयण्जग्रहणमनर्थकं स्यात्। पुयण्जीति किम्? नुनावयिषयिति। अवर्णपर इति किम्? लुलूषति।

स्रुश्रुद्रुप्रुप्लुच्युङो वा ॥५।२।१७९॥ स्रवत्यादीनां चस्य ओः अवर्णपरे यणि परतः सनि वा इकारादेशो भवति। सिस्रावयिषति। सुस्रावयिषति। शिश्रावयिषति। शुश्रावयिषति। दिद्रावयिषति। दुद्रावयिषति। पिप्रावयिषति। पुप्रावयिषति। पिप्लावयिषति। पुप्लावयिषति। चिच्यावयिषति। चुच्यावयिषति। अवर्णपर इति वचनात् ण्यन्तात्सन्। अवचनसामर्थ्यात् सकारादिनैकेन यणो व्यवधानमिहाश्रितम्। अवर्णपर इत्येव। शुश्रूषति। अप्राप्ते विकल्पोऽयम्।

यङुपोरेप् ॥५।२।१८०॥ यङि यङुपि च परत इगन्तस्य चस्य एप् भवति। नेनीयते। बोभूयते। नेनयीति। बोभवीति। न हि यङुपोऽन्यत्रोपि चः सम्भवन्तीत्युपलक्षणेन यङुपसम्प्रत्ययः। "**नोमता गोः**" [१।१।६४] इत्याश्रयकार्यप्रतिषेधाद्यङुपि विधानम्।

दीरकितः ॥५।२।१८१॥ अकितश्चस्य युङुपोर्दीर्भवति। पापच्यते। पापचीति। पापठ्यते। पापटीति। "**यङो वा**" [५।२।८२] वचनं ज्ञापकमविशेषेण यङुपः। अकित इति किम्? यंयम्यते। यंयमीति। ननु दीत्वापवादे परत्वान्नुकि कृते अनजन्तत्वात् कथं दीत्वप्राप्तिः। इदमेवाकित इति वचनं ज्ञापयति—"**चविकारेष्वपवादा नोत्सर्गान् बाधन्ते**"[प०] इति। तेन किं सिद्धम्? मीमांसत इत्यादौ ईत्वं दीत्वेन न बाध्यते। डोढौक्यत इति दीत्वेन प्रादेशस्य न बाधा। अचीकरदित्यत्र "**घेर्दीः**" [५।२।१११] इत्यनेन "**सन्यतः**" [५।२।१७७] इत्वं न बाध्यते। अजीगणदिति "**ईच्च गणः**" [५।२।११४] इत्यनेन "**हलोऽनादेः**" [५।१।१६१] खस्य न बाधा।

नीग्वञ्चुस्रंसुध्वंसुभ्रंसुकसपतपदस्कन्दाम् ॥५।२।१८२॥ वञ्चु स्रंसु ध्वंसु भ्रंसु कस पत पद स्कन्द इत्येतेषां यङुपोश्चस्य नीगागमो भवति। वनीवच्यते। वनीवञ्चीति। सनीस्रस्यते। सनीस्रंसीति। दनीध्वस्यते। दनीध्वंसीति। बनीभ्रश्यते। बनीभ्रंशीति। चनीकस्यते। चनीकसीति। पनीपत्यते। पनीपतीति। आपनीपद्यते। आपनीपदीति। चनीस्कद्यते। चनीस्कन्दीति। यङुपि "**नोमता गोः**" [१।१।६४] इति प्रतिषेधात् "**हलुङः**" [४।४।२३] इति नखं न भवति। नीगिति दीत्वोच्चारणसामर्थ्यान्न प्रादेशः। अकित इति दीत्वप्रतिषेधार्थं पूर्वान्तकरणम्।

ङस्यातो नुक् ॥५।२।१८३॥ ङसञ्ज्ञान्तस्य गोर्यश्चेऽकारान्तस्तस्य नुगागमो भवति यङुपोः परतः। बंभण्यते। बंभणीति। तन्तन्यते। तन्तनीति। जङ्गम्यते। जङ्गमीति। नुको "**नश्चापदान्तस्य झलि**" [५।४।८] इत्यनुस्वारस्य परस्वत्वम्। असत्यपि स्वनिमित्ते झलादौ अनुस्वारो भवतीत्युक्तम्। तेन यंयम्यते। रंरम्यते इत्यनुस्वारः। अत्रापि दीत्वप्रतिषेधार्थं पूर्वान्तत्वम्। ङस्येति किम्? पापच्यते। अत इति किम्? तेतिम्यते। तपरकरणं किम्? आकारभूतपूर्वस्य मा भूत्। बाभाम्यते।

जपजभदहदशभञ्जपशाम् ॥५।२।१८४॥ जप जभ दह दश भञ्ज पश इत्येतेषां चस्य नुगागमो भवति यङुपोः परतः। जञ्जप्यते। जञ्जपीति। जञ्जभ्यते। जञ्जभीति। दन्दह्यते। दन्दहीति। दंदश्यते। दंदशीति। बम्भज्यते। बम्भजीति। पम्पश्यते। पम्पशीति। पश इति सौत्रो धुः। जपादिषु दंशिपर्यन्तेषु "**लुपसदचर**" [२।१।२१] इत्यादिना यङ्। अन्यत्र क्रियासमभिहारे। दश इति सूत्रनिर्देशाद्यङ्यपि नखं भवतीति केचित्। तदयुक्तम्। विकरणानिर्देशोऽयम्। यथा "**पतदशनहः करणे त्रट्**" [२।२।१६०] इति।

चरफलोरुच्चोङः ॥५।२।१८५॥ चर फल इत्येतयोश्चस्य नुग्भवति यङुपोः उङश्च उकारादेशश्चरफलोः। चञ्चूर्यते। "**हल्यभकुच्छुरः**" [५।३।८६] इति दीत्वम्। चञ्चुरीति। पम्फुल्यते। पम्फुलीति। उदिति तपरकरणं किम्? चञ्चूर्ति। पम्फुल्तीत्यत्र "**ध्युङः**" [५।२।८३] एम्निवृत्त्यर्थं दीत्वस्यासिद्धत्वादेप् प्राप्नोति। नन्वेप इव दीत्वस्यापि तपरकरणात् किन्न निवृत्तिः। अत्रोच्यते—यथा "**गेऽत उत्**" [४।४।१००] इति तपरकरणे न दीत्वमशक्यं निवर्तयितुम् अभकुच्छुर इति प्रतिषेधारम्भात्तथाऽत्रापि।

ति ॥५।२।१८६॥ तकारादौ चपरतः चरफलोरुङः ऊकारादेशो भवति। देवचूर्तिः। "**क्तिच्क्तौखौ**" [२।३।१५०] इति क्तिच्। एवं चरणं चूर्तिः। फलनं फुल्तिः। प्रफुल्ता लता। यङुपोश्चस्येति चानुवर्त्तमानमिह वचनसामर्थ्यात् नाभिसम्बध्यते।

रीगृत्वतः ॥५।२।१८७॥ ऋत्वतो गोश्चस्य रीगागमो भवति यङि। वरीवृत्यते। नरीनृत्यते। यदि ऋदुङ इति क्रियेत। सरीसृज्यते इति न स्यात्। ऋमत इति तर्हि कर्तव्यम्। चिकीर्षत इत्यत्र तु कृताकृतप्रसङ्गित्वाद्दतः ईर्भविष्यति। एवं सिद्धे तपरकरणं लाक्षणिकस्यापि रीगर्थम्। तेन वरीवृश्च्यते। बरीभृज्यते। परीपृच्छ्यते? नेक्रीयते जेह्रीयते इत्यत्र कस्मान्न रीगिति चेत्; द्वित्वात्। परत्वेन रीङादेशे कृते ऋकाराभावान्न भवति।

रुगृरिकौ चोपि ॥५।२।१८८॥ ऋत्वतो गोश्चस्य यङुपि रुगृरिकौ भवतः रीक् च। नर्नर्ति। नरिनर्ति। नरीनर्ति।

ऋतः ॥५।२।१८९॥ ऋकारान्तस्य गोर्यश्चस्तस्य यङुपि रुगृरिकौ भवतः रीक्च। तपरकरणसामर्थ्याद्दता गुर्विशेष्यते। चर्कर्ति। चरिकर्ति। चरीकर्ति। जर्हर्ति। जरिहर्ति। जरीहर्ति। **"अदोऽट्"** [५।२।१९५] इत्यत्रोक्तं चानुकृष्टमपि क्वचिदुत्तरत्रानुवर्तते तेन रीक्। तपरकरणं किम्? कॄ गॄ। चाकर्त्ति। जागर्ति। ननु च **"रुग्रिकौ चोपि"** [५।२।१८७] इत्यनेनैव तृतयं सिद्धम्। तत्रापि **"ऋत्वतः"** [५।२।१८६] इति तपरकरणमस्ति तेन चाकर्त्यादौ न भविष्यतीति चेत्; तत्र तपरकरणं लाक्षणिकार्थमुक्तमिति किरत्यादेर्निवृत्तिर्न स्यात्।

णौ कच्यनक्खे सन्वत् ॥५।२।१९०॥ कच्परे घिसञ्ज्ञके वर्णे यश्चस्तस्य सनीव कार्यं भवति अनक्खे। **"सन्यतः"** [५।२।१७७] इतीत्वमुक्तम्। कच्यपि तथा अचीकरत्। अपीपचत्। **"ओः पुयण्ज्ये"** [५।२।१७८] कच्यपि तथा। अपीपठत्। अलीलवत्। अजीजवत्। वा स्रवत्यादीनां कच्यपि तथा। असिस्रवत्। असुस्रवत्। अदिद्रवत्। अदुद्रवत्। ननु हला व्यवधानात् कथं कच्परो पवर्णः? वचनप्रामाण्यादेकेन व्यवधानमाश्रितम्। घाविति किम्? अततक्षत्। अबभासत्। कचीति किम्? अहं पपच। अनक्ख इति किम्? स्तनमाख्यत् अतस्तनत्। वनमाख्यत्। अववनत्। **"णाविष्ठन्मृदः"** [४।४।१४६] इति इष्ठद्भावः **"तुरिष्ठेमेयस्सु"** [४।४।१४४] **"टेः"** [४।४।१४५] इति टिखम्। इह कस्मान् न भवति। अचकमतेति कण्विषये। **"वाऽगे"** [२।१।२७] इति णिङोऽनुत्पत्तिपक्षे कचि कृते। अत्रोच्यते–नैवं ज्ञातव्यम्। अकः खम् अक्खम्। अक्खेनेति। किं तर्हि? अक् खं यस्मिन्निमित्तभूते सोऽयमक्खो न अक्खो अनक्खः तस्मिन्। पर्युदासवृत्त्या अनक्खनिमित्ते णौ मध्यगते सन्वद्भाव इत्यदोषः। तथा अकः खं यस्मिणिसामान्ये अन्यस्य। न तु णौ णिखमकः खम्। तेन वादितवन्तं प्रयोजितवान् अवीवदत्। ननु अजजागरदित्यत्र गकारऋकारे घिसञ्ज्ञामाश्रित्य प्राप्नोति सन्वद्भावः। वचनप्रामाण्याद् व्यवधानेऽपि सन्वद्भावेन भवितव्यम्। सर्वत्रापीपचदित्यादावपि चस्यानान्तर्यं घिना नास्ति। नायं दोषः। वचनप्रामाण्यादिहैकवर्णेन व्यवधानमिष्टं सङ्घातेन पुनर्व्यवधाने भवति न भवति च। तत्र **"त्वर"** [५।२।१९२] आदीनामित्वापवादार्थमत्ववचनं ज्ञापकम्। हल्सङ्घातेन व्यवधाने भवति। अचिक्रणत्। अविव्रजत् इति। अज्झल्सङ्घातेन व्यवधाने तु न भवति। अमीमपदित्यादौ **"स्सनि मीमा"** [५।२।१५५] इत्येष विधिः कस्मान्न भवति? णिजन्तस्य प्रकृत्यन्तरत्वात्।

घेर्दीः ॥५।२।१९१॥ चस्य घेर्दीर्भवति णौ कच्परेऽनक्खे। अचीकरत्। अजीहरत्। अबूबुधत्। घेरिति किम्? अविव्रजत्। घावित्येव। अध्यापिपत्। **"द्वित्वेऽचि"** [१।१।५६] णिखस्य स्थानिवद्भावात् **"अचः"** [४।३।२] इति द्वितीयस्यैकाचो द्वित्वम्। अत्र कच्परो घिवर्णो नास्ति। कचीत्येव। अहं पपच। यत्र सन्वद्भावो नास्ति तत्र दीत्वमिह मा भूत्। अचकमत। अनक्ख इत्येव। अचकथत्। **"आद्यतः"** [५।२।१७०] इत्यतः आदेरिति वर्तते तेनादेश्चस्य दीर्भवति। न द्वितीयस्यैकाचो यश्चस्तस्येति। प्रोर्णुनवदिति।

स्मृदॄत्वरप्रथम्रदस्तॄस्पशोऽत् ॥५।२।१९२॥ स्मृ दॄ त्वर प्रथ म्रद स्तॄ स्पश इत्येतेषां चस्य अदादेशो भवति कच्परे णौ परतः। असस्मरत्। अददरत्। अतत्वरत्। अपप्रथत्। अमम्रदत्। अतस्तरत्। अपस्पशत्। सन्वद्भावादित्वे प्राप्ते वचनम्। अदिति तपरकरणं घेर्दीत्वनिवृत्त्यर्थम्। अददरत्।

वा वेष्टिचेष्ट्योः ॥५।२।१९३॥ वेष्टि चेष्टि इत्येतयोश्चस्य वा अद्भवति कचि परतः। अववेष्टत्। अविवेष्टत्। अचचेष्टत्। अचिचेष्टत्। इकारस्यानेनात्वम्।

ईच्च गणः ॥५।२।१९४॥ गणयतेश्चस्य ईकारादेशो भवति अच्च कचि परतः। अजीगणत्। अजगणत्। अनक्ख इति प्रतिषेधात् सन्वद्भावो नास्ति। तदर्थमिदम्। चकारोऽदनुकर्षणार्थः।

इत्यभयनन्दिविरचितायां जैनेन्द्रमहावृत्तौ पञ्चमाध्यायस्य द्वितीयः पादः समाप्तः।

[सर्वस्य द्वे ॥५।३।१॥ परो च्रिः ॥५।३।२॥ नित्यवीप्सयोः ॥५।३।३॥ परेर्वर्जने ॥५।३।४॥ उपर्यध्यधसः सामीप्ये ॥५।३।५॥ वाक्यादेर्बोध्यस्यासूयासम्मतिकोपकुत्सनभर्त्सनेषु ॥५।३।६॥ एको बवत् ॥५।३।७॥ आबाधे च ॥५।३।८॥]

······कश्चिदेवं प्रयुङ्क्ते इत्याबाधः । प्रयोक्तव्या । (१)

यवदुत्तरे ॥५।३।९॥ उत्तरे द्वित्वे यस्येव कार्यं भवति । वक्ष्यति **"प्रकारे गुणोक्तेः"** [५।३।१०] इति । पटुपटुः । पटुपट्वी । कालककालिका । बसातिदेशे **"न वुद्दत्कोङः"** [४।३।१४६] इति पुंवद्भाव-प्रतिषेधः स्यात् । यसे तु **"पुंवद्यजातीयदेशीये"** [४।३।१५४] इति भवति । अधिकारेणाऽप्येतत्सिद्धम् । उत्तरग्रहणं ज्ञापकार्थम् । अयमधिकारः । **"एको बवत्"** [५।३।७] इत्यादिलक्षणं चाधिकारश्च । तेन एष तवाञ्जलिरेष तवाञ्जलिः । अहो दर्शनीया अहो दर्शनीया । आधिक्येऽपि द्वित्वमुक्तम् । **"स्वार्थेऽवधार्यमाणेऽनेकस्मिन् द्वे भवतः"** [वा०] अस्मात्सुवर्णादिह भवद्भ्यां माषं माषं देहि । अत्र द्वावेव माषौ दीयेते न सर्वे माषाः । तेन वीप्सा नास्ति । अवधार्यमाण इति किम् ? इह भवद्भ्यां माषमेकं देहि । **"पूर्वप्रथमयोरतिशये द्वे भवतः"** [वा०] पूर्वं पूर्वं पुष्यन्ति । प्रथमं प्रथमं पच्यते । वेत्यधिकाराद्यदा न द्वित्वं तदाऽतिशायिकः । पूर्वतरं पुष्यन्ति । प्रथमतरं पच्यन्ते । **"समसम्प्रधारणायां किम आक्षेपे द्वे भवतः"** [वा०] । उभाविमावाढ्यौ कतराकतराऽनयोस्तयोराढ्यता । कतमा कतमाऽनयोराढ्यता । कीदृशी कीदृशी अनयोराढ्यता । कतरः कतरोऽनयोर्विभवः । **"कर्मव्यतिहारे सर्वनाम्नो द्वित्वं सवच्च बहुलम्"** [वा०] तत्र वेत्यधिकाराल्लभ्यते । असवत्पक्षे पूर्वपदस्यान्यशब्दस्य सुरेव । सवद्भावे च मिभूतस्यादेरुत्वं परशब्दस्य सुट् । अन्योन्यमिमे ग्रामा भोजयन्ति । अन्योन्यस्य भोजयन्ति । पुत्रादीति गम्यते । एवमितरेतरेषाम् । इतरेतरस्य । परस्परं परस्परस्य भोजयन्ति । **"स्त्रीनपुंसकयोर्विभक्त्या वाऽम्भावो वास्तु"** [वा०] अन्योन्यं नार्यौ भोजयतः । अन्योन्यां वा । अन्योन्यं कुले भोजयतः । अन्योन्यं वा । अन्योन्यं नार्यो भोजयन्ति । अन्योन्यां वा । अन्योन्यं वा कुलानि भोजयन्ति । अन्योन्यं वा । इत्यादि सिद्धम् ।

प्रकारे गुणोक्तेः ॥५।३।१०॥ प्रकारे वर्तमानस्य गुणोक्तेर्द्वे भवतः । प्रकारः सादृश्यमिह गृह्यते । उच्यते इत्युक्तिरभिधेयं वस्तु । गुण उक्तिरभिधेयोऽस्येति गुणोक्तिः, तस्य द्वित्वम् । पटुपटुः । पण्डितपण्डितः । पटुपट्वी । पण्डितपण्डिता । उत्तरसूत्रे वाग्रहणमिह सिंहावलोकनेन सम्बध्यते । तेन जातीयोऽपि भवति । पटुजातीयः । मृदुजातीयः । द्वित्वजातीययोर्विधेयाभेदे मृदुमृदुजातीय इत्यनिष्टं स्यात् । प्रकार इति किम् ? शुक्लो गुणः । अग्निर्माणवकः । गौर्वाहीकः । सदागुणवचनो यः प्रकारे वर्तते तस्य द्वित्वम् । अयं तूपमानात्सर्वद्रव्यवचनः ।

प्रियसुखयोर्वाऽकृच्छ्रे ॥५।३।११॥ प्रिय सुख इत्येतयोरकृच्छ्रे वा द्वे भवतः । प्रियप्रियेण ददाति । प्रियेण ददाति । सुखसुखेनाधीते । सुखेनाधीते जैनेन्द्रम् । अप्रयासेनेत्यर्थः । अकृच्छ्र इति किम् ? प्रियः पुत्रः । सुखो रथः । प्रीणातीति प्रियः । सुखयतीति सुखः ।

यथास्वे यथायथम् ॥५।३।१२॥ यथायथमिति निपात्यते यथास्वेऽर्थे । सर्वे ज्ञाता यथायथम् । यथास्वभावं यथाऽऽत्मीयं चेत्यर्थः । यथाशब्दस्य द्वित्वमम्भावश्चान्ते निपात्यते । यो य आत्मा यो य आत्मीयो वा यथास्वम् । **"यावद्यथा"** [१।३।६] इति वीप्सायां हसः । झिसंज्ञकं वा यथायथमिति शब्दान्तरमस्मिन्नर्थे साधुत्वेनान्वाख्यातम् ।

---

१. प्रतिषु [ ] कोष्ठकान्तर्गतानां सूत्राणां वृत्तिस्त्रुटिता । सूत्राणि तु जैनेन्द्रपञ्चाध्यायीमनुसृत्यात्र निर्दिष्टानि ।

द्वन्द्वं रहस्यादौ ॥५।३।१३॥ द्वन्द्वमिति निपात्यते रहस्यादावर्थे। द्वि औ इत्यस्य द्वित्वे सुपि पूर्वोत्तरपदयोरिकारस्याम्भावोऽत्वं च निपात्यते रहस्यप्रकारेऽर्थे रहस्याभिधाने। द्वन्द्वं मन्त्रयते। द्वन्द्वं मन्त्रयेते। द्वौ द्वौ रहसि मन्त्रयेते इत्यर्थः। मर्यादावचनादयो विषयत्वेनाश्रीयन्ते। मर्यादायाम् आसप्तमनरकादधोऽधो द्वन्द्वं नरकपटलानि हीनानि व्युत्क्रमणं भेदः पृथक्स्थानम्। तत्र द्वन्द्वं व्युत्क्रान्ताः। द्विवर्गसम्बन्धेन भिन्ना इत्यर्थः। यज्ञपात्रप्रयोगे, द्वन्द्वं यज्ञपात्राणि प्रयुनक्ति। अभिव्यक्तौ, द्वन्द्वं नारदपर्वतौ। द्वन्द्वं सूर्याचन्द्रमसौ। विधिब्राह्मणौ द्वन्द्वम्। "**वा वीप्सायां द्वन्द्वः**" वीप्सायां द्वन्द्वं द्वौ द्वौ। वृत्तिविशेषे "**चार्थे द्वन्द्वः**" [१।३।९२] अन्यत्रापि दृश्यते। द्वन्द्वानि सहते। द्वन्द्वं युद्धं कृतम्। अतएव च रहस्य-मर्यादावचनव्युत्क्रमणयज्ञपात्रप्रयोगाभिव्यक्तिरूपं परिगणनं न कृतम्।

पदस्य ॥५।३।१४॥ पदस्येत्ययमधिकारो वेदितव्य आ शास्त्रपरिसमाप्तेः। वक्ष्यति "**नखं मृदन्तस्याकौ**" [५।३।३०] इति। राजभ्याम्। राजभिः। तथा "**स्फान्तस्य खम्**" [५।३।४१] इति पतन्। यजन्। अत्रार्थवशात्पदस्येत्यवयवे ता द्रष्टव्या। पदस्येति किम्? राज्ञः। राज्ञः। भसंज्ञया नपुंसकलिङ्गा पदसंज्ञा बाध्यते

पदादपादादौ ॥५।३।१५॥ पदादिति अपादादाविति च एतद्द्वितयमधिकृतं वेदितव्यं प्रागसिद्धाधिकारात्। वक्ष्यति "**बहोर्वस्नसौ**" [५।३।१७] इति। ग्रामो वो दीयते। नगरं नो दीयते। पदादिति किम्? युष्मभ्यं ग्रामो दीयते। अपादादाविति किम्?

शान्तिनाथो जिनः सोऽस्तु युष्माकमघशान्तये।
येन संसारताभीतिरस्माकमिह नाशिता॥

युष्मदस्मदोऽविप्तास्थस्य वांनावौ ॥५।३।१६॥ पदात्परयोरपादादौ वर्तमानयोर्युष्मदस्मदित्येतयोरङ्ङूतासु स्थितयोर्वान्नौ इत्येतावादेशौ भवतः। युष्मदस्मदिति इतरेतरयोगलक्षणो द्वन्द्वः। ओसः स्थाने ङस्कृतः सौत्रत्वान्निर्देशस्य। पदस्य सर्वस्येति च वर्तते। यदि वा पदस्येति स्थानलक्षणाऽत्र ता सम्पद्यते, सर्वस्य पदस्य स्थाने आदेशः। एकबह्वोरादेशान्तरं वक्ष्यति। अतो द्विविषये विधिः। ज्ञानं वां दीयते। शीलं नौ दीयते। ज्ञानं वा रक्षतु। शीलं नौ रक्षतु। ज्ञानं वां स्वम्। शीलं नौ स्वम्। अबिप्तास्थस्येति किम्? दानं युवाभ्यां कृतम्। स्थग्रहणं किम्? श्रूयमाणविभक्त्यां यथा स्यात्। इह मा भूत्। इति युष्मदुपाध्यायः। पदविधिरयम्। असामर्थ्ये न भवति। आवाभ्यां भाव्यते ज्ञानम्। युवाभ्यां दीयते दानमिति। अथेह सामर्थ्येऽपि कस्मान्न भवति? ओदनं पच तव भविष्यति मम भविष्यतीति। "**समाने वाक्ये युष्मदस्मदादेशविधिरिष्यते**"। इह तु ओदनं पचेत्येकं वाक्यं तव भविष्यतीति द्वितीयं वाक्यम्। अवश्यं समानवाक्याधिकार एष्टव्यः। शालीनां ते ओदनं ददातीत्यत्रापि यथा स्यात्। अन्यथा शालीनामित्यस्य ते इत्यनेन सामर्थ्याभावान्न स्यात्।

बहोर्वस्नसौ ॥५।३।१७॥ बह्वन्तयोर्युष्मदस्मदोर्वस्नस् इत्येतावादेशौ भवतस्तास्वेव विभक्तीषु। ज्ञानं वो दीयते। शीलं नो दीयते। ज्ञानं वो रक्षतु। शीलं नो रक्षतु। ज्ञानं वः स्वम्। शीलं नः स्वम्।

एकस्य ते मे ॥५।३।१८॥ एकान्तयोर्युष्मदस्मदोस्ते मे इत्येतावादेशौ भवतः। एक इति त्यः। "**त्यग्रहणे यस्मात्स तदादेर्ग्रहणम्**" [प०]। ज्ञानं ते दीयते। शीलं मे दीयते। इपो वक्ष्यति। ज्ञानं ते स्वम्। शीलं मे स्वम्।

त्वामाविपः ॥५।३।१९॥ एकस्येति वर्तते। इबेकान्तयोर्युष्मदस्मदोस्त्वा मा इत्येतावादेशौ भवतः। ज्ञानं त्वा रक्षतु। शीलं मा रक्षतु।

न चवाहाऽहैवयोगे ॥५।३।२०॥ च वा ह अह एव इत्येतैर्योगे युष्मदस्मदोर्वान्नावादयो न भवन्ति। ज्ञानं तुभ्यं मह्यं च दीयते। युवाभ्यां आवाभ्यां च दीयते। युष्मभ्यं अस्मभ्यं च दीयते। ज्ञानं त्वां मां च रक्षतु।

युवां आवां च रक्षतु। युष्मान् अस्माँश्च रक्षतु। ज्ञानं तव च स्वम्। ज्ञानं मम च स्वम्। युवयोः आवयोश्च स्वम्। युष्माकं अस्माकं च स्वम्। ज्ञानं तुभ्यं मह्यं वा दीयते। ज्ञानं तुभ्यं मह्यं ह दीयते। ज्ञानं तुभ्यं मह्यमह दीयते। ज्ञानं तुभ्यं मह्यमेव दीयते। इत्यादि योज्यम्। योग इति किम्? ज्ञानं च मे स्वम्। नात्र चादिभिर्युष्मदस्मदोर्योगः। किन्तर्हि? ज्ञानस्य।

दृश्यर्थैश्चिन्तायाम् ॥५।३।२१॥ चिन्तायां वर्त्तमानैर्दृश्यर्थैर्धुभिर्योगे युष्मदस्मदोर्वाम्नावादयो न भवन्ति। अत्र साक्षाद्योगे तद्युक्तयोगे च प्रतिषेधः। ज्ञानं तुभ्यं दीयमानं समीक्ष्यागतो जनः। ज्ञानं मह्यं दीयमानं समीक्ष्यागतः। साक्षाद्योगे ग्रामस्त्वां समीक्ष्यागतः। ग्रामो मां समीक्ष्यागतः। ज्ञानं तव स्वं समीक्ष्यागतः। शीलं मम स्वं समीक्ष्यागतः। सन्दृश्य संचिन्त्य निरूप्येति यावत्। दृश्यर्थैरिति किम्? ग्रामस्त्वा मन्यते। अस्ति चिन्तार्थो मन् धुर्न तु दृश्यर्थः। चिन्तायामिति किम्? ग्रामस्त्वा पश्यति। अत्र चक्षुर्दर्शने दृशिर्वर्तते। तेन न प्रतिषेधः।

वाऽनन्वादेशे ॥५।३।२२॥ युष्मदस्मदोर्वाम्नावादयो वा भवन्ति अनन्वादेशे। आदेशः कथनम्। अन्वादेशोऽनुकथनम्। नान्वादेशोऽनन्वादेशः। तत्र विकल्पोऽन्वादेशे नित्यो विधिः। ज्ञानं ते दीयते। ज्ञानं तुभ्यं दीयते। ज्ञानं मे दीयते। ज्ञानं मह्यं दीयते। इत्यादि योज्यम्। अनन्वादेश इति किम्? अथो ज्ञानं ते दीयते। अथो ज्ञानं मे दीयते। पूर्वं किञ्चिदादिश्य इदमादिश्यते इत्यन्वादेशोऽयम्।

सपूर्वाया वायाः ॥५।२।२३॥ विद्यमानपूर्वाद् वान्तात्परयोर्युष्मदस्मदोर्वा वाम्नावादयो भवन्ति। अनन्वादेशे सामान्येन सिद्धम्। अन्वादेशार्थमिदम्। अथो आचार्येण ज्ञानं ते दीयते। अथो आचार्येण ज्ञानं तुभ्यं दीयते। इत्यादि।

बोध्यमसद्वत् ॥५।३।२४॥ बोध्यान्तं पदमसद्वद् भवति। बोध्यमिति सम्बोधनलक्षणाया वाया ग्रहणम्। असद्वद्भावे प्रयोजनम्। बोध्यान्तात्परयोर्युष्मदस्मदोरादेशनिवृत्तिः। देवदत्त तुभ्यं दीयते। देवदत्त मह्यं दीयते। इत्यादि नेयम्। इह च देवदत्त ज्ञानं ते। देवदत्त ज्ञानं मे। "**सपूर्वाया वायाः**" [५।३।२३] इत्यन्वादेशे विकल्पो न भवति। वत्करणं स्वश्रुत्यनिवृत्त्यर्थं कार्यं प्रत्यसद् भवति।

नैकार्थे बोध्ये सामान्यवचनम् ॥५।३।२५॥ एकार्थे बोध्यान्ते परतः सामान्यवचनं बोध्यान्तं नासद् भवति किन्तु सद्वदेव भवति एकार्थः विशेषलक्षणो यस्य तदिदमेकार्थं विशेषवचनमित्यर्थः। कथं ज्ञायते? सामान्यवचनम् इति निर्देशात्। परस्य विशेषवचनत्वमपेक्ष्य सामान्यवचनत्वं भवति। क्षत्रिय श्रेणिक ते धर्मो दीयते। क्षत्रिय श्रेणिक त्वाऽर्हन्रक्षतु। क्षत्रिय श्रेणिक ते धर्मो वर्धताम्। एकार्थ इति किम्? क्षत्रिय ब्राह्मण युवाभ्यां धर्मो दीयते। बोध्य इति किम्? क्षत्रिय धनवान् मे त्वं देहि। पूर्वस्य सत्वे "**सपूर्वाया वायाः**" [५।३।२३] इत्येष विधिः प्रसज्येत। सामान्यवचनमिति किम्? श्रेणिक क्षत्रिय तुभ्यं धर्मो दीयते।

वा विशेषवचने बहौ ॥५।३।२६॥ विशेषवचने बोध्ये बह्वन्ते परतः सामान्यवचनं वा बोध्यान्तमसद् भवति। देवाः शरण्या वो दीयते। देवाः शरण्या युष्मभ्यं दीयते। "**नैकार्थे बोध्ये सामान्यवचनम्**" [५।३।२५] इत्यस्यायं विकल्पः। सामान्यवचनमित्यनुवृत्तेः परस्य विशेषवचनमनुक्तं सिद्धम्। तत्कृतं स्पष्टार्थमुत्तरार्थं च।

पूर्वत्रासिद्धम् ॥५।३।२७॥ पूर्वत्र इति असिद्धमिति च एतदधिकृतं वेदितव्यम् आ शास्त्रपरिसमाप्तेः। येयं चतुरध्यायी सार्धद्विपादाऽतिक्रान्ता तस्यामयं सार्धद्विपादोऽसिद्धो भवति। इत उत्तरं च उत्तरोत्तरो योगः पूर्वत्र पूर्वत्रासिद्धो भवति। असिद्धवद्भवति। शास्त्रासिद्धत्वेन तदाश्रयं कार्यं न भवतीत्यर्थः। अस्मा उद्धरति सिद्धा अत्र। असा आदित्यः। "**ङ्योः खम्**" [५।४।५] इत्यस्य यत्वखशास्त्रस्याऽसिद्धत्वात् "**आदेप्**"

[४।३।७५] "स्वेऽको दीः [४।३।८८] इति च न भवति। अमुष्मै। अमुष्मात्। अमुष्मिन्। उत्वशास्त्रस्यासिद्धत्वात्स्मायादयो भवन्ति।

शुष्किका यन् सुशर्माणः क्षामिमानौजिढत् सुर्गीः।
पक्वमाशीःषु गोलिण्मान् कुर्वन्ति पिपठीः सुभुत्॥

शुष्किकेति "शुषि पचेः क्वौ" [५।३।६७] इति कादेशः। टाप्। कुत्साद्यर्थे कः। पुनष्टाप्। "केऽणः" [५।२।१२५] प्रः। कत्वस्यासिद्धत्वात् "वातोऽधोर्यकात्" [५।२।५१] इति विकल्पो न भवति। "त्यस्थे क्यापी" [५।२।५०] इति नित्यमित्त्वम्। यन्निति स्फान्तखस्यासिद्धत्वान्मृदन्तनखं न भवति। सुशर्माण इति णस्यासिद्धत्वात् नोङः "घेऽकौ" [४।४।६] इति दीत्वम्। क्षै जै सै क्षये क्तः। "क्षै मः" [५।३।६८] इति मत्वम्। क्षामोऽस्यास्तीति क्षामी। सोऽस्यास्तीति क्षामिमान्। मत्वस्यासिद्धत्वात् "ममोङ् झयो मतोर्वोऽयवादेः" [५।३।३१] इति मनोर्वत्वं न भवति। ऊढमाख्यत् णिचि लुङि कचि च कृते "अचः" [४।३।२] इति द्वितीयस्यैकाचो द्वित्वे कर्त्तव्ये ढत्वादेरसिद्धत्वात् हतिकारयोर्द्वित्वम्। "हलोऽनादेः" [५।२।१६१] इति तखम्। हकारस्य चुत्वम्। औजिढत्। ननु णौ च यट्टिखं तस्य स्थानिवद्भावाद्द्विरुच्यते। अनक्ख इति प्रतिषेधात् सनीत्वं नास्ति। तत औजढत् इति भवितव्यमिति केचित्। तदयुक्तम्। णौ कृतं स्थानिवद् भवति। न च टिखं णौ कृतम्। किन्तर्हीष्ठे। ततो "द्विखेऽचि" [१।१।५६] इति स्थानिवद्भावात् सयोर्द्वित्वम्। ननु च "पूर्वत्रासिद्धीयमद्वित्वे" इति वक्ष्यति। तत्कथमसिद्धत्वं ढत्वादेः। न। "सर्वस्य द्वे" [५।३।१] इत्येतद्द्वित्वं तत्र गृह्यते। तेन गलो गल इति लत्वं सिद्धम्। सुगीरिति विसर्जनीयस्यासिद्धत्वात् "इको दी र्वोरुङः" [५।३।८५] इति दीत्वम्। पक्वमिति वत्वस्यासिद्धत्वात् झलि चोः कुत्वम्। आशीःष्विति "रेश्च सुपि" [५।२।२४] इति सत्वस्यासिद्धत्वात् "इको दी र्वोरुङः" [५।३।८५] इति दीत्वम्। गोलिण्मान् इति ढत्वस्यासिद्धत्वात् "झयः" [५।३।३१] इति वत्वं न भवति। कुर्वन्ति इत्यनुस्वारपरस्वस्यासिद्धत्वाण्णत्वं नास्ति। पिपठीरिति षत्वस्यासिद्धत्वाद्रित्वम्। "परेऽचः पूर्वविधौ" [१।१।५७] इति अतः खस्य स्थानिवद्भाव इति चेत्; न; पूर्वत्रासिद्धे न स्थानिवत्" इति। सुभुदिति जश्त्वस्यासिद्धत्वात् झषन्तस्य बशो भष्भावः। वृद्धो हसतीति रेरसिद्धत्वेऽप्युत्वं वचनाद् भवति। अपवादस्य परस्यापि वचनप्रामाण्यान्नासिद्धत्वम्। वृद्धा इति जश्त्वापवादो रित्वम्। दोग्धा इति ढत्वापवादो घत्वम्। काष्ठतडिति स्फान्तखापवादः स्फादिखम्। येऽत्र कानिर्देशास्तानिर्देशा ईम्निर्देशाश्च "रात्सः" [५।३।४२]। "स्फान्तस्य खम्" [५।३।४१] "झलो झलि" [५।३।४४] इत्यादयस्तेषाम् "ईप्केत्यव्यवाये पूर्वपरयोः" [१।१।६०] "तास्थाने" [१।१।४६] इति च नियमे कर्तव्ये नासिद्धत्वम्। "कार्यकालं संज्ञापरिभाषम्" [प०] इति पूर्वत्वं नास्ति। इह विस्फोर्य्यम् अवगोर्यम् इत्येषं बाधित्वा परत्वेन "हल्यभकुर्छुरः" [५।३।८६] इति दीत्वं नास्ति। "पूर्वत्रासिद्धे नास्ति स्पर्द्धोऽसत्वादुत्तरस्य"। विशेषवचन इति वर्तते। विशेषे इदमसिद्धम्। तेन क्वचिदिष्टे विषये सिद्धत्वं भवति। तादेशः षत्वत्येड्विधिषु सिद्धः। अन्यथा वृक्णः वृक्णवान् इति झलीति षत्वं स्यात्। क्षीवेण तरति क्षैविकः। द्वयज्लक्षणष्ठो न स्यात्। क्षीव इति वलादित्वादिट् स्यात्। छे तुकि पविधिः सिद्धः अग्ना३ इ छत्रम्। पटा३ उ छत्रम्। छ इति किम्? अग्निचीऽ३त्। चस्य जश्त्वचर्त्वमेत्त्वतुकोः सिद्धम्। बभणतुः। बभणुः। आदेशस्यासिद्धत्वादेत्वं प्राप्नोति। उञ्छिच्छिषतीति चादेशस्यासिद्धत्वाच्छे तुक् प्राप्नोति। यद्वित्वे परस्वत्वं सिद्धम्। सँय्यतः। सँव्वत्सरः। यँल्लोकम्। तँल्लोकम्। यर इति द्वित्वं न स्यात्। "सर्वस्य द्वे" [५।३।१] इति द्वित्वे घत्वादयः सिद्धाः। द्रोग्धा द्रोग्धा। द्रोढा द्रोढा। गरोगरः। गलोगल इत्यादि। घत्वादीनामसिद्धत्वात्। प्राग्द्वित्वे पश्चाद्विकल्पे सति रूपवैषम्यं स्यात्। गरोगल इति।

नखं सुब्विधिकृत्तुकि ॥५।३।२८॥ सुपः स्थाने विधिं सुपि च विधिं कृति विहितं च तुकं प्रति नखमसिद्धं भवति। विधीयते इति विधिः कार्यम्। ऐस्भावदीत्वादिः। सुपो विधिः सुब्विधिः एको विग्रहः सुवा-

श्रयो विधिरित्यर्थः। कृतस्तुक् कृत्तुक्। कृदाश्रयो हि तुक् कृतस्तुगुच्यते। राजभ्याम्। राजभिः। **"सुपि"** [५।२।८७] इति दीत्वम्। **"भिसोऽत ऐस्"** [५।१।८] इति च न भवति। वृत्रहभ्याम्। वृत्रहभिः। **"पिति कृति तुक्"** [४।३।५९] इति तुङ्न भवति। कृतीति किम्? वृत्रहच्छत्रम्। छे तुगयम्। **"सिद्धे सत्यारम्भो नियमार्थः"** [प०]। एतयोरेव नखमसिद्धं नान्यत्र। हस्त्यश्वम्। राजीयति। राजाबला। कृत्तुकीति न कर्त्तव्यम्। **"सन्निपातलक्षणो विधिरनिमित्तं तद्विघातस्य"** [प०] इति तुग्न भविष्यति। तत् क्रियते ज्ञापकार्थम्। **"अवयवनाशिनामतः खं न भवति"** इति। अन्यथा तुकः प्राप्तिरत्र नास्ति। नखेऽतः खे च कृते प्रान्तत्वाभावात्। एवं च सुपमेति सिद्धम्। अय वय पय गतौ। पयतेर्मनि कृते **"वशि"** [५।१।११४] इतीटि प्रतिषिद्धे **"वलि व्योः खम्"** [४।३।५५] इति यखे कृतेऽतः खं न भवति। किं च सन्निपातपरिभाषाश्रयणे वृत्रहच्छत्रमिति तुग्न स्यात्। अथ **"असिद्धं बहिरङ्गमन्तरङ्गे"** [प०] इत्येव सिद्धं कृत्तुकीति व्यर्थम्। अनित्यैषा परिभाषा। तेन एषा द्वे इति सिद्धम्। अत्राऽन्तरङ्गे टापि कर्त्तव्ये बहिरङ्गं त्यदाद्यत्वं सिद्धम्। पञ्च नार्य इत्यत्र मृदवस्थायामिल्संज्ञा। एकया च संज्ञया अनेकं कार्यं क्रियते इति ङीप्रतिषेधो जश्शसोः **"उबिलः"** [५।१।१९] उपि कृते टापः प्राप्तिर्नास्त्यलिङ्गत्वात्पदार्थस्य। तेनेल्संज्ञाविधौ नखमसिद्धं न कर्तव्यम्।

न मु टाविधौ ॥५।३।२९॥ मुभावो नासिद्धः सिद्ध एव टाविधौ कर्तव्ये। टा इत्येतस्य स्थाने टा इत्येतस्मिंश्च यो विधिः स टाविधिरुच्यते। अमुना। अदस् टा इति स्थिते त्यदाद्यत्वे **"दादुदौ मोऽदसोऽसेः"** [५।३।८८] इति उत्वे मत्वे च कृते मुभावस्याऽसिद्धत्वात् **"आङो नाऽस्त्रियाम्"** [५।२।११३] इति सुलक्षणो नाभावो न स्यात्। सिद्धत्वाद् भवति। नाभावेऽपि कृते मुभावस्यासिद्धत्वात्। **"यन्यतो दीः"** [५।२।६६] **"सुपि"** [५।२।८७] इति दीत्वं प्राप्नोति। तच्च न भवति। टाविधाविति किम्? इह अमुना नपि **"सुपीकोऽचि"** [५।१।५२] इगभावान्नुम्न भवति। नेति योगविभागादिष्टसिद्धिः। तेन **"हलुङः"** [४।४।२३] इति नखे कर्तव्ये द्वयोः स्फसंज्ञामाश्रित्य स्फादिसखं सिद्धम्। मग्नः। मग्नवानिति। **"धुटः प्राप्तौ श्चुत्वं सिद्धम्"**। अट् श्च्योतति। अटतीत्यट्। जश्त्वं डकारः। सकारश्चुत्वस्यासिद्धत्वात्। **"ङ्नाद् धुट् सोऽश्चः"** [५।४।१३] इति धुड्भ्याम्। श्च्योततिः सकारादिः पठ्यते। तथा **"अह्नो नखे कर्त्तव्ये रिरेफौ सिद्धौ"**। अहोभ्याम्। अहोभिः। अहर्गच्छति। मृदन्तनखं स्यात्। नखं इति विशेषणादन्यत्रासिद्धत्वम्। दीर्घाहास्तत्रेति **"नोङः"** [४।४।५] **"धेऽकौ"** [४।४।६] इति दीत्वम्। अहन्। **"रोऽसुपि"** [५।३।७८] इति वचनं किविषये सावकाशम्। हे दीर्घाहोऽत्रेति। हे अहः।

नखं मृदन्तस्याकौ ॥५।३।३०॥ मृदन्तस्य नस्य खं भवत्यको परतः। पदस्येति वर्तते। किवर्जिते स्वादौ पदस्य योऽवयवो मृदन्तस्तस्य नस्य खं भवतीत्यर्थः। राजभ्याम्। राजभिः। राजत्वम्। राजता। राजतरः। राजतमः। मृद्ग्रहणं किम्? जिनेन्द्रान् वन्देरन्। अस्ति पदस्य नकारोऽन्तश्च न तु मृदः। किन्तु विभक्त्याः। अन्तस्येति किम्? नटाभ्याम्। वनाभ्याम्। अयं पदस्यावयवो नकारो न तु मृदन्तः। पदस्येति किम्? राजानौ। राजानः। राज्ञे। अस्ति मृदन्तो नकारो न तु पदसंज्ञकस्य। अकाविति किम्? हे राजन्। अकावितीषदर्थे नञ्। तेन **"नपुंसके वा प्रतिषेधः"**। हे चर्मन्। हे चर्मेति। अकाविति नखप्रतिषेधवचनं ज्ञापकम्। त्यखे त्याश्रयन्यायेन कृद्धृन्नियमान्मृत्संज्ञा न निवर्तते। भसंज्ञा च न भवति। तेन राजेत्यत्र राज्ञः पुरुषो राजपुरुष इत्यत्र च नखं सिद्धम्। **"अनोऽखमम्बस्फात्"** [४।४।१२२] इति भकार्यं च न भवति। हे राजवृन्दारक इत्यादौ क्यन्तयोरनभिधानाद्य ससमुदायात्किः। तत उत्तरपदे नखं न वक्तव्यम्।

मभोङ्भयो मतोर्वोऽयवादेः ॥५।३।३१॥ मकारान्तात् अवर्णान्तात् मकारोङः अवर्णोङो भयन्ताच्च यवादिवर्जितात् उत्तरस्य मतोर्वकारादेशो भवति। मृदो हि मतुर्विहितस्ततः **"परस्यादेः"** [१।१।५१] इति वत्वम्। नुम्वान्। गुणवान्। विद्यावान्। मोङः। शमीवान्। दाडिमीवान्। यशस्वान्। भास्वान्। झयः। मरु-

त्वान्। तडित्वान्। उदश्वित्वान्। "मत्वर्थे स्तौ" [१।२।१०८] इति भसंज्ञा। ममोङ्ङ्झय इति किम्? अग्निमान्। अयवादेरिति किम्? यवमान्। ऊर्मिमान्। भूमिमान्। कृमिमान्। मोङ इति। ककुद्मान्। गरुत्मान्। हरित्मान्। झय इति। शिखिमान्। इक्षुमती। द्रुमती। मधुमान्नाम गिरिः। "खौ" [५।३।३२] इति प्राप्तेः प्रतिषेधः। आकृतिगणोऽयम्। नृमत इदं नार्मतमिति बहिरङ्ग आकारः। तेन वत्वाभावः। पदावयवस्य वत्वम्। ततः शीलवतः शीलवद्भ्य इति च सिद्धम्।

खौ ॥५।३।३२॥ खुविषये च मतोर्वो भवति। कपीवती। ऋषीवती। मुनीवती। "**नद्यां मतुः**" [३।२।६५] इति चातुरर्थिको मतुः। "**मतौ बह्वच्छरादेरनजिरादेः**" [४।३।२२२] इति दीत्वम्। आसन्दीवान्नाम ग्रामः। आसन्दीवदहिस्थलम्। आसनपर्याय आसन्दीशब्दोऽस्ति। तदुक्तम्—**औदुम्बरी राज्ञ आसन्दी भवति।**

चर्मण्वदष्ठीवच्चक्रीवत्कक्षीवद्रुमण्वत् ॥५।३।३३॥ चर्मण्वत् अष्ठीवत् चक्रीवत् कक्षीवत् रुमण्वत् इत्येते शब्दा निपात्यन्ते खुविषये। चर्मणः परस्य मतोर्नुडागमो निपात्यते मृदन्तनखम्। "**अट्कुप्वाङ्व्यवाये**" [५।४।८६] इति णत्वम्। चर्मण्वती नदी। चर्मवतीत्यन्यत्र। अस्थ्नोऽष्ठीभावो वत्वं च निपात्यते। अष्ठीवानिति कायैकदेशसंज्ञा। अस्थिमानित्यन्यत्र। चक्रस्य ईत्वम्। चक्रीवान्। चक्रवानित्यन्यत्र। कक्ष्याया जिर्निपात्यः। "**हलः**" [४।४।२] इति दीत्वम्। कक्षीवान्। कक्ष्यावानित्यन्यत्र। लवणस्य रुमण्भावो निपात्यते। रुमण्वान्नाम पर्वतः। लवणवानित्यन्यत्र। रुमन् इति शब्दान्तरं वा मतोर्नुडर्थं निपातनम्।

उदन्वानुदधौ ॥५।३।३४॥ उदन्वानीति निपात्यते। उदकस्य उदन्भावो मतौ निपात्यते। यत्र प्रयोगो दृश्यते। उदन्वानुदधिः। उदन्वानाश्रमः। अयं तु विशेषः। यदा उदकमस्यास्तीति उदकसम्बन्धमात्रविवक्षा तदा उदकवान् घटः। यदा तु उदकं धेयमस्मिन्नस्ति तदा उदन्वान् घट इति।

राजन्वान् सौराज्ये ॥५।३।३५॥ राजन्वानिति निपात्यते सौराज्ये गम्ये। राजाऽस्मिन्नस्ति प्रशंसायामर्थे मतुस्तस्यैतन्निपात्यते। राजन्वान्देशः। राजन्वती पृथिवी। सुराज्ञो भावः सौराज्यम्। शोभनेन राज्ञा सम्बन्धस्तदभावे राजवान् इति भवति।

कृपो रो लोऽकृपादेः ॥५।३।३६॥ कृपेर्धो रेफस्य लकारादेशो भवति कृपादीन् वर्जयित्वा। र इति एपि कृते यः केवलो रेफः वर्णैकदेशा वर्णग्रहणेन गृह्यन्ते इति यश्च ऋकारस्थः तयोरिह सामान्येन ग्रहणम्। कल्प्ता। कल्पिष्यते। कल्प्स्यति। क्लृप्तः। क्लृप्तवान्। "**लुटि च क्लृपः**" [१।२।८६] इत्यादि च ज्ञापकम् ऋकारस्थस्यापि रेफस्य लश्रुतिर्भवतीति। अकृपादेरिति किम्? कृपा। भिदादित्वादङ्। कृपणः। कर्पूरादय औणादिकाः। ये तु प्रतिषेधं नारभन्ते क्रपेः कृतजित्वस्य लाक्षणिकत्वादग्रहणमिति तेषां यत्नगौरवं स्यात्।

गेरयतौ ॥५।३।३७॥ गेर्यौ रेफस्तस्यायतिपरस्य लत्वम्। प्लायते। पलायते। ननु चायतिपरत्वं रेफस्य न सम्भवति। "**परेऽचः पूर्वविधौ**" [१।१।५७] इत्येकादेशस्य स्थानिवद्भावात्। वचनप्रामाण्यादेकेन व्यवधानमाश्रितम्। एवं च पल्ययते इत्यत्राऽप्यदोषः। सङ्घातेन पुनर्व्यवधानमेव प्रत्ययते इति। ननु वचनस्यावकाशो निलयनं दुलयनमिति भविष्यति। न शक्यमेवम् "**पूर्वत्रासिद्धम्**" [५।३।२७] इति रेफस्यासिद्धत्वाल्लत्वाभावः। निरयणम्। दुरयणमिति। यदि लत्वं दृश्यते कपिलकादिषु द्रष्टव्यम्।

ग्रो यङि ॥५।३।३८॥ गिरते रेफस्य लत्वं भवति। निजेगिल्यते। निजेगिल्येते। निजेगिल्यन्ते। "**लुपसद**" [२।१।२१] इत्यादिना यङ्। नित्यत्वाच्च। "**इको दी वोर्ङः**" [५।३।८५] इति दीत्वम्। विकरणान्तनिर्देशो गृणातेर्निवृत्त्यर्थः। जेगीर्यते। यङीति किम्? निगीर्यते।

विभाषाऽचि ॥५।३।३९॥ गिरते रेफस्य विभाषया लत्वं भवति अजादौ परतः। गिरति। गिलति। निगरणम्। निगलनम्। व्यवस्थितविभाषेयम्। "**प्राण्यङ्गे नित्यं लत्वम्**" [वा०]। गलः कण्ठः। "**विषे न**

भवत्येव'' [वा०]। गरः। निगार्यते। निगाल्यते इत्यत्र **''परेऽचः पूर्वविधौ''** [१।१।५७] इति णेः स्थानिवद्भावादजादित्वम्। ननु **''पूर्वत्रासिद्धे न स्थानिवत्''** [प०] इति प्रतिषेधः प्राप्नोति। **''नेयं परिभाषास्फादिखलत्वणत्वेषु व्याप्रियते''**। अथवा वर्णाश्रयमन्तरङ्गलत्वमगाश्रयं बहिरङ्गं णिखम्। इयमप्राप्ते विभाषा। प्राप्ते नित्यो विधिः। निजेगिलः। **''धोः स्वरूपग्रहणे तस्यविज्ञानम्''** [प०] इति मृदस्त्ये न भवति। गिरो गिर इति। विभाषेति योगविभागादिष्टे कपिलकादौ विकल्पः। कपिरकः। कपिलकः। तिर्थिरीकम्। तिर्थिलीकम्। रोमाणि। लोमानि। **''संज्ञाछन्दसोः पूर्वो विधिः''** [प०]। **''डलयोः समानविषयत्वं स्मर्यते''** [प०]। व्याडः। व्यालः। वारः। वालः। मूरम्। मूलम्। रघुः। लघुः। अरे। अले। असुरः। असुलः। अङ्गुरिः। अङ्गुलिः।

परेर्घाङ्कयोगे ॥५।३।४०॥ परे रेफस्य विभाषया लत्वं भवति घशब्दे अङ्के योगे च परतः। परिघः। पलिघः। **''घनान्तर्घण''** [२।३।६६] इत्यादौ परिघशब्दो निपातितः। पर्यङ्कः। पल्यङ्कः। परियोगः। पलियोगः।

स्फान्तस्य खम् ॥५।३।४१॥ स्फान्तस्य पदस्य खं भवति। गोमान्। कृतवान्। इह श्रेयान् भूयान् इति रित्वस्यासिद्धत्वात्स्फान्तस्य खं भवति। इहापि तर्हि पयः शिर इति रित्वस्यासिद्धत्वाज्जश्त्वं प्राप्नोति। **''येन नाप्राप्ते तस्य बाधनम्''** [प०] इति रित्वं जश्त्वस्य बाधकमेव। स्फान्तखे पुनः प्राप्ते चाप्राप्ते च रित्वमारभ्यते। दध्यत्र। मध्वत्रेति बहिरङ्गस्य यणादेशस्यासिद्धत्वात्स्फान्तखं न भवति। स्फ इति किम्? वाक्। अन्तग्रहणं किमर्थम्? आदौ मध्ये च पदावयवस्य स्फस्य खं मा भूत्। **''येनालि विधिस्तदन्ताद्योः''** [१।१।६७] इति सिद्धे स्पष्टार्थं चान्तग्रहणम्। पदस्येति किम्? गोमन्तौ। गोमन्तः।

रात्सः ॥५।३।४२॥ स्फान्तस्य पदस्य यो रेफस्तस्मादुत्तरस्य सकारस्य खं भवति। **''अन्तेऽलः''** [१।१।४६] इत्यन्तस्य। चिकीः। जिहीः। क्विपि अतः खे च कृते षत्वस्यासिद्धत्वात् सखम्। **''पूर्वत्रासिद्धे च न स्थानिवत्''** [प०] इत्यजादेशस्य न स्थानिवद्भावः। एवं मातुः। पितुः। **''ऋत उत्''** [४।३।१८] इत्युत्वम्। द्वयोरेकत्वम्। रन्तत्वम्। **''सिद्धे सत्यारम्भो नियमार्थः''** [प०] रेफनियमोऽयम्। रादुत्तरस्य सकारस्यैव खं नान्यस्य। न्यमार्ट्। ऊर्क्। लङि क्विपि च रूपम्। रादेव सकारस्येति कस्मान्न नियमः। व्याख्यानात्। उरःप्रभृतिषु पुमानित्यस्य कृतसखस्य निर्देशाद्वा।

धि ॥५।३।४३॥ धकारादौ च परतः सस्य खं भवति। आध्वम्। आशाध्वम्। सकारस्य जश्त्वेनाप्येतत्सिध्येत्। श्रुतिकृतविशेषाभावादिति चेत्? इह दोषः स्यात्। अलविध्वम्। आलविढ्वम्। **''वेटः''** [५।४।६१] इति वा धस्य ढत्वम्। यद्यत्र सखं न स्यात्; तदा सेः षत्वे जश्त्वे च डकारे धस्य च ढत्वे ढत्वाभावपक्षेऽपि धकारो न श्रूयेत। चक्राधिपलितं शिरः इत्यत्रापि अविशेषेण सखं भवति। **''दादेर्धोर्घः''** [५।३।४६] इत्यतो धुग्रहणं सिंहावलोकनेन संबध्यते। तेन धोर्विहिते धीत्यभिसम्बन्धादिह न भवति। पयो धावति।

झलो झलि ॥५।३।४४॥ झल उत्तरस्य सकारस्य झलि परतः खं भवति। अभित्त। अभित्थाः। **''सिलिङ्दे''** [१।१।८५] इति कित्वादेप्रतिषेधः। अवात्तामिति वसतेस्तसस्ताम्। सखस्यसिद्धत्वात् **''स्यगेसः''** [५।२।१५१] इति तत्वम्। झल इति किम्? अमंस्त। झलीति किम्? अभैत्सम्।

प्रादगोः ॥५।३।४५॥ प्रान्तादगोरुत्तरस्य सकारस्य खं भवति झलि परतः। अकृत। अकृथाः। अहृत। अहृथाः। प्रादिति किम्? अच्योष्ट। अप्लोष्ट। गोरिति किम्? अलाविष्टाम्। अलाविष्टम्। अस्ति प्रादिटः परः सकारो न तु गोः। झलीति किम्? अकृषाताम्। अकृषत। **''उः''** [१।१।८६] इति

किरत्वादेष्प्रतिषेधः। सिंहावलोकनेन धोरिति किम् ? द्विष्टराम्। द्विष्टमाम्। "द्वित्रिचतुर्भ्यः सुच्" [४।२।२५] तदन्तात् अतिशयिते तरतमौ "किमेम्मिङ्क्ष्भ्मात्" [४।२।२०] इत्यादिनाऽम्। "प्रादुर्घ्रत्यमिङस्ति" [५।४।७३] षत्वम्।

स्फादेः स्कोऽन्ते च ॥५।३।४६॥ सकारस्य ककारस्य च स्फादेः झलि परतः पदान्ते च खं भवति। झलि पदस्यावयवः पदान्ते च यः स्फस्तदाद्योः स्कोः खं भवतीत्यर्थः। लग्नः। लग्नवान्। साधुलक्। तष्टः। तष्टवान्। काष्ठतट्। आचष्टे मुनिर्धर्मम्। वास्यर्थः। शकयर्थः। इत्यत्राजादेशस्य स्थानिवद्भावान्न स्फादिखम्। "पूर्वत्रासिद्धे न स्थानिवत्" [प०] इतीदं "स्फादिखलत्वणत्वेषु नास्ति" [प०] इत्युक्तम्। अथवा बहिरङ्गस्य यणादेशस्यासिद्धत्वान्न स्फादिखम्। काष्ठशक्स्थातेत्यत्र गोरधिकारात् सिंहावलोकनेन धोरिति वा न भवति। स्फादेरिति किम् ? न्यस्तः। शक्तः। झलीदं द्रष्टव्यम्। स्क इति किम् ? नर्नर्त्ति। अन्ते चेति किम् ? तक्षिता।

चोः कुः ॥५।३।४७॥ चवर्गस्य कवर्ग आदेशो भवति झलि पदान्ते च। वक्ता। वक्तुम्। वक्तव्यम्। वाक्। "क्विपि वचि [२।२।१५७ वा०] इत्यादिना क्विपि दीत्वमजित्वं च। पक्ता। पक्तुम्। पक्तव्यम्। साधुपक्। क्रुञ्चेत्यत्र अनुस्वारस्य परस्वत्वस्य चासिद्धत्वात् ञकार एव नास्ति। चकारे झलि कुत्वं न भवति। "युजिक्रुञ्चः" [२।२।५७] इति निपातनान्नखं न भवति। रेफरहितस्य धोः क्रुञ्चिसमानार्थस्य नखं भवत्येव। निकुचितिरिति।

हो ढः ॥५।३।४८॥ हकारस्य ढकारादेशो भवति झलि पदान्ते च। सोढा। सोढुम्। सोढव्यम्। ढत्वे कृते परस्य "तथोर्धोऽधः" [५।३।५६] इति धत्वम्। ढत्वम्। "ढो ढे खम्" [५।४।१७] "सहिवहोऽस्यौः" [४।३।२१७] इत्योत्वम्। अन्ते। परिषट्। सट् विचीदं रूपम्। अन्यथा "नहिवृतिवृषिव्यधिरुचिसहितनिषु क्वौ" [४।३।२१६] इति दीत्वं स्यात्। एवं वोढा। वोढुम्। गुणवट्। विचीदं क्विपि जित्वं स्यात्। पृथग् योगकरणमुत्तरार्थम्।

दादेर्धोर्घः ॥५।३।४९॥ दकारादेर्धोर्हकारस्य घकारादेशो भवति झलि पदान्ते च। दग्धा। दग्धुम्। दग्धव्यम् कर्मेन्धनम्। दोग्धा। दोग्धुम्। दोग्धव्यम्। गोधुक्। पदान्ते घत्वे कृते "एकाचो वशो" [५।३।५४] इत्यादिना भषन्तस्य वशो भष्त्वम्। धोरिति किम् ? दामलिट्। धुपाठे यो दादिः स दादेरित्यनेन गृह्यते। तेन अधोक् इत्यत्र अडागमेऽपि सति दादित्वं सिद्धम्। इह च दामलिह्यतेः क्विपि घत्वं न भवति। दामलिडिति।

वा द्रुहमुहष्णुहष्णिहाम् ॥५।३।५०॥ द्रुह मुह ष्णुह ष्णिह इत्येतेषां हकारस्य वा घत्वं भवति झलि पदान्ते च। द्रोग्धा। मित्रध्रुक्। द्रोढा। मित्रध्रुट्। उन्मोग्धा। उन्मुक्। उन्मोढा। उन्मुट्। स्नोग्धा। उत्स्नुक्। स्नोढा। उत्स्नुट्। स्नेग्धा। चेलस्निक्। स्नेढा। चेलस्निट्। द्रुहेः पूर्वेण प्राप्ते इतरेषामप्राप्ते विकल्पः।

नहो धः ॥५।३।५१॥ नहेर्हकारस्य धकारादेशो भवति झलि पदान्ते च। नद्धम्। नद्धव्यम्। उपानत्। "नहिवृति" [४।३।२१६] इत्यादिना दीत्वम्। "तथोर्धोऽधः" [५।३।५६] परस्य धत्वं यथा स्यादिति धकारादेशः कृतः।

आहस्थः ॥५।३।५२॥ आहो हकारस्य थकारादेशो भवति झलि परतः। धर्ममात्थ। मुखमात्थ। "ब्रुव आहश्च" [२।४।७०] इति ब्रुव आहादेशो लडादेशस्य च सिपस्थादेशः। अनेन हस्य थत्वम्। "खरि" [५।४।१२०] इति चर्त्वम्। आहस्तकारादेशेनैव सिद्धे थकारस्य "खरि" इति चर्त्वं ज्ञापकम्।

आहो अञ्ग्रहणेन ग्रहणात् अुव ईण्मा भूत्। झलादिवचनाद् बा न भवति। पदान्तत्वं नास्ति। झलीत्येव। आहतुः। आहुः।

व्रश्चभ्रस्जसृजमृजयजराजभ्राजछशां षः ॥५।३।५३॥ व्रश्च भ्रस्ज सृज मृज यज राज भ्राज इत्येतेषां चकारशकारयोश्च षो भवति झलि पदान्ते च। व्रष्टा। मूलवृट्। स्फादिसखम्। **"ग्रहिज्यावयि"** [४।३।१२] इत्यादिना जित्वम्। भ्रष्टा। धानाभृट्। स्रष्टा। तीर्थसृट्। मार्ष्टा। कर्मपरिमृट्। यष्टा। देवयट्। विचीदं रूपम्। राजिभ्राजोः क्विरेव झलादिः। राष्टिः। भ्राष्टिः। सुराट्। सुभ्राट्। विभ्राट्। प्रष्टा। धर्मप्राट्। **"क्विपि वचिप्रच्छायतस्तु कटप्रुजुश्रीणां दीरजिश्च"** [२।२।१५७ वा०] इति क्विपि दीत्वाजित्वे। **"छ्वोः शूड् ङे च"** [४।४।१७] इत्ययं विधिरुक्तः। लिशि। लेष्टा। धर्मलिट्। विश। वेष्टा। स्वर्गविट्।

एकाचो वशो भष् झषः स्ध्वोः ॥५।३।५४॥ धोरेकाचो झषन्तस्य योऽवयवस्तस्य यथासङ्ख्यं भष्भावो भवति झलि सकारे ध्वशब्दे च परतः पदान्ते च। भोत्स्यते। अभुद्ध्वम्। **"सिलिङ्दै"** [१।१।८५] इति कित्वम्। धर्मभुत्। धोक्ष्यते। अधुग्ध्वम्। गोधुक्। निघोक्ष्यते। न्यघुढ्ध्वम्। मन्त्रघुट्। एकाच इति किम्? दामलिहमिच्छति दामलिह्यतेः क्विप्। दामलिट्। असत्येकाज्ग्रहणे झषन्तस्य धोरवयवस्य वशो भष् अत्रापि स्यात्। वश इति किम्? क्रोत्स्यति। झषन्तस्येति किम्? दास्यति। स्ध्वोरिति किम्? बोद्धां। बोद्धुम्। धकारस्य वकारपरस्य ग्रहणं किम्? दादद्धि। दध धारणे इत्यस्य यङुपि लोटि **"हुझल्भ्यो हेर्धिः"** [४।४।६४] इति धिभावे रूपम्। अबुद्ध। अबुद्धाः इत्यत्र **"झलो झलि"** [५।३।४४] इति सखे कृते **"त्यखे त्याश्रयम्"** [१।१।६३] इति कस्मान्न भवति। **"वर्णाश्रये नास्ति त्याश्रयम्"** [प०] इत्यदोषः।

धः ॥५।३।५५॥ धो धातोर्झषन्तस्य वशो भष् भवति झलि परतः। धत्से। धत्स्व। धद्ध्वे। धद्ध्वम्। धत्तः। धत्थः। **"पूर्वत्रासिद्धे न स्थानिवत्"** [प०] इति अजादेशस्य न स्थानिवद्भावः। वचनसामर्थ्याद्वा श्रुतिकृतमानन्तर्यमस्तीति झषन्तता। धस्यापि जश्त्वमाश्रयात्सिद्धम्। **"प्रकृतिग्रहणे यङुबन्तस्यापि ग्रहणम्"** [प०]। धात्तः। धात्थः। झषन्तस्येत्येव। दधाति। दधासि। झलीत्येव। दधे। दधते।

तथोर्धोऽधः ॥५।३।५६॥ झषन्तादुत्तरयोः तकारथकारयोर्धकारादेशो भवत्यदधातेः। दोग्धा। दोग्धुम्। अदुग्ध। अदुग्धाः। बोद्धा। बोद्धुम्। अबुद्ध। अबुद्धाः। अधः इति किम्? धत्तः। धत्थः।

झलो जश् ॥५।३।५७॥ झलो जश् भवति पदान्ते वर्तमानस्य। पदमध्ये **"झलां जश् झशि"** [५।४।१२८] इति वक्ष्यति। झलीति निवृत्तम्। वागत्र। मधुलिडत्र। अग्निचिदत्र। झलीत्यस्य निवृत्तिः किम्? वस्ता। वेष्टव्यम्।

षढोः कः सि ॥५।३।५८॥ षकारढकारयोः ककारादेशो भवति सकारादौ परतः। वेक्ष्यति। तोक्ष्यति। ढस्य। लेक्ष्यति। वक्ष्यति। सीति किम्? पिनष्टि।

द्रात्तस्य तो नः पूर्वस्य दोऽपमूर्च्छिमदाम् ॥५।३।५९॥ दकाररेफाभ्यां परस्य तसञ्ज्ञकस्य तकारस्य नकारादेशो भवति पूर्वस्य च दकारस्य पमूर्च्छिमदो वर्जयित्वा। भिन्नः। भिन्नवान्। छिन्नः। छिन्नवान्। आस्तीर्णम्। अवगूर्णम्। द्रादिति किम्? शक्तः। शक्तवान्। तसञ्ज्ञकस्येति किम्? कर्त्ता। हर्त्ता। त इति किम्? मुदितम्। चरितम्। द्रादित्यनेन तकारो विशेष्यते। स चेत्तसञ्ज्ञ इति। तेनेटा व्यवधाने न भवति। पूर्वस्येति किम्? परस्य मा भूत्। भिन्नवद्भ्याम्। भिन्नवद्भिः। **"अधिकृत्य कृते ग्रन्थे"** [३।३।६१] इत्यादि निर्देशात् **"इह वर्णैकदेशा वर्णग्रहणेन न गृह्यन्ते"**। तेन हृतम् कृतमित्यादि सिद्धम्। कृतस्यापत्यं कार्त्तिरिति बहिरङ्गो रेफः। अपमूर्च्छिमदामिति किम्? प्रपूर्त्तः। मूर्त्तः। मत्तः।

स्फादेरातो धोर्यण्वतोऽध्याख्यः ॥५।३।६०॥ स्फादिर्यो धुः आकारान्तः यण्वान् तस्मात्परस्य ततकारस्य नो भवति ध्या ख्या इत्येतौ वर्जयित्वा। प्रद्राणः। प्रद्राणवान्। ग्लानः। म्लानः। ध्या इत्येतस्य

प्रतिषेधात् प्रतिपदोक्तपरिभाषा नाश्रिता। स्फादेरिति किम्? यातः। यातवान्। आत इति किम्? च्युतः। प्लुतः। धोरिति किम्? निर्यातः। दुर्यातः। यण्वत इति किम्? स्नातः। प्सातः। अध्याख्य इति किम्? ध्यातः। ख्यातः।

ल्वादेः ॥५।३।६१॥ लू इत्येवमादिभ्य उत्तरस्य ततकारस्य नो भवति। लूनः। लूनवान्। लीनः। लीनवान्। लू इत्यतः प्रभृति वृदिति वृत्पर्यन्ता ल्वादयः। तत्र स्तृञित्येवमादिभ्यो नत्वं पूर्वेणैव सिद्धम्।

ऋतश्च क्तेः ॥५।३।६२॥ ऋकारान्तेभ्यो ल्वादिभ्यश्च परस्य क्तेस्तकारस्य नो भवति। ल्वादिभ्यो ऽन्ये ऋद्ग्रहणं प्रयोजयन्ति। कीर्णिः। गीर्णिः। शीर्णिः। ल्वादिभ्यः। लूनिः। लीनिः। गूर्णिः। चूर्णिः। घूर्णिः। इति त्रयं चिन्त्यम्।

ओदितः ॥५।३।६३॥ ओकारेतश्च धोः परस्य ततकारस्य नो भवति। लग्नः। लग्नवान्। उद्विग्नः। उद्विग्नवान्। आपीनः। आपीनवान् "प्यायः पी" [४।३।२३] "आङः" [४।३।२४] इति पीभावः। आतिदेशिकाः स्वादयः ओदितः। षूङ् प्राणिप्रसव इत्यादयो व्रीङ् वृणोत्यर्थे इत्येवमन्ता दैवादिकाः। सूनः। सूनवान्। दूनः। दीनः। उड्डीनः इत्यादि।

क्षीणः ॥५।३।६४॥ क्षी इत्येतस्मात् कृतदीत्वात्परस्य ततकारस्य नो भवति। तपरकरणमसन्देहार्थम्। प्रक्षीणः। प्रक्षीणवान्। "तेऽण्ये" [४।४।५९] इति दीत्वम्। यदा दीत्वं तदाऽनेन नत्वम्। क्षीणोऽसि जाल्म। "वा दैन्याक्रोशे" [४।४।६०] इति दीत्वम्। दीत्वनिर्देशः किमर्थः? क्षितोऽसि जाल्म।

श्याश्विदिवोऽस्पर्शानपादानाजये ॥५।३।६५॥ श्या अञ्चि दिव इत्येतेभ्यः परस्य ततकारस्य नो भवत्यस्पर्शे अनपादाने अजये यथासङ्ख्यम्। शीनं घृतम्। शीनं मेदः। "द्रवघनस्पर्शयोः श्यः" [४।३।१९] इति जित्वम्। "हलः" [४।४।२] इति दीत्वम्। अजित्वपक्षे "स्फादेरातो" [५।३।६०] इति नत्वं सिद्धम्। अस्पर्श इति किम्? शीतं वर्तते। शीतो वातः। शीतमुदकमित्यत्र स्पर्शाभिधानद्वारेणैव द्रव्ये वृत्तिः। तेन नत्वाभावो जित्वं च सिद्धम्। स्पर्शो गुणो गृह्यते। ननु "स्पृश उपतापे" इत्येतस्य स्पर्शो रोगः। तत्र प्रतिशीनः। कथं ज्ञायते "द्रवघनस्पर्शयोः" [४।३।१९] इति जित्वे सिद्धे "प्रतेः" [४।३।२०] इति वचनात्। अञ्च्। समक्नौ शकुनेः पक्षौ। अनपादान इति किम्? उदक्तमुदकं कूपात्। व्यक्त इत्यञ्जेः प्रयोगः। दिव। आद्यूनः। आद्यूनवान्। "छ्वोः शूण्ठे च" [४।४।१७] इत्यूठ्। अजय इति किम्? द्यूतं वर्तते। क्रीडायामप्युपमानाद्विजिगीषा गम्यते।

निर्वाणोऽवाते ॥५।३।६६॥ निर्वाण इति निपात्यते अवातेऽर्थे। यदि ध्वर्थो वाताधारो न भवतीत्यर्थः। निःपूर्वाद्वातेः परस्य ततकारस्य नत्वं निपात्यते। निर्वाणो मुनिः। निर्वाणो दीपः। "धिगत्यर्थाच्च" [२।४।५८] इति कर्तरि क्तः। अवात इति किम्? निर्वातो वातः। निर्वातं वातेन। वातोऽत्र निर्वातिक्रियायाः आधारः। निर्वाणो दीपो वातेनेत्यत्र दीपाधारो ध्वर्थो वातस्तु करणं तेन नत्वम्।

शुषिपचेः क्वौ ॥५।३।६७॥ शुषि पचि इत्येताभ्यां परस्य ततकारस्य ककारवकारादेशौ भवतः। शुष्कः। शुष्कवान्। पक्वः। पक्ववान्।

क्षै मः ॥५।३।६८॥ क्षै इत्येतस्मात्परस्य ततकारस्य मकारादेशो भवति। क्षामः। क्षामवान्।

प्रस्त्यो वा ॥५।३।६९॥ प्रपूर्वात्स्त्यायतेः परस्य ततकारस्य मकारादेशो वा भवति। प्रस्तीमः। प्रतीमवान्। प्रस्तीतः। प्रस्तीतवान्। "प्रपूर्वस्य स्त्यः" [४।३।१८] इति जिः। "हलः" [४।४।२] इति दीत्वम्। यदा मत्वं न भवति तदा "स्फादेरातो धोर्यण्वतः" [५।३।६०] इत्यस्यासिद्धत्वात् पूर्वं जः। कृते विहतनिमित्तत्वा-

नत्वं न भवति। प्रग्रहणं किम् ? केवलादन्यगिपूर्वाच्च न भवति। स्त्यानः। संस्त्यानः। त्यै स्त्यै इत्यनयोः परस्य ग्रहणं पूर्वस्य सत्त्वाभावात्।

फुल्लः ॥५।३।७०॥ फुल्ल इति निपात्यते। फुल्लः। फुल्लवान्। ञिफला विशरण इत्यस्मात्परस्य ततकारस्य लत्वं निपात्यते। "ति" [५।२।१८६] इति उङ उत्त्वम्। कथं फलितः। फलान्यस्य सञ्जातानीति द्रष्टव्यम्। अथवा फल निष्पत्तावित्यस्य इडभाव उङ उत्वं लत्वं च निपात्यते। फुल्ल विकसन इत्यस्य पचाद्यचि रूपमिति चेत्, नैवं फलेस्ते लत्वमन्तरेण प्रयोगः स्यात्।

समुदः ॥५।३।७१॥ सम् उद् इत्येताभ्यां परः फुल्लो निपात्यते। सम्फुल्लः। सम्फुल्लवान्। उत्फुल्लः। उत्फुल्लवान्। **"सिद्धे सत्यारम्भो नियमार्थः" [प०]**। समुद्भ्यामेव गेः। इह मा भूत्। प्रफुल्ला लता।

क्षीबकृशोल्लाघाः ॥५।३।७२॥ क्षीब कृशः उल्लाघ इत्येते शब्दाः निपात्यन्ते। क्षीबादिभ्यः क्ते कृते तकारस्य खं निपात्यते। इटि वा कृते इत्शब्दस्य। क्षीबः। कृशः। उल्लाघः। अचि इगुङ्लक्षणे के च कृते रूपं सिद्ध्येत्। किं तु कृते क्ते अनिष्टं स्यात्। लाघेर्गिपूर्वस्य ग्रहणं किम् ? अस्यैव गिपूर्वस्य निपातनमन्यस्य मा भूत्। प्रक्षीबितः। परिकृशितः। उदिति विशेषनिर्देशात् अन्यगिपूर्वस्य न भवति। प्रोल्लाघितः। परिकृशः इत्यादिषु निपातितस्य शब्दस्य पश्चात् प्रादिसविधिः। परिगतः कृशः परिकृशः। प्रगतः क्षीबः प्रक्षीबः। नात्र गिसञ्ज्ञा। यत्क्रियायुक्तास्तं प्रति गिसञ्ज्ञा भवन्ति।

त्राघ्राह्रीनुदोन्दविन्तेर्विभाषा ॥५।३।७३॥ त्रा घ्रा ह्री नुद उन्द विन्ति इत्येतेभ्यः परस्य ततकारस्य विभाषया नत्वं भवति। त्रातः। त्राणः। घ्रातः। घ्राणः। ह्रीतः। ह्रीणः। नुत्तः। नुन्नः। समुत्तः। समुन्नः। वित्तः। विन्नः। ह्री इत्येतस्याप्राप्ते इतरेषां प्राप्ते नत्वं विकल्प्यते। विन्तेरिति श्नम्विकरणनिर्देशाद् "विद विचारणे" [धा०] इत्यस्य ग्रहणम्। तदुक्तम्––

वेत्तेस्तु विदितो ज्ञेयो विद्यतेर्वित्त इष्यते।
विन्तेर्विन्नश्च वित्तश्च वित्तं भोगे तु विन्दतेः॥

विभाषेति व्यवस्थितविभाषाविज्ञानम्। तेन––

देवत्रातो गलो ग्राह इतियोगे च सद्विधिः।
मिथस्तेन विभाष्यन्ते गवाक्षः संशितव्रतः॥

इति सिद्धम्। देवैस्त्रातः देवत्रातः। सञ्ज्ञायामपि त्रातेति भवति। प्राण्यङ्गे गलः। विषे गर एव। नक्रे ग्राहः। "विभाषा ग्रहः" [२।१।११७] इति णः। आदित्यादिषु पचाद्यजेव ग्रहः। इतियोगे च सद्विधिर्न भवति वर्षतीति धावति। हन्तीति पलायते। **"लक्षणहेत्वोः क्रियायाः"** [२।२।१०४] इति शतृशानौ न भवतः। **"न वा साकाङ्क्षे"** [२।२।६४] इत्यतो मण्डूकप्लुत्या विभाषाऽनुवर्तते। अनितियोगे नित्यं भवतः। अर्जयन् वसति। अधीयानो वसतीति। ननु चेतिशब्देनैव हेत्वर्थस्य द्योतितत्वात् वर्षतीत्यादौ कथं सद्विधिः ? इदं तर्ह्युदाहरणम् "विभाषा लृटः सत्" [२।३।१३] इत्यनेन करिष्यामीति व्रजति क्रियायां तदर्थायामितियोगे लृटः सद्विधिर्न भवति। अवान्तसमानाधिकरणे अनितियोगे च सद्विधिः। करिष्यन्तं पश्येति। वान्तसमानाधिकरणेऽपि विकल्प इति केचित्। करिष्यन् पुरुषः। करिष्यति पुरुषः। वातायने नित्यम्। गवाक्षः। प्राण्यङ्गे गोऽक्षम्। अन्यत्रोभयम्। गोग्रम्। गवाग्रम्। व्रतविषये नित्यमित्वम्। शंसितव्रतः। विधिप्रतिषेधयोरुभयरूपेण विविधमवस्थितया विभाषया सर्वं लभ्यते। आकृतौ पदार्थे सर्वं लक्ष्यराशिमेकत्वमुपनीय विधिः प्रतिषेधश्चेति द्वयमुपदिश्यते। व्यक्तौ पदार्थे उभयमत्र भवतीति प्रतिपाद्यते।

वित्तभित्तदूनगूनपूनसितर्णानि ॥५।३।७४॥ वित्त भित्त दून गून पून सित ऋण इत्येते शब्दा निपात्यन्ते। वित्तमिति "विद्लृ लाभे" इत्यस्य भोगे प्रतीतौ च निपात्यते। भोगे वित्तमस्य। बहुवित्तः।

भुज्यत इति भोगो धनादिप्रतीतौ वित्तोऽर्थं पुरुषः। विन्नमन्यत्। भित्तमिति निपात्यते शकलं चेत्। भिन्नं खण्डमित्यर्थः। उक्तञ्च—

तत्त्वमभिधायकं चेच्छकलस्यानर्थकः प्रयोगः स्यात्।
सकलेनाप्यभिहिते न भवति तत्त्वं निगमयामः॥

भिदि क्रिया शब्दव्युत्पत्तिनिमित्तम्। प्रवृत्तिनिमित्तं तु शकलत्वजातिः। क्रियाभिधाने भिन्नं शकलमित्यपि भवति। दूनः। गूनः। दुग्वोर्दीत्वं नत्वं च निपात्यते। पूञो विनाशे नत्वम्। पूना यवाः। विनाश इति किम्? पूता यवाः। पूतं धान्यम्। सित इति सिनोतेर्ग्रासकर्मकर्तृकस्य भवति। सितो ग्रासः स्वयमेव। ग्रास इति किम्? सिता पाशेन शूकरी। कर्मकर्तृकस्येति किम्? सितो ग्रासो देवदत्तेन। ऋण इति ऋ इत्येतस्मात् उत्तमर्णाधमर्णयोर्नत्वम्। ऋणं ददाति। ऋणं धारयति। ऋतमन्यत्।

क्वित्यस्य कुः॥५।३।७५॥ क्विरूयो यस्य तस्य धोः कवर्गोऽन्तादेशः पदान्ते। घृतस्पृक्। **"स्पृशोऽनुदके क्विः"** [२।२।५६] इति क्विः। एवं यादृक्। तादृक्। युङ्। नस्य कुत्वम्। त्यग्रहणपरिभाषया **"क्वेः कुः"** इति सिद्धे क्विस्त्यो यस्येति बसनिर्देशात् असत्यपि क्वौ क्विविधानेनोपलक्षितस्य क्विबन्तस्यापि भवति। सहस्रदृगिति। इहापि तर्हि स्यात्। रज्जुसृड्भ्याम्। रज्जुसृड्भिः। स्रगिति निपातनात् क्यन्तोपलक्षणं नास्तीत्यदोषः। **"नशेर्वा"** [वा०]। जीवनक्। जीवनट्। क्विपि विचि वा। अथवा जीवस्य नाशो जीवनडिति सम्पदादित्वात्क्विप्।

ससजुषो रिः॥५।३।७६॥ सकारान्तस्य पदस्य सजुष् इत्येतस्य च रिर्भवति। **"अन्तेऽलः"** [१।१।४९] इत्यन्तस्य। जश्त्वापवादोऽयम्। सर्वज्ञः साधुभिरासेव्यते। सजूः। सह जुषा वर्तते **"सहेति तुल्ययोगे"** [१।३।६१] बसः। **"वा नीचः"** [४।३।१९०] इति सहस्य सो भवति। यदि वा सह जुषते इति सजूः।

अहन्॥५।३।७७॥ अहन्नित्यस्य पदस्य रिर्भवति। अहोभ्याम्। अहोभिः। दीर्घाहा कालः। हे दीर्घाहोऽत्र। अहन्निति विकृतनिर्देशात् रेरसिद्धत्वेन नखं न भवति। वचनं तु हे दीर्घाहोऽत्रेति सावकाशम्। हन्तेर्लङि अहन्नित्यस्य लाक्षणिकत्वान्न भवति। **"अह्नो रिविधौ रूपरात्रिरथन्तरेषूपसङ्ख्यानम्"** [वा०] इति। रोऽसुपीत्यस्य बाधनार्थम् अहोरूपम्। अहोरात्रिः। एकदेशविकृतत्वादिहापि भवति। अहश्च रात्रिश्च अहोरात्रः। अह्नो रथन्तरम् अहोरथन्तरम्।

रोऽसुपि॥५।३।७८॥ अहन्नित्येतस्य रेफादेशो भवत्यसुपि परतः। अहर्गच्छति। अहर्ददाति। असुपीति किम्? अहोभ्याम्। अहोभिः। ननु अहर्ददातीत्यत्रापि **"त्यखे त्याश्रयम्"** [१।१।६७] इति सुबस्ति। एवं तर्हि रेफविधानसामर्थ्यात् अह्नो रविधौ उपि त्यलक्षणं न भवति। यत्र तु खं तत्र त्याश्रयेण रित्वम्। दीर्घाहा निदाघः। हे दीर्घाहोऽत्रेति।

वसुस्रंसुध्वंस्वनडुहां दः॥५।३।७९॥ वस्वन्तस्य पदस्य स्रंसु ध्वंसु अनडुह् इत्येतेषां च दकारादेशो भवति। विद्वत्कुलम्। विद्वद्भ्याम्। विद्वद्भिः। उखाया स्रंसते उखास्रत्। उखास्रद्भ्याम्। उखास्रद्भिः। पर्णध्वत्। पर्णध्वद्भिः। स्वनडुत्कुलम्। अनडुद्भ्याम्। अनडुद्भिः। पदस्येति किम्? अनडुहा। वस्वादीनामिति किम्? पयोभ्याम्। अनडुहो दत्वप्राप्तिरितरेषां रित्वम्। **"ससजुषो रिः"** [५।३।७६] इत्यतः सकारान्तग्रहणमनुवर्तते। तेन विद्वानिति नकारस्य न भवति। **"येन नाप्राप्ते"** इति न्यायेन रित्वस्य दत्वं बाधकम्। स्फान्तखे प्राप्ते चाप्राप्ते च दत्वमतो विद्वानित्यत्र स्फान्तखस्य न बाधकम्। अनडुहो वचनसामर्थ्याद् दत्वं न भवति। नुमो दत्वं वचनसामर्थ्यान्न भवति। पदाधिकारादिहापि भवति। विद्वत्काम्यति। **"नः क्ये"** [१।२।१०४] इति नियमाद् विद्वस्यतीत्यत्र भसञ्ज्ञा।

तिपि धोः ॥५।३।८०॥ तिपि परतः धोः सकारान्तस्य पदस्य दकारादेशो भवति। अचकाद्भवान्। अन्वशाद्भवान्। लङ्। "**हल्ङ्यापः**" [४।३।५६] इति तिपः खम्। तिपीति किम्? क्विपि चकाः। रित्वापवादो योगः।

सिपि रिर्वा ॥५।३।८१॥ सिपि परतो धोः सकारान्तस्य पदस्य रिर्भवति दकारो वा। अचकास्त्वम्। अचकात्त्वम्। अन्वशास्त्वम्। अन्वशात्त्वम्। दकारस्य विकल्पपक्षे रित्वं सिद्धमेव। रिग्रहणमुत्तरार्थम्। "दः" [५।३।८२] इत्यत्र पक्षे रिर्यथा स्यात्। तिपि सिपि च परतो धुरेव सम्भवति। धुग्रहणमप्युत्तरार्थम्।

दः ॥५।३।८२॥ धोर्दकारान्तस्य पदस्य सिपि परतो रिर्भवति दकारो वा। अभिनस्त्वम्। अभिनत्त्वम्। अजर्घास्त्वम्। अजर्घात्त्वं। गृध इत्येतस्मात् यङ्लुब्। द्वित्वादिकार्यम्। लङ सिप् उङ एप् "**एकाचः**" [५।३।५४] इत्यादिना भष्भावः। हल्ङ्यापः खम्। जश्त्वं दकारः।

मो नः ॥५।३।८३॥ धोर्मकारान्तस्य पदस्य नकारादेशो भवति। प्रताम्यतीति प्रतान्। प्रशान्। प्रदान्। नत्वस्यासिद्धत्वान्न मृदन्तनखम्। न इति किम्? विद्। भिद्। धोरित्येव। इदम्। किम्। अनयोर्मकारोच्चारणस्यावकाशः इदामतीत्यादौ "**नः क्ये**" [१।२।१०४] इति पदत्वाभावः। पदस्येत्येव। प्रशामौ। प्रशामः।

म्वोः ॥५।३।८४॥ धोर्मकारस्य मकारवकारयोश्च परतः नकारादेशो भवति। जङ्गन्वः। जङ्गन्मः। अपदान्तार्थं आरम्भः।

इको दी र्वोरुङः ॥५।३।८५॥ रेफवकारान्तस्य धोः पदस्य उङः इको दीर्भवति। गीः। आशीः। आङ्पूर्वस्य शासोऽनुदात्तेतो ग्रहणादप्राप्तमित्वम्। "**आशिषि**" [२।४।१४६] इति निपातनाद्भवति। धुर्वी। धूः। धुर्वः पदान्तस्य वकारस्य ऊठा भवितव्यमिति वग्रहणमुत्तरार्थम्। इक इति किम्? अबिभर्भवान्। मकारे अकारस्य मा भूत्। वोरिति किम्? भिद्। छिद्। उङ् इति किम्? अबिभर्भवान्। चस्य वेर्मा भूत्। धोरिति किम्? साधुः। मुनिः। पदस्येत्येव। गिरौ। गिरः।

हल्यभकुर्छुरः ॥५।३।८६॥ हल्परौ यौ रेफवकारौ तदन्तस्य धोरुङ इको दीर्भवति भसंज्ञकं कुर्छुरौ च वर्जयित्वा। आस्तीर्णम्। अवगूर्णम्। दीव्यति। सीव्यति। अभकुर्छुर इति किम्? भस्य धुरं वहतीति धुर्यः। दिवि भवो दिव्यः। क्विबन्तस्येदं ग्रहणम्। कुर्। कुर्यात्। कुञो विकृतनिर्देशात् चिकीर्षतीत्यत्र दीत्वं भवत्येव। छुर्। छुर्यात्। आशिषि लिङ्। धोरित्येव। चतुर इच्छति चतुर्यति। दिवमिच्छति दिव्यति। त्यस्येमौ रेफवकारौ। इक इत्येव। गव्यति। "**यि त्ये**" [४।३।६७] इत्यवादेशः। हल्पराविति विशेषणं किम्? मुर्मुरीयतीत्यत्र मा भूत्। अपदान्तार्थं वचनम्।

उङि ॥५।३।८७॥ धोरुङ्भूतौ यौ रेफवकारौ तयोरुङ इकः दीर्भवति। कीर्तयति। हूर्छिता। मूर्छिता। तूर्विता। धूर्विता। "**अचो रहाद् द्वे**" [५।४।१२६] इत्यस्यासिद्धत्वादुङ्भूतत्वम्। प्रतिदीव्ना। प्रतिपूर्वाद्दिवः "**कन्युवृषितक्षि**" [उ० सू०] इत्यादिना कन्। "**अनोऽखमम्बस्फात्**" [४।४।१२२] इत्यखम्। "**न पदान्त**" [१।१।५८] इत्यादिना स्थानिवद्भावप्रतिषेधः। "**असिद्धं बहिरङ्गमन्तरङ्गे**" [प०] इत्यस्यानित्यत्वाच्च दीत्वम्। अथ वाऽत्र "**हलि**" [४।३।१२९] इति दीत्वम्। तस्य नेति प्रतिषेधः कस्मान्न भवति। रेफवकारान्तस्य सस्य [भस्य] स प्रतिषेधः। इह कस्मान्न भवति। री गतिरमणयोः। वी गतिप्रजनकान्त्यशनेषु। रिर्यतुः। [रियुः। विव्यतुः। विव्युः। यणादेशस्य] स्थानिवद्भावात् बहिरङ्गलक्षणत्वाद्वा असिद्धत्वमिति न भवति। चतुर्यितेत्यत्र अतः खस्य बहिरङ्गत्वात् धोरुङ्भूतो रेफो नास्तीति न दीत्वम्। गुणादीनामव्युत्पन्नत्वात्। जिव्रिः। किर्यो। गिर्योरित्यादिषु "**हलि**" दीत्वं न भवति। व्युत्पन्नौ बहुलवचनात्। "**जीर्यतेः किरच वः**" [उ०]। इति क्रिः। "**ऋत इद्धोः**" [५।१।७४] इतीत्वम्। रन्तत्वम्। रेफस्य वकारः। (कृगभ्यां) "**कृ गृ पृ कुटिभिदिभ्यश्च**" [उ०] इति इः। उङोरिति प्राप्ते उङीति सौत्रो निर्देशः।

दादुर्दो मोऽदसोऽसेः ॥५।३।८८॥ अदसः असकारस्य दात्परस्य वर्णमात्रस्य उवर्णादेशो भवति दकारस्य च मकारः। अमुम्। अमू। अमून्। अमुना। अमूभ्याम्। उत्वस्यासिद्धत्वात्प्राक् सन्धिकार्यम्। भाव्योपि क्वचित्स्वं गृह्णात्युक्तम्। ततः **"स्थानेऽन्तरतमः"** [१।१।४७] इति मात्रिकार्धमात्रिकयोर्मात्रिको द्विमात्रिकस्य द्विमात्रिक उकारो भवति। असेरिति किम्? अदस्यति। **"स्वेपः क्यच्"** [२।१।६]। असेरिति यत्रविद्यमानसकारस्येत्युच्यते। अदः कुलम्। अदोऽत्र इत्यत्रापि स्यात्। एवं तर्हि अः सिर्यस्मिन् सोऽयमसिः। अकारीभूतः सिर्यस्मिन्नित्यर्थः। तस्यासेरुत्वम्। तेन त्यदाद्यत्वविषये विधिः। **"विष्वग्देवयोश्च टेरद्र्यञ्चौ क्वौ"** [३।४।१६८] इति अद्र्यादेशे कृते दर्शनभेदः। **"अन्त्यविकारेऽन्त्यसदेशस्य"** [प०] इति परिभाषा नाश्रिता तेषाम् **"अदे सोऽद्रौ"** परतः उत्वं भवति। अमुद्र्यङ्। **"पृथङ् मत्वं केचिदिच्छन्ति लत्ववत्"**। चलीक्लृप्यते। क्लृप्तः। कल्पकः। इत्यत्र लाक्षणिकस्य रेफस्य ऋकारस्य च लत्वम्। एवमन्यत्रापि। अमुमुयङ्। परिभाषाश्रयणे तु **"केचिदन्त्यसदेशस्य"** अदमुयङ्। त्यदाद्यत्र विषय एव मुत्वम्। **"नेत्येकेऽसेर्हि दृश्यते"**। अदद्र्यङिति चत्वारो भेदाः। दादिति किम्? अमुया। अमुयोः। स्त्रियां टौसोः परतः त्यदाद्यत्वे टापि **"आङि चापः"** [५।२।१००] इति एत्वे अयादेशे च कृते **"अन्तेऽलः"** [१।१।४९] इति यकारस्योत्वं मा भूत्।

बहावीरेतः ॥५।३।८९॥ बहौ निमित्ते निष्पन्नस्य अदसः दात्परस्यः एतः ईकारादेशो भवति। अमी। अमीभिः। अमीभ्यः। अमीषाम्। अमीषु। अथवा बहावित्यर्थनिर्देशः। बहावर्थे वर्तमानस्य अदसः इति ज्ञेयम्। पारिभाषिके हि अमी इत्यत्र परत्वासम्भवान्न स्यात्।

वाक्यस्य टेः पः ॥५।३।९०॥ वाक्यस्य टेः पो भवतीत्येषोऽधिकारो वेदितव्यः। वक्ष्यति **"दूराद्धूते"** [५।३।९२] आगच्छ भो देवदत्ता३। वाक्यग्रहणं किम्? अन्त्यस्य यथा स्यात्। पदाधिकारात् सर्वेषां पदानां मा भूत्। टेरिति किम्? **"अचश्च"** [१।१।१२] इति अनन्तस्याप्यचो यथा स्यात्। अन्यथा अचा वाक्ये विशेष्यमाणे हलन्तस्य न स्यात्। अचो विशेष्यत्वे सर्वेषामचां स्यात्।

प्रत्यभिवादेऽशूद्रस्त्र्यसूयके ॥५।३।९१॥ शूद्र स्त्री असूयक विषयवर्जिते प्रत्यभिवादे यद्वाक्यं वर्तते तस्य टेः पो भवति। अभिवादये देवदत्तोऽहं भोः। आयुष्मानेधि देवदत्ता३। अत्राभिवाद्यमाने गुरुणा प्रयुक्तमाशीःपूर्वकं प्रियहितयुक्तं प्रतिवचनम् इत्यभिवादः। अशूद्रस्त्र्यसूयक इति किम्? अभिवादये तुषजकोऽहम्। भो आयुष्मानेधि तुषजक। शूद्रे पो न विहितः। अभिवादये गार्ग्यहं भो। आयुष्मती भव गार्गि। स्त्रियां पो न भवति। अभिवादये स्थाल्यहं भो। आयुष्मानेधि स्थालिन्। अत्र दण्डिवदसञ्ज्ञाशब्दे पो न भवति। सञ्ज्ञाशब्दे भवत्येव। यदा तु विहेठयितुकामः सञ्ज्ञामसञ्ज्ञां च तस्य कथयति तदा असूयकोऽयमिति ज्ञाते भिद्यस्व वृषल स्थालिन् न त्वं प्रत्यभिवादमर्हसीत्युच्यते। लोकव्यवहारातप्रधाने कार्यसम्प्रत्ययाद्वा नामान्तस्य गोत्रान्तस्य च पविधिः। इह न भवति देवदत्त कुशल्यसि। देवदत्त आयुष्मानेधि। इन्द्रधर्मन् कुशल्यसि। सर्वः पविधिर्वा भवतीति वक्ष्यति। सा च व्यवस्थितविभाषा। तेन "भोराजन्यविशां वा भवति"। अभिवादये देवदत्तोऽहं भोः। आयुष्मानेधि देवदत्त भो३। आयुष्मानेधि देवदत्त भो। राजन्यः। अभिवादये इन्द्रवर्माऽहं भोः। आयुष्मानेधि इन्द्रवर्म३न्। आयुष्मानेधि इन्द्रवर्मन्। विशः। अभिवादये इन्द्रपालितोऽहं भोः। आयुष्मानेधि इन्द्रपालिता३। आयुष्मानेधि इन्द्रपालित। भोशब्दस्याप्राप्ते राजन्यविशोर्गोत्रत्वात्प्राप्ते विकल्पः।

दूराद्धूते ॥५।३।९२॥ दूराद्धूते आह्वाने वर्तमानस्य वाक्यस्य टेः पो भवति। आगच्छ भो देवदत्ता३। दूराद्धूत इति किम्? आगच्छ भो जिनदत्त। प्रयत्नविशेषेण आह्वाने यत्र शब्दः श्रूयते तद्दूरमिह नास्ति। हूतग्रहणं सम्बोधनमात्रोपलक्षणम्। तेनेहापि पः सिद्धः। सक्तून् पिब देवदत्ता३ इति। सूत्रे दूरादिति **"तेभ्य इप् च"** [१।४।४२] इति का।

हैहेप्रयोगे हैहयोः ॥५।३।९३॥ है हे इत्येतयोः प्रयोगे हैहयोः पो भवति दूराद्धूते। है३ जिनदत्त। जिनदत्त है३। हे३ जिनदत्त। जिनदत्त हे३। पुनर्हैहयोर्ग्रहणं किम्? अन्यस्य मा भूत्। हैहयोरेव यथा स्यात्। प्रथमं हैहेग्रहणम् अनन्तयोरपि यथा स्यात्। अन्यथा वाक्यस्य टेः प्राप्नोति। सूत्रारम्भस्तु अनृतोऽनन्तस्येत्यादिबाधकः सम्भाव्येत। प्रयोगग्रहणादनर्थकयोरपि भवति। आगच्छ भो माणव हे३ देवदत्त इति।

अनृतोऽनन्तस्याप्येकैकस्य रोः ॥५।३।९४॥ ऋकारवर्जितस्य रोरनन्त्यस्यापि अन्त्यस्यापि टेः एकैकस्य पो भवति। हे३देवद३त्त। हे देवदत्त३। अनृत इति किम्? कृष्णमित्रा३। रोरिति किम्? देवदत्तस्य वकारात्परत्र माभूत्। एकैकग्रहणं पर्यायार्थम्।

ओमभ्यादाने ॥५।३।९५॥ अभ्यादानं प्रारम्भः। ओमित्येष शब्दः अभ्यादाने पो भवति। ओ३मृषभं पवित्रम्। ओ३मृषभमृषभगामिनं प्रणमत। अभ्यादान इति किम्? ओं भो ददाति। अयमोम्शब्दः प्रतिश्रवणे वर्तते।

वा हेः पृष्टप्रत्युक्तौ ॥५।३।९६॥ पृष्टप्रत्युक्तौ हेः पो भवति वा। अकार्षीः कटं देवदत्त! इति पृष्टः अकार्षं ही३। अकार्षं हि। अलावीः केदारं देवदत्त! अलाविषं ही३। अलाविषं हि। हेरिति किम्? करोमि ननु। पृष्टप्रत्युक्ताविति किम्? देवदत्तः कटं करिष्यति। प्रत्युक्ताविति किम्? देवदत्त कटमकार्षीर्हि। वेति योगविभागः। तेन सर्व एव पविधिः साहसमनिच्छता वा प्रयोक्तव्यः।

विचार्यं पूर्वम् ॥५।३।९७॥ विचार्यं पूर्वं पविधिमापद्यते। अहिर्नु३ रज्जुर्नु। स्थाणुर्नु३ पुरुषो नु। द्वयोर्बहूनां वा वाक्यानां पूर्वस्य टेः पो भवति।

प्रतिश्रवणे ॥५।३।९८॥ प्रतिश्रवणे च वाक्यस्य टेः पो भवति। प्रतिश्रवणं श्रवणाभिमुख्यं प्रतिज्ञानम् अभ्युपगमश्चाविशेषेण गृह्यते। श्रवणाभिमुख्ये देवदत्त भो किमात्थ३ इति। प्रतिज्ञाने कृतकः शब्दो भोः। एवं भवितुमर्हती३। अभ्युपगमे भोज्यं मे देहि भोः। हन्त ते दास्यामी३।

पूजिते ॥५।३।९९॥ पूजिते च वाक्यस्य टेः पो भवति। शोभनः खल्वसि अग्निभूता३इ। पटा३उ। कावेपि च कृते "एचोऽदेः" [५।३।१०४]· इत्यादिना आकार इदुतौ च। अथवा शोभनः खल्वसि देवदत्ता३ इत्युदाहरणम्।

चिदित्युपमार्थे ॥५।३।१००॥ चिदित्येतस्मिन्नुपमार्थे प्रयुज्यमाने वाक्यस्य टेः पो भवति। अग्निश्चिद्भाया३त्। राजाचिद्ब्रूया३त्। चिदिति किम्? राजेव ब्रूयात्। अग्निर्माणवको भायात्। इवशब्दस्य प्रयोगाप्रयोगयोरुपमार्थोऽस्ति। न तु चिच्छब्दः। उपमार्थ इति किम्? कथञ्चिद्ब्रवीषि। कृच्छ्रेऽत्र चिच्छब्दः। इतिकरणं किम्? चिच्छब्दस्य मा भूत्। वाक्यस्य टेर्यथा स्यात्।

कोपाऽसूयासम्मतौ भ्रो वा ॥५।३।१०१॥ कोपा असूया सम्मति इत्येतेष्वर्थेषु भ्रौ परतः पो भवति वा। कोपे–माणवका३। माणवक। अविनीतका३। अविनीतक। इदानीं ज्ञास्यसि जाल्मा३। असूयायाम्–माणवका३। माणवक। अभिरूपका३। अभिरूपक। शोभनः खल्वसि माणवक। कुत्सनमसूयान्तर्भूतं तत्कार्यत्वात्। शाक्तीका३। शाक्तीक। याष्टीका३। याष्टीक रिक्ता ते शक्तिः। "वाक्यादेर्बोध्यस्य" [५।३।६] इत्यादिना द्वित्वम्। वेति व्यवस्थितविभाषा विज्ञानात् कोपकार्ये भर्त्सने च पर्यायेण पः। चौर। चौरा३। वृषल। वृषला३। चौरा३। चौर। वृषला३। वृषल। घातयिष्यामि त्वाम्। बन्धयिष्यामि त्वाम्। भर्त्सने च मिङः साकाङ्क्षस्याङ्गयुक्तस्य टेः पविधिरद्वित्वं च। अङ्ग कूजा३ अङ्ग व्याहरा३ इदानीं ज्ञास्यसि जाल्म। मिङ इति किम्? अङ्ग देवदत्त। साकाङ्क्षस्येति किम्? अङ्ग पच। नैतत्परमाकाङ्क्षति। भर्त्सन इत्येव। अङ्ग पठ पुस्तकं ते दास्यामि।

क्षियाशीःप्रैषेषु मिङाकाङ्क्षम् ॥५।३।१०२॥ क्षिया क्षेपः। इष्टाशंसनमाशीः। असत्कारपूर्विका व्यापारणा प्रैषः। क्षियादिषु मिङन्तमाकाङ्क्षं पविधिं लभते। क्षियायाम्—स्वयं ह रथेन याती३ उपाध्यायं पदातिं गमयति। स्वयं ह ओदनं भुङ्क्ते३ उपाध्यायं सक्तून् पाययति। भुङ्क्ता इति मिङन्तमाकाङ्क्षकम्। आकाङ्क्ष्यमपि मिङन्तमाकाङ्क्षग्रहणसामर्थ्यात्। सुबन्ते सिद्धैवाकाङ्क्षा। आशिषि—पुत्रांश्च लप्सीष्ठाः३ धनं च। अत्र लप्सीष्ठा इत्यस्य गम्यमानमिङन्तापेक्षस्य पविधिः। तात तर्कं चाध्येषीष्ठाः३ जैनेन्द्रं च। प्रैषे—त्वं ह पूर्वग्रामं गच्छा३ देवदत्तो दक्षिणं व्रजतु। आकाङ्क्षमिति किम्? दीर्घमायुरस्तु। प्रैष इत्यत्र "प्रादूहोढोढ्येषैष्येषु" [४।३।७६ वा०] इत्यनेन एङि पररूपापवाद ऐप्।

अनन्तस्यापि प्रश्नाख्यानयोः ॥५।३।१०३॥ प्रश्ने आख्याने च अनन्तस्यापि मिङन्तस्य अन्त्यस्यापि यस्य कस्यचित् पदस्य टेः पो भवति। प्रश्ने—आगमः३ पूर्वा३न् ग्रामान् अग्निभूता३ इ। पटा३ उ। आख्याने—आगमः३ पूर्वा३न् ग्रामा३न् भो३ः। अत्र सर्वेषामपि पदानां पदान्ते केचित् पमिच्छन्ति।

एचोऽदेः पूर्वस्यात्परस्येदुतौ ॥५।३।१०४॥ एचः अदिसञ्ज्ञकस्य पप्रसङ्गे पूर्वस्यार्धस्य आकारः पो भवति परस्य चार्द्धस्य इदुतौ भवतः। "एचोऽदेरदिदुत्परः" इति सिद्धे गुरुसूत्रकरणं किम्? इदुतोः पो न भवति। प्रश्नान्तपूजितप्रत्यभिवादेषु पदान्तस्य च एचः पो भवतीति ज्ञापनार्थम्। प्रश्नान्ते अगमः३ पूर्वान्ग्रामान् अग्निभूता३इ। पटा३ उ। पूजिते—शोभनः खल्वसि अग्निभूता३इ। पटा३उ। प्रत्यभिवादे—आयुष्मानेधि अग्निभूता३इ। पटा३उ। परिगणनं किम्? दस्यो३ दस्यो घातयिष्यामि त्वाम्। आगच्छ भो अग्निभूते३। पदान्तस्येति वचनादिह न भवति। भद्रं करोमि गौ३रिति। पूजिते पः। अदिति किम्? अपाक्ता३मोदनं कन्ये३। प्रश्ने पविधिः।

य्वावचि सन्धौ ॥५।३।१०५॥ अर्थवशाद्विभक्तीपरिणामः। इदुतोरचि परतः यकारवकारादेशौ भवतः सन्धौ विवक्षिते। आ अध्यायपरिसमाप्तेः सन्धावित्यधिकारः। अग्ना३यिन्द्रम्। पटा३वुदकम्। सिद्धः पविधिः सन्धाविति ज्ञापितं पुरस्तात्। तेन "अचीको यण्" [४।३।६५] इति यत्र यणादेशो नास्ति तदर्थमिदम्। अचीति किम्? अग्ना३इ गतम्। पटा३उ गतम्। सन्धाविति किम्? अग्ना३इ इन्द्रम्। पटा३उ उदकम्।

इत्यभयनन्दिविरचितायां जैनेन्द्रमहावृत्तौ पञ्चमाध्यायस्य तृतीयः पादः समाप्तः।

पुमः खय्यम्परे सोऽनुस्वारपूर्वः ॥५।४।१॥ पुमित्येतस्याम्परे खयि परतः सो भवत्यनुस्वारपूर्वः। पुमिति पुंसः स्फान्तखे कृतेऽनुकरणम्। खयीति प्रत्याहारसाहचर्यात् अमोऽपि प्रत्याहारग्रहणम्। पुंस्कामा। पुंश्चली। पुंस्पुत्रा। पुंस्कोकिलः। पुंसि कामोऽस्याः। पुमांसं चलयतीत्यादि ज्ञेयम्। सकारस्यासिद्धत्वाद्वित्वं न। खयीति किम्? पुंदासः। पुंगवः। अम्पर इति किम्? पुंक्षीरः। अनुस्वार इति बिन्दोः सञ्ज्ञा पूर्वैः कृता। पुङ्ख इत्यत्र पुंशब्दस्यानर्थकत्वादग्रहणम्।

नश्छव्यप्रशान् ॥५।४।२॥ नकारान्तस्य पदस्य अम्परे छवि परतः सो भवत्यनुस्वारपूर्वः प्रशान्शब्दं वर्जयित्वा। भवाँश्छादयति। भवाँष्ठकारीयति। भवाँस्थुडति। भवाँश्चरति। भवांष्टीकते। भवांस्तरति। छवीति किम्? भवान् करोति। अप्रशानिति किम्? प्रशान् चिनोति। "मो नः" [५।३।८३] इति नत्वस्यासिद्धत्वान्नत्वाभावः। अम्पर इत्येव। भवान् त्सरुकः। त्सरौ कुशलः। "आकर्षादेः कः" [३।३।१७] इति कः।

भवद्भगवदघवतो वा रिः कावबस्यौः ॥५।४।३॥ भवत् भगवत् अघवत् इत्येतेषां कौ परतः वा रिर्भवति। यदा रिस्तदा अवशब्दस्यौकारः रित्वं प्रति भवदादीनां स्थानार्थस्तान्निर्देशः सोऽर्थादवशब्दापेक्षयाऽव-

यवार्थः सम्पद्यते। अवस्येति निर्देशात् **"नानर्थकेऽन्त्येऽलो विधिः"** [प०] इति वा सर्वस्य स्थाने ओकारः। हे भोः। हे भवन्। हे भगोः। हे भगवन्। हे अघोः। हे अघवन्। भवच्छब्दो **"भातेर्डवतुः"** [उ० सू०] इति डवत्वन्तः। तेन विशेषवाचित्वात्सम्बोधनम्। **"मृद्ग्रहणे लिङ्गविशिष्टस्यापि ग्रहणम्"** [प०] इतीयं परिभाषा विभक्तीविषये नेष्यत इति स्त्रियां विधिर्न भवति। हे भवति। हे भगवति। हे अघवति। भो इति भि-संज्ञकं शब्दान्तरमस्ति तस्यायं प्रयोगः। भो सुन्दरि। भो भो नरेन्द्राः सुखमाध्वम्।

ओदपूर्वस्य योऽशि ॥५।४।४॥ रिरिति वर्तमानो विपरिणम्यते। ओकारपूर्वस्यावर्णपूर्वस्य च रेः यकारादेशो भवति अशि परतः। भोयत्र। भगोयत्र। अघोयत्र। भोयाहि। भगोयाहि। अघोयाहि। अवर्णपूर्वस्य–सर्वज्ञयास्ते। देवायासते। नरा गच्छन्ति। अनन्तरसूत्रेण निर्वर्तितस्य ओकारस्य ग्रहणादिह न भवति। गोरत्र। पटोरत्र। ओदपूर्वस्येति किम्? मुनिरत्र। अशीति किम्? वृक्षस्त्र। छवीति सत्वस्यासिद्धत्वाद्यत्वं प्रसज्येत। रेरित्येव। पुनरत्र।

व्योः खं वा ॥५।४।५॥ वकारयकारयोरशि परतः खं भवति वा। पदस्येत्यनेन विशेषणात्पदान्तयोर्व्योः सञ्ज्ञातव्यम्। पट इह। पटविह। वृक्षा अत्र। वृक्षावत्र। वकारसाहचर्याद्यकारस्याविशेषेण खम्। भो अत्र। भोयत्र। सर्वज्ञ आस्ते। सर्वज्ञयास्ते। देवा आसते। देवायासते। ते आसते। तयासते।

हलि ॥५।४।६॥ अशीति वर्तते। व्योः खं भवति अशि हलि परतः। नित्यार्थं आरम्भः। देवा यान्ति। वाता वान्ति। वकारादौ **"वलि व्योः खम्"** [४।३।५५] इत्यनेन यखं नाशङ्कनीयम्। तस्मिन् यकारस्यासिद्धत्वात्। अशीति हलो विशेषणं किम्? वृक्षव् करोतीत्यत्र मा भूत्। वृक्षं वनतीति वृक्षवन्। वृक्षवनमाचष्टे णिच्। वृक्षवयतेः पुनः क्विप्। **"पूर्वत्रासिद्धे न स्थानिवत्"** [प०] इति णेः स्थानिवद्भावो नास्ति। अशि तु हलि खं भवत्येव। वृक्ष हसति।

मोऽनुस्वारः ॥५।४।७॥ अशीति निवृत्तम्। मकारान्तस्य पदस्य अनुस्वारो भवति हलि परतः। व्रतं रक्षति। धर्मं शृणोति। अयं षडिकः। स्वर्गं साधयति। पादं हन्ति। हलीत्येव। इदमत्र। पदान्तस्येत्येव। रम्यते।

नश्चापदान्तस्य झलि ॥५।४।८॥ नकारस्य मकारस्य चापदान्तस्यानुस्वारो भवति झलि परतः। यशांसि। तितांसति। अनुस्वारस्यासिद्धत्वात् **"सन्तस्फमहतोः"** [४।४।७] इति दीत्वम्। मकारस्य–रंस्यते। अधिजिगांसते। **"सनि"** [१।४।११६] **"इङः"** [१।४।१२०] इति गमादेशः। अपदान्तस्येति किम्? हे राजन् भवान् स्थास्यति। झलीति किम्? राजन्यः। गम्यः।

सम्राट् ॥५।४।६॥ सम्राडिति निपात्यते क्व्यन्ते राजतौ परतः। समो मकारस्य मकार एव निपात्यते। **"सत्सूद्विष"** [२।२।५६] आदि सूत्रेण क्विप्। सम्राट् सगरः।

हि म्परे वा ॥५।४।१०॥ म इति वर्तते। हकारे मकारपरे परतः मकारस्य वानुस्वारो भवति। किं ह्मलयति। किम्ह्मलयति। कथं ह्मलयति। कथम्ह्मलयति। ज्वल ह्वल ह्मल चलन इत्यस्य णिचि **"ज्वलह्वल ह्मलनमामगे वा"** [ग० सू०] इति मित्सञ्ज्ञा। हीति किम्? कथं स्मरसि। म्पर इति किम्? किं ज्वलयति? प्राप्ते विकल्पोऽयम्। वाग्रहणं बहुलार्थम्। तेन **"यवलपरे हकारे नकारस्य वा यवला भवन्ति"**। किँय् ह्यः। किं ह्यः। किँव् ह्वलयति। किं ह्वलयति। किलँ ह्लादयति। किं ह्लादयति।

नपरे नः ॥५।४।११॥ नकारपरे हकारे परतः मकारस्य वा नकारादेशो भवति। किन् ह्नुते। किं ह्नुते। कथन् ह्नुते। कथं ह्नुते।

ङ्णोः कुक्टुक्छरि ॥५।४।१२॥ ङकारणकारयोः पदान्ते वर्तमानयोः वा कुक् टुक् इत्येतावागमौ भवतः शरि परतः। प्राङ्क् छेते। प्राङ्शेते। पदान्ताज्झयः परस्य छत्वार्थं पूर्वान्तकरणम्। प्राङ्क्षण्डे। प्राङ्-

षण्डे। प्राङ्क्साये। प्राङ्साये। कुकः पूर्वान्तत्वात् परस्य "नाद्यन्ते" [५।४।७६] इति षत्वप्रतिषेधः। टुक्—सुपण्ट् शेते। सुपण् शेते। सुपण्ट् षण्डे। सुपण् षण्डे। सुपण्ट् साये। सुपण्साये। टुकः पूर्वान्तत्वे परस्य "पदस्य टोः" [५।४।१२१] इत्यादिनियमात् ष्टुत्वाभावः।

[ङ्नां धुट् सोऽश्चः ॥५।४।१३॥]

नशि तुक् ॥५।४।१४॥ नकारस्य पदान्तस्य शकारे परतो वा तुगागमो भवति। अत्रापि छत्वार्थं पूर्वान्तत्वम्। भवाञ्छेते। भवाञ्च्शेते। भवाञ्शेते।

[**मयो वोऽच्युञः** ॥५।४।१५॥]

ङमो नित्यं ङमुट् प्रात् ॥५।४।१६॥ प्रात्परो यो ङम् तदन्तात्परस्याचो नित्यं ङमुड् भवति। क्रुङ्ङास्ते। सुगण्णिह। कुर्वन्नास्ते। प्रादिति किम्? प्राङास्ते। अचीत्येव। कुङ् शेते। ननु परमदण्डिना-वित्यत्र कस्मान्न भवति। अत्र हि "त्यखे त्याश्रयम्" [१।१।६३] इत्यवयवविभक्तीमाश्रित्य पदान्तत्वमस्तीति चेत्; नायं दोषः—त्याश्रयलक्षणेन पदत्वमुत्तरपदे एव भवति नान्यत्र। कथमिति चेत्, "भवद्भगवदघवतः" [५।४।३] इति निर्देशात्। अन्यथा अघवत्तकारस्यापि जश्त्वं स्यात्। एवं च पीतपयसौ सुराजानावित्यत्र रित्वनखे न भवतः।

ढो ढे खम् ॥५।४।१७॥ ढकारस्य ढकारे परतः खं भवति। ऊढिः। गूढम्। लीढम्। पदान्ते ढकारस्यासम्भवात् वचनात्पदमध्ये विधिः। नन्विह सम्भवति मधुलिड्ढौकत इति। ढत्वस्यासिद्धत्वात् जश्त्वमत्र भविष्यति। ननु मध्येऽपि ढुत्वस्यासिद्धत्वात्परो ढकारो नास्ति तत्र यदि वचनाड्ढखम्। पदान्तेऽपि स्यात्। पदमध्ये श्रुतिकृतमानन्तर्यमस्तीति भवति। पदान्ते न श्रुतिकृतं नापि शास्त्रकृतमानन्तर्यम्। जश्त्वस्य सिद्धत्वात्।

रो रि ॥५।४।१८॥ रेफस्य रेफे परतः खं भवति। नीरक्तम्। दूरक्तम्। अग्नीरथः। इन्दूरथः। पुना रक्तं वासः। "निरनुबन्धकग्रहणे न सानुबन्धकस्य" [प०] इतीयं परिभाषा नेहाश्रीयते "रेश्च सुपि" [५।४।२४] इति ज्ञापकात्। तत्र रेरेव सुपीति नियमो वक्ष्यते। इह यदि निरनुबन्धकस्य रेफस्य ग्रहणं स्यात् इदमेव तत्रानुवर्तते। इति रेः प्राप्त्यभावान्नियमोऽनर्थकः स्यात्। इह पदस्यावयवो यो रेफः तस्य खं भवतीत्या-श्रयणादपदान्तरस्यापि रेफस्य खं भवति। अजर्घा इति जर्गृध् इत्यस्माद्यङ्लुगन्ताल्लङः सिप्। "हल्ङ्याप:" [४।३।५६] इति सिपः खम्। "ध्युङः" [५।२।८३] एप्। रन्तत्वम्। "झलो जश्" [५।३।५७] इति धकारस्य दत्वम्। "सिपि रिर्वा" [५।३।८१] "दः" [५।३।८२] इति दकारस्य रित्वादेशः। अत्र रो रीति पूर्वस्य खं परस्य विसर्जनीयः। एवं स्पर्द्धेर्यङ्लुगन्तस्य अपास्पाः। रो रीति निर्देशात् "रादिफः" [उ० सू०] इति विधानमनित्यम्। "ढो ढे खम्" [५।४।१७] इति निर्देशात् "वर्णात्कारः" [उ० सू०] अप्यनित्यः।

विरामे विसर्जनीयः ॥५।४।१९॥ विरामविषये रेफान्तस्य पदस्य विसर्जनीयादेशो भवति। देवः। कविः। साधुः। स्वः। अन्तः। विराम इति किम्? अग्निरत्र। प्रातरत्र। वायुर्वाति। विरतिः वर्णस्यानुच्चारणं विरामः। विसर्जनीय इति अयोगवाहेषु बिन्दुद्वयस्य सञ्ज्ञा।

शर्परे खरि ॥५।४।२०॥ शर्परे खरि परतः रेफान्तस्य विसर्जनीय आदेशो भवति। पुरुषःत्सरुकः। नरः त्सरति। "छवि" [५।४।२५] सत्वस्यायमपवादः।

कुप्वोः ॥५।४।२१॥ शर्परे खरीति वर्तते। खरि यौ कुपू तयोः शर्परयोः परतः रेफस्य विसर्जनीय आदेशो भवति। वासः क्षौमम्। अद्भिः प्सातम्। ननु पूर्वेण सिद्धे किमर्थमिदम्। अस्मिन्ननुच्यमाने स पुरस्तादपवादः सन् ≍क ≍पयोरेव बाधकः स्यात् न छवि सत्वस्य। कुप्वोरित्यनेनारम्भेण ≍क ≍पयोर्बाधा। पूर्वेण छवि सत्वस्येति।

ᳵकᳶपौ ॥५।४।२२॥ शर्पर इति निवृत्तम्। खरीति वर्तते। इष्टत्वात्। खरि यौ कुपू तयोः परतः रेफस्य ᳵक ᳶप इत्येतावादेशौ भवतः विसर्जनीयश्च। कᳵ करोति। कः करोति। कᳵ खनति। कः खनति। कᳶ पचति। कः पचति। कᳶ फलति। कः फलति। केवलौ जिह्वामूलीयोपध्मानीयावुच्चारयितुमशक्यौ ककारपकारा उच्चारणार्थौ। इह नृकुक्ष्यां भवः नार्कुक्ष्यः। नृपतेरपत्यं नार्पत्य इति रेफस्य बहिरङ्गत्वान्नायं विधिः। ननु सति विसर्जनीये अन्तरङ्गेऽस्य प्रतिद्वन्द्वित्वाद्बहिरङ्गत्वम्। विसर्जनीयश्चासिद्धः। कथं तन्मूलपरिभाषाव्यापारः। नैषः दोषः। ईषत्सिद्धमसिद्धं क्वचित् सिद्धमित्याश्रयणाद्विसर्जनीयः सिद्धः।

शरि सश्च ॥५।४।२३॥ शरि परतः रेफस्य सकारादेशो भवति विसर्जनीयश्च। कश्शेते। कः शेते। कष्ष्वष्कते। कः ष्वष्कते। कस्सरति। कः सरति।

रेश्च सुपि ॥५।४।२४॥ सुपि परतः रेश्च सकारादेशो भवति विसर्जनीयश्च। चकारो विसर्जनीयानुकर्षणार्थः। शरीत्यनुवर्तते। सुपीति ईपो बह्वोर्ग्रहणम्। पयस्सु। पयःसु। सर्पिष्षु। सर्पिःषु इत्यत्र सत्वपक्षे "नुमश्शर्व्यवाये" [५।४।३८] इति परस्य षत्वे कृते पूर्वस्य पदान्तत्वात् "नाद्यन्ते" [५।४।७६] प्रतिषेधे सति ष्टुत्वम्। विसर्जनीयपक्षे परस्य षत्वम्, अयोगवाहस्य शर्ग्रहणेन ग्रहणात् पूर्वेण सिद्धे नियमार्थमिदम्। रेरेव सुपि सत्वविसर्जनीयौ नान्यस्य। गीर्षु। धूर्षु। सुप्येव रेरिति कस्मान्न नियमः। "सस्सेऽद्युस्थस्य" [५।४।३३] इति सकारद्वयनिर्देशात्।

छवि ॥५।४।२५॥ रोरीत्यतो रेफमात्रमनुवर्तते। विसर्जनीय इति निवृत्तम्। छवि परतः रेफस्य सकारादेशो भवति। कश्छिनत्ति। कष्ठकारीयति। कस्थुडति। कश्चरति। कष्टीकते। कस्तरति। पुनश्चरति।

कुप्वोस्त्ये ॥५।४।२६॥ स इति वर्तते। पदान्तरेफस्य सकारादेशो भवति कवर्गपवर्गादौ त्ये परतः। "पाशकल्पकाम्याः प्रयोजयन्ति" [वा०]। याप्यं पयः। पयस्पाशम्। अयस्पाशम्। "याप्ये पाशः" [४।१।११०] इति पाशः। ईषदसिद्धं पयः पयस्कल्पम्। अयस्कल्पम्। "आसिद्धौ देश्यदेशीयकल्पाः" [४।१।१२६] इति कल्पः। महोरस्कः। पयस्कम्। पयस्काम्यति। कुप्वोरिति किम्? पयोभ्याम्। नन्वत्रापि पवर्गत्वात् प्राप्नोति। खरीत्यनुवर्तनान्न भवति। त्य इति किम्? अयः करोति। पयः पिबति। "उब्ज आर्जवे" इत्यस्योपध्मानीयोऽपक्षे कुत्वविषये "उपध्मानीयस्य सत्वं वक्तव्यम्, द्वित्वप्रतिषेधश्च" [वा०] अभ्युद्गः। समुद्गः। उब्जिजिषतीति। दकारोऽपक्षे तु कुत्वादन्यत्र। असिद्धकाण्डे "ब उद्गः" [वा०] इति वचनात् बत्वस्यासिद्धत्वात् "न स्फादौ न्द्रोऽयि" [४।३।३] इति द्वित्वप्रतिषेधः। उब्जिजिषति। "अत्राभिसम्ज्ञकस्येति वक्तव्यम्" [वा०] इह मा भूत्। प्रातःकल्पम्। मुहुः काम्यति। "रेरेव काम्ये वक्तव्यम्" [वा०] इह मा भूत्। गीः काम्यति। धूः काम्यति।

इणः षः ॥५।४।२७॥ इण उत्तरस्य सकारस्य षकारादेशो भवति कवर्गपवर्गादौ त्ये परतः। सर्पिष्कल्पम्। सर्पिष्कः। सर्पिष्काम्यति। "कुप्वोस्त्ये" [५।४।२६] इत्यनेन निर्वृत्तस्य सकारस्य षत्वमनेन विधीयते इति लक्षणमिदमधिकारश्च। इत ऊर्ध्वं यत्सत्वं विधीयते तस्य इण उत्तरस्य षत्वं भवतीत्येतदधिक्रियते।

इदुदुङोऽत्यपुंमुहुसः ॥५।४।२८॥ त्ये हि पूर्वेण सिद्धमत्यार्थोऽयमारम्भः। इकारोकारोङोः रेफस्य सकारादेशो भवति कुप्वोः परतः त्यपुम्मुहुसो वर्जयित्वा। "निदुर्बहिराविश्चतुःप्रादुषः प्रायः प्रयोजयन्ति" निष्कृतम्। निष्पीतम्। बहिष्कृतम्। बहिष्पीतम्। आविष्कृतम्। आविष्पीतम्। चतुष्कुण्डिका। चतुष्कण्टकः। चतुर्षु कण्टकेषु भवः इत्यण्। ह्रदऽर्थे रसे कृते "रस्योबनपत्ये" [३।१।७४] इत्यण् उप्। प्रादुष्कृतम्। प्रादुष्पीतम्। सर्वत्र "इणः ष" [५।४।२७] इत्यनुवर्तनात् षत्वम्। तपरकरणं किम्? गीः करोति। अत्यपुम्मुहुस इति किम्? मुनिः करोति तपम्। पटुः पठति। पुंस्कामा। मुहुःकामा। ननु पुंस्कामेत्यत्र रेफाभावात् प्रतिषेधोऽनर्थकः। लक्षणान्तरेण सत्वस्य विधानाच्च षत्वप्रतिषेधोऽप्ययुक्तः। नैष दोषः। उक्तं हि भाष्ये अविशेषण सत्वमुक्त्वा

"इणः षः" [५।४।२७] इति षत्वं विधीयते इति प्राप्तिरस्ति। इह मातुः करोति। पितुः करोतीति "रात्सः" [५।३।४२] इति सकारस्य खे कृते नायं त्यस्य रेफ इति कस्मान्न षत्वम्। कस्कादिषु भ्रातुष्पुत्रग्रहणं ज्ञापकमेकादेशनिमित्तकस्य न भवति। नैष्कुल्यम्। दौष्पुरुष्यम्। बहीरेष्कृतम् इत्यत्र बहिरङ्गत्वादैप्विधयोरसिद्धत्वात्षत्वम्।

नमःपुरसोस्त्योः ॥५।४।२६॥ त्य इति निवृत्तम्। नमस् पुरस् इत्येतयोस्तिसंज्ञकयोः रेफस्य सकारादेशो भवति कुप्वोः परतः। नमस्कर्ता। नमस्कर्तुम्। नमस्कर्तव्यम्। पुरस्कर्त्ता। पुरस्कर्तुम्। पुरस्कर्तव्यम्। नमःशब्दस्य "साक्षादादिः" [१।२।१४३] इति तिसंज्ञा वर्तते।

तिरसो वा ॥५।४।३०॥ तिरसो रेफस्य वा सकारादेशो भवति कुप्वोः परतः। तिरस्कर्ता। तिरस्कृत्य। तिरः कृत्य। "तिरोऽन्तर्द्धौ" [१।२।१४०], "वा कृञि" [१।२।१४१] इति तिसञ्ज्ञा। इह तिरस्तिसञ्ज्ञकस्येति विशेषणं विषयद्वारकम्। तेनान्तर्द्धौ विषये "वा कृञि" इति सञ्ज्ञाविरहेऽपि सत्वम्। तिरस्कृत्वा। तिरः कृत्वा। तिसञ्ज्ञकस्येति किम्? तिरः कृत्वा काण्डं गतः। नात्रान्तर्द्धिः प्रतीयते। अन्तरेण कृत्वा गत इत्यर्थः। षत्वमौदासीन्येन गच्छति।

सुचः ५।४।३१॥ सुजन्तस्य पदस्य यो रेफस्तस्य वा सकारादेशो भवति कुप्वोः परतः। द्विष्करोति। द्विष्पचति। त्रिष्करोति। त्रिष्पचति। चतुष्करोति। चतुष्पचति। अन्यस्मिन् पक्षे "ᳲकᳲपौ च" [५।४।२२] इत्येष विधिः। द्विᳲकरोति। द्विःकरोतीत्यादि योज्यम्। द्वौ वारौ करोतीति विगृह्य "द्वित्रिचतुर्भ्यः सुच्" [४।२।२५] इति सुच्। द्वित्रिभ्यां परस्य अत्यपुम्मुहसः इति प्रतिषेधादप्राप्तं चतुःशब्दस्य तु "इदुदुङः" [५।४।२८] इति प्राप्तं सत्वं विकल्प्यते। "इणः षः" [५।४।२७] इत्यधिकारात्षत्वम्।

इसुसोः सामर्थ्ये ॥५।४।३२॥ इस् उस् इत्येतयो रेफस्य सकारादेशो भवति सामर्थ्ये सति कुप्वादिना। सर्पिष्करोति। सर्पिः करोति। सर्पिष्पिबति। सर्पिः पिबति। धनुष्करोति। धनुःकरोति। धनुष्पतति। धनुः पतति। सर्पिर्धनुःप्रभृतयः शब्दा इसुसन्ता व्युत्पाद्यन्ते इति दर्शने त्यस्य नेत्यप्राप्ते अव्युत्पत्तौ "इदुदुङः" [५।४।२८] इति प्राप्ते विकल्पः। सामर्थ्ये इति किम्? तिष्ठतु सर्पिः पिबतु पयः। ननु पदाधिकारे समर्थपरिभाषाव्यापारात् सामर्थ्यग्रहणं किम्? कवर्गपवर्गादिना धुना व्यपेक्षालक्षण एव सामर्थ्ये यथा स्यादित्येवमर्थम्। इह मा भूत्। सर्पिःकालकम्। यजुः पीतकमिति। सापेक्षमसमर्थमिति नायं पक्षस्तत्र स्थितः। तेनेहापि गमकत्वात्सत्वम्। देवदत्तस्य सर्पिष्करोति।

सस्सेऽद्युस्थस्य ॥५।४।३३॥ इसुसो रेफस्याद्युस्थस्य सकारादेशो भवति। सर्पिष्कुण्डिका। सर्पिष्पात्रम्। धनुष्काण्डः। धनुष्पतिः। पुनः सग्रहणं नित्यार्थम्। अद्युस्थस्येति किम्? परमसर्पिःकुण्डिका। पूर्वेणाप्यत्रैकार्थीभावे विकल्पो न भवति। यदा तु व्यपेक्षा सामर्थ्यम्; तदा द्युस्थस्यापि पूर्वेण विकल्पः। परमसर्पिष्करोति। परमसर्पिः करोति। इदमेवाद्युस्थस्येति प्रतिषेधवचनं ज्ञापकम् "इसुसोः" [५।४।३२] इत्यत्र "त्यग्रहणे यस्मात्स तदादेः" [प०] इति नियमाभावादधिकस्यापि ग्रहणम्।

कृकमिकंसकुम्भकुशाकर्णीपात्रेऽतोऽभेः ॥५।४।३४॥ कृ कमि कंस कुम्भ कुशा कर्णी पात्र इत्येतेषु परतः अकारत उत्तरस्य रेफस्याद्युस्थस्य सकारादेशो भवति। कृकम्योः सर्वत्यान्तयोर्ग्रहणम्। अयस्कारः। यशस्कारः। तपस्कामः। यशस्कामः। अयस्कान्तः। अयस्कंसः। पयस्कंसः। कंस इति कमेरव्युत्पत्तिपक्षे पृथग्ग्रहणम्। अयस्कुम्भः। "मृद्ग्रहणे लिङ्गविशिष्टस्यापि" [प०] अयस्कुम्भी। पयस्कुम्भी। गौरादित्वान्ङी। अयस्कुशा। पयस्कुशा। अय इव कर्णावस्याः "नासिकोदरौष्ठ" [३।१।४८] आदिना ङी। अयस्कर्णी। पयस्कर्णी। शुनस्कर्णस्तु "कस्कादौ" [५।४।३६]। अयस्पात्रम्। पयस्पात्रम्। अयस्पात्री। पयस्पात्री।

कुकम्यादिग्रहणं किम् ? पयःपानम्। अत इति किम् ? गीःकारः। धूःकारः। तपरकरणं किम्? भाःकामः। भास्कर इति "कस्कादौ"। अभेरिति किम्? प्रातःकारः। स इत्येव। यशः करोति। अद्युस्थस्येत्येव। परमयशःकारः। कमेरणिङन्तस्य सूत्रे निर्देशः किम्? अयस्कान्तः।

शिरोऽधसोः पदे ॥५।४।३५॥ शिरस् अधस् इत्येतयो रेफस्य सकारादेशो भवति पदशब्दे परतः। शिरस्पदम्। अधस्पदम्। मयूरव्यंसकादित्वात्सः। से इत्येव। शिरसः पदम्। अद्युस्थस्येव। परमशिरःपदम्।

कस्कादौ ॥५।४।३६॥ कस्क इत्येवमादिषु रेफस्य सकारादेशो भवति। यथा ते तत्र पठ्यन्ते तथैव तेषां साधुत्वम्। कस्कः। किमः तसन्तस्य वीप्सायां द्वित्वम्। कौतस्कुतः। समुदायस्यामृत्त्वेऽपि वचनात् तत आगतेऽर्थेऽण्। भ्रातुष्पुत्रः। सेऽपि **"ऋतो विद्यायोनिसम्बन्धात्"** **[४।२।१३६]** इत्यनुप्। **"इणः षः"** **[५।४।२७]** इति षत्वम्। शुनस्कर्णः। असञ्ज्ञायां **"ताया आक्रोशे"** **[४।३।१२४]** इत्यनुप्। सञ्ज्ञायां तु श्वकर्णं इति। सद्यस्कालः। सद्यस्क्रीः। सम्पदादित्वात् क्विप्। तत्र भवः साद्यस्क्रः। तमस्काण्डम्। अयस्काण्डम्। तपस्काण्डम्। मेदस्पिण्डः। आकृतिगणोऽयमविहितलक्षणं सत्वमिति द्रष्टव्यम्।

इण्कोः सः षः ॥५।४।३७॥ इणः कवर्गाच्चोत्तरस्य सकारस्य षत्वं भवतीत्येषोऽधिकारो वेदितव्यः। वक्ष्यति **"त्यादेशयोः"** [५।४।३६]। मुनिषु। देवेषु। गीर्षु। वाक्षु। प्राङ्क्षु। उदङ्क्षु। सिषेव। सुष्वाप। इण्कोरिति किम्? यास्यति। **"क्षियाशीःप्रैषेषु"** [५।३।१०२] इति निर्देशादिण्परेण णकारेण गृह्यते। स इति स्थानिनिर्देशो रेफस्य स्थानित्वनिवृत्त्यर्थः। पुनः षग्रहणं कुप्वोरित्यस्य निवृत्त्यर्थम्। उत्तरत्र **"नाद्यन्ते"** [५।४।७६] इति प्रतिषेधात् पदस्येत्येतदनुवर्तमानमिह विशेषणरूपेण सम्बन्ध्यते।

नुम्शर्व्यवायेऽपि ॥५।४।३८॥ नुम्व्यवाये शर्व्यवाये अव्यवायेऽपि इण्कोरुत्तरस्य सकारस्य षकारादेशो भवति। सर्पींषि। धनूंषि। अत्र नुमादेशो नुम्। तेनेह न भवति। पुंसु। शर्व्यवाये। सर्पिष्षु। धनुष्षु। रेः सत्वे कृते वरस्य षत्वम्।

[त्यादेशयोः ॥५।४।३६॥ शास्वसघसाम् ॥५।४।४०॥ षणि चाण्णिस्तोरेव ॥५।४।४१॥ सस्विदिस्विदिसहेः ॥५।४।४२॥ प्राक् सितादटापि ॥५।४।४३॥ स्थादेश्चेन चस्य ॥५।४।४४॥ गेः सूत्रसूसोस्तुस्तुभः ॥५।४।४५॥]

..................म इति षत्वे य........माश्रीयते। अभितष्ठावित्यत्र चस्य टवर्गः स्यात्। चस्य च गेः परस्य सत्वं भवतीदमपि नियमार्थवचनम्। अभिषिषिक्षति। परिषिषिक्षति। अत्र द्विः प्रयोगो द्वित्वं गेः सिच इत्येव षत्वं सिद्धम्। **"सिद्धे सत्यारम्भो नियमाय।"** स्थादीनामेव वक्ष्यमाणानां चस्य षत्वम्। चेन च व्यवायेनान्येषां सुनोत्यादीनाम्। अभिसुसूषति। अभिसिषासति। स्थादीनां चस्यैवेति न शङ्क्यम्......ये विधानमनर्थं स्यात्।

स्थासेनयसेधसिचसञ्जस्वञ्जाम् ॥५।४।४६॥ गेरिति वर्तते। गेः परेषां स्था से नय सेध सिच् सञ्ज स्वञ्ज इत्येतेषां सकारस्य षत्वं भवति। अभिष्ठास्यति। परिष्ठास्यति। अटा व्यवाये–अभ्यष्ठात्। पर्यष्ठात्। चेन च व्यवाये–अभितष्ठौ। अभिषेणयति। अभ्यषेणयत्। अतिषिषेणयिषति। अत्रादेशसकाराभावादप्राप्ते विधिः। सेध इति भौवादिकस्य ग्रहणम्। अभिषेधति। निषेधति। अभ्यषेधत्। न्यषेधत्। चस्य च। अभिषिषेध। निषिषेध। अभिषिञ्चति। अभ्यषिञ्चत्। चेन च व्यवाये–अभिषिषिक्षति। अभिषजति।

---

१. प्रतिषु [ ] कोष्ठकान्तर्गतानां सूत्राणां वृत्तिस्त्रुटिता। सूत्राणि तु जैनेन्द्र पञ्चाध्यायीमनुसृत्यात्र निर्दिष्टानि।

अभ्यषजत् । चेन च व्यवाये–अभिषिषङ्क्षति । अभिष्वजते । अभ्यष्वजत् । चेन च व्यवाये । अभिषिष्वङ्क्षते । गेरित्येव । दधि सिञ्चति ।

सदोऽप्रतेः ॥५।४।४७॥ अप्रतेर्गेः परस्य सदेः सकारस्य षत्वं भवति । अभिषीदति । निषीदति । अभ्यषीदत् । न्यषीदत् । चस्य । अभिषिषत्सति । अभिषसादेत्यत्र **"सदिस्वञ्ज्योः परस्य लिटि"** [५।४।८४] इति धोः षत्वप्रतिषेधः । अप्रतेरिति किम् ? प्रतिसीदति ।

स्तम्भेः ॥५।४।४८॥ गेरिणः परस्य स्तम्भेः सकारस्य षत्वं भवति । अभिष्टभ्नाति । प्रतिष्टभ्नाति । अभ्यष्टभ्नात् । पर्यष्टभ्नात् । चेन च व्यवाये–अभितष्टम्भ । प्रतिताष्टभ्यते । स्तम्भिः सौत्रो धुः । तस्य अषोपदेशत्वादप्राप्ते प्रतिषिद्धे वा षत्वे सूत्रं प्रतिसङ्ग्रहार्थम् । उत्तरार्थं च पृथक्करणम् ।

आलम्बनाविदूरेऽवात् ॥५।४।४९॥ अनिणर्थ आरम्भः । अवाद्गेरुत्तरस्य स्तम्भेः सकारस्य षत्वं भवति आलम्बने अविदूरे चार्थे । अवष्टभ्य आस्ते । अवष्टभ्नाति । अवाष्टभ्नात् । अवतष्टम्भ । अविदूरे–अवष्टब्धे सेने । अवष्टब्धा शरत् । आलम्बनाविदूरे किम् ? अवस्तब्धो वृषभः । विदूरप्रतिषेधान्नातिदूरमासन्नं च सङ्गृहीतम् ।

वेश्च स्वनोऽशने ॥५।४।५०॥ वेरवाच्चोत्तरस्य स्वनः सकारस्य षत्वं भवत्यशनेऽर्थे । विष्वणति । सशब्दमश्नातीत्यर्थः । अवष्वणति । व्यष्वणत् । अवाष्वणत् । चेन च व्यवाये –विषष्वाण । अवषष्वाण । विषष्वण्यते । अशन इति किम् ? विस्वनति । अवस्वनति मृदङ्गः । नात्राभ्यवहारविशेषः ।

परिनिविभ्यः सेवसितसयाम् ॥५।४।५१॥ परि नि वि इत्येतेभ्यः परेषां सेव सित सय इत्येतेषां सकारस्य षो भवति । सेव इति नौवादिकः सेवार्थो धुर्गृह्यते । परिषेवते । निषेवते । विषेवते । पर्यषेवत । न्यषेवत । व्यषेवत । चेन व्यवाये–परिषिषेविषते । परिषितः । निषितः । विषितः । परिषयः । निषयः । विषयः । षिञ् बन्धन इत्यस्य क्तान्तस्याजन्तस्य च ग्रहणम् । केचित्तु–सह (योगाकरणान्नियमार्थमेषां) ग्रहणमिच्छन्ति । एतेभ्य एव परस्य षत्वमिति । सेवादीनां स्वरितत्वाभावाद्यथासङ्ख्यं न भवति ।

सिवुसहसुट्स्तुस्वञ्जाम् ॥५।४।५२॥ परिनिविभ्यः परेषां सिव सह सुट् स्तु स्वञ्ज इत्येतेषां सकारस्य षो भवति । परिषीव्यति । निषीव्यति । विषीव्यति । परिषहते । विषहते । निषहते । सुट् परिमेव प्रयोजयति । परिष्कर्ता । परिष्करोति । **"संपर्युपात्कृञः सुट् भूषे"** [४।३।११०] इति सुट् । तस्यानादेशत्वादप्राप्ते इतरयोर्नाद्यन्त इति प्रतिषिद्धे षत्वे वचनम् । गेः परयोः षत्वसिद्धेः स्तुस्वञ्जोर्ग्रहणमुत्तरार्थम् । अटो व्यवाये विकल्पो यथा स्यात् ।

वाऽटा ॥५।४।५३॥ सिवादीनामटा व्यवाये वा षो भवति । परिनिवेरिति वर्तते । पर्यषीव्यत् । न्यषीव्यत् । पर्यसीव्यत् । न्यसीव्यत् । व्यषीव्यत् । पर्यषहत । व्यसीव्यत् । न्यषहत । व्यषहत । पर्यसहत । न्यसहत । व्यसहत । पर्यष्टौत् । न्यष्टौत् । व्यष्टौत् । पर्यस्तौत् । न्यस्तौत् । व्यस्तौत् । पर्यष्वजत । न्यष्वजत । व्यष्वजत । पर्यस्वजत । न्यस्वजत । व्यस्वजत । सिवुसहसयामप्राप्ते स्तुस्वञ्जेः प्राप्ते विभाषा ।

निव्यभ्यनुपरेः स्यन्दोऽजीवे ॥५।४।५४॥ नि वि अभि अनु परि इत्येतेभ्यः परस्य स्यन्देः सकारस्य वा षत्वं भवत्यजीवे । परिष्यन्दते । निष्यन्दते । विष्यन्दते । अभिष्यन्दते । अनुष्यन्दते । विस्यन्दते । अभिस्यन्दते । परिस्यन्दते जलम् । अजीव इति किम् ? अनुस्यन्दते मत्स्यः । अजीव इति पर्युदासोऽयम् । जीवाजीवसमुदायो जीवादन्यो भवतीति विकल्पः सिद्धः । अनुष्यन्देते मत्स्योदके । अनुस्यन्देते । अप्राप्ते विकल्पः ।

वेः स्कन्दोऽते ॥५।४।५५॥ वेरुत्तरस्य स्कन्देः सकारस्य वा षत्वं भवत्यते परतः । विष्कन्ता । विष्कन्तुम् । विस्कन्ता । विस्कन्तुम् । अत इति किम् ? विस्कन्नः । विस्कन्नवान् ।

परेः ॥५।४।५६॥ परेरुत्तरस्य स्कन्देः सकारस्य वा षत्वं भवति। परिष्कन्ता। परिस्कन्ता। तसञ्ज्ञकेऽपि यथा स्यादिति योगविभागः। परिष्कण्णः। परिस्कन्नः।

परिस्कन्दः प्राच्यभरतेषु ॥५।४।५७॥ प्राच्यभरतेषु परिस्कन्द इति निपात्यते। पचाद्यचि पूर्वेण पक्षे प्राप्तस्य षत्वस्याभावो निपात्यते। परिस्कन्दो वहति। प्राच्यभरतेष्विति किम्? परिष्कन्दः। परिस्कदः।

स्फुरिस्फुल्योर्निनिवेः ॥५।४।५८॥ निस् नि वि इत्येतेभ्यः परयोः स्फुरि स्फुलि इत्येतयोः सकारस्य वा षकारो भवति। शर्व्यवायेऽपि षत्वम्। निःष्फुरति। निःस्फुरति। निष्फुरति। निस्फुरति। विष्फुरति। विस्फुरति। निःष्फुलति। निःस्फुलति। निष्फुलति। निस्फुलति। विष्फुलति। विस्फुलति।

वेः स्कम्भेः षः ॥५।४।५९॥ वेरुत्तरस्य स्कम्नातेः सकारस्य षकारो भवति। विष्कभ्नाति। विष्कम्भकः। पुनः षग्रहणं नित्यार्थम्। स्कम्भिः सौत्रो धुः षोपदेशः।

इणः षीध्वंलुङ्लिटां धो गोर्ढः ॥५।४।६०॥ इणन्ताद्गोरुत्तरेषां षीध्वंलुङ्लिटां धकारस्य ढकारादेशो भवति। च्योषीढ्वम्। प्लोषीढ्वम्। अच्योढ्वम्। अप्लोढ्वम्। "धि" [५।३।४३] इति सखम्। चकृढ्वे। वव्रढ्वे। "क्रः" [५।१।११६] आदिनेट्प्रतिषेधः। इण इति किम्? कवर्गान्मा भूत्। पक्षीध्वम्। यक्षीध्वम्। षीध्वंलुङ्लिटामिति किम्? स्तुध्वे। स्तुध्वम्। लिङीति कर्तव्यं षीध्वमिति किम्? अधीयीध्वम्। स्तवीध्वम् इत्यत्र मा भूत्। ध इति किम्? च्योषीढ्वमित्यत्र परस्यादेर्माभूत्। गोरिति किम्? परिवेविषीध्वम्। अत्र धोः षकारस्य ईध्वंशब्दस्य च समुदायः षीध्वंशब्दो न तु गोः परः। अर्थवद्ग्रहणपरिभाषा चानित्या। तेन "अविनस्मन्ग्रहणान्यर्थवता चानर्थकेन" [प०] इति सिद्धम्।

वेटः ॥५।४।६१॥ इणन्तात्गोरुत्तरो यः इट् ततः परेषां षीध्वंलुङ्लिटां धकारस्य ढकारादेशो वा भवति। इट् पक्षे परत्वं श्रुतिकृतमाश्रीयते। लविषीढ्वम्। लविषीध्वम्। इट इणग्रहणेन ग्रहणात्। पूर्वेण नित्ये प्राप्ते। अलविढ्वम्। अलविध्वम्। सेरिडागमो न लुङ इति तद्ग्रहणाभावाद् व्यवधानमस्तीत्यप्राप्ते लुलुविढ्वे। लुलुविध्वे। अत्र लिट एवेडागम इति प्राप्ते विकल्पः। इणन्ताद्गोरित्येव। आसिषीध्वम्। उपदिदीयिध्वे इत्यत्र "दीङोऽचि क्ङिति युट्" [४।४।६२] इति युटि कृते इणन्ताद्गोरानन्तर्यमिटस्समुदायभक्तेन युटा विहतमिति ढत्वं न भवति। तस्मान्न नित्यो विधिः। अस्ति ह्यत्रेणन्ताद्गोरुत्तरो लिट् तत्सम्बन्धी च यकारः। एवं तर्हि वेति व्यवस्थितविभाषा पूर्वमवलोकते। ततोऽत्रापि विकल्पः।

सेऽङ्गुलेः सङ्गः ॥५।४।६२॥ अङ्गुलेरुत्तरस्य सङ्गसकारस्य षत्वं भवति से। सङ्ग इत्यत्र "सूत्रेऽस्मिन् सुब्विधिरिष्टः" [५।२।११४] इति ङसः स्थाने सुः। अङ्गुलिषङ्गो दृढः। अङ्गुलिषङ्गा यवागूः। भावे कर्मणि च घञ्। इत्येव अङ्गुलेः सङ्गः। अङ्गुलिपदात्परस्य पदस्य षत्वारम्भाद्विभक्त्या व्यवधानेऽपि प्रसज्यते।

भीरोः स्थानम् ॥५।४।६३॥ भीरोरुत्तरस्य स्थानसकारस्य षत्वं भवति से। भीरुष्ठानम्। स इत्येव। भीरोः स्थानम्। अधिकरणे युट्। पृथग्योगकरणं स्पष्टार्थम्।

ज्योतिरायुषः स्तोमः ॥५।४।६४॥ ज्योतिष् आयुष् इत्येताभ्यामुत्तरस्य स्तोमसकारस्य षो भवति। ज्योतिःष्टोमः। आयुःष्टोमः। "शरि सश्च" [५।४।२३] इति विसर्जनीयः सत्वं वा। तस्य ष्टुत्वम्। ज्योतिः स्तोमस्य दाहकम्।

स्तुत्सोमौ चाग्नेः ॥५।४।६५॥ अग्नेरुत्तरयोः स्तुत् सोम इत्येतयोः स्तोमस्य यः सकारस्तस्य से षो भवति। अग्निष्टुत्। क्विबन्तेन वाक्सः। अग्नीषोमौ। "गौणमुख्ययोर्मुख्ये सम्प्रत्ययात्" [प०] इह न भवति। अग्निगुणसोमगुणौ अग्निसोमौ मनुष्यौ। अत एवाग्नेरीत्वाभावः। अग्निष्टोमः। व्युत्पत्तिपक्षे "नाद्यन्ते" [५।४।७६] इति प्रतिषेधः प्राप्तः।

मातृपितृभ्यां स्वसुः ॥५।४।६६॥ मातृपितृभ्यां परस्य स्वसृसकारस्य षो भवति। मातृष्वसा। पितृष्वसा। अनादेशसकारोऽयम्। स इत्येव। वाक्ये न भवति। मातुः स्वसा। पितुः स्वसा।

वाऽनुपि ॥५।४।६७॥ अनुपि से मातृपितृभ्यामुत्तरस्य स्वसृसकारस्य वा षो भवति। मातुःष्वसा। मातुः स्वसा। पितुःष्वसा। पितुः स्वसा। ताया अनुप्।

गिप्रादुर्भ्यां यच्यस्तेः ॥५।४।६८॥ स इति निवृत्तम्। गेरिणः प्रादुःशब्दाच्चोत्तरस्य अस्तेः सकारस्य यकारादौ अजादौ च षत्वं भवति। अभिष्यात्। निष्यात्। प्रादुःष्यात्। अभिषन्ति। निषन्ति। प्रादुःषन्ति। गिप्रादुर्भ्यामिति किम्? दधि स्यात्। मधु स्यात्। यचीति किम्? अनुस्वः। अनुस्मः। अस्तेरिति किम्? केवलं सकारं क्रियावाचिनं प्रति गिसञ्ज्ञायां षत्वमत्र स्यात्। अनुसूते इति अनुसूः। अनुस्वः अपत्यम् आनुसेयः। "**चतुष्पाद्भ्यो ढञ्**" [३।१।१२३] इति ढञ्। "**ढेः खम्**" [४।४।१३५] इति ऊकारस्य खम्। प्रादुःशब्दस्य तु कृभ्वस्तिष्वेव प्रयोगात् प्रत्युदाहरणं नास्ति।

निर्दुस्सुवेः सुपिसूतिसमाः ॥५।४।६९॥ निस् दुस् सु वि इत्येतेभ्यो गिभ्य उत्तरेषां सुपिसूतिसमानां सकारस्य षो भवति। निष्षुप्तः। दुष्षुप्तः। सुषुप्तः। विषुप्तः। निःषूतिः। दुःषूतिः। सुषूतिः। विषूतिः। निःषमः। दुःषमः। सुषमः। विषमः। "**गिप्रकरणे सर्वत्र सुदुर्भ्यां योगे षत्वं नेष्यते**" इति वचनम्। "**सुदुसोः प्रतिषेधो नुंविधिनत्वषत्वणत्वेषु**" इति वचनात्। सम इति सर्वादिषु पठ्यते। तस्य "**सम ष्टम अवैकल्ये**" [धा०] इत्यनेन व्युत्पत्तिपक्षेऽपि ग्रहणम्। सूतिरिति सूतेः सूयतेः सुवतेश्च क्यन्तमेव रूपं समशब्दसाहचर्याद्गृह्यते। तेन विसृतमित्यादौ षत्वं न। सुपीति विकृतनिर्देशादिह मा भूत्–विस्वप्न इति। विसुष्वापेत्यत्र तर्हि कस्मान्न भवति। "**हलोऽनादेः**" [५।२।१६१] इति खे कृते पश्चाज्जिरिति सुपिरत्र नास्ति। नैष युक्तः समाधिः। हलोऽनादेः खात्प्राग्जिर्भवतीत्युक्तम्। एकदेशविकृतस्य चानन्यत्वात् सुपिरेवायमिति प्राप्नोति। स्थादीनामेव चस्य नान्येषामित्यपि नास्ति। सुनोत्यादिषु स नियमो निवर्तकः। एवमप्यनर्थकोऽयं सुपिः। द्विःप्रयोगेऽपि द्वित्वे समुदायस्यैवार्थवत्ता न केवलस्य धोर्नापि चस्य। विषुष्पतुर्विषुषुपुरित्यत्र "**पूर्वत्रासिद्धीयमद्वित्वे**" [प०] इति सुपिः षत्वभूतो द्विरुच्यते। रोरित्येव। निर्गता सूतिः निःसूतिः।

विकुशमीपरेः स्थलम् ॥५।४।७०॥ वि कु शमी परि इत्येतेभ्यः परस्य स्थलसकारस्य षत्वं भवति। विष्ठलम्। कुष्ठलम्। विकू यदि तिसञ्ज्ञौ तदा स्थलशब्देनाजन्तेन "**तिकुप्रादयः**" [१।३।८१] इति सः। अतिसञ्ज्ञा चेत्तासः। शमिष्ठलमिति सञ्ज्ञायां "**त्वे ङ्यापोः क्वचित् खौ च**" [४।३।१७३] इति परिष्ठलम्।

अम्बाम्बगोभूमिसव्यापद्वित्रिकुशेकुशङ्क्वङ्गुमञ्जिपुञ्जिपरमेबर्हिर्दिव्यग्निभ्यः स्थः ॥५।४।७१॥ अम्बा अम्ब गो भूमि सव्य अप द्वि त्रि कु शेकु शङ्कु अङ्गु मञ्जि पुञ्जि परमे बर्हिष् दिवि अग्नि इत्येतेभ्यः उत्तरस्य स्थसकारस्य षो भवति। अम्बाष्ठः। सञ्ज्ञायां तु "**त्वे ङ्यापोः क्वचित्खौ च**" [४।३।१७३] इति प्रादेशे सत्यम्बष्ठः। अम्बष्ठः। गोष्ठः। गावस्तिष्ठन्त्यस्मिन्निति घञर्थे कविधानम्। भूमिष्ठः। सव्येष्ठः सारथिः। अपष्ठः। द्विष्ठः। त्रिष्ठः। कौ कुत्सितं तिष्ठतीति कुष्ठः। शेकुष्ठः। शङ्कुष्ठः। अङ्गुष्ठः। मञ्जिष्ठः। पुञ्जिष्ठः। परमेष्ठः। बर्हिष्ठः। दिविष्ठः। अग्निष्ठः। सर्वत्र "**सुपि**" [२।२।७] "**स्थः**" [२।२।८] इति कः। स्थ इत्यकारान्तो निर्देशः किम्? गोस्थानम्। गोस्थितिः। अथ सव्येष्ठा सारथिः। परमेष्ठी विधिः। "**परमे कित्**" [उ० सू०] इति इनि च कथं षत्वम्? सुषामादिष्वेतौ द्रष्टव्यौ। "**षे कृति बहुलम्**" [४।३।१३२] इतीपोऽनुप्।

सुषामादिषु च ॥५।४।७२॥ सकारस्य षो भवति। स्यतेर्मनि साम। शोभनं सामाऽस्य सुषामा। एवं निःषामा। दुःषामा। सुषेधः। निःषेधः। दुःषेधः। "**सुः पूजायां न गिति**" [१।४।७] इति सोः निर्दुषोश्च क्रियान्तरविषयत्वादगित्वमिति गिलक्षणं षत्वं नास्ति। गित्वेऽपि षेधतेः "**सेधो गतौ**" [५।४।७९]

इति प्रतिषेधो मा भूत्। सुषन्धिः। निःषन्धिः। दुःषन्धिः। अयमनादेशसकारः। सुष्ठु। दुष्ठु। तिष्ठतेरौणादिकः कुः। अत्र **"नाद्यन्ते"** [५।४।७६] इति प्रतिषेधः प्राप्तः। गौरिसक्थः। **"असिसंज्ञिभ्यां क्थिः"** **[उ० सू०]** इति क्थिः। गौर्याः सक्थीव सक्थि यस्येति बसे **"स्वाङ्गाट्टेऽक्षि सक्थ्नः"** **[४।२।११३]** इति टः सान्तः। अनङ्। **"नोऽपुंसो ह्रति"** [४।४।१२०] इति टिखम् **"त्वे ङ्यापोः"** [४।३।१७३] इत्यादिना प्रादेशः। प्रतिष्णिका। प्रतिपूर्वात् स्नातेः **"आतो गौ"** [२।३।८८] इति कः। टाप्। तदन्तात् स्वार्थे कः। पुनष्टाप् **"केऽणः"** [५।२।१२५] इति। प्रत्ययस्थेत्यादिनेत्वम्। नौषेचिका। दुन्दुभिसेवनम्। सञ्ज्ञैषा। **"एति सञ्ज्ञायामगकारात्"** **[ग० सू०]**। हरिषेणः। साधुषेणः। एतीति किमर्थः? हरिसन्धिः। सञ्ज्ञायामिति किम्? पृथ्वी सेनाऽस्य पृथुसेनः। अगकारादिति किम्? विष्वक्सेनः। इण्कोरित्येवासर्वसेनः। **"नक्षत्राद्वा एतिसञ्ज्ञायामगकारात्"** **[वा० सू०]**। रोहिणिषेणः। रोहिणिसेनः। भरणिषेणः। भरणिसेनः। अगकारादित्येव। शतभिषक्सेनः। अविहितलक्षणं षत्वमिह द्रष्टव्यम्।

प्राद्धृत्यमिङस्ति ॥५।४।७३॥ प्रादुत्तरस्य अमिङः सकारस्य षो भवति तकारादौ ह्रति परतः। सर्पिष्टरम्। सर्पिष्टमम्। चतुष्टयम्। सर्पिष्टा। सर्पिष्ट्वम्। सर्पिष्टो बिभेति। पदान्तेऽपि षत्वार्थमिदम्। प्रादिति किम्? गीस्तरा। धूस्तरा। ह्रतीति किम्? सर्पिस्तत्र। अमिङ इति किम्? भिन्द्युस्तराम्। छिन्द्युस्तराम्। तकारादाविति किम्? सर्पिस्साद् भवति। पूर्वस्य मा भूत्। परस्य **"सात्"** [५।४।७७] इत्येव प्रतिषेधः सिद्धः।

निसस्तपतावनासेवने ॥५।४।७४॥ निसः सकारस्य तपतौ परतः षो भवत्यनासेवनेऽर्थे। मुहुर्मुहुः क्रियायाः सेवनमासेवनम्। निष्टप्तं सुवर्णम्। निस्तप्ता अरातयः। सकृत्तप्ता इत्यर्थः। अनासेवन इति किम्? निस्तपति सुवर्णं सुवर्णकारः। मुहुर्मुहुस्तपतीत्यर्थः। इदमप्यन्ते विधानार्थम्। धुनिर्देशार्थस्तिपा निर्देशः।

निष्णातनदीष्णातप्रतिष्णाताभिनिष्टानकपिष्ठलप्रष्ठविष्टरविष्टारगविष्ठिरयुधिष्ठिराः ॥५।४।७५॥ निष्णात नदीष्णात प्रतिष्णात अभिनिष्टान कपिष्ठल प्रष्ठ विष्टर विष्टार गविष्ठिर युधिष्ठिर इत्येते शब्दा निपात्यन्ते। **"निनदीभ्यां स्नातस्य कौशले षत्वम्"**। निष्णातः काव्यकरणे। नदीष्णातः। नदीस्नाने कुशल इत्यर्थः। निस्नातनदीस्नातावन्यत्र। योपि **"सुपि"** [२।२।७] **"स्थः"** [२।२।८] इति योगविभागात्के कृते नदीष्ण इति। तस्य सुषामादिषु षत्वम्। प्रतिष्णातं भवति सूत्रं चेत्। प्रतिस्नातमन्यत्। अभिनिःष्टानो भवति वर्णश्चेत्। अभिनिर्भ्यां परस्य स्तन ध्वन इत्यस्य कर्तरि घञि रूपम्। अभिनिःस्तन्यत इति अभिनिःष्टानो विसर्जनीयः। अभिनिःस्तानोऽन्यः। कपिष्ठलो भवति गोत्रशब्दश्चेत्। कपिष्ठलोऽपत्यं यस्य कापिष्ठलिः। आद्यः पुमानपत्यसन्ततेः प्रवर्तयिता लोके गोत्रम्। ततोऽन्यः कपिस्थलम्। प्रष्ठ इति प्रात् स्थस्य षत्वमग्रे ग्रामिणि प्रतिष्ठते इति प्रष्ठो देवदत्तः। प्रष्ठो गौः। प्रस्थ इत्यन्यत्र। अग्रेग्रामिणीत्यत्र **"कुमति"** [५।४।६७] इति णत्वम्। **"न भाभूपूङ्कमिगमि"** [५।४।११३] इति गेः कृत्स्थस्य प्रतिषेधः। **"वेः स्तरस्य वृक्षासनयोः षत्वम्"**। विष्टरो वृक्षः। विष्टरमासनम्। विस्तर इत्यन्यत्र। **"वेः स्तारस्य छन्दोनाम्नि षत्वम्"**। विष्टारः पङ्क्तिछन्दः। विष्टारः बृहती छन्दः। **"छन्दः स्त्रौ"** [२।३।३२] इति घञ्। पदस्य विस्तार इत्यन्यत्र। **"गवियुधिपूर्वस्य स्थिरस्य सञ्ज्ञायां षत्वम्"**। गविष्ठिरो युधिष्ठिरो गोशब्दादहलन्तादपि निपातनादीपोऽनुप्। गविस्थिरो युधिस्थिर इत्यन्यत्र।

नाद्यन्ते ॥५।४।७६॥ पदस्य आदावन्ते च षत्वं न भवति। दधि सिञ्चति। मधु सिञ्चति। अग्निस्तत्र। वायुस्तत्र। **"इण्कोः"** [५।४।३७] **"त्यादेशयोः"** [५।४।३६] इति षत्वे प्राप्ते प्रतिषेधः।

सात् ॥५।४।७७॥ सादित्येतस्य च षत्वं न भवति। अग्निसात्। मधुसात्।

सिचो यङि ॥५।४।७८॥ सिचो यङि परतः षत्वं न भवति। सेसिच्यते। **"त्यादेशयोः"** [५।४।३६] इति प्राप्तिः। अथामिसेसिच्यते परिसेसिच्यते इत्यत्र गिलक्षणं षत्वं कस्मान्न भवति? **"येन**

नाप्राप्तन्यायेन" [प०] "नावन्ते" [५।४।७६] इत्यस्यैव प्रतिषेधस्य बाधकं गिलक्षणं न सिचो यङीत्यस्य। अथवा "पुरस्तादपवादा अनन्तरान् विधीन् बाधन्ते नोत्तरान्" [प०] इति यङि सर्वत्र प्रतिषेधः। यङीति किम्? परिषिषिक्षति।

सेधो गतौ ॥५।४।७९॥ सेधतेर्गत्यर्थस्य षत्वं न भवति। अभिसेधति। प्रतिसेधति गाः। "स्थासेनयसेध" [५।४।४६] इत्यादिना प्राप्तस्य प्रतिषेधः। गताविति किम्? प्रतिषेधति पापम्। निवारयतीत्यर्थः।

निस्तब्धप्रतिस्तब्धौ ॥५।४।८०॥ निस्तब्ध प्रतिस्तब्ध इतीमौ शब्दौ निपात्येते। निस्तब्धः। प्रतिस्तब्धः। क्ते परतः "स्तम्भेः" [५।४।४८] इति प्राप्ते प्रतिषेधः।

सोढः ॥५।४।८१॥ सहेः सोढभूतस्य षत्वं न भवति। परिसोढा। परिसोढुम्। एवं निसोढा। विसोढा। परिनिविभ्यः "सिवुसहसुट्स्तुस्वञ्जाम्" [५।४।५२] इत्यनेन प्राप्तिः। सोढभूतस्य ग्रहणं किम्? परिषहते। निषहते। सोढ इति सहेः सोढभूतस्यानुकरणं ङसा निर्दिष्टः।

स्तम्भुसिवुसहां कचि ॥५।४।८२॥ स्तम्भु सिवु सह इत्येतेषां कचि परतः षत्वं न भवति। अभ्यतस्तम्भत्। पर्यतस्तम्भत्। "स्तम्भेः" [५।४।४८] इत्यटा चेन च व्यवाये गिनिमित्तं प्रतिषिध्यते। सिवुसहोस्तु परिनिविभ्यः परयोः "वाट्या" [५।४।५३] इति विकल्पः प्राप्तः। पर्यसीषिवत्। न्यसीषिवत्। पर्यसीषहत्। न्यसीषहत्। सर्वत्र गियुक्ताण्णिच् क्रियते। गिलक्षणस्य षत्वस्यायं प्रतिषेधो न तु "ष्यादेशयोः" [५।४।३६] इत्यनेन चादुत्तरस्य व्यवहितत्वात्।

सुञः स्यसनोः ॥५।४।८३॥ सुनोतेः सकारस्य स्य सन् इत्येतयोः परतः षत्वं न भवति। अभिसोष्यते। परिसोष्यते। अभ्यसोष्यत। पर्यसोष्यत। सनि। सुसूषति। नैतद्युक्तम्। "षणि चाण्णिस्तोरेव" [५।४।४१] इति नियमादत्राप्राप्तिः। इदं तर्हि अभिसुसूषति। अत्रापि "स्यादेशचेन चस्य" [५।४।४४] इति नियमादप्राप्तिः। तत्रोक्तम्। गिनिमित्तं स्यादीनामेव षत्वं नान्यस्येति। क्विपि तद्युदाहरणम्। अभिसुसूः। रित्वे विसर्जनीये च कृते "षणि" [५।४।४१] इति नियमाभावाच्चात्परस्य प्राप्तं षत्वं प्रतिषिध्यते। स्यसनोरिति किम्? सुषाव।

सदिस्वञ्ज्योः परस्य लिटि ॥५।४।८४॥ सदि स्वञ्जि इत्येतयोर्लिटि परस्य षत्वं न भवति। अभिषसाद। निषसाद। अभिषस्वञ्जे। निषस्वञ्जे। "लिटि स्वञ्जेर्वा न खं भवतीत्युपसंख्यातव्यम्" [वा०] अभिषष्वजे। विषष्वजे। सदेश्चेन व्यवाये "सदोऽप्रतेः" [५।४।४७] इति स्वञ्जेस्तु "स्थासेनय" [५।४।४६] इत्यादिना षत्वे प्राप्ते प्रतिषेधः।

षॄो नो णः समाने ॥५।४।८५॥ पदस्येति वर्तमानं समान इत्यनेन समानधिकरणं जायते। षकाररेफाभ्यामुत्तरस्य नकारस्य णकारादेशो भवति समाने पदे चेन्निमित्तनिमित्तिनौ भवतः। कुष्णाति। मुष्णाति। आस्तीर्णम्। विस्तीर्णम्। समान इति किम्? मुनिर्नयति। साधुर्नयति स्वर्गम्। "धिन्विकृण्व्योर च" [२।१।७५] इत्यत्र णत्वनिर्देशात् ऋकारादपि परस्य णत्वं भवति। तिसृणाम्। मातृणाम्। षकारग्रहणमुत्तरार्थम्। अव्यवाये ष्टुत्वेनापि सिद्धमेतत्।

अट्कुप्वाङ्व्यवायेऽपि ॥५।४।८६॥ अट् कु पु आङ् इत्येतैर्व्यवाये अव्यवायेऽप्यनेन षकाररेफाभ्यामुत्तरस्य नकारस्य णो भवति। अट्। वर्षेण। वृषेण। गिरिणा। मेरुणा। कु। निष्केण। शुष्केण। अर्केण। मूर्खेण। वर्गेण। दीर्घेण। पु। पुष्पेण। सर्पेण। दर्पेण। रेफेण। गर्भेण। दर्भेण। धर्मेण। आङ्। पर्याणद्धम्। निराणीतम्। अड्ग्रहणेनैव सिद्धे आङ् ग्रहणं "पदव्यवायेऽपि" [५।४।११६] अस्य बाधनार्थम्। अडादिष्वेकेनाकेन च व्यवाये णत्वं ज्ञातव्यम्। उभयथा वाक्यपरिसमाप्तेराश्रयणात्। यथा गर्गैः सह न भोक्तव्यमेकेनाकेनेन च सह न भुज्यते। इह कथं णत्वम् बृंहणम्। बृंहणीयम्। "तृहू स्तृहू तृंहू हिंसार्थाः"। तृंहणम्। तृंहणीयमिति। अनुस्वारस्यायोगवाहत्वादड्ग्रहणेन ग्रहणमिति णत्वम्। तदुक्तम्—"अयोगवाहो यत्रेष्टस्तत्र तत्र

तदा भवेत्" इति । "**रिवि रवि गतौ**" इत्यस्य । रिण्वनम् । रिण्वनीयम् । झल्परत्वाभावादनुस्वारो नास्तीति णत्वाभावः । तृम्फणम् । तृम्फणीयमित्यत्र परस्वत्वस्यासिद्धत्वादनुस्वारोऽस्तीति णत्वं भवति ।

पूर्वपदात् खावगः ॥५।४।८७॥ खु इति वर्तते । षकाररेफवतः पूर्वपदात् अगकारान्तात् उत्तरस्य नकारस्य णो भवति खुविषये । पुष्पणन्दी । श्रीणन्दी । श्रीनन्दिशब्दस्य क्षुभ्नादिषु णत्वं निषिद्धम् । खरणसः । वार्ध्रीणसः । खाविति किम् ? शुष्कनासिकः । दीर्घनासिकः । अग इति किम् ? ऋगयनम् । क्षुभ्नादिषु नृनमन-तृप्नोतिशब्दयोः प्रतिषेधवचनं ज्ञापकम् ऋकारस्थाद्रेफादजंशेन व्यवहितत्वात् पदस्य णत्वं भवतीति णत्वप्राप्तिः । नियमार्थोऽयं योगः । पूर्वपदात्खावेव नान्यत्र । अथ पूर्वपदादेव खाविति कस्मान्न नियमो भवति । एवं सति खुनियमः स्यात् । अखुविषये पूर्वेण णत्वसिद्धेः "**वाह्याद्वाहनम्**" [५।४।९२] इत्याद्यारम्भोऽनर्थकः स्यात् । अत्र से कृते समुदायाद्या विभक्ती तया समुदायस्यैकपदत्वे पूर्वेण प्राप्तिरस्तीति नियमो घटते । पूर्वपदत्वं तु स्मर्यमाणावयवापेक्षम् । पूर्वपदशब्दश्च सम्बन्धिशब्दः । तेनोत्तरपदस्थस्य नकारस्य णत्वं नियमो निवर्तयति न पूर्वपदस्थस्य नापि त्यस्थस्य । करणप्रियः । खारपायणः । करणं प्रियमस्य । खरपस्यापत्यमिति विग्रहः । अग इत्यनन्तरस्य प्रतिषेधः प्राप्नोतीति चेत् ; तत्र को दोषः ? खौ चाखौ च पूर्वेण णत्वं स्यात् । एवं तर्हि अग इति योगविभागः । तेन विधिनियमयोः प्रतिषेधः ।

वनं पुरगामिश्रकासिद्ध्रकाशारिकाकोटराग्रेभ्यः ॥५।४।८८॥ खाविति वर्तते । पुरगा मिश्रका सिद्ध्रका शारिका कोटरा अग्र इत्येतेभ्यः परं वनं विनम्यते । विनाम इति षत्वणत्वयोः सञ्ज्ञा । पुरगावणम् । मिश्रकावणम् । सिद्ध्रकावणम् । शारिकावणम् । कोटरावणम् । तासे कृते पूर्वपदस्य "**गिरिवने किंशुलककोटराद्योः खौ**" [४।३।२२०] इति दीत्वम् । वनस्याग्रे अग्रेवणम् । "**राजदन्त**" [१।३।९६] आदित्वात्पूर्वनिपातः । "**ईपोऽद्धलः**" [४।३।१२७] इत्यनुप् । "**सिद्धे सत्यारम्भो नियमार्थः**" । एतेभ्य एव वनं विनम्यते नान्येभ्यः । मनोहरवनम् । अथ पुरगादिभ्यो वनमेव विनम्यते नान्यदिति कस्मान्न नियमः । एवं सति पुरगादिनियमः स्यात् । वनं त्वनियतं तस्य खौ पूर्वेणैव णत्वं सिद्धमित्युत्तरसूत्रे खावपि प्रादिभ्यः परं वनं विनम्यत इत्यपिशब्दोऽनर्थकः स्यात् । ज्ञायते पुरगादिभ्य एव वनं विनम्यते इति नियमः । पुरगादीनां कृतदीत्वानामुच्चारणं किम् ? यत्रैव दीत्वं तत्रैव णत्वं यथा स्यात् । इदमेव ज्ञापकमनित्यं घौ दीत्वमिति तेन लम्बकर्णः । विद्धकर्णः । अलिरुक् । कमलरुक् इत्येवमादि सिद्धम् ।

प्रान्तर्निःशरेक्षुप्लक्षाम्रकार्ष्यखदिरपीयूक्षाभ्योऽखावपि ॥५।४।८९॥ प्र अन्तर् निस् शर इक्षु प्लक्ष आम्र कार्ष्य खदिर पीयूक्षा इत्येतेभ्यः परं वनं विनम्यते अखावपि खावपि च । प्रवणम् । अन्तर्वणम् । निर्वणम् । शरवणम् । इक्षुवणम् । प्लक्षवणम् । कार्ष्यवणम् । खदिरवणम् । पीयूक्षावणम् । प्रगतं वनम्, अन्तर्गतं वनम्, निर्गतं वनमिति विग्रहः । शरवणादिषु तासः । ये ओषधिवनस्पतिशब्दा न भवन्ति तेभ्यः अखौ खौ च पूर्वाभ्यामप्राप्ते विधिः । ओषधिवनस्पतिशब्देभ्यस्तु खावप्राप्ते विधिः । अखौ तूत्तरसूत्रेण विकल्पे प्राप्ते नित्यार्थं वचनम् । अपिशब्दस्य पूर्वसूत्रे प्रयोजनमुक्तम् ।

विभाषौषधिवनस्पतिभ्यः ॥५।४।९०॥ ओषधिवनस्पतिशब्देभ्यः परं वनं विभाषा विनम्यते । ओषधिभ्यः—दूर्वावणम् । दूर्वावनम् । व्रीहिवणम् । व्रीहिवनम् । वनस्पतिभ्यः—करीरवणम् । करीरवनम् । आरुकवणम् । आरुकवनम् । व्यवस्थितविभाषाऽऽश्रयणात् द्वयक्षरत्र्यक्षरयोर्विकल्पः । तैनेह न भवति । भद्रदारुवनम् । "**ईरिकादिभ्यश्च न भवति**" [वा०] । ईरिकावनम् । तिमिरवनम् । समीरवनम् । खौ पुरगादिभ्य एव वनं विनम्यते इत्यखावियं विभाषा । खौ त्वसिद्धत्वान्नियमेन बाध्यते । यदि खावपि प्रयोगोऽस्ति विभाषेति योगविभागान्नियमबाधा द्रष्टव्या । बहुत्वनिर्देशः पर्यायार्थः । इह वनस्पतिग्रहणे वृक्षाणामपि ग्रहणम् । यतः—

"**फली वनस्पतिर्ज्ञेयो वृक्षाः पुष्पफलोपगाः ।**"

पुष्पफले अन्यतरच्चोपगच्छन्ति ये ते वृक्षाः । तत्र यो वनस्पतिः स वृक्षो भवत्येव । वृक्षस्तु नावश्यं वनस्पतिरिति वनस्पतिग्रहणं कृतम् । एतेभ्य इति किम् ? शिरीषवनम् । शिरीषाणामदूरभवो ग्रामः तस्य वनम् । **"वरणादेः"** [३।२।६२] इत्युप् । उपि कृते **"युक्तवदुसि लिङ्गसङ्ख्ये"** [१।१।६८] इत्यनेन लिङ्ग-सङ्ख्ययोरेवातिदेशो न वनस्पतित्वस्येति णत्वाभावः ।

अतोऽह्नः ॥५।४।६१॥ अकारान्तात्पूर्वपदादुत्तरस्य अह्नो नकारस्य णत्वं भवति । पूर्वाह्णः । अप-राह्णः । **"पूर्वापरप्रथम"** [१।३।५३] आदि सूत्रेण षसः । **"राजाहःसखिभ्यष्टः"** [४।२।६३] इति टः । **"एभ्योऽह्नोऽह्नः"** [४।२।६०] इत्यह्नादेशः । अत इति किम् ? निरह्नः । दुरह्नः । निर्गतमहः । दुष्टमहः । तपरकरणं किम् ? परावृत्तमहः पराह्नः । अह्न इति सूत्रे वृत्तिघटितैकदेशो वान्तः । **"सूत्रेऽस्मिन् सुब्विधिरिष्टः"** [५।२।११४] इति तास्थाने वानिर्देशाद् व्याख्येयः । अह्न इति अकारान्तनिर्देशाद्दीर्घाह्ना शरदित्यत्र न भवति । दीर्घाण्यहान्यस्यामिति यसे **"वोङ्खे"** [३।१।११] इति वा ङीविधिः ।

वाह्याद्वाहनम् ॥५।४।६२॥ कालसामान्ये वोढव्यं वाह्यम् । वाह्यादुत्तरस्य वाहनस्य णत्वं भवति । ऊह्यतेऽनेनेति वहनम् । प्रज्ञादित्वात् स्वार्थिकोऽण् । अतो वा निपातनादुङो दीत्वम् । इक्षुवाहणम् । शरवाह-णम् । कर्मणि तासः । वाह्यादिति किम् ? सुरवाहनम् । सुरस्वामिकमित्यर्थः । एवं नरवाहनः । नात्र वाह्यात्परं वाहनम्, किन्तु वाहनात् । वाह्यवाहकसम्बन्धे णत्वं भवत्येव । सुरवाहणम् । नरवाहणम् । खौ पूर्वेण सिद्धं णत्वं नरवाहण इति ।

पानं देशे ॥५।४।६३॥ पाननकारस्य णत्वं भवति देशे गम्ये । सर्वत्र पूर्वपदस्थान्निमित्तादिति वर्तते । कषायपाणाः गान्धारयः । क्षीरपाणाः आन्ध्राः । सौवीरपाणाः द्रमिणाः । सुरापाणाः प्राच्याः । अतिशयोऽत्र गम्यते । तात्स्थ्यात्ताच्छब्द्यमिति मनुष्याभिधाने देशाभिधानम् । पीयते इति पानम् । **"युड्व्या बहुलम्"** [२।३।६४] इति कर्मणि युट् । कषायं पानमेषामिति कर्तरि ता । देश इति किम् ? दाक्षिपानम् । क्षीरपाना गोपालकाः ।

वा भावकरणे ॥५।४।६४॥ भावे करणे च यः पानशब्दस्तन्नकारस्य वा णत्वं भवति । भावे—क्षीर-पाणम् । क्षीरपानं वर्तते । करणे-पीयतेऽनेनेति पानः । वारिपाणः । वारिपानः कंसः । वेति योगविभागाद्गिरि-नद्यादिषु वा णत्वम् । चक्रणदी । चक्रनदी । चक्रणितम्बा । चक्रनितम्बा ।

मृदन्तनुम्विभक्त्याम् ॥५।४।६५॥ मृदन्ते नुमि विभक्त्यां च यो नकारः तस्य पूर्वपदस्थान्निमित्ताद् वा णत्वं भवति । मृदन्ते—माषवापिणौ । माषवापिनौ । व्रीहिवापिणौ । व्रीहिवापिनौ । **"प्रायोऽभीक्ष्ण्ये"** [२।२।६६] इति णिन् । नुमि । माषवापाणि । माषवापानि । **"लक्षणप्रतिपदोक्तयोः प्रतिपदोक्तस्यैव"** [प०] इति नुमो मृदन्तग्रहणेनाग्रहणम् । विभक्त्याम्—माषवापेण । माषवापेन । व्रीहिवापेण । व्रीहिवापेन । नियमाद-प्राप्ते विकल्पः । पूर्वपदादिति वर्तते तेन सम्बन्धादुत्तरपदं यन्मृत्सञ्ज्ञं तदन्तस्य विकल्पः । तेनेह न भवति । गर्गाणां भगिनी गर्गभगिनीति । यदा यु गर्गभगशब्दान्मत्वर्थीय इन् तदा णत्वं भवत्येव । गर्गभगिणीति । **"पूर्वपदात्स्वा-वगः"** [५।४।८७] इत्यनेनोत्तरपदस्थस्य नकारस्य णत्वं निवर्त्यते । न त्वस्थस्येत्युक्तम् । यथा मातृभोगीण इत्यत्र समुदायस्य समानपदत्वे । पुरुवारिणी इत्यत्र विकल्पस्य बहिरङ्गत्वादसिद्धत्वाच्चादिसूत्रेण नत्वम् । माषवापिणा माषवापिना इत्यत्र पूर्वपदस्थान्निमित्तात्परस्य विधिरिति । मृदन्तत्वाद्विकल्पः । वेति व्यवस्थितविभाषाऽनुवर्तनादिह न भवति । आचार्ययूना । क्षत्रिययूना । प्रपक्वानि । परिपक्वानि । दीर्घाह्नी शरदिति ।

एकाच्द्यौ णः ॥५।४।६६॥ एकाचि द्यौ पूर्वपदस्थान्निमित्तात्परस्य मृदन्तनुम्विभक्तीनकारस्य णकारो भवति । ब्रह्महणौ । वृत्रहणौ । क्षीरपाणि । सुरापाणि । क्षीरपेण । सुरापेण । **"आतः कः"**

[२।२।३] इति कः। सुरायां वाचि पिबतेः "सुराशीध्वोः पिबः" [२।२।१२] इति टक्। पुनर्णग्रहणं नित्यार्थम्।

कुमति ॥५।४।९७॥ कवर्गवति च घौ मृदन्तनुम्विभक्तीनकारस्य णत्वं भवति। इक्षुयुगिणौ। करयुगिणौ। इक्षुयुगेण। अनेकाज्ध्वर्थं वचनम्। काविति सिद्धे कुमतीति मत्वर्थीयः किम्? अककवर्गादावपि घौ प्रापणार्थम्। अन्यथा "येनालि विधि" न्यायेन कवर्गादावेव स्यात्।

गेरसेऽपि विकृतेः ॥५।४।९८॥ गेरुत्तरस्य सामर्थ्याद्धोर्विकारस्यासेऽपि णो भवति। असे। प्रणमति। परिणमति। से-प्रणायकः। परिणायकः। विक्रियते इति विकृतिः नकारः। अवयवविकारे समुदायस्य धोर्विकारो यथैकदेशाऽलङ्कारेऽलङ्कृतो देवदत्त इति। ततो विकृतिं प्रति क्रियायोगित्वात् प्रादीनां गित्वम्। गेरिति किम्? मुनिर्नयति स्वर्गम्। प्रगता नायका अस्माद्ग्रामात् प्रनायको ग्रामः। अपिग्रहणं किम्? से पूर्वपदात् खाविति नियमात् णत्वं न स्यात्। ननु णत्वस्यासिद्धत्वान्न नियमप्राप्तिः। इदमेवापिग्रहणं ज्ञापकम्। **"न योगे योगोऽसिद्धोऽपि तु प्रकरणे प्रकरणमसिद्धं भवति"**। तेन निष्कृतं दुष्कृतमित्यत्र **"इणः षः"** [५।४।२७] इति षत्वे क्रियमाणे **"इदुदुङः"** [५।४।२८] इति सत्वं नासिद्धम्। विकृतेरिति किम्? प्रनृत्यति। प्रनर्तकः। अयमौपदेशिको नकारो न तु **"णो नः"** [४।३।५४] इत्यनेन विकृतः। **"नृतिनन्दिनर्दिनक्किनाथ्नाथ-वर्ज्जम्"** इति वचनात्।

नशेः शः ॥५।४।९९॥ नशेः शकारान्तस्य णत्वं भवति। प्रणश्यति। परिणश्यति। प्रणाशकः। परिणाशकः। श इति किम्? प्रनष्टः। प्रनङ्क्ष्यति। शकारस्यैवेति नियमात् णत्वाभावः। नशेरेव शकारान्तस्येति कस्मान्न नियमः। अन्यस्य शकारान्तस्यासम्भवात्! सम्भवे वा णत्वोपदेशादेव व्यावृत्तिः। णत्वोपदेशो हि **"णो नः"** [४।३।५४] इति विकृतिद्वारेण णत्वार्थः।

नेर्गदनदपतपदघुमास्यतिहन्तियातिवातिद्रातिप्सातिवपतिवहतिशाम्यतिचिनोतिदेग्धिषु ॥५।४।१००॥ गिस्थान्निमित्तात् परस्य गेर्नेर्नकारस्य णत्वं भवत्यसेऽपि गदादिषु परतः। प्रणिगदति। परिणिगदति। सेऽपि। प्रणिगदिता। परिणिगदिता। प्रणिनदति। परिणिनदति। प्रणिनदिता। परिणिनदिता। प्रणिपतति। प्रणिपतिता। प्रणिपद्यते। प्रणिपत्ता। घुसञ्ज्ञे-प्रणिददाति। प्रणिदाता। प्रणिदधाति। प्रणिधाता। मा इति माङ्मेङोर्ग्रहणम्। प्रणिमिमीते। प्रणिमाता। मेङः कृतात्वस्यैव ग्रहणम्। प्रणिमास्यते। प्रणिमाता। **"मीञ् हिंसायाम्"**। **"डुमिञ् प्रक्षेपणे"** इत्यनयोः **"मिम्मीन्दीङां प्ये च"** [४।३।४३] इति कृतात्वयोः **"मा माने"** इत्यस्य च न ग्रहणम्। अस्य शेषत्वेनोत्तरत्र वेति व्यवस्थितविभाषाऽतः सर्वमिदं लभ्यते। प्रणिष्यति। प्रणिषाता। प्रणिहन्ति। प्रणिहन्ता। प्रणियाति। प्रणियाता। प्रणिवाति। प्रणिवाता। प्रणिद्राति। प्रणिद्राता। प्रणिप्साति। प्रणिप्साता। प्रणिवपति। प्रणिवप्ता। प्रणिवहति। प्रणिवोढा। प्रणिशाम्यति। प्रणिशमिता। प्रणिचिनोति। प्रणिचेता। प्रणिदेग्धि। प्रणिदेग्धा। गदादिष्वीम्निर्देशादनन्तरस्य कार्यमित्यटा व्यवाये कथं णत्वम्। प्रण्यगदत्। परिण्यगददिति। अडागमश्च गोर्विहितो विकरणान्तश्च गुरशक्यो गदग्रहणेन ग्रहीतुमिति। नैष दोषः। अड्व्यवाये इति मण्डूकप्लुत्या सम्बध्यते। तिपा निर्देशो यङ्लुबन्तनिवृत्त्यर्थः।

घाऽषान्तेऽकखादौ ॥५।४।१०१॥ गेरिति वर्तते। अषकारान्ते अककारखकारादौ धौ परतः गिस्थान्निमित्ताद्वा नेर्णो भवति। प्रणिपचति। प्रनिपचति। परिणिभिनत्ति। परिनिभिनत्ति। अषान्त इति किम्? प्रनिपेष्टा। अन्तग्रहणमुपदेशार्थमिहापि न भवति। प्रनिपेक्ष्यति। प्रच्छेश्छकारान्तत्वाद् भवति। प्रतिप्रष्टा। अकखादाविति किम्? प्रनिकरोति। प्रनिखादति। अचापि अकखोरिति सिद्धे आदिग्रहणमुपदेशार्थम्। प्रनिचकार। प्रनिचखाद।

हिम्योर्नुनोः ॥५।४।१०२॥ हि मी इत्येतयोर्यौ नुनौ तयोर्णत्वं भवति गिस्थान्निमित्तात् । प्रहिणोति । प्रहिणुतः । प्रमीणाति । प्रमीणीतः । एबीत्वयोः कृतयोः एकदेशविकृतस्यानन्यत्वाण्णत्वम् ।

आनि ॥५।४।१०३॥ आनीत्येतस्य धोः परस्य णो भवति । आनिं प्रति गित्वाभावादिह गिग्रहणं आदिमात्रोपलक्षणम् । प्रवपाणि । प्रापयाणि । अर्थवद्ग्रहणपरिभाषयाऽर्थवत एव नेर्ग्रहणादिह न भवति । प्रवृद्धा वपा येषां तानि प्रवपानि मांसानि । आनीत्यविभक्तीको निर्देशः ।

णोऽनितेः ॥५।४।१०४॥ गेः परस्यानितेर्नकारस्य णो भवति । प्राणिति । पर्यणिति । अड्व्यवायेऽपि । पर्याणीत् । पुनर्णग्रहणमपवादविषयेऽपि णत्वार्थम् । हे प्राण् ! इति । क्वयन्तस्य किः । **"अन्तस्य"** [५।४।११५] इति प्रतिषेधः प्राप्तः । तिपा निर्देशो यङ्लुगन्तनिवृत्त्यर्थः ।

सचस्योभौ ॥५।४।१०५॥ सचस्यानितेरुभौ नकारौ विनम्येते । गेरिति वर्तते । प्राणिणिषति । पराणिणिषति ! पराणिणत् । अत्र द्वित्वे कृते चरूपेण व्यवधानाद्धोर्नकारस्य न प्राप्नोतीत्येवमर्थं सूत्रम् । उभौग्रहणं किमर्थम् ? यावता पूर्वनकारस्य पूर्वसूत्रेण णत्वं सिद्धम् । धोस्त्वारम्भसामर्थ्यान्नकारस्य व्यवधानेऽपि भविष्यति । नापि द्वितीयस्य णत्वमुच्यमानं पूर्वस्यापवादः । सचस्येति बसनिर्देशात् । अन्यथा चादिर्येवोच्येत । नियमार्थं तह्यु भौग्रहणम्–गेरनन्तरमुभयोरेव णत्वं न तृतीयस्य । प्राणिणिषयतेः लुङि कचि च कृते पुनः कचि द्वित्वे सति प्राणिणिनिषत् । ननु च **"पूर्वत्रासिद्धीयमद्वित्वे"** इति वचनात् कृतणत्वस्य द्वित्वे सति उभयोर्णत्वं लभ्यत इति नार्थोऽनेनेति उभौग्रहणार्थं तर्हि सूत्रं कर्तव्यम् । न च **"पूर्वत्रासिद्धीयमद्वित्वे"** इतीदं सर्वविषयम् अन्यथा औजिढदित्यत्र ढत्वधत्वष्टुत्वढखानामसिद्धत्वाभावात् इति इत्येतस्य द्वित्वं न स्यात् ।

हन्तेरघः ॥५।४।१०६॥ घवर्तिस्य हन्तेर्नकारस्य णो भवति । गेरिति वर्तते । प्रहण्यते । परिहणनम् । अन्तःशब्दस्य गिसञ्ज्ञोक्ता । अन्तर्हण्यते । अन्तर्हणनम् । उत्तरत्र वेति व्यवस्थितविभाषावलोकनात् देशविषये न भवति । अन्तर्हननो देशः । अघ इति किम् ? प्रघ्नन्ति । प्राघानि । **"घनान्तर्घण"** [२।३।६६] आदि सूत्रे अन्तर्घणादीनां निपातनाण्णत्वम् । अघ इति योगविभागात् । हन्तेरघपूर्वस्यैव णत्वम् । तेनेह न भवति । वृत्रघ्न इति । सञ्ज्ञायां **"पूर्वपदात्खावगः"** [५।४।८७] इति णत्वं प्राप्तम् । असञ्ज्ञात्वे **"एकाज् द्यौ णः"** [५।४।६६] इति ।

वा म्वोः ॥५।४।१०७॥ मकारवकारयोः परतः हन्तेर्नकारस्य वा णत्वं भवति । प्रहण्वः । प्रहन्वः । प्रहण्मः । प्रहन्मः । वाग्रहणं पूर्वविधीनां नित्यार्थम् ।

कृत्यचः ॥५।४।१०८॥ कृत्स्थो यो नकारः तस्याच उत्तरस्य णो भवति स चेन्नकारपरो भवति गिस्थान्निमित्तात् । कृतीति नकारस्य विशेषणं नाचः । कृत्सञ्ज्ञकाच्चाचः परस्य नकारस्य णत्वं भवतीत्यर्थः । प्रयाणम् । प्रवहणम् । प्रयायमाणम् । प्रयाणीयम् । अप्रयाणिर्हन्त ते वृषल । प्रयायिणः । प्रहीणः । प्रहीणवान् । अन्तःशब्दस्य गित्वे अन्तर्याणम् । अन्तरयणम् । वेति व्यवस्थितविभाषाभिसम्बन्धादिह न भवति । अन्तरयनो देश इति । इहापि भवति । निर्विण्णः प्राव्राजीदिति । अच इति किम् ! प्रभुग्नः ।

णेर्वा ॥५।४।१०६॥ ण्यन्ताद्यो विहितः कृत्तत्स्थस्याच उत्तरस्य नकारस्य वा णत्वं भवति । गेरिति वर्तते । प्रयापणम् । प्रयापनम् । ननु प्रयाप्यमाण इत्यत्र यका व्यवहितत्वात् कथं कृतो णत्वम् ? अड्व्यवाय इति वर्तते । ण्यन्ताद्विहितस्य कृतो व्यवायेऽपि णत्वं भविष्यति । पूर्वेण नित्ये प्राप्ते विकल्पोऽयम् ।

हलश्चेजुङः ॥५।४।११०॥ इजुङः सर्वस्य हलन्तत्वात् हल्ग्रहणमादिविशेषणम् । हजादेरिजुङो धोः परस्य कृति नकारस्य वा णत्वं भवति गेर्निमित्तात् । प्रकोपणम् । प्रकोपनम् । प्रमोहणम् । प्रमोहनम् । **"कृत्यचः** [५।४।१०८] इति नित्ये प्राप्ते विकल्पः ।

[संनुम इजादेः ॥५।४।१११॥ निंसनिक्षनिन्दो वा ॥५।४।११२॥ न भाभूपूकमिगमिप्याप्यायीवेपाम् ॥५।४।११३॥ षात् पदान्तात् ॥५।४।११४॥ अन्तस्य ॥५।४।११५॥ पदव्यवायेऽपि ॥५।४।११६॥]

क्षुभ्नादिषु ॥५।४।११७॥ क्षुभ्ना इत्येवमादिषु शब्देषु नकारस्य णकारादेशो न भवति। क्षुभ। क्षुभ्नाति। नृप। नृप्नोति। इदमेव ज्ञापकम्। नृपिः स्वादावप्यस्ति। एकदेशविकृतस्यानन्यत्वात् क्षुभ्नीतः। क्षुभ्नन्ति। नृप्नुतः। नृप्नुवन्ति। विकरणान्तनिर्देशः किम्? क्षोभणम्। तर्पणम्। नन्दिन्। नन्दन नगर इत्येतेषां "पूर्वपदात्खात्वगः" [५।४।८७] इति णत्वं प्राप्तम्। हरिनन्दी। हरिनन्दनः। गिरिनगरम्। नर्त्तन नदन गहन निवेश निवास अग्नि अनूप एतान्युत्तरपदानि सञ्ज्ञायामेव। परिनर्तनम्। परिनन्दनम्। भेरीनदनः। परिगहनम्। शरनिवेशः। शरनिवासः। शराग्निः। दर्भानूपम्। आचार्यभोगीनः। **"आचार्यादणत्वं च" [ग० सू०]।** आचार्यानी। **"चतुर्हायनी वयसि द्रष्टव्या" [वा०]। "ईरिकादीनि च वनोत्तरपदानि सञ्ज्ञायाम्" [वा०]।** ईरिका। तिमिर। समीर। कुबेर। हरि। कर्मार। इति ईरिकादिः। आचार्ययूना। क्षत्रिययूना। दीर्घाह्नी शरदिति। अविहितलक्षणो णत्वप्रतिषेधः क्षुभ्नादिषु द्रष्टव्यः।

न नृतेर्यङि ॥५।४।११८॥ नृतेर्यङि णत्वं न भवति। नरीनृत्यते। नरीनृत्येते। नरीनृत्यन्ते। त्यखे। त्याश्रयात्। नर्नर्ति। नरिनर्ति। नरीनर्ति।

स्तोः श्चुना श्चुः ॥५।४।११९॥ सकारतवर्गयोः शकारचवर्गाभ्यां योगे शकारचवर्गौ भवतः। अत्र स्थान्यादेशयोर्यथासंख्यम्, स्थानिनिमित्तयोस्तु नेष्यते। "शात" [५।४।१२३] इति तवर्गस्य चत्वं प्रतिषेधाज्जायते। सकारस्य शकारेण। जिनालयश्शोभते। तस्यैव चवर्गेण। धन्यश्चिनोति पुण्यम्। ओव्रश्चू। वृश्चति पापम्। मुनिश्छिन्दन्ति कर्मबन्धम्। तवर्गस्य शकारेण। अग्निचिच्छेते। छत्वमसिद्धमिति शे चुत्वम्। पूर्वेण शकारेण। "शात" [५।४।१२३] इति प्रतिषेधं वक्ष्यति। तवर्गस्य चवर्गेण। तत्त्वविच्चिनोति। तत्त्वविच्छादयति। तत्त्वविज्जयति। सरिज्झषः। भवाञ्जकारीयति। श्चाविति सिद्धे श्चुनेति निर्देशः शादिति प्रतिषेधश्च ज्ञापकः। परेण पूर्वेण च चुना योगे चुत्वमिति। तेन राज्ञः। याच्ञा। **"मस्जिनशोर्झलि" [५।१।३९]** इति निर्देशात् मज्जति। भृज्जतीत्यत्र चुत्वे कर्तव्ये जश्त्वं नासिद्धम्।

ष्टुना ष्टुः ॥५।४।१२०॥ सकारतवर्गयोः षकारटवर्गाभ्यां योगे षकारटवर्गौ भवतः। अत्रापि **"न तोः षि" [५।४।१२२]** इति प्रतिषेधात् स्थानिनिमित्तयोर्यथासङ्ख्याभावः। सकारस्य षकारेण। कष्षण्डे। तस्यैव टवर्गेण। अश्वष्टीकते। पुरुषष्टक्वयति। तवर्गस्य षकारेण परेण प्रतिषेधं वक्ष्यति। पूर्वेण पेष्टा। पेष्टुम्। तवर्गस्य टवर्गेण। बृहट्टङ्कः। अट्ट अट्टते। तकारोपदेशः क्विपि स्फान्तखे च कृते श्रवणार्थः। मरुड्ढक्वयति। अड्ड। अड्डति। श्वाविड्ढौकते। भवाण्णकारीयति।

पदस्य टोर्नाम्नवतिनगरी ॥५।४।१२१॥ पदस्य टोः परेषां नाम्नवति नगरी इत्येतेषां टुत्वं भवति। षण्णाम्। षण्णवतिः। षण्णगर्यः। नियमार्थमिदम्। पदान्तटोः परस्य नाम्नवतिनगरीत्यस्यैव नान्यस्येति। तत्त्वामृतलिट् तरति दुःखम्। पदान्तस्यैव नियमादिहाप्रतिषेधः। ईड स्तुतौ। ईट्टे। पदस्येति वर्तमाने पुनः पदस्येति ग्रहणमन्तार्थम्। ननु तथापि नाम्नवतिनगरीषु परतः पूर्वस्य पदान्तत्वसिद्धेः पदस्येति किमर्थम्? अतुल्यजातीयस्य सकारस्यापि परस्य ष्टुत्वनिवृत्तिर्यथा स्यात्। मधुलिट् सीदति।

न तोः षि ॥५।४।१२२॥ तवर्गस्य षकारे यदुक्तं तन्न भवति। टुत्वमुक्तम्। तीर्थकृत् षोडशः। भवान्षण्डः।

---

१. प्रतिषु [ ] कोष्ठकान्तर्गतानां सूत्राणां वृत्तिः खण्डिता। सूत्राणि तु जैनेन्द्रपञ्चाध्यायीमनुसृत्यात्र निर्दिष्टानि।

शात् ॥५।४।१२३॥ शकारात् परस्य तवर्गस्य यदुक्तं तन्न भवति। **किमुक्तम्?** चुत्वम्। प्रश्नः। विश्नः। पदान्तस्य शकारस्याभावात् अपदान्ते प्रतिषेधः।

खशः शो यो वा ॥५।४।१२४॥ खश इत्येतस्य शकारस्य यकारो भवति वा। आख्याता। आख्शाता। पर्याख्यानमिति यत्वस्यासिद्धत्वात् **"कृत्यचः"** [५।४।१०८] इति णत्वं नास्ति। वेति योगविभागः। तेन चुना योगे **"व उब्जेः"** इति लब्धम्। उब्जिता। उब्जितुम्। उब्जितव्यम्।

यरो ङो विभाषा ङे ॥५।४।१२५॥ पुनः पदस्येति सामर्थ्यात् पदान्त इति लभ्यते। यरः पदान्तस्य विभाषया ङादेशो भवति ङे परतः। सुवाङ्नयति। सुवाग् नयति। षण्मुखः। षड्मुखः। सन्नयनम्। सद्नयनम्। ककुम्मण्डलम्। ककुब्मण्डलम्। पदान्तस्येति किम्? सद्म। स्तभ्नाति। वेत्यनुवृत्तौ विभाषाग्रहणं व्यवस्थार्थम्। तेन त्ये नित्यं भवति। वाङ्मयम्। त्वङ्मयम्। षण्णाम्। वाचो विकारः। **"नित्यं दुशरादेः"** [३।३।१०६] इति मयड्। त्वचः आगतं **"हेतुमनुष्याद्वा रूप्यः"** [३।३।५५]। **"मयट्"** [३।३।५६] इति मयट्।

अचो रहाद् द्वे ॥५।४।१२६॥ अच उत्तरौ यौ रेफहकारौ ताभ्यामुत्तरस्य यरो विभाषया द्वे रूपे भवतः। अर्कः। अर्क्कः। तर्कः। तर्क्कः। ब्रह्मन्। ब्रह्म्मन्। सह्यम्। सह्य्यम्। अच इति किम्? ह्नुते। विभाषेत्यनुवृत्तेर्व्यवस्था। शरोऽचि द्वित्वन्न भवत्येव। आदर्शः। वर्षति। तर्सम्। **"रहौ निमित्तभूतौ द्वित्वस्य न च निमित्तिकार्यं निमित्तस्य"**। तेनेह न भवति। भद्रह्रदः।

अनचि ॥५।४।१२७॥ रहादिति निवृत्तम्। अच इति वर्तते यर इति च। अच उत्तरस्य यरो विभाषया द्वे भवतः अनचि। दद्ध्यत्र। दध्यत्र। मद्ध्वत्र। मध्वत्र। अत्र यकारवकारौ निमित्तम्। अनचीति यदि पर्युदासः हल्ग्रहणं कर्तव्यम्। एवं तर्हि प्रसज्यप्रतिषेधोऽयम्। अचि नेति। तेन हल्यवसाने च द्वित्वम्। वाक्क्। वाक्। त्वक्क्। त्वक्। अच इत्येव। स्नातम्। प्सातम्। व्यवस्थितविभाषाधिकारात् **"त्रिप्रभृतिषु न भवति"** [वा०]। इन्द्रः। राष्ट्रम्। **"यणः परस्य मयोऽचि विकल्पः"** [वा०]। उल्क्का। उल्का। वल्म्मीकः। वल्मीकः। **"शर उत्तरस्य खयः"** [वा०]। स्स्थाली। स्थाली। **"खय उत्तरस्य शरोऽपि"** [वा०]। अप्स्सरः। अप्सरः। **"पुत्रादिनी त्वमसि पापे इत्याक्रोशे नेष्यते"** [वा०]। **"द्विमात्रात्परस्यापि"** [या०]। पात्रम्। सूत्रम्।

झलां जश् झशि ॥५।४।१२८॥ झलां वर्णानां जशादेशो भवति झशि परतः। लब्धा। दोग्धा। अबुद्धाः। अपदान्तार्थ आरम्भः। झशीति किम्? दध्महे।

चे चर्त्वम् ॥५।४।१२९॥ चे वर्तमानानां झलां चर्त्वं भवति जश्त्वं च। चिखनिषति। चिच्छेद। डिढक्कायिषति। तिष्ठासति। पम्फुल्यते। जिघत्सति। बुभुत्सते। डुढौके। दधौ। प्रकृतिचरां प्रकृतिचरः प्रकृतिजशां प्रकृतिजशो भवन्ति। अभिन्नरूपा इत्यर्थः। चिचीषति। टिटीके। ततार। पपौ। जिजनिषते। बुबुधे। डिडेप। ददौ। सर्वत्र **"स्थानेऽन्तरतमः"** [१।१।४७] इति व्यवस्था।

खरि ॥५।४।१३०॥ झलां खरि परतः चर्भवति। भेत्ता। भेत्तुम्। बिभित्सति।

विरामे वा ॥५।४।१३१॥ विरामे वर्तमानानां झलां वा चर्त्वं भवति। वाक्। वाग्। मधुलिट्। मधुलिड्। तत्त्वभुत्। तत्त्वभुद्। ककुप्। ककुब्।

यय्यनुस्वारस्य परस्वम् ॥५।४।१३२॥ ययि परतः अनुस्वारस्य परस्वं भवति। शङ्कितः। अञ्चितः। हिण्डितः। शान्तः। कृषन्तीत्यत्र णत्वप्राप्तेरसिद्धत्वादनुस्वारः। परस्वत्वम्। तस्यासिद्धत्वात्पश्चादपि णत्वाभावः। ययीति किम्? रिरंसते।

वा पदान्तस्य ॥५।४।१३३॥ पदान्तस्यानुस्वारस्य वा परस्वत्वं भवति ययि परतः। शुद्धं करोति। शुद्धङ्करोति। ययीत्येव। त्वं शेषे।

तोर्लि ॥५।४।१३४॥ तवर्गस्य लकारे परतः परस्वत्वं भवति। तडिल्लोला। भवाँल्लोकेशः। नकारस्य नासिक्यो लकारः। वेति नाधिकृतम्।

स्थास्तम्भोः पूर्वस्योदः ॥५।४।१३५॥ स्था स्तम्भ इत्येतयोरुदः परयोः पूर्वस्य स्वं भवति। उत्थाता उत्थातुम्। उत्थातव्यम्। उत्तम्भिता। उत्तम्भितुम्। उत्तम्भितव्यम्। उद इति कानिर्देशात् परस्यादेः अघोषस्य सकारस्य तकारः। स्थास्तम्भोरिति किम्? उत्स्विन्नः। पूर्वस्येति किम्? परस्वनिवृत्त्यर्थम्। उद इति किम्? संस्थितिः! उद इति योगविभागः कल्पनीयः। तेन स्कन्देरपि रोगे पूर्वस्वम्। उत्कन्दको नाम रोगः।

झयो हः ॥५।४।१३६॥ झयः पदान्तादुत्तरस्य हकारस्य पूर्वस्वं भवति। सुवाग्घसति। मधुलिड्ढरति। धर्मविद्धितम्। ककुब्भसति। महाप्राणस्योष्मणः स्थाने तादृश एव पूर्वचतुर्थो भवति। "चतुष्टयं समन्तभद्रस्य" [५।४।१४०] इति वक्ष्यति तेन विकल्पः। सुवाग् हसति। मधुलिड् हरति। धर्मविद् हितम्। ककुब् हसति। झय इति किम्। प्राङ् हसति।

शश्छोऽटि ॥५।४।१३७॥ झयः पदान्तादुत्तरस्य शकारस्य अटि परतश्छकारो भवति। वाक्छोभते। धर्मविच्छेते। ककुप्छोभते। पक्षे न भवति। वाक् शोभते। धर्मवित् शेते। ककुप्शोभते। केचित् शश्छोऽमीति पठन्ति। तेन तच्छ्लोकः। तच्छ्वसनमिति।

हलो यमां यमि खम् ॥५।४।१३८॥ हल उत्तरेषां यमां यमि परतः खं भवति। शय्या इत्यत्र "समज" [२।३।८१] आदिसूत्रेण क्यपि अयङि च कृते द्वौ यकारौ। क्रमजस्तृतीयः। मध्यमस्यानेन खम्। पक्षे न भवति। शय्य्या। आदित्य्य इत्यत्र अपत्यार्थे द्वौ यकारौ। "सास्य देवता" [३।२।१६] इति तृतीयः। क्रमजश्चतुर्थः। मध्यमस्य मध्यमयोर्वा खम्। हल इति किम्? अन्नम्। यमामिति किम्? अर्घ्यं मधु। अर्घमर्हति। अर्घार्थे वा। "पाद्यार्घ्ये" [४।२।३२] इति निपातनन्। यमीति किम्? शार्ङ्गम्। यथासंख्यविज्ञानादिह न भवति। पित्र्यम्।

झरो झरि स्वे ॥५।५।१३९॥ हल उत्तरस्य झरो झरि स्वे परतः खं भवति। प्रत्तमवत्तमित्यत्र "गे स्तोऽचः" [५।२।१४६] इत्याकारस्य तकारे कृते त्रयस्तकाराः। क्रमजश्चतुर्थः। मध्यमस्य मध्यमयोर्वा खं विकल्पावलोकनात्। मरुत्त इत्यत्र मरुच्छब्दस्य गित्वोपसंख्यानंसामर्थ्यादनजन्तादपि तकारे कृते चत्वा रस्तकाराः। क्रमजः पञ्चमः। मध्यमस्य मध्यमयोर्मध्यमानां वा खम्। झर इति किम्? शार्ङ्गम्। झरीति किम्? प्राध्नोति। स्वे इति किम्? तर्प्ता। याथासंख्यात्सिद्धमिति चेत्। उज्झिता। शिण्ढि। पिण्ढि इत्यत्र चतुर्थेऽपि स्वे तृतीयस्य खं यथा स्यात्।

चतुष्टयं समन्तभद्रस्य ॥५।४।१४० झयो ह इत्यादि चतुष्टयं समन्तभद्राचार्यस्य मतेन भवति नान्येषां मते। तथा चैवोदाहृतम्।

इत्यभयनन्दिविरचितायां जैनेन्द्रव्याकरणमहावृत्तौ पञ्चमस्याध्यायस्य चतुर्थः पादः समाप्तः। समाप्तश्च पञ्चमोऽध्यायः।

अथ प्रशस्तिः

जिनमतं जयताज्जितदुर्मतं सकलसत्त्वहितं सुमतिप्रदम् ।
नयचयाङ्कितमिष्टविशिष्टवाग्भवभयातपवारणवारिदम् ॥१॥

पाणिनिना यदयुक्तं लपितं कृत्वाष्टकं मोहात् ।
तदिह निरस्तं निखिलं श्रीगुरुभिः पूज्यपादाख्यैः ॥२॥

जगन्नाथनाम्ना द्वितीयाभिधानात्सतां वादिराजार्यमोपाख्यसाधोः ।
जनन्याः सुतेनापि वीराभिधायाः दयादानपूजादिसंशुद्धमूर्तेः ॥३॥

जैनेन्द्रशब्दशास्त्रं स्वोपक्रमतो नरेन्द्रकीर्तिसुगुरोः ।
अन्ते लिखितं पठितं पाठितमपि भारतीभक्त्या ॥४॥

जीवोऽस्वप्नगुरुत्वमेवमुशनाः काव्याह्वयं भास्करो
मित्रत्वं च विचक्षणत्वमगमन्निन्दुः सुधाधामताम् ।
गीर्वाणत्वमनन्ततां सुरगणाः शेषो वृषा जिष्णुतां
जैनेद्रं समधीत्य शब्दविलयं श्रीपूज्यपादोदितम् ॥५॥

पूज्यपादापराख्याय नमः श्रीदेवनन्दिने ।
व्यधायि पञ्चकं येन सूत्रं जैनेन्द्रमूलकम् ॥६॥

महावृत्तिकृते तस्मै नमोऽस्त्वभयनन्दिने ।
यद्वाक्यादभया धीराः शब्दविद्यासु सन्ततम् ॥७॥

स्रष्टा दृष्ट्वा सुसृष्टिं स्तुतिमकृत मुखैश्चाथ जैनेन्द्रशाब्दीं
जिह्वाभूयस्त्वभावादुरगपतिरतोऽध्येति नात्येति पारम् ।
रीढां दुःखावलीढां निजमदवशगाः प्रापुरिन्द्रादयोऽपि
कृत्वेमां देवनन्दी विविधसुरगणैः पूज्यपादाह्वयोऽभूत् ॥८॥

प्रमाणमकलङ्कीयं पूज्यपादीयलक्षणम् ।
धानञ्जयं च सत्काव्यं रत्नत्रयमुदाहृतम् ॥९॥

इति प्रशस्तिः सम्पूर्णा शुभम्भवतु

जैनेन्द्रसूत्राणामकारादिक्रमः

अ

थ

द

प

ल

व

जैनेन्द्रवार्तिकानामकारादिक्रमः

श

ष

स

ह

जैनेन्द्र-गणपाठसूची

जैनेन्द्र-संज्ञासूची

अ

जैनेन्द्रसंज्ञा	पाणिनिसंज्ञा
अधिकरणः [१।२।११६]	अधिकरणम्
अनुदात्तः [१।१।११३]	अनुदात्तः
अन्यः [१।२।१५२]	प्रथमपुरुषः
अप् [१।२।१५८]	चतुर्थी
अपादानम् [१।२।११०]	अपादानम्
अस्मद् [१।२।१५२]	उत्तमपुरुषः

इ

इत् [१।२।३]	इत्
इप् [१।२।१५८]	द्वितीया
इल् [१।१।३४]	षट्

ई

ईप् [१।२।१५८]	सप्तमी

उ

उङ् [१।१।६६]	उपधा
उञ् [१।१।६२]	श्लुः
उदात्तः [१।१।११३]	उदात्तः
उप् [१।१।६२]	लुक्
उस् [१।१।६२]	लुप्

ए

एकः [१।१।१५५]	एकवचनम्
एप् [१।१।१६]	गुणः

ऐ

ऐप् [१।१।१५]	वृद्धिः

क

जैनेन्द्रसंज्ञा	पाणिनिसंज्ञा
करणम् [१।२।११४]	करणम्
कर्त्ता [१।२।१२४]	कर्त्ता
कर्म [१।२।१२०]	कर्म
का [१।२।१५८]	पञ्चमी
किः [१।४।५६]	सम्बुद्धिः

ख

खम् [१।१।६१]	लोपः
खुः [१।१।२६]	संज्ञा

ग

गि [१।२।१३०]	उपसर्गः
गुः [१।२।१०२]	अङ्गम्

घ

घि [१।२।९९]	लघु

ङ

ङः [१।१।४]	अनुनासिकः
ङिः [१।१।३०]	भावकर्म

च

चः [४।३।६]	अभ्यासः

ज

जिः [१।१।४५]	सम्प्रसारणम्

झ

झिः [१।१।७४]	अव्ययम्

ट

टिः [१।१।६५]	टिः

त

जैनेन्द्रसंज्ञा	पाणिनिसंज्ञा
तः [१।१।२८]	निष्ठा
ता [१।२।१५८]	षष्ठी
ति [१।२।१३१]	गतिः
त्यः [२।१।१]	प्रत्ययः

थ

थः [४।३।३]	अभ्यस्तम्

द

दः [१।२।१५१]	आत्मनेपदम्
दिः [१।१।२०]	प्रगृह्यम्
दीः [१।१।११]	दीर्घः
दुः [१।१।६८]	वृद्धम्
द्यु [१।३।१०५]	उत्तरपदम्
द्रिः [४।२।६]	तद्राजः
द्वन्द्वः [१।२।६२]	द्वन्द्वः
द्विः [१।२।१५५]	द्विवचनम्

ध

धम् [१।१।३१]	सर्वनामस्थानम्
धिः [१।२।२]	अकर्मकः
धुः [१।२।१]	धातुः

न

नप् [नपुंसकलिङ्गस्य संज्ञा प्राचाम्]	
निः [१।१।२२]	निपातः
न्यक् [१।३।६२]	उपसर्जनम्

प

पः [१।१।११]	प्लुतः
पदम् [१।२।१०३]	पदम्
प्रः [१।१।११]	ह्रस्वः

ब

बम्	[१।३।८६]	बहुव्रीहिः
बहुः	[१।२।१५५]	बहुवचनम्
ब्रोध्यम्	[१।४।५५]	सम्बोधनम्

भ

भः	[१।२।१०७]	भम्
भा	[१।२।१५८]	तृतीया
भु	[१।१।२७]	घु

म

मम्	[१।२।१५०]	परस्मैपदम्
मुः	[१।२।९२]	नदी
मृत्	[१।१।५]	प्रातिपदिकम्

य

यः	[१।३।४४]	कर्मधारयः
युष्मद्	[१।२।१५२]	मध्यमपुरुषः

र

रः	[१।३।४७]	द्विगुः
रुः	[१।२।१००]	गुरु

व

वा	[१।२।१५८]	प्रथमा
वाक्	[२।१।७९]	उपपदम्
विभक्ती	[१।२।१५७]	विभक्तिः

ष

षम्	[१।३।१६]	तत्पुरुषः

स

संख्या	[१।१।३३]	संख्या
सः	[१।३।२]	समासः
सत्	[२।२।१०५]	सत्
सम्प्रदानम्	[१।२।१११]	सम्प्रदानम्
सर्वनाम	[१।१।३५]	सर्वनाम
सुः	[१।२।९७]	घि
स्फः	[१।१।३]	संयोगः
स्वम्	[१।१।२]	सवर्णम्
स्वरितः	[१।१।१४]	स्वरितः

ह

हः	[१।३।४]	अव्ययीभावः
हृत्	[३।१।६१]	तद्धितम्

जैनेन्द्र और पाणिनि-व्याकरणकी तुलनात्मक सूत्र-सूची

जैनेन्द्र-सूत्र-संख्या	पाणिनि-सूत्र-संख्या	जैनेन्द्र-सूत्र-संख्या	पाणिनि-सूत्र-संख्या	जैनेन्द्र-सूत्र-संख्या	पाणिनि-सूत्र-संख्या
१।१।१	×	१।१।३३	१।१।२३	१।१।६५	१।१।६४
१।१।२	१।१।९	१।१।३४	१।१।२४	१।१।६६	२।१।६५
१।१।३	१।१।७	१।१।३५	१।१।२७	१।१।६७	{ १।१।५२
१।१।४	१।१।८	१।१।३६	१।१।२८		१।१।७२ }
१।१।५	१।२।४५	१।१।३७	१।१।२९	१।१।६८	१।१।७३
१।१।६	१।२।४६	१।१।३८	१।१।३०	१।१।६९	१।१।७४
१।१।७	१।२।४७	१।१।३९	१।१।३१	१।१।७०	१।१।७५
१।१।८	१।२।४८	१।१।४०	१।१।३२	१।१।७१	×
१।१।९	१।२।४९	१।१।४१	१।१।३३	१।१।७२	{ १।१।६९ १।१।७० }
१।१।१०	१।२।५०	१।१।४२	१।१।३४-३६	१।१।७३	१।१।७१
१।१।११	१।२।२७	१।१।४३	७।१।१६	१।१।७४	१।१।३७
१।१।१२	१।२।२८	१।१।४४	×	१।१।७५	१।२।१
१।१।१३	१।२।२९,३०	१।१।४५	१।१।४५	१।१।७६	१।२।२
१।१।१४	१।२।३१	१।१।४६	१।१।४९	१।१।७७	१।२।३
१।१।१५	१।१।१	१।१।४७	१।१।५०	१।१।७८	१।२।४
१।१।१६	१।१।२	१।१।४८	१।१।५१	१।१।७९	१।२।५
१।१।१७	१।१।३	१।१।४९	१।१।५२	१।१।८० }	१।२।७
१।१।१८	१।१।४	१।१।५०	१।१।५३	१।१।८१ }	
१।१।१९	१।१।५	१।१।५१	१।१।५४	१।१।८२	१।२।८
१।१।२०	१।१।११	१।१।५२	१।१।५५	१।१।८३	१।२।९
१।१।२१	१।१।१२	१।१।५३ }	१।१।४६	१।१।८४	१।२।१०
१।१।२२	१।१।१४	१।१।५४ }		१।१।८५	१।२।११
१।१।२३	१।१।१५	१।१।५५	१।१।४७	१।१।८६	१।२।१२
१।१।२४	१।१।१६	१।१।५६	१।१।५६	१।१।८७	१।२।१३
१।१।२५	१।१।१७	१।१।५७	१।१।५७	१।१।८८	१।२।१४
१।१।२६	१।१।१८	१।१।५८	१।१।५८	१।१।८९	१।२।१५
१।१।२७	१।१।२०	१।१।५९	१।१।५९	१।१।९०	१।२।१६
१।१।२८	१।१।२६	१।१।६०	१।१।६६,६७	१।१।९१	१।२।१७
१।१।२९	×	१।१।६१	१।१।६०	१।१।९२	१।२।१८,१९
१।१।३०	×	१।१।६२	१।१।६१	१।१।९३	१।२।२०
१।१।३१	१।१।४२	१।१।६३	१।१।६२	१।१।९४	१।२।२१
१।१।३२	१।१।४३	१।१।६४	१।१।६३	१।१।९५	१।२।२२, २३

१।१।९६	१।२।२४, २६
१।१।९७	१।२।२५
१।१।९८	१।२।५१
१।१।९९	१।२।६३
१।१।१००	×

अध्याय १ पाद २

१।२।१	१।३।१
१।२।२	×
१।२।३	१।३।२
१।२।४	१।३।१०
१।२।५	१।३।११
१।२।६	१।३।१२
१।२।७	१।३।१३
१।२।८	१।३।१४
१।२।९	१।३।१५
१।२।१०	१।३।१६
१।२।११	१।३।१७
१।२।१२	१।३।१८
१।२।१३	१।३।१९
१।२।१४	१।३।२०
१।२।१५	१।३।२१
१।२।१६, १।२।१७	१।३।२२
१।२।१८	१।३।२३
१।२।१९	१।३।२४
१।२।२०	१।३।२५
१।२।२१	१।३।२६
१।२।२२	१।३।२७
१।२।२३	१।३।२८
१।२।२४	१।३।२९
१।२।२५	१।३।३०
१।२।२६	१।३।३१
१।२।२७	१।३।३२
१।२।२८	१।३।३३
१।२।२९	१।३।३४
१।२।३०	१।३।३५
१।२।३१	१।३।३६
१।२।३२	१।३।३७

१।२।३३	×
१।२।३४	१।३।३८
१।२।३५	१।३।३९
१।२।३६	१।३।४०
१।२।३७	१।३।४१
१।२।३८	१।३।४२
१।२।३९	१।३।४३
१।२।४०	१।३।४४
१।२।४१	१।३।४५
१।२।४२	१।३।४६
१।२।४३	१।३।४७
१।२।४४	१।३।४८
१।२।४५	१।३।४९
१।२।४६	१।३।५०
१।२।४७	१।३।५१
१।२।४८	१।३।५२
१।२।४९	१।३।५३
१।२।५०	१।३।५४
१।२।५१	१।३।५६
१।२।५२	१।३।५७
१।२।५३, १।२।५४	१।३।५८
१।२।५५	१।३।५९
१।२।५६	१।३।६०
१।२।५७	१।३।६१
१।२।५८	१।३।६२
१।२।५९	१।३।६३
१।२।६०	१।३।६४
१।२।६१	×
१।२।६२	१।३।६५
१।२।६३	१।२।६६
१।२।६४	१।३।६८
१।२।६५	१।३।६९
१।२।६६	१।३।७०
१।२।६७	१।३।७१
१।२।६८	१।३।७२
१।२।६९	१।३।७३
१।२।७०	१।३।७५

१।२।७१	१।२।७६
१।२।७२	१।३।७४
१।२।७३	१।३।८१
१।२।७४	१।३।७७
१।२।७५	१।३।७८
१।२।७६	१।३।७९
१।२।७७	१।३।८०
१।२।७८	१।३।८१
१।२।७९	१।३।८२
१।२।८०	१।३।८३
१।२।८१	१।३।८४
१।२।८२	१।३।८५
१।२।८३	१।३।८६
१।२।८४	१।३।८७
१।२।८५	१।३।८८
१।२।८६	१।३।९०
१।२।८७	१।३।९१
१।२।८८	१।३।९२
१।२।८९	१।३।९३
१।२।९०	१।४।२
१।२।९१	×
१।२।९२	१।४।३
१।२।९३	१।४।४
१।२।९४, १।२।९५	१।४।५
१।२।९६	१।४।६
१।२।९७	१।४।७
१।२।९८	१।४।८
१।२।९९	१।४।१०
१।२।१००	१।४।११
१।२।१०१	१।४।१२
१।२।१०२	१।४।१३
१।२।१०३	१।४।१४
१।२।१०४	१।४।१५
१।२।१०५	१।४।१६
१।२।१०६	१।४।१७
१।२।१०७	१।४।१८
१।२।१०८	१।४।१९

१।२।१०९	१।४।२३
१।२।११०	१।४।२४
१।२।१११	१।२।३२
१।२।११२	१।४।३५
१।२।११३	१।४।४४
१।२।११४	१।४।४२
१।२।११५	१।४।४३
१।२।११६	१।४।४५
१।२।११७	१।४।४६
१।२।११८	१।४।४८
१।२।११९	१।४।४७
१।२।१२०	१।४।४९
१।२।१२१	१।४।५१
१।२।१२२ } १।२।१२३	१।४।५२
१।२।१२४	१।४।५३
१।२।१२५	१।४।५४
१।२।१२६	१।४।५५
१।२।१२७	१।४।५६
१।२।१२८	१।४।५७
१।२।१२९	१।४।५८
१।२।१३०	१।४।५९
१।२।१३१	१।४।६०
१।२।१३२	१।४।६१
१।२।१३३	१।४।६२
१।२।१३४	१।४।६३
१।२।१३५	१।४।६४, ६५
१।२।१३६	१।४।६६
१।२।१३७	१।४।६७, ६८
१।२।१३८	१।४।६९
१।२।१३९	१।४।७०
१।२।१४०	१।४।७१
१।२।१४१	१।४।७२
१।२।१४२	१।४।७३
१।२।१४३	१।४।७४
१।२।१४४	१।४।७५
१।२।१४५	१।४।७६
१।२।१४६	१।४।७७

१।२।१४७	१।४।७८
१।२।१४८	१।४।७९
१।२।१४९	१।४।८०
१।२।१५०	१।४।९९
१।२।१५१	१।४।१००
१।२।१५२	१।४।१०१
१।२।१५३	१।४।१०५, १०७, १०८
१।२।१५४	१।४।१०६
१।२।१५५	१।४।१०२
१।२।१५६	१।४।१०३
१।२।१५७	१।४।१०४
१।२।१५८	×

अध्याय १ पाद ३

१।३।१	२।१।१
१।३।२	२।१।३
१।३।३	२।१।४
१।३।४	२।१।५
१।३।५	२।१।६
१।३।६	२।१।७,८
१।३।७	२।१।९
१।३।८	२।१।१०
१।३।९	२।१।११
१।३।१०	२।१।१२
१।३।११	२।१।१४
१।३।१२	२।१।१५
१।३।१३	२।१।१६
१।३।१४	२।१।१७
१।३।१५	२।१।१८
१।३।१६	२।१।१९
१।३।१७	२।१।२०
१।३।१८	२।१।२१
१।३।१९	२।१।२२
१।३।२० } १।३।२१	२।१।२४
१।३।२२	२।१।२५
१।३।२३	२।१।२६
१।३।२४	२।१।२७
१।३।२५	२।१।२८
१।३।२६	२।१।२९
१।३।२७	२।१।३०
१।३।२८	२।१।३१
१।३।२९	२।१।३२
१।३।३०	२।१।३४, ३५
१।३।३१	२।१।३६
१।३।३२	२।१।३७
१।३।३३	२।१।३८
१।३।३४	२।१।३९
१।३।३५	२।१।४०
१।३।३६	२।१।४१
१।३।३७	२।१।४३
१।३।३८	२।१।४४
१।३।३९	२।१।४५
१।३।४०	२।१।४६
१।३।४१	२।१।४७
१।३।४२	२।१।४२
१।३।४३	२।१।४८
१।३।४४	२।१।४९
१।३।४५	२।१।५०
१।३।४६	२।१।५१
१।३।४७	२।१।५२
१।३।४८	२।१।५३
१।३।४९	२।१।५४
१।३।५०	२।१।५५
१।३।५१	२।१।५६
१।३।५२	२।१।५७
१।३।५३	२।१।५८
१।३।५४	२।१।५९
१।३।५५	२।१।६०
१।३।५६	२।१।६१
१।३।५७	२।१।६२
१।३।५८	२।१।६३
१।३।५९	२।१।६४
१।३।६०	२।१।६५
१।३।६१	२।१।७१
१।३।६२	२।१।६६

१।३।६३	२।१।६७
१।३।६४	२।१।६८
१।३।६५	२।१।७०
१।३।६६	२।१।७२
१।३।६७	२।२।५
१।३।६८	२।२।६
१।३।६९	२।२।७
१।३।७०	२।२।८
१।३।७१	×
१।३।७२	२।२।९
१।३।७३	×
१।३।७४	२।२।१०
१।३।७५	२।२।११
१।३।७६	२।२।१४
१।३।७७ १।३।७८ }	२।२।१५
१।३।७९	२।२।१६
१।३।८०	२।२।१७
१।३।८१	२।२।१८
१।३।८२	२।२।१९
१।३।८३	२।२।२०
१।३।८४	२।२।२१
१।३।८५	२।२।२२
१।३।८६	२।२।२४
१।३।८७	२।२।२५
१।३।८८	२।२।२६
१।३।८९	२।२।२७
१।३।९० १।३।९१ }	२।२।२८
१।३।९२	२।२।२९
१।३।९३	२।२।४३
१।३।९४	२।२।४४
१।३।९५	×
२।३।९६	२।२।३१
१।३।९७	२।२।३०
१।३।९८	२।२।३२
१।३।९९	२।२।३३
१।३।१००	२।२।३४
१।३।१०१	२।२।३५
१।३।१०२	२।२।३६
१।३।१०३	२।२।३७
१।३।१०४	२।२।३८
१।३।१०५	×

अध्याय १ पाद ४

१।४।१	२।३।१
१।४।२	२।३।२
१।४।३	२।३।४
१।४।४	२।३।५
१।४।५	२।३।६
१।४।६	२।३।७
१।४।७	१।४।९४
१।४।८	१।४।९५
१।४।९	१।४।९६
१।४।१०	१।४।९३
१।४।११	×
१।४।१२	×
१।४।१३	×
१।४।१४	×
१।४।१५	×
१।४।१६	×
१।४।१७ १।४।१८ }	२।३।९
१।४।१९ १।४।२० १।४।२१ }	२।३।१०
१।४।२२	२।३।११
१।४।२३	२।३।१३
१।४।२४	२।३।१४
१।४।२५	२।३।१५
१।४।२६	२।३।१६
१।४।२७	२।३।१७
१।४।२८	२।३।२२
१।४।२९	२।३।१८
१।४।३०	२।३।१९
१।४।३१	२।३।२०,२१
१।४।३२	२।३।२३
१।४।३३	२।३।२४
१।४।३४	२।३।२५
१।४।३५	२।३।२६
१।४।३६	२।३।२७
१।४।३७	२।३।२८
१।४।३८	२।३।२९
१।४।३९	२।३।३०
१।४।४०	२।३।३१
१।४।४१	२।३।३२
१।४।४२	२।३।३४
१।४।४३	२।३।३५
१।४।४४	२।३।३६
१।४।४५	२।३।३७
१।४।४६	२।३।३८
१।४।४७	२।३।३९
१।४।४८	२।३।४०
१।४।४९	२।३।४१
१।४।५०	२।३।४२
१।४।५१	२।३।४३
१।४।५२	२।३।४४
१।४।५३	२।३।४५
१।४।५४	२।३।४६
१।४।५५	२।३।४८
१।४।५६	२।३।४९
१।४।५७	२।३।५०
१।४।५८	२।३।५१
१।४।५९	२।३।५२
१।४।६०	२।३।५३
१।४।६१	२।३।५४
१।४।६२	२।३।५५
१।४।६३	२।३।५६
१।४।६४	२।३।५७
१।४।६५	२।३।५८
१।४।६६	२।३।५९
१।४।६७	२।३।६४
१।४।६८	२।३।६५
१।४।६९	२।३।६६
१।४।७० १।४।७१ }	२।३।६७,६८

१।४।७२	२।३।६९
१।४।७३, १।४।७४	२।३।७०
१।४।७५	२।३।७१
१।४।७६	२।३।७२
१।४।७७	२।३।७३
१।४।७८	२।४।२
१।४।७९	२।४।३
१।४।८०	२।४।४
१।४।८१	२।४।५
१।४।८२	२।४।६
१।४।८३	२।४।७
१।४।८४	२।४।८
१।४।८५	२।४।९
१।४।८६	२।४।१०
१।४।८७	२।४।११
१।४।८८	२।४।१२
१।४।८९	२।४।१३
१।४।९०	२।४।१४
१।४।९१	२।४।१५
१।४।९२	२।४।१६
१।४।९३	२।४।१७
१।४।९४	२।४।१८
१।४।९५	२।४।१९
१।४।९६	२।४।२०
१।४।९७	२।४।२१
१।४।९८	२।४।२२
१।४।९९	२।४।२३
१।४।१००	२।४।२४
१।४।१०१	२।४।२५
१।४।१०२	२।४।२६
१।४।१०३	२।४।२७
१।४।१०४, १।४।१०५	२।४।२९
१।४।१०६	×
१।४।१०७	२।४।३०
१।४।१०८	२।४।३१
१।४।१०९	२।४।३५

१।४।११०	२।४।३६
१।४।१११	२।४।३७, २।४।३८
१।४।११२	२।४।४०
१।४।११३	२।४।४१
१।४।११४	२।४।४२
१।४।११५	२।४।४३
१।४।११६	२।४।४४
१।४।११७	२।४।४५
१।४।११८	२।४।४६
१।४।११९	२।४।४७
१।४।१२०	२।४।४८
१।४।१२१	२।४।४९
१।४।१२२	२।४।५०
१।४।१२३	२।४।५१
१।४।१२४	२।४।५२, ५३
१।४।१२५	२।४।५४
१।४।१२६	×
१।४।१२७	२।४।५५
१।४।१२८	२।४।५६
१।४।१२९	२।४।५७
१।४।१३०	२।४।५८
१।४।१३१	२।४।५९
१।४।१३२	२।४।६०, ६१
१।४।१३३	२।४।६२
१।४।१३४	२।४।६३
१।४।१३५	२।४।६४
१।४।१३६	२।४।६५
१।४।१३७	२।४।६६
१।४।१३८	२।४।६७
१।४।१३९	२।४।६९
१।४।१४०	२।४।६८
१।४।१४१	२।४।७०
१।४।१४२	२।४।७१
१।४।१४३	२।४।७२
१।४।१४४	२।४।७४
१।४।१४५	२।४।७५
१।४।१४६	२।४।७७

१।४।१४७	२।४।७८
१।४।१४८	२।४।७९
१।४।१४९	२।४।८१
१।४।१५०, १।४।१५१	२।४।८२
१।४।१५२	२।४।८३
१।४।१५३	२।४।८४
१।४।१५४	२।४।८५

अध्याय २ पाद १

२।१।१	३।१।१
२।१।२	३।१।२
२।१।३	३।१।५
२।१।४	३।१।६
२।१।५	३।१।७
२।१।६	३।१।८
२।१।७	३।१।९
२।१।८	३।१।१०
२।१।९	३।१।११
२।१।१०	३।१।१२
२।१।११	३।१।१३
२।१।१२	३।१।१४
२।१।१३	३।१।१६
२।१।१४	३।१।१५, ३।१।१७
२।१।१५	३।१।१८
२।१।१६	३।१।१९
२।१।१७	३।१।२०
२।१।१८	३।१।२१
२।१।१९	३।१।२२
२।१।२०	३।१।२३
२।१।२१	३।१।२४
२।१।२२, २।१।२३	३।१।२५
२।१।२४	३।१।२६
२।१।२५	३।१।२७
२।१।२६	३।१।२८
२।१।२७	३।१।३१
२।१।२८	३।१।२९, ३।१।३०

२।१।२९	३।१।३२
२।१।३०	३।१।३३
२।१।३१	३।१।३५
२।१।३२	३।१।३६
२।१।३३	३।१।३७
२।१।३४	३।१।३८
२।१।३५	३।१।३९
२।१।३६	३।१।४०
२।१।३७	३।१।४१
२।१।३८	३।१।४३, ४४
२।१।३९	×
२।१।४०	३।१।४५
२।१।४१ } २।१।४२ }	३।१।४६
२।१।४३	३।१।४८
२।१।४४	३।१।४९
२।१।४५	३।१।५२
२।१।४६	३।१।५३
२।१।४७	३।१।५४
२।१।४८	{ ३।१।५५ { ३।१।५६
२।१।४९	३।१।५७
२।१।५०	३।१।५८
२।१।५१	३।१।६०
२।१।५२	३।१।६१
२।१।५३	३।१।६२
२।१।५४	३।१।६३
२।१।५५	३।१।६४
२।१।५६	३।१।६५
२।१।५७	×
२।१।५८	×
२।१।५९	×
२।१।६०	३।१।९०
२।१।६१	३।१।८८
२।१।६२	×
२।१।६३	३।१।६७
२।१।६४	३।१।६८
२।१।६५	३।१।६९
२।१।६६	३।१।७०

२।१।६७	३।१।७१
२।१।६८	३।१।७२
२।१।६९	३।१।७३
२।१।७०	३।१।७४
२।१।७१	३।१।७५
२।१।७२	३।१।७६
२।१।७३	३।१।७७, ७८
२।१।७४	३।१।७९
२।१।७५	३।१।८०
२।१।७६	३।१।८१
२।१।७७	३।१।८२
२।१।७८	३।१।८३
२।१।७९	३।१।९२
२।१।८०	३।१।९३
२।१।८१	३।१।९४
२।१।८२	३।१।९५
२।१।८३	३।१।९६
२।१।८४	{ ३।१।९७ { ३।१।१२६
२।१।८५	{ ३।१।९८ { ३।१।१२६
२।१।८६	३।१।९९
२।१।८७	३।१।१००
२।१।८८	३।१।१०१
२।१।८९	३।१।१०६
२।१।९०	३।१।१०७, १०८
२।१।९१	३।१।१०९.
२।१।९२	३.१।११०
२।१।९३	३।१।११२
२।१.९४	३।१।११४
२।१।९५	३।१।११५
२।१।९६	३।१।११६
२।१।९७	३।१।११७
२।१।९८	३।१।११९
२।१।९९	३।१।११३, १२०
२।१।१००	३।१।१२१

२।१।१०१	×
२।१।१०२	३।१।१२५
२।१।१०३	३।१।१२२
२।१।१०४	३।१।१२९
२।१।१०५	३।१।१३०, १३१, १३२
२।१।१०६	३।१।१३३
२।१।१०७	३।१।१३४
२।१।१०८	३।१।१३५
२।१।१०९	३।१।१३६
२।१।११०	३।१।१३७
२।१।१११	३।१।१३८
२।१।११२	३।१।१३९
२।१।११३	३।१।१४०
२।१।११४ } २।१।११५ }	३।१।१४१
२।१।११६	३।१।१४२
२।१।११७	३।१।१४३
२।१।११८	३।१।१४४
२।१।११९	३।१।१४५
२।१।१२०	३।१।१४६, १४७
२।१।१२१	३।१।१४८
२।१।१२२	३।१।१४९
२।१।१२३	३।१।१५०

अध्याय २ पाद २

२।२।१	३।२।१
२।२।२	३।२।२
२।२।३	३।२।३
२।२।४ } २।२।५ }	३।२।६
२।२।६	३।२।७
२।२।७ } २।२।८ }	३।२।४
२।२।९	×
२।२।१०	३।२।५
२।२।११	३।२।८
२।२।१२	३।२।८

[वा०]

२।२।१३	३।२।९
	[वा०]
२।२।१४	३।२।९
२।२।१५	३।२।१०
२।२।१६	३।२।११
२।२।१७	३।२।१२
२।२।१८	३।२।१३
२।२।१९	३।२।१४
२।२।२०	३।२।१५
२।२।२१	३।२।१६
२।२।२२	३।२।१७
२।२।२३	३।२।१८
२।२।२४	३।२।१९
२।२।२५	३।२।२०
२।२।२६	३।२।२१
२।२।२७	३।२।२२
२।२।२८	×
२।२।२९	३।२।२४
२।२।३०	३।२।२५
२।२।३१	३।२।२६
२।२।३२	३।२।२८
३।२।३३	३।२।२९, ३।२।३०
२।२।३४	३।२।३१
२।२।३५	३।२।३२
२।२।३६	३।२।३३, ३४
२।२।३७	३।२।३५
२।२।३८	३।२।३६, ३७
२।२।३९	३।२।३८
२।२।४०	३।२।४२
२।२।४१	३।२।४३
२।२।४२	३।२।४४
२।२।४३	३।२।४५
२।२।४४	३।२।४६
२।२।४५	३।२।४७
२।२।४६	३।२।४८
२।२।४७	३।२।४९
२।२।४८	३।२।५०

२।२।४९	३।२।५१
२।२।५०, २।२।५१	३।२।५२, ५३
२।२।५२	३।२।५४
२।२।५३	३।२।५५
२।२।५४, २।२।५५	३।२।५६, ३।२।५७
२।२।५६	३।२।५८
२।२।५७	३।२।५९
२।२।५८	३।२।६०
२।२।५९	३।२।६१
२।२।६०	३।२।६८
२।२।६१	३।२।६९
२।२।६२	३।२।७४
२।२।६३	३।२।७५
२।२।६४	३।२।७६
२।२।६५	३।२।६२
२।२।६६	३।२।७८
२।२।६७	३।२।७९
२।२।६८	३।२।८०
२।२।६९	३।२।८१
२।२।७०	३।२।८२
२।२।७१	३।२।८३
२।२।७२	३।२।८४
२।२।७३	३।२।८५
२।२।७४	३।२।८६
२।२।७५	३।२।८७
२।२।७६	३।२।८९
२।२।७७	३।२।९०
२।२।७८	३।२।९१
२।२।७९	३।२।९२
२।२।८०	३।२।९३
२।२।८१	३।२।९४
२।२।८२	३।२।९५
२।२।८३	३।२।९६
२।२।८४	३।२।९७
२।२।८५	३।२।१०२
२।२।८६	२।२।१०३

२।२।८७	३।२।१०४
२।२।८८, २।२।८९	३।२।१०७, १०८
२।२।९०	३।२।१०९
२।२।९१	३।२।११०
२।२।९२	३।२।१११
२।२।९३	३।२।११२, ११३
२।२।९४	३।२।११४
२।२।९५	३।२।११५
२।२।९६	३।२।११६
२।२।९७	३।२।११७
२।२।९८	३।२।१२२
२।२।९९, २।२।१००	३।२।११८
२।२।१०१	३।२।११९
२।२।१०२	३।२।१२४
२।२।१०३	३।२।१२५
२।२।१०४	३।२।१२६
२।२।१०५	३।२।१२७
२।२।१०६	३।२।१२८
२।२।१०७	३।२।१२९
३।२।१०८	३।२।१३०
२।२।१०९	३।२।१३१
२।२।११०	३।२।१३२
२।२।१११	३।२।१३३
२।२।११२	३।२।१३४
२।२।११३	३।२।१३५
२।२।११४	३।२।१३६
२।२।११५	३।२।१३८, १३९
२।२।११६	३।२।१४०
२।२।११७	३।२।१४१
२।२।११८, २।२।११९	३।२।१४२
२।२।१२०	३।२।१४३
२।२।१२१	३।२।१४४
२।२।१२२	३।२।१४२

२।२।१२३	३।२।१४२
२।२।१२४	३।२।१४२
२।२।१२५	३।२।१४२
२।१।१२६	३।२।१४५
२।२।१२७ २।२।१२८	३।२।१४६
२।२।१२९	३।२।१४७
२।२।१३०	३।२।१४८
२।२।१३१	३।२।१४९
२।२।१३२	३।२।१५०
२।२।१३३	३।२।१५१
२।२।१३४	३।२।१५०
२।२।१३५	३।२।१६६
२।२।१३६	३।२।१६५
२।२।१३७	३।२।१५४
२।२।१३८	३।२।१५५
२।२।१३९ २।२।१४०	३।२।१५६ ३।२।१५७
२।२।१४१	३।२।१५८
२।२।१४२	३।२।१५९
२।२।१४३	३।२।१६०
२।२।१४४	३।२।१६१
२।२।१४५	३।२।१६२
२।२।१४६	३।२।१६३
२।२।१४७	३।२।१६४
२।२।१४८	३।२।१६७
२।२।१४९	३।२।१६८
२।२।१५०	३।२।१६९
२।२।१५१	३।२।१७२
२।२।१५२	३।२।१७३
२।२।१५३	३।२।१७४
२।२।१५४	३।२।१७५
२।२।१५५	३।२।१७६
२।२।१५६ २।२।१५७	३।२।१७७, १७८
२।२।१५८	३।२।१७९
२।२।१५९	३।२।१८०
२।२।१६०	३।२।१८१

२।२।१६१	३।२।१८१,१८३
२।२।१६२	३।२।१८४
२।२।१६३	३।२।१८५
२।२।१६४	३।२।१८६
२।२।१६५	३।२।१८७
२।२।१६६	३।२।१८८
२।२।१६७	३।३।१

अध्याय २ पाद ३

२।३।१	३।३।३
२।३।२	३।३।४
२।३।३	३।३।५
२।३।४	३।३।६
२।३।५	३।३।७
२।३।६	३।३।८
२।३।७	३।३।९
२।३।८	३।३।१०
२।३।९	३।३।११
२।३।१०	३।३।१२
२।३।११ २।३।१२	३।३।१३
२।३।१३	३।३।१४
२।३।१४	३।३।१५
२।३।१५	३।३।१६
२।३।१६	३।३।१७
२।३।१७	३।३।१८
२।३।१८	३।३।१९
२।३।१९	३।३।२०
२।३।२०	३।३।२१
२।३।२१	३।३।२२
२।३।२२	३।३।२३
२।३।२३	३।३।३१
२।३।२४	३।३।२४
२।३।२५	३।३।२६
२।३।२६	३।३।२८
२।३।२७	३।३।२९
२।३।२८	३।३।३०
२।३।२९	३।३।२७
२।३।३०	३।३।३२
२।३।३१	३।३।३३
२।३।३२	३।३।३४
२।३।३३	३।३।२५
२।३।३४	३।३।३५
२।३।३५	३।३।३६
२।३।३६	३।३।३७,३८
२।३।३७	३।३।३९
२।३।३८	३।३।४०
२।३।३९	३।३।४१
२।३।४०	३।३।४२
२।३।४१	३।३।४५
२।३।४२	३।३।४६
२।३।४३	३।३।४७
२।३।४४	३।३।४८
२।३।४५	३।३।४९
२।२।४६	३।३।५०
२।३।४७	३।३।५१
२।३।४८	३।३।५२
२।३।४९	३।३।५३
२।३।५०	३।३।५४
२।३।५१	३।३।५५
२।३।५२	३।३।५६, ५७, ५८
२।३।५३	३।३।५९
२।३।५४	३।३।६०
२।२।५५	३।३।६६
२।३।५६	३।३।६९
२।३।५७	३।३।७०
२।३।५८	३।३।७१
२।३।५९	३।३।७२
२।३।६०	३।३।७३
२।३।६१	३।३।७४
२।३।६२	३।३।७५
२।३।६३	३।३।७६
२।३।६४	३।३।६१
२।३।६५	३।३।६२
२।३।६६	३।३।६३
२।३।६७	३।३।६४

२।३।६८	३।३।६५
२।३।६९	३।३।६८, ७७, ७८, ७९, ८०, ८१, ८२, ८३, ८४, ८५, ८६, ८७
२।३।७०	३।३।८८
२।३।७१	३।३।८९
२।३।७२	३।३।९०, ९१
२।३।७३	३।३।९२
२।३।७४	३।३।९३
२।३।७५	३।३।९४
२।३।७६ २।३।७७	} ३।३।४२
२।३।७८	३।३।९७
२।३।७९	३।३।९५
२।३।८०	३।३।९८
२।३।८१	३।३।९९
२।३।८२	३।३।१००
२।३।८३	३।३।१०१
२।३।८४	३।३।१०२
२।३।८५	३।३।१०३
२।३।८६	३।३।१०४
२।३।८७	३।३।१०५
२।३।८८	३।३।१०६
२।३।८९	३।३।१०७
२।३।९०	३।३।१०९
२।३।९१	३।३।११०
२।२।९२	३।३।१११
२।३।९३	३।३।११२
२।३।९४	३।३।११३
२।३।९५	३।३।११४
२।३।९६	×
२।३।९७	३।३।११५
२।३।९८	३।३।११६
२।३।९९	३।३।११७
२।३।१००	३।३।११८
२।३।१०१	३।३।१२०

२।३।१०२	३।३।१२१
२।३।१०३	३।३।१२२
२।३।१०४	३।३।१२६
२।३।१०५	३।३।१२७
२।३।१०६	३।३।१२८
२।३।१०७	३।३।१३१
२।३।१०८	३।३।१३२
२।३।१०९	३।३।१३३
२।३।११०	३।३।१३४
२।३।१११	३।३।१३५
२।३।११२	३।३।१३६
२।३।११३	३।३।१३७
२।३।११४	३।३।१३८
२।३।११५	३।३।१३९
२।३।११६	३।३।१४०
२।३।११७	३।३।१४१
२।३।११८	३।३।१४२
२।३।११९	३।३।१४३
२।३।१२०	३।३।१४४
२।३।१२१	३।३।१४५
२।३।१२२	३।३।१४६
२।३।१२३	३।३।१४७
२।३।१२४	३।२।१४८
३।३।१२५	३।३।१४९
२।३।१२६	३।६।१५०
२।३।१२७	३।३।१५१
२।३।१२८	३।३।१५२
२।३।१२९	३।३।१५३
२।३।१३०	३।३।१५४
२।३।१३१	३।३।१५५
२।३।१३२	३।३।१५६
२।३।१३३	३।३।१५७
२।३।१३४	३।३।१५८
२।३।१३५	३।३।१५९
२।३।१३६	३।३।१६०
२।३।१३७	३।३।१६१
२।३।१३८	३।३।१६२
२।३।१३९	३।३।१६३

२।३।१४०	३।३।१६४
२।३।१४१	३।३।१६५
२।३।१४२	३।३।१६६
२।३।१४३	३।३।१६७
२।३।१४४	३।३।१६८
२।३।१४५	३।३।१६९
२।३।१४६	३।६।१७०
२।३।१४७	३।३।१७१
२।३।१४८	३।३।१७२
२।३।१४९	३।३।१७३
२।३।१५०	३।३।१७४
२।३।१५१	३।३।१७५
२।३।१५२	३।३।१७६

अध्याय २ पाद ४

२।४।१	३।४।१
२।४।२	३।४।२
२।४।३	३।४।३
२।४।४	३।४।१८
२।४।५	३।४।१९
२।४।६	३।४।२०
२।४।७	३।४।२१
२।४।८	३।४।२२
२।४।९	३।४।२३
२।४।१०	३।४।२४
२।४।११	३।४।२५
२।४।१२	३।४।२६
२।४।१३	३।४।२७
२।४।१४	३।४।२८
२।४।१५	३।४।२९
२।४।१६	३।४।३०
२।४।१७	३।४।३१
२।४।१८	३।४।३२
२।४।१९	३।४।३३
२।४।२०	३।४।३५
२।४।२१	३।४।३६
२।४।२२	३।४।३४
२।४।२३	३।४।३६
२।४।२४	३।४।३७

२।४।२५	३।४।३९
२।४।२६	३।४।४०
२।४।२७	३।४।३८
२।४।२८	३।४।४१
२।४।२९	३।४।४२
२।४।३०	३।४।४३
२।४।३१	३।४।४४
२।४।३२	३।४।४५
२।४।३३	३।४।४६
२।४।३४	३।४।४८
२।४।३५	३।४।४९
२।४।३६	३।४।५०,५१
२।४।३७	३।४।५२
२।४।३८	३।४।५३
२।४।३९	३।४।५४
२।४।४०	३।४।५५
२।४।४१	३।४।५६
२।४।४२	३।४।५७
२।४।४३	३।४।५८
२।४।४४	३।४।५९
२।४।४५	३।४।६०
२।४।४६	३।४।६१
२।४।४७	३।४।६२
२।४।४८	३।४।६३
२।४।४९	३।४।६४
२।४।५०	३।४।६५
२।४।५१	३।४।६६
२।४।५२	३।४।६७
२।४।५३	३।४।६८
२।४।५४	३।४।६९
२।४।५५	३।४।७०
२।४।५६	३।४।७१
२।४।५७, २।४।५८	३।४।७२
२।४।५९	३।४।७६
२।४।६०	३।४।७३
२।४।६१	३।४।७४
२।४।६२	२।४।७५

२।३।६३	३।४।७७
२।४।६४	३।४।७८
२।४।६५	३।४।७९
२।४।६६	३।४।८०
२।४।६७	३।४।८१
२।४।६८	३।४।८२
२।४।६९	३।४।८३
२।४।७०, २।४।७१	३।४।८४
२।४।७२	३।४।८५
२।४।७३	३।४।८६
२।४।७४	३।४।८७
२।४।७५	३।४।८९
२।४।७६	३।४।९०
२।४।७७	३।४।९१
२।४।७८	३।४।९२
२।४।७९	३।४।९३
२।४।८०	३।४।९९
२।४।८१	३।४।१००
२।४।८२	३।४।१०१
२।४।८३	३।४।१०२
२।४।८४	३।४।१०३
२।४।८५	३।४।१०४
२।४।८६	३।४।१०५, १०६
२।४।८७	३।४।१०७
२।४।८८	३।४।१०८
२।४।८९	३।४।१०९
२।४।९०	३।४।११०
२।४।९१	३।४।१११
२।४।९२	३।४।११२
२।४।९३	३।४।११३
२।४।९४	३।४।११४
२।४।९५	३।४।११५
२।४।९६	३।४।११६

अध्याय ३ पाद १

३।१।१	४।१।१
३।१।२	४।१।२
३।१।३	४।१।३
३।१।४	४।१।४
३।१।५	४।१।७५
३।१।६	४।१।५,६
३।१।७	४।१।७
३।१।८	४।१।१०
३।१।९	४।१।११
३।१।१०	४।१।१२
३।१।११	४।१।१३
३।१।१२	४।१।२९
३।१।१३	४।१।२५
३।१।१४	४।१।२६,२७
३।१।१५	४।१।८
३।१।१६	४।१।९
३।१।१७	४।१।१४
३।१।१८	४।१।१५
३।१।१९	४।१।१६
३।१।२०	४।१।१७
३।१।२१	४।१।१८
३।१।२२	४।१।१९
३।१।२३	४।१।४१
३।१।२४	४।१।२०
३।१।२५	४।१।२१
३।१।२६, ३।१।२७	४।१।२२
३।१।२८	४।१।२३
३।१।२९	४।१।२४
३।१।३०	४।१।४४
३।१।३१	४।१।४५
३।१।३२	४।१।३२
३।१।३३	४।१।३३
३।१।३४	४।१।३५
३।१।३५	४।१।३४
३।१।३६	४।१।३९
३।१।३७	४।१।४२
३।१।३८	४।१।४८
३।१।३९	४।१।३६
३।१।४०	४।१।३७

३।१।४१	४।१।३८
३।१।४२	४।१।४६
३।१।४३	४।१।५०
३।१।४४	४।१।५१
३।१।४५	४।१।५२
३।१।४६	४।१।५३
३।१।४७	४।१।५४
३।१।४८	४।१।५५
३।१।४९	४।१।५६
३।१।५०	४।१।५७
३।१।५१	४।१।५८
३।१।५२	४।१।६२
३।१।५३	४।१।६३
३।१।५४-	४।१।६४
३।१।५५	४।१।६५
३।१।५६	४।१।६६
३।१।५७	४।१।६८
३।१।५८	४।१।६९
३।१।५९	४।१।७०
३।१।६०	४।१।६७,७१
३।१।६१	४।१।७६
३।१।६२	४।१।७७
३।१।६३	४।१।७८
३।१।६४	४।१।७९
३।१।६५	४।१।८०
३।१।६६	४।१।८१
३।१।६७	४।१।८२
३।१।६८	४।१।८३
३।१।६९	४।१।८४
३।१।७०	४।१।८५
३।१।७१	४।१।८६
३।१।७२	४।१।८७
३।१।७३	४।१।८९
३।१।७४	४।१।८८
३।१।७५	४।१।९०
३।१।७६	४।१।९१
३।१।७७	४।१।९२
३।१।७८	४।१।१६२
३।१।७९	४।१।९३
३।१।८०	४।१।९४
३।१।८१	४।१।१६३
३।१।८२	४।१।१६४
३।१।८३	४।१।१६५
३।१।८४	४।१।१६६, १६७
३।१।८५	४।१।९५,९६
३।१।८६	४।१।९७
३।१।८७	४।१।९८
३।१।८८	४।१।९९
३।१।८९	४।१।१००
३।१।९०	४।१।१०१
३।१।९१	४।१।१०२
३।१।९२	४।१।१०३
३।१।९३	४।१।१०४
३।१।९४	४।१।१०५
३।१।९५	४।१।१०६
३।१।९६	४।१।१०७
३।१।९७	४।१।१०८
३।१।९८	४।१।१०९
३।१।९९	४।१।११०
३।१।१००	४।१।१११
३।१।१०१	४।१।११२
३।१।१०२	४।१।११३
३।१।१०३	४।१।११४
३।१।१०४	४।१।११५
३।१।१०५	४।१।११६
३।१।१०६	४।१।११७
३।१।१०७	४।१।११८
३।१।१०८	४।१।११९
३।१।१०९	४।१।१२०
३।१।११०	४।१।१२१
३।१।१११	४।१।१२२
३।१।११२	४।१।१२३
३।१।११३	४।१।१२४
३।१।११४	४।१।१२५
३।१।११५	४।१।१२६
३।१।११६	४।१।१२७
३।१।११७	४।१।१२८
३।१।११८	४।१।१३०
३।१।११९	४।१।१२९
३।१।१२०	४।१।१३१
३।१।१२१	४।१।१३२, १३४
३।१।१२२	४।१।१३३
३।१।१२३	४।१।१३५
३।१।१२४	४।१।१३६
३।१।१२५	४।१।१३८
३।१।१२६	४।१।१३७
३।१।१२७	४।१।१४०
३।१।१२८ ३।१।१२९	४।१।१३९
३।१।१३०	४।१।१४१
३।१।१३१	४।१।१४२
३।१।१३२	४।१।१४३
३।१।१३३	४।१।१४४
३।१।१३४	४।१।१४६
३।१।१३५	४।१।१४७
३।१।१३६	४।१।१४८
३।१।१३७	४।१।१४९
३।१।१३८	४।१।१५०
३।१।१३९	४।१।१५१
३।१।१४०	४।१।१५२, १५३
३।१।१४१	४।१।१५४
३।१।१४२	४।१।१५५
३।१।१४३	४।१।१५६
३।१।१४४	४।१।१५७
३।१।१४५	४।१।१५८
३।१।१४६	४।१।१५९
३।१।१४७	४।१।१६०
३।१।१४८	४।१।१६१
३।१।१४९	४।१।१७४
३।१।१५०	४।१।१६८
३।१।१५१	४।१।१६९

३।१।१५२	४।१।१७०	३।२।२९	४।२।३४	३।२।६७	४।२।८७
३।१।१५३	४।१।१७१,	३।२।३०	४।२।३५	३।२।६८	४।२।८९
	१७२	३।२।३१	४।२।३६	३।२।६९	४।२।८८
३।१।१५४	४।१।१७३	३।२।३२	४।२।३७	३।२।७०	४।२।९०
३।१।१५५	×	३।२।३३	४।२।३८	३।२।७१	४।२।९१
३।१।१५६	४।१।१७५	३।२।३४	४।२।३९	३।२।७२	४।२।९२
३।१।१५७	४।१।१७६	३।२।३५	४।२।४०	३।२।७३	४।२।९३
३।१।१५८	४।१।१७७,	३।२।३६	४।२।४१	३।२।७४	४।२।९४
	१७८	३।२।३७	४।२।४३	३।२।७५	४।२।९५
अध्याय ३ पाद २-		३।२।३८	४।२।४६	३।२।७६	४।२।९७
३।२।१	४।२।१	३।२।३९	४।२।४७	३।२।७७	४।२।९८
३।२।२	×	३।२।४०	४।२।४८	३।२।७८	४।२।९९
३।२।३	४।२।२	३।२।४१	४।२।४९	३।२।७९	४।२।१००
३।२।४	४।२।३	३।२।४२	४।२।४२	३।२।८०	४।२।१०१
३।२।५	४।२।४	३।२।४३	४।२।५०	३।२।८१	४।२।१०४
३।२।६	४।२।५	३।२।४४	४।२।५१	३।२।८२	४।२।१०५
३।२।७	४।२।६	३।२।४५	४।२।५२	३।२।८३	४।२।१०६
३।२।८	४।२।१०	३।२।४६	४।२।५३	३।२।८४	४।२।१०७
३।२।९	४।२।१४	३।२।४७	४।२।५४	३।२।८५	४।२।१०८
३।२।१०	४।२।१५	३।२।४८	४।२।५६	३।२।८६	४।२।११०
३।२।११	४।२।१६	३।२।४९	४।२।५७	३।२।८७	×
३।२।१२	४।२।१७	३।२।५०	४।२।५८	३।२।८८	४।२।११२
३।२।१३	४।२।१८	३।२।५१	४।२।५९	३।२।८९	४।२।११३
३।२।१४	४।२।१९	३।२।५२	४।२।६०	३।२।९०	४।२।११४
३।२।१५	४।२।२०	३।२।५३	४।२।६१	३।२।९१	४।२।११५
३।२।१६	४।२।२१	३।२।५४	४।२।६४	३।२।९२	४।२।११६
३।२।१७	४।२।२२	३।२।५५	४।२।६५	३।२।९३	४।२।११७
३।२।१८	४।२।२३	३।२।५६	४।२।६६	३।२।९४	४।२।११८
३।२।१९	४।२।२४	३।२।५७	४।२।६७	३।२।९५	४।२।११९
३।२।२०	४।२।२५	३।२।५८	४।२।६८	३।२।९६	४।२।१२०
३।२।२१	४।२।२६	३।२।५९	४।२।६९,७०	३।२।९७	४।२।१०३
३।२।२२	४।२।२७	३।२।६०	४।२।८०	३।२।९८	४।२।१०४
३।२।२३	४।२।२८	३।२।६१	४।२।८१	३।२।९९	४।२।१२१
३।२।२४	४।२।२९	३।२।६२	४।२।८२	३।२।१००	४।२।१२२
३।२।२५	४।२।३०	३।२।६३	४।२।८३	३।२।१०१	४।२।१२३
३।२।२६	४।२।३१	३।२।६४	४।२।७४	३।२।१०२	४।२।१२४
३।२।२७	४।२।३२	३।२।६५	४।२।८५	३।२।१०३	४।२।१२५
३।२।२८	४।२।३३	३।२।६६	४।२।८६	३।२।१०४	४।२।१२६

३।२।१०५	४।२।१२७
३।२।१०६	४।२।१२८
३।२।१०७	४।२।१२९
३।२।१०८	४।२।१३०
३।२।१०९	४।२।१३१
३।२।११०	४।२।१३२
३।२।१११	४।२।१३३
३।२।११२	४।२।१३४
३।२।११३	४।२।१३५, १३६
३।२।११४	४।२।१३७, १३८
३।२।११५	४।२।१३९
३।२।११६	४।२।१४०
३।२।११७	४।२।१४१
३।२।११८	४।२।१४२
३।२।११९	४।२।१४३
३।२।१२०	४।२।१४४
३।२।१२१	४।३।१
३।२।१२२	४।३।२
३।२।१२३	४।३।३
३।२।१२४	४।३।४
३।२।१२५	४।३।५
३।२।१२६	४।३।६
३।२।१२७	४।३।७
३।२।१२८	४।३।८
३।२।१२९	४।३।९
३।२।१३०	४।३।१०
३।२।१३१	४।३।११
३।२।१३२	४।३।१२
३।२।१३३	४।३।१३
३।२।१३४	४।३।१४
३।२।१३५	४।३।१५
३।२।१३६	४।३।१७
३।२।१३७	४।३।१६
३।२।१३८	४।३।२१
३।२।१३९	४।२।२३
३।२।१४०	४।२।२४

अध्याय ३ पाद ३

३।३।१	४।३।२५
३।३।२	४।३।२६
३।३।३	४।३।२७
३।३।४, ३।३।५	४।३।२८
३।३।६	४।३।२९
३।३।७	४।३।३०
३।३।८, ३।३।९	४।३।३४
३।३।१०, ३।३।११	४।३।३५
३।३।१२	४।३।३६
३।३।१३	४।३।३७
३।३।१४, ३।३।१५	४।३।३८
३।३।१६	४।३।३९
३।३।१७	×
३।३।१८	४।३।४३
३।३।१९	४।३।४४
३।३।२०	४।३।४५
३।३।२१	४।३।४६
३।३।२२	४।३।४७
३।३।२३	४।३।४८
३।३।२४	४।३।४९
३।३।२५	४।३।५०
३।३।२६	४।३।५१
३।३।२७	४।३।५२
३।३।२८	४।३।५३
३।३।२९	४।३।५४
३।३।३०	४।३।५५
३।३।३१	४।३।५६
३।३।३२	४।३।५७
३।३।३३	४।३।५८
३।३।३४	४।३।५९
३।३।३५	४।३।६०
३।३।३६	×
३।३।३७	४।३।६१
३।३।३८	४।३।६२

३।३।३९	४।३।६३
३।३।४०	४।३।६४
३।३।४१	४।३।६५
३।३।४२	४।३।६६
३।३।४३	४।३।६७
३।३।४४	४।३।७२
३।३।४५	४।३।७०
३।३।४६	४।३।७१
३।३।४७	४।३।७३
३।३।४८	४।३।७४
३।३।४९	४।३।७५
३।३।५०	४।३।७६
३।३।५१	४।३।७७
३।३।५२	४।३।७८
३।३।५३	४।३।७९
३।३।५४	४।३।८०
३।३।५५	४।३।८१
३।३।५६	४।३।८२
३।३।५७	४।३।८३
३।३।५८	४।३।८४
३।३।५९	४।३।८५
३।३।६०	४।३।८६
३।३।६१	४।३।८७
३।३।६२	४।३।८८
३।३।६३	४।३।८९
३।३।६४	४।३।९०
३।३।६५	४।३।९१
३।३।६६	४।३।९२
३।३।६७	४।३।९३
३।३।६८, ३।३।६९	४।३।९४
३।३।७०	४।३।९५
३।३।७१	४।३।९६
३।३।७२	४।३।९७
३।३।७३	४।३।९८
३।३।७४	४।३।९९
३।३।७५	४।३।१००
३।३।७६	४।३।१०१

३।३।७७	४।३।१०६	३।३।११४	४।३।१५६	३।३।१५२	४।४।२९
३।३।७८	४।३।१०२	३।३।११५	४।३।१५९	३।३।१५३	४।४।३०
३।३।७९	४।३।१०८	३।३।११६	४।३।१५७	३।३।१५४	४।४।३१
३।३।८०	४।३।१०९	३।३।११७	४।३।१५८	३।३।१५५	४।४।३२, ३३
३।३।८१	४।३।११२	३।३।११८	४।३।१६०	३।३।१५६	४।४।३४
३।३।८२	४।३।११३	३।३।११९	४।३।१६१	३।३।१५७	४।४।३५
३।३।८३	४।३।११४	३।३।१२०	४।३।१६२	३।३।१५८	४।४।३६
३।३।८४	४।३।११५	३।३।१२१	४।३।१६३	३।३।१५९	४।४।३७, ३८
३।३।८५	४।३।११६	३।३।१२२	४।३।१६४	३।३।१६०	४।४।३९
३।३।८६	४।३।११७	३।३।१२३	४।३।१६५	३।३।१६१	४।४।४०
३।३।८७	४।३।११८	३।३।१२४	४।३।१६७	३।३।१६२	४।४।४१
३।३।८८	४।३।१२०	३।३।१२५	४।३।१६८	३।३।१६३	४।४।४२
३।३।८९	४।३।१२१	३।३।१२६	४।४।१	३।३।१६४	४।४।४३
३।३।९०	४।३।१२२	३।३।१२७	४।४।२	३।३।१६५	४।४।४४
३।३।९१	४।३।१२३	३।३।१२८	४।४।३	३।३।१६६	४।४।४५
३।३।९२	४।३।१२४	३।३।१२९	४।४।४	३।३।१६७	४।४।४६
३।३।९३	४।३।१२५	३।३।१३०	४।४।५	३।३।१६८	४।४।४७
३।३।९४	४।३।१२६	३।३।१३१	४।४।७	३।३।१६९	४।४।४८,४९
३।३।९५	४।३।१२७	३।३।१३२	४।४।८	३।३।१७०	४।४।५०
३।३।९६	४।३।१२८	३।३।१३३	४।४।१०	३।३।१७१	४।४।५१
३।३।९७	४।३।१२९	३।३।१३४	४।४।११	३।३।१७२	४।४।५३
३।३।९८	४।३।१३०	३।३।१३५	४।४।१२	३।३।१७३	४।४।५४
३।३।९९	४।३।१३१	३।३।१३६	४।४।१३	३।३।१७४	४।४।५५
३।३।१००	४।३।१३२	३।३।१३७	४।४।१४	३।३।१७५	४।४।५६
३।३।१०१	४।३।१३३	३।३।१३८	४।४।१५	३।३।१७६	४।४।५७
३।३।१०२	४।३।१३४	३।३।१३९	४।४।१६	३।३।१७७	४।४।५९
३।३।१०३	४।३।१३५	३।३।१४०	४।४।१७	३।३।१७८	४।४।६०
३।३।१०४	४।३।१५३	३।३।१४१	४।४।१८	३।३।१७९	४।४।६१
३।३।१०५	४।३।१५४	३।३।१४२	४।४।१९	३।३।१८०	४।४।६२
३।३।१०६	४।३।१३८	३।३।१४३	४।४।२० वा०	३।३।१८१	४।४।६३
३।३।१०७	४।३।१४२	३।३।१४४	४।४।२०	३।३।१८२	४।४।६४
३।३।१०८	४।३।१४३	३।३।१४५	४।४।२०	३।३।१८३	४।४।६५
३।३।१०९	४।३।१४४	३।३।१४६	४।४।२१	३।३।१८४	४।४।६६
३।३।११०	४।३।१४६	३।३।१४७	४।४।२२	३।३।१८५	४।४।६८
३।३।१११	४।३।१४७	३।३।१४८	४।४।२५	३।३।१८६	४।४।६९
३।३।११२	४।३।१४८	३।३।१४९	४।४।२६	३।३।१८७	४।४।७०
३।३।११३	४।३।१४५, १४८	३।३।१५०	४।४।२७	३।३।१८८	४।४।७१
		३।३।१५१	४।४।२८	३।३।१८९	४।४।७२

३।३।१९०	४।४।७३,७४
३।३।१९१	४।४।७६
३।३।१९२	४।२।७७
३।३।१९३	४।४।७८,७९
३।३।१९४	४।४।८३
३।३।१९५	४।४।८२,८४
	८५,८६,८७
	८८, ८९, ९०
३।३।१९६ } ३।३।१९७	४।४।९१
३।३।१९८	४।४।९२
३।३।१९९	४।४।९३
३।३।२००	४।४।९४
३।३।२०१	४।४।९७
३।३।२०२	४।४।९८
३।३।२०३	४।४।९९
३।३।२०४	४।४।१००
३।३।२०५	४।४।१०१
३।३।२०६	४।४।१०२
३।३।२०७	४।४।१०४
३।३।२०८	४।४।१०५

अध्याय ३ पाद ४

३।४।१	५।१।१
३।४।२	५।१।२
३।४।३	५।१।४
३।४।४	५।१।५
३।४।५	५।१।६,७
३।४।६	५।१।८
३।४।७	५।१।९
३।४।८ } ३।४।९	५।१।१०
३।४।१०	५।२।११
३।४।११	५।१।१२
३।४।१२	५।१।१३
३।४।१३	५।१।१४
३।४।१४	५।१।१५
३।४।१५	५।१।१६
३।४।१६	५।१।१७

३।४।१७	५।१।१८
३।४।१८	५।१।२१
३।४।१९	५।१।२२
३।४।२०	५।१।२३
३।४।२१	५।१।२४
३।४।२२	५।१।२५
३।४।२३	×
३।४।२४	५।१।२७
३।४।२५	५।१।२६
३।४।२६	५।१।२८
३।४।२७	५।१।२९,
३।४।२८	५।१।३०,३१
३।४।२९	५।१।३२
३।४।३०	५।१।३३
३।४।३१ } ३।४।३२	५।१।३४
३।४।३३	५।१।३५
३।४।३४	५।१।३६
३।४।३५	५।१।३७
३।४।३६	५।१।४५
३।४।३७	५।१।३८
३।४।३८ } ३।४।३९	५।१।३९
३।४।४०	५।१।४०
३।४।४१	५।१।४१
३।४।४२	५।१।४२
३।४।४३	५।१।४३
३।४।४४ } ३।४।४५	५।१।४४
३।४।४६	५।१।४७
३।४।४७	५।१।४८
३।४।४८	५।१।४९
३।४।४९	५।१।५०
३।४।५०	५।१।५१
३।४।५१	५।१।५२
३।४।५२	५।१।५३
३।४।५३	५।१।५४
३।४।५४	५।१।५५

३।४।५५	५।१।५६
३।४।५६	५।१।५७,५८
३।४।५७	×
३।४।५८	५।१।५९
३।४।५९	५।१।६०
३।४।६०	५।१।६१
३।४।६१	×
३।४।६२	५।१।६४
३।४।६३	५।१।६५
३।३।६४	५।१।६६
३।४।६५	५।१।६८
३।४।६६	५।१।६९,७०
३।४।६७	५।१।७१
३।४।६८	५।१।७२
३।४।६९	५।१।७३
३।४।७०	५।१।७४
३।४।७१	५।१।७५
३।४।७२	५।१।७६
३।४।७३	५।१।७७
३।४।७४	५।१।७८
३।४।७५	५।१।७९
३।४।७६	५।१।८०
३।४।७७	५।१।८१
३।४।७८ } ३।४।७९	५।१।८२
३।४।८०	५।१।८३
३।४।८१	५।१।८४
३।४।८२	५।१।८५
३।४।८३	५।१।८६
३।४।८४	५।१।८७
३।४।८५	५।१।८८
३।४।८६	५।१।८९
३।४।८७	५।१।९४
३।४।८८	५।१।९५
३।४।८९	५।१।९६
३।४।९०	५।१।९७
३।४।९१	५।१।९८
३।४।९२	५।१।९३

३।४।९३	५।१।९९
३।४।९४	५।१।१००
३।४।९५	५।१।१०१
३।४।९६	५।१।१०२
३।४।९७	५।१।१०३
३।४।९८	५।१।१०४
३।४।९९	५।१।१०५
३।४।१००	५।१।१०७
३।४।१०१	५।१।१०८
३।४।१०२	५।१।१०९
६।४।१०३	५।१।११०
३।४।१०४	५।१।१११
३।४।१०५	५।१।११२
३।४।१०६	५।१।११७
३।४।१०७	५।१।११५
३।४।१०८ } ३।४।१०९ }	५।१।११६
३।४।११०	५।१।११९
३।४।१११	५।१।१२०
३।४।११२	५।१।१२२
३।४।११३	५।१।१२३
३।४।११४	५।१।१२४
३।४।११५	५।१।१२१
३।४।११६	५।१।१२५, १२६
३।४।११७	५।१।१२७
३।४।११८	५।१।१२८
३।४।११९	५।१।१२९
३।४।१२०	५।१।१३०
३।४।१२१	५।१।१३१
३।४।१२२	५।१।१३२
३।४।१२३	५।१।१३३
३।४।१२४	५।१।१३४
३।४।१२५	५।१।१३५
३।४।१२६	५।१।१३६
३।४।१२७	५।२।१
३।४।१२८	५।२।२
३।४।१२९	५।२।३

३।४।१३०	५।२।५
३।४।१३१	५।२।६
३।४।१३२	५।२।७
३।४।१३३	५।२।८
३।४।१३४	५।२।९, १३, १४
३।४।१३५	५।२।१०
३।४।१३६	५।२।११
३।४।१३७	५।२।१२
३।४।१३८	५।२।१५
३।४।१३९	५।२।१६
३।४।१४०	५।२।१७
३।४।१४१	५।२।१८, १९, २०, २१, २२, २३
३।४।१४२	५।३।५३
३।४।१४३	५।३।५४
३।४।१४४	५।२।२४
३।४।१४५	५।२।२५
३।४।१४६	५।२।२६
३।४।१४७	५।२।२७
३।४।१४८	५।२।२८
३।४।१४९	५।२।२९
३।४।१५०	५।२।३०
३।४।१५१	५।२।३१
३।४।१५२	५।२।३२
३।४।१५३ } ३।४।१५४ }	५।२।३३
३।४।१५५	५।२।३४
३।४।१५६	५।२।३५
३।४।१५७	५।२।३६
३।४।१५८	५।२।३७
३।४।१५९	५।२।३८
३।४।१६०	५।२।३९
३।४।१६१ } ३।४।१६२ }	५।२।४०
३।४।१६३	५।२।४१
३।४।१६४	५।२।४२
३।४।१६५	५।२।४४
३।४।१६६	५।२।४३

३।४।१६७	५।२।४५
३।४।१६८	५।२।४६
३।४।१६९	५।२।४७
अध्याय ४ पाद १	
४।१।१	५।२।४८
४।१।२	५।२।४९
४।१।३	५।२।५१
४।१।४	५।२।५२
४।१।५	५।२।५३
४।१।६	५।२।५४
४।१।७	५।२।५५
४।१।८	५।२।५७
४।१।९	५।२।५८
४।१।१०	५।२।५९
४।१।११	५।२।७७
४।१।१२	५।२।७८
४।१।१३	×
४।१।१४	५।२।८२
४।१।१५	५।२।८३
४।१।१६	५।२।८१
४।१।१७	४।२।६७, ६८, ६९, ७०, ७१, ७२, ७३, ७४, ७५, ७६, ७९, ८०, ८४, ९०, ९१, ९२, ९३
४।१।१८	५।२।८५
४।१।१९ } ४।१।२० }	५।२।८६
४।१।२१	५।२।८७
४।१।२२	५।२।८८
४।१।२३	५।२।९४
४।१।२४	५।२।९६
४।१।२५	५।२।९७
४।१।२६	५।२।९९
४।१।२७	५।२।१००
४।१।२८	५।२।१०१
४।१।२९	५।२।१०२
४।१।३०	५।२।१०३

४।१।३१	५।२।१०४
४।१।३२	५।२।१०५
४।१।३३	५।२।१०७
४।१।३४	५।२।१०८
४।१।३५	५।२।१०९
४।१।३६	५।२।११०
४।१।३७	५।२।१११
४।१।३८	५।२।११२
४।१।३९	५।२।११३
४।१।४०	५।२।११४
४।१।४१	५।२।११५
४।१।४२	५।२।११६
४।१।४३	५।२।११७
४।१।४४	५।२।११८
४।१।४५	५।२।११९
४।१।४६	५।२।१२०
४।१।४७	५।२।१२१
४।१।४८	५।२।१२४
४।१।४९	५।२।१२५
४।१।५०	५।२।१२७
४।१।५१	५।२।१२८
४।१।५२	५।२।१२९
४।१।५३	५।२।१३०
४।१।५४	५।२।१३१
४।१।५५	५।२।१३२
४।१।५६	५।२।१३५
४।१।५७	५।२।१३६
४।१।५८	५।२।१३७
४।१।५९	५।२।१३९
४।१।६० ४।१।६१	५।२।१३८
४।१।६२	५।२।१४०, १२३
४।१।६३	५।२।५९
४।१।६४	५।२।६०
४।१।६५	५।२।६१
४।१।६६	५।२।६२
४।१।६७	५।२।६५

४।१।६८	५।३।२
४।१।६९	५।३।३
४।१।७०	५।३।४
४।१।७१ ४।१।७२	५।३।५
४।१।७३	५।३।७
४।१।७४	५।३।८
४।१।७५	५।३।९
४।१।७६	५।३।१०
४।१।७७	५।३।११
४।१।७८	५।३।१२
४।१।७९	५।३।१४
४।१।८०	५।३।१५
४।१।८१	५।३।६
४।१।८२	५।३।१६
४।१।८३	५।३।१७
४।१।८४	५।३।१८
४।१।८५	५।३।१९
४।१।८६	५।३।२१
४।१।८७ ४।१।८८	५।४।२२
४।१।८९	५।३।२३
४।१।९०	५।३।२४, २५
४।१।९१	×
४।१।९२ ४।१।९३	५।३।२७
४।१।९४	५।३।२८
४।१।९५	५।३।२९
४।१।९६	५।३।३०
४।१।९७	५।३।३१, ३२
४।१।९८	५।३।३४
४।१।९९	५।३।३५
४।१।१००	५।३।३६
४।१।१०१	५।३।३७
४।१।१०२	५।३।३८
४।१।१०३	५।३।३९
४।१।१०४	५।३।४०
४।१।१०५	५।३।४१
४।१।१०६	५।३।४२

४।१।१०७	५।३।४४
४।१।१०८	५।३।४५
४।१।१०९	५।३।४६
४।१।११०	५।३।४७
४।१।१११	५।३।५०
४।१।११२	५।३।५१
४।१।११३	५।३।५२
४।१।११४	५।३।५५
४।१।११५	५।३।५६
४।१।११६	६।३।५७
४।१।११७	×
४।१।११८	५।३।५८
४।१।११९	५।३।६०
४।१।१२०	५।३।६१
४।१।१२१	५।३।६२
४।१।१२२	५।३।६३
४।१।१२३	५।३।६४
४।१।१२४	५।३।६५
४।१।१२५	५।३।६६
४।१।१२६	५।३।६७
४।१।१२७	५।३।६८
४।१।१२८	५।३।६९
४।१।१२९	५।३।७०
४।१।१३०	५।२।७१, ७२
४।१।१३१	५।३।७३, ७४
४।१।१३२	५।३।७६
४।१।१३३	५।३।७७
४।१।१३४	५।३।७८
४।१।१३५	५।३।७९
४।१।१३६	५।३।८०
४।१।१३७	५।३।८१
४।१।१३८	५।३।८२
४।१।१३९	५।३।८३
४।१।१४०	५।३।८४
४।१।१४१	५।३।८५
४।१।१४२	५।३।८६
४।१।१४३	५।३।८८
४।१।१४४	५।३।८९

४।१।१४५	५।३।९०
४।१।१४६	५।३।९१
४।१।१४७	५।३।९२
४।१।१४८	५।३।९३
४।१।१४९	५।३।९४
४।१।१५०	५।३।९६
४।१।१५१	५।३।९७
४।१।१५२	५।३।९८
४।१।१५३	५।३।९९
४।१।१५४	५।३।१००
४।१।१५५	५।३।१०१
४।१।१५६	५।३।१०२
४।१।१५७	५।३।१०३
४।१।१५८	५।३।१०४
४।१।१५९	५।३।१०५
४।१।१६०	५।३।१०६
४।१।१६१	५।३।१०७
४।१।१६२	५।३।१०८
४।१।१६३	५।३।१०९
४।१।१६४	५।३।११०

अध्याय ४ पाद २

४।२।१	५।३।११२
४।२।२	५।३।११३
४।२।३	५।३।११४
४।२।४	५।३।११५
४।२।५	५।३।११६
४।२।६	५।३।११७
४।२।७ ४।२।८	५।३।११८
४।२।९	५।३।११९
४।२।१०	५।४।१, २
४।२।११	५।४।३
४।२।१२	५।४।४
४।२।१३	५।४।५
४।२।१४	५।४।६
४।२।१५ ४।२।१६	५।४।७
४।२।१७	५।४।८

४।२।१८	५।४।९
४।२।१९	५।४।१०
४।२।२०	५।४।११
४।२।२१	५।४।१५
४।२।२२	५।४।१४
४।२।२३	५।४।१६
४।२।२४	५।४।१७
४।२।२५	५।४।१८
४।२।२६	५।४।१९
४।२।२७	५।४।२०
४।२।२८	५।४।२१
४।२।२९	५।४।२२
४।२।३०	५।४।२३
४।२।३१	५।४।२४
४।२।३२	५।४।२५
४।२।३३	५।४।२६
४।२।३४	५।४।२७
४।२।३५	५।४।२८, २९
४।२।३६	५।४।३०
४।२।३७	५।४।३१
४।२।३८	५।४।३२
४।२।३९	५।४।३३
४।२।४०	५।४।३४
४।२।४१	५।४।३५
४।२।४२	५।४।३६
४।२।४३	५।४।३७
४।२।४४	५।४।३८
४।२।४५	५।४।३९
४।२।४६	५।४।४०
४।२।४७	५।४।४२
४।२।४८	५।४।४३
४।२।४९	५।४।४४
४।२।५०	५।४।४५
४।२।५१	५।४।४६
४।२।५२	५।४।४७
४।२।५३	५।४।४८
४।२।५४	५।४।४९
४।२।५५	५।४।५०

४।२।५६	५।४।५१
४।२।५७	५।४।५२
४।२।५८	५।४।५३
४।२।५९	५।४।५४
४।२।६०	५।४।५५
४।२।६१	५।४।५७
४।२।६२	५।४।५८
४।२।६३	५।४।५९
४।२।६४	५।४।६०, ६१, ६२, ६३, ६४, ६६, ६७,
४।२।६५	५।४।६८
४।२।६६	५।४।६९, ७०
४।२।६७	५।४।७१
४।२।६८	५।४।७२
४।२।६९	५।४।७३
४।२।७०	५।४।७४
४।२।७१	५।४।७५
४।२।७२	५।४।७६
४।२।७३ ४।२।७४ ४।२।७५ ४।२।७६ ४।२।७७ ४।२।७८ ४।२।७९	५।४।७७
४।२।८०	५।४।७८
४।२।८१	५।४।७९
४।२।८२ ४।२।८३	५।४।८०
४।२।८४	५।४।८१
४।२।८५	५।४।८२
४।२।८६	४।४।८३, ८४
४।२।८७	५।४।८५
४।२।८८	५।४।८६
४।२।८९	५।२।८७
४।२।९०	५।२।८८
४।२।९१	५।४।८९
४।२।९२	५।४।९०

४।२।९३	५।४।९१
४।२।९४	५।४।९२
४।२।९५	५।४।९३
४।२।९६	५।४।९४
४।२।९७	५।४।९५
४।२।९८	५।४।९६
४।२।९९, ४।२।१००	५।४।९७
४।२।१०१	५।४।९८
४।२।१०२	५।४।९९
४।२।१०३	५।४।१००
४।२।१०४	५।४।१०१
४।२।१०५	५।४।१०२
४।२।१०६	५।४।१०४
४।२।१०७	५।४।१०५
४।२।१०८	५।४।१०६
४।२।१०९	५।४।१०७
४।२।११०	५।४।१०८
४।२।१११	५।४।१०९
४।२।११२	५।४।११०, १११, ११२
४।२।११३	५।४।११३
४।२।११४	५।४।११४
४।२।११५	५।४।११५
४।२।११६	५।४।११६
४।२।११७	५।४।११७
४।२।११८	५।४।११८
४।२।११७	५।४।११९
४।२।१२०, ४।२।१२१, ४।२।१२२	५।४।१२०
४।२।१२३	५।४।१२१
४।२।१२४	५।४।१२२
४।२।१२५	५।४।१२४
४।२।१२६	५।४।१२५
४।२।१२७	५।४।१२६
४।२।१२८	५।४।१२७
४।२।१२९	५।४।१२८

४।२।१३०	५।४।१२९
४।२।१३१	५।४।१३०
४।२।१३२	५।४।१३१
४।२।१३३	५।४।१३२
४।२।१३४	५।४।१३३
४।२।१३५	५।४।१३४
५।२।१३६	५।४।१३५
४।२।१३७	५।४।१३६
४।२।१३८	५।४।१३७
४।२।१३९	५।४।१३८
४।२।१४०	५।४।१४०
४।२।१४१	५।४।१३९
४।२।१४२	५।४।१४१
४।२।१४३	५।४।१४३
४।२।१४४	५।४।१४४
४।२।१४५	५।४।१४५
३।२।१४६	५।३।१४६
४।२।१४७	५।४।१४७
४।२।१४८	५।४।१४८
४।२।१४९	५।४।१४९
४।२।१५०	५।४।१५०
४।२।१५१	५।४।१५१
४।२।१५२	५।४।१५२
४।२।१५३	५।४।१५३
४।२।१५४	५।४।१५४
४।२।१५५	५।४।१५५
४।२।१५६	५।४।१५६
४।२।१५७	५।४।१५७
४।२।१५८	५।४।१५९
४।२।१५९	५।४।१६०

अध्याय ४ पाद ३

४।३।१	६।१।१
४।३।२	६।१।२
४।३।३	६।१।३
४।३।४	६।१।५
४।३।५	६।१।६
४।३।६	६।१।४
४।३।७	६।१।८
४।३।८	६।१।९
४।३।९	६।१।१३
४।३।१०	६।१।१४
४।३।११	६।१।१५
४।३।१२	६।१।१६
४।३।१३	६।१।१७
४।३।१४	६।१।१८
४।३।१५	६।१।१९
४।३।१६	६।१।२१
४।३।१७	६।१।२२
४।३।१८	६।१।२३
४।३।१९	६।१।२४
४।३।२०	६।१।२५
४।३।२१	६।१।२६
४।३।२२	६।१।२७
४।३।२३, ४।३।२४, ४।३।२५	६।१।२८
४।३।२६	६।१।२९
४।३।२७	६।१।३०
४।३।२८	६।१।३१
४।३।२९	६।१।३२
४।३।३०	६।१।३३
४।३।३१	६।१।३७
४।३।३२	६।१।३८
४।३।३३	६।१।३९
४।३।३४	६।१।४१
४।३।३५	६।१।४२
४।३।३६	६।१।४३
४।३।३७	६।१।४४
४।३।३८	६।१।४५
४।३।३९	६।१।४६
४।३।४०	६।१।४७
४।३।४१	६।१।४८
४।३।४२	६।१।४९
४।३।४३	६।१।५०
४।३।४४	६।१।५१
४।३।४५	६।१।५३

४।३।४६	६।१।५४
४।३।४७	६।१।५५
४।३।४८	६।१।५६
४।३।४९	७।३।४०
४।३।५०	६।१।५७
४।३।५१	६।१।५८
४।३।५२	६।१।५९
४।३।५३	६।१।६४
४।३।५४	६।१।६५
४।३।५५	६।१।६६
४।३।५६	६।१।६८
४।३।५७ } ४।३।५८	६।१।६९
४।३।५९	६।१।७१
४।३।६०	६।१।७२
४।३।६१	६।१।७३
४।३।६२	६।१।७४
४।३।६३	६।१।७५
४।३।६४	६।१।७६
४।३।६५	६।१।७७
४।३।६६	६।१।७८
४।३।६७	६।१।७९
४।३।६८ } ४।३।६९	६।१।८१
४।३।७०	६।१।८०
४।३।७१	६।१।८२
४।३।७२	६।१।८४
४।३।७३	६।१।८५
४।३।७४	६।१।८६
४।३।७५	६।१।८७
४।३।७६	६।१।८८
४।३।७७	६।१।८९
४।३।७८	६।१।९०
४।३।७९	६।१।९१
४।३।८०	६।१।९२
४।३।८१	६।१।९४
४।३।८२	६।१।९५
४।३।८३	६।१।९६

४।३।८४	६।१।९७
४।३।८५	६।१।९८
४।३।८६	६।१।९९
४।३।८७	६।१।१००
४।३।८८	६।१।१०१
४।३।८९ } ४।३।९०	६।१।१०२
४।३।९१	६।१।१०३
४।३।९२	६।१।१०४
४।३।९३	६।१।१०५
४।३।९४	६।१।१०७
४।३।९५	६।१।१०८
४।३।९६	६।१।१०९
४।३।९७	६।१।११०
४।३।९८	६।१।१११
४।३।९९	६।१।११२
४।३।१००	६।१।११३,११४
४।३।१०१	६।१।१२४
४।३।१०२	६।१।१२३
४।३।१०३	६।१।१२५
४।३।१०४	६।१।१२७
४।३।१०५	६।१।१२८
४।३।१०६	६।१।१२९
४।३।१०७	६।१।१३०
४।३।१०८	६।१।१३१
४।३।१०९	६।१।१३२
४।३।११०	६।१।१३७
३।३।१११	६।१।१३८
४।३।११२	६।१।१३९
४।३।११३	६।१।१४०
४।३।११४	६।१।१४१
४।३।११५	६।१।१४२
४।३।११६	६।१।१४३, १४४,१४५, १४६,१४७, १४८,१४९, १५०,१५२, १५३,१५४, १५६, १५७

४।३।११७	×
४।३।११८	२।४।३२
४।३।११९	२।४।३४
४।३।१२०	६।३।१
४।३।१२१	६।३।२
४।३।१२२	६।३।३
४।३।१२३	६।३।४
४।३।१२४	६।३।५
४।३।१२५	६।३।६
४।३।१२६	६।३।७,८
४।३।१२७	६।३।९
४।३।१२८ } ४।३।१२९	६।३।१०
४।३।१३०	६।३।११
४।३।१३१	६।३।१२
४।३।१३२	६।३।१४
४।३।१३३	६।३।१७
४।३।१३४	६।३।२१
४।३।१३५	६।३।२२
४।३।१३६	६।३।२३
४।३।१३७	६।३।२४
४।३।१३८	६।३।२५
४।३।१३९	६।३।२६
४।३।१४०	६।३।२७
४।३।१४१	६।३।२८
४।३।१४२	६।३।२९
४।३।१४३	६।३।३०
४।३।१४४	६।३।३१
४।३।१४५	६।३।३२
४।३।१४६	६।३।३४
४।३।१४७	६।३।३५
४।३।१४८	६।३।३६
४।३।१४९	६।३।३७
४।३।१५०	६।३।३८
४।३।१५१	६।३।३९
४।३।१५२	६।३।४०
४।३।१५३	६।३।४१

४।३।१५४	६।३।४२
४।३।१५५	६।३।४३
४।३।१५६	६।३।४४
४।३।१५७	६।३।४५
४।३।१५८	६।३।४६
४।३।१५९	६।३।४७, ४८
४।३।१६०	६।३।४९
४।३।१६१	६।३।५०
४।३।१६२	६।३।५१
४।३।१६३	६।३।५२
४।३।१६४	६।३।५३
४।३।१६५	६।३।५४
४।३।१६६	६।३।५५
४।३।१६७	६।३।५६
४।३।१६८	६।३।५७
४।३।१६९	६।३।५८
४।३।१७०	६।३।५९
४।३।१७१	६।३।६०
४।३।१७२	६।३।६१
४।३।१७३	६।३।६३, ६४
४।३।१७४	६।३।६२
४।३।१७५	६।३।६५
४।३।१७६	६।३।६६
४।३।१७७	६।३।६७
४।३।१७८	६।३।६८
४।३।१७९	६।३।७०
४।३।१८०	६।३।७२
४।३।१८१ } ४।३।१८२ }	६।३।७३, ७४
४।३।१८३	६।३।७५
४।३।१८४	६।३।७६
४।३।१८५	६।३।७७
४।३।१८६	६।३।७८
४।३।१८७	६।३।७९
४।३।१८८	६।३।८०
४।३।१८९	६।३।८१
४।३।१९०	६।३ ८२
४।३।१९१	६।३।८३

४।३।१९२	६।३।८४, ८५
४।३।१९३	६।३।८६
४।३।१९४	६।३।८८
४।३।१९५	६।३।८९
४।३।१९६	६।३।९०
४।३।१९७	६।३।९१
४।३।१९८	६।३।९२
४।३।१९९	६।३।९३
४।३।२००	६।३।९४
४।३।२०१	६।३।९५
४।३।२०२	६।३।९७
४।३।२०३	६।२।९८
४।३।२०४ } ४।३।२०५ }	६।३।९९
४।३।२०६	६।३।१००
४।३।२०७	६।३।१०१
४।३।२०८	६।३।१०२
४।३।२०९	६।३।१०३
४।३।२१०	६।३।१०४
४।३।२११	६।३।१०५
४।३।२१२	६।३।१०६
४।३।२१३	६।३।१०७
४।३।२१४	६।३।१०९
४।३।२१५	६।३।११०
४।३।२१६	६।३।१११
४।३।२१७	६।३।११२
४।३।२१८	६।३।११५
४।३।२१९	६।३।११६
४।३।२२०	६।३।११७
४।३।२२१	६।३।११८
४।३।२२२	६।३।११९, १२०
४।३।२२३	६।३।१२१
४।३।२२४	६।३।१२३
४।३।२२५	६।३।१२४
४।३।२२६	६।३।१२२
४।३।२२७	६।३।१२५
४।३।२२८	६।३।१२७

४।३।२२९	६।३।१२८
४।३।२३०	६।३।१२९
४।३।२३१	६।३।१३०
४।३।२३२	६।३।१३७
४।३।२३३	६।३।१३८
४।३।२३४	६।३।१३९

अध्याय ४ पाद ४

४।४।१	६।४।१
४।४।२	६।४।२
४।४।३	६।४।३,
४।४।४	६।४।६
४।४।५	६।४।७
४।४।६	६।४।८
४।४।७	६।४।१०
४।४।८	६।४।११
४।४।९ } ४।४।१० }	६।४।१२
४।४।११	६।४।१३
४।४।१२	६।४।१४
४।४।१३	६।४।१५
४।४।१४	६।४।१६
४।४।१५	६।४।१७
४।४।१६	६।४।१८
४।४।१७	६।४।१९
४।४।१८	६।४।२०
४।४।१९	६।४।२१
४।४।२०	८।२।२८
४।४।२१	६।४।२२
४।४।२२	६।४।२३
४।४।२३	६।४।२४
४।४।२४	६।४।२५
४।४।२५	६।४।२६
४।४।२६	×
४।४।२७	६।४।२७
४।४।२८	६।४।२८, २९
४।४।२९	६।४।३०
४।४।३०	६।४।३१
४।४।३१	६।४।३२

४।४।३२	६।४।३३
४।४।३३ ४।४।३४	६।४।३४
४।४।३५	६।४।३५
४।४।३६	६।४।३६
४।४।३७	६।४।३७
४।४।३८ ४।४।३९	६।४।३८
४।४।४०	६।४।३९
४.४।४१	६।४।४०
४।४।४२	६।४।४१
४।४।४३ ४।४।४४	६।४।४२
४।४।४५	६।४।४३
४।४।४६	६।४।४४
४।४।४७	६।४।४५
४।४।४८	६।४।४६
४।४।४९	६।४।४७
४।४।५०	६।४।४८
४।४।५१	६।४।४९
४।४।५२	६।४।५०
४।४।५३	६।४।५१
४।४।५४	६।४।५२
४।४।५५	६।४।५५
४।४।५६	६।४।५६
४।४।५७	६।४।५७
४।४।५८	६।४।५९
४।४।५९	६।४।६०
४।४।६०	६।४।६१
४।४।६१	६।४।६२
४।४।६२	६।४।६३
४।४।६३	६।४।६४
४।४।६४	६।४।६५
४।४।६५	६।४।६६
४।४।६६	६।४।६७
४।४।६७	६।४।६८
४।४।६८	६।४।६९
४।४।६९	६।४।७०

४।४।७०	६।४।७१
४।४।७१	६।४।७४
४।४।७२	६।४।७७
४।४।७३	६।४।७८
४।४।७४	६।४।७९
४।४।७५	६।४।८०
४।४।७६	×
४।४।७७	६।४।८१
४।४।७८	६।४।८२
४।४।७९	६।४।८३
४।४।८०	६।४।८४
४।४।८१	६।४।८८
४।४।८२	६।४।८७
४।४।८३	६।४।८९
४।४।८४	६।४।९०
४।४।८५	६।४।९१
४।४।८६	६।४।९२, ९३
४।४।८७ ४।४।८८	६।४।९४
४।४।८९	६।४।९५
४।४।९० ४।४।९१	६।४।९६
४।४।९२	६।४।९७
४।४।९३	६।४।९८
४।४।९४	६।४।१०१
४।४।९५	६।४।१०४
४।४।९६	६।४।१०५
४।४।९७	६।४।१०६
४।४।९८	६।४।१०७
४।४।९९	६।४।१०८, १०९
४।४।१००	६।४।११०
४।४।१०१	६।४।१११
४।४।१०२	६।४।११२
४।४।१०३	६।४।११३
४।४।१०४	६।४।११४
४।४।१०५	६।४।११५
४।४।१०६	६।४।११६

४।४।१०७	६।४।११७
४।४।१०८	६।४।११८
४।४।१०९	६।४।११९
४।४।११०	६।४।१२०
४।४।१११	६।४।१२१
४।४।११२ ४।४।११३	६।४।१२२
४।४।११४	६।४।१२३
४।४।११५	६।४।१२४
४।४।११६	६।४।१२५
४।४।११७	६।४।१२६
४।४।११८	६।४।१२९
४।४।११९	६।४।१३०
४।४।१२०	६।४।१३१
४।४।१२१	६।४।१३३
४।४।१२२	६।४।१३४, १३७
४।४।१२३	६।४।१३५
४।४।१२४	६।४।१३६
४।४।१२५	६।४।१३८
४।४।१२६	६।४।१३९
४।४।१२७	६।४।१४०
४।४।१२८	६।४।१४२
४।४।१२९	६।४।१४३
४।४।१३०	६।४।१४४
४।४।१३१	६।४।१४४ वा०
४।४।१३२	६।४।१४४ वा०
४।४।१३३	६।४।१४५
४।४।१३४ ४।४।१३५	६।४।१४७
४।४।१३६	६।४।१४८
४।४।१३७ ४।४।१३८ ४।४।१३९	६।४।१४९
४।४।१४०	६।४।१५०
४।४।१४१	६।४।१५१, १५२
४।४।१४२	६।४।१४९ वा०
४।४।१४३	६।४।१५३

४।४।१४४	६।४।१५४
४।४।१४५	६।४।१५५
४।४।१४६	६।४।१५५ वा०
४।४।१४७	६।४।१५६
४।४।१४८ } ४।४।१४९ }	६।४।१५७
४।४।१५०	६।४।१५८
४।४।१५१	६।४।१५९
४।४।१५२	६।४।१६०
४।४।१५३	६।४।१६१
४।४।१५४	६।४।१६३
४।४।१५५	६।५।१६४
४।४।१५६	६।४।१७३
४।४।१५७	६।४।१६५, १६६
४।४।१५८	६।४।१६७
४।४।१५९	६।४।१६८
४।४।१६०	६।४।१६९
४।४।१६१	६।४।१७०
४।४।१६२	६।४।१७१
४।४।१६३	६।४।१७२
४।४।१६४ } ४।४।१६५ } ४।४।१६६ }	६।४।१७४
अध्याय ५ पाद १	
५।१।१	७।१।१
५।१।२	७।१।२
५।१।३	७।१।३
५।१।४	७।१।४
५।१।५	७।१।५
५।१।६	७।१।६
५।१।७	७।१।७
५।१।८	७।१।९
५।१।९	७।१।११
५।१।१०	७।१।१२
५।१।११	७।१।१३
५।१।१२	७।१।१४
५।१।१३	७।१।१५

५।१।१४	७।१।१७
५।१।१५	७।१।१८
५।१।१६	७।१।१९
५।१।१७	७।१।२०
५।१।१८	७।१।२१
५।१।१९	७।१।२२
५।१।२०	७।१।२३
५।१।२१	७।१।२४
५।१।२२	७।१।२५
५।१।२३	७।१।२७
५।१।२४	७।१।२८
५।१।२५	७।१।२९
५।१।२६	७।१।३०
५।१।२७	७।१।३१
५।२।२८	७।१।३२
५।१।२९	७।१।३३
५।१।३०	७।१।३५
५।१।३१	७।१।३७
५।१।३२ } ५।१।३३ }	७।१।५१
५।१।३४	७।१।५२
५।१।३५	७।१।५३
५।१।३६	७।१।५४, ५५
५।१।३७	७।१।५८
५।१।३८	७।१।५९
५।१।३९	७।१।६०
५।१।४०	७।१।६१
५।१।४१	७।१।६२
५।१।४२	७।१।६३
५।१।४३	७।१।६४
५।१।४४	७।१।६५
५।१।४५	७।१।६६
५।१।४६	७।१।६७
५।१।४७	७।१।६८
५।१।४८	७।१।६९
५।१।४९	७।१।७०
५।१।५०	७।१।७१
५।१।५१	७।१।७२

५।१।५२	७।१।७३
५।१।५३	७।१।७४
५।१।५४	७।१।७५
५।१।५५	७।१।३६
५।१।५६	७।१।७८
५।१।५७	७।१।७९
५।१।५८	७।१।८०
५।१।५९	७।१।८१
५।१।६०	७।१।८२
५।१।६१	७।१।८४
५।१।६२	७।१।८५
५।१।६३	७।१।८६
५।१।६४	७।१।८७
५।१।६५	७।१।८८
५।१।६६	७।१।८९
५।१।६७	७।१।९०
५।१।६८	७।१।९१
५।१।६९	७।१।९२
५।१।७०	७।१।९३
५।१।७१	७।१।९४
५।१।७२	७।१।९८
५।१।७३	७।१।९९
५।१।७४	७।१।१००
५।१।७५	७।१।१०१
५।१।७६	७।१।१०२
५।१।७७	७।२।१
५।१।७८ } ५।१।७९ }	७।२।२,३
५।१।८०	७।२।४
५।१।८१	७।२।५
५।१।८२	७।२।६
५।१।८३	७।२।७
५।१।८४	७।२।३५
५।१।८५	७।२।३७
५।१।८६	७।२।३८
५।१।८७	७।२।३९
५।१।८८	७।२।४०
५।१।८९	७।२।४१

५।१।९०	७।२।४२
५।१।९१	७।२।४३
५।१।९२	७।२।४४
५।१।९३	७।२।४५
५।१।९४	७।२।४६
५।१।९५	७।२।४७
५।१।९६	७।२।४८
५।१।९७	७।२।४९
५।१।९८	७।२।५०
५।१।९९	७।२।५१
५।१।१००	७।२।५२
५।१।१०१	७।२।५३
५।१।१०२	७।२।५४
५।१।१०३	७।२।५५
५।१।१०४	७।२।५६
५।१।१०५	७।२।५७
५।१।१०६	७।२।५८
५।१।१०७	७।२।५९
५।१।१०८	८।२।६०, ६१, ६२
५।१।१०९	७।२।६३
५।१।११०	७।२।६६
५।१।१११	७।२।३६
५।१।११२	×
५।१।११३ }	७।२।८
५।१।११४ }	
५।१।११५	७।२।१०
५।१।११६	७।२।९
५।१।११७	७।२।११
५।१।११८	७।२।१२
५।१।११९	७।२।१३
५।१।१२०	७।२।१४
५।१।१२१	७।२।१५
५।१।१२२	७।२।१६
५।१।१२३	७।२।१७
५।१।१२४	७।२।२७
५।१।१२५	७।२।२९,३०
५।२।१२६	७।२।१८,१९,

	२०,२१,२२,
	२३, २५, २६
५।१।१२७	७।२।२४
५।१।१२८	७।२।२७
५।१।१२९	७।२।७०
५।१।१३०	७।२।७१
५।१।१३१	७।२।७२
५।१।१३२	७।२।७३
५।१।१३३	७।२।७४
५।१।१३४	७।२।७५
५।१।१३५	७।२।७६
५।१।१३६	७।२।७८
५।१।१३७	७।२।७७
५।१।१३८	७।२।७९
५।१।१३९	७।२।८०
५।१।१४०	७।२।८१
५।१।१४१	७।२।८२
५।१।१४२	७।२।८३
५।१।१४३	७।२।८४
५।१।१४४	७।२।८५
५।१।१४५	७।२।८६
५।१।१४६	७।२।८७
५।१।१४७	७।२।८८
५।१।१४८	७।२।८९
५।१।१४९	७।२।९०
५।१।१५०	७।२।९१
५।१।१५१	७।२।९२
५।१।१५२	७।२।९३
५।१।१५३	७।२।९४
५।१।१५४	७।२।९५
५।१।१५५	७।२।९६
५।१।१५६	७।२।९७
५।१।१५७	७।२।९८
५।१।१५८	७।२।९९
५।१।१५९	७।२।१००
५।१।१६०	७।२।१०१
५।१।१६१	७।२।१०२
५।१।१६२	७।२।१०३

५।१।१६३	७।२।१०४,१०५
५।१।१६४	७।२।१०६
५।१।१६५	७।२।१०७
५।१।१६६	७।२।१०८
५।१।१६७	७।२।१०९
५।१।१६८	७।२।११०
५।१।१६९	७।२।१११
५।१।१७०	७।२।११२
५।१।१७१	७।१।११३

अध्याय ५ पाद २

५।२।१	७।२।११४
५।२।२	×
५।२।३	७।२।११५
५।२।४	७।२।११६
५।२।५	७।२।११७
५।२।६	७।३।१
५।२।७	७।३।२
५।२।८	७।३।३
५।२।९	७।३।४
५।२।१०	७।३।५
५।२।११	७।३।६
५।२।१२	७।३।७
५।२।१३	७।३।८
५।२।१४	७।३।९
५।२।१५	७।३।१०
५।२।१६	७।३।११
५।२।१७	७।३।१२
५।२।१८	७।३।१३
५।२।१९	७।३।१४
५।२।२०	७।३।१५
५।२।२१	७।३।१६
५।२।२२	७।३।१७
५।२।२३	७।३।१८
५।२।२४	७।३।१९
५।२।२५	७।३।२०
५।२।२६	७।३।२१
५।२।२७	७।३।२२
५।२।२८	७।३।२३

५।२।२९	७।३।२४	५।२।६७	७।३।६७	५।२।१०४	७।३।१०९
५।२।३० }	७।३।२५	५।२।६८	७।३।६१, ६२	५।२।१०५	७।३।११०
५।२।३१ }			६४, ६८	५।२।१०६	७।३।१११
५।२।३२	७।३।२६, २७	५।२।६९	७।३।७२	५।२।१०७	७।३।११२
५।२।३३	७।३।२८, २९	५।२।७०	७।३।७३	५।२।१०८	७।३।११३
५।२।३४	७।३।३०	५।२।७१	७।३।७१	५।२।१०९	७।३।११४
५।२।३५	७।३।३१	५।२।७२	७।३।७४	५।२।११०	७।३।११६
५।२।३६	७।३।३२	५।२।७३	७।३।७५	५।२।१११	७।३।११७
५।२।३७	७।३।३४	५।२।७४	७।३।७६	५।२।११२	७।३।११८,
५।२।३८	७।३।३३	५।२।७५	७।३।७७		११९
५।२।३९	७।३।३४	५।२।७६	७।३।७८	५।२।११३	७।३।१२०
५।२।४०	७।३।३५	५।२।७७	७।३।७९	५।२।११४	×
५।२।४१	७।३।३६	५।२।७८	७।३।८०	५।२।११५	७।४।१
५।२।४२	७।३।३७	५।२।७९	७।३।८२	५।२।११६	७।४।३
५।२।४३	७।३।३८	५।२।८०	७।३।८३	५।२।११७	७।४।४
५।२।४४	७।३।३८ वा०	५।२।८१	७।३।८४	५।२।११८	७।४।५
५।२।४५ }	७।३।३९	५।२।८२	७।३।८५	५।२।११९	७।४।६
५।२।४६ }		५।२।८३	७।३।८६	५।२।१२०	७।४।७
५।२।४७	७।३।४३	५।२।८४	×	५।२।१२१	७।४।९
५।२।४८	७।३।४१	५।२।८५	७।३।८७	५।२।१२२	७।४।१०
५।२।४९	७।३।४२	५।२।८६	७।३।८८	५।२।१२३	७।४।११
५।२।५०	७।३।४३	५।२।८७	७।३।८९	५।२।१२४	७।४।१२
५।२।५१	७।३।४६	५।२।८८	७।३।९०	५।२।१२५	७।४।१३
५।२।५२	७।३।४७	५।२।८९	७।३।९१	५।२।१२६	७।४।१४
५।२।५३	७।३।४८, ४९	५।२।९०	७।३।९२	५।२।१२७	७।४।१५
५।२।५४	७।३।५०	५।२।९१	७।३।९३	५।२।१२८	७।४।१७,१८,
५।२।५५	७।३।५१	५।२।९२	७।३।९४		१९, २०
५।२।५६	७।३।५२	५।२।९३	७।३।९६	५।२।१२९	७।४।१६
५।२।५७	×	५।२।९४	७।३।९८, ९९	५।२।१३०	७।४।२१
५।२।५८	७।३।५३	५।२।९५	७।३।१००	५।२।१३१	७।४।२२
५।२।५९	७।३।५४	५।२।९६	७।३।१०१	५।२।१३२	७।४।२३
५।२।६०	७।३।५५	५।२।९७	७।३।१०२	५।२।१३३	७।४।२४
५।२।६१	७।३।५६	५।२।९८	७।३।१०३	५।२।१३४	७।४।२५
५।२।६२	७।३।५७	५।२।९९	७।३।१०४	५।२।१३५	७।४।२६
५।२।६३	७।३।५८	५।२।१००	७।३।१०५	५।२।१३६	७।४।२७
५।२।६४	७।३।६३	५।२।१०१	७।३।१०६	५।२।१३७	७।४।२८
५।२।६५	७।३।६५	५।२।१०२	७।३।१०७	५।२।१३८	७।४।२९
५।२।६६	७।३।६६	५।२।१०३	७।३।१०८	५।२।१३९	७।४।३०

५।२।१४०	७।४।३१	५।२।१७८	७।४।८०	५।३।२१	८।१।२५
५।२।१४१	७।४।३२	५।२।१७९	७।४।८१	५।३।२२	×
५।२।१४२	७।४।३३	५।२।१८०	७।४।८२	५।३।२३	८।१।२६
५।२।१४३	७।४।३४	५।२।१८१	७।४।८३	५।३।२४	८।१।७२
५।२।१४४	७।४।४०	५।२।१८२	७।४।८४	५।३।२५	८।१।७३
५।२।१४५	७।४।४१	५।२।१८३	७।४।८५	५।३।२६	८।१।७४
५।२।१४६	७।४।४२	५।२।१८४	७।४।८६	५।३।२७	८।२।१
५।२।१४७	७।४।४३	५।२।१८५	७।४।८७, ८८	५।३।२८	८।२।२
५।२।१४८	७।४।४६	५।२।१८६	७।४।८९	५।३।२९	८।२।३
५।२।१४९	७।४।४७	५।२।१८७	७।४।९०	५।३।३०	८।२।७, ८
५।२।१५०	७।४।४८	५।२।१८८	७।४।९१	५।३।३१	८।२।९, १०
५।२।१५१	७।४।४९	५।२।१८९	७।४।९२	५।३।३२	८।२।११
५।२।१५२	७।४।५०	५।२।१९०	७।४।९३	५।३।३३	८।२।१२
५।२।१५३	७।४।५१	५।२।१९१	७।४।९४	५।३।३४	८।२।१३
५।२।१५४	७।४।५२	५।२।१९२	७।४।९५	५।३।३५	८।२।१४
५।२।१५५	७।४।५४	५।२।१९३	७।४।९६	५।३।३६	८।२।१८
५।२।१५६	७।४।५४ वा०	५।२।१९४	७।४।९७	५।३।३७	८।२।१९
५।२।१५७	७।४।५५	**अध्याय ५**	**पाद ३**	५।३।३८	८।२।२०
५।२।१५८	७।४।५६	५।३।१	८।१।१	५।३।३९	८।२।२१
५।२।१५९	७।४।५७	५।३।२	८।१।२	५।३।४०	८।२।२२
५।२।१६०	७।४।५८	५।३।३	८।१।४	५।३।४१	८।२।२३
५।२।१६१	७।४।६०	५।३।४	८।१।५	५।३।४२	८।२।२४
५।२।१६२	७।४।६१	५।३।५	८।१।७	५।३।४३	८।२।२५
५।२।१६३	७।४।५९	५।३।६	८।१।८	५।३।४४	८।२।२६
५।२।१६४	७।४।६२	५।३।७	८।१।९	५।३।४५	८।२।२७
५।२।१६५	७।४।६३	५।३।८	८।१।१०	५।३।४६	८।२।२९
५।२।१६६	७।४।६६	५।३।९	८।१।११	५।३।४७	८।२।३०
५।२।१६७	७।४।६७	५।३।१०	८।१।१२	५।३।४८	८।२।३१
५।२।१६८	७।४।६८	५।३।११	८।१।१३	५।३।४९	८।२।३२
५।२।१६९	७।४।६९	५।३।१२	८।१।१४	५।३।५०	८।२।३३
५।२।१७०	७।४।७०	५।३।१३	८।१।१५	५।३।५१	८।२।३४
५।२।१७१	७।४।७१	५।३।१४	८।१।१६	५।३।५२	८।२।३५
५।२।१७२	७।४।७२	५।३।१५	८।१।१७	५।३।५३	८।२।३६
५।२।१७३	७।४।७३	५।३।१६	८।१।२०	५।३।५४	८।२।३७
५।२।१७४	७।४।७५	५।३।१७	८।१।२१	५।३।५५	८।२।३८
५।२।१७५	७।४।७६	५।३।१८	८।१।२२	५।३।५६	८।२।४०
५।२।१७६	७।४।७७	५।३।१९	८।१।२३	५।३।५७	८।२।३९
५।२।१७७	७।४।७९	५।३।२०	८।१।२४	५।३।५८	८।२।४१

प्र।३।५९	द।२।४२	प्र।३।९५	द।२।८७	प्र।४।२७	द।३।३९
प्र।३।६०	द।२।४३	प्र।३।९६	द।२।९३	प्र।४।२८	द।३।४१
प्र।३।६१	द।२।४४	प्र।३।९७	द।२।९८	प्र।४।२९	द।३।४०
प्र।३।६२	द।२।४४ वा०	प्र।३।९८	द।२।९९	प्र।४।३०	द।३।४२
प्र।३।६३	द।२।४५	प्र।३।९९	८।२।१००	प्र।४।३१	द।३।४३
प्र।३।६४	द।२।४६	प्र।३।१००	द।२।१०१	५।४।३२	द।३।४४
५।३।६५	द।२।४७ ४८, ४९	प्र।३।१०१	द।२।१०३	प्र।४।३३	द।३।४५
प्र।३।६६	द।२।५०	प्र।३।१०२	द।२।१०४	प्र।४।३४	द।३।४६
प्र।३।६७	द।२।५१, ५२,	प्र।३।१०३	द।२।१०५	प्र।४।३५	द।३।४७
३।३।६८	द।२।५३	प्र।३।१०४	द।२।१०७	प्र।४।३६	द।३।४८
प्र।३।६९	द।२।५४	५।३।१०५	द।२।१०८	प्र।४।३७	द।३।५७
प्र।३।७०		**अध्याय ५ पाद ४**		प्र।४।३८	द।३।५८
प्र।३।७१	द।२।५५	प्र।४।१	द।३।४, ६	प्र।४।३९	द।३।५९
प्र।३।७२		प्र।४।२	द।३।७	प्र।४।४०	द।३।६०
प्र।३।७३	द।२।५६	प्र।४।३	×	प्र।४।४१	द।३।६१
प्र।३।७४	द।२।५७, ५८, ५९, ६०	प्र।४।४	द।३।१७	प्र।४।४२	द।३।६२
प्र।३।७५	द।२।६२	प्र।४।५	द।३।२०	प्र।४।४३	द।३।६३
प्र।३।७६	द।२।६६	प्र।४।६	द।३।२२	प्र।४।४४	द।३।६४
प्र।३।७७	द।२।६८	प्र।४।७	द।३।२३	प्र।४।४५	द।३।६५
प्र।३।७८	द।२।६९	प्र।४।८	द।३।२४	प्र।४।४६	
प्र।३।७९	द।२।७२	प्र।४।९	द।३।२५	प्र।४।४७	द।३।६६
प्र।३।८०	द।२।७३	प्र।४।१०	द।३।२६	प्र।४।४८	द।३।६७
प्र।३।८१	द।२।७४	प्र।४।११	६।३।२७	प्र।४।४९	८।३।६८
प्र।३।८२	द।२।७५	प्र।४।१२	द।३।२८	५।४।५०	द।३।६९
प्र।३।८३	द।२।६४	प्र।४।१३	द।३।२९	प्र।४।५१	द।३।७०
प्र।३।८४	द।२।६५	प्र।४।१४	द।३।३०, ३१	प्र।४।५२	
प्र।३।८५	द।२।७६	प्र।४।१५	द।३।३३	प्र।४।५३	द।३।७१
प्र।३।८६	द।२।७७, ७९	प्र।४।१६	द।३।३२	प्र।४।५४	प्र।४,७२
प्र।३।८७	द।२।७८	७।४।१७	द।३।१३	प्र।४।५५	द।३।७३
प्र।३।८८	द।२।८०	प्र।४।१८	द।३।१४	प्र।४।५६	द।३।७४
प्र।३।८९	३।२।८१	प्र।४।१९	द।३।१५	प्र।४।५७	द।३।७५
प्र।३।९०	द।२।८२	प्र।४।२०	द।३।३५	प्र।४।५८	द।३।७६
प्र।३।९१	द।२।८३	प्र।४।२१	द।३।३७	प्र।४।५९	द।३।७७
प्र।३।९२	द।२।८४	प्र।४।२२		प्र।४।६०	द।३।७८
प्र।३।९३	द।२।८५	प्र।४।२३	द।३।३६	प्र।४।६१	द।३।७९
प्र।३।९४	द।२।८६	प्र।४।२४	द।३।१६	प्र।४।६२	द।३।८०
		प्र।४।२५	×	प्र।४।६३	द।३।८१
		प्र।४।२६	द।३।३८	प्र।४।६४	द।३।८३

५।४।६५	८।३।८२
५।४।६६	८।३।८४
५।४।६७	८।३।८५
५।४।६८	८।३।८७
५।४।६९	८।३।८८
५।४।७०	८।३।९६
५।४।७१	८।३।९७
५।४।७२	८।३।९८
५।४।७३	८।३।१०१
५।४।७४	८।३।१०२
५।४।७५	८।३।८६,८९, ९०,९१,९२, ९३, ९४,९५
५।४।७६ } ५।४।७७ }	८।३।१११
५।४।७८	८।३।११२
५।४।७९	८।३।११३
५।४।८०	८।३।११४
५।४।८१	८।३।११५
५।४।८२	८।३।११६
५।४।८३	८।३।११७
५।४।८४	८।३।११८
५।४।८५	८।४।१
५।४।८६	८।४।२
५।४।८७	८।४।३
५।४।८८	८।४।४

५।४।८९	८।४।५
५।४।९०	८।४।६
५।४।९१	८।४।७
५।४।९२	८।४।८
५।४।९३	८।३।९
५।४।९४	८।४।१०
५।४।९५	८।४।११
५।४।९६	८।४।१२
५।४।९७	८।४।१३
५।४।९८	८।४।१४
५।४।९९	८।४।३६
५।४।१००	८।४।१७
५।४।१०१	८।४।१८
५।४।१०२	८।४।१५
५।४।१०३	८।४।१६
५।४।१०४	८।४।१९
५।४।१०५	८।४।२१
५।४।१०६	८।४।२२
५।४।१०७	८।४।२३
५।४।१०८	८।४।२९
५।४।१०९	८।४।३०
५।४।११०	८।४।३१
५।४।१११	८।४।३२
५।४।११२	८।४।३३
५।४।११३	८।४।३४
५।४।११४	८।४।३५

५।४।११५	८।४।३७
५।४।११६	८।४।३८
५।४।११७ } ५।४।११८ }	८।४।३९
५।४।११९	८।४।४०
५।४।१२०	८।४।४१
५।४।१२१	८।४।४२
५।४।१२२	८।४।४३
५।४।१२३	८।४।४४
५।४।१२४	×
५।४।१२५	८।४।४५
५।४।१२६	८।४।४६
५।४।१२७	८।४।४७
५।४।१२८	८।४।५३
५।४।१२९	८।४।५४
५।४।१३०	८।४।५५
५।४।१३१	८।४।५६
५।४।१३२	८।४।५८
५।४।१३३	८।४।५९
५।४।१३४	८।४।६०
५।४।१३५	८।४।६१
५।४।१३६	८।४।६२
५।४।१३७	८।४।६३
५।४।१३८	८।४।६४
५।४।१३९	८।४।६५
५।४।१४०	×

अथ जैनेन्द्रधुपाठः

प्रप्रणम्य जिनं भक्त्या संसंश्रित्याभिधागमम् ।
उपोपपाद्यते धूनामुदुत्कृष्टा मया स्थितिः ॥ १ ॥

धुः	अर्थः
भूः	सत्तायाम्
एधै	वृद्धौ
स्पर्द्धैं	संघर्षे
गाद्धैं	प्रतिष्ठालिप्सा-
गादैं	ग्रन्थेषु
बाधृङ्	प्रतीघाते
नाधृङ्	याच्ञाशीरुप-
नाथृङ्	तापैश्वर्येषु
दधै	धारणे
बाधै	बन्धने
स्कुदिङ्	आप्रवणे
शिवदिङ्	शैत्ये
वदिङ्	स्तुत्यभिवादनयोः
भदिङ्	प्रियसुखयोः
मदिङ्	स्तुतिमोदमदस्वप्न- गतिषु
स्पदिङ्	किंचिच्चलने
क्लिदिङ्	परिदेवने
मुदै	हर्षे
ददै	दाने
दहौङ्	पुरीषोत्सर्गे
कुर्दैं	
खुर्दैं	क्रीडायाम्
गुर्दैं	
गुदै	
उर्दैं	माने
षूर्दैं	क्षरणे
हादै	शब्दे
ह्लादीङ्	सुखे
ष्वदै	
स्वर्दैं	आस्वादे
स्वादै	

धुः	अर्थः
पर्दैं	कुत्सिते शब्दे
यतीङ्	प्रयत्ने
युतृङ्	दीप्तौ
जुतृङ्	
विथृङ्	याचने
वेथृङ्	
श्रथिङ्	शैथिल्ये
प्रथिङ्	कौटिल्ये
कत्थै	श्लाघायाम्
शीकृङ्	सेचने
लोकृङ्	लोचने
श्लोकृङ्	संघाते
द्रेकृङ्	शब्दोत्साहे
ध्रेकृङ्	
रेकृङ्	शंकायाम्
शकिङ्	
अकिङ्	लक्षणे
वकिङ्	कौटिल्ये
मकिङ्	मण्डने
ककै	लौल्ये
कुकै	गृहीतौ
वृकै	
चकै	तृप्तिप्रतिघातयोः
सेकृङ्	
स्रेकृङ्	
शेकृङ्	
श्लेकृङ्	
श्रकिङ्	गतौ
श्लेकिङ्	
ककिङ्	
श्वकिङ्	
त्रकिङ्	

धुः	अर्थः
ढौकृङ्	
त्रौकृङ्	
ष्वस्कै	
वष्कै	
मस्कै	
तिकै	गतौ
टिकै	
टीकृङ्	
रघिङ्	
लघिङ्	
अघिङ्	गत्याक्षेपे
वघिङ्	
मघिङ्	कैतवे च
राघृङ्	सामर्थ्ये
लाघृङ्	
द्राघृङ्	आयासे च
श्लाघृङ्	कत्थने
षचै	सेवायाम्
लोचङ्	दर्शने
शचै	व्यक्तायां वाचि
श्वचै	गतौ
श्वचिङ्	
कचै	बन्धने
कचिङ्	दीप्तौ च
मचै	कल्कने
मचिङ्	धारणोच्छ्राय- पूजासु च
पचिङ्	व्यक्तीकरणे
ष्टुचै	प्रसादे
तिजौङ्	क्षमानिशानयोः
ईजै	गतिकुत्सनयोः
ऋजै	गतिस्थानोर्जनेषु

भ्रजिङ्	भर्जने
भृजीङ्	
एजृङ्	दीप्तौ
भ्रेजृङ्	
भ्राजै	
वर्चै	
अट्टै	हिंसातिक्रमयोः
घट्टै	चलने
स्फुटै	विकसने
चेष्टै	चेष्टायाम्
गोष्ठै	संघाते
लोष्ठै	
हुडिङ्	
पिडिङ्	
शडिङ्	रुजायां च
हिंडिङ्	गत्यनादरयोः
कुडिङ्	दाहे
वडिङ्	वेष्टने
मडिङ्	
वेष्टै	
भडिङ्	परिभाषायाम्
मडिङ्	शुद्धौ
तुडिङ्	तोडने
भुडिङ्	मृतौ
चडिङ्	कोपे
तडिङ्	ताडने
कडिङ्	मदे
खडिङ्	मंथे
हेडृङ्	अनादरे
वाडृङ्	आप्लाव्ये
द्राडृङ्	विशरणे
धाडृङ्	
श्लाडृङ्	श्लाघायाम्
पडिङ्	गतौ
अठिङ्	
वठिङ्	एकचर्यायाम्

मठिङ्	शोके
कठिङ्	
मुठिङ्	पलायने (पालने)
एठै	विबाधायाम्
हेठै	
गुपौङ्	गुप्तौ
तिपृङ्	स्तुतौ
ष्टेपृङ्	
तेपृङ्	कम्पे च
ग्लेपृङ्	दैन्ये
टुवेपृङ्	चलने
केपृङ्	
खेपृङ्	
गेपृङ्	
ग्लेपृङ्	
कपिङ्	
मेपृङ्	गतौ
रेपृङ्	
त्रपूषै	लज्जायाम्
रेभृङ्	शब्दे
रभिङ्	
अभिङ्	
अबिङ्	
लबिङ्	अवस्रंसे
कबृङ्	वर्णे
क्लीबृङ्	अधार्ष्ट्ये च
क्षीबृङ्	मदे
शीबृङ्	कथने
चीभृङ्	
शल्भै	
वल्भै	भोजने
गल्भै	धार्ष्ट्ये
जभिङ्	गात्रविनामे
जृभिङ्	
ष्टभिङ्	स्तंभे
स्कभिङ्	
ष्टुभुङ्	

मानै	पूजायाम्
पनै	स्तुतौ
पणै	व्यवहारे च
घुणै	भ्रमणे
घूर्णै	
घिणिङ्	ग्रहणे
घुणिङ्	
घृणिङ्	
भामै	क्रोधे
क्षमूषै	सहने
कमुङ्	कान्तौ
अयै	गतौ
वयै	
बयै	
मयै	
पयै	
नयै	
रयै	
पवै	
रेवृङ्	
तयै	रक्षायां च
दयै	गतिदानदहन-हिंसासु च
उयीङ्	तन्तुसन्ताने
पूयीङ्	दुर्गन्धिविशरणयोः
क्ष्मायीङ्	विधूनने
स्फायीङ्	वृद्धौ
ओप्यायीङ्	
तायृङ्	सन्तानपालनयोः
क्नूयीङ्	संवृतौ
कलै	
कल्लै	
वलै	
बल्लै	
गलै	कंपे
मलै	धारणे
मल्लै	

भलै	दानहिंसापारभाषणेषु
भल्लै	
कल्लै	संख्याशब्दयोः
तेवृङ्	देवने
देवृङ्	
देबृङ्	
षेवृङ्	सेवने
शेवृङ्	
केवृङ्	
खेवृङ्	
गेवृङ्	
ग्लेवृङ्	
पेवृङ्	
प्लेवृङ्	सेवने
मेवृङ्	
म्लेवृङ्	
धुक्षै	संदीपनजीवनक्लेशेषु
धिक्षै	
वृक्षै	वृत्तौ
शिक्षै	विद्योपादाने
भिक्षै	याच्ञायाम्
दीक्षै	मौण्ड्योपनयननियमव्रतादेशेज्यासु
ईक्षै	दृष्टौ
ईषै	गतिहिंसयोश्च
क्लेशै	व्यक्तायां वाचि
भाषै	
वर्षै	स्नेहे
गेषङ	अन्विच्छायाम्
जेषृङ्	गतौ
णेषृङ्	
एषृङ्	
हेषृङ्	
अहिङ्	
ह्लिहै	
रेषृङ्	अव्यक्ते शब्दे

कासृङ्	शब्दकुत्सायाम्
णासृङ्	शब्दे
भासै	दीप्तौ
रासृङ्	
काशृङ्	
णसै	कौटिल्ये
भ्यसै	भये
आङःशसुङ्	इच्छायाम्
श्रसुङ्	प्रमादे
ग्रसुङ्	अदने
ग्लसुङ्	
ईहै	चेष्टायाम्
वहिङ्	वृद्धौ
महिङ्	
दक्षै	शैघ्र्ये च
गर्है	कुत्सायाम्
गल्है	
बर्है	प्राधान्ये
बल्है	
वर्है	परिभाषणाच्छादनहिंसासु
वल्है	
वेहृङ्	प्रयत्ने
जेहृङ्	
वाहृङ्	
एषृङ्	
वेषृङ्	
द्राहृङ्	निक्षेपे
ऊहै	वितर्के
गाहृङ्	विलोडने
ग्लहृङ्	ग्रहणे
घषिङ्	क्षतौ
स्मिङ्	ईषद्धसने
घुङ्	शब्दे
कुङ्	
ङुङ्	
तुङ्	

गुङ्	अव्यक्ते शब्दे
गाङ्	गतौ
च्युङ्	
ज्युङ्	
प्रुङ्	
प्लुङ्	
श्यैङ्	
रुङ्	रोषे च
धृङ्	अविध्वंसने
मिङ्	प्रतिदाने
देङ्	रक्षणे
त्रैङ्	पालने
पूङ्	पवने
प्यैङ्	वृद्धौ
मूङ्	बन्धने
डीङ्	विहायसा गतौ
द्युतै	दीप्तौ
लुटै	
शुभै	
रुचै	अभिप्रीतौ च
श्विताङ्	वर्णे
ञिमिङ्	स्नेहे
ञिष्विदाङ्	मोक्षे च
घुटै	परिवृत्तौ च
रुटै	प्रतिघाते
लुटै	
लुठै	
क्षुभै	संक्षोभे
णभै	हिंसायाम्
स्रंसुङ्	अवस्रंसे
भ्रंसुङ्	
ध्वंसुङ्	गतौ च
स्रंभुङ्	विश्वासे
वृतुङ्	वृत्तौ
वृधुङ्	वृद्धौ
शृधुङ्	शब्दकुत्सायाम्
स्यंदूङ्	स्रवे
त्रपूङ्	सामर्थ्ये
	वृत्

घटैष्	चेष्टायाम्
व्यथैष्	चलभीत्योः
प्रथैष्	प्रख्यातौ
प्रसैष्	विस्तारे
मुदैष्	मदे
स्खदैष्	खनने
जित्वराषै	संभ्रमे
क्रदैष्	
क्लदैष्	वैक्लव्ये
क्रदिङ्	
त्वजिङ्	गतिदानयोः
दक्षै	गतिहिंसायाम्
कृपै	कृपायाम्

ङैदितोऽमी

ज्वर	रोगे
गड	सेचने
हेड	वेष्टने
वट	परिभाषणे
भट	
नट	नृत्तौ
ष्टक	लोटने
चक	तृतौ च
कखे	हसने
रगे	शंकने
लगे	संजने
ह्रगे	
ह्लगे	संवरणे
षगे	
ष्टगे	
अक	कुटिलायां गतौ
अग	
कण	
रण	गतौ
चण	
वण	दाने
श्रण	

मथ	
क्नथ	
क्रथ	हिंसायाम्
क्लथ	
चण	
ह्वल	चलने
ह्मल	
ज्वल	दीप्तौ
स्मृ	आध्याने
दृ	भये
नॄ	नये
श्रा	पाके
चलि	कम्पने
छदिर्	ऊर्जने
लडि	जिह्वोन्मथने
मदी	हर्षग्लपनयोः
स्वनिर्	अवतंसने
ध्वन	शब्दे
फल	गतौ

वृत् घटादिः

स्यमु	शब्दे
स्वन	
राजृङ्	
टुभ्राशृङ्	दीप्तौ
टुभ्लाशृङ्	
भ्राजै	

वृत् पुणादिः

ज्वल	दीप्तौ
चल	कम्पने
जल	धान्ये
टल	वैक्लव्ये
ट्वल	
ष्ठल	स्थाने
हल	विलेखने
वल	प्राणधान्यावरोधयोः
पुल	महत्त्वे
कुल	संस्त्यानसंतानयोः

फल	
शल	
हुल	गमने
पेत्लृ	
पथे	
हुल	हिंसासंवरणयोश्च
कथे	निष्पचने
टुवमु	उद्गरणे
त्वर	संचलने
पहै	मर्षणे
रमुङ्	क्रीडायाम्
शद्लृ	शातने
षद्लृ	गतिविशरणयोश्च
क्रुशौ	रोदनाह्वानयोः
कुच	संवर्चनकौटिल्यप्रतिस्तंभविलेखनेषु
रुहौ	जनने
कस	गमने
भू	भुवि
बुधञ्	बोधने

वृत् ज्वलादिः

अत	सातत्यगमने
चिती	संज्ञाने
किती	निवासे
कृत	गतिघृणास्पर्द्धेषु
ज्युतिर्	विभासे
च्युतिर्	
श्च्युतिर्	क्षरणे
स्तुतिर्	
कुथि	
पुथि	
लुथि	हिंसासंक्लेशयोः
मथि	
मंथ	
षिधू	शास्त्रमाङ्गल्ययोः
षिधु	गतौ
खादृ	भक्षणे

वद	स्थैर्ये
खद	हिंसायां च
गद	व्यक्तायां वाचि
रद	विलेखने
सिद्विवदा	
णद	अव्यक्ते शब्दे
अर्द	गतियाचनयोः
नर्द	शब्दे
गर्द	
तर्द	हिंसायाम्
कर्द	कुत्सिते शब्दे
खर्द	दशने
अदि	बन्धने
इदि	परमैश्वर्ये
विदि	अवयवे
णिदि	कुत्सने
टुनदि	समृद्धौ
चदि	दीतिह्लादनयोः
त्रदि	चेष्टायाम्
कदि	
क्रदि	आह्वानरोदनयोः
क्लदि	
क्लिदि	परिदेवने
स्कंदिरौ	गतिशोषणयोः
शुध	शुद्धौ
उख	
णख	
वख	
मख	
रख	
लख	गतौ
रखि	
लखि	
इखि	
ईखि	
वल्ग	
रगि	

लगि	
अगि	
तगि	
वगि	
मगि	गतौ
स्वगि	
इगि	
रिगि	
लिगि	
त्वगि	कम्पने च
पुगि	
जुगि	वर्जने
वुगि	
दीघ	पालने
लीघ	शोषणे
शिघि	आघ्राणे
ओखृ	
राखृ	
लाखृ	शोषणालमर्थयोः
द्राखृ	
ध्राखृ	
शाखृ	व्यातौ
श्लाखृ	
फक्क	नीचैर्गतौ
तक्क	
कक्क	हसने
गग्घ	
तकि	कृच्छ्रजीवने
वक्क	
लष	
लज	भर्त्सने
लजि	
तर्ज	
लज	भर्जने
लाजि	
जज	युद्धे
जजि	

तुज	हिंसने
तुजि	पालने च
पिजि	
गज	
गुजि	
गृज	
गृजि	
मृज	शब्दे
मृजि	
रुज	
व्रीज	
गर्ज	
गज	मदने च
त्यजौ	त्यागे
शुच	पाके
कुच	उच्चैः शब्दे
क्रुंच	कौटिल्याल्पीभावयोः
लुंच	अपनयने
अंच	गतिपूजनयोः
वंचु	
चंचु	
तंचु	गतौ
त्वंचु	
मंचु	
मुंचु	
म्रुचु	
म्रुंचु	
मुचु	
म्लुचु	
म्लुंचु	
ग्रुचु	गतौ
ग्लुचु	
षंच	
ध्रज	
ध्वजि	
धृज	
धृजि	
वज	
व्रजि	

ग्रुचु, ग्लुचु, कुजु, खुजु	स्तेयकरण
अर्च	पूजायाम्
म्लेच्छ	अव्यक्तायां वाचि
लछ, लाछि	लक्षणे
वाछि	इच्छायाम्
	आयामे च
ह्रीच्छ	लज्जायाम्
हुर्छा	कौटिल्ये
मुर्छा	मोहसमुच्छ्राययोः
स्फुर्छा	विस्तृतौ
युच्छ	प्रमादे
उछि	उञ्छने
गुज, गुजि, कूज	अव्यक्ते शब्दे
अर्ज, सर्ज	सर्जने
कर्ज	व्यथने
खर्ज	मार्जने च
अज	गतिक्षेपणयोः
तेज	पालने
खज	मंथने
खजि	गतिवैकल्ये
एजृ	कंपने
टुओस्फूर्जा	वज्रनिर्घोषे
षञ्जौ	संगे
शौटृ	गर्वे
यौटृ	बंधे
मेड्ृ, म्रेड्ृ, लोड्ृ	उन्मादे
कटे	वर्षावरणयोः

रट, रठ	परिभाषणे
लट	बाल्ये च
शट	रुजाविशरणगत्यवसादनेषु
वट	वेष्टने
खिट	उत्त्रासने
षिट, शिट, शौड्ृ	अनादरे
जट, झट	संघाते
पिट	शब्दे च
भट	भृतौ
तट	उच्छ्राये
नट	नृत्तौ
खट	कांक्षायाम्
हट	दीप्तौ
षट	अवयवे
लुट	विलोडने
चिट	परप्रैष्ये
स्फुटिर्	विशरणे
हेट	विबाधायाम्
कुटि	वैकल्ये
अट, पट, इट, किट, किटी, रुठि, लुठि, अठ, हुड्ृ	गतौ
पठ	व्यक्तायां वाचि
वठ	स्थौल्ये
मठ, भद	मदनिवासयोः

कठ	कृच्छ्रजीवे
हठ	स्तुतिशठत्वयोः
उठ	उपघाते
पिटि	हिंसासंक्लेशयोः
शठ	कैतवे
शुठ, श्रुठ	गतिप्रतिघाते
लुठि	आलस्ये
शुठि	शोषणे
विड	आक्रोशे
अड	उद्यमे
लड	विलासे
कड	मदे
कड्ड	कार्कश्ये
चुड्ड	भावकरणे
अड्ड	अभियोगे
मडि	भूषायाम्
धुडि	प्रमर्दने
चुडि	अल्पीभावे
मुडि	खण्डने
वडि	विभाजने
रुटि, लुटि	स्तेये
गडि	मुखैकदेशे
क्रीड्ृ	विहारे
तूड्ृ	तोडने
गुपू	रक्षणे
धूप	तपःसंतापे
जल्प, रप, लप	व्यक्तायां वाचि
जप	मानसे च
चप	सांत्वने
षच	समवाये
चुप	मन्दायां गतौ

तुप
तुंप
तुफ
तुंफ
त्रुप
त्रुंप — हिंसायाम्
त्रुफ
त्रुंफ
षिभु
षिंभु
शुंभ — भाषणे च
यभौ
जभ — मैथुने
पर्प
रफ
रफि
अर्बं
वर्बं
कर्बं
खर्बं — गतौ
गर्बं
शर्बं
षर्बं
चर्बं
गम्लृ
मृ
प्रु
चुबि — वक्त्रसंयोगे
अण
रण
वण
मण — शब्दे
कण
बण
भण
भ्रण

क्वण
धण
ध्वण
ध्रण — शब्दे
व्रण
स्तन
वन
वन
षण — संभक्तौ
ओणृ — अपनयने
शोणृ — वर्णगत्योः
श्रोणृ
श्लोणृ — संघाते
पैणृ — गीतप्रेरणश्लेषणेषु
कनी — दीप्तिकांतिगतिषु
अम — गीतभक्तिशब्देषु
णमौ — प्रह्वत्वे
क्रमु — पादविक्षेपे
मठ
कील — बंधने
मव्य
सूर्क्ष्य
ईर्क्ष्य — ईर्ष्यार्थाः
सूर्ष्य
हय
हर्य — गतिक्लांत्योः
चुच्यी — अभिषवे
अल — भूषणपर्याप्तवारणे
दल
ञिफल — विशरणे
मील
स्मील — निमेषणे
क्ष्मील
पील — प्रतिष्टंभे
नील — वर्णे
शील — समाधौ
कूल — आवरणे

शूल — रुजायाम्
तूल — निष्कर्षे
पूल — संघाते
मूल — प्रतिष्ठायाम्
फल — निष्पत्तौ
फुल्ल — विकसने
चुल्ल — भावकरणे
चिल्ल — शैथिल्ये
वेल्ल
वेलृ
केलृ
खेलृ — चलने
क्वेलृ
क्ष्वेलृ
स्खल
स्खल — संचये
गल
चर्व — अदने
श्वल
श्वल्ल — आशुगमने
खोलृ — गतिप्रतिघाते
धोर्ऋ — गतिचातुर्ये
त्सर — छद्मगतौ
क्मर — हूर्छने
पेलृ
फेलृ
शेलृ
षेलृ
शल
चल्ल
तिल्ल
व्यभ्र — गतौ
मभ्र
अभ्र
शिवि
रिवि
रवि
धवि

चर	भक्षणे
छिवु	
ष्ठिवु	निरसने
जीव	प्राणधारणे
पीव	
मीव	स्थौल्ये
णीव	
तीव	
तुर्वी	
थुर्वी	
धुर्वी	
जुर्वी	हिंसने
भर्वी	
शर्व	
अर्व	
गुर्वी	उद्यमने
हिवि	
दिवि	प्रीणने
धिवि	
कृवि	हिंसाविकरणयोः
अव	गतिप्रीतितृप्तिदीप्तिवृद्धिकांत्यवस्यवगमनप्रवेशश्रवणस्वाम्यर्थयाचनक्रियेच्छालिंगनहिंसादनभावरक्षणेषु
मक्ष	संघाते
अक्षू	व्याप्तौ च
तक्षू	
त्वक्षू	तनूकरणे
रक्ष	पालने
णिक्ष	चुम्बने
तृक्ष	
स्तृक्ष	
णक्ष	
शव	गतौ
रहि	
पिसृ	
पेसृ	

वक्ष	रोषे
तक्ष	त्वचने
सूर्क्ष	अनादरे
काक्षि	
वाक्षि	कांक्षायाम्
माक्षि	
द्राक्षि	घोरवासिते च
ध्वाक्षि	
चूष	पाने
तूष	तुष्टौ
लूष	स्तेये
मूष	
शूष	प्रसवे
भूष	अलंकारे
ऊष	रुजायाम्
ईष	उञ्छे
कष	
शिष	
धष	
झष	
वष	
मष	हिंसायाम्
रुष	
रिष	
जूष	
शष	
शसु	
यूष	संघाते च
भृषु	
भष	भर्त्सने
जिषु	
विषु	
मिषु	सेचने
पृषु	
वृषु	
उक्ष	

मृषु	सहने च
पुष	पुष्टौ च
उषु	
श्रिषु	
श्लिषु	दाहे
प्रुषु	
प्लुषु	
घृषु	संघर्षे
हृषु	अलीके
कृषौ	विलिखितौ
लस	श्लेषक्रीडनयोः
जर्ज	
चर्च	परिभाषणहिंसातर्जनेषु
झर्झ	
हसे	हसने
त्रुस	
ह्रस	
ह्लस	शब्दे
रस	
षुषिर	
मिश	रोषकृते च
मश	
णिस	समाधौ
शश	प्लुतिगतौ
दृशिरौ	प्रेक्षणे
दंशौ	दशने
शंसु	स्तुतौ
दहौ	भस्मीकरणे
मिहौ	सेचने
चह	परिकल्कने
रह	त्यागे
दृह	
दृहि	वृद्धौ
बृह	
पूष	
बृहि	शब्दे च

तुहिर्, उहिर् — अर्दने
अर्हं पूजने
सु प्रसवैश्वर्ययोः
शु, डु, द्रु, श्रु — गतौ
ध्रु स्थैर्यें च
जि, ज्रि — अभिभावे
पा, धेट् — पाने
घ्रा गंधोपादाने
ध्मा शब्दाग्निसंयोगयोः
ष्ठा गतिनिवृत्तौ
म्ना अभ्यासे
दाणु दाने
दैप शोधने
ग्लै हर्षक्षये
म्लै गात्रविनामे
द्यै न्यक्करणे
द्रे स्वप्ने
ध्रे तृप्तौ
कै, गै, रै — शब्दे
ष्ट्यै, स्त्यै — संघाते
खै खदेन
त्रै, जै, षै — क्षये
श्रै, स्त्रै — पाके
पै, ओवै — शोषणे

ष्टै वेष्टने
ध्यै, स्मृ — चिंतायाम्
टुवृ वरणे
धृ, ह्वृ — कौटिल्ये
स्वृ शब्दोपतापयोः
स्रु गतौ
ऋ प्रापणे च
गृ, घृ — सेचने
तॄ प्लवनतरणयोः
टुवोश्वि गतिवृद्धयोः
वसौ निवासे
वद व्यक्तायां वाचि

एते मवंतः

यजीञ् दानदेवपूजा-संगतकरणेषु
टुवपौञ् बीजसंताने
वहौञ् प्रापणे
वेञ् ततुसताने
व्येञ् पाके
भजौञ् सेवायाम्
रंजौञ् रागे
टुयाचृञ्, चतेञ्, चदेञ् — याचने
रेटृञ् परिभाषणे
पोथृञ् पर्याप्तौ
मिधृञ् मेधाहिंसायाम्
मेधृञ् संगमे च
णिदृञ्, णेदृञ् — उन्दे
बुधुञ् बोधने
बुंदिरुञ् निशामने
चायृञ् पूजायां च
वेणृञ् गतिचिन्ताज्ञाननिशामनवादित्रग्रहणेषु

खनुञ् अवदारणे
दानञ् खंडने
शानञ् तेजने
शपौञ् आक्रोशे
भेषृञ् दीप्तौ
अव पूर्वोपादाननि-रसनयोश्च
लषञ् हिंसायाम्
चषञ्, चुषञ् — भुक्तौ
घासृञ्, दासृञ् — दाने
माहृञ् माने
गुहूञ् संवरणे
भषञ्, जीषञ् — आदाने च
श्रिञ् सेवायाम्
हृञ् हरणे
भृञ् भरणे
धृञ् धारणे
डुकृञ् करणे
णीञ् प्रापणे

एते मवंतः

इति ६४६ भूवादयो न्याय्य-विकरणाः धवः।

हु दानादनयोः
ञिभी भये
ह्री लज्जायाम्
पॄ पालनपूरणे
ऋ गतौ
ओहाक् त्यागे
ओहाङ् गतौ
माङ् माने
डुभृञ् धारणपोषणयोः
डुदाञ् दाने
डुधाञ् धारणे च
णिजिर्यौ शौचपोषणयोः

विजिर्यो	पृथक्भावे
विविर्यो	व्याप्तौ

इति १४ ह्वादयः उज्विकरणा धवः

अदो	भक्षणे
विद	ज्ञाने
हनौ	हिंसागत्योः
अस	भुवि
मृजू	शुद्धौ
वचो	परिभाषणे
रुदिर्	अश्रुविमोचने
ञिष्वपो	शये
अन, श्वस	प्राणने
जक्ष	भक्षहसनयोः

वृत्

जागृ	निन्द्राक्षये
दरिद्रा	दुर्गतौ
चकासृ	दीप्तौ
शासु	अनुशिष्टौ

वृत्

सस्ति, षस	स्वप्ने
वश	कान्तौ
धु	अभिगमने
सु	ऐश्वर्यप्रसवयोः
त्रु	वृत्तिहिंसापूरणेषु
कु, रु, टुक्षु	शब्दे
क्ष्णु	तेजने
स्नु	क्षरणे
णु	स्तुतौ
यु	मिश्रणे
इणु	गतौ
इक्	स्मरणे
वी	गतिप्रजनकांत्यशनेषु
या	प्रापणे
वा	गतिगंधनयोः
भा	दीप्तौ
ष्णा	शौचे
श्रा	पाके
द्रा	कुत्सायां गतौ
प्सा	भक्षणे
पा	रक्षणे
रा	दाने
ला	आदाने
दाप्	लवने
ख्या	प्रकथने
प्रा	पूरणे
मा	माने

चर्करीतं च

चक्षौङ्	व्यक्तायां वाचि
ईरै	गतौ
ईडै	स्तुतौ
ईशै	ऐश्वर्ये
आसै	उपवेशने
वसै	आच्छादने
आङः शासुङ्	इच्छायाम्
कासिङ्	गतिसंतानयोः
णिसिङ्	चुंबने
णिजिङ्	शुद्धौ
शिजिङ्	अव्यक्ते शब्दे
पिजिङ्, पृजिङ्, पृचोङ्	संपर्चने
ऊषूङ्	प्राणिगर्भविमोचने
शीङ्	स्वप्ने
इङ्	अध्ययने
ह्नुङ्	अपनयने
द्विषौञ्	अप्रीतौ
दुहौञ्	क्षरणे
दिहौञ्	लेपे
लिहौञ्	आस्वादने
ऊर्णुञ्	आच्छादने
ष्टुञ्	स्तुतौ
ब्रूञ्	व्यक्तायां वाचि

इत्यदादयः ७० उब्विकरणाः

धवः

दिवु	क्रीडाजयेच्छापणिद्युतिगतिषु
षिवु	तंतुसंताने
गुध	परिवेष्टने
क्षिप	प्रेरणे
पुष्प	विकसने
तिम, ष्टिम, ष्टीम	आर्द्रभावे
व्रीड	लज्जायाम्
इष	गत्याम्
षुह	शकने
राधौ	वृद्धावेव
व्यधौ	ताडने
पुषौ	पुष्टौ
शुषौ	शोषणे
तुषौ	तोषणे
दुषौ	वित्तत्ये
श्लिषौ	आलिंगने
शकौ	मर्षणे
ष्विदा	गात्रप्रक्षरणे
ऋध्यै	कोपे
क्षुध्यै	बुभुक्षणे
शुध्यै	शोधने
षिधु	संराध्ये
रधू	हिंसने च
णश	अदर्शने
तृपू	प्रीणने
दृपू	मोहने च
द्रुह	जिघांसायाम्
मुह	वैचित्ये
ष्णुह	उद्गिरणे
ष्णिह	प्रीतौ

असु क्षेपणे
यसु प्रयत्ने
जसु मोक्षणे
तमु, दसु स्तंभे
पृष, प्लुष दाहे
व्युष विभागे
त्रिस प्रेरणे
कुस श्लेषणे
बुस उत्सर्गे
मुस खंडने
मसी परिमाणे
लुठ विलोडने
उच समवाये
भ्रशु, भ्रंशु अधःपतने
वृश वरणे
कृश तनूकरणे
ञितृष पिपासायाम्
हृष तुष्टौ
रुष रोषे
डिप क्षेपे
कुप क्रोधे
गुप व्याकुले च
युप, रुप, लुप विमोहने
लुभ गार्ध्ये
क्षुभ संचलने
णभ, तुभ हिंसने
क्लिदू आर्द्रभावे
ञिमिदा स्नेहे
ञिक्ष्विदा मोक्षे च
ऋधु वर्धने
गृधु अभिकांक्षायाम्

शमु, दमु उपशमने
तमु कांक्षायाम्
श्रमु क्लेशने
भ्रमु चलने
क्षमु सहने
क्लमु ग्लाने
मदी हर्षे

वृत्

जृषु, झृषु वयोहानौ
शो तनूकरणे
छो, दो छेदे
षो अंतकर्मणि

एते मवंतः

शनीङ् प्रादुर्भावे
काशै, दीपीङ् दीप्तौ
पूरीङ् आप्यायने
तूरीङ् हिंसागतित्वरणयोः
थूरीङ्, जूरीङ् हिंसावयोहान्योः
धूरीङ्, गूरीङ् गतिहिंसयोः
शूरीङ् हिंसास्तंभयोः
चूरीङ् दाहे
तपै ऐश्वर्ये वा
वृतुङ् वरणे
क्लिशौ उपतापे
वाशौ शब्दे
पादोङ् गतौ
विदौङ् सत्तायाम्
खिदौङ् दैन्ये
युधौङ् संप्रहारे
बुधौङ्, मनौङ् ज्ञाने

अनै प्राणने
अनो रुधौङ् कामे
युजौङ् समाधौ
सृजौङ् विसर्गे
लिशौङ् अल्पे च
उषूङौ प्राणिप्रसवे
दूङौ परितापे
दीङो क्षये
डीङो गतौ
धोङो अनादरे
मीङो हिंसायाम्
रीङो श्रवणे
लीङो श्लेषणे
व्रीङो वृणोत्यर्थे
पीङ् पाने
ईङ् गतौ
प्रीङ् प्रीतौ
माङ् माने

एते ङैदितः

मृषौञ् तितिक्षायाम्
शुचिरीञ् पूतिभावे
णहौञ् बंधने
रञ्जौञ् रागे
शपौञ् आक्रोशे

एते ञितः

इति १२८ दिवादयः श्यविकरणाः

धवः

षुञ् अभिषवे
षिञ् बंधने
शिञ् निशाने
डुमिञ् प्रक्षेपणे
चिञ् चयने
स्तृञ् आच्छादने
कृञ् हिंसायाम्
वृञ् वरणे
धुञ्, धूञ् कंपने

एते ञितः

टुदु　उपतापे
श्रु　श्रवणे
हि　गतिवृद्धयोः
पृ　प्रीतौ
स्पृ　चलने च
आप्लृ　व्याप्तौ
शक्लृ　शक्तौ
राधै, साधै　} संसिद्धौ
तिक, तिग, षघ　} हिंसायाम्
ञिधृषा　प्रागल्भ्ये
दंभु　दंभे
ऋधु　वर्द्धने

एते मवंतः

अशूङ्　व्याप्तौ
ष्टिघङ्　आस्कंदने

ङितावेतौ

इति २७ श्नुविकरणाः धवः।

तुदौञ्　व्यथने
दिशौञ्　अतिसर्जने
भ्रस्जौञ्　पाके
क्षिपौञ्　प्रेरणे

एते ञितः

कृती　छेदने
खिदौ　परितापे
पिश　अवयवे

वृत्

रि, पि　} गतौ
धि　धारणे
क्षि　निवासगत्योः
षू　प्रेरणे
मृ　प्राणत्यागे
कृ　विक्षेपणे
गॄ　निगरणे

एते मवंतः

दृङ्　अनादरे
धृङ्　स्थाने

ङितावेतौ

प्रच्छौ　ज्ञीप्सने

वृत्

सृजौ　विसर्गे
टौमस्जौ　शुद्धौ
रुजौ　भंगे
ऊभुजौ　कौटिल्ये
रुशौ, रिशौ　} हिंसने
छुपौ, स्पृशौ　} स्पर्शे
लिशौ, विच्छौ　} गतौ
मृशौ　आमर्शे
विशौ　प्रवेशे
णुदो　क्षोदे
षद्लृ　अवसातने
ओव्रश्चू　छेदने
उच्छी　विवासे
ऋच्छ　इंद्रियप्रलयमूर्तिभावयोः
मिच्छ　उत्क्लेशे
चर्च, जर्ज, झर्झ　} परिभाषणे
त्वच　संवरणे
ऋच　स्तुतौ
उब्ज　आर्जवे
उज्झ　उपसर्गे
लुभ　विमोहने
रिफ　कत्थनयुद्धनिंदाहिंसादानेषु
ऋफ, ऋम्फ　} हिंसायाम्
तृफ, तृम्फ　} तृप्तौ
दृफ, दृम्फ　} उत्क्लेशे
गुफ, गुम्फ　} ग्रंथने
तुभ, तुम्भ　} पूरणे
शुभ, शुंभ　} शोभार्थे
दृभी　ग्रंथे
चृती　हिंसायां च
ऋषी, जुन, शुन　} गतौ
विध　विधाने
पृड, मृड　} सुखने
पृण　प्रीणने
मृण　हिंसायाम्
तुण　कौटिल्ये
पुण　कर्मणि शुभे
मुण　प्रतिज्ञाने
कुण　शब्दोपकरणयोः
द्रुण　हिंसागतिकौटिल्येषु
घुण, घूर्ण　} भ्रमणे
षुर　दीप्त्यैश्वर्ययोः
कुर　शब्दे
क्षुर　विलेखने
खुर　छेदने च
मुर　संवेष्टने
घुर　भीमार्थशब्दयोः
पुर　उद्यमने
वृहू　उद्यमने
तृहू, तृन्हू, स्तृहू　} हिंसार्थाः

इषु इच्छायाम्
मिष स्पर्धायाम्
किल शैत्यक्रीडनयोः
तिल स्नेहने
चल विलसने
षिल संवरणे
इल स्वप्नक्षेपणयोः
विल भेदने
निल गहने
हिल भावकरणे
सिल, शिल, उछि } उञ्छे
लिख अक्षरविन्यासे
कुट कौटिल्ये
पुट संश्लेषणे
कुच संकोचने
व्यच व्याजीकरणे
गुज शब्दे
गुड रक्षणे
लिप क्षेपणे
छुर, चुट, छुट, त्रुट } छेदने
स्फुट विकसने
मुट आक्षेपप्रमर्दनयोः
तुट कलहकर्मणि
जुड बंधे
कड मदे
लुट संश्लेषणे
तड घसने
कुड बाल्ये च
घुट प्रतिघाते
तुड तोडने
थुड, स्थुड } संवरणे

स्फर, स्फुर } स्फुरणे
ब्रुड उत्सर्गे
वृड, मृड, हुड } संघाते
तृड निमज्जने
स्फल चलने
स्तुल संचये च
णू स्तवने
धू विधूनने
गु पुरीषोत्सर्गे
ध्रु गतिस्थैर्ययोः

एते मवंतः

कुङ्, कूङ् } शब्दे
गुरीङ् उद्यमने

वृत्

पृङ् व्यायामे
जुषीङ् प्रीतिसेवनयोः
विजीङे भयचलनयोः
लजीङे, लस्जीङे } व्रीडे
ष्वजौङ् संगे
रभौङ् राभस्ये
उप्लतौङ् प्रीतौ

ङितः

इति १४६ तुदादयः शविकरणाः

धवः

रुधिर्ञो आवरणे
भिदिर्ञो विदारणे
छिदिर्ञो द्वैधीकरणे
रिचिर्ञो विरचने
विचिर्ञो पृथग्भावे
क्षुदिर्ञो संप्रेक्षणे
युजिर्ञो योगे
छृदिञ् दीप्तिदेवनयोः
तृदिञ् हिंसानादरयोः

एते ञितः

ञिइन्धीङ् दीप्तौ
खिदौङ् दैन्ये
विदौङ् विचारे

ङितः

कृती वेष्टने
शिष्लृ विशेषणे
पिष्लृ संचूर्णने
उभंजो आमर्दने
भुजो रक्षाशनयोः
तृह, हिसि } हिंसने
उन्दी क्लेदने
अंजू गतिव्यक्तिम्रक्षणेषु
तंचू संकोचने
ओविजी भये
वृजी वर्जने
पृची संपर्चने

एते मवंतः

इति २५ रुधादयः श्नम्विकरणाः

धवः

तनुञ् विस्तारे
षणुञ् दाने
क्षणुञ्, क्षिणुञ् } हिंसायाम्
ऋणुञ् गतौ
तृणुञ् अदने
घृणुञ् दीप्तौ

ञितः

वनुङ् याचने
मनुङ् बोधने

ङितः

इति ६ तनादय उविकरणाः

धवः

डुक्रीञ् द्रव्यविनिमये
प्रीञ् तृप्तिदीप्त्योः
श्रीञ् पाके
मीञ् हिंसायाम्
षिञ् बन्धने
स्कुञ् आप्रवणे
क्नूञ् शब्दे
द्रूञ् गतौ
गृहञ् उपादाने
पूञ् पवने
स्तृञ् आच्छादने
कृञ् हिंसायाम्
वृञ् वरणे

ञितः

शॄ, कॄ, मॄ हिंसायाम्
पॄ पालनपूरणयोः
वॄ वरणे
भॄ भर्त्सने
दॄ भये
नॄ नये
जॄ वयोहानौ
ॠ, दॄ गतौ
गॄ शब्दे

एते भवन्तः

धूञ् कंपने
प्रीञ् तर्पणे

ञितौ

ज्या हानौ
व्ली वरणे
प्ली गतौ
री रेषणे
ली श्लेषणे

वृत्

व्री वरणे
भ्री भये
क्षीषु हिंसायाम्
ज्ञा अवबोधने
बंधो बंधने
श्रंथ प्रतिहर्षविमोचनयोः
मंथ विलोडने
ग्रंथ संदर्भे
कुंथ संक्लेशे
मृद क्षोदे
मृड सुखने
गुध रोषे
कुष निष्कर्षे
क्षुभ संचलने
णभ, तुभ हिंसायाम्
क्लिशू विबंधने
अश भोजने
ध्रस उंछे
इष् आभीक्ष्ण्ये
विष विप्रयोगे
प्रुष, प्लुष स्नेहनसेचनसेवनपूरणेषु
मुष स्तेये
पुष पुष्टौ
खच भूतप्रादुर्भावे

एते भवंतः

वृङ् संभक्तौ

ङित्

इति ५१ क्र्यादयः श्नाविकरणाः

धवः

चुर, लुंठ स्तेये
चिंति स्मरणे
यंत्रि चूर्णसंकोचने
स्फुट परिहासे
कुद्रि अनृतभाषणे
लड उपसेवायाम्
मिदि, तिल, स्निह स्नेहने
ओलडि, डुल उत्क्षेपे
जल अपवारणे
पीड गहने
नट अवस्यंदने
श्रथ प्रीतिहर्षे
वध संयमने
पृ पूरणे
वर्द्ध छेदने च
ऊर्ज बलप्राणनयोः
इल, जुड, चूर्ण प्रेरणे
पृथ प्रक्षेपे
संब संबंधे
भक्ष अदने
चुटि, चुट, छुट छेदने
कुट्ट कुत्सने च
चुट्ट अल्पीभावे
अट्ट, षुट्ट अनादरे
श्वठ, श्वठि गतिसंस्कारयोः
तुजि, पिजि, पिश हिंसाबलिदान-निकेतनेषु
सांत्व सामप्रयोगे
श्वल्क, वल्क भाषणे
श्लिष श्लेषणे
पथि गतौ
पिच्च कुट्टने
छद संवरणे
श्रण दाने
तड आघाते

खड, खाडि, कडि — भेदे
वडि विभाजने
मडि भूषायाम्
भडि कल्याणे
छर्द वमने
पुस्त आदरानादरयोः
चुद संचोदने
नक्क, धक्क, णशि — नाशने
चक्क, चुक्क — व्यथने
क्षल शौचकर्मणि
तल प्रतिष्ठाकरणे
तुल उन्माने
पुल, स्तूल — समुच्चये
मूल रोहणे
डिप, कल, विल — क्षेपे
जसि, कुडि, पल — रक्षणे
शुल्व, शूर्प — माने
मुट संचूर्णने
वज, व्रज — मार्गणसंस्कारयोः
शुल्क संजने
छवि गत्याम्
क्षपि क्षांत्याम्
क्षजि कृच्छ्रजीवने
श्वर्त गमने च

घट्ट चलने
खट्ट संवरणे
व्यय क्षये
मुस्त, डयि, डिपि, पिडि, पूण — संघाते
पुंस अभिवर्द्धने
टकि बंधने
धूस कांतिकरणे
कीट वर्णने
पूज पूजने
शुठ आलस्ये
शुठि शोषणे
मार्ज, गर्ज — शब्दे
घृ स्रवणे
पचि विस्तारे
तिज निशाने
कृत आख्याने
कुबि छादने
लुबि, तुबि — अर्दने
ह्लप व्यक्तायां वाचि
म्रक्ष, म्रछ — म्लेछने
शठ, चुठि, जस, रुज, धृस, लुष, वर्ह — हिंसायाम्
गर्द्ध अभिकांक्षणे
गुर्द पूर्वनिकेतने

अर्क, ईड — स्तुतौ
रुष रोषणे
चर्च अध्ययने
बुक्क भाषणे
शब्द सगिराविष्करणे
कण निमीलने
जभि नाशने
सूद आश्रवणे
जस ताडने
पश बंधने
अम रोगे
चट, स्फुट, घट — हंत्यर्थाः
दिवु मर्दने
अर्ज प्रतियत्ने
घुष विशब्दे
आङः क्रंदे
लस शिल्पयोगे
भूष अलंकारे
मोक्ष असने
अर्ह पूजने
ज्ञा नियोगे
यत निकारोपस्कारयोः
निसश्व, धृष — प्रसहने
भज विश्राणने
वस स्नेहछेदापहरणेषु
चर संचये
च्यु सहने
भू, कृप — भावकरणे
रक, रज — आस्वादने
अंच विशेषणे
लिगि चित्रकरणे

मुद	संसर्गे
त्रस	वारणे
मुच	प्रमोचने
(आस्वदः सकर्मकात्)	
पुष	धारणे
दल	विदारणे
पट	
पुट	
लुट	
लुजि	
तुजि	
पिजि	
भजि	
पिसि	
कुसि	
दसि	
लसि	
त्रसि	
कुशि	
घटि	
बृहि	भाषार्थाः
गुप	
धूप	
विच्छ	
चीव	
वर्ह	
वल्ह	
पुथ	
लोकृ	
लोचृ	
मद	
त्रुप	
तर्क	
वृतु	
पूर	आप्यायने
स्वद	संवरणे

सूत्र	अवमोचने
मूत्र	प्रस्रवणे
रूक्ष	पारुष्ये
बष्क	दर्शने
कच्छ	शैथिल्ये
चित्र	चित्रकरणे
	कदाचिद्दर्शने च
अंस	समाघाते
मिश्र	संपर्चने
छिद्र	कर्णभेदे
अंध	दृष्ट्युपसंहारे
दंड	दण्डनिपाते
अंक	लक्षणे
अंग	पदलक्षणे च
पर्ण	हरितभावे
वर्ण	वर्णक्रियाविस्तार-गुणवचनेषु
कथ	वदने
वर	ईप्सायाम्
गण	संख्याने
शठ	
श्वठ	सम्यगवभाषणे
पट	
वट	ग्रंथे
मृष	तितिक्षायाम्
रह	त्यागे
स्तन	
गदी	देवशब्दे
पत	गतौ वा
पष (अगिः)	,,
स्वर	आक्षेपे
रच	प्रतियत्ने
कल	गतौ
चह	परिकल्कने
मह	पूजायाम्
सर	
कृप	शैथिल्ये
श्रथ	

स्पृह	ईप्सायाम्
भाम	क्रोधे
सूच	पैशुन्ये
खेट	भक्षणे
खोट	क्षेपे
गोम	उपक्षेपे
कुमार	क्रीडने
शील	उपधारणे
साम	सांत्वने
वेल	कालोपदेशे
पल्यूल	लवनपवनयोः
वास	गतिसुखसेवनयोः
गवेष	मार्गणे
वास	उपसेवायाम्
निवास	आच्छादने
भाज	पृथक्करणे
सभाज	प्रीतिदर्शनयोः
ऊन	परिहाने
कूट	दाहे
केत	
ग्राम	आमंत्रणे
कुण	
स्तेन	चौर्ये
वत्रि	विभाजने
लजि	प्रकाशने
पार	
तीर	कर्मसमाप्तौ
स्तोम	श्लाघायाम्
सुख	
दुःख	तत्क्रियायाम्
रस	आस्वादस्नेहयोः
व्यय	वित्तसमुत्सर्गे
रूप	रूपक्रियायाम्
छेद	द्वैधीकरणे
लाभ	प्रेरणे
व्रण	गात्रविचूर्णने

एते भवंतः

पदै	गतौ
ग्रहै	ग्रहणे
मृगै	अन्वेषणे
कुहै	विस्मापने
शूरै वीरै	विक्रांतौ
स्थूल	परिवृंहणे
	वृत्
अर्थै	उपयाच्ञायाम्
सत्रै	संदानक्रियायाम्
गर्वै	माने
संग्रामै	युद्धे
चितै	संवित्तौ
छदै	संवरणे
दंशै	दशने
दशै	दर्शने च
डंभे डिंभे	संघाते
तजै	कुटुम्बधारणे
मंत्रै	गुप्तभाषणे
स्पशै	ग्रहणश्लेषणयोः
भर्त्सै तर्जै	संतर्जने
वस्तै ग्रंथे	अर्दने
किष्कै	हिंसायाम्
निष्कै	परिमाणे
चलै	ईप्सायाम्
कूणै	संकोचने
तूणै	पूरणे
भूणै	आशायाम्
शठै	श्लाघायाम्
यक्षै	पूजायाम्

स्यम्यै	वितर्कणे
गूरै	उद्यमने
कुस्मै	कुस्मृतौ
समै लक्षै	आलोचने
कुत्सै	अवक्षेपे
कुटै	प्रतापने
भलै	आभंडने
वचै	प्रलंभने
वृषै	शक्तिबंधने
मदै	तृप्तियोगे
मदै	परिकूजे
विषै	ख्याननिवासेषु
मनै	स्तभे
युङ्	जुगुप्सायाम्
गृङ्	विज्ञापने
	ङैदितः
लक्षञ्	दर्शनांकनयः
	ञित्
युजौ पिच	संयमने
षह	मर्षणे
ईर	क्षेपणे
ली	द्रवीकरणे
वृजी	वर्जने
जॄ	वयोहानौ
रिच	वियोजनसंपर्चनयोः
शिष	असर्वोपयोगे
विपूर्वो (वि–शिष)	ऽतिशये
तृप	प्रीणने
छृद	संदीपने
छद	अपवारणे
दभी	भये
मी	गतौ

अथ क्रथ हिसि	हिंसायाम्
ग्रथ	बंधने च
चीक शीक	आमर्षणे
आङः सद	गतौ
जुष	परितर्पणे
श्रंथ ग्रंथ	संदर्भे
आप्लृ	लंभने
तनु	श्रद्धोपहिंसायाम्
गेः (गिपूर्वस्तनुः)	दैर्घ्ये
वच	संदेशवचने
मान	पूजायाम्
गर्ह	विनिन्दने
मार्ग	अन्वेषणे
कठि	शोके
मृजू	शौचालंकारयोः
धृष	प्रसहने
	एते मवंतः
मृषै	तितिक्षायाम्
तपै	दाहे
वदै	भाषणे
अर्चै	पूजायाम्
अर्दै	हिंसायाम्
शुंदै	शोधने
	ऐदितः
वृञ्	वरणे
धूञ्	कंपने
प्रीञ्	तर्पणे
	ञितः

इति ३५१ चुरादयो धवः समाप्ताः ।

पाठप्रयोजनमनिर्विमनिङ्विकल्पे द्वेच्छप्रभृत्तिरव्योनिङवागनैश्च ।
दोनत्वमिड्विकलता च यथाक्रमेण धूनां सुधीभिरधिगम्यमितां स्वराणाम् (?) ॥
पादाम्भोजानमन्मानवपतिमकुटानर्घ्यमाणिक्यतारानीकासंसेविताग्रद्युतिललितनखानीकशीतांशुबिम्बः ।
दुर्वारानङ्गबाणाम्बुरुहहिमकरोद्ध्वस्तमिथ्यान्धकारः शब्दब्रह्मा स जीयाद् गुणनिधिगुणनन्दिव्रतीशस्सुसौख्यः ॥